中華人民共和國國務院批准的重大文化出版工程

國家文化發展規劃綱要的重點出版工程項目

新聞出版總署列爲「十一五」國家重大工程出版規劃之首

國家出版基金重點支持項目

ISBN 978-7-5495-6420-0

中華大典

# 文獻目録典

廣西師範大學出版社集團有限公司

# 《中華大典》編纂委員會

總主編：任繼愈

副主編：席澤宗　程千帆　戴　逸　吳文俊　柯　俊
傅熹年

編　委：卞孝萱　任繼愈　李明富　余瀛鰲　林仲湘
郁賢皓　馬繼興　袁世碩　席澤宗　陳美東
黃永年　章培恒　張永言　張晉藩　葛劍雄
董治安　程千帆　傅世垣　曾棗莊　龐　樸
趙振鐸　劉家和　潘吉星　錢伯城　戴　逸
楊寄林　穆祥桐　吳文俊　金正耀　戴念祖
柯　俊　金維諾　白化文　汪子春　周少川
孫培青　朱祖延　傅熹年　李　申　郭書春
熊月之　柴劍虹　吳子勇　寧　可　江曉原
鄭國光　吳征鎰　尹偉倫　魏明孔

# 《中華大典》前言

《中華大典》是運用我國歷代漢文古籍編纂的一部大型工具書。其目的是爲學術界及願意瞭解中國古代珍貴文化典籍的人士提供準確詳實、便於檢索的漢文古籍分類資料。

中國是世界文明古國之一，幾千年來纂寫和聚集的文化典籍浩如烟海。我國歷代都有編纂類書的優良傳統，具有代表性的《永樂大典》等大多已佚失，現存《古今圖書集成》編就距今也已數百年。爲了適應今天和以後研究和檢索的需要，一九八八年海内外三百多位專家學者和各古籍出版社同仁倡議，在已有類書的基礎上，用現代科學方法編纂一部新的類書《中華大典》。

國務院在關於編纂《中華大典》問題的批覆中指出，編纂《中華大典》「是我國建國以來最大的一項文化出版工程」。本書所收漢文古籍上起先秦，下迄清末，約三萬種，達七億多字，分爲二十四個典，近百個分典，内容廣博，規模宏大，前所未有。

《中華大典》的編纂工作堅持科學態度和百花齊放、百家争鳴方針。儘量採用古精校精刻本，優先採用我國建國後文獻學和考古學的優秀成果。對傳統文化中重要的不同學派的資料，兼收並蓄。運用現代圖書分類的方法，對收集到的資料，精選、精編，力求便於檢索、準確可信。

這項工作從開始起就受到中共中央、國務院和有關部門的重視和支持。國家主席江澤民、國務院總理李鵬分别爲《中華大典》題詞。江澤民的題詞是：「同心同德群策群力認真編好中華大典爲建設有中國特色的社會主義服務」。李鵬的題詞是：「繼承和弘揚民族優秀傳統文化」。全國政協主席李瑞環、國務委員李鐵映也作了重要指示，要求抓緊辦理。一九九零年五月，國務院批准《中華大典》

爲國家重點古籍整理項目。一九九二年九月，正式成立了《中華大典》工作委員會和《中華大典》編纂委員會，召開了《中華大典》工作、編纂會議。自此，《中華大典》的編纂工作由試點轉入正式啓動，逐步鋪開。

編纂《中華大典》，學術性很强，工作量很大，工程十分艱巨，全賴廣大專家學者和全國各有關高等院校、科研院所、圖書館、出版單位的鼎力支持與積極參與。大家本着弘揚中華民族優秀文化的心願，發揚奉獻精神，克服各種困難，團結協作，給這部巨大類書的出版提供了根本保證。在此謹表示誠摯的謝意。

對本書的批評與建議，我們將十分歡迎。

**《中華大典》編纂委員會**

一九九七年四月

二〇〇六年十一月修訂

# 《中華大典》編纂通則

一、性質：《中華大典》（以下簡稱《大典》）是對漢文古籍（含已翻譯成漢文的少數民族古籍）進行全面的、系統的、科學的分類整理和匯編總結的新型類書，是在繼承歷代類書優良傳統、考慮漢文古籍固有特點的基礎上，借鑒和參照近代編纂百科全書的經驗和方法編纂而成。編纂《大典》的目的，是爲學術界及願意瞭解中國古代珍貴文化典籍的人士提供各種分門別類的、準確詳細的古代漢文專題資料。

二、規模和體例：《大典》所收古籍的時限，上自先秦，下迄辛亥革命。全書共收各類漢文古籍三萬餘種，七億多字。全書體例，着重汲取清代《古今圖書集成》所採用的經目和緯目相交織這一統一框架結構的模式，同時參照現代科學的學科、目錄分類方法，並根據各類學科內容的實際情況，一般將每一大類學科輯爲一典，也有將幾個相關學科共輯爲一典的。對各典名稱，均以現代學科命名，對於所收入的各種古籍資料，亦儘可能納入現代科學分類體系之中。

三、經目：大典共分二十四個典，即哲學典、宗教典、政治典、軍事典、經濟典、法律典、教育典、語言文字典、文學典、藝術典、歷史典、歷史地理典、民俗典、數學典、物理化學典、天文典、地學典、生物學典、醫藥衛生典、農業典、林業典、工業典、交通運輸典、文獻目錄典。典以下以分典、總部、部、分部分級，分部之下的標目根據各學科特點由各典自行擬定。

四、緯目：共設置九項緯目，用以包容各級經目的具體內容：

① 題解：對有關學科的名稱、概念、涵義、特點等作總體介紹的資料。

② 論説：有關理論部份的資料。

③ 綜述：有關學科或事物的系統性資料，凡有關學科或事物的性狀、制度、範疇、特點及學科地位、發展情況等具體內容均編入此緯目中。

④ 傳記：有關人物的傳記資料。

⑤ 紀事：有關學科或事物的具體活動或事例的資料。

⑥著錄：重要人物或文獻的有關著作資料，如專集介紹、序跋、藏書題記，以及有關著作的成書經過、版本源流等。

⑦藝文：有關屬於文學欣賞性的散文或韵文。

⑧雜錄：凡未收入以上各緯目，而又有較高參考價值的資料，均入雜錄。

⑨圖表：根據有關經目的內容需要，圖與表附於相關專題之下，或集中匯總於某級經目之後。

《大典》以內容分類安排各級緯目，各級緯目的正文，一般以原書爲單位，按時代順序排列。每一條資料前標明出處，包括書名或作者名、篇名或卷次，以利讀者核對原書。

五、書目：每分典後附有該分典所收書之書目，書目包括書名、作者、時(年)代、版本等內容。時代以成書時代爲準，成書時代不詳者，以作者主要活動時代爲準，並遵從歷史習慣。

六、版本：《大典》在選用版本時儘量採用古人的精校精刻本，亦採用學術界通用的近現代整理圈點本及現代學者校點整理本。

七、校點：爲儘可能保存古籍原貌，《大典》祇對底本中明顯的脱、訛、衍、倒進行勘正。古本中的避諱字一般不作改動，祇對缺筆字補足筆畫。後人刻書時避當朝人諱而改動的字，據古本改回。《大典》採用新式標點法。

一九九六年八月

二〇〇六年十一月修訂

# 《中華大典·文獻目録典》編纂委員會

顧　問：劉家和　安平秋　傅璇琮　陳祖武

主　編：周少川

副主編：鄧瑞全

編　委：閻崇東　楊寄林　諸偉奇　楊燕起　王錦貴　汪高鑫
周延良　鄧瑞全　楊　健　張　濤　張　升　王記録
周少川　邵永忠　向燕南　鄭振峰　駱繼光

# 《中華大典·文獻目録典》序

中國古籍素以浩如烟海、汗牛充棟而著稱。浩瀚的中華典籍哺育了世世代代的炎黄子孫，既是中華文明綿延五千年從不中斷的歷史標志，又是當今弘揚民族精神和時代精神，建設社會主義文化强國的重要資源。

整理研究古代文化典籍，在我國有悠久的歷史。從孔子整理「六經」開始，歷代學者爲了更好地認識和利用典籍，嬗遞文化傳統，非常重視對傳世典籍的考辨整理。他們或校勘異同、訂正訛誤，或訓釋箋注、闡幽發微，或編目著録、考鏡源流，或審定版本、辨别真僞。在整理典籍的長期實踐中，積累了豐富的經驗和資料，編纂出數逾千計的書目著作，逐漸形成了涵蓋目録、版本、校勘、注釋、辨僞、輯佚等專學的文獻校讎之學，並於二十世紀，最終確立了具有民族特色和現代科學體系的中國文獻學。

二十世紀八十年代以來，爲了推進社會主義文化的建設，黨中央多次號召加强古籍整理工作，指出「整理古籍是一件大事，得搞上百年」。古籍整理和文獻學研究的工作任重而道遠。在《中華大典》這項古籍整理的重大文化工程中，工委會和編委會於二十四典中特别設立了《文獻目録典》。其任務是分類彙集古代書目資料和文獻學資料，全面反映中國古代典籍編纂和典籍整理的豐富成果，以促進古籍整理和文獻學的持久發展。因此，《中華大典·文獻目録典》既是古籍整理實踐的産物，又肩負著爲今後古籍整理與文獻學研究的深入開展建設信息庫的歷史使命。

《文獻目録典》的編纂工作自二〇〇六年啓動，歷時六年而完成。全書約三千五百萬字，下設《文獻學分典》和《古籍目録分典》。本典的内容具有以下學術價值和特點：

一、《文獻目録典》推陳出新，規模宏大，是迄今爲止，首創類編文獻學與書目資料的大型工具書。在中國類書編纂史上，也曾有彙編前代評述典籍資料的類書，如南宋王應麟的《玉海·藝文》和清代官修類書《古今圖書集成》中的《理學彙編·經籍典》，然二者皆忽略對典籍整理資料的收集和類編。本典從繼承傳統又超越前賢的目標出發，彙編先秦至清末古籍中有關文獻校讎的重要資料，以及歷代古籍目録著録典籍的重要資料，彌補了古代類書編纂的不足；在規模和體制上，也大大超過了以往相同領域的文獻類編。

二、《文獻目録典》兼具資料類編與書目兩大功能，既是中國文獻學的資料大全，又是中國存佚古籍的解題全目。本典的《文獻學分典》彙集古代學者對目録、版本、校勘、注釋、辨僞、輯佚等各專學相關概念、術語、涵義、地位及淵源流别的論述，收録古代學者運用各專學考辨文獻的方法與實例，以及對他們考校典籍的具體事蹟和成果的記載，爲專業人員和其他學科的研究者提供古代文獻學豐富的史料，也可作爲高等院校文獻學教學的參考素材，從而適應了我國文獻學學科建設和古籍整理發展的需要。

本典的《古籍目録分典》則汲取南宋文獻學家鄭樵「紀百代之有無，廣古今而無遺」的目録學思想，廣採古今公私古籍目録，對産生於一九一一年以前的中國古籍，不論存佚，皆予著録。從一定意義上講，它是第一部反映我國古代文化典籍全貌的中國古籍解題全目，其中有關亡佚古籍的豐富材料，必將在全面發掘我國古代文化遺産，深入開展中國文化史研究的進程中顯示其重要的價值。

三、《文獻目録典》的框架體例體現了高度的科學性、系統的完整性和清晰的條理性。本典採用現代科學分類的方法，並吸收當今文獻學研究和古籍分類的最新成果，對我國古籍的傳統分類加以改造，形成了由典、分典、總部、部、分部、專題等六級經目及若干緯目相互交織的框架結構，用以容納豐富的資料。同時也展現了我國文獻學完整、清晰的學科體系和對古籍的科學分類。這種按學術内容分類統轄、依時間順序排列資料的邏輯體系，不僅有利於揭示典籍文獻的本質屬性和内容上的相互關係，而且有助於反映我國古代各門學術形成發展的淵源脉絡，發揮「辨章學術，考鏡源流」的作用。本典所設計的文獻學框架和對古籍分類體系的改造，也將有益於進一步規範我國文獻學的學科體系和完善古籍目録的分類方法。

四、《文獻目録典》的編纂確保了資料的廣泛性、文獻選編的實用性和校勘標點的準確性。本典的資料採編、整理堅持網羅宏富和質量第一的原則。收録資料的範圍包括傳世典籍、出土文獻和域外漢籍，普查典籍文獻達一萬四千餘種，其中查閲的書目文獻則遍及古今各種古籍目録；採録資料選用典籍較好的版本，並充分利用二十世紀以來古籍整理的優秀成果。文獻採選則注意去粗取精，既選用有代表性和稀見的資料，又兼收不同流派、不同觀點的材料，以求客觀地反映古代學術的面貌。類編文獻務求歸類恰當，並標明出處，配以詳細的《引用書目》，以利使用。由於本典編纂人員是來自國内文獻學界的專家和中青年學者，富有古籍整理的經驗，因而校點工作力求準確規範，在整理資料過程中還改正了以往古籍點校中的一些錯誤。

《中華大典·文獻目録典》在長達六年的編纂工作中，來自北京師範大學、内蒙古師範大學、河北師範大學、安徽大學、河南師範大學、内蒙古大學、南開大學、天津師範大學、雲南大學的近百名專家學者，以嚴謹認真的科學態度，團結協作，甘於奉獻，付出了大量辛勤的勞動。本典的編纂工作自始至終得到《中華大典》工委會、編委會和大典辦公室的悉心指導，得到廣西師範大學出版社的大力支持和密切配合，得到上述高校各級領導的關心支持，以及國家圖書館、有關省級圖書館和高校圖書館的熱情幫助。謹此表示衷心的感謝。並懇望海内外學術界和讀者諸君對本典存在的失誤不吝賜教。

**《中華大典·文獻目録典》編纂委員會**

二〇一二年一月三十日

# 《中華大典·文獻目録典》凡例

《文獻目録典》是《中華大典》二十四個典之一。本典以《中華大典》工作總則等條例爲依據，並結合本典内容的實際情況作個別變通，形成以下編纂體例。

一、本典由《文獻學分典》和《古籍目録分典》組成。分典下設總部，《文獻學分典》包括《文獻總論總部》、《目録總部》、《版本總部》、《校勘總部》、《注釋總部》、《辨僞總部》、《輯佚總部》、《典藏總部》、《流通總部》；《古籍目録分典》包括《經總部》、《史總部》、《子總部》、《集總部》、《叢書總部》、《譯著總部》。總部下設部，部之下按需要再立分部、專題，由此構成典、分典、總部、部、分部、專題等六級經目。

二、各總部及其所轄經目之下設緯目，用以羅織相關材料。緯目設置視所據資料的情況而定，有則設之，無則不設。本典所設緯目有七項。論述：收録有關論述所屬經目的概念、涵義、特點、分類依據、發展源流的資料。綜述：全面、系統地收録對相關學術、事物或典籍作記述、評介或例證的資料。傳記：收録有關人物的具有代表性的傳記資料。紀事：收録對相關活動的具體記載和史實。藝文：收録吟誦相關事物或人物的韻文或散文。雜録：收録未採用於上述緯目，而又具有較高參考價值的資料。圖表：收録對相關事物作形象描述或簡明表述的圖表。

三、本典的《文獻學分典》彙編先秦至清末有關文獻産生發展、收藏流通及文獻學各門專學的重要資料。《古籍目録分典》彙編古今各種古籍目録的重要資料，用以著録一九一一年以前産生的所有中國古籍的狀況。收録典籍資料的範圍包括傳世典籍、出土文獻和域外漢籍。

所收資料分類編排於相應的緯目之下，並按資料成書的時代先後排列，時代難以考實者就近排列，或遵從歷史習慣。

四、在所引資料前標明出處，常用而熟知的古籍如先秦典籍、《十三經》、《二十四史》可不標作者姓名，其他引書標注則均標明作者、書名、卷次或篇名。

五、爲避免不必要的文字重複，一些書名和篇名在引書標示時採用通行的簡稱，如《資治通鑑》簡稱《通鑑》，《漢書·藝文志》簡稱《漢志》，《四庫全書總目提要》簡稱《四庫提要》，書名簡稱所對應的全稱在《引用書目》中説明。在同一部典籍的不同部分引用兩段以上材料而又排列相連時，可用「又」字代替與前文重複的引書標示。

六、所引資料如在一段之中有省略之處，用【略】標明。

七、所引資料的正文中如有注疏文字，則按古籍原貌隨文夾注，並以大小字型區分正文與注疏文字。有的資料中注疏文字較多，形式繁雜，容易混淆，爲方便利用，則以方括號標注注疏者姓名及注疏方式，如［鄭玄注］。

八、校勘只對引書底本明顯的訛、脱、衍、倒進行勘正，不出校記。採用圓括號標署訛字、衍字和倒文，方括號標署正字、順文和增補的脱字。

九、引書底本的古今字、通假字，一般不作改動。不用簡化字。避諱字多一仍其舊，但因避諱而缺筆者，則補足筆畫，空字者補字。

十、採用新式標點符號標點資料原文。

十一、採用中文數字，不用阿拉伯數字。引書標示中對古籍卷次的標示，僅用一、二、三、四、五、六、七、八、九、〇，不用十、百、千、萬。

十二、各分典附《引用書目》，書目包括書名、作者、時代、版本等項内容。本典從實用出發，對一部典籍的引用不限於一種版本，擇善而從。

**《中華大典·文獻目録典》編纂委員會**

二〇一二年一月三十一日

# 中華大典·文獻目録典

## 總目

### 古籍目録分典

經總部
史總部
子總部
集總部
叢書總部
譯著總部

### 文獻學分典

文獻總論總部
目録總部
版本總部
校勘總部
注釋總部
辨僞總部
輯佚總部
典藏總部
流通總部

# 中華大典·文獻目録典

# 古籍目録分典

主編：楊寄林 諸偉奇

# 《古籍目録分典》編纂委員會

**主　編：**楊寄林　諸偉奇

**編委會委員：**（以姓氏筆劃爲序）

杜也力　邵永忠　周挺啟　敖　堃　董文武
楊寄林　鄭振峰　諸偉奇　蘇文珠

# 《古籍目録分典》編纂説明

《古籍目録分典》是《中華大典・文獻目録典》兩個分典之一。本分典以《〈中華大典〉編纂通則》與《〈文獻目録典〉凡例》爲指導，結合中國古籍和歷代古籍書目的特點與實際情況，通過廣泛搜採專題資料，進行科學編排，形成了一部規模較大的新型專科類書，同時兼具集成性中國古籍解題總目的功能。

本分典重在反映一九一一年辛亥革命以前中國歷代著述的整體風貌，以『紀百代之有無，廣古今而無遺』爲旨，本擬收輯古今書目文獻，悉録存佚古籍，以成全目。然受大典通則關於所收資料『迄於辛亥革命』的規定所限，故資料範圍僅以一九一一年前撰成的書目和著述爲採輯對象，特作説明。本分典的編纂企望能客觀顯示中國古籍所達到的位居世界之首的宏富與完備程度，並藉此展現中華傳統文化的獨特景觀與魅力。

本分典重在標揭每種古籍特别是傳世名著與要籍的本來面目和固有情狀，因而廣列群説，提要鈎玄，特將輻射面和關節點集中於：書名涵義、作者略歷、師承關係、時代背景、編著經過、成書年代、篇目次第、撰寫體例、內容概要、主旨大義、優劣得失、學術成就、史料價值、藝術風格、實際用途、社會意義、歷史地位、後世影響，以及傳布原委、版本源流、內容真僞、文字異同等。藉此數端而使每種古籍得以梗要略具或境界全出，進而在特定視域內彰顯其所蘊含的中華民族特有的文化認知、精神價值、思維方式和創造力、想像力，並且昭示中華民族在數千年歷史發展過程中所積澱的具有代表性的重要精神文明成果。

本分典重在辨章學術，考鏡源流，因而類聚群分，舉要撮凡，着意宣明有史以來中華學術文化的立體格局和嬗變大勢，闡繹各門學術尤其是主流學術的淵源流變、各自特徵與精髓所在，彼此間的內在聯繫與相互作用，揭示貫穿其間的變通張弛之故；並兼及中國古代圖書事業、目録事業的發展軌跡與具體情形。進而彰揚民族文化的基本元素，顯現出綿延數千年而一脉相承的中華文明的博大精深，持續臻及的廣度、深度與力度。

基於上列重點內容，本分典構建了由五級『經目』同三個『緯目』交織互持的框架結構，用以統括和承載恰相對應的豐富資料。五級『經目』從上至下，除『分典』居首外，包括：六個『總部』，即《經總部》、《史總部》、《子總部》、《集總部》、《叢書總部》、《譯著總部》。各總部之下，依次復設若干個『部』、若干個『分部』、若干個『專題』。三個『緯目』爲『論述』、『雜録』、『綜述』，各適其所地配置在『總部』、『部』或『分部』、『專題』之下。

本分典五級『經目』的設置，均以歷代古籍之有無多寡爲依據，採用現代科學的分類方法重行熔鑄，一方面保留古籍傳統分類的可取之處，另方面吸收當代有關古籍分類的研究成果，力求使之完備化，從而形成了脉絡清晰、邏輯嚴密的古籍分類新體系。

本分典三個『緯目』的設置，組成了各級『經目』所涵蓋的具體內容和各種資料的展開區間和宣示點位。其中『論述』則主要輯録衆書目之大序（部序）、小序（類序）文字，以及他書中與其交相發明的類序性文字；『雜録』則主要輯録同分類相關而足資參考的資料；『綜述』則主要輯録衆書目和他書中關於某部典籍的著録文字、解題文字、註語、按語和序跋題識等。三個『緯目』之間各有側重，彼此映照，互作支撑，融爲一體。

本分典依託於既定的經緯目框架結構，特以『既博且精』爲標尺，大範圍搜集又聚焦化選取原始資料。其『博』在：既以古代各種書目爲主，又以相關著作爲輔，達到近乎竭澤而漁的地步。其『精』在：參照《中華大典》兩委會所設定的編纂規模與輯録一九一一年以前資料的要求，擇定其中頗具代表性或稀見難覓的數百種書目及數十種相關著作予以多維度、層級化、集束式彙輯。彙輯中，特將資料的剪裁與編排列爲第一要務。必經反覆品察，判明每種典籍尤其是易混難分之書或模棱兩可之書的本質屬性而各歸其類，適得其所，力戒重出或失當。資料剪裁則兼顧涵蓋而突出重點，切忌缺漏或冗濫。從被收載的所有典籍到評介每部典籍的各種資料，皆按時代先後排列，自成單元又蟬聯而下。

《古籍目録分典》作爲一部總結性的資料彙編，可向學術界、研究者提供準確詳細、足資參取的古籍解題資料；並對批判地繼承和弘揚祖國歷史文化遺産，建設優秀傳統文化傳承體系，增强中華文明的國際影響力，起到一定的輔助作用。

《古籍目録分典》從發凡起例、廣搜精選資料到諸多編纂環節、審稿定稿，各有分工地傾注和凝聚着《文獻目録典》主編、副主編、本分典主編、六總部主編、全體編纂人員的大量心血、精力、勞動與學術智慧。而廣西師範大學出版社的領導與責任編輯亦爲本分典質量的提昇提出了許多寶貴意見。本分典有待社會檢驗和時間考驗，敬祈海内外方家和廣大讀者對其中存在的瑕疵及不足之處給予教正，謹此先致謝忱。

**《中華大典·文獻目録典·古籍目録分典》編纂委員會**

二〇一三年九月二十日

# 經總部

主　編：諸偉奇
副主編：敖　堃

# 《經總部》編纂人員

**主　　編**：諸偉奇

**副 主 編**：敖　堃

**編 纂 者**：周挺啟　郝士宏　胡長春　敖　堃
張尚穩　諸偉奇

# 《經總部》提要

《經總部》是《文獻目録典·古籍目録分典》六個總部之一，彙輯歷代古籍目録資料，不論存佚，廣泛收録我國古代經部書目。本總部分「群經總義」、「易」、「書」、「詩」、「禮」、「樂」、「春秋」、「孝經」、「四書」、「小學」、「石經」、「讖緯」十二部。其中「詩部」下分「毛詩」、「三家詩」兩個分部，「禮部」下分「周禮」、「儀禮」、「禮記」、「三禮總義」、「通禮」、「雜禮」六個分部，「樂部」下分「樂制」、「樂理」、「樂譜」三個分部，「春秋部」下分「春秋經」、「左傳」、「公羊傳」、「穀梁傳」、「春秋總義」五個分部，「四書部」下分「論語」、「孟子」、「大學」、「中庸」、「四書總義」五個分部，「小學部」下分「文字」、「音韻」、「訓詁」、「譯語」四個分部。每種古籍之下，則廣輯資料以備列群説，凸現其大旨要義。

本總部編纂中嚴格遵行《中華大典》的編纂通則和《文獻目録典·古籍目録分典》的編纂體例。

本總部編纂分工如下：敖堃、諸偉奇先後承擔「群經總義部」、「書部」、「禮部」、「樂部」、「春秋部」、「孝經部」書目的編寫，張尚穩承擔「易部」書目的編寫，周挺啟承擔「詩部」、「讖緯部」及部分「禮部」書目的編寫，胡長春承擔「四書部」、「石經部」書目的編寫，郝士宏承擔「小學部」書目的編寫。諸偉奇負責全書的審稿、定稿和書目補寫工作，周挺啟協助了這些工作。紀健生先生參與了部分書稿的審訂。王素青、程静、李煒、蔡艷嫣、胡芳、楊穎、郭潔、王紀波、劉健、劉艷艷、牛甲枝諸君曾先後參與了本書的編纂和編務工作。

本總部截稿於二〇一一年八月。對其後出版的古籍書目中的資料，我們在審讀校樣時做了必要的增補。

本總部編纂歷時八年，其中甘苦，難以一一。作爲主編，我要感謝參加《經總部》編纂的所有同仁，尤其是周挺啟博士，感謝他可貴的付出和不懈的努力。同時，要感謝安徽省古籍整理出版基金會對《中華大典·文獻目録典·古籍目録分典·經總部》編纂工作的重視和支持。

**諸偉奇**

二〇一四年七月二十六日

目次

# 論述

**《漢書·藝文志序》** 昔仲尼沒而微言絕，七十子喪而大義乖。故《春秋》分爲五，《詩》分爲四，《易》有數家之傳。戰國從衡，眞僞分爭，諸子之言紛然殽亂。至秦患之，乃燔滅文章，以愚黔首。漢興，改秦之敗，大收篇籍，廣開獻書之路。迄孝武世，書缺簡脱，禮壞樂崩，聖上喟然而稱曰：「朕甚閔焉！」於是建藏書之策，置寫書之官，下及諸子傳說，皆充祕府。至成帝時，以書頗散亡，使謁者陳農求遺書於天下。詔光祿大夫劉向校經傳諸子詩賦，步兵校尉任宏校兵書，太史令尹咸校數術，侍醫李柱國校方技。每一書已，向輒條其篇目，撮其指意，錄而奏之。會向卒，哀帝復使向子侍中奉車都尉歆卒父業。歆於是總羣書而奏其《七略》，故有《輯略》，有《六藝略》，有《諸子略》，有《詩賦略》，有《兵書略》，有《術數略》，有《方技略》。今刪其要，以備篇籍。

**又《六藝略序》** 六藝之文：《樂》以和神，仁之表也；《詩》以正言，義之用也；《禮》以明體，明者著見，故無訓也；《書》以廣聽，知之術也；《春秋》以斷事，信之符也。五者，蓋五常之道，相須而備，而《易》爲之原。故曰「《易》不可見，則乾坤或幾乎息矣」，言與天地爲終始也。至於五學，世有變改，猶五行之更用事焉。古之學者耕且養，三年而通一藝，存其大體，玩經文而已，是故用日少而畜德多，三十而五經立也。後世經傳既已乖離，博學者又不思多聞闕疑之義，而務碎義逃難，便辭巧說，破壞形體；說五字之文，至於二三萬言。後進彌以馳逐，故幼童而守一藝，白首而後能言；安其所習，毀所不見，終以自蔽。此學者之大患也。序六藝爲九種。

**陸德明《經典釋文序録·次第》** 五經六籍，聖人設教，訓誘機要，寧有短長？然時有澆淳，隨疾投藥，不相沿襲，豈無後先？所以次第互有不同。如《禮記·經解》之說，以《詩》爲首；《七略》、《藝文志》所記，用《易》居前，阮孝緒《七錄》亦同此次；而王儉《七志》，《孝經》爲初。原其後前，義各有旨。今欲以著述早晚，經義總別，以成次第，出之如左。

《周易》：雖文起周代，而卦肇伏羲，既處名教之初，故《易》爲七經之首。

《周禮》有「三易」，《連山》久亡，《歸藏》不行於世，故不詳錄。

《古文尚書》：既起五帝之末，理後三皇之經，故次於《易》。伏生所誦，是曰「今文」，闕謬處多，故不別記。馬、鄭所有異同，今亦附之音後。

《毛詩》：既起周文，又兼《商頌》，故在堯舜之後，次於《易》、《書》。

《詩》雖有四家，齊、魯、韓世所不用，今亦□□不取。

《三禮》：《周》、《儀》二《禮》，並周公所制，宜次文王；《禮記》雖有戴聖所錄，然忘名已久，又記二《禮》闕遺，□□相從，次於《詩》下。

《三禮》次第，《周禮》爲本，《儀禮》爲末，先後可見。然古有《樂經》，謂之「六籍」，滅亡既久，今亦闕焉。

《春秋》：既是孔子所作，理當後於周公，故次於《禮》。左丘明受經於仲尼；公羊高受之於子夏；穀梁赤乃後代傳聞。三《傳》次第自顯。

《孝經》：雖與《春秋》俱是夫子述作，然《春秋》周公垂訓，史書舊章，《孝經》專是夫子之意，故宜在《春秋》之後。《七志》以《孝經》居《易》之首，今所不同。

《論語》：此是門徒所記，故次《孝經》。《藝文志》及《七錄》以《論語》在《孝經》前，今不同此次。

《爾雅》：《爾雅》周公，復爲後人所益，既釋於經，又非□□次，故殿末焉。衆家皆以《爾雅》居經典之後，在諸子之前，今微爲異。

**《隋書·經籍志·經部序》** 《傳》曰：「玉不琢，不成器，人不學，不知道。」古之君子，多識而不窮，畜疑以待問；學不踰等，教不陵節；言約而易曉，師逸而功倍；且耕且養，三年而成一藝。自孔子沒而微言絕，七十子喪而大義乖，學者離羣索居，各爲異說。至于戰國，典文遺棄，六經之儒，不能究其宗旨，多立小數，一經至數百萬言。致令學者難曉，虛誦問答，脣腐齒落而不知益。且先王設教，以防人欲，必本於人事，折之中道。上天之命，略而罕言，方外之理，固所未說。至後漢好圖讖，晉世重玄言，穿鑿妄作，日以滋生。先王正典，雜之以妖妄，大雅之論，汩之以放誕。陵夷至于近代，去正轉疎，無復師資之法。學不心解，專以浮華相尚，豫造雜難，擬爲讎對，遂有芟角、反對、互從等諸翻競之說。馳騁煩言，以紊彝敘，譊譊成俗，而不知變，此學者之蔽也。班固列六藝爲九種，或以緯書解經，合爲十種。

**晁公武《郡齋讀書志・經類總論》** 自漢武帝之後，雖世有治亂，無不知崇尚典籍。劉歆始著《七略》，總録羣書：一曰《輯略》，二曰《六藝略》，三曰《諸子略》，四曰《詩賦略》，五曰《兵書略》，六曰《術數略》，七曰《方技略》。至荀勗更著《新簿》，分爲四部：一曰甲部，紀六藝及小學等書；二曰乙部，有古、今諸子家及兵書、術數；三曰丙部，有史記及故事；四曰丁部，有詩賦、圖讚。勗之《簿》蓋合《兵書》、《術數》、《方技》於諸子，自春秋類摘出史記，別而爲一，《六藝》、《諸子》、《詩賦》，皆仍歆舊。其後歷代所編書目，如王儉、阮孝緒之徒，咸從歆例；謝靈運、任昉之徒，咸從勗例。唐之分經史子集，藏於四庫，是亦祖述勗而加詳焉。歐陽公謂其始於開元，誤矣。今公武所録書，史集居其半，若依《七略》，則多寡不均，故亦分之爲四焉。

經之類凡十。其一曰《易》，二曰《書》，三曰《詩》，四曰《禮》，五曰《樂》，六曰《春秋》，七曰《孝經》，八曰《論語》，九曰經解，十曰小學，合二百五十五部，計三千二百四十四卷。孔氏之教，別而爲六藝數十萬言，其義理之富，至於不可勝原，然其要片言可斷，曰修身而已矣。修身之道，内之則本於正心誠意，致知格物；外之則推於齊家、治國、平天下；内外兼盡，無施而不宜。學者若以此而觀六藝，猶坐璇璣以窺七政之運，無不合者。不然，則悖謬乖離，無足怪也。漢承秦後，六藝皆出於灰燼之餘，學者顓門名家，故《易》有田氏、焦氏、費氏，《詩》有《魯詩》、《齊詩》、《韓詩》，《春秋》有鄒、夾、左丘明、公羊高、穀梁赤，《禮》、《樂》有大戴、小戴之殊，《書》有古文、今文之異：各尊其師説，而伐其異己者，黨枯骸，護蠹簡，至於忘父子君臣之分，爭辨不少屈，其弊甚矣。迨至晉、魏之後，此弊雖衰，而學者徒剽賊六藝之文，飾其辭章，以譁世取寵，而不復有明道之意，無以議爲。及唐之中葉，海内乂安，士稍知宗尚經術，而去聖愈遠，異端並興。學《書》者，則以今文易古文，而頗改其辭；學《春秋》者，則合三《傳》之同異而雜舉其義，不本所承，決以胸臆，以迄於今。釋、老、申、韓之説，雜然滿於六經之中，雖與漢儒之學不同，而其失一也。凡此者豈有他哉！皆不能操修身之道，反刻意於章句，是以迢迢千載之間，悖謬乖離，殊塗而同歸，至此其極，悲夫！今所録漢、唐以來之書甚備，觀者其愼擇焉。《論語》、《孝經》，自班固以來，皆附經類。夫《論語》，羣言之首，《孝經》，百行之宗，皆六經之要，其附於經固不可易。又《藝文志》有小學類，《四庫書目》有經解類，蓋有補於經而無所繫屬，故皆附於經，今亦從之。

**馬端臨《文獻通考・經籍考・總叙》** 伏羲氏始畫八卦，造書契，書者，文字；以代結繩之政，由是文籍生焉。伏羲、神農、黄帝之書，謂之《三墳》，言大道也。少昊、顓頊、高辛、唐、虞之書，謂之《五典》，言常道也。至於夏、商、周之書，雖設教不倫，雅誥奥義，其歸一揆，是故歷代寶之，以爲大訓。八卦之説，謂之《八索》。索，求也。求其義也。九州之志，謂之《九丘》。丘，聚也。言九州所有，土地所生，風氣所宜，皆聚此書也。

按古書之流傳於今者，惟六經。六經之前，則《三墳》、《五典》、《八索》、《九丘》是已。《周官》外史掌三皇五帝之書，則國家之所職掌者，此也。楚左史倚相能讀《三墳》、《五典》、《八索》、《九丘》，則學士大夫之所誦習者，此也。今其書亡，而其義則略見於孔氏《尚書》之序，故録之以爲經籍之始。《索隱史記三皇紀》言：「《春秋緯》稱自開闢至於獲麟，凡二百二十六萬七千歲，分爲十紀，凡世七萬六百年。一曰九頭紀，二曰五龍紀，三曰攝提紀，四曰合雒紀，五曰連通紀，六曰序命紀，七曰循蜚紀，八曰因提紀，九曰禪通紀，十曰疏仡紀。」則上古之書蓋不可勝計，然其説荒誕，故無取焉。【略】

孔子生於周末，覩史籍之繁文，懼覽之者不一，遂乃定禮樂，明舊章，刪詩爲三百篇，約史記而修《春秋》，讚易道以黜《八索》，述職方以除《九丘》，討論《墳》、《典》，斷自唐、虞以下訖於周。【略】

《莊子・天下》篇：古之人其備乎。配神明，醇天地，育萬物，和天下，澤及百姓，明於本數，係於末度，六通四辟，小大精粗，其運無乎不在。其明而在數度者，舊法世傳之史尚多有之。其在於《詩》、《書》、《禮》、《樂》者，鄒、魯之士，搢紳先生多能明之。《詩》以道志，《書》以道事，《禮》以道行，《樂》以道和，《易》以道陰陽，《春秋》以道名分。其數散於天下而設於中國者，百家之學時或稱而道之。天下大亂，賢聖不明，道德不一，天下多得一察焉以自好。譬如耳目鼻口，皆有所明，不能相通。猶百家衆技也，皆有所長，時有所用。雖然，不該不徧，一曲之士也。判天下之美，析萬物之理，察古人之全，寡能備於天地之美，稱神明之容。是故內聖外王之道，闇而不明，鬱而不發，天下之人各爲其所欲焉以自爲方。悲夫！百家往而不反，必不合矣！後世之學者，不幸不見天地之純，古人之大體，道術將爲天下裂。【略】

《禮記·經解》：孔子曰：入其國，其教可知也。觀其風俗，則知其所以教。其爲人也溫柔敦厚，《詩》教也；疏通知遠，《書》教也；廣博易良，《樂》教也；絜靜精微，《易》教也；恭儉莊敬，《禮》教也；屬辭比事，《春秋》教也。故《詩》之失，愚；《書》之失，誣；《樂》之失，奢；《易》之失，賊；《禮》之失，煩；《春秋》之失，亂。其爲人也，溫柔敦厚而不愚，則深於《詩》者也；疏通知遠而不誣，則深於《書》者也；廣博易良而不奢，則深於《樂》者也；絜靜精微而不賊，深於《易》者也；恭儉莊敬而不煩，深於《禮》者也；屬辭比事而不亂，則深於《春秋》者也。此篇分析六經，體教不同，故名曰「經解」也。六經，其教雖異，總以禮爲本，故紀者錄入於《禮》。【略】

秦始皇三十四年，丞相李斯上書曰：「異時諸侯並爭，厚招游學。今天下已定，法令出一，百姓當家，則力農工，士則學習法令。今諸生不師今而學古，以非當世，惑亂黔首，相與非法教。人聞令下，則各以其學議之，入則心非，出則巷議，誇主以爲名，異趣以爲高，率羣臣以造謗。如此弗禁，則主勢降乎上，黨與成乎下。禁之便。臣請史官非秦記皆燒之。非博士官所職，天下有藏《詩》、《書》、百家語者，皆詣守尉雜燒之。有敢偶語《詩》、《書》棄市。以古非今者族。吏見知而不舉，與同罪。令下三十日不燒，黥爲城旦。所不去者，醫藥、卜筮、種樹之書。若欲學法令，則以吏爲師」。制曰「可」。【略】

《西漢書·儒林傳》序曰：秦始皇兼天下，燔《詩》、《書》，殺術士，六學從此闕矣。陳涉之王也，魯諸儒持孔子禮器往歸之，於是孔甲爲涉博士，卒與俱死。陳涉起匹夫，敺適戍以立號，不滿歲而滅亡，其事至微淺，然而搢紳先生負禮器往委質爲臣者，何也？以秦禁其業，積怨而發憤於陳王也。及高皇帝誅項籍，引兵圍魯，魯中諸儒尚講誦習禮，弦歌之音不絕，豈非聖人遺化好學之國哉？於是諸儒始得修其經學，講習大射、鄉飲之禮。叔孫通作漢禮儀，因爲奉常，諸弟子共定者，咸爲選首，然後喟然興於學。然尚有干戈，平定四海，師古曰：言陳豨、盧綰、韓信、黥布之徒相次反叛征伐也。亦未遑庠序之事也。孝惠、高后時，公卿皆武力功臣，孝文時頗登用，然孝文本好刑、名之言；及至孝景，不任儒；竇太后又好黃、老術，故諸博士具官待問，未有進者。師古曰：具官，謂備員而已。漢興，言《易》，自淄川田生；言《書》，自濟南伏生；言《詩》，於魯則申培公，於齊則轅固生，燕則韓太傅；言《禮》，則魯高堂生；言《春秋》，於齊則胡母生，於趙則董仲舒。及竇太后崩，武安君田蚡爲丞相，黜黃、老刑名百家之言，延文學儒者以百數，而公孫弘以治《春秋》爲丞相，封侯，天下學士靡然鄉風矣。

《西漢書·藝文志》序曰：昔仲尼沒而微言絕，七十子喪而大義乖。故《春秋》分爲五，韋昭曰：謂《左氏》、《公羊》、《穀梁》、《鄒氏》、《夾氏》也。《詩》分爲四，韋昭曰：謂《毛氏》、《齊》、《魯》、《韓》。《易》有數家之傳。戰國從衡，眞僞分爭，諸子之言，紛然殽亂。至秦患之，乃燔滅文章，以愚黔首。漢興，改秦之敗，大收篇籍，廣開獻書之路。迄孝武世，書缺簡脫，禮壞樂崩，聖上喟然而稱曰：「朕甚閔焉！」於是建藏書之策，如淳曰：劉歆《七略》曰「外則有太常太史，博士之藏，內則有延閣、廣內、祕室之府」。置寫書之官，下及諸子傳說，皆充祕府。至成帝時，以書頗散亡，使謁者陳農求遺書於天下，詔光祿大夫劉向校經、傳、諸子、詩賦，步兵校尉任宏校兵書，太史令尹咸校數術，師古曰：占卜之書。侍醫李柱國校方技。師古曰：醫藥之書也。每一書已，師古曰：已，畢也。向輒條其篇目，撮其指意，錄而奏之。師古曰：撮，總取也，音千括反。會向卒，哀帝復使向子侍中奉車都尉歆卒父業。歆於是總羣書而奏其《七略》，故有《輯略》，師古曰：輯，與集同，謂諸書之總要。有《六藝略》，六藝，六經也。有《諸子略》，有《詩賦略》，有《兵書略》，有《數術略》，有《方技略》。今刪其要以備篇籍。

夾漈鄭氏曰：班固《藝文志》出於《七略》者也。《七略》雖疎而不濫，若班氏步步趨趨，不離於《七略》，未見其失也；間有《七略》所無，而班氏雜出者，則躓矣。揚雄所作之書，劉氏蓋未收，而班氏始出，若之何以《太玄》、《法言》、《樂箴》三書合爲一，總謂之揚雄所序三十八篇，入於儒家類？按儒者舊有五十二種，固新出一種，則揚雄之三書也。且《太玄》，《易》類也；《法言》，諸子；《樂箴》，雜家也；奈何合而爲一家？是知班固胸中元無倫類。

劉歆爲侍中，遷光祿大夫，領五經，卒父前業，欲建立《左氏春秋》及《毛詩》、《逸禮》、《古文尚書》皆列於學官。哀帝令歆與五經博士講論其義，諸博士或不肯置對。歆因移書太常博士，責讓之曰：昔唐、虞既衰，而三代迭興，聖帝明王，累起相襲，其道甚著。周室既微，而禮樂不正，道之難全也如此。是故孔子憂道之不行，歷國應聘，自衛反魯，然後樂正，《雅》、《頌》乃得其所；修《易》，序《書》，制作《春秋》，以紀帝王之道。及夫子沒而微言絶，七十子終而大義乖，重遭戰國，棄籩豆之禮，理軍旅之陳，孔氏之道抑，而孫、吳之術興。陵夷至於暴秦，燔經書，殺儒士，設挾書之法，行是古之罪，道術由是遂滅。漢興，去聖帝明王遐遠，仲尼之道又絶，法度無所因襲。時獨有一叔孫通，略定禮儀，天下唯有《易》卜，未有他書。至孝惠之世，乃除挾書之律，然公卿大臣絳、灌之屬，咸介胄武夫，莫以爲意。至孝文皇帝，始使掌故晁錯，從伏生受《尚書》。《尚書》初出於屋壁，朽折散絶，今其書見在，時師傳讀而已。《詩》始萌芽。天下衆書，往往頗出，皆諸子傳說，猶廣立於學官，爲置博士。在漢朝之儒，唯賈生而已。至孝武皇帝，然後鄒、魯、梁、趙頗有《詩》、《禮》、《春秋》先師，皆起於建元之間。當此之時，一人亦能獨盡其經，或爲《雅》，或爲《頌》，相合而成。《泰誓》後得，博士集而讀之。故詔書稱曰：「禮壞樂崩，書缺簡脫，朕甚閔焉！」時漢興已七八十年，離於全經，固已遠矣。及魯恭王壞孔子宅，欲以爲宮，而得古文於壞壁之中，《逸禮》有三十九，《書》十六篇。天漢之後，孔安國獻之，遭巫蠱倉卒之難，未及施行。及《春秋》左氏丘明所修，皆古文舊書，多者二十餘通，藏於祕府，伏而未發。孝成皇帝閔學殘文缺，稍離其眞，乃陳發祕藏，校理舊文，得此三事，以考學官所傳，經或脫簡，傳或間編，傳問民間，則有魯國桓公、趙國貫公、膠東庸生之遺學，與此同抑而未施。此乃有識者之所惜閔，七君子之所嗟痛也。往者綴學之士，不思廢絶之闕，苟因陋就寡，分文析字，煩言碎辭，學者罷老且不能究其一藝。信口說而背傳記，是末師而非往古。至於國家將有大事，若立辟雍、封禪、巡狩之儀，則幽冥而莫知其原。猶欲保殘守缺，挾恐見破之私意，而無從善服義之公心。或懷妒嫉，不考情實，雷同相從，隨聲是非，抑此三學，以《尚書》爲備，蘇林曰：備之而已。臣瓚曰：當時學者謂《尚書》唯有二十八篇，不知本有百篇也。師古曰：瓚說是也。謂《左氏》爲不傳《春秋》，豈不哀哉！今聖上德通神明，繼統揚業，亦閔文學錯亂，學士若兹，雖昭其情，猶依違謙讓，樂與士君子同之。故下明詔，試《左氏》可立不，遣近臣奉指銜命，將以輔弱扶微，與二三君子比意同力，冀得廢遺。【略】夫禮失求之於野，古文不猶愈於野乎？往者博士《書》有歐陽，《春秋》公羊，《易》則施孟，然孝宣皇帝猶廣立穀梁《春秋》，梁丘《易》，大小夏侯《尚書》，義雖相反，猶並置之。何則？與其過而廢之也，寧過而立之。【略】

劉歆總羣書，著《七略》，大凡三萬三千九十卷，王莽之亂，焚燒無遺。【略】

光武中興，篤好文雅，明、章繼軌，尤重經術。四方鴻生鉅儒，負帙自遠至者，不可勝算，石室蘭臺，彌以充積。又於東觀及仁壽閣集新書，校書郎班固、傅毅等典掌焉，並依《七略》，而爲書部。明帝幸三雍，尊養三老五更。饗射禮畢，帝正坐自講，諸儒執經問難於前，冠帶搢紳之人，圜橋門而觀聽者，蓋億萬計。建初中，大會諸儒於白虎觀，考詳同異，連月乃罷。肅宗親臨稱制臨決，如石渠故事，前書甘露二年，詔諸儒講五經同異，蕭望之等平奏其議，上親制臨決焉。又曰：施讎甘露中論五經於石渠閣。《三輔故事》曰：石渠閣在未央殿北，藏祕書之所。顧命史臣，著爲《通議》。即《白虎通議》是。孝和亦數幸東觀，覽閱書林。靈帝熹平時，詔諸儒正定《五經》，刊於石碑，爲古文、篆、隸三體書法，以相參檢，樹之學門，古文謂孔子壁中書。篆秦始皇使程邈所作也。隸書，亦程邈所獻也。主於徒隸從簡易。謝承書曰：碑立太學門外，瓦屋覆之，四面欄障，開門於南。河南郡設吏卒視之。揚龍驟《洛陽記》載朱超石與兄書云：石經文都似碑高一丈許，廣四尺，駢羅相接。使天下咸取則焉。初，光武遷還洛陽，其經牒祕書，載之二千餘兩。自此以後，參陪於前。及董卓移都之際，吏民擾亂，自辟雍、東觀、蘭臺、石室、宣明、鴻都諸藏典策文章，競共剖散。其縑帛圖書，大則連爲帷蓋，小乃制爲縢囊。及王允所收而西者，裁七十餘乘，道路艱遠，復棄其半矣。後長安之亂，一時焚蕩，莫不泯盡焉。

魏氏代漢，采掇遺亡，藏在祕書中外三閣。魏祕書郎鄭默，始制《中經》。祕書監荀勗，又因《中經》更著《新簿》，分爲四部，總括羣書。一曰甲部：紀六藝及小學等書；二曰乙部：有古諸子家、近世子家、兵書、兵家、術數；三曰丙部：有史記、舊事、皇覽簿、雜事；四曰丁部：有詩賦、圖贊、《汲冢書》。大凡四部，合二萬九千九百四十五卷。但錄題，及言盛以

縹囊，書用緗素，至於作者之意，無所論辯。【略】

東晉之初，漸更鳩聚。著作郎李充以勗舊簿校之，其見存者，但爲三千一十四卷。充遂總沒衆篇之名，但以甲乙爲次，自爾因循，無所變革。其後中朝遺書，稍流江左。宋武帝入關，收其圖籍，府藏所有，纔四千卷，赤軸青紙，文字古拙。文帝元嘉八年，祕書監謝靈運造《四部目錄》，大凡六萬四千五百八十二卷。元徽元年，祕書丞王儉又造目錄，大凡萬五千七百四卷。儉又別撰《七志》：一曰《經典志》，紀六藝、小學、史記、雜傳；二曰《諸子志》，紀今古諸子；三曰《文翰志》，紀詩賦；四曰《軍書志》，紀兵書；五曰《陰陽志》，紀陰陽圖緯；六曰《術藝志》，紀方技；七曰《圖譜志》，紀地域及圖書。其道、佛附見，合九條。然亦不述作者之意，但於書名之下，每立一傳，而又作九篇條例，編乎首卷之中，文義淺近，未爲典則。

齊永明中，祕書丞王亮、監謝朏，又造《四部書目》，大凡一萬八千一十卷。齊末兵火，延燒祕閣，經籍遺散。

梁初，祕書監任昉，躬加部集，又於文德殿內，列藏衆書，華林園中，總集釋典，大凡二萬三千一百六卷，而釋氏不與焉。梁有祕書監任昉、殷鈞《四部目錄》，又《文德殿目錄》。其術數之書，更爲一部，使奉朝請祖暅譔其名，故梁有《五部目錄》。普通中，有處士阮孝緒，沉靜寡慾，篤好墳史，博采宋、齊已來王公之家凡有書記，參校官簿，更爲《七錄》：一曰《經典錄》，紀六藝；二曰《記傳錄》，紀史傳；三曰《子兵錄》，紀子書、兵書；四曰《文集錄》，紀詩賦；五曰《技術錄》，紀數術；六曰《佛錄》；七曰《道錄》。其分部題目，頗有次序，割析辭義，淺薄不經。梁武敦說詩書，下化其上，四境之內，家有文史。【略】

漢世，鄭玄並爲衆經註解，服虔、何休各有所說。玄《易》、《詩》、《書》、《禮》、《論語》、《孝經》，虔《左氏春秋》，休《公羊傳》，大行於河北；王肅《易》亦間行焉。晉世，杜預註《左氏》。預玄孫坦，坦弟驥，於宋朝並爲青州刺史，傳其家業，故齊地多習之。自魏末大儒徐遵明門下講鄭玄所註《周易》，遵明以傳盧景裕及清河崔瑾。景裕傳權會、郭茂。權會早入鄴都，郭茂恆在門下教授。其後能言《易》者，多出郭茂之門。河南及青、齊之間，儒生多講王輔嗣所註，師訓蓋寡。齊時儒士，罕傳《尚書》之業，徐遵明兼通之。遵明受業於屯留王聰，傳授浮陽李周仁及勃海張文敬、李鉉、河間權會，並鄭康成所註，非古文也。下里諸生，略不見孔氏註解。武平末，劉光伯、劉士元始得費甝《義疏》，乃留意焉。其《詩》、《禮》、《春秋》，尤爲當時所尚，諸生多兼通之。《三禮》並出遵明之門，徐傳業於李鉉、祖儁、田元鳳、馮偉、紀顯敬、呂黃龍、夏懷敬。李鉉又傳授刁柔、張買奴、鮑季詳、邢峙、劉晝、熊安生。安生又傳孫靈暉、郭仲堅、丁恃德。其後生能通《禮經》者，多是安生門人。諸生盡通《小戴禮》，於《周》、《儀禮》兼通者，十二三焉。通《毛詩》者，多出於魏朝劉獻之。獻之傳李周仁，周仁傳董令度、程歸則，歸則傳劉敬和、張思伯、劉軌思。其後能言《詩》者，多出於二劉之門。河北諸儒能通《春秋》者，並服子慎所註，亦出徐生之門。張買奴、馬敬德、邢峙、張思伯、張奉禮、張雕、劉晝、鮑長宣、王元則並得服氏之精微。又有衛覬、陳達、潘叔虔，雖不傳徐氏之門，亦爲通解。又有姚文安、秦道靜，初亦學服氏，後兼更講杜元凱所註。其河外儒生，俱服膺杜氏。其《公羊》、《穀梁》二傳，儒者多不厝懷。《論語》、《孝經》，諸學徒莫不通講。諸儒如權會、李欽、刁柔、熊安生、劉軌思、馬敬德之徒，多自出義疏，雖曰專門，亦皆相祖習也。大抵南北所爲章句，好尚互有不同。江左：《周易》則王輔嗣，《尚書》則孔安國，《左傳》則杜元凱；河洛：《左傳》則服虔子慎，《尚書》、《周易》則鄭康成，《詩》則並主於毛公，《禮》則同遵於鄭氏。南人約簡，得其英華；北學深蕪，窮其枝葉。考其終始，要其會歸，其立身成名，殊方同致矣。【略】

唐分書爲四類，曰：經、史、子、集，而藏書之盛，莫盛於開元。其著錄者，五萬三千九百一十五卷，而唐之學者自爲之書者，又二萬八千四百六十九卷。【略】

石林葉氏曰：唐以前凡書籍皆寫本，未有摹印之法，人以藏書爲貴，人不多有，而藏者精於讎對，故往往皆有善本。學者以傳錄之艱，故其誦讀亦精詳。五代時，馮道始奏請官鏤板印行。國朝淳化中，復以《史記》、《前》、《後漢》付有司摹印，自是書籍刊鏤者益多，士大夫不復以藏書爲意。學者易於得書，其誦讀亦因滅裂。然板本初不是正，不無訛誤，世既一以板本爲正，而藏本日亡，其訛謬者遂不可正，甚可惜也。余襄公靖爲祕書，嘗言《前漢書》本謬甚，詔與王原叔同取祕閣古本參校，遂爲刊誤三十卷。其後劉原父兄弟《兩漢》皆有刊誤。余在許昌，得宋景文用監本手校《西漢》一部，末題用十三本校，中間有脱兩行者，惜乎今亡之矣！

又曰：世言雕板印書始馮道，此不然。但監本五經板道爲之爾。柳玭《訓》序言，其在蜀時，嘗閲書肆，云「字書、小學率雕板印紙」，則唐固有之矣，但恐不如今之工。今天下印書，以杭州爲上，蜀本次之，福建最下。京師比歲印板，殆不減杭州，但紙不佳。蜀與福建，多以柔木刻之，取其易成而速售，故不能工。福建本幾徧天下，正以其易成故也。

致堂胡氏曰：《易》、《書》、《詩》、《春秋》，全經也。先賢以之配皇帝王霸，言世之變，道之用，不出乎是矣。《論語》、《孟子》，聖賢之微言，諸經之管轄也。《孝經》非曾子所爲，蓋其門人纘所聞而成之，故整比章指，又未免有淺近者，不可以經名也。《禮記》多出於孔氏弟子，然必去呂不韋之《月令》，及漢儒之《王制》，仍傳集名儒，擇冠、婚、喪、祭、燕饗、相見之經與《曲禮》，以類相從，然後可以爲一書。若《大學》、《中庸》，則《孟子》之倫也，不可附之《禮》篇。至於《學記》、《樂記》、《閒居》、《燕居》、《緇衣》、《表記》格言，甚多非《經解》、《儒行》之比，當以爲《大學》、《中庸》之次也。《禮運》、《禮器》、《玉藻》、《郊特牲》之類，又其次也。若《周官》則決不出於周公，不當立博士使學者傳習，姑置之足矣。古有經而無數，逮孔子删定繫作，然後《易》、《詩》、《書》、《春秋》成焉。然孔、孟之門，經無五六之稱，其後世分《禮》、《樂》爲二，與四經爲六歟？抑合《禮》、《樂》爲一，與四經爲五歟？廢仲尼親筆所註之《春秋》，而取劉歆所附益之《周禮》，列之學官，於是六經名實益亂矣。有天下國家，必以經術示教化，不意五季之君，夷、狄之人，而知所先務，可不謂賢乎！雖然，命國子監以木本行，所以一文義，去舛訛，使人不迷於所習，善矣。頒之可也，鬻之非也。或曰：天下學者甚衆，安得人人而頒之？曰：以監本爲正，俾郡邑皆傳刻焉，何患於不給？國家浮費，不可勝計，而獨靳於此哉。此馮道、趙鳳之失也。

**朱彝尊《經義考·通説一·説經上》**　《經解》：孔子曰：入其國，其教可知也。其爲人也溫柔敦厚，《詩》教也；疏通知遠，《書》教也；廣博易良，《樂》教也；潔靜精微，《易》教也；恭儉莊敬，《禮》教也；屬辭比事，《春秋》教也。故《詩》之失愚，《書》之失誣，《樂》之失奢，《易》之失賊，《禮》之失煩；《春秋》之失亂。其爲人也溫柔敦厚而不愚，則深於《詩》者也；疏通知遠而不誣，則深於《書》者也；廣博易良而不奢，則深於《樂》者也；潔靜精微而不賊，則深於《易》者也；恭儉莊敬而不煩，則深於《禮》者也；屬辭比事而不亂，則深於《春秋》者也。【略】

司馬遷曰：《易》著天地陰陽四時五行，故長於變；《禮》經紀人倫，故長於行；《書》紀先王之事，故長於政；《詩》紀山川谿谷、禽獸草木、牝牡雌雄，故長於風；《樂》樂所以立，故長於和；《春秋》辨是非，故長於治人。是故《禮》以節人，《樂》以發和，《書》以道事，《詩》以達意，《易》以道化，《春秋》以道義。【略】

劉熙曰：經，徑也；常，典也。如徑路無所不通，可常用也。《易》，變易也。《禮》，體也，得其事體也。《詩》，之也，志之所之也。興物而作謂之興，敷布其義謂之賦，事類相似謂之比，言王政事謂之雅，稱頌成功謂之頌，隨作者之志而別名之也。《尚書》，尚，上也，以堯爲上始而書其時事也。春秋冬夏，終而成歲，《春秋》書人事，卒歲而究備；春秋溫涼，中象政和也，故舉以爲名也。【略】

劉勰曰：三極彝訓，其書言經。經也者，恆久之至道，不刊之鴻教也。自夫子删述而《易》張十翼，《書》標七觀，《詩》列四始，《禮》正五經，《春秋》五例。論説辭序則《易》統其首，詔策章奏則《書》發其源，賦頌歌贊則《詩》立其本，銘誄箴祝則《禮》總其端，紀傳銘檄則《春秋》爲其根。徵之周、孔，則文有師矣。是以子政論文，必征於聖，稚圭勸學，必宗於經。【略】

劉知幾曰：《尚書》，古文六經之冠冕也；《春秋》，左氏三傳之雄霸也。又曰：昔《詩》、《書》已成而毛、孔立傳。傳之時義，以訓詁爲主，亦猶《春秋》之《傳》，配經而行也。降及中古，始名傳曰注。蓋傳者，轉也，轉授於無窮；注者，流也，流通而靡絶。惟此二名，其歸一揆。鄭玄、王肅，述五經而各異；何休、馬融，論《三傳》而競美。欲加商榷，其流實繁。

**又《通説二·説經中》**　邵子曰：皇帝王霸者，《易》之體也；虞夏商周者，《書》之體也；文武周召者，《詩》之體也；秦晉齊楚者，《春秋》之體也；意言象數者，《易》之用也；仁義禮智者，《書》之用也；性情形體者，《詩》之用也；聖賢才術者，《春秋》之用也。又曰：《易》始於三皇，

《書》始於二帝，《詩》始於三王，《春秋》始於五霸。【略】

朱子曰：古之聖人作爲六經，以教後世。《易》以通幽明之故，《書》以紀政事之實，《詩》以導性情之正，《春秋》以示法戒之嚴，《禮》以正行，《樂》以和心，其於義理之精微，古今之得失，所以該貫發揮，究竟窮極，可謂盛矣。而總其書不過數十卷，蓋其簡易精約又如此。

**又《通説三・説經下》**　王禕曰：治《易》必自《中庸》始，治《書》必自《大學》始，治《春秋》必自《孟子》始，治《詩》及《禮》、《樂》必自《論語》始。《易》以明陰陽之變，推性命之原，然必本之於太極，太極即誠也。而《中庸》首言性命，終言天道人道，必推極於至誠，故曰治《易》必始於《中庸》也。《書》以紀政事之實，載國家天下之故，然必先之以德，峻德、一德、三德是也。而《大學》自修身以至治國平天下，亦本原於明德，故曰治《書》必始於《大學》也。《春秋》以貴王賤霸，誅亂討賊，其要則在乎正誼不謀利，明道不計功。而《孟子》尊王道，卑霸烈，闢異端，距邪説，其與時君言，每先義而後利，故曰治《春秋》必始於《孟子》也。《詩》以道性情，而《論語》之言《詩》，有曰《關雎》「樂而不淫，哀而不傷」，又曰「可以興，可以觀，可以羣，可以怨」。《禮》以謹節文，而《論語》之言禮，自鄉黨以至於朝廷，莫不具焉。《樂》以象功德，而《論語》之言樂，自《韶》、《武》以及翕純皦繹之説，莫不備焉。故曰治《詩》及《禮》、《樂》，必始於《論語》也。此四子六經相通然也。【略】

何喬新曰：經以載道，道本於心。夫子祖述憲章，垂六經以詔萬世。《易》作而吉凶禍福之驗該矣，《書》作而治亂存亡之戒明矣，《詩》作而吟詠性情之美極矣。動盪天地之中和，而爲《禮》、《樂》；斧衮二百四十年之善惡，而爲《春秋》。由是二帝三王之道益明於天下。然六經，心學也。是故説天莫辨於《易》，由吾心即太極也；説事莫辨乎《書》，由吾心政之府也；説志莫辨乎《詩》，由吾心統性情也；説理莫辨乎《春秋》，由吾心分善惡也；説體莫辨乎《禮》，由吾心有天序也；導民莫過乎《樂》，由吾心備人和也。聖人因其心之所有，而以六經教之。秦漢以來，心學不傳。京房溺於名數，世豈復有《易》？孔、鄭專於訓詁，世豈復有《書》、《詩》？董仲舒流於災異，世豈復有《春秋》？《樂》固亡矣，至於大小戴氏之所記，亦多未純，世豈復有全《禮》哉？經既不明，心則不正，國家安得而善治，鄉閭安得有善俗乎？【略】

王守仁曰：經，常道也。【略】六經者，吾心之紀籍也，而六經之實，則具於吾心。

胡應麟曰：夏商以前，經即史也，《尚書》、《春秋》是已。周秦之際，子即集也，孟軻、荀况是已。【略】

顧炎武曰：讀書不通五經者，必不能通一經。

**《四庫提要・經部總叙》**　經稟聖裁，垂型萬世，删定之旨，如日中天，無所容其贊述。所論次者，詁經之説而已。自漢京以後，垂二千年，儒者沿波，學凡六變。其初專門授受，遞稟師承，非惟詁訓相傳，莫敢同異，即篇章字句，亦恪守所聞。其學篤實謹嚴，及其弊也拘。王弼、王肅稍持異議，流風所扇，或信或疑；越孔、賈、啖、趙以及北宋孫復、劉敞等，各自論説，不相統攝，及其弊也雜。洛、閩繼起，道學大昌，擺落漢、唐，獨研義理，凡經師舊説，俱排斥以爲不足信。其學務别是非，及其弊也悍。如王柏、吴澄攻駁經文，動輒删改之類。學脈旁分，攀緣日衆，驅除異己，務定一尊，自宋末以逮明初，其學見異不遷，及其弊也黨。如《論語集注》誤引包咸「夏瑚商璉」之説，張存中《四書通證》即闕此一條，以諱其誤。又如王柏删《國風》三十二篇，許謙疑之，吴師道反以爲非之類。主持太過，勢有所偏，材辨聰明，激而横決，自明正德、嘉靖以後，其學各抒心得，及其弊也肆。如王守仁之末派，皆以狂禪解經之類。空談臆斷，考證必疎，於是博雅之儒，引古義以抵其隙。國初諸家，其學徵實不誣，及其弊也瑣。如一字音訓，動辨數百言之類。要其歸宿，則不過漢學、宋學兩家互爲勝負。夫漢學具有根柢，講學者以淺陋輕之，不足服漢儒也。宋學具有精微，讀書者以空疎薄之，亦不足服宋儒也。消融門户之見而各取所長，則私心祛而公理出，公理出而經義明矣。蓋經者非他，即天下之公理而已。今參稽衆説，務取持平，各明去取之故，分爲十類：曰《易》，曰《書》，曰《詩》，曰《禮》，曰《春秋》，曰《孝經》，曰五經總義，曰四書，曰《樂》，曰小學。

**葉德輝《觀古堂藏書目・經部序》**　經之類十有三：曰《易》類，曰《書》類，曰《詩》類，曰《禮》類，曰《樂》類，曰《春秋》類，曰《論語》類，曰《孝經》類，曰《爾雅》類，曰石經類，曰經解類，曰小學類，曰緯候類。《易》教廣大，注家各明一義，大要漢儒征實，魏晉以後蹈空，國朝諸儒多捜兩漢之逸文，發揮古義，而空言説理者亦分道而馳。今從撰人時代，叙次爲一類，不復區分其派別，庶無失廣大之義焉。《書》自僞《傳》行世，而兩漢今古文遂微，唐人無識，乃爲僞《傳》作《正義》，相沿至宋，以後久列學官，於是伏、孔、馬、鄭之遺經，掃蕩無存矣。疑僞《傳》者，始宋朱子，至明梅鷟作《尚書考異》攻僞，遂有專書。國朝閻若璩《古文尚書疏證》，抉發僞跡，其義益明。王鳴盛《後案》、江聲《集注》、《音疏》，去僞存眞，大辟途徑。孫星衍《尚書今古文注疏》、吾友皮錫瑞《今文尚書疏證》，搜羅古佚，卓然完經。學者篤守數家之書，則僞《傳》可廢。今挈其大要，仍以撰人時代叙録焉。《詩》則《漢志》有齊、魯、韓三家，《毛詩》出自河間獻王府中，得鄭氏《箋》行，至今不廢。三家之中，齊、魯亡最早，韓則亡於北宋之間。故輯三家者，唯韓稍備，又得《外傳》，爲之羽翼，其書雖亡而亦存。今於《毛詩》之外，叙次爲三家詩之屬，以其有家可別，固異於《易》、《書》之雜陳云。禮則《周禮》、《儀禮》、《禮記》久沿，然《記》非經也，烏得而三？況大小二戴並列學官，唐人作《正義》，去大戴而取小戴，偏陋甚矣。幸大戴完書具在，注者日多，漢學中興，微言不絶如線。今叙次三《禮》外，爲《大戴記》之屬；其通考三禮者，經解之屬；別考五禮者，爲禮書之屬。《樂》之亡久矣，《樂記》附於《禮記》，不得爲經。唐以後志目，或以樂技雜其間，殊乖經旨。今自蔡邕《琴操》以下，録其有關雅樂及考訂律呂者，次爲一類，其餘樂工琴史之屬，退入藝術。匪云復古，蓋以尊經。俾覽者知鄭、衛之分，而得制作之精意。《春秋》、《漢志》臚列衆家，今存者唯《左傳》、《公》、《穀》。《國語》本爲外傳，《國策》、《史記》作旨相同。然自班、范之後，代有史書，於是《史記》遂爲諸史之冠，此勢不得不者也。《四庫》以《國語》、《策》入雜史，殊昧經史分合之原。今故叙次三傳，外爲《春秋》經解之屬，爲國語之屬，爲國策之屬。斯條流明晰，綱紀燦然矣。《論語》，《漢志》入六藝，而以《孟子》入儒家，誠以儒家九流之一，不得儕於聖作。自宋儒四子書出，明人補刻於《開成石經》，於是孟氏之書，遂別晏、荀而與思，曾同其尊貴。今以其所願學孔，叙次《論語》類，爲《孟子》之屬；其專注《大學》、《中庸》者，仍入《禮記》；通注四子者，列入經解。《孔子家語》，徒入圖法，《漢志》亦入《論語》。今《家語》雖非《漢志》之舊，實記孔子言行、弟子遺事之文。圖法雖已不存，而闕里文獻、聖賢圖像之書，作者接軫。故叙次爲《家語》之屬。《四庫》以其不在誦習之列，出之儒家傳記，此不明乎義例者也。《孝經》、《爾雅》、《漢志》同爲一家，而《史籀》以下諸書始稱小學。《四庫》以《爾雅》入小學訓詁之屬，未免輕重不倫。今從《漢志》，微變其例，以《孝經》爲一類，《爾雅》爲一類，《急就》、《説文》字書，仍爲小學。俾各從其類，而經與小學不致混同。石經文字，《隋志》入小學，似矣，然開成石刻、乾隆監本，煌煌巨制，詎得以小學目之？況近儒或校文字，或叙廢興，著述衆多，體例詳縝，又非別立一類，不能統括羣書。今於諸經後，叙次石經爲一類。隋唐以後，無專經之學，而經解出焉。《四庫》沿《唐》、《宋志》之例，名曰「五經總義」，不知經實有六，增以《論語》、《孝經》、《爾雅》，是曰「九經」。五經本不足以該其全，名亦不如經解之古。今詳爲區別，叙次爲九經佚注之屬，爲九經説解之屬，爲九經傳記目録之屬，爲九經文字之屬，爲九經音義之屬。《隋志·小學》以《説文》列於《字林》、《玉篇》之前，而以音注《説文》者依時代次録。國朝諸儒注解《説文》者無慮數百家，其書既多，不得不別爲類聚。今於小學叙次爲訓詁之屬，爲《説文解字》之屬，爲字書之屬，爲音韻之屬，以雜禮書終之。雜禮云者，《千文》、《蒙求》，爲學僮所占畢，猶之《弟子職》本四言韻語，亦即幼儀；《急就章》爲七言字書，實則蒙學。古有是例，非臆撰也。緯候爲五經之餘，亦東漢經學之別系。《四庫》廑存《易緯》，附於《易》類。明孫瑴《古微書》附於九經總義。今以輯録者多，叙次爲一類。其無者，專書亦不復見。

## 雜録

**《漢書·藝文志·六藝略》** 凡六藝一百三家，三千一百二十三篇。入三家，一百五十九篇；出重十一篇。

**《隋書·經籍志·經》** 凡六藝經緯六百二十七部，五千三百七十一卷。通計亡書，合九百五十部，七千二百九十卷。

**《舊唐書·經籍志·總序》** 甲部爲經，其類十二：一曰《易》，以紀陰陽變化。二曰《書》，以紀帝王遺範。三曰《詩》，以紀興衰誦嘆。四曰

《禮》，以紀文物體制。五曰《樂》，以紀聲容律度。六曰《春秋》，以紀行事褒貶。七曰《孝經》，以紀天經地義。八曰《論語》，以紀先聖微言。九曰圖緯，以紀六經讖候。十曰經解，以紀六經讖候。十一曰詁訓，以紀六經讖候。十二曰小學，以紀字體聲韻。

**又《甲部經録》**　甲部經録，十二家，五百七十五部，六千二百四十一卷。《易》類一，《書》類二，《詩》類三，《禮》類四，《樂》類五，《春秋》類六，《孝經》類七，《論語》類八，讖緯類九，經解類十，詁訓類十一，小學類十二。

**《新唐書·藝文志·甲部經録》**　甲部經録，其類十一：一曰《易》類，二曰《書》類，三曰《詩》類，四曰《禮》類，五曰《樂》類，六曰《春秋》類，七曰《孝經》類，八曰《論語》類，九曰讖緯類，十曰經解類，十一曰小學類。凡著録四百四十家，五百九十七部，六千一百四十五卷。不著録一百一十七家，三千三百六十卷。

**王應麟《玉海·藝文·經解》**　記之經解，指《詩》、《書》、《禮》、《樂》、《易》、《春秋》之教未始正六經之名。《莊子·天運》篇始述老子之言曰：「六經，先王之陳迹。」實昉乎此。太史公《滑稽傳》以《禮》、《樂》、《詩》、《書》、《易》、《春秋》爲六藝。而班史因之，又以五學配五常，而《論語》、《孝經》並記於《六藝略》中。自時厥後，或曰五經，或曰六經，或曰七經。至唐貞觀中，答那律淹貫羣書，褚遂良稱爲九經庫，九經之名又昉乎此。其後明經取士，以《禮記》、《春秋左傳》爲大經，《詩》、《周禮》、《儀禮》爲中經，《易》、《尚書》、《春秋》、《公》、《穀》爲小經，所謂九經也。國朝方以三傳合爲一，又舍《儀禮》，而以《易》、《詩》、《書》、《周禮》、《禮記》、《春秋》爲六經，又以《孟子》升經，《論語》、《孝經》爲三小經，今所謂九經也。

**《宋史·藝文志·經類》**　經類十：一曰《易》類，二曰《書》類，三曰《詩》類，四曰《禮》類，五曰《樂》類，六曰《春秋》類，七曰《孝經》類，八曰《論語》類，九曰經解類，十曰小學類。【略】凡經類一千三百四部，一萬三千六百八卷。

**《明史·藝文志·經類》**　經類十：一曰《易》類，二曰《書》類，三曰《詩》類，四曰《禮》類，五曰《樂》類，六曰《春秋》類，七曰《孝經》類，八曰諸經類，九曰四書類，十曰小學類。

**張之洞《書目答問·經部》**　經學、小學書，以國朝人爲極，於前代著作擷長棄短，皆已包括其中，故於宋、元、明人從略。

**又《正經正注第一》**　此爲誦讀定本，程試功令，説經根柢。注疏本與明監本五經，功令並重。

# 羣經總義部

## 論述

**晁公武《郡齋讀書志・經解》** 《隋志》通解羣經者系之《論語》類，又別載《七緯》；《唐志》讖緯、經解二目；《崇文錄》以緯書各附經末。今讖書蓋鮮，而雜解《七經》繫之《論語》爲未安，故從《崇文錄》，并讖緯，而經解之目，從《唐志》云。

**《四庫提要・五經總義類序》** 漢代經師如韓嬰，治《詩》兼治《易》者，其訓故皆自爲書。宣帝時，始有石渠《五經雜義》十八篇，《漢志》無類可隸，遂雜置之《孝經》中。《隋志》録許愼《五經異義》以下諸家，亦附《論語》之末。《舊唐書志》始別名「經解」，諸家著録因之，然不見兼括諸經之義。朱彝尊作《經義考》別目曰「羣經」。蓋覺其未安，而採劉勰《正緯》之語以改之，又不見爲訓詁之文。徐乾學刻《九經解》，顧湄兼採總集經解之義，名曰「總經解」，何焯復斥其不通。語見沈廷芳所刻何焯點校經解目録中。蓋正名若是之難也。考《隋志》，於統說諸經者雖不別爲部分，然固稱「五經總義」矣。今準以立名，庶猶近古。《論語》、《孝經》、《孟子》雖自爲書，實均五經之流別，亦足以統該之矣。其校正文字以及傳經諸圖併約略附焉，從其類也。

**又《五經總義類按語》** 案漢儒五經之學，惟《易》先變且盡變，惟《書》與《禮》不變，《詩》與《春秋》則屢變而不能盡變。蓋《易》包萬彙，隨舉一義，皆有說可通。數惟人所推，象惟人所取，理惟人所說，故一變再變而不已。《書》紀政事，《禮》具器數，具有實徵，非空談所能眩亂，故雖欲變之而不能。《詩》則其美其刺，可以意解，其名物訓詁，則不可意解也。《春秋》則其褒其貶，可以詞奪；其事迹始末，則不可以詞奪也。故二經雖屢變而不盡變。劉勰有言：「意翻空而易奇，詞徵實而難巧。」此雖論文，可例之於說經矣。今所甄錄，徵實者多，不欲以浮談無根啓天下之捷徑也。蓋自王柏諸人以下，逞小辨而汩聖籍者，其覆轍可一一數矣。

**又《五經總義類存目》** 案先儒授受，大抵專治一經。其兼通諸經、各有論說者，鄭康成以下曠代數人耳。宋以後著作漸夥，明以來撰述彌衆，非後人學問遠過前修，精研之則見難，涉獵之則見易，求實據則議論少，務空談則卷軸富也。孫承澤鈔撮經解諸序，寥寥數卷，亦命之曰《五經翼》，則孰非兼通五經者哉。略存其目而不錄其書，古今人巧拙之異、華實之分，亦大概可睹矣。

**耿文光《萬卷精華樓藏書記・五經總義類序》** 《漢志》有五經雜義一編，雜置《孝經》之中。《隋志》錄五經異義諸家，附著《論語》之末，皆未允當。《舊唐志》別名經解，諸家著錄因之，然不見兼括羣經之義。國朝修《四庫書目》始因《隋志》中語定爲此名，稱爲近古，今敬遵之。凡所錄者約廿家，始以《鄭志》使知漢學專門授受、反覆研究之意。繼以《釋文》，可考見各家古義，兼知傳述姓名；終以考正文字，校定板本，此皆讀經者所萬不可少之書也。至於莊氏經學能明大意，萬氏經學以經證經，皆各有心得，非若沈氏六書之徒事抄撮，等於類典也。若夫諸家經解刻於通志堂者，如《七經小傳》、《六經正誤》之類。《四庫提要》已有定評，刻於學海堂者，如《羣經識小》、《經義叢抄》之類。一俟知者論定其說，姑不著錄。其他推衍舊說，愈去愈遠，杜撰新聞，益謬益妄者，概爲刪汰，而《經問》、《經說》之合刻於全書者，別著錄焉。予家所藏程子《經說》、《二程全書》本。朱子《五經語類》，程川校刊本。惠氏《九經古義》、顧氏《五經同異》，皆省吾堂本。邵氏《簡端錄》經史全書本，遠勝王恕《石渠意見》。程氏《通藝錄》原本考證諸經最號精博。武氏《羣經義證》皆讀經之資糧也。自古通經之士不過數人，今之以五經名書者，何其多也？如鄧元錫之《五經繹》，陳際泰之《五經讀》，孫承澤之《五經翼》，舉不勝舉，幾於無人不可以說經，無經不可以臆說矣。故予於斯類尤愼擇焉。試觀許、鄭《義》、《駁》，一代通儒，大敵相當，引經據古，典型具在，雖散佚之餘，尤足珍貴。蓋能以少少勝多多也。古人左圖右史，則圖爲重，《玉海》所載諸圖，幾於無類不備，而百不存一。坊間所刻《六經圖》多不足據，聶氏《三禮圖》，宋時已議其非是，《博古圖》有甚可哂處，前人已言之。《古玉圖》

所繪未必皆當時之式。《高麗圖經》有經而無圖，《本草圖》、《經圖》雖傳而恐難盡信也。洪氏所刻《隸圖》、阮氏所刻《古列女傳圖》，其本差可依據。於此可知堯舜垂衣裳而天下治，所謂垂者長之故也。羲農之世皆短衣。

## 雜録

**《舊唐書・經籍志・經解類序》** 右三十六部，經緯九家，七經雜解二十七家，凡四百七十四卷。

**《新唐書・藝文志・經解類序》** 右經解類十九家，二十六部，三百八十一卷。失姓名一家，趙英以下不著錄十家，一百二十七卷。

**《宋史・藝文志・經解類序》** 右經解類五十八部，七百五十三卷。沈貴瑤《四書要義》以下不著錄九部，一百四十六卷、篇。

**《明史・藝文志・經解類序》** 右諸經類，四十三部，七百三十四卷。

**《四庫提要・五經總義類》** 右五經總義類三十一部、六百七十五卷；附錄一部，三十六卷，皆文淵閣著錄。

**又《五經總義類存目》** 右五經總義類四十三部，三百四十九卷。內七部無卷數。皆附存目。

**張之洞《書目答問・列朝經注經說經本考證》** 以上諸經總義之屬。以上諸經目錄文字音義之屬。

## 綜述

### 五經雜義

**《漢書・藝文志・孝經》** 《五經雜議》十八篇。石渠論。

**《舊唐書・經籍志・經解》** 《五經雜義》七卷。劉向撰。

**《新唐書・藝文志・經解類》** 劉向《五經雜義》七卷。

**姚振宗《漢書藝文志條理・孝經》** 《五經雜議》十八篇。石渠論。本書《韋玄成傳》：宣帝召拜玄成爲淮陽中尉，是時王未就國，玄成受詔與太子太傅蕭望之及五經諸儒雜論同異于石渠閣，條奏其對。又《劉向傳》：向本名更生，會初立《穀梁春秋》，徵更生受《穀梁》，講論五經于石渠。又《儒林・施讐傳》：詔拜讐爲博士，甘露中，與五經諸儒雜論同異于石渠閣。《隋・經籍志・論語篇》：《五經義》六卷，梁七卷。不著撰人，證以《唐志》，蓋即此書。《唐・經籍志・經解類》：《五經雜義》七卷，劉向撰。《藝文志》：劉向《五經雜義》七卷。《玉海・藝文》曰：宣紀甘露三年三月，詔諸儒講論五經同異，《易》則施讐、梁丘臨，《書》則周堪、張山拊、林尊、歐陽地餘、假倉，《詩》則韋玄成、張生、薛廣德，《禮》則戴勝、韋玄成、聞人通漢，《穀梁》則蕭望之、劉向、尹更始。《經義考》曰：按徐天麟《西漢會要》彙載雜議羣儒姓名，蕭望之、韋玄成、施讐、梁丘臨、歐陽地餘、林尊、周堪、張山拊、張生、薛廣德、戴德、戴聖、聞人通漢、劉向凡十有五人。考假倉以小夏侯學爲謁者，論石渠，而徐氏失載。又大戴未聞其議，石渠意誤讀《孟卿傳》也。《四庫提要》曰：宣帝有《石渠五經雜議》十八篇，《漢志》無類可隸，遂雜置之《孝經》類中。

按：石渠羣儒姓名，《玉海》及《經義考》所舉各有所遺，今詳考《儒林傳》、列傳，綜彙于此：《易》家有施讐、梁丘臨，《尚書》家有歐陽地餘、林尊、周堪、張山拊、假倉，《詩》家有韋玄成、張長安、薛廣德，《禮》家則戴聖、聞人通漢，《春秋公羊》家則嚴彭祖、申輓、伊推、宋顯、許廣，《穀梁》家則尹更始、劉向、周慶、丁姓、王亥，而蕭望之以五經名家與韋玄成條奏其議，梁丘臨奉使問難，可考見者凡二十有三人。《玉海》以蕭望之專屬《穀梁》家，非是。又《會要》有孔霸，今參考《孔光傳》，皆不言其論石渠，亦似誤讀《儒林周堪傳》也。王亥，《鄭氏六藝論》作「王彥」。

又按《玉海》云：《書議奏》四十二篇，《禮議奏》三十八篇，《春秋議奏》三十九篇，《論語議奏》十八篇、《五經雜議》十八篇，凡百五十五篇。

宗按：《易》、《詩》、《孝經》無議奏者，殆以所議不多，彙于《五經雜議》中。

## 五經通義

**《舊唐書·經籍志·經解》**　《五經通義》九卷。劉向撰。

**《新唐書·藝文志·經解類》**　劉向《五經通義》九卷。

**鄭樵《通志·藝文略·經解》**　《五經通義》九卷。劉向。

**姚振宗《漢書藝文志拾補·孝經并五經爾雅》**　劉向《五經通義》九卷。向始末見《禮》類。　《隋書·經籍志》：《五經通義》八卷，梁九卷。不著撰人。　《唐書·經籍志》：《五經通義》九卷，劉向撰。　《藝文志》：劉向《五經通義》九卷。　王應麟《玉海·藝文·擬序》曰：劉向辨章舊聞，則有《五經通義》。通義者，漢五經課試之學也。又曰：永元十四年，司空徐防建言開五十難，解釋多者爲上第，演文明者爲高説，所謂博文明。事雖軼不傳，按趙岐《孟子題辭》有曰：「迄今諸經得引《孟子》以明事謂之博文。」然建武中太子諸王欲爲通義，而聘鄭衆、曹褒傳《慶氏禮》，亦篹《通義》十二篇。按並見范書本傳。觀其名可求其略矣。　《經義考》曰：《五經通義》，《唐志》尚存，觀王伯厚《擬序》，宋季已無傳矣。今就羣書所引者次於後，餘見《正義》者，不具錄。　王謨輯本《叙錄》曰：「《隋志》《五經通義》不言何人所撰；諸書俱引作劉向，《唐志》因之。《經義考》云見《正義》者不具錄，實則《正義》中並未嘗引《通義》也。今共鈔出《後漢書注》三條，《北史》一條，《隋志》一條，《文選注》二條，《類聚》十條，《初學記》六條，《書鈔》八條，《通典》七條，《白帖》二條，《御覽》十三條，《事類賦注》一條，《玉海》二條，《説郛》一條。」　馬國翰輯本序曰：「朱氏《經義考》以前漢無緯説，因取諸書引《通義》載緯説者屬之曹褒；餘皆屬之劉向，固具特識。然隋、唐《志》不言曹褒，未若依《唐志》並入劉向書，爲有據也。按曹褒實未嘗爲《五經通義》，朱氏誤以爲五經，詳見《後漢·藝文志·經部》。」

## 五經要義

**《舊唐書·經籍志·經解》**　《五經要義》五卷。劉向撰。

**《新唐書·藝文志·經解類》**　《五經要義》五卷。

**姚振宗《漢書藝文志拾補·孝經并五經爾雅》**　劉向《五經要義》五卷。《隋書·經籍志》：《五經要義》五卷。不著撰人。　《唐書·經籍志》：《五經要義》五卷，劉向撰。　《藝文志》：劉向《五經要義》五卷。　王應麟《玉海·藝文》曰：「《文選注》引《五經要義》，《北史》劉芳引《要義》，《世説注》、《隋禮儀志》引《要義》。」《經義考》曰：按《藝文類聚》、《初學記》、杜氏《通典》、《太平御覽》並引《要義》文。

按：《通義》、《要義》似皆劉中壘譔，集諸家之説。《隋志》載《五經要義》五卷。注云：梁十七卷，雷氏譔。兩《唐志》分析甚明，知十七卷者雷氏書，五卷者劉氏書也。

## 省定五經章句

**姚振宗《漢書藝文志拾補·孝經并五經爾雅》**　王莽《省定五經章句》。《漢書·平帝本紀》：元始五年徵天下通知逸經、古記、天文、曆算、鍾律、小學、史篇、方術、本草，及以《五經》、《論語》、《孝經》、《爾雅》教授者，在所爲駕一封軺傳遣詣京師，至者數千人。　《漢書·王莽傳》：元始四年，莽奏起明堂、辟雍、靈臺，爲學者築舍萬區，作市、常滿倉，制度甚盛。立《樂經》益博士員，經各五人。按《三輔黄圖》：王莽爲宰衡，起國學，中央爲射宮，選士肄射於此。爲常滿倉。倉之北爲槐市，列槐樹數百行，諸生朔望會此市，各持其郡所出物及經書相與買賣，雍容揖讓，或論議槐下。五博士領弟子員三百六十，六經三十，博士弟子萬八百人，主事、高弟侍講及二十四人學生同舍，行無遠近皆隨檐，雨不塗足，暑不暴首。《古文苑·揚雄元后誄》云：「起常盈倉五十萬斛，爲諸生儲，以勸好學。」徵天下通一藝教授十一人以上。及有逸《禮》、古《書》、《毛詩》、《周官》、《爾雅》、天文、圖讖、鍾律、月令、兵法、《史篇》文字，通知其意者，皆詣公車，網羅天下異能之士，至者千數，皆令記說廷中，將令正乖繆，壹異說云。」又《翟義傳》云：「莽下詔曰『太皇太后惟經藝分析，博徵儒士大興典制』云云，似即謂此事及其他制作也。」《論衡・效力篇》曰：「王莽之時，省《五經》章句皆爲二十萬，博士弟子郭路夜定舊說，死於燭下，精思不任，絕脈氣滅也。」《太平御覽》三百七十五引云：「王莽時，省《五經平章句》，弟子郭路夜定舊記，死於燭下，精思不任，脈絕氣滅。」揚雄《劇秦美新》曰：「制成《六經》洪業也。」李善曰：「《漢書》莽奏立《樂經》，經有五而又立《樂》，故云《六經》也。」

按班氏《儒林傳贊》言：平帝時又立《左氏春秋》、《毛詩》、《逸禮》、《古文尚書》，是時諸學皆立。又徵天下章句之儒，通一藝敎授十一人以上，雲集京師，聚於槐市。莽自以爲應制作，以章句繁多，如朱氏《尙書》三四十萬言，秦氏至百萬言之類。於是定《五經》，經各省爲二十萬言。劉歆時爲羲和，典儒林史卜之官，後爲國師，皆所典領也。其書始事於平帝元始四年，不知成於何時，觀《劇秦美新》文，則大抵訖事於居攝始建國之間。《王莽傳》：地皇二年，故左將軍公孫祿議曰：「國師嘉信公顚倒《五經》，毁師法，令學士疑惑。」其即謂此章句歟？

## 五經通論

**姚振宗《後漢藝文志・五經總義類》** 沛獻王輔《五經通論》。范書《光武十王傳》：沛獻王輔建武十五年封右馮翊公，十七年徙爲中山王，二十年徙封沛王，二十八年就國輔。矜嚴有法度，好經書，善說《京氏易》、《孝經》、《論語傳》及圖讖，作《五經論》，時號之曰《沛王通論》。在國謹節終始如一，稱爲賢王。立四十六年，薨。《章帝本紀》元和元年六月辛酉，沛王輔薨。《文心雕龍・時序》篇曰：光武中興，深懷圖讖，頗略文華。及明、章疊耀，崇愛儒術，肄禮璧堂，講文虎觀。孟堅珥筆于國史，賈逵給札于瑞頌，東平擅其懿文，沛王振其《通論》，帝則藩儀輝光相照矣。

## 五經通難

**姚振宗《後漢藝文志・五經總義類》** 程曾《五經通難》百餘篇。范書《儒林傳》：程曾，字秀升，豫章南昌人也。受業長安，習《嚴氏春秋》。積十餘年，還家講授，會稽顧奉等數百人常居門下。著書百餘篇，皆《五經通難》。建初三年，舉孝廉，遷海西令，卒于官。

## 五經通義

**姚振宗《後漢藝文志・五經總義類》** 張遐《五經通義》。《江西饒州府志》：「張遐字子遠，餘干人，侍徐穉過陳蕃，穉指之曰：『此張遐也。』通易理，所著有《太極說》、《五經通義》。」《餘干縣志》：遐試五經，補博士。

按：《經義考》載是書，但云「張氏遐《五經通義》，逸」，不著其始末。餘干在兩漢曰「餘汗」，屬揚州豫章郡。

## 五經異義

**《隋書・經籍志・五經總義》** 《五經異義》十卷。後漢太尉祭酒許愼撰。

**《舊唐書・經籍志・經解》** 《五經異義》十卷。許愼撰。

**《新唐書・藝文志・經解類》** 許愼《五經異義》十卷。

**鄭樵《通志・藝文略・經解》** 《五經異義》十卷。許愼。

**姚振宗《後漢藝文志・五經總義類》** 許愼《五經異義》十卷。愼始末見《孝經》類。

范書《儒林傳》：初，愼以《五經》傳說臧否不同，于是撰爲《五經異義》。

## 駁五經異義　補遺

**《舊唐書・經籍志・經解》**　《五經異義》十卷。許慎撰，鄭玄駁。

**《新唐書・藝文志・經解類》**　許慎《五經異義》十卷。鄭玄駁。

**《四庫提要・五經總義類》**　《駁五經異義》一卷，《補遺》一卷。山西巡撫採進本。漢鄭玄所駁許慎《五經異義》之文也。考《後漢書・許慎傳》：稱「慎以《五經》傳説，臧否不同，於是撰爲《五經異義》，傳於世」。《鄭玄傳》載玄所著百餘萬言，亦有駁許慎《五經異義》之名。《隋書・經籍志》有「《五經異義》十卷，後漢太尉祭酒許慎撰」，而不及鄭玄之駁議。《舊唐書・經籍志》：「《五經異義》十卷，許慎撰，鄭玄駁。」《新唐書・藝文志》並同。蓋鄭氏所駁之文，即附見於許氏原本之内，非别爲一書，故史志所載亦互有詳略。至《宋史・藝文志》，遂無此書之名，則自唐以來失傳久矣。學者所見《異義》，僅出於《初學記》、《通典》、《太平御覽》諸書所引，而鄭氏《駁義》則自《三禮正義》而外，所存亦復寥寥。此本從諸書採綴而成，或題宋王應麟編，然無確據。其間有單詞隻句，駁存而義闕者，原本錯雜相參，頗失條理。今詳加釐正，以義駁兩全者彙列於前。其僅存駁義者，則附錄以備參考。又近時朱彝尊《經義考》内亦嘗旁引鄭駁數條，而長洲惠氏所輯，則蒐羅益爲廣備，往往多此本所未及。今以二家所採，參互考證，除其重複，定著五十七條，别爲《補遺》一卷，附之於後。其間有異義而鄭無駁者，則鄭與許同者也。兩漢經學，號爲極盛，若許若鄭，尤皆一代通儒，大敵相當，輸攻墨守，非後來一知半解所可望其津涯。此編雖散佚之餘，十不存一，而引經據古，猶見典型。殘章斷簡，固遠勝於後儒之累牘連篇矣。

**張之洞《書目答問・列朝經注經説經本考證》**　《五經異義》漢許慎幷《駁義》漢鄭玄一卷。《補遺》一卷。王復輯。問經堂本、《珠塵》本。

**姚振宗《後漢藝文志・五經總義類》**　鄭玄《駁許慎五經異義》十卷。玄始末見《易》類。范書本傳又著《毛詩譜》、《駁許慎五經異義》。《唐書・經籍志》：「《五經異義》十卷，許慎撰，鄭玄駁。」《唐・藝文志》：「許慎《五經異義》十卷，鄭玄駁。」《鄭學錄》曰：「《駁許慎五經異義》、《隋》、《唐志》十卷。至宋亡，不知何人，輯爲一卷。乾隆間有王復、武億、莊葆琛、孔廣林、錢大昭諸本，皆因原輯增補，以意分合，唯孔本仍作十卷。嘉慶間陳編修壽祺取諸本參訂，以類相從，分爲三卷，作疏證以明之。雖非康成完書，典禮名物，大端賅舉。」

## 六藝論

**《隋書・經籍志・五經總義》**　《六藝論》一卷。鄭玄撰。

**《舊唐書・經籍志・經解》**　《六藝論》一卷。鄭玄注。

**《新唐書・藝文志・經解類》**　鄭玄《六藝論》一卷。

**鄭樵《通志・藝文略・經解》**　《六藝論》一卷。鄭玄。

**張之洞《書目答問・列朝經注經説經本考證》**　《六藝論》一卷。陳鱣輯。别下齋刻本。

**姚振宗《後漢藝文志・五經總義類》**　鄭玄《六藝論》一卷。范書本傳又著《魯禮禘祫義》、《六藝論》。《隋書・經籍志》：「《六藝論》一卷，鄭玄撰。」《唐日本國人書目》：「《六藝論》一卷，鄭玄撰，方叔機注。」《唐・經籍志》：「《六藝論》一卷，鄭玄注。」按《舊志》往往以撰爲注。《藝文志》：「鄭玄《六藝論》一卷。」《經義考》曰：「孔穎達《疏》引方叔機注《六藝論》，叔機未詳何時人。」徐彦《公羊序疏》曰：「鄭君先作《六藝論》，訖，然後注書。」王謨輯本《序錄》曰：「今從諸經疏及《釋文》、《御覽》、《路史注》鈔出共二十條，附方叔機注一條。」馬國翰輯本序曰：「從諸疏及《北堂書鈔》、《御覽》、《路史》等書輯得二十三節，《禮正義》引方叔機注一則，並附著之。」嚴可均《全後漢文》編輯本曰：「《六藝論》今見于諸書及唐釋法琳《辨正論》注、《世説》注，凡三十八條。」

## 鄭記

**《隋書・經籍志・五經總義》**　《鄭記》六卷。鄭玄弟子撰。

**《舊唐書・經籍志・經解》** 《鄭記》六卷。

**《新唐書・藝文志・經解類》** 《鄭記》六卷。

**鄭樵《通志・藝文略・經解》** 《鄭記》六卷。鄭玄。

**姚振宗《後漢藝文志・五經總義類》** 《鄭記》六卷。《隋書・經籍志》：《鄭記》六卷，鄭玄弟子撰。《唐・經籍志》：《鄭記》六卷。《藝文志》同。皆不注撰人，次《六藝論》、《鄭志》後。《唐會要》：左庶子劉知幾上議，又曰：鄭之弟子分授門徒，各述師言，更相問答，編錄其語，謂之《鄭記》。

## 五經章句後定

**姚振宗《後漢藝文志・五經總義類》** 劉表《五經章句後定》。表始末見《易》類。范書本傳：初荆州人情好擾，寇賊相扇，處處麋沸。表招誘有方，威懷兼洽，萬里肅清，大小咸悅而服之。關西兗豫學士歸者，蓋有千數，表安慰賑贍，皆得資全，遂起立學校，博求儒術，綦毋闓、宋忠等撰，立《五經章句》，謂之「後定」。《蔡中郎集・劉鎮南碑》曰：「君深愍末學、遠本離質，乃令諸儒改定《五經章句》，刪剗浮辭，芟除煩重。又求遺書，寫還新者，留其故本，于是古典舊籍充滿州閭。」按此誤入《中郎集》，不知何人作。

按：劉景升《五經章句》，皆宋仲子爲之撰定。今可考見者，惟《周易》、《喪服》、《春秋》三種。

## 聖證論駁

**姚振宗《三國藝文志・五經總義類》** 孫炎《聖證論駁》。炎始末見《易》類。《魏志・王肅傳》：樂安孫叔然授學，鄭玄之門人，稱東州大儒，肅集《聖證論》以譏短玄，叔然駁而釋之。

## 諸經解

**姚振宗《三國藝文志・五經總義類》** 隗禧《諸經解》。《魏志・王肅傳》注《魏略・儒宗傳》：「禧字子牙，京兆人也。少好學，初平中三輔亂，禧南客荆州，太祖召署軍謀掾。黃初中爲譙王郎中，還拜郎中。年八十餘以老處家，就之學者甚多，魚豢嘗從問《左氏傳》。禧答曰：『欲知幽微，莫若《易》；人倫之紀，莫若《禮》；多識山川草木之名，莫若《詩》。《左氏》直相斫書耳，不足精意也。』豢因從問《詩》。禧說齊、韓、魯、毛四家義，不復執文，有如諷誦。又撰作諸經解數十萬言，未及繕寫而得聾，後數歲病亡。」

## 鄭志

**《隋書・經籍志・五經總義》** 《鄭志》十一卷。魏侍中鄭小同撰。

**《舊唐書・經籍志・經類》** 《鄭志》九卷。

**《新唐書・藝文志・經解類》** 《鄭志》九卷。

**鄭樵《通志・藝文略・經解》** 《鄭志》十一卷。魏侍中鄭小同。

**《四庫提要・五經總義類》** 《鄭志》三卷，《補遺》一卷。兩江總督採進本。案《隋書・經籍志》：《鄭志》十一卷，魏侍中鄭小同撰，《鄭記》六卷，鄭玄弟子撰。《後漢書・鄭玄本傳》則稱門生相與撰玄答弟子，依《論語》作《鄭志》八篇。劉知幾《史通》亦稱鄭弟子追論師說及應答，謂之《鄭志》。分授門徒，各述師言，更不問答，謂之《鄭記》。案《通典》及《初學記》所引《鄭記》，均有王贊答詞，與知幾所云「更不問答」者不合。考《孝經疏》引此文作「各述師言，更爲問答」，知「不」字乃「爲」字之譌，王應麟《玉海》、朱彝尊《經義考》竝沿用誤本，殊失訂正。又《通典》所引《鄭志》，皆玄與門人問答之詞，所引《鄭記》，皆其門人互相問答之詞，知「志」之與「記」，其別在此。《曲禮正義》引《鄭志》，有崇精之問，焦氏之答；《月令正義》引《鄭志》，有王權之問，焦喬之答；焦氏之問，張逸之答；疑本《鄭記》之文。校刊者惟據《史通》「更不問答」之說，改爲《鄭志》

也。其說不同，然范蔚宗去漢未遠，其說當必有徵。《隋志》根據《七錄》，亦阮孝緒等所考定，非唐、宋諸《志》動輒疎舛者比，斷無移甲入乙之事，疑追錄之者諸弟子、編次成帙者則小同。《後漢書》原其始，《隋書》要其終，觀八篇分爲十一卷，知非諸弟子之舊本也。新、舊《唐書》載《鄭記》六卷，尚與《隋志》相同，而此書則作九卷，已佚二卷。至《崇文總目》始不著錄，則全佚於北宋初矣。此本三卷，莫考其出自誰氏。觀書中《禮運註》「澄酒」一條，答趙商之問者，前後兩見，而詳略小異。又陳鑠之名前後兩見，而後一條註「一作鏗」，知爲好鄭氏之學者，惜其散佚，於諸經《正義》裒輯而成。然如所載「弼成五服答趙商問」一條，不稱《益稷》而稱《臯陶謨》，則正合孔《疏》所云鄭氏之本。又卷首「冷剛問大畜童牛之牿」一條，今《周易正義》中不見，而《周禮正義》引之，較此少「冷剛問云」以下六十餘字。《周禮正義》引「答孫皓問」一條，較此少「夏二月仲春太簇用事，陽氣出、地始溫，故禮應開冰，先薦寢廟」五句。其《臯陶謨》註與《經典釋文》及《正義》所引，亦互有詳略，而《堯典》註一條乃不載《正義》中，則亦博採諸書，有今日所不盡見者，非僅剽剟《正義》。又《玉海》十八卷引《定之方中》詩，張逸問：「仲梁子何時人？」答曰：「先師魯人。」此本「先師」之下多一「云」字，方知「先師」非指仲梁子。如此之類，亦較他書所載爲長，足證爲舊人所輯，非近時所新編也。閒有蒐採未盡者，諸經《正義》及《魏書・禮志》、《南齊書・禮志》、《續漢書・郡國志》註、《藝文類聚》諸書所引尚有三十六條。又《鄭記》一書，亦久散佚，今可以考見者，尚有《初學記》、《通典》、《太平御覽》所引三條，併附錄之，以存鄭學之梗概，併以見漢代經師專門授受，師弟子反覆研求，而後筆之爲傳註，其既詳且慎至於如此。昔朱子與胡紘爭寧宗持禫之禮，反覆辨難，終無據以折之。後讀《禮記喪服小記疏》所引《鄭志》一條，方得明白證驗。因自書於本議之後，記其始末，有「向使無鄭康成，則此事終未有所斷決」語。是朱子議禮，未嘗不折服於玄矣！後之臆斷談經，而動輒排斥鄭學者，亦多見其不知量也。

**吴壽暘《拜經樓藏書題跋記》** 《鄭志》。《鄭志》三卷，武英殿刻本。盧學士從孔氏本、惠氏本、山西本互校，多所增補。學士記卷上後云：「乾隆四十五年九月七日，盧文弨閱于京師李倩邸舍。先君子借錄于此，並手書，言至于漕，至稍郿縣都十二條及《禘祫義》三條。」于末書云：「甲辰春二月二十又二日，吴某從槃齋學士案頭借。臨丁君小疋同觀，簡莊徵君亦嘗借校。」題後云：「乾隆四十九年閏三月，陳鱣借閱于武原客館，並從雅雨堂刻鄭司農集中《魯禮禘祫義》參校一過。」

**張之洞《書目答問・列朝經注經説經本考證》** 《鄭志》三卷，附錄一卷。錢東垣等校。秦鑒刻《汗筠齋叢書》本。粵雅堂重刻秦本。又聚珍本福本問經堂本。《古經解彙函》重刻孫本。漢學堂本。

**姚振宗《後漢藝文志・五經總義類》** 《鄭志》八篇。范書本傳：建安五年六月卒，年七十四。門生相與撰，玄答，諸弟子問五經。依《論語》作《鄭志》八篇。《唐會要》：左庶子劉知幾上議曰：鄭玄卒後，其弟子追論師所著述及應對，時人謂之《鄭志》。《經義考》曰：《鄭志》載于《正義》及《通典》者，大抵張逸、趙商、冷剛、田瓊、炅模問，而康成答之。又有焦喬、王權、鮑遺、陳鏗、崇精弟子互相問答之辭。按：弟子自相問答者，實《鄭記》之文。嘉定錢大昭《補續漢書藝文志》：《鄭志》八篇，門生相與撰。鄭康成答諸弟子問《五經》。依《論語》作。秦鑒《汗筠齋叢書鄭志序錄》引此一條，注云「《補續漢藝文志》尚未刊行，今予所見者唯此」。

按：《隋》、《唐志》載《鄭志》十一卷、九卷者，皆魏侍中鄭小同重訂別本，今錄入《三國藝文志》。

**姚振宗《三國藝文志・五經總義類》** 鄭小同《鄭志》十一卷。小同始末具《禮》類。《隋書・經籍志》：《鄭志》十一卷，魏侍中鄭小同撰。《唐・經籍志》：《鄭志》九卷。失注撰人。《藝文志》同。《四庫簡明目錄》曰：「《鄭志》三卷，魏鄭小同撰，鄭玄之孫也。玄沒之後，門人述其問答，爲八篇，小同編次爲十一卷。原本久佚，此亦好古者從諸書輯綴以存鄭學之崖略也。」遵義鄭珍《鄭學錄》曰：「《鄭志》，本傳八篇。《隋志》十一卷，《唐志》九卷，後亡。國朝祕府有一本，分上、中、下三卷，不知何人輯錄。武英殿聚珍版印行，乾隆間王復、武億爲注，明原書出處，更加訂正。又輯《補遺》一卷。案本傳云：『門人相與撰，玄答諸弟子問《五經》，依《論語》作《鄭志》八篇。』則此書明是鄭門弟子所記，而《隋志》獨云魏侍中鄭小同撰者，考康成卒時，小同僅四五歲，安能記述祖時師弟問答？必是康成歿未久，諸弟子即各出所記，分五經類，而萃之爲志八卷，後來小同更有所得，增編爲十一卷，自題己名，故《隋志》歸之小同撰耳。」

## 聖證論

《隋書・經籍志・五經總義》《聖證論》十二卷。王肅撰。

《舊唐書・經籍志・經解》《聖證論》十一卷。

《新唐書・藝文志・經解類》王肅《聖證論》十一卷。

鄭樵《通志・藝文略・經解》《聖證論》十二卷。王肅。

張之洞《書目答問・列朝經注經説經本考證》《聖證論》一卷。馬國翰輯。玉函山房本、《漢魏遺書》本互見。

姚振宗《三國藝文志・五經總義類》王肅《聖證論》十二卷。肅始末見《易》類。《魏志》本傳：初，肅善賈、馬之學，而不好鄭氏。又集《聖證論》，以譏短玄。《釋文叙錄》曰：「肅又作《聖證論》難鄭玄。」《隋書・經籍志》：《聖證論》十二卷，王肅撰。《日本國見在書目》同。《唐・經籍志》：《聖證論》十一卷。失注撰人。《藝文志》：王肅《聖證論》十一卷。王應麟《困學紀聞》曰：王肅《聖證論》譏短鄭康成，謂天體無二，郊丘爲一禘。是五年大祭先祖非圜丘及郊祖功宗德，是不毀之名，非配食明堂，皆有功于禮學，先儒韙之《聖證論》今不傳，《正義》僅見一二。侯《志》曰：王肅經解平易近人，故晉、宋以下多從之。近世崇尚鄭學，攻肅者幾于身無完膚。平心而論，肅經解豈無一得？其立異于鄭，猶鄭之立異于賈、馬，此得彼失，本可並存。特其專事掊擊，且僞造《家語》以自實其言，此則誠不免爲小人儒耳。

## 聖證論難

姚振宗《三國藝文志・五經總義類》馬昭《聖證論難》。



## 五經然否論

《隋書・經籍志・五經總義》《五經然否論》五卷。晉散騎常侍譙周撰。

《舊唐書・經籍志・經解》《五經然否論》五卷。譙周撰。

《新唐書・藝文志・經解類》譙周《五經然否論》五卷。

鄭樵《通志・藝文略・經解》《五經然否論》五卷。晉散騎常侍譙周。

文廷式《補晉書藝文志・五經類》譙周《五經然否論》五卷。散騎常侍。《通典》六十七、八十八並引之，五十六引此書論天子加冠服。

姚振宗《三國藝文志・五經總義類》譙周《五經然否論》五卷。周始末見《禮》類。《蜀志》本傳：周誦讀典籍，研精六經、諸子文章，非心所存，不悉偏視。凡所著述，撰定《五經論》。《蜀志・秦宓傳》：初，宓見《帝系》之文，五帝皆同一族，宓辯其不然之本。又論皇帝王霸養龍之説甚有通理。譙允南少時數往諮訪，記錄其言于《春秋然否論》文多，故不載。案《春秋然否論》，即《五經然否論》之篇目。【略】王謨輯本序曰：「周書已久亡，羣書稱引絶少，《御覽》亦不載其目。《經義考》鈔出《後漢書》注、《通典》三條，今從《穀梁傳》注鈔出一條、《詩正義》一條、《禮記正義》二條。其他引譙周説俱當屬《五經然否論》，悉附錄之。」馬國翰輯本序曰：此書隋、唐《志》皆五卷，今佚。《穀梁傳疏》引一節，《通典》引二十餘節，內有明標《五經然否論》者三節，參以《後漢補志》注、劉恕《通鑑外紀》所引並同。又引譙周《禮祭集志》二節，《縗服圖集圖》各一節，《説祭禮喪服》似是論之篇目，餘只標蜀譙周省文也。合輯一帙，以明言書名者列前，其標集志集圖及止稱名者附後。周經説長于禮服，宜陳壽以「潛識內敏」稱之也。

## 高貴鄉公太學講義

姚振宗《三國藝文志・五經總義類》《高貴鄉公太學講義》。公詳見

《春秋》類。《魏志本紀》：甘露元年夏四月丙辰，帝幸太學，問諸儒夏《連山》、殷《歸藏》、周《周易》之故，易博士淳于俊對講《易》畢，復命講《尚書》，博士庾峻對。復命講《禮記》，博士馬照對。《晉書・庾峻傳》：高貴鄉公幸太學，問《尚書義》于峻，峻援引師說，發明經旨，申暢疑滯，對答詳悉。

按：是日所講見于本紀者，尚千數百言，此必承祚從公本集中。或當時注記所有，采以入紀，恐節錄非全文。其時政歸司馬氏，猶山陽公在位之日，命荀悅作《漢紀》之時也。

## 五經通論

**文廷式《補晉書藝文志・五經類》** 束皙《五經通論》。本傳。馬國翰輯得《通典》九節、《春秋正義》二節。按《隋書・牛宏傳》，今《明堂月令》者，鄭玄云「是呂不韋著，春秋十二紀之首章」。蔡邕、王肅云「周公所作」，束皙以爲夏時之書。《通典》五十五引博士束皙云「漢武帝晚得太子，始立高禖之祠」。卷一百四引「束皙不得避諱，議皆其所遺也」。又《文選注》云云，疑亦出此書。《文選》五十三注《史記》曰扁鵲療簡子東過齊，見桓侯。束皙曰齊桓在簡子前且二百歲。小白後無齊桓侯，田和子有桓公午，去簡子。首末相距二百八年，《史記》自爲舛錯。

## 五經鉤沉

**《隋書・經籍志・五經總義》** 《五經拘沈》十卷。晉高涼太守楊方撰。

**《舊唐書・經籍志・經解》** 《五經鉤沈》十卷。楊方撰。

**錢東垣等輯《崇文總目・論語類》** 《五經鉤沈》五卷。晉楊芳撰，答難申暢。自謂鉤取五經之沈義，篇第亡缺。今缺五篇。見《文獻通考》、《玉海》、《蓺文類》引末二句。

**《新唐書・藝文志・經解類》** 楊方《五經鉤沉》十卷。

**鄭樵《通志・藝文略・經解》** 《五經鉤沉》十卷。晉楊方。

**馬端臨《文獻通考・經籍考・經解》** 《五經鉤沉》。

**《宋史・藝文志・經解類》** 晉楊方《五經鉤沈》五卷。

**張之洞《書目答問・列朝經注經說經本考證》** 《古經解鉤沈》三十卷。余蕭客輯。原刻本。魯氏重刻本。

**文廷式《補晉書藝文志・五經類》** 楊方《五經鉤沈》十卷。字公回，會稽人，高涼太守。《隋志》作「拘沈」，誤。《御覽》七百二十六引此書，不誤，五十七引二則。方，《晉書》附《賀循傳》。《玉海》二十四引《崇文總目》，作「楊芳」。《舊唐志》作「鉤深」，《初學記》二十九引作《五經鉤淵》。《玉海》又引《書目》載方《自序》云：「晉太寧元年撰，鉤經傳之沈義，著論難以起滯。」馬國翰輯佚書得五節，《宋・藝文志》著錄五卷。《北堂書鈔》七十七引《晉中興書》云：「賀循時爲會稽銓，下有楊方者，少好學公事之暇，輒讀《五經》。」

## 五經大義

**《隋書・經籍志・五經總義》** 《五經大義》三卷。戴逵撰。梁有《通五經》五卷，王氏撰。

**又** 《五經大義》十卷。後周縣伯中大夫樊文深撰。

**又** 《五經大義》五卷。何妥撰。

**鄭樵《通志・藝文略・經解》** 《五經大義》三卷。戴逵。

**又** 《五經大義》十卷。後周樊文深。

**又** 《五經大義》五卷。何妥。

**文廷式《補晉書藝文志・五經類》** 戴逵《五經大義》三卷。《通典》卷九十引戴逵《論婦人從夫服舊君》，九十一引戴逵《答范寧論殤服》。《公羊莊十年》疏：戴氏云「荆楚一物，義能相發。吳、揚異訓，故不得州名也」。與何氏異疑。戴氏是戴逵也。

**錢大昕《補元史藝文志・經解類》** 馬瑩《五經大義》。字仲珍，建德人。

## 五經咨疑

**《隋書・經籍志・五經總義》**　《五經咨疑》八卷。周楊〔思〕撰。

**《舊唐書・經籍志・經解》**　《五經咨疑》八卷。楊思撰。

**《新唐書・藝文志・經解類》**　楊思《五經咨疑》八卷。

**鄭樵《通志・藝文略・經解》**　《五經咨疑》八卷。周楊思。

## 五經音

**文廷式《補晉書藝文志・五經類》**　徐邈《五經音》十卷。《初學記》卷十一引《晉中興書》云：「邈，字景山，以東州儒素性好學，尤善經傳。烈宗始覽典籍，招延禮學之士。後將軍謝安舉邈應選，補中書舍人，專在西省。撰《正五經音訓》，學者宗之。《顏氏家訓・音辭篇》：「夫體物自有精麤，精麤謂之好惡人心自有去取，去取謂之好惡。上呼號、下烏故反，此音見於葛洪、徐邈。」錢大昕《養新錄》云「徐仙民音有不載於《釋文》者，如顏之推所舉《毛詩》反驟爲在遘，《左傳》切椽爲徒緣，是也。」

## 五經注

**張鵬一《隋書經籍志補・五經總義》**　《五經注》。崔浩。本傳云：著作令史閔湛、趙郡郄標素諂事浩，乃請立石銘刊載國書，并勒所注五經，浩贊成之。恭宗善焉，遂營於天郊東三里方百三十步，用功三百萬，乃訖。又《高允傳》云：著作令史閔湛、郄標性巧佞，爲浩信，待見浩所注《詩》、《論語》、《尙書》、《易》，遂上疏言馬、鄭、王、賈雖述六經，並多疏謬，不如浩之精微，乞收境內諸書藏之祕府，班浩所注命天下習業，並求勒浩經禮，傳令後生得觀正義。浩亦薦湛有著述才。既而勸浩刊所撰國史于石，用垂不朽，欲以彰浩直筆之跡。允聞之，謂著作郎宗欽曰：「閔湛所營分寸之間，恐爲崔門萬世之禍，吾徒無類矣！」未幾而難作。

## 聖證論評

**姚振宗《三國藝文志・五經總義類》**　張融《聖證論評》。《舊唐書・元行沖傳》：行沖著《釋疑論》曰：子雍規玄數十百件。守鄭學者，時有中郎馬昭，上書以爲肅謬，詔王學之輩占答以聞，又遣博士張融案經論詰融等。或作登。召集分別推處理之，是非具《聖證論》。王肅酬對，疲于歲時。又曰：王肅改鄭六十八條，張融覈之，將定臧否。融稱玄注泉深唐諱淵，故改爲泉。廣博，兩漢四百餘年，未有偉于玄者。然二郊之際，殊天之祀，此玄誤也。其如皇天祖所自出之帝，亦玄慮之失也。　嘉定錢大昕《三國志考異》曰：《高貴鄉公紀》有博士馬照。案《毛詩正義》往往載馬昭說，即其人也。昭說經主鄭氏，與王肅多異。　侯《志》曰：諸經引《聖證論》者，往往兼引馬昭、張融說。《高貴鄉公紀》有博士馬照，錢氏《考異》謂即馬昭也。張融亦魏博士，見《隋志・論語類》。　馬國翰輯本序曰：《聖證論》一卷，魏王肅撰，馬昭駁，孔晁答，張融評。《舊唐書・元行沖傳》云：詔王學之輩占答以聞。今以諸引馬昭、張融，多參孔晁說而黨于王，則晁固王學輩之首選也。《隋志》十二卷，《唐志》十一卷。今佚。采緝四十餘條，依經編次爲卷。王氏《漢魏遺書鈔》亦輯錄一卷。

案：肅本書篇卷無考，《隋》、《唐志》作十二卷、十一卷者，皆附馬、張等諸家之說在內，乃後人重編也。

## 五經同異評

**文廷式《補晉書藝文志・五經類》**　徐苗《五經同異評》。本傳。

## 五經義

**《隋書・經籍志・五經總義》**　《五經義》六卷。梁七卷。梁又有《五經義略》一卷，亡。

## 五經異同評

**《隋書・經籍志・五經總義》**　《五經異同評》一卷。賀瑒撰。

**鄭樵《通志・藝文略・經解》**　《五經異同評》一卷。賀瑒。

## 五經祕表要

**《隋書・經籍志・五經總義》**　《五經祕表要》三卷。亡。

## 五經宗略

**《隋書・經籍志・五經總義》**　《五經宗略》二十三卷。元延明撰。

**《舊唐書・經籍志・經解》**　《五經宗略》四十卷。元延明撰。

**《新唐書・藝文志・經解》**　元延明《五經宗略》四十卷。

**鄭樵《通志・藝文略・經解》**　《五經宗略》二十三卷。元延明。

## 五經雜義

**《隋書・經籍志・五經總義》**　《五經雜義》六卷。孫暢之撰。

**鄭樵《通志・藝文略・經解》**　《五經雜義》六卷。孫暢之。

## 五經析疑

**《隋書・經籍志・五經總義》**　《五經析疑》二十八卷。邯鄲綽撰。

**《舊唐書・經籍志・法家》**　《五經析疑》三十卷。邯鄲綽撰。

**鄭樵《通志・藝文略・經解》**　《五經析疑》二十八卷。邯鄲綽。

## 孔子正言

**《新唐書・藝文志・經解類》**　梁武帝《孔子正言》二十卷。

## 七經義綱

**《隋書・經籍志・五經總義》**　《七經義綱》二十九卷。樊文深撰。

**《舊唐書・經籍志・經解》**　《七經義綱略論》三十卷。樊文深撰。

**《新唐書・藝文志・經解類》**　樊文深《七經義綱略論》三十卷。

**鄭樵《通志・藝文略・經解》**　《七經義綱略》三十卷。樊文深。

## 七經論

**《隋書・經籍志・五經總義》**　《七經論》三卷。樊文深撰。

**鄭樵《通志・藝文略・經解》**　《七經論》三卷。樊文深。

**張鵬一《隋書經籍志補・五經總義》**　《七經異同說》三卷。樊深。

按：《玉函山房》輯《七經義綱》一卷，自序云「《七經異同》即《隋志》之《七經論》。《北史・儒林傳》稱深撰《七經異同》三卷，《隋志》載有《五經大義》十卷、《七經義綱》二十九卷、《七經論》三卷、《質疑》五卷。《七經論》即《七經異同》。《唐志》惟載《義綱》、《質疑》二書，而作《七經義綱略論》三十卷。本傳云『子義綱與書名正同』，今其書佚。輯錄三節，附本傳爲卷」云云。考《七經論》卷數，雖與《七經異同》相符，而他無可證，姑存之。

## 五經辨疑

**張鵬一《隋書經籍志補・五經總義》**　《五經辨疑》十卷。後魏清河房景先。本傳云：景先作《五經疑問》百餘篇。其言「該典今行於世，文多略舉其切於世教者」。又云「符璽郎王神貴答之，名爲《辨疑》，合成十卷，亦有可觀。節閔帝時奏上之，帝親自執卷與神貴往復，嘉其用心」。

## 詩禮別義

**張鵬一《隋書經籍志補・五經總義》**　《詩禮別義》。信都芳。

## 五經異同評

**張鵬一《隋書經籍志補・五經總義》**　《五經異同評》一卷。後魏敦煌張通。本傳云「爲儒者所稱」。《北史》同。

## 七經論

**張鵬一《隋書經籍志補・五經總義》**　《七經論》。後周武功蘇綽。以上五經總義。

## 六經通數

**《隋書・經籍志・五經總義》**　《六經通數》十卷。梁舍人鮑泉撰。

**鄭樵《通志・藝文略・經解》**　《六經通數》十卷。梁舍人鮑泉。

## 長春義記

**《隋書・經籍志・五經總義》**　《長春義記》一百卷。梁簡文帝撰。

**《舊唐書・經籍志・經解》**　《長春義記》一百卷。梁簡文撰。

**《新唐書・藝文志・經解類》**　簡文帝《長春義記》一百卷。

**鄭樵《通志・藝文略・經解》**　《長春義記》一百卷。梁簡文帝。

## 大　義

**《隋書・經籍志・五經總義》**　《大義》九卷。

## 質　疑

**《隋書・經籍志・五經總義》**　《質疑》五卷。樊文深撰。

**《舊唐書・經籍志・經解》**　《質疑》五卷。樊文深撰。

**《新唐書・藝文志・經解類》**　樊文深《質疑》五卷。

**鄭樵《通志・藝文略・經解》**　《質疑》五卷。樊文深。

## 經典大義

《隋書・經籍志・五經總義》《經典大義》十二卷。沈文阿撰。

《舊唐書・經籍志・經解》《經典大義》十卷。沈文阿撰。

鄭樵《通志・藝文略・經解》《經典大義》十二卷。沈文阿。

## 經典玄儒大義序録

《隋書・經籍志・五經總義》《經典玄儒大義序録》二卷。沈文阿撰。

《新唐書・藝文志・經解》沈文阿《經典玄儒大義序録》十卷。

鄭樵《通志・藝文略・經解》《經典玄儒大義序録》十卷。

## 玄義問答

《隋書・經籍志・五經總義》《玄義問答》二卷。

## 遊玄桂林

《隋書・經籍志・五經總義》《遊玄桂林》九卷。張譏撰。

《舊唐書・經籍志・經解》《遊玄桂林》二十卷。張譏撰。

《新唐書・藝文志・經解類》張譏《遊玄桂林》二十卷。

鄭樵《通志・藝文略・經解》《遊玄桂林》二十卷。張譏。

## 五經述義

張鵬一《隋書經籍志補・五經總義》《五經述義》隋信都劉焯本傳云：焯字士元，與河間劉炫結盟爲友，同受《詩》於同鄉劉軌思，受《左傳》於廣平郭懋常，問《禮》於熊安生，皆不卒業而去。又賈、馬、王、鄭所傳《章句》多所是非，《九章算術》莫不覈其根本、窮其祕奥，撰《稽極》十卷、《曆書》十卷，《五經述義》並行於世。劉炫聰明博學，名亞於焯，時人稱二劉焉。

## 五經正名

《隋書・經籍志・五經總義》《五經正名》十二卷。劉炫撰。

《舊唐書・經籍志・經解》《五經正名》十五卷。劉炫撰。

《新唐書・藝文志・經解類》劉炫《五經正名》十二卷。

鄭樵《通志・藝文略・經解》《五經正名》十二卷。劉炫。

## 五經通義

《隋書・經籍志・五經總義》《五經通義》八卷。梁九卷。

《舊唐書・經籍志・經解類》《五經通義》九卷。劉向撰。

鄭樵《通志・藝文略・經解》《五經通義》八卷。劉炫。

## 五經要義

《隋書・經籍志・五經總義》《五經要義》五卷。梁十七卷，雷氏撰。

鄭樵《通志・藝文略・經解》《五經要義》五卷。雷氏。

## 五經對訣

《新唐書・藝文志一・經解》趙英《五經對訣》四卷。英，龍朔中汲令。

鄭樵《通志・藝文略・經解》《五經對訣》四卷。趙英。

黃虞稷《千頃堂書目・經解》趙英《五經對訣》四卷。

倪燦等《補遼金元藝文志・經解》趙英《五經對訣》四卷。

## 九經字樣

《新唐書・藝文志・小學類》唐玄度《九經字樣》一卷。文宗時待詔。

## 微言集注

《新唐書・藝文志・經解》裴僑卿《微言注集》二卷。開元中鄭縣尉。

鄭樵《通志・藝文略・經解》《微言集注》四卷。袁僑卿。

## 五經要略

鄭樵《通志・藝文略・經解》《五經要略》。顏眞卿。

## 經史釋題

錢東垣等輯《崇文總目・論語類》《經史釋題》二卷。唐李肇撰。起《九經》，下至《唐氏實錄》，列篇帙之凡，概釋其題。見《文獻通考》。闕。見天一閣鈔本。

鄭樵《通志・藝文略・經解》《經史釋題》二卷。唐李肇。

馬端臨《文獻通考・經籍考・經解》《經史釋題》。

《宋史・藝文志・經解類》李肇《經史釋題》二卷。

## 六經外傳

《新唐書・藝文志・經解類》劉貺《六經外傳》三十七卷。

鄭樵《通志・圖譜略・經學》《六經外傳》三十七卷。劉貺。

## 六　説

錢東垣等輯《崇文總目・論語類》《六説》五卷。唐右補闕劉迅作《六書》以繼《六經》，故標概作書之誼，而著其目。惟《易》闕而不叙，故止五卷。見《經義考・擬經類》。《通考》引無末句。

《新唐書・藝文志・經解類》劉迅《六説》五卷。

鄭樵《通志・藝文略・經解》《六説》五卷。劉迅。

《宋史・藝文志・經解類》劉迅《六經》五卷。

## 兼講書

《宋史・藝文志・經解類》《兼講書》五卷。

## 授經圖

錢東垣等輯《崇文總目・論語類》《授經圖》三卷。不著撰人名氏。叙《易》、《詩》、《書》、《禮》、《春秋》三家、《論語》、《孝經》之學，師承相第，系而爲圖。見《文獻通考》。闕。見天一閣鈔本。

鄭樵《通志・藝文略・經解》《授經圖》三卷。

又《圖譜略・經學》《授經圖》。

馬端臨《文獻通考・經籍考・經解》《授時圖》。

《宋史・藝文志・經解類》《授經圖》三卷。

## 九經餘義

錢東垣等輯《崇文總目・論語類》《九經餘義》一百卷。皇朝處士黃敏求撰，摭諸家之説，是非者裁正之。見《文獻通考》。闕。見天一閣鈔本。

鄭樵《通志・藝文略・經解》《九經餘義》一百卷。宋朝處士黃敏。

馬端臨《文獻通考・經籍考・經解》《九經餘義》。崇文總目：皇朝處士黃敏撰。摭諸家之説，是非者裁正之。

《宋史・藝文志・經解類》黃敏求《九經餘義》一百卷。

## 六説

《宋史・藝文志・經解類》劉餗《六説》五卷。

## 五經微旨

《新唐書・藝文志・經解類》張鎰《五經微旨》十四卷。

鄭樵《通志・藝文略・經解》《五經微旨》十四卷。張鎰。

## 經傳要略

《新唐書・藝文志・經解類》高重《經傳要略》十卷。

鄭樵《通志・藝文略・經解》《經傳要略》十卷。高重。

## 九經師授譜

《新唐書・藝文志・經解類》韋表微《九經師授譜》一卷。

鄭樵《通志・藝文略・經解》《九經師授譜》一卷。韋表微。

又《圖譜略・經學》韋表微《九經師授譜》。

## 五經類語

《新唐書・藝文志・經解類》慕容宗本《五經類語》十卷。字泰初，幽州人，大中時。

## 辨經正義

鄭樵《通志・藝文略・經解》《辨經正義》七卷。張沂。

**黃虞稷《千頃堂書目・經解類》** 張沂《辨經正義》七卷。

**倪燦等《補遼金元藝文志・經解類》** 張沂《辨經正義》七卷。

## 刊誤

**《宋史・藝文志・經解類》** 李涪《刊誤》二卷。

## 九經演義

**鄭樵《通志・藝文略・經解》** 《九經演義》十卷。

**《宋史・藝文志・經解類》** 蘇鶚《演義》十卷。

## 兼明書

**鄭樵《通志・藝文略・經解》** 《兼明書》五卷。丘光庭。

**《宋史・藝文志・經解類》** 丘光庭《兼明書》三卷。

## 演聖通論

**錢東垣等輯《崇文總目・論語類》** 《演聖通論》三十六卷。皇朝祕書監致仕胡旦撰。以《易》、《詩》、《書》、《論語》，先儒傳注得失參糅，故作論而辨正之。《易》百篇，《書》五十六篇，《詩》七十八篇，《論語》十八篇，凡二百五十二。天聖中獻之。見《文獻通考》。

**鄭樵《通志・藝文略・經解》** 《演聖通論》三十六卷。胡旦。

**晁公武《郡齋讀書志・經解類》** 《演聖通論》四十九卷。右皇朝胡旦撰。論《六經》傳注得失。《易》十六卷，《書》七卷，《詩》十卷，《禮記》十六卷，而《春秋論》別行。天聖中，嘗獻於朝，博辨精詳，學者宗焉。

**陳振孫《直齋書録解題・經解類》** 《演聖通論》六十卷。知制誥渤海胡旦周父撰。《易》十七，《書》七，《詩》十，《禮記》十六，《春秋》十，其第一卷爲目錄。旦，太平興國三年進士第一人，恃才輕躁，累坐擯斥，晚尤黷貨，持吏短長，爲時論所薄，然其學亦博矣。

**馬端臨《文獻通考・經籍考・經解》** 《演聖通論》六十卷。

**《宋史・藝文志一・經解類》** 胡旦《演聖通論》六十卷。

## 五經疏義

**王圻《續文獻通考・經籍考・經解》** 《五經疏義》。孔維著。維，雍丘人。乾德中以九經及第，爲國子博士，累遷國子祭酒。

## 六經圖

**黃虞稷《千頃堂書目・經解類》** 趙元輔《六經圖》二卷。

**倪燦等《補遼金元藝文志・經解類》** 趙元輔《六經圖》五卷。

## 經傳發隱

**鄭樵《通志・藝文略・經解》** 《經傳發隱》七卷。李景陽。

## 羣經音辨

**陳振孫《直齋書録解題・經解類》**　《羣經音辨》七卷。丞相眞定賈昌朝子明撰。康定中侍講天章閣所上，凡五門，題曰「羣經」，亦不當在小學類。

**馬端臨《文獻通考・經籍考・經解》**　《羣經音辨》七卷。

**楊士奇等《文淵閣書目・諸經總類》**　賈昌朝《羣經音辨》。一部，二冊。闕。　《羣經音辨》。一部，二冊。完全。　《羣經音辨》。一部，一冊。闕。

## 五經要旨

**鄭樵《通志・藝文略・經解》**　《五經要旨》五十卷。齊唐。

## 九經類義

**鄭樵《通志・藝文略・經解》**　《九經類義》二卷。

## 九經抄

**鄭樵《通志・藝文略・經解》**　《九經抄》二卷。

## 九經要抄

**鄭樵《通志・藝文略・經解》**　《九經要抄》一卷。

## 叙元要抄

**鄭樵《通志・藝文略・經解》**　《叙元要抄》一卷。

## 九經釋難

**鄭樵《通志・藝文略・經解》**　《九經釋難》五卷。

**《宋史・藝文志・經解類》**　馬光極《九經釋難》五卷。

## 五經釋題雜問

**《宋史・藝文志・經解類》**　章崇業《五經釋題雜問》一卷。

## 五經指歸

**《宋史・藝文志・經解類》**　僧十朋《五經指歸》五卷。

## 九經旨

**鄭樵《通志・藝文略・經解》** 《九經旨》九卷。

## 經典質疑

**鄭樵《通志・藝文略・經解》** 《經典質疑》六卷。胡順之。

**黄虞稷《千頃堂書目・經解類》** 胡順之《經典質疑》六卷。

**倪燦等《補遼金元藝文志・經解類》** 胡順之《經典質疑》六卷。

## 詩樂説

**鄭樵《通志・藝文略・經解》** 《詩樂說》三卷。

## 羣經索隱

**鄭樵《通志・藝文略・經解》** 《羣經索隱》三十卷。

## 九經要略

**《宋史・藝文志・經解類》** 《九經要略》一卷。



## 敘元要略

**《宋史・藝文志・經解類》** 《敘元要略》一卷。

## 七經中義

**《宋史・藝文志・經解類》** 劉彝《七經中義》一百七十卷。

**王圻《續文獻通考・經籍考・經解》** 《七經中義》百七十卷。劉彝著。彝，懷安人。幼從胡瑗學，善治水。第進士，爲朐山令，凡所以惠民者無不至，邑人紀其事，目曰治範。

## 七經小傳

**鄭樵《通志・藝文略・經解》** 《七經小傳》五卷。劉敞。

**晁公武《郡齋讀書志・經解類》** 《七經小傳》五卷。右皇朝劉敞原父撰。其所謂《七經》者，《毛詩》、《尚書》、《公羊》、《周禮》、《儀禮》、《禮記》、《論語》也。元祐史官謂：「慶曆前學者尚文辭，多守章句注疏之學，至敞始異諸儒之説，後王安石修《經義》，蓋本於敞。」公武觀原父説「伊尹相湯伐桀，升自陑」之類，《經義》多勦取之，史官之言，良不誣也。

**陳振孫《直齋書録解題・經解類》** 《七經小傳》三卷。劉敞撰。前世經學大抵祖述注疏，其以己意言經，著書行世，自敞倡之。惟《春秋》既成，《書》、《詩》、《三禮》、《論語》見之《小傳》，又《公羊》、《左氏》、《國語》三則附焉，故曰「七經」。

**馬端臨《文獻通考・經籍考・經解》** 《七經小傳》三卷。

**《宋史・藝文志・經解類》** 劉敞《七經小傳》五卷。

**楊士奇等《文淵閣書目・諸經總類》** 劉敞《七經小傳》。一部，一冊。闕。

**錢謙益等《絳雲樓書目・經總類》** 公是先生《七經小傳》。三卷。劉敞撰。《毛詩》、《尚書》、《公羊》、《周禮》、《儀禮》、《禮記》、《論語》。

**錢曾《讀書敏求記・經》** 劉敞《七經小傳》三卷。「七經」者，《尚書》、《毛詩》、《周禮》、《儀禮》、《禮記》、《公羊》、《論語》也。此是先生偶拈幾則，未成書而傳之後，非獨有取于七經耳。辟彊主人云：「雖新刻，最爲罕遇。」

**《四庫提要・五經總義類》** 《七經小傳》三卷。兩江總督採進本。宋劉敞撰。敞有《春秋傳》，已著錄。是編乃其雜論經義之語。其曰「七經」者，一《尚書》，二《毛詩》，三《周禮》，四《儀禮》，五《禮記》，六《公羊傳》，七《論語》也。然《公羊傳》僅一條，又皆校正傳文衍字，於傳義無所辨正。後又有《左傳》一條，《國語》一條，亦不應獨以《公羊》標目。蓋敞本欲作《七經傳》，惟《春秋》先成。凡所劄記，已編入《春秋傳》、《意林》、《權衡》、《文權》、《說例》五書中。此三條一校衍字，一論都城百雉，一論禘郊祖宗報，於經文無所附麗，故其文仍在此書中。其標題當爲「春秋」，故得兼及外傳。傳寫者見第一條爲「公羊」，第二條末亦有「公羊」字，遂題曰「公羊」，而註曰「國語附」，失其旨矣。《論語》諸條，有與諸經一例者，又有直書經文而夾註句下如註疏體者，亦註《論語》而未成，以所註雜錄其中也。吳曾《能改齋漫錄》曰：「慶曆以前，多尊章句註疏之學。至劉原甫爲《七經小傳》，始異諸儒之說。王荆公修《經義》，蓋本於原甫。」案《讀書志》亦載此文，以爲元祐史官之說。晁公武《讀書志》亦證以所說「湯伐桀升自陑」之類，與《新經義》同，爲王安石勦取敞說之證，大旨均不滿於敞。《朱子語類》乃云「《七經小傳》甚好」，其說不同。今觀其書，如謂《尚書》「愿而恭」，當作「愿而茶」；「此厥不聽」當作「此厥不德」；謂《毛詩》「烝也無戎」當作「烝也無戍」；謂《周禮》「誅以馭其過」，當作「誅以馭其禍」；「士田賈田」，當作「工田賈田」；「九簭，五曰巫易」，當作「巫陽」；謂《禮記》諸侯「以貍首爲節」，當作「以鵲巢爲節」，皆改《易經》字以就己說。至《禮記》「若夫坐如尸」一節，則疑有脱簡，「人喜則斯陶」九句，則疑有遺文；「禮不王不禘」及「庶子王亦如之」，則疑有倒句；而《尚書・武成》一篇考定先後，移其次序，實在蔡沈之前。蓋好以己意改經，變先儒淳實之風者，實自敞始。又如解《尚書》「鳥獸蹌蹌」，謂「古者制樂，或法於鳥，或法於獸」。解《毛詩》「葛之覃兮」，謂「葛之茂盛，則有人就而刈之，以爲絺綌，如后妃在家，德美充茂，則王者就而聘之，以爲后妃」。解《論語》「乘桴浮於海」，謂「夫子周流列國，如桴之在海，流轉不定」。其說亦往往穿鑿，與安石相同。故流俗傳聞，致遭斯謗。然考所著《弟子記》，排斥安石，不一而足，實與新學介然異趣。且安石剛愎，亦非肯步趨於敞者。謂敞之說經，開南宋臆斷之弊，敞不得辭。謂安石之學由於敞，則竊鈇之疑矣。且略其卮詞，採其粹語，疏通剔抉，精鑿者多，又何可以末流之失，併廢敞書歟？

**彭元瑞等《天祿琳琅書目後編・明版經部》** 公是先生《七經小傳》。一函一冊。宋劉敞撰。敞字仲原父，清江人。仁宗朝進士，官至集賢學士，學者稱爲公是先生。《宋史》有傳。書三卷，《尚書》二十二條，《詩》三十三條，《周禮》四十條，《儀禮》四條，《禮記》三十條，《公羊》、《國語》三條，《論語》八十五條。書中匡字殷字，闕筆。桓字不闕筆，可證爲北宋本。傳庋唐寅、曹溶、徐乾學、朱彝尊家，末有「唐寅藏書」四字。溶字潔躬，號秋岳，秀水人。崇禎丁丑進士，入本朝官戶部侍郎，左遷山西陽和道。好聚書，彙刻古籍爲《學海類編》。

## 經學理窟

**《宋史・藝文志・經解類》** 張載《經學理窟》三卷。

## 尚書詩禮春秋闕言

**王圻《續文獻通考・經籍考・經解》** 《尚書詩禮春秋闕言》。黄君俞著。君俞字廷俞，莆田人。宋初以大臣論薦，召試舍人院，除國子監直講。

## 詩解中庸語孟解

**王圻《續文獻通考・經籍考・經解》**　《詩解中庸語孟解》。龍溪黃櫄著。樵仲弟也。

## 河南經説

**陳振孫《直齋書録解題・經解類》**　《河南經説》七卷。程頤撰。《繫辭説》一，《書》一，《詩》二，《春秋》一，《論語》一，《改定大學》一。程氏之學，《易傳》爲全書，餘經具此。

**馬端臨《文獻通考・經籍考・經解》**　《河南經説》七卷。

**《宋史・藝文志・經解類》**　程頤《河南經説》七卷。

**楊士奇等《文淵閣書目・諸經總類》**　《伊川六經説》。一部，二冊。闕。

**張萱等《内閣藏書目録・經部》**　《程氏經説》一冊，不全。伊川先生著。

**《四庫提要・五經總義類》**　《程氏經説》七卷。通行本。不著編輯者名氏，皆伊川程子解經語也。《書録解題》謂之《河南經説》，稱《繫辭》一，《書》一，《詩》二，《春秋》一，《論語》一，《改定大學》一。又稱程氏之學，《易傳》爲全書，餘經具此。其門目卷帙，與此本皆合，則猶宋人舊本也。其中若《詩書解》、《論語説》，本出一時雜論，非專著之書。《春秋傳》則專著而未成，觀崇寧二年自序可見。至《繫辭説》一卷，《文獻通考》併於《易傳》，共爲十卷。《宋志》則於《易傳》九卷之外，別著録一卷。然程子《易傳》，實無《繫辭》，故呂祖謙集十四家之説爲《繫辭精義》以補之。此卷疑或後人掇拾成帙，以補其闕也。《改定大學》兼載明道之本，或以兄弟之説，互相參考歟？明徐必達編《二程全書》，併《詩解》二卷爲一卷，而別增《孟子解》一卷，《中庸解》一卷，共爲八卷。然《經義考》引康紹宗之言，謂《孟子解》乃後人纂集「遺書」、「外書」而成，非程子手著。至《中庸解》之出呂大臨，朱子辨證甚明，亦不得竄入程氏經説，增此一種。故今所録，仍用宋本之舊焉。

## 五言集解

**《宋史・藝文志・經解類》**　程頤《五言集解》三卷。

## 四經序論

**錢謙益等《絳雲樓書目・經總類》**　吳草廬《四經序論》。一冊。

## 兩蘇經解

**楊士奇等《文淵閣書目・諸經總類》**　《二蘇五經傳》。一部，二十冊。闕。

**范邦甸等《天一閣書目・經總類》**　《兩蘇經解》十二冊。刊本。東坡《易傳》九卷，《書傳》二十卷，《穎濱詩傳》十九卷，《春秋》十二卷，《論孟拾遺》一卷，《道德經》附一卷。

## 經　解

**《宋史・藝文志・經解類》**　楊會《經解》三十三卷。

## 三經義辨

**馬端臨《文獻通考・經籍考・經解》** 《三經義辯》。《中興藝文志》：《三經義辯》，楊時撰。《辯學》，王居正撰。居正爲舉子時，不習王氏《新經字說》，流落十餘年。時出《義辯》示之曰：「吾舉其端，子成吾志！」居正感厲，首尾十載，爲《三經辯學》，凡安石父子言不合道者，悉正之。紹興間，於上前論安石釋經無父無君處。上正色曰：「是豈不害名教？」居正退序上語，係《辯學》書首上之，與時《義辯》並列祕府。自是天下不復言王氏學矣。

**《宋史・藝文志・經解類》** 楊時《三經義辨》十卷。

## 龜山經說

**陳振孫《直齋書録解題・經解類》** 《龜山經說》八卷。楊時撰。《易》三，《詩》、《春秋》、《孟子》各一，末三卷則經筵講義也。

**馬端臨《文獻通考・經籍考・經解》** 《龜山經說》八卷。

## 古注孝經論語

**尤袤《遂初堂書目・論語類考經孟子附》** 《古注孝經論語》。

## 春秋語孟註

**王圻《續文獻通考・經籍考・經解》** 《春秋語孟註》。鄒補之著。補之，浙江人。

## 五經講義

**王圻《續文獻通考・經籍考・經解》** 《五經講義》。徐存著。

## 辨學

**《宋史・藝文志・經解類》** 王居正《辨學》七卷。

## 鄉黨少儀咸有一德論語孟子拾遺

**陳振孫《直齋書録解題・經解類》** 《無垢鄉黨少儀咸有一德論語孟子拾遺》共一卷。張九成撰。

**《宋史・藝文志・經解類》** 張九成《鄉黨少儀咸有一德論孟子拾遺》共一卷。

## 六經考

**王圻《續文獻通考・經籍考・經解》** 《六經考》。金馬定國著。又嘗著《石鼓辯》萬餘言，大要謂以字書考之。是宇文周時所作，出入傳記，引據甚明。

**錢大昕《補元史藝文志・經解類》** 馬定國《六經考》。

## 六經音義

**《宋史·藝文志·小學類》** 周燔《六經音義》十三卷。

## 六經奧論

**楊士奇等《文淵閣書目·諸經總類》** 宋學士夾漈先生《六經奧論》六卷。盱江訓導危邦輔家藏，臨川黎溫校正，凡例十條。

**錢謙益等《絳雲樓書目·經總類》** 鄭夾漈《六經奧論》。一冊。

**黃虞稷《千頃堂書目·經解類》** 《六經奧論》六卷。舊以爲鄭樵著，非。

**倪燦等《宋史藝文志補·經解類》** 《六經奧論》六卷。舊以爲鄭樵著，非。

**《四庫提要·五經總義類》** 《六經奧論》六卷。浙閩總督採進本。舊本題宋鄭樵撰。朱彝尊《曝書亭集》有是書跋，曰：「成化中，盱江危邦輔藏本，黎溫序而行之，云是鄭漁仲所著。荆川唐氏輯《稗編》從之。」今觀其書，議論與《通志》略不合。樵嘗上書自述其著作，臚列名目甚悉，而是書曾未之及，非樵所著審矣。後崑山徐氏刻《九經解》，仍題樵名。今檢書中論《詩》，皆主毛、鄭，已與所著《詩辨妄》相反。又「天文辨」一條，引及樵說，稱夾漈先生，足證不出樵手。又論《詩》一條，引晦菴說《詩》。考《宋史》樵本傳，卒於紹興三十二年。朱子《詩傳》之成，在淳熙四年，而晦菴之號則始於淳熙二年，皆與樵不相及。論《書》一條，併引《朱子語錄》，且稱朱子之謚，則爲宋末人所作，具有明驗。不知顧湄校《九經解》時，何未一檢也。第相傳既久，所論亦頗有可採，故仍錄存之，綴諸宋人之末，而樵之名則從刪焉。

## 六經篆文

**錢謙益等《絳雲樓書目·經總類》** 《六經篆文》十冊。

## 漢篆石經

**錢謙益等《絳雲樓書目·經總類》** 《漢篆石經》四冊。

## 六經古文

**錢謙益等《絳雲樓書目·經總類》** 《六經古文》二十冊。

## 朱氏新定易書詩春秋古經

**尤袤《遂初堂書目·經總類》** 《朱氏新定易書詩春秋古經》。

## 九經要覽

**楊士奇等《文淵閣書目·諸經總類》** 《九經要覽》。一部，五冊。完全。

**張萱等《內閣藏書目録·經部》** 《九經要覽》。五冊。全。鈔本，莫詳姓氏，采九經語分類成書。

**黃虞稷《千頃堂書目·經解類》** 《九經要覽》十卷。

**倪燦等《補遼金元藝文志·經解類》** 《九經要覽》十卷。

## 周易洪範中庸解

**王圻《續文獻通考・經籍考・經解》**　《周易洪範中庸解》。俱鄭耕老著。耕老字穀叔，興化人。紹興中進士，以道理最大一言，講述於孝宗前，親擢國子監主簿。

## 經　辯

**王圻《續文獻通考・經籍考・經解》**　《經辯》四十九篇。泰和蕭楚著。楚，紹聖時遊太學。胡銓，其門人也。

## 諸經講義集解

**王圻《續文獻通考・經籍考・經解》**　《諸經講義集解》。危稹著。稹字逢吉，臨川人。淳熙十四年進士，官著作郎，知漳州。

## 諸經講義

**王圻《續文獻通考・經籍考・經解》**　《諸經講義》若干卷。寧都胡楚著。

## 六經圖

**尤袤《遂初堂書目・經總類》**　《六經圖》。

**《宋史・藝文志一・經解類》**　楊甲《六經圖》六卷。

**范邦甸等《天一閣書目・經總類》**　《六經圖》。六册。宋楊甲撰。乾道元年苗昌言序。明萬曆四十三年吏部尚書衛承芳照宋板摹刻。

**于敏中等《天禄琳琅書目・宋版經部》**　《六經圖》。一函，六册。宋楊甲撰，毛邦翰補。《大易象數鉤深圖》一册、《尚書軌範撮要圖》一册、《毛詩正變指南圖》一册、《周禮文物大全圖》一册、《禮記制度示掌圖》一册、《春秋筆削發微圖》一册，不分卷。苗昌言序。序載陳大夫爲撫之期年，取《六經圖》編類爲書，刊之於學，事在乾道元年。序後列銜：知撫州陳森，見《西江志・職官門》，次通判、學正各一人，學錄二人，經諭六人，而邦翰爲州學教授，實補諸圖。此書宋本，在明時已爲艱致。新都吳氏曾購得，授梓，見顧起元序。今重刻本，或間有之。若此本之古香寶刻，誠希珍也。御題宋版《六經圖》八韻：「太古圖先書後出，考書或不考圖非。陳刊苗序誠探要，物列文彰允造微。典備六千年燭照，册貽五百載芸緋。玩時愒日凜儆戒，惕夕乾朝守範圍。傳授都因著姓氏，次銓還以正依違。六經敢曰能窺道，一己惟應勵敕幾。敬奉禋宗陳俎豆，恪遵家法置冠衣。帝王學與儒生異，罪我由他知我稀。乾隆乙未仲春月，御筆。」鈐「乾」、「隆」雙璽。

按：《玉海》紹定六年六月甲午，緝熙殿成，御書二字牓之。《宋史・理宗本紀》六年秋九月，以緝熙殿牓記宣付史館。書中有「緝熙殿」及「内殿文璽」、「御府圖書」三，則宋時已爲善本，登之中祕矣。又有明「文淵閣印」，更徵累代寶藏。于慎行《筆塵》載明中葉，文淵閣書散佚殆盡，蓋已流布人間。或吳氏所購得，即此本爾。其「鬻及借人爲不孝」一印，乃是收藏家取唐杜暹語以示其後人。考宋周煇《清波雜志》，稱暹每於所藏書末自題云：「清俸買來手自校，子孫讀之知聖道，鬻及借人爲不孝。」

**于敏中等《天禄琳琅書目・明版經部》**　《六經圖》。一函，六册。宋楊甲撰。不分卷。前明顧起元序，次載《校刊姓氏》、宋苗昌言原序。顧起元序稱新都吳氏購得宋本，始授梓人，計部大夫汝南方公覽而善之，謀於同寮諸大夫，出帑羨，復刻而存於署云云。是此書之刻在吳氏刊《六經圖》甫成之後，其時《儀禮圖》尚未付諸剞劂，遂不獲摹入耳。應明時爲南京戶部郎中，掌戶部者係南京吏部尙書衛承芳兼攝其事，故首列之。其餘司曹同寮計三十四人，皆備載姓氏。起元曾官南京國子司業，故爲之序，其作序時則官右庶子也。顧起元，字太初，江寧人。萬曆二十六年賜進士第。三除翰林編修，累官至吏部侍郎兼翰林學士。卒，謚文莊。見《江南通志》。方應明，汝寧府光州人。登萬曆三十二年進士，見《太學題名碑》。其歷官事蹟無考。《明史》列傳：衛承芳，字君大，達州人。隆慶二年進士。萬曆中，官溫州知府。公廉善撫字，屢遷至南京吏部尙書。卒於官，贈太子太保，謚清敏。

《六經圖》。一函，六冊。篇目同前，顧起元序及《校刊姓氏》俱闕。此書即前版，書賈見其橅刻精良，遂割去序文并《校刊姓氏》，以希僞充宋槧也。明檇李項氏藏本。孫克弘亦經收藏，有「漢陽太守印」。按《松江志》：孫克弘，字允執，號雪居，文簡公承恩子也。以蔭爲應天府治中，擢漢陽知府。精於六法，山水花鳥無不臻妙。餘印無考。

**嵇璜等《續通志·圖譜略·總經》** 宋楊甲《六經圖》。

**《四庫提要·五經總義類》** 《六經圖》六卷。通行本。宋楊甲撰，毛邦翰補。甲，字鼎卿，昌州人。乾道二年進士，《成都文類》載其數詩，而不詳其仕履。其書成於紹興中。邦翰不知何許人，嘗官撫州教授，其書成於乾道中。據王象之《輿地記勝碑目》，甲圖嘗勒碑昌州郡學，今未見拓本，無由考其原目。陳振孫《書錄解題》引《館閣書目》，載邦翰所補之本：《易》七十圖，《書》五十有五圖，《詩》四十有七圖，《周禮》六十有五圖，《禮記》四十有三圖，《春秋》二十有九圖，合爲三百有九圖。此本惟《易》、《書》二經圖與《館閣書目》數相合，《詩》則四十有五，《禮記》四十有一，皆較原數少二。《周禮》六十有八，較原數多三。《春秋》四十有三，較原數多十四，不知何人所更定。考《書錄解題》，載有東嘉葉仲堪字思文，重編毛氏之書，定爲《易》圖一百三十，《書》圖六十三，《周禮》圖六十一，《禮記》圖六十三，《春秋》圖七十二，惟《詩》圖無所增損，其卷則增爲七，亦與此本不符。然則亦非仲堪書，蓋明人刊刻舊本，無不臆爲竄亂者，其損益之源委，無從究詰。以其本出楊、毛二家，姑從始事之例，題甲及邦翰名云爾。

**《四庫提要·五經總義類存目》** 《六經圖》十六卷。通行本。國朝江爲龍等編。爲龍，桐城人。康熙庚辰進士，官吏部主事。是編皆以前人舊圖鈔錄成書。末附以《四書圖》，亦自諸書摘入也。

**彭元瑞等《天祿琳琅書目後編·宋版經部》** 《六經圖》。一函，六冊。宋楊甲撰，毛邦翰補。不分卷，一《大易象數鉤深圖》，凡七十；二《尙書軌範撮要圖》，凡五十有五；三《毛詩正變指南圖》，凡四十有七；四《周禮文物大全圖》，凡六十有五；五《禮記制度示掌圖》，凡四十有三；六《春秋筆削發微圖》，凡二十有九，合爲圖三百有九。前乾道元年苗昌言序，列銜右朝散大夫、知撫州軍州主管學事、兼管內勸農營田事陳森，左朝散郎、通判撫州軍州主管學事、兼管內勸農營田事劉濤，左文林郎、撫州州學教授毛邦翰，學正徐世聞，學錄危幾安、龔迪吉，州學教諭吳翬飛、黃松年、崔崇之、唐次雲、李自修、趙元輔編。

按：陳振孫《書錄解題》所列圖數，與此本合。苗序中雖未及楊甲，然云是圖集諸家之長，顧因其舊則，顯有舊本，非當時新編矣。序中無邦翰補圖之說，其列銜則州學教授在諸學之前，與衆同編，無所表異。是書後來屢襲其名，更有加損，自當以《書錄解題》爲信。

許衡，號魯齋，河內人。元集賢大學士、中書左丞。謚文正。澹齋，乃鄭定，字孟宣，明初國子助教。其「南昌袁氏」一印，乃明袁忠徹家物，賞鑒家稱爲「袁尙寶」是也。

**又《明版經部》** 《六經圖》。一函，一冊。篇目同前宋版經部。每經目錄下刻「明新都吳繼仕考校」，卷首刻「熙春堂藏版，摹刻宋版六經圖」，後云夙遘是書，如獲和璧，不忍私藏，今公海內。第圖象俱精，字紙兼美，一照宋版校刻無訛，視夫妄意增改者，奚啻懸殊？博雅君子當自鑒之云云。末注改正二百八十九處。繼仕，字公信，徽州人。所著有《音聲紀元》。是書摹刻之工，幾與宋槧莫辨，諸本多爲坊賈割補目下一行，以爲贗鼎。蓋因與宋本相近，易以售欺也。

《六經圖》。一函，六冊。同上，係一版摹印，苗昌言序佚，割補目下一行，尙留改正一行，題籤有「照宋原版」字。

《六經圖》。一函，六冊。同上，係一版摹印，割補目下一行，尙留改正一行。

《六經圖》。一函，六冊。同上，惟《易圖》末刻「修吉堂改正共一百處」，

《書圖》末刻「修吉堂考校共五百二十處」，《詩圖》末刻「修吉堂考校共三百九處」，《周禮圖》末刻「修吉堂考正八十處」，《禮記圖》無，《春秋圖》末刻「修吉堂考正九十一處」。蓋即吳氏熙春堂所摹宋版，後歸修吉堂，更加考正耳。

**陳振孫《直齋書録解題・經解類》** 《六經圖》七卷。東嘉葉仲堪思文重編。案《館閣書目》有六卷，昌州布衣楊甲鼎卿所撰，撫州教授毛邦翰復增補之。《易》七十，今百三十；《書》五十五，今六十三；《詩》四十七，今同；《周禮》六十五，今六十一；《禮記》四十三，今六十二；《春秋》二十九，今七十二。然則仲堪蓋又以舊本增損改定者耶？福唐俞意掌教建安，同里儒劉游以楊鼎卿所編增益刊之，洪景盧作序。隨齋批注。

**馬端臨《文獻通考・經籍考・經解》** 《六經圖》七卷。

**《宋史・藝文志・經解類》** 葉仲堪《六經圖》七卷。

**楊士奇等《文淵閣書目・諸經總類》** 《六經圖》。一部，三冊。闕。

《六經圖》。一部六冊。闕。

**錢謙益等《絳雲樓書目・經總類》** 《六經圖》。七卷，宋葉仲堪編。

## 經說

**晁公武《郡齋讀書志・經解類》** 《經說》三十卷。右晦庵先生朱文公熹仲晦之說也。《易說啓蒙》三卷，《大易問答》兩卷，《尚書問答》三卷，《毛詩問答》一卷，《禮記問答》一卷，《中庸問答》二卷，《大學問答》二卷，《周禮春秋問答》一卷，《論語問答》并《拾遺》八卷，《孟子問答》并《拾遺》并《孝經刊誤》四卷，附《太極解義》、《太極問答》、《西銘解義問答》三卷，通爲三十卷。邵武黄大昌、鄱陽王迂編次，凡《六經》之要旨，《論》、《孟》之奧義，悉可以類而求之。延平廖德明爲之序。

## 小學

**高儒《百川書志・總經》** 《小學》六卷。宋晦菴先生著。

## 麗澤論説集録

**陳振孫《直齋書録解題・經解類》** 《麗澤論説集錄》十卷。呂祖謙門人所錄平日說經之語，末三卷則爲《史說》、《雜說》。東萊於諸經，亦惟《讀詩記》及《書說》成書，而皆未終也。

**馬端臨《文獻通考・經籍考・經解》** 《麗澤論説集錄》十卷。

## 詩書遺意

**《宋史・藝文志・經解類》** 姜得平《詩書遺意》一卷。

**楊士奇等《文淵閣書目・諸經總類》** 姜德平《詩書遺意》。一部，一冊。闕。

## 對制談經

**黄虞稷《千頃堂書目・經解類・補宋》** 葉時《對制談經》十三卷。杜涇纂。

**倪燦等《宋史藝文志補・經解類》** 葉時《對制談經》十三卷。杜涇纂。

## 潛室木鍾集

**黄虞稷《千頃堂書目・經解類》** 陳埴《潛室木鍾集》十一卷。

**倪燦等《宋史藝文志補・經解類》** 陳埴《潛室木鍾集》十一卷。

## 六經四書講稿

**黄虞稷《千頃堂書目・經解類・補宋》** 黃淵《六經四書講稿》六卷。字元叟，莆田人。初名仲元，字善甫，宋亡，乃更今名。嘗官國子監簿，自號韻卿鼇叟。皇慶中卒。

**倪燦等《宋史藝文志補・經解類》** 黃淵《四書六經講稿》六卷。

## 五經講義

**黄虞稷《千頃堂書目・經解類》** 曹涇《五經講義》四卷。字清甫，歙縣人，官昌化縣簿，入元不仕。

**倪燦等《宋史藝文志補・經解類》** 曹涇《講義》四卷。字清甫，歙人，官昌化簿，入元不仕。

## 經說

**王圻《續文獻通考・經籍考・經解》** 《經說》三十篇。楊汝南著。汝南字彥侯，龍溪人。擢紹興進士，爲廣州教授，摭《詩》、《禮》、《中庸》、《春秋》四旨以授學者，仍表進於朝。

## 羣經滯穗百篇

**王圻《續文獻通考・經籍考・經解》** 《羣經滯穗百篇》。宋藻著。藻字去華，興化人。紹興中擢第。孝宗時召對凡四，敷陳移時，以勁直褒之，後奉祠歸講學里社。

## 兼山語解

**王圻《續文獻通考・經籍考・經解》** 《兼山語解》。黃永存著。永存字堅叟，邵武人，中美第四子。紹興中登第。其孫大昌隱德不仕。

## 書春秋周禮說

**王圻《續文獻通考・經籍考・經解》** 《書春秋周禮說》。林之奇著。之奇字少穎，侯官人。力攻王安石之學。由宗正丞提舉閩舶參帥議致仕。號拙齋。

## 六經辯疑

**王圻《續文獻通考・經籍考・經解》** 《六經辯疑》。晉江梁南一著。

## 六經正誤

**陳振孫《直齋書録解題・經解類》** 《六經正誤》六卷。柯山毛居正誼甫校監本經籍之誤所欲刊正者，魏鶴山爲之序而刻傳之。大抵多偏傍之疑似者也。

**馬端臨《文獻通考・經籍考・經解》**　《六經正誤》六卷。

**楊士奇等《文淵閣書目・諸經總類》**　毛居正《六經正誤》。一部，二冊。闕。

**錢謙益等《絳雲樓書目・經總類》**　《六經正誤》，四冊。六卷，毛居正編，魏鶴山序。

**于敏中等《天禄琳琅書目・明版經部》**　《六經正誤》一函，五冊。宋毛居正撰。六卷。前宋魏了翁序。陳振孫《書錄解題》稱柯山毛居正誼甫校監本經籍之誤，所欲刊正者，魏鶴山爲之序而刻傳之云云。是《六經正誤》一書，爲了翁所付刊者方爲宋槧。此本每卷前俱刊「江都郝梁子高重校刊」九字，郝梁爲何如人，雖無可考，以書中字體紙質校之，係明時坊刻之本，亦非至者也。居正，毛晃子。考《衢州志》，晃，字叔明，江山人。紹興中免解進士。嘗增注《禮部韻》，學者稱爲鐵研先生。子居正，亦第進士，有名於時。

**《四庫提要・五經總義類》**　《六經正誤》六卷。兩淮馬裕家藏本。宋毛居正撰。居正字誼父，或曰義甫。義、誼，父、甫，古字通也。衢州人，免解進士晃之子。晃嘗著《增註禮部韻略》及《禹貢指南》，居正承其家學，研究六書。嘉定十六年，詔國子監刊正經籍，當事者聘居正司校讎，已釐定四經，會居正目疾罷歸，其《禮記》及《春秋三傳》遂未就。然所校四經，亦以工人憚煩，詭竄墨本以紿有司，版之誤字未改者猶十之二三。居正乃裒所校正之字，補成此編。楊萬里爲作序，述其始末甚詳。陳振孫《書錄解題》謂其惟講偏旁之疑似。今觀是書，校勘異同，訂正譌謬，殊有補於經學。其中辨論既多，不免疏舛者。如勑，古文作「敕」，隸變作「勑」，居正乃因高宗《御書石經》誤寫作「勑」，遂謂「來字中從兩『入』，不從兩『人』」；享字，古文作「亯」，隸變作「享」，或省作「亨」，居正乃謂享字訓祭，亨字訓通，兩不相溷。坤古從土從申，隸別爲巛，居正乃謂巛是古字，乾、离、坎等俱有古文，如卦畫之形。遲、遟，古文本一字，《說文》以爲「遟」籀文作遟者是也。居正乃謂兩字是非相半，不敢擅改。賴字古從貝從剌，俗誤書作頼。居正乃謂「賴從束，從負」，其於六書皆未確。又《禮大行人》「立當前疾」，疾，乃「矦」字之誤。矦在車轅前，鄭康成所謂車轅前胡，下垂拄地者是也。居正乃以爲應作軓。軓前揜版，實與矦不相涉。如此類者，於經義亦不合。然許氏《說文解字》、陸德明《經典釋文》亦不免小有出入，爲後人所摭拾。在居正又烏能求備？論其大致，則審定字畫之功，固有不可泯沒者矣。

**彭元瑞等《天禄琳琅書目後編・明版經部》**　《六經正誤》。一函三冊。宋毛居正撰。書六卷。一《易》，二《書》，三《詩》，四《禮記》，五《周禮》，六《春秋三傳》。前有寶慶元年魏了翁序，略云南渡草創，取版籍於江南諸州，潭、撫、閩、蜀諸本至爲異同，而監本之誤爲甚。嘉定十六年，朝廷命胄監刊正經籍，司成謂無以易誼父，馳書幣致之，盡取六經三《傳》諸本，參以子史、字書、選粹、文集，研究異同。凡字義音切，毫釐必校。旬歲閱刊，修者凡四，繼欲修《禮記》、《春秋三傳》，誼父以病目移告中輟。遂錄其正誤之籍而刊傳之云。居正即《增修禮部韻略》毛晃之子，誼父其字也。書末有跋云：「歲己卯，南畿書肆獲宋刻本，遂刻而傳之。嘉靖癸未，江都郝梁志。」是書《通志堂經解》刻入。此猶明翻宋本。

## 西山讀書記

**陳振孫《直齋書録解題・經解類》**　《西山讀書記》三十九卷。眞德秀景元撰。其書有甲、乙、丙、丁。甲言性理，中述治道，末言出處，大抵本經史格言，而述以己意。今但有甲三十七卷，丁二卷，乙、丙未見也。

**馬端臨《文獻通考・經籍考・經解》**　《西山讀書記》三十九卷。

## 考信録

**馬端臨《文獻通考・經籍考・經解》**　《考信錄》三十卷。賈鑄撰。後溪劉氏序略曰：友人賈君成已，少予十三歲，未脫舉子，累且敎授生徒，所至坐席常滿，而能歷年篤以成書。世之學者，於六經之疏能一閱焉者蓋寡，況能參稽其類，大之如天地氣形之初，微之如服食器用之末，先儒該洽兼綜，凡古書之雜出者，徵之而靡不在，分之而靡不貫也。其書曰《考信錄》，考諸古而信於心，又以質於余而證於後世，用意遠矣。

## 項氏家說

**陳振孫《直齋書録解題・經解類》** 《項氏家說》十卷，附錄四卷。項安世撰。九經皆有論著，其第八卷以後雜說文史政學。附錄《孝經》、《中庸》、《詩篇次》、《丘乘圖》則各爲一書，重見諸類。

**馬端臨《文獻通考・經籍考・經解》** 《項氏家說》十卷，附錄四卷。

**《宋史・藝文志・經解類》** 項安世《家說》十卷，附錄四卷。

## 諸經講義

**《宋史・藝文志・經解類》** 李舜臣《諸經講義》七卷。

## 經書訓義

**王圻《續文獻通考・經籍考・經解》** 《經書訓義》。薛季宣著。

## 詩解春秋解

**王圻《續文獻通考・經籍考・經解》** 《詩解春秋解》。沙縣羅仲素著。

## 易禮記詩解

**王圻《續文獻通考・經籍考・經解》** 宋叔履《易禮記詩解》。宋叔禮字叔履，龍溪人。泰嘉中知潮州海陽縣。

## 詩易春秋解

**王圻《續文獻通考・經籍考・經解》** 《詩易春秋解》。林萬頃著。萬頃字叔度，福清人。

## 六經語孟解

**王圻《續文獻通考・經籍考・經解》** 《六經語孟解》。林萬頃著。林萬頃字叔度，福清人。同縣人夏良規有《六經語孟解》。

## 六經解

**王圻《續文獻通考・經籍考・經解》** 《六經解》。唐仲友著。仲友，金華人。登第中宏詞科。博聞洽識，講析經史。

## 易周禮說

**王圻《續文獻通考・經籍考・經解》** 《易周禮說》。永春黄以翼著。

## 九經輯義

王圻《續文獻通考・經籍考・經解》《九經輯義》五十卷。分寧雷光霆著。

黄虞稷《千頃堂書目・經解類》雷光霆《九經輯義》五十卷。

倪燦等《補遼金元藝文志・經解類》雷光霆《九經輯義》五十卷。

錢大昕《補元史藝文志・經解類》雷光霆《九經輯義》五十卷。一作十五卷。

## 山堂疑問

陳振孫《直齋書録解題・經解類》《山堂疑問》一卷。起居郎簡池劉光祖德修撰。慶元中謫居房陵，與其子講説諸經，因筆記之。以其所問于《詩》爲多，遂取《呂氏讀詩記》盡觀之，而釋以己意，附《疑問》之後。

馬端臨《文獻通考・經籍考・經解》《山堂疑問》一卷。

## 易詩論語後漢曆志解

王圻《續文獻通考・經籍考・經解》《易詩論語後漢曆志解》各一卷。高元之著。

## 泮林講義

《宋史・藝文志・經解類》張貴謨《泮林講義》三卷。

## 經　括

《宋史・藝文志・經解類》周士貴《經括》一卷。

## 九經經旨策義

《宋史・藝文志・經解類》《九經經旨策義》九卷。不知作者。

## 易詩書論語輯説

王圻《續文獻通考・經籍考・經解》《易詩書論語輯説》。都昌馮椅著。

## 六經講義

《宋史・藝文志・經解類》黄榦《六經講義》一卷。

## 六經疑難

《宋史・藝文志・經解類》《六經疑難》十四卷。不知作者。

## 六經圖說

**《宋史・藝文志・經解類》** 俞言《六經圖說》十二卷。

**嵇璜等《續通志・圖譜略・總經》** 宋俞言《六經圖說》。

## 易書論語說

**王圻《續文獻通考・經籍考・經解》** 《易書論語說》。仁壽虞剛簡著。

## 易書詩解　中庸發題

**王圻《續文獻通考・經籍考・經解》** 《易書詩解》、《中庸發題》共五十卷。長溪孫龍坡著。

## 九經補韻

**徐𤊹《徐氏家藏書目・經解類》** 《九經補韻》一卷，宋楊伯嵒。

## 經史辨惑

**黃虞稷《千頃堂書目・經解類》** 王若虛《經史辨惑》四十卷。

**倪燦等《補遼金元藝文志・經解類》** 金王若虛《經史辨惑》四十卷。

**龔顯曾《金藝文志補録・經解》** 《五經辨惑》二卷。王若虛。今附《滹南遺老集》。倪氏《補志》作《經史辨惑》。

**錢大昕《補元史藝文志・經解類》** 王若虛《五經辨惑》二卷。

## 畏齋經學

**陳振孫《直齋書録解題・經解類》** 《畏齋經學》十二卷。宣教郎廣安游桂元發撰。桂，隆興癸未進士，爲類試第二人。歷三郡學官，改秩爲制置司機宜以沒。

**馬端臨《文獻通考・經籍考・經解》** 《畏齋經學》十二卷。陳氏曰：宣教郎廣安游桂元發撰。凡十二卷。桂，隆興癸未進士，歷官至制司機宜。

**《宋史・藝文志・經解類》** 《游桂經學》十二卷。

## 嘉定講經稿

**王圻《續文獻通考・經籍考・經解》** 《嘉定講經稿》。錢時著。

## 經傳雜志

**王圻《續文獻通考・經籍考・經解》** 《經傳雜志》。陳宗儒著。

## 諸經釋疑

**王圻《續文獻通考・經籍考・經解》** 《諸經釋疑》。王士奇著。士奇字永叔，福安人。嘗書其門曰：立行孰先惟孝弟；傳家有後是詩書。

## 五經問難

王圻《續文獻通考・經籍考・經解》《五經問難》。陳剛著。

錢大昕《補元史藝文志・經解類》陳剛《五經問難》。

## 五經論

王圻《續文獻通考・經籍考・經解》《五經論》。車卿著。

## 諸經補蒙

王圻《續文獻通考・經籍考・經解》《諸經補蒙》。季愨著。

## 九經要義

楊士奇等《文淵閣書目・諸經總類》魏了翁《九經要義》。一部，六冊。闕。

張萱等《內閣藏書目録・經部》鶴山《九經要義》。六十八冊，不全。宋魏了翁著，考究九經中義理制度也。見存《儀禮》七冊、《禮記》三冊、《周易》二冊、《尚書》一冊、《春秋》二冊、《論語》二冊、《孟子》二冊。又前書各段分類，爲類目六卷，以便檢閱，今止存四冊。又鶴山《九經要義》。二十四冊，不全。同前，止類目六冊。

## 九經直音　正訛

《宋史・藝文志・經解類》許奕《九經直音》九卷。又《正訛》一卷。

楊士奇等《文淵閣書目・諸經總類》《九經直音》。一部，一冊。闕。

## 明本排字九經直音

《四庫提要・五經總義類》《明本排字九經直音》二卷。江蘇巡撫採進本。不著撰人名氏。書中《春秋傳》「素王」二字下，引眞宗《宣聖讚》，但標眞宗，不稱宋，又稱「御製」，則爲宋人所著可知。卷首題曰「明本」者，宋時刊版多舉其地之首一字，如建本、杭本之類。此蓋明州所刊本，即今寧波府也。末題「歲次丁亥梅隱書堂新刊」，不著年號。考丁亥爲元世祖至元二十四年，是元初刊本矣。其書不用反切而用直音，頗染鄉塾陋習，然所音俱根據《經典釋文》，猶爲近古。《釋文》一字數音者皆竝存之，如《金縢》「辟」字下云：「孔音闢，法也，《說文》音必，鄭音避。」《大誥》「賁」字下云：「音墳，王讀爲《賁卦》之賁。」《禮・內則》「接以太牢」，「接」字下云：「鄭音捷，王、杜竝以爲接待。」《祭法》「相近於坎壇」，「坎」字下云：「註作禳祈，《孔叢子》以爲祖迎。」《祭義》「爓」字下云：「徐廉反，古音燖。」《周禮太宰》「圃」字下云：「布古反，又音布。」「牧」字下云：「徐音目，劉音茂。」「頒」字下云：「鄭音班，徐音墳。」《邊人》「茆」字下云：「茆音卯，又音柳。」《遺人》下云：「遺音位，劉音遂，乃與卷首《序》遺人音推異。」如此者不可枚舉，固非後來坊本直音，以意屬讀，惟趨便捷者比也。惟《禮記》「敖不可長」，《釋文》：「敖，依《註》五報反，慢也。王肅五高反，遨遊也。長，竹丈反。盧植、馬融、王肅竝直亡反。」此書云：「敖，王音平。」則《釋文》所云：「王五高反也。」而於「長」字下又註云：「長，張上，又平」，則又兼用鄭《註》「竹丈反」。一句之內，於鄭《註》半從半違，遂使敖字、長字，音義兩不相應。又《周禮・太宰》「斿貢」下云：「斿音留，燕游也。」今考鄭《註》「斿讀如燕游之游」，此書既用鄭義，則斿當作以周反。其作良周反、音留者，乃《春秋傳》「鞶厲游纓」之游，更自相矛盾。又《月令》「審端徑術」下云：「術，《註》作遂，方曰：徑，道之小，術，道之末，則如字是。」今考《學記》「術有序」註：「術當爲遂。」《水經注》引《學記》「術有序」，作「遂有序」。《春秋》文公十二年「秦伯使術來聘」，《公羊傳》、《漢書・五行志》術竝作遂。是古字術、遂本通，此書反信方氏之曲說，殊爲未協。又《中庸》「壹戎衣」下云：「《書武成》作如字者是，《註》讀爲殷者無據。」今考古衣字作月，从反身，殷字从此。故讀殷爲月，音與衣同。《白虎通》曰：「衣之爲言隱也，所以隱身也。」則衣、隱音近。《楚詞》「新浴必振衣」，與汶、塵合韻，則衣、殷二字音通。是書以爲無據，亦爲失考。然核其大致，則多能決擇是非。如於《三禮》雖多守方慤註，然如《祭法》幽宗註讀如禜，方慤宗作如字，則兼存鄭義。又《書武成》「識」字下云：「陸無音，漢翟酺疏引此作恭。」則補苴闕遺，亦頗能有所考據。又《檀弓》「卜人師扶右」下云：「卜讀爲如字者非。」考鄭《註》：「卜當爲僕，聲之誤也。」僕人、射人皆平生時贊正君服位者，若卜人則於義無取。此書不用《釋文》所載前儒之說最當。又《周禮・醢人》「箈」字下云：「音治，又音代。」今考《釋文》云：「又丈之反。未知所出。」不知《說文》「菭，水衣。」本作菭，从草，治聲。水衣之菭，既以治爲聲，則丈之反乃爲箈之古音矣。故菭蘠草名作澄之切，可以相證。是書用丈之切爲本音，而以代爲又音，較之《釋文》以丈之切爲無出，考核尤精。且《釋文》所載皆唐以前音，而此書則兼取宋儒。如於《詩》、《中庸》、《論語》、《孟子》則多採朱子，於《易》則兼採程朱，於《禮》則多採方慤。其他經引胡瑗、司馬光音讀尤多，與陸氏之書尤足相續。在宋人經書音釋中，最爲妥善。若《九經》前後失次，則當爲坊刻之誤，既無關大旨，固無庸深論矣。

## 諸經正典

**楊士奇等《文淵閣書目・諸經總類》** 《諸經正典》十卷。

## 論語尚書周禮講義

**《宋史・藝文志・經解類》** 《論語尚書周禮講義》十卷。

## 經　說

**《宋史・藝文志・經解類》** 林觀過《經說》一卷。

## 西齋清選

**《宋史・藝文志・經解類》** 戴勛《西齋淸選》二卷。

## 九經三傳沿革例

**楊士奇等《文淵閣書目・諸經總類》** 《九經三傳沿革例》。一部，一冊。完全。《九經三傳沿革例》。一部，一冊。闕。《九經三傳沿革例》。一部，一冊。闕。《九經三傳沿革例》。一部，一冊。闕。

**張萱等《內閣藏書目錄・經部》** 《九經沿革》。一冊，全。又一冊，全。宋相臺岳珂家塾刊本，與《九經總例》相同。

**黃虞稷《千頃堂書目・經解類・補元》** 《九經三傳沿革例》一卷。岳珂撰。

**倪燦等《補遼金元藝文志・經解類》** 《九經三傳沿革》一卷。

**《四庫提要・五經總義類》** 《刊正九經三傳沿革例》一卷。兩江總督採進本。宋岳珂撰。珂，字肅之，號倦翁，湯陰人，居於嘉興，鄂忠武王飛之孫，敷文閣待制霖之子也。官至戶部侍郎、淮東總領制置使。宋時《九經》刊版，以建安余氏、興國于氏二本爲善。廖剛又釐訂重刻，當時稱爲精審。珂復取廖本《九經》，增以《公》、《穀》二傳及《春秋年表》、《春秋名號歸一圖》二書，校刊於相臺書塾，並述校刊之意，作《總例》一卷。余仁仲《左傳字辨》嘗論其誤，以杜註「不皆與今說詩者同」，倒寫爲「皆不與今說詩者同」，則尚見原刻。今則諸經印本，率已罕傳。僅王弼《易註》有翻刻之本，已失其眞。《春秋年表》及《名號歸一圖》有重刻之本，亦頗非其舊。惟此《總例》一卷，尚行於世。其目一曰書本，二曰字畫，三曰註文，四曰音釋，五曰句讀，六曰脫簡，七曰考異，皆參訂同異、考證精博、釐舛辨疑，使讀者有所據依，實爲有功於經學。其「論字畫」一條，酌古準今，尤屬通人之論也。

**張之洞《書目答問・列朝經注經說經本考證》**　《刊正九經三傳沿革例》一卷。宋岳珂。任大椿刻本、知不足齋本、粵雅堂本、海寧陳氏刻本，又叢書大字本。

## 相臺岳氏本古注五經

**張之洞《書目答問・正經正注》**　《相臺岳氏本古注五經》。宋岳珂校刻。明翻刻宋本。武英殿翻刻本附考證。江南翻刻本、貴陽翻刻本、廣州翻刻本、成都翻刻本。《易》九卷，王韓注，附《略例》一卷。《書》十三卷，孔傳。《詩》二十卷，毛傳、鄭箋。《春秋左氏傳》三十卷，杜集解。《禮記》二十卷，鄭注。便文可稱「相臺五經」。

## 五經講義

**王圻《續文獻通考・經籍考・經解》**　《五經講義》。餘干饒魯著。

## 雜著經說

**王圻《續文獻通考・經籍考・經解》**　《雜著經說》。姜少虞作。

## 魯經章句

**王圻《續文獻通考・經籍考・經解》**　《魯經章句》。王柏著。

## 詩書禮易直解

**王圻《續文獻通考・經籍考・經解》**　《詩書禮易直解》。晉江陳研著。研，乾德中進士也。

## 講　義

**王圻《續文獻通考・經籍考・經解》**　《講義》五卷。沙縣羅畸著。從彥從兄弟也。

## 六經集傳

**王圻《續文獻通考・經籍考・經解》**　《六經集傳》。樂平馬廷鸞著。

**黃虞稷《千頃堂書目・經解類》**　馬廷鸞《六經集傳》。

**倪燦等《宋史藝文志補・經解類》**　馬廷鸞《六經集傳》。

## 五經論

**黃虞稷《千頃堂書目・經解類》** 車似慶《五經論》。號隘軒，天台人。

**倪燦等《補遼金元藝文志・經解類》** 車似慶《五經論》。號愛軒，黃巖人。

## 編次四經

**黃虞稷《千頃堂書目・經解類》** 張惟政《編次四經》。晦庵《孝經刊誤》、《家禮》，西山《心經》、《政經》。

**倪燦等《宋史藝文志補・經解類》** 張惟政《編次四經》。晦庵《孝經刊誤》、《（臣）〔家〕禮》，西山《心經》、《政經》。

## 九經疑難

**阮元《四庫未收書目提要・五經總義類》** 《九經疑難》四卷。宋張文伯撰。文伯字正夫，樵陽人，時代未詳。朱彝尊《經義考》，列之錢承志之後，疑宋末人。是編《千頃堂書目》、《經義考》並作十卷。此從澹生堂鈔本依樣過錄，僅《總序》及《易》、《詩》、《書》三經，餘皆闕佚。自序云：「嘗取五經三禮，與夫《論》、《孟》，究其大概。凡平日得于先儒之議論者，寸長片善，靡有不錄。」又云：「開卷一覽，九經大旨，瞭然胸中矣。」雖其書專爲場屋而設，然唐宋諸儒說經之文，捃拾不少，可以廣見博聞，足資考訂也。

**張金吾《愛日精廬藏書志・五經總義類》** 《九經疑難》殘本四卷。澹生堂抄本。宋樵陽張文伯正夫編。原十卷，今存目錄一卷，《總序》、《周易》、《尚書》、《毛詩》四卷，闕《禮記》、《周禮》、《儀禮》、《春秋》、《論語》、《孟子》六卷。《通鑑辨誤》八引「張文伯曰」云云，未知即著是書者否？所採自《正義》外，如葆光《易解》、鄭氏《周易疑難圖》、林歇《四詩考異》、《明疑錄》等書，今皆失傳，藉此得略見崖略。【略】。目錄卷八《春秋後自識》曰：紹興甲子，朝廷兼經先君鱓堂用《春秋》連取首選，見有《春秋王霸辨微》板行，一經義例顯然在目，與我同志者欲收此書幸乞示教。樵陽張文伯書。嚴氏手跋曰：宋張正夫《九經疑難》十卷，竹垞先生《經書存亡考》云「未見」，祇載其《自序》一篇。按正夫名文伯，《經義考》作「伯文」，恐誤，辛亥孟冬不佞游武林，得是本於書坊，僅首四卷，乃山陰祁氏澹生堂抄本。不佞近尋魏鶴山所著《儀禮要義》宋槧本於武林汪氏，與此書皆竹垞未及見之書也。惜生不與同時，不得與竹垞共欣賞耳。嚴元照書。

## 四如講稿

**《四庫提要・五經總義類》** 《四如講稿》六卷。福建巡撫採進本。宋黃仲元撰。仲元字善甫，號四如，莆田人。咸淳七年進士，授國子監簿，不赴。宋亡，更名淵，字天叟，號韻鄉老人，教授鄉里以終。考《福建通志》暨《莆田縣志》，皆載仲元有《四書講稿》。今觀是書所講，實兼及諸經，不止《四書》。其說多述朱子之緒論，然亦時出新義，發前儒所未發。如「行夏之時」，則據《禮運》孔子得夏時於杞註，謂「夏四時之書」而不取三正之說。《周官》井田，則謂「周時皆用井田」而不取鄭氏「畿內用貢，都鄙用助」之說。伯魚「爲《周南》、《召南》」，則據《詩鼓鐘》及《內傳》、季札觀樂，謂「南即是樂」。又謂「周召爲二公采邑，非因二公得名」。雖按之經義，不必一一脗合。要爲好學深思，能自抒所見者也。此本出其裔孫文炳家藏，已有殘闕，嘉靖丙午始雕版印行。朱彝尊《經義考》但載其所著《經史辨疑》，而不及是書。當由刊在家塾，閩中僻遠，偶然未見傳本歟？

**張金吾《愛日精廬藏書志・五經總義類》** 《六經圖書講稿》六卷。舊抄本。宋黃仲元撰。板心有「繡佛齋藏本」五字。四如先生事述。莆田吳源撰。仲元九世孫文炳跋。嘉靖丙午。

## 六經天文編

**楊士奇等《文淵閣書目・諸經總類》** 王應麟《六經天文編》。一部，二冊。闕。

**張之洞《書目答問・列朝經注經説經本考證》** 《六經天文編》二卷。宋王應麟。《學津》本、《玉海》附刻本。

## 五經傳疏

**王仁俊《遼史藝文志補證・經部》** 道宗頒《五經傳疏》，清寧元年頒定。金有。按本紀，詔頒《五經傳疏》，置博士助教各一員。

## 五經解疑

**王圻《續文獻通考・經籍考・經解》** 《五經解疑》。鄭君老著。君老字邦壽，長溪人。咸淳四年進士。家居孝友，學者宗師之。卒私謚曰靖節先生。

**錢大昕《補元史藝文志・經解類》** 鄭君老《五經解疑》。字邦壽，長溪人。

## 九經解

**王圻《續文獻通考・經籍考・經解》** 《九經解》。黄補著。補字季全，莆田人，滔之後。官高要縣尉。

## 裕堂梅先生講義

**黄虞稷《千頃堂書目・經解類》** 梅寬夫《裕堂梅先生諳經講義》一卷。括蒼人。《易》、《詩》、《論》、《孟》、《學》、《庸》講義。

**倪燦等《宋史藝文志補・經解類》** 梅寬夫《裕堂講義》一卷。括蒼人，《易》、《詩》、《論》、《孟》、《學》、《庸》講義。

## 五經類編

**錢大昕《補元史藝文志・經解類》** 王所《五經類編》二十五卷。字喻叔，黄巖人。

## 六經釋文

**《宋史・藝文志・小學類》** 李盛《六經釋文》一卷。

## 六經考

**龔顯曾《金藝文志補録・經解》** 《六經考》。馬定國。

## 五經譯解

**龔顯曾《金藝文志補録・經解》** 《五經譯解》。大定年詔溫迪罕締達、宗璧阿魯、楊克忠譯解，移剌傑移剌履講究其義。

## 五經要語

**黃虞稷《千頃堂書目・經解類・補元》**　《五經要語》。至元三年姚樞、竇默、王鶚、商挺、楊果等纂進。二十八類。

**倪燦等《補遼金元藝文志・經解類》**　元《五經要語》。至元三年姚樞、竇默、王鶚、商挺、楊果等纂進，凡二十八類。

**錢大昕《補元史藝文志・經解類》**　又《五經要語》。姚樞、竇默、王鶚、楊果、商挺同纂，分二十八類。

## 九經治要

**楊士奇等《文淵閣書目・諸經總類》**　歐陽長孺《九經治要》。一部，五冊。完全。

**張萱等《内閣藏書目録・經部》**　《九經治要》。五冊。全。元皇慶間歐陽長儒采九經之要，輯爲一書。自君臣以至朋友，自治心以至治天下，分爲六門，凡七百九十三章，共十卷。

**黃虞稷《千頃堂書目・經解類・補元》**　歐陽長孺《九經治要》十卷。

**倪燦等《補遼金元藝文志・經解類》**　歐陽長孺《九經治要》十卷。

**錢大昕《補元史藝文志・經解類》**　歐陽長孺《九經治要》十卷。

## 九經總例

**楊士奇等《文淵閣書目・諸經總類》**　《九經總例》。一部，一冊。闕。

**張萱等《内閣藏書目録・經部》**　《九經總例》。一冊，全。九經諸本互異，此書總其互異者詳辨之。曰書本，曰字畫，曰注文，曰音釋，曰句讀，曰脫簡，曰考異，凡七則，依盱郡廖氏元本梓之，莫詳姓氏。

**黃虞稷《千頃堂書目・經解類・補元》**　盱郡廖氏《九經總例》一冊。詳辨諸本互異，凡七類：曰書本，曰字畫，曰注文，曰音釋，曰句讀，曰脫簡，曰考異。

**倪燦等《補遼金元藝文志・經解類》**　盱郡廖氏《九經總例》一冊。失名，詳辨諸本互異。凡七類：曰書本，曰字畫，曰注文，曰音釋，曰句讀，曰脫簡，曰考異。

## 詩書輯要

**楊士奇等《文淵閣書目・諸經總類》**　陳漢寶《詩書輯要》。一部，三冊。闕。

## 六經圖辨

**楊士奇等《文淵閣書目・諸經總類》**　蒲陽二鄭《六經圖辨》。一部，二冊。闕。　《六經圖辨》。一部一冊。闕。

**黃虞稷《千頃堂書目・經解類・補元》**　莆陽二鄭《六經圖辨》十卷。一作四卷。

**倪燦等《宋史藝文志補・經解類》**　莆陽二鄭《六經雅言圖辨》十卷。一作四卷。

## 五經辨疑

**楊士奇等《文淵閣書目・諸經總類》**　陳維之《五經辨疑》。一部，一冊。闕。

## 五經義式

**楊士奇等《文淵閣書目・諸經總類》** 《五經義式》。一部，一冊。闕。

## 經義標準

**楊士奇等《文淵閣書目・諸經總類》** 《經義標準》。一部，一冊。闕。

## 九經釋音

**楊士奇等《文淵閣書目・諸經總類》** 趙孟至《九經釋音》。一部，三冊。闕。

**黄虞稷《千頃堂書目・經解類・補元》** 趙孟至《九經音釋》九卷。至元癸未序。

**倪燦等《補遼金元藝文志・經解類》** 趙孟至《九經音釋》九卷。

**于敏中等《天禄琳琅書目・明版經部》** 《九經釋音》。一函，五冊。宋趙孟至撰。不分卷。前孟至自序。孟至序稱暇日取陸氏《釋文》，質以韻事，採其可音者音之；不可，則以四聲紀之；又不可，則著翻切於其下云云。孟至，《宋史》無傳，朱彝尊《經義考》引鄭元慶曰：孟至，宋燕懿王後，祖希懌，自青田徙湖州。父與篹，嘉定中登第。孟至，咸淳乙丑進士，官運判。彝尊又稱未見此書，則知流傳於世者少。此本規仿宋槧，橅刻頗精，惜字體不能如宋人書之流麗耳。明內府藏本，有「東宮書府」印。張璁亦經收藏，有「賜名孚敬」印。考《明史》，張璁，字秉用，永嘉人。登正德十六年進士第。世宗初踐阼，議尊崇所生父興獻王，廷臣持之，議三上三卻。璁時在部觀政，上疏曲排廷議，世宗大喜，擢璁南京刑部主事。尋召赴都，授翰林學士，繼由兵部侍郎屢遷至華蓋殿大學士，進少師。璁以名嫌御諱，請更，乃賜名孚敬，字茂恭，御書四大字賜焉。繼引疾歸。卒，贈太師，謚文忠。李先開，《明史》無傳，考太學萬曆己未《進士題名碑》，先開係直隸河間府景州人。

## 易春秋學而述解

**王圻《續文獻通考・經籍考・經解》** 《易春秋學而述解》。元城潘迪著。

**黄虞稷《千頃堂書目・經解類》** 潘迪《易春秋庸學述解》。元城人，官集賢學士。

**倪燦等《補遼金元藝文志・經解類》** 潘迪《易春秋庸學述解》。元城人集賢學士。

## 六經發明

**王圻《續文獻通考・經籍考・經解》** 《六經發明》。元城潘迪著。

**黄虞稷《千頃堂書目・易類》** 潘迪《六經發明》。元城人，官集賢學士。

**倪燦等《補遼金元藝文志・經解類》** 潘迪《六經發明》。

**錢大昕《補元史藝文志・經解類》** 潘迪《六經發明》。

## 五經説

**錢大昕《補元史藝文志・經解類》** 熊朋來《五經説》七卷。本名《熊先生經説》。

## 易書詩春秋四書衍義

**黃虞稷《千頃堂書目・經解類・補元》** 季仁壽《易書詩春秋四書衍義》。字山甫，龍泉人，元季婺州教授。

**倪燦等《補遼金元藝文志・經解類》** 季仁壽《易書詩春秋四書衍義》。字山甫，龍泉人，元季婺州教授。

**錢大昕《補元史藝文志・經解類》** 季仁壽《易書詩春秋四書衍義》。字山甫，龍泉人，婺州路教授。

## 五經會意

**黃虞稷《千頃堂書目・經解類》** 胡炳文《五經會意》。

**倪燦等《補遼金元藝文志・經解類》** 胡炳文《五經會意》。

**錢大昕《補元史藝文志・經解類》** 胡炳文《五經會意》。

## 五經約説

**錢大昕《補元史藝文志・經解類》** 宋元翁《五經約説》。名未詳。

## 經傳考注

**黃虞稷《千頃堂書目・經解類・補元》** 俞琰《經傳考注》。

**倪燦等《補遼金元藝文志・經解類》** 俞琰《經傳考注》。

## 大學尚書口義

**王圻《續文獻通考・經籍考・經解》** 《大學尚書口義》三十卷。元熊禾著。

## 經　問

**黃虞稷《千頃堂書目・經解類》** 熊禾《經問》四十卷。

**倪燦等《補遼金元藝文志・經解類》** 熊禾《經問》四十卷。

**錢大昕《補元史藝文志・經解類》** 熊禾《經問》四十卷。

## 六經解

**王圻《續文獻通考・經籍考・經解》** 毛方山《六經解》。毛璞著。璞，瀘州人，號方山子。

## 五經思問

**王圻《續文獻通考・經籍考・經解》** 《五經思問》。眞定詹思著。思少穎異，博極羣書。泰定初以遺逸徵召，尋辭歸，後官至江東廉訪使。

**黃虞稷《千頃堂書目・經解類・補元》** 詹思《五經思問》。

**倪燦等《補遼金元藝文志・經解類》** 詹思《五經思問》。

**錢大昕《補元史藝文志・經解類》** 詹思《五經思問》。

## 七經補注

王圻《續文獻通考·經籍考·經解》　《七經補注》，陸正著。正，浙人。

黃虞稷《千頃堂書目·經解類》　陸正《七經補注》。海鹽人。字行正，數徵不起，學者稱靖獻先生。

倪燦等《補遼金元藝文志·經解類》　陸正《七經補注》。字行正，海鹽人。

錢大昕《補元史藝文志·經解類》　陸正《七經補注》。字行正，海鹽人。

## 七經要義

黃虞稷《千頃堂書目·經解類》　汪逢辰《七經要義》。字虞卿，歙縣人，崇德州教授。

倪燦等《補遼金元藝文志·經解類》　汪逢辰《七經要義》。字虞卿，歙人，崇德州教授。

錢大昕《補元史藝文志·經解類》　汪逢辰《七經要義》。字虞卿，歙人，崇德州教授。

## 易春秋筆記

黃虞稷《千頃堂書目·經解類·補元》　倪鏜《易春秋筆記》。

倪燦《補遼金元藝文志·經解類》　倪鏜《易春秋筆記》。

錢大昕《補元史藝文志·經解類》　倪鏜《易春秋筆記》。

## 詩書集要

黃虞稷《千頃堂書目·經解類·補元》　倪鏜《詩書集要》，三册。

倪燦等《補遼金元藝文志·經解類》　倪鏜《詩書集要》，三册。

錢大昕《補元史藝文志·經解類》　倪鏜《詩書集要》，三册。

## 五經辯疑

王圻《續文獻通考·經籍考·經解》　《五經辯疑》，南昌趙德著。德，宋宗室也。隱居浙之東湖。

黃虞稷《千頃堂書目·經解類·補元》　趙德《五經辨疑》。

倪燦等《補遼金元藝文志·經解類》　趙德《五經辨疑》。

## 經史説

黃虞稷《千頃堂書目·經解類·補元》　方宜孫《經史説》五卷。

倪燦等《補遼金元藝文志·經解類》　方宜孫《經史説》五卷。

## 九經疑難

黃虞稷《千頃堂書目·經解類·補元》　張伯文《九經疑難》十卷。

倪燦等《補遼金元藝文志·經解類》　張伯文《九經疑難》十卷。

## 五經通略

黄虞稷《千頃堂書目・經解類・補元》　黄浚《五經通略》二卷。

倪燦等《補遼金元藝文志・經解類》　黄浚《五經通略》二卷。

## 經傳警語

高儒《百川書志・禮》　《經傳警語》一卷。

## 晦庵經説

黄虞稷《千頃堂書目・經解類》　黄大昌《晦庵經説》三十卷。

倪燦等《補遼金元藝文志・經解類》　黄大昌《晦菴經説》三十卷。

## 經史疑節

范邦甸等《天一閣書目・經總類》　袁俊翁《經史疑節》。一部一册。闕。

## 四經表義

倪燦等《補遼金元藝文志・經解類》　杜本《四經表義》。

錢大昕《補元史藝文志・經解類》　杜本《四經表義》。

## 經解佩觿録

錢大昕《補元史藝文志・經解類》　蕭志仁《經解佩觿録》十卷。字無惡，廬陵人。

## 經　解

王圻《續文獻通考・經籍考・經解》　《陳氏經解》。陳樵著。

黄虞稷《千頃堂書目・經解類・補元》　陳樵《經解》。

倪燦等《補遼金元藝文志・經解類》　陳樵《經解》。

錢大昕《補元史藝文志・經解類》　陳樵《經解》。

## 五經辨

錢大昕《補元史藝文志・經解類》　楊叔方《五經辨》。吉水人。

## 五經統會

錢大昕《補元史藝文志・經解類》　桂本《五經統會》。

## 經傳考注

錢大昕《補元史藝文志・經解類》　俞玉吾《經傳考注》。

## 五經纂要

**錢大昕《補元史藝文志・經解類》** 周聞孫《五經纂要》。

## 經解正譌

**黄虞稷《千頃堂書目・經解類》** 曾巽申《經解正譌》。永豐人，官應奉翰林文字。

**倪燦等《補遼金元藝文志・經解類》** 曾巽申《經解正譌》。永豐人，官應奉翰林文字。

**錢大昕《補元史藝文志・經解類》** 曾巽申《經解正譌》。

## 十一經問對

**黄虞稷《千頃堂書目・經解類》** 何異孫《十一經問對》五卷。設爲經疑，以爲科場對答之用。十一經者，《書》、《詩》、《三禮》、《春秋》、《論語》、《孝經》、《大學》、《中庸》、《孟子》也。

**倪燦等《補遼金元藝文志・經解類》** 何異孫《十一經問對》五卷。《書》、《詩》、《三禮》、《春秋》、《論語》、《孝經》、《大學》、《中庸》、《孟子》也。

**錢曾《讀書敏求記・經》** 《十一經問對》五卷。十一經者，《論語》、《孝經》、《孟子》、《大學》、《中庸》、《尚書》、《毛詩》、《周禮》、《儀禮》、《春秋》、《禮記》也，皆設爲問答之詞，不脱宋人窠臼。然《禮記》中《大學》、《中庸》兩篇，河南程子始分爲二書，而此竟同《禮記》列爲三經者，何也？

**《四庫提要・五經總義類》** 《十一經問對》五卷。兩江總督採進本。舊本題何異孫撰，不著時代。考其第二卷中論《孟子》徹法助法，稱「大元官制承宋職田」，則當爲元人。第一卷由論《論語》「暮春者」，稱「王稼村先生於杭州府學講此一章」。稼村爲王義山之號，義山，宋景定中進士，入元官江西儒學提舉。異孫及見其講經，則當在元初，故論《孟子》「恆心」、「恆産」一條，謂老儒猶讀恆爲常，避宋眞宗諱，今當讀胡登反。是宋亡未久之證也。所説凡《論語》、《孝經》、《孟子》、《大學》、《中庸》、《詩》、《書》、《周禮》、《儀禮》、《春秋三傳》、《禮記》十一經。其叙次先後，頗無倫理。又以《大學》、《中庸》各爲一經，亦爲杜撰，皆頗不可解。其書皆仿朱子或問之體，設爲問答。《大學》、《中庸》、《論語》、《孟子》大致用《章句集註》，而小有異同。如「君子居之，何陋之有」，則以爲箕子曾居其地，至今禮義教化與中州同，不可謂之爲陋。案鄭汝諧《論語意原》已先有此説，異孫蓋與之闇合。至於「日至之時皆熟矣」，則以爲夏至。「君子不亮，惡乎執」，以「惡」字讀去聲，皆不爲無理。至於「菉竹猗猗」，因《毛傳》「緑，木賊」之説，遂以切、磋、琢、磨爲用此艸以治物。「父母惟其疾之憂」，謂孟武伯爲人多憂，夫子寬以他事不必憂，惟當憂父母之疾。「雍也可使南面」，謂孔子之言爲礙理。「人皆謂我毁明堂」，謂當時七國皆僭造明堂，則未免横生異説。他若以《汲冢記年》爲淳于髡所作，謂《孝經》十八章次序爲唐元宗所定，尤鑿空無據矣。其餘説《詩》多據鄭玄《譜》，説《書》多據蔡沈《傳》，説《三禮》、三《傳》多撮舉註疏。然其間隨文生義，觸類旁通，用以資幼學之記誦，亦不爲無益。其論趙岐注《孟子》曰「《六經》、《論語》、《孟子》，前後凡經幾手訓解，宋儒不過集衆説以求一是之歸。如説《易》便罵王弼，講《周禮》便責鄭康成、賈公彥，解《尚書》便駁孔安國，傷乎已甚。畢竟漢儒亦有多少好處。趙岐在夾柱中三年，註一部《孟子》，也合諒他勤苦」云云，尤平心之論也。

**錢大昕《補元史藝文志・經解類》** 何異孫《十一經問對》五卷。

## 五經日記

**黄虞稷《千頃堂書目・經解類・補元》** 王希旦《五經日記》。字葵初，江西德興人。隱居著書，累徵不起。

**倪燦等《補遼金元藝文志・經解類》** 王希旦《五經日記》。字葵初，江西德興人。

**錢大昕《補元史藝文志・經解類》** 王希旦《五經日記》。字葵初，德興人。

## 書易通解

**黃虞稷《千頃堂書目・經解類・補元》** 王希旦《書易通解》。字葵初，江西德興人。

**倪燦等《補遼金元藝文志・經解類》** 王希旦《書易通解》。

## 易詩書雜說

**王圻《續文獻通考・經籍考・經解》** 《易詩書雜說》。吳師道著。師道，浙江人。

**黃虞稷《千頃堂書目・經解類・補元》** 吳師道《易書詩雜說》八卷。《易》、《詩》各一卷，《書》六卷。

**倪燦等《補遼金元藝文志・經解類》** 吳師道《易書詩雜說》八卷。

**錢大昕《補元史藝文志・經解類》** 吳師道《三經雜說》八卷。《易》、《詩》各一卷，《書》六卷，一作通十卷。

## 經　說

**黃虞稷《千頃堂書目・經解類》** 顏宗道《經說》一卷。

**倪燦等《補遼金元藝文志・經解類》** 顏宗道《經說》一卷。

## 六經問答

**王圻《續文獻通考・經籍考・經解》** 《六經問答》。唐懷德著。

**黃虞稷《千頃堂書目・經解類・補元》** 唐懷德《六經問答》。字思誠，金華人。《元衢州學錄》：「仲友七世孫，許白雲弟子。」

**倪燦等《補遼金元藝文志・經解類》** 唐懷德《六經問答》。字思誠，金華人。

**錢大昕《補元史藝文志・經解類》** 唐懷德《六經問答》。字思誠，金華人。

## 易書通解

**王圻《續文獻通考・經籍考・經解》** 《易書通解》。德興王葵著。

## 五經日記

**王圻《續文獻通考・經籍考・經解》** 《五經日記》。德興王葵著。

## 五經鈐鍵

**王圻《續文獻通考・經籍考・經解》** 《五經鈐鍵》。楊維楨著。

**黃虞稷《千頃堂書目・經解類・補元》** 楊維楨《五經鈐鍵》。

**錢大昕《補元史藝文志・經解類》** 楊維楨《五經鈐鍵》。

## 詩書直解

**王圻《續文獻通考・經籍考・經解》**《詩書直解》。晉江呂椿著。

## 易春秋二經解

**王圻《續文獻通考・經籍考・經解》**《易春秋二經解》。九江黄澤著。澤以明經學道爲志，嘗爲景星書院山長。

## 六經補注

**黄虞稷《千頃堂書目・經解類》**黄澤《六經補注》□卷。

**倪燦等《補遼金元藝文志・經解類》**黄澤《六經補注》。

**錢大昕《補元史藝文志・經解類》**黄澤《六經辨釋補注》。

## 翼經罪言

**黄虞稷《千頃堂書目・經解類》**黄澤《翼經罪言》。

**倪燦等《補遼金元藝文志・經解類》**黄澤《翼經罪言》。

**錢大昕《補元史藝文志・經解類》**黄澤《翼經罪言》。

## 經學復古樞要

**錢大昕《補元史藝文志・經解類》**黄澤《經學復古樞要》。

## 經筵講稿

**錢大昕《補元史藝文志・經解類》**李巖《經筵講稿》四十九卷。

## 經傳考異

**錢大昕《補元史藝文志・經解類》**余國輔《經傳考異》。

## 經傳發明

**黄虞稷《千頃堂書目・經解類・補元》**吳仲迂《經傳發明》。

**倪燦等《補遼金元藝文志・經解類》**吳仲迂《經傳發明》。

**錢大昕《補元史藝文志・經解類》**吳仲迂《經傳發明》。

## 羣經類要

**王圻《續文獻通考・經籍考・經解》**《羣經類要》。洪武六年命孔克堅、劉基、林溫等註釋。

**黄虞稷《千頃堂書目・經解類》**《羣經類要》□卷。太祖命儒臣劉基、孔克表、林溫等，以恆言注釋羣經，使人易通曉。親解《論語》二章以爲之式，克表等承命釋《四書》、《五經》以上，賜今名。

## 經說

**黃虞稷《千頃堂書目・經解類・補元》** 趙居信《經說》。

**倪燦等《補遼金元藝文志・經解類》** 趙居信《經說》。

**錢大昕《補元史藝文志・經解類》** 趙居信《經說》。

## 經史子要

**黃虞稷《千頃堂書目・經解類・補元》** 葉夢龘《經史子要》。建安人，在元不仕。

**倪燦等《補遼金元藝文志・經解類》** 葉夢龘《經史音要》。建安人，入元不仕。

**錢大昕《補元史藝文志・經解類》** 葉夢龘《經史音要》。建安人。

## 詩書易諸疑辨

**錢大昕《補元史藝文志・經解類》** 趙友桂《詩書易諸疑辨》。字誂仲。

## 虞槃經説

**錢大昕《補元史藝文志・經解類》** 趙友桂《虞槃經説》。

## 九經類要

**楊士奇等《文淵閣書目・諸經總類》** 陶凱《九經類要》。一部，一冊。闕。

## 經說

**錢大昕《補元史藝文志・經解類》** 張須《經說》。

## 四經歸極

**黃虞稷《千頃堂書目・經解類・補元》** 張須《四經歸極》。一冊。

**倪燦等《補遼金元藝文志・經解類》** 張須《四經歸極》。一冊。

**錢大昕《補元史藝文志・經解類》** 張須《四經歸極》。一冊。

## 五經説

**錢謙益等《絳雲樓書目・經總類》** 熊豫章《五經説》。

**黃虞稷《千頃堂書目・經解類・補元》** 熊朋來豫章先生《五經説》七卷。《易説》一卷，《詩書説》一卷，《春秋説》一卷，《三禮説》二卷，《大小戴記説》一卷，《雜説》一卷。

**倪燦等《補遼金元藝文志・經解類》** 熊朋來《五經説》七卷。字與可，豐城人，福清州判官。

**《四庫提要・五經總義類》** 《五經説》七卷。江蘇巡撫採進本。元熊朋來撰。朋來字與可，南昌人。登宋咸淳十年進士，仕元爲福清縣判官，事蹟具

《元史·儒林傳》。朋來之學，恪守宋人，故《易》亦言先天、後天、河圖、洛書，《書》亦言《洪範》錯簡，《詩》亦不主《小序》，《春秋》亦不主三《傳》，蓋當時老師宿儒、相傳如是。門戶所限，弗敢尺寸踰也。惠棟《九經古義》詆其論《大學》「親民」一條，不知「親」、「新」通用，本馬、鄭之解《金縢》，爲夏蟲之見。又詆其論「言乃讙」一條，不考《史記·魯世家》所引《無逸》及裴駰《集解》所引鄭《註》。論《周禮·樂師》「皋」字與《大祝》「皋」字，不考皋、告、皞三字相同，乃謂鄭氏先後異讀，均爲妄下雌黄。蓋於古義、古音亦多所出入。然其書發明義理，論頗醇正，於《禮經》尤疏證明白。在宋學之中，亦可謂切實不支矣。寸有所長，固無妨録備一家也。

## 羣經指要

**黄虞稷《千頃堂書目·經解類·補元》** 范祖幹《羣經指要》。

## 五經旨要

**錢大昕《補元史藝文志·經解類》** 歐陽佺《五經旨要》。字以大，長樂人。

## 經説萃編

**黄虞稷《千頃堂書目·經解類》** 李材《經説萃編》二十九卷。

## 五經標題

**黄虞稷《千頃堂書目·經解類》** 張宣《五經標題》。字藻仲。

## 五經蠡測

**徐𤊹《徐氏家藏書目·經解類》** 《五經蠡測》五卷。蔣悌生。

**黄虞稷《千頃堂書目·經解類》** 蔣悌生《五經蠡測》六卷。字仁叔，福寧州人。洪武初舉明經，在本州訓導。

**《四庫提要·五經總義類》** 《五經蠡測》六卷。兩江總督採進本。明蔣悌生撰。悌生字叔仁，福寧州人。洪武初，以明經官訓導。是書乃其元季避兵藍田谷中所作。嘉靖戊戌案原序不題年號，但稱戊戌，以序中「一百六十餘年」語推之，知爲嘉靖十七年。浮梁閔文振纂修州志，始得稿於其裔孫宗雨，序而刻之，前有洪武庚戌悌生自序。凡《易》一卷、《書》一卷、《詩》三卷、《春秋》一卷。後有文振附記曰：「右五經，《詩》説獨多，《易》、《書》次之，《春秋》爲少，《禮記》亡闕。今猶題曰《五經蠡測》，仍其舊也」云云。今觀其書，或載經文，或但標章句之目。所説或大書，或夾註，體例絶不畫一，蓋猶未成之草稿。又《尚書·太甲》篇首有曰：「《詩》、《書》小序，前已詳言之矣。」然以前絶未論《詩》、《書》序，則不但《禮記》散佚，併《尚書》亦有佚脱也。其説《易》多斟酌程《傳》、《本義》之異同。如解《頤卦》「虎視眈眈，其欲逐逐」，謂「大臣之求賢爲助，如虎之求肉爲食」，穿鑿太甚。如解「龍戰于野」，謂「坤象不得稱龍，龍即《乾卦》六爻之龍，陰盛而與之戰，嫌於无陽，故稱龍以明陽未嘗无」，則立義特爲正大。其説《書》，於蔡沈《集傳》多所訂正。解《盤庚》疑錯簡三章，未免因王柏謬説，又加推廣。至於《高宗肜日》，謂果爲高宗之事，則當稱王，不當首稱廟號。用鄒氏《音釋》之説，以爲祖庚祀高宗，亦不爲無見。其説《詩》，謂《小序》固有紕繆，而朱子疾之太甚。於諸篇同異，務持兩家之平。在元明之間，可謂屹然獨立，無依門傍戶之私。至其以《鳲鳩》爲美周公，乃《豳風》之詩，錯簡入於《曹風》，則又臆斷之餘習矣。《春秋》僅説「滕子來朝」，「子同生」，「夫人姜氏孫于齊」，「夫人姜氏會齊侯于禚」，「公及夫人會齊侯于陽穀」，「齊仲孫來」六條。案「孫於齊」與「會禚」合爲一條。而「仲孫」一條與「陽穀」一條年月又復顛倒。其說不甚主胡《傳》。然既曰「胡《傳》不合筆削之初意」，又曰「聖人復生，亦將有取於胡氏之言，又何必一一盡合於筆削之初意」。則於胡《傳》亦尚在疑信間也。大抵僻處窮山，罕窺古籍，於考據引證，非其所長，而覃精研思，則往往有所心得。名雖不及熊朋來，書則實在朋來上也。

## 五經文格

**黃虞稷《千頃堂書目・經解類》** 徐蘭《五經文格》。洪武初人。

## 五經解義

**王圻《續文獻通考・經籍考・經解》** 《五經解義》。修撰張洪著。洪，常熟人。

## 五經大全

**王士禛《漁洋書跋》** 《五經大全》明永樂間，胡廣等奉詔撰《五經大全》，皆鈔錄前人成書，竄易其名，《易》則董楷、董鼎、董眞卿，《詩》則劉瑾，《書》則陳櫟，《春秋》則汪克寬、李太宰默續孤樹裒談曾及之。

## 性理大全

**高儒《百川書志・總經》** 《性理大全書》七十卷。大明永樂十三年九月翰林學士胡廣、右庶子楊榮、右諭德金幼孜等四十二人奉勅纂修。書成，御製序，略曰：「先儒成書，及其議論格言，輔翼《五經四書》，有裨於斯道者。」

**王圻《續文獻通考・經籍考・經解》** 《五經四書》及《性理大全》。永樂十三年命胡廣等于傳註之外，諸儒議論有相發明者增附其下，至是成，頒中外。

## 五經四書大全

**楊士奇等《文淵閣書目・諸經總類》** 《五經四書性理大全》。一部，一百九十冊。完全。《五經四書性理大全》。一部，一百十九冊。殘缺。

**錢謙益等《絳雲樓書目・經總類》** 內板《五經四書大全》。坊本《五經四書大全》。

**于敏中等《天祿琳琅書目・明版經部》** 《五經四書性理大全》。十二函，一百二十冊。明永樂間奉敕輯。首載胡廣等《進書表》。《易》，宋程頤傳，朱子本義，二十四卷，前總目，次《凡例》、程頤序、朱子上下篇義、《圖說》、《五贊》、《筮儀》、《易說綱領》。《書》，宋蔡沈集傳，十卷，前《凡例》、書圖、沈《集傳序》、《書說綱領》、漢孔安國序，後書序。《詩》，朱子集傳，二十卷，前《凡例》、詩圖、朱子序、《詩傳綱領》，後大、小序《辨說》。《春秋》，宋胡安國傳，三十七卷，前《凡例》、序論、年表、《諸國興廢說》、東坡《圖說》。《禮記》，宋陳澔集說，三十卷，前《凡例》、總論、澔序。《大學》，朱子章句，前《讀大學法》、《或問》、朱子序、《凡例》。《中庸》，朱子章句，前《或問》、朱子序、《讀中庸法》。《論語》，朱子集注，二十卷，前《讀論語孟子法》、朱子《序說》。《孟子》，朱子集注，十四卷，前朱子《序說》。《性理》，七十卷，前明成祖序，次先儒姓氏。

此書中《五經大全》，皆攘前人成書以爲己有。顧炎武、朱彝尊嘗譏之，已載前元版經部中矣。其輯《性理大全》附於書後者，蓋以先儒議論格言足以輔翼《五經四書》也。成祖序、諸臣進表，皆作於永樂十三年。書前所列編纂儒臣銜名共四十有二，而胡廣、楊榮、金幼孜實董其成，刊印之善，亦足稱焉。考《明史》，胡廣，字光大，吉水人。洪武三年，以文學選爲御史。成祖即位，偕解縉迎附，擢侍講，遷學士兼左春坊，進文淵閣大學士。卒，贈禮部尙書，謚文穆。楊榮，字勉仁，建安人。建文三年進士，授編修。成祖入京，以請先謁陵受知，屢遷其官。仁宗初，由謹身殿大學士進工部尙書。正統間，進少師。卒，謚文敏。金幼孜，名善，以字行，新淦人。建文二年進士，授戶部給事中。成祖即位，改翰林檢討官，至禮部尙書兼武英殿大學士。卒，謚文靖。

**彭元瑞等《天禄琳琅書目後編·明版經部》** 《五經四書大全》。十函，一百冊。明胡廣等奉敕撰。《易》、《書》、《春秋》、《禮記》已見前。《詩傳大全》二十卷，前有《凡例》、朱熹《集傳序》、《綱領》、圖二十五，《詩序辨說》，修書官，與《周易傳義大全》同。顧炎武《日知錄》云：《詩經大全》全襲元人劉瑾《詩傳通釋》，而改其中「愚按」二字爲「安成劉氏曰」云云。吳任臣曰：「《大全》鈔襲《詩傳通釋》，僅刪數條，劉本以小序隸各篇下，《大全》則別爲一編，若似乎不同者。要之，當日原未嘗纂修也。」《四書集註大全》，前有《凡例》，《大學》一卷前有《讀大學法》、《大學或問》、朱熹《大學章句序》；《論語》二十卷，前有《讀論語孟子法》、《論語集註序說》；《中庸》一卷，前有《讀中庸法》、《中庸或問》、朱熹《中庸章句序》；《孟子》十四卷，前有《孟子集註序說》。修書官與《周易傳義大全》同。顧炎武《日知錄》云：自朱子作《大學》、《中庸章句》、《或問》、《論語》、《孟子集註》之後，黃氏有《論語通釋》。其采語錄附於朱子《章句》之下，則始於眞氏、祝氏，仿之爲附錄。後有蔡氏《四書集疏》、趙氏《四書纂疏》、吳氏《四書集成》，論者病其泛濫。於是陳氏作《四書發明》、胡氏作《四書通》，而定宇之門人倪氏合二書爲一，頗有刪正，名曰《四書輯釋》。永樂所纂《四書大全》特小有增刪，其詳其簡或多不如倪氏。《大學》、《中庸或問》則全不異，而間有舛誤云云。按《四書輯釋》乃元倪士毅所著，明初纂修《五經四書大全》以爲一代考文之治，而承事諸臣剽竊舊籍以爲稱塞。其原書具在，一一可以對勘，後人譏評，具有證據。若我朝所纂四經三禮，眞足度越前代矣。明官刊頒行本。

**于敏中等《天禄琳琅書目·明版經部》** 五經四書。十函，五十六冊。明正統間奉敕刊。首載英宗諭旨。《易》，宋程頤傳，朱子本義，十卷，前頤



序，次易圖、《易說綱領》，後上下篇義、《五贊》、《筮儀》。《書》，宋蔡沈集傳，六卷，前沈序，次書圖、《書說綱領》、漢孔安國序，後書序。《詩》，朱子集傳，二十卷，前朱子序、詩圖、《詩說綱領》、大、小序《辨說》。《春秋》，宋胡安國傳，三十卷，前安國序、春秋圖、春秋《興廢說》、春秋總例。《禮記》，宋陳澔集說，十六卷，前澔序、《集說凡例》。《大學》，朱子章句，前朱子序，後《大學或問》。《中庸》，朱子章句，前朱子序，後《中庸或問》。《論語》，朱子集注，十卷，前朱子《序說》。《孟子》，朱子集注，十四卷，前朱子《序說》，後《讀論語孟子法》。英宗諭旨：以《五經四書》經注，書坊刊本訛誤者多，命司禮監謄寫重刊，以取便於觀覽。其版寬行大字，橅印頗精，嘉惠藝林，亦盛典也。《詩經》內有「枕流漱石」、「君則氏」二印，係先割去舊有之印，鈐於補紙上者，其「君則氏」印本小，乃平列二方，與「枕流漱石」配合，明屬書賈僞爲。又《四書》內有「尙寶寺卿表忠澈家藏書畫」印記，《明史·職官志》有尙寶司，而無尙寶寺之名。其列傳內載袁忠澈，字靜思，鄞人。從父珙謁燕王，王厚遇之。及即位，召授鴻臚寺班，賜賚甚厚，遷尙寶司丞，尋進少卿。今印記中以「司」爲「寺」、以「袁」爲「表」，謬誤尤甚，均不足存。「眞賞齋」、「荊溪邵氏」收藏二印，亦無考。

**張之洞《書目答問·正經正注·十三經五經四書合刻本》** 古香齋袖珍《五經四書》。康熙間內府刻，無注，《春秋》無傳。

## 四書五經集註

**錢謙益等《絳雲樓書目·經總類》** 《四書五經集註》。

## 十三經注疏

**徐𤊹《徐氏家藏書目·經解類》** 《十三經注疏》三百三十三卷。

**張萱等《内閣藏書目録·經部》** 《十三經注疏》。一部，不全。《十三

經注疏》。八十八冊，全。國子監新刻，內闕《孝經》。《九經注疏》共十七冊，不全。《毛詩》十五冊，全。《尚書》八冊，全。《禮記》十三冊，內闕一冊，《論語》二冊，全。《孟子》三冊，全。《春秋》十五冊，內闕三冊。其餘俱闕。

**錢謙益等《絳雲樓書目·經總類》**　《監本十三經注疏》。

**于敏中等《天祿琳琅書目·明版經部》**　《十三經注疏》。二十二函，一百二十冊。《周易》九卷，上下經魏王弼注，《繫辭》晉韓康伯注，唐孔穎達疏。前穎達序，後附唐陸德明《音義》、王弼《略例》。《尚書》二十卷，漢孔安國傳，唐孔穎達疏，陸德明音義。前穎達序，次安國序。《毛詩》二十卷，漢鄭康成箋，唐孔穎達疏，陸德明音義。前穎達序，次《詩譜序》。《春秋左傳》六十卷，晉杜預注，唐孔穎達疏，陸德明音義。前穎達序，次預序，後預後序。《春秋公羊傳》二十八卷，漢何休注，疏不著名，或云徐彥撰，陸德明音義。前載宋景德二年校刊牒文，次休序。《春秋穀梁傳》二十卷，晉范寧集解，唐楊士勛疏，陸德明音義。前寧序。《周禮》四十二卷，漢鄭康成注，唐賈公彥疏。前公彥序，次序《周禮廢興》。《儀禮》十七卷，漢鄭康成注，唐賈公彥疏。前公彥序。《禮記》六十三卷，漢鄭康成注，唐孔穎達疏。前穎達序。《孝經》九卷，唐玄宗注，宋邢昺校。前昺序，次宋傳注序、唐玄宗御製序。《論語》二十卷，魏何晏集解，宋邢昺疏，唐陸德明音義。前晏《上集解序》。《孟子》十四卷，漢趙岐注，宋孫奭疏。前奭序，次奭題辭解。《爾雅》十一卷，晉郭璞注，宋邢昺疏，唐陸德明音義。前昺序。

此明北監本也。其版心皆記刊刻之年，係創始於萬曆十四年，逮二十一年而工畢，計閱八年之久。每卷標題次行分別校刊及重修者，各列其祭酒、司業銜名，其校刊之祭酒經八人，司業經七人，而重修之祭酒、司業則祇二人始終其事。蓋校刊者，係合記八載中歷任是官之人，故其數多，而所謂重修者，不過於書成之後讐勘一通，其功易竣，其日無多也。第是當時奉敕刊行，宜加鄭重，乃所載陸德明《音義》於《周易》則別爲一卷附於書後，其《尚書》、《毛詩》、《三傳》以及《論語》、《爾雅》忽散列於書中，而《三禮》之《音義》又不採錄，去取混淆，漫無體例，抑獨何耶？明內府藏本，有「欽文之璽」鈐蓋上方。

**張之洞《書目答問·正經正注》**　《十三經注疏》。共四百一十六卷。乾隆四年，武英殿刻附考證本。同治十年廣州書局覆刻。殿本。阮文達公元刻附校勘記本。明北監本明毛晉汲古閣本。目列後。阮本最於學者有益，凡有關校勘處，旁有一圈，依圈檢之，精妙全在於此。四川書坊翻刻阮本，譌謬太多，不可讀，且削去其圈，尤謬。明監、汲古本不善。

《周易正義》十卷，魏王弼、晉韓康伯注，唐孔穎達等正義。《尚書正義》二十卷，舊題漢孔安國傳、唐孔穎達正義。《毛詩正義》七十卷，漢毛亨傳、鄭玄箋、唐孔穎達正義。《周禮注疏》四十二卷，漢鄭玄注、唐賈公彥疏。《儀禮注疏》五十卷，漢鄭玄注、唐賈公彥疏。《禮記正義》六十三卷，漢鄭玄注、唐孔穎達正義。《春秋左傳正義》六十卷，晉杜預集解、唐孔穎達正義。《春秋公羊傳注疏》二十八卷，漢何休解詁、唐徐彥疏。《春秋穀梁傳注疏》二十卷，晉范寧集解、唐楊士勛疏。《孝經注疏》九卷，唐玄宗御注、宋邢昺疏。《論語注疏》二十卷，魏何晏等集解，宋邢昺疏。《孟子注疏》十四卷，漢趙岐注，舊題宋孫奭疏。《爾雅注疏》十卷，晉郭璞注、宋邢昺疏。《毛詩》、《儀禮》，皆依疏本子卷計數，《孝經》亦依疏分卷。

## 十三經古注

**彭元瑞等《天祿琳琅書目後編·明版經部》**　《十三經註》。二十函，一百七十四冊。明金蟠、葛鼒、葛鼐同校。前有「宣德乙卯蟠題辭」，又《總目附考》一卷。按顧炎武《日知錄》云，自漢以來，儒者相傳，但言《五經》，而唐時立之學官則云《九經》者，《三禮》、三《傳》分而習之，故爲九也。其刻石國子學，則云《九經》，並《孝經》、《論語》、《爾雅》。宋時程、朱諸大儒出，始取《禮記》中之《大學》、《中庸》，及進《孟子》以配《論語》，謂之《四書》。明朝因之，而十三經之名始立。其先儒釋經之書，或曰傳，或曰箋，或曰解，或曰學，今通謂之註。《書》則孔安國傳，《詩》則毛萇傳，鄭玄箋，《禮記》則鄭玄注，《公羊》則何休學，《孟子》則趙岐註，皆漢人；《易》則王弼註，魏人；《繫辭》韓康伯註，晉人；《論語》則何晏《集解》，魏人；《左氏》則杜預註，《爾雅》則郭璞註，《穀梁》則范寧集解，皆晉人；《孝經》則唐明皇御註。其後儒辨釋經之書，名曰「正義」，今通謂之「疏」云云。焦竑《國史經籍志》云唐定《正義》，始立十三經。其説謬甚。《爾雅》、《孟子》宋時始有疏，唐石經今尚存。其有《孟子》者，乃明王堯惠所刻。是本刊註不刊疏，在神宗時南北兩雍刊行十三經註疏之前，校對極精審。

**張之洞《書目答問・正經正注》**《永懷堂古注十三經》。明金蟠、葛鼐同刻本，今江寧書局補足印行。又杭州局刻本。諸經注，即明李元陽刻注疏本。《孝經》題漢鄭氏注，實是唐玄宗注。《易》九卷，附《略例》一卷。《書》二十卷。《詩》二十卷。《儀禮》十七卷。《周禮》四十二卷。《禮記》四十九卷。《春秋左傳》三十卷。《公羊傳》二十八卷。《穀梁傳》二十卷。《論語》二十卷。《孟子》十四卷。《孝經》九卷。《爾雅》十卷。

《稽古樓單注巾箱本十三經》。星子干氏刻本。皆古注。《論語》併刻朱注，《毛詩》間采孔《疏》。

## 五經句訓

**彭元瑞等《天祿琳琅書目後編・明版經部》**《五經句訓》。二函，八冊。不著撰人姓氏。書十九卷。《易》三、《書》二、《詩》四、《春秋》四、《禮記》六。依經直解，旁註窄行。前有萬曆丙申陳大科序，揭銜「總督兩廣、兵部侍郎」，略云《五經旁訓》舊有刻者，會督學周君應治從山東來，以善本餉予，遂手校而重刻之云。是書坊間纂本，以便初學習誦者，今猶行張大受新刊。此本槧法、紙墨極工，非後來可及。

## 明監本宋元人注五經

**張之洞《書目答問・正經正注》**《明監本宋元人注五經》。明經廠本，揚州鮑氏刻本，南昌萬氏刻本。又江寧局本，又崇道堂本，又武昌局本。通行杜氏巾箱經單注本，尚不謬。坊本音注，皆不可據。

《易》宋朱子本義四卷。宋程子傳四卷。江寧本《本義》，依朱子原本十二卷，兼刻程傳，他本無。《書》宋蔡沈集傳六卷。《詩》朱子集傳八卷。武昌局本附序。《春秋》舊用宋胡安國傳，乾隆間廢，改用《左傳杜注》三十卷。江寧本《左傳》有姚培謙補注，鮑本合刻《三傳》，附《春秋傳説彙纂》。

《禮記》元陳澔集説十卷。崇道堂本，兼録御案。新刻五經，江寧本最善。

明洪武定制，試士經義，用《注疏》及此數本。《春秋》兼用左、公、穀、胡、張洽五傳。永樂《五經大全》成書後，即專用此本。國子監雕版，因至今沿稱監本。今明監本希見，姑以舊名統攝之。

## 六經講義

**王圻《續文獻通考・經籍考・孝經》**《六經講義》。胡子實著。

## 經書補註

**王圻《續文獻通考・經籍考・經解》**《經書補註》。黃潤玉著。

**徐𤊹《徐氏家藏書目・經解類》**《經書補註》一卷。天順中四明黃潤玉著。

**黃虞稷《千頃堂書目・經解類》**黃潤玉《經書補註》四卷。

## 經譜

**黃虞稷《千頃堂書目・經解類》**黃潤玉《經譜》一卷。

**嵇璜等《續通志・圖譜略・總經》**明黃潤玉《經譜》一卷。

## 易象春秋傳説

**王圻《續文獻通考·經籍考·經解》**　《易象春秋傳説》。崔文敏著。

## 九經圖注

**嵇璜等《續通志·圖譜略·總經》**　周安《九經圖注》。

## 經集格言

**王圻《續文獻通考·經籍考·經解》**　《經集格言》。王恕著。恕字宗實，三原人。正統戊辰進士，官吏部尚書、太子太保，卒贈左柱國太師，謚端毅。

## 石渠意見　拾遺　補缺

**黄虞稷《千頃堂書目·經解類》**　王恕《石渠意見》二卷，又《拾遺》一卷，又《補缺》一卷。皆恕八十時所作。

**《四庫提要·五經總義類存目》**　《石渠意見》四卷，《拾遺》二卷，《補闕》二卷。兩淮鹽政採進本。明王恕撰。恕有《玩易意見》，已著録。考《明史》恕本傳，其初致仕在成化二十二年，孝宗立，復召用。後與丘濬不合求去，以弘治六年閏五月復致仕，自是家居凡十五年。此本首篇自題云己未季秋，據《七卿表》，當在弘治十二年，則是書作於再致仕時。故自序稱作《意見》時八十四，作《拾遺》時八十六，作《補闕》時八十八，可謂耄而好學矣。其書大意以《五經》、《四書》傳註列在學官者，於理或有未安，故以己意詮解而筆記之。間有發明可取者，而語無考證，純以臆測武斷之處尤多，如謂《左傳》爲子貢等所作之類，殊游談無根也。

## 四經糠秕

**黄虞稷《千頃堂書目·經解類》**　張楷《四經糠秕》。字式之，慈谿人。永樂甲辰進士，歷官左僉都御史。

## 六經舉要

**黄虞稷《千頃堂書目·經解類》**　李晟《六經舉要》。字孔陽，濮州人。成化己丑進士，爲監察御史，以言兵屢被謫。

## 五經發揮

**黄虞稷《千頃堂書目·經解類》**　陳珂《五經發揮》。字希白，錢塘人。弘治庚戌進士，大理寺卿。

## 五經疑辯録

**王圻《續文獻通考·經籍考·經解》**　《五經疑辯録》。成化中禮部右侍郎周洪謨著。奏進憲宗，以紛更舊録不准。

**黄虞稷《千頃堂書目·經解類》**　周洪謨《經書疑辨録》三卷。成化十五年洪謨爲禮部尚書時進呈，多辨朱子解經沿習諸儒之誤。

**《四庫提要·五經總義類存目》**　《羣經辨疑録》三卷。浙江吴玉墀家藏本。明周洪謨撰。洪謨字堯弼，長寧人。正統乙丑進士，官至禮部尚書，謚文安。事蹟具《明史》本傳。是編蓋其官祭酒時與諸生講論之語，凡辨正《四書》、《五經》訓釋與經旨違誤者百有四條，又發明先儒言外之旨者百有九條。自序稱「寧爲朱子忠臣，無爲朱子佞臣」。成化十五年，嘗疏進於朝，併請敕修諸經。憲宗以《大全》諸書久爲學者所誦習，不允所請。觀此書，頗可得其用意所在。然其説以三光五行爲七政，則不及古傳日月五星之確。其辨《周書》八誥及蘇軾之説，以爲思殷叛周者皆紂所比昵之罪人，則於當時情事未合，仍不及蘇傳之允當。至謂社稷之神，龍柱農棄以前，仍當有所謂稷者，其言雖似有理，然亦無所依據。至下卷則多屬空言，益無所取矣。

## 五經疏義

**黄虞稷《千頃堂書目・經解類》** 羅倫《五經疏義》。

## 經　説

**黄虞稷《千頃堂書目・經解類》** 姚文灝《經説》。

## 經書問難

**黄虞稷《千頃堂書目・經解類》** 李本《經書問難》。字孝謙，鄞縣人。洪武中父仕開有罪，本代父輸作，以德行稱。

## 五經集解

**黄虞稷《千頃堂書目・經解類》** 賀賢《五經集解》。狄道人，永樂壬辰進士，詹事府少詹事。

## 諸經講義

**黄虞稷《千頃堂書目・經解類》** 章懋《諸經講義》二卷。

## 經學啓蒙

**黄虞稷《千頃堂書目・經解類》** 戴冠《經學啓蒙》。長洲人。

## 石渠意見補遺

**黄虞稷《千頃堂書目・經解類》** 蘇濂《石渠意見補遺》六卷。

## 經子鉤玄

**黄虞稷《千頃堂書目・經解類》** 朱存理《經子鉤玄》。

## 經傳臆言

**黄虞稷《千頃堂書目・經解類》** 丁奉《經傳臆言》二十八卷。常熟人，正德戊辰進士。

## 經筵講義

黄虞稷《千頃堂書目・經解類》 程敏政《經筵講義》四卷。

## 青宮講義

黄虞稷《千頃堂書目・經解類》 程敏政《青宮講義》四卷。

## 經筵講義

黄虞稷《千頃堂書目・經解類》 徐溍《經筵講義》五卷。

## 五經通旨

王圻《續文獻通考・經籍考・經解》 《五經通旨》。國子祭酒王敕著。敕，歷城人。

黄虞稷《千頃堂書目・經解類》 王敕《五經通旨》。

## 箋經寓意

黄虞稷《千頃堂書目・經解類》 馬中錫《箋經寓意》。

## 五經集義

黄虞稷《千頃堂書目・經解類》 鄭佐《五經集義》。字時夫，歙縣人。正德甲戌進士，山東兵備副使。

## 講讀録

黄虞稷《千頃堂書目・經解類》 李東陽《講讀錄》四卷。

## 五經對語

高儒《百川書志・總經》 《五經對語》一卷。國朝雪山二泉邵寶次。瞿校：「雪」，鈔本作「錫」。

## 經傳對語

徐𤊹《徐氏家藏書目・經解類》 《經傳對語》一卷。錫山邵寶編次。

## 五倫書

高儒《百川書志・總經》 《五倫書》六十二卷。大明宣宗御製。

## 聖學心法

高儒《百川書志·總經》　《聖學心法》四卷。大明太宗御制。瞿校。「制」鈔本作「製」。專論君道，次及父道、子道、臣道。首採五經，旁及子史之類，前序幾五千言。

## 聖賢精義

高儒《百川書志·總經》　《聖賢精義》五卷。琴心眞逸述。取《易》、《書》、《詩》、《大學》、《中庸》、《論》、《孟》中之論心法性理者，并諸説繫焉。

## 十一經問對

高儒《百川書志·總經》　《十一經問對》十一卷。失名氏。設爲問對之辭，發明藴奥。惟《周易》、《公》、《穀》二傳，《爾雅》四經無説焉。

## 經籍考

范邦甸等《天一閣書目·經總類》　《經籍考》七十六卷。刊本卷首有「天一閣」、「古司馬氏」二圖章。宋鄱陽馬端臨撰。明弘治盱江何喬新刊，并序云：「鄱陽馬貴與氏，宋丞相碧梧先生之子，家多縑素，學有淵源。嘗著《文獻通考》以補《通典》之未備。其《經籍考》尤爲精詳。江西按察司僉事莆陽黄公仲照奉勑來董學政，莅政之暇，取國子監本校訛補缺，繕寫成編。且規措楮板之資付，南昌府同知張君汝舟俾刻之。」

## 四書五經事類考

徐𤊹《徐氏家藏書目·經解類》　《四書五經事類考》。□卷。

## 五經類語

徐𤊹《徐氏家藏書目·經解類》　《五經類語》六卷。正德中新會梁岐集。

## 東湖講日

徐𤊹《徐氏家藏書目·經解類》　《東湖講日》一卷。張蔚然。

## 五經類考

徐𤊹《徐氏家藏書目·經解類》　《五經類考》。

## 經言枝指

徐𤊹《徐氏家藏書目·經解類》　《經言枝指》。

## 白菴談經

徐𤊹《徐氏家藏書目·經解類》　《白菴談經》五卷。陳元綸。

## 五經類語

**高儒《百川書志・禮》** 《五經類語》五卷。國朝古岱梁橋字述。瞿校。「橋」，鈔本作「喬」。

## 六經篆文

**黃虞稷《千頃堂書目・經解類》** 陳鳳梧《六經篆文》四十四卷。

## 五經臆說

**黃虞稷《千頃堂書目・經解類》** 王守仁《五經臆說》四十六卷。居龍場萬山中，默記舊所讀書錄之，意有所得，輒爲訓釋。

## 涇野經說

**黃虞稷《千頃堂書目・經解類》** 呂柟《涇野經說》十卷。一作二十二卷。別本二十二作二十一。

**彭元瑞等《天祿琳琅書目後編・明版經部》** 《涇野先生五經說》。一函，九冊。明呂柟撰。柟，字仲木，高陵人。正德戊辰進士第一，官至禮部侍郎，謚文簡，《明史》有傳。書二十一卷，凡《周易說翼》三卷，《尚書說要》五卷，《毛詩說序》六卷，《禮問》二卷，《春秋說志》五卷，皆條系雜說。其門人謝少南刻之，有嘉靖癸丑少南序。少南，字應斗，嘉靖壬辰進士，官廣西提舉副使，有《粵臺集》。

## 五經輯略

**黃虞稷《千頃堂書目・經解類》** 陳洪謨《五經輯略》。

## 四書尚書講章

**黃虞稷《千頃堂書目・經解類》** 劉龍《四書尚書講章》八卷。各四卷。襄垣人。弘治己未進第三人，歷官南京吏部尚書，贈太子太保。謚文安。

## 四書五經原古

**黃虞稷《千頃堂書目・經解類》** 黃綰《四書五經原古》。

## 五經說

**王圻《續文獻通考・經籍考・經解》** 《五經說》。禮部侍郎呂柟著。柟，高陵人。

## 經書一得錄

**黃虞稷《千頃堂書目・經解類》** 虞守愚《經書一得錄》。字惟明，義烏人，南京刑部右侍郎。

## 五經心義

**王圻《續文獻通考・經籍考・經解》** 《五經心義》。王崇慶著。

**黃虞稷《千頃堂書目・經解類》** 王崇慶《五經心義》五卷。其書解《易》曰「議卦」，《書》曰「説略」，《詩》曰「衍義」，《春秋》曰「斷義」，《禮記》曰「約蒙」。

**《四庫提要・五經總義類存目》** 《五經心義》。無卷數。浙江巡撫採進本。明王崇慶撰。崇慶有《周易議卦》，已著錄。此本又合所著書《經説略》、《詩經衍義》、《春秋斷義》、《禮記約蒙》與《議卦》共爲一編。唯《周易》無序，餘皆有自序。大抵皆剽掇舊文，罕所心得。

## 五經白文

**張萱等《内閣藏書目録・經部》** 《五經白文》。八冊，全。又《五經白文》。八冊，全。

**徐𤊹《徐氏家藏書目・經解類》** 《五經白文》。四十卷。

## 五經集註

**徐𤊹《徐氏家藏書目・經解類》** 《五經集註》。四十卷。

## 五經大全註

**徐𤊹《徐氏家藏書目・經解類》** 《五經大全註》。

## 五經旁訓

**徐𤊹《徐氏家藏書目・經解類》** 《五經旁訓》。十九卷。

## 五經序文

**徐𤊹《徐氏家藏書目・經解類》** 《五經序文》一卷。

## 五經疑義

**黃虞稷《千頃堂書目・經解類》** 李瓚《五經疑義》□卷。江西人。盧校改「瓚」爲「潛」。

## 經義模範

**范邦甸等《天一閣書目・經總類》** 《經義模範》十六篇。刊本。明楊愼選。嘉靖丁未王廷表序云：「丁未冬，表訪太史楊升菴，得《經義模範》一帙，乃同年朱艮矩所刻也。義凡十六篇：《易義》二篇，爲姚孝寧，餘篇則先賢廣安張才叔、中江吳師孟、蕳州張孝祥也。夫經義盛于宋，張才叔自靖人自獻，于先生之義，呂東萊取之入《文鑑》，與古文並傳。朱文公每醉後口誦之，至與諸葛武侯《出師》二表同科。我成祖文皇帝命儒臣纂集《尚書大全》，以其義入註經義之盛無踰此篇，選者以此特範卷首，有見哉！其餘十五篇，皆稱是。」

**王圻《續文獻通考・經籍考・經解》** 《經義模範》。楊用修著。

**黃虞稷《千頃堂書目・經解類》** 《經義模範》一卷。

## 經書指要

王圻《續文獻通考・經籍考・經解》《經書指要》。楊用修著。

## 升庵經説

王圻《續文獻通考・經籍考・經解》《升庵經説》。楊用修著。

黄虞稷《千頃堂書目・經解類》楊慎《升庵經説》八卷。一作《經説叢鈔》六卷。

## 丹鉛五經説

徐𤊹《徐氏家藏書目・經解類》《丹鉛五經説》二卷。楊慎。

## 五經集録

王圻《續文獻通考・經籍考・經解》《五經集録》。薛（惠）[蕙]著。

黄虞稷《千頃堂書目・經解類》薛蕙《五經雜説》。

## 五經序

徐𤊹《徐氏家藏書目・經解類》《五經序》一卷。穆相。

黄虞稷《千頃堂書目・經解類》穆相《五經集序》二卷。陝西人，嘉靖中官御史。

## 讀經録　讀經附録

黄虞稷《千頃堂書目・經解類》林士元《讀經録》，又《讀經附録》。

## 五經發揮

黄虞稷《千頃堂書目・經解類》薛治《五經發揮》七十卷。

## 經子要言

黄虞稷《千頃堂書目・經解類》戚雄《經子要言》三卷。

## 十三經解詁

黄虞稷《千頃堂書目・經解類》陳深《十三經解詁》六十卷。字子淵，長興人。嘉靖辛丑進士，按察司副使。

《四庫提要・五經總義類存目》《十三經解詁》五十六卷。兩淮鹽政採進本。明陳深撰。深有《周禮訓雋》，已著録。是編凡《易》三卷、《書》三卷、《詩》四卷、《周禮》六卷、《儀禮》四卷、《禮記》十卷、《左傳》十四卷、《公羊傳》三卷、《穀梁傳》二卷、《論語》一卷、《孝經》一卷、《爾雅》三卷、《孟子》二卷。其《易》惟取程《傳》及《本義》，各標其名；《書》惟取孔《傳》、蔡《傳》，不復分别；《詩》取《小序》及朱子《集傳》，亦兼採子貢《詩傳》；《周禮》分《序官》於各職之前，使長屬相統，用王應電本，稱曰古本；《禮記》增入《夏小正》一篇，置《曾子問》前；《左傳》主夏正之説，謂用周正爲誣；《論語》、《孝經》、《孟子》俱無註，惟《孟子》加以評點，用世所稱蘇洵本。餘亦皆鈔録舊註，無所發明。

## 五經四書明音

黄虞稷《千頃堂書目・經解類》 王覺《五經四書明音》八卷。江陰人。

## 六經字原

黄虞稷《千頃堂書目・經解類》 金世龍《六經字原》三十卷。字孟陽，長洲人。嘉靖辛丑進士，按察司副使。

## 五經圖説

黄虞稷《千頃堂書目・經解類》 王循吉《五經圖説》。開州人。潛心理學。嘉靖中獻其書於朝，賜號處士。

## 五經字義

黄虞稷《千頃堂書目・經解類》 李舜臣《五經字義》。

## 經書音釋

《四庫提要・五經總義類存目》 《經書音釋》二卷。浙江汪啓淑家藏本。



明馮保撰。保字永亭，號雙林，深州人。嘉靖中秉筆司禮太監，隆慶及萬曆之初最用事，事蹟具《明史・宦官傳》。是編摭拾《經典釋文》、《説文》、《廣韻》諸書，參以己意，如解《論語》「過則勿憚改」「憚」字，曰難也、畏也，則已詳於朱註。解「宓不齊」「宓」字，曰「三國時秦宓，人名」，則更與音釋無關。至其鈔襲舛誤，更不可枚舉。末有隆慶辛未保自跋，其私印曰「内翰之章」，尤可怪矣。史稱保善琴能書，是編當即所自撰。意當時士大夫憚其權勢，必有從而譽之者，故竟至於災梨。其人其書，本均不足存，以趙高《爰歷》六篇，《漢志》著録，姑存其目，亦以見明代貂璫之横，至儼然以詞臣自居，而無一人議之，足爲萬世之炯戒也。

## 孫月峰評經

《四庫提要・五經總義類存目》 《孫月峰評經》十六卷。江蘇周厚堉家藏本。明孫鑛撰。鑛字文融，月峰其號也。萬曆甲戌進士，官至南京兵部尚書。是編《詩經》四卷，《書經》六卷，《禮記》六卷，每經皆加圈點評語。《禮記》卷前載其所評書目，自經史以及詩集，凡四十三種，而此止三種，非其全書。然《詩經》前有慈谿馮元仲序，稱其舉《詩》、《書》、《禮》鼎足高峙，蓋元仲所別刻者，以三經自爲一類也。經本不可以文論，蘇洵評《孟子》，本屬僞書。謝枋得批點《檀弓》，亦非古義。鑛乃竟用評閲時文之式，一一標舉其字句之法，詞意纖仄，鍾、譚流派，此已兆其先聲矣。今以其無門目可歸，姑附之《五經總義類》焉。

## 五經舊程文

晁瑮《晁氏寶文堂書目》 《五經舊程文》。

## 經書答問

**黃虞稷《千頃堂書目・經解類》** 鄭世威《經書答問》十卷。

## 五經問答庸言

**黃虞稷《千頃堂書目・經解類》** 桑介《五經問答庸言》。別本「答下」有「二卷」二字，無「庸言」二字，並有注云：「字于石，號白崖，自號心渝子。翹弟。嘉靖辛卯舉人，滋陽知縣。」

## 經　筆

**黃虞稷《千頃堂書目・經解類》** 馬森《經筆》一卷。

## 進講録

**黃虞稷《千頃堂書目・經解類》** 趙貞吉《進講錄》。

## 經典稽疑

**黃虞稷《千頃堂書目・經解類》** 陳耀文《經典稽疑》二卷。

**《四庫提要・五經總義類》** 《經典稽疑》二卷。江蘇巡撫採進本。明陳耀文撰。耀文字晦伯，確山人。萬曆庚戌進士，官至按察司副使。此書取漢唐以來說經之異於宋儒者，分條輯載。上卷爲《四書》，下卷爲《易》、《書》、《詩》、《春秋》、《禮記》、《周禮》。先儒專門之學，各有師承，非同臆說。耀文欲存諸經古訓，但當採鄭、王、賈、孔遺言，不應雜以明人議論。又如「宰予晝寢」，但取《七經小傳》「寢爲內寢」之說，而不引《資暇集》所載「梁武帝繪畫寢室」一條。「竊比老彭」，但取《經典釋文》所引鄭云「老，老聃。彭，彭祖」之說，而不引《禮記疏》、《文選註》所載鄭註「老聃，周之太史。彭，彭咸也」一條。「乾，元、亨、利、貞」，但取《子夏傳》始、通、和、正之說，而不引《義海撮要》所載梁武帝《義》「始爲元，遂爲亨，益爲利，不私爲貞」一條。此類頗多，亦傷漏略。又如《周禮》備載宋、元諸儒攻駁之語，則徒啓紛紛。《孟子》備載《筆談》所紀王聖美「因何却見梁惠王」之言，則更涉詼諧。蓋耀文因當時帖括之士，墨守方隅，稍爲裒集異同，以存古義，而不必一一悉從其朔，故所採亦未盡精純。然嘉、隆之間，心學盛而經學衰，耀文獨能遠討遐搜，潛心訓詁，亦可云空谷之足音矣。

## 日進直解

**黃虞稷《千頃堂書目・經解類》** 高拱《日進直解》十卷。

## 説經劄記

**黃虞稷《千頃堂書目・經解類》** 蔡汝楠《說經劄記》八卷。

**《四庫提要・五經總義類存目》** 《說經劄記》八卷。浙江巡撫採進本。明蔡汝楠撰。汝楠字子木，號白石，德清人。嘉靖壬辰進士，官至南京工部侍郎。《明史・文苑傳》附見《高叔嗣傳》中。是編說《易》，說《書》，說《詩》，說《春秋》，說《禮記》，說《論語》，說《學》、《庸》，說《孟子》，各爲一卷。末附《太極問答》數則。史稱汝楠以憂歸，聚諸生石鼓書院，講求經義。此書即是時作也。汝楠少嘗從湛若水游，晚更友鄒守益、羅洪先。其學皆本於良知，欲以治經爲治心之功，故所說多如語錄，罕博考之功云。

## 廣陵宗氏就正録

**黄虞稷《千頃堂書目・經解類》** 宗周《廣陵宗氏就正錄》二十八冊。《四書》四冊，《易》五冊，《書》四冊，《詩》三冊，《春秋》六冊，《禮記》六冊。周字維翰，興化縣人，嘉靖辛卯舉人，四川馬湖府知府。

## 五經一貫

**黄虞稷《千頃堂書目・經解類》** 羅汝芳《五經一貫》。

## 五經異文

**黄虞稷《千頃堂書目・經解類》** 陳士元《五經異文》十一卷。

**《四庫提要・五經總義類存目》** 《五經異文》十一卷。浙江巡撫採進本。明陳士元撰。士元有《易象鉤解》，已著錄。是編考訂五經文字異同，大抵以許慎《說文》、陸德明《經典釋文》爲主，而捃摭雜說附益之。所援據頗爲寒窘。如《易本義》《坤》初爻《小象》「順當作愼」，《詩集傳》「景，古影字」之類，亦縷載之。又如宋本「恆」之作「恒」，避眞宗諱，猶「眞」之作「貞」，避仁宗諱，「愼」之作「昚」，避孝宗諱。而於《恆卦》註曰「恒，《釋文》作恆」，殊爲失考。至「雝」、「雍」一字，而於《書》「於變時雍」，註「《路史》作時雝」。「睂」、「眉」一字，而於「以介眉壽」註「呂氏《讀詩記》眉作睂」，益可以不必矣。

## 五經稽疑

**黄虞稷《千頃堂書目・經解類》** 朱睦㮮《五經稽疑》六卷。

**《四庫提要・五經總義類》** 《五經稽疑》六卷。浙江巡撫採進本。明朱睦㮮撰。睦㮮有《易學識遺》，已著錄。據《明史・睦㮮傳》，稱其萬曆五年舉周藩宗正，領宗學。約宗生以三、六、九日午前講《易》、《詩》、《書》，午後講《春秋》、《禮記》，雖盛寒暑不輟。所撰有《五經稽疑》六卷。《藝文志》載睦㮮《五經稽疑》六卷外，又載睦㮮《春秋經傳辨疑》四卷。其《春秋稽疑》又有別行之本，析爲四卷，乃與《明史》所稱《春秋經傳辨疑》合。考睦㮮《自序》，稱「少靡所好，游心六經，嘗作《春秋稽疑》，餘未及爲也。癸未四月，案《明史》稱睦㮮以萬曆五年舉宗正，又三年卒。則其卒當在萬曆八年，癸未乃萬曆十一年，與史文不合，疑史誤也。杜門謝客，乃取四經，時披閱焉。或有疑者，參訂諸家而折衷之。且述且作，得若干卷」云云。據其所言，絕不及《春秋經傳辨疑》一字。殆初註《春秋》四卷，名以《經傳辨疑》先行於世。後乃足成《五經》，併爲一帙，統改今名。著錄家各據所見之本，遂析而爲二耳。《明史・睦㮮傳》但稱作《五經稽疑》六卷，不及《春秋經傳辨疑》，從其最後之定本也。《春秋》乃其初稿，蓋以全力爲之。大旨取直書其事，美惡自見之義。其中如誤以郕儀父爲邾命卿，蓋沿程端學之曲說，不思及晉處父盟，經自有例，未免傷於武斷。然如「春正月」不書王，「王使榮叔來錫桓公命」不書天，「譚子」不書名，「柯之盟」不書日，「祭叔來聘」不書使之類，以爲傳寫脫誤，非孔子有意筆削，旁引曲證，足破穿鑿附會之論。又謂「穀伯綏來朝」、「鄧侯吾離來朝」二「朝」字當作「奔」，「鄭游速帥師滅許」「滅」當作「入」，又辨《左氏》以「城小穀」爲「城穀」之非，《公羊》謂「晦不書事」之誤，則精核者居多。《易》、《書》、《詩》、《禮》所說殊略。《易》多誤採郭京之本。《書》既以古文爲疑，又以《大禹謨》、《皋陶謨》篇首之語爲後人所加；又用程子之説引「文命允迪」之文以駁「放勳」之非號，亦頗涉矛盾。《詩》多採用《小序》，亦乏新義。《禮》則所辨後儒增益之詞，頗爲有見。而末附以所定藩府禮制八條，則亘古說經無此體例矣。以其考證古義尙時有可取，亦併錄之。鈔本不分卷帙，今約其篇頁，以四經各爲一卷，《春秋》爲兩卷，仍合於《明史》所載之卷數焉。

## 授經圖

**黃虞稷《千頃堂書目·經解類》** 周藩宗正睦㮮《授經圖》二十卷。本《崇文總目》中《授經圖》之意，著《五經授受諸儒同異》及《古今經解目錄》成編。

**嵇璜等《續通志圖譜略·總經》** 朱睦㮮《授經圖》。

**《四庫提要·目録類一》** 《授經圖》二十卷。兩江總督採進本。明朱睦㮮撰。睦㮮有《易學識疑》，已著錄。是編所述，經學源流也。

**張之洞《書目答問·列朝經注經説經本考證》** 《授經圖》四卷。明朱睦㮮。黃虞稷、龔翔麟同編。玉玲瓏閣本。畢沅、洪亮吉《傳經表》一卷，《通經表》一卷，未見傳本。

## 經序録

**黃虞稷《千頃堂書目·經解類》** ［朱］睦㮮《經序錄》五卷。錄漢唐宋元諸儒經解序。

## 六經圖全集

**黃虞稷《千頃堂書目·經解類》** 胡賓《六經圖全集》六卷。

**嵇璜等《續通志·圖譜略·總經》** 胡賓《六經圖全集》。

## 經詁

**黃虞稷《千頃堂書目·經解類》** 李鼎《經詁》二卷。字長卿，新建人。萬曆戊子舉人，鄭洛軍前贊畫。盧校改二爲三。又吳校云：《經義考》作四卷。

## 七經思問

**黃虞稷《千頃堂書目·經解類》** 詹萊《七經思問》三卷。

## 經筵經史直解

**黃虞稷《千頃堂書目·經解類》** 殷士儋《經筵經史直解》六卷。

## 五經辨疑

**黃虞稷《千頃堂書目·經解類》** 徐用檢《五經辨疑》。字克賢，蘭溪人。嘉靖壬戌進士，太常寺卿。

## 五經序

**黃虞稷《千頃堂書目·經解類》** 俞琇《五經序》三卷。嘉靖七年戊子官清源知縣時編。

## 經術源流

徐𤊹《徐氏家藏書目・經解類》《經術源流》一卷。王應山。

黄虞稷《千頃堂書目・經解類》王應山《經術源流》一卷。

## 五經摘註

徐𤊹《徐氏家藏書目・經解類》《五經摘註》五卷。新安俞指南。

## 經筵講章

黄虞稷《千頃堂書目・春秋類》朱賡《經筵講章》。

## 經子臆解

徐𤊹《徐氏家藏書目・經解類》《經子臆解》一卷。王世懋。

黄虞稷《千頃堂書目・經解類》王世懋《經子臆解》一卷。

## 五經繹

徐𤊹《徐氏家藏書目・經解類》《五經繹》。鄧原錫。

黄虞稷《千頃堂書目・經解類》鄧元錫《五經繹》十五卷。萬曆丁丑序。

《四庫提要・五經總義類存目》《五經繹》十五卷。江西巡撫採進本。明鄧元錫撰。元錫有《三禮編繹》，已著錄。是書凡《易》五卷，《書》二卷，《詩》三卷，《三禮》四卷，《春秋》一卷。元錫先有《三禮編繹》二十卷，別行。故此編惟摘錄其中自作發明之語，而刪其經文及註。《書》、《詩》、《春秋》亦不載經文，惟存篇目。其所詮釋，多屬空談。《易》則雖載經文，而頗更其次第。如《乾卦》「乾，元亨利貞」句下，繼以「大哉乾元」至「萬國咸寧」五十七字，又繼以「元者，善之長也」，至「故曰，乾，元亨利貞」六十四字。又繼以「乾元者」至「天下平也」五十七字，又繼以「天行健」十字，乃繼以六爻及《小象》。《小象》以後復繼以《文言》「初九曰」以下之文，皆元錫以意更定。其《繫辭》、《説卦》、《序卦》、《雜卦》則全刪傳文，而自撰《天圖原》等三卷以代之。其憑臆杜撰，亦略與《三禮編繹》等也。

## 經子法語

徐𤊹《徐氏家藏書目・經解類》《經子法語》一卷。

## 經筵講義

黄虞稷《千頃堂書目・春秋類》張位《經筵講義》二卷。

## 東宮講義

黄虞稷《千頃堂書目・春秋類》焦竑《東宮講義》六卷。

## 心傳書院講義

黄虞稷《千頃堂書目・春秋類》薛甲《心傳書院講義》。

## 經書遺義

黃虞稷《千頃堂書目・經解類》 汪于沚《經書遺義》四卷。

## 經筵講章

黃虞稷《千頃堂書目・經解類》 于愼行《經筵講章》。

## 經籍異同

黃虞稷《千頃堂書目・經解類》 陳禹謨《經籍異同》三卷。常熟人。字錫玄，號抱冲，瓚子。萬曆辛卯舉人，貴州布政參議。

## 六經注疏

黃虞稷《千頃堂書目・經解類》 蔡毅中《六經注疏》四十三卷。崇禎三年具表進呈。

## 十三經補注

黃虞稷《千頃堂書目・經解類》 郭正域《十三經補注》。

## 六經疑義

黃虞稷《千頃堂書目・經解類》 胡應麟《六經疑義》二卷。字元瑞，蘭谿人。萬曆丙子舉人。

## 經筵講義

黃虞稷《千頃堂書目・經解類》 馮琦《經筵講義》一卷。

## 六經類雅

黃虞稷《千頃堂書目・經解類》 徐常吉《六經類雅》五卷。

## 遺經四解

黃虞稷《千頃堂書目・經解類》 徐常吉《遺經四解》四卷。

## 六經以俟録

黃虞稷《千頃堂書目・經解類》 瞿九思《六經以俟錄》三十冊。黃梅人，萬曆癸酉舉人。以進所著書，授翰林院待詔。

## 五經音詁

黄虞稷《千頃堂書目・經解類》　來斯行《五經音詁》。字道之，蕭山人。萬曆丁未進士，福建右布政使。

## 五經讀

黄虞稷《千頃堂書目・經解類》　陳際泰《五經讀》五卷。

《四庫提要・五經總義類存目》　《五經讀》五卷。浙江巡撫採進本。明陳際泰撰。際泰有《易經説意》，已著録。其平生以制藝傳，經術非所專門。故是編詮釋五經，亦皆似時文之語，所謂習慣成自然也。

## 五經埤傳

黄虞稷《千頃堂書目・經解類》　黄一正《五經埤傳》。江都太學生。

## 清暑經談

黄虞稷《千頃堂書目・經解類》　王啓元《清暑經談》十卷。

## 經羣類纂

黄虞稷《千頃堂書目・經解類》　楊聯芳《經羣類纂》三十四卷。《明史・藝文志》「經羣」作「羣經」。

## 五經研朱集

黄虞稷《千頃堂書目・經解類》　張煊《五經研朱集》二十二卷。字大生。崇禎戊辰序。

## 五經私録

黄虞稷《千頃堂書目・經解類》　楊文昇《五經私録》二卷。

## 明儒經翼

黄虞稷《千頃堂書目・經解類》　杜質《明儒經翼》七卷。盧校改「質」爲「賢」。

## 五經緒言

黄虞稷《千頃堂書目・經解類》　姜應麟《五經緒言》。

## 山草堂談經

黄虞稷《千頃堂書目・經解類》　郝敬《山草堂談經》九卷。

《四庫提要・五經總義類存目》　《談經》九卷。江蘇巡撫採進本。明郝敬撰。敬有《周易正解》，已著録。此書一名《經解緒言》。敬所著《九經解》，凡一百六十五卷，一百六十七萬餘言。此則提其大要，別爲九卷，總題曰《山草堂集》，蓋後來編入集中也。凡《易》七十條、《書》三十條、《詩》五十四條、《春秋》五十六條、《禮記》十三條、《儀禮》二十條、《周禮》四十二條、《論語》二十六條、《孟子》三十二條。敬天資高朗，論多創闢，而臆斷者亦復不少，其詳皆具《經解》中。此亦可見所學之大概也。

## 經學要義

**黄虞稷《千頃堂書目·經解類》** 卜大有《經學要義》五卷。字益泉，秀水人。萬曆庚辰進士，尋甸知府。正集四卷，補遺一卷。

**朱彝尊《經義考·羣經》** 卜氏大有《經學要義》。五卷。存。徐栻序曰：「夫作經以載道也，譚經以明道也，是故有作之者，不可無羽翼之者，譚經者有志於聖人之道之軌範也。檇李益泉卜大夫輯秦漢以下諸儒之譚經者，昭揭篇章，剔釐淵藪，嘉惠後學，蒸蒸然盛矣。蓋道猶梁也，經猶棟也，作室者有棟梁，室斯具矣。於是爲榱，爲題，爲棁，爲節，爲隱柱，爲深堊，爲屛以蔽，爲牖以通，明駢舉而雜出，皆作室之要也。譚經者無慮千百家，人各一言，言各一見，非發明本旨則攻擊異端，剔奧鉤玄，旁搜博采，弗以要義譚之奚益。卜大夫能辨茲矣，故於經生之所譚者得其要義焉。大夫與予丁未同舉，及予撫浙，政暇出是編，俾弁其端。予患今之士徒譚時藝而不及經義，失其本眞，安望其措之用乎？得是編，竊心喜，爰序之以告窮經致用者。」

《嘉興府志》：卜大有字□□，秀水人。嘉靖丁未進士，令無錫，執法不撓，權貴稱彊項。中忌者調潛山。歷南儀曹郎。以忤時宰出爲尋甸守，致仕。【略】

**《明史·藝文志·諸經類》** 卜大有《經學要義》五卷。

## 九經漢義

**黄虞稷《千頃堂書目·經解類》** 趙宧光《九經漢義》。

## 談經彙草

**黄虞稷《千頃堂書目·經解類》** 趙宧光《談經彙草》。

## 五經困學

**黄虞稷《千頃堂書目·經解類》** 曹學佺《五經困學》九十卷。

## 五經纂註

**《四庫提要·五經總義類存目》** 《五經纂註》五卷。江蘇周厚堉家藏本。舊本題竟陵鍾惺纂註，有惺自序。而書前又有舒文鼎所爲凡例，云「今本朱、蔡、陳、胡之統訓，一就伯敬先生爲取衷」，則其書非惺所爲矣。其書皆刪節經文，《易》則一卦內刪數爻，《詩》則一篇中刪數章，《書》則一篇中刪數段，《春秋》、《禮記》刪節尤甚。惺似不謬陋至此，或亦書賈所託名歟？

## 經鈔

**黄虞稷《千頃堂書目·經解類》** 王惟儉《經鈔》六卷。字損仲，祥符人。萬曆乙未進士。

## 六藝類要

**黄虞稷《千頃堂書目・小學類・附補元》** 周剛善《六藝類要》六卷。

**倪燦《補遼金元藝文志・小學類》** 周剛善《六藝類要》六卷。臨江人。

## 六藝類要

**黄虞稷《千頃堂書目・小學類・附補元》** 《六藝類要》二冊。

## 拙存堂經質

**《四庫提要・五經總義類存目》** 《拙存堂經質》二卷。兩江總督採進本。明冒起宗撰。起宗字宗起，如皋人。崇禎戊辰進士，官至湖廣布政使參議。是書凡九十六篇，分條考辨。其中頗有典核之條。如辨《書》七政皆右旋，蔡《傳》未爲實測；《詩小序》與經傳多相符；申公《詩說》不合於《魯詩》者凡數端；《國風》非徒詩，程大昌《詩》議頗誤；引《方言》「東齊土作謂之杼，木作謂之柚」證《詩》「杼柚其空」；引《史記》、《國語》證趙朔生年。其他考《書》與《春秋》輿地者，亦見根據。他如謂《大司徒》、《小司徒》等止言都鄙而不及鄉遂，以都鄙即鄉遂也。《鄉師》言六鄉，《遂人》言六遂，而不及都鄙，以鄉遂即都鄙也。且謂六鄉七萬五千家，六遂亦如之，則十五萬家。一人受百畝，百里之國，田九百萬畝。除公田外，僅八萬家，其餘七萬家將於何處受田？若都鄙在鄉遂外，彼公侯伯等國卿大夫士之采地將何所受？今考《大司徒》曰：「辨其邦國都鄙之數。」又曰：「帥六鄉之衆。」《小司徒》曰：「以稽國中及四郊都鄙之夫家九比之數。」又曰：「乃頒比法于六鄉之大夫。」則一職之內，都鄙與六鄉竝舉，何得謂《大司徒》、《小司徒》等止言都鄙而不及鄉遂耶？至謂百里之國尚不能容六鄉、六遂之夫田，何得更有都鄙？不知天子六鄉、六遂，大國止有三鄉、三遂，次國二鄉、二遂，小國一鄉、一遂。《費誓》「魯三郊三遂」，是其明證。且鄉遂之制，既據《周禮》，即當以《周禮》封國之數爲正。如公五百里，開方百里者五五二十五。侯四百里，開方百里者四四十六。大國三鄉，止三萬七千五百家，合三遂止七萬五千家。二十五同而容七萬五千家，僅得三十五分之一，豈此外更不容有都鄙乎？起宗誤以侯國亦六鄉、六遂，與天子同制，而又不用《周禮》封國之數，宜乎以百里之國不能容六鄉、六遂也。《春秋・襄七年傳》：「叔仲昭伯爲隧正。」隧與遂通，則有遂之名。又《襄九年傳》曰：「二師令四鄉正敬享。」則有鄉之名。《莊二十八年傳》曰：「凡邑有宗廟先君之主曰都。」則有都之名。又《莊二十八年傳》曰：「羣公子皆鄙。」《昭二十年傳》曰：「縣鄙之人。」則有鄙之名。《襄三十年傳》曰：「子產使都鄙有章。」則有都鄙之名。何謂諸侯有鄉遂即不得有都鄙乎？起宗徒以遂官所統之縣正、鄙師與稍縣之縣、都鄙之鄙名稱相混，遂謂都鄙統於鄉遂，不知《周禮》名同者不一而足。閭師之名與閭胥同，縣師之名與縣正同，豈得謂閭師、縣師即閭胥、縣正乎？又《周禮》有都宗人、家宗人、都司馬、家司馬，皆都鄙之官也，而起宗謂《周禮》有鄉遂之官，無都鄙之官，誤矣。又《雜記》曰：「大夫爲其父母兄弟之未爲大夫者之喪服如士服。」《註》：「大夫雖尊，不以其服服父母兄弟，嫌若踰之于禮。」其意最精，而起宗乃以爲訾。又於《書》則極尊《古文尚書》，力詆梅鷟。於《春秋》謂周不用子正，并謂秦不用亥正。此皆誤襲前人之說，而不知所擇，以致失其綱要也。

## 七經圖

**黄虞稷《千頃堂書目・經解類》** 吳繼仕《七經圖》七卷。萬曆乙卯序。繼仕，字公信。徽州人。

**于敏中等《天禄琳琅書目・明版經部》** 七經圖。一函，八冊。《易》、《書》、《詩》、《周禮》、《禮記》、《春秋》六經圖，宋楊甲撰；《儀禮圖》，宋楊復撰，明吳繼仕編。不分卷。前明焦竑序、繼仕自序，《儀禮圖》前繼仕又序。

前宋版經部中有《六經圖》，其《儀禮圖》則元版中有之，而無印不及《六經圖》之善。此本爲繼仕合刊，一規宋槧，製極精良。焦竑序云：新安吳君見宋刻《六經圖》而奇之，手自摹畫考校，授之梓人，與好學者共焉。又念《儀禮》爲朱子所定，其徒楊復篇爲之圖，并加編纂，合爲《七經圖》以傳，學者得而讀之，可謂粲然明備，無復遺憾云云。今以此書觀之，竑之所許，良不誣也。繼仕始末未詳。

**嵇璜等《續通志・圖譜略・總經》** 吳繼仕《七經圖》。

**《四庫提要・五經總義類存目》** 《七經圖》七卷。副都御史黃登賢家藏本。明吳繼仕編。繼仕字公信，徽州人。案《宋館閣書目》載《六經圖》六卷，楊甲撰，毛邦翰增補之。爲圖三百有九。又《宋史・藝文志》有葉仲堪《六經圖》七卷。陳振孫《書錄解題》謂仲堪即以邦翰舊本增損改定。是書刊於萬曆己卯。前有繼仕自序云：得舊本摹校，舊圖三百有九，今加校正爲三百二十有一。又增《儀禮圖》二百二十有七，共爲圖五百四十有八。所謂舊本，即毛邦翰之書。所謂《儀禮圖》，亦即楊復之書，均非繼仕所自撰也。

**彭元瑞等《天禄琳琅書目後編・明版經部》** 《七經圖》。一函，八冊。《易》、《書》、《詩》、《周禮》、《禮記》、《春秋》圖目同上，《儀禮會通圖》二百二十七，宋楊復原書，明吳繼仕編纂。前有萬曆乙卯繼仕自序。通部前有焦竑序，又繼仕自序。竑序稱，繼仕見宋刻《六經圖》而奇之，手自摹畫，考校授梓。又念《儀禮》爲朱子所定，其徒楊復篇爲之圖，並加編纂，合爲《七經圖》。繼仕序稱，家傳宋刻《六經圖》，嚴加釐正，乃取往籍，爲補七經云云。別有小字凡例四則，係從他本補入，且不應入《周易圖》後，不載。

## 六經圖考

**黃虞稷《千頃堂書目・經解類》** 陳仁錫《六經圖考》三十六卷。

**嵇璜等《續通志・圖譜略・總經》** 陳仁錫《六經圖考》。

## 五經約

**黃虞稷《千頃堂書目・經解類》** 熊明遇《五經約》。

## 峚陽草堂說書

**《四庫提要・五經總義類存目》** 《峚陽草堂說書》七卷。浙江巡撫採進本。明鄭鄤撰。鄤號峚陽，武進人。天啓壬戌進士，改庶吉士。崇禎中爲溫體仁所搆，誣以杖母不孝，磔於市。是編首爲《中庸說》一卷，次《大學意》一卷。以《中庸》冠《大學》前者，其說謂「《中庸》以『明德』終，《大學》以『明德』始，《大學》實繼《中庸》而作也」。《論語詠》一仿宋張九成之例，以絕句代箋疏。次《孟子略述》，隨意標舉而說之，故曰「略」焉。四書皆崇禎十二年詔獄中作，以授其子珏者。次《詩書論世》三卷，則雜論《詩》、《書》二經。大抵皆明末狂禪，提唱心學，無當於聖賢之本旨。

## 五經宗義

**黃虞稷《千頃堂書目・經解類》** 楊惟休《五經宗義》二十卷。

## 三經澤

**黃虞稷《千頃堂書目・經解類》** 堵惟常《三經澤》。無錫人，子胤錫輯。

## 四書十一經通考

黃虞稷《千頃堂書目・經解類》　顔夢麟《四書十一經通考》二十卷。

## 五經四書大全注疏合編

黃虞稷《千頃堂書目・經解類》　劉同升《五經四書大全注疏合編》。

## 九經考異

徐𤊹《徐氏家藏書目・經解類》　《九經考異》十卷。周應賓。

黃虞稷《千頃堂書目・經解類》　周應賓《九經考異》十二卷，又《逸語》一卷。鄞縣人，禮部尚書。

## 經史全書

徐𤊹《徐氏家藏書目・經解類》　邵文莊《經史全書》十六卷。邵寶著，曹荃刻。

## 五經簡端録

徐𤊹《徐氏家藏書目・經解類》　邵二泉《五經簡端錄》十二卷。門生王宗元編次。

黃虞稷《千頃堂書目・經解類》　邵寶《簡端錄》十二卷。一名曰《格子》。嘉靖四年巡撫應天都御史吳廷舉上終養南京禮部尚書邵寶所著《簡端錄》、《學史》二書，以資啓沃，詔下所司。

《四庫提要・五經總義類》　《簡端錄》十二卷。江蘇巡撫採進本。明邵寶撰。寶有《左觿》，已著錄。是編皆其讀書有得即題釋簡端，積久漸多，其門人天台王宗元鈔合成帙，因以「簡端」爲名。凡《易》三卷，《書》二卷，《春秋》三卷，《禮記》一卷，《大學》、《中庸》合一卷，《論語》、《孟子》（合）［各］一卷。前有寶《自序》，又有雍正壬子華希閔重刊序。稱「格物」一義，頓悟者方欲掃除一切。先生則曰：「『格物』猶言窮理也，理即物之所以爲物也。不曰窮理而曰物者，要之於其實也」云云。蓋時方趨向良知，以爲聖人祕鑰，儒者日就玄虛，寶所學獨篤實不支，故其言如此。全書大旨，不外於斯。雖步步趨趨，尚未爲沈酣經窟。然馬、鄭、孔、賈之學，至明殆絶。研思古義者，二百七十年內，稀若晨星。迨其中葉，狂禪瀾倒，異說飈騰，乃併宋儒義理之學亦失其本旨。寶所劄記，雖皆寥寥數言，而大旨要歸於醇正。亟錄存之，亦不得已而思其次也。

## 朱子經說

黃虞稷《千頃堂書目・經解類》　陳龍正《朱子經說》。

## 五經集思通

黃虞稷《千頃堂書目・經解類》　朱道行《五經集思通》□卷。字鼎枝，一字蹇脩，海寧人。萬曆乙卯舉人，高安令。

## 六經三註粹鈔

黃虞稷《千頃堂書目・經解類》　許順義《六經三注粹鈔》。晉江人。

**《四庫提要・五經總義類存目》** 《六經三註粹鈔》。無卷數。浙江巡撫採進本。明許順義撰。順義字如齋，晉江人。是書前後無序跋，不知何時所作。驗其版式，蓋萬曆以後之坊本。其書以《易》、《詩》、《書》、《春秋》、《禮記》、《周禮》爲六經，名既杜撰，又經文多所刪節，其註亦割裂餖飣。所謂三註者，亦不知三家爲誰，殆書賈射利所刊也。

## 九經考異

**《四庫提要・五經總義類存目》** 《九經考異》十二卷，附《九經逸語》一卷。兩淮馬裕家藏本。明周應賓撰。應賓，鄞縣人。萬曆癸未進士，官至禮部尚書。是編考證《九經》之異文。《九經》者，以《五經》、《四書》合而爲九，非古所謂「九經」。又以《四書》居《五經》前，益非古矣。其書以陳士元《五經異文》爲藍本，稍拓充之，而舛漏彌甚。如《書》「浮于江沱潛漢」下云「陸一作『潛于漢』」，今《釋文》竝無此文。又如《詩》「有渰萋萋」，知引《韓詩》作「有弇」，而不引《呂氏春秋》之「有晻」。「興雨祁祁」，知引《韓詩》之「興雲」，而不知《呂氏春秋》亦作「雲」。如斯之類，尤失之目睫之前也。

## 五經同異

**黃虞稷《千頃堂書目・經解類》** 包萬有《五經同異》二百卷。

## 五經總類

**黃虞稷《千頃堂書目・經解類》** 張雲鸞《五經總類》四十卷。無錫人。

## 十三經類語

**黃虞稷《千頃堂書目・經解類》** 羅萬藻《十三經類語》十二卷。主事。

## 五經纂要

**黃虞稷《千頃堂書目・經解類》** 熊釗《五經纂要》。

## 五經四書要義

**黃虞稷《千頃堂書目・經解類》** 蕭岐《五經四書要義》。字尚仁，泰和人。洪武中舉賢良，入京陳十事，授長史。辭歸。改平涼府學教授。

## 五經講義

**黃虞稷《千頃堂書目・經解類》** 徐原《五經講義》。字均善，蘭溪人，洪武中以賢良徵爲翰林院待詔。

## 邵氏經學二書

**吳壽暘《拜經樓藏書題跋記》** 《邵氏經學二書》。明邵弁著《詩序解頤》、《春秋通議略》，舊鈔合爲一本。先君子有跋，見《愚谷文存》中。議，《經義考》作義。先君子云：「考宋胡安國有《春秋通義》，朱氏或偶誤記耳。邵氏書明諸家著錄俱作議。」

## 經　髓

《四庫提要・五經總義類存目》　《經髓》七卷。兩淮鹽政採進本。明陳世濬撰。世濬字學元，閩縣人。其書成於崇禎己卯。前有《自序》，稱題於九龍學署。按清流縣有九龍灘，或即是縣之學官歟？《五經》各爲一卷，益以《周禮》一卷。皆摘録經文之可入制藝者，略爲詮釋。末爲《孫子》一卷，蓋併以備對策之用，而與聖籍同名曰「經髓」，不倫尤甚也。

## 講　編

黄虞稷《千頃堂書目・春秋類》　倪元璐《講編》二卷。

## 五經圭約

《四庫提要・五經總義類存目》　《五經圭約》。無卷數。浙江巡撫採進本。明蔣鳴玉撰。鳴玉字楚珍，號中完，金壇人。崇禎丁丑進士，官台州府推官。鳴玉於《四書》、《五經》皆有講義。解《四書》者名《舌存》，今未見。解《五經》者名《圭約》，言如土圭之測日影，以至約而賅至廣也。其初每經皆分《總論》、《別論》、《緒論》三編。康熙九年，其子編修超校正付梓，以分析瑣屑，難以檢閲，乃循經文次第，合三編而一之，仍分標《總論》、《別論》、《緒論》之名，以存其舊。王崇簡、魏裔介各爲之序。其書皆採用舊文而不著前人之姓名。超所述《凡例》，稱鳴玉食貧之時，借書鈔撮，故不及詳載書名，理或然耳。其説《易》，先義理而後象數。《書》則多本《註》、《疏》。詩多宗《小序》，與朱《傳》時有異同。《春秋》兼取《三傳》，不主胡安國刻深之説。《禮》惟闡發文義，於考證頗疎。附以《周禮》、《儀禮》二論亦皆推測之談。蓋於明季經解之中，猶不失爲平近易究者，而精深則未之能也。

## 經史通譜

徐𤊹《徐氏家藏書目・經解類》　《經史通譜》二卷。潘高。

## 六藝綱目

錢謙益等《絳雲樓書目・經總類》　《六藝綱目》一册。

倪燦等《補遼金元藝文志・經解類》　《六藝綱目》。

## 六藝總説

錢謙益等《絳雲樓書目・小學類》　《六藝總説》一册。

## 九經總例

錢謙益等《絳雲樓書目・小學類》　《九經總例》。

## 九經三傳總例

錢謙益等《絳雲樓書目・小學類》　《九經三傳總例》一册。

## 五經翼

**《四庫提要・五經總義類存目》**　《五經翼》二十卷。原任工部侍郎李友棠家藏本。國朝孫承澤撰。承澤有《尚書集解》，已著録。是編雜取前人諸經序跋、論説，以類相次，得《易》四卷，《書》二卷，《詩》四卷，《春秋》六卷，《禮記》二卷。餘杭嚴沆，益以承澤所著《周禮舉要》二卷，共爲一編刊之。其書採摭未備，不及朱彝尊《經義考》之淹洽。至《周禮舉要》備舉五《官》大義，亦頗有所發明。然議論多而考證少，亦異於先儒專門之學。王士禎《池北偶談》記康熙辛亥與承澤論經學，承澤自言《五經翼》是十五年前所撰，不過集説經緒論耳，無當經學也。是承澤亦有自知之明矣。

## 十二經傳習録

**黄虞稷《千頃堂書目・經解類》**　黄喬棟《十二盧校無二字。經傳習録》。字以藩，晉江人。以父光昇任爲雲南臨安知府，尊父甚孝，棄官歸養。

## 九經誤字

**《四庫提要・五經總義類》**　《九經誤字》一卷。内府藏本。國朝顧炎武撰。炎武有《左傳杜解補正》，已著録。是書以明國子監所刊諸經字多譌脱，而坊刻之誤又甚於監本。乃考石經及諸舊刻作爲此書。其中所摘監本、坊本之誤，諸經尚不過一二字，惟《儀禮》脱誤比諸經尤甚。如《士昏禮》「視諸衿鞶」下，脱「壻授綏。姆辭曰：未教，不足與爲禮也」十四字。《鄉射禮》「各以其物獲」下，脱「士鹿中翿旌以獲」七字。《燕禮》「享于門外東方」下，脱「其牲狗也」四字。《特牲饋食禮》「長皆答拜」下，脱「舉觶者祭，卒觶，拜，長皆答拜」十一字。《少牢饋食禮》「振之三」下，脱「以授尸，坐。取簞，興」七字。其一兩字之脱，尚有二十處，皆賴炎武此書校明，今本得以補正，則於典籍不爲無功矣。惟所引石經「子朝奔郊」四字，字體與唐不類。考《左傳・昭公二十二年》「王師軍于京楚，辛丑伐京」，註云：「京楚，子朝所在。」又《昭公二十三年》「壬子朝入于尹」，註云：「自京入尹氏之邑。」則子朝無奔郊之事，此四字爲王堯惠等妄加明矣。炎武亦復採之，未免泥古之過。然不以一眚掩也。

**張之洞《書目答問・列朝經注經説經本考證》**　《九經誤字》一卷。顧炎武。《亭林遺書》本。《指海》本。借月山房本。錢大昕《經典文字考異》三卷，未刊。

## 經問　經問補

**《四庫提要・五經總義類》**　《經問》十八卷，《經問補》三卷。浙江巡撫採進本。國朝毛奇齡説經之詞，其門人録之成編。皆一問一答，故題曰「經問」。其後三卷，則其子遠宗所補録也。其中如論褚師聲子不解韤；論肅容、肅揖、肅拜三者之分；論婦人不稱斂衽；論稽首、頓首之誤用；論杜預註丘甲之非；論《儀禮》出二戴，《禮記》不出二戴；論甘盤不遯於荒野；論姓分爲氏，氏分爲族；論以字爲氏，不必定用王父；論兄弟不相爲後，破汪琬以弟後兄之説；以《史記・諸侯年表》正《趙世家》記屠岸賈之譌；謂衛宣公無烝夷姜事；謂《孟子》記齊、楚伐宋時，宋猶未滅滕；謂春秋桓公多闕文；論公行子有子之喪；論微子、微仲；論鄭康成誤註勦説爲雷同；論孔子非攝相；論孔子適周非昭公二十四年；論畏厭溺；論魯鼓、薛鼓非無詞；論媒氏禁遷葬嫁殤；論子文三仕三已；論束牲載書：皆證佐分明，可稱精核。至其中所排斥者，如錢丙、蔡氏之類，多隱其名，而指名而攻者，惟顧炎武、閻若璩、胡渭三人，以三人皆博學重望，足以攻擊，而餘子則不足齒録，其傲睨可云已甚。李塨《序目》稱「仁和汪祭酒嘗答人書，謂西河説經，終不見有絀理。似乎鄭康成、杜預、孔穎達、賈公彦輩皆有贏有絀，而西河隨問隨答，無是焉。其推挹甚至」。而其以辨才求勝，務取給一時，不肯平心以度理，亦於是見之，可謂皮裏陽秋矣。然以馬、鄭之淹通，濟以蘇、張之口舌，實足使老師宿儒變色失步，固不可謂非豪傑之士也。

**張之洞《書目答問・列朝經注經説經本考證》**　《經問》十八卷。《經問補》三卷。毛奇齡，西河集本。

## 經義考

**張之洞《書目答問・列朝經注經説經本考證第二》**　《經義考》三百卷。朱彝尊。揚州馬氏刻本。重刻通行本。

## 御纂七經

**張之洞《書目答問・正經正注》**　《御纂七經》。殿本。杭州局本。武昌局本。成都書院本不精。目列後，此當敬遵，與正注同。

## 七經同異考

**《四庫提要・五經總義類存目》**　《七經同異考》三十四卷。江蘇巡撫採進本。國朝周象明撰。象明字懸著，太倉人。康熙壬子舉人。是編凡《易》四卷，《書》五卷，《詩》六卷，《春秋》六卷，《三禮》十三卷，皆裒集舊說，亦間附以己意，略爲折衷。然採摭之功多而考證之功少，其體例略近黃震《日鈔》、章如愚《山堂考索》也。

## 稽古訂譌

**《四庫提要・五經總義類存目》**　《稽古訂譌》。無卷數，江蘇巡撫採進本。



國朝龔廷歷撰。廷歷字玉成，書中稱震西氏者，其別號也。武進人。順治壬辰進士，嘗任湖南推官。其官於何府，則不可考矣。是編首摘《周禮》鄭《註》之可疑及後人引用誤解《周禮》之文者，次解釋《儀禮》，次論朱子《孝經刊誤》之失，及諸家解經之謬。其論《周禮》，謂祀昊天于南郊，服裘固宜；祀黄帝于季夏，盛暑之月，豈亦服裘？此論足破宋儒等加葛于裘之議。又《五服九服辨》謂禹之五服各五百里，自其一面數之。此說雖本羅泌《五服圖》，而辨析較暢。至以《周官》之制，冢宰統膳夫、饔人及宿衛之士，後世不宜分屬他職。是則不知時世異宜，未免泥古太甚。又謂唐之門下省乃《周官》宮伯、宮正之遺，宋之閤門使、內侍省亦掌宿衛。不知唐之門下省專掌覆奏書制，宋之閤門使專掌宣贊，內侍省專掌承應奉御之事，竝非宿衛也。至其《儀禮》各條，皆鈔撮《註》、《疏》，無所辨正闡發。惟《士冠禮》「北面見于母，母拜受」引孔氏《正義》，謂母拜其酒脯，重尊者處來，非拜子也，差可存備一解耳。至《孝經》專駁朱子《刊誤》之非，所爭不過字句之末，抑又細矣。勘其標題體例，似乎此本所存，僅辨論此三經之語，全書尚不止此。今無別本相校，故以所存者著於錄焉。

## 墨菴經學

**《四庫提要・五經總義類存目》**　《墨菴經學》。無卷數，浙江巡撫採進本。國朝沈起撰。起字仲方，秀水人。前明諸生，後爲沙門。此編皆其所著經說，凡五種：一曰《大易測》，分《圖象疏義》、《字畫訂譌》二篇。二曰《春秋經傳》，分《經引》、《傳引》十六篇。三曰《詩說》，凡四十五則。皆隨時有所得，劄而記之者。四曰《詩匡偶存》。起嘗著有《詩匡》一書，因爲人借去遺失，僅存十一則，故曰「偶存」。五曰《四書慎思錄》，皆雜論《四書》之語。其中亦間有新意，而寥寥數條，不能大有所發明也。

# 五經辨譌

**《四庫提要・五經總義類存目》**　《五經辨譌》五卷。浙江巡撫採進本。

國朝呂治平撰。治平號愚菴，海寧人。順治中歲貢生。官德清縣教諭。是編考論《五經》疑義，皆就坊本講章辨駁語意之是非。

# 經　說

**《四庫提要・五經總義類存目》**　《經説》一卷。副都御史黃登賢家藏本。

國朝冉覲祖撰。覲祖有《易經詳説》，已著録。是編或録其序，或偶論一二條，似乎偶鈔成冊，以質正於人，非勒爲定本者也。覲祖以講學自命，惡漢、唐諸儒如讎。故是編宗旨，皆深以研求註疏爲戒。門戶之見既深，是不可以口舌爭矣。

# 勉庵説經

**《四庫提要・五經總義類存目》**　《勉庵説經》十卷。直隸總督採進本。

國朝齊祖望撰。祖望字望子，號勉庵，廣平人。康熙庚戌進士，官至南安府知府。是書凡《讀易辨疑》三卷，《尚書一得録》一卷，《詩序參朱》一卷，《説禮正誤》三卷，《春秋四傳偶筆》一卷，《續筆》一卷。大概《易》則辨程、朱之誤，《書》則正蔡氏之譌，《詩》多遵《小序》而攻朱注，《禮》則正陳氏之失，《春秋》則糾駁胡《傳》，而《左氏》、《公》、《穀》亦互有是非。然率以臆斷，不能根據古義，元元本本，以正宋儒之失也。

# 十三經義疑

**《四庫提要・五經總義類》**　《十三經義疑》十二卷。江蘇巡撫採進本。

國朝吳浩撰。浩字養齋，華亭人。是書取諸經箋註，標其疑義，考訂之力頗勤。如季本《讀禮疑圖》以萬人爲一軍，浩襲其説。於《詩》「公車千乘，公徒三萬」不主鄭《箋》舉成數之解，而引《司馬法》「又以一乘總三十人」定千乘當三萬人，而疑賈《疏》附會此法爲畿内之制。今考《大司馬》「萬有二千五百人爲軍」，《小司徒》「五人爲伍，五伍爲兩，四兩爲卒，五卒爲旅，五旅爲師，五師爲軍」，天子諸侯同制。《小司徒疏》謂《司馬法》「成百井，三百家，革車一乘，士十人，徒二十人」，至「同方百里，萬井，三萬家，革車百乘，士千人，徒二千人」，乃天子畿内采地法。又《司馬法》「甲士三人，步卒七十二人」，乃是畿外邦國法。此周之定制也。《齊語》：「管子制國，五家爲軌，故五人爲伍。十軌爲里，故五十人爲小戎。四里爲連，故二百人爲卒。十連爲鄉，故二千人爲旅。五鄉爲師，故萬人爲軍。」韋昭註：「萬人爲軍，齊制也。周則萬二千五百人爲軍。」此春秋列國之變制也。僖公之《頌》正當齊桓之時，或其時即用齊法，亦未可知。浩據以疑《周禮》則非也。浩又於《儀禮・聘禮》引崔靈恩之説，謂諸侯三卿，司徒兼冢宰，司馬兼宗伯，司空兼司寇。諸侯雖正卿，猶不敢稱大。《史記》謂魯以孔子爲大司寇，若然，豈魯有六卿如天子耶？宋二王之後，故有大司馬。楚之有大司馬也，因僭稱王耳。今考《管子・王言篇》「寧戚藝粟盡地利，立爲大司徒，王子城父爲大司馬」，則春秋時諸侯正卿明稱大，而稱大司馬者又不止宋、楚矣。又《左氏傳》曰「向爲人爲大司寇」，則宋稱大者又不特司馬矣。魯司寇爲司空兼官，本非正卿，或止得稱司寇，而概謂諸侯正卿皆不得稱大，則亦弗之考也。又《周禮》「乃立春官宗伯」，鄭註引「夏父弗忌爲宗人」。浩謂《春秋内外傳》俱作「我爲宗伯」，宗人雖亦掌禮之官，但位卑權輕，焉能擅爲逆祀？今考宗人之名，通於上下。《左傳・哀公二十四年》：「使宗人釁夏獻其立夫人之禮。對曰：無之。公怒曰：汝爲宗司。」尊之曰「宗司」，是非卑位矣。又《文王世子》：「公族其在宗廟之中，則如外朝之位。宗人授事，以爵以官。」註：「宗人掌禮及宗廟。」與鄭氏《周禮·大宗伯註》「宗官典國之禮與其祭祀」合。又《大戴禮·諸侯遷廟》「齊，祝、宗人及從者皆齊，宗人擯」，與《周禮·大宗伯》職掌王之儐相合。鄭註宗伯爲宗人，蓋即據此。此天子、諸侯之宗人也。《魯語》：「公父文伯之母欲室文伯，饗其宗老。」韋昭註：「宗，宗人。」《晉語》：「范文子謂其宗祝。」韋昭註亦曰：「宗，宗人。」此卿大夫之宗人也。浩以宗人爲位卑權輕，是以卿大夫之宗人與天子、諸侯之宗人合爲一也。考核頗疏。其他如釋《左傳》「得祏於槖中」，謂大夫士亦有主，與蔡謨之説合。而引《説文》「大夫以石爲主」，則出前儒所引之外。釋《爾雅》：「昏，強也」，謂「昏」當作「昬」。《書》「不昬作勞」，「昬」音「閔」，與「暋」同，強也。又《爾雅》：「夏曰復胙。」郭註：「未見所出。」浩引《穀梁》楊《疏》云：「復胙者，復前日之禮。」《有司徹》賈《疏》云：「復胙者，復昨日之胙祭。」則均可補郭註，其説亦頗有可採者，蓋於註疏之學雖未能貫通融會，而研究考證，具有根柢。視剽刹語錄，枵腹談經，徒以大言臆斷者，則勝之遠矣。

## 經義雜記

**張之洞《書目答問·列朝經注經説經本考證》** 《經義雜記》二十卷，《叙錄》一卷。臧琳。家刻本，學海堂本。

## 此木軒經説彙編

**《四庫提要·五經總義類存目》** 《此木軒經説彙編》六卷。江蘇巡撫採進本。國朝焦袁熹撰。袁熹有《春秋闕如編》，已著錄。是編乃袁熹讀諸經註疏，間爲標識，其門人掇拾成編。凡《易》、《書》、《詩》、《三禮》、三《傳》、《爾雅》十經，而《書》僅三十四條，《周禮》僅十六條，《儀禮》僅一條，《公羊傳》僅九條，《穀梁傳》僅七條，皆殊寥寥，實止五經而已。其説《易》主義理，惟末列《説卦傳》諸條，推言卦象。然其門人《編輯凡例》，以爲雜鈔諸書，非所自撰。説《詩》力排《小序》，而兼主叶韻，説《禮記》不考禮制，惟推言禮意。説《左傳》差詳，末附評語。如「虢叔死焉」句下註「怕人」二字，「王曰無之」句下註「如何瞞得」四字之類，蓋從其讀本鈔出。《爾雅》頗有考證，如「嫁」之訓往，引《列子》「將嫁于衛」句爲證；「孟」之訓進，引班固《幽通賦》「盇孟晉以迨羣」句爲證：則皆郭璞、鄭樵所未及也。大抵袁熹究心註疏，時有所觸，隨筆記錄，本非有意著書，故其説往往泛及雜事。如因《左傳》懿氏之卜有「鳳皇」字，《疏》引《山海經》「首文曰德，翼文曰順」之語，遂譏崇禎甲戌進士文德翼之名爲割截；因季友酖叔牙，遂議石崇以鴆鳥與王愷養之，爲晉政不綱；因長狄鄋瞞，遂論其國女子亦必長大，乃能配合生子，否則八尺之婦，不可配三丈之男；因公子宋嘗黿染指，遂記康熙中吳門進士顧三典因食一黿，暴下不止，遂殞其命：皆偶然筆記，非以談經。其門人過尊師説，一一錄而編之，遂爲後人口實。觀其於《木瓜》一詩，前後兩解，但註前後不同，不敢刪一存一。《狡童》一詩，説《詩》則以刺忽爲非，説《左傳》又以刺忽爲是，亦不訂正。又論齊桓九合兵車之會，原稿譌「兵」爲「丘」，此無庸擬議，而亦云「丘車」當作「兵車」，但原稿作「丘」，不敢擅改。推信過甚，至有此失，反爲其師之累。殆亦非袁熹意矣。末附《讀朱子語類》一卷，列之經説，殊爲不類，尤見編錄之無體例也。

## 九經辨字瀆蒙

**《四庫提要·五經總義類》** 《九經辨字瀆蒙》十二卷。浙江巡撫採進本。國朝沈炳震撰。炳震，歸安人。是書校正《九經》文字。第一卷爲《經典重文》，如翩翩、坎坎之類。第二卷爲《經無重文》，如褫字、豶字之類。第三卷爲《經典傳譌》。如《文言傳》「重剛而不中」，「重」字《本義》疑衍；《象傳》「履霜堅冰」，《魏志》作「初六履霜」之類。第四卷、第五卷爲《經典傳異》。以註疏本列於上，以石經不同者列於下。其諸書援引異文，亦併附著。第六卷爲《經典通借》。如「君子以順德」，「順」王肅本作「愼」；「磐桓，利居貞」，「磐」《釋文》「一本作盤」之類。第七卷、第八卷、第九卷爲《先儒異讀》。如《易》「大人造也」，「造」劉歆引作「聚」；「君子體仁」，「仁」董遇本作「信」之類。第十卷爲《同音易義》。如「彖」本訓豕走，而《易》之「彖」則訓爲斷；「毒」本訓害，而王弼註《師卦》「毒天下」訓爲役之類。然其音不改。第十一卷爲《易音易義》。如「元亨」之「亨」，在「王用亨于岐山」，則讀「饗」。「乾坤」之「乾」，在《噬嗑》「乾胏」則讀「干」之類。併其音而改之矣。併附以《異字同義》。如《易》之「鼫鼠」，即《詩》之「碩鼠」。《易》之「臲卼」，即《書》之「杌桯」之類。第十二卷則《註解傳述人》也。其排比鉤稽，頗爲細密，可以因文字之異同，究訓詁之得失，於經學頗爲有裨。惟末卷《註解傳述人》，全錄陸德明《釋文》所載，無所考證，苟盈篇帙，殊無可取。駢拇枝指，姑置而不論可矣。

## 冬餘經說

**《四庫提要・五經總義類存目》** 《冬餘經說》十二卷。編修邵晉涵家藏本。國朝邵向榮撰。向榮字東葵，餘姚人。康熙壬辰會試中式舉人，官鎭海縣教諭。此書雜釋諸經，凡《易說》二卷，《書說》一卷，《詩說》二卷，《春秋說》二卷，《周禮說》一卷，《儀禮說》一卷，《禮記說》一卷，《論語說》一卷，《孟子說》一卷，多引先儒成說，而辨其同異。如謂孔穎達兼領《五經正義》，然諸經分手編纂，穎達未嘗統覈。《詩般正義》引鄭註「九河周時齊桓公塞之，同爲一」，稱：「鄭氏云齊桓公塞爲一者，不知所出何書。」又《禹貢正義》亦引鄭註而釋之曰：「《春秋緯寶乾圖》云：移河爲界，在齊呂塡閼八流以自廣。鄭氏據此文爲齊桓公塞之。」是撰《詩正義》者不知有《書正義》也。《左氏・哀十七年傳》衛侯繇辭云：「如魚竀尾，衡流而方羊裔焉。」《正義》謂「裔焉」爲語助之辭，不當以「方羊」斷句。《詩汝墳正義》又引《左傳》「如魚頳尾，衡流而彷徉」，以鄭衆註爲證。是撰《左傳正義》者不知有《詩正義》也。其言頗切中歷代官書雜出衆手之病。其書則猶未完之稿，其子孫以簡端標識雜鈔而成也。

## 三傳三禮字疑

**《四庫提要・五經總義類存目》** 《三傳三禮字疑》六卷。附《春秋大全字疑》一卷，《禮記大全字疑》一卷。江蘇巡撫採進本。國朝吳浩撰。浩有《十三經疑義》，已著錄。是編因《十三經註疏》，明王鏊《震澤長語》稱其時惟汀州版存。今汀州版不概見，世所行者惟明萬曆中北監版及毛晉汲古閣版，均有譌誤。而明代諸儒，註疏皆庋閣不觀，三《傳》、《三禮》尤幾成絕學，其版更乖舛不可讀。浩因取監本、毛本校其字畫之譌謬，集錄成編。凡三《傳》三卷、《三禮》三卷。大抵推尋文句，未能有所考證。亦未能博徵互勘，以定是非。後附《春秋大全》、《禮記大全》各一卷。二書爲胡廣陋本，何足訂正？且坊本歧出，校此一本之誤，而他本之誤又不相同，欲盡校之，是畢世莫殫之功也。尤敝精神於無用之地矣。

## 經史辨疑

**《四庫提要・五經總義類存目》** 《經史辨疑》一卷。兩江總督採進本。國朝朱董祥撰。董祥有《讀禮記略》，已著錄。是書前有目次，載辨經者三十二條，辨史者二十三條，當爲五十五條。此本僅五十一條，蓋經、史各闕二條。其中辨繼父同居一條，徐乾學《讀禮通考》嘗採用之。然全書好爲新說，未見根據。如謂：「《喪服》『大功』章曰『爲人後者降其昆弟』，則知伯叔父母不降，『小功』章曰『爲人後者降其姊妹適人者』，則知姑不降也。凡人無子以嫡兄弟之子爲後，本生父母降爲伯叔父母期，本生兄弟姊妹降爲伯叔兄弟姊妹服大功，禮也。第伯叔父、諸姑則仍嫡也，曷爲而概降之哉？《家禮》，大功概及伯叔父母，小功及姑適人，於禮未當。」今考「斬衰三年」章曰：「何如而可爲之後，同宗則可爲之後。」疏曰：「同宗謂同承別子一宗之內。」是雖族遠而宗同者亦得爲後，本篇自有明文。董祥獨據嫡兄弟之子何也？至於經云：「爲人後者降其昆弟，不及世叔父母。降其姊妹適人者，不及姑。」猶「齊衰不杖期」章但載世叔父母不及姑，而鄭註則云爲姑在室亦如之。但載昆弟不及姊妹，而鄭註則云爲姊妹在室亦如之。但載爲衆子不及女子子，而鄭註則云女子子在室亦如之。又焉得謂經文偶省，即本未嘗有此服哉？至小功降服并及姑適人，始於《開元禮》，而董祥歸之《家禮》，尤誤。董祥又謂：「《喪服小記》曰『妾母不世祭』，蓋言祀妾之禮當殺耳。《小記》本文曰：『妾無妾祖姑者，易牲而祔于女君。』禮，有牲曰祭，無牲曰薦。易牲則不用牲矣，不用牲則謂之薦，不謂之祭。豈絶之而不祀耶？註家以爲子祭、孫不祭，非也。不世祭者，非惟孫不爲祭，即子亦不得爲祭。」據董祥此說，即《小記》「世」字內兼統子孫言，世世俱得薦，特不得祭耳。但考《雜記》曰：「主妾之喪，則自祔至于練祥，皆使其子主之，其殯祭不于正室。」是妾之子祭其母，明曰祭不曰薦，則何妾不得祭之有乎？又《隱五年》：「考仲子之宮。」《穀梁傳》曰：「禮，爲其母築宮，使公子主其祭。」註曰：「公子者，長子之弟及妾之子。」是公子祀妾母，禮得稱祭之顯證也。而董祥謂不得祭，尤爲不根。又《禮》凡言易牲，非謂不得用牲也。《小記》曰：「士祔于大夫則易牲。」註曰：「不敢以卑牲祭尊也。大夫少牢。」據此，則是易士之牲，用大夫之牲。義主隆，不主殺。故《小記》又曰：「妾無妾祖姑者，易牲而祔于女君可也。」註：「易牲而祔則凡妾下女君一等，是方易妾之牲，用女君之牲。」而董祥反以易牲爲不用牲，誤矣。又《小記疏》曰：「妾與女君牲牢無文。旣云易牲，故註云下女君一等。若女君少牢，妾則特牲；若女君特牲，妾則特豚。」據此，則妾得有牲可知，而董祥謂妾不得有牲，總由誤會經文「易牲」二字耳。其他若以郊爲天地合祭，中月而禫爲二十五月，三代不改時，亦不改月，太襲前人已廢之說。至謂置閏當在四季之月及解《螽斯》「揖揖」爲「拱揖」之「揖」，則又杜撰顯然者也。

## 心園說　續說

**《四庫提要・五經總義類存目》**

《心園說》二卷。浙江巡撫採進本。國朝郭兆奎撰。兆奎有《書經知新》，已著録。是書於《四書》及《易》、《書》、《春秋》諸經，各摘舉而詮釋之，然淺近特甚。如「子在齊聞韶」，謂「須知夫子之聞不是季札觀樂」；「柳下惠不以三公易其介」，謂「此章獨舉惠之和以明其介」；皆里塾訓蒙之語，別無創獲。又釋《尚書》「敬授人時」，多論西洋推測之法爲臆造，且議其所載《月令》僅取「東風解凍」一條，而於迎春祈穀之大，覆巢殺胎之禁，一切不載云云。不知取《月令》之文分爲七十二候，自《逸周書》已然，竝非始自歐邏巴人也。

## 羣經補義

**《四庫提要・五經總義類》**

《羣經補義》五卷。安徽巡撫採進本。國朝江永撰。永有《周禮疑義舉要》，已著録。是書取《易》、《書》、《詩》、《春秋》、《儀禮》、《禮記》、《中庸》、《論語》、《孟子》九經，隨筆詮釋，末附雜說，多能補註疏所未及。惟有過矯鄭義者。如《禮記補義》云：「主常在室，朝事雖延尸出戶而主不動。故云：『詔祝于室，坐尸于堂。』堂上有尸無主也。《大司樂職》云：『尸出入則令奏《肆夏》。』而《司巫》無奉主出入之文也。」今考《郊特牲註》曰：「朝事延尸于戶西，南面。布主席，東面。取牲膟膋燎于爐炭，洗肝于鬱鬯而燔之。入以詔神于室，又出以墮于主。主人親制其肝，所謂制祭也。時尸薦以籩豆，至薦孰，乃更延主于室之奧。尸來升席自北方坐于主北焉。」康成此註雖不見於經傳，必有根據。今永謂坐尸于堂，則堂上無主。不知下文云「直祭祝于主」謂薦孰時也。經亦但云「祝于主」不云「祝于尸」，豈亦得謂薦孰時尸不在室乎？蓋言室則統有主，言主則統有尸。經以互文見義，益以見尸主之不相離也。況《大司樂》「尸出入奏《肆夏》」，註謂出入廟中。如第據出入廟中，則《曾子問》曰「主出廟、入廟必蹕」，此不得以《司巫》不言主出入而遂不信《曾子問》也。《公羊傳》曰：「祫祭者毀廟之主陳于太祖，未毀廟之主皆升，合食于太祖。」周旅酬六尸，則毀廟有主而無尸。若朝踐之節，但有尸在堂，而主皆在室，則毀廟之主不得與於朝踐之禮矣。」《曲禮》曰：「措之廟，立之主。曰帝主，所以識世系也。尸之所在，以主辨其昭穆，故尸與主不相離。」《白虎通》曰：「主所以依神也。」《淮南子》曰：「神之所依者尸也。」若主在室而尸在堂，則朝踐之節，神一依于在堂之尸，又一依乎在室之主，散而無統非所以明精專也。《論語補義》又謂：「魯禘行於秋嘗之時。周正之秋，實是夏月。故《明堂位》曰『季夏六月，禘周公于明堂』也。」今考《閔二年》：「夏五月，吉禘于莊公。」《禧八年》：「秋七月，禘于太廟。」《文二年》：「八月，大事于太廟。」《宣八年》：「夏六月，有事于太廟。」《昭十五年》：「二月，禘于武宮。」《定八年》：「冬，禘于僖公。」據此，則魯之禘祭，四時皆舉不得拘以嘗月也。《明堂位》曰：「季夏六月，以禘禮祀周公于明堂。」《雜記》：「孟獻子曰：『正月日至，可以有事于上帝。七月日至，可以有事于祖。』七月而禘，獻子爲之也。」稱七月日至乃夏至建午之月，則六月實建巳之月，於周正爲夏，不爲秋也。永既據《明堂位》六月爲禘月，而以六月爲周正之秋，則是以六月爲建未之月矣。同一魯也，記者於正月、七月稱日至則用周正，而于六月則又用夏正，恐無是理。永又引《祭統》「内祭則大嘗禘」書「禘」于「嘗」下，明大禘在嘗月。不知「禘」在「嘗」下，不過錯舉之詞。猶之《傳》曰「烝嘗禘於廟」，「嘗」在「烝」前而錯舉之，則曰「烝，嘗」也。然則經文「嘗」在「禘」上，原不謂禘在嘗月也。永又引《魯頌》「秋而載嘗，夏而楅衡，白牡騂剛」爲禘在嘗月之證。不知毛《傳》曰：「諸侯夏禘則不礿，秋祫則不嘗，惟天子兼之。」鄭《箋》曰：「秋嘗祭，于夏則養牲。」是毛、鄭皆不以此節爲禘祭也。今據《魯頌》爲禘嘗同月，尤爲未允。然其他條則多典確不磨。若《尚書補義》以西海爲青海，謂西海郡雖始立於王莽而《山海經》云「西海之南，流沙之濱」，則西海之名甚古，竝不始于莽也。《春秋補義》謂兄終弟及、宗廟昭穆之世，天子諸侯不得過四親，而昭穆之廟不必限以四。竝斥萬斯大所據明堂五室之説。又謂春秋之世兵農已分，引《管子》「制國二十一鄉：工商之鄉六，士鄉十五，公帥五鄉，國子、高子各帥五鄉。」是在當時，齊之三軍悉出近國都之十五鄉，而野鄙之農不與。《論語補義》謂先儒以麻冕用三十升，布八十縷爲升，三十升則二千四百縷。布一尺二寸，容一千二百縷，朱子已謂其極細，如今之細絹，豈更可倍爲二千四百縷？然則麻冕亦不過十五升。辨析尤爲精核。其他於《禹貢》之輿地，《春秋》之朔閏，皆考證賅洽，於《經》文、《註》義均有發明，固非空談者所及，亦非捃拾爲博者所及也。

**張之洞《書目答問・列朝經注經説經本考證》** 《羣經補義》五卷。江永。單行本，學海堂本。

## 經咫

**《四庫提要・五經總義類》** 《經咫》一卷。江蘇巡撫採進本。國朝陳祖范撰。祖范字亦韓，亦字見復，常熟人。雍正癸卯會試中式舉人，未及殿試。乾隆辛未薦舉經學，特賜國子監司業銜。是書皆其説經之文。名「經咫」者，用《國語》晉文公「咫聞」語也。祖范膺薦時，曾錄呈御覽。此其門人歸宣光等所刊。凡《易》七條，《書》十二條，《詩》七條，《春秋》十三條，《禮》六條，《論語》十三條，《中庸》二條，《孟子》十條，而以雜文之有關《禮》義者八篇列於《禮》後。其論《書》不取梅賾，論《詩》不廢《小序》，論《春秋》不取義例，論《禮》不以古制違人情，皆通達之論。原序稱「文不離乎六經、《四書》，説不參乎支離怪僻」。視蕭山毛奇齡之專攻前人，同一説經，而純駁顯然。今觀其書，如駁《公羊傳》「弟爲兄後」之説，而取其「母以子貴」之文；駁婚禮不告廟之非；《論語》「無所取材」主鄭康成桴材之説；謂寧武子不及仕衛文公；謂「瓜祭」非「必祭」及政逮大夫四世之類：取奇齡説者不一而足。惟《古文尚書》顯然立異耳。祖范學問篤實，必非剽取人書者。或奇齡之書，盛氣叫囂，肆行誹詆，爲祖范所不欲觀，故不知先有是説，偶然闇合耶？然如奇齡經説，以諸賢配享爲多事，而謂學宮祀文昌、魁星爲有理，則祖范終無是也。

**張之洞《書目答問・列朝經注經説經本考證》** 《經咫》一卷。陳祖范。家刻本。

## 九經圖

**嵇璜等《清通志・圖譜略・總經》** 楊魁植《九經圖》。謹按：是書以信州石刻《易》、《詩》、《書》、《禮記》、《周禮》、《春秋》六經圖，析《春秋三傳》爲三，而益以《儀禮》爲九經。

**《四庫提要·五經總義類存目》**　《九經圖》。無卷數。福建巡撫採進本。國朝楊魁植編。其子文源增訂。魁植字輝斗，文源字澤汪，長泰人。是書以信州學宮石刻《易》、《書》、《詩》、《禮記》、《周禮》、《春秋》六經圖，析《春秋三傳》爲三，而益以《儀禮》爲九經。其信州石刻原本殘脱者，則仍闕之。但其中如《易》既載《河圖》、《洛書》，又載《古河圖》、《洛書》，二圖一爲旋毛，一爲龜坼，據明以來之僞本，殊爲失考。末復載邵子《皇極經世》、司馬光《潛虛》、關朗《洞極》、揚雄《太玄》、《準易運》、《會歷數》等圖，皆《易》外支流，亦失之泛濫。《書》不載序而《詩》獨載序，例不畫一。所註地理皆沿石本之舊，如魯云今仙源縣，荆山云今襄州之類，時代未明。《春秋列國表》內增入孔子，亦非體例。《三禮》皆勦聶崇義、楊復諸圖，而《喪禮》及《行禮》諸圖又刪不載，蓋科舉對策之本，不足以資考據也。

## 經稗

**《四庫提要·五經總義類》**　《經稗》六卷。福建巡撫採進本。國朝鄭方坤撰。方坤字則厚，號荔鄉，建安人。雍正癸卯進士，官至兖州府知府。是編雜採前人説經之文，凡《易》、《書》、《詩》、《春秋》各一卷，《三禮》共一卷，《四書》共一卷。以多摭諸説部之中，故名曰「稗言」，猶正史之外別有稗官耳。漢代傳經，專門授受，自師承以外，罕肯旁徵，故治此經者，不通諸別經，即一經之中，此師之訓故，亦不通諸別師之訓故。專而不雜，故得精通。自鄭玄淹貫六藝，參互鈎稽，旁及緯書，亦多採摭，言考證之學者自是始。宋代諸儒，惟朱子窮究典籍，其餘研求經義者，大抵斷之以理，不甚觀書。故其時博學之徒，多從而探索舊文，網羅遺佚，舉古義以補其闕。於是漢儒考證之學，遂散見雜家筆記之內。宋洪邁、王應麟諸人，明楊慎、焦竑諸人，國朝顧炎武、閻若璩諸人，其尤著者也。夫窮經之要在於講明大義，得立教之精意，原不以搜求奇祕爲長，然有時名物訓詁之不明，事迹時地之不考，遂有憑臆空談、乖聖人之本旨者。諸人於漢學放失之餘，捃摭而存一綫，亦未始非餼羊之遺也。顧諸家無談經之專書，篇帙紛繁，頗難尋檢。方坤能薈稡衆説，部居州分，於考核之功深爲有裨，特録存之，亦朱子註《中庸》不廢沈括《夢溪筆談》之意也。

**張之洞《書目答問·列朝經注經説經本考證》**　《經稗》六卷。鄭方坤。

## 九經古義

**《四庫提要·五經總義類》**　《九經古義》十六卷。桂林府同知李文藻刊本。國朝惠棟撰。棟有《周易述》，已著録。是編所解，凡《周易》、《尚書》、《毛詩》、《周禮》、《儀禮》、《禮記》、《左傳》、《公羊》、《穀梁》、《論語》十經。其《左傳》六卷，後更名曰《補註》，刊版別行。故惟存其九。曰「古義」者，漢儒專門訓詁之學，得以考見於今者也。古者漆書竹簡，傳寫爲艱。師弟相傳，多由口授。往往同音異字，輾轉多岐。又六體孳生，形聲漸備。毫釐辨別，後世乃詳。古人字數無多，多相假借。沿流承襲遂開通用一門。談經者不考其源，每以近代之形聲究古書之義旨。穿鑿附會，多起於斯。故士生唐宋以後，而操管摛文，動作奇字，則生今反古，是曰亂常。至於讀古人之書，則當先通古人之字，庶明其文句而義理可以漸求。棟作是書，皆蒐採舊文，互相參證。其中愛博嗜奇，不能割愛者。如《易》之《需卦》，據《歸藏》作「溽」。於《象傳》飲食之義固符，於爻詞「需泥」、「需沙」則義不相協。《書》之「曰若稽古」，用鄭康成之義。實則訓古爲天，經典更無佐證。《儀禮·士昏禮》之「皇舅某子」，申註疏張子、李子之義，駁顧炎武之説。實則《春秋傳》所謂男婦辨姓，乃指婚姻，不指稱號。《禮記·檀弓》之「子夏喪明」，《漢冀州從事郭君碑》作「喪名」，實係假借之字，乃引《爾雅》「目上爲名」，謂名爲目珠，實則目珠不在眉目之間。《公羊·隱十一年傳》，蔡邕石經以「弑」爲「試」，引《白虎通》證之，已屬附會。又引《荀子·議兵》篇「威厲而不試，刑措而不用」句爲證，實則此「試」字又別一意，蔡邕所書，義不緣此。《成二年傳》「是土齊也」，自以何休註文爲正解，而引《周禮》、《司馬法》解「土」爲「杜」，實則盡東其畝，原非杜塞鄭國之交通。《論語》之「詠而歸」，據鄭康成、王充之說，以「歸」爲「饋」，實則風雩無饋祭之理。如斯之類，皆不免曲徇古人，失之拘執。又如據《周禮・牛人》謂「任器」字出於經文，不出子、史，駁宋祁《筆記》之誤，則體同說部，與經訓無關。引《荀子》、《墨子》證《學記》之「撞鐘」，引《荀子》證秦穆公之能變，引《墨子》證許止不嘗藥，引楊方《五經鉤沈》證《論語》生知。亦皆牽引旁文，無關訓詁，未免爲例不純。然自此數條以外，大抵元元本本，精核者多。較王應麟《詩考》、鄭氏《易註》諸書，有其過之無不及也。

**張之洞《書目答問・列朝經注經說經本考證》** 《九經古義》十六卷。惠棟。《貸園叢書》本，省吾堂本，學海堂本。馬應潮《九經古義註》未刊。

## 三經附義

**《四庫提要・五經總義類存目》** 《三經附義》六卷。浙江巡撫採進本。國朝李重華撰。重華字君實，號玉洲，吳江人。雍正庚戌進士，官翰林院編修。是編所說，凡《易經》二卷、《書經》二卷、《詩經》二卷。於《易》皆推求於反對、正對之間，中引閩本異文者十八條，惟《賁卦》「小利有攸往」一條、《中孚卦》「信及豚魚」一條、《既濟卦》「小亨」一條，重華不以爲然；餘皆從之。其所據，實皆郭京《周易舉正》之文，不知何以稱閩本。京書謁託王、韓，宋趙以夫、王應麟諸人皆排其謬。重華取之，亦好奇之過歟？又謂《繫辭》所釋十九爻，皆《文言傳》之文，王弼輩將經文參雜，遂遺入《繫辭傳》中，折中尚未歸正，古本不如是也。案王弼以前之古本，無可考矣。晁、呂以來之古本，一一可稽，竝無十九爻原在《文言傳》之本。惟元吳澄作《易纂言》，始以臆見移之。而重華以爲古本，誤之甚矣。其說《書》亦多臆斷。如謂《堯典》「象恭滔天」，當作「饕餮」，音聲相近，由伏生之女口授而譌。然《漢書・藝文志》稱秦燔書禁學，濟南伏生獨壁藏之，漢興亡佚，求得二十九篇，以教齊魯之間。《儒林傳》及王充《論衡》亦同。是伏生本自有書，獨遭亂亡失，百篇僅存二十有九。自衛宏定《古文尚書序》，以今文詰屈，始造爲伏生之女口授晁錯之說。其事本無根據，重華乃因此以改經，未爲至當。其於古文之僞，亦灼然能解，而又執後世文體，揣度經文。謂若無《舜典》之首二十八字，則「釐降」以下徑接「愼徽五典」，文勢究不和順，必須此段另起一頭，通篇始有綱領，則又騎牆之見。他如謂《竹書紀年》成王十一年命周平公治東都，沈約註平公即君陳，伯禽之弟。鄭康成以君陳爲周公之子，蓋據此。按《竹書》及約註皆屬僞本，固不必論。即姑以眞本論之，約註作於梁代，《竹書》出於晉太康中，康成惡得而據之耶？其說《詩》較二經爲詳，頗欲推求言外之意，勝於株守文句者，而亦每以好生新意失之。如《燕燕》篇謂：「戴嬀大歸，莊姜送之，恐其不終不愼，美之而實戒之。」又曰：「『先君之思，以勗寡人』，勗戴嬀也。而反言勗寡人，此立言之妙也。春秋時妾媵歸國，鮮克有終，懷嬴與焉。其明徵已」云云。案《史記・年表》，魯隱公之元年，當衛桓公之十三年。桓公以隱公四年見弑，在位已十七年。計其年雖至幼弱，已在二十以外，則戴嬀之年已在四十外矣。既非盛顏，諒不慮其改節。不合者一。且《春秋》妾媵見出而嫁者，惟齊桓蔡姬有明文。遽以爲無不鮮終，亦涉武斷。不合者二。懷嬴，秦穆公之女，晉懷公之嫡妃，實非妾媵。其備奉匜之數，乃在文公。不合者三。此豈非循文生義，不加深考之過乎？至於《晉風》名「唐」，亦猶邶、鄘之因舊地。而重華謂唐叔封唐，號仍其舊，其子孫雖有失德，而猶狎主夏盟，皆始封之遺澤。亦傷穿鑿。特以三經較之，則所得視《易》、《書》爲多耳。

## 觀象授時

**張之洞《書目答問・列朝經注經說經本考證》** 《觀象授時》十四卷。秦蕙田、方觀承。學海堂摘本。此《五禮通考》之一門，阮《經解》摘出，於學者亦便。

## 十三經註疏正字

**《四庫提要・五經總義類》** 《十三經註疏正字》八十一卷。浙江巡撫採進本。國朝沈廷芳撰。廷芳字椒園，仁和人。乾隆丙辰召試博學鴻詞，授翰林院編修。官至山東按察使。是編校正《十三經註疏》，以監本、重修監本、陸氏閩本、毛氏汲古閣本參互考證。而《音義釋文》則以徐氏通志堂本為準。凡《周易》三卷，《尚書》五卷，《詩》十四卷，《周禮》十卷，《儀禮》十一卷，《禮記》十五卷，《左傳》十卷，《公羊傳》四卷，《穀梁傳》二卷，《孝經》一卷，《論語》二卷，《孟子》一卷，《爾雅》三卷。考諸經《正義》，宋端拱、咸平、景德遞有校正，而版本久湮。明以來公私刊版，亦有據宋本刊正者，而所校往往不同。廷芳是書，每條標其本句，而疏其譌誤於下。其據某本改者，並顯出之。有未定者，則以疑存之。或有據某人說者，亦綴附焉。於形聲六體，尤所究詳。然籀改而篆，篆改而八分，而隸書，偏旁點畫，或因或革，不能限以許慎之所述。又經師口授，各據專門。《春秋》則三《傳》異文，《詩》則四家殊字，而假借通用，又復錯出於其間。故「曰若」、「越若」，《書》自不同；「桑葚」、「桑椹」，《詩》亦各體。此一經自不相同者也。《周禮》之「簭」，不可通乎《周易》之「筮」；《儀禮》之「庿」，不可通於《禮記》之「廟」。此諸經各不相謀者也。鄭康成之屢稱舊書，陸德明之多引別本，更不論矣。故是書所舉，或漏或拘，尚未能毫髮無憾，至於參稽衆本，考驗六書，訂刊版之舛譌，祛經生之疑似。《註疏》有功於聖經，此書更有功於《註疏》。較諸訓詁未明而自謂能窮理義者，固有虛談實際之分矣。

## 朱子五經語類

**《四庫提要·五經總義類》**　《朱子五經語類》八十卷。江蘇巡撫採進本。國朝程川編。川字鄘渠，號春曇，錢塘人。乾隆元年薦舉博學鴻詞。是書成於雍正乙巳，乃川肄業敷文書院時所刊。取《朱子語錄》之説五經者，州分部居，各以類從，以便參考。凡《易》四十卷，《書》九卷，《詩》七卷，《春秋》三卷，《禮》二十一卷。昔朱子之孫鑑，嘗緝文公《易說》二十三卷，又緝《詩傳遺說》六卷。國朝李光地又有《朱子禮纂》五卷。而《書》與《春秋》卒無專書。特諸家援引遺文，據以折衷衆說而已。且其間各以意為去取，不能盡睹其全。又不著為某氏某年所錄，亦無以考其異同先後之由。黎靖德所編《語錄》雖薈稡無遺，然不及一一詮次，亦猝不得其端緒。川此編於每經皆以總論居前，論舊說得失者次之，其餘則以經文為序，並各著某人所錄於下，且註其年月及朱子是時年若干歲於首條。條分縷析，至為明白。雖其間記錄或失其真，前後偶異其說者，未為一一辨明，然比類而觀，互相勘校，其得失亦粲然具見矣。《三禮》之末，綴以《大戴禮記》，似乎不倫。考是書歷代史志皆著錄於《禮》類。史繩祖《學齋佔畢》稱宋時嘗併《大戴記》於《十三經》末，稱「十四經」。雖繩祖不詳事在何朝，然諒非誣說。且其文與《三禮》多相出入，可以為參考之資。附錄於末，亦不得以泛濫為疑矣。

## 經玩

**《四庫提要·五經總義類存目》**　《經玩》二十卷。山西巡撫採進本。國朝沈淑編。淑有《周官翼疏》，已著錄。此書錄唐陸德明《經典釋文》中文字之異者為六卷；次以經傳中文字互異及錄《春秋左傳》，分國土、地名、職官、器物、宮室之類為四卷；次輯註疏《十三經》瑣語為四卷。其檢核之功，頗為勤篤，然無所考證發明。若《毛詩異文補》之全引僞申培《詩說》，尤失考也。

## 十三經字辨

**《四庫提要·五經總義類存目》**　《十三經字辨》。無卷數。兩江總督採進本。國朝陳鶴齡撰。鶴齡字瑤賓，南通州人。初著有《五經四書字辨》，後又自為補訂，以成此書。刻於乾隆乙酉。前為《校書》，後為《校音》，皆多舛漏。所謂「十三經」者，為《大學》、《中庸》、《論語》、《孟子》、《易》、《書》、《詩》、《春秋》、《禮記》、《周禮》、《儀禮》、《爾雅》。無論古無此例，即以所列計之，如分三《傳》為三，則加《四書》為十四；如併三《傳》總為《春秋》，則又為十二：於數亦不相合也。

## 古學偶編

**《四庫提要・五經總義類存目》**《古學偶編》一卷。安徽巡撫採進本。

舊本題「潛山張綗撰」，不著時代。考明代有吉水張綗，嘉靖癸未進士，官河南巡撫，非潛山人也。書中自註云「本之《御製周易述義》」云云，則知其爲近時人。書止三卷。一曰《觀物篇》，皆述《易》旨，猶圖書家恆談。一曰《月令夏小正同異說》，參校頗詳，而牽引《先天易圖》，則橫生枝節。其言醫書九十二候，不知所據。考宋林億等校正《素問》有此文，然億等所述乃《唐月令》，非醫書也。《春秋天王辨》謂特書則稱天，合書則稱王。其特書而不稱天者，乃闕文，孔子無貶削天王之理。其說甚正，然亦先儒舊義也。

## 說書偶筆

**《四庫提要・五經總義類存目》**《說書偶筆》四卷。山東巡撫採進本。

國朝丁愷曾撰。愷曾字萼亭，日照人。是書一卷、二卷說《大學》、《論語》、《中庸》；三卷說《孟子》，附以《四書補遺》及《宗獻九獻歌括》；四卷一爲《大學孟子主制周禮造士之制》，一爲《虞書三苗辨》，一爲《天官九賦斂財賄解》，一爲《冬官考》，一爲《古建國分田原非死法》，而附以《說詩》。前有李在坊序，稱愷曾之子東生就其寫於書文者，蒐錄成帙。則愷曾偶然筆記，本無意於著書，故皆鄉塾課授之語。而說「行夏之時」句，至載時文二比以爲程式。在坊序又稱明永樂間有專以詆朱《註》爲能者，上其所著書，成祖深加譴責，急命火其書，磔其人。考楊士奇《三朝聖諭錄》載：「永樂二年，饒州府士人朱季之獻所著，專斥濂洛關閩之說。上覽之怒甚，敕行人押季之還饒州，會布政司府縣官及鄉之士人明論其罪，笞以示罰。而搜檢其家所著書，會衆焚之。」則但火其書耳，無磔人之事。在坊意在尊朱，故僞造此說，不足據也。

## 經解

**《四庫提要・五經總義類存目》**《經解》五卷。浙江巡撫採進本。

國朝黃文澍撰。文澍字雨田，一曰穀田，又曰穀亭，豐城人。是編每卷首題曰「桃穀山房稿」，而側註其下曰「石畦集經解」、「石畦集經義雜著」。蓋《桃穀山房稿》者，其集之總名。《石畦集》者，其稿中之一種。《經解》諸書，又其集中之子部也。《經解》凡《易》二卷，《書》一卷，《詩》、《春秋》共一卷，《禮》一卷。《易》多衍圖書之學。《書》多辨《禹貢》山川，因而蔓延於輿地、形勝，爲經所不載者。《詩》最寥寥，惟主廢《小序》而尊朱《傳》。《春秋》多排擊三《傳》。《禮》多拘泥古制，糾時俗之非。大抵皆衍宋儒舊說。《經義雜著》凡序四篇、說十一篇、辨二篇，大旨亦不出所著《經解》之內。其《顏子心齋坐忘辨》二篇，乃《莊子》之文，無關經義，泛濫及之，亦猶《經解》之中，因解《禹貢》而及《五嶺以南山川脈絡考》也。書祇一卷，而標題乃曰「卷之一」。或刊版未竟，抑裝緝者有所遺歟？

## 經義雜著

**《四庫提要・五經總義類存目》**《經義雜著》一卷。浙江巡撫採進本。

國朝黃文澍撰。

## 注疏考證

**張之洞《書目答問・列朝經注經說經本考證》**《注疏考證》六卷。齊召南。學海堂本。原附殿本《注疏》後。《書》、《禮記》、《左》、《公》、《穀》。

## 松源經說

**《四庫提要・五經總義類存目》**　《松源經說》四卷。浙江吳玉墀家藏本。國朝孫之騄撰。之騄所輯《尚書大傳》，已著錄。是編皆說經之文，或提舉一義，各立篇題，大抵薈稡成說而不能自研經義，其體例頗近於策略。又以所作《檡山學記》、《新荷賦》、《括蒼山賦》雜列於第一卷中，尤非說經之體。

## 重編五經圖

**嵇璜等《清通志・圖譜略・總經》**　盧雲英《重編五經圖》。謹按盧雲英以其曾祖盧謙所刻《五經圖》原本體例參差，復釐定增補成是編，多所改正。

**《四庫提要・五經總義類存目》**　《重編五經圖》十二卷。浙江汪啓淑家藏本。國朝盧雲英編。雲英，盧江人。明江西布政司參政盧謙之曾孫。以謙在永豐所刻《五經圖》原本行款參差，復釐定增補，以成是編。凡例稱所改正凡五百餘處。今以楊甲本與此相較，楊於《大易》有《象數鉤深圖》七十，此則存六十八。於《尚書》有《軌範撮要圖》五十有五，此則存七十三。於《毛詩》有《正變指南圖》四十有七。此則存四十有八。於《春秋》有《筆削發微圖》二十有九。此則存十五。於《周禮》有《文物大全圖》六十有五。此則存五十七。於《戴記》有《制度示掌圖》四十有三。此則存五十有一。增減多有不同，然大抵以楊書爲藍本也。

## 六經圖

**嵇璜等《清通志・圖譜略・總經》**　王皜《六經圖》。謹按：是編取《六經圖》舊本損益而成。

**《四庫提要・五經總義類存目》**　《六經圖》六卷。江蘇巡撫採進本。國朝王皜撰。皜字又皜，號雪鳿。案：鳿字見周伯琦《六書正譌》。蓋不知「江」字古亦音「工」，遂別造此字，取「工」字諧聲，反以《說文》「鴻」字爲俗體，「皜」不知其誤而從之，亦好奇之過也。六安人。是編刻於乾隆庚申，取《六經圖》舊本稍加損益，凡所補校，具列於每卷之末。其中如：《書經圖》中所繪十二章服，日爲三足烏形，已自非古。月作白兎擣藥形，杵臼宛然，曾唐虞而有此說乎？《周禮圖》中所繪墨車，以四馬盡置兩轅之中，亦全不解古車之制。如此之類，皜毫無訂正，其校補概可見矣。

## 繙譯五經

**《四庫提要・五經總義類》**　《欽定繙譯五經》五十八卷。乾隆二十年初，欽定繙譯《四書》，續繙譯《易》、《書》、《詩》三經，續又繙譯《春秋》、《禮記》二經。至乾隆四十七年，而聖賢典籍釋以國書者，燦然備焉。案：鄭樵《通志・七音略》曰：「宣尼之書，自中國而東則朝鮮，西則涼夏，南則交阯，北則朔易，皆吾故封也。故封之外，其書不通。何瞿曇之書能入諸夏，而宣尼之書不能至跋提河，聲音之道有障礙耳。」其說良是。然文字之聲音，越數郡而或不同。文字之義理，則縱而引之，千古上下無所異；横而推之，四海内外無所異，苟能宣其意旨，通以語言，自有契若符節者，又何聲音之能障礙乎哉？考《隋書》載魏氏遷洛，未達華語。孝文帝命侯伏侯可悉陵以其言譯《孝經》之旨，敎於國人，謂之《國語孝經》。《經籍志》載其書作一卷，是古人已有行之者。特其學其識，均未窺六藝之閫奧，故能譯者僅文句淺顯之《孝經》而諸經則未之及耳。我國家肇興東土，創作十二字頭，貫一切音。復御定《清文鑒》，聯字成語，括一切義。精微巧妙，實小學家所未有。故六書之形聲訓詁，皆可比類以通之。而列聖以來，表章經學，天下從風，莫不研究微言，講求古義，尤非前代之所及。故先譯《四書》，示初學之津梁；至於《五經》，《易》則略象數之迹，示其吉凶；《書》則疏佶屈之詞，歸於顯易；《詩》則曲摹其咏嘆，而句外之寄託可想；《春秋》則細核其異同，而一字之勸懲畢見；《禮記》則名物度數，考訂必詳，精理名言，推求必當，尤足破講家之聚訟。蓋先儒之詁經，多株守其文，故拘泥而鮮通。此編之詁經，則疏通其意，故明白而無誤。不立箋傳之名，不用註疏之體，而脣吻輕重之間，自然契刪述之微旨，厥有由矣。學者守是一編或因經義以通國書，而同文之聖化被於四方；或因國書以通經義，而明道之遺編彰於萬世。其有裨於文教，均爲至大。雖堯帝之文章，尼山之刪定，又何以加於茲哉。

## 七經孟子考文補遺

**《四庫提要・五經總義類》**《七經孟子考文補遺》一百九十九卷。浙江汪啓淑家藏本。原本題「西條掌書記山井鼎撰，東都講官物觀校勘」。詳其序文，蓋鼎先爲《考文》，而觀補其遺也。二人皆不知何許人。驗其版式紙色，蓋日本國所刊。凡爲《易》十卷，《書》二十卷，附《古文考》一卷，《詩》二十卷，《左傳》六十卷，《禮記》六十三卷，《論語》十卷，《孝經》一卷，《孟子》十四卷。別《孟子》於《七經》之外者，考日本自唐始通中國，殆猶用唐制歟？前有《凡例》，稱其國足利學有宋版《五經正義》一通，又有《古文周易》三通，《略例》一通，《毛詩》二通，皇侃《論語義疏》一通，《古文孝經》一通，《孟子》一通。又有足利本《禮記》一通，《周易》、《論語》、《孟子》各一通，又有正德、嘉靖、萬曆、崇禎《十三經註疏》本。崇禎本即汲古閣本也。其例首經、次註、次疏、次釋文，專以汲古閣本爲主，而以諸本考其異同。凡有五目，曰《考異》，曰《補闕》，曰《補脫》，曰《謹案》，曰《存舊》。按所稱古本，爲唐以前博士所傳。足利本乃其國足利學印行活字版。今皆無可考信。書中所稱宋版《五經正義》，今以毛居正《六經正誤》及岳珂《九經三傳沿革例》所引宋本參校，如《尚書・益稷篇》註「粉若粟冰」，《六經正誤》引紹興本作「粟冰」，監本作「粟水」，興國軍本作「粟米」，今汲古閣本作「粟冰」；而此書不引「粟水」、「粟米」二條。《毛詩・鴟鴞章》「予尾翛翛」，《經傳沿革例》引監本、蜀本、越本作「脩脩」，今汲古閣本作「翛翛」；而此書不引「脩脩」一條。《生民章箋》「訏謂張口嗚呼」，《經傳沿革例》引余仁仲本「嗚」作「鳴」，今汲古閣本作「嗚」；而是書不引「鳴」字一條。《春秋左氏傳・隱四年》「老夫耄矣」，《六經正誤》引潭本「耄」作「耄」，今汲古閣本作「耄」；而此書不引「耄」字一條。《襄三十一年》「夭厲不戒」，《六經正誤》引臨川本「夭」作「天」，今汲古閣本作「夭」；而此書不引「天」字一條。《禮記・曲禮》「二名不偏諱」，《經傳沿革例》引蜀大字本、興國本「偏」作「徧」，今汲古閣本作「偏」；而此書不引「徧」字一條：悉與毛、岳兩家所稱宋本不符。不知所據宋本定出誰氏。然如《周易・小過》九四註「不爲責主」，此書引宋版「責」作「貴」，與《六經正誤》所引善本合。又《春秋傳・昭十二年》「昔我先王熊繹與呂級」，此書引宋永懷堂本「級」作「伋」，與《六經正誤》所引興國本合。《昭二十四年》註「不佞獻王」，此書引宋版「王」作「玉」，與《六經正誤》所引臨川本合。《僖三十一年》註「濟水滎陽東過魯之西」，此書引宋永懷堂本「滎」作「熒」，與《經傳沿革例》所據之善本合。《僖二十三年》「懷其安，實敗名」，此書引宋永懷堂本「其」作「與」，與《經傳沿革例》所引監本、蜀本及諸善本合。《禮記・曾子問》註「則卒哭而致事」，此書引宋版「則」作「周」。《喪服小記》「殤無變文不縞」，此書謂「縞」乃「縟」字之誤，皆與《經傳沿革例》所引興國本合。考《經傳沿革例》所載宋版二十一種，多不附《釋文》。其附《釋文》者獨有建本及蜀中大字本，此書載宋版《毛詩》、《左傳》，獨附《釋文》，則或爲建本及蜀中大字本歟？又鼎稱足利本乃統括古本，而所引古本如《尚書・舜典註》云「使各陳進治理之言。古理作禮」，而《六經正誤》所引監本亦云「理」作「禮」，則知古本非無稽也。至所正《釋文》錯誤，多稱「元文」不知「元文」爲何本。今以通志堂所刊考之，一一皆合。蓋徐本未出以前，其書已傳入彼國矣。歐陽修作《日本刀歌》曰：「徐福行時書未焚，遺書百篇今尚存。」今考此書所列《尚書》，與中國之本無異。又明豐坊僞造諸經，皆稱海外之本。今考此書與坊本亦無一同，是亦足釋千古之疑也。

**張之洞《書目答問・列朝經注經說經本考證》**《七經孟子考文補遺》一百九十九卷。山井鼎考文，物觀補遺。日本刻本。阮刻巾箱本。《易》、《書》、《詩》、《左》、《禮記》、《論語》、《孝經》、《孟子》。

## 五經圖

**黃虞稷《千頃堂書目·經解類》** 盧謙《五經圖》十二卷。盧江人。侍郎。

**于敏中等《天禄琳琅書目·明版經部》** 《五經圖》。一函，二冊。明盧謙輯。不分卷。前明李維楨、章達二序。《經圖》目録後別行刊「章達、盧謙同輯」。今閲達序，稱盧公自永豐令歸，攜信州學《五經圖》石本以授余，且曰：「公幸割俸鐫之。」余亟命工刊石，樹之學宫。又念石本摹榻之艱，更損爲卷帙，刻於金陵云云。是章達係校刊之人，而輯是圖者則盧謙也。考《明史》，盧謙，字吉甫，廬江人。萬曆三十三年進士，授永豐知縣，擢御史。出爲江西右參政，引疾歸。崇禎八年，流賊犯廬江，城陷，謙服命服駡賊死，贈光禄卿。章達，楚人，事蹟無考。刻是書時，以無爲州知州攝廬江縣事。是書所載各圖，亦採宋人《六經圖》中所刻者，小變其前後之序、詳略之文，而以《周禮》、《禮記》合爲一經，遂名之曰《五經圖》，殊失古制之舊也。李維楨，字本寧，京山人。隆慶二年進士，由庶吉士授編修，官至南京禮部尚書。此書係刻於金陵，故有其序。

**嵇璜等《續通志·圖譜略·總經》** 明盧謙重刊《五經圖》。

**《四庫提要·五經總義類存目》** 《五經圖》六卷。河南巡撫採進本。不著撰人名氏。雍正癸卯，襄城常定遠得明章達原本重刻。達序稱是本得自盧侍御，盧又得之信州鉛山，爲鵝湖石刻本。考明盧謙字默存，廬江人，萬曆甲辰進士，官至江西布政使參政。初官永豐縣知縣時，得信州學《五經圖》石本，盧江縣知縣章達爲刻之。其始末見李維楨《序》及謙孫雲英重編《五經圖》中。此本稱章達刊，當即謙所傳信州石本也。前有萬邦榮《序》，稱是書與信州石本對校，前後參錯，多所不同。蓋又有所竄亂矣。且原書兼圖《周禮》，是以名爲「六經」。此本仍存《周禮》諸圖，而改題曰「五經」，名實亦相舛迕。又每經縮爲八頁，而諸圖雜列其間，大圖之餘隙，即塡小圖補之，尤毫無體例矣。

**孫星衍《平津館鑒藏書籍記·明版》** 《五經圖》六冊，不著卷數並撰人姓氏。《周易》、《尚書》、《詩》、《禮記》、《春秋》五經之外，益以《周禮》。前有彭城齊聰氏序，稱：余忝訓盧江，堂列石碑十二，上載是圖。得之江右信州，在前兼有木刻，燬於兵火。余乃索其遺帙，仍舊梓成。末有淮陰梁承祖跋，稱：此書載於信州頖宮，至盧江學訓先生而廣其傳。余重爲校訂，用是殺青，公諸國門。《尚書堯曆象圖》下有云「慶曆甲申至大明萬曆壬子，共計五百四十九年。」梁氏此刻當在明萬曆四十年後。收藏有「大學士章」白文方印、「夏言之印」朱文方印。考《明史》，夏桂谿死於嘉靖廿七年，下距萬曆四十年已六十四年，其爲僞造無疑。又有「廣運之寶」、「白松堂」、「明卿氏」白文方印，「兩朝講官陳仁錫」朱文方印，「春草閣鑒賞圖書印」朱文長印，「季振宜印」朱文方印，「滄葦」白文方印，皆書賈僞造。此書本無足存，因尚未變亂石本，並爲前人珍祕，姑録之而辨其僞如此。

## 易堂問目

**張之洞《書目答問·列朝經注經説經本考證》** 《易堂問目》。吳鼎。

## 計樹園十一經讀本

**張之洞《書目答問·正經正注·十三經五經四書合刻本》** 《計樹園十一經讀本》。全文無注，直音。嘉慶元年萬廷蘭刻。無《論語》、《孟子》。經文皆依殿本注疏，勝於旁訓，惟《公》、《穀》無傳之經文未録。

## 通藝録

**張之洞《書目答問·列朝經注經説經本考證》** 《通藝録》四十二卷。程瑤田。自刻本。

## 古經解鉤沉

**《四庫提要・五經總義類》** 《古經解鉤沈》三十卷。江蘇巡撫採進本。

國朝余蕭客撰。蕭客字仲林，長洲人。是編採錄唐以前諸儒訓詁。首爲《叙錄》一卷，次《周易》一卷，《尚書》三卷，《毛詩》二卷，《周禮》一卷，《儀禮》二卷，《禮記》四卷，《左傳》七卷，《公羊傳》一卷，《穀梁傳》一卷，《孝經》一卷，《論語》一卷，《孟子》二卷，《爾雅》三卷，共三十卷。而《叙錄》、《周易》、《左傳》均各分一子卷，實三十三卷也。自宋學大行，唐以前訓詁之傳，率遭掊擊，其書亦日就散亡。沿及明人，說經者遂憑臆空談，或蕩軼於規矩之外。國朝儒術昌明，士敦實學，復仰逢我皇上稽古右文，詔校刊《十三經註疏》，頒行天下，風教觀摩，凡著述之家，爭奮發而求及於古。蕭客是書其一也。其《叙錄》備述先儒名氏、爵里及所著義訓。其書尚存者不載，或名存而其說不傳者亦不載。餘則自諸家經解所引，旁及史傳、類書，凡唐以前之舊說，有片語單詞可考者，悉著其目。雖有人名而無書名、有書名而無人名者，亦皆登載。又以傳從經，鉤稽排比，一一各著其所出之書。竝仿《資暇集》、《龍龕手鏡》之例，兼著其書之卷第，以示有徵。又經文同異，皆以北宋精本參校，正前明監版之譌闕。《自序》謂創始於己卯，成稿於壬午。晝夜手錄，幾於左目靑盲而後成帙。其用力亦可謂勤矣。至梁皇侃《論語義疏》，日本尚有全帙。又唐史徵《周易口訣義》，今《永樂大典》尚存遺說。是書列皇氏書於佚亡，而史氏書亦未採。蓋海外之本，是時尚未至中國，而天祿之珍，庋藏淸祕，非下里寒儒力所能睹也。然經生耳目之所及者，則捃摭亦可謂備矣。

## 經義考補正

**張之洞《書目答問・列朝經注經說經本考證》** 《經義考補正》十二卷。翁方綱。自著《蘇齋叢書》本。《續東垣補經義考》四十卷，《續經義考》二十卷未刊。

## 通志堂經解目録

**張之洞《書目答問・列朝經注經說經本考證》** 《通志堂經解目錄》一卷。翁方綱注。《蘇齋叢書》本。粵雅堂本。

## 十三經注疏姓氏

**張之洞《書目答問・列朝經注經說經本考證》** 《十三經注疏姓氏》一卷。翁方綱。《蘇齋叢書》本。

## 北海經學七録

**吳壽暘《拜經樓藏書題跋記》** 《北海經學七錄》右八篇，孔葒谷農部所錄，古雋樓刻本。抱經學士贈先君子，即從學士校本借臨于此。題後云：「甲辰春仲，訪盧檠齋學士於杭之抱經堂。學士時自晉陽歸，以是錄見遺，蓋曲阜孔葒谷農部新刻本也。幷借得學士手校本臨之。是日適葒谷訃到，爲之憮然。吳某記。」又書云：「按此爲古雋樓主人名繼涑者所刊，非葒谷也，跋當改正。」簡莊徵君書云：「是歲閏三月，鱣又從槎客先生借得，校錄于武原倪氏六十四硯齋，並臨跋語于後。其本則丁小疋廣文所贈者也。新坡陳鱣識。」

## 七經序録

**張之洞《書目答問・列朝經注經說經本考證》** 《御纂七經序錄》。何天衢録，道光五年刻本。

## 羣經識小

張之洞《書目答問·列朝經注經説經本考證》　《羣經識小》八卷。李惇。學海堂本。

## 考信録

張之洞《書目答問·列朝經注經説經本考證》　《考信録》三十六卷。崔述。《東壁遺書》本。《考信録提要》、《唐虞》、《夏》、《商》、《豐鎬》、《洙泗》、《豐鎬別録》、《洙泗餘録》、《孟子事實録》、《續説》、《附録》。

## 經義知新記

張之洞《書目答問·列朝經注經説經本考證》　《經義知新記》一卷。汪中。學海堂本。其《述學内篇》二卷，入「集部」。

## 經傳小記

張之洞《書目答問·列朝經注經説經本考證》　《經傳小記》三卷。劉台拱。《劉氏遺書》本。

## 經學巵言

張之洞《書目答問·列朝經注經説經本考證》　《經學巵言》六卷。孔廣森。《顨軒所著書》本。學海堂本。

## 邃雅堂學古録

張之洞《書目答問·列朝經注經説經本考證》　《邃雅堂學古録》七卷。姚文田。家刻本。

## 遲悔齋經説

姚振宗《漢書藝文志拾補·孝經并五經爾雅》　《遲悔齋經説》一卷。曹肅孫撰。

## 皇清經解節本

張之洞《書目答問·列朝經注經説經本考證》　《皇清經解節本》。廣州刻。

## 漢學師承記　經師經義目録

張之洞《書目答問·列朝經注經説經本考證》　《國朝漢學師承記》八卷。附《經師經義目録》一卷。江藩。原刻本。粵雅堂本。

## 羣經宮室圖

張之洞《書目答問·列朝經注經説經本考證》　《羣經宮室圖》二卷。

焦循。《焦氏遺書》本。近人有《經義圖説》，巾箱本，雖爲程試而作，然勝於宋明人《六經圖》。

### 經書算學天文考

張之洞《書目答問・列朝經注經説經本考證》《經書算學天文考》一卷。陳懋齡。學海堂本。

### 詩書古訓

張之洞《書目答問・列朝經注經説經本考證》《詩書古訓》六卷。阮元。粵雅堂本。

### 十三經注疏校勘記

張之洞《書目答問・列朝經注經説經本考證》《十三經注疏校勘記》二百四十三卷。阮元。原刻單行本。學海堂本。又散附阮刻《注疏》各卷之後，較略。

### 西京博士考

張之洞《書目答問・列朝經注經説經本考證》《西京博士考》二卷。胡秉虔。錢氏刻《藝海珠塵續編》本。

### 左海經辨

張之洞《書目答問・列朝經注經説經本考證》《左海經辨》二卷。陳壽祺。家刻本，學海堂本。

### 五經異義疏證

張之洞《書目答問・列朝經注經説經本考證》《五經異義疏證》三卷。陳壽祺。家刻本，學海堂本。

### 經義述聞

張之洞《書目答問・列朝經注經説經本考證》《經義述聞》三十二卷。王引之。自刻本。江西刻本。學海堂本止二十八卷。

### 五經通義

張之洞《書目答問・列朝經注經説經本考證》《五經通義》一卷。宋翔鳳。浮溪精舍本。

### 五經要義

張之洞《書目答問・列朝經注經説經本考證》《五經要義》一卷。宋翔鳳。浮溪精舍本。

### 學計一得

張之洞《書目答問・列朝經注經説經本考證》《學計一得》二卷。鄒伯奇。《鄒徵君遺書》本。互見《子部・算法》。《九經説》十七卷。姚鼐。江寧朱刻本。《惜抱軒集》本。錢大昭《經説》十卷未刊。《經義未詳説》五十四卷。徐卓。自刻本。《羣經平議》十卷。今人。《俞氏叢書》本。《十三經客難》五十五卷。龔元玠。江西刻本。《隸經文》四卷。江藩。粤雅堂本。《説學齋經説》一卷。葉鳳毛。《珠塵》本。《巢經巢經説》一卷。鄭珍。家刻本。《句溪雜著》五卷。陳立。自刻本。《經義叢鈔》三十卷。學海堂本。體例未協，中有精粹。

## 十三經名文鈔

**吴壽暘《拜經樓藏書題跋記》** 《十三經名文鈔》鈔本，五十四卷。先君子從沈層雲先生借録，並手書凡例、目録一冊。跋其後云：「古來説經之書，浩如煙海，苟不究其統緒，一其指歸，雖矻矻窮年，皓首而莫知所津逮。是何異於適燕而南其轅，遡越而北其轍，不幾愈鶩而愈遠乎？先輩沈昭子先生生平雅以崇道統、闡正學爲己任，所輯《十三經名文鈔》一書，尤爲學者所推許。未經壽梓，以故流傳絶少。余每從《耿巖文集》中讀《文鈔》諸引，未嘗不嘆其去取之謹嚴，而議論之醇正，恨其書不得一見。辛丑冬日，有書舟泊孫家堰，予與陳君仲魚偶過之，舟中適有《文鈔目録》一帙，時日已曛黑，未及購，深以爲悔。昨歲沈呂璜孝廉歸自日下，予亟懇其于家集中傳録一目，孝廉許諾。而是書夙爲其弟婦所掌，知予負書癖，輒啓篋笥以畀。孝廉殊欣然，炳燭細書，幾至達旦，亦可作一段佳話也。稿既見授，并許異日以全書借鈔。孝廉名開勳，昭子先生從玄孫也。乾隆癸卯上元前二日，書於荆南山館。」「昔陳謝浮嘗請爲剞劂之任，而先生未之許。其後意欲屬其門人溧陽史冑司學士，卒亦不果，甚矣好事者之難也。是歲夏四月，又記。」「未幾呂璜竟以全書借予，遂録一部，藏於家塾。乃同邑張明經爲儒評點本，丹黄甲乙，議論極精當，實耿巖身後一知己也。嘉慶丁卯佛誕日，又記。時呂璜之沒已幾十載矣，不禁憮然。」

# 易部

## 論述

**《漢書・藝文志・易類序》** 《易》曰：「宓戲氏仰觀象於天，俯觀法於地，觀鳥獸之文，與地之宜，近取諸身，遠取諸物，於是始作八卦，以通神明之德，以類萬物之情。」至於殷、周之際，紂在上位，逆天暴物，文王以諸侯順命而行道，天人之占可得而効，於是重《易》六爻，作上下篇。孔氏爲之《彖》、《象》、《繫辭》、《文言》、《序卦》之屬十篇。故曰《易》道深矣，人更三聖，世歷三古。及秦燔書，而《易》爲筮卜之事，傳者不絕。漢興，田何傳之。訖于宣、元，有施、孟、梁丘、京氏，列於學官，而民間有費、高二家之說。劉向以中《古文易經》校施、孟、梁丘經，或脫去「無咎」、「悔亡」，唯費氏經與古文同。

**《隋書・經籍志・易類序》** 昔宓羲氏始畫八卦，以通神明之德，以類萬物之情，蓋因而重之，爲六十四卦。及乎三代，實爲三《易》：夏曰《連山》，殷曰《歸藏》；周文王作卦辭，謂之《周易》。周公又作《爻辭》，孔子爲《彖》、《象》、《繫辭》、《文言》、《序卦》、《說卦》、《雜卦》，而子夏爲之傳。及秦焚書，《周易》獨以卜筮得存，唯失《說卦》三篇。後河內女子得之。漢初，傳《易》者有田何，何授丁寬，寬授田王孫，王孫授沛人施讎、東海孟喜、琅邪梁丘賀。由是有施、孟、梁丘之學。又有東郡京房，自云受《易》於梁國焦延壽，別爲京氏學。嘗立，後罷。後漢施、孟、梁丘、京氏，凡四家並立，而傳者甚衆。漢初又有東萊費直傳《易》，其本皆古字，號曰《古文易》。以授琅邪王璜，璜授沛人高相，相以授子康及蘭陵毋將永。故有費氏之學，行於人間，而未得立。後漢陳元、鄭衆，皆傳費氏之學。馬融又爲其傳，以授鄭玄。玄作《易注》，荀爽又作《易傳》。魏代王肅、王弼，並爲之注。自是費氏大興，高氏遂衰。梁丘、施氏、高氏，亡於西晉。孟氏、京氏，有書無師。梁、陳鄭玄、王弼二注，列於國學。齊代唯傳鄭義。至隋，王注盛行，鄭學浸微，今殆絕矣。《歸藏》，漢初已亡，案晉《中經》有之，唯載卜筮，不似聖人之旨。以本卦尚存，故取貫於《周易》之首，以備《殷易》之缺。

**錢東垣等輯《崇文總目・易類序》** 〔原叙〕前史謂秦焚三代之書，《易》以卜筮而得不焚。及漢募羣書，類多散逸，而《易》以故最譌。及學者傳之，遂分爲三：一曰田何之《易》。始自子夏，傳之孔子，《卦》、《彖》、《爻》、《象》與《文言》、《說卦》等離爲十二篇，而說者自爲章句，《易》之本經也。二曰焦贛之《易》。無所師授，自言得之隱者。第述陰陽、災異之言，不類聖人之經。三曰費直之《易》。亦無師授，專以《彖》、《象》、《文言》等參解《卦》、《爻》。凡以《彖》、《象》、《文言》雜入卦中者，自費氏始。田何之學，施、孟、梁丘之徒最盛。費氏初微，止傳民間，至後漢時陳元、鄭衆、康成之徒皆學費氏，費氏興而田學遂息，古十二篇之《易》遂亡其本。及王弼爲注，亦用卦象相雜之經。自晉以後，弼學獨行，遂傳至今。然《易》比五經，其來最遠。自伏羲畫卦，下更三代，別爲三《易》。其變卦五十有六，命名皆殊；至于七八九六筮占之法，亦異周之末世。夏、商之《易》已亡。漢初，雖有《歸藏》，已非古經。今書三篇，莫可究矣。獨有《周易》，時更三聖，世歷三古，雖說者各自名家，而聖人法天地之緼，則具存焉。見《歐陽文忠公集》。《玉海・藝文類》引田何之《易》至《易》之本經也，無「始自子夏」句，又引「漢初」以下四句。

**晁公武《郡齋讀書志・易類》** 《易》自商瞿受於孔子，六傳至田何而大興，爲施讎、孟喜、梁丘賀。其後焦贛、費直始顯，而傳受皆不明，由是分爲三家。漢末，田、焦之學微絕，而費氏獨存。其學無章句，惟以《彖》、《象》、《文言》等十篇解上下經；凡以《彖》、《象》、《文言》等參入卦中者，皆祖費氏。東京荀、劉、馬、鄭皆傳其學。王弼最後出，或用鄭說，則弼亦本費氏也。歐陽公見此，遂謂孔子古經已亡。按劉向以中古文《易經》校施、孟、梁丘經，或脫去「无咎」、「悔亡」。惟費氏經與古文同，然則古經何嘗亡哉！

**馬端臨《文獻通考・經籍考・易類序》** 昔伏犧氏始畫八卦，以通神明之德，以類萬物之情，蓋因而重之爲六十四卦。及乎三代，是爲三《易》：夏曰《連山》，言似山內出氣。殷曰《歸藏》；言萬物莫不歸而藏於其中。杜子春曰：《連山》伏犧，《歸藏》黄帝。《周禮疏》按：今《歸藏坤》開筮：帝堯降二女爲舜妃。又見《節》卦云：殷王其國，常毋谷若。依子春說《歸藏》黃帝，何得有帝堯及殷王事？蓋子春之意，伏犧、黃帝造其名，夏、殷因其名以作《易》也。周文王作卦辭，謂之《周易》。周公作《爻辭》。孔子爲《彖辭》、《象辭》、《繫辭》、《文言》、《序卦》、《說卦》、《雜卦》，謂之《十翼》。班固曰：「孔子晚而好《易》，讀之，韋編三絶，而爲之傳，即《十翼》也。」先儒說重卦及爻辭并《十翼》不同。自魯商瞿子木受《易》孔子，商瞿，姓。以授魯橋庇子庸，姓橋，名庇，字子庸。子庸授江東馯臂子弓，馯，姓也，音韓。子弓授燕周醜子家，子家授東武孫虞子乘，子乘授齊田何子裝。及秦焚書，《周易》獨以卜筮得存，唯失《說卦》三篇。後河内女子得之。漢初，傳《易》者有田何，何授丁寬，寬授田王孫，王孫授沛人施讎、東海孟喜、琅邪梁丘賀，由是有施、孟、梁丘之學。又有東郡京房，自云受《易》於梁國焦延壽，別爲京氏學，嘗立，後罷。後漢施、孟、梁丘、京氏，凡四家並立，而傳者甚衆。漢初，又有東萊費直傳《易》，其本皆古字，號曰《古文易》，以授琅邪王璜，璜授沛人高相，相以授子康及蘭陵毋將永，故有費氏之學行於人間，而未得立。後漢陳元、鄭衆，皆傳費氏之學。馬融又爲其傳，以授鄭玄，玄作《易註》，荀爽又作《易傳》，魏代王肅、王弼並爲之註。自是費氏大興，高氏遂衰。梁丘、施氏亡於西晉，孟氏京氏有書無師，梁、陳鄭玄、王弼二註列於國學。齊代唯傳鄭義。至隋，王註盛行，鄭學浸微，今殆絶矣。《歸藏》，漢初已亡，按晉《中經》有之，唯載卜筮，不似聖人之旨。唐開元中，備有三《易》。至宋，惟《歸藏》略存而不傳習。漢募羣書多散逸，而《易》獨完，學者傳之，遂分爲三。一曰田何之《易》。始自子夏，傳之孔子，《卦》、《象》、《爻》、《彖》與《文言》、《說卦》等離爲十二篇，而說者自爲章句，《易》之本經也。二曰焦贛之《易》。無所師授，自本言得之隱者，第述陰陽災異之言，不類聖人之經。三曰費直之《易》。亦無師授，專以《彖》、《象》、《文言》等參卦爻。凡以《彖》、《象》、《文言》雜入卦中者，自費氏始。田何之學，施、孟、梁丘之徒最盛。費氏初微，但傳民間。至後漢時，陳元、鄭衆之徒皆學費氏，費氏興而田何遂息，古十二篇之《易》遂亡其本。及王弼爲註，亦用卦《象》相雜之經，自晉之後，弼學獨行，遂傳至今。

**王禕《青巖叢録》**

《易》自伏羲始畫八卦，因而重之爲六十四卦，重卦，王弼以爲伏羲，鄭玄以爲神農，孫盛以爲禹，司馬遷以爲文王。當時蓋有圖而無書也。後聖因之作《連山》，作《歸藏》，作《周易》，皆本於伏羲之圖，而取用各不同。三《易》既亡其二，惟《周易》獨存，《周易經》上、下二篇，文王、周公作。《彖》、《象》、《繫辭》上下、《文言》、《說卦》、《序卦》、《雜卦》爲《傳》十篇，孔子作。秦焚書，《易》以卜筮故存，《漢志》：《易》十二篇，《經》二《傳》十也。初商瞿受《易》於孔子，五傳而爲田何。漢世《易》分三家，自田何始，田氏《易》十二篇，有章句，其後楊何、施讎、孟嘉、梁丘賀之徒，所學皆祖田氏。楊何先出，武帝時已立博士。施、孟、梁丘至宣帝時皆立博士，而《易》有施、孟、梁丘之學矣。是時復有焦贛、費直二家之《易》，焦氏之《易》無師授，專述陰陽災異之術，焦傳之京房，元帝時《京易》亦立學官。費氏亦無所授，又無章句，其初惟傳民間，厥後鄭康成等皆傳費氏《易》，於是費氏興，而田、焦之學息矣。蓋自費氏始以《彖》、《象》、《文言》、《雜卦》中，而古十二篇之《易》遂亡，然猶止以《彖》、《象》係于本卦之末，未爲淆亂正經。至魏王弼，乃以彖、象分附各爻之下，而經始與傳雜，是古經始變於費氏，而卒亂於王弼也。弼注上、下《經》，高談理致，以莊、老之意爲解。而晉韓康伯注《繫辭》、《說卦》等篇，其說亦本於王弼，疎略而無據。唐孔穎達爲《正義》，則又徒事訓詁而不足以言道。其他言《易》者雖衆，鮮復有名家者。至宋而邵子、程子之《易》出焉，夫自周、秦以來，伏羲之圖，鮮或傳授，而淪落於方技家。孔子於《繫辭》、《說卦》固嘗言之，學者不察也。邵子實始得而發揮之，蓋邵子得之李挺之，挺之得之穆伯長，伯長得之陳希夷，所謂先天之學也。自先天之學明，人知有伏羲之《易》，而學《易》者不斷自文王、周公始矣。或曰《易》有畫卦、重卦，其義不同，陰陽奇耦，積成三畫，而分爲八卦，故曰：「太極生兩儀，兩儀生四象，四象生八卦。」此伏羲先天之《易》也。八卦之三畫既已成列，復重以本卦之三畫，而有上下二體，既又相錯相盪而互成六十四卦，此文王後天之《易》也。重卦乃八卦之上加以八卦，非三畫之上遞加一奇一耦以爲六畫。邵子《先天圖》以乾、夬至剝、坤爲六十四卦自然之序，與《易經》所序不同，故觀八卦生而爲六十四卦，則《先天圖》之義爲精；觀八卦重而爲六十四卦，則《繫辭》、《說卦》之義爲明。邵子之極數知來，其妙在於加一倍法，而畫卦、重卦之義固不得苟同也。程子謂《易》道自秦而下無傳者，其爲傳主於體用一源，顯微無間，而隨時變易以從道。蓋世之考象、辭者，既泥於術數；談義理者，又淪於空寂，其因時立教，以承三聖，不同於法而同於道者，惟程子之書而已。先儒之論，謂包羲之象，文王之辭，皆依於卜筮，而孔子之贊，則一於義理，爲教爲法不同，而道無不同，自秦、漢以來，皆不足以言《易》。蓋惟邵子之《易》本於數，程子之《易》本於理，爲得先天後天之祕，而理數二者，要未始相離也。若朱子《本義》之作，則專主於卜筮，以謂《易》之爲書，廣大悉備，包涵萬理，其實則古者卜筮之書，不必專說理與數，亦未嘗滯於一端，聖人復起，不能易其說也。然由魏、晉至今，世所行者，唯費氏、王氏《易》。及東萊呂氏，始用晁氏之說更考定之，悉存古十二篇之舊，謂之《古易》，而朱子因之，是又可謂深有功於《易》者矣。

**焦竑《國史經籍志・易類序》**　蜀張生有言：《連山》，天《易》也；《歸藏》，地《易》也，有法數而未有書。《周易》，人《易》也，始有書矣，而未詳於義也。商瞿受《易》孔子，五傳而至田何。雖有異家，一以象數爲宗。自王弼之說出，陰陽占筮皆眡爲術數之流，而《易》晦矣。子曰：「《易》有聖人之道四焉。」非直以其辭而已，蓋嘗譬之象數者，水之源木之本也。卦有定名，則水出木生，而某水某木可知已。六爻則其派與枝葉也。派之通塞，枝葉之華悴，則爻之吉凶也。辭則水之經木之本也。學者執經與譜而不復尋其源本，謂學《易》可乎？世儒王主理、鄭主象，二家局見，今古所同。顧承學左祖王氏者爲多，繇象無筌蹄可尋，而理則管蠡可測，折楊黃華嗑然而笑，無足怪也。今並列於篇，以俟采擇。

**《四庫提要・易類序》**　聖人覺世牖民，大抵因事以寓教：《詩》寓於風謠，《禮》寓於節文，《尚書》、《春秋》寓於史，而《易》則寓於卜筮。故《易》之爲書，推天道以明人事者也。《左傳》所記諸占，蓋猶太卜之遺法。漢儒言象數，去古未遠也，一變而爲京、焦，入於禨祥；再變而爲陳、邵，務窮造化，《易》遂不切於民用。王弼盡黜象數，說以老、莊，一變而胡瑗、程子，始闡明儒理；再變而李光、楊萬里，又參證史事，《易》遂日啓其論端。此兩派六宗，已互相攻駁。又《易》道廣大，無所不包，旁及天文、地理、樂律、兵法、韻學、算術，以逮方外之爐火，皆可援《易》以爲說；而好異者又援以入《易》，故《易》說愈繁。夫六十四卦《大象》皆有「君子以」字，其爻《象》則多戒占者。聖人之情，見乎詞矣。其餘皆《易》之一端，非其本也。今參校諸家，以因象立教者爲宗，而其他《易》外別傳者，亦兼收以盡其變，各爲條論，具列於左。

**又《易類六》**　案：盈虛消息，理之自然也。理不可見，聖人即數以觀之，而因立象以著之。以乾一卦而論，積一至六，自下而上者數也。一潛，二見，三惕厲，四躍，五飛，六亢者，理也，而象以見焉。至於互體變爻，錯綜貫串，《易》之數無不盡，《易》之理無不通，《易》之象無不該矣。左氏所載即古占法，其條理可覆案也。故象也者，理之當然也，進退存亡所由決也。數也者，理之所以然也，吉凶悔吝所由生也。聖人因卜筮以示教，如是焉止矣。宋人以數言《易》，已不甚近於人事。又務欲究數之所以然，於是由畫卦推奇偶，由奇偶推《河圖》、《洛書》，由《河圖》、《洛書》演爲黑白方圓，縱橫順逆，至於汗漫而不可紀，曰此「作《易》之本也」。及其解經，則彖義爻象又絕不本圖書立說。豈畫卦者一數，繫辭者又別一數耶？夫聖人垂訓，實教人用《易》，非教人作《易》。今不談其所以用，而但談其所以作，是《易》之一經非千萬世遵爲法戒之書，而一二人密傳玄妙之書矣。「經」者，常也，曾是而可爲常道乎？朱子以康節之學爲「《易》外別傳」，持論至確。其作《易學啓蒙》，蓋以程子《易傳》不及象數，故兼備此義以補所闕，非專以數立教也。後人棄置《本義》，而專以《啓蒙》爲口實，殆倒置其本末矣。今所編錄，於推演數學者略存梗概，以備一家。其支離曼衍，不附經文，於《易》杳不相關者，則竟退置於術數家，明不以魏伯陽、陳摶等方外之學淆六經之正義也。

**耿文光《萬卷精華樓藏書記・易類序》**　《周禮》太卜掌三《易》之法，一曰《連山》，二曰《歸藏》，三曰《周易》。《連山》見於《唐志》，《歸藏》見於《隋志》，而《漢志》皆無，則亡佚已久，今所傳者，惟《周易》而已。所錄凡八十九家，夏、殷之《易》皆後人采輯而成，疑信參半，眞僞難明，雖有其說而不適於用也。《周易》莫古於《子夏易傳》，而僞本甚多，其用王輔嗣之例者固僞而又僞，即今所輯或一卷或二卷者，亦皆殘闕失次，姑存其名以備一家。漢注惟鄭康成一家，久有輯本，唐注惟李鼎祚一書，多存古籍，然傳本甚少，人鮮知之。自漢《易》亡而王《易》興，王《易》行而古本不可復見矣，今所讀者，惟程傳朱義，其本即王輔嗣之本也。《河圖》、《洛書》諸說其始於何人，吾弗能知也。方位卦變諸說原出於道家者流，《注疏》本無之，其爲朱子所列，爲後人所加，吾弗能考也。宋元諸家之《易》或衍程、朱餘緒，或爲《易》外別傳，刊本雖完，人亦罕習。善夫，豐川之言曰：以訓詁言《易》而《易》存，以聰明言《易》而《易》亡，讖宋、元《易》也。明之《大全》不足觀。來氏深山獨處，研思成注，雖自神其術，終不免於遷就。我國家經學昌明，遠超前代，《御纂周易折中》參考羣言，務求至當，允爲說《易》之準繩。《御纂周易》述義多取互體，發明古義，漢《易》宋《易》至是而集其成矣。由是人文蔚起，鴻儒輩出，輯古《易》者如孫如馬精漢《易》者，如惠如姚毛氏則專明古法，胡氏則參酌漢宋，李氏觀象有獨得之奇，任氏洗心有至精之理，要皆殫思竭力，博觀約取，一洗其門戶之見，而又無孤陋破碎之疵，實非元明儒所可及也。由今《易》以讀古《易》，由今人以稽古人，實今日讀書之要法也。吾讀《易》書百餘種，未見其盡《易》之藴也。然識大識小莫不有《易》道存焉，故自其精者言之，雖程、朱亦尺有所短，自其粗者言之，雖焦、京亦寸有所長，惟在善讀者廣儲愼擇而已。舉一家之說不足以盡之，合數十百家之說截其長，補其短，雖不足以盡之，而庶乎近之？故無論其爲漢爲宋，求合於卦爻而已，亦無論其言理言數，求切於日用而已。吉凶悔吝生乎動厲，以乾乾而黽勉者，加功震以虩虩，而恐懼者致福，此則學《易》之要旨也。附以《易緯》、《古三墳書》亦讀《易》者所當知，其餘所藏尚多，不及備載。

## 雜録

**《漢書・藝文志・易類》** 凡《易》十三家，二百九十四篇。

**陸德明《經典釋文序録・注解傳述人》** 宓犧氏之王天下，仰則觀於天文，俯則察於地理，觀鳥獸之文，與地之宜，近取諸身，遠取諸物，始畫八卦，或云因《河圖》而畫八卦。因而重之爲六十四。

文王拘於羑里作卦辭，周公作爻辭。

孔子作《彖辭》、《象辭》、《文言》、《繫辭》、《說卦》、《序卦》、《雜卦》，是爲「十翼」。班固曰：「孔子晚而好《易》，讀之韋編三絶，而爲之傳。」「傳」即「十翼」也。先儒說重卦及爻辭爲「十翼」不同，解見余所撰□□。自魯商瞿子木受《易》於孔子，以授魯橋庇子庸，子庸授江東馯戶旦反，徐廣音寒。臂子弓，子弓授燕周醜子家，子家授東武孫虞子乘，子乘授齊田何子莊，《高士傳》云「字莊漢」，《儒林傳》云「臨淄人」。及秦燔書，《易》爲卜筮之書，獨不禁，故傳授者不絶。漢興，田何以齊田徙杜陵，號杜田生，授東武王同子中及洛陽周王孫、梁人丁寬、字子襄，事田何，復從周王孫受古義，作《易說》三萬言，訓故舉大義而已。《藝文志》云「《易說》八篇」，爲梁孝王將軍。齊服生，劉向《別錄》云「齊人，號服先」。皆著《易傳》。漢初言《易》者，本之田何。

同授淄川楊何。字叔元。寬授同郡碭田王孫。王孫授施讎、孟喜、梁丘賀，由是有施、孟、梁丘之學焉。

施讎字長卿，沛人，爲博士。傳《易》，授張禹字子文，河內軹人，徙家蓮勺，以《論語》授成帝，官至丞相、安昌侯。及琅邪魯伯。會稽太守。禹授淮陽彭宣字子佩，大司空、長平侯，作《易傳》。及沛戴崇。字子平，少府，作《易傳》。伯授太山毛莫如字少路，常山太守。及琅邪邴丹。字曼容。後漢劉昆字桓公，陳留東昏人，侍中、弘農太守、光祿勳。受《施氏易》於沛人戴賓，其子軼。字君文，官至宗正。孟喜字長卿，東海蘭陵人，曲臺署長、丞相掾。父孟卿，善爲《禮》、《春秋》。孟卿以《禮經》多，《春秋》繁雜，乃使喜從田王孫受《易》。喜爲《易章句》，授同郡白光字少子。及沛翟牧。字子況。後漢洼丹、字子玉，南陽育陽人，世傳《孟氏易》，作《易通論》七篇，官至大鴻臚。觟陽鴻、字孟孫，中山人，少府。任安字定祖，廣漢緜竹人。皆傳《孟氏易》。

梁丘賀字長翁，琅邪諸人，少府。本從太中大夫京房受《易》，房，淄川楊何弟子。後更事田王孫，傳子臨。黃門郎、少府。臨傳五鹿充宗字君孟，代郡人，少府、玄菟太守。及琅邪王駿。王吉子，御史大夫。充宗授平陵士孫張字仲方，博士、揚州牧、光祿大夫、給事中，家世傳業。及沛鄧彭祖、字長夏，眞定太守。齊衡咸。字長賓，王莽講學大夫。後漢范升代郡人，博士。傳《梁丘易》，以授京兆楊政。字子行，左中郎將。又潁川張興字君上，太子少傅。傳《梁丘易》，弟子著錄且萬人，子魴傳其業。魴官至張掖屬國都尉。

京房字君明，東郡頓丘人，本姓李，推律自定爲京，至魏郡太守。受《易》梁人焦延壽。字延壽，名贛。延壽云嘗從孟喜問《易》。會喜死，房以延壽《易》即孟氏學，翟牧、白生不肯，曰：「非也。」延壽曰：「得我術以亡身者，京生也。」房爲《易章句》，說長於災異。以授東海段嘉《漢書・儒林傳》作殷嘉。及河東姚平、河南乘弘，皆爲郎、博士。由是前漢多京氏學，後漢戴馮，字次仲，汝南平輿人，侍中兼領虎賁中郎將。孫期，字仲奇，濟陰成武人，兼治《古文尚書》，不仕。魏滿字叔牙，南陽人，弘農太守。並傳之。

費直字長翁，東萊人，單父令。傳《易》，授琅邪王璜，字平仲，又傳《古文尚書》。爲費氏學，本以古文號《古文易》，無章句，徒以《彖》、《象》、《繫辭》、《文言》解說上、下經。《七錄》云：《費易章句》四卷，殘缺。漢成帝時，劉向典校書，考《易》說，以爲諸《易》家說皆祖田何、楊叔元、丁將軍，大義略同，唯京氏爲異。向又以中古文《易經》校施、孟、梁丘三家之《易經》，或脫去「無咎」、「悔亡」，唯《費氏經》與古文同。范曄《後漢書》云：京兆陳元、字長孫，司空南閣祭酒，兼傳《左氏春秋》。扶風馬融，字季長，茂陵人，南郡太守，議郎，爲《易傳》，又注《尚書》、《毛詩》、《禮記》、《論語》。河南鄭衆，字仲師，大司農，兼傳《毛詩》、《周禮》、《左氏春秋》。北海鄭玄，字康成，高密人，師事馬融，大司農徵不至，還家，凡所注《易》、《尚書》、《三禮》、《論語》、《尚書大傳》、《五經中候》，箋毛氏，作《毛詩譜》，駁許愼《五經異義》，鍼何休《左氏膏肓》，去《公羊墨守》，起《穀梁廢疾》，休見大慚。潁川荀爽字慈明，官至司空，爲《易傳》。並傳《費氏易》。

沛人高相治《易》，與費直同時，其《易》亦無章句，專說陰陽災異。自言出丁將軍，傳至相，相授子康康以明《易》爲郎。及蘭陵毋將永，豫章都尉。爲高氏學。

漢初立《易》楊氏博士，宣帝復立施、孟、梁丘之《易》，元帝又立《京氏易》。費、高二家不得立，民間傳之。後漢費氏興而高氏遂微。永嘉之亂，施氏、梁丘之《易》亡，孟、京、費之《易》人無傳者，唯鄭康成、王輔嗣所注行於世，江左中興，《易》唯置王氏博士，太常荀崧奏請置《鄭易》博士，詔許，值王敦亂，不果立。而王氏爲世所重。

今以王爲主，其《繫辭》以下王不注，相承以韓康伯《注》續之，今亦用韓本。

**《隋書・經籍志・易類》** 右六十九部，五百五十一卷。通計亡書，合九十四部，八百二十九卷。

**《舊唐書・經籍志・易》** 右《易》七十八部，凡六百七十三卷。

**錢東垣等輯《崇文總目・易類》** 共一十八部，計一百七十一卷。

**《新唐書・藝文志・易類》** 右《易》類七十六家，八十八部，六百六十五卷。失姓名一家，李鼎祚以下不著錄十一家，三百二十九卷。

**《宋史・藝文志・易類》** 右《易》類二百十三部，一千七百四十卷。王伯《讀易記》以下不著錄十九部，一百八十六卷。

**《明史・藝文志・易類》** 右《易》類二百二十二部，一千五百七十卷。

**《四庫提要・易類六》** 右《易》類一百五十八部，一千七百五十七卷；附錄八部，十二卷，皆文淵閣著錄。

**又《易類存目四》** 右《易》類三百十七部，二千三百七十一卷，內四十六部無卷數。附錄一部一卷，皆附存目。

**張之洞《書目答問・列朝經注經説經本考證》** 以上《易》之屬。雜道家言者不錄。魏關朗《易傳》、唐郭京《周易舉正》，皆僞書，不錄。

## 綜述

### 三皇太古書

**鄭樵《通志・藝文略・易》** 《三皇太古書》三卷。柴霖傳。

### 連山

**《新唐書・藝文志・易類》** 《連山》十卷。

**鄭樵《通志・藝文略・易》** 《連山》十卷。夏后氏《易》，至唐始出，今亡。

**馬端臨《文獻通考・經籍考・易》** 《連山》十卷。《北史・劉炫傳》：時牛弘奏購求天下遺逸之書，炫遂僞造書百餘卷，題爲《連山易》、《魯史記》等，録上送官，取賞而去。後人有訟之，經赦免死，坐除名。 夾漈鄭氏曰：夏后氏《易》，至唐始出，今亡。

**徐𤊹《徐氏家藏書目・易類》** 《連山易》一卷。

## 歸藏

**《隋書·經籍志·易》** 《歸藏》十三卷。晉太尉參軍薛貞注。

**《舊唐書·經籍志·易》** 《歸藏》十三卷。殷《易》，司馬膺注。

**錢東垣等輯《崇文總目·易類》** 《歸藏》三卷。［原釋］晉太尉參軍薛正注。《隋書》有十三篇，今但存《初經》、《齊母》、《本蓍》三篇。文多闕亂，不可詳解。見《文獻通考》。

**《新唐書·藝文志·易類》** 司馬膺注《歸藏》十三卷。

**鄭樵《通志·藝文略·易》** 《歸藏》三卷。商《易》，晉薛貞注。

**尤袤《遂初堂書目·周易類》** 《歸藏經》。

**陳振孫《直齋書録解題·易類》** 《歸藏》三卷。晉太尉參軍薛貞注。案《唐志》十三卷，司馬膺注。今惟存《初經》、《本蓍》、《齊母》三篇，錯謬不可讀，非古全書也。

**馬端臨《文獻通考·經籍考·易》** 《歸藏》三卷。 夾漈鄭氏曰：《連山》，亡矣。《歸藏》，唐有司馬膺註十三卷。今亦亡。隋有薛正註十三卷，今所存者，《初經》、《齊母》、《本蓍》三篇而已，言占筮事，其辭質、其義古，後學以其不文，則疑而棄之往往。《連山》所以亡者，復過於此矣。獨不知後之人能爲此文乎！子曰：「周監於二代，郁郁乎文哉！」以《周易》校《商易》，則周、商之文質可知也；以《商易》校《夏易》，則商、夏之文質又可知也。三《易》皆始乎八，而成六十四；有八卦，即有六十四卦；六十四卦非至周而備也。但法之所立，數之所起，皆不相爲用。《連山》用三十六策，《歸藏》四十五策，《周易》四十九策。誠以人事代謝，星紀推移，一代一謝，漸繁漸文。又何必近耳目而信諸，遠耳目而疑諸？

按：《連山》、《歸藏》，乃夏、商之《易》，本在《周易》之前。然《歸藏》，《漢志》無之；《連山》，《隋志》無之。蓋二書至晉、隋間始出，而《連山》出於劉炫之僞作，《北史》明言之；度《歸藏》之爲書，亦此類耳。夾漈好奇，獨尊信此二書與古《三墳》書，且咎世人以其晚出而疑之。然殊不知《毛氏詩》、《左氏春秋》、《小戴氏禮》與《古文尚書》、《周官六典》，比之當時，皆晚出者也；然其義理，其文辭，一無可疑，非二《易》、《三墳》之比，不謂之六經可乎？故今敘二《易》，不敢遽指爲夏、商之書，姑隨其所出之時，置之漢之後，唐之前云。

**《宋史·藝文志·易類》** 薛貞注《歸藏》三卷。

**徐𤊹《徐氏家藏書目·易類》** 《歸藏易》一卷。

**文廷式《補晉書藝文志·易類》** 薛貞《歸藏注》十三卷。太尉參軍。《隋書·經籍志》云：《歸藏》漢初已亡，晉《中經簿》有之，唯載卜筮，不似聖人之旨。以本卦尚存，故取貫《周易》之首，以備《殷易》之缺。明人《世善堂書目》尚著録。《左傳》襄九年《正義》曰，世有《歸藏易》者，僞妄之書，非《殷易》也。

## 古三墳

**《四庫提要·易類存目四》** 《古三墳》一卷。內府藏本。案《三墳》之名見於《左傳》。然周、秦以來，經、傳、子、史從無一引其說者，不但漢代至唐咸不著録也。此本晁公武《讀書志》以爲張商英得於比陽民舍，陳振孫《書録解題》以爲毛漸得於唐州，蓋北宋人所爲。其書分《山墳》、《氣墳》、《形墳》，以《連山》爲伏羲之《易》，《歸藏》爲神農之《易》，《乾坤》爲黃帝之《易》，各衍爲六十四卦而繫之以傳。其名皆不可訓詁。又雜以《河圖代姓紀》及《策辭政典》之類，淺陋尤甚。至以燧人氏爲有巢氏子，伏犧氏爲燧人氏子，古來僞書之拙莫過於是。故宋、元以來自鄭樵外，無一人信之者。至明何鏜刻入《漢魏叢書》，又題爲「晉阮咸註」，僞中之僞，益不足辨矣。

案：《左傳》稱倚相「能讀《三墳》、《五典》、《八索》、《九丘》」，孔安國《書序》所解，雖出依託，至劉熙《釋名》，則確屬古書。據所訓釋，則《三墳》乃《書》類，非《易》類也。然僞本既託於三《易》，不可復附《書》類中，姑從《易緯》之例，附其目於諸家《易》說之末。

## 三墳

**范邦甸等《天一閣書目・易類》** 《三墳》一卷。刊本。明司馬公諱欽訂。宋毛漸序云：元豐七年，奉使西京，巡按屬邑。歷唐州之泌陽，道無郵亭，因寓食於民舍。有題於戶「《三墳書》某人借去」，亟呼主人問之，曰古《三墳》也，某家實有是書。因命取而閱之。墳各有傳。墳乃古文，傳乃隸書，言簡理暢，疑非後世之所能爲也。借歸録之。

## 古易

**陳振孫《直齋書録解題・易類》** 《古易》十二卷。出翰林學士睢陽王洙原叔家。上、下經惟載《爻辭》，外《卦辭》一、《彖辭》二、《大象》三、《小象》四、《文言》五、《上繫》六、《下繫》七、《說卦》八、《序卦》九、《雜卦》十。葉石林以爲此即《藝文志》所謂《古易》十二篇者也。案隋、唐《志》皆無《古易》之目，當亦是後人依倣錄之爾。

**《宋史・藝文志・易類》** 《古易》十三卷。出王洙家。

**錢謙益等《絳雲樓書目・易類》** 睢東王氏《古易》。十二篇。

## 易經

**姚振宗輯《七略別録佚文・易家》** 《易經》，十二篇。施、孟、梁丘三家。臣向以中古文《易經》校施、孟、梁丘經，或脱去「无咎」、「悔亡」，唯費氏經與古文同。

**《漢書・藝文志・易》** 《易經》十二篇，施、孟、梁丘三家。

**尤袤《遂初堂書目・周易類》** 《杭本周易》。

**《宋史・藝文志・易類》** 《周易古經》一卷。又《周易》上下經六卷。

**楊士奇等《文淵閣書目・易》** 《古周易》。一部，三冊。闕。

**姚振宗《漢書藝文志條理・易》** 《易經》，十二篇。施、孟、梁丘三家。顏師古《集注》曰：上、下經及《十翼》，故十二篇。

本書《儒林傳》：自魯商瞿子木受易孔子，五傳至齊田何子莊。漢興，田何以齊田徙杜陵，號杜田生，授梁丁寬。寬授同郡碭田王孫。王孫授施讎、孟喜、梁丘賀，繇是《易》有施、孟、梁丘之學。

又曰：施讎，字長卿，《後漢・儒林傳》注，引《漢書》，字子卿。沛人也。沛與碭相近，讎爲童子，從田王孫受《易》。後讎徙長陵，田王孫爲博士，復從受業，與孟喜、梁丘賀並爲門人。謙讓，常稱學廢，不教授。及梁丘賀爲少府，事多，迺遣子臨分將門人張禹等從讎問。讎自匿不肯見，賀固請，不得已乃授臨等。于是賀薦讎：「結髮事師數十年，賀不能及。」詔拜讎爲博士。甘露中與五經諸儒雜論同異于石渠閣。

又曰：孟喜，字長卿，東海蘭陵人也。父號孟卿，使喜從田王孫受《易》。舉孝廉爲郎曲臺署長，病免，爲丞相掾。

又曰：梁丘賀，字長翁，琅琊諸人也，以能心計爲武騎，從太中大夫京房受《易》。房出爲齊郡太守，賀更事田王孫。宣帝時，賀爲都司空令。坐事論免爲庶人，待詔黃門數入說教侍中，師古曰：爲諸侍中說經，爲教授。以召賀，賀入說，上善之，以賀爲郎。會八月飲酎，行祠孝昭廟，賀以筮有應，繇是近幸爲大中大夫，給事中，至少府。爲人小心周密，上信重之。年老終官。按《儒林傳》亦取劉向《別錄・輯略》中之文，而接記其後事。荀悅《漢記》載劉向典校經傳，考集異同云云，亦取《別錄》中之《輯略》，而刪節不完，不如《儒林傳》所載詳備，故去彼取此。

本志叙曰：劉向以中古文《易經》，校施、孟、梁丘經，或脱去「无咎」、「悔亡」。

宋王應麟《漢志考證》：孔穎達曰，《十翼》謂《上彖》、《下彖》、《上象》、《下象》、《上繫》、《下繫》、《文言》、《說卦》、《序卦》、《雜卦》。今《易》乾卦至用九，即《古易》之本文，秦漢之際，《易》亡《說卦》。宣帝時，河內女子發老屋得之。後漢荀爽又得八卦逸《象》三十有一。按今見《經典釋文》。東萊呂氏因晁氏參考傳記，復定爲十二篇，乃復孔氏之舊。又曰：許氏《說文》稱《易孟氏》，其文多異。

按：《志》于一篇之中各有章段，此三家經自爲一段，冠諸篇首。《七略》當分別著録，而各繫以説。《隋志・簿録篇》所謂「剖析條流，各有其部」者是也。班氏立《志》，力求簡要，故總爲一條，其下《書》、《詩》、《禮》、《春秋》、《孝經》並同此例，唯《論語》則仍從《七略》，分著三條也。

**姚振宗《漢書藝文志拾補・易》** 《易經》二篇，汲冢古文。《晉書・束晳傳》：晳《竹書叙目》曰：太康二年，汲郡人不準盗發魏襄王墓，或言安釐王冢，得竹書數十車。其《易經》二篇與《周易》上下經同。按《西京雜記》：魏襄王冢、哀王冢已爲漢廣川王去疾所發，此當是安釐王冢也。或云「不準」讀爲「彪準」。

晉杜預《春秋左氏經傳集解後序》曰：汲縣有發其界内舊冢者，大得古書，所記大凡七十五卷，多雜碎怪妄，不可訓知，《周易》及《紀年》最爲分了。《周易》上下篇與今正同，而無《彖》、《象》、《文言》、《繫辭》，疑于時仲尼造之於魯，尚未播之於遠國也。

**又** 《易經》十二篇，中古文。

**文廷式《補晉書藝文志・易類》** 《汲冢書易經》，二篇。《易繇陰陽卦》二篇，《卦下易經》一篇，《公孫段》二篇。公孫段與邵陟論《易》。《武帝紀》：「咸寧五年，汲郡人不準掘魏襄王冢，得竹簡小篆古書十餘萬言，藏于祕府。」按《束晳傳》云：「晳得觀《竹書》，隨疑分釋，皆有義證，故並著其目。」又《王接傳》云：「時祕書丞衛恒考正《汲冢書》，未訖而遭難。著作郎束晳述而成之，事多證異議。時東萊太守陳留王庭堅難之，亦有證據。晳又釋難，而庭堅已亡，接遂詳其得失。摯虞、謝衡咸以爲當。」今各家難釋俱不傳，特附著於此。杜元凱《春秋後序》云：「《汲冢周易》上下篇，與今正同。別有陰陽説，而無《彖》、《象》、《文言》、《繫辭》，疑于時仲尼造之於魯，尚未播之於遠國也。」

《汲冢師春》一卷。《新唐書・劉知幾傳》：子貺嘗以《師春》一篇録卜筮事，與《左氏》合，知案《春秋》經傳而爲也。

杜元凱《春秋後序》云：「又別有一卷，純集疏《左氏傳》卜筮事，上下次第及其文義皆與《左傳》同，名曰《師春》。」「師春」似是鈔集者人名也。《宋志》著録入《春秋》類。

## 周易古文

**高儒《百川書志・易》** 《周易古文》四卷。

## 子夏易傳

**陸德明《經典釋文序録・注解傳述人》** 《子夏易傳》三卷。卜商，字子夏，衛人，孔子弟子，魏文侯師。《七略》云：漢興，韓嬰傳。《中經簿録》云：丁寬所作。張璠云：或馯臂子弓所作，薛虞記。虞不詳何許人。

**《隋書・經籍志・易》** 《周易》二卷。魏文侯師卜子夏傳，殘缺。梁六卷。

**《舊唐書・經籍志・易》** 《周易》二卷。卜商傳。

**《新唐書・藝文志・易類》** 《周易》卜商《傳》二卷。

**鄭樵《通志・藝文略・易》** 《周易傳》二卷。卜子夏。

**晁公武《郡齋讀書志・易類》** 《卜子夏易》十卷。舊題卜子夏傳。《漢・藝文志》子夏書已亡，今此書約王弼注爲之者，止《雜卦》。景迂云：「張弧僞作。」

**尤袤《遂初堂書目・周易類》** 《卜子夏易傳》。

**陳振孫《直齋書録解題・易類》** 《子夏易傳》十卷。案隋、唐《志》有《卜商傳》二卷，殘缺。陸德明、李鼎祚亦時稱引。考《漢志》，初無此書。有孫坦者，爲《周易析藴》，言此漢杜子夏也，未知何據。使其果然，何爲不見於《漢志》？其爲依託明矣。隋、唐時止二卷，已殘缺，今安得有十卷？且其經文，《彖》、《象》、《爻辭》相錯，正用王弼本。決非漢世書。以陸德明所引求之今傳，則皆無之，豈惟非漢世書，亦非隋、唐所傳書矣。其文辭淺俚，非古人語，姑存之以備一家。案晁以道《傳易堂記》曰：「古今咸謂子夏受於孔子而爲之傳。然太史公、劉向父子、班固皆不論著，唐劉子玄知其僞矣。書不傳於今，今號爲《子夏傳》者，《崇文總目》知其爲僞，而不知其所作之人，予知其爲唐張弧之《易》也。」晁之言云爾。張弧有《王道小疏》五卷，見《館閣書目》，云唐大理評事，亦不詳何時人。

**馬端臨《文獻通考・經籍考・易》** 《子夏易》，十卷。《崇文總目》：「此書篇第，略依王式，決非卜子夏之文。又其言近而不篤，然學者尙異，頗傳習之。」容齋洪氏《隨筆》曰：「孔子弟子，惟子夏於諸經獨有書。雖傳記雜言未可盡信，然要爲與他人不同矣。於《易》則有傳，於《詩》則有序，而《毛詩》之學，一云子夏授高行子，四傳而至小毛公；一云子夏傳曾申，五傳而至大毛公。於《禮》則有《儀禮喪服》一篇，馬融、王肅諸儒多爲之訓說。於《春秋》所云不能贊一辭，蓋亦嘗從事於斯矣。公羊高實受之於子夏，穀梁赤者，《風俗通》亦云子夏門人。於《論語》則鄭康成以爲仲弓、子夏等所撰定也。」後漢徐防上疏曰：「《詩》、《書》、《禮》、《樂》，定自孔子；發明章句，始於子夏」。斯其證云。

**《宋史・藝文志・易類》** 《易傳》，十卷。題卜子夏傳。

**楊士奇等《文淵閣書目・易》** 《周易子夏傳》。一部，二冊。闕。

**徐㶿《徐氏家藏書目・易類》** 《子夏易傳》，十卷。

**錢謙益等《絳雲樓書目・易類》** 《卜子夏易傳》，十卷。晁以道云唐張弧僞作。

**《四庫提要・易類一》** 《子夏易傳》十一卷。內府藏本。舊本題卜子夏撰。案：說《易》之家，最古者莫若是書；其僞中生僞，至一至再而未已者，亦莫若是書。《唐會要》載：「開元七年詔：《子夏易傳》近無習者，令儒官詳定。」劉知幾議曰：「《漢志》《易》有十三家，而無子夏作傳者。至梁阮氏《七錄》，始有《子夏易》六卷，或云韓嬰作，或云丁寬作。然據《漢書》，《韓易》十二篇，《丁易》八篇，求其符合，事殊隳刺。必欲行用，深以爲疑。」司馬貞議亦曰「案：劉向《七略》，有《子夏易傳》，但此書不行已久，今所存多失眞本。荀勖《中經簿》云：『《子夏傳》四卷，或云丁寬。』是先達疑非子夏矣。又《隋書・經籍志》云：『《子夏傳》殘闕，梁六卷，今二卷。』知其書錯繆多矣。又王儉《七志》引劉向《七略》云：『《易》傳子夏，韓氏嬰也。』今題不稱韓氏，而載薛虞《記》，其質粗略，旨趣非遠，無益後學」云云。是唐以前，所謂《子夏傳》，已爲僞本。晁說之《傳易堂記》又稱：「今號爲《子夏傳》者，乃唐張弧之《易》。」案：弧，唐末爲大理寺評事，有《素履子》，別著錄。是唐時又一僞本竝行。故《宋國史志》以假託《子夏易傳》與眞《子夏易傳》兩列其目，而《崇文總目》亦稱「此書篇第，略依王氏，決非卜子夏之文」也。朱彝尊《經義考》，證以陸德明《經典釋文》、李鼎祚《周易集解》、王應麟《困學紀聞》所引，皆今本所無。德明、鼎祚猶曰在張弧以前，應麟乃南宋末人，何以當日所見，與今本又異？然則今本又出僞託，不但非子夏書，亦竝非張弧書矣。流傳既久，姑存以備一家云爾。

謹案：唐徐堅《初學記》以太宗「御製」升列歷代之前，蓋臣子尊君之大義。焦竑《國史經籍志》、朱彝尊《經義考》竝踵前規。臣等編摩《四庫》，初亦恭錄《御定易經通注》、《御纂周易折中》、《御纂周易述義》，弁冕諸經。仰蒙指示，命移冠國朝著述之首，俾尊卑有序，而時代不淆。聖度謙沖，酌中立憲，實爲千古之大公。謹恪遵彝訓，仍託始於《子夏易傳》，竝發凡於此，著《四庫》之通例焉。

又案：託名之書，有知其贋作之人者，有不知其贋作之人者，不能一一歸其時代，故《漢書・藝文志》仍從其所託之時代爲次。今亦悉從其例。

**張之洞《書目答問・易類》** 《子夏易傳》一卷。孫馮翼刻《問經堂叢書》輯本。又張澍《二西堂叢書》輯本。又玉函山房輯本。此唐以前人依託。今《通志堂》、《漢魏叢書》所收十一卷本，乃宋以後人僞作。

**姚振宗《漢書藝文志拾補・易》** 《易傳子夏》四卷。《史記・仲尼弟子列傳》：卜商，字子夏，少孔子四十四歲。孔子既沒，子夏居西河教授，爲魏文侯師。其子死，哭之失明。《索隱》曰：子夏著於四科，序《詩》，傳《易》。又孔子以《春秋》屬商。又傳《禮》，著在《禮志》。而此史竝不論，空記《論語》小事，亦其疎也。

劉向《別錄》曰：《易傳》子夏，韓氏嬰也。劉歆《七略》曰：子夏《易傳》，漢興韓嬰傳。

《周易正義》曰：初，卜商爲《易傳》，至西漢傳之。

王應麟《漢志考證》曰：唐司馬氏曰，《七略》有《子夏傳》，《七錄》六卷，或云韓嬰，或云丁寬。《中經簿》四卷。武威張澍輯本《序》曰：嘗案《家語》云，孔子讀《易》至損、益卦，喟然而嘆，子夏避席而問。知卜氏子好精義，不讓商子木也審矣。澍溺苦儒先從事稡會，敢怯瑣煩，冀延絕學，是用展氎敷言，省循立意，實孟京之嚆矢，亦馬王之濫觴。

武進張惠言輯本《序》曰：《漢書・藝文志》《易》有《韓氏》二篇、《丁氏》八篇，而無馯臂子弓，則張璠之言不足信。丁寬受《易》田何，上及馯臂子弓，受之商瞿，非自子夏，則荀勗言丁寬亦非。劉向父子博學近古，以爲韓嬰當必有據。《儒林傳》稱韓生亦以《易》授人，推《易》意而爲之傳，不聞其所受意者出於子夏，與商瞿之傳異耶。

平湖孫堂輯本序曰：《子夏易傳》，《隋志》已云殘缺，後人展轉依託，益爲十一卷，是爲今本。舊本之散見者，自唐人所引外，惟朱氏震、晁氏説之、趙氏汝楳、王氏應麟四家之書間取之，兹特輯其與今本異者凡七十條。

歷城馬國翰輯本序曰：《周易子夏傳》，《漢志》不著録。《唐會要》云開元七年三月十七日詔：《子夏易傳》近無習者，令儒官詳定。劉知幾、司馬貞議皆以爲不可。五月五日詔：《子夏傳》逸篇令帖《易》者停。孫坦《周易析蘊》以爲杜鄴，趙汝楳《周易輯聞》以爲鄧彭祖，二人皆字子夏，懸空臆度，迄非定論。獨洪邁信之。武威張太史澍輯此篇，刻入張氏《叢書》，今據校録，仍隋、唐《志》舊目，分爲二卷。薛虞字里無考，大抵爲漢魏間儒生。今就《釋文》、《正義》二書所引，得十一節，次《子夏傳》後。

按：《子夏易傳》，《七略》明云：漢興韓嬰傳，蓋傳於韓嬰之家，猶《春秋左氏》出張倉家，無足異者。惟是《藝文志》之於《七略》有所出入，則必於都凡之下明注出某人某書。如《樂》類出淮南、劉向等《琴頌》七篇，《書》類入劉向《稽疑》一篇是也。此獨不注是《七略》，但言及其書，非著録其書，猶《別録》言《易》家有救氏之注，《藝文志》言民間有費、高二家之説，而皆不見著於録也。或以《漢志》《韓氏》二篇，即《子夏易》。今考《儒林傳》，韓嬰亦以《易》授人，推《易》意而爲之傳。則自爲之説，非《子夏傳》明矣。嬰之傳《易》，史不言其所受。張氏惠言謂出於子夏與商瞿，別爲一派，可謂定論。然則漢人傳《子夏易》者，嬰之後有嬰孫博士商，商之後有待詔韓生、司隸校尉蓋寬饒，而韓氏則家世傳業者也。

又按：《經義考》引宋程迥曰：《子夏易傳》，京房爲之箋。未詳所據。

## 易論公孫段

**姚振宗《漢書藝文志拾補・易》** 《易論公孫段》二篇。晉束皙《竹書叙目》曰：其《易經公孫段》二篇，公孫段與邵陟論《易》。 《韓非子・顯學》篇曰：孔子之後，儒分爲八，有公孫氏之儒。 晉陶潛《聖賢羣輔録》曰：公孫氏傳《易》爲道，爲潔静精微之儒。 《經義考・承師》篇曰：按，儒分爲八，其一公孫氏傳《易》者，《羣輔録》有明徵，而未詳其名。考《汲冢竹書》，有公孫段與邵陟論《易》二篇，此則公孫氏《易》矣。陽湖洪亮吉《傳經表》曰：《易》一傳孔子，二傳商瞿，三傳公孫段、橋庇。

## 田氏易經

**姚振宗《漢書藝文志拾補・易》** 《易經》十二篇，田氏。《史記・儒林傳》：自魯商瞿受《易》孔子，孔子卒，商瞿傳《易》六世至齊人田何，字子莊，而漢興。田何傳東武人王同子仲。 《漢書・儒林傳》：自魯商瞿子木受《易》孔子，以授魯橋庇子庸。子庸授江東馯臂子弓。子弓授燕周醜子家。子家授東武孫虞子乘。子乘授齊田何子裝。及秦禁學，《易》爲筮卜之書，獨不禁，故傳授者不絶也。漢興，田何以齊田徙杜陵，號杜田生，授東武王同子中、雒陽周王孫、丁寬、齊服生，皆著《易傳》數篇。言《易》者，本之田何。顏師古曰：田生授王同、周王孫、丁寬、服生四人也，四人皆著《易傳》也。按四家《易傳》並見《漢書・藝文志》。又《史記・仲尼弟子列傳》載商瞿以後傳授名字，並與此異，今從班《書》。 晉皇甫謐《高士傳》：田何，字子莊，齊人也。自孔子授《易》，五傳至何。何以《易》授東武王同等，皆顯當世。惠帝時，何年老家貧，守道不仕，帝親幸其廬以受業，終爲《易》者宗。 《藝文類聚・隱逸門》：魏隸《高士傳》曰，田生菅床茅屋，不肯仕宦，惠帝親自往，不出屋。 《崇文總目・易類叙》曰：田何之

《易》，卦《象》、《爻彖》與《文言》、《說卦》等離爲十二篇，而說者自爲章句，《易》之本經也。　秀水朱彝尊《經義考》：晁説之曰，商瞿受《易》孔子，五傳而至田何。漢之《易》書，蓋自田何始，何而上未嘗有書。

按：田生傳經未嘗爲傳，顔氏注已分別言之。《經義考》著錄田何《易傳》，節去《崇文目》「說者」二字，而云「自爲章句」，一似田生實爲章句者，非也。朱氏又引晁説之云，漢《易》家著書，自王同始，蓋得其實，今錄其所傳之經。是漢《易》家最初之本。《藝文志》首載施、孟、梁丘三家經，即從此出。

## 易傳周氏

**《漢書・藝文志・易》**　《易傳周氏》二篇。字王孫也。

**姚振宗《漢書藝文志條理・易》**　《易傳周氏》，二篇。字王孫也。本書《儒林傳》：田何授雒陽周王孫，著《易傳》數篇。又曰：丁寬事田何，學成東歸。至雒陽，復從周王孫受古義，號《周氏傳》。　秀水朱彝尊《經義考》：胡一桂曰：丁寬師田何，而復師其同門之友，以受古義，可謂見善如不及者矣。

按：《史》、《漢》《儒林傳》及荀悅《漢紀》所引劉向《別錄》，載田子莊傳《易》，弟子皆以東武王同爲首，周王孫次之。此以周氏列《易》傳之首者，則以其書皆古義故也。

## 易傳服氏

**姚振宗輯《七略別錄佚文・易家》**　《易傳服氏》二篇。服氏，齊人，號服光。

**《漢書・藝文志・易》**　《服氏》二篇。

**姚振宗《漢書藝文志條理・易》**　《服氏》二篇。劉向《別錄》：服氏，齊人，號服光。按《釋文》引作「服先」，猶言服先生也。漢人常有是稱。「光」字，蓋寫誤。　本書《儒林傳》：田何授齊服生，著《易傳》數篇。　後漢應劭《風俗通・姓氏》篇：服氏，周內史叔服之後，以字爲氏。武威張澍《輯注》曰：澍按《國策》，客有見人于服子。《漢・藝文志》：《易》家有服光。「光」一作「先」。

## 楊氏易說

**《漢書・藝文志・易》**　《楊氏》二篇。名何，字叔元，菑川人。

**姚振宗《漢書藝文志條理・易》**　《楊氏》二篇。名何，字叔元，菑川人。《史記・儒林傳》：田何傳東武人王同，同傳菑川人楊何，何以《易》元光元年徵，官至中大夫。齊人即墨成以《易》至城陽相，廣川人孟但以《易》爲太子門大夫，魯人周霸、莒人衡胡、臨菑人主父偃皆以《易》至二千石，然要言《易》者，本于楊何之家。　本書《儒林傳》：田何授東武王同，同授淄川楊何，字叔元，元光中徵爲大中大夫。又傳贊曰：初唯有《易》楊。　王氏《考證》：太史公司馬談受《易》于楊何。晁氏曰：漢之《易》家，蓋自田何始，何而上，未嘗有書。學官自楊何始，所謂「易楊」者是也。

## 蔡氏易說

**《漢書・藝文志・易》**　《蔡公》二篇。衛人，事周王孫。

**姚振宗《漢書藝文志條理・易》**　《蔡公》二篇。衛人，事周王孫。《經義考》曰：蔡公，名字未詳。歷城馬國翰《玉函山房輯本序》曰：李鼎祚《集解》：虞翻引彭城蔡景君說，則蔡氏漢人，在翻前。《藝文志》有《蔡公易傳》二篇，注衛人，意景君即蔡公，殆衛人而官彭城。虞氏稱其官號，如南郡之稱馬融、長沙之稱賈誼歟？《隋志》不載，書佚已久。《集解》引心一節；朱震《漢上易叢說》推廣其卦變之說，一家法度猶存，並據輯錄。

按：虞氏稱彭城蔡景君，不云蔡彭城景君，馬氏以此蔡公當之，恐未然。然《史》、《漢》《儒林傳》皆不載其人，別無可考，姑存其說。又按本書《地理志》、《續漢書・郡國志》：高帝置楚國，宣帝時改爲彭城郡，後復爲楚國。後漢章帝時，改楚國爲彭城國，彭城亦其國所治縣也。蔡景君在西漢爲楚國之彭城人，在東漢則彭城國之彭城縣人，斷非官于彭城者。又《經義考・承師》篇洪氏亮吉《傳經表》皆無蔡公，亦無蔡景君，窮搜極索而失之眉睫，信乎著書之難也。

## 王氏易說

**《漢書・藝文志・易》**　《王氏》二篇。名同。

**姚振宗《漢書藝文志條理・易》**　《王氏》二篇。名同。本書《儒林傳》：田何授東武王同子中，著《易傳》數篇，同授淄川楊何。《史記・儒林傳》云：「田何傳東武人王同子仲。」　王氏《考證》：晁氏曰，漢《易》家著書，自王同始。

## 韓氏易傳

**姚振宗輯《七略別録佚文・易家》**　《易傳韓氏》二篇。名嬰。《易》傳子夏。韓氏，嬰也。

**《漢書・藝文志・易》**　《韓氏》二篇。名嬰。

**姚振宗《漢書藝文志條理・易》**　《韓氏》二篇。名嬰。本書《儒林傳》《詩》家：韓嬰，燕人也。孝文時爲博士，景帝時至常山太傅。韓生亦以《易》授人，推《易》意而爲之傳。燕、趙間好《詩》，故其《易》微，唯韓氏自傳之。武帝時，嬰常與董仲舒論于上前，其人精悍，處事分明，仲舒不能難也。後其孫商爲博士。孝宣時，涿郡韓生其後也，以《易》徵，待詔殿中，曰：「所受《易》即先太傅所傳也。嘗受《韓詩》，不如《韓氏易》深，太傅故專傳之。」司隸校尉蓋寬饒本受《易》于孟喜，見涿韓生說《易》而好之，即更從受焉。　後漢王充《論衡・骨相篇》：韓太傅爲諸生時，與相工俱入璧雍之中，相璧雍弟子誰當貴者。相工指倪寬曰：「彼生當貴，秩至三公。」韓生謝遣相工，通刺倪寬，結膠漆之交，盡筋力之敬，徙舍從寬，深自附納之。寬嘗甚病，韓生養視如僕狀，恩深踰于骨肉。後名聞于天下。倪寬位至御史大夫，州郡承旨召請，擢用，舉在本朝，遂至太傅。按，韓生軼事不概見，《論衡》言擢用至太傅，在倪寬爲御史大夫之後，是武帝元封以後之事，與史言景帝時爲太傅不合，或武帝時又爲常山王傅，史略之歟？　王氏《考證》：蓋寬饒《封事》引《韓氏易傳》：「五帝官天下，三王家天下。」按《韓詩外傳》間有引《易》文者，亦《韓氏易》也。



## 易傳淮南道訓

**姚振宗輯《七略別録佚文・易家》**　《易傳淮南道訓》，十二篇。臣向所校讎中《易傳淮南九師道訓》，除復重，定著十二篇。淮南王聘善爲《易》者九人，從之采獲，故中書署曰「淮南九師書」。

**《漢書・藝文志・易》**　《淮南道訓》二篇。淮南王安聘明《易》者九人，號「九師說」。

**姚振宗《漢書藝文志條理・易》**　《淮南道訓》二篇。淮南王安聘明《易》者九人，號「九師說」。【略】　劉歆《七略》：《易傳淮南九師道訓》者，淮南王安所造也。　王氏《考證》：張平子《思玄賦》：「文君爲我端蓍兮，利飛遯以保名。」注：《遯》上九曰飛遯，無不利。《淮南九師道訓》曰：「遁而能飛，吉孰大焉。」曹子建《七啓》「飛遯離俗」注亦引之，並以「肥」爲「飛」，文中子謂「九師興而《易》道微」。《隋志》已無其書。《經義考》曰：陸氏《釋文》于需、蠱、遯、損、諸卦，其所引稱「師」者，當即《九師》本。而《鴻烈解》引《易》曰：「剝之不可遂盡也，故受之以復。」此則《道訓》之《序卦》傳文矣。　馬國翰輯本叙曰：九師，不詳何人。高誘《淮南鴻烈解序》：天下方術之士多往歸焉，于是遂與蘇飛、李尚、左吳、田由、雷被、毛被、伍被、晉昌等八人及諸儒大山、小山之徒共講論道德云云。然則《道訓》之九師亦其流也。陳氏《書録解題》以《荀爽九家》當之，誤矣。《隋》、《唐志》皆不著録，佚已久。《經義考》謂《鴻烈解》引《易》即《道訓》。茲據其說，采《淮南》書中諸引《易》語，輯爲一卷，聊存《道訓》之遺。金谿王謨《漢魏遺書鈔》亦輯存數條，附荀爽《九家易解》之後。

## 丁氏易傳

**《漢書·藝文志·易》**　《丁氏》八篇。名寬，字子襄，梁人也。

**馬端臨《文獻通考·經籍考·易》**　《丁寬易》。本傳：初，梁項生從田何受《易》，時寬爲項生從者，讀《易》精敏，材過項生，遂事何。學成，何謝寬，寬東歸，何謂門人曰：「《易》已東矣」。寬至雒陽，復從周王孫受古義，號《周氏傳》。景帝時，寬爲梁孝王將軍距吳楚，號丁將軍。作《易說》三萬言，訓詁舉大義而已，今《小章句》是也。寬授同郡碭田王孫，王孫授施讎、孟喜、梁丘賀，由是《易》有施、孟、梁丘之學。

**姚振宗《漢書藝文志條理·易》**　《丁氏》，八篇。名寬，字子襄，梁人也。　本書《儒林傳》：田何授東武王同、雒陽周王孫、丁寬、齊服生，皆著《易傳》數篇。　又曰：丁寬，字子襄，梁人也。初，梁項生從田何受《易》，寬爲項生從者，讀《易》精敏，材過項生，遂事何。學成，何謝寬。寬東歸，何謂門人曰：「《易》以東矣。」景帝時，寬爲梁孝王將軍，距吳楚，號丁將軍，作《易說》三萬言，訓故舉大誼而已，今《小章句》是也。　又曰：高相，沛人也，治《易》與費公同時。其學亦亡章句，專說陰陽災異，自言出于丁將軍，傳至相。　王氏《考證》：艾軒林氏曰，先秦之爲《易》者未有及義理也，自田何而後，章句傳說多矣。

《經義考》：何喬新曰，丁寬作《易說》三萬言，而訓詁之學興。馬氏《玉函山房》有韓氏、丁氏《易傳》輯本各二卷，以《子夏易傳》、《七略》有「韓嬰傳」之文，《中經簿錄》有「丁寬作」之語，于是全抄《子夏易傳》，以爲韓氏、丁氏《易傳》。考《七略》言韓嬰傳者，謂傳自韓嬰，猶《左氏春秋》傳自張蒼；《中經簿錄》稱丁寬作者，乃疑似之詞。又有以爲馯臂子弓作者，何不又鈔一本，以爲子弓《易傳》乎？此太鑿空不可據，故置不復錄。

按：以傳《易》先後言之，則丁寬當在服生之前。然詳究類例，又似以成書先後爲次，此則非見本書不能定，或《七略》舊第本來如此。

又按：自周氏至此凡七家，皆蒙上文「易傳」二字。《志》欲其簡，故省文。舊本文相連屬，如《隋志》之體。明天順五年，栝蒼馮讓重修福唐郡庠，宋版猶存其行款。至嘉靖十六年，廣東崇正書院重修宋本，則唯存《易》、《禮》如舊款，蓋此兩頁猶是宋槧也。餘皆同今本，知今本分條排比，始于正、嘉之時，而又不能逐條釐訂，故多有分析不明之處。聯寫與分條似乎無大出入，可以互通，而不知各有義例也。如此篇「易傳」二字，唯聯寫可以包下文七家之書，若改爲分條，便不相屬矣。

## 易傳古五子

**姚振宗輯《七略別錄佚文·易家》**　《易傳古五子》，十八篇。臣所校讎中《易傳古五子》書，除復重，定著十八篇。分爲六十四卦，著之日辰，自甲子至於壬子，凡五子，故號曰「五子」。

**《漢書·藝文志·易》**　《古五子》十八篇。自甲子至壬子，說《易》陰陽。

**姚振宗《漢書藝文志條理·易》**　《古五子》十八篇。自甲子至壬子，說《易》陰陽。　本書《曆志》：天六地五，數之常也。天有六氣，降生五味。夫五六者，天地之中合，而民所受以生也。故日有六甲，辰有五子。孟康曰：「六甲之中，唯甲寅無子，故有五子。」　武英殿校刊《考證》：臣召南曰，按《易》有先甲後甲、先庚後庚三日之文，然古人說《易》未有以甲子配卦爻者。至《漢·藝文志》有《古五子》十八篇，自甲子至壬子說《易》陰陽，然則後世占《易》以六辰定六爻，亦不自京房始也。　鄞縣全祖望《讀易別錄》曰：《古五子》十八篇，《漢志》誤入經部。班固曰：「說《易》陰陽。」案，此即納甲納辰之例。　馬國翰輯本序曰：《周易古五子傳》，《隋志》不著錄，佚已久。考《漢書·律曆志》引《傳》曰「日有六甲辰，有五子」之語，下又引「《易》九厄」，孟康注曰：《易》傳也。中言陰九陽九、陰七陽七、陰五陽五、陰三陽三，皆以陰陽之數推歲，以定水旱之災，如淳注積算甲子甚詳。此蓋《古五子傳》之佚文，漢、魏人及見而引述之。茲據補錄。又《吳都賦》注，引「易說陽九」一事，併采錄之。古帙雖亡，猶可補綴而得其大要云。

## 古雜

**《漢書・藝文志・易》**　《古雜》八十篇。

**姚振宗《漢書藝文志條理・易》**　《古雜》八十篇，《雜災異》三十五篇，《神輸》五篇，圖一。　劉向《別録》：神輸者，王道失則災害生，得則四海輸之祥瑞。　本書《谷永傳》：永對災異曰，王者躬行道德，承順天地，博愛仁恕，恩及行葦，籍稅取民不過常法，宫室車服不踰制度，事節財足黎庶和睦，則卦氣理效，五徵時序，百姓壽考，庶草蕃滋，符瑞並降，以昭保右。失道妄行，逆天暴物，窮奢極欲，湛湎荒淫，則卦氣悖亂，咎徵著郵，上天震怒，災異屢降。　全祖望《讀易別録》曰：《古雜易》八十篇、《雜災異》三十五篇、《神輸》五篇之類，皆通説陰陽、災異及占驗之屬，《漢志》誤入經部。按，全氏以《古五子》及此三書皆謂《漢志》誤入經部者，欲借端以詰難《經義考》。其意有在非爲本志而發，置之不論可也。

按：本書《儒林傳》：孟喜得《易家候陰陽災變書》。此《雜災異》三十五篇，蓋即其類。漢時傳授有孟喜、焦贛、京房及沛人高相諸家。《圖》一者，即《神輸圖》，亦即《祥瑞圖》。班固《白雉詩》「啓靈篇兮披瑞圖」，蓋即指此。漢人嘗用以爲殿閣圖畫，後漢嘗以勒石，如麒麟、鳳皇碑之類是也。《隋・志》五行家有《瑞應圖》、《祥瑞圖》各若干卷，其原蓋出于此。

又按：此當以《古雜》八十篇爲一家，《雜災異》三十五篇爲一家，《神輸》五篇、《圖》一爲一家。舊本文相連屬，乃分條刊刻者，以《淮南・道訓》之下有班氏注文，此條之下亦有顔氏引《別録》文，遂以爲一條。覩下文亦以有小注間隔者爲一條，而不知此一條實有三家之書，當分爲三條也。刻書之家往往喜改舊本行款，而明人尤甚，此類是已。

## 周易施氏章句

**《漢書・藝文志・易》**　《章句》，施、孟、梁丘氏各二篇。

**姚振宗《漢書藝文志條理・易》**　《章句》，施、孟、梁丘氏各二篇。施氏、孟氏、梁丘氏各有經本，始末見前。　本書《儒林・施讎傳》：讎授張禹、琅琊魯伯。禹授淮陽彭宣、沛戴崇，魯伯授太山毛莫如、琅琊邴丹。此其知名者也。繇是施家有張、彭之學。　《後漢書・章帝本紀》：建初四年十一月壬戌，詔曰：漢承暴秦，褒顯儒術，建立五經，爲置博士。其後學者精進，雖曰承師，亦別名家。章懷太子注，言雖承一師之業，其後觸類而長，更爲章句，則別爲一家之學。又《儒林傳》：施、孟、梁丘、京氏四家，皆立博士。　馬國翰輯本序曰：《施氏章句》，今唯許愼《五經異義》引一節，《釋文》《漢上易》引二事而已。考本傳，讎再傳爲彭宣，《漢書・宣傳》尚有説鼎卦一節，蓋述施氏義也。又蔡邕《石經》，《易》用三家經本，《釋文》引《石經》止一條。凡邕引《易》，要是《石經》本字，並據采輯爲一卷。

## 周易孟氏章句

**《漢書・藝文志・易》**　《章句》孟氏二篇。

**陸德明《經典釋文序録・注解傳述人》**　《孟喜章句》十卷。無上經。《七録》云：又下經無《旅》至《節》，無《上繫》。

**《隋書・經籍志・易》**　《周易》八卷。漢曲臺長孟喜章句，殘缺。梁十卷。

**《舊唐書・經籍志・易》**　《周易》十卷。孟喜《章句》。

**《新唐書・藝文志・易類》**　孟喜《章句》十卷。

**鄭樵《通志・藝文略・易》**　《周易》十卷。漢曲臺長孟喜章句，隋八卷，唐十卷。

**馬端臨《文獻通考・經籍考・易》**　《孟喜易》。本傳：喜從田王孫受《易》，好自稱譽，得《易家候陰陽災變書》，詐言師田生且死時獨傳喜，諸儒以此耀之也。耀，榮也。同門梁丘賀疏通證明之疏通，猶分別。證明，明其僞也。曰：「田生絶於施讎手中，時喜歸東海，安得此事？」中又蜀人趙賓，好小數書，後爲《易》，飾《易》文，以爲「箕子明夷，陰陽氣亡箕子；箕子者，萬物方荄滋也」。師古曰：《易・明夷》：「箕子之明夷，利貞。」此箕子者，謂殷父師說《洪範》者也，而賓妄爲之說。荄滋，言其根荄滋茂也。荄音該，又音皆。賓持論巧慧，《易》家不能難。皆曰：「非古法也」，心不服。云受孟喜，喜爲名之。名之者，承取其云實授賓也。後賓死，莫能持其說。喜因不肯仞，仞，亦名也。以此不見信。

**姚振宗《漢書藝文志條理・易》**　《章句》，施、孟、梁丘氏各二篇。又《儒林・孟喜傳》：喜授同郡白光、沛翟牧，皆爲博士。繇是有翟、孟、白之學。當爲孟有白、翟之學，轉寫亂之。又曰：《孟氏章句》，惟《釋文》及《正義》、《集解》間引之。唐《大衍曆》議云，十二月卦出于《孟氏章句》。其說《易》本于氣，而後以人事明之，亦引孟說震、坎、離、兌四卦義及六十卦用事配七十二候圖。又《說文》序《易》用孟氏，而所著《五經異義》引孟、京說。又虞翻自言五世傳孟氏《易》，則許、虞二家所引與今《易》異者，皆佚說也。及蔡邕所引《易》，並據輯錄，釐爲二卷。王謨輯本叙錄云，今鈔出《說文》二十五條、《釋文》十一條、《集解》二條、《詩正義》一條、《禮記疏》二條。又惠氏、張氏、孫氏亦各有輯本。

## 周易梁丘氏章句

**《漢書・藝文志・易》**　《章句》梁丘氏二篇。

**姚振宗《漢書藝文志條理・易》**　《章句》，施、孟、梁丘氏各二篇。又《儒林・梁丘賀傳》：賀傳子臨，臨代劉奉世曰：「代」當爲「授」。五鹿充宗、琅琊王駿。充宗授平陵士孫張、沛鄧彭祖、齊衡咸。繇是，梁丘有士孫、鄧、衡之學。又傳曰：初唯有《易》楊，至孝宣世，復立施、孟、梁丘《易》。又曰：《梁丘氏章句》，惟《釋文》「莧陸」引三家音、「先心」引《石經》外，別無顯證。考王駿從臨受《易》，臨傳五鹿充宗，充宗傳衡咸，咸爲王莽講學大夫。又《後漢・范升傳》，升上書曰：「臣與博士梁恭、山陽太守呂羌俱修《梁丘易》。」兹從《宣元六王傳》得王駿引《易》一節，《王莽傳》引《易》六節，《范升傳》引二節，蔡邕引七節，並據合輯爲一卷。其《易》盛于東漢，張興傳其學，弟子著錄萬有餘人。至西晉永嘉之亂，與《施氏易》並亡矣。

按：此三家《章句》，又別爲章段。《七略》著錄，當分別爲三條，而各繫以詞。《志》欲其簡，故合并爲一。

又按：此篇凡分四類，其一經三家，其二傳七家，其三別傳八家，其四章句三家。其初當有限斷乙于其處，傳久失之。以下三十七篇並同此例。

## 易家候陰陽災變書

**姚振宗《漢書藝文志拾補・易》**　《易家候陰陽災變書》。《漢書・儒林・孟喜傳》：喜從田王孫受《易》，好自稱譽，得《易家候陰陽災變書》，詐言師田生且死時，枕喜𦡀，獨傳喜。諸儒以此耀之。同門梁丘賀疏通證明之曰：「田生絕於施讎手中，時喜歸東海，安得此事？」後博士缺，衆人薦喜，上聞喜改師法，遂不用喜。鄞縣全祖望《讀易別錄》曰：《易家候陰陽災變書》，見《漢書・儒林傳》。孟喜所得，即魏相采以奏事者。此書《經義考》失載。

按：此疑即《藝文志》「《雜災異》三十五篇」之別本，爲焦贛、京房所傳說，故京房以爲延壽《易》即孟氏學，蓋與孟氏學略相同也。其後高相專說陰陽災異，言出于丁將軍者，亦即此類之書。

## 京房易傳

**姚振宗輯《七略別録佚文・易家》**　《易傳孟氏京房》十一篇。

**《漢書・藝文志・易》**　《孟氏京房》十一篇。

**鄭樵《通志・藝文略・易》**　《易傳》三卷。漢京房傳，吳陸績注。

**晁公武《郡齋讀書志・易類》**　《京房易傳》四卷。右《漢・藝文志》：《易京氏》凡三種，八十九篇。《隋・經籍志》有《京氏章句》十卷，又有《占候》十種，七十三卷。《唐・藝文志》有《京氏章句》十卷，而《占候》存者五種，二十三卷。今其《章句》亡矣，乃略見於僧一行及李鼎祚之書。今傳者曰：京氏《積算易傳》三卷、《雜占條例法》一卷，名與古不同。所謂《積算易傳》，疑《隋》、《唐志》之《錯卦》是也；《雜占條例法》者，疑《隋》、《唐志》之《逆刺占災異》是也。景迂嘗曰：是書兆乾、坤之二象以成八卦，卦凡八變而六十有四。於其往來升降之際，以觀消息盈虚於天地之元，而酬酢乎萬物之表者，炳然在目也。大抵辨三《易》、運五行、正四時、謹二十四氣、悉七十二候、而位五星、降二十八宿。其進退以幾，而爲一卦之主者，謂之「世」；奇耦相與、據一以超二，而爲主之相者，謂之「應」；世之所位，而陰陽之肆者，謂之「飛」；陰陽肇乎所配乾與坤、震與巽、坎與離、艮與兑。而終不脱乎本，以飛某卦之位，乃伏其某宫之位。以隱賾佐神明者，謂之「伏」；起乎世而周乎内外、參乎本數以紀月者，謂之「建」；終終始始極乎數而不可窮以紀日者，謂之「積」；含於中而以四爲用，一卦備四卦者，謂之「互」。乾建甲子於初，坤建甲午於上，八卦之上，乃生一世之初。初一世之五位，乃分而爲五世之位。其五世之上，乃爲遊魂之世；五世之初，乃爲歸魂之世。而歸魂之初，乃生後卦之初。其建剛日則節氣，柔日則中氣。其數虚則二十有八，盈則三十有六。蓋其可言者如此。若夫象遺乎意，意遺乎言，則錯綜其用，唯變所適。苟非彰往而察來、微顯而闡幽者，曷足以與此！《易》學自商瞿至孟喜，授受甚明，房受之喜，而翟牧、白生者不肯京氏曰：「京非孟氏學也。」劉向亦疑京託之孟氏，予不知當時爲何說也。今以當時之書驗之，蓋有《孟氏京房》十一篇，《災異孟氏京房》六十六篇，同爲一家之學，則其原委孰可誣哉！

**尤袤《遂初堂書目・周易類》**　《漢京氏易傳》。

**陳振孫《直齋書録解題・易類》**　《京房易傳》三卷。《積算雜占條例》一卷。吴鬱林太守吴郡陸績公紀注。京氏學廢絶久矣。所謂《章句》者，既不復傳，而《占候》之存於世者僅若此，較之前志，什百之一二耳。今世術士所用世應、飛伏、游魂、歸魂、納甲之説，皆出京氏。晁景迂嘗爲京氏學，用其傳爲《易》式云。或作四卷，而《條例》居其首。又有《參同契》、《律曆志》，見陰陽家類，專言占候。

**馬端臨《文獻通考・經籍考・易》**　《京房易傳》四卷。本傳：房治《易》，事梁人焦延壽字贛。贛常曰：「得我道以亡身者，京生也。」其説長於災變，分六十四卦，更直日用事，以風雨寒溫爲候。孟康曰：分卦直日之法：一爻主一日，六十四卦爲三百六十日，餘四卦《震》、《離》、《兑》、《坎》爲方伯監司之官。所以用《震》、《離》、《兑》、《坎》者，是二至二分用事之日，又是四時各專王之氣。各卦主時，其占法各以其日觀其善惡也。各有占驗，房用之尤精。【略】　石林葉氏曰：世傳京房《易》學，據《漢書》傳：《易》自商瞿至田王孫，皆自有次第。故言《易》者，以田王孫爲正。孟喜從王孫學，好自稱譽，得《易家候陰陽災變書》。詐言王孫死時，枕喜股膝獨傳，已爲梁丘賀所排矣。京房受學焦延壽，延壽受學孟喜，孟喜且不爲當時所信，況延壽乎？史謂延壽獨得隱士之説，託之孟氏。《易》家不相同，皆京氏爲異黨，而受梁丘賀學者，亦京房。顔師古謂別一人，亦受學田何。今世有《京房易》，皆陰陽曆數之書。又有《京房雜算數》十篇，其言龐雜，專主占筮，兩人莫知爲誰，審爲受延壽學者。今考《京房傳》，本以卦氣直日爲説，與其書不類。占事知來，房力犯弘恭、石顯，自不能保其身，亦何貴於占乎？《易》於他經，孔子最所致意。蓋言五十而學《易》可以無大過。而自司馬遷以來，學者皆言孔子傳商瞿，瞿本非門人高弟，略無一言見於《論語》。性與天道子貢且不得聞，而謂商瞿得之乎？　《朱子語録》曰：京房卦氣用六日七分。季通云：康節亦用六日七分，但不見康節説處。又曰：京房輩説數，捉他那影裏才發見處，便算將去。且如今日一箇人來相見，便就那相見底時節，算得這箇是好人不是好人，用得極精密。他只是動便算得，靜便算不得。

**楊士奇等《文淵閣書目・易》**　《京氏易傳》。一部，一册。闕。

**范邦甸等《天一閣書目・易類》**　《京氏易傳》三卷。刊本。吴鬱林太守陸績註，明司馬公諱欽訂。

**徐𤊹《徐氏家藏書目・易類》**　《京房易傳》。二卷。吴鬱林太守陸績注，明兵部侍郎范欽訂。

**毛晉《汲古閣書跋》**　《京氏易傳》。漢時有兩京房，皆治《易》。一爲梁人，焦延壽弟子，成帝時人，以明災異得幸。一爲淄川楊何弟子，宣帝時人，出爲齊郡太守。顔師古亦謂別是一人，非延壽弟子，爲課吏法者，或書字誤耳。按殷嘉、姚平、乘弘諸家所傳京氏之學，迺受焦氏學者。《易傳》四卷，亦其所作。卷帙多寡不同，晁氏言之詳矣。王鬱林太守注本，向傳四卷，後有《雜占條例法》一卷，今止存三卷，所亡實多。但京氏以積算、占候爲主，卜氣用六日七分，葉石林病其言龐雜。朱子又云：動便算得，靜便算不得。石顯譖言已動，不能先幾遠害，豈占算獨未灼然耶？

**錢謙益等《絳雲樓書目·易類》** 《京氏易解》三冊，三卷。京房傳，陸續注。

**錢曾《讀書敏求記·經》** 《京氏易傳》三卷。《京氏易傳》陸續註，予藏舊抄本四種，其一書法甚佳。

**吴焯《繡谷亭熏習録·經部》** 《京房易》三卷。漢京房著。按《漢書》，京房有二：一焦延壽弟子，元帝時卒于魏郡太守；一楊何弟子，宣帝聞其爲《易》，明求其門人，得梁丘賀，則京房已歿可知也。顏師古謂「自別一京房，非延壽弟子」。然考延壽之說，專述陰陽災異，分六十卦、更直日用事。今所傳《京氏易傳》亦然，是延壽弟子無疑。本傳稱其精于占驗，受知元帝。凡奏對封事皆援之爲證，至今術士尙宗之。劉向謂諸家《易》皆祖田何，惟京氏爲異。則其書在當時原自成一家。祖田何者皆不傳，京氏既傳而又不全，惜哉！

**張之洞《書目答問·易類》** 《京氏易傳》三卷。漢京房。《津逮祕書》本。《學津討源》本。此書多言占候，故《四庫》列術數類。惟漢學家多與相涉，未便歧出，姑附於此。

**姚振宗《漢書藝文志條理·易》** 《孟氏京房》十一篇，《災異孟氏京房》六十篇，五鹿充宗《略說》三篇，《京房段嘉》十二篇。劉向《別錄》《京房易說》云：月與星至陰也，有形無光，日照之乃有光。喻如鏡照日即有影見。月初，光見西方；望已後，光見東，皆日所照也。本書《儒林·孟喜傳》：喜好自稱譽，得《易家候陰陽災變書》，詐言師田生且死時枕喜膝，獨傳喜，諸儒以此耀之。同門梁丘賀疏通證明之，曰：「田生絶于施讎手中，時喜歸東海，安得此事？」喜爲丞相掾，博士缺，衆人薦喜。上聞喜改師法，遂不用喜。又《儒林·京房傳》：房受《易》梁人焦延壽。延壽云嘗從孟喜問《易》，會喜死，房以爲延壽即孟氏學，翟牧、白生不肯，皆曰非也。至成帝時，劉向校書，考《易》說，以爲諸《易》家說皆祖田何、楊叔、丁將軍，大誼略同，唯京氏爲異。黨焦延壽獨得隱士之說，師古曰「黨」讀曰「儻」。託之孟氏，不相與同。房以明災異得幸，爲石顯所譖誅。自有傳。又傳《贊》曰：至元帝，世復立《京氏易》。《隋志》云：京房別爲京氏學，嘗立後罷。後漢施、孟、梁丘、京四家並立云云。似房既被誅並罷其學也。又《京房列傳》：房，字君明，東郡頓丘人也。治《易》，事梁人焦延壽。延壽，字贛。其說長于災變，分六十四卦更直日用事，以風雨寒溫爲候，各有占驗。房用之尤精。初元四年，以孝廉爲郎，數召見問得失。建昭時，出爲魏郡太守。去月餘，徵下獄，棄市。房本姓李，推律自定爲京氏，死時年四十一。又《元帝本紀》：建昭二年，冬十一月，淮陽王舅張博、魏郡太守京房，坐窺道諸侯王以邪意，漏泄省中語，博要斬，房棄市。又《儒林·梁丘賀傳》：賀傳子臨，臨代五鹿充宗君孟爲少府。劉奉世曰「代」當爲「授」。又《京房列傳》：元帝時，中書令石顯顓權。顯友人五鹿充宗爲尙書，令與房同經。又《朱雲傳》：雲從白子友受《易》。是時，少府五鹿充宗貴幸，爲梁丘《易》。自宣帝善梁丘氏說，元帝好之，欲考其異同，令充宗與諸《易》家論。充宗乘貴辨口，諸儒莫能與抗，皆稱疾不敢會。有薦雲者，召入。攝齊登堂，抗首而請，音動左右。既論難，連拄五鹿君，故諸儒爲之語曰：「五鹿嶽嶽，朱雲折其角。」又《佞幸·石顯傳》：顯與充宗結爲黨友。成帝即位數月，顯免官，徙歸故郡，道病死，諸所交結皆廢罷。少府五鹿充宗左遷玄菟太守。《百官公卿表》：元帝建昭元年，尙書令五鹿充宗爲少府。五年貶爲玄菟太守。《釋文叙錄》曰：代郡人。又《儒林·京房傳》：房授東海殷嘉、河東姚平、河南乘弘，皆爲郎博士，繇是《易》有京氏之學。蘇林曰段嘉，東海人，爲博士。顏氏《集注》曰：嘉，即京房所從受《易》者也，見劉向《別錄》。《釋文叙錄》曰：段嘉，《儒林傳》作殷嘉。王氏《考證》：龜山楊氏曰，以爻當期，其原出于《繫辭》。而以星日氣候分布諸爻，《易》未有也。其流詳于緯書，世傳《稽覽圖》是也。武進張惠言《易義別錄》曰：《漢志》：《孟氏京房》十一篇，《災異孟氏京房》六十六篇，此京氏注孟也。按，此說足以發人深省。漢人注釋各自爲書，不連本文。此殆根據孟氏而並其所自得者，合爲一編。由是推尋，則《京氏段嘉》亦段注京氏之書，《五鹿充宗略說》亦本其師梁丘臨之書歟？烏程嚴可均校輯序曰：《京氏易》八卷，無錫王保訓輯本也。《漢魏叢書》有《京氏易傳》三卷。王氏于三卷外，采錄遺文，得四萬許言，尋以病卒于都下。其同年友嚴可均理而董之，正其訛，補其闕，仍分八卷，繕寫而爲之叙曰：《易》以道陰陽，有陰陽即有五行。孟喜受《易家陰陽》立十二月辟卦。其說本于氣，以準天時、明人事，授之焦贛。焦贛又得隱士之説五行消復，授之京房。京房兼而用之，長于災變，布六十四卦于一歲中，卦直六日七分，迭更用事，以風雨寒溫爲候，各有占驗，獨成一家。孝元立博士。迄東漢末，費直行而京氏衰。晉代猶有傳習者。至隋、唐，歷宋入明，而《漢志》之八十九篇，僅存三卷，蓋京氏學久廢絶矣。今輯《易傳》、《易占》、《飛候》、《五星》、《風角》等篇，雖《京氏占候》不盡此，亦大端具矣。然余爲之深惜者，《京氏章句》亡于唐、宋，今輯《章句》僅寥寥五十五事，曾不如《占候》之大端具也。所爲望古而悵然者也。元和惠棟《易漢學》、平湖孫堂《漢魏廿一家易注》及張氏《易義別録》、王氏《漢魏遺書鈔》、馬氏《玉函山房》並有《京氏易章句》輯本。王氏附《飛候》七十條，其《災異》、《占候》，則惟嚴氏所訂八卷爲備也。

按：此當以《孟氏京房》十一篇、《災異孟氏京房》六十六篇爲一家，《五鹿充宗略説》三篇爲一家，《京氏段嘉》十二篇爲一家分條。刊刻者不能釐別，但以前後有注文間隔者爲條，而不知此一條亦有三家之書也。又五鹿充宗爲梁丘家學，雜入京房家内殊無倫類。《儒林傳》有「梁丘臨專行京房法」之語，乃齊郡太守京房，猶在此京房之前。所謂「專行其法者」行，彼京房筮古之法耳。觀上文源委可知也。若依舊本行款連續而書，則此爲孟氏、梁丘氏、京氏三家門徒之書，自然倫貫有叙。改爲一條，別自起訖，乃雜出不倫，全無章法矣。

又按：自《古五子》至此凡八家，皆古今雜説陰陽、災異、占候之書，別爲一類。又此八家皆有《易傳》之名，乃《易傳》之別派，亦統屬上文「易傳」二字，特其中有分別耳。

## 京房章句

**陸德明《經典釋文序録・注解傳述人》** 京房《章句》十二卷。《七録》云十卷，《録》一卷。

**《隋書・經籍志・易》** 《周易》十卷。漢魏郡太守京房章句。

**《舊唐書・經籍志・易》** 《周易》十卷。京房章句。

**《新唐書・藝文志・易類》** 京房《章句》十卷。

**鄭樵《通志・藝文略・易》** 《周易》，十卷。漢魏郡太守京房章句。

## 周易大義

**《隋書・經籍志・易》** 《周易大義》一卷。京房撰。

**鄭樵《通志・藝文略・易》** 《周易大義》一卷。京房撰。

## 周易錯

**《隋書・經籍志・易》** 梁有《周易錯》八卷。京房撰。亡。

## 積算雜占條例

**晁公武《郡齋讀書志・易類》** 京房《雜占條例法》一卷。

**陳振孫《直齋書録解題・易類》** 京房《積算雜占條例》一卷。

## 積算易傳

**晁公武《郡齋讀書志・易類》** 京房《積算易傳》三卷。

## 易傳災異孟氏京房

**姚振宗輯《七略別録佚文・易家》** 《易傳災異孟氏京房》六十六篇。

《京房易説》云：月與星至陰也，有形無光，日照之乃有光，喻如鏡照，日即有影見。月初，光見西方；望已後，光見東，皆日所見也。

**《漢書・藝文志・易》** 《災異孟氏京房》六十六篇。

## 略說

**《漢書・藝文志・易》** 五鹿充宗《略說》三篇。

## 京氏段嘉

**姚振宗輯《七略別録佚文・易家》** 《京氏段嘉》十三篇。嘉即京房所從受《易》者也。

**《漢書・藝文志・易》** 《京氏段嘉》十二篇。

## 易經費氏

**姚振宗《漢書藝文志拾補・易》** 《易經》十二篇，費氏。宋王應麟《漢書藝文志考證》，呂氏曰：漢興，言《易》者六家，獨費氏傳古文《易》，而不立於學官。費氏《易》在漢諸家中最近古，最見排擯，千載之後巋然獨存，豈非天哉？按，此中外經各一本，《藝文志》但言及之，不著於録。以上經本。

## 易說費氏

**姚振宗《漢書藝文志拾補・易》** 《易說費氏》，二篇。《漢書・儒林傳》：費直，字長翁，東萊人也。治《易》爲郎，至單父令。長於卦筮，亡章句，徒以《彖》、《象》、《繫辭》十篇、《文言》解說上下經。按宋馮椅《厚齋易學》引作「十篇之言」，此文字似「之」字之誤。琅琊王璜平仲能傳之。《經義考》：明錢一本曰，《周易》漢費直本，畫一全卦繫以《彖辭》，再畫本卦繫以《爻辭》，又畫覆卦繫以用九用六之辭。後以一「傳」字加彖傳之首，鄭康成本省去費本六爻之畫，又省用九、用六、覆卦之畫云云。 明朱睦㮮《授經圖》曰：費直自爲《易》以相授受，原無師傳。

## 費直章句

**陸德明《經典釋文序録・注解傳述人》** 費直《章句》四卷。殘缺。

**《隋書・經籍志・易》** 又有漢單父長費直注《周易》四卷。亡。

**《舊唐書・經籍志・易》** 《周易》四卷。費直章句。

**《新唐書・藝文志・易類》** 費直《章句》四卷。

**鄭樵《通志・藝文略・易》** 《周易》四卷。漢費直章句。費氏之學，出於民間，不列學官。至唐，其書始出。

**馬端臨《文獻通考・經籍考・易》** 《費直易》。本傳：直「長於卦筮，亡章句，徒以《彖》、《象》、《繫辭》十篇、《文言》解說上下經。琅邪王璜平中音仲。能傳之。」

**姚振宗《漢書藝文志拾補・易》** 《易章句費氏》四卷。張惠言《易義別録》曰：《費氏古文易》，徒以《彖》、《象》、《繫辭》、《文言》解說上下經，無章句。《七録》有《費氏章句》四卷，蓋僞託，不足信。然陸德明以爲永嘉之亂，鄭注行世，而費氏之《易》無人傳者，豈以僞託之《章句》爲費氏耶？或者費氏本無訓說，諸儒斟酌各家以通之。馬國翰輯本《序》曰：《隋志》云梁有費直注《周易》四卷。新舊《唐志》、《釋文叙録》並作《章句》，與本傳所稱「亡章句」者不合，疑爲費學者附益之，今已佚亡。宋吳仁傑、晁說之考定《古易》，吳録費直《易乾卦》以見例，晁合諸家以訂古文，最爲明晰，玆據輯録。

## 古易象

**徐𤊹《徐氏家藏書目・易類》** 《古易象》。三卷。費直定本。

# 焦氏易林

**晁公武《郡齋讀書志·易類》** 《焦氏易林》十六卷。右漢天水焦贛延壽傳《易》於孟喜，行事見《儒林傳》中，此其所著書也。費直題其前曰：「六十四卦變。」又有唐王俞序。其書每卦變六十四，總四千九十六首，皆爲韻語，與《左氏傳》所載「鳳皇于飛，和鳴鏘鏘」、《漢書》所載「大横庚庚，予爲天王」之語絶相類，豈古之卜者，各有此等書耶？

**尤袤《遂初堂書目·周易類》** 漢《焦氏易林》。

**馬端臨《文獻通考·經籍考·易》** 《焦氏易林》十六卷。

**楊士奇等《文淵閣書目·易》** 《焦氏易林》。一部，八冊。闕。《焦氏易林》。一部，八冊。闕。

**徐𤊹《徐氏家藏書目·易類》** 《焦氏易林》。十六卷。焦延壽著。

**吴焯《繡谷亭熏習録·經部》** 《焦氏易林》十六卷。漢天水焦延壽字贛著。漢世《易》學，京氏與施、孟、梁丘並稱。京氏授于焦氏，班史于京傳首敘之。第《易林》之名，不見《藝文志》。至《隋·經籍志》始有《易林》、《易林變占》各十六卷，而《易林變占》已佚，惟《易林》存焉。《文獻通考》又謂此名《大易通變》。唐王俞序，此序見竹垞《經義考》，世行本無之。明新都唐琳刊本，又題《周易變卦》。古人傳書，後世遞變其名，殊不可解。

**黄丕烈《蕘圃刻書題識》** 《刻陸敕先校宋本焦氏易林序》。世所行諸刻《易林》，悉出自明内閣本，成化癸巳彭華題後可證也。分上、下經爲卷，或又析之作四卷，而其譌舛不可卒讀，則盡同。近好事者多傳臨陸敕先校宋本，文句碩異，實視諸刻遠勝往歲。陸手勘者，歸予家，續又收葉石君校本，取以參驗。先所傳臨，竟有稍益失眞處，故付之刻。凡陸勘而誤，必存其眞。雖可知當爲某字者，終不輒以改竄，亦猶予向日刻他書之意耳。其諸刻所附，而陸勘未及者，蓋皆非出於宋本，概不載入。陸僅就嘉靖四年所刻以勘，而記於上方，云卷次非宋本。考季滄葦《延令宋板書目》，《焦氏易林》十六卷八本，未知其爲即校宋本之祖，抑板同而又有一部？然分卷十六確鑿可信，尚與《隋志》數合。又嘗見一別本乃如此。今特據之。實每卷四卦也。延令藏書散失流轉，予得之頗不少。此書當仍在天壤間，安能一旦再出，使所謂全注並傳，且行款偏旁均復舊觀，必將爲陸勘助掃落葉，豈不更快！識於此，冀我二三同志搜訪之云。嘉慶十三年閏五月十日黄丕烈書。

《易林後序》。此書今本之誤，非校宋本不能正者，如《賁之鼎》「東門之壇」，乃《詩·鄭風》文。《正義》云偏檢諸本，字皆作「壇」。又云，今定本作「墠」。《釋文》云「壇」音「善」，依字當作「墠」。可見作《易林》時固是「壇」字，今作「墠」者，誤。依定本以後，《毛詩》所改，似是實非。《頤之解》「飢人入室」，乃《史記·殷本紀》所謂「及西伯伐飢國滅之」。徐廣曰：「飢」一作「阢」，又作「耆」，即《尚書大傳》之「西伯戡耆」也。今「飢人」作「箕仁」，臆改而誤。《萃之漸》「橘柚請佩」，乃《韓詩内傳》「漢有游女」事，所謂聘之橘柚者也。今「橘柚」作「禱神」，亦臆改耳。《旅之蒙》「封豕溝瀆」，全取《史記·天官書》語。今「豕」作「涿」，失之遠矣。其類甚夥，咸有如風庭之掃葉也。顧君千里見語曰：「讀此書之法又有三焉，以複見求之也，以所出經子史等求之也，以韻求之也。」如《比之震》「扶仗伏聽」誤，「无妄之中孚」「扶」下無「杖」字，「聽」下有「命」字者是。《兑之否》「扶」作「俯」亦非。扶，伏者，匍匐也。《大過之蠱》「故革懈惰」誤，《遯之益》、《鼎之既濟》作「五棃解墮」者是。「棃」或體作「犂」也。《豐之困》「膠牢振振，冠帶無憂」誤，《明夷之旅》作「膠目啓牢，振冠無憂」者是。《呂覽·贊能》説管仲事正曰「膠其目也」，此皆可得之於複見者。如《乾之咸》「反得丹穴，女貴以富」，「貴」當作「清」，本《史記·貨殖列傳》「而巴蜀寡婦清，其先得丹穴」。《大畜之訟》「哀相無極」，「哀相」當作「衷衵」，本《左氏傳》「皆衷其衵服」。《小畜之漸》「鳴鳩飛來」、《晉之艮》作「餌吉知來」、《家人之大畜》作「神烏來見」皆誤，當作「鳱鵠知來」，本《淮南·氾論訓》「乾鵠知來而不知往」。鄭注《大射儀》引作「鳱」，此與之同。《姤之晉》「販鼠賣卜」，「卜」當作「朴」，本《戰國策》周人謂「鼠未腊者朴」。《升之艮》「扶陝之岐」，「扶陝」當作「杖策」，本《尚書大傳》「遂杖策而去，過梁山邑岐山」。今本《大傳》「杖策」誤倒。《震》卦「枯瓠不朽」，「朽」當作「材」，本《國語》「苦匏不材於人」。《既濟之鼎》「禍起子商」，「子」當作「于」，「于」，於也；「商」，宋也，謂禍起於宋。雍氏本《左氏傳》也。此皆可得之於所出經子史等者。如《訟之損》「更相擊劍」，「劍」當作「詢」，《明夷之臨》不誤。《大畜之家人》作「詢」，亦非，以「詢」與下「走」爲協。《晉之漸》「神君之精」，「之精」當作「乏祀」，以「祀」與上「起」、「理」爲協。《革之豫》「沾我袴襦，重難以涉」，「袴襦」當倒，「涉」當作「步」，《未濟之損》不誤，以「袴」、「步」爲協。《兌之噬嗑》「茂樹斬枝」，「枝」當作「枚」，以「枚」與下「飢」爲協。此皆可得之於韻者。其類亦甚夥，難以悉數。又如《豫之豐》云「一說文山蹲鴟」，「一說」即「一作」也。由是以推，凡一繇數句而上下語意不類，蓋皆脱去一「作」字，而誤相連并耳。此又一法也。讀者苟於校宋本得之之外，循是而各求之，思過半矣。予甚然其言，附著於末，以貽好學者。若夫繁文衆詞，自我作古，冀博善讀書之名，而其意不在書，乃顧君生平深惡痛絶者。予雖不敏，亦未忍爲此態也已。閏五月廿四日丕烈又書。

## 易說高氏

**姚振宗《漢書藝文志拾補・易》** 《易說高氏》。《漢書・儒林傳》：高相，沛人也，治《易》與費公同時，其學亦亡章句。專說陰陽災異，自言出於丁將軍，傳至相，相授子康及蘭陵毋將永。繇是，《易》有高氏學，高、費皆未嘗立於學官。《隋書・經籍志》：費直傳《易》以授琅琊王璜，璜授沛人高相，相以授子康及蘭陵毋將永。故有費氏之學。後漢魏代，費氏大興，高氏遂衰，梁丘、施氏、高氏亡於西晉。朱睦㮮《授經圖》曰：高相《易》，自言出於丁將軍寬。寬，景帝時人。相平，帝時人，相去甚遠，或亦私淑者也。按，史言高氏與費公同時，《隋志》云云則爲費氏再傳弟子，陸元朗無是說，似《隋志》誤也。

## 易說趙氏

**姚振宗《漢書藝文志拾補・易》** 《易說趙氏》。《漢書・儒林・孟喜傳》：「蜀人趙賓好小數書，後爲《易》，飾《易》文，以爲『箕子明夷，陰陽氣亡箕子；箕子者，萬物方荄茲也。』賓持論巧慧，《易》家不能難，皆曰『非古法』也。云受孟喜，喜爲名之。後賓死，莫能持其說。喜因不肯仞，以此不見信。」顏師古曰：「此『箕子』者，謂殷父師說《洪範》者也，而賓妄爲說耳。荄茲，言其根荄方茲茂也。」張澍《蜀典》曰：按，若「箕子」爲「荄滋」，則文王又何解乎？顏師古駁正良是。長洲宋翔鳳《過庭錄》曰：案，陸德明《周易音義》云：「箕子之明夷」，蜀才「箕」作「其」。劉向云今《易》「箕子」作「荄滋」。鄒湛云，訓「箕」爲「荄」，訓「子」爲「滋」，漫衍無經，不可致詰，以譏荀爽。案，此則荀氏注《易》，遠合趙賓。劉向所據亦同賓說，賓之所學實爲有本。《傳》謂賓「持論巧慧，《易》家不能難」，夫憑肊巧辨必有時而窮，至於「不能難」，而徒以「非古法」斥之，豈信讞乎？案，賓以陰陽氣言即是孟喜候陰陽之學，讀「箕子」爲「荄茲」當據古文。蜀才姓范名長生，蜀人，其所述當即趙賓之《易》，故與賓同，其學實合古文。

## 易傳戴氏

**姚振宗《漢書藝文志拾補・易》** 《易傳戴氏》。《漢書・儒林・施讎傳》：施讎授張禹，禹授淮陽彭宣、沛戴崇子平，崇爲九卿。《漢書・張禹傳》：禹成就子弟尤著者，淮陽彭宣至大司空，沛郡戴崇至少府九卿。宣爲人恭儉有法度，而崇愷悌多智，二人異行。禹心親愛崇，敬宣而疏之。崇每候禹，禹將崇入後堂飲食。而宣之來也，禹見之於便坐，講論經義，未嘗得至後堂。及兩人皆聞知，各自得也。《釋文叙錄》：沛戴崇，字子平，少府，作《易傳》。

## 易注救氏

**姚振宗《漢書藝文志拾補・易》** 《易注救氏》。劉向《別錄》曰：《易》家有救氏之注。應劭《風俗通・姓氏》篇：漢有諫議大夫救仁。張澍輯本附注曰，按劉向《別錄》，《易》家有救氏。

按：《別錄》此條，見《史記・衡山王列傳》《索隱》引。或刊誤作「救民之法」。今考史文，以江都人救赫，《漢書》「救」作「枚」，故《索隱》引《別錄》「救氏之注」，以證「枚赫」之譌，決非「救民之法」也。

## 易通論

**姚振宗《後漢藝文志・易》** 洼丹《易通論》七篇。范書《儒林傳》：洼丹，字子玉，南陽育陽人也。世傳《孟氏易》，王莽時嘗避世教授，專志不仕，徒衆數百人。建武初，爲博士，稍遷，十一年爲大鴻臚。作《易通論》七篇，世號「洼君通」。丹學義研深，《易》家宗之，稱爲大儒。十七年，卒官。張惠言《易義別錄序》曰：孟氏之後有洼丹，作《易通論》。

## 周易注

**姚振宗《後漢藝文志・易》** 鄭衆《周易注》。范書《鄭興附傳》：衆，字仲師，河南開封人，通《易》、《詩》，知名於世。永平初，辟司空府，以明經給事中。再遷越騎司馬，使匈奴，繫廷尉，會赦歸家，復召爲軍司馬，拜中郎將，遷武威太守，左馮翊。建初六年，爲大司農。八年，卒官。又《儒林傳》曰：陳元、鄭衆皆傳《費氏易》。《釋文叙錄》曰：河南鄭衆，字仲師，大司農，傳《費氏易》。《侯志》曰：鄭衆《易注》，諸家俱不著錄。《左傳序》疏云：鄭衆、賈逵、虞翻、陸績之徒，以《易》有「箕子之明夷」、「東鄰殺牛」，皆以爲《易》之爻辭，周公所作。此或是鄭衆注《左傳》之文，無以必其爲《易》注。至史徵《口訣義》「觀大象」、「震九四」、「兌大象」，凡三引鄭衆說，則衆於《易》似有成書。本傳稱衆兼通《易》，《儒林傳》稱衆傳《費氏易》，其言又相合也。今創錄其書，亦過而存之之意云。

## 易難記

**姚振宗《後漢藝文志・易》** 袁京《易難記》。范《書・袁安傳》：安，字邵公，汝南汝陽人也。子京、敞最知名。京，字仲譽，習《孟氏易》，作《難記》三十萬言。初拜郎中，稍遷侍中，出爲蜀郡太守。張惠言《易義別錄序》：曰孟氏之後，有洼丹作《易通論》、袁良作《難記》。按此作袁良，與范書異，似誤。

按：安祖父良，平帝時太子舍人，習《孟氏易》。安少傳良學，京弟敞少傳《易》經教授，京子彭少傳父業，彭弟湯少傳家學，並見范書。袁氏世傳《孟氏易》，自良至湯凡六人。又按唐世系，良二子：昌、璋。昌，成武令，生漢司徒安。

## 易章句

**姚振宗《後漢藝文志・易》** 袁太伯《易章句》。王充《論衡・案書（編）〔篇〕》曰：東番鄒伯奇，臨淮袁太伯、袁文術，會稽吳君高，周長生之輩，位雖不至公卿，誠能知之囊橐，文雅之英雄也。觀伯奇之《玄思》、太伯之《易章句》、文術之《箴銘》、君高之《越紐錄》、長生之《洞曆》，劉子政、楊子雲不能過也。

# 易　說

**姚振宗《後漢藝文志·易》**　景鸞《易説》。范書《儒林傳》：景鸞，字漢伯，廣漢梓潼人也。少隨師學經，涉七州之地。能理施氏《易》，作《易說》。州郡辟命不就，以壽終。《華陽國志》：漢伯少與廣漢郝伯宗、蜀郡任叔本、潁川李仲敚一字、渤海孟元叔游學七州，遂明經術，太守命爲功曹。察孝廉，舉有道，博士徵，不詣。然上陳時政，言經得失。又戒子孫人紀之禮，及遺令：期死葬，不設衣衿。務在節儉，甚有法度。卒終布衣。武進張惠言《易義別錄序》曰：施氏之後，有彭宣、戴崇作《易傳》，景鸞作《易說》。

# 易傳彭氏

**姚振宗《漢書藝文志拾補·易》**　《易傳彭氏》。《漢書》列傳：彭宣，字子佩，淮陽陽夏人也。治《易》事張禹，舉爲博士，遷東平太傅。禹薦宣經明有威重，可任政事，繇是爲右扶風、太原太守、大司農、光祿勳、右將軍、左將軍，以關內侯歸家。元壽元年召爲光祿大夫，遷御史大夫，轉爲司空，封長平侯。哀帝崩，王莽爲大司馬秉政專權，宣上書乞骸骨。策上印綬，便就國，居國數年，薨，謚曰「頃侯」。傳子至孫，王莽敗，迺絕。《漢書·儒林·施讎傳》：讎授張禹，禹授淮陽彭宣。禹至丞相，宣大司空，皆有傳，繇是施家有張、彭之學。《釋文叙錄》：施讎傳《易》，授張禹，禹授淮陽彭宣，字子佩，大司空，長平侯，作《易傳》。

# 周易傳

**陸德明《經典釋文序録·注解傳述人》**　馬融《傳》十卷。《七錄》云九卷。

**《隋書·經籍志·易》**　梁又有漢南郡太守馬融。注《周易》一卷。亡。

**《舊唐書·經籍志·易》**　《周易》十卷。馬融章句。

**《新唐書·藝文志·易類》**　馬融《章句》十卷。

**鄭樵《通志·藝文略·易》**　《周易》十卷。漢南郡太守馬融章句。

**張之洞《書目答問·易類》**　《馬王易翼》一卷。問經堂輯本。

**姚振宗《後漢藝文志·易》**　馬融《周易傳》十卷。范書本傳，融字季長，扶風茂陵人也，將作大匠嚴之子。按，嚴，援兄余之子。從京兆摯恂游學，博通經籍。恂奇融才，以女妻之。大將軍滕隲召爲舍人。永初四年，拜校書郎中，詣東觀典校祕書，十年不得調。因兄子喪，自劾歸。鄧太后怒，令禁錮之。安帝親政，召還郎署，復在講部。出爲河間王廐長史，召拜郎中。及北鄉侯即位，移病去，爲郡功曹。陽嘉二年，詔舉敦樸，徵詣公車對策，拜議郎。大將軍梁商表爲從事中郎，轉武都太守。三遷，桓帝時爲南郡太守。忤梁冀旨，免官，髡徙朔方。自刺不死，得赦還，復拜議郎，重在東觀著述，以病去官。融才高博洽，爲世通儒，教養諸生，嘗有千數。涿郡盧植，北海鄭玄，皆其徒也。年八十八，延熹九年卒於家。又《儒林傳》曰：陳元、鄭衆皆傳《費氏易》，其後馬融亦爲其傳。荀悅《漢紀》曰：孝桓帝時，故南郡太守馬融著《易解》，頗生異說，頗行於世。歷城馬國翰輯本序曰：《周易》馬氏傳，宋元以來無傳。兹就《釋文》、《正義》、《集解》三書所引，并他書間見者輯錄爲三卷。又有張惠言《易義別錄》、平湖孫堂《漢魏廿一家易注輯》本各一卷。

# 周易鄭玄注

**陸德明《經典釋文序録·注解傳述人》**　鄭玄《注》十卷。《錄》一卷。《七錄》云十二卷。

**《隋書·經籍志·易》**　《周易》九卷。後漢大司農鄭玄注。

**《舊唐書·經籍志·易》**　《周易》九卷。鄭玄注。

**錢東垣等輯《崇文總目·易類》**　《周易》一卷。［原釋］鄭康成注。

今惟《文言》、《說卦》、《序卦》、《雜卦》合四篇，餘皆逸。指趣淵確，本去聖之末遠。見《文獻通考》。

**《新唐書・藝文志・易類》** 鄭玄注《周易》十卷。

**鄭樵《通志・藝文略・易》** 《周易》十卷。後漢大司農鄭玄注，隋九卷，唐十卷。

**馬端臨《文獻通考・經籍考・易》** 鄭康成《易註》。

**《宋史・藝文志・易類》** 鄭玄《周易文言注義》一卷。

**楊士奇等《文淵閣書目・易》** 《周易鄭康成注》。一部，一冊。闕。

**《四庫提要・易類一》** 《周易鄭康成註》一卷。通行本。宋王應麟編。應麟，字伯厚，慶元人。自署浚儀，蓋其祖籍也。淳祐元年進士，實祐四年復中博學鴻詞科，官至禮部尚書兼給事中。事蹟具《宋史・儒林傳》。案：《隋志》載鄭玄《周易註》九卷，又稱鄭玄、王弼二註，梁、陳列於國學，齊代惟傳鄭義，至隋，王註盛行，鄭學浸微。然《新唐書》著錄十卷，是唐時其書猶在，故李鼎祚《集解》多引之。宋《崇文總目》惟載一卷，所存者僅《文言》、《序卦》、《說卦》、《雜卦》四篇，餘皆散佚。至《中興書目》始不著錄。案：《中興書目》今不傳，此據馮椅《易學》所引。則亡於南北宋之間。故晁說之、朱震尚能見其遺文，而淳熙以後諸儒即罕所稱引也。應麟始旁摭諸書，裒爲此帙，經文異字，亦皆竝存。其無經文可綴者，則總錄於末簡。又以玄註多言互體，并取《左傳》、《禮記》、《周禮正義》中論互體者八條，以類附焉。考玄初從第五元，先受《京氏易》，又從馬融受《費氏易》，故其學出入於兩家。然要其大旨，費義居多，實爲傳《易》之正脈。齊陸澄與王儉書曰：「王弼註《易》，玄學之所宗。今若崇儒，鄭註不可廢。」其論最篤。唐初詔修《正義》，仍黜鄭崇王，非達識也。應麟能於散佚之餘，蒐羅放失，以存漢《易》之一綫，可謂篤志遺經，研心古義者矣。近時惠棟別有考訂之本，體例較密。然經營創始，實自應麟，其捃拾之勞，亦不可泯。今竝著於錄，所以兩存其功也。謹按：前代遺書後人重編者，如有所竄改增益，則從重編之時代，《曾子》、《子思子》之類是也。如全輯舊文，則仍從原書之時代。故此書雖宋人所輯，而列於漢代之次。後皆倣此。

**張之洞《書目答問・易類》** 《鄭氏易注》十卷。漢鄭玄。盧見曾刻《雅雨堂叢書》輯本。又廣州刻《古經解彙函本》三卷，附《補遺》一卷。《周易鄭注》十二卷。丁杰輯補。陳春刻《湖海樓叢書》本。《周易鄭氏義》二卷。

**姚振宗《後漢藝文志・易》** 鄭玄《周易注》十二卷。范書本傳：玄，字康成，北海高密人也。少爲鄉嗇夫，不樂爲吏，遂造太學受業，師事京兆第五元先，始通《京氏易》、《公羊春秋》、《三統曆》、《九章算術》。又從東郡張恭祖受《周官》、《禮記》、《左氏春秋》、《韓詩》、《古文尚書》。以山東無足問者，迺西入關。因涿郡盧植，事扶風馬融。游學十餘年，歸鄉里。嘗以書戒子益恩曰：吾坐黨禁錮十有四年而蒙赦，令舉賢良方正有道，辟大將軍三司府，公車再召。吾自忖度無任於此，但念述先聖之元意，思整百家之不齊，亦庶幾以竭吾才。時大將軍袁紹總兵冀州，舉玄茂才，表爲左中郎將，皆不就。公車徵爲大司農，給安車一乘。玄迺以病自乞還家。建安五年春，寢疾。時袁、曹相距於官渡，紹令其子譚遣使逼玄隨軍。不得已，載病到元城縣，疾篤不進，其年六月卒，年七十四。《魏志・袁紹傳》注：《英雄記》載太祖作《董卓歌》辭云：「德行不虧缺，變故自難當。鄭康成行酒，伏地氣絕，郭景圖命盡于園桑。」如此之文，則玄無病而卒。餘書不見，故載錄之。凡玄所注《周易》、《尚書》、《毛詩》、《儀禮》、《禮記》、《論語》、《孝經》、《尚書大傳》、《中候》、《乾象曆》，玄經傳洽孰，稱爲純儒，齊魯間宗之。又《儒林傳》曰：陳元、鄭衆皆傳《費氏易》，其後馬融亦爲其傳。融授鄭玄，玄作《易注》。《魏志・高貴鄉公紀》：帝幸太學，問諸儒曰：「孔子作《彖》、《象》，鄭玄作注。今《彖》、《象》不與經文相連，而注連之，何也？」《易》博士淳于俊對曰：「鄭玄合《彖》、《象》於經，欲使學者尋省易了也。」 張惠言《易義別錄》曰：鄭《易》之于馬，猶《詩》之于毛。今馬傳既亡，所見僅訓詁碎義。就其一隅而返之，大抵以《乾》、《坤》十二爻論消息，以人道政治議卦爻。此鄭所本於馬也。馬於象疏，鄭合之以爻辰；馬於人事雜，鄭約之以《周禮》。此鄭所以精於馬也。 遵義鄭珍《鄭學錄》曰：康成自叙爲袁譚所逼，來至元城，乃著《周易》。珍案，「著」即「注」也。康成是年春已寢疾，至季夏遂卒。其在元城多不過四五月，而九卷《易注》成于病中，以知精力過人、臨死不衰如此！又《年譜》曰：建安五年至元城，注《周易》畢，知病不起，作自序。 按：《鄭氏易》今存宋王應麟輯本一卷，明姚士粦補輯二十五條，國朝惠棟輯本三卷，孫堂輯本一卷，臧鏞堂輯本九卷，丁杰、張惠言輯本十二卷。 又按，《周易正義》云，鄭玄作《易贊》、

《易論》、《詩譜序疏》，曰：《易》有《序卦》，《書》有孔子作《序》，故鄭避之謂之爲贊。贊，明也，明己爲注之意。《鄭學録》曰：《易贊》、《書贊》止是《易》、《書》注一序耳，非別一種。按《易論》論《易》互體，或亦是《易贊》中一篇，或編入《六藝論》及本集，今不別出。

## 新本鄭氏周易

**《四庫提要・易類一》** 《新本鄭氏周易》三卷。江蘇巡撫採進本。國朝惠棟編。棟，字定宇，長洲人。初，王應麟輯《鄭玄易註》一卷，其後人附刻《玉海》之末。雖殘章斷句，尙頗見漢學之崖略，於經籍頗爲有功。然皆不著所出之書，又次序先後，間與經文不應，亦有遺漏未載者。棟因其舊本，重爲補正。凡應麟書所已載者，一一考求原本，註其出自某書，明其信而有徵，極爲詳核。其次序先後，亦悉從經文釐定。復搜採羣籍，上經補二十八條，下經補十六條，《繫辭傳》補十四條，《說卦傳》補二十二條，《序卦傳》補七條，《雜卦傳》補五條。移應麟所附《易贊》一篇於卷端，删去所引諸經《正義》論互卦者八條。而別據玄《周禮・太師》註作《十二月爻辰圖》，據玄《月令》註作《爻辰所值二十八宿圖》，附於卷末，以駁朱震《漢上易傳》之誤。雖因人成事，而考核精密，實勝原書。應麟固鄭氏之功臣，棟之是編，亦可謂王氏之功臣矣。

## 周易宋衷注

**陸德明《經典釋文序録・注解傳述人》** 宋衷《注》九卷。字仲子，南陽章陵人，後漢荊州五等從事。《七志》、《七録》云十卷。

**《隋書・經籍志・易》** 梁有漢荊州五業從事宋忠注《周易》十卷，亡。

**《舊唐書・經籍志・易類》** 《周易》十卷。宋衷注。

**《新唐書・藝文志・易類》** 宋忠《注》十卷。

**鄭樵《通志・藝文略・易》** 《周易》十卷。漢宋忠。

**姚振宗《後漢藝文志・易》** 宋衷《周易注》十卷。陸德明曰：宋衷，字仲子，南陽章陵人，後漢荊州五等從事。按，「五等」似「五業」之譌。蕭常《續後漢書》曰：宋忠者字仲子，南陽人。其子與魏諷謀誅曹操不克，父子俱遇害。按，其時建安二十四年也。《蜀志・先主傳》注，引孔衍《漢魏春秋》曰：劉琮乞降，不敢告備，備亦不知，久之乃覺。遣所親問琮，琮令宋忠詣備宣旨。是時曹公在宛，備乃大驚駭，謂忠曰：「卿諸人作事如此？不早相語，今禍至方告我，不亦大劇乎？」引刀向忠曰：「今斷卿頭不足以解忿，亦恥大丈夫臨別復殺卿輩！」遣忠去。又《尹默傳》注云：宋仲子後在魏。《魏略》曰：其子與魏諷謀反，伏誅。魏太子答王朗書曰：嗟乎！宋忠無石子先機之明，老罹此禍。今雖欲願行滅親之誅，立純臣之節，尙可得耶？梓潼李仁、尹默並從宋忠受古學，王肅從宋衷讀太玄。衷之事蹟略可考見者如此。《吳志・虞翻傳》注：翻又上奏曰：若乃北海鄭玄、南陽宋忠，雖各立注，忠小差玄，而皆未得其門，難以示世。元和惠棟《易漢學》曰：忠注「見羣龍」一節，獨勝諸儒。張惠言《易義別録》：輯本序曰：李鼎祚、史徵皆詳引之，則唐初未嘗亡者。今以殘文推之，仲子言乾升坤降、卦氣動靜，大抵出入荀氏，虞君以爲差勝康成者，或以此大要近《費氏易》也。馬國翰輯本《序》曰：《周易宋氏注》，唐時尙有傳本，今久亡。猶幸《釋文》、《集解》引有四十餘節，輯爲一卷。又有孫氏《漢魏易注》輯本一卷。

## 周易荀爽注

**陸德明《經典釋文序録・注解傳述人》** 荀爽《注》十卷。《七録》云十一卷。

**《隋書・經籍志・易》** 《周易》十一卷。漢司空荀爽注。

**《舊唐書・經籍志・易》** 《周易》十卷。荀爽章句。

**《新唐書・藝文志・易類》** 荀爽《章句》十卷。

**鄭樵《通志・藝文略・易》** 《周易》十卷。漢司空荀爽章句。

**姚振宗《後漢藝文志・易》** 荀爽《周易傳》十一卷。范書《荀淑傳》：淑，潁川潁陰人，荀卿十一世孫也。有子八人：儉、緄、靖、燾、汪、爽、肅、專，並有名稱，時人謂之「八龍」。爽，字慈明，一名諝。幼而好學，耽思經書，慶弔不行，徵命不應。延熹九年，太常趙典舉爽至孝，拜郎中。對策，陳便宜。奏聞，即棄官去。後遭黨錮，隱於海上，又南遁漢濱，積十餘年，以著述爲事，遂稱爲碩儒。黨禁解，五府並辟，司空袁逢舉有道，不應。獻帝即位，董卓復徵之。爽欲遁命，吏持之急，不得去，因復就拜平原相。行至苑陵，復追爲光祿勳。視事三日，進拜司空。爽自被徵命及登台司，九十五日。因從遷都長安，爽見董卓忍暴滋甚，必危社稷，其所辟舉皆取才略之士，將共圖之，亦與司徒王允及卓長史何顒等爲內謀。會病薨，年六十三。著《禮》、《易傳》。本紀獻帝初平元年夏五月，司空荀爽薨。　又《儒林傳》曰：其後馬融亦爲其傳。融授鄭玄，玄作《易注》，荀爽又作《易傳》。自是費氏興，而京氏遂衰。　荀悦《漢紀》曰：臣悦叔父故司空爽著《易傳》。據爻象承應陰陽變化之義，以十篇之文解説經意。由是兗、豫之言《易》者，咸傳荀氏學。　《吳志・虞翻傳》注：翻上奏曰：經之大者莫過於《易》。自漢初以來，海内英才其讀《易》者解之率少。至孝靈之際，潁川荀諝號爲知《易》，臣得其注，有愈俗儒。至於説「西南得朋，東北傷朋」，顛倒反逆，了不可知。孔子歎《易》曰：「知變化之道者，其知神之所爲乎？」以美大衍四象之作，而上爲章首，尤可怪笑。又南郡太守馬融，名有俊才，其所解釋，復不及諝。　王應麟《漢志考證》曰：秦漢之際《易》亡《説卦》，宣帝時河内女子發老屋得之，後漢荀爽《集解》又得八卦逸《象》三十有一。　張惠言《易義別録》曰：荀爽亦注《費氏易》者，其義又特異。　馬國翰輯本序曰：惠氏棟《易漢學》列荀慈明一家，而佚文不具載。張氏惠言輯荀氏，九家佚文具載，而雜入九家中。今特別出爲三卷。鄒湛曰：《易》「箕子之明夷」，荀爽訓「箕」爲「荄」，詁「子」爲「滋」，漫衍無經，不可致詰。程迥曰：荀爽於《説卦》添物象以足卦爻。查元章謂不須添，添亦不盡，不知「箕子」之義取蜀趙賓傳孟喜之説也。八卦逸《象》，費氏古文有之，三家敚佚耳。荀傳費學，參用孟氏，正其篤古之深，非有所失，況陰陽升降洞見本原。虞仲翔謂馬融解釋復不及之，亦何可詆訾耶？又有孫氏《漢魏易注》輯本一卷，荀氏添《説卦》物象凡三十一，在《九家易解》中，今見《釋文》。

## 周易荀爽九家集注

**陸德明《經典釋文序録・注解傳述人》**　《荀爽九家集注》十卷。不知何人所集，稱「荀爽」者，以爲主故也。其《序》有荀爽、京房、馬融、鄭玄、宋衷、虞翻、陸績、姚信、翟子玄。子玄不詳何人，爲《易義》。《注》内又有張氏、朱氏，並不知何人。

**《隋書・經籍志・易》**　《周易荀爽九家注》十卷。

**《舊唐書・經籍志・易》**　《周易》十卷。荀氏九家集解。

**《新唐書・藝文志・易類》**　《荀氏九家集解》十卷。

**鄭樵《通志・藝文略・易》**　《集注周易》十卷。荀爽九家。

**張之洞《書目答問・易類》**　《周易荀氏九家義》一卷。

**文廷式《補晉書藝文志・易類》**　《九家集注周易》十卷。

## 周易劉表章句

**陸德明《經典釋文序録・注解傳述人》**　劉表《章句》五卷。字景升，山陽高平人，後漢鎮南將軍、荊州牧、南城侯。《中經簿録》云注《易》十卷，《七録》云九卷，《録》一卷。

**《隋書・經籍志・易》**　《周易》五卷。漢荊州牧劉表章句。

**《舊唐書・經籍志・易》**　《周易》五卷。劉表注。

**《新唐書・藝文志・易類》**　劉表《注》五卷。

**鄭樵《通志・藝文略・易》**　《周易》五卷。漢荊州牧劉表章句。

**姚振宗《後漢藝文志・易》**　劉表《周易章句》九卷，《録》一卷。范書本傳：表，字景升，山陽高平人，魯恭王之後也。黨禁解，辟大將軍，何進掾。初平元年，長沙太守孫堅殺荊州刺史王叡，詔書以表爲荊州刺史。表遂理兵襄陽，以觀時變。及李傕等入長安，冬，表遣使奉貢。傕以表爲鎮南將軍荊州牧，封成武侯。《釋文》云南城侯。建安十三年，曹操自將征表，未至。表疽發背卒。《魏志》本傳注，謝承書曰：表受學於同郡王暢。《漢末英雄記》曰：州界羣寇既盡，表乃開立學官，博求儒士，使綦毋闓、宋忠等撰立五經章句，謂之後定。　張惠言《易義別錄》輯本序曰：景升章句缺略難考。案其義于鄭爲近，大要《費氏易》也。　馬國翰輯本《序》曰：《周易劉氏章句》在隋唐時已非完帙，今更散佚無傳。惟就《釋文》及《正義》、李氏《集解》、晁氏、呂氏《古易》所引，錄爲一卷。又有孫氏《漢魏易注》輯本一卷。

## 易章句

**姚振宗《後漢藝文志·易》**　樊英《易章句》。范書《方術傳》：樊英，字季齊，南陽魯陽人也。少受業三輔，習《京氏易》，兼明五經。又善風角，星算，《河》、《洛》七緯，推步災異。隱於壺山之陽，受業者四方而至。州郡前後禮請不應，公卿舉賢良方正有道皆不行。安帝初，徵爲博士。至建光元年，復詔公車，賜策書，徵英，不至。永建二年，順帝策書備禮，玄纁徵之英。不得已，到京，稱病不肯起。使就太醫養疾，月致羊酒。至四年三月，天子乃爲英設壇席，令公車令導，尚書奉引，賜几杖，待以師傅之禮，延問得失。英不敢辭，拜五官中郎將。數月，英稱疾篤，詔以爲光祿大夫，賜告歸。初，英著《易章句》，世名樊氏學，以圖緯教授。潁川陳寔少從英學。年七十餘卒於家。陳郡郤巡學傳英業。

## 易章句

**姚振宗《後漢藝文志·易》**　馮顥《易章句》。《華陽國志》：馮顥，字叔宰，廣漢郪人也。少師事楊仲桓及蜀郡張光超，後又事東平虞叔雅。初爲謁者，成都令，遷越巂太守，所在著稱。爲梁冀所不善，風州追之。隱居，作《易章句》，修黃老，恬然終日。　范書《西南夷傳》：邛都夷者，武帝所開。元鼎六年，以爲越巂郡。後順、桓間，廣漢馮顥爲太守，政化尤多異跡云。

## 易傳

**姚振宗《三國藝文志·易》**　王朗《易傳》。《魏志》本傳：朗，字景興，東海郡人也。錢大昕《廿二史考異》曰：「郡當爲郯。」師太尉楊賜，以通經拜郎中，除菑丘長。漢帝在長安，拜朗會稽太守。孫策渡江略地，朗與戰，敗績，乃詣策。太祖表徵之，積年乃至，拜諫議大夫，參司空軍事。魏國既建，以軍祭酒領魏郡太守，遷少府、奉常、大理。文帝即王位，遷御史大夫。及踐阼，改爲司空。明帝即位，進封蘭陵侯，轉爲司徒。太和二年薨，謚曰「成侯」。子肅嗣。朗著《易傳》傳于世。注引《魏略》曰：「朗本名嚴。」　《魏志·齊王紀》：正始六年十二月辛亥，詔故司徒王朗所作《易傳》，令學者得以課試。　《魏志·王肅傳》：肅撰定父朗所作《易傳》，列于學官。　侯氏《志》曰：《齊王芳紀》，詔王朗《易傳》，學者得以課試，則當時甚重其書。又《北魏書·闞駰傳》稱駰注王朗《易傳》，學者，藉以通經。則其學幷行于數百年後矣。　案：朗之原本與所作《春秋》、《孝經》、《周官傳》，當時或合爲一袠。其後肅取以重訂，遂別出一本，而歸之肅。隋、唐《志》所載是也。闞駰所注或猶是朗之原書。

## 周易訓

**姚振宗《三國藝文志·易》**　鍾繇《周易訓》。《魏志》本傳：繇，字元常，潁川長社人也。舉孝廉，除尚書郎，爲陽陵令，辟三府，爲廷尉正、黃門侍郎。是時，漢帝在西京，李傕、郭汜等亂長安中，天子得出長安，繇有力焉。拜御史中丞，遷侍中、尚書僕射。太祖以關右爲憂，乃表繇以侍中守司隸校尉，持節督關中諸軍，委之以後事。魏國初建，爲大理，遷相國。文帝踐阼，爲廷尉，遷太尉。明帝即位，進封定陵侯，遷太傅。太和三年，薨，謚曰成侯。《魏志·鍾會傳》注：會爲其母傳曰：夫人明于教訓，會雖童稚，覲見規誨。年四歲，授《孝經》；十一，誦《易》；十四，誦《成侯易記》；十五，使入太學。案《易記》，疑「記」爲「說」、「訓」、「註」等字之譌。《世說・言語》篇注引《魏志》曰：繇，字元常，家貧好學，爲《周易》、《老子》訓。《侯志》曰：《世說》注引《魏志》曰：繇爲《周易》、《老子》訓，今《魏志》無此文，當是《魏書》或《魏略》之訛。

## 周易說

**姚振宗《三國藝文志・易》** 何晏《周易說》。《世說・言語》篇注引《魏略》曰：何晏，字平叔，南陽宛人，漢大將軍進孫也，或曰何苗孫也，爲司馬宣王所誅。案：晏父咸。《魏志・曹爽附傳》：南陽何晏有聲名，進趣于時，明帝以其浮華抑黜之。及爽秉政，乃復進叙，任爲腹心。以晏爲尚書，典選舉。正始十年，太傅司馬宣王收爽、晏等，皆伏誅。晏，何進孫也。母尹氏，爲太祖夫人。晏長于宮省，又尚公主，少以才秀知名，好老、莊言。《魏志・武文世王公傳》：尹夫人生范陽閔王矩。《曹爽傳》注：晏尚金鄉公主，沛王太妃杜夫人出也。《魏末傳》以爲即晏同母妹，非也。《魏志・曹爽附傳》注：《魏略》曰，太祖爲司空時，納晏母，并收養晏，而晏黃初時無所事任。及明帝立，頗爲冗官。至正始初，曲合于曹爽，亦以才能，故爽用爲散騎侍郎，遷侍中、尚書。又前以尚主，得賜爵爲列侯。案《論語集解》上奏，署「尚書駙馬都尉關内侯」，蓋終于是官也。《世說・規箴》篇注引《管輅别傳》曰：冀州刺史裴徽舉輅秀才，謂曰：「何尚書神明清徹，殆破秋毫，君當慎之。自言不解《易》中九事，必當相問。比至洛，宜善精其理。」輅至洛陽，果爲何尚書問九事，九事皆明。何曰：「君論陰陽，此世無雙也。」《魏志・管輅傳》注引《輅别傳》曰：裴使君問：「何平叔一代才名，其實何如？」輅曰：「其說《易》生義，美而多僞，僞則神虚。輅以爲少功之才也。」裴使君曰：「吾數與平叔共說《老》、《莊》及《易》，常覺其辭妙于理，不能折之。又時人吸習，皆歸服之焉，益令不了。相見得清言，然後灼灼耳。」侯《志》曰：《南齊書・張緒傳》，緒常云，何平叔所不解《易》中七事，諸卦中所有時義是其一也。《梁書・儒林傳》：伏曼容云，何晏疑《易》中九事。以吾觀之，晏了不學也，故知平叔有所短。王應麟曰：晏以《老》、《莊》談《易》，係小子觀朵頤，所不解者，豈止七事哉？七事、九事，傳說不一，當從《魏志》及《世說》注。馬國翰輯本序曰：其《易》不傳，書名及卷數並未詳。《册府元龜》有何晏《周易私記》二十卷、《周易講疏》十三卷，乃何妥之譌。《隋志》傳寫偶誤，沿習不覺。案《經義考》亦沿此誤。兹從孔穎達《正義》、李鼎祚《集解》、房審權《義海》輯録四節，題曰《周易何氏解》，取以備魏《易》一家之數；且以著漢學之變自王弼者，晏實爲之倡也。

## 周易王肅注

**陸德明《經典釋文序録・注解傳述人》** 王肅注十卷。字子邕，東海蘭陵人，魏衛將軍、太常、蘭陵景侯。又注《尚書》、《禮容服》、《論語》、《孔子家語》，述《毛詩注》，作《聖證論》難鄭玄。

**《隋書・經籍志・易》** 《周易》十卷。魏衛將軍王肅注。

**《舊唐書・經籍志・易》** 《周易》十卷，王肅注。

**《新唐書・藝文志・易類》** 王肅注十卷。

**鄭樵《通志・藝文略・易》** 《周易》十卷。魏將軍王肅。

**《宋史・藝文志・易類》** 王肅傳十一卷。

**姚振宗《三國藝文志・易》** 王肅《周易注》十卷。《魏志・王朗附傳》：肅，字子雍，黃初中爲散騎黃門侍郎。太和三年，拜散騎常侍，領祕書監、崇文館祭酒。正始元年，出爲廣平太守，徵拜議郎。頃之，爲侍中，遷太常，坐宗廟事免。後爲光禄勳，徙河南尹，遷中領軍，加散騎常侍。甘露元年，薨，贈衛將軍，謚曰景侯。初，肅善賈、馬之學，而不好鄭氏。采會同異，爲《尚書》、《詩》、《論語》、《三禮》、《左氏》解，及撰定父朗所作《易傳》，皆列于學官。張惠言《易義别録》輯本序曰：肅著書，務排鄭氏，其託于賈、馬以抑鄭而已。故于《易》義，馬、鄭不同者則從馬，馬與鄭同則并背馬。然其訓詁大義則出于馬、鄭者十七。《易注》本其父朗所爲，肅更撰定。疑其出于馬、鄭者，朗之學也；其掊擊馬、鄭者，肅之學也。自馬、鄭注行，而《費氏易》興，諸家皆廢。荀、宋雖費氏，而宗之者不及馬、鄭，以馬、鄭主于人事，而不及《易》家動變之説也。王朗父子竊取馬、鄭，而棄其言禮、言卦氣爻神之精切者。　馬國翰輯本序曰：肅注，在魏立學頗著盛名。文字解説雖與康成殊異，要皆有據。朱子《本義》每稱王肅本，蓋深有所取也。今就《正義》、《釋文》、《集解》、《文選注》、《御覽》諸書所引，輯爲二卷。

## 周易音

**陸德明《經典釋文序録·注解傳述人》**　爲《易音》者三人。王肅已見前；李軌字弘範，江夏人，東晉祠部郎中、都亭侯；徐邈字仙民，東莞人，東晉中書侍郎、太子前衛率。

**姚振宗《三國藝文志·易》**　王肅《周易音》。《釋文叙録》：爲《易音》者三人，王肅、李軌、徐邈。張惠言《易義别録》曰：《釋文》云《王肅易注》十卷，又云作《易音》，而無卷數。《隋·經籍志》有《易注》而無《易音》，或《音》與《注》合爲十卷也。　馬國翰輯本序曰：《釋文》既叙其注，又叙其音，陸氏所見定爲兩書。茲就《釋文》所引，别輯一卷，附肅注之後。

**《清史稿·藝文志·易類》**　魏王肅《周易音》一卷。

## 易傳

**姚振宗《三國藝文志·易》**　管輅《易傳》一卷。《魏志》本傳：輅，字公明，平原人也。冀州刺史裴徽辟爲文學掾，遷治中别駕。正始九年，舉秀才。正元二年八月，爲少府丞。明年二月卒，年四十八。　裴注引《輅别傳》曰：輅父爲琅邪即丘長，時年十五，來至官舍讀書，始讀《詩》、《論語》及《易》本，便開淵布筆，辭義斐然。于時黌上有遠方及國内諸生四百餘人，皆服其才也。又引《别傳》曰：利漕民郭恩，字義博，有才學，善《周易》、《春秋》，輅就義博讀《易》，數十日中，意便開發，言難踰師。學未一年，義博反從輅問《易》。又曰輅與列人令鮑子春論《易》，又與安平太守王基、尚書何晏、魏郡太守鍾毓、平原太守劉邠等論難《易》義。　《玉海·藝文》引《中興書目》曰，《管輅易傳》一卷，訓解名義不盡，流于卜筮。　《宋史·藝文志·蓍龜類》：《管輅易傳》一卷。蓋即《中興書目》所載之本也。

## 難管輅易義

**姚振宗《三國藝文志·易》**　鍾毓《難管輅易義》二十餘事。《魏志·鍾繇附傳》：毓，字稚叔，年十四爲散騎侍郎，遷黄門侍郎，徙侍中。出爲魏郡太守，入爲御史中丞、侍中、廷尉、尚書。又爲青州刺史，加後將軍，遷都督徐州諸軍事，假節。又轉都督荆州。景元四年，薨，贈車騎將軍，謚曰惠侯。又《鍾會傳》云：會兄毓以四年冬薨，會竟未知問。會兄子邕，隨會與俱死。會所養兄子毅及峻、迪等下獄當誅，司馬文王表天子下詔，特原峻、迪兄弟官爵如故，惟毅及邕息伏法。或曰毓曾密啓司馬文王，言會挾術難保，不可專任，故宥峻等。　《魏志·管輅傳》：始輅過魏郡太守鍾毓，共論《易》義。《輅别傳》曰：魏郡太守鍾毓，清逸有才，難輅《易》二十餘事，自以爲難之至精也。輅尋聲投響，言無留滯，分張爻象，義皆殊妙。毓謝焉。

## 論易義

**姚振宗《三國藝文志·易》**　荀融《論易義》。《魏志·荀彧傳》注引《荀氏家傳》曰：彧第三兄衍，字休若。衍子紹，位至太僕。紹子融，字伯雅，與王弼、鍾會俱知名，爲洛陽令、參大將軍軍事，與弼、會論《易》、《老》義，傳于世。案此云《易》、《老》義者，《周易》義、《老子》義也。　《魏志·鍾會傳》注，引《王弼别傳》云：潁川人荀融難義《大衍義》，弼答其意，爲書以戲之。又曰：弼爲人淺而不識物情，初與王黎、荀融善，後恨黎，與融亦不終。

## 周易董氏章句

**陸德明《經典釋文序録・注解傳述人》**　董遇《章句》十二卷。字季直，弘農華陰人，魏侍中、大司農。《七志》、《七録》並云十卷。

**《隋書・經籍志・易》**　梁有魏大司農卿董遇注《周易》十卷，亡。

**《舊唐書・經籍志・易類》**　《周易》十卷。董遇注。

**《新唐書・藝文志・易類》**　董遇注十卷。

**鄭樵《通志・藝文略・易》**　《周易》十卷。魏大司農董遇。

**姚振宗《三國藝文志・易》**　董遇《周易章句》十卷。《魏志・王肅附傳》：明帝時大司農弘農董遇等亦歷注經傳，頗傳于世。案此稱董遇等者，裴注引《魏略・儒宗傳》，以遇及賈洪、邯鄲淳、薛夏、隗禧、蘇林、樂詳等凡七人，又附見嚴苞一人。而賈洪、薛夏亦不言其著書。此亦陳《志》與裴注記載弗詳之一證也。裴注引《魏略・儒宗傳》曰：遇，字季直，性質訥而好學。建安初，郡舉孝廉，稍遷黄門侍郎。是時，漢帝委政太祖，遇旦夕侍講，爲天子所愛信。至二十二年，許中百官矯制，遇雖不與謀，猶被録詣鄴，轉爲冗散。案，本志《武紀》：二十三年春正月，漢太醫令吉本與少府耿紀、司直韋晃等反，攻許，燒丞相長史王必營，必與潁川典農中郎將嚴匡討斬之。注引《山陽公載記》曰：王聞王必死，盛怒，召漢百官詣鄴云云。《魏略》稱「被録詣鄴」者，似即指此事，蓋二十三年，非二十二年也。黄初中，出爲郡守。明帝時，入爲侍中、大司農。數年，病亡。張惠言《易義别録》輯本序曰：考《集解》不引董遇，則遇書亡于唐初，蓋可知。遇著書在王肅前，故無與肅合者。其于鄭、荀則多同義，雖不可考，要之爲費氏《易》也。馬國翰輯本序曰：《七志》、《七録》並十卷，陸德明《序録》云十二卷，後之卷數反增于前，以篇有分合故也。今其《章句》佚矣。《正義》引二節，《釋文》引二十餘節，輯爲一卷。又孫氏《漢魏廿一家易注》輯本一卷。

## 周易摘

**姚振宗《三國藝文志・五經總義類》**　程秉《周易摘》。《吴志》本傳：秉字德樞，汝南南頓人也。逮事鄭玄，後避亂交州，與劉熙考論大義，遂博通五經。士燮命爲長史，權聞其名儒，以禮徵。秉既到，拜太子太傅。黄武四年，權爲太子登娉周瑜女，秉守太常，迎妃于吴。既還，病卒官。著《周易摘》、《尚書駁》、或作「商書」。《論語弼》，凡三萬餘言。

## 通易論

**《宋史・藝文志・易類》**　阮嗣宗《通易論》一卷。

**姚振宗《三國藝文志・易》**　阮籍《通易論》一卷。《魏志・王粲附傳》陳留阮瑀，字元瑜，爲丞相倉曹掾屬，建安十七年卒。子籍，才藻豔逸，而倜儻放蕩。行己寡欲，以莊周爲模則，官至步兵校尉。《晉書》本傳：籍，字嗣宗，陳留尉氏人也。志氣宏放，任性不羈。太尉蔣濟辟之，謝病歸，復爲尚書郎。少時，又以病免。及曹爽輔政，召爲參軍。宣帝爲太傅，命爲從事中郎；復爲景帝大司馬，從事中郎。高貴鄉公即位，封關内侯，徙散騎常侍。籍少有濟世志，屬魏、晉之際，天下多故，名士少有全者，籍由是不與世事，遂酣飲爲常。聞步兵廚營人善釀，有貯酒，乃求爲步兵校尉，遺落世事。景元四年冬卒，年五十四。侯《志》曰：胡一桂曰，阮嗣宗《易通論》一卷，凡五篇。

案：《百三家・阮步兵集》載此論僅一篇，幾三千言，未知爲後人合并，爲闕佚矣。

## 易　義

**文廷式《補晉書藝文志・易類》**　王宏《易義》。字正宗，弼之兄，本司農，贈太常。

《釋文》離卦曰：（吳）［昃］，王嗣宗本作「仄」；出，王嗣宗勅類反；離王公，梁武力智反，王嗣［宗］同。嗣宗未知即正宗否？

## 周易王弼注

**陸德明《經典釋文序録・注解傳述人》**　王弼《注》七卷。字輔嗣，山陽高平人，魏尚書郎，年二十四卒，注《易》上下經六卷，作《易略例》一卷，又注《老子》。《七志》云注《易》十卷。

**《隋書・經籍志・易》**　《周易》十卷。魏尚書郎王弼注《六十四卦》六卷，韓康伯注《繫辭》以下三卷，王弼又撰《易略例》一卷。

**《舊唐書・經籍志・易》**　《周易》七卷，王弼注。

**錢東垣等輯《崇文總目・易類》**　《周易》十卷。［原釋］王弼注。見天一閣鈔本。

**《新唐書・藝文志・易類》**　王弼注七卷。

**鄭樵《通志・藝文略・易》**　《周易》七卷。魏尚書郎王弼。

**晁公武《郡齋讀書志・易類》**　王弼《周易》十卷。右上下經，魏尚書郎王弼輔嗣注。《繫辭》、《說卦》、《雜卦》、《序卦》，弼之門人韓康伯注。又載弼所作《略例》，通十卷。

**陳振孫《直齋書録解題・易類》**　《周易注》六卷，《略例》一卷，《繫辭注》三卷。魏尚書郎山陽王弼輔嗣注上、下《經》，撰《略例》。晉太常潁川韓康伯注《繫辭》、《說》、《序》、《雜卦》。自漢以來，言《易》者多溺於象占之學，至弼始一切掃去，暢以義理。於是天下後世宗之，餘家盡廢。然王弼好老氏，魏、晉談玄，自弼輩倡之。《易》有聖人之道四焉，去三存一，於道闕矣。況其所謂辭者，又雜以異端之說乎！范寧謂其罪深於桀、紂，誠有以也。弼父業長緒，本王粲族兄凱之子，粲二子坐事誅，文帝以業嗣粲。弼死時年二十餘。

**馬端臨《文獻通考・經籍考・易》**　王弼《易註》、《略例》、《繫辭註》十卷。

**楊士奇等《文淵閣書目・易》**　《周易王弼注》。一部，五冊。闕。　《周易王弼注》。一部，四冊。闕。　《周易王弼注》。一部，四冊。闕。　《周易王弼注》。一部，三冊。闕。　《周易王弼注》。一部，一冊。闕。

**徐𤊹《徐氏家藏書目・易類》**　《周易注疏》十卷。晉王弼注。《略例》附。唐孔穎達疏。

**錢謙益等《絳雲樓書目・易類》**　宋板《周易王弼注》。五冊。　王弼《注》六卷。注上下經。　又王弼《易》。

**吳焯《繡谷亭熏習録・經部》**　《周易注》六卷。古《易》經傳各爲一書。自費直以傳解經，鄭康成遂以《彖傳》連經文。至王弼乃自坤卦而始，每卦以《彖傳》移綴《彖辭》之後，又加「彖曰」二字冠之。蓋古《易》全亡于弼手也。且弼以老氏之說研尋潔靜精微之旨，一掃漢學，更尚清虛。孔氏穎達謂其注獨冠古今，其實與焦延壽、京房、孟喜輩高談災異同一流弊也。石徂徠稱弼多取康成舊解訓說。而李方舟稱弼注《易》，刻木偶爲康成像，見其所誤，輒呼叱之。弼註經不註傳，《繫辭》則其門人韓康伯註也。弼字輔嗣，山陽高平人，魏尚書郎，年二十四卒。

**《四庫提要・易類一》**　《周易註》十卷。浙江巡撫採進本。上下經註及《略例》，魏王弼撰。《繫辭傳》、《說卦傳》、《序卦傳》、《雜卦傳》註，晉韓康伯撰。《隋書・經籍志》以王、韓之書各著錄，故《易註》作六卷，《略例》作一卷，《繫辭註》作三卷。《舊唐書・經籍志》、《新唐書・藝文志》皆載弼註七卷，蓋合《略例》計之。今本作十卷，則併韓書計之也。考王儉《七志》，已稱弼《易註》十卷，案：《七志》今不傳，此據陸德明《經典釋文》所引。則併王、韓爲一書，其來已久矣。自鄭玄傳費直之學，始析《易傳》以附經，至弼又更定之。說者謂鄭本如今之《乾卦》，其《坤卦》以下，又弼所割裂。然鄭氏《易註》，至北宋尚存一卷。《崇文總目》稱存者爲《文言》、《說卦》、《序卦》、《雜卦》四篇，則鄭本尚以《文言》自爲一傳，所割以附經者，不過《彖傳》、《象傳》。今本《乾》、《坤》二卦各附《文言》，知全經皆弼所更定，非鄭氏之舊也。每卷所題《乾傳》第一，《泰傳》第二，《噬嗑傳》第三，《咸傳》第四，《夬傳》第五，《豐傳》第六，各以卷首第一卦為名。據王應麟《玉海》，此目亦弼增標，蓋因毛氏《詩傳》之體例，相沿既久，今亦仍舊文錄之。惟《經典釋文》以《泰傳》為《需傳》，以《噬嗑傳》為《隨傳》，與今本不同。證以《開成石經》，一一與陸氏所述合。當由後人以篇頁不均，為之移併。以非宏旨之所繫，今亦不復追改焉。其《略例》之註，為唐邢璹撰。璹，里籍無考，其結銜稱「四門助教」。案：《唐書・王鉷傳》稱，為鴻臚少卿。邢璹子縡，以謀反誅，則終於鴻臚少卿也。《太平廣記》載其奉使新羅，賊殺賈客百餘人，掠其珍貨，貢於朝。其人殊不足道。其註則至今附弼書以行。陳振孫《書錄解題》稱，蜀本《略例》有璹所註，止有篇首釋「略例」二字文與此同，餘皆不然。是宋代尚有一別本，今則惟此本存，所謂「蜀本」者已久佚矣。弼之說《易》，源出費直。直《易》今不可見，然荀爽《易》即費氏學，李鼎祚《書尙》頗載其遺說。大抵究爻位之上下，辨卦德之剛柔，已與弼註略近；但弼全廢象數，又變本加厲耳。平心而論，闡明義理，使《易》不雜於術數者，弼與康伯深為有功；祖尚虛無，使《易》竟入於老、莊者，弼與康伯亦不能無過。瑕瑜不掩，是其定評。諸儒偏好偏惡，皆門戶之見，不足據也。

**彭元瑞等《天祿琳琅書目後編・宋版經部》** 《周易》。一函四冊。王弼本，十卷。上、下經，弼注。《繫辭傳》、《說卦傳》、《序卦傳》、《雜卦傳》，韓康伯注。附《略例》，邢璹注。是書不載鐫板年月，於孝宗以上諱俱闕筆，乃淳熙、乾道年刊。字畫圓勻，槧法淨密，宋本中之佳者。明王世貞家藏，「貞」、「元」、「伯雅」，皆其家印。它書亦有「仲雅」、「季雅」印，皆取三雅之義，以表書之品第也。

**張金吾《愛日精廬藏書志・易類》** 《周易》九卷，《略例》一卷。毛氏影寫宋相臺岳氏本。［魏］王弼注《繫辭》以下。［晉］韓康伯注《略例》。［魏］王弼撰，唐四門助教邢璹注。每卷末俱有相臺岳氏刻梓，荊溪家塾篆文本記。邢璹《略例序》。

**姚振宗《三國藝文志・易》** 王弼《周易注》六卷。《魏志・鍾會附傳》：初，會弱冠，與山陽王弼並知名。弼好論儒道，辭才逸辯，注《易》及《老子》，為尚書郎，年二十餘卒。裴松之曰：弼，字輔嗣，何劭為其傳曰：弼少為裴徽、傅嘏所知，于時曹爽專朝政，何晏為吏部尚書。正始中，黃門侍郎累缺，晏議用弼，而爽用王黎、王沈，以弼補臺郎，遂不得在門下，晏為之歎恨。弼通儁不治名高，在臺既淺，事功亦雅非所長，益不留意。其注《易》往往有高麗言。太原王濟好談《易》、《老》、《莊》，嘗云見弼《易注》所悟者多。然弼為人，淺而不識物情。初與王黎、荀融善，後恨黎奪其黃門郎，與融亦不終。正始十年，曹爽廢，以公事免。其秋遇癘疾亡，時年二十四，無子絕嗣。弼之卒也，晉景王聞之嗟歎者累日。其為高識所惜如此。裴注引《博物記》曰：初王粲與族兄凱俱避地荊州，劉表以女妻凱，凱生業，業即劉表外孫也。蔡邕有書近萬卷，末年載數車與粲。粲亡後，相國掾魏諷謀反，粲子與焉。既被誅，邕所與書悉入業。業，字長緒，位至謁者僕射。子宏，字正宗，司隸校尉。宏，弼之兄也。《魏氏春秋》曰：文帝既誅粲二子，以業嗣粲。據此則弼為粲之族孫，其父嘗得蔡邕家書者。 裴注引孫盛曰：《易》之為書，窮神知化，非天下之至精，其孰能與此？世之注解，殆皆妄也。況弼以附會之辯，而欲籠統玄旨者乎？故其敘浮義則麗辭溢目，造陰陽則妙頤無間，至于六爻變化，羣象所效，日時歲月，五氣相推，弼皆落擯，多所不關。雖有可觀者焉，恐將泥夫大道。

## 周易大衍論

**《舊唐書・經籍志・易》** 《周易大衍論》一卷。王弼撰。

**《新唐書・藝文志・易類》** 王弼《大衍論》三卷。

**姚振宗《三國藝文志・易》** 王弼《周易大衍論》三卷。《魏志・鍾會傳》注，引《弼別傳》云，潁川人荀融難弼《大衍義》。

## 易辨

**《宋史・藝文志・易類》** 王弼《易辨》一卷。

**姚振宗《三國藝文志・易》** 王弼《易辯》一卷。《經義考》：《國史志》曰：王弼《論辯》一卷，大類《略例》而不及。

案：《宋志》有宋咸、劉牧、王弼《易辯》二卷，蓋劉牧辯王弼之辯，宋咸又從而辯之也。《陳志》意《易辯》即《窮微論》，然亦未有碻證。今仍別出之。《冊府元龜》有《周易義》一卷，似即《易辯》。

## 周易王弼注纂圖

**楊士奇等《文淵閣書目・易》** 《周易王弼注纂圖》。一部，三冊。闕。

## 周易略例

**陸德明《經典釋文序録・注解傳述人》** 王弼作《易略例》一卷。

**鄭樵《通志・藝文略・易》** 《周易略例》一卷。王弼。

**晁公武《郡齋讀書志・易類》** 又載弼所作《略例》。

**陳振孫《直齋書録解題・易類》** 《略例》一卷。魏尚書郎山陽王弼撰。

**《宋史・藝文志・易類》** 王弼《略例》一卷。

**高儒《百川書志・易》** 《周易略例》一卷。王弼撰。

**范邦甸等《天一閣書目・易類》** 《周易略例》一卷。刊本。晉王弼著。唐四門助教邢璹註。明司馬公諱欽訂。

**徐𤊹《徐氏家藏書目・易類》** 《周易略例》一卷。晉王弼著，唐邢璹注。

**錢謙益等《絳雲樓書目・易類》** 《略例》一卷。王弼。《周易略例》一冊。邢璹注。

**《四庫提要・易類》** 《周易註》十卷。浙江巡撫採進本。上下經註及《略例》，魏王弼撰。

**彭元瑞等《天禄琳琅書目後編・宋版經部》** 《周易例》王弼本十卷。附《略例》，邢璹注。

**張金吾《愛日精廬藏書志・易類》** 《略例》一卷，魏王弼撰。

**姚振宗《三國藝文志・易》** 王弼《易略例》一卷。唐邢璹注。書序曰：《略例》者，舉釋綱目之名，統明文理之稱，略不具也，例舉並也。輔嗣以先儒注二十餘家，雖小有異同，而迭相雜述推比，所見特殊，故作《略例》以辨諸家之惑，錯綜文理略錄之也。

## 周易窮微論

**鄭樵《通志・藝文略・易》** 《周易窮微論》一卷。王弼。

**尤袤《遂初堂書目・周易類》** 王弼《窮微論》。

**陳振孫《直齋書録解題・易類》** 《周易窮微》一卷。稱王輔嗣。凡爲論五篇。《館閣書目》有王弼《易辨》一卷。其論《彖》、論《象》亦類《略例》，意即此書也。又言弼著此書已亡，至晉得之，王羲之承詔錄藏於祕府，世莫得見，未知何所據而云。

**馬端臨《文獻通考・經籍考・易》** 《周易窮微》一卷。

**姚振宗《三國藝文志・易》** 王弼《周易窮微論》一卷。

## 周易馬鄭二王四家集解

**《隋書・經籍志・易》** 《周易馬鄭二王四家集解》十卷。梁有《集馬鄭二王解》十卷。亡。

**《舊唐書・經籍志・易》** 《周易》十卷。馬、鄭、二王集解。

**《新唐書・藝文志・易類》** 馬、鄭、二王《集解》十卷。

**鄭樵《通志・藝文略・易》** 《集解周易》十卷。馬、鄭、二王四家。

## 周易楊氏集二王注

《隋書・經籍志・易》 《周易楊氏集二王注》五卷。

《舊唐書・經籍志・易》 《周易》十卷。二王集注。

鄭樵《通志・藝文略・易》 《集二王注》十卷。楊氏。

## 易注

姚振宗《三國藝文志・易》 劉邠《易注》。《魏志・管輅傳》：平原太守劉邠使輅筮。《輅別傳》曰：故郡將劉邠，字令元，清和有思理，好《易》而不能精。與輅相見意甚喜歡，自説注《易》向訖。又曰：邠依《易・繫辭》諸篇之理以爲注，不得其要。輅尋聲下難，事皆窮析。又曰：邠自説注《易》八年，用思勤苦，歷載靡寧。又自言數與何平叔論《易》及老、莊之道。 裴注引《晉諸公讚》曰：邠本名炎，犯晉太子諱改爲邠，位至太子僕。 案：邠，沛國相人，劉眞長曾祖也。眞長名惔，《晉書》有傳。

文廷式《補晉書藝文志・易類》 劉邠《易注》。本名炎，避晉太子諱改。見裴松之《三國志・管輅傳注》引《輅別傳》。

## 周易例

姚振宗《三國藝文志・易》 孫炎《周易例》。《魏志・王肅附傳》：樂安孫叔然臣松之案，叔然與晉武帝同名，故稱其字。授學鄭玄之門人，稱東州大儒，徵爲祕書監，不就，作《周易春秋例》。 《經義考》曰：案《訪碑録》載淄州長山縣西南三十里長白山東有孫炎碑，碑陰有門徒姓名，係甘露五年立，惜今不可得見矣。 吳縣余蕭客《古經解鉤沈》曰：《宋史》二百



六十七，張洎對狀引孫炎《例》云：初九爲元士，九二爲大夫，九三爲諸侯。

## 周易言不盡意論

姚振宗《三國藝文志・易》 嵇康《周易言不盡意論》一篇。《魏志・王粲附傳》：時又有譙郡嵇康，文辭壯麗，好言《老》、《莊》而尚奇任俠，至景元中坐事誅。 《晉書》本傳：康，字叔夜，譙國銍人也。其先姓奚，會稽上虞人，以避怨徙焉。銍有嵇山，家于其側，因而命氏。康學不師受，博覽無不通，與魏宗室婚，《魏志・沛穆王林傳》注引《嵇氏譜》云：嵇康妻，林子之女也。拜中散大夫。東平呂安服康高致，康友而善之。後安爲兄所枉訴，繫獄，辭相證引，遂復收康。初，康居貧，常與向秀共鍛，以自贍給。潁川鍾會往造焉，康不爲之禮，會憾之。及是，言于文帝曰：「康、安等言論放蕩，非毀典謨，宜因釁除之。」帝既昵聽信會，遂幷害之。康將刑東市，太學生三千人請以爲師，弗許。時年四十，海内之士莫不痛之。《魏志・王粲傳》注引《魏氏春秋》曰：大將軍嘗欲辟康。康既有絶世之言，又從子不善，避之河東，或云避世。及山濤爲選曹郎，舉康自代。康答書拒絶，因自説不堪流俗，而非薄湯武，大將軍聞而怒焉。此鍾會譖康言論放蕩，非毀典謨所由來，固已遭時忌矣。又《魏晉世語》曰：毋丘，儉反，康有力，且欲起兵應之，以問山濤。濤曰：「不可。」儉亦已敗。有此一事，即不爲會所譖，亦必不能免矣。呂安死事詳見別集類本集。《玉海・藝文》曰：嵇康作《言不盡意論》。侯《志》曰：嵇康《周易言不盡意論》一篇。

## 周易論

《舊唐書・經籍志・易》 《周易論》四卷。鍾會撰。

《新唐書・藝文志・易類》 鍾會《周易論》四卷。

## 周易盡神論

《隋書・經籍志・易》《周易盡神論》一卷。魏司空鍾會撰。

鄭樵《通志・藝文略・易》《周易盡神論》一卷。晉司空鍾會。

姚振宗《三國藝文志・易》鍾會《周易盡神論》一卷。

## 周易無互體論

《隋書・經籍志・易》梁有《周易無互體論》三卷。鍾會撰。亡。

姚振宗《三國藝文志・易》鍾會《易無互體論》三卷。《魏志》本傳：會，字士季，或譌作「秀」。潁川長社人，太傅繇小子也。少敏惠夙成，及壯，有才數技藝，而博學精練名理，以夜續晝，由是獲聲譽。正始中以爲祕書郎，遷尚書中書侍郎。高貴鄉公即尊位，賜爵關內侯。司馬文王爲大將軍、輔政，會遷黃門侍郎，封東武亭侯，以中郎在大將軍府管記室事，爲腹心之任，遷司隸校尉。文王欲大舉圖蜀，景元三年冬，以會爲鎮西將軍，假節都督關中諸軍事。及蜀平，五年正月十八日，以謀反爲胡烈等所殺，時年四十。會嘗論《易》無互體云。《晉書・荀顗傳》：難鍾會《易》無互體，見稱于世。《冊府元龜》：作「玄體」，亦甚有義，似論王輔嗣之《易》也。然多作「互體」，不能定。《釋文叙錄》：張璠《集解序》云：鍾會字士季，潁川人，魏鎮西將軍，爲《易無互體論》。

## 古文易注解

姚振宗《三國藝文志・易》李譔《古文易注解》。《蜀志》本傳：譔，字欽仲，《釋文叙錄・春秋家》作「仲欽」。梓潼涪人也。父仁，與同縣尹默俱游荊州，從司馬徽、宋忠等學，譔具傳其業。又從默講論義理，五經、諸子無不該覽，博好技藝，算術、卜數、醫藥、弓弩、機械之巧皆致思焉。始爲州書佐、尚書令史。延熙元年，後主立太子，以譔爲庶子，遷僕射，轉中散大夫、右中郎將。著《古文易》、《尚書》、《毛詩》、《三禮》、《左氏傳》，皆依準賈、馬，異于鄭玄，與王氏殊隔，初不見其所述，而意歸多同。景耀中卒。常璩《梓潼人士贊》：李仁，字德賢，涪人也。益部多貴今文而不崇章句，仁知其不博，乃游學荊州，從司馬德操、宋仲子受古學。仁子譔，少受父業，著《古文周易》、《尚書》、《毛詩》、《三禮》、《左氏》注解。

## 周易注

陸德明《經典釋文序録・注解傳述人》虞翻《注》十卷。字仲翔，會稽餘姚人，後漢侍御史。

《隋書・經籍志・易》《周易》九卷。吴侍御史虞翻注。

《舊唐書・經籍志・易》《周易》九卷。虞翻注。

《新唐書・藝文志・易類》虞翻《注》九卷。

鄭樵《通志・藝文略・易》《周易》九卷。吴侍御史虞翻。

張之洞《書目答問・易類》《周易虞氏義》九卷。《虞氏消息》二卷，《虞氏易禮》二卷，《虞氏易事》□卷，《易言》二卷，《易候》一卷。張惠言《茗柯全集》本、學海堂本、無《易事》、《易言》、《易候》。劉逢祿《虞氏易言補》、《易虞氏五述》、李銳《周易虞氏略例》，未見傳本。

姚振宗《三國藝文志・易》虞翻《周易注》十卷。《吳志》本傳：翻，字仲翔，會稽餘姚人也。太守王朗及孫策並命爲功曹，出爲富春長。策薨後，州舉茂才，漢召爲侍御史。曹公爲司空，辟皆不就。翻與少府孔融書，并示以所著《易注》。融答書曰：「聞延陵之理樂，覩吾子之治《易》，乃知東南之美者，非徒會稽之竹箭也。又觀象雲物，察應寒溫，原其禍福，與神合契，可謂探賾窮通者也。」孫權以爲騎都尉，翻數犯顏諫爭，權不能悅。又性不協俗，多見謗毀，坐徙丹陽涇縣。後得釋，又以性疎直，數有酒失。權積怒非一，遂徙翻交州。雖處罪放，而講學不倦，門徒常數百人。在南十餘年，年七十卒。歸葬舊墓，妻子得還。案傳注引《翻別傳》：孫權稱尊號，翻上書言「全宥九載」，則被放在魏文帝黃初二年。又言「臣年耳順」，至年七十當卒于吴赤烏二年，在南凡十九年也。　裴松之注引《翻別傳》：翻初立《易注》，奏上曰：「臣高祖父故零陵太守光，少治《孟氏易》；曾祖父故平輿令成，纘述其業；至臣祖父鳳爲之最密，臣先考故日南太守歆，受本于鳳，最有舊書，世傳其業，至臣五世。前人通講，多玩章句，雖有祕說，于經疏闊。臣生遇世亂，長于軍旅，習經于枹鼓之間，講論于戎馬之上，蒙先師之說，依經立注。又臣所覽諸家解，不離流俗，義有不當實，輒悉改定，以就其正。孔子曰：『乾元用九，而天下治。』聖人南面，蓋取諸離，斯誠天子所宜協陰陽、致麟鳳之道矣。謹正書副上，惟不罪戾。」案，此奏稱聖人天子，蓋上之漢朝而幷示孔融。考孔融被殺在獻帝建安十三年，則奏上此書及奏論荀諝、馬融、鄭玄、宋忠《易注》得失，又奏鄭玄解《尚書》違失事，因及玄注五經違義諸章奏，皆在建安十三年之前。　平湖孫堂輯本序曰：《三國志》本傳載其五世傳《易》，獻帝時作《易注》奏上之，其書久佚。《集解》所録以經文準之，殆不能半。然虞之大義至今未泯者，不可謂非李氏之功。今以《集解》爲主，而更采他書附益之，釐爲十卷。　武進張惠言《周易虞氏義序》曰：虞氏之學既世，又具見馬、鄭、荀、宋氏書，考其是否，故其義爲精。又古書亡，而漢魏師說可見者十餘家，惟鄭、荀、虞三家，略有梗概可指說，而虞又較備。然則求七十子之微言，田何、楊叔、丁將軍之所傳者，舍虞氏之注，其何所自焉？故求其條貫，明其統例，釋其疑滯，信其亡缺，爲《虞氏義》九卷。

## 周易日月變例

**《隋書·經籍志·易》**　梁有《周易日月變例》六卷，虞翻、陸績撰，亡。

**姚振宗《三國藝文志·易》**　虞翻《周易日月變例》六卷。與《後漢·藝文志》互見。　張惠言《易義別録》曰：《隋·經籍志》，陸績又與虞翻同撰《日月變例》六卷，亡。　案：《釋文》卷首虞翻注《參同契》云：易字從日下月，當是虞注引。《參同契》文謂「易字从日从月」也，陸所引疑出是書。

## 周易注

**《隋書·經籍志·易》**　魏散騎常侍荀輝注《周易》十卷，亡。

**《舊唐書·經籍志·易》**　《周易》十卷。荀暉注。

**《新唐書·藝文志·易類》**　荀煇《注》十卷。

**鄭樵《通志·藝文略·易》**　《周易》十卷。魏散騎常侍荀煇。

**姚振宗《三國藝文志·易》**　荀煇《周易注》十卷。《魏志·荀彧傳》注引《荀氏家傳》曰：彧第四兄諶，諶子閎，閎從孫惲，案，當作「煇」。字景文，太子中庶子，亦知名。與賈充共定音律，又作《易集解》。《經義考》引《魏志》惲，官至虎賁中郎將，乃彧子。惲，非此煇也。《釋文叙録》：張璠《集解》序云：荀煇，字景文，潁川潁陰人，晉太子中庶子，爲《易義》。《七志》云《注易》十卷。《隋書·經籍志》：梁有魏散騎常侍荀煇注《周易》十卷，亡。《唐·經籍志》：《周易》十卷，荀暉注。《藝文志》：《周易》荀輝注十卷。侯《志》曰：《釋文叙録》引張璠《集解序》稱，煇爲晉太子中庶子，而《隋志》稱魏散騎常侍，豈注《易》在仕魏時耶？故今仍從《隋志》著録。案：劉邠、荀煇兩人，其卒年皆不可考。《經義考》並列之魏代，侯《志》從而著録，今姑仍之。

**文廷式《補晉書藝文志·易類》**　荀煇《周易注》十卷。太子中庶子，字景文，潁川潁陰人。《賈充傳》録武帝詔，有騎都尉荀煇，即此人。《七録》題「魏散騎常侍」。《魏志·荀彧傳》注，引《荀氏家傳》曰：閎從孫惲，按荀彧子已名惲，此當是「煇」字之誤。字景文，太子中庶子，亦知名。與賈充共定音律，又作《易集解》。

# 陸氏易解

**陸德明《經典釋文序録・注解傳述人》** 陸績《述》十三卷。字公紀，吳郡吳人，後漢偏將軍、鬱林太守。《七志》云《録》一卷。

**《隋書・經籍志・易》** 《周易》十五卷。吳鬱林太守陸績注。

**《舊唐書・經籍志・易》** 《周易》十三卷。陸績注。

**《新唐書・藝文志・易類》** 陸績《注》十三卷。

**鄭樵《通志・藝文略・易》** 《周易》十三卷。吳陸績。

**錢謙益等《絳雲樓書目・易類》** 陸氏績《易解》，一冊。陸績《易解》，一冊。

**吳焯《繡谷亭熏習録・經部》** 陸氏《易解》一卷。吳陸績公紀注，明姚士粦叔祥輯。按《鹽邑志林》，天啓三年，海鹽令黄岡樊維城刊行。朱文恪公國祚序云：「我年友神廟直臣樊端公仲子元宗緝修邑乘，遂有紳士胡德州震亨捉筆應之，別有姚太學士粦、鄭茂才端允、劉太學祖鐘各出祕本訂緝。」據此則鈔自《鹽邑志林》，非原書也。《隋志》作十五卷，《舊唐書》作十三卷，《會通》一卷。曹侍郎秋嶽曾見藏書家有存三卷者，迄今又五十餘年矣，未知猶留天壤否？

**《四庫提要・易類一》** 《陸氏易解》一卷。浙江吳玉墀家藏本。明姚士粦所輯吳陸績《周易注》也。《吳志》載績所著有《易注》，不言卷數。《隋書・經籍志》有陸績《周易注》十五卷。《經典釋文・序録》作陸績《周易述》十三卷，《會通》一卷。新、舊《唐書志》所載卷數，與《釋文》同。原本久佚，未詳其孰是。此本爲《鹽邑志林》所載，凡一百五十條。朱彝尊《經義考》以爲鈔撮陸氏《釋文》、李氏《集解》二書爲之。然此本採《京氏易傳》註爲多，而彝尊未之及。又稱其經文異諸家者，「履帝位而不疚」，「疚」作「疾」；「明辨晳也」，「晳」作「逝」；「納約自牖」，「牖」作「誘」；「三年克之，憊也」，「憊」作「備」。此本又皆無之，豈所見別一本歟？然彝尊明言《鹽邑志林》，其故則不可詳矣。彝尊又言：「曹溶曾見有三卷者。」然諸家著録，竝無三卷之本，殆《京氏易傳》三卷，舊本題曰「陸績註」，溶偶觀之未審，因誤記誤説也。昔宋王應麟輯鄭氏《易註》，爲學者所重。士粦此本雖不及應麟搜討之勤博，而掇拾殘剩，存什一於千百，亦可以見陸氏《易註》之大略矣。績，字公紀，吳郡人。官至鬱林太守，加偏將軍。事蹟具《吳志》。士粦，字叔祥，海鹽人。十三而孤，年二十猶目不識丁，寓居德清姜氏家，姜始授以句讀，晚乃卓然自立，蓋亦奇士云。

**張之洞《書目答問・易類》** 陸氏《周易述》一卷。吳陸績。《古經解彙函》重刻孫堂輯本。又馬國翰《玉函山房輯佚書》本三卷。

**姚振宗《後漢藝文志・易》** 陸績《周易述》十三卷，《録》一卷。范書《陸康傳》：康，字季寧，吳郡吳人也。少子績仕吳，爲鬱林太守，博學善政，見稱當時。幼年曾謁袁術，懷橘墮地者也，有名稱。《吳志》本傳：績，字公紀，博學多識，星、曆、算、數無不該覽。虞翻舊齒名盛，龐統荆州令士，年亦差長，皆與績友善。孫權統事辟爲奏曹掾，以直道見憚，出爲鬱林太守，加偏將軍，給兵二千人。績既有躄疾，又意在儒雅，非其志也。雖有軍事，著述不廢，作《渾天圖》，注《易》釋玄，皆傳於世。豫自知亡日，乃爲辭曰：「有漢志士吳郡陸績，幼敦《詩》《書》，長玩《禮》《易》。受命南征，遘疾遇厄。遭命不幸，嗚呼悲隔！」年三十二卒。

張惠言《易義別録》輯本序曰：明姚士粦采《釋文》、《集解》，合以《京氏易傳》之注，爲《陸氏易解》一卷，今《四庫》本是也。《易傳注》，世有其書。按見子部五行家。又不宜入《易》注。其所采闕謬甚多，今正而補之，因論其義爲一卷。公紀注《京氏易傳》，則其《易》京氏也。余嘗以爲京氏既爲《易章句》，又別爲《易傳》、《飛候》之書，以謂《易》合萬象不可執一隅。然則積算之法，殆不用之章句。以《易傳》、《飛候》求《易》者，爲京氏者之末失也。今觀公紀所述，凡納甲、六親、九族、四氣、刑德、生尅未嘗一言及之，至言六爻發揮，旁通卦爻之變，有與孟氏相出入者。京氏自言其《易》即孟氏學，公紀儻得之耶？《京氏章句》既亡，由公紀之説，京氏之大恉庶幾見之。公紀以少年與仲翔爲友，觀其書，亦幾欲與荀、虞頡頏矣。又曰，余嘗善陸績治《易》京氏，而其言純粹與干寶絕不相類。又有孫氏《漢魏易注輯本》一卷，馬氏《玉函山房輯本》三卷。

## 周易日月變例

**《隋書・經籍志・易》** 梁有《周易日月變例》六卷，虞翻、陸績撰。亡。

**姚振宗《後漢藝文志・易》** 陸績《周易日月變例》六卷。張惠言《易義別録》曰：《隋・經籍志》云：績又與虞翻同撰《日月變例》六卷。按：陸公紀自稱有漢志士，其卒時必在建安中，《釋文》固稱爲漢人矣。

## 周易注

**陸德明《經典釋文序録・注解傳述人》** 姚信《注》十卷。字德祐，《七録》云字元直，吳興人，吳太常卿。《七録》云十二卷。

**《隋書・經籍志・易》** 《周易》十卷。吳太常姚信注。

**《舊唐書・經籍志・易》** 《周易》十卷。姚信注。

**《新唐書・藝文志・易類》** 姚信《注》十卷。

**鄭樵《通志・藝文略・易》** 《周易》十卷。吳太常姚信。

**姚振宗《三國藝文志・易》** 姚信《周易注》十二卷。秀水朱彝尊《經義考》曰：阮孝緒云，姚信，字元直。陸德明云，信，字德祐。按《吳志・陸績傳》注引《姚信集》有表請賜績女鬱生以「義姑」之號。又《陸遜傳》：姚信以親附太子，枉見流徙。又《孫和傳》：寶鼎二年十二月遣守丞相孟仁、太常姚信等備官僚中軍步騎二千人，以靈輿法駕，東迎神于明陵。又《晉書・范平傳》：平研覽墳索，遍該百氏，姚信、賀邵之徒皆從受業。又《南史・姚察傳》：察讓選部書曰，臣九世祖信，名高往代云云。案《陸遜傳》云：「遜外生顧譚、顧承、姚信並以親附太子，枉見流徙。」似與二顧並爲遜之外生，孫權時，嘗爲太子和官屬。孫皓即位，謚父和爲文皇帝，改葬明陵，時信以太常奉使迎神云。 張惠言《易義別録》輯本序曰：《吳興志》有《德祐文集》，輯《易注》一卷，明人爲之，甚疎略，今補而正之。其言乾坤致用卦變旁通九六上下，則與虞氏之注若應規矩。元直豈仲翔之徒與？抑孟氏之傳在吳元直亦得有舊聞歟？ 歷城馬國翰輯本序曰：其説《易》，與荀、虞相似，故《九家集解》有之，今佚。《釋文》、《正義》及李氏《集解》引四十餘節，輯，爲一卷。又平湖孫氏《漢魏廿一家易注》亦輯存一卷。

## 易傳

**文廷式《補晉書藝文志・易類》** 袁準《易傳》。《魏志・袁渙傳》注引《袁氏世紀》曰：準爲《易》、《周官》、《詩》傳。

## 京氏易注

**文廷式《補晉書藝文志・易類》** 郭琦《京氏易注》。本傳云：作《天文志》、《五行傳》，注《穀梁》、《京氏易》百卷。

## 周易象論

**《隋書・經籍志・易》** 《周易象論》三卷。晉尚書郎欒肇撰。

**《新唐書・藝文志・易類》** 欒肇《通易象論》一卷。

**鄭樵《通志・藝文略・易》** 《通易象論》三卷。晉尚書郎欒肇。

**文廷式《補晉書藝文志・易類》** 欒肇《周易象論》三卷。尚書郎。

## 易論

**文廷式《補晉書藝文志・易類》** 裴秀《易論》。裴松之《魏志・裴潛傳注》引《文章叙録》云：秀著《易論》及《樂論》。《世説・德行門》注，引《晉諸公贊》，裴楷特精《易》義。

## 周易論

**《隋書・經籍志・易》** 《周易論》二卷。晉馮翊太守阮渾撰。

**文廷式《補晉書藝文志・易類》** 阮渾《周易論》二卷。馮翊太守，字長成，籍之子，《釋文序錄》云爲《易》義。《日本國見在書目》尚有此書。

## 易　義

**文廷式《補晉書藝文志・易類》** 向秀《易義》。《釋文序錄》列張璠所集各家，今並著其目於後。《史記・屈原傳》裴駰《集解》、《易正義》、《經典釋文》並引之。馬國翰有集本，不盡足。據《世說・文學門》注：《秀別傳》曰注《周易》，大義可觀。而與漢世諸儒互有彼此，未若隱莊之絕倫也。

## 周易統略論

**《隋書・經籍志・易》** 《周易統略》五卷。晉少府卿鄒湛撰。

**《舊唐書・經籍志・易》** 《周易統略論》三卷。鄒湛撰。

**《新唐書・藝文志・易類》** 鄒湛《統略論》三卷。

**鄭樵《通志・藝文略・易》** 《統略論》三卷。晉少府卿鄒湛。

**文廷式《補晉書藝文志・易類》** 鄒湛《周易統略》五卷。少府卿。《釋文序錄》云，字潤甫，南陽人，國子祭酒。《唐志》、鄭樵《通志・藝文略》並作《周易統略論》。《釋文》：「箕子之明夷」劉向云：今《易》「箕子」作「荄滋」。鄒湛云：「訓『箕』爲『荄』，詁『子』爲『滋』，漫衍無經，不可致詰，以譏荀爽。」又「茹，牽引也」，鄒湛同。

## 周易訓注

**文廷式《補晉書藝文志・易類》** 劉兆《周易訓注》。字延世，濟南東平人。本傳云：撰《周易訓注》，以正動二體互通其文。

## 明易論

**《舊唐書・經籍志・易》** 《周易論》一卷。應吉甫撰。

**《新唐書・藝文志・易類》** 應吉甫《明易論》一卷。

**鄭樵《通志・藝文略・易》** 《明易論》一卷。應吉甫。

**文廷式《補晉書藝文志・易類》** 應貞《明易論》。字吉甫，汝南人，散騎常侍。貞，儒林有傳。

## 易　義

**文廷式《補晉書藝文志・易類》** 庾運《易義》。字元度，新野人，仕至尚書。一云《易注》。

## 易　義

**文廷式《補晉書藝文志・易類》** 張輝《易義》。字義元，梁國人，侍中，平陵亭侯。

## 易義

**文廷式《補晉書藝文志・易類》** 阮咸《易義》。

## 易義

**文廷式《補晉書藝文志・易類》** 王濟《易義》。《魏志・鍾會傳》注引《何劭王弼傳》曰：太原王濟嘗云見弼《易注》，所悟者多。據此，則濟蓋輔嗣之學也。

## 易義

**文廷式《補晉書藝文志・易類》** 衛瓘《易義》。

## 易義

**文廷式《補晉書藝文志・易類》** 杜育《易義》。字方叔，襄城人，國子祭酒。《荀晞傳》有「右將軍杜育」，即此人。

## 易義

**文廷式《補晉書藝文志・易類》** 楊瓚《易義》。不知何許人，司徒，右長史。

## 易義

**文廷式《補晉書藝文志・易類》** 張軌《易義》。涼武公。崔鴻《前涼錄》：軌與京兆杜預此下當有善字。以所《注易》遺之。《御覽》一百二十四。《釋文》「得其資斧」，《子夏傳》及衆家並作「齊斧」。張軌云：「齊斧，蓋黄鉞斧也。」

## 通知來藏往論

**文廷式《補晉書藝文志・易類》** 宣舒《通知來藏往論》。字幼驥，陳郡人，宜城令。

## 易義

**文廷式《補晉書藝文志・易類》** 邢融《易義》。

## 易義

**文廷式《補晉書藝文志・易類》** 許適《易義》。

## 易義

**文廷式《補晉書藝文志・易類》** 裴藻《易義》。

## 易義

**文廷式《補晉書藝文志・易類》** 楊藻《易義》。以上並張璠所集，《經典釋文序録》云：「邢融、裴藻、許適、楊藻四人，不詳何人，並爲《易義》」。

## 周易注

**《舊唐書・經籍志・易》** 《周易》十卷。王凱沖注。

**《新唐書・藝文志・易類》** 王凱沖《注》十卷。

**鄭樵《通志・藝文略・易》** 《周易》十卷。王凱沖。

## 周易繫辭注

**陸德明《經典釋文序録・注解傳述人》** 韓伯字康伯，潁川人，東晉太常卿。注《繫辭》。

**《隋書・經籍志・易》** 《周易繫辭》二卷。晉太常韓康伯注。

**《舊唐書・經籍志・易》** 《周易》十卷。王弼、韓康伯注。

**《新唐書・藝文志・易類》** 王弼、韓康伯《注》十卷。

**鄭樵《通志・藝文略・易》** 《繫辭》二卷。晉太常韓康伯。

**《宋史・藝文志・易類》** 《繫辭説卦序卦雜卦》，三卷，韓康伯注。

**錢謙益等《絳雲樓書目・易類》** 韓康伯《注》三卷。輔嗣門人，注《繫辭》。康伯乃殷浩甥，生於東晉之季，輔嗣沒於曹魏正始中，遠不相逮也。孔氏《易疏》以康伯爲輔嗣門人，誤矣。

**《四庫提要・易類》** 《繫辭傳》、《説卦傳》、《序卦傳》、《雜卦傳》注，晉韓康伯撰。

**文廷式《補晉建藝文志・易類》** 韓伯《周易繫辭注》三卷。字康伯，潁川人，東晉太常卿。今存。陳蘭甫《東塾讀書記》曰：康伯《繫辭注》，道者，何無之稱也？又云，常无欲以觀其妙，殆可以語至而言極也。又云，聖人雖體道以爲用，未能全无以爲體。如是類者，是談玄，非注經矣。

## 周易集解

**陸德明《經典釋文序録・注解傳述人》** 張璠《集解》十二卷。安定人，東晉秘書郎參著作。《集二十二家解序》云依向秀本。鍾會，字士季，潁川人，魏鎮西將軍，爲《易無互體論》；向秀，字子期，河内人，晉散騎常侍，爲《易義》；庾運，字玄度，新野人，官至尚書，爲《易義》；應貞，字吉甫，汝南人，晉散騎常侍，爲《明易論》；荀煇，字景文，潁川潁陰人，晉太子中庶子，爲《易義》，《七志》云注《易》十卷；張輝，字義元，梁國人，晉侍中、平陵亭侯，爲《易義》；王宏，字正宗，弼之兄，晉大司農、贈太常，爲《易義》；阮咸，字仲容，陳留人，籍之兄子，晉散騎常侍、始平太守，爲《易義》；阮渾，字長成，籍之子，晉太子中庶子、馮翊太守，爲《易義》；楊乂，字玄舒，汝南人，晉司徒左長史，爲《易卦序論》；王濟，字武子，太原人，晉河南尹，爲《易義》；衛瓘，字伯玉，河東人，晉太保、蘭陵成侯，爲《易義》；欒肇，字永初，太山人，晉太保掾、尚書郎，爲《易論》；鄒湛，字潤甫，南陽新野人，晉國子祭酒，爲《易統略》；杜育，字方叔，襄城人，國子祭酒，爲《易義》；楊瓚，不知何許人，晉司徒右長史，爲《易義》；張軌，字士彦，安定人，涼州刺史，謚武公，爲《易義》；宣舒，字幼驥，陳郡人，晉宜城令，爲《通知來藏往論》；邢融、裴藻、許適、楊藻四人，不詳何人，並爲《易義》。《七録》云集二十八家，《七志》云十卷。

**《隋書・經籍志・易》** 《周易》八卷。晉著作郎張璠注，殘缺。梁有十卷。

**《舊唐書・經籍志・易》** 《周易》十卷。張璠集解。

**《新唐書・藝文志・易類》** 張璠《集解》十卷。

**鄭樵《通志・藝文略・易》** 《集解周易》十卷。張璠。

**文廷式《補晉書藝文志・易類》** 張璠《周易注》十卷。著作郎，安定人。《釋文序録》作《集解》，十二卷，集二十二家。案，《文選》卷三十八李善注，引張璠《易注序》云：「蜜蜂以兼采爲味。」《釋文》引序云：「依向秀本。」二十二家者，鍾會、向秀、庾運、應貞、荀煇、張輝、王宏、阮咸、阮渾、楊乂、王濟、衛瓘、欒肇、鄒湛、杜育、楊瓚、張軌、宣舒、邢融、裴藻、許適、楊藻者也。《七録》云「集二十八家」。《釋文》《子夏易傳》引張璠云：「或馯臂子弓所作。」《唐志》：張璠《集解》十卷，又《略論》一卷。

## 周易略論

**《舊唐書・經籍志・易》** 《周易略論》一卷。張璠撰。

**鄭樵《通志・藝文略・易》** 《略論》一卷。張璠。

## 周易王廙注

**陸德明《經典釋文序録・注解傳述人》** 王廙《注》十二卷。字世將，瑯邪臨沂人，東晉荆州刺史、贈驃騎將軍武陵康侯。《七志》、《七録》云十卷。

**《隋書・經籍志・易》** 《周易》三卷。晉驃騎將軍王廙注，殘缺。梁有十卷。

**《舊唐書・經籍志・易》** 《周易》十卷。王廙注。

**《新唐書・藝文志・易類》** 王廙《注》十卷。

**文廷式《補晉書藝文志・易類》** 王廙《周易注》十卷。驃騎參軍。《釋文序録》作十二卷。馬國翰《玉函山房輯佚書》從《正義》、《釋文》、《集解》、《世説注》、《太平御覽》等書集得二十四條。

## 周易干氏注

**陸德明《經典釋文序録・注解傳述人》** 干寶《注》十卷。字令升，新蔡人，東晉散騎常侍領著作。

**《隋書・經籍志・易》** 《周易》十卷。晉散騎常侍干寶注。

**《舊唐書・經籍志・易》** 《周易》十卷，干寶注。

**《新唐書・藝文志・易類》** 干寶《注》十卷。

**鄭樵《通志・藝文略・易》** 《周易》十卷。晉散騎常侍干寶。

**尤袤《遂初堂書目・周易類》** 晉干寶《易解》。

**《宋史・藝文志・易類》** 干寶《易傳》十卷。

**文廷式《補晉書藝文志・易類》** 干寶《周易注》十卷。散騎常侍。《晉書》本傳：寶用京氏占候之法，以爲象，而援文、武、周公遭遇之期運一一比附之。張惠言《易義別録》云：今令升之注，僅存者三十卦，而又不完。然言文武革紂、周公攝成王者，十有八焉。馬國翰集此書三卷。朱彝尊《經義考》曰：干寶注十卷，今止存一卷，《鹽邑志林》載之。按明姚士粦集本三卷，近人丁杰集本二卷。

## 周易爻義

**《隋書・經籍志・易》** 《周易爻義》一卷。干寶撰。

**《舊唐書・經籍志・易》** 《周易爻義》一卷。干寶撰。

**《新唐書・藝文志・易類》** 干寶《爻義》一卷。

**鄭樵《通志・藝文略・易》** 《爻義》一卷。干寶。

**文廷式《補晉書藝文志・易類》** 干寶《周易爻義》一卷。

## 周易宗塗

**《隋唐・經籍志・易》** 梁有《周易宗塗》四卷。干寶撰。亡。

**文廷式《補晉書藝文志・易類》** 干寶《周易宗塗》四卷，《周易爻義》一卷，《周易元品》二卷。見《冊府元龜》。

## 周易元品

文廷式《補晉書藝文志・易類》　干寶《周易元品》二卷。見《册府元龜》。

## 易洞林

尤袤《遂初堂書目・周易類》　郭璞《洞林》。

## 周易髓

鄭樵《通志・藝文略・易》　《周易髓》十卷。郭璞。

尤袤《遂初堂書目・周易類》　《易髓》。

《宋史・藝文志・易類》　《易髓》八卷。晉人撰，不知姓名。

文廷式《補晉書藝文志・易類》　《易髓》，八卷。《宋志》云晉人撰，不知姓名。按《通志・藝文略》有郭璞《周易髓》十卷，疑即此書。

## 周易注

陸德明《經典釋文序録・注解傳述人》　蜀才《注》十卷。《七録》云不詳何人，《七志》云是王弼後人。按《蜀李書》云姓范，名長生，一名賢隱，居青城山，自號「蜀才」，李雄以爲丞相。

《隋書・經籍志・易》　《周易》十卷。蜀才注。

《舊唐書・經籍志・易》　《周易》十卷。蜀才注。

《新唐書・藝文志・易類》　蜀才《注》十卷。

鄭樵《通志・藝文略・易》　《周易》十卷。蜀才。

文廷式《補晉書藝文志・易類》　蜀才《易注》，十卷。【略】張惠言曰：蜀才之《易》大約用鄭、虞之義爲多，卦變全取虞氏。張澍《蜀典》、馬國翰《玉函山房》皆有集本。

## 易　義

文廷式《補晉書藝文志・易類》　翟子元《易義》。見《釋文序錄》，云「不詳何人」。

## 周易注

陸德明《經典釋文序録・注解傳述人》　黄穎《注》十卷。南海人，晉廣州儒林從事。

《隋書・經籍志・易》　《周易》四卷。晉儒林從事黄穎注。梁有十卷，今殘缺。

《舊唐書・經籍志・易》　《周易》十卷，黄穎注。

《新唐書・藝文志・易類》　黄穎《注》十卷。

鄭樵《通志・藝文略・易》　《周易》十卷。晉儒林從事黄穎注，梁十卷，隋四卷，唐復十卷。

文廷式《補晉書藝文志・易類》　黄穎《周易注》十卷。儒林從事。《經典釋文序錄》云，穎，南海人。朱彝尊《經義考》云，《黄氏易》「賁于丘園」，「賁」作「奔」；「豚魚」作「遯余」。案《釋文》引黄氏説共九條。《釋文》，經論，黄穎云：經論，匡濟也。以從黄子用反。翰，黄云，爲舉頭高也。戔戔，黄云，猥積貌。辨，黄云，牀簀也。《繫辭》「爲罟」，黄本作「爲網罟」。

## 易象妙於見形論

文廷式《補晉書藝文志・易類》　孫盛《易象妙於見形論》。見《劉惔傳》。《世說・文學門》注引之。《魏志・鍾會傳》注引孫盛曰：《易》之爲書，窮神知化，非天下之至精，其孰能與於此？世之注解殆皆妄也。況王弼以附會之辨，而欲籠統玄旨者乎？故其叙浮義，則麗辭溢目；造陰陽，則妙賾無間。至於六爻變化，羣象所效，日時歲月，五氣相推，弼皆擯落，多所不關。雖有可觀者焉，恐將泥夫大道。此亦盛說《易》之大旨，故附著之。

## 周易旨

**文廷式《補晉書藝文志・易類》** 李充《周易旨》，六篇。本傳。國朝謝啓昆《小學考》作《周易音》，恐誤。

## 周易繫辭注

**陸德明《經典釋文序録・注解傳述人》** 謝萬、字萬石，陳郡人，東晉豫州刺史。韓伯、字康伯，潁川人，東晉太常卿。袁悦之、字元禮，陳郡人，東晉驃騎諮議參軍。桓玄、字敬道，譙國龍亢人，僞楚皇帝。卞伯玉、濟陰人，宋東陽太守、黄門郎。荀柔之、潁川潁陰人，宋奉朝請。徐爰、字季玉，琅邪人，宋太中大夫。顧懽、字景怡，或云字玄平，吴郡人，齊太學博士徵不起。明僧紹、字承烈，平原人，國子博士徵不起。劉瓛，字子珪，沛國人，齊步兵校尉不拜，謚貞簡先生。《七録》云作《繫辭義疏》。自謝萬以下十人並注《繫辭》。

**《隋書・經籍志・易》** 《周易繫辭》二卷。晉西中郎將謝萬等注。

**《舊唐書・經籍志・易》** 《周易繫辭》二卷。謝萬注。

**《新唐書・藝文志・易類》** 謝萬注《繫辭》二卷。

**鄭樵《通志・藝文略・易》** 《繫辭》二卷。晉西中郎將謝萬。

**文廷式《補晉書藝文志・易類》** 謝萬等《周易繫辭注》，二卷。西中郎將。《釋文序錄》作謝万，字万石，陳郡人，東晉豫州刺史。宋王應麟《漢制考》卷三引《崇文總目》云：《歸藏》，《隋志》有十三篇，今但存《初經》、《齊母》、《本著》三篇。

## 周易繫辭注

**陸德明《經典釋文序録・注解傳述人》** 袁悦之，字元禮，陳郡人，東晉驃騎諮議參軍。注《繫辭》。

**文廷式《補晉書藝文志・易類》** 袁悦之《周易繫辭注》。字元禮，驃騎諮議參軍。見《釋文序錄》。

## 易音

**文廷式《補晉書藝文志・易類》** 袁悦之《易音》。國朝謝啓昆《小學考》曰：《晉書・李悦之傳》：悦之，字元禮，陳郡陽夏人。始爲謝玄參軍後，爲會稽王道子所親愛，俄而見誅。《冊府元龜》曰：悦之注《繫辭》，又爲《易音》。余案，《晉書・袁悦之附王湛傳》作「李」，誤也。

## 周易問難

**《隋書・經籍志・易》** 梁有《周易問難》二卷。王氏撰。亡。

**鄭樵《通志・藝文略・易》** 《周易問難》二卷。王氏撰。

**文廷式《補晉書藝文志・易類》** 王氏《周易問難》二卷。

## 周易難王輔嗣義

**《隋書・經籍志・易》** 梁有《周易難王輔嗣義》一卷。晉揚州刺史顧夷等撰。亡。

**鄭樵《通志・藝文略・易》**《周易難王輔嗣義》一卷。晉顧夷等。

**文廷式《補晉書藝文志・易類》**顧夷等《周易難王輔嗣義》一卷。揚州刺史。《宋書・隱逸・關康之傳》：顧悅之難王弼《易義》四十餘條，《册府元龜》亦載之。悅之，即夷字也。《文苑・顧愷之傳》，父悅之，尚書左丞，非此一人。

## 周易卦象數旨

**《隋書・經籍志・易》**梁有《周易卦象數旨》六卷。東晉樂安亭侯李顒撰，亡。

**鄭樵《通志・藝文略・易》**《周易卦象數旨》一卷。東晉李顒。

**文廷式《補晉書藝文志・易類》**李顒《周易卦象數旨》，六卷。樂安亭侯。

## 周易爻

**《隋書・經籍志・易》**梁有《周易爻》一卷。馬揩撰。亡。

## 周易譜

**《舊唐書・經籍志・易》**《周易譜》一卷。袁宏撰。

**《新唐書・藝文志・易類》**袁宏《略譜》一卷。

**鄭樵《通志・藝文略・易》**《略譜》一卷。袁宏。

**文廷式《補晉書藝文志・易類》**袁宏《周易略譜》一卷。見《新唐志》。

## 周易音

**陸德明《經典釋文序録・注解傳述人》**爲《易音》者三人。李軌字弘範，江夏人，東晉祠部郎中、都亭侯。

**《隋書・經籍志・易》**《周易音》一卷。東晉尚書郎李軌弘範撰。

**鄭樵《通志・藝文略・易》**《周易音》一卷。東晉尚書郎李軌。

**文廷式《補晉書藝文志・易類》**李軌宏範《周易音》一卷。尚書郎，《釋文》云江夏人，東晉祠部郎中，都亭侯。《釋文》引此書七條。

## 周易音

**《隋書・經籍志・易》**《周易音》一卷。東晉太子前率徐邈撰。

**陸德明《經典釋文序録・注解傳述人》**爲《易音》者三人。徐邈字仙民，東莞人，東晉中書侍郎、太子前衛率。

**文廷式《補晉書藝文志・易類》**徐邈《周易音》，一卷。太子前率，字仙民，東莞人。馬國翰《玉函山房》有集本。

## 周易論

**《隋書・經籍志・易》**《周易論》一卷。晉荆州刺史宋岱撰。

**鄭樵《通志・藝文略・易》**《通易論》一卷。晉荆州刺史宋岱。

**文廷式《補晉書藝文志・易類》**宋岱《周易論》一卷。荆州刺史。

## 易論

**《舊唐書・經籍志・易》**《易論》一卷。宋處宗撰。

**《新唐書・藝文志・易類》**宋處宗《通易論》一卷。

## 周易難答論

**《舊唐書・經籍志・易》**　《周易論》二卷。暨長成難，暨仲容答。

**《新唐書・藝文志・易類》**　阮長成、阮仲容《難答論》二卷。

**鄭樵《通志・藝文略・易》**　《二阮難答論》二卷。阮長成、阮仲容。

## 通易象論

**《舊唐書・經籍志・易》**　《通易象論》一卷。宣聘撰。

**《新唐書・藝文志・易類》**　宣聘《通易象論》一卷。

**鄭樵《通志・藝文略・易》**　《通易象論》一卷。宣聘。

**文廷式《補晉書藝文志・易類》**　宣聘《通易象論》，一卷。見《通志》。

## 通易象論

**《舊唐書・經籍志・易》**　《通易象論》一卷。欒永初撰。

## 周易繫辭注

**陸德明《經典釋文序録・注解傳述人》**　桓玄，字敬道，譙國龍亢人，僞楚皇帝。注《繫辭》。

**《隋書・經籍志・易》**　《周易繫辭》二卷。晉桓玄注。

**《舊唐書・經籍志・易》**　《周易繫辭》二卷。桓玄注。

**《新唐書・藝文志・易類》**　桓玄注《繫辭》二卷。

**鄭樵《通志・藝文略・易》**　《繫辭》二卷。晉桓玄注。

**文廷式《補晉書藝文志・易類》**　桓玄《周易繫辭注》，二卷。《釋文》：「八卦相盪」，桓玄：「盪，動也。」「議之」，陸、姚、桓玄、荀柔之作「儀之」。「曰人」，王肅、卞伯玉、桓玄、明僧紹作「仁」。

## 周易卦序論

**《隋書・經籍志・易》**　《周易卦序論》一卷。晉司徒右長史楊乂撰。

**《舊唐書・經籍志・易》**　《周易卦序論》一卷。楊乂撰。

**《新唐書・藝文志・易類》**　楊乂《卦序論》一卷。

**鄭樵《通志・藝文略・易》**　《周易卦序論》一卷。晉司徒右長史楊乂。

**文廷式《補晉書藝文志・易類》**　楊乂《周易卦序論》一卷。司徒右長史（《釋文》作左長史），字玄舒，汝南人。《御覽》三十八引作「楊義」。《初學記》卷五引此書：「險而止，山也；險而動，泉也。動靜皆蒙險，故曰山。」馬國翰曰，《御覽》三十八所引同，依文義當有「水蒙」二字。

## 周易論

**《隋書・經籍志・易》**　《周易論》四卷。范氏撰。

**《舊唐書・經籍志・易》**　《周易論》四卷。范氏撰。

**《新唐書・藝文志・易類》**　范氏《周易論》四卷。

**鄭樵《通志・藝文略・易》**　《周易論》四卷。范氏。

## 周易音

**《隋書・經籍志・易》**　《周易音》一卷。范氏撰。

**鄭樵《通志・藝文略・易》**　《周易音》一卷。范氏。

## 擬周易説

**《隋書・經籍志・易》** 梁有《擬周易説》八卷。范氏撰。亡。

**文廷式《補晉書藝文志・易類》** 范氏《擬周易説》，八卷。《隋志》引《七録》，列干寶前，蓋晉人也。《隋志》又有范氏《周易論》四卷，范氏《周易音》一卷，疑同出一人。

## 周易注

**《隋書・經籍志・易》** 《周易》一帙十卷。盧氏注。

**《舊唐書・經籍志・易》** 《周易》十卷。盧氏注。

**《新唐書・藝文志・易類》** 盧氏《注》十卷。

**鄭樵《通志・藝文略・易》** 《周易》，十卷。盧氏。

## 周易注

**《隋書・經籍志・易》** 《周易》十三卷。傅氏注。

**《舊唐書・經籍志・易》** 《周易》十四卷。傅氏注。

**《新唐書・藝文志・易類》** 傅氏《注》十四卷。

**鄭樵《通志・藝文略・易》** 《周易》，十四卷。傅氏。

## 周易雜論

**《隋書・經籍志・易》** 梁有《周易雜論》十四卷。亡。

## 周易義疏

**《隋書・經籍志・易》** 《周易義疏》十九卷。宋明帝集羣臣講。

**《舊唐書・經籍志・易》** 《周易義疏》二十卷。宋明帝注。

**《新唐書・藝文志・易類》** 宋明帝注《義疏》二十卷。

**鄭樵《通志・藝文略・易》** 《周易義疏》二十卷。宋明帝集羣臣講。

## 宋羣臣講易義疏

**《隋書・經籍志・易》** 又有《宋明帝集羣臣講易義疏》二十卷。亡。

**《舊唐書・經籍志・易》** 《宋羣臣講易疏》二十卷。張該等注。

**《新唐書・藝文志・易類》** 張該等《羣臣講易疏》二十卷。

**鄭樵《通志・藝文略・易》** 《周易講疏》二十卷。張該等羣臣講。

## 周易義

**《隋書・經籍志・易》** 《周易義》一卷。宋陳令范歆撰。

## 周易疑通

**《隋書・經籍志・易》** 梁有《周易疑通》五卷。宋中散大夫何諲之撰。亡。

## 周易繫辭注

《舊唐書・經籍志・易》《周易繫辭》二卷。荀諺注。

《新唐書・藝文志・易類》荀諺注《繫辭》二卷。

鄭樵《通志・藝文略・易》《繫辭》二卷。荀諺。

## 周易繫辭注

陸德明《經典釋文序録・注解傳述人》荀柔之穎川穎陰人，宋奉朝請。注《繫辭》。

《隋書・經籍志・易》《周易繫辭》二卷。荀柔之注。

《新唐書・藝文志・易類》荀柔之注《繫辭》二卷。

鄭樵《通志・藝文略・易》《繫辭》二卷。荀柔之。

## 周易繫辭注

陸德明《經典釋文序録・注解傳述人》卞伯玉濟陰人，宋東陽太守，黄門郎。注《繫辭》。

《隋書・經籍志・易》又有宋東陽太守卞伯玉注《繫辭》二卷。亡。

## 周易集注繫辭

陸德明《經典釋文序録・注解傳述人》徐爰字季玉，琅邪人，宋太中大夫。注《繫辭》。

《隋書・經籍志・易》《周易集注繫辭》二卷。梁有宋太中大夫徐爰注《繫辭》二卷。亡。

鄭樵《通志・藝文略・易》《集注繫辭》二卷。《隋志》。

## 周易問答

《隋書・經籍志・易》梁有《周易問答》一卷。揚州從事徐伯珍撰。亡。

文廷式《補晉書藝文志・易類》徐伯珍《周易問答》一卷。（揚州從事。）

## 周易繫辭義疏

陸德明《經典釋文序録・注解傳述人》劉瓛字子珪，沛國人，齊步兵校尉不拜，謚貞簡先生。注《繫辭》。《七録》云作《繫辭義疏》。

《隋書・經籍志・易》《周易繫辭義疏》二卷。劉瓛撰。

《舊唐書・經籍志・易》《周易繫辭義疏》二卷。劉瓛撰。

《新唐書・藝文志・易類》劉瓛《繫辭義疏》二卷。

鄭樵《通志・藝文略・易》《繫辭義疏》二卷。劉瓛。

## 周易乾坤義

《隋書・經籍志・易》《周易乾坤義》一卷。齊步兵校尉劉瓛撰。

《舊唐書・經籍志・易》《周易乾坤義疏》一卷。劉瓛撰。

《新唐書・藝文志・易類》劉瓛《乾坤義疏》一卷。

鄭樵《通志・藝文略・易》《乾坤義疏》一卷。劉瓛。

## 周易四德例

**《隋書・經籍志・易》** 《周易四德例》一卷。劉瓛撰。亡。

## 周易注

**陸德明《經典釋文序録・注解傳述人》** 費元珪《注》九卷。蜀人，齊安西參軍。

**《隋書・經籍志・易》** 梁有齊安參軍費元珪注《周易》九卷。亡。

## 周易注

**《隋書・經籍志・易》** 梁有謝氏注《周易》八卷，亡。

## 周易注

**陸德明《經典釋文序録・注解傳述人》** 尹濤《注》六卷。不詳何人。

**《隋書・經籍志・易》** 尹濤注《周易》六卷。亡。

## 王弼易二繫注

**陸德明《經典釋文序録・注解傳述人》** 顧懽字景怡，或云字玄平，吳郡人，齊太學博士徵不起。注《繫辭》。

## 周易繫辭注

**陸德明《經典釋文序録・注解傳述人》** 明僧紹字承烈，平原人，國子博士徵不起。注《繫辭》。

**黎世衡《補南齊書經籍志・易類》** 明僧紹《周易繫辭注》。僧紹，字承烈，平原人，國子博士，徵不起。事蹟見《南史》及《齊書》本傳。其《易注》，《隋》、《唐志》皆不著錄。陸德明《釋文序錄》載注《繫辭》十人有之，亦不言其卷數。引述三節，不及注語，第考文字之異而已，今列爲一家焉。《玉函山房輯佚書》五。

## 周易論

**《隋書・經籍志・易》** 《周易論》十卷。齊中書郎周顒撰。梁有三十卷，亡。

**鄭樵《通志・藝文略・易》** 《周易論》十卷。齊中書郎周顒。

## 國學周易講疏

**《隋書・經籍志・易》** 梁有齊永明《國學周易講疏》二十六卷。亡。

## 乾坤義

**《隋書・經籍志・易》** 梁又有齊臨沂之李玉之《乾坤義》一卷。亡。

## 乾坤義

《隋書・經籍志・易》 梁有齊釋法通《乾坤義》一卷。亡。

## 王朗易傳注

張鵬一《隋書經籍志補・經部》 《王朗易注》。後魏敦煌闞駰。本傳云注《王朗易傳》，撰《十三州志》。《志》已錄。沮渠蒙遜甚重之。

## 周易義

《隋書・經籍志・易》 梁有《周易義》三卷，沈林撰。亡。

## 周易集解

《隋書・經籍志・易》 梁有臨海令伏曼容注《周易》八卷。亡。

## 周易注

《隋書・經籍志・易》 《周易》，十卷。梁處士何胤注。

《舊唐書・經籍志・易》 《周易》十卷。何胤注。

《新唐書・藝文志・易類》 何胤《注》十卷。

鄭樵《通志・藝文略・易》 《周易》十卷。梁處士何胤。

## 周易大義

《隋書・經籍志・易》 《周易大義》二十一卷。梁武帝撰。

《舊唐書・經籍志・易》 《周易大義》二十卷。梁武帝撰。

《新唐書・藝文志・易類》 梁武帝《大義》二十卷。

鄭樵《通志・藝文略・易》 《周易大義》二十一卷。梁武帝。

## 周易大義疑問

《舊唐書・經籍志・易》 《周易大義疑問》二十卷。梁武帝撰。

《新唐書・藝文志・易類》 梁武帝《大義疑問》二十卷。

鄭樵《通志・藝文略・易》 又《大義疑問》二十卷。梁武帝。

## 周易講疏

《隋書・經籍志・易》 《周易講疏》三十五卷。梁武帝撰。

《舊唐書・經籍志・易》 《周易講疏》三十五卷。梁武帝撰。

鄭樵《通志・藝文略・易》 《周易講疏》三十五卷。梁武帝。

## 周易繫辭義疏

《隋書・經籍志・易》 《周易繫辭義疏》一卷。梁武帝撰。

鄭樵《通志・藝文略・易》 《繫辭義疏》一卷。梁武帝。

## 周易發義

《新唐書・藝文志・易類》　蕭偉《發義》一卷。

鄭樵《通志・藝文略・易》　又《周易發義》一卷。

## 周易幾義

《隋書・經籍志・易》　《周易幾義》一卷。梁南平王撰。

《舊唐書・經籍志・易》　《周易幾義》一卷。蕭偉撰。

《新唐書・藝文志・易類》　蕭偉《幾義》一卷。

鄭樵《通志・藝文略・易》　《周易幾義》一卷。梁南平王蕭偉。

## 周易義疏

《隋書・經籍志・易》　《周易義疏》十四卷。梁都官尚書蕭子政撰。

《舊唐書・經籍志・易》　《周易義疏》十四卷。蕭子政撰。

《新唐書・藝文志・易類》　蕭子政《義疏》十四卷。

鄭樵《通志・藝文略・易》　《周易義疏》十四卷。梁都官尚書蕭子政。

## 周易繫辭義疏

《隋書・經籍志・易》　《周易繫辭義疏》三卷。蕭子政撰。

《舊唐書・經籍志・易》　《周易繫辭義疏》二卷。蕭子政撰。

鄭樵《通志・藝文略・易》　《繫辭義疏》二卷。梁蕭子政。

## 繫辭義

《新唐書・藝文志・易類》　蕭子政《繫辭義》二卷。

鄭樵《通志・藝文略・易》　《繫辭義》二卷。蕭子政。

## 周易講疏

《隋書・經籍志・易》　《周易講疏》十六卷。梁五經博士褚仲都撰。

《舊唐書・經籍志・易》　《周易講疏》十六卷。褚仲都撰。

《新唐書・藝文志・易類》　褚仲都《講疏》十六卷。

鄭樵《通志・藝文略・易》　《周易講疏》十六卷。梁五經博士褚仲都。

## 周易繫辭注

《隋書・經籍志・易》　《周易繫辭》二卷。梁太中大夫宋褰注。

《舊唐書・經籍志・易》　《周易繫辭》二卷。宋褰注。

《新唐書・藝文志・易類》　宋褰注《繫辭》二卷。

鄭樵《通志・藝文略・易》　《繫辭》二卷。梁太中大夫宋褰。

## 周易集注

《隋書・經籍志・易》　侍中朱异《周易集注》三十卷。亡。

## 周易譜玄圖

《隋書・經籍志・易》 《周易譜玄圖》八卷。薛景和撰。

## 擬周易義疏

《隋書・經籍志・易》 梁有《擬周易義疏》十三卷。

## 國子講易議

《隋書・經籍志・易》 梁又有《國子講易議》六卷。亡。

## 周易大演通統

《隋書・經籍志・易》 梁有《周易大演通統》一卷。顔氏撰。

## 周易乾坤三象

《隋書・經籍志・易》 梁有《周易乾坤三象》一卷。

## 周易新圖

《隋書・經籍志・易》 梁有《周易新圖》一卷。

## 周易講疏

《隋書・經籍志・易》 《周易講疏》三十卷。陳諮議參軍張譏撰。

《舊唐書・經籍志・易》 《周易講疏》三十卷。張譏注。

《新唐書・藝文志・易類》 張譏《講疏》三十卷。

鄭樵《通志・藝文略・易》 《周易講疏》三十卷。陳諮議參軍張譏。

## 周易義疏

《隋書・經籍志・易》 《周易義疏》十六卷。陳尚書左僕射周弘正撰。

鄭樵《通志・藝文略・易》 《周易義疏》十六卷。陳尚書左僕射周弘正。

## 周易注

張鵬一《隋書經籍志補・經部》 《周易注》。後魏敦煌劉昞。本傳云著《三史略記》百三十篇，八十四卷、《敦煌實錄》二十卷。《志》已錄。《方言》三卷、《靖恭堂銘》一卷，注《周易》、《韓子》、《人物志》、《黄石公三略》，行於世。《北史》同。玉函山房輯遺《周易劉氏注》曰：《魏書》本傳云：昞，字延明，敦煌人，隱居酒泉，不應州郡之命，弟子受業者五百餘人。李暠署爲儒林祭酒、從事中郎，注《周易》行於世。蒙遜平酒泉，拜祕書郎，築陸沈館於西苑，躬往禮焉，號「玄處先生」，月致羊酒。牧犍尊爲國師，親自致拜，命官屬以下，皆北面受學焉。世祖平涼州，拜樂平王、從事中郎。然則其人蓋北方之彥，以著作名世者。史於注《易》不言卷數，隋、唐《志》皆不著錄，幸於陸德明《釋文》得其一節。斷珪殘璧，少而益珍。與《盧氏注考》爲景裕撰者，比次以存北學。昞《易注》外，尚有《敦煌實錄》二十卷，今亦佚。別爲蒐輯，入雜傳焉。

## 周易注

《隋書・經籍志・易》　《周易》十卷。後魏司徒崔浩注。

《舊唐書・經籍志・易》　《周易》十卷。崔浩注。

《新唐書・藝文志・易類》　崔浩《注》十卷。

鄭樵《通志・藝文略・易》　《周易》，十卷。後魏司徒崔浩。

## 易集解

張鵬一《隋書經籍志補・經部》　《易集解》。後魏廣平游肇。本傳：肇耽好經傳，手不釋書，治《周易》、《毛詩》，尤精《三禮》，爲《易集解》，撰《冠昏儀》、《白圭論》，詩賦表啓凡七十五篇。《北史》同。

## 周易傳

鄭樵《通志・藝文略・易》　《周易傳》一卷。後魏關朗撰，唐趙蕤注。

晁公武《郡齋讀書志・易類》　關子明《易傳》一卷。右魏關朗撰。子明，朗字也。元魏太和末，王虬言於孝文，孝文召見之，著成《筮論》數十篇。唐趙蕤云：「恨書亡半，隨文詮解，才十一篇而已。」李邯鄲始著之目，云：「王通贊《易》，蓋宗此也。」

尤袤《遂初堂書目・周易類》　《關氏易傳》。

陳振孫《直齋書録解題・易類》　關子明《易傳》一卷。後魏河東關朗子明撰，唐趙蕤注。《隋》、《唐志》皆不錄。或云阮逸僞作也。

馬端臨《文獻通考・經籍考・易》　關子明《易傳》一卷。【略】

《朱子語錄》：關子明《易》，僞書也。

《宋史・藝文志・易類》　關朗《易傳》一卷。

楊士奇等《文淵閣書目・易》　《關氏易傳》。一部，一冊。闕。《關氏易傳》。一部，一冊。闕。

范邦甸等《天一閣書目・易類》　《關氏易傳》十一卷。刊本。北魏關子明撰。唐天水趙蕤註。明司馬公諱欽訂。

徐𤊹《徐氏家藏書目・易類》　《關氏易傳》一卷。魏關朗撰。唐趙蕤注。

錢曾《讀書敏求記・經》　《關氏易傳》二卷。《關朗易傳》，天水趙蕤註。秦酉岩取楊五川、陳抱冲兩先生善本對錄者爲第一。

《四庫提要・易類存目一》　《關氏易傳》一卷。內府藏本。舊本題北魏關朗撰，唐趙蕤注。朗，字子明，河東人。蕤，字大賓，梓州鹽亭人。詳見子部雜家類《長短經》條下。是書《隋志》、《唐志》皆不著錄。晁公武《讀書志》謂李淑《邯鄲圖書志》始有之。《中興書目》亦載其名，云「阮逸詮次刊正」。陳師道《後山叢談》、何薳《春渚紀聞》及邵博《聞見後錄》皆云，阮逸嘗以僞撰之稾示蘇洵。則出自逸手，更無疑義。逸與李淑同爲神宗時人，故李氏書目始有也。《吳萊集》有此書後序，乃據《文中子》之說力辨其眞。文士好奇，未之深考耳。

彭元瑞等《天祿琳琅書目後編・明版經部》　《關氏易傳》。一函，一冊。北魏關朗撰。朗，字子明，河東人。書一卷，凡十一篇，《卜百年義》第一，《統言易義》第二，《大衍義》第三，《乾坤之策義》第四，《盈虛義》第五，《闔闢義》第六，《理性義》第七，《時變義》第八，《動靜義》第九，《神義》第十，《雜義》第十一。唐趙蕤注。蕤，字大賓，梓州鹽亭人，李白之師也。前有蕤序及所作朗傳。是書《隋志》、《唐志》皆不載，晁公武《郡齋讀書志》謂李淑《邯鄲圖書志》始有之。《中興書目》亦載其名。陳師道《後山叢談》、何薳《春渚紀聞》、邵博《聞見後錄》皆載阮逸僞撰《元經薛氏傳》及此書，嘗以其稿示蘇洵云。逸，字天隱，建陽人，仕爲鎮東軍節度推官，皇祐中典太樂事。

## 周易注

《隋書・經籍志・易》　《周易》十三卷。崔覲注。

**《舊唐書・經籍志・易》** 《周易》十三卷。崔覲注。

**《新唐書・藝文志・易類》** 崔覲《注》十三卷。

**鄭樵《通志・藝文略・易》** 《周易》十三卷。崔覲。

## 周易統例

**《隋書・經籍志・易》** 《周易統例》十卷。崔覲撰。

**鄭樵《通志・藝文略・易》** 《周易統例》十卷。崔覲。

## 周易注

**張鵬一《隋書經籍志補・經部》** 《周易注》。後魏范陽盧景裕。《北史》本傳：景裕注《周易》、《尚書》、《孝經》、《論語》、《禮記》、《老子》，其《毛詩》、《春秋左氏》未訖。《魏書》本傳：齊文襄入朝，於第開講，招延時儁，令景裕解所注《易》。景裕理義精微，吐發閑雅。又云：景裕雖不聚徒教授，所注《易》大行於世。

## 易注

**張鵬一《隋書經籍志補・經部》** 《易注》。北齊河間權會。本傳：少受鄭《易》，探賾索隱，妙盡幽微。《詩》、《書》、《三禮》文義該洽，兼明風角，妙識玄象，注《易》一部，行於世。又云：會每占筮，大小必中，但用《爻辭》、《彖》、《象》以辨吉凶，《易》占之屬，都不經口。

## 周易上下繫注

**張鵬一《隋書經籍志補・經部》** 《周易上下繫注》。北齊中山杜弼。本傳云：本京兆杜陵人，臺卿其次子也。《北史》本傳云：注《莊子・惠施》篇并《周易上下繫辭》，曰《新注義苑》，行於世。

## 周易義記

**張鵬一《隋書經籍志補・經部》** 《周易義記》。梁蕭巋。《隋書》本傳。

## 漢魏二十一家易注

**張之洞《書目答問・易類》** 《漢魏二十一家易注》三十三卷。孫堂輯刻本。

## 周易義例

**張鵬一《隋書經籍志補・經部》** 《周易義例》。隋渤海李鉉。《北史》本傳：鉉，字寶鼎，從浮陽李周仁受《毛詩》、《尚書》，章武劉子猛受《禮記》，常山房蚪受《周官》、《儀禮》，漁陽鮮于靈馥受《左氏春秋》。又以鄉里無可師，遂詣大儒徐遵明受業，居徐門下五年，稱高第。撰定《孝經》、《論語》、《毛詩》、《三禮》義疏，及《三傳異同》、《周易義例》，合三十餘卷。

## 周易講疏

**《隋書・經籍志・易》** 《周易講疏》十三卷。國子祭酒何妥撰。

**《舊唐書・經籍志・易》** 《周易講疏》十三卷。何妥撰。

**《新唐書・藝文志・易類》** 何妥《講疏》十三卷。

**鄭樵《通志・藝文略・易》** 《周易講疏》十三卷。國子祭酒何妥。

**《宋史・藝文志・易類》** 何氏《易講疏》十三卷。不著名。

**張鵬一《隋書經籍志補・經部》** 《周易講疏》三卷。隋西城何妥。《北史》本傳：妥撰《周易講疏》三卷、《孝經義疏》二卷、《莊子義疏》四卷，與沈重等撰《三十六科鬼神感應等大義》九卷，《封禪書》一卷，《樂要》一卷。《志》已錄文集十卷。《志》已錄。並行於世。

## 周易注

**《隋書・經籍志・易》** 《周易》七卷。姚規注。

**鄭樵《通志・藝文略・易》** 《周易》七卷。姚規。

## 周易玄品

**《隋書・經籍志・易》** 《周易玄品》二卷。

**鄭樵《通志・藝文略・易》** 《周易玄品》二卷。

## 周易問

**《隋書・經籍志・易》** 《周易問》二十卷。

**鄭樵《通志・藝文略・易》** 《周易問》二十卷。

## 周易文句義

**《隋書・經籍志・易》** 《周易文句義》二十卷。

## 周易私記

**《隋書・經籍志・易》** 《周易私記》二十卷。

## 周易釋序義

**《隋書・經籍志・易》** 《周易釋序義》三卷。梁蕃撰。

**《舊唐書・經籍志・易》** 《周易釋序義》三卷。梁蕃撰。

**《新唐書・藝文志・易類》** 梁蕃《釋序義》三卷。

**鄭樵《通志・藝文略・易》** 《周易釋序義》三卷。梁蕃。

## 周易文句義疏

**《舊唐書・經籍志・易》** 《周易文句義疏》二十卷。梁蕃撰。

**《新唐書・藝文志・易類》** 梁蕃《文句義疏》二十卷。

**鄭樵《通志・藝文略・易》** 《周易文句義疏》二十卷。梁蕃。

## 周易開題義

《隋書・經籍志・易》《周易開題義》十卷。梁蕃撰。

《新唐書・藝文志・易》梁蕃《開題論序疏》十卷。

《舊唐書・經籍志・易類》《周易開題論序疏》十卷。梁蕃撰。

鄭樵《通志・藝文略・易》《周易開題義》十卷。梁蕃。

## 周易譜

《隋書・經籍志・易》《周易譜》一卷。

鄭樵《通志・藝文略・易》《周易譜》一卷。《隋志》。

## 周易雜音

《舊唐書・經籍志・易》《周易雜音》三卷。

《新唐書・藝文志・易類》《雜音》三卷。

鄭樵《通志・藝文略・易》《雜音》三卷。《唐志》。

## 周易略譜

《舊唐書・經籍志・易》《周易略譜》一卷。沈熊撰。

《新唐書・藝文志・易類》沈熊《周易譜》一卷。

鄭樵《通志・藝文略・易》《周易譜》一卷。沈熊。

## 周易發題義

《舊唐書・經籍志・易類》《周易發題義》一卷。

## 周易文言

鄭樵《通志・藝文略・易》《周易文言》一卷。

## 周易釋文

鄭樵《通志・藝文略・易》《周易釋文》一卷。陸德明。

陳振孫《直齋書録解題・易類》《周易釋文》一卷。唐國子博士吴郡陸德明撰。本名元朗，以字行。多援漢、魏以前諸家說，蓋唐初諸書皆在也。卦首注某宫、某世，用京房說。

馬端臨《文獻通考・經籍考・易》《周易釋文》一卷。

《宋史・藝文志・易類》陸德明《釋文》一卷。

楊士奇等《文淵閣書目・易》《周易陸氏釋文》。一部，一册。闕。

高儒《百川書志・易》《經典釋文》一卷。唐陸德明撰。

徐𤊹《徐氏家藏書目・易類》《周易釋文》。一卷。唐國子博士陸德明撰。附《注疏》末。

## 周易大義

《隋書・經籍志・易》《周易大義》二卷。陸德明撰。

鄭樵《通志・藝文略・易》《周易大義》二卷。陸德明。

## 周易文句義疏

**《舊唐書・經籍志・易》** 《周易文句義疏》二十四卷。陸德明撰。

**《新唐書・藝文志・易類》** 陸德明《周易文句義疏》二十四卷。

**鄭樵《通志・藝文略・易》** 《周易文句義疏》二十四卷。陸德明。

## 周易文外大義

**《舊唐書・經籍志・易》** 《周易文外大義》二卷。陸德明撰。

**《新唐書・藝文志・易類》** 陸德明《文外大義》二卷。

## 周易并注音

**《隋書・經籍志・易》** 《周易并注音》七卷。祕書學士陸德明撰。

**鄭樵《通志・藝文略・易》** 《周易并注音》七卷。唐陸德明。

## 音訓周易白文

**徐𤊹《徐氏家藏書目・易類》** 陸德明《音訓周易白文》，一卷。元板。

## 元包

**錢東垣等輯《崇文總目・易類》** 《元包》十卷。［原釋］衛元嵩撰。元嵩，唐人。武功蘇源明傳，趙郡李江注。《元包》以坤爲首，因八純之宮以生變，極于六十四，自繫其辭，言外卦體不列爻位，以謂《易》首《乾》尚文，《包》首《坤》尚質。夏《連山》、商《歸藏》、《周易》、唐《包》，其實一也。雖欲馳騁而放言趨理，近止《易》家之區比云。見《文獻通考》。《元包》十卷，太陰、太陽、少陰、少陽、仲陰、仲陽、孟陰、孟陽、運蓍、説原。［原注］一本無《説原》第十卷。見《玉海・蓺文類》。

**《新唐書・藝文志・易類》** 衛元嵩《元包》十卷。蘇源明傳，李江注。

**鄭樵《通志・藝文略・易》** 《元包》，十卷。唐衛元嵩撰，蘇源明傳，李江注。

**晁公武《郡齋讀書志・易類》** 《元包》十卷。右唐衛元嵩撰，蘇源明傳，李江注。坤爲首，因八卦世變爲六十四卦之次。又著《運蓍》、《説源》二篇。統言卦體，不列爻位，自云《周易》、《元包》，一也。

**尤袤《遂初堂書目・周易類》** 《易元包》。

**陳振孫《直齋書録解題・易類》** 《元包》十卷。唐衛元嵩撰。祕書少監武功蘇源明傳，四門助教趙郡李江注。其書以八卦爲八篇首，而「一世」至「歸魂」各附其下。先《坤》，次《乾》，次《兑》，《艮》，《離》、《坎》、《巽》、《震》。《坤》曰太陰，《乾》曰太陽，餘六子有孟、仲、少之目，每卦之下，各爲數語，用意僻怪，文意險澁，不可深曉也。

**馬端臨《文獻通考・經籍考・易》** 衛元嵩《元包》十卷。張氏曰：衛元嵩作《元包》，義取於《歸藏》。《元包》粗贊卦名之大指，未極人事之精義，辭略數隱，世多不傳。乃作《元包數義》二卷，以明衛元嵩之《易》。詳見《七易序》。

**《宋史・藝文志・易類》** 衛元嵩《周易元包》十卷。蘇源明傳，李江注。

**楊士奇等《文淵閣書目・易》** 衛元嵩《元包》。一部，一冊。闕。衛元嵩《元包》。一部，二冊。闕。

**范邦甸等《天一閣書目・易類》** 《元包經傳》十卷。刊本，缺下五卷。後周衛元嵩述，唐祕書監武功蘇源明傳，唐國子監四門助教趙郡李江註并序，紹興張洸有跋，政和楊楫有序。

**徐𤊹《徐氏家藏書目・易類》** 《元包京傳》五卷。後周衛元嵩述，唐蘇元明傳，李江注。

**錢謙益等《絳雲樓書目・易類》** 衛元嵩《元包數》一冊。十卷。蘇元明傳，李江注。元嵩亦唐人。

**錢曾《讀書敏求記・經》** 衛元嵩《元包經傳》四卷。《元包》卦首于《坤》，義主《歸藏》，中多奇字，非釋音不可讀。唐蘇源明爲之傳，李江爲之注。紹興年間，南陽張洸跋其父景初所藏本，鏤板傳諸世。

## 周易正義

**《舊唐書・經籍志・易》** 《周易正義》十四卷。孔穎達撰。

**錢東垣等輯《崇文總目・易類》** 《周易正義》十四卷。［原釋］孔穎達等。見天一閣鈔本。唐太尉長孫無忌與諸儒刊定。宋朝端拱初，國子司業孔維等奉詔是正，其言主申王學云。見《文獻通考》。

**《新唐書・藝文志・易類》** 《周易正義》十六卷。國子祭酒孔穎達、顏師古、司馬才章、王恭，太學博士馬嘉運，太學助教趙乾叶、王談、于志寧等奉詔撰，四門博士蘇德融、趙弘智覆審。

**鄭樵《通志・藝文略・易》** 《周易正義》十四卷。唐孔穎達。

**晁公武《郡齋讀書志・易類》** 《周易正義》十四卷。右唐國子祭酒孔穎達與顏師古、司馬才章、王恭、馬嘉運、趙乾叶、王談、于志寧等同撰，蘇德融、趙弘智覆審。序稱：江南義疏有十餘家，辭尚虚誕，皆所不取。唯王弼之學，獨冠古今，以弼爲本，采諸說附益之。

**尤袤《遂初堂書目・周易類》** 《周易正義》。

**陳振孫《直齋書録解題・易類》** 《周易正義》十三卷。案：《舊唐書・經籍志》作十六卷，《唐書・藝文志》作十四卷。唐國子祭酒冀州孔穎達仲達撰。序云十四卷，《館閣書目》亦云今本止十三卷。案《五經正義》，本唐貞觀中穎達與顏師古等受詔撰《五經義贊》，後改爲《正義》。博士馬嘉運駁正其失。永徽二年，中書門下于志寧等考正增損，書始布下。其實非一手一足之力，世但稱「孔疏」爾。其說專釋一家注文爲正。

**馬端臨《文獻通考・經籍考・易》** 孔穎達《正義》十四卷。

**《宋史・藝文志・易類》** 孔穎達《正義》十四卷。

**楊士奇等《文淵閣書目・易》** 《周易正義》。一部，二冊。闕。《周易孔穎達注疏》。一部，十冊。闕。《周易孔穎達注疏》一部，六冊。完全。

**高儒等《百川書志・易》** 《周易兼義》九卷。王弼《註》六卷，韓康伯《註》三卷，「韓」字原脫，從瞿校鈔本補。孔穎達等《正義》。

**胡師安等《元西湖書院重整書目・經類》** 《易注疏》。

**范邦甸等《天一閣書目・易類》** 《易經註疏》九卷。又《周易兼義》九卷。魏王弼《註》，唐孔穎達《正義》；《釋文》一卷，唐陸德明撰；《略例》一卷，魏王弼撰。

**徐𤊹《徐氏家藏書目・易類》** 《周易註疏》十卷。晉王弼注，《略例》附。唐孔穎達疏。

**錢謙益等《絳雲樓書目・易類》** 宋板《周易注疏》。十二冊。《周易兼義》即《注疏》。三冊。

**《四庫提要・易類一》** 《周易正義》十卷。內府刊本。魏王弼、晉韓康伯註，唐孔穎達疏。《易》本卜筮之書，故末派寖流於讖緯。王弼乘其極敝而攻之，遂能排擊漢儒，自標新學。然《隋書・經籍志》載，晉揚州刺史顧夸等有《周易難王輔嗣義》一卷，《冊府元龜》又載顧悅之案：悅之，即顧夸之字。《難王弼易義》四十餘條。京口閔康之又申王難顧。是在當日已有異同。王儉、顏延年以後，此揚彼抑，互詰不休。至穎達等奉詔作疏，始專崇王註，而衆說皆廢。故《隋志》「易類」稱：「鄭學寖微，今殆絶矣。」蓋長孫無忌等作《志》之時，在《正義》既行之後也。今觀其書，如《復彖》「七日來復」，王偶用「六日七分」之說，則推明鄭義之善。《乾》九二「利見大人」，王不用「利見九五」之說，則駁詰鄭義之非。於「見龍在田，時舍也」則曰：「經但云時舍，註曰『必以時之通舍者』，則輔嗣以通解舍，舍是通義也。」而不疏舍之何以訓通。於「天元而地黄」則曰：「恐莊氏之言，非王本意，今所不取。」而不言莊說之何以未允。如斯之類，皆顯然偏袒。至《說卦傳》之「分陰分陽」，韓註「二、四爲陰，三、五爲陽」，則曰：「輔嗣以爲初上無陰陽定位。」此註用王之說。「帝出乎震」，韓氏無註，則曰：「《益卦》六二『王用享于帝，吉』，輔嗣註云：『帝者，生物之主，興益之宗，出《震》而齊《巽》者也。』則輔嗣之意，以此帝爲天帝也。」是雖弼所未註者，亦委曲旁引以就之。然疏家之體，主於詮解註文，不欲有所出入，故皇侃《禮疏》或乖鄭義，穎達至斥爲「狐不首丘，葉不歸根」。其墨守專門，固通例然也。至於詮釋文句，多用空言，不能如諸經《正義》，根據典籍，源委粲然，則由王註掃棄舊文，無古義之可引，亦非考證之疏矣。此書初名《義贊》，後詔改《正義》，然卷端又題曰「兼義」，未喻其故。序稱十四卷，《唐志》作十八卷，《書錄解題》作十三卷。此本十卷，乃與王、韓註本同，殆後人從註本合併歟？

**孫星衍《平津館鑒藏記書籍・明版》**《周易兼義》九卷。題「魏王弼注，唐孔穎達《正義》」。《繫辭》以下三卷題「晉韓康伯注」。「上下經兼義」下連題「上經《乾》傳卷第一」、「上經《需》傳卷第二」。餘《隨》傳、《咸》傳、《夬》傳、《豐》傳俱倣此。《繫辭》以下則別行起。附陸德明《釋文》一卷、《周易略例》一卷。前有孔穎達《周易正義序》，後有《八論》。汲古閣本《釋文》、《略例》俱別刊，唯萬曆北監本與此本俱附《周易》之後。每葉十八行，行廿一字，版心下有刻字人姓名。收藏有「松陵王氏禹胄孫謀圖書」朱文方印、「王氏禹胄」朱文方印、「孫謀王氏書畫」朱文長印、「繩河」朱文方印。

**孫星衍《平津館鑒藏記書籍續編・宋版》**《周易兼義》九卷。題「國子祭酒上護軍曲阜縣開國子臣孔穎達奉敕撰《正義》」。第三行題「王弼注」。《繫辭》以下題「韓康伯注上經《乾》傳第一」等字，俱與大題相連。前有孔穎達《周易正義序》并《八論》，末附陸德明《周易音義》一卷、王弼《周易略例》一卷。審其紙版，當出於南宋閩中所刊。《比》初六「有他吉」，此本「他」作「它」。《大有》九四《象》「明辨晢也」，此本「晢」作「哲」，皆唯宋本爲然。洪頤煊曰：此本附《釋文》，與盧氏抱經堂所見宋本異。《大有》「匪」音義，徐音同，盧云宋本作「俗音同」，此本作「徐」。《賁》音義，鄭云「變」也，盧云：宋本作「有」也，此本作「變」。「睽」音義，《說文》云，「睽」，不相視也，盧本「視」作「聽」云。據宋本正此本作「視」。黑口版。每葉廿行，行廿字。內有後人補刊葉，版心有「懷浙胡校林重校」等字。收藏有「朱彝尊印」白文方印、「竹垞老人」朱文方印。

**吴壽暘《拜金樓藏書題跋記》**《周易兼義》。宋本《周易兼義》十卷，末一卷爲《略例》，並附陸氏《釋文》。每半葉十行，每行大字十八、小字二十四，版心有校正、重校等銜名，蓋明時修版。古字率多改竄，間有未經改盡者，如「明辨晢也」、「兼三材而兩之」、「故六傷於外者必反於家」之類，猶可見古本之仿佛。首卷鈔補《五經正義表》，後署「永徽四年二月二十四日太尉揚州都督上柱國趙國公臣無忌等上」，爲錢孫保求赤影鈔宋本《周易注疏》中所有，梓本皆無之。乾隆庚子姚江盧抱經學士錄以寄先君子，因補入卷首。學士跋云：元本半頁九行，每行十七字。其「勑」字唐人皆作「勅」，并提行，今皆仍之，以不失其舊。至於闕筆避諱之處，今無取於相沿耳。先君子跋見《愚谷文存》中。

## 周易義

**鄭樵《通志・藝文略・易》**《周易義》六卷。魏徵撰。《唐志》無。

## 周易口訣

**鄭樵《通志・藝文略・易》**《周易口訣》六卷。唐魏鄭公。

## 周易要義

**楊士奇等《文淵閣書目・易》**《周易長孫無忌要義》。一部，五冊。闕。

**吴焯《繡谷亭熏習録・經部》**《周易要義》十卷。《新唐書・孔穎達傳》云：「初，穎達與顏師古、司馬才章、王恭、王琰受詔撰《五經義訓》百餘篇。其中不能無謬冗，博士馬嘉運駁正其失。詔更令裁定未就。永徽二年，詔中書門下與國子三館博士、宏文館學士考正之。於是尚書左僕射于志寧、右僕射張行成、侍中高季輔就加增損，書始布下。」按簡端有永徽四年二月長孫無忌等表，蓋書成所上也。朱氏《經義考》云：《菉竹堂書目》有無忌《周易要義》五冊，凡十八卷。無錫秦對巖有其書，大略與《正義》同。考《正義》即係無忌刊定，非別一書也。是編卷一分上中下三卷，卷二至七俱分上下二卷，惟卷八、九、十各爲卷，核之朱氏所稱十八卷，其數相符。此爲曹氏倦圃舊藏鈔本，可秘也。

## 周易流演

**鄭樵《通志・藝文略・易》** 《周易流演》五卷。

**晁公武《郡齋讀書志・易類》** 《周易流演》五卷。右唐成玄英撰。錯綜六十四卦，演九宮，以直年月日，推國家之吉凶。玄英，道士也，故《道藏》録之。或云釋仁英撰。未知孰是。

**馬端臨《文獻通考・經籍考・易》** 《周易流演》五卷。

**《宋史・藝文志・易類》** 成玄英《流演窮寂圖》五卷。

## 周易新論傳疏

**《舊唐書・經籍志・易》** 《周易新論》十卷。陰弘道撰。

**錢東垣等輯《崇文總目・易類》** 《周易新論傳疏》十卷。［原釋］唐陰弘道撰。弘道世其父顥之學，雜采子夏、孟喜等十八家之説，參訂其長，合七十二篇，于《易》有助云。見《文獻通考》闕。見天一閣鈔本。

**《新唐書・藝文志・易類》** 陰弘道《周易新傳疏》十卷。顥子，臨渙令。

**鄭樵《通志・藝文略・易》** 《周易新傳疏》十卷。陰弘道。

**馬端臨《文獻通考・經籍考・易》** 《周易新論傳疏》。唐陰弘道撰。

**《宋史・藝文志・易類》** 陰弘道《周易新論傳疏》十卷。

## 周易注

**《舊唐書・經籍志・易》** 《周易》十卷。王玄度注。

## 周易注

**《舊唐書・經籍志・易》** 《周易》十卷。王又玄注。

**《新唐書・藝文志・易類》** 王又玄《注》十卷。

**鄭樵《通志・藝文略・易》** 《周易》十卷。王又玄。

## 周易注

**《舊唐書・經籍志・易》** 《周易》十卷。任希古注。

**《新唐書・藝文志・易類》** 任希古注《周易》十卷。

**鄭樵《通志・藝文略・易》** 《周易》十卷。任希古。

## 周易新注本義

**《舊唐書・經籍志・易》** 《周易新注本義》十四卷。薛仁貴撰。

**《新唐書・藝文志・易類》** 薛仁貴《周易新注本義》十四卷。

**鄭樵《通志・藝文略・易》** 《周易新注本義》十四卷。唐薛仁貴。

## 周易物象釋疑

**錢東垣等輯《崇文總目・易類》** 《周易物象釋疑》一卷。［原釋］唐東鄉助撰。取變卦互體開釋言象，蓋未始見康成之學而著此書焉。見《文獻通考》。

**《新唐書・藝文志・易類》** 東鄉助《周易物象釋疑》一卷。

**鄭樵《通志・藝文略・易》** 《周易物象釋疑》一卷。唐東鄉助。

**陳振孫《直齋書録解題・易類》**　《周易物象釋疑》一卷。唐東陽助撰。《唐志》作「東鄉助」，《館閣書目》又云守江陵尹。東陽、東鄉，皆複姓也。其《序》言隨事義而取象，若以龍叙《乾》，以馬明《坤》。凡注疏未釋者，標出爲此書。

**馬端臨《文獻通考・經籍考・易》**　《周易物象釋疑》一卷。

**《宋史・藝文志・易類》**　東鄉助《物象釋疑》一卷。

## 周易口訣義

**錢東垣等輯《崇文總目・易類》**　《周易口訣義》六卷。［原釋］河南史證撰，不祥何代人。其書直抄孔氏説以便講習，故曰口訣。

**鄭樵《通志・藝文略・易》**　《周易口訣》六卷。史之徵。

**晁公武《郡齋讀書志・易類》**　《周易口訣義》七卷。右唐史證撰。鈔注疏以便講習。田氏乃以爲魏鄭公撰，誤也。

**陳振孫《直齋書録解題・易類》**　《周易口訣義》六卷。河南史之徵撰。案：《宋史・藝文志》作「史文徽」，《文獻通考》作「史證」，鄭樵《通志》作「史之證」。宋人避諱「徵」字，此改從其舊。不詳何代人，《三朝史志》有其書，非唐則五代人也。避諱作「證」字。

**馬端臨《文獻通考・經籍考・易》**　《周易口訣義》六卷。

**《宋史・藝文志・易類》**　史文徽《易口訣義》六卷。

**楊士奇等《文淵閣書目・易》**　《易史徵口訣義》。一部，六冊。闕。

**《四庫提要・易類一》**　《周易口訣義》六卷。《永樂大典》本。唐史徵撰。《崇文總目》曰：「河南史徵，不詳何代人。」晁公武《讀書志》曰：「田氏以爲魏鄭公撰，誤。」陳振孫《書録解題》曰：「《三朝史志》有其書，非唐則五代人，避諱作『證』字。」《宋史・藝文志》又作「史文徽」，蓋以「徽」、「徵」二字相近而譌。別本作「史之徵」，則又以「之」、「文」二字相近而譌耳。今定爲史徵，從《永樂大典》；定爲唐人，從朱彝尊《經義考》也。《永樂大典》載徵自序云：「但舉宏機，纂其樞要，先以王註爲宗，後約孔疏爲理。」故《崇文總目》及晁氏《讀書志》皆以爲直鈔註疏，以便講習，故曰「口訣」。今詳考之，實不盡然。如《乾彖》引周氏説，《大象》引宋衷説，《屯彖》引李氏説，《師彖》引陸績説，六五引莊氏説，《謙》六五引張氏説，《賁大象》引王廙説，《頤大象》引荀爽説，《坎大象》引莊氏説，上六引虞氏説，《咸大象》引何妥説，《萃彖》引周宏正説，《升彖》引褚氏説，《井大象》引何妥説，《革彖》引宋衷説，《鼎彖》引何妥説，《震》九四引鄭眾説，《漸彖》引褚氏説，《大象》引侯果説，《困大象》引周宏正説，《兑大象》引鄭衆説，《漸》九五引陸績説，多出孔穎達《疏》及李鼎祚《集解》之外。又如《賁大象》所引王氏説，《頤大象》所引荀爽説，雖屬《集解》所有，而其文互異。《坎》上六所引虞翻説，則《集解》刪削過略，此所載獨詳。蓋唐去六朝未遠，《隋志》所載諸家之書猶有存者，故徵得以旁蒐博引。今閲年數百，舊籍佚亡，則遺文緒論，無一非吉光片羽矣。近時惠棟作《九經古義》，余蕭客葺《古經解鉤沈》，於唐以前諸儒舊説，單辭隻義，蒐採至詳，而此書所載，均未之及，信爲難得之祕本。雖其文義閒涉拙滯，傳寫亦不免譌脱，而唐以前解《易》之書，《子夏傳》既屬僞撰，王應麟所輯鄭玄註，姚士粦所輯陸績註，亦非完書。其實存於今者，京房、王弼、孔穎達、李鼎祚四家及此書而五耳，固好古者所宜寶重也。徵自序作六卷，諸家書目竝同。今僅闕《豫》、《隨》、《无妄》、《大壯》、《晉》、《睽》、《蹇》、《中孚》八卦，所佚無多。仍編爲六卷，存其舊焉。

**張之洞《書目答問・易類》**　《周易口訣義》六卷。唐史徵。孫星衍刻《岱南閣叢書》本。《古經解彙函》重刻孫本。

## 周易甘棠正義

**錢東垣等輯《崇文總目・易類》**　《周易甘棠正義》三十卷。［原釋］任正一撰，以孔頴達爲本。甘棠者，正一爲陝州司馬，故名其書。

**鄭樵《通志・藝文略・易》**　《周易甘棠正義》三十卷。五代任貞一。

**晁公武《郡齋讀書志・易類》**　《周易甘棠正義》三十卷。右梁任正一撰。以孔穎達爲本。「甘棠」云者，正一嘗爲陝州司馬，故名其書。

**馬端臨《文獻通考・經籍考・易》**　《甘棠正義》三十卷。《崇文總目》：梁陜州大都督府左司馬任正一撰。孔穎達《正義》申演其説。

《宋史·藝文志·易類》 任正一《甘棠正義》三十卷。

顧櫰三《補五代史藝文志·經部》 《周易甘棠正義》三十卷。任貞撰。

## 周易發題

鄭樵《通志·藝文略·易》 《周易發題》一卷。張元。

## 周易啓玄

鄭樵《通志·藝文略·易》 《周易啓玄》一卷。張元。

尤袤《遂初堂書目·周易類》 《易啓玄》。

## 易明疑録

鄭樵《通志·藝文略·易》 《易明疑錄》一卷。

## 周易發揮

《舊唐書·經籍志·易》 《周易發揮》五卷。王勃撰。

《新唐書·藝文志·易類》 王勃《周易發揮》五卷。

鄭樵《通志·藝文略·易》 《周易發揮》五卷。唐王勃。

## 周易論

《新唐書·藝文志·易類》 僧一行《周易論》卷。亡。

鄭樵《通志·藝文略·易》 《易論》三卷。唐僧一行。

## 大衍玄圖

《新唐書·藝文志·易類》 僧一行《大衍玄圖》一卷。

鄭樵《通志·藝文略·易》 《大衍玄圖》一卷。唐僧一行。

鄭樵《通志·圖譜略·易》 唐一行《大衍玄圖》。

## 義　決

《新唐書·藝文志·易類》 僧一行《義決》一卷。

鄭樵《通志·藝文略·易》 《義決》一卷。《唐·藝文志》。

## 大衍論

《新唐書·藝文志·易類》 僧一行《大衍論》二十卷。

## 易　傳

《宋史·藝文志·易類》 沙門一行《傳》十二卷。

## 易集解

尤袤《遂初堂書目・周易類》 唐一行《易集解》。

## 周易大衍論

《舊唐書・經籍志・易類》 《周易大衍論》三卷。玄宗撰。

《新唐書・藝文志・易類》 玄宗《周易大衍論》三卷。

鄭樵《通志・藝文略・易》 《大衍論》三卷。唐明皇。

## 周易集解

錢東垣等輯《崇文總目・易類》 《周易》十卷。［原釋］李鼎祚注。

《新唐書・藝文志・易類》 李鼎祚《集注周易》十七卷。

鄭樵《通志・藝文略・易》 《集注周易》十七卷。唐李鼎祚。

晁公武《郡齋讀書志・易類》 《李氏集解》十卷。右唐李鼎祚集解。經皆避唐諱，又取《序卦》各冠逐卦之首。所集【略】又引《九家易》、《乾鑿度義》。所謂蜀才者，人多不知。按顔之推云范長生也。其序云：「自卜、商之後，傳注百家，唯王、鄭相沿，頗行於代。鄭則多參天象，王乃全釋人事，《易》之道豈偏滯於天人哉！而天象難尋，人事易習，《折楊》、《黃華》，學徒多從之。今集諸家，刊輔嗣之野文，補康成之《逸象》，以貽同好。」蓋宗鄭學者也。《隋書・經籍志》所錄《易》類六十九部，公武今所有五部而已。關朗《易》不載於目，《乾鑿度》自是緯書，焦贛《易林》又屬卜筮，子夏書或云張弧僞爲。然則《隋志》所錄，捨王弼書，皆未得見也。獨鼎祚所集諸家之説，時可見其大旨。唐錄稱鼎祚書十七卷，今所有止十卷，而始末皆全，無所亡失，豈後人併之耶？

尤袤《遂初堂書目・周易類》 李鼎祚《易解》。

陳振孫《直齋書録解題・易類》 《周易集解》十卷。案：《唐書》作十七卷，晁公武謂今止十卷，而始末皆全，無所亡失，或後人併之也。 唐著作郎李鼎祚集子夏【略】等諸家，凡隋、唐以前《易》家諸書逸不傳者，賴此猶見其一二，而所取於荀、虞者尤多。九家者，漢淮南王所聘明《易》者九人，荀爽嘗爲之集解。陸氏《釋文》所載《説卦》、《逸象》，本於《九家易》。蜀才，范長生也。顔之推云。案：此書集子夏以來《易》説三十二家外，又引張氏倫、朱氏仰之、蔡氏景君三家注。

馬端臨《文獻通考・經籍考・易》 李鼎祚《周易集解》十卷。《中興藝文志》：李鼎祚《易》，宗鄭康成，排王弼。

《宋史・藝文志・易類》 李鼎祚《集解》十卷。

楊士奇等《文淵閣書目・易》 《李鼎祚易傳集解》。一部，十冊。闕。

范邦甸等《天一閣書目・易類》 李氏《易傳集解》十七卷。後附王氏《略例》二卷。刊本。唐資州李鼎祚撰幷序。上海潘恩《序》云：此唐李氏鼎祚所輯《易解》，刻之者我明宗室西亭氏也。汴水朱睦㮮《序》云：予觀《唐・藝文志》稱，李鼎祚《集註周易》十七卷。據鼎祚自序云十卷，而首尾俱全，初無亡失，不知唐史何所據而云十七卷也。《崇文總目》及《邯鄲圖書志》亦稱七篇逸，蓋承唐史之誤耳。

徐𤊹《徐氏家藏書目・易類》 李鼎祚《易解》。十卷。唐人。

錢謙益等《絳雲樓書目・易類》 李鼎祚《周易集解》。十七卷。唐人楊中立頗貶《易集解》，云是集衆説之不好者。

《四庫提要・易類一》 《周易集解》十七卷。内府藏本。唐李鼎祚撰。鼎祚，《唐書》無傳，始末未詳。惟據序末結銜，知其官爲祕書省著作郎。據袁桷《清容居士集》載，資州有鼎祚讀書臺，知爲資州人耳。朱睦㮮序稱爲祕閣學士，不知何據也。其時代亦不可考。《舊唐書・經籍志》稱「録開元盛時四部諸書」，而不載是編，知爲天寶以後人矣。其書《新唐書・藝文志》作十七卷，晁公武《讀書志》曰：「今所有止十卷，而始末皆全，無所亡失。」豈後人併之耶？《經義考》引李燾之言，則曰：「鼎祚自序止云十卷，無亡失也。」朱睦㮮序作於嘉靖丁巳，亦云自序稱十卷，與燾説同。今所行毛晉汲古閣本，乃作一十七卷，序中亦稱王氏《略例》附於卷末，凡成一十八卷，與諸家所說截然不同，殊滋疑竇。今考序中稱「至如卦爻彖象，理涉重玄，經註文言，書之不盡。別撰《索隱》，錯綜根萌，音義兩存，詳之明矣」云云，則《集解》本十卷，附《略例》一卷，爲十一卷，尚別有《索隱》六卷，共成十七卷。《唐志》所載，蓋併《索隱》、《略例》數之，實非舛誤。至宋而《索隱》散佚，刊本又削去《略例》，僅存《集解》十卷，故與《唐志》不符。至毛氏刊本，始析十卷爲十七卷，以合《唐志》之文；又改序中一十卷爲一十八卷，以合附録《略例》一卷之數，故又與朱睦㮮序不符。蓋自宋以來，均未究序中「別撰《索隱》」一語，故疑者誤疑，改者誤改，即辨其本止十卷者，亦不能解《唐志》稱十七卷之故，致愈說愈譌耳。今詳爲考正，以祛將來之疑。至十卷之本，今既未見，則姑仍以毛本著録。蓋篇帙分合，無關宏旨，固不必一一追改也。其書仍用王弼本，惟以《序卦傳》散綴六十四卦之首，蓋用《毛詩》分冠《小序》之例。所採凡子夏、孟喜、焦贛、京房、馬融、荀爽、鄭玄、劉表、何晏、宋衷、虞翻、陸績、干寶、王肅、王弼、姚信、王廙、張璠、向秀、王凱沖、侯果、蜀才、翟元、韓康伯、劉巘、何妥、崔憬、沈驎士、盧氏、案：盧氏《周易註》《隋志》已佚其名。崔覲、伏曼容、孔穎達、案：以上三十二家，朱睦㮮序所考。姚規、朱仰之、蔡景君。案：以上三家，朱彝尊《經義考》所補考。等三十五家之說。自序謂：「刊輔嗣之野文，補康成之《逸象》。」蓋王學既盛，漢《易》遂亡，千百年後，學者得考見畫卦之本旨者，惟賴此書之存耳，是眞可寶之古笈也。

**黄丕烈《蕘圃藏書題識再續録・經類》**

《周易集解》十七卷。校影宋鈔本。丕烈案，此篇全録晁公武《讀書志》文，想係昔人附録於後，非計用章後序可比，不知影宋本何以有此？　鮮于侃跋，據鼎祚自序止云十卷。李鼎祚自序，朱睦㮮本云一十八卷，與毛刻同。　海寧陳鱣嘉慶十六年七月既望跋。大隆案，文載《經籍跋文》，今略。陳云：按，明嘉靖三十六年，朱睦㮮刻此書當作十卷。丕烈案，余新收朱睦㮮本十七卷，此云十卷，未知何據？

丕烈案，近見何義門跋津逮本是書云，斧季云是書胡氏初開者訛脱不可讀，其尊人得宋本，遂重開之，獨爲一書之冠云。又跋云，癸巳之冬復命祇役武英，乙未夏初御前以宋槧本數種重裝，中有是書，果毛氏舊物，分授斧季之兄奏叔者，後歸季氏。不知何時進入天府？信乎，斧季之言不妄也！書一刻於乾道，再刻於嘉定。有鮮于侃及其子申之二跋。所見者乃嘉定大字本。據此，則毛藏毛刊同出一源。十七卷之本，實宋本重開者。況朱睦㮮序亦云從宋本出，故朱、毛二刻卷數同。乃毛褒華伯所藏影宋鈔本又爲十卷，且標題《易傳》，卷第幾乾、坤下諸卦皆列某宮某月某世，無不與影宋本合。獨斧季以爲胡氏初開者訛脱不可讀耶？且胡亦非無據者。末載計用章序，胡以爲出自焦弱侯家。考焦氏《國史經籍志》亦云十卷，則孝轅之說合要之。十卷、十七卷判然兩本，以所聞何義門說證之，則十七卷本有鮮于侃及其子申之二跋；以所見胡孝轅本證之，則十卷本有計用章跋，似有異同。而毛氏影宋，計與兩鮮于之序跋，皆具是又混而爲一矣。疑義之不可析如此，還質髯翁。髯翁以爲如何？

**張金吾《愛日精廬藏書志・易類》**

《易傳》十卷，附《略例》一卷。影寫宋刊本，汲古閣藏書。［唐］李氏鼎祚《集解》。是書《新唐書・志》作十七卷，《崇文總目紹興續編》、《四庫闕書目》、《中興書目》見《玉海》、《郡齋讀書志》、《直齋書録解題》、《文獻通考》及李氏自序，俱作十卷。則是書自宋以來止有十卷，無十七卷可知也。毛氏既析十卷爲十七卷，以合《唐志》之文，又改序中一十卷爲一十八卷以合附録《略例》一卷之數，而宋以來之卷次遂致不可復識。此本《易傳》十卷、《略例》一卷，猶是宋時舊第中，遇宋諱若「貞」、若「殷」、若「恆」俱缺末筆，蓋影寫宋嘉定重刊本也。首頁有毛褒圖記。

自序。　李鼎祚以《易》學顯名於唐。方其進《平胡論》，預察胡人叛亡日時無毫釐差，象數精深蓋如此。而所注《周易》全經，世罕傳焉。鼎祚，資人也。爲其州因斥學糧之餘，鏤板藏之學官，俾後之士，因以知前賢通經學古，其用力蓋非苟而已。學録鄉貢進士謝誨、學正新鄞縣尉侯天麟校讎，教授眉山史似董其事。乾道二年四月甲午，郡守唐安鮮於侃書。

乾道元、二，先君子假守資中，公退惟讀書不暫輟，蓋亦晚而好《易》。謂李鼎祚資人也，取其《集解》命刊之學官。病其舛脱，則假善本於東漕巽巖先生，然亦猶是也。姑傳疑焉，惟不敢億，以是正之。茲四十有七年矣，板復荒老，且字小不便於覽者，不肖嗣申之誤，茲將□□□□指敬大字刻之漕司，尚廣其傳，庶幾此學不遂泯云。嘉定壬申三月甲子，申之謹書。

計用章後序。慶曆甲申。

張之洞《書目答問・易類》 《周易集解》十七卷。唐李鼎祚。雅雨堂本。《古經解彙函》重刻盧本。明毛晉刻《津逮祕書》本。張海鵬照曠閣刻《學津討源》本。又明木瀆周氏刻本。仁和葉氏刻周本。

## 周易正義補闕略例疏

**錢東垣等輯《崇文總目・易類》** 《周易正義補闕》七卷。［原釋］邢璹。不著撰人名氏，其說自謂裨穎達之闕。

**鄭樵《通志・藝文略・易》** 《正義補闕》七卷。

**陳振孫《直齋書録解題・易類》** 《補闕周易正義略例疏》一卷。案：《宋史・藝文志》作三卷。唐四門助教邢璹撰。案蜀本《略例》有璹所注，止有篇首釋「略例」二字，文與此同，餘皆不然。此本亦淺近無義理，姑存之。

**馬端臨《文獻通考・經籍考・易》** 《周易正義補闕略例疏》一卷。

**《宋史・藝文志・易類》** 邢璹《補闕周易正義略例疏》三卷。

**范邦甸等《天一閣書目・易類》** 《周易》十卷。刊本。上下《經》六卷，魏王弼註。《繫辭》二卷，《說卦》、《序卦》、《雜卦》一卷，晉韓康伯註，無序。後附唐邢璹註、王弼《周易略例》一卷，有序。

**錢曾《讀書敏求記・經》** 《周易》十卷。北宋刻本《經傳》。一之六王弼註《繫傳》，七之八《說卦》、《序卦》、《雜卦》，九韓康伯註《略例》，十邢璹註。卷首有「貞元」、「伯雅」二圖記，知是鳳洲先生藏書也。

**于敏中等《天禄琳琅書目・宋版經部》** 《周易》。一函，五册。上下《經》六卷，魏王弼注。《繫辭》以下三卷，晉韓康伯注。《周易略例》一卷，王弼著，唐邢璹注。俱唐陸德明《音義》。共十卷。是書不載刊刻年月，而字法圓活，刻手精整，且於宋光宗以前諱皆缺筆；又每卷末詳記經注音義字數。宋版多此式，其爲南宋刊本無疑。 琴川毛晉藏書類以甲乙爲次，是書於「宋本」印記之下復加「甲」字印，乃宋槧之最佳者。晉元名鳳苞，字子晉，蘇州常熟人。好古博覽，搆汲古閣藏書數萬卷，刻十三經、十七史，古今百家之書，手自校讎，僮僕皆能鈔書，著述甚富。見《蘇州府志》。

## 周易指略例

**晁公武《郡齋讀書志・易類》** 《周易指略例》一卷。僞蜀廣政辛亥孫逢吉書。【略】 《略例》有唐四門助教邢璹注。

## 周易舉正

**錢東垣等輯《崇文總目・易類》** 《周易舉正》三卷。［原釋］唐蘇州司戶參軍郭京撰。京世授五經，得王輔嗣、韓康伯手寫《易經》，比世所行或頗差駁，故舉正其訛，而著于篇。見《文獻通考》。

**鄭樵《通志・藝文略・易》** 《周易舉正》三卷。唐郭京。

**晁公武《郡齋讀書志・易類》** 《周易舉正》三卷。右唐郭京撰。京嘗任蘇州司戶。序稱：京家藏王弼、韓康伯手札《周易》本及石經，校正一百三十五處、二百七十三字。蓋以繇彖相證，有闕漏處，可推而知，託云得王、韓手札與石經耳。如：《渙》之繇「利涉大川」下有「利貞」字，而彖辭無之，則增入；《漸》之繇「女歸吉」下無「也」字，而彖辭有之，則削去，他皆此類。

**洪邁《容齋題跋》** 《跋易舉正》：唐蘇州司戶參軍郭京撰《易舉正》三卷。云曾得王輔嗣、韓康伯手寫註定傳授眞本，比較今世流行本，及國學、鄉貢、舉人等本，或將經入註，用註作經。小象中間以下句，反居其上，爻辭註內移後義卻處於前，兼有脫遺、兩字顛倒、謬誤者，竝依定本舉正其訛，凡一百三節。今略取其明白者二十處，載於此。《坤》初六：「履霜，堅冰至。」《象》曰：「履霜，陰始凝也。馴致其道，至堅冰也。」今本於《象》文「霜」字下誤增「堅冰」二字。《屯》六三，《象》曰：「即鹿無虞，何以從禽也。」今本脫「何」字。《師》六五：「田有禽，利執之，無咎。」元本「之」字行書，向下引脚，稍類「言」字，轉寫相仍，故誤作「言」，觀註義亦全不作「言」字釋也。《比》九五《象》曰：「失前禽，舍逆取順也。」今本誤倒其句。《賁》：「亨，不利，有攸往。」今本「不」字誤作「小」字。「剛柔交錯天文也，文明以止人文也」，註云：「剛柔交錯而成文焉，天之文也。」今本脱「剛柔交錯」一句。《坎》卦「習坎」上脱「坎」字。《姤》九四：「包失魚。」註云「有其魚故失之也。」今本誤作「無魚」。《蹇》九三：「往蹇，來正。」今本作「來反」。《困》初六《象》曰：「入於幽谷，不明也。」今本「谷」字下多「幽」字。《鼎彖》：「聖人亨以享上帝，以養聖賢。」《註》云「聖人用之，上以亨上帝，而下以養聖賢。」今本正文多「而大亨」三字，故註文亦誤增「大亨」二字。《震彖》曰：「不喪匕鬯，出可以守宗廟社稷，以爲祭主也。」今本脱「不喪匕鬯」一句。《漸象》曰：「君子以居賢德善風俗。」《註》云「賢德以止巽則居，風俗以止巽乃善。」今本正文脱「風」字。《豐》九四《象》：「遇其夷主，吉志行也。」今文脱「志」字。《中孚彖》：「豚魚吉，信及也。」今本「及」字下多「豚魚」二字。《小過彖》：「柔得中，是以可小事也。」今本脱「可」字，而「事」字下誤增「吉」字。六五《象》曰：「密雲不雨，已止也。」《註》：「陽已上下故也。」今本正文作「已上」，故註亦誤作「陽已上故止也。」《既濟彖》曰：「既濟亨小，小者亨也。」今本脱一「小」字。《繫辭二》：「多譽四多懼。」，註云：「懼近也。」今本誤以「近也」字爲正文，而註中又脱「懼」字。《雜卦》「蒙稚而著」，今本「稚」誤作「雜」字。予頃於福州《道藏》中見此書而傳之，及在後省見晁公武所進《易解》多引用之，世罕有其書也。

**尤袤《遂初堂書目・周易類》** 《易舉正》。

**陳振孫《直齋書録解題・易類》** 《周易舉正》，三卷。唐蘇州司戶參軍郭京撰。自言得王弼、韓康伯手寫眞本，正其訛謬，凡一百三十五條。如《坤》初六《象》「履霜，陰始凝也」，多「堅冰」二字；《屯》六三《象》「以從禽也」，闕「何」字；《頤》「拂經」，當作「拂頤」；《坎》卦「習坎」上當有卦名之類，皆於義爲長。

**馬端臨《文獻通考・經籍考・易》** 《易舉正》，三卷。巽岩李氏曰：京此書使經傳不相混亂，殘闕復爲眞全，頗有益於學者。然「能研諸侯之慮」，衍「侯之」字；「成言乎艮」，當作「誠」。若此等，京蓋未知，豈王、韓舊本固不免訛舛邪？京，開元後人，故所爲書不得著録，本末亦未詳，要可惜云。

**《宋史・藝文志・易類》** 郭京《舉正》三卷。

**范邦甸等《天一閣書目・易類》** 《周易舉正》二卷。刊本。唐郭京撰并序。明司馬公諱欽訂。

**徐𤊹《徐氏家藏書目・易類》** 《周易舉正》三卷。唐郭京撰。

**錢謙益等《絳雲樓書目・易類》** 郭京《周易舉正》一冊。三卷。郭京唐蘇州司戶參軍。郭京得王輔嗣、韓康伯手寫《易經》，比世所行或頗差駁，故舉正其誤而著於篇。

**吴焯《繡谷亭薰習録・經部》** 《周易舉正》三卷。唐蘇州司戶參軍郭京撰。前有自序云：「我唐御注《孝經》、刪定《月令》，蓋爲前儒用意，未極精研。後漢大學刊石，撰集《說文》，慮其日月浸深，轉寫訛謬。京也，歷代傳授五經爲業，其于《易》道討覈偏深，曾得王輔嗣、韓康伯手寫註定傳授眞本，讀誦比校今世流行本，及國學鄉貢學人等本，或將經入註，用註作經，小象中間以下句反居其上，爻辭註內移後義卻處于前，又兼有脱漏、兩字顛倒、謬誤增省、義理不通，今並依定本舉正其謬。仍于謬誤之處以朱書異之，希好事君子、志學通儒詳而觀之，則經註通流，雅鄭不紊，都計一部中。差謬處總一百三節，列爲一部，具述訛舛，因目爲《周易舉正》，分爲上中下三卷，傳諸志學者」云。《中興書目》載其自序，稱舉正其訛一百三十五處、二百七十三字。細考是編舉正者，實一百三節，與洪邁《容齋隨筆》其說相同，《中興書目》似誤。晁氏《讀書志》亦從《書目》所録。予故備録序文，以俟善本再校。李仁父稱京此書使經傳不相混亂，殘闕復爲眞全，頗有益于學者。據此則古《易》創始于京，宋儒從而擴充之耳。京得王、韓眞本而不爲其學所惑，斯亦卓然有識之儒矣。

**《四庫提要・易類一》** 《周易舉正》三卷。浙江巡撫採進本。舊本題唐郭京撰。京，不知何許人。《崇文總目》稱其官爲蘇州司戶參軍。據自序言「《御註孝經》，刪定《月令》」，則當爲開元後人。序稱曾得王輔嗣、韓康伯手寫眞本，比校今世流行本，及國學鄉貢人等本，舉正其謬。凡所改定，以朱墨書別之。其書《崇文總目》始著録，《書録解題》於宋咸《易補註》條下，稱咸得此書於歐陽修，是天聖、慶曆間乃行於世也。洪邁、李燾竝以爲信。晁公武則謂以繇彖相正，有闕漏可推而知，託言得王、韓手札及石經。

趙汝楳亦詆其挾王、韓之名以更古文。王應麟又援《後漢書・左雄傳》「職斯祿薄」句，證其改《旅卦》「斯」字爲「㒋」之非。近時惠棟作《九經古義》，駁之尤力。今考是書，《唐志》不載，李燾以爲京開元後人，故所爲書不得著録。案：燾説見《文獻通考》。然但可以解《舊書・經籍志》耳。若《新書・藝文志》，則唐末之書無不具列，豈因開元以後而遺之？疑其書出宋人依託，非惟王、韓手札不可信，併唐郭京之名亦在有無疑似之閒也。顧其所説，推究文義，往往近理，故晁公武雖知其託名，而所進《易解》乃多引用。即朱子《本義》，於《坤・象傳》之「履霜堅冰」、《賁・象傳》之「剛柔交錯」、《震・象傳》之「不喪匕鬯」，亦頗從其説，則亦未嘗無可取矣。晁公武《讀書志》載京原序，稱所改正者一百三十五處，二百七十三字，而洪邁《容齋隨筆》、趙汝楳《易序叢書》皆作一百三處。今本所載原序，亦稱差謬處一百三節。則晁氏所云，殆爲疎舛。又原本稱別以朱、墨，蓋用《經典釋文》之例。今所行本已全以墨書，蓋非其舊。以非宏旨之所繫，故仍從近刻焉。

## 易忘象

**《新唐書・藝文志・易類》** 崔良佐《易忘象》卷。亡。

**鄭樵《通志・藝文略・易》** 《易忘象》三卷。崔良佐。

## 集注周易

**《新唐書・藝文志・易類》** 元載《集注周易》一百卷。

**鄭樵《通志・藝文略・易》** 《集注周易》一百卷。唐元載。

## 一行易注

**《新唐書・藝文志・易類》** 李吉甫注《一行易》卷。亡。

## 周易啓源

**鄭樵《通志・藝文略・易》** 《周易啓源》十卷。蔡廣成。

**晁公武《郡齋讀書志・易類》** 《周易啓源》十卷。右蔡廣成撰。李邯鄲云唐人，田偉置於王昭素之下。今從李説。有《德恆》、《德言》、《德庸》、《德翰》四目，皆作問對。凡三十六篇。

**尤袤《遂初堂書目・周易類》** 《易啓源》。

**陳振孫《直齋書録解題・易類》** 《周易啓源》十卷。唐太子左諭德蔡廣成撰。皆設爲問答之辭。其卷首題「德恆」、「德言」、「德庸」、「德翰」問者，不知何義也。

**馬端臨《文獻通考・經籍考・易》** 《周易啓源》十卷。

**《宋史・藝文志・易類》** 蔡廣成《啓源》十卷。

## 周易外傳

**《新唐書・藝文志・易類》** 高定《周易外傳》二十二卷。郢子，京兆府參軍。

**鄭樵《通志・藝文略・易》** 《周易外傳》二十二卷。高定撰。

## 易　書

《新唐書・藝文志・易類》　裴通《易書》一百五十卷。字又玄，士淹子，文宗訪以《易》義，令進所撰書。

鄭樵《通志・藝文略・易》　《易書》一百五十卷。唐裴通。

## 周易玄解

《宋史・藝文志・易類》　裴通《周易玄解》三卷。

## 易　義

《新唐書・藝文志・易類》　盧行超《易義》五卷。字孟起，大中六合丞。

鄭樵《通志・藝文略・易》　《易義》五卷。盧行超。

## 易　詮

《宋史・藝文志・易類》　李翺《易詮》七卷。

## 周易傳

錢東垣等輯《崇文總目・易類》　《周易傳》十卷。［原釋］此書篇第略依王氏，決非卜子夏之文。又其言近而不篤，然學者尚異，頗傳習之。見《文獻通考》。闕。見天一閣鈔本。

尤袤《遂初堂書目・周易類》　張弧《解卜子夏易傳》。

## 周易王道小疏

鄭樵《通志・藝文略・易》　《周易王道小疏》十卷。

《宋史・藝文志・易類》　張弧《周易上經王道小疏》五卷。

## 周易開玄關

晁公武《郡齋讀書志・易類》　《周易開玄關》一卷。右唐蘇鶚撰。鶚自序云：「五代祖晉，官至吏部侍郎，學兼天人，嘗著《八卦論》，爲世所傳，遭亂遺墜，而編簡尚有存者，鶚乃略演其旨於此。」

馬端臨《文獻通考・經籍考・易》　《周易開玄關》一卷。

## 易　題

顧櫰三《補五代史藝文志》　《易題》十卷。張道古撰。

## 周易傳

錢東垣等輯《崇文總目・易類》　《周易傳》二卷。唐右拾遺陸希聲撰。希聲作《易傳》十篇，《易圖》、《指說》、《釋變》、《微旨》四篇。初隴西李阮學其說，以爲上下《經傳》二篇，思屬甚妙，故希聲自爲之解。餘篇差顯，不復爲注。蓋近世之名家歟？今二篇外，餘篇逸。見《文獻通考》。

《新唐書・藝文志・易類》　陸希聲《周易傳》二卷。

鄭樵《通志・藝文略・易》　《周易傳》三卷。唐陸希聲去《彖》、《象》

而自爲辭，亦自注。

**晁公武《郡齋讀書志・易類》**《周易傳》十卷。唐陸希聲撰。

**尤袤《遂初堂書目・周易類》**唐陸希聲《易傳》。

**陳振孫《直齋書録解題・易類》**《易傳解説》一卷。唐宰相吳郡陸希聲撰。案：《文獻通考》作「右拾遺」。案《唐志》有《易傳》二卷，《中興書目》作六卷，別出《微旨》三卷。今所謂《解説》者，上下經共一冊，不分卷。有序言著《易傳》十篇，七篇以上解《易》義之淵微，八篇以下廣《易》道之旁行，今第爲六卷，又撰《易圖》、《指説》、《釋變》、《微旨》各一卷，通爲十卷。其上下經蓋第一、第二篇，經文一句，傳亦一句，門人以爲難曉，故復爲之解。然則其全書十卷，不盡傳矣。家舊惟有《微旨》，續得《解説》一編，始知其詳。

**馬端臨《文獻通考・經籍考・易》**陸希聲《易傳》。

**《宋史・藝文志・易類》**陸希聲《傳》十三卷。

## 周易微旨

**鄭樵《通志・藝文略・易》**《周易微旨》三卷。陸希聲。

**晁公武《郡齋讀書志・易類》**《周易微指》三卷。右唐陸希聲撰。希聲仕至右拾遺。大順中，棄官居陽羡，自號君陽遁叟。著《傳》十卷，別撰《易圖》一，《指説》一，《釋變》一，《微旨》一，通十卷。此《微旨》也，皆設問答。《崇文目》止有二篇。

**尤袤《遂初堂書目・周易類》**陸希聲《易微旨》。

**陳振孫《直齋書録解題・易類》**《周易微旨》一卷。唐宰相吳郡陸希聲撰。

## 周易會釋記

**鄭樵《通志・藝文略・易》**《周易會釋記》二十卷。僞吳僧陸希覺。

## 易軌

**晁公武《郡齋讀書志・易類》**《易軌》一卷。右僞蜀蒲乾貫撰。專言流演。其序云：「可以知否泰之源，察延促之數。」蓋數學也。按劉道原《十國紀年》，乾貫作虔觀，今兩字皆誤。

**馬端臨《文獻通考・經籍考・易》**《易軌》一卷。

**顧櫰三《補五代史藝文志》**《易軌》□卷。蒲虔軌撰。

## 周易外義

**鄭樵《通志・藝文略・易》**《周易外義》三卷。

**尤袤《遂初堂書目・周易類》**《易外義》。

**陳振孫《直齋書録解題・易類》**《周易外義》三卷。不知何人作。載於《三朝史志》，則其來亦久矣。大抵於《易》中所言及於制度、名物者，皆詳著之。於《易》之本旨，無所發明，故曰「外義」。

**馬端臨《文獻通考・經籍考・易》**《周易外義》三卷。

**《宋史・藝文志・易類》**蔡廣成《周易外義》三卷。

## 周易廣疏

**鄭樵《通志・藝文略・易》**《周易廣疏》三十六卷。勾徽。

## 易正義補闕

**《宋史・藝文志・易類》**《易正義補闕》七卷。

## 揲蓍法

**鄭樵《通志・藝文略・易》**《揲蓍法》一卷。不爲子。

**《宋史・藝文志・易類》**青城山人《揲蓍法》一卷。

**顧櫰三《補五代史藝文志》**青城山人《蓍揲歌》一卷。不著撰人姓名。

## 易龍圖

**鄭樵《通志・藝文略・易》**《龍圖》一卷。

**《宋史・藝文志・易類》**陳摶《易龍圖》一卷。

**顧櫰三《補五代史藝文志》**《易龍圖》一卷。陳摶撰。

## 啓玄

**《宋史・藝文志・易類》**張韓《啓玄》一卷。

## 易論

**錢東垣等輯《崇文總目・易類》**《易論》三十三卷。［原釋］王昭素。

**鄭樵《通志・藝文略・易》**《周易論》三十三卷。宋朝王昭素。

**晁公武《郡齋讀書志・易類》**《易論》三十三卷。右皇朝王昭素撰。昭素居酸棗，太祖時，嘗召令講《易》。其書以《注疏》異同，互相詰難，蔽以己意。昭素隱居求志，行義甚高，史臣以王烈、管寧比之。

**馬端臨《文獻通考・經籍考・易》**王昭素《易論》三十三卷。

**《宋史・藝文志・易類》**王昭素《易論》三十三卷。

**顧櫰三《補五代史藝文志》**《易論》，三十三篇。王昭素撰。

## 經進易解

**王圻《續文獻通考・經籍考・易》**《經進易解》十卷。劉翺著。翺字圖南，浦城人。爲福建教授，謂教官實風化所係，要當上不負天子，次不負州郡，下不負弟子。洪邁爲之序。

## 大衍義

**鄭樵《通志・藝文略・易》**《大衍義》一卷。李覺。

## 周易解

**晁公武《郡齋讀書志・易類》**邵古《周易解》五卷。右皇朝邵古天叟撰。古，雍之父也。世本范陽。治平初，卒於洛，年七十九。其學先正音文云。

**馬端臨《文獻通考・經籍考・易》**邵古《周易解》五卷。

## 易演聖通論

**尤袤《遂初堂書目・周易類》**胡氏《易演聖通論》。

**《宋史・藝文志・易類》**胡旦《易演聖通論》十六卷。

## 乾生歸一圖

**晁公武《郡齋讀書志・易類》**　《乾生歸一圖》二卷。右皇朝石汝礪撰。先辨卦、彖、爻、象之別，後列數圖，頗雜以釋、老之說。

**陳振孫《直齋書録解題・易類》**　《乾生歸一圖》十卷。英州石汝礪撰。嘉祐元年序。取「乾」爲生生之本，萬物歸于一也。有論有圖，亦頗與劉牧辨，然或雜以釋、老之學。其所謂一者，自注云：「一則靈寂。」其《玄首》篇論道，專以靈明〔原註〕「靈」字恐誤，或當作「虛」。無體無生爲主。又曰：「因靈不動，而生寂體。」豈非異端之說乎？

**馬端臨《文獻通考・經籍考・易》**　《乾生歸一圖》二卷。

**《宋史・藝文志・易類》**　石汝礪《乾生歸一圖》十卷。

## 周易發題

**《宋史・藝文志・易類》**　任奉古《周易發題》一卷。

## 周易習解

**王圻《續文獻通考・經籍考・易》**　《周易習解》。掌禹錫著。禹錫，郾成人。舉進士，試身言書判第一，以尚書工部侍郎致仕，博學多記。

## 易　論

**晁公武《郡齋讀書志・易類》**　代淵《易論》二十卷。右皇朝代淵撰。《國史藝文志》有其目。

## 周易旨要

**《宋史・藝文志・易類》**　代淵《周易旨要》二十卷。

**王圻《續文獻通考・經籍考・易》**　《周易旨要》。代淵著。淵，導江人。性簡潔，事親孝。年四十，舉進士甲科，還家教授，累薦不起。自號虛一子。

## 周易重注

**《宋史・藝文志・易類》**　鮑極《周易重注》十卷。

## 胡先生易傳

**晁公武《郡齋讀書志・易類》**　《胡先生易傳》十卷。右皇朝胡瑗撰。瑗，字翼之，泰州人。通經術樂律，教人有法，在湖州從其學者常數百人，成材而備朝廷器使者不可勝數。此解甚詳，蓋門人倪天隱所纂，非其自著，故序首稱「先生曰」。

**馬端臨《文獻通考・經籍考・易》**　胡安定《易傳》十卷。

## 易　解

**《宋史・藝文志・易類》**　胡瑗《易解》一十二卷。

## 周易口義

**鄭樵《通志・藝文略・易》**　《周易口義》二十卷。宋朝胡瑗。

**陳振孫《直齋書録解題・易類》**　《周易口義》十三卷。案：《文獻通考》作《易傳》十卷，《宋史》作《易解》十二卷，鄭樵《通志》作《口義》十二卷。直講海陵胡瑗翼之撰。新安王炎晦叔嘗問南軒曰：「伊川令學者先看王輔嗣、胡翼之、王介甫三家，何也？」南軒曰：「三家不論互體，故云爾。然雜物撰德，具於中爻，互體未可廢也。」南軒之説雖如此，要之，程氏專治文義，不論象數。三家者，文義皆坦明，象數殆於掃除略盡，非特互體也。案：晁公武云此書乃門人倪天隱所纂，非其自著。

**《宋史・藝文志・易類》**　胡瑗《口義》十卷。

**楊士奇等《文淵閣書目・易》**　《周易安定口義》。一部，八册。闕。

**吴焯《繡谷亭熏習録・經部》**　《周易口義》十四卷。宋安定胡先生瑗著。分《周易》上下經十卷、《繫辭》三卷、《説序雜卦》一卷，總名曰《周易口義》。康熙丁卯吉水李振裕刊行，有序。謂之「口義」者，門人倪天隱所述，以其非師之親筆，不敢稱傳，而名以「口義」云。據晁公武曰：「安定《易解》甚詳，門人倪天隱纂，無《繫辭》。」公武相去世不甚遠，其言當必有據，則《繫辭》、《説序雜卦》四卷疑出後人所撰，以補其闕。

**《四庫提要・易類二》**　《周易口義》十二卷。浙江吴玉墀家藏本。宋倪天隱述其師胡瑗之説。瑗，字翼之，泰州如皋人。用范仲淹薦，由布衣拜校書郎，歷太常博士，致仕歸。事蹟具《宋史・儒林傳》。天隱始末未詳。葉祖洽作陳襄行狀，稱襄有二妹，一適進士倪天隱，殆即其人。董棻《嚴陵集》載其《桐廬縣令題名碑記》一篇，意其嘗官睦州也。其説《易》以義理爲宗。邵伯温《聞見前録》記程子與謝湜書，言讀《易》當先觀王弼、胡瑗、王安石三家。三原劉紹攽《周易詳説》曰：「朱子謂程子之學源於周子，然考之《易傳》，無一語及太極。於《觀卦辭》云：『予聞之胡翼之先生，居上爲天下之表儀』。於《大畜》上九云：『予聞之胡先生曰，天之衢亨，誤加「何」字。』於《夬》九三云：『安定胡公移其文曰：「壯于頄，有凶；獨行遇雨若濡，有愠；君子夬夬，無咎。」』於《漸》上九云：『安定胡公以陸爲逵』。考《伊川年譜》：『皇祐中，游太學，海陵胡翼之先生方主教道，得先生文試，大驚，即延見，處以學職。』意其時必從而受業焉。世知其從事濂溪，不知其講《易》多本於翼之也。」其説爲前人所未及。今核以程《傳》，良然。《朱子語類》亦稱「胡安定《易》，分曉正當」。則是書在宋時，固以義理説《易》之宗已。王得臣《麈史》曰：「安定胡翼之，皇祐、至和間國子直講，朝廷命主太學。時千餘士日講《易》，是書殆即是時所説。」《宋志》載瑗《易解》十卷、《周易口義》十卷。朱彝尊《經義考》引李振裕之説云：「瑗講授之餘，欲著述而未逮，其門人倪天隱述之，以非其師手著，故名曰《口義》。後世或稱《口義》，或稱《易解》，實無二書也。」其説雖古無明文，然考晁公武《讀書志》有云：「胡安定《易傳》，蓋門人倪天隱所纂，非其自著。故序首稱『先生曰』。」其説與「口義」合。又列於「易傳」條下，亦不另出《口義》一條，然則《易解》、《口義》爲一書，明矣。《宋志》蓋誤分爲二也。

## 繫辭説卦

**《宋史・藝文志・易類》**　胡瑗《繫辭説卦》三卷。

## 周易言象外傳

**錢東垣等輯《崇文總目・易類》**　《周易言象外傳》十卷。［原釋］皇朝王洙原叔撰。洙以通經侍講天章閣，鳩集前世諸儒《易》説，折衷其理，依卦變爲類。其論以王弼《傳》爲内，故自名曰《外傳》。見《文獻通考》。

**鄭樵《通志・藝文略・易》**　《周易言象外傳》十卷。宋朝王洙撰。

**陳振孫《直齋書録解題・易類》**　《周易言象外傳》十卷。翰林學士睢陽王洙原叔撰。其序言學《易》於處士趙期。論次舊義，附以新説，凡十二篇。以王弼《傳》爲「内」；摘其異者，表而正之，故曰「外」云。

**馬端臨《文獻通考・經籍考・易》**　《周易言象外集》。

**《宋史・藝文志・易類》**　王洙《言象外傳》十卷。

## 辨劉牧易

**鄭樵《通志・藝文略・易》**　《辨劉牧易》一卷。陳希亮。

## 制器尚象論

**鄭樵《通志・藝文略・易》**　《制器尚象論》一卷。陳希亮。

## 周易證墜簡

**鄭樵《通志・藝文略・易》**　《周易證墜簡》二卷。范諤昌。

**晁公武《郡齋讀書志・易類》**　《證墜簡》一卷。皇朝天禧中毘陵從事建溪范諤昌撰。其書酷類郭京《舉正》，如《震卦彖辭》內云脫「不喪匕鬯」四字，程正叔取之；《漸卦》上六，疑「陸」字誤，胡翼之取之。自謂其學出於湓浦李處約、廬山許堅，意豈果有師承，故程、胡有所取焉。

**陳振孫《直齋書録解題・易類》**　《易證墜簡》二卷。毗陵從事建溪范諤昌撰。天禧中人。序言任職毗陵，因事退閒。蓋嘗失官也。又言得於湓浦李處約，李得於廬山許堅。其上卷如郭京《舉正》，下卷辨《繫辭》非孔子命名，止可謂之《贊》，繫今《爻辭》乃可謂之《繫辭》。又重定其次序。又有《補注》一篇，辨周、孔述作，與諸儒異，爲《乾》、《坤》二傳。末有《四辭晷刻圖》一篇。案：《文獻通考》作《四時晷刻圖》。《館閣書目》止一卷。

**馬端臨《文獻通考・經籍考・易》**　《易證墜簡》一卷。

**《宋史・藝文志・易類》**　范諤昌《周易證墜簡》一卷。

**錢謙益等《絳雲樓書目》**　宋天禧中，范諤昌著《易證墜簡》一卷，其書酷似《舉正》。程、胡二公皆取之。

## 易源流圖

**鄭樵《通志・圖譜略・易》**　范諤昌《易源流圖》。

**陳振孫《直齋書録解題・易類》**　又有《源流圖》一卷，言納甲、納音者，即此下卷《補注》序中語也。世或言劉牧之學出於諤昌，而諤昌之學亦出种放，未知信否？晁以道、邵子文、朱子發皆云爾。

**《宋史・藝文志・易類》**　范諤昌《大易源流圖》一卷。

## 周易證義疏

**鄭樵《通志・藝文略・易》**　《周易證義疏》二十卷。宋朝范諤昌。

## 新注周易

**鄭樵《通志・藝文略・易》**　《周易》六卷。劉牧。

**晁公武《郡齋讀書志・易類》**　《劉長民易》十五卷。右皇朝劉牧長民撰。仁宗時言數者皆宗之。慶曆初，吳祕獻其書於朝，優詔獎之。田況爲序。

**陳振孫《直齋書録解題・易類》**　《新注周易》十一卷。《卦德統論》一卷，《略例》一卷。又《易數鉤隱圖》二卷。案：《宋史》以《略例》爲黃黎獻撰。《易數鉤隱圖》作一卷，鄭樵《通志》作三卷，又黃黎獻續者一卷。太常博士劉牧長民撰，黃黎獻爲之序。又爲《略例圖》，亦黎獻所序。又有三衢劉敏士刻於浙右庾司者，有歐陽公序，文淺俚，決非公作。其書三卷，與前本大同小異。案敏士序稱伯祖屯田郎中臨川先生志其墓，今觀誌文所述，但言學《春秋》於孫復而已。當慶曆時，其《易》學盛行，不應略無一語及之，且黎獻之序稱字長民，而誌稱字先之，其果一人耶，抑二人耶？

**馬端臨《文獻通考・經籍考・易》** 劉長民《易解》十五卷。

**《宋史・藝文志・易類》** 劉牧《新注周易》十一卷。

**錢謙益等《絳雲樓書目・易類》** 劉牧著《易解》。

## 卦德統論

**鄭樵《通志・藝文略・易》** 《卦德統論》一卷。劉牧。

**陳振孫《直齋書録解題・易類》** 《卦德統論》一卷，太常博士劉牧長民撰。

**《宋史・藝文志・易類》** 劉牧《卦德通論》一卷。

## 易數鉤隱圖

**鄭樵《通志・藝文略・易》** 《鉤隱圖》三卷。劉牧。

**晁公武《郡齋讀書志・易類》** 《鉤隱圖》三卷。右劉牧撰。皆《易》之數也。凡五十五圖，并《遺事》九。有歐陽永叔序，而其文殊不類。

**陳振孫《直齋書録解題・易類》** 《易數鉤隱圖》二卷。太常博士劉牧長民撰。

**《宋史・藝文志・易類》** 劉牧《易數鉤隱圖》一卷。

**楊士奇等《文淵閣書目・易》** 《劉氏易數鉤隱》。一部，一冊。闕。

**錢謙益等《絳雲樓書目・易類》** 劉牧《易數鉤隱圖》一冊。三卷。牧，字牧之，衢州西安人。登進士第，終屯田員外郎。受《易》數於穆修，著《易解》與《易數鉤隱圖》。王安石誌其墓。

**吳焯《繡谷亭熏習録・經部》** 《易數鉤隱圖》三卷。宋劉牧牧之著。西安人，登進士，終屯田員外郎。受《易》數于穆修，著《易解》與《易象鉤隱圖》。王安石誌其墓。有自序云：「夫《易》者，陰陽氣交之謂也。若夫陰陽未交，則四象未立，八卦未分，則萬物安從而生哉？是故兩儀變易而生四象，四象變易而生八卦，重卦六十四卦，于是乎天下之能事畢矣。今採摭天地奇偶之數，自太極生兩儀而下，至於復卦，凡五十五位，點之成圖。於逐圖下各釋其義，庶覽之者易曉耳。」按朱震曰：「種放以《河圖》《洛書》傳李溉，溉傳許堅，堅傳范諤昌，諤昌傳劉牧、張仲純仲純一作穆修。」《古今易學傳授圖》云：「劉牧傳黄黎獻、吳祕。」晁說之曰：「范諤昌受《易》於种徵君，以授彭城劉牧。」此牧受之源流也。若夫《河圖》《洛書》之說，則創自陳圖南，定爲一六二七三八四九五十之數、下上左右中之位爲《河圖》，又定爲九宮奇正耦偶之狀爲《洛書》，以授种放。前儒惟歐陽永叔斥其怪妄，餘子皆尊信焉。李泰伯謂劉牧《易數鉤隱圖》可存者三，其五十二皆破碎，鮮可信用。吾又不知泰伯所存者果是所刪者，果非耶？是本爲宋槧，通志堂據此翻刻者。牧自署「三衢」，晁氏作「彭城人」，誤。

**《四庫提要・易類二》** 《易數鉤隱圖》三卷，附《遺論九事》一卷。浙江吳玉墀家藏本。宋劉牧撰。牧，字長民，其墓誌作字先之，未詳孰是，或有兩字也。彭城人。官至太常博士。《宋志》載，牧新注《周易》十一卷，《圖》一卷。晁公武《讀書志》則作《圖》三卷。其注今不傳，惟《圖》尚在，卷數與晁氏本同。漢儒言《易》，多主象數，至宋而象數之中復岐出《圖書》一派。牧在邵子之前，其首倡者也。牧之學出於种放，放出於陳摶，其源流與邵子之出於穆、李者同。而以九爲《河圖》，十爲《洛書》，則與邵異。其學盛行於仁宗時。黄黎獻作《略例隱訣》，吳祕作《通神》，程大昌作《易原》，皆發明牧說。而葉昌齡則作《圖義》以駁之，宋咸則作《王劉易辨》以攻之，李覯復有《刪定易圖論》。至蔡元定則以爲與孔安國、劉歆所傳不合，而以十爲《河圖》，九爲《洛書》。朱子從之，著《易學啓蒙》。自是以後，若胡一桂、董楷、吳澄之書，皆宗朱、蔡，牧之《圖》幾於不傳。此本爲通志堂所刊，何焯以爲自《道藏》録出。今考《道藏目録》，實在《洞眞部・靈圖類・雲字號》中，是即「圖書」之學出於道家之一證。録而存之，亦足廣異聞也。南宋時，劉敏士嘗刻於浙右漕司，前有歐陽脩序。吳澄曰：「修不信《河圖》，而有此序，殆後人所僞爲，而牧之後人誤信之者。」俞琰亦曰：「序文淺俚，非修作。」其言有見，故今據而削之。其《遺論九事》，一爲「太皞授龍馬負圖」，二爲「六十四卦推盪訣」，三爲「大衍之數五十」，四爲「八卦變六十四卦」，五爲「辨陰陽卦」，六爲「復見天地之心」，七爲「卦終未濟」，八爲「蓍數揲法」，九爲「陰陽律呂圖」。以先儒之所未及，故曰「遺論」。本別爲一卷，徐氏刻《九經解》，附之《鉤隱圖》末，今亦仍之焉。

## 易象鉤隱

**王圻《續文獻通考・經籍考・易》**　《易象鉤隱》。劉牧著。

## 周易注

**《宋史・藝文志・易類》**　劉牧、鄭夫註《周易》七卷。

## 易　義

**鄭樵《通志・藝文略・易》**　《易義》一卷。周孟陽。

## 徂徠先生周易

**晁公武《郡齋讀書志・易類》**　《徂徠先生周易》五卷。右皇朝石介守道撰。景迂云：「《易古文》十二篇，先儒謂費直專以《彖》、《象》、《文言》參解《易》爻，以《彖》、《象》、《文言》雜入卦中者，自費直始。孔穎達云：『王輔嗣又分爻之《象辭》，各附當爻。』則費氏初變古制時，猶若今《乾》卦《彖》、《象》繫卦之末歟？古經始變於費氏，卒大亂於王弼，惜哉！今學者曾不之知也。石守道亦曰：『孔子作《彖》、《象》於六爻之前，《小象》係逐爻之下，惟《乾》悉屬之於後者，讓也。』嗚呼，他人尚何責哉！」家本不見此文，豈介後覺其誤而改之歟？

**陳振孫《直齋書録解題・易類》**　《周易解義》十卷。直講徂徠石介守道撰。止解六十四卦，亦無大發明。晁景迂嘗謂：「守道説，孔子作《彖》、《象》於六爻之前，《小象》繫逐爻之下，惟《乾》悉屬之於後者，讓也。他人尚可責哉！」今觀此《解義》言王弼注《易》，欲人易見，使相附近，他卦皆然，惟《乾》不同者，欲存舊本而已，更無他説。不知景迂何以云爾也。案：宋咸《補注》首章，頗有此意，晁殆誤記也耶？

**馬端臨《文獻通考・經籍考・易》**　石徂徠《易解》五卷。

## 周易口義

**《宋史・藝文志・易類》**　石介《口義》十卷。

## 易繫辭

**《宋史・藝文志・易類》**　劉槪《易繫辭》十卷。

## 易　傳

**晁公武《郡齋讀書志・易類》**　王逄《易傳》十卷。右皇朝王逄撰。逄嘗爲國子直講，其學宗王弼。

**馬端臨《文獻通考・經籍考・易》**　王逄《易説》十卷。

## 易童子問

**尤袤《遂初堂書目・周易類》**　歐氏《童子問》。

**陳振孫《直齋書録解題・易類》**　《易童子問》三卷。參政廬陵歐陽永叔撰。設爲問答。其上、下卷專言《繫辭》、《文言》、《説卦》而下皆非聖人所作。

**馬端臨《文獻通考・經籍考・易》** 《易童子問》三卷。

**《宋史・藝文志・易類》** 歐陽修《易童子問》三卷。

## 删定易圖

**鄭樵《通志・藝文略・易》** 《删定易圖》一卷。

**陳振孫《直齋書録解題・易類》** 《删定易圖論》一卷。直講盱江李覯泰伯撰。凡六篇。蓋删劉牧《易圖》而存之者三焉。《館閣書目》作六卷，十九篇。覯先著《易論》十九篇，皆見集中，與此自爲二書，當是合爲十九也。

**馬端臨《文獻通考・經籍考・易》** 《删定易論》一卷。

**《宋史・藝文志・易類》** 李覯《删定易圖序論》六卷。

## 補注易

**《宋史・藝文志・易類》** 龔鼎臣《補注易》六卷。

## 五十家易解

**《宋史・藝文志・易類》** 楊文焕《五十家易解》四十二卷。

## 周易先天流衍圖

**《宋史・藝文志・易類》** 孫份《周易先天流衍圖》十二卷。程敦厚序。

**嵇璜等《續通志・圖譜略・易》** 孫份《周易先天流衍圖》。

## 羲易正元

**《宋史・藝文志・易類》** 劉半千《羲易正元》一卷。

## 周易略例義

**鄭樵《通志・藝文略・易》** 《周易略例義》一卷。黄黎獻。

**《宋史・藝文志・易類》** 黄黎獻《略例》一卷。

## 周易隱訣

**《宋史・藝文志・易類》** 黄黎獻《室中記師隱訣》一卷。

## 續鈎隱圖

**鄭樵《通志・藝文略・易》** 《續鈎隱圖》一卷。黄黎獻。

## 周易通神

**鄭樵《通志・藝文略・易》** 《周易通神》二卷。

**《宋史・藝文志・易類》** 吴祕《周易通神》一卷。

**王圻《文獻通考・經籍考・易》** 《周易通神》五卷。吴祕著。祕字君謨，歐寧人。景佑初，中甲科。嘗嘆《春秋》三傳同異，欲作集解，因乞閒郡，除守同安。

## 易訓

**鄭樵**《**通志・藝文略・易**》《易訓》三卷。宋咸。

**晁公武**《**郡齋讀書志・易類**》 宋咸《易訓》三卷。右皇朝宋咸撰。咸自序云：「予既以補注《易》奏御，而男億請餘義凡百餘篇端，因以《易訓》名之。」蓋言不敢以傳世，特教其子而已。頗論陸希聲、劉牧、鮮于侁得失云。

**馬端臨**《**文獻通考・經籍考・易**》 宋咸《易訓》。

《**宋史・藝文志・易類**》 宋咸《易訓》三卷。

## 易補注

**陳振孫**《**直齋書録解題・易類**》《易補注》十卷。又《王劉易辨》一卷。祕書丞宋咸貫之撰。咸嘗撰《易明》，凡一百九十三條，以正亡誤。及得郭京《舉正》於歐陽公，遂參驗爲《補注》。皇祐五年表上之。別有《易訓》，未見。《易辨》，凡二十篇。劉牧之學，大抵求異先儒，穿鑿破碎，故李、宋或刪之，或辨之。

**馬端臨**《**文獻通考・經籍考・易**》 宋咸《易補註》。

《**宋史・藝文志・易類**》 宋咸《易補注》十卷。

**王圻**《**續文獻通考・經籍考・易**》《補註周易》。宋咸著。咸，建陽人。爲廣西曹司。歐陽修喜其文。嘗補註《周易》及《楊子法言》行世。又，饒子儀，臨川人，九歲能詩，力學不倦，崇寧中以明經行修錫命于朝。所著有《周易》、《論語解》及詩文甚多。又，王日體、劉牧、徐雄、曹粹中、龔原、吳淵皆有《易解》，董楷有《程朱易解》。

## 王劉易辯

**鄭樵**《**通志・藝文略・易**》《王劉易辯》二卷。宋咸。

**陳振孫**《**直齋書録解題・易類**》《王劉易辨》一卷。祕書丞宋咸貫之撰。

**馬端臨**《**文獻通考・經籍考・易**》《王劉易辨》。

《**宋史・藝文志・易類**》 宋咸《劉牧王弼易辨》二卷。

## 易筌

**鄭樵**《**通志・藝文略・易**》《易筌》一卷。阮逸。

**尤袤**《**遂初堂書目・周易類**》《易詮》。

**陳振孫**《**直齋書録解題・易類**》《易筌》六卷。太常丞建安阮逸天隱撰。每爻各以一古事繫之，頗多牽合。

**馬端臨**《**文獻通考・經籍考・易**》 阮逸《易筌》六卷。

《**宋史・藝文志・易類**》 阮逸《易筌》六卷。

**王圻**《**續文獻通考・經籍考・易**》《易筌》。阮逸著。逸，建陽人。仕爲鎮東軍節度推官。

## 周易論

**鄭樵**《**通志・藝文略・易**》《周易論》十卷。陳皐。

## 易解

**鄭樵《通志・藝文略・易》**《易義》八卷。皇甫侐。《補注》三卷。皇甫侐。《周易精微》三卷。皇甫侐。

**尤袤《遂初堂書目・周易類》**《皇甫右丞相易》。

**晁公武《郡齋讀書志・易類》**《周易述聞》一卷，《隱訣》一卷，《補解》一卷，《精微》三卷，右皇朝皇甫泌撰。又有《紀師説》、《辨道》，通爲八卷。

**陳振孫《直齋書録解題・易類》**《易解》十四卷。案：《宋史・藝文志》作十九卷，鄭樵《通志》分載《易義》八卷，《補注》、《精微》各三卷，與此合。尚書右丞皇甫泌撰。曰《述聞》，曰《隱訣》，曰《補解》，曰《精微》，曰《師説》，曰《明義》。案：《文獻通考》作「辨道」。其學得于常山抱犢山人，而莆陽游中傳之。劉彝、錢藻皆爲之序。山人者，不知其名氏，蓋隱者也。泌嘗守海陵，治平以前人。

**馬端臨《文獻通考・經籍考・易》**皇甫泌《易解》十四卷。

**《宋史・藝文志・易類》**皇甫泌《易解》十九卷。

## 易義

**鄭樵《通志・藝文略・易》**《易義》十卷。聱隅先生黄晞。

**王圻《續文獻通考・經籍考・易》**《易義》十卷。黄晞著。晞，建安人。少通經，聚書數千卷，學者多從之遊，自號聱隅子。石介在太學，以禮聘之，晞匿不出。韓琦薦爲太學助教。

## 易義

**鄭樵《通志・藝文略・易》**《易義》一卷。黄通。

## 葆光易解義

**鄭樵《通志・藝文略・易》**《周易》十卷。張葆光。

**晁公武《郡齋讀書志・易類》**《張弼易》十卷。右皇朝張弼，興化軍人，章惇薦於朝，賜號葆光處士。紹聖二年，黄裳等再薦之，詔以爲福州司戶、本州教授。其《易》學頗宗鄭氏。

**尤袤《遂初堂書目・周易類》**《張弼易傳》。

**陳振孫《直齋書録解題・易類》**《葆光易解義》十卷。泉州教授莆田張弼舜元撰。紹聖中以章惇、黄裳等薦，賜號葆光處士。後又以爲福州司戶、本州教授。其學多言取象。考《宋史》，紹聖中無張惇，此本又作章厚，疑爲章惇所薦，以避光宗諱，故名章厚耳。又「教授」上脱「本州」二字，今改正。

**馬端臨《文獻通考・經籍考・易》**張弼《葆光易解》十卷。

**《宋史・藝文志・易類》**張弼《易解義》十卷。

**王圻《續文獻通考・經籍考・易》**《易解義十卷》。張弼著。弼字舜元，仙遊人。紹聖初大臣薦，賜號葆光。

## 周易義略

**《宋史・藝文志・易類》**冀震《周易義略》十卷。

## 易發微

**《宋史・藝文志・易類》** 趙令湑《易發微》十卷。

## 易　義

**《宋史・藝文志・易類》** 趙仲鋭《易義》五卷。

## 周易闡微詩

**《宋史・藝文志・易類》** 冀珍《周易闡微詩》六卷。

## 周易説

**《宋史・藝文志・易類》** 李贇《周易説》九卷。

## 周易罔象成名圖

**《宋史・藝文志・易類》** 張杲《周易罔象成名圖》一卷。

**嵇璜等《續通志・圖譜略・易》** 宋張杲《周易罔象成名圖》。

## 皇極經世

**晁公武《郡齋讀書志・易類》** 《邵康節皇極經世》十二卷。右皇朝邵雍撰。雍，字堯夫，謚康節，隱居博學，尤精於《易》。世謂其能窮作《易》之本原，前知來物。其始學之時，睡不施枕者三十年。此書以元經會，以會經運，以運經世，起於堯即位之二十一年甲辰，終於周顯德六年己未，編年紀興亡治亂之事，以符其學。

**陳振孫《直齋書録解題・易類》** 《皇極經世》十二卷。處士河南邵雍堯夫撰。其學出於李之才挺之，之才受之穆修伯長，修受之种放明逸，放受之陳摶。蓋數學也。曰元會運世，以元經會，以運經世，自帝堯至於五代，天下離合，治亂興廢，得失邪正之迹，以天時而驗人事，以人事而驗天時，以陰陽剛柔窮聲音律吕，以窮萬物之數。末二卷論所以爲書之意，窮日月星辰、飛走動植之數，以窮天地萬物之理；述皇王帝霸之事，以明大中至正之道。書謂之《經世》，篇謂之《觀物》，凡六十二篇。其子伯温爲之《叙系》，具載《先天》、《後天》、《變卦》、《反對》諸圖，又爲《易學辨惑》一篇，叙傳授本末眞僞。然世之能明其學者，蓋鮮焉。雍謚康節。

**《宋史・藝文志・易類》** 邵雍《皇極經世》十二卷。

## 叙篇系述

**晁公武《郡齋讀書志・易類》** 邵雍後又有《繫述叙篇》。其子伯温解。

**陳振孫《直齋書録解題・易類》** 《叙篇系述》二卷。邵雍撰。

**《宋史・藝文志・易類》** 邵雍《叙篇系述》二卷。

## 觀物外篇

**晁公武《郡齋讀書志・易類》** 邵康節《觀物篇》六卷。右邵雍之歿，其門人記其平生之言，合二卷。雖以次筆授，不能無小失，然足以發明成書者爲多，故以《外篇》名之，或分爲六卷。

**陳振孫《直齋書録解題・易類》** 《觀物外篇》六卷。康節門人張嶓子望記其平生之言，雖十纔一二，而足以發明成書者爲多，故名《觀物外篇》。嶓登進士第，仕爲太常寺主簿。

**《宋史・藝文志・易類》** 《觀物外篇》六卷。門人張嶓記雍之言。

## 觀物内篇

**陳振孫《直齋書録解題・易類》** 《觀物内篇解》二卷。康節之子右奉直大夫伯溫子文撰。即《經世書》之第十一、十二卷也。

**《宋史・藝文志・易類》** 《觀物内篇解》二卷。雍之子伯溫編。

## 周易意學

**鄭樵《通志・藝文略・易》** 《周易意學》十卷。陸秉。

**晁公武《郡齋讀書志・易類》** 陸秉《意學》十卷。右皇朝陸秉撰。秉，字端夫，舊名東。寶元二年，以此書奏御，勑書嘉獎。秉嘗通判蜀州。首篇論《易》之名，頗采《參同契》之説。

**陳振孫《直齋書録解題・易類》** 《周易意學》六卷。題齊魯後人陸秉撰。其説多異先儒，穿鑿無據。

**馬端臨《文獻通考・經籍考・易》** 陸秉《周易意學》十卷。

**《宋史・藝文志・易類》** 陸秉《意學》十卷。

## 周易意藴

**鄭樵《通志・藝文略・易》** 《周易意藴》一卷。徐庸。

**晁公武《郡齋讀書志・易類》** 徐庸《易意藴》一卷。右皇朝徐庸撰。庸以《春秋》凡例，《易》亦有之，故著書九篇，號《意藴凡例總論》。其學祖劉牧、陸秉云。

**陳振孫《直齋書録解題・易類》** 《易意藴凡例總論》一卷。東海徐庸撰。皇祐中人。凡爲論九篇。

**馬端臨《文獻通考・經籍考・易》** 《易意藴凡例總論》一卷。

**《宋史・藝文志・易類》** 徐庸《周易意藴凡例總論》一卷。

## 卦變解

**陳振孫《直齋書録解題・易類》** 《館閣書目》又有《卦變解》。未見。

**《宋史・藝文志・易類》** 徐庸《卦變解》二卷。

## 古靈易説

**徐𤊹《徐氏家藏書目・易類》** 《古靈易説》一卷。宋陳襄。

## 温公易説

**晁公武《郡齋讀書志・易類》** 《溫公易説》一卷。右皇朝司馬光君實撰。雜解《易》義，無詮次，未成書也。

**陳振孫《直齋書録解題・易類》** 《易説》三卷。丞相溫公涑水司馬光君實撰。雜說無詮次，未成書也。

**馬端臨《文獻通考・經籍考・易》** 《溫公易說》一卷。

**《宋史・藝文志・易類》** 司馬光《易說》一卷。又三卷。

**楊士奇等《文淵閣書目・易》** 《溫公易說》。一部，一冊。闕。

**《四庫提要・易類二》** 《溫公易說》六卷。《永樂大典》本。宋司馬光撰。考蘇軾撰光《行狀》，載所作《易說》三卷，注《繫辭》二卷。《宋史・藝文志》作《易說》一卷，又三卷，又《繫辭說》二卷。晁公武《讀書志》云：《易說》雜解《易》義，無詮次，未成書。《朱子語類》又云：「嘗得溫公《易說》於洛人范仲彪，盡《隨卦》六二，其後闕焉。後數年，好事者於北方互市得版本，喜其復全。」是其書在宋時所傳本，已往往多寡互異，其後乃并失其傳。故朱彝尊《經義考》亦注爲「已佚」。今獨《永樂大典》中有之，而所列實不止於《隨卦》，似即朱子所稱「後得」之本。其釋每卦，或三四爻，或一二爻，且有全無說者。惟《繫辭》差完備，而《說卦》以下，僅得二條，亦與晁公武之言相合。又以陳友文《集傳精義》、馮椅《易學》、胡一桂《會通》諸書所引光說核之，一一具在，知爲宋代原本無疑。其解義多闕者，蓋光本撰次未成，亦如所著《潛虛》，轉以不完者爲眞本，並非有所殘佚也。光《傳家集》中，有《答韓秉國書》，謂「王輔嗣以老、莊解《易》，非《易》之本旨，不足爲據」。蓋其意在深闢虛無玄渺之說，故於古今事物之情狀，無不貫徹疏通，推闡深至。如解《同人》之《彖》曰：「君子樂與人同，小人樂與人異；君子同其遠，小人同其近。」《坎》之《大象》曰：「水之流也，習而不止，以成大川。人之學也，習而不止，以成大賢。」《咸》之九四曰：「心苟傾焉，則物以其類應之，故喜則不見其所可怒，怒則不見其所可喜，愛則不見其所可惡，惡則不見其所可愛。」大都不襲先儒舊說，而有德之言，要如布帛菽粟之切於日用。惜其沈湮既久，說《易》家竟不獲覩其書。今幸際聖朝，表章典籍，復得搜羅故簡，裒次成編，亦可知名賢著述，其精義所在，有不終泯沒於來世者矣。謹校勘釐訂，略仿《宋史》原目，定爲六卷，著於錄。

## 繫辭說

**《宋史・藝文志・易類》** 司馬光《繫辭說》二卷。

## 潛虛

**徐𤊹《徐氏家藏書目・易類》** 《潛虛》二卷。司馬光。

## 橫渠易說

**晁公武《郡齋讀書志・易類》** 《橫渠易說》十卷。右皇朝張載子厚撰。載居橫渠，故以名其書。其解甚略，《繫辭》差詳。

**尤袤《遂初堂書目・周易類》** 《橫渠易說》。

**陳振孫《直齋書錄解題・易類》** 《橫渠易說》三卷。崇文校書長安張載子厚撰。

**馬端臨《文獻通考・經籍考・易》** 《橫渠易說》十卷。

**《宋史・藝文志・易類》** 張載《易說》十卷。

**楊士奇等《文淵閣書目・易》** 《橫渠易說》。一部，三冊。闕。

**徐𤊹《徐氏家藏書目・易類》** 《橫渠易說》二卷。張載。

**錢謙益等《絳雲樓書目・易類》** 《橫渠易說》。十卷。

**《四庫提要・易類二》** 《橫渠易說》三卷。內府藏本。宋張子撰。《宋志》著錄作十卷，今本惟上經一卷，下經一卷，《繫辭傳》以下至《雜卦》爲一卷，末有「總論」十一則，與《宋志》不合。然《書錄解題》已稱《橫渠易說》三卷，則《宋志》誤也。楊時喬《周易古今文》稱：「今本祇六十四卦，無《繫辭》，實未全之書。」則又時喬所見之本偶殘闕耳。是書較程《傳》爲簡，往往經文數十句中一無所說。末卷更不復全載經文，載其有説者而已。董眞卿謂《横渠易説》發明二程所未到處。然考《宋史》，張子卒於神宗時。程子《易傳序》則作於哲宗元符二年，其編次成書則在徽宗崇寧後，張子不及見矣。眞卿謂發明所未到，非確論也。其説《乾・彖》，用「迎之不見其首，隨之不見其後」；説《文言》，用「谷神」字；説「鼓萬物而不與聖人同憂」，用「天地不仁，以萬物爲芻狗」語，皆借《老子》之言，而實異其義。非如魏、晉人合《老》、《易》爲一者也。惟其解《復卦》「后不省方」，以「后」爲繼體守成之主，以「不省方」爲「富庶優暇，不甚省事」，則於義頗屬未安。此又不必以張子故而曲爲之辭矣。

## 易解

**尤袤《遂初堂書目・周易類》** 王文公《易傳》。

**晁公武《郡齋讀書志・易類》** 王介甫《易義》二十卷。右皇朝王安石介甫撰。介甫《三經義》皆頒學官，獨《易解》自謂少作未善，不專以取士。故紹聖後復有龔原、耿南仲注《易》，三書偕行於場屋。

**陳振孫《直齋書録解題・易類》** 《易解》十四卷。丞相荊公臨川王安石介甫撰。

**馬端臨《文獻通考・經籍考・易》** 王介甫《易解》二十卷。龔原、耿南仲註《易》各二十卷。

**《宋史・藝文志・易類》** 王安石《易解》十四卷。

## 易傳

**尤袤《遂初堂書目・周易類》** 劉攽《易傳》。

## 易數鉤隱圖

**尤袤《遂初堂書目・周易類》** 劉攽《易數鉤隱圖》。

## 易解

**尤袤《遂初堂書目・周易類》** 王存《易解》。

## 祥符注

**鄭樵《通志・藝文略・易》** 《祥符注》十卷。宋朝龍昌期。

## 周易絶筆書

**鄭樵《通志・藝文略・易》** 《周易絶筆書》四卷。龍昌期。

## 周易古經

**晁公武《郡齋讀書志・易類》** 《周易古經》一卷。右皇朝呂大防微仲編。其序云：「《彖》、《象》所以解經，始各爲一書。王弼專治《彖》、《象》，以爲注，乃分於卦爻之下，學者於是始不見完經，而文辭次第貫穿之意，亦闕然不屬。因按古文而正之。」凡十二篇，別無解釋。

**尤袤《遂初堂書目・周易類》** 《呂氏古周易》。

**陳振孫《直齋書録解題・易類》** 《周易古經》十二卷。丞相汲郡呂大防微仲所錄上、下《經》，並錄《爻辭》、《彖》、《象》，隨《經》分上下，共爲六卷，上、下《繫辭》二卷，《文言》、《說》、《序》、《雜卦》各一卷。

**馬端臨《文獻通考・經籍考・易》**　呂微仲《周易古經》二卷。

**徐𤊹《徐氏家藏書目・易類》**　呂微仲《古易》。二卷。

**錢謙益等《絳雲樓書目・易類》**　呂氏大防《周易古經》。十二篇。

## 周易新義

**鄭樵《通志・藝文略・易》**　《周易新義》上、下二卷。沈季長。

## 易說

**王圻《續文獻通考・經籍考・易》**　羅適有《易說》。

## 易解

**陳振孫《直齋書錄解題・易類》**　《易解》二卷。翰林學士錢塘沈括存中撰。所解甚略，不過數卦，而於《大》小畜、《大》小過獨詳。

**馬端臨《文獻通考・經籍考・易》**　沈存中《易解》二卷。

## 周易傳義

**范邦甸等《天一閣書目・易類》**　《周易傳義》十卷。刊本。宋程子傳，朱子本義。　《周易傳義》十卷。明嘉靖丙辰廣東崇正堂刊本。卷首載程、朱《易說綱領》，缺《易序》。　《周易傳義》二十四卷。明嘉靖十一年福建建寧府刊本。宋程子傳，朱子本義。卷首列《程子易傳序》、《易序上下篇義》、朱子《易本義圖》、《五贊》、《筮儀》。

**徐𤊹《徐氏家藏書目・易類》**　《周易傳義》二十四卷。宋程灝傳，宋朱熹義。

## 程氏易傳

**晁公武《郡齋讀書志・易類》**　《程氏易》十卷。右皇朝程頤正叔撰。朱震言頤之學出於周敦頤，敦頤得之於穆修，亦本於陳摶，與邵雍之學本同。然考正叔之解，不及象數，頗與胡翼之相類。景迂云胡武平、周茂叔同師潤州鶴林寺僧壽涯，其後武平傳其學於家，茂叔則授二程，與震之說不同。

**尤袤《遂初堂書目・周易類》**　《程氏易傳》。

**陳振孫《直齋書錄解題・易類》**　《伊川易解》六卷。崇政殿說書河南程頤正叔撰。止解六十四卦，不解《大傳》，而以《序卦》分置諸卦之首。蓋唐李鼎祚《集解》亦然。伊川平生著述惟《易傳》爲深，而亦不解《大傳》。

**馬端臨《文獻通考・經籍考・易》**　《伊川易傳》十卷。程子序：至微者理也，至著者象也。體用一源，顯微無間，觀會通以行其典禮，則辭無所不備。故善學者求言必自近，易於近者，非知言者也。予所傳者辭也，由辭以得意，則在乎人焉。　《遺書》：張閎中以書問《易》之義本起於數。程子答曰：「謂義起數，則非也。有理而後有象，有象而後有數，《易》因象以知數，得其義，則象在其中矣。必欲窮象之隱微，盡數之毫忽，乃尋流逐末，術家所尚，非儒者之務也。管輅、郭璞之學是已」。又曰：「理，無形也，故因象以明理；理見乎辭者也，則可由辭以觀象。故曰：得其義，則象數在其中矣。」門弟子請問《易傳》事，雖有一字之疑，伊川必再三喻之。蓋其潛心甚久，未嘗容易下一字也。伊川以《易傳》示門人曰：亦只說得七分，後人更須自體究。

朱子曰：自秦、漢以來，考《象辭》者，泥於術數，而不得其弘通簡易之法；談義理者，淪於空寂，而不適乎仁義中正之歸。求其因時立教，以承三聖，不同於法而同於道者，則惟伊川先生程氏之書而已。後之君子，誠能日取其一卦若一爻者，熟復而深玩之。如己有疑，將決於筮而得之者，虛心端意，推之於事，而反之於身，以求其所以處此之實，則於吉凶消長之理，進退存亡之道，將無所求而不得，邇之事父，遠之事君，亦無處而不當矣。

程子高弟尹公嘗謂：「《易傳》乃夫子自著，欲知道者，求於此足矣，不必旁觀他書。蓋語録或有他人所記，未必盡得先生意」。又言：「先生踐履盡一部《易》，其作傳，只是因而寫成」。此言尤有味。又曰：《易傳》不看本文，亦自成一書。又曰：《易傳》明白，無難看處。但此是先生以天下許多道理，散入六十四卦、三百八十四爻之中。將作《易》看，却無意味，須將來作事看，即句句字字有用處耳。程先生《易傳》，義理精，字數足，無一毫欠缺，只是於本義不相合。《易》本是卜筮之書，程先生只說得一理。程《易》言理甚備，象數却欠在。

按：伊川之《易》，精於義理，而略於卜筮、象數，此固先儒之說，然愚嘗以爲《易》之象數、卜筮，豈出於義理之外？蓋有此理，則有此象，有此數。而卜筮之說，其所謂趨吉避凶，惠迪從逆云者，又未嘗不一出於義理。平時本諸踐履，則觀象玩辭，此義理也。一旦謀及卜筮，則觀變玩占，亦此義理也。初不必岐而二之。然言出聖賢之口，則單辭片語，皆有妙理，假借旁通，悉爲至教。往往多借《易》以明理，初不拘於說《易》也，自夫子而然矣。何也？「君子學以聚之，問以辨之，寬以居之，仁以行之」，爲《乾》九二而言也。而《乾》之九二，豈有學問寬仁之義乎？「日往則月來，月往則日來，日月相推而明生焉；寒往則暑來，暑往則寒來，寒暑相推而歲成焉」，爲《咸》九四而言也。而《咸》之九四，豈有歲時代謝之義乎？蓋其初因講《易》，遂借《易》以言理，言理雖精，而於《易》此卦此爻之旨，則遠矣。如程子因「君子豹變」而發爲「自暴」「自棄」之論，因「君子得輿」而發爲「《匪風》、《下泉》」之論，亦是意也。晦庵所謂「不看本文，自成一書」者是已。**【略】**

按：伊川之學出自濂溪，此先儒通論也。而晁、朱之說，以爲濂溪所師，本於希夷及一僧，則固老、釋之宗旨矣。此論未之前聞。

**胡師安等《元西湖書院重整書目・經類》** 《易程氏傳》。

**《宋史・藝文志・易類》** 程頤《易傳》九卷。

**楊士奇等《文淵閣書目・易》** 《程氏易傳》。一部，十二册。闕。

**錢謙益等《絳雲樓書目・易類》** 《伊川易傳》十卷。

**錢曾《讀書敏求記・經》** 《程伊川易傳》六卷。有宋談《易》諸家，尚古者宗康節，以義理爲虛文；尚辭者宗伊川，以象數爲末伎，羲畫周經，判然兩途矣。晦菴曰：《易傳》不看本文亦自成一書。蓋得程子之深者也。《經籍志》載十卷，吾家所藏宋刻本止六卷。今考《程朱傳義》後二卷小序曰：程先生無《繫詞》、《說卦》、《序卦》、《雜卦》全解，東萊《精義》載先生解并及《遺書》，今並編入續六十四卦之後，題之曰《後傳》，庶程朱二先生皆有全《易》云。則是予所藏六卷爲程氏原書，而《後傳》乃據《精義》、《遺書》攙入者。端臨《通考》亦未爲核也。尋討伊川本旨，爲之掩卷憮然。

**《四庫提要・易類二》** 《易傳》四卷。直隸總督採進本。宋伊川程子撰。卷首有元符二年自序。考程子以紹聖四年編管涪州，元符三年還峽州，則當成於編管涪州之後。王偁《東都事略》載是書作六卷，《宋史・藝文志》作九卷，《二程全書》通作四卷。考楊時跋語，稱「伊川先生著《易傳》，未及成書。將啓手足，以其書授門人張繹。未幾繹卒，故其書散亡，學者所傳無善本。謝顯道得其書於京師，以示余。錯亂重複，幾不可讀。東歸待次毘陵，乃始校正，去其重複，踰年而始完」云云。則當時本無定本，故所傳各異耳。其書但解上下經及《彖》、《象》、《文言》，用王弼注本。以《序卦》分置諸卦之首，用李鼎祚《周易集解》例。惟《繫辭傳》、《說卦傳》、《雜卦傳》無注；董眞卿謂亦從王弼。今考程子《與金堂謝湜書》，謂《易》當先讀王弼、胡瑗、王安石三家。謂程子有取於弼，不爲無據。謂不注《繫辭》、《說卦》、《雜卦》以擬王弼，則似未盡然。當以楊時草具未成之說爲是也。程子不信邵子之數，故邵子以數言《易》，而程子此《傳》則言理。一闡天道，一切人事。蓋古人著書，務抒所見而止，不妨各明一義。守門戶之見者，必堅護師說，尺寸不容踰越，亦異乎先儒之本旨矣。

**彭元瑞等《天祿琳琅書目後編・宋版經部》** 《御題易傳》。一函，六册。宋程頤撰。上、下《經》六卷，用王弼本，前有元符二年頤自序。又《上下經義》一篇。按《宋史・藝文志》：《易傳》九卷。《二程全書》作四卷。惟王偁《東都事略》載六卷。蓋宋時本如是。是書不載鐫版年月，於眞宗諱「恆」字、欽宗諱「桓」字、仁宗嫌名「貞」字，皆闕筆。而臨、復、艮三卦中「敦」字乃光宗諱，皆不闕筆，蓋猶在紹熙以前。所刻全部，不知何人用朱標界，大旨極整密，凡宋諱皆作大圈圍之，可證閱者亦宋時人也。御題：《題宋版周易程傳》：「卜筮書違秦火殃，大程平正傳言常。周張朱介三賢卓，凶悔吝中一吉當。開物無爲自成務，抑陰有道在扶陽。幽明通以性命順，內聖由來貫外王。癸卯清和御筆。」鈐寶一曰「古稀天子之寶」。上鈐寶：二曰「乾隆御覽之寶」，曰「古希天子」。書中兩家印記：徐乾學，字原一，號健菴，江蘇崑山人，康熙庚戌進士，官至刑部尚書。其家多藏書，今《傳是樓書目》存。垕，字學山，近人汪垕也。

## 易繫辭解

**《宋史・藝文志・易類》** 程頤《易繫辭解》一卷。

## 程朱易說

**楊士奇等《文淵閣書目・易》** 《程朱易說》。一部，三冊。闕。《程朱易說》。一部，四冊。闕。《程朱易說》。一部，二冊。闕。

**錢謙益等《絳雲樓書目・易類》** 《周易程朱氏說》。

## 東坡易傳

**晁公武《郡齋讀書志・易類》** 《東坡易傳》十一卷。右皇朝蘇軾子瞻撰。自言其學出於其父洵，且謂卦不可爻別而觀之。其論卦，必先求其所齊之端，則六爻之義，未有不貫者，未嘗鑿而通也。東坡，其自號也。

**尤袤《遂初堂書目・周易類》** 《蘇文忠易傳》。

**陳振孫《直齋書録解題・易類》** 《東坡易傳》十卷。端明殿學士眉山蘇軾子瞻撰。蓋述其父洵之學也。

**馬端臨《文獻通考・經籍考・易》** 《東坡易傳》十一卷。《朱子語録》曰：老蘇說《易》，專得於「愛惡相攻而吉凶生」以下三句。他把這六爻，似那累世相讎相殺底人相似看。這一爻攻那一爻，這一畫克那一畫，全不近人情。東坡見他恁地太麤疎，却添得些佛、老在裏，其書自做兩樣。亦間有取王輔嗣之說，以補老蘇之說，亦有不曉得他說了亂塡補處。老蘇說底亦有去那物理上看得著處。又《雜學辨》曰：《乾》上《彖辭》，發明性命之理，與《詩》、《烝民》、《維天之命》、《書》、《湯誥》、《泰誓》、《中庸》、《孟子》相表裏，而《大傳》之言亦若符契。蘇氏不知其說，而欲以其所臆度者言之，又畏人之指其失也，故每爲不可言不可見之說以先後之，務爲閃倏滉漾不可捕捉之形，使讀者茫然，雖欲攻之，而無措其辨。殊不知性命之理甚明，而其爲說至簡。今將言之而先曰不可言，既指之而又曰不可見，足以眩夫未嘗學問之庸人矣。由學者觀之，豈不適所以爲未嘗見未嘗知之驗哉！然道衰學絕，世頗惑之，故爲之辨，以待後之君子。而其他言死生鬼神之不合者，亦並附焉。

**《宋史・藝文志・易類》** 蘇軾《易傳》九卷。

**楊士奇等《文淵閣書目・易》** 《東坡易解》。一部，四冊。闕。《東坡易解》。一部，三冊。闕。《東坡易解》。一部，三冊。闕。塾本《易傳》。《蘇氏易傳》。一部，三冊。闕。

**范邦甸《天一閣書目・易類》** 《蘇氏易傳》九卷。烏絲欄鈔本。宋蘇軾撰。無序。紹興南昌莫將後序云：將初得先生《書》、《易傳》于眉山士人家，舛誤幾不得讀。丁巳年臨出蜀得孫朝陰所藏《書傳》。癸亥年爲明州，得蘇簡所藏《易傳》。朝陰，眉山人。簡，即先生族子，故所藏皆善本。將以二家所藏及先得眉山士人家本參定校正，無一字誤，乃刊板以廣其傳。學士大夫探聖人之心而通六經之指歸，當自此書發之。明嘉靖戊戌寧昌張合記云：「予近得閣本《東坡易傳》錄之，乃宋刻也。筆史錄多遺謬，因自爲補正一過。蘊蟲軼掌故所校，姑止傳文」云。

**徐𤊹《徐氏家藏書目・易類》** 《東坡易解》。八卷。宋蘇軾解。

**張萱等《內閣藏書目録》** 《東坡先生易解》。一冊。不全。《東坡易解》。三冊。不全。

**毛晉《汲古閣書跋》** 《蘇氏易傳》。放翁云：《易》道廣大，非一人所能盡。堅守一家之說，未爲得也。漢儒治《易》入神要路，宋儒則未免繁衍，或流於術數，或釋老互發議論，荒唐如人眩時五色無主矣。惟東坡匯百川大流，滴滴歸源，而滔滔汨汨以出之，萬斛不能量也。《易》曰：神而明之，存乎其人。自漢以來，未見此奇特，但宣和中方禁蘇氏學，托之毘陵先生，得以不滅。此書亦危矣哉。

**錢謙益等《絳雲樓書目・易類》** 《東坡易解》九卷。據《通考》，《東坡易傳》十一卷。謫居黃州時見與王定國書李泰發謫海州，著《讀易老人解説》十卷。胡邦衡竄新州，著《易傳拾遺》十卷。蓋古人於遷謫無聊時，皆喜潛心《易》學。

**錢曾《讀書敏求記・經》** 蘇東坡《易解》九卷。明初人鈔本，繕寫極精好。

**《四庫提要・易類二》** 《東坡易傳》九卷。副都御史黃登賢家藏本。宋蘇軾撰。是書一名《毘陵易傳》。陸游《老學菴筆記》謂其書初遭元祐黨禁，不敢顯題軾名，故稱「毘陵先生」，以軾終於常州故也。蘇籀《欒城遺言》記蘇洵作《易傳》，未成而卒，屬二子述其志。軾書先成，轍乃送所解於軾，今《蒙》卦猶是轍解。則此書實蘇氏父子兄弟合力爲之，題曰軾撰，要其成耳。籀又稱：洵晚歲讀《易》，玩其爻象，因得其剛柔、遠近、喜怒、逆順之情。故朱子謂其惟發明愛惡相攻、情僞相感之義，而議其粗疎。胡一桂記晁説之之言，謂軾作《易傳》，自恨不知數學，而其學又雜以禪，故朱子作《雜學辨》，以軾是書爲首。然朱子所駁，不過一十九條，其中辨文義者四條，又一條謂蘇説無病，然有未盡其説者。則朱子所不取者僅十四條，未足以爲是書病。況《朱子語類》又嘗謂其於物理上亦有看得著處，則亦未嘗竟廢之矣。今觀其書，如解《乾卦・彖傳》性命之理諸條，誠不免杳冥恍惚，淪於異學。至其他推闡理勢，言簡意明，往往足以達難顯之情，而深得曲譬之旨。蓋大體近於王弼，而弼之説惟暢玄風，軾之説多切人事。其文辭博辨，足資啓發，又烏可一概屏斥耶？李衡作《周易義海撮要》，丁易東作《周易象義》，董眞卿作《周易會通》，皆採録其説，非徒然也。明焦竑初得舊本刻之。烏程閔齊伋以朱墨板重刻，頗爲工緻，而無所校正。毛晉又刻入《津逮祕書》中。三本之中，毛本最舛。如《漸卦》上九併經文皆改爲「鴻漸于逵」，則他可知矣。今以焦本爲主，猶不甚失其眞焉。

**彭元瑞等《天禄琳琅書目後編・明版經部》** 《東坡易傳》。一函，八冊。宋蘇軾撰。書八卷。蘇籀《欒城遺言》記蘇洵作《易傳》未成，屬二子述其志。軾書先成，轍乃送所解於軾，今《蒙卦》猶是轍義。是此書乃三蘇合作，題曰軾撰，要其成耳。陸游《老學菴筆記》謂其書初遭黨禁，不敢顯題軾名，故曰《毘陵先生易傳》。後附王弼《論易》一卷。是書明焦竑刻入《兩蘇經解》中，毛晉刻入《津逮祕書》中。此本乃烏程閔齊伋所刻朱墨本。前有軾本傳節文，冊首朱字《論易》六條，及本文上方行間朱字自漢迄明諸家之説，則齊伋所輯耳。

## 易説

**《宋史・藝文志・易類》** 喬執中《易説》十卷。

## 易解

**王玠《續文獻通考・經籍考・易》** 《易解》十卷。張臣著。臣，武進人。嘉祐中舉明經。少從胡瑗遊。薦爲國子監直講。王安石新法行，臣即引去，時論高之。有《易解》十卷及文集四十卷。

## 周易傳

**晁公武《郡齋讀書志・易類》** 鄭揚庭《周易傳》十三卷。右皇朝鄭夬揚庭撰。姚嗣宗謂劉牧之學受之吳祕，祕受之夬，夬又作《明數》、《明象》、《明傳道》、《明次例》、《明範》五篇。邵雍言夬竊其學於王豫，沈括亦言夬之學似雍云。

**馬端臨《文獻通考・經籍考・易》** 鄭揚庭《周易傳》十三卷。邵伯温《辨惑》云：沈存中《筆談》言：「江南人鄭夬，字揚庭，曾爲一書談《易》。其間一説曰：『《乾》、《坤》，大父母也；《復》、《姤》，小父母也。《乾》一變生《復》，得一陽；《坤》一變生《姤》，得一陰云云。至《乾》

六變生《歸妹》，本得三十二陽；《坤》六變生《漸》，本得三十二陰。《乾》、《坤》錯綜，陰陽各得三十二，生六十四卦』。即邵氏《先天圖》。夬之爲書，皆荒唐之論，獨有此變卦之說，未知其是非。予後見兵部員外郎秦玠，論夬所談，駭然曰：『何處得此法？』玠云：『嘗遇一異人，受此曆數，推往古興衰運曆，無不皆驗。嘗恨不能盡其術。西都邵雍亦知大略，已能洞知吉凶之變。此人乃形之於書，必有天譴。此非世人所得聞也。』」竊惟我先君《易》學，微妙玄深，不肖所不得知也。其傳授本末，則受《易》於李之才挺之，挺之師穆修伯長，伯長師陳摶圖南。先君之學，雖有傳授，而微妙變通，則其所自得也。平時未嘗妄以語人，惟大名王天悅、滎陽張子望嘗從學，又皆蚤死。秦玠、鄭夬嘗欲從先君學，先君以玠頗好任數，夬志在口耳，多外慕，皆不之許。玠嘗語夬以王天悅傳先君之學，夬力求之，天悅不許。天悅感疾且卒，夬賂其僕於卧內竊得之，遂以爲己學。著《易傳》、《易測》、《宋範》、《五經明用》數書，皆破碎妄作，穿鑿不根。嘗以《變卦圖》示秦玠。夬竊天悅書入京師，補國子監解試。策問八卦次序，夬以所得之說對，有司異之，擢在優等。既登第，以所著書投贄公卿之門，後以贓罪竄。秦謂「必有天譴」，恐指此。秦既知夬竊書，乃謂「夬何處得此法」，又謂「西都邵某聞大略」，近乎自欺矣。然謂「得之異人」，蓋指希夷而言也。

**《宋史・藝文志・易類》** 鄭揚庭《易傳辭》三卷。《易傳辭後語》一卷。

## 時用書

**《宋史・藝文志・易類》** 鄭揚庭《時用書》二十卷。

## 明用書

**《宋史・藝文志・易類》** 鄭揚庭《明用書》九卷。

## 周易義海

**晁公武《郡齋讀書志・易類》** 《周易義海》一百卷。右皇朝房審權撰。集鄭玄至王安石凡百家，摘取其專明人事者爲一編，或諸家說有異同，輒加評議，附之篇末。

**尤袤《遂初堂書目・周易類》** 《易義海》。

**陳振孫《直齋書録解題・易類》** 熙寧中蜀人房審權編《義海》凡百卷。

**馬端臨《文獻通考・經籍考・易》** 《周易義海》一百卷。

**楊士奇等《文淵閣書目・易》** 《周易義海》。一部，六冊。闕。

## 讀易管見

**王圻《續文獻通考・經籍考・易》** 《讀易管見》。沙縣蕭山著。

## 先天易鈐　太極寶局

**晁公武《郡齋讀書志・易類》** 《先天易鈐》、《太極寶局》二卷。右皇朝牛師德撰。自云傳邵雍之學於司馬溫公，其說近於術數，未知其信然否。

**陳振孫《直齋書録解題・易類》** 《先天易鈐》一卷。序稱牛師德祖仁撰。未詳何人。蓋爲邵氏之學，而專乎術數者也。

**馬端臨《文獻通考・經籍考・易》** 《先天易鈐》、《太極寶局》二卷。

## 易　義

《宋史・藝文志・易類》　彭汝礪《易義》十卷。

## 伏羲俯仰畫卦圖

鄭樵《通志・藝文略・易》　《伏羲俯仰畫卦圖》一卷。彭汝礪。

## 周易乾生歸一圖

鄭樵《通志・藝文略・易》　《周易乾生歸一圖》十卷。彭汝礪。

## 易講義

陳振孫《直齋書録解題・易類》　《易講義》十卷。給事中遂昌龔原深之撰。嘉祐八年進士。初以經學爲王安石引用。元符後入黨籍。此段當在《正易心法》之前。隨齋批注。

馬端臨《文獻通考・經籍考・易》　龔原《易講義》十卷。

阮元《四庫未收書目提要・易類》　《周易新講義》十卷。《佚存叢書》本。宋龔原撰。原，字深甫，遂昌人。少與陸佃同師王安石，進士高第。元豐中，爲國子直講，官至寶文閣待制。事蹟詳《宋史》本傳。《宋・藝文志》稱原著《易傳》十卷、《續解易義》十七卷。朱彝尊《經義考》則云「未見」。《東都事略》稱原著有《易傳》、《春秋解》、《論語》、《孟子解》各十卷，并載有鄒浩一序。按所云《易傳》，疑即是書。晁氏《讀書志》云：宋王安石三經義，當時俱頒學宮。獨《易解》以爲少作未善，不專以取士。故紹聖後，又有龔原、耿南仲註《易》，並行場屋。考之宋楊時之説曰：龔原本王學一派，其人其書似無足取。惟宋時古笈，傳世絶少，而此書完善猶存，李衡《義海撮要》、李簡《學易記》、趙汝梅《筮宗》，多取其説。且耿南仲書已收四庫，兹編續出，亦未可偏廢矣。按此書與耿南仲所著書名卷數皆同。

## 易　注

晁公武《郡齋讀書志・易類》　龔原注《易》二十卷。

馬端臨《文獻通考・經籍考・易》　龔原注《易》二十卷。

《宋史・藝文志・易類》　龔原《續解易義》十七卷。又《易傳》，十卷。

## 易章句

晁公武《郡齋讀書志・易類》　呂氏《易章句》十卷。右皇朝呂大臨與叔撰。其解甚略，有《統論》數篇。

尤袤《遂初堂書目・周易類》　《呂與叔易傳》。

馬端臨《文獻通考・經籍考・易》　呂氏《易章句》一卷。

《宋史・藝文志・易類》　呂大臨《易章句》一卷。

## 了齋易説

尤袤《遂初堂書目・周易類》　《了齋易説》。

陳振孫《直齋書録解題・易類》　《了翁易説》一卷。左司諫延平陳瓘了翁撰。晚年所著也。止解六十四卦，辭旨深晦。

馬端臨《文獻通考・經籍考・易》　陳了翁《易説》一卷。

**《宋史・藝文志・易類》** 陳瓘《了齋易說》一卷。

**楊士奇等《文淵閣書目・易》** 《易陳了翁說》。一部，一冊。闕。

**吴焯《繡谷亭熏習録・經部》** 《了齋易說》。右澹生堂鈔本，卷尾載紹興十二年子正同跋。按胡氏雙湖云：正同紹興十二年知常州，刊於官舍。刊本止題《了翁易說》，初不分卷。又《東都事略列傳》：「陳瓘，字瑩中，南劍州人。章惇、蔡卞主『紹述』之論，追貶司馬光，上謗宣仁后，瓘因對，哲宗感悟。徽宗朝遷右司諫，上疏論外戚向宗良兄弟與侍從交通，罷知無爲軍。方袖疏論蔡京而命下，於門外繳四奏。京罷，召還，遷右司員外郎。又以書抵曾布。布怒，除名，編管袁州。坐其子正彙上書，逮繫開封獄，安置通州，移楚州，卒年八十五。瓘有詞辨，通《易》數，言天下治忽多驗，自號了翁」云。子正彙、正同。是編題曰「了齋」，豈出自鈔胥之譌耶？然焦氏《經籍志》亦作《了齋易說》一卷，則相沿已久矣。

**《四庫提要・易類二》** 《了翁易說》一卷。浙江吴玉墀家藏本。宋陳瓘撰。瓘，字瑩中，了翁其自號也，延平人。元豐二年進士甲科，建中靖國初，爲右司諫，嘗移書責曾布及言蔡京、蔡卞之姦，章數十上，除名，編隸合浦以死。事蹟具《宋史》本傳。此本爲紹興中其孫正同所刊。馮椅謂嘗從其孫大應見了翁有《易全解》，不止一卷，多本卦變，與朱子發之說相類。胡一桂則謂尚見其初刊本，題云《了翁易說》，竝未分卷。此本蓋即一桂所見也。邵伯溫《聞見錄》稱，瓘說得康節之學。沈作喆《寓簡》則曰「陳瑩中嘗以邵康節說《易》，講解象數，一切屏絶，質之劉器之。器之曰：『《易》固經世之用，若講解象數，一切屏絶，則聖人設卦立爻，復將何用？惟知其在象數者皆寓也，然後可以論《易》。』故曰：『得意忘象，得象忘言。』方其未得之際而遽絶之，則吉凶與民同患之理，將何以兆？恐非筌蹄之意」云云。然則瓘之《易》學，又嘗質之劉安世，不全出邵子矣。其造語頗詰屈，故陳振孫《書錄解題》病其辭旨深晦。然晁公武《讀書志》謂其以《易》數言天下治忽多驗，則瓘於《易》實有所得，非徒以艱深文淺易者，正未可以難讀廢矣。

## 易傳

**王圻《續文獻通考・經籍考・易》** 《易傳》。王巖叟著。巖叟，大名清平人。年十八，舉明經進士，爲文理省詞該。後張志道、于房、王洓皆有《易傳》。

## 易義

**《宋史・藝文志・易類》** 謝湜《易義》十二卷。

## 易索

**尤袤《遂初堂書目・周易類》** 《易索》。

**陳振孫《直齋書録解題・易類》** 《易索》十三卷。知岳州太和張汝明舜文撰。上、下《經》六卷，外《觀象》三、《觀變》、《玩辭》、《玩占》、《叢說》各一。汝明，元祐壬申進士，大觀初爲御史省郎。游酢定夫誌其墓。

**馬端臨《文獻通考・經籍考・易》** 張汝明《易索》十三卷。

**《宋史・藝文志・易類》** 張汝明《易索》十三卷。

**王圻《續文獻通考・經籍考・易》** 《易索書》。廬陵張汝明著。

## 易說

**尤袤《遂初堂書目・周易類》** 游定夫《易說》。

**《宋史・藝文志・易類》** 游酢《易說》一卷。

**王圻《續文獻通考・經籍考・易》** 《易傳說》，游酢著。酢字定夫，建陽人。與兄醇俱以文行稱，爲程門高弟，以進士官御史，歷知漢陽軍和舒濠三州。

## 周易解義

**《宋史・藝文志・易類》** 安泳《周易解義》一部。卷。亡。

## 周易六十四卦賦

**《宋史・藝文志・易類》** 《周易六十四卦賦》一卷。題潁川陳君作，名亡。

## 易說

**《宋史・藝文志・易類》** 林德祖《易說》九卷。

## 易解通義

**《宋史・藝文志・易類》** 李授之《易解通義》三十卷。

## 兼山易解

**晁公武《郡齋讀書志・易類》** 《兼山易解》二卷。右郭忠孝撰。忠孝字立之，河南人。頗明象數，自謂得李挺之《卦變論》於陳子惠，因亟讀，有得焉。靖康中，持憲關右，死於難，故其書散落太半。

**馬端臨《文獻通考・經籍考・易》** 《兼山易解》二卷。

**《宋史・藝文志・易類》** 郭忠孝《兼山易解》二卷。

## 四學淵源論

**《宋史・藝文志・易類》** 郭忠孝《四學淵源論》三卷。

## 周易新講義

**晁公武《郡齋讀書志・易類》** 耿南仲注《易》二十卷。

**馬端臨《文獻通考・經籍考・易》** 耿南仲注《易》二十卷。

**《宋史・藝文志・易類》** 耿南仲《易解義》十卷。

**吳焯《繡谷亭熏習録・經部》** 耿南仲《易解義》。《宋史》本傳：「南仲，開封人。元豐五年進士，試太子詹事、徽猷閣學士，改寶文閣直學士，在東宮十年。欽宗即位，拜資政殿大學士簽書樞密院事。帝以南仲東宮舊臣，禮重之，賜宅一區，陞尚書左丞、門下侍郎。金人再舉，請割三鎮以和。議者多主戰守，惟南仲與吳幵堅欲割地。高宗即位，薄南仲爲人，因請老罷，爲觀文殿學士、提舉杭州洞霄宮。帝曰：『南仲誤淵聖，天下共知，朕嘗欲手劍擊之。』降授別駕，安置南雄，卒。」考《三朝北盟會編》：「靖康元年十一月八日，集百官議三鎮于延英殿。是日各給筆札，分列廊廡。范宗尹乞予之以紓禍，至伏地流涕以請。謂不可割者，惟梅執永等三十六人，餘皆從宗尹議。」孫覿亦有《乞棄三鎮之疏》。則主割三鎮者，似未可專罪吳幵及南仲也。然南仲爲東宮舊臣，素所親信。因李綱首見柄用，遂力沮戰守之說，以私憾而僨公議。其論《易》所謂吉凶悔吝不可知，要在無咎之旨，何在乎？董眞卿曰：南仲字希道，有《周易講義》十卷。

**《四庫提要・易類二》** 《周易新講義》十卷。浙江巡撫採進本。宋耿南仲撰。南仲，字希道，開封人。靖康間以資政殿大學士簽書樞密院，與吳幵沮戰守之說，力主割地。南渡後遷謫以終。事蹟具《宋史》本傳。是書舊本或題《進周易解義》，疑爲侍欽宗於東宮時經進之本。前有南仲《自序》，曰：

「《易》之道有要，在无咎而已。要在无咎者何？善補過之謂也。」又曰：「拂乎人情是爲小過，拂乎天道是爲大過。」南仲是説，蓋推衍尼山「無大過」之旨。然孔子作《文言傳》，稱「知進退存亡而不失其正」；作《象傳》，稱「雲雷，《屯》，君子以經綸」。行止斷以天理，所以教占者之守道艱險；濟以人事，所以教占者以盡道。其曰「無大過」者，蓋論是非，非論禍福也。如僅以「无咎」爲主，則聖賢何異於黄老？僅曰無拂天道，則唐六臣輩亦將謂之知運數哉！南仲畏戰主和，依違遷就，即此「苟求无咎」與「無拂天道」之説有以中之。是則經術之偏，禍延國事者也。然大致因象詮理，隨事示戒，亦往往切實有裨，究勝於高語玄虚，推演奇偶，晦蝕作《易》之本者。節取所長可矣。

## 易　傳

**尤袤《遂初堂書目・周易類》**　楊龜山《易傳》。

## 程楊易傳

**楊士奇等《文淵閣書目・易》**　《程楊易傳》。一部，八冊。闕。

## 卦圖系述

**趙希弁《讀書附志・易類》**　《卦圖系述》五卷。右《卦圖》三卷，《皇極經世篇系述》二卷。康節邵先生之説，而先生之子伯溫所學也。簡池趙震叙而刻之。

**陳振孫《直齋書録解題・易類》**　康節之子伯溫爲之《叙系》，具載《先天》、《後天》、《變卦》、《反對》諸圖。

## 易學辨惑

**陳振孫《直齋書録解題・易類》**　（伯溫）又爲《易學辨惑》一篇，叙傳授本末眞僞。

**《宋史・藝文志・易類》**　邵伯溫《周易辨惑》一卷。

**《四庫提要・易類二》**　《易學辨惑》一卷。《永樂大典》本。宋邵伯溫撰。伯溫，字子文，邵子之子也。南渡後官至利路轉運副使。事蹟具《宋史・儒林傳》。案：沈括《夢溪筆談》載：「江南鄭夬，字揚庭，曾爲一書談《易》。後見兵部員外郎秦玠，論夬所談，玠駭然曰：『何處得此法？玠嘗遇一異人，授此曆數，推往古興衰運歷，無不皆驗。』西都邵雍亦知大略」云云。蓋當時以邵子能前知，故引之以重其術。伯溫謂邵子《易》受之李之才，之才受之穆修，脩受之陳摶，平時未嘗妄以語人。惟大名王天悦、滎陽張子望嘗從學，又皆蚤死。秦玠、鄭夬嘗欲從學，皆不之許。天悦感疾且卒，夬賂其僕，於臥内竊得之，遂以爲學，著《易傳》、《易測》、《明範》、《五經時用》數書，皆破碎妄作，穿鑿不根，因撰此書以辨之。《宋史》邵子本傳頗採其説。考《書錄解題》有鄭夬《易傳》十三卷，《宋史・藝文志》有鄭夬《時用書》二十卷、《明用書》九卷、《易傳辭》三卷、《易傳辭後語》一卷，今竝佚。司馬光集有《進鄭夬易測劄子》，稱其「不泥陰陽，不涉怪妄，專用人事，指明六爻，求之等倫，誠難多得」，與伯溫所辨，褒貶迥殊。光亦知《易》之人，不應背馳如是。以理推之，夬竊邵子之書，而變化其説，以陰求駕乎其上。所撰《易測》必尚隨爻演義，不涉術數，故光有「不泥陰陽，不涉怪妄」之薦。至其《時用書》之類，則純言占卜之法，故伯溫辭而闢之。其兼《易測》言之者，不過憎及儲胥之意耳。朱彝尊《經義考》載此書，注曰「未見」。此本自《永樂大典》錄出，蓋明初猶存。《宋史・藝文志》但題《辨惑》一卷，無「易學」字，《永樂大典》則有之，與《書錄解題》相合，故今仍以《易學辨惑》著錄焉。

**張金吾《愛日精廬藏書志・易類》**　《易學辨惑》一卷。文淵閣傳抄本。宋邵伯溫撰。

## 古易

**晁公武《郡齋讀書志・易類》** 晁以道《古易》十二卷。右從父詹事公撰。以諸家《易》及許慎《説文》等九十五書，是正其文字，且依漢田何本，分《易經》上、下，并《十翼》，通爲十二篇，以矯費氏、王弼之失。謂劉向嘗以中古文《易經》校施、孟、梁丘經，至蜀李譔又嘗著古文《易》，遂名之曰《古易》。公諱某，字以道。昔班固自序其父祖事皆著名，袁種子其叔父曰絲，人皆不以爲非。今録先世及諸父所著，若不識姓字，則後莫知其誰，非史之比，故不敢效孟堅，況非面斥，輒援袁種舊例云。餘皆倣此。

**尤袤《遂初堂書目・周易類》** 晁氏《古周易》。

**陳振孫《直齋書録解題・易類》** 《古周易》八卷。中書舍人清豐晁説之以道所録《卦爻》一、《彖》二、《象》三、《文言》四、《繫辭》五、《説卦》六、《序卦》七、《雜卦》八。其説曰：以《彖》、《象》、《文言》雜入卦中自費氏始。孔穎達又謂輔嗣之意，《象》本釋經，宜相附近，分爻之《象辭》，各附逐爻。則費氏初變古制時，猶若今《乾》、《坤》二卦各存舊本歟？古經始變於費氏，而卒大亂於王弼，奈何後之儒者，尤而效之。杜預分《左氏傳》於經，宋衷、范望散《太玄測》、《贊》於八十一首之下，是其明比也。揆觀其初，乃如《古文尚書》，遷、固叙傳，揚雄《法言》叙篇云爾。卷首列名氏二十餘家，文字異同則散見於卦云。

**馬端臨《文獻通考・經籍考・易》** 晁以道《古易》十二卷。巽岩李氏曰：晁氏專主北學。凡故訓多取許叔重《説文解字》、陸德明《音義》；僧一行、李鼎祚、陸希聲及本朝王昭素、胡翼之、黄聱隅輩所論，亦時采掇。呂公書，則文字句讀，初無增損。景迂則輯諸家異同，或斷以已意，有增有損；篇第則放費長公，未解輔嗣未註以前舊本，並十二篇爲八篇。呂、晁各有師承，初不祖述，而其指歸則往往暗合。

**《宋史・藝文志・易類》** 晁説之録《古周易》八卷。

## 太極傳

**晁公武《郡齋讀書志・易類》** 晁以道《太極傳》六卷。右從父詹事公撰。其學本之邵堯夫，自云初學京房，後遇楊賢寶，得其傳。初著《商瞿傳》，亡之。建炎中，再作此書，時年七十一。

**陳振孫《直齋書録解題・易類》** 《太極傳》六卷。中書舍人晁説之以道撰。其學本之邵康節。自言學京氏《易》，紹聖間遇洛陽楊賢寶，得康節二《易圖》；又從其子伯溫得其遺編，始作《易傳》，名曰《商瞿傳》。兵火後失之。晚年復爲此書。又有《易元星紀譜》、《易規》二書，見本集中。又有《傳易堂記》，述漢以來至本朝傳授甚詳。

**馬端臨《文獻通考・經籍考・易》** 晁以道《太極傳》、《外傳》、《因説》共八卷。

**《宋史・藝文志・易類》** 晁説之《太極傳》五卷。

## 因説

**晁公武《郡齋讀書志・易類》** 晁以道《因説》一卷。

**陳振孫《直齋書録解題・易類》** 《因説》一卷。中書舍人晁説之以道撰。

**馬端臨《文獻通考・經籍考・易》** 晁以道《太極傳》、《外傳》、《因説》共八卷。

**《宋史・藝文志・易類》** 晁説之《因説》一卷。

## 太極外傳

**晁公武《郡齋讀書志・易類》** 晁以道《太極外傳》一卷。

**尤袤《遂初堂書目・周易類》** 晁説之《太極外傳》。

**陳振孫《直齋書録解題・易類》** 《外傳》一卷，中書舍人晁説之以道撰。

**馬端臨《文獻通考・經籍考・易》** 晁以道《太極傳》、《外傳》、《因説》共八卷。

**《宋史・藝文志・易類》** 晁説之《太極外傳》一卷。

## 繫辭纂義

**《宋史・藝文志・易類》** 鄒浩《繫辭纂義》二卷。

## 周易義類

**鄭樵《通志・藝文略・易》** 《周易義類》三卷。顧棠。

## 周易解義

**王圻《續文獻通考・經籍考・易》** 《周易解義》三十卷。蘇伯材著。伯材字延搆，晉江人。紹聖中進士，知朝陽縣。

## 易問

**王圻《續文獻通考・經籍考・易》** 《易問》五卷。林震著。震字時夷，興化人，崇寧進士。攻蔡京、蔡卞，謫祕書監。

## 易傳

**王圻《續文獻通考・經籍考・易》** 《易傳》十卷。林震撰。

## 吳園易解

**陳振孫《直齋書録解題・易類》** 《吳園易解》十卷。祕閣修撰鄱陽張根知常撰。卷後有《序》、《論》五篇，《雜説》、《泰論》各一篇。根自號吳園先生。

**馬端臨《文獻通考・經籍考・易》** 《吳園易解》十卷。

**《宋史・藝文志・易類》** 張根《易解》九卷。

**《四庫提要・易類二》** 《吳園易解》九卷。湖北巡撫採進本。宋張根撰。根，字知常，德興人。年二十一，登進士第。大觀中，官至淮南轉運使，以朝散大夫終於家。事蹟具《宋史》本傳。是書末有其孫垓跋，稱爲先祖太師者，其子燾孝宗時爲參知政事追贈官也。根所撰述甚多，垓跋稱有《宋朝編年》數百卷，五經、諸子皆爲之傳注。晁公武《讀書志》載有《春秋指南》十卷，今亦未見。惟此《易解》僅存，明祁承㸁家有其本。此爲徐氏傳是樓所鈔，自《説卦傳》「乾，健也」節以下，蠹蝕殘闕。末有康熙壬申李良年跋，亦稱此本不易得。然《通志堂經解》之中遺而不刻，豈得本於刻成後耶？書中次第，悉用王弼之本，詮義理而不及象數，不襲河、洛之談。注文簡略，亦無支蔓之弊。末有《序語》五篇，《雜説》一篇，皆論《繫辭》，於經義頗有發明。又《泰卦論》一篇，於人事天道倚伏消長之機，尤三致意焉。蓋作於徽宗全盛時也，亦可云識微之士矣。

**張金吾《愛日精廬藏書志・易類》** 吳園先生《周易解》九卷。舊抄本。宋張根撰。末附《序論》五篇、《雜説》二篇、《泰論》一篇。《序論》一、二殘闕過半。《序論》第一曰：可謂之神，「可謂之神」上缺一頁二十行。自其生生不窮言之可謂之易，故曰有太易，有太初，有太始，有太素。」家刻《墨海金壺》本作「生生不窮故謂之易，有太易，有太初，有太始，有太素」。又曰：「視之不可見，聽之不可聞，循之不可得，故曰易。易無形體變而爲一，是謂太初。自無入者。」下闕。《序論》第二曰：「所以成也，「所以成也」上缺十五行。故曰闕二字。體也，以陰陽爲體。聖人取夫陰陽變化之理而寓之卦，易無形體。下十六字，「所以成也」。下十五字，家刻本俱缺。張根孫垓跋。

## 易論要纂

**《宋史·藝文志·易類》** 尹天民《易論要纂》一卷。

## 易説拾遺

**《宋史·藝文志·易類》** 尹天民《易説拾遺》二卷。

## 漢上易傳　叢説　易圖

**晁公武《郡齋讀書志·易類》** 朱子發《易集傳》十一卷，《易圖》三卷，《叢説》一卷。右皇朝朱震子發撰。自謂其學以程頤爲宗，和會邵雍、張載之論，合鄭玄、王弼之學爲一云。其書多采先儒之説以成，故曰《集傳》，然頗舛誤。

**尤袤《遂初堂書目·周易類》** 朱子發《易説卦圖》。

**陳振孫《直齋書録解題·易類》** 《漢上易傳》十一卷、《叢説》一卷、《圖》三卷。翰林學士荆門朱震子發撰。紹興初在經筵表上，具述源流云：「陳摶以《先天圖》傳种放，放傳穆修，修傳李之才，之才傳邵雍；放以《河圖》、《洛書》傳李溉，溉傳許堅，堅傳范諤昌，諤昌傳劉牧；修以《太極圖》傳周敦頤，敦頤傳程顥、程頤。是時，張載講學於二程、邵雍之間，故雍著《皇極經世書》，牧陳天地五十有五數，敦頤作《通書》，程頤著《易傳》，載造《太和》、《參兩》等篇。臣今以《易傳》爲宗，和會雍、載之論，上采漢、魏、吳、晉，下逮有唐及今，包括異同，庶幾道離而復合。」蓋其學專以王弼盡去舊説、雜以莊老、專尚文辭爲非是，故其於象數頗加詳焉。序稱九卷，蓋合《説》、《序》、《雜卦》爲一也。

**馬端臨《文獻通考·經籍考·易》** 《漢上易集傳》、《易圖》、《叢説》共十五卷。《朱子語録》曰：《漢上易》卦變，只變到三爻而止，於卦辭多有不通處，某更推盡去方通。如《無妄》「剛自外來而爲主於内」，只是初剛自《訟》二移下來。《晉》「柔進而上行」，只是五柔自《觀》四挨上去。此等類按《漢上》卦變，則通不得。王弼破互體，朱子發用互體。朱子發互體，一卦中自二至五又自有兩卦，這兩卦又伏兩卦，林黄中便倒轉推成四卦，四卦裏又伏四卦，此謂互體。這自那風爲天於上，上有箇《艮》之象來。互體自左氏已言，亦有道理，只是今推不合處多。一卦互換是兩卦，伏兩卦是四卦，反看又是兩卦，又伏兩卦，共成八卦。

**《宋史·藝文志·易類》** 朱震《易傳》十一卷，《卦圖》三卷，《易傳叢説》一卷。

**楊士奇等《文淵閣書目·易》** 《漢上朱震易圖》。一部，三冊。闕。《漢上朱震易圖》。一部，十冊。闕。

**范邦甸等《天一閣書目·易類》** 《漢上周易集傳》十一卷。《卦圖》三卷。《叢説》一卷。烏絲欄鈔本。卷首有「天一閣」、「東明山人之印」二圖章。宋朱震撰幷序。

**《四庫提要·易類二》** 《漢上易集傳》十一卷、《卦圖》三卷、《叢説》一卷。兩江總督採進本。宋朱震撰。震，字子發，荆門軍人。政和中，登進士第。南渡後，趙鼎薦爲祠部員外郎，官翰林學士。事蹟具《宋史》本傳。是書題曰「漢上」，蓋因所居以爲名。前有震《進書表》，稱「起政和丙申，終紹興甲寅，凡十八年而成」。其説以象數爲宗，推本源流，包括異同，以救莊老虚無之失。陳善《捫蝨新話》詆其妄引《説卦》，分伏羲、文王之《易》，將必有據《雜卦》反對造孔子《易圖》者。晁公武《讀書志》以爲多采先儒之説，然頗舛謬。馮椅《厚齋易學》述毛伯玉之言，亦譏其卦變、互體、伏卦、反卦之失。然朱子曰：「王弼破互體，朱子發用互體。互體自左氏已言，亦有道理，只是今推不合處多。」魏了翁曰：「《漢上易》太煩，卻不可廢。」胡一桂亦曰：「變、互、伏、反，納甲之屬，皆不可廢，豈可盡以爲失而詆之？觀其取象，亦甚有好處。但牽合處多，且文辭繁雜，使讀者茫然，看來只是不善作文爾。」是得失互陳，先儒已有公論矣。惟所叙圖、書授受，謂「陳摶以《先天圖》傳种放，更三傳而至邵雍。放以《河圖》、《洛書》傳李溉，更三傳而至劉牧。穆修以《太極圖》傳周敦頤，再傳至程顥、程頤。厥後雍得之，以著《皇極經世》；牧得之，以著《易數鉤隱圖》；敦頤得之，以著《太極圖說》、《通書》；頤得之，以述《易傳》」。其說頗爲後人所疑。又宋世皆以九數爲《洛書》，十數爲《河圖》。獨劉牧以十數爲《洛書》，九數爲《河圖》。震此書亦用牧說，與諸儒互異。然古有《河圖》、《洛書》，不云十數、九數。大衍十數見於《繫辭》，太乙九宮見於《乾鑿度》，不云《河圖》、《洛書》。黑白、奇偶、八卦、五行，自後來推演之學，楚失齊得，正亦不足深詰也。

**王圻《續文獻通考·經籍考·易》** 《易總說》。朱震著。震字子發，邵武人。

## 易傳

**《宋史·藝文志·易類》** 譚世勣《易傳》十卷。

## 周易聖斷

**鄭樵《通志·藝文略·易》** 《周易聖斷》七卷。鮮于侁。

**晁公武《郡齋讀書志·易類》** 《周易聖斷》七卷。右皇朝鮮于侁子駿撰。本之王弼、劉牧而時辨其非。且云衆言淆亂，折諸聖，故名其篇曰《聖斷》。

**陳振孫《直齋書録解題·易類》** 《周易聖斷》七卷。諫議大夫閬中鮮于侁子駿撰。多辨王弼、劉牧之非。《乾》、《坤》二卦，不解爻象，欲學者觀《彖》、《象》、《文言》而自得云。

**馬端臨《文獻通考·經籍考·易》** 《周易聖斷》七卷。

**《宋史·藝文志·易類》** 鮮于侁《周易聖斷》七卷。

## 讀易老人詳說

**尤袤《遂初堂書目·周易類》** 李莊簡《易說》。

**陳振孫《直齋書録解題·易類》** 《讀易老人詳說》十卷。參政莊簡公上虞李光泰發撰。光忤秦檜，謫海外爲此書。光嘗學於劉元城，其初進頗由蔡氏，晚節所立，有過人者。

**馬端臨《文獻通考·經籍考·易》** 《讀易老人解說》十卷。

**《宋史·藝文志·易類》** 李光《易說》十卷。李光《易傳》十卷。

**楊士奇等《文淵閣書目·易》** 《讀易老人詳說》。一部，五冊。闕。

**王圻《續文獻通考·經籍考·易》** 《讀易老人解說》。李光泰發著。

**《四庫提要·易類二》** 《讀易詳說》十卷。《永樂大典》本。宋李光撰。光，字泰發，上虞人。崇寧五年進士，官至參知政事，謚莊簡。事蹟具《宋史》本傳。光爲劉安世門人，學有師法。紹興庚申，以論和議忤秦檜，謫嶺南。自號「讀易老人」，因攄其所得，以作是書。故於當世之治亂，一身之進退，觀象玩辭，恆三致意。如解《坤》之六四云：「大臣以道事君，苟君有失德而不能諫，朝有闕政而不能言，則是冒寵竊位，豈聖人垂訓之義哉？故《文言》以括囊爲賢人隱之時，而大臣不可引此以自解。」又解《否》之初六云：「小人當退黜之時，往往疾視其上；君子則窮通皆樂，未嘗一日忘其君。」解《蠱》之初六云：「天下蠱壞，非得善繼之子堪任大事，曷足以振起之？宣王承厲王後，修車馬，備器械，復會諸侯於東都，卒成中興之功，可謂有子矣，故考可以无咎。然則中興之業，難以盡付之大臣，《蠱卦》特稱父子者以此。」其因事抒忠，依經立義，大旨往往類此。史載其紹興中奏疏云：「淮甸咫尺，了不經營；長江千里，不爲限制。晉元帝區區草創，猶能立宗社，修宮闕，保江浙，未聞專主避敵如今日也。」其退而著書，蓋猶此志矣。光嘗作胡銓《易解》序曰：「《易》之爲書，凡以明人事。學者泥於象數，《易》幾爲無用之書。邦衡說《易》，眞可與論天人之際。」又曰：「自昔遷貶之士，率多怨懟感憤。邦衡流落瘴鄉，而玩意三畫，可謂困而不失其所亨，非聞道者能之乎？」其序雖爲銓作，實則自明其著述之旨也。書中於卦、爻之辭，皆即君臣立言，證以史事，或不免間有牽合。然聖人作《易》以垂訓，將使天下萬世無不知所從違，非徒使上智數人，矜談妙悟，如佛家之傳心印，道家之授丹訣。自好異者推闡性命，鉤稽奇偶，其言愈精愈妙，而於聖人立教牖民之旨愈南轅而北轍，轉不若光作是書，切實近理，爲有益於學者矣。自明以來，久無傳本。朱彝尊《經義考》亦云「未見」。茲從《永樂大典》薈萃成編，原闕《豫》、《隨》、《无妄》、《睽》、《蹇》、《中孚》六卦，及《晉卦》六三以下。其《復》與《大畜》二卦，《永樂大典》本不闕，而所載光解《復卦》，闕《大象》及後四爻，《大畜》則一字不存，《繫辭傳》以下亦無解。其爲原本如是，或傳寫佚脫，均不可知，姑仍其舊。其書《宋史》作《易傳》，諸家書目或作《讀易老人解說》，或作《讀易詳說》，殊不畫一；而十卷之數則竝同，殆一書而異名也。今從《永樂大典》，題爲《讀易詳說》，仍析爲十卷，存其舊焉。

**張金吾《愛日精廬藏書志・易類》**　《讀易詳說》十卷。文淵閣傳抄本。宋李光撰。

## 廣川易學

**尤袤《遂初堂書目・周易類》**　董氏《易學》。

**陳振孫《直齋書録解題・易類》**　《廣川易學》二十四卷。中書舍人東平董逌彥遠撰。

**馬端臨《文獻通考・經籍考・易》**　《廣川易學》二十四卷。

## 易　傳

**《宋史・藝文志・易類》**　陳禾《易傳》十二卷。

## 梁谿易傳　外篇

**陳振孫《直齋書録解題・易類》**　《梁谿易傳》九卷、《外篇》十卷。丞相昭武李綱伯紀撰。案序《内》、《外篇》凡二十三卷。《内篇》訓釋上、下《經》，《繫辭》、《說》、《序》、《雜卦》，并《總論》合十卷；《外篇》《釋象》七，《明變》一，《訓辭》二，《類占》一，《衍數》二，合十有三卷。今《内篇》闕《總論》，《外篇》闕《訓辭》及《衍數》下卷，存者十卷。蓋罷相遷謫時所作。其書未行於世，館閣亦無之。莆田鄭寅子敬從忠定之曾孫得其家藏本，頃倅莆田日，借鄭本傳錄。今考《梁谿集》，紹興十三年所編，其《訓辭》二序已云有錄無書，則雖其家亦亡逸久矣。豈有其序而書實未成耶？其書於辭、變、象、占無不該貫，可謂博矣。

**馬端臨《文獻通考・經籍考・易》**　《梁谿易傳内外篇》共十九卷。

**王圻《續文獻通考・經籍考・易》**　《易傳内外篇》。李綱著。綱，邵武人。少有大志，政和初舉進士，歷仕徽、欽，高官至宰相，以身用舍爲社稷生民安危。

## 周易繫辭精義

**晁公武《郡齋讀書志附志・易類》**　《周易繫辭精義》二卷。右東萊先生呂成公祖謙伯恭所集也。

**尤袤《遂初堂書目・周易類》**　《繫辭精義》。

**陳振孫《直齋書録解題・易類》**　《繫辭精義》二卷。呂祖謙集程氏諸家之說，程《傳》不及《繫辭》故也。《館閣書目》以爲託祖謙之名。

**馬端臨《文獻通考・經籍考・易》**　《繫辭精義》二卷。

**《宋史・藝文志・易類》**　呂祖謙《周易繫辭精義》二卷。

**楊士奇等《文淵閣書目・易》**　《東萊繫辭精義》。一部，一冊。闕。

**錢謙益等《絳雲樓書目・易類》**　呂東萊《繫辭精義》二冊。二卷。伯恭集程氏諸家之說。程《傳》不及《繫詞》故也。

**吳焯《繡谷亭熏習録・經部》** 《周易繫辭精義》二卷。宋著作郎東萊呂祖謙伯恭著。董眞卿曰：「程《傳》正文只據王弼本，亦只有六十四卦。《繫辭傳》有及爻卦者掇入傳中，故無《繫辭》。以後至東萊呂氏，始集周子、二程子、張子諸家經説語録，及程子門人共十四家之說，爲《精義》以補之。」董氏之言自是信而可徵，然據陳振孫曰：《東萊繫辭精義》，《館閣書目》以爲託伯恭之名。按東萊《古易》自序云：自輔嗣合《彖》、《象》、《文言》於經學者，遂不見古本。其詆王氏即所以譏伊川也。豈一旦降心相從，盡棄所學而學歟？且成公性命之學，關洛爲宗，豈不知伊川一生用意之所在者，而必欲矯其說、補其闕歟？「託名」之說近是。其篇中皆彙諸儒之說，或成公平日講論及此，而門弟子采葺之以成書耳。

**《四庫提要・易類存目一》** 《周易繫辭精義》二卷。兩淮馬裕家藏本。舊本題宋呂祖謙撰。祖謙有《古周易》，已著録。初，程子作《易傳》，不及《繫辭》。此書似集諸家之說，補其所缺，然去取未爲精審。陳振孫《書録解題》引《館閣書目》，以是書爲託祖謙之名，殆必有據也。

**張金吾《愛日精廬藏書志・易類》** 《周易繫辭精義》二卷。舊抄本。宋東萊呂祖謙編。

## 古易

**陳振孫《直齋書録解題・易類》** 《古易》十二卷，《音訓》二卷。著作郎東萊呂祖謙伯恭所定。篇次與汲郡呂氏同，《音訓》則其門人王莘叟筆受。朱晦庵刻之於臨漳、會稽，益以程氏是正文字及晁氏說。其所著《本義》，據此本也。

**馬端臨《文獻通考・經籍考・易》** 呂伯恭《古易》、《音訓》共十四卷。

**《宋史・藝文志・易類》** 呂祖謙定《古易》十二篇爲一卷，又《音訓》二卷。

**楊士奇等《文淵閣書目・易》** 《東萊周易古經彖》。一部，一冊。闕。

**徐𤊹《徐氏家藏書目・易類》** 《古周易》。二卷。呂東萊定本。

**錢謙益等《絳雲樓書目・易類》** 東萊呂氏《古易》。十二篇。

**《四庫提要・易類三》** 《古周易》一卷。兩江總督採進本。宋呂祖謙編。祖謙，字伯恭，金華人。隆興元年進士，復中博學宏詞科，官至直祕閣著作郎、國史院編修。事迹具《宋史・儒林傳》。《古易》上下經及《十翼》，本十二篇。自費直、鄭玄以至王弼，遞有移掇；孔穎達因弼本作《正義》，行於唐代，《古易》遂不復存。宋呂大防始考驗舊文，作《周易古經》二卷。晁說之作《録古周易》八卷，薛季宣作《古文周易》十二卷，程迥作《古周易考》一卷，李燾作《周易古經》八卷，吳仁傑作《古周易》十二卷，大致互相出入。祖謙此書，與仁傑書最晚出，而較仁傑爲有據。凡分《上經》、《下經》、《彖上傳》、《彖下傳》、《象上傳》、《象下傳》、《繫辭上傳》、《繫辭下傳》、《文言傳》、《說卦傳》、《序卦傳》、《雜卦傳》爲十二篇。《宋志》作一卷，《書録解題》作十二卷，蓋以一篇爲一卷，其實一也。朱子嘗爲之跋，後作《本義》，即用此本。其書與呂大防書相同，而不言本之大防。尤袤與吳仁傑書嘗論之，然祖謙非竊據人書者。稅與權《校正周易古經序》謂偶未見大防本，殆得其實矣。《書録解題》又載《音訓》二卷，乃祖謙門人王莘叟所筆受。又稱朱子嘗刻是書於臨漳會稽，益以程氏是正文字及晁氏說。此本皆無之，殆傳寫者遺之歟？

## 程朱易傳

**朱睦㮮《萬卷堂書目・易經》** 《程朱易傳》。十卷。呂祖謙。

## 東萊易說

**《四庫提要・易類存目一》** 《東萊易說》二卷。江西巡撫採進本。舊本題宋呂祖謙撰。朱彝尊《經義考》亦列其名。今勘驗其文，實呂喬年所編《麗澤論說集録》之前二卷。書賈鈔出以售僞，非祖謙所自著也。

## 易釋象

**《宋史・藝文志・易類》**　曾幾《易釋象》五卷。

## 周易窺餘

**尤袤《遂初堂書目・周易類》**　鄭氏《易窺餘》。

**陳振孫《直齋書録解題・易類》**　《周易窺餘》十五卷。資政殿學士金華鄭剛中亨仲撰。不解《乾》、《坤》二卦，獨自《屯》卦始。剛中嘗得罪秦檜，豈其於《乾》、《坤》之義有所避耶？

**馬端臨《文獻通考・經籍考・易》**　《周易窺餘》十五卷。

**《宋史・藝文志・易類》**　鄭剛中《周易窺餘》十五卷。

**楊士奇等《文淵閣書目・易》**　《周易鄭剛中窺餘》。一部，五冊。闕。

**王圻《續文獻通考・經籍考・易》**　《周易窺餘》。鄭剛中著。剛中，金華人。爲四川宣撫副使，秦檜怒其所行專擅，謫桂陽軍居住，檜死，復其官。謚忠懿。

**《四庫提要・易類三》**　《周易窺餘》十五卷。《永樂大典》本。宋鄭剛中撰。剛中，字亨仲，金華人。紹興二年進士及第，官至禮部侍郎，出爲川陝宣撫副使，謫居桂陽軍，又責授濠州團練副使，復州安置，再徙封州。卒後追復原官，謚忠愍。事蹟具《宋史》本傳。王應麟《困學紀聞》稱，鄭剛中有《周禮解義》。考王與之《周禮訂義》，首列諸家姓氏，有「三山鄭鍔，字剛中，淳熙中進《周禮全解》」，蓋別自一人，字與剛中名偶同，或混而一之，非也。剛中所著《易解》十五卷，見於陳振孫《書録解題》、《宋史・藝文志》者，卷目竝合。惟《乾》、《坤》二卦及《繫辭》以下原闕不解，振孫以爲或於《乾》、《坤》之際有所避。然其《自序》有云：「自《屯》、《蒙》而往，以象求爻，因爻識卦，萬一見其髣髴，則沿流尋源，《乾》、《坤》之微可得而探。」據此，則振孫之言非也。《自序》又云：「《伊川易傳》、《漢上易傳》二書，頗彌縫於象、義之閒，但《易》道廣大，有可窺之餘，吾則窺之。」「窺餘」之名，蓋取諸此。明初《文淵閣書目》、葉盛《菉竹堂書目》尚著於録，其後傳本殆絶。朱彝尊《經義考》亦以爲「未見」。惟《永樂大典》尚存其文，今採掇裒輯，依經編次。其七卦爲原本所闕者，則但録經文，或其說別見他書者，亦蒐録補入。依仿原目，仍定爲十五卷。自唐人以王弼注定爲《正義》，於是學《易》者專言名理。惟李鼎祚《集解》不主弼義，博採諸家，以爲「刊輔嗣之野文，補康成之逸象」，而當時經生不能盡從其學。宋儒若胡瑗、程子，其言理精粹，自非晉、唐諸儒所可及，然於象亦多有闕略。剛中是書，始兼取漢學，凡荀爽、虞翻、干寶、蜀才、九家之說，皆參互考稽，不主一家。其解義閒異先儒，而亦往往有當於理。如《訟》之九二，以「不克訟歸」爲句，而「逋其邑人三百戶」爲句，以爲聖人所以必使逋其邑人三百戶者，恐其恃衆憑險以成亂，所以謹上下之分也。《比》之初六：「終來有它，吉」，朱子謂不可曉；剛中以爲：「相比之道，以信爲先，積之既久，昔之未比者皆自外至，故曰：『有它，吉。』」皆能自出新意，不爲成說所拘。至於解泰之九二，《大有》之《大象》，議論尤正大精切，通於治體。雖其人因秦檜以進身，依附和議，捐棄舊彊，頗不見滿於公論，然闡發經義，則具有理解，要爲說《易》家所不廢也。

**張金吾《愛日精廬藏書志・易類》**　《周易窺餘》十五卷。文淵閣傳抄本。宋鄭剛中撰。自序。六經載道，而《易》其原最深遠也矣。始惟有畫以盡三才萬物之理，後乃有辭以盡其畫之所象，最後吾夫子爲之《十翼》，《易》其無餘藴矣。後世諸儒各以臆見爲之訓詁，無慮數百家，然弗合并，互有得失。非博雅君子學通《繫》、《象》之表，識達變通之微，未易探討而折衷也。故資正殿學士東陽鄭公少以文行，爲鄉先生，於書無所不通，而尤邃於《易》。其論議慷慨，操履端亮，入登禁橐，出撫邊陲，壯猷遠略，皆自其學發之。晚歲謫居封州，乃爲《易》解，名之曰《窺餘》，則兼而取之。歲在戊午，禮部試進士，公參掌文衡，予偶得中，因登門拜公，一見知其爲天下偉人，特未見其書。及乙未春，予再守長樂，公之子良嗣持憲節於此邦，因得是書觀之。研味累日，不能廢手。雖參取諸家之長而斷自己意，文與義貫，理與象互，讀之使人渙然冰釋。其於《易》道誠非小補，予淺陋荒唐安足以知之！公諱剛中，字亨仲，嘗爲禮部侍郎，以樞密都承旨宣撫四川。

其遺愛在蜀，其事業炳炳在人耳目，其出處載之國史。今其子又有學問能世其家，收拾遺稿爲十五卷，將鋟版傳諸學，請序以冠其首。予逡巡退避其請，益勤因爲之言。淳熙乙未年十一月一日莆陽陳俊卿序。

易更三聖，世歷三古。秦火以卜筮不焚，漢興隨立學官。在六經最古，最爲完書。此天也，非天也？非知道者於《辭》、《象》變占俱通，未易與言。而唐孔穎達《正義》，顓主王弼解。弼用費氏本。劉向校中祕書，謂費本與古文同，而班史不叙，以從受田何之學。出於孔子，授商瞿。瞿之傳具有次第。今世有《子夏易》，亦謂孔子所授，乃用鄭玄取《彖》、《象》經，文王取言附《乾》《坤》二卦後本，蓋僞書也。若費氏長於卜筮，惟以《彖》、《象》、《繫辭》、《文言》解說上下經。弼用費本，於卜筮略不及，而習尙清談，出入老莊，第知言者尙其辭一端耳。穎達因象數難通，廼一切屏棄。商瞿而下諸家，雖鄭玄注具弗敢，自是說《易》者不過假借以馳騁其文章，粉藻其意見，於《易》何預者？五星聚奎，斯文興起，濂溪周子、康節邵子皆得三聖之祕。周尙理，邵兼數，然不可異觀也。伊川程氏，師周友邵，晚爲《易傳》，用辭明理。漢上朱氏，偏考自漢以來羣儒訓釋，旁引曲暢，而以周、程、邵之說會通。乏學者得以知《易》有聖人之道四焉矣。北山先生資正鄭公，紹興中宣撫全蜀，取忌秦檜，斥居封州，閉門讀《易》，筆爲《窺餘》。後百餘年，玄孫足老攜手澤三大編相示。桂伏讀，竟始悟其合伊川、漢上二解而一之者。其時程學尙多異議，朱所進書未行於世，而公知兼取所長，其識見豈顓門曲學可及耶？昔陸宣公貶忠州錄《集驗方》，朱紫陽議其豈無聖經賢傳可以玩索。唐子西謫惠州，名其居室曰「易庵」，其記援陶隱居云：注《易》誤猶不致殺人，注《本草》誤則有不得其死者。子西謂注《本草》一物之誤，猶不及其餘，道術一誤，則無復孑遺矣。公不錄醫方，專志《易》學，此暗合於子西之微旨，而非止於宣公之全身遠害也。《繫辭》曰：「易窮則變，變則通。」昔公在宣和、靖康時，窮甚矣，繼以進士上第，躋顯仕可，謂變且通矣，而竟厄於檜，既通而窮，故在封川將玩諸《易》，以圖其不終窮。而公終於窮，豈窮者其果不能變則通乎？嗚呼！安得起公於九原而與論《易》道窮變通往來上下之故哉？後學潘桂百拜謹識。

## 易古經考異釋疑

**《宋史・藝文志・易類》** 洪興祖《易古經考異釋疑》一卷。

## 周易通義

**王圻《續文獻通考・經籍考・易》** 《周易通義》、《繫辭要旨》。俱洪興祖著。興祖，丹陽人，登正和上舍第，累官直敷文閣。好古博學，至老未嘗一日去書。

## 繫辭要旨

**王圻《續文獻通考・經籍考・易》** 《繫辭要旨》。洪興祖著。

## 龜津易傳

**王圻《續文獻通考・經籍考・易》** 《龜津易傳》。何兌著。兌字太和，邵武人。政和進士。從程氏學，而忤於秦檜，貶竄不伸，時稱「龜津先生」。

## 揲蓍古法

**《宋史・藝文志・易類》** 鄭克《揲蓍古法》一卷。

## 逍遥公易解

**尤袤《遂初堂書目・周易類》** 李直院《易解》。

**陳振孫《直齋書録解題・易類》** 《逍遙公易解》八卷。直學士院李椿年仲永撰。其門人鄱陽吳説之景傳所述，胡銓邦衡爲之序。《疑問》者，説之所録，其問答之語也。

**馬端臨《文獻通考・經籍考・易》** 《逍遥公易解》八卷。

**《宋史・藝文志・易類》** 李椿年《易解》八卷。

**錢溥《祕閣書目・易》** 《逍遥公易觧》。

## 易傳

**王圻《續文獻通考・經籍考・易》** 李椿年《易傳》十卷。椿年，浮梁人，政和進士。又文集十卷。

## 疑問

**陳振孫《直齋書録解題・易類》** 《疑問》二卷。直學士院李椿年仲永撰。

**馬端臨《文獻通考・經籍考・易》** 《疑問》二卷。

**《宋史・藝文志・易類》** 李椿年《疑問》一卷。

## 紫巖易傳

**趙希弁《讀書附志・易類》** 《紫巖易傳》十卷。右紫巖居士魏國張忠獻公浚德遠所著也。

**尤袤《遂初堂書目・周易類》** 《張忠獻易》。

**《宋史・藝文志・易類》** 張浚《易傳》十卷。

**楊士奇等《文淵閣書目・易》** 張紫巖《易傳》。一部，八册。闕。

**《四庫提要・易類二》** 《紫巖易傳》十卷。兩江總督採進本。宋張浚撰。「紫巖」者，浚自號也。其曾孫獻之跋云：「忠獻公潛心於《易》，嘗爲之傳，前後兩著稿，親題其第二稿云：『此本改正處極多，紹興戊寅四月六日，某書始爲定本矣。』獻之嘗繕録之，附以《讀易雜説》，通爲十卷，藏之於家。」據此，則《雜説》一卷似獻之所續附。然考獻之是跋在嘉定庚辰，而朱子作浚《行狀》，已稱有《易解》及《雜説》共十卷，則獻之特繕録而已，未嘗編次也。其書立言醇粹，凡説陰陽、動靜，皆適於義理之正。末一卷即所謂《雜説》，胡一桂議其專主劉牧，今觀所論《河圖》，信然。朱子不取牧説，而作浚《行狀》，但稱尤深於《易》、《春秋》、《論》、《孟》，不言其《易》出於牧，殆諱之歟？

**吳壽暘《拜經樓藏書題跋記》** 《紫巖易傳》舊鈔本三册。前有秀水朱氏彝尊錫鬯圖記，蓋曝書亭藏書。其經文尚存一二古本，如《繫辭》「力少而任重」不作「小」，解云「互兑，兑毁力少也」；「傷於外者必反於家」不作「其」，解云「明德之傷，不反諸家，其能治乎」。古義之不泯於今，猶賴此以得其梗概。

## 二五君臣論

**趙希弁《讀書附志・易類》** 《二五君臣論》一卷。右胡寅明仲、閭丘昕逢辰二侍郎之論也。六十四卦，各爲之説。南軒先生張宣公栻爲之序。

## 數學

**陳振孫《直齋書録解題・易類》** 《數學》一卷。雜録象數諸圖説，不知何人所錄。

## 易卦正名論

鄭樵《通志·藝文略·易》《易卦正名論》一卷。劉不疑。

## 周易廣論

鄭樵《通志·藝文略·易》《廣論》一卷。

## 周易異議論

鄭樵《通志·藝文略·易》《周易異議論》卷。劉遵。

## 易說精義

鄭樵《通志·藝文略·易》《易說精義》三卷。《四庫書目》。

## 周易括囊大義

鄭樵《通志·藝文略·易》《周易括囊大義》十卷。《四庫書目》。

## 周易會通正義

鄭樵《通志·藝文略·易》《會通正義》三十二卷。縱康乂。

《宋史·藝文志·易類》縱康乂《周易會通正義》三十三卷。

## 易義

鄭樵《通志·藝文略·易》《易義》二卷。李賁。

## 易義

鄭樵《通志·藝文略·易》《易義》二卷。葉子長。

## 易旨歸議

鄭樵《通志·藝文略·易》《易旨歸議》一卷。

## 周易要削

鄭樵《通志·藝文略·易》《周易要削》三卷。

《宋史·藝文志·易類》王隱《要削》三卷。

## 周易釋疑

鄭樵《通志・藝文略・易》《周易釋疑》一卷。

## 周易玄悟

鄭樵《通志・藝文略・易》《周易玄悟》三卷。

## 周易卦斷

鄭樵《通志・藝文略・易》《周易卦斷》一卷。丘鑄。

## 周易玄談

鄭樵《通志・藝文略・易》《周易玄談》六卷。

尤袤《遂初堂書目・周易類》《周易玄談》。

《宋史・藝文志・易類》《玄談》六卷。

## 周易口訣

鄭樵《通志・藝文略・易》《周易口訣》六卷。王錡。

## 周易口訣

鄭樵《通志・藝文略・易》《周易口訣》七卷。陸太易。

《宋史・藝文志・易類》陸太易《周易口訣》七卷。

## 周易析微通説

鄭樵《通志・藝文略・易》《周易析微通説》三十卷。楚泰。

## 周易質疑卜傳

鄭樵《通志・藝文略・易》《周易質疑卜傳》三十卷。楚泰。

## 周易明文

鄭樵《通志・藝文略・易》《周易明文》十卷。郭思永。

## 周易析藴

鄭樵《通志・藝文略・易》《周易析藴》一卷。孫坦。

陳振孫《直齋書録解題・易類》《周易析藴》二卷。孫坦撰。其首言《子夏傳》辭不甚粹，或取《左氏傳》語證之。晚又得十八占，稱天子曰「縣官」，嘗疑漢杜子夏之學。及讀杜《傳》，見引《明夷對策》，疑始釋。然坦不知何人，《國史志》及《中興書目》皆不著。

馬端臨《文獻通考・經籍考・易》《周易析藴》二卷。

## 易筯精義

鄭樵《通志・藝文略・易》《易筯精義》二卷。

## 周易義略

鄭樵《通志・藝文略・易》《周易義略》九卷。張簡。

## 周易精微

鄭樵《通志・藝文略・易》《周易精微》三卷。周鎮。

## 窮理盡性經

鄭樵《通志・藝文略・易》《窮理盡性經》一卷。

## 周易義證總要

鄭樵《通志・藝文略・易》《周易義證總要》二卷。

## 周易發隱

鄭樵《通志・藝文略・易》《周易發隱》二十卷。陳良獻。

《宋史・藝文志・易類》陳良獻《周易發隱》二十卷。

## 周易略例疏

鄭樵《通志・藝文略・易》《略例疏》一卷。莊道名。

## 周易略例

鄭樵《通志・藝文略・易》《略例》一卷。桂詢。

## 周易編例

鄭樵《通志・藝文略・易》《周易編例》十卷。

## 經　類

鄭樵《通志・藝文略・易》《經類》一卷。

## 卦類

**鄭樵《通志・藝文略・易》** 《卦類》一卷。

## 類纂

**鄭樵《通志・藝文略・易》** 《類纂》一卷。

## 周易稽頤圖

**鄭樵《通志・藝文略・易》** 《周易稽頤圖》三卷。荆州《田家書目》。

## 河圖洛書解

**鄭樵《通志・藝文略・易》** 《河圖洛書解》一卷。沈濟。

## 八卦小成圖

**鄭樵《通志・藝文略・易》** 《八卦小成圖》一卷。

## 易傳宗

**王圻《續文獻通考・經籍考・易》** 《易傳宗》。豐城陳煥著。

## 易義

**王圻《續文獻通考・經籍考・易》** 《易義》。喻樗著。樗，祥符人，登建炎進士，少從龜山先生遊，獨得其奧。所著又有《玉泉講解性理窟》。

## 易傳拾遺

**陳振孫《直齋書録解題・易類》** 《易傳拾遺》十卷。敷文閣直學士廬陵胡銓邦衡撰。銓謫新州作此書。大槩宗主程氏，而時出新意於《易傳》之外。李光泰發爲之序。其曰「拾遺」者，謙辭也。

**馬端臨《文獻通考・經籍考・易》** 《易傳拾遺》十卷。

**《宋史・藝文志・易類》** 胡銓《易傳拾遺》十卷。

## 昭德易詁訓傳

**陳振孫《直齋書録解題・易類》** 《昭德易詁訓傳》十八卷。敷文閣直學士清豐晁公武子止撰。博采古今諸家，附以己聞；又考載籍行事，以明諸爻之變。其文義音讀之異者，列之逐條，曰《同異考》。乾道中上之。其議論精博，不主一家。然亦略於象數。晁氏居京師昭德坊，故號「昭德晁家」。沖之叔用，其父也。

**馬端臨《文獻通考・經籍考・易》** 昭德《易故訓傳》十八卷。

**《宋史・藝文志・易類》** 晁公武《易詁訓傳》十八卷。

**錢溥《秘閣書目・易》** 《昭德易古傳》。

## 周易玄統

**鄭樵《通志・藝文略・易》**　《周易玄統》一卷。白雲子述。

## 傳家易說　卦辭旨要

**陳振孫《直齋書録解題・易類》**　《傳家易說》十一卷。沖晦處士河南郭雍頤正撰。自言其父忠孝，受學於程伊川。伊川示以《易》之《艮》，曰：「艮，止也。學道之要無出於此。」自是方覺讀《易》有味。牓其室曰「兼山」。立身行道，皆自「止」始。兵興之初，先人舊學掃地，念欲補續其說，中心所知者「艮，止也」。潛稽《易》學，以述舊聞，用傳於家。忠孝字立之，名將樞密逵之子。自言得先天卦變於河陽陳安民子惠，其書出李挺之，由是頗通象數。仕爲永興軍路提刑，死於狄難，其書散逸。雍隱居陝州長陽山中。帥守屢薦，召之不至，由處士封頤正先生。其末，提舉趙善譽言於朝，遣官受所欲言，得其《傳家兵學》六卷以進，時淳熙丙午也。明年卒，年八十有四。又有《兼山遺學》六卷，見儒家類。餘書皆未之見也。雍實范忠宣丞相外孫，又號白雲先生。

**馬端臨《文獻通考・經籍考・易》**　《傳家易說》十一卷。

**《宋史・藝文志・易類》**　郭雍《傳家易解》十一卷。

**楊士奇等《文淵閣書目・易類》**　《易郭氏解》。一部，八冊。闕。

**《四庫提要・易類三》**　《郭氏家傳易說》十一卷。浙江鄭大節家藏本。宋郭雍撰。雍，字子和，洛陽人。父忠孝，受業於程子，著《兼山易解》。靖康中爲永興軍路提刑，死難。《宋史・忠義傳》附載《唐重傳》內。忠孝沒後，遺書散逸。雍南渡後隱居峽州長楊山谷，著爲此書。其說一本於忠孝，故以「傳家」爲名。乾道中，守臣薦於朝，召之不起，賜號沖晦處士，後更賜稱頤正先生。遣官受所欲言，乃以此書進。事蹟具《宋史・隱逸傳》。朱子云：「《兼山易》溺於象數之學。」陸游跋《兼山易說》則謂：「程氏《易》學，立之父子實傳之。」立之，忠孝字也。忠孝書自《大易粹言》所引外，別無完本。今觀雍書，則大抵剖析義理，與程《傳》相似。其謂「《易》之爲書，其道、其辭皆由象出，未有忘象而知《易》者。如首腹馬牛之類，或時可忘，此象之末也」云云，實非專主象數者。游所跋或近實也。至雍又不以《卦辭》爲《彖》，而謂觀乎《彖辭》者，即孔子自謂其《彖傳》。馮椅《厚齋易學》深斥其非，則公論也。朱彝尊《經義考》謂「雍原書不傳，僅散見《大易粹言》中」。此本十一卷，與《宋志》相合，蓋猶舊本，彝尊偶未見也。陳振孫《書錄解題》作六卷，考《中興書目》別有雍《卦爻旨要》六卷，殆誤以彼之卷數爲此之卷數歟。

## 蓍卦辨疑

**趙希弁《讀書附志・易類》**　《蓍卦辨疑》三卷。右上卷康節先生《揲蓍法》、橫渠先生《大衍說》、伊川先生《揲蓍法》、兼山郭先生《蓍數說》；下卷則辨證也。兼山之子雍爲之序，謝艮齋謂識其後云。

## 易義海撮要

**陳振孫《直齋書録解題・易類》**　《易義海撮要》十卷。熙寧中蜀人房審權編《義海》，凡百卷。近時江都李衡彥平刪削，而益以東坡蘇氏、伊川程氏、漢上朱氏之說。若房氏百卷之書，則未之見也。衡，乾道中由侍御史改起居郎。《館閣續書目》云紹興監察御史，誤矣。

**《宋史・藝文志・易類》**　李衡《易義海撮要》十二卷。

**楊士奇等《文淵閣書目・易》**　《周易撮要》。一部，六冊。闕。

**范邦甸等《天一閣書目・易類》**　《周易義海撮要》十一卷。藍絲欄鈔本。宋紹興江都李衡撰幷自序，云：《易義海》熙寧閒蜀人房審權所編。房謂自漢至今，專門學不啻千百家，或泥陰陽，或拘象數，或推之于互體，或失之于虛無。今于千百家內斥去雜學異說，摘取專明人事羽翼吾道者僅百家，編爲一集，仍以《正義》冠之端首，釐爲百卷，目之曰《易義海》。或諸家說有異同，理相疑惑者，復援父師之訓、朋友之論，輒加評議，附之篇末。衡得其書而讀之。其閒尙有意義重疊、文辭冗瑣者，載加刪削，而益之以伊川、東坡、漢上之說，庶學者便于觀覽云。

**錢謙益等《絳雲樓書目・易類》** 李衡《周易義海撮要》六冊。十卷。衡，字彥平，乾道中爲起居郎。刪削房審權《義海》，而益以東坡、伊川、漢上之說，作《撮要》。《漢上易集傳》，朱震子發撰。

**《四庫提要・易類三》** 《周易義海撮要》十二卷。兩淮馬裕家藏本。宋李衡撰。衡，字彥平，江都人。乾道中官祕閣修撰，尋除御史，改起居郎。事蹟具《宋史》本傳。先是熙寧閒蜀人房審權病談《易》諸家，或泥陰陽，或拘象數，乃斥去雜學異說，摘取專明人事者百家，上起鄭玄，下迄王安石，編爲一集，仍以孔穎達《正義》冠之。其有異同疑似，則各加評議，附之篇末，名曰《周易義海》，共一百卷。衡因其義意重複，文辭冗瑣，刪削釐定，以爲此書，故名曰「撮要」。其程子、蘇軾、朱震三家之說，則原本未收，衡所續入。第十二卷《雜論》，亦衡所補綴。故婺州教授朱汝能、樓鍔跋稱「卷計以百，今十有一」，蓋專指所刪房本也。《書錄解題》作十卷，又傳寫之誤矣。是書成於紹興三十年至乾道六年，衡以御史守婺州，始鋟於木。自唐以來，唯李鼎祚《周易集解》合漢後三十五家之說，略稱該備。繼之者審權《義海》而已。然考《宋史・藝文志》，但有衡書，而無審權書。陳振孫《書錄解題》亦惟載殘本四卷。豈卷帙重大，當時即已散佚，抑衡書出而審權書遂廢歟？然則採擷精華，使古書不沒於後世，衡亦可謂有功矣。

**張之洞《書目答問・易類》** 《周易義海撮要》十二卷。宋李衡。納蘭性德編刻《通志堂經解》本。廣州書局重刻《通志堂經解》本。

## 易說

**《宋史・藝文志・易類》** 林儦《易說》十二卷。

## 變卦

**《宋史・藝文志・易類》** 林儦《變卦》八卷。

## 變卦纂集

**《宋史・藝文志・易類》** 林儦《變卦纂集》一卷。

## 周易疑難圖解

**尤袤《遂初堂書目・周易類》** 鄭東卿《易疑難圖》。

**陳振孫《直齋書録解題・易類》** 《周易疑難圖解》二十五卷。三山鄭東卿少梅撰。以六十四卦爲圖，外及《六位》、《皇極》、《先天》、《卦氣》等圖，各附以論說。末有《繫辭解》。自言其學出於富沙丘先生，以爲《易》理皆在於畫中。於是日畫一卦，周而復始，久而後有所入。沙隨程迥可久曰：「丘程字憲古，嘗有詩曰：『《易》理分明在畫中。』又曰：『不知畫意空箋注，何異丹青在畫中。』其學傳之東卿云。」永嘉所刊本作二冊，不分卷，無《繫辭解》。

**馬端臨《文獻通考・經籍考・易》** 鄭東卿《易卦疑難圖》二十五卷。自序：富沙丘先生告某曰：「《易》盡在畫中，當求諸畫中，始得其理。若《易》之用，則畫有所不盡」。於是畫一卦置之座，則六十四卦周而復始，積日累月，幾五年而後有所入。醫卜算曆之書，黃、老丹竈之說，經傳子史凡與《易》相涉者，皆博觀之。不泥於文字，而一探其意旨，以求於吾之卦畫。則始之六十四卦，皆一理也。一理皆本於吾之一心，心外則無理，理外則無心，心理混融，與象數體用冥而爲一言乎！天地之大，蚊蝱之細，皆不出於吾之心內焉。聖人豈欺我哉！先君曰：此書本五行卦氣之說，而象數義理出焉。無朱子發之瑣碎，戴師愈之矯僞，讀之時有會心者，必宿儒所著。

## 易說

**《宋史・藝文志・易類》** 鄭東卿《易說》三卷。

## 方舟易學

**吴焯《繡谷亭熏習録・經部》** 方舟先生《易學》。朱氏《經義考》：「崑山徐中允秉義家藏中有《易互體例》，不著撰人姓氏，但題門人劉伯熊編。焦氏《經籍志》：李石《方舟集》五十卷，意者石之遺書歟？」卷首自序曰：「《易》者以天地五行而生數，由數而生卦。因三而成六，正悔內外以數通於天地。五行而八卦，相資爲用。以三而五，而五行互體；以六而八，而八卦互體。若非互體，則《易》之變化內外、上下不相應。數有所窮，數窮則生成之理或幾乎熄矣。《易》之有互體，出漢人二鄭。學《易》者以互體出劉牧，非也。因取說卦、占象與卦爻相通者爲互體，以應天行之數，作《互體例》。」按末附《象統》、《明閏》二篇，有「惟我皇宋」及「淳熙」等字。《文獻通考》：李石紹興末爲學官，乾道中爲郎，歷麾節，以論罷。其爲南宋人無疑也。

**《四庫提要・易類存目一》** 《方舟易學》二卷。浙江吴玉墀家藏本。宋李石撰。石，字知幾，資陽人。陸游《老學菴筆記》載其本名知幾，後感夢兆，改名石，而以知幾爲字。《宋史》不爲立傳。《資川志》載其舉進士高第，紹興末，以薦任太學博士，黜成都學官。乾道中，再入爲郎。後歷知合州、黎州、眉州，皆以論罷，終於成都轉運判官。鄧椿《畫繼》則載其「少負才名，既登第，以趙逵薦，任太學博士，今倅成都」。蓋椿與石同時，故舉其現居之官也。是書專論互體，每卦標兩互卦之名，而以爻詞證之。考漢儒說《易》多主象占，後孟喜、焦贛、京房流爲災變，鄭玄又配以爻辰，固不免有所附會。自王弼掃滌舊文，併謂互體、卦變皆無足取，於是棄象不論。夫納甲、五行，本非《易》義所重，棄之可也。若互卦及動爻之變，其說見於《繫辭》，其法著於《左傳》，歷代諸儒，相承有自，概從排斥，未免偏涉玄虛，故石專闢王弼之學。其上卷詳言互體之義，下卷曰《象統》，曰《明閏》。《象統》但存一序，其說未竟。《明閏》以六十四卦分月，以明置閏之法也。朱彝尊《經義考》曰：「《方舟集》止存二卷。崑山徐秉義家藏有《易互體例》，卷首不著撰人名氏，但題門人劉伯熊編。」此本卷首有「竹垞」二字小印，豈其書後歸彝尊歟？考《書錄解題》載李石《方舟集》五十卷，《後集》二十卷，而《永樂大典》所載《左氏君子例》、《詩如例》、《詩補遺》及此書，皆題曰李石《方舟集》，則是四書皆其集中所載，徐氏惟得其兩卷，故卷端無姓名耳。今《方舟集》已於《永樂大典》中裒輯成帙，此四書亦仍其舊例，併入集中，故不復重錄，而附存其目於此焉。

## 易學

**《宋史・藝文志・易類》** 李燾《易學》五卷。

## 大傳雜說

**《宋史・藝文志・易類》** 李燾《大傳雜說》一卷。

## 易璇璣

**《宋史・藝文志・易類》** 吴沆《易璇璣》三卷。

**楊士奇等《文淵閣書目・易類》** 吴沆《大易璇璣》。一部，一冊。闕。

**錢謙益等《絳雲樓書目・易類》** 吴沆《易璇璣》一冊。二卷。

**《四庫提要・易類三》** 《易璇璣》三卷。兩江總督採進本。宋吴沆撰。沆，字德遠，臨川人。紹興十六年，與其弟澥詣行在獻書。澥所獻曰《宇內辨》，曰《歷代疆域志》；沆所獻曰《易璇璣》，曰《三墳訓義》。澥書皆不傳，沆《三墳訓義》爲太學博士王之望所駁，亦不傳，惟此書僅存。凡爲論二十有七：曰《法天》，曰《通六子》，曰《貴中》，曰《初上定位》，曰《六九定名》，曰《天地變卦》，曰《論變有四》，曰《有象》，曰《求彖》，曰《明位》，曰《明君道》，曰《明君子》，曰《論養》，曰《論刑》，曰《論伐》，曰《辨聖》，曰《辨内外》，曰《辨吉凶》，曰《通卦》，曰《通象》，曰《通爻》，曰《通辭》，曰《通證》，曰《釋卦》，曰《釋繫》，曰《存互體》，曰《廣演》，每九篇爲一卷。《自序》謂「上卷明天理之自然，中卷講人事之修，下卷備注疏之失」。其大旨主於觀《彖》，因《彖》而求之卦，求之象，求之爻。其曰「璇璣」者，取王弼《易略例·明彖篇》「處璇璣以觀大運」語也。胡一桂稱沆尙有《易禮圖說》，有「或問」六條，「圖說」十二軸。今未見其書，殆亦散佚。惟其《環溪詩話》爲人所記者，尙載《永樂大典》中，今別著録於集部云。

## 周易發微

**王圻《續文獻通考·經籍考·易》** 《周易發微》。吴沆著。沆，崇仁人。幼孤，事母孝。政和間，獻書于朝，不用，隱環溪。又著《論語發微》及《老人解》。

## 周易發微

**王圻《續文獻通考·經籍考·易》** 徐琦有《周易發微》。

## 易三傳編

**王圻《續文獻通考·經籍考·易》** 《易三傳編》。陳天麟著。天麟，宣城人。天資豪爽，慷慨重義。紹興中進士，累官至翰林修撰。

## 易講義

**《宋史·藝文志·易類》** 夏休《講義》九卷。

## 易小傳

**陳振孫《直齋書録解題·易類》** 《易小傳》六卷。丞相吴興沈該守約撰。專釋六爻，兼論變卦，多本《春秋左氏傳》占法。卦爲一論。又有《繫辭補注》十餘則，附之卷末。

**馬端臨《文獻通考·經籍考·易》** 沈該《周易小傳》六卷。

**《宋史·藝文志·易類》** 沈該《易小傳》六卷。

**楊士奇等《文淵閣書目·易》** 《易沈氏小傳》。一部，六冊。闕。

**《四庫提要·易類二》** 《易小傳》六卷。直隸總督採進本。宋沈該撰。該，字守約，一作元約，未詳孰是。吴興人。登嘉王榜進士，紹興中，官至左僕射，兼修國史，故宋人稱是書爲《沈丞相易傳》。嘗劄進於朝，高宗降敕褒諭，尤稱其每卦後之論。其書以正體發明爻象之旨，以變體擬議變動之意，以求合於觀象玩辭、觀變玩占之義。其占則全用《春秋左傳》所載筮例，如蔡所謂《乾》之《姤》曰「潛龍勿用」，其《同人》曰「見龍在田」者。林至作《易裨傳》，頗以該說爲拘攣。蓋南渡以後，言《易》者不主程氏之理，即主邵氏之數，而該獨考究遺經，談三代以來之占法，違時異尙，其見排於至固宜。然左氏去古未遠，所記卜筮多在孔子之前，孔子贊《易》，未聞一斥其謬，毋乃太卜所掌周公以來之舊法，或在此不在彼乎？陳振孫《書録解題》稱該又有《繫辭補注》十餘則，附於卷末。今本無之，蓋已久佚矣。

**彭元瑞等《天禄琳琅書目後編·影宋鈔諸部》** 《易小傳》。二函，十二冊。宋沈該撰。該，字守約，吴興人。宣和年進士，官至左僕射兼修國史。《宋史》有傳。書六卷，各分上下。專言卦變，每爻首以之卦無傳者不録。

經文每卦後有論。前有該《進書劄子》、《高宗御筆奬諭該記》并《進石刻劄子》，又序及《明例》後有紹興己卯王之望跋。之望，字瞻叔，穀城人，紹興八年進士，官參知政事。琴川毛氏影宋鈔本。

## 易解

**《宋史·藝文志·易類》** 劉禹偁《易解》十卷。

## 易解

**《宋史·藝文志·易類》** 程達《易解》十卷。

## 易變體義

**陳振孫《直齋書録解題·易類》** 《周易變體》十六卷。吏部郎中京口都絜聖與撰。用蔡墨言《乾》六爻之例，專論之卦爲主。

**馬端臨《文獻通考·經籍考·易》** 《周易變體》十六卷。

**《宋史·藝文志·易類》** 都絜《易變體》十六卷。

**楊士奇等《文淵閣書目·易》** 都絜《易變體義》。一部，八冊。闕。

**《四庫提要·易類三》** 《易變體義》十二卷。《永樂大典》本。宋都絜撰。絜，字聖與，丹陽人。紹興中官吏部郎中，知德慶府。絜父郁，字子文，嘗爲惠州教官，平生留心易學，絜因以所聞於父者爲是書。大旨謂卦爻辭義，先儒之論已詳，故專明變體。今考《左傳》載《周易》諸占，所謂某卦之某卦者凡十事，似乎因其動爻隨機斷義，不必盡《易》之本旨。然王子伯廖論鄭公子曼滿，稱其在《周易》《豐》之《離》。游吉論楚子，稱《周易》有之，在《復》之《頤》，曰「迷復凶」。荀首論邲之戰，稱《周易》有之，在《師》之《臨》，曰「師出以律，否臧凶」。蔡墨論龍見于絳，稱《周易》有之，在《乾》之《姤》，曰「潛龍勿用」，其《同人》曰「見龍在田」，其《大有》曰「飛龍在天」，其《夬》曰「亢龍有悔」，其《坤》曰「見羣龍无首，吉」，《坤》之《剝》曰「龍戰于野」云云，皆未嘗卜筮而咸稱變體，知古來《周易》原有此一義矣。但古書散佚，其説不傳，而絜以義理揣摩，求其崖略。其中巧相符合者，如《坤》之初六「履霜，堅冰至」，則曰：「此《坤》之《復》也。《月令》：孟冬水始冰，仲冬冰益壯。始則薄而未堅，壯則堅而難泮，故爻曰履霜，以《坤》爲十月之卦。又曰堅冰至者，則變體爲《復》，乃十一月之卦也。」《家人》上九「有孚威如，終吉」，則曰：「此《家人》之《既濟》也。《雜卦》曰：『《既濟》定也。』《彖》曰：『正家而天下定。』天下之本在國，國之本在家，家之本在身；反身而誠，孰敢不聽？父子、夫婦、兄弟莫不安分循理，而天下化之，無事而定矣。故變體爲《既濟》，而曰『有孚威如』，反身之謂也。」如此之類，皆不事傅會而自然貫通，立義亦皆正大。亦有涉於牽強者，如《家人》六四「富家大吉」，則曰：「此《乾》之《同人》也。自道以觀，身家皆爲我累，而況富乎？其有家也，姑以同乎人而已，不以家爲累也。其家之富，亦以同乎人而已，不以富爲累也。蓋極高明而道中庸，所以爲中人法。」凡如此類，則務爲穿鑿，以求合乎卦變之説，而義亦不醇。又多引老莊之辭以釋文周之經，則又王弼、韓康伯之流弊，一變而爲王宗傳、楊簡者矣。然宋人遺籍，傳者日稀，是書雖瑜不掩瑕，亦瑕不掩瑜，分別觀之，以備言變體之一家，亦無不可也。《宋志》作十六卷。《玉海》引《續書目》曰：「自《乾》之《姤》至《未濟》之解，以意演之，爻爲一篇，凡三百八十四篇。」馮椅《易學附録》曰：「都氏《易》，先以理而次以象義，每卦終又有統論。」今考《永樂大典》所載，爻義皆分載於各爻之下，而無所謂卦終之統論，與《玉海》合。意應麟所見，即輯《永樂大典》時所據之本，已非其全矣。今《永樂大典》又闕《豫》、《隨》、《大畜》、《大壯》、《睽》、《蹇》、《中孚》等七卦，及《晉》卦之後四爻，謹裒合排比，編爲十二卷。又其書單明爻義，不及《彖》與大小《象》，故經文亦不全載，從絜之舊焉。

**張金吾《愛日精廬藏書志·易類》** 《易變體義》，十二卷。文淵閣傳抄本。宋都絜撰。夫《易》如天地，其中無所不有，顧學者取之如何耳。取諸象，則爲象學；取諸數，則爲數學；取諸辭，則爲義理之學；取諸占，則爲卜筮之學。雖各名一家，要之原本於古人，而發明以新意，乃可爲善學者。西漢趙賓說「箕子之明夷」曰：「箕子，萬物方荄滋也。」持論巧慧，「易家」皆以爲非古法，用是不見信。近世侍講林瑀作《會元紀》，用天子即位之年傅會《易》卦，以推吉凶。賈魏公疏其不經，罷之。是皆專任私智，不師古，始使其說得行，害道甚矣。都君聖與之《易》，其原本於古人，而發明以新意者乎！《易》曰：「爻者，言乎其變者也。」又曰：「動則觀其變而玩其占。」以《春秋左氏傳》考之，當時援引爻辭與夫推測卦變者，皆不言六位，必曰「某卦之某卦」。夫推測卦變其如是固宜，而援引爻辭亦如是者。蓋言六位則體常，曰某卦之某卦則盡變也。聖與之所原本在此。然文辭之合於變體者，先儒略焉。聖與始演爲一書，凡三百八十有四義，古人之底蘊盡取而發明之。嗚呼！可謂善學也已矣。書成獻之於天子，又鋟板而傳之，且屬余爲之序。余善其原本於古人而無蹈襲之跡，發明以新意而無穿鑿之見也，故序之。紹興二十九年冬至日贛川曾幾序。　張九成序。　自序曰：「潛龍」之辭非《姤》之正體也，《乾》初九所變而屬於《姤》，是《乾》之《姤》而已。「黃裳」之辭非比之正體也，《坤》六五所變而屬於《坤》，是《坤》之《比》而已。自《乾》、《坤》而下，莫不如此。不然，則《乾》九二所變何以謂之其《同人》？九五所變何以謂之其《大有》？而董因之筮晉文，六四不變，何以言得《泰》之八？魯史之筮穆姜，六二不變，何以言得《艮》之八乎？自《乾》之《姤》，以至《未濟》之解，宜皆若此，而其義則不可一言盡。若古筮、史所言雖傳之簡冊，而或雜以互體，或推諸五行，或原本陰陽之流，或傳會占者之事，或揆度一時之宜，其說豈不或中，而不皆合義、文、周、孔之本意？愚以顓蒙之資，被過庭之訓，幼習句讀，長聞崖略，而身襲儒服，義學是主，年踰知命，嘗爲說以記所聞。而今老矣，幸若天誘其衷，復有變體之說。凡數萬言，姑集成編，以俟君子之深於《易》者而折其當否焉。又《登對進書劄子》曰：「紹興二十八年四月五日，臣世業箕裘，誦習羲《易》。往年嘗進說義，仰冒天威。上輯聖慈，寬其譴責。又常竊謂古人即卦爻之變體而引用爻辭者，見於左丘明《春秋》之傳。如晉史蔡墨即《乾》之《姤》，與其《同人》、其《大有》、其《夬》，引潛見飛亢之辭；以至鄭游吉等引《復》之《頤》、《歸》之《臨》、《豐》之《離》，而各指其爻辭之意。若夫初、上、中爻九六所居，則未嘗一言及之。臣乃妄意爻辭所繫，必協變體之義，於是試以某卦之某卦之爻，而推其所繫之辭。見其辭旨與變體協，因演其義。爻爲一篇，凡三百八十有四。蓋謂《易》宜有是一家之學，實蔡墨等啓之也。雖臣三隅之說寸長尺短，而墨等一隅之舉似不可棄，是用繕寫釐爲八冊。因輪而對，不避斧鉞之誅。齎詣東上閤門，聽候聖旨投進，伏望附下，體《易》之廣大，而與人爲善，恕臣之狂簡，而謂言志之何傷？略晚學之謬言，而廣古人之至論。斷自聖裁而去取之，豈勝幸甚！取進止。四月日左朝奉大夫尚書吏部郎中臣都絜劄子。」

## 周易體裁

**王圻《續文獻通考・經籍考・易》**　《周易體裁》。都潔著。

## 周易說義

**王圻《續文獻通考・經籍考・易》**　《周易說義》。都潔著。

## 元包數總義

**《宋史・藝文志・易類》**　張行成《元包數總義》二卷。

**范邦甸等《天一閣書目・易類》**　《元包數總義》。刊本。宋紹興張行成序。

**徐𤊹《徐氏家藏書目・易類》**　《元包數義》。二卷。宋張行成述。

**錢謙益等《絳雲樓書目・易類》**　張行成《元包數總義》一冊。二卷。

**錢曾《讀書敏求記・經》**　張行成《元包數總義》二卷。行成謂天下之象生于數，而數生于理，蘓源明、李江之傳注徒言其理，而未達其數，乃偏採古之言《易》者旁通《元包》之旨，以示同好云。

**吳焯《繡谷亭熏習録・經部》**　《元包數義》一卷。宋張行成字子饒著。

按子饒，又字文饒，臨邛人，乾道間兵部郎中。其《進易書狀》曰：「臣自成都府路鈐轄司幹辦公事，丐祠而歸，杜門十年，著成《述衍》十八卷，以明伏羲、文王、孔子之《易》；《翼玄》十二卷，以明揚雄之《易》；《元包數義》三卷，以明衛元嵩之《易》；《潛虛衍義》十六卷，以明司馬光之《易》；《皇極經世索隱》二卷、《觀物外篇衍義》九卷，以明邵雍之《易》；《通變》四十卷，取自陳摶至邵雍所傳先天卦數等十四圖，敷演解釋，以通諸《易》之變。」據此則子饒所著《易》學凡七種，《元包數義》其一也。是書發明衛氏之學。考《困學紀聞》云：「《館閣書目》：《周易元包》十卷，唐衛元嵩撰。」今按楊楫序云：益州成都人，獻策後周，賜爵持節蜀郡公。《北史・藝術傳》：蜀郡衛元嵩好言將來事，不信釋教。《書目》以爲唐人，誤矣。晁公武《讀書志》亦以爲唐人者，承《書目》之誤也。衛氏書已失傳，賴子饒以傳其說。然子饒《書狀》稱三卷，今止一卷，其非全書可知。而《敏求記》作四卷、焦氏《志》作二卷，豈世日遠而卷日訛耶！衛氏《元包》十卷，《經義考》并不列其目；子饒《元包數義》三卷，亦不稱其存佚，則人間無足本久矣。吉光片羽，我後人其寶之。

## 述衍

**《宋史・藝文志・易類》**　張行成《述衍》十八卷。

**楊士奇等《文淵閣書目・易》**　《易張行成述衍》。一部，六冊。闕。

《易張行成述衍》。一部，八冊。闕。

## 通變

**《宋史・藝文志・易類》**　張行成《通變》四十八卷。

**楊士奇等《文淵閣書目・易》**　《易張行成通變》。一部，二十一冊。闕。

## 周易經傳集解

**尤袤《遂初堂書目・周易類》**　林黃中《易傳》。

**陳振孫《直齋書録解題・易類》**　《周易經傳集解》三十六卷。兵部侍郎福清林栗黃中撰。淳熙中表進。其書末卷爲《六十四卦立成圖》，言聖人以八卦重爲六十四，未聞以《復》、《姤》、《泰》、《否》、《臨》、《遯》變爲六十四也，以辨邵堯夫、朱子發之說。其與朱侍講違言，以論《易》不合，爲朱公所闢也。

**馬端臨《文獻通考・經籍考・易》**　林黃中《周易經傳集解》三十六卷。《朱子語録》曰：林黃中以互體爲四象八卦。林侍郎來言，論《易》有太極，是生兩儀，兩儀生四象，四象生八卦。就一卦言之，全體爲太極，內外爲兩儀，內外及互體爲四象，又顛倒取爲八卦。先生曰：「如此則不是生，却是包也。始畫卦時，只是个陰陽奇耦，一生兩，兩生四，四生八而已。方其爲太極，未有兩儀也，由太極而後生兩儀；方其爲兩儀，未有四象也，由兩儀而後生四象；方其爲四象，未有八卦也，由四象而後生八卦；此之謂生。若以爲包，則是未有太極，已先有兩儀；未有兩儀，已先有四象；未有四象，已先有八卦矣。」林曰：「惟其包之，所以生之也」。先生曰：「包，如母之懷子，子在母中；生，如母之産子，子在母外」。

**《宋史・藝文志・易類》**　林栗《易經傳集解》三十六卷。

**楊士奇等《文淵閣書目・易》**　林栗《易集解》。一部，十冊。闕。

**吳焯《繡谷亭熏習録・經部》**　《周易經傳集解》三十六卷。福清林栗黃中著。是書淳熙十二年三月二十八日進付祕書省。首有表一、貼黃三、序一，又敕一道。按《宋史》：「栗，紹興十二年進士，除兵部侍郎。朱熹以江西提刑召爲兵部郎官，既入國門，未就職，栗與相見論《易》，與《西銘》不合，栗遂論熹。太常博士葉適上封事辨之，侍御史胡晉臣劾栗。罷知泉州，又改明州。卒謚簡肅。」栗以講經不合，遂欲擠排異己之人。當時紫陽門人因言其文字可毀，迨黃中既逝，勉齋爲文祭之，議始息。胡氏一桂云：「林氏於說象及文義多有可採。」董氏眞卿云：「時楊敬仲有《易論》，黃中有《易解》，或曰林黄中文字可毁，朱子曰却是楊敬仲文字可毁。」胡氏、董氏學宗紫陽，其傳述若此。崑山徐尚書原一彙刻《經解》，黄中是書業開雕矣。或言黄中獲罪朱子，若刊其書，是亦朱子罪人矣，乃斧以斯之。夫以栗攻晦庵，士君子在所必惡；并其書毁之，於情不已苛乎？

**《四庫提要・易類三》**　《周易經傳集解》三十六卷。浙江朱彝尊家曝書亭藏本。宋林栗撰。栗，字黄中，福清人。紹興十二年進士，官至兵部侍郎。與朱子論《易》及《西銘》，不合，遂上疏論朱子。時太常博士葉適、侍御史胡晉臣皆助朱子劾栗，因罷知泉州，又移明州。卒謚簡肅。事蹟具《宋史》本傳。是書淳熙十二年四月嘗進於朝，首列進書表、貼黄敕諭各一道，栗自序一篇。貼黄稱本名《周易爻象序雜指解》，後以未能該舉《彖》、《象》、《繫辭》、《文言》、《説卦》，乃改今名。王應麟《玉海》稱其書經傳三十二卷，《繫辭》上下二卷，《文言》、《説卦》、《序》、《雜》本文共一卷，《河圖洛書八卦九疇大衍總會圖》、《六十四卦立成圖》、《大衍揲蓍解》共一卷，與今本合。當時與朱子所爭者，今不可考。《朱子語類》中惟載《論繫辭》一條，謂「栗以太極生兩儀，包四象，四象包八卦，與聖人所謂生者意思不同。」其餘則無所排斥。朱彝尊《經義考》引董眞卿之言，謂「其説每卦必兼互體約象覆卦爲太泥。時楊敬仲有《易論》，黄中有《易解》，或曰『黄中文字可燬』，朱子曰『卻是楊敬仲文字可燬』」。是朱子併不欲廢其書。考陳振孫《書錄解題》曰：「其與朱侍講有違言，以論《易》不合。」今以事理推之，於時朱子負盛名，駸駸嚮用；而栗之登第在朱子前七年，既以前輩自居。又朱子方除兵部郎中，而栗爲兵部侍郎，正其所屬。辭色相軋，兩不肯下，遂互激而成訐奏。蓋其釁始於論《易》，而其故不全由於論《易》。故振孫云然。後人以朱子之故，遂廢栗書，似非朱子之意矣。《經義考》又曰：「福清林黄中、金華唐與政皆博通經學，而一糾朱子，一爲朱子所糾。其所著經説，學者遂置而不問。與政之書無復存者，黄中雖有《易解》，而流傳未廣，恐終泯沒。然當黄中既沒，勉齋黄氏爲文祭之。其略曰：嗟哉！我公。受天勁氣，爲時直臣。玩羲經之爻象，究筆削於獲麟。至其立朝正色，苟咈吾意，雖當世大儒，或見排斥。苟異吾趣，雖前賢篤論，亦不樂於因循。規公之過，而公之近仁者，抑可見矣。論者固不以一眚而掩其大醇也。勉齋爲文公高弟，而好惡之公、推許之至若是。然則黄中之《易》，其可不傳鈔乎？」持論頗爲平允。昔劉安世與伊川程子各爲一代偉人，其《元城語録》、《盡言集》，亦不以嘗劾程子而竟廢。耿南仲媚敵誤國，易祓依附權姦，其所撰《易解》今亦竝行。栗雖不得比安世，視南仲與祓則有閒矣。故仍録其書而併存彝尊之論焉。

**張金吾《愛日精廬藏書志・易類》**　《周易經傳集解》三十六卷。文淵閣傳抄本。宋林栗撰。自序。進表。貼黄。獎諭敕書。

## 河圖洛書八卦九疇大衍總會圖

**嵇璜等《續通志・圖譜略・易》**　林栗《河圖洛書八卦九疇大衍總會圖》。

## 六十四卦立成圖

**嵇璜等《續通志・圖譜略・易》**　林栗《六十四卦立成圖》。

## 周易義説

**王圻《續文獻通考・經籍考・易》**　《周易義説》。光澤李呂著。呂深於《易》，嘗言《易》在識時，權之以義，苟非眞知義之所在，而善言變，反害於《易》矣。

## 易　原

**尤袤《遂初堂書目・周易類》**　程尚書《易原》。

**陳振孫《直齋書録解題・易類》**　《易原》十卷。吏部尚書新安程大昌泰之撰。首論天地五十有五之數，參之《河圖》、《洛書》大衍之異同，以爲此《易》之原也，以及卦變、揲法，皆有圖論，往往斷以己見，出先儒之外。

**馬端臨《文獻通考・經籍考・易》**　程大昌《易原》十卷。

**《宋史・藝文志・易類》**　程大昌《易原》十卷。

**王圻《續文獻通考・經籍考・易》**　《易老通言》、《易原》、《雍錄》。程大昌著。大昌，休寧人。十歲能屬文。紹興中進士。篤學於古今事，靡不考究。

**《四庫提要・易類三》**　《易原》八卷。永樂大典本。宋程大昌撰。大昌，字泰之，休寧人。紹興二十一年進士，歷官權吏部尚書，出知泉州建寧府，以龍圖閣直學士致仕，卒謚文簡。事蹟具《宋史》本傳。大昌學術湛深，於諸經皆有論說。以《易》義自漢以來糾紛尤甚，因作是書以貫通之。苦思力索，四年而成。陳振孫《書錄解題》稱其「首論五十有五之數，參以圖、書，大衍爲《易》之原，而卦變、揲法皆有圖論，往往斷以己見，出先儒之外」。今考其所論，如謂分爻值日，乃京、焦卦氣。其始於《中孚》，本用太初法，與夫子所謂『《乾》《坤》之策，當期之日』不合。『《復》、《姤》生卦說』始邵子，但『《乾》《坤》生六子』，《說卦傳》有明文。不得先有六畫之卦，後有三畫之卦。鄭康成用十日、十二辰、二十八宿以應大衍五十之數，本於《乾鑿度》與馬融之增北辰、荀爽之增用九、用六，不過以意決擇傅會，初無不易之理。張行成別立二十五數以推大衍，則是五十有五數之外，別有二十五數，更非孔子所曾言」。雖排斥先儒，務申己說，不能脫南宋之風氣。然其參互折衷，皆能根據《大傳》，於《易》義亦有所闡明。與所作《詩議》，欲併《國風》之名而廢之者，固有別矣。其書久無傳本，惟程敏政《新安文獻志》載有三篇，故朱彝尊《經義考》注曰「已佚」。今考《永樂大典》尚存百有餘篇，皆首尾完整，可以編次。謹採掇釐訂，勒爲八卷，備宋人說《易》之一家焉。

## 易老通言

**《宋史・藝文志・易類》**　程大昌《易老通言》十卷。

**王圻《續文獻通考・經籍考・易》**　《易老通言》。程大昌著。

## 易翼傳

**陳振孫《直齋書録解題・易類》**　《易翼傳》二卷。吏部侍郎括蒼鄭汝諧舜舉撰。「翼」云者，所以爲程《傳》之輔也。大抵以程《傳》爲本，而附以己見之異。然汝諧立朝，多爲善類所不可，至互相排擊。

**馬端臨《文獻通考・經籍考・易》**　鄭汝諧《易翼傳》二卷。

**《宋史・藝文志・易類》**　鄭汝諧《易翼傳》二卷。

**楊士奇等《文淵閣書目・易》**　《鄭氏易翼》。一部，二冊。闕。　《鄭氏易翼傳》。一部，二冊。闕。

**《四庫提要・易類三》**　《東谷易翼傳》二卷。兩江總督採進本。宋鄭汝諧撰。汝諧，字舜舉，號東谷，處州人。陳振孫《書錄解題》云仕至吏部侍郎，《浙江通志》則云「中教官科，遷知信州，召爲考功郎，累階徽猷閣待制」。振孫去汝諧世近，疑《通志》失之。其言《易》宗程子之說，所謂「翼傳」者，「翼」程子之《傳》也，然亦時有異同。其最甚者，如程子解「艮其背，不獲其身；行其庭，不見其人」，以爲外物不接，內欲不萌。郭忠恕得其說而守之，遂自號兼山，以是爲儒者之至學也。朱子所解雖微異，然亦以是爲克己復禮之義。獨汝諧以爲「艮其背」者，所謂不見可欲使心不亂也。不見而後不亂，見則亂矣，故僅爲无咎而已。說者或大其事，以爲聖人之事，非也。所見迥乎相左。又如解《困》、《井》諸卦，其說亦別。然朱子解經，於程子亦多所改定，蓋聖賢精義，愈闡愈深。沈潛先儒之說，其有合者疏通之，其未合於心者別抒所見以發明之，於先儒乃爲有功。是固不必守一先生之言，徒爲門戶之見也。是書前有自序，及其子如岡、曾孫陶孫題語。如岡稱求得眞德秀序，此本不載，蓋傳寫佚之矣。

## 周易講義

**《宋史・藝文志・易類》**　湯義《周易講義》三卷。

## 義文易論微

**《宋史・藝文志・易類》** 樂只道人《義文易論微》六卷。姓名亡。

## 三宫易

**《宋史・藝文志・易類》** 朱氏《三宫易》一卷。名亡。

## 虚谷子解卦周易

**《宋史・藝文志・易類》** 劉烈《虚谷子解卦周易》三卷。

## 龍舒易解

**《宋史・藝文志・易類》** 王日休《龍舒易解》一卷。

## 準繫易解

**楊士奇等《文淵閣書目・易》** 王日休《準繫易解》。一部，九册。闕。

## 誠齋易傳

**趙希弁《讀書附志・易類》** 《誠齋易傳》二十卷。右誠齋先生楊文節公萬里廷秀所著，自爲之序。

**尤袤《遂初堂書目・周易類》** 《誠齋易傳》。

**陳振孫《直齋書録解題・易類》** 《誠齋易傳》二十卷。寶謨閣學士廬陵楊萬里廷秀撰。其序以爲《易》者，聖人通變之書，惟中爲能中天下之不中；惟正爲能正天下之不正，中正立而萬變通。又言古未有字，八卦之畫即字也。

**馬端臨《文獻通考・經籍考・易》** 《楊誠齋易傳》二十卷。

**《宋史・藝文志・易類》** 楊萬里《易傳》二十卷。

**楊士奇等《文淵閣書目・易》** 《楊氏易傳》。一部，五册。闕。

**王圻《續文獻通考・經籍考・易》** 《誠齋易傳》。楊萬里著。

**徐𤊹《徐氏家藏書目・易類》** 《楊誠齋易傳》。二十卷。

**錢謙益等《絳雲樓書目・易類》** 楊誠齋《易傳》。二十卷。

**吴焯《繡谷亭熏習録・經部》** 《楊氏易傳》二十卷。宋寶謨閣學士廬陵楊萬里廷秀謚文節著。文節殁後，其子長孺申送宣付祕閣狀云：「先父自淳熙戊申八月下筆，至嘉泰甲子四月脱稾，閲十有七年而後成書。」前後有自序。其説本之伊川，而多引史傳事證之。吴文正公澂跋曰：「誠齋《易解》，初名《外傳》，後去『外』字。余謂當從其初，蓋以經之本旨未必如是，猶之人以《國語》爲《春秋外傳》耳。」健庵徐司寇跋宋槧云：「此爲其門人張敬之校刻。」則宋時已繡版以行。是本刻於明嘉靖四十二年九月，兵部尚書張時徹序。

**《四庫提要・易類三》** 《誠齋易傳》二十卷。江西巡撫採進本。宋楊萬里撰。萬里，字廷秀，自號誠齋，吉水人，官至寶謨閣學士，致仕。韓侂胄召之不起。開禧間，聞北伐啓釁，憂憤不食卒。後謚文節。事蹟具《宋史・儒林傳》。是書大旨本程氏，而多引史傳以證之。初名《易外傳》，後乃改定今名。宋代書肆，曾與程《傳》竝刊以行，謂之《程楊易傳》。新安陳櫟極非之，以爲足以聳文士之觀瞻，而不足以服窮經士之心。吴澄作跋，亦有微詞。然聖人作《易》，本以「吉凶悔吝」示人事之所從。箕子之貞，鬼方之伐，帝乙之歸妹，周公明著其人，則三百八十四爻，可以例舉矣。舍人事而談天道，正後儒説《易》之病，未可以引史證經病萬里也。理宗嘉熙元年，嘗給札寫藏祕閣。其子長孺進狀，稱「自草創至脱稾，閲十有七年而後成」，亦可謂盡平生之精力矣。元胡一桂作《易本義附錄纂疏》，博採諸家，獨不錄萬里一字，所見蓋與陳櫟同。然其書究不可磨滅，至今猶在人閒也。

**黄丕烈《百宋一廛書録》**《楊誠齋易傳》張先生校正。楊寶學《易傳》二十卷，爲門人張敬之顯父校正者。前有淳熙戊申八月二日自序奏劄一通，《誠齋易傳》投進本末。蓋誠齋于經筵進講所著也。宋本世不易得，五柳主人云，昔年某王府許以二百金購此書鮮有獲者，今晚出而求之者已下世，書亦有遇有不遇也。予得此本後，又見一宋本與此板刻正同，而朱筆點抹亦略相似，爲西巖朱叔英藏書，前題後跋，索直一百六十金。予以一笑置之。此本爲文升所藏，則吾吳故物也。又有「眞實齋圖書記」，在明爲馮夢禎所藏。古香馣薆，勿以宋人經學少之。

## 易解

**《宋史·藝文志·易類》**劉翔《易解》六卷。

## 易傳發微

**王圻《續文獻通考·經籍考·易》**《易傳發微》。陳德一著。德一，字長明，舜申子，知宜州而卒。

## 周易玩辭

**趙希弁《讀書附志·易類》**《周易玩辭》十六卷。右平庵項安世平父所述也。自叙于前，其爲説曰：「君子居則觀其象而玩其辭，動則觀其變而玩其占，讀《易》之法，盡於此矣。程子平生所著，獨《易傳》爲全書。今以其所得於《易傳》者，述爲此書，而其文無與《易傳》合者，合則無用述此書矣。」其子寅孫刊于建安書院，樂章識于後。

**陳振孫《直齋書録解題·易類》**《周易玩辭》十六卷。太府卿松陽項安世平甫撰。當慶元中得罪時論居江陵，杜門潛心，起居不出一室，送迎賓友未嘗踰閾。諸書皆有論説，而《易》爲全書。其自序以爲「讀程《易》三十年，此書無一字與之合，合則無用乎此書矣。世之君子以《易傳》之理觀吾書，則本末條貫無一不本於程氏者；以《易傳》之文觀吾書，則恐有『西河疑女』之誚」。大抵程氏一於言理，盡略象數，而此書未嘗偏廢；程氏於小象頗欠發明，而此書爻象尤貫通。蓋亦偏考諸家，斷以己意，精而博矣。

**馬端臨《文獻通考·經籍考·易》**項安世《周易玩辭》十六卷。

**《宋史·藝文志·易類》**項安世《周易玩辭》十六卷。

**楊士奇等《文淵閣書目·易》**《周易項安世玩辭》。一部，二冊。闕。

**王圻《續文獻通考·經籍考·易》**《易玩辭》。項安世著。安世，江陵人。淳熙初進士，爲祕書正字，累官至直龍圖閣。書多行世。

**吴焯《繡谷亭薰習録·經部》**《周易玩辭》十六卷。宋直龍圖閣江陵項安世平父撰。慶元四年自序，嘉泰二年重題。平父學《易》於程子，此書自言無一字與之合。陳氏振孫謂伊川專言理而略象數，此書未嘗偏廢；而於爻象尤貫通，偏考諸家，斷以己意，精而博矣。此論蓋本之自序也。平父，括蒼人，家於江陵，《宋史》有傳。鄱陽馬廷鸞校本末有「咸淳己丑被命點舉，以花朝日點畢於禮部貢院。其地在今錢塘門外王家橋。臨安府舊有刻也，元大德中幹玉倫徒重刊，虞集、馬端臨、徐之祥竝有序」。又卷末有「子寅孫刊於建安書院」一條，嘉定辛未樂章跋，其後是爲初刻。見趙氏《讀書附志》。此明初鈔本，以通志堂雕本校之無譌。於此見古人儲藏舊籍多手自鈔錄，校勘精詳，非徒誇插架之富也。

**《四庫提要·易類三》**《周易玩辭》十六卷。兩江總督採進本。宋項安世撰。安世，字平甫，松陽人。《館閣續錄》載其淳熙二年同進士出身，紹熙五年除校書郎，慶元元年添差通判池州。陳振孫《書錄解題》稱爲太府卿，則所終之官也。事蹟具《宋史》本傳。振孫又稱「安世當慶元時謫居江陵，杜門不出，諸經皆有論説，而《易》爲全書」。然據其自述，蓋成於嘉泰二年壬戌之秋。自序謂：「《易》之道四，其實則二象與辭是也。變則象之進退也，占則辭之吉凶也。不識其象何以知其變，不通其辭何以決其占。」又自述曰：「安世之所學，蓋伊川程子之書也。今以其所得於《易傳》者，述爲此書；而其文無與《易傳》合者，合則無用述此書矣。」蓋伊川《易傳》惟闡義理，安世則兼象數而求之，其意欲於程《傳》之外補所不及，所謂各明一義者也。馬端臨、虞集作序，皆盛相推挹。而近時王懋竑《白田雜著》中有是書跋，獨排斥甚力，至謂端臨等未觀其書。其殆安世自述中所謂以《易傳》之文觀我者歟？安世又有《項氏家説》，其第一卷亦解《易》，董眞卿嘗稱之，世無傳本。今始以《永樂大典》所載裒合成編，别著於録。合觀兩書，安世之經學深矣，何可輕詆也？

## 晦庵易傳

**陳振孫《直齋書録解題・易類》**　《易傳》十一卷，《本義》十二卷，《易學啓蒙》一卷。焕章閣待制侍講新安朱熹晦庵撰。初爲《易傳》，用王弼本。復以吕氏《古易經》爲《本義》，其大旨略同，而加詳焉，首列九圖，末著《揲法大略》，兼義理、占象而言。《啓蒙》之目曰：《本圖書》、《原卦畫》、《明蓍筮》、《考變占》，凡四篇。

**馬端臨《文獻通考・經籍考・易》**　《晦庵易傳》十一卷，《易本義》十二卷，《易學啓蒙傳》一卷。《朱子語録》曰：《易》只是卜筮之書，今人説得來太精了，更入麤不得。如某之説雖麤，然却入得精，精義皆在其中。若曉得某一人説，則曉得伏羲、文王之《易》本是如此，元來有許多道理在，方不失《易》之本意。今未曉得聖人作《易》之本意，便要説道理，縱饒説得好，只是與《易》元不相干。聖人分明説昔者聖人之《易》，觀象、設卦、繫辭焉以明吉凶。幾多分曉。某所以説《易》只是卜筮書者，此類可見。問：讀《本義》所釋《卦辭》，若看得分明，則《彖辭》之義亦自明，只須略提破此是卦義，此是卦象、卦體、卦變，不必更下註脚矣。曰：某當初作此文字時，正欲如此。蓋《彖辭》本是釋經之《卦辭》，若看《卦辭》分明，則《彖》亦可見。但後來要重整頓過，未及，不知解者能如此本意否？又曰：某作《本義》，欲將文王《卦辭》只大綱依文王《卦辭》略説，至其所以然之故，却於孔子《彖辭》中發之。且如「《大畜》，利貞，不家食吉，利涉大川，」只是占得《大畜》卦者爲利正，不家食而吉，利於涉大川。至於「剛上而尚賢」等處，乃孔子發明，各有所主，《爻》、《象》亦然。如此則不失文王本意，又可見孔子之意，但而今未暇整頓耳。某之《易》簡略者，當時只是略搭記，兼文義伊川及諸儒皆已説了，某只就語脈中略牽過這意思。近得趙子欽書云：「《語》、《孟》説極詳，《易》説太略。」此譬如燭籠，添一條骨，則障了一路明。若能去其障，使之統體光明乃更好，蓋著不得詳説也。上經猶可曉易解，下經多有不可解難曉處。不知是某看到末梢懶了解不得，爲復是難解？又曰：《繫辭》也如此，只是《上繫》好看，《下繫》没理會。



**《宋史・藝文志・易類》**　朱熹《易傳》十一卷。

**錢謙益等《絳雲樓書目・易類》**　朱子又有《易傳》十一卷。

## 周易本義　附發例　筮儀

**趙希弁《讀書附志・易類》**　《周易本義》十卷。右晦庵先生朱文公熹仲晦所定也。《發例》、《筮儀》附。

**尤袤《遂初堂書目・周易類》**　《朱氏易本義》。

**陳振孫《直齋書録解題・易類》**　《本義》十二卷。焕章閣待制侍講新安朱熹晦庵撰。

**馬端臨《文獻通考・經籍考・易》**　《易本義》十二卷。

**《宋史・藝文志・易類》**　朱熹《本義》十二卷。

**楊士奇等《文淵閣書目・易》**　《朱子本義》。一部，四冊。殘缺。《朱子本義》。一部，四冊。闕。《朱子本義》。一部，六冊。闕。

**高儒《百川書志・易》**　《周易本義》四卷。《圖説》一卷。宋晦菴先生新安朱熹元晦撰。

**徐𤊹《徐氏家藏書目・易類》**　《周易本義》四卷。

**錢謙益等《絳雲樓書目・易類》**　朱子《周易本義》十二卷。古文《周易本義》。

**錢曾《讀書敏求記・經》**　朱子《周易本義》十二卷。伏羲始畫八卦，因而重之有六十四卦，而未有辭也。文王作上、下《經》，乃始有辭。孔子作《十翼》，《彖傳》二，《象傳》二，《繫辭》二，《文言》、《說卦》、《序卦》、《雜卦》各一，其辭乃備。然辭本于象，象本于畫。《易》之理盡于畫，豈可捨象而專論辭之理哉？漢去古未遠，諸儒訓觧多論象數，蓋有所本而云然耳。自費直之《易》行，至魏王弼爲之註，而韓康伯繼之，取孔子之傳附于每卦之下，欲學者兩讀以就其註。經傳混淆沿襲，至隋唐莫之或改也。唐太宗命諸名儒定《九經正義》，《易》註則取王、韓，孔穎達輩以爲時所尚，遂著爲定論，古《易》本旨之沉晦不能明久矣。有宋呂汲公、王原叔、晁以道、李巽岩、呂東萊諸公，皆以分經合傳非古。而吳仁傑、祝與權編《周易古經》，則極論王弼之失。至朱子斷然主經、傳釐而晰之，于是古《周易》之序次曉然共白于後世。俞琰、熊過之徒，始知取道適從矣。然學《易》者，精微之旨，無過輔嗣、康伯，宋儒往往抹摋之，此則宋儒之過也。

**吳焯《繡谷亭熏習録・經部》** 《周易本義》五卷。此成矩本也。按程子《易傳》用王輔嗣本，朱子《本義》用呂伯恭本，故《通考》題程《傳》爲十卷，《宋志》題《本義》爲十二卷，自董楷正夫著《傳義附錄》而始合。然楷倣節齋蔡氏例，以《彖傳》、大小《象》、《文言》各下經文一字，使不與正經紊亂；而《傳義》又下一字，《附錄》又下一字，此雖合而可分也。元董眞卿季眞又合傳義而著《周易會通》。其例以爲伏羲卦畫、文王《卦辭》、周公《爻辭》，謂之經，今于各經之首標以「經」字。至孔子《大象》、《彖》、《小象》、《文言》，各傳有經可附，附各卦之後；無經可附，如《繫辭》上下傳、《說卦》、《序卦》、《雜卦》各傳，附於六十四卦之後，於篇題仍存傳名，並作白字，不與正文相混。此又合而可分也。至《永樂大全》出，而傳義始不可分矣。顧炎武云：「永樂中修《大全》，乃取朱子卷次，割裂附之程《傳》之後。後來士子厭棄程《傳》之多，專用《本義》，遂即監板《傳義》之本，刊去程《傳》。」陳廷敬云：「成化間姑蘇成矩叔度爲奉化教諭，謂學者先《義》而後《傳》，遂刊《本義》行世。今家傳戶誦者，成矩之本也。明初以《本義》附《傳》，已失朱子之意，然猶曰『非專朱子之書』。今矩所訂，儼然朱子書矣。」余以坊本校之，無不悉同。其凡例云：「《繫辭》以下程《傳》既缺，則壹從《本義》章次，總釐爲二十四卷。」書只五卷，空題舊目，此自相矛盾之尤也。又云：「程《傳》據王弼本，《繫辭》以後無傳。今法天台董氏例，以東萊所集《經說》補之。」今書凡程《傳》皆已就刪，其云補者不知何所指也。又云：「合天台董氏、番陽董氏附錄二本參互考訂，分註其次。」考篇內並無分註。又云：「經中文字有當音者，參考呂氏《音訓》直附其下。」考篇內並無呂氏《音訓》。其他荒謬處不可勝數，則成矩亂經之罪，詎可逭哉！

《朱子本義》十二卷。右宋槧本，項氏墨林藏書也。分上下經二卷、《彖》二卷、《象》二卷、《繫辭》二卷、《文言》一卷、《說卦序卦雜卦》三卷，前述《九圖》，後附《五贊》、《筮儀》。有咸淳乙丑九江吳革序，曰：「程子以義理爲之傳，朱子以象占本其義，革每合而讀之。昨刊程《傳》於章貢郡齋，今敬刊《本義》於朱子故里，與同志共之。」據此，則程朱《傳》、《義》各自爲書久矣。至天台董氏始合而爲一，蓋俾學者欲知義理，則讀程《傳》；欲明象占，則讀《本義》。且有理則有象，因象以明理，體用一源，顯微無間，互相發而不相悖。於此見兩夫子平日之論說，固未嘗專泥於一是也。詎料數百年後之成矩，既妄刪程《傳》，又不從《本義》之舊，郢人燕語，不特爲程朱罪人，亦董氏之罪人矣。

**《四庫提要・易類三》** 《周易本義》十二卷，附重刻《周易本義》四卷。内府校刊宋本。宋朱子撰。是書以上下《經》爲二卷，《十翼》自爲十卷。顧炎武《日知錄》曰：洪武初，頒五經天下儒學，而《易》兼用程朱二氏，亦各自爲書。永樂中修《大全》，乃取朱子卷次，割裂附程《傳》之後，而朱子所定之古文仍復淆亂。如「《彖》即文王所繫之辭，《傳》者孔子所以釋經之辭，後凡言傳仿此」，乃《彖》上傳條下義，今乃削去「彖上傳」三字，而附於「大哉乾元」之下。「《象》者卦之上下兩《象》，及兩《象》之六爻，周公所繫之辭也」，乃《象》上傳條下義，今乃削去「象上傳」三字，而附於「天行健」之下。「此篇申《彖傳》、《象傳》之義，以盡《乾》、《坤》二卦之蘊，而餘卦之說因可以例推云」，乃《文言》條下義，今乃削去「文言」二字，而附於「元者，善之長也」之下。其「彖曰」、「象曰」、「文言曰」皆朱子本所無，復依程《傳》添入。後來士子厭程《傳》繁多，棄去不讀，專用《本義》。而《大全》之本乃朝廷所頒，不敢輒改，遂即監版《傳義》之本，刊去程《傳》，而以程之次序爲朱之次序。又曰「今《四書》坊本，每張十八行，每行十七字，而注皆小字，《書》、《詩》、《禮記》竝同；惟《易》每張二十二行，每行二十三字，而《本義》皆作大字，與各經不同。凡《本義》中言程《傳》備矣者，又添一『傳曰』，而引其文，皆今代人所爲」云云。其辨最爲明晳。然割裂《本義》以附程《傳》，自宋董楷已然，不始於永樂也。詳董楷《周易傳義附録》條。此本爲咸淳乙丑九江吳革所刊。內府以宋槧摹雕者，前有革序，每卷之末題「敷原後學劉宊校正文字行款」及《象傳》、《履》、《夬》二卦不載程《傳》，一一與炎武所言合。卷端惟列九圖，卷末係以《易贊》五首、《筮儀》一篇，與今本升《筮儀》於前而增《列卦歌》之類者，亦迥乎不同。《象上傳》標題之下注「從王肅本」四字，今本刪之。又《雜卦傳》「咸速也恒久也」下，今本惟注「咸速恒久」四字，讀者恆以爲疑。考驗此本，乃是「感速常久」，經後人傳刻而譌，實爲善本。故我聖祖仁皇帝御纂《周易折中》即用此本之次序，復先聖之舊文，破俗儒之陋見，洵讀《易》之家所宜奉爲彝訓者矣。至成矩重刻之本，自明代以來，士子童而習之。歷年已久，驟令改易，慮煩擾難行。且其本雖因《永樂大全》，實亦王、韓之舊本，唐用之以作《正義》者，是以國朝試士，惟除其爻象之合題，而命題次序則仍其舊。內府所刊《袖珍五經》，亦復因仍。考漢代《論語》，凡有三本。梁皇侃《論語義疏序》，稱「《古論》分《堯曰》下章《子張問》更爲一篇，合二十一篇。篇次以《鄉黨》爲第二篇，《雍也》爲第三篇。《齊論》題目長《問王》、《知道》二篇，合二十二篇。《魯論》有二十篇，即今所講是也」云云。是自古以來，經師授受，不妨各有異同。即祕府儲藏，亦各兼存衆本。苟其微言大義，本不相乖，則篇章分合未爲大害於宏旨。故今但著其割裂《本義》之失，而仍附原本之後，以備參考焉。

**彭元瑞等《天禄琳琅書目後編・宋版經部》** 《周易本義》。一函，八本。

宋朱熹《本義》，依古《周易》，經二卷，傳十卷，前《易》圖九，後《周易五贊》、《筮儀》。顧炎武《日知録》：洪武初，頒五經天下，儒學《易》兼用程、朱二氏，亦各自爲書。永樂中修《大全》，乃取朱子卷次，割裂附程《傳》之後，而朱子所定之古文仍復淆亂。如「《彖》即文王所繫之詞，《傳》者孔子所以釋經之義，後凡言『傳』倣此」，乃「彖上傳」條下義，今乃削去「彖上傳」三字，而附於「大哉，乾元」之下。「《象》者卦之上下兩《象》，及兩《象》之六爻，周公所繫之辭也」，今乃削去「象上傳」三字，而附於「天行健」之下。「此篇中《彖傳》、《象傳》之義以盡《乾》、《坤》二卦之蘊，而餘卦說因可例推云」，乃《文言》條下義，今乃削「文言」二字而附於「元者，善之長也」之下。其「彖曰」、「象曰」、「文言曰」皆朱子本所無，復依程《傳》添入。後來士子厭《程傳》繁多，棄去不讀，專用《本義》，而《大全》之本乃朝廷所頒，不敢輒改，遂即監版《傳義》之本刊去程《傳》，而以程之次序爲朱之次序，凡本中言程《傳》備矣者又添一「傳曰」，而引其文皆明代人所爲云云。考董楷《周易傳義附録》割朱《義》以附程《傳》，宋時已然，不昉於永樂《大全》也。《易》自漢費直、鄭康成、王弼遞有更移，唐孔穎達因之作《正義》，古《易》遂不復存。宋呂大防作《周易古經》二卷，晁說之作《録古周易》八卷，薛季宣作《古文周易》十二卷，程迥作《古周易考》一卷，李燾作《周易古經》八卷，吳仁傑作《古周易》十二卷，至呂祖謙作《古周易》分十二篇，朱熹跋之。《本義》即用其本，開卷《周易》條下明云：定著爲《經》二卷，《傳》十卷，乃復孔氏之舊。若今通行本，經、注不相應，數百年沿襲，幾不知朱《義》本來面目。至《御纂周易折中》用朱《義》本，而始大定此本。《象上傳》《履卦》、《象下傳》《夬卦》及《文言傳》《坤卦》不録程《傳》，《雜卦》注「咸速恆久」作「感速常久」，《筮儀》列後。《象上傳》下注「從王肅本」四字，無《八卦取象歌》、《分宮卦象次序上下經卦名次序歌》、《上下經卦變歌》，皆與後來本不同，不獨宋諱闕筆爲驗也。秀水項氏藏本，後歸毛氏汲古閣，兩家印記甚夥。項篤壽，字子長，嘉靖壬戌進士，入翰林，萬卷樓其舍北藏書處。毛氏所藏，用「宋本」印，更著「甲」字印，乃其最佳者。

**張之洞《書目答問・易類》** 仿宋本《周易本義》十二卷。曹寅揚州詩局刻本。武英殿重刻宋大字本。重刻宋本《周易本義》十二卷，附《呂氏音訓》。寶應劉氏校刻本。宋呂祖謙音訓。《音訓》別有《金華叢書》本。

# 易學啓蒙

**陳振孫《直齋書録解題・易類》** 《易學啓蒙》一卷。朱熹晦庵撰。

**馬端臨《文獻通考・經籍考・易》** 《易學啓蒙傳》一卷。

**《宋史・藝文志・易類》** 朱熹《易學啓蒙》三卷。

**楊士奇等《文淵閣書目・易》** 《朱子易學啓蒙》。一部，一冊。闕。《朱子啓蒙》。一部，二冊。闕。 《朱子啓蒙》。一部，一冊。闕。

**錢謙益等《絳雲樓書目・易類》** 朱子《易學啓蒙》一卷。

**黄丕烈《百宋一廛書録》** 《易學啓蒙》宋元經學一變漢唐之舊，故余家所儲絶少。《易學啓蒙》因宋刻，故儲之。且檢閲各家書目，往往載胡方平《易學啓蒙通釋》、稅與權《易學啓蒙小傳》，而朱子之書恆略焉。豈流傳未廣歟？卷首序不直書姓名，而曰「雲臺眞逸手記」。曾質諸錢竹汀先生，先生云朱子嘗爲雲臺之官，所謂「雲臺眞逸」者，猶諸「華陽眞逸」之類。據是，則此六字正可見朱子仕蹟，而它處有刪去者。何耶？此本爲崑山徐氏舊藏，知珍惜者已久矣。

## 古易音訓

**《宋史・藝文志・易類》** 朱熹《古易音訓》二卷。

## 易經朱子遺說

**楊士奇等《文淵閣書目・易》** 《易經朱子遺說》。一部，十六冊。闕。

## 易學

**晁公武《郡齋讀書志・易類》** 王湜《易學》一卷。右皇朝王湜，同州人，早潛心於邵康節之學。其序曰：康節有云「理有未見，不可強求使通」。故愚於《觀物篇》之所得，既推其所不疑，又存其所可疑，亦以先生之言自愼，不敢輕其棄取故也。

**馬端臨《文獻通考・經籍考・易》** 王湜《易學》一卷。

## 復齋易說

**胡師安等《元西湖書院重整書目・經類》** 《易復齋說》。

**楊士奇等《文淵閣書目・易》** 《易趙復齋說》。一部，二冊。闕。 《易趙復齋說》。一部，二冊。完全。

**王圻《續文獻通考・經籍考・易》** 趙彥肅有《易說》。

**徐𤊹《徐氏家藏書目・易類》** 《復齋易說》二卷。宋趙彥肅。

**張萱等《內閣藏書目録・經部》** 《復齋易說》一冊。全。宋孝宗朝宗室趙彥肅著。

**錢謙益等《絳雲樓書目・易類》** 趙彥肅《復齋易說》一冊。三卷。

**于敏中等《天祿琳琅書目・影宋鈔經部》** 《復齋易說》。一函，二冊。宋趙彥肅撰，六卷。前載彥肅行實，後宋喻仲可、許興裔二跋。彥肅字子欽，宋孝宗乾道閒進士，仕至寧海郡節度推官。朱彝尊《經義考》載朱子語曰：「子欽《易說》爲說太精，取義太密，或傷簡易之趣。」書後彥肅門人喻仲可跋云：「公卒後二十有六年，郡太守許公取是書刊焉。」又許興裔跋云：「余假守嚴陵，屬喻君校勘刊，置公之祠堂，與志學者共之。」跋後紀年爲「嘉定辛巳」。按辛巳係宋寧宗嘉定十四年。仲可、興裔俱無考。當時校刊既成，其版入祠堂中，或流傳不廣，世罕其書，幸有影鈔而善本亦可長存矣。

**《四庫提要・易類三》** 《復齋易說》六卷。兩江總督採進本。宋趙彥肅撰。彥肅，字子欽，號復齋，太祖之後。嘗舉進士，掌寧國軍書記，調秀州推官，移華亭縣丞攝縣事，以內艱歸。趙汝愚奏爲寧海軍節度推官，旋病卒。蓋朱子薦之汝愚也。彥肅所著有《廣雜學辨》、《士冠禮婚禮饋食圖》，皆爲朱子所稱。惟論《易》與朱子不合，故《朱子語錄》謂其爲說太精，取義太密，或傷簡易之趣。然彥肅說《易》，在即象數以求義理，以六畫爲主，故其言曰：「先聖作《易》，有畫而已。後聖繫之，一言一字皆自畫中來。譬如畫師傳神，非畫煙雲草木比也。」然則彥肅冥思力索，固皆研搜爻義，務求其所以然耳。其沈潛於《易》中，猶勝支離於《易》外矣。

## 易辨

**陳振孫《直齋書録解題・易類》** 《易辨》三卷。右司郎中三山何萬一之撰。其爲《辨》三十三篇，大抵多與先儒異。《淵源録》者，蓋其爲《易》解未成書，僅有《乾》、《坤》二卦而已。萬，癸未進士高第，受知阜陵，官至右司郎中，知漳州以没。

**馬端臨《文獻通考・經籍考・易》** 何萬《易辯》三卷。

## 淵源録

**陳振孫《直齋書録解題・易類》** 《淵源録》三卷。司郎中三山何萬一之撰。

**馬端臨《文獻通考・經籍考・易》** 何萬《淵源録》三卷。

## 易章句 外編

**尤袤《遂初堂書目・周易類》** 程迥《易章句》。

**陳振孫《直齋書録解題・易類》** 《沙隨易章句》十卷，《外編》一卷。沙隨程迥可久撰。其論占法，雜記占事尤詳。迥嘗從玉泉喻樗子才學，登隆興癸未科，仕至邑宰。及與前輩名公交游，多所見聞，故其論説頗有源流根據。《古易考》十二篇，闕《序》、《雜卦》。

**馬端臨《文獻通考・經籍考・易》** 《沙隨易章》十卷，《外篇》一卷。

**《宋史・藝文志・易類》** 程迥《易章句》十卷，又《外編》一卷。

**徐𤊹《徐氏家藏書目・易類》** 《章句外編》一卷。

**錢謙益等《絳雲樓書目・易類》** 程沙隨又有《易章》十卷，《外篇》一卷。

**《四庫提要・易類三》** 《古周易章句外編》一卷。宋程迥撰。

## 古易傳

**尤袤《遂初堂書目・周易類》** 程迥《古易傳》。

## 古易考

**尤袤《遂初堂書目・周易類》** 程氏《古周易考》。

**馬端臨《文獻通考・經籍考・易》** 沙隨《古易考》一卷。

**陳振孫《直齋書録解題・易類》** 《古易考》一卷，沙隨程迥可久撰。

**《宋史・藝文志・易類》** 程迥《古易考》一卷。

**錢謙益等《絳雲樓書目・易類》** 程沙隨又有《古易考》一卷。

## 周易古占法

**尤袤《遂初堂書目・周易類》** 程迥《易古占法》。

**陳振孫《直齋書録解題・易類》** 《占法》一卷。沙隨程迥可久撰。

**馬端臨《文獻通考・經籍考・易》** 《占法》一卷。

**《宋史・藝文志・易類》** 程迥《占法》。

**范邦甸等《天一閣書目・易類》** 《周易古占法》上下二卷。刊本。宋沙隨程迥編。明司馬公諱欽訂。

**徐𤊹《徐氏家藏書目・易類》** 《周易古占法》。一卷。沙隨程迥編。

**錢謙益等《絳雲樓書目・易類》** 程迥《周易古占法》，一卷。字可久，南宋人，伊川之後，學者稱沙隨先生。程沙隨又有《易章》十卷，《外篇》一卷，《古易考》一卷。

**吴焯《繡谷亭熏習録・經部》** 《周易古占法》二卷。宋沙隨程迥字可久撰，紹興三十年自序。《書錄解題》云《古法》一卷，《宋志》從之，《經義考》亦從之。焦氏作二卷，與今本同。按沙隨受經學於崑山王葆、嘉禾聞人茂德、嚴陵喻樗子才。陳氏振孫稱其論有源流根據，吳草廬稱其經學精深，朱子多取其說，以師禮事之。蓋沙隨著有《易章句》十卷、《外編》一卷、《古易考》一卷，又有《春秋顯微例目》，不獨是書也。董眞卿曰：「沙隨，睢陽人，登隆興元年第，嘗爲德興丞。以女妻董熠，卒老女家，今墓在焉。外曾孫壽民初祠邑庠，朱子爲書『沙隨先生之祠』六字。」按《宋史・儒林傳》：「迥，寧陵人，家于沙隨，靖康之亂徙紹興之餘姚。歷揚州泰興尉，調德興丞，卒於官。子絢、孫仲熊，亦有名。」董氏之言殊誤。

**《四庫提要・易類三》**　《周易古占法》一卷、《古周易章句外編》一卷。兩淮鹽政採進本。宋程迥撰。迥，字可久。初家寧陵之沙隨，後徙餘姚。受經於嘉興聞人茂德、嚴陵喻樗。隆興元年，舉進士，嘗爲德興丞。事蹟具《宋史・儒林傳》。此書世無刊本，凡藏書家所傳寫者均作二卷。前卷題曰《周易古占法上》，凡十一篇。後卷雜論易說及記古今占驗，題曰《周易古占法下》，又題曰《古周易章句外編》。中有一條云「迥作《周易古占法》，其序引」云云，顯非《占法》之下卷矣。考《宋史・藝文志》載迥《古易占法》、《周易外編》二書，均止一卷。然則止前卷十一篇者爲《周易古占法》，其後卷自爲《周易章句外編》。後人誤合爲一書，因妄標「卷上」、「卷下」字耳。然陳振孫《書錄解題》以迥《周易章句》十卷、《外編》一卷、《占法》一卷、《古易考》一卷竝列，而總注其下曰「程迥可久撰」。其論占法、雜記占事尤詳，則通爲一編，自宋已然。傳寫淆亂，固亦有由矣。其說本邵子加一倍法，據《繫辭》、《說卦》發明其義，用逆數以尚占知來，大旨備見於自序。後朱子作《啓蒙》，多用其例。吳澄謂「迥於朱子爲丈人行，朱子以師禮事之」云。

## 易正誤

**徐𤊹《徐氏家藏書目・易類》**　沈作喆《易正誤》一卷。見《寓簡》。

## 學易索隱

**《宋史・藝文志・易類》**　袁樞《學易索隱》一卷。

## 易傳解義辨異

**王圻《續文獻通考・經籍考・易》**　《易傳解義辨異》。袁樞著。樞字機仲，建安人。以寶謨閣待制致仕，立朝啓沃忠諫，克盡乃職。

## 南軒易說

**楊士奇等《文淵閣書目・易》**　《南軒易說》。一部，四冊。殘缺。《南軒易說》。一部，三冊。闕。

**朱睦㮮《萬卷堂書目・易經》**　《南軒易說》。四卷。張輔。

**吳焯《繡谷亭熏習録・經部》**　南軒先生張侍講《易說》。南軒先生《易說》，《文獻通考》、《續考》俱不載，惟《經義考》云「十一卷，未見」，又載董眞卿曰「《南軒易說》十一卷，《乾》、《坤》闕」。學出五峰胡氏，以周、程爲宗。是編曹氏倦圃舊藏鈔本，不分卷帙。後跋云「廉使東泉王先生傳授正本，贛州路總管府知事吳將仕樟董刊，後學胡順父書」。所闕甚多，不止《乾》、《坤》二卦也。

**《四庫提要・易類三》**　《南軒易說》三卷。內府藏本。宋張栻撰。案曹學佺《蜀中廣記》，載是書十一卷，以爲張浚所作。考浚《紫巖易傳》，其本猶存，與此別爲一書，學佺殊誤。朱彝尊《經義考》亦作十一卷，注云「未見」；又引董眞卿說，謂「已闕《乾》、《坤》二卦」。此本乃嘉興曹溶從至元壬辰贛州路儒學正胡順父刊本傳寫，竝六十四卦皆佚之，僅始於《繫辭》「天一地二」一章，較眞卿所見彌爲殘闕。然卷端題曰「繫辭上卷下」，而順父序稱「魯人東泉王公，分司廉訪章貢等路。公餘講論，嘗誦伊川《易傳》，特闕《繫辭》，留心訪求。因得南軒解說《易繫》，繕寫家藏。儻合以竝傳，斯爲完書，乃出示知事吳將仕，刊之學宮，以補遺闕，使與《周易程氏傳》大字舊本同傳於世」云云。是初刊此書，亦僅託始於《繫辭》，溶所傳寫，僅佚其上卷之上耳。序末有鉤摹舊本三小印，一作「謙卦」；一曰「贛州胡氏」，知順父即贛人；一曰「和卿」，蓋其字也。

## 南軒繫辭說

**楊士奇等《文淵閣書目·易》** 《南軒繫辭說》。一部，四冊。闕。

## 皇極經世指要

**趙希弁《讀書附志·易類》** 《皇極經世指要》二卷。右蔡元定季通所序也。以伏羲《卦圖》列之於前，而以《皇極經世》疏之於後。季通，建陽人，朱文公之益友。始辭聘命，終預黨名。嘉定更化，贈以初品。

## 河洛發微

**徐𤊹《徐氏家藏書目·易類》** 《河洛發微》一卷。宋蔡元定。

## 大衍詳說

**王圻《續文獻通考·經籍考·易》** 《大衍詳說》。蔡西山著。

## 周易啓蒙

**王圻《續文獻通考·經籍考·易》** 《周易啓蒙》。龍游余端禮著。端禮少讀書，過目即成誦。累官左丞相，封鄂國公。

## 易本傳

**尤袤《遂初堂書目·周易類》** 李舜臣《易本傳》。

**陳振孫《直齋書録解題·易類》** 《易本傳》三十三卷。隆山李舜臣子思撰。其自序以爲《易》起於畫，捨畫則無以見《易》。因畫論心，以中爲用。如捨本卦而論他卦，及某卦從某卦來者，皆所不取。洪邁景盧爲之作序。舜臣淳熙中宰饒之德興，有惠政，民至今祠之。三子皆知名，顯於時。

**馬端臨《文獻通考·經籍考·易》** 李舜臣隆山《易本傳》三十三卷。

**《宋史·藝文志·易類》** 李舜臣《易本傳》三十三卷。

**王圻《續文獻通考·經籍考·易》** 《周易本傳》三十篇。李舜臣著。舜臣，隆州井研人。八歲善屬文，乾道初舉進士。學邃於《易》。

## 易傳燈

**《四庫提要·易類三》** 《易傳燈》四卷。《永樂大典》本。《易傳燈》一書，諸家書目俱不著錄，朱彝尊《經義考》亦不載其名，惟《永樂大典》散見於各卦之中，題其官曰「徐總幹」，而不著名字。又載其子子東序，謂其父嘗師事呂祖謙、唐仲友。考《宋史》，徐僑嘗受業於祖謙，著《讀易記》、《尚書括旨》等書。祖謙門人又有徐侃、徐倬，序無明文，不能定其爲誰也。「傳燈」本釋氏之語，乃取之以名經解，殊爲乖剌。又謂《繫辭下傳》、

「《易》之爲書」三章，皆漢儒《易緯》之文，謂爲夫子之作，以誑後世，亦沿歐陽修之誤。又謂「聖人觀《河圖》有數有象，以從橫十五之妙，配《乾》、《坤》九六之數，白紫者吉，黃黑者凶」。是直以《易》數爲五行有言，尤未免於駁雜。然其《八卦總論》十六篇，參互以求，頗能得《易》之類例。如曰《大壯》、《大有》、《夬》、《乾》，《乾》在《乾》、《兑》、《離》、《震》之下者也。《乾》九三曰君子，而餘卦九三皆有君子、小人之詞，以君子在重剛中，君子則吉，小人則凶，故分别言之也。其處於《巽》、《坎》、《艮》、《坤》之下者曰《小畜》、《大畜》、《需》、《泰》，凡九三上遇陰爻皆有畏敬之義。剖析更爲微細。又謂《易》之取象，該三代制度，如《比》九五言「王用三驅」，見王田不合圍三面而驅之禮」、《巽》九二言「史巫紛若」，見古有太史男巫女巫之制。論《易》、《禮》之相通，亦有證據。蓋一知半解，可取者頗不乏。雖有絲枲，無棄菅蒯，固説《易》者之所旁採爾。

## 易筆記　總説

**陳振孫《直齋書録解題・易類》**　《易筆記》八卷、《總説》一卷。軍器少監新安王炎晦叔撰。嘗以上、下《經解》表進，作十卷。今但六卷，并《繫辭》二卷爲八，闕《説卦》。於象數頗有發明。

**馬端臨《文獻通考・經籍考・易》**　王炎《易筆記》、《總説》共九卷。

**《宋史・藝文志・易類》**　王炎《筆記》八卷。

## 易疑問答

**王圻《續文獻通考・經籍考・易》**　《易疑問答》。趙善佐著。善佐字佐卿，以宋宗室居邵武。試有司連中，授將樂丞。嘗受學於張敬夫。

## 易春秋

**王圻《續文獻通考・經籍考・易》**　《易春秋》二十卷。郭緒著。緒字天錫，浦城人。留意邵雍象數之學，兼取楊雄所著《列山易》，以章會紀元推之，久而成書，名《易春秋》。按圖布卦計二十萬言，釐爲二十卷，總之以圖。隆興紀元以其書上，方議推恩而卒。

## 易稿

**王圻《續文獻通考・經籍考・易》**　劉彌邵《易稿》。彌邵字壽翁，莆田人，夙之子，學者稱習静先生。

## 闕氏洞極經

**尤袤《遂初堂書目・周易類》**　《闕氏洞極經》。

## 易物象辨疑

**尤袤《遂初堂書目・周易類》**　《易物象辨疑》。

## 易　傳

**尤袤《遂初堂書目・周易類》**　陳氏《易傳》。

**辨鉤隱圖**

尤袤《遂初堂書目・周易類》 陳氏《辨鉤隱圖》。

**易　傳**

尤袤《遂初堂書目・周易類》 許嵩老《易傳》。

**玉泉易解**

尤袤《遂初堂書目・周易類》《玉泉易解》。

**易辨疑**

尤袤《遂初堂書目・周易類》 金華先生《易辨疑》。

**易辨證**

尤袤《遂初堂書目・周易類》 李氏《易辨證》。

**易　解**

尤袤《遂初堂書目・周易類》 齊博士《易解》。

**易　解**

尤袤《遂初堂書目・周易類》 四李先生《易解》。

**易訓説**

尤袤《遂初堂書目・周易類》《易訓説》。

**易　傳**

尤袤《遂初堂書目・周易類》 魏管輅《易傳》。

**易龜圖**

尤袤《遂初堂書目・周易類》《易龜圖》。

**易疑問**

尤袤《遂初堂書目・周易類》《易疑問》。

**易　説**

尤袤《遂初堂書目・周易類》 錢述《易説》。

## 易斷

尤袤《遂初堂書目・周易類》　錢述《易斷》。

## 易講義

《宋史・藝文志・易類》　啇飛卿《講義》一卷。

## 易總説

陳振孫《直齋書録解題・易類》　《易總説》二卷。端明殿學士永嘉戴溪肖望撰。每卦爲一篇。嘉定初，爲東宫端尹，作此以授景獻。

馬端臨《文獻通考・經籍考・易》　戴溪《易總説》二卷。

《宋史・藝文志・易類》　戴溪《易總説》二卷。

## 已易

《宋史・藝文志・易類》　楊簡《已易》一卷。

楊士奇等《文淵閣書目・易》　《楊慈湖已易傳》。一部，一册。闕。《楊慈湖已易傳》。一部，一册。闕。《楊慈湖已易傳》。一部，三册。闕。《楊慈湖已易傳》。一部，四册。闕。

徐𤊹《徐氏家藏書目・易類》　《楊慈湖已易》。一卷。宋楊簡。



## 楊氏易傳

徐𤊹《徐氏家藏書目・易類》　《楊慈湖易傳》。二十卷。宋楊簡。

錢謙益等《絳雲樓書目・易類》　楊慈湖《易説》。二十卷。

錢曾《讀書敏求記・經》　《慈湖書》二十卷。此爲楊慈湖《易傳》，其逐卷簡端所題如此。

吴焯《繡谷亭熏習録・經部》　《楊氏易傳》二十卷。《宋史》：楊簡，字敬仲，慈溪人。乾道五年進士，授富陽主簿。會陸九淵道過富陽，問答有契，遂定師弟禮。爲紹興府司理、常平使者。朱熹薦之差浙西撫幹。理宗即位賜金帶。以寶謨閣學士、大中大夫致仕卒。所著有《冠記》、《昏記》、《喪禮家記》、《家祭禮釋菜》、《禮記》、《已易》等書。咸淳間制置使劉黻即其居作慈湖書院。《浙江通志》：簡居太學循理齋，秋夜宴坐，忽覺天地萬物通爲一體。嘗自云少讀《易大傳》，惟愛無思也，無爲也，寂然不動，感而遂通天下之故。故其傳《益》則以善之，不能爲過之。難改皆始於意，意本於我，知我本無體，復何遷而何改？傳《震》又曰：「人惟知恐懼修省，學者事耳。謂《易》道精微不在是。持是見者，不惟不知《易》，亦不知恐懼修省。夫曰不能爲，曰難改，曰恐懼修省，則何嘗不責人之致力？特其所以致者在何思何慮，而不失其寂然者耳？蓋用力其本而不泛用者也。」其著書大旨，要不外於是矣。是編名《易傳》，爲卷二十，與錢氏遵王藏本同。《經義考》作《易解》十卷，誤。

《四庫提要・易類三》　《楊氏易傳》二十卷。浙江吴玉墀家藏本。宋楊簡撰。簡，字敬仲，慈谿人。乾道五年進士，官至寶謨閣學士、大中大夫。事蹟具《宋史・道學傳》。是書爲明劉日升、陳道亨所刻。案朱彝尊《經義考》載「《慈湖易解》十卷，又《已易》一卷」，書名卷數皆與此本不合。所載自序一篇，與此本卷首題語相同，而無其前數行，亦爲小異。明人凡刻古書，多以私意竄亂之，萬曆以後尤甚。此或日升等所妄改歟！其書前十九卷皆解經文，第二十卷則皆泛論《易》學之語，亦間有與序文相複者。今既不睹簡之原本，亦莫詳其何故也。簡之學出陸九淵，故其解《易》，惟以人心爲主，而象數、事物皆在所略，甚至謂《繫辭》中「近取諸身」一節爲不知道者所僞作，非孔子之言。故明楊時喬作《傳易考》，竟斥爲異端。而元董眞卿論林栗《易解》，亦引《朱子語録》，稱「楊敬仲文字可毀」云云。實簡之務談高遠，有以致之也。考自漢以來，以老、莊説《易》始魏王弼，以心性説《易》始王宗傳及簡。宗傳淳熙中進士，簡乾道中進士，皆孝宗時人也。顧宗傳人微言輕，其書僅存，不甚爲學者所誦習。簡則爲象山弟子之冠，如朱門之有黄榦，又歴官中外，政績可觀，在南宋爲名臣，尤足以籠罩一世，故至於明季，其説大行。紫溪蘇濬解《易》，遂以「冥冥篇」爲名，而《易》全入禪矣。夫《易》之爲書，廣大悉備。聖人之爲教，精粗本末兼該，心性之理未嘗不藴《易》中。特簡等專明此義，遂流於恍惚虚無耳。昔朱子作《儀禮經傳通解》，不删鄭康成所引讖緯之説，謂「存之正所以廢之」。蓋其名既爲後世所重，不存其説，人無由知其失也。今録簡及宗傳之《易》，亦猶是意云。

## 周易啓蔽

**王圻《續文獻通考・經籍考・易》** 《周易啓蔽》。楊簡著。簡，慈溪人。師事陸九淵，自爲一家學。乾道中進士，授祕書郎，累遷寶謨閣學士。學者稱爲慈湖先生。

## 大易約解

**《宋史・藝文志・易類》** 潘夢旂《大易約解》九卷。

## 易　説

**陳振孫《直齋書録解題・易類》** 《易説》二卷。潼川漕趙善譽德廣撰。



善譽，淳熙中嘗進《南北攻守類考》。及爲湖北提舉常平，陛辭，以《易説》進。每卦爲論一篇。

**馬端臨《文獻通考・經籍考・易》** 趙善譽《易説》二卷。

**《宋史・藝文志・易類》** 趙善譽《易説》二卷。

**《四庫提要・易類三》** 《易説》四卷。《永樂大典》本。宋趙善譽撰。善譽，字静之，宗室子也。乾道五年試禮部第一，累遷大理丞、潼川路提刑轉運判官。事蹟見《宋史・宗室傳》。是編載陳振孫《書録解題》。振孫稱其「每卦爲論一篇」，蓋爲潼川漕時進呈之。本今考其書，於各卦名義之相似者多參互以求其義如云，「《頤》、《井》、《鼎》皆有養人之義。豈非養人之利溥，故多取象以示人耶？」又云：「三卦義雖不同，皆以上爻爲吉。故《頤》之由頤，《井》之勿幕，《鼎》之玉鉉，皆在上爻也。」至於各卦之六爻，亦往往比類以觀之。如《乾》卦云：「初九之辭，決戒之切也；九四之辭，疑則與之進也；九三之辭，詳猶可勉也；上九之辭，直則不可爲也。聖人之言，纖悉委曲，一至於此！亦惟恐其陽剛之或偏而已。」論《坤卦》云：「《乾》《坤》二卦，惟二五兩爻爲善，而他爻皆有戒之之辭。」又云：「履霜戒於一陰之生，括囊戒於多懼之位，三猶可以含章而從事。上則至於龍戰而道窮，亦《乾卦》爻辭不同之意。」論《頤》卦云：「《頤》以養正而不妄動爲善。下卦震體有動而求養之象，故三爻皆凶。上卦艮體有静而知止之象，故三爻皆吉。」論《革卦》云：「内明則見理必盡，外説則無咈於人情。不如是而能革者，未之有也。」論《節》卦云：「六四一陰柔而應於初，又上承九五之陽，能安於節者安，則無所往而不通，故曰亨承上道也。九五居尊得位，剛健中正，節之當者也。當則無所往而不可，故曰甘節吉，往有尚。以其在臣，故曰安曰亨，言己能安之則亨也。以其在君，故曰甘曰吉，言施之天下，人皆美之，然後爲吉也。」其論皆明白正大，朱子謂其能擴先儒之所未明。馮椅《易學》亦多取之，謂其能本畫卦命名之意，參稽卦爻彖象之辭，以貫通六爻之義而爲之説，蓋不虚美也。自明以來，外間絶少傳本，故朱彝尊《經義考》註云「已佚」。今《永樂大典》具載於各卦之後，僅闕《豫》、《隨》、《无妄》、《大壯》、《晉》、《睽》、《蹇》、《解》、《中孚》九卦。因捜緝成編，資説《易》家之參考。《宋史・藝文志》本作二卷，今以其文頗繁，釐爲四卷焉。

## 易訓

**《宋史・藝文志・易類》** 倪思《易訓》三十卷。

## 述釋葉氏易説

**陳振孫《直齋書録解題・易類》** 《述釋葉氏易説》一卷。吏部侍郎永嘉葉適正則爲《習學記言》，《易》居其首。門人建安袁聘儒席之述而釋焉。聘儒，紹熙癸丑進士。

**馬端臨《文獻通考・經籍考・易》** 《述釋葉氏易説》一卷。

**《宋史・藝文志・易類》** 葉適《習學記言周易述釋》一卷。

## 觀畫

**《宋史・藝文志・易類》** 李椿《觀畫》二卷。

## 易説

**王圻《續文獻通考・經籍考・易》** 楊炳晉江人，淳熙中進士，所著有《易説》。

## 易象意言

**楊士奇等《文淵閣書目・易》** 蔡淵《易象意言》。一部，一冊。闕。

**《四庫提要・易類三》** 《易象意言》一卷。《永樂大典》本。宋蔡淵撰。淵，蔡元定之子，而從學於朱子。故是書闡發名理，多本師傳。然兼數而言，則又西山之家學也。其中惟不廢互體，與朱子之説頗異。考互體之法，見於《左傳・莊公二十二年》：「陳侯筮，遇《觀》之《否》，曰：風爲天于土上，山也。」杜預註曰：「自二至四有艮象，艮爲山也。」是《周官》太卜，舊有是法矣。顧炎武《日知錄》曰：「《朱子本義》不取互體之説，惟《大壯》五六云：『卦體似兑，有羊象焉。』不言『互』而言『似』，此又創先儒所未有，不如言互體矣。」然則朱子特不以互體爲主，亦未嘗竟謂無是理也。淵於師説可謂通其變而酌其平矣。董眞卿《周易會通》稱淵《周易經傳訓解》外，又有《卦爻辭旨》、《論六十四卦大義》、《易象意言》、《雜論卦爻十翼》、《象數餘論》、《雜論易大義》，竝成於開禧乙丑，今悉散佚。故朱彝尊《經義考》僅列其書名，而不能舉其卷數。惟此書載《永樂大典》中，尚首尾完具，猶當時祕府舊本。今錄而傳之，俾論《易》者知蔡氏之學不徒以術數見，而朱子之徒亦未嘗全棄古義焉。

## 易傳訓解

**楊士奇等《文淵閣書目・易》** 蔡淵《易傳訓解》。一部，二冊。闕。蔡節齋《易解》。一部，四冊。闕。

**王圻《續文獻通考・經籍考・易》** 《周易訓解》。蔡淵著。淵字伯靜，元定子，號節齋。嘗謂周子無極而太極之説，得于《易》有太極之一語，易者，變易無體即無極之義，識者謂其發先儒所未發。

**吴焯《繡谷亭熏習録・經部》** 《周易卦爻經傳訓解》二卷。節齋先生著。名淵，字伯靜，建安人，西山蔡文節公長子也。大概訓詁依《本義》而逐字分析。前載開禧乙丑自序。《閩志》作四卷。竹垞翁題曰止三卷，并錄其弟沈後序一首。按董氏眞卿《經傳歷代因革》云：「經二篇，以孔子《大象》置逐卦辭之上，《彖傳》又置《大象》之後，《小象》置各爻辭之後，皆低一字，以別卦爻辭。《繫辭》、《文言》、《説卦》、《序卦》、《雜卦》亦低一字。又有《卦爻辭旨》、《論六十四卦大義》、《易象意言》、《雜論卦爻十翼》、

《象數餘論》、《雜論易大義》。」是據此經文而外當有諸論，玆惟上下二篇，幷失九峰後序，非完書也。

**《四庫提要・易類三》**《周易經傳訓解》二卷。浙江吳玉墀家藏本。宋蔡淵撰。淵，字伯靜，號節齋，建陽人。案：朱彝尊《經義考》：蔡淵《周易經傳訓解》四卷，註曰：「存三卷。」此本惟存上下經二卷，題曰「周易卦爻經傳訓解」，與彝尊所記不符。據董眞卿《周易會通》，稱此書「以《大象》置《卦辭》下，以《彖傳》置《大象》後，以《小象》置各爻辭後。皆低一字，以別卦爻」。與此本體例相合，知非贋託。董楷又言其《繫辭》、《文言》、《説卦》、《序卦》、《雜卦》，亦皆低一字，則此本無之。又《經義考》載淵弟沈後序，稱「《易》有太極之説，知至知終之義。正直義方之語，皆義理之大原，爲後學之至要，實發前賢之所未發」云云。其文皆在《繫辭》、《文言》，則是書原解《繫辭》、《文言》諸篇，確有明證。非但解卦爻，不應揭「卦爻」以標目。蓋楷所見者四卷之全本，彝尊所見佚其一卷，此本又佚其一卷。傳寫者諱其殘闕，因於書名增入「卦爻」二字，若原本但解上下經者。此書賈作僞之技，不足據也。今刪去「卦爻」二字，仍以本名著錄，存其眞焉。

## 周易總義

**趙希弁《讀書附志・易類》**《周易總義》二十卷。右山齋易祓彥章所著也，陳章、李亶爲之序。《易學舉隅》亦祓所著。傳疑之説，附于後。

**吳焯《繡谷亭熏習録・經部》**《周易總義》二十卷。長沙易祓彥章著，郗夢祥校正。山齋其號也，潭州人，第進士，開禧官左司諫。《館閣續錄》云：「淳熙十一年上舍釋褐出身，慶元六年八月除著作郎，九月知江州。」其不同如此。紹定戊子，門人朝議大夫知信州軍仙居縣、開國男陳章序。又眉山李亶序。按章序云：「山齋先生之學，其梗概見於《乾》、《坤》二卦。侍經筵日，嘗以是經進講。燕居之暇，復取而研究之。於是略訓詁而明大義，合諸家之異歸之於一。每卦各列爻義，總爲一説，標於卦首。既又爲《舉隅》四卷，裒象與數爲之圖説。蓋與此書可以參考者。」亶序云：「彥章問學該貫，爲時聞人。鄉守謝侯鋟其所著《易總義》、《舉隅》二書，遺予使序之。」亶，字季，永燾次子，紹熙元年進士，歷官同知樞密事、四川宣撫使。蓋《總義》、《舉隅》二書同時付梓，豈傳鈔者佚其《舉隅》四卷耶？然竹垞翁跋稱，山齋於《易》、《周禮》皆有《總義》二書，儲藏家著於錄，予未之見耳。斯亦珊瑚木難也，謹什襲而藏之。

**《四庫提要・易類三》**《周易總義》二十卷。副都御史黃登賢家藏本。宋易祓撰。南宋《館閣續録》載：「祓，字彥章，潭州寧鄉人。淳熙十一年上舍釋褐出身，慶元六年八月除著作郎，九月知江州。」周密《齊東野語》則載其「諂事蘇師旦，由司業躐擢左司諫。師旦敗後，貶死」。蓋《館閣續錄》但記其入院出院之事，密所記則其究竟也。祓人不足重，其書世亦不甚傳，故朱彝尊《經義考》註曰「未見」。然其説《易》，兼通理數，折衷衆論。每卦先括爲《總論》，復於六爻之下各爲詮解，於經義實多所發明。與耿南仲之《新講義》，均未可以人廢言也。前有祓門人陳章序，稱祓「侍經筵日，嘗以是經進講」，又稱祓「別有《易學舉隅》四卷，裒象與數爲之圖説，與此書可以參考」。今未見傳本，惟所撰《周禮總義》，尚散見《永樂大典》中耳。樂雷發有《謁山齋詩》曰：「淳熙人物到嘉熙，聽説山齋亦白髭。細嚼梅花讀《總義》，只應姬老是相知。」蓋指此二書。山齋，祓別號也。則當時亦頗重其書矣。

**張金吾《愛日精廬藏書志・易類》**《周易總義》二十卷。文淵閣傳抄本。宋易祓撰。陳章序。

## 易學舉隅

**趙希弁《讀書附志・易類》**《易學舉隅》四卷。山齋易祓彥章著。

**王圻《續文獻通考・經籍考・易》**《易學舉隅》。易祓著。祓，寧鄉人。淳熙中釋褐，爲翰林學士，累官禮部尚書，退閒三十年，號山齋居士，著書自娛。

## 易口義

**楊士奇等《文淵閣書目・易》** 易祓山齋《口義》。一部，四冊。闕。

## 衍極圖說

**王圻《續文獻通考・經籍考・易》** 《衍極圖說》。史彌大著。彌大字方叔，鄞人。登鄭僑榜進士，官禮部侍郎。

**嵇璜等《續通志・圖譜略・易》** 史彌大《衍極圖說》。

## 易學旨要

**王圻《續文獻通考・經籍考・易》** 《易學旨要》。史彌大著。

## 卦氣圖

**趙希弁《讀書附志・易類》** 《卦氣圖》一卷。右祝融樂洪德秀所著也，河南郭雍爲之序。德秀嘗從文定胡公父子游，取飲水曲肱之義，名所居之堂，故號曲肱先生云。

**嵇璜等《續通志・圖譜略・易》** 樂洪《周易卦氣圖》。

## 河圖解

**晁公武《郡齋讀書志・易類》** 《河圖解》二卷。右皇朝康平撰。凡五十二篇。

**馬端臨《文獻通考・經籍考・易》** 《河圖解》二卷。

## 大易粹言

**趙希弁《讀書附志・易類》** 《大易粹言》七十卷。《總論》三卷。右集明道先生程顥伯淳、伊川先生程頤正叔、橫渠先生張載子厚、廣平游酢定夫、龜山楊時中立、兼山郭忠孝立之、白雲郭雍子和之說也。舒守曾穜序。

**尤袤《遂初堂書目・周易類》** 《大易粹言》。

**陳振孫《直齋書録解題・易類》** 《大易粹言》十卷。知舒州溫陵曾穜獻之集二程、張載、游酢、楊時及二郭之學爲一書。穜嘗受學於郭白雲。

**馬端臨《文獻通考・經籍考・易》** 《大易粹言》十卷。

**《宋史・藝文志・易類》** 曾穜《大易粹言》十卷。

**楊士奇等《文淵閣書目・易》** 《大易曾穜粹言》。一部，二十冊。闕。《大易曾穜粹言》。一部，十四冊。闕。《大易曾穜粹言》。一部，二十冊。闕。

**《四庫提要・易類三》** 《大易粹言》十卷。江蘇蔣曾瑩家藏本。宋方聞一編。聞一，舒州人，淳熙中爲郡博士。時溫陵曾穜守舒州，命聞一輯爲是書，舊序甚明。朱彝尊《經義考》承《宋志》之誤，以爲穜作，非也。其書《宋志》作十卷，《經義考》作七十卷，又《總論》五卷。蓋原本每卦每傳皆各爲一篇，刊板不相聯屬，故從其分篇之數，稱七十有五。然宋刻明標卷一至卷十，則《經義考》又誤也。所採凡二程子、張子、楊時、游酢、郭忠孝及穜師郭雍七家之說。今忠孝之書已不傳，惟賴是書以存。穜初刻版置郡齋，後摹印漫漶，張嗣古、陳造先後修之。此本出蘇州蔣曾瑩家，即嗣古嘉定癸酉所補刻，佚穜自序一篇，而移嗣古之跋冠其首。今從《經義考》補錄穜序，仍移其跋於卷末焉。穜，溫陵人，始末無考。惟據元李簡《學易記序》，知其字曰「獻之」云。

**彭元瑞等《天禄琳琅書目後編・宋版經部》** 《大易粹言》。一函，二十冊。宋曾穜撰。穜，字獻之，溫陵人，仕履無考。書十二卷。第一卷程頤《易傳序》、郭雍《易說序》標爲總序，第十二卷諸家姓氏文集《學易》、《論易》、《明卦》、《明文》、《明十翼》五篇，有淳熙四年程九萬、李祐之跋。書中所採者二程、張載、楊時、游酢、郭忠孝、郭雍七家之説。雍，即橦之師也。《四庫全書》改標方聞一編，以橦序爲據。然聞一列名校勘，與作跋之程九萬、李祐之一例，正不必遠改《宋史・藝文志》，近駁朱彝尊《經義考》，而亦未嘗沒聞一之名也。　淳熙三年雕本，後牒二通：舒州公使庫雕造所，本所依奉台旨校正到《大易粹言》，雕造了畢，右具如前淳熙三年正月日，池州青陽縣學諭李祐之、迪功郎舒州懷寧縣尉許邦弼、迪功郎新無爲軍無爲縣主簿方頤、迪功郎舒州太湖縣主簿張棨、迪功郎舒州望江縣主簿程九萬，從政郎舒州録事參軍莫抃，儒林郎安慶軍節度掌書記趙善登，從事郎舒州州學教授方聞一、俱校勘。奉議郎權通判舒州軍州兼管内勸農田事陸同、朝請大夫知舒州軍州兼管内勸農營田屯田事曾橦。又牒：令具《大易粹言》一部，計二十冊，合用紙數、印造上墨錢。下項紙副耗共一千三百張，裝背饒青紙三十張，背青白紙三十張，俊墨糊藥印背匠工食等錢共一貫五百文足，賃板錢一貫二百文足。本庫印造見成出賣，每部價錢八貫文足。右具如前，淳熙三年正月日，雕造所貼司胡至和具，杭州路儒學教授李清孫校勘無差。是此本即橦知舒州時書成刊印，至嘉定癸酉張嗣古以漫漶重修，則在後矣。每冊前後有蒙古篆文官印，冊末紙背印記云「國子監崇文閣書籍，借讀者必須愛護，損壞闕污，典掌者不許收受」。按《元史・仁宗紀》：「皇慶元年二月朔，徙大都學所置周宣王石鼓於國子監。二年六月，建崇文閣於國子監。」《明太學志》：崇文閣元藏書所，今東講堂有碑存。然則宋籍元藏與石鼓同時庋置，可云古矣。

## 易林

**王圻《續文獻通考・經籍考・易》**　《易林》。胡謙著。謙字牧之，奉化人。與弟誼師事袁燮，傳陸象山學。著《易説》、《易林》若干卷。

## 先後天圖

**嵇璜等《續通志・圖譜略・易》**　司馬子已《先後天圖》。

## 學易編

**王圻《續文獻通考・經籍考・易》**　《學易編》五卷。李心傳著。心傳字微之，舜臣之子。因薦賜進士出身，爲著作佐郎，兼四川制置使參議官，端平元年召爲工部侍郎。有史才，通故實，然其志常重川蜀，而薄東南。所著述甚多，《學易編》其一也。

**錢謙益等《絳雲樓書目・易類》**　李心傳《丙子學易編》一冊。

**《四庫提要・易類三》**　《丙子學易編》一卷。兩江總督採進本。宋李心傳撰。心傳，字微之，號秀巖，隆州人。寶慶二年以布衣召補從政郎，差充祕閣校勘。歷官至工部侍郎，兼祕書監。事蹟具《宋史・儒林傳》。心傳邃於史學，有《建炎以來繫年要録》、《建炎以來朝野雜記》二書，爲史家所重。而經術亦頗究心。高斯得《恥堂存稿》有《學易編》、《誦詩訓》二書跋曰：「秀巖先生近世大儒也，世徒見其論著藏於明堂石室、金匱玉版，遂以良史目之。不知先生中年以後窮極道奧、經術之邃，有非近世學士大夫所能及者。」雖弟子尊師之詞，要非甚溢美也。是書於嘉定九年竭二百八日之力，排纂蒇業，以歲在丙子爲名。所取惟王弼、張子、程子、郭雍、朱子五家之説，而以其父舜臣《易本傳》之説證之，亦間附以己意。原書十五卷，高斯得嘗與《誦詩訓》合刻於桐江，今已散佚。此本爲元初俞琬所鈔，後有琬跋曰「此書係借聞德坊周家書肆所鬻者。天寒日短，老眼昏花，併日而鈔其可取者」云云，蓋所存不及十之一矣。然琬邃於《易》學，凡所採摭，皆其英華，則大旨猶可概見也。心傳自序稱「採王氏、張子、程子與朱文公四家之説，而閒以周子、邵子及先君子之説補之，自唐以上諸儒字義之異者亦附見焉」。而琬跋所列則無周子、邵子，而有郭子和。子和，郭雍之字，即著郭氏《傳家易說》者也。心傳原書不存，未詳孰是？考周子《通書》、邵子《皇極經世》，雖皆闡《易》理，而實於《易》外別自爲說，可以引爲義疏者少。惟郭雍依經闡義，具有成書，或心傳之序傳寫有誤歟！

## 準齋易說

**陳振孫《直齋書録解題・易類》**　《準齋易說》一卷。錢塘吳如愚撰。

**馬端臨《文獻通考・經籍考・易》**　吳如愚《準齋易說》一卷。

**《宋史・藝文志・易類》**　吳如愚《易說》一卷。

## 象爻說

**趙希弁《讀書附志・易類》**　《象爻說》二卷。右武林吳準齋如愚所著也。一則明象，二則明爻。喬文惠公行簡嘗薦之曰：「成忠郎吳如愚隨身右列，尋即隱居。雖在都城而杜門不出，臣欲識之而不可得。其人行醇而介，氣直而溫，講道窮經，贍有著述。欲乞特與換授從事郎，併與祕閣校勘。」有旨從之，而如愚不受。

## 易繫集傳

**王圻《續文獻通考・經籍考・易》**　《易繫集傳》。柴中行著。中行字與之，餘干人，紹熙元年進士。

## 古周易

**王士禛《重輯漁洋書跋》**　《古周易》。按張昶景春《吳中人物志》云：「吳仁傑，字斗南，崑山人，登淳熙進士第，官國子學錄。嘗講學朱子之門。所著有《古易》十二卷、《周易圖說》、《樂舞新書》、《廟剎罪言》、《郊祀贅說》、《鹽筴論丙丁》各二卷、《禘祫緜蕝書》三卷、《集古易尚書洪範辨圖》一卷、《兩漢刊誤補遺》十卷，并行於世。」此其平生著書之一耳。

## 周易釋傳

**王圻《續文獻通考・經籍考・易》**　《周易釋傳》。錢時著。時，淳安人。書經目輒成誦，仕爲史館檢閱，輪當面奏，敷陳剴切，後致仕。學者稱爲「融堂先生」。

## 復卦說

**陳振孫《直齋書録解題・易類》**　西山《復卦說》一卷。參政建安眞德秀景元撰。

**馬端臨《文獻通考・經籍考・易》**　眞西山《復卦說》一卷。

**《宋史・藝文志・易類》**　眞德秀《復卦說》一卷。

## 易說舉要

**王圻《續文獻通考・經籍考・易》**　《易說舉要》。朱質著。

## 易集義

**《宋史・藝文志・易類》**　魏了翁《易集義》六十四卷。

## 周易要義

**《宋史・藝文志・易類》** 魏了翁《易要義》十卷。

**《四庫提要・易類三》** 《周易要義》十卷。副都御史黃登賢家藏本。宋魏了翁撰。了翁，字華父，號鶴山，臨邛人。慶元五年進士，官至資政殿大學士，參知政事，僉書樞密院事。事蹟具《宋史》本傳。了翁以説經者但知誦習成言，不能求之詳博，因取諸經註疏之文，據事别類而録之，謂之《九經要義》。此其中之第一部也。方回《桐江集》有《周易集義跋》，載了翁嘗言「辭變象占，《易》之綱領。而繇彖象爻之辭，畫爻位虚之别，互反飛伏之説，乘承比應之例，一有不知，則義理闕焉」。蓋其大旨主於以象數求義理，折衷於漢學、宋學之閒。故是編所録，雖主於註疏釋文，而採掇謹嚴，别裁精審，可謂翦除支蔓，獨擷英華。王褘《雜説》云：「孔穎達作《九經正義》，往往援引緯書之説，歐陽公常欲删而去之，其言不果行。迨鶴山魏氏作《要義》，始加黜削，而其言絶焉。」則亦甚與以廓清之功矣。明萬曆中，張萱重編《内閣書目》，載「《九經要義》尚存《儀禮》七册、《禮記》三册、《周易》二册、《尚書》一册、《春秋》二册、《論語》二册、《孟子》二册，又類目六卷」。本共爲一編，今諸經或存或佚，不能復合，故今以世有傳本者各著於録。朱彝尊《經義考・羣經類》中，載「《九經要義》二百六十三卷」，註曰：「分見各經。」然各經皆載《要義》，而《易類》則但據《宋志》載了翁《周易集義》六十四卷，不載此書。似乎即以《集義》爲《要義》。考方回《周易集義跋》曰：「鶴山先生謫靖州，取諸經註疏，摘爲《要義》。又取濂洛以來諸大儒易説，爲《周易集義》。」則爲二書審矣。

**張金吾《愛日精廬藏書志・易類》** 《周易要義》十卷。傳是樓抄本。宋魏了翁撰。方回《周易集義跋》曰：鶴山先生謫靖州，取諸經注疏摘爲《要義》，見《桐江集》。此九經中之一也。《經義考》曰：按葉氏《菉竹堂書目》有長孫無忌《要義》五册，凡十八卷。無錫秦對巖前輩今有其書，大略與《正義》相同。考《正義》即係無忌刊定，非别一書也云云。是書前有長孫無忌《上六經正義表》，葉氏、秦氏所藏當即是書。以前有無忌上表，故誤冠以長孫無忌耳。十八卷者，蓋并子卷數之。卷一分上、中、下三卷，卷二至七俱分上、下兩卷。《經義考》諸經俱載《要義》，而「易類」止載《集義》者，蓋既疑《要義》即《正義》，而又疑《集義》即《要義》也。板心有「傳是樓」三字。　長孫無忌《上六經正義表》。

## 周易朱氏本義發揮

**楊士奇等《文淵閣書目・易》** 何基《易四發揮》。一部，七册。闕。

**黃虞稷《千頃堂書目・易類・補宋》** 何基《周易朱氏本義發揮》七卷。

**倪燦等《宋史藝文志補・經部》** 何基《周易朱氏本義發揮》七卷。

## 繫辭發揮

**楊士奇等《文淵閣書目・易》** 何基《繫辭發揮》。一部，二册。闕。何基《繫辭發揮》。一部，二册。闕。

**王圻《續文獻通考・經籍考・易》** 《朱子繫辭發揮》。何基著。基，金華人。其自序言：始讀《大傳》、《説卦》諸篇，見其淵微浩博，苦無津涯，而説者類皆汗漫不精，渙散無統，及得朱子《本義》之書，沉潛反復，恍然有會於心，洙泗微旨乃可得而尋繹；然其詞尚簡嚴，未能盡達，因偏閲《文集》、《語録》諸書，凡講辨及此者，隨章條附於《本義》之後，首尾畢備，毫析縷解，疑義罔不冰釋。

**黃虞稷《千頃堂書目・易類・補宋》** 何基《繫辭發揮》二卷。

**倪燦等《宋史藝文志補・經部》** 何基《繫辭發揮》二卷。

## 大傳發揮

王圻《續文獻通考·經籍考·易》《大傳發揮》。何基著。

## 易通發揮

王圻《續文獻通考·經籍考·易》《易通發揮》。何基著。

## 易啓蒙發揮

王圻《續文獻通考·經籍考·易》《易啓蒙發揮》。何基著。

## 大易觀象

《宋史·藝文志·易類》　鄭子厚《大易觀象》三十二卷。張埜補注。

## 南塘易説

陳振孫《直齋書録解題·易類》《南塘易説》三卷。禮部尚書趙汝談履常撰。專辨《十翼》非夫子作。其説亦多自得之見。

馬端臨《文獻通考·經籍考·易》《趙南塘易説》三卷。

《宋史·藝文志·易類》　趙汝談《易説》三卷。

王圻《續文獻通考·經籍考·易》　趙汝談有《易説》。

## 周易約説

王圻《續文獻通考·經籍考·易》《周易約説》八卷。趙善湘著。善湘字清臣，濮安懿王五世孫。慶元初進士，累官資政殿大學士。

## 周易或問

王圻《續文獻通考·經籍考·易》《周易或問》四卷。趙善湘著。

## 周易續問

王圻《續文獻通考·經籍考·易》《周易續問》八卷。趙善湘著。

## 周易指要

王圻《續文獻通考·經籍考·易》《周易指要》四卷。趙善湘著。

## 學易補過

王圻《續文獻通考·經籍考·易》《學易補過》六卷。趙善湘撰。

## 易禆傳　外篇

**陳振孫《直齋書録解題・易類》**　《易禆傳》二卷，《外篇》一卷。祕書省正字檇李林至撰。凡三篇：曰《法象》，本之太極；曰《極數》，本之天地之數；曰《觀變》，本之揲蓍十八變。《外篇》則曰反對、世應、互體、納甲、卦氣之類，凡八條。

**馬端臨《文獻通考・經籍考・易》**　林至《易禆傳》二卷，《外篇》一卷。

**《宋史・藝文志・易類》**　林至《易禆傳》一卷。

**楊士奇等《文淵閣書目・易》**　《易林至禆》。一部，一冊。闕。

**《四庫提要・易類三》**　《易禆傳》二卷。兩江總督採進本。宋林至撰。至，字德久，松江人。《書録解題》作檇李人，未詳孰是。淳熙中登進士第，官至祕書省正字。朱子集中有《答林德久書》，即其人也。是書《宋史・藝文志》作一卷，《文獻通考》於二卷之外又有《外篇》一卷。此本爲元至正閒陳泰所刊，總爲二卷，蓋泰所併也。凡三篇，一曰《法象》，一曰《極數》，一曰《觀變》。自序稱「《法象》本之太極，《極數》本之天地數，《觀變》本之卦揲，十有八變，皆據《易大傳》之文。凡論太極者，惑於四象之說，而失卦畫之本。論天地之數者，惑於圖書之文，而失參兩之宗。論揲蓍者，惑於挂扐之閒，而失陰陽之變。各釐而正之」。其《外篇》則論反對、相生、世應、互體、納甲、卦變、動爻、卦氣八事。自序稱「謂其非《易》之道則不可，謂《易》盡在於是則非」。今觀其書，雖未免有主持稍過之處，而所論多中說《易》之弊。其謂《易》道變化不窮，得其一端，皆足以爲說，尤至論也。

## 讀易管見

**王圻《續文獻通考・經籍考・易》**　《讀易管見》。邵囦著。囦，蘭谿人。淳熙間登第，教授潭州，時朱文公爲守，薦其學行。

## 易集註

**王圻《續文獻通考・經籍考・易》**　《易集註》五卷。義太初著。

## 易鑑

**王圻《續文獻通考・經籍考・易》**　《易鑑》。陳舜申著。舜申字宋謨，連江人。以學問淑後進，以行義率鄉里，以節操立朝廷，以義方教子孫。

## 易解義

**《宋史・藝文志・易類》**　胡有開《易解義》四十卷。

## 易解

**《宋史・藝文志・易類》**　鄒巽《易解》六卷。

## 童溪易傳

**范邦甸等《天一閣書目・易類》**　《童溪易傳》三十卷。藍絲欄鈔本。卷首有天一閣古司馬氏圖章。宋王宗傳撰并序。

**王圻《續文獻通考・經籍考・易》**　（黄）〔王〕宗傳《易傳》。宗傳字景孟，寧德人，淳熙中進士。

**于敏中等《天禄琳琅書目·影宋鈔經部》**《童溪易傳》。二函，十二冊。宋王宗傳撰，三十卷。前宗傳自序、宋林焞序。此書與前兩部字體相似，行款亦同，當屬一家影鈔之書。故紙墨皆極精良，足供寶玩。宗傳、焞，《宋史》俱無傳。按朱彝尊《經義考》載董眞卿曰：「宗傳，字景孟，臨安人，太學上舍。」又載《閩書》：「宗傳，寧德人，教授韶州。」彝尊按云：林焞亦寧德人，淳熙八年與宗傳同舉進士。焞序稱「與童溪生同方、學同學、同及辛丑第」，則宗傳爲寧德人無疑，鄱陽董氏以爲寧安人誤矣。爰附錄之，以資考證。

**《四庫提要·易類三》**《童溪易傳》三十卷。直隸總督採進本。宋王宗傳撰。宗傳，字景孟，寧德人，淳熙八年進士，官韶州教授。董眞卿以爲臨安人。朱彝尊《經義考》謂是書前有寧德林焞序，稱與宗傳生同方、學同學、同及辛丑第，則云臨安人者誤矣。宗傳之說，大概祧梁、孟而宗王弼，故其書惟憑心悟，力斥象數之弊，至譬於誤註《本草》之殺人。焞序述宗傳之論，有「性本無說，聖人本無言」之語，不免涉於異學，與楊簡慈湖《易傳》宗旨相同。蓋弼《易》祖尚玄虛，以闡發義理，漢學至是而始變。宋儒掃除古法，實從是萌芽。然胡、程祖其義理，而歸諸人事，故似淺近而醇實。宗傳及簡祖其玄虛，而索諸性天，故似高深而幻窅。考沈作喆作《寓簡》，第一卷多談《易》理，大抵以佛氏爲宗。作喆爲紹興五年進士，其作《寓簡》在淳熙元年，正與宗傳同時。然則以禪言《易》，起於南宋之初，特作喆無成書，宗傳及簡則各有成編，顯闡別徑耳。《春秋》之書事，《檀弓》之記禮，必謹其變之所始。錄存是編，俾學者知明萬曆以後，動以心學說《易》，流別於此二人，亦說《周禮》者存俞庭椿、丘葵意也。

**彭元瑞等《天禄琳琅書目後編·宋版經部》**《童溪王先生易傳》。二函，十二冊。宋王宗傳撰。宗傳，字景孟，寧德人，淳熙八年進士。書三十卷，後揭銜「迪功郎前韶州州學教授王宗傳景孟撰」。前二十六卷上、下二經，後四卷《繫辭》上、下傳，前有宗傳自序，第二十七卷前又序云「歲在戊戌，著《易》計三十卷」。其於《繫辭》、《序卦》、《雜卦》未暇也。越三載，辛丑蒙恩賜第還鄉，作《續傳》。然《續傳》僅有《繫辭》上、下傳而止，其書終未成也。自序後有墨印三，一曰「大易發明」，一曰「建安劉日新宅鋟梓於三桂堂」，一曰「經學之寶」。又有林焞炳叔序，自稱與童谿生同方、學同學、同及辛丑第。開禧更元，劉君日新將以《童谿易傳》膏馥天下後世。是書纂於孝宗朝，刊於寧宗朝，此其付梓時所序也。焞，字炳叔，寧德人，淳熙辛丑特奏名，官開化令。宋孝宗諱昚，古「愼」字，宋本諸《易經》多於「愼不害也」句闕筆，「蓋言愼也」句改「順」，此獨作「謹不害也」、「蓋言謹也」，與諸刻不同。是書傳流，印記甚夥。俞貞本，字有立，吳縣人，永樂初以勸蘇州守姚善舉兵論死。秦汴，字思宋，無錫人，秦金仲子。金，字國聲，弘治進士，官刑部尚書，謚端敏。又曾入唐寅、毛晉、徐乾學家。毛扆字黼伯，晉之子。立菴，賀萬祚號，秀水人，天啓朝布政使。闕補卷二。六。

## 厚齋易學

**馬端臨《文獻通考·經籍考·易》** 馮椅《厚齋易學》。《中興藝文志》：椅爲《輯註》、《輯傳》、《外傳》。蓋以程沙隨、朱文公雖本《古易》爲註，猶未及盡正孔《傳》名義，乃改「彖曰」、「象曰」爲「贊曰」，以繫卦之辭即爲《彖》，繫爻之辭即爲《象》。王弼本「彖曰」、「象曰」，乃孔子釋《彖》、《象》，與商飛卿說同。又改《繫辭》上下爲《說卦》上中，以《隋·經籍志》有《說卦》三卷云。

**《宋史·藝文志·易類》** 馮椅《易學》五十卷。

**《四庫提要·易類三》**《厚齋易學》五十二卷。《永樂大典》本。宋馮椅撰。椅，字儀之，一作奇之，號厚齋，南康都昌人。《宋史·馮去非傳》云：「父椅，家居授徒，所著《易》、《書》、《詩》、《語》、《孟》輯說等書，共二百餘卷。」今多不傳，惟所輯《易說》，尚散見《永樂大典》中。考胡一桂《啓蒙翼傳》引宋《中興藝文志》云：「寧宗時馮椅爲《易輯註》、《輯傳》、《外傳》，猶以程迥、朱熹未及盡正孔《傳》名義，乃改『彖曰』、『象曰』爲『贊』。」又以《隋·經籍志》有《說卦》三篇，改《繫辭傳》上下爲《說卦》上中。俞琰《讀易舉要》所說亦同。今檢《永樂大典》所載，但有《輯註》、《輯傳》，而無所謂《外傳》者，與舊說殊不相合。以椅自序核之，當日蓋各爲一書。《輯註》止解《彖》、《象》；《輯傳》則尊《彖》、《象》爲經，而退《十翼》爲傳；《外傳》則以《十翼》爲經，各附先儒之説，而斷以己意。《永樂大典》編纂不出一手，割裂其文，雜附於各卦爻下，遂併「外傳」之名而没之。今反覆參校，釐爲《輯註》四卷、《輯傳》三十卷、《外傳》十八卷，仍分三書，以還其舊。《輯註》多用古文，如坤卦「黄裳」之「裳」作「常」，《蒙》卦「瀆蒙」之「瀆」作「黷」，《屯》卦「磐桓」之「磐」作「般」、「邅如」之「邅」作「亶」，《師》卦「丈人」作「大人」，《旅》卦「資斧」作「齊斧」，雖異今本，而皆根舊義。至於《履》、《否》、《同人》諸卦，以爲舊脱卦名宜補；《姤彖》「女壯，勿用取」下以爲衍「女」字之類，則椅之自抒所見者也。《輯傳》各卦，皆分《卦序》、《卦義》、《彖義》、《爻義》、《象占》諸目，縷析條分，至爲詳悉。其蒐採亦頗博洽。如王安石、張汝明、張弼、李椿年、李元量、李舜臣、閭丘昕、毛樸、馮時行、蘭廷瑞諸家，其全書今皆不傳，尚籍是以存梗概。《外傳》薈稡羣言，亦多所闡發。其以《繫辭》爲《説卦》，宗吴仁傑之本。董眞卿《周易會通》駁之，良允。明楊時喬《周易古今文》乃以合於《隋志》取之，斯好奇之過矣！然合觀三書，大抵元元本本，淹貫宏通，要不以一二微瑕掩也。《啓蒙翼傳》又云：「鄱陽汪標手編諸家《易》解爲一鉅集，名《經傳通解》。以椅《易解》爲底本，求古今解增入。」蓋宋元之際，甚重其書。今標書亦不傳，則此書彌可寶貴矣。董眞卿、胡一桂皆稱是書爲《易輯》，《宋史・藝文志》作《易學》，《文獻通考》則作《厚齋易學》。考王湜先有《易學》，宜有所別，故今從《通考》之名焉。

**張金吾《愛日精廬藏書志・易類》**

《厚齋易學》五十卷，附録二卷。文淵閣傳抄本。宋馮椅撰。《周易》一經，文王因於羑里，即包犧氏所畫之卦，立大衍之法，推七八九六之數以生爻，而繫之辭者也。古有官占，即畫觀象，以事揆理，而遂知休咎。至夏各爲一書，曰《連山》、《歸藏》。意每卦爲之辭矣，蓋間或略見於傳記也。然包犧氏畫八卦，因而重之爲六十四，以盡其變焉。故《連山》、《歸藏》之辭，至六十又四而止。文王則以所重之卦復衍其爻，爲三百八十又四，乃别爲辭以繫卦，於以體其常，創爲辭以繫爻，於以盡其變。故定名曰《易》。文王既没，周之子孫乃著其代以别夏、商，而曰《周易》。然猶與《連山》、《歸藏》並列於卜筮之官。而謂之三《易》者，蓋因周之《易》云爾。其實夏、商以前不謂之《易》也。自孔子定六經止贊《周易》，門人又述其緒言以爲之傳，而《連山》、《歸藏》始廢，《易》道始尊。先漢以來，儒家者流宗主孔氏，遂以孔《贊》與《周易》並行，以孔《贊》等篇爲傳，而上下篇改爲上下經，此其始變也。後以孔《贊》參入經文，自費直、鄭康成倡之，王輔嗣和之，而世不復知有文王之易矣。何也？取信於孔子之《贊》，而不復推究文王之本指，一也。孔子推明人事，而象數之本言焉而不發，至使後世屏棄之間知學此，則又多穿鑿傅會以爲之説，二也。甚至繫卦之辭爲《彖》，孔子題《彖》以推明之，而今繫以「彖曰」，而《彖》反爲孔子之傳矣。繫爻之辭爲《象》，孔子題《象》以推明之，而今繫以「象曰」，而《象》亦爲孔子之傳矣。孔門《説卦》三篇，將以推明《繫辭》之指，今題以《繫辭》上下，而《繫辭》又爲孔子之傳矣。《易》之稱「周」，或以爲周匝，包犧之卦例以爲《易》，八卦之重以爲文王，六爻之辭以爲周公。凡一經之名義錯亂，無一存者，況文王之本指乎？天開我宋，聖道日明。康節邵氏首定經傳之序，吕氏微仲、晁氏以道從而訂之，近日吴斗南復是正之。沙隨程可久、晦庵朱文公先生皆以注解傳，雖名義微有未盡當，而文王之全經則天高日白矣。椅自束髮受《易》於先人，蓋伯祖父以此經鳴於三舍。予數十年來博親師友，搜攬衆説，遂以文王之本文如王氏所傳《乾》卦之文爲正，而爲之輯注，訂其音切，釋其文義，辨其異同，使讀者粲然識其大指，不惑於支離。然後輯孔子贊傳、左氏占辭及諸儒之説，撮其不悖於大義者釐爲輯傳，義有不備者傳以己意。又於孔子之傳，裒輯衆説别爲一書，庶不相亂，俾萬世復見文王之全經。孔子曰文王既没，文不在兹乎？信哉，伯祖父蓋黼其名！宋嘉定十年丁丑歲夏五月辛卯既望，草塘馮椅序。

孔子之贊《易》止於彖爻，蓋其成書也。孔安國曰，昔先君孔子贊《易》道以黜八索，此書是已。蓋述周文王之《易》而贊述其義，聲韻相叶，實贊體也。孔子没，門人追述其平日講説問答之辭，與所傳於古而記之有補於《易》者爲之傳，則《文言》、《説卦》是已。何以知之？以其書有子曰，有古語，有占法而知之也。至於《序卦》、《雜卦》，其猶孔子之遺書與！不然，何《雜卦》之聲韻與《贊》相似也。史謂孔子晚而好《易》，讀之韋編三絶，而門人記其言有曰：「加我數年，卒以學《易》，可以無大過矣。」夫孔子之於羣經，初不若是其綢繆也，而獨於《易》焉見之，何哉？蓋昔者文王之作經也，即包犧所重之卦演而生爻，以陰陽奇耦之數位畫褋居之象，仰探造化，旁稽物理，近察人情，自爲類例，字字有據。然不明言其故，而使人觀象玩占以見諸行事。至孔子時，與《連山》、《歸藏》並列於卜筮，占者不勝異說而《易》道晦矣。孔子憂之，於是即卦之彖、爻之象以知之，所及者爲之《贊》。又間以新意推廣文王所未言者，此非沈酣紬繹不能以臻此也。至於《文言》、《說》、《序》、《雜卦》諸篇，又其平日之與門人講說與夫記錄古語之舊者。天下後世以信孔子而信《周易》，故異說屏除，而《連山》、《歸藏》與八索俱廢。文王之經如離明當天而衆星蔑矣。中更秦火，而此書獨以卜筮獲存，亦可知天意之未喪斯文也。奈之何！儒生坑戮解散，間得諸所傳者，私自名家，大義紛錯。《文言》止於《乾》、《坤》，故費直參入於經。《說卦》三篇，漢初出於河内女子，今止存其一。而又有《繫辭》上、下二篇。夫《繫辭》云者，文王之經，而非傳也。意者後人以其間推明《繫辭》之指而名之與？要即所謂《說卦》上下篇也。今所謂《說卦》者，乃其下篇爾。是說也，近世吳斗南知之。若夫所謂《十翼》云者，以其羽翼《周易》，蓋十篇也。十篇之次猶多異說，然其概可知也。《彖》、《象》之《贊》，各釐上、下篇爲四。《說卦》合今之《繫辭》上、下篇爲三。《文言》、《序卦》、《雜卦》各一，是其目也。今釐《贊》於經，以合於傳，復孔門全書之舊，裒稡諸儒之說爲之輯注，庶有補於世敎云爾。斯亦孔子贊《易》之心也。是日椅又叙。

## 周易輯說明解

**《四庫提要·易類存目一》**　《周易輯說明解》四卷。江西巡撫採進本。舊本題宋馮椅撰。椅有《厚齋易學》，已著錄，此其別行之僞本也。案椅原書，《宋史·藝文志》作五十卷，此本卷數懸殊，其不合者一。又朱彝尊《經義考》載《中興藝文志》云，馮椅爲《輯注》、《輯傳》、《外傳》，以程沙隨、朱文公雖本《古易》爲注，猶未及盡正孔《傳》名義，乃改「彖曰」、「象曰」爲「贊曰」，又改《繫辭》上、下爲《說卦》上、中，以《隋·經籍志》有《說卦》三篇也。此本仍作「彖曰」、「象曰」，不作「贊曰」，《繫辭傳》亦仍分上、下，不作《說卦》上、下，其不合者二。胡一桂《易本義附錄纂疏》曰：馮厚齋講《明夷》六五「箕子之明夷」云：「『箕』字，蜀本作『其』字，此繼統而當明揚之時之象，其指大君當明揚之時而傳之子，則『其子』亦爲明夷矣。」又謂「文王作爻詞，移置君象於上六，以『初登於天，後入於地』，況明夷之主，六五在下而承之，明夷之主之子之象也。子繼明夷之治，利在於貞，明不可以復夷也。後世以『其』爲『箕』，遂傅會於文王與紂事，甚至以爻詞爲周公作，而非文王。蓋箕子之囚，在文王羑里之後，方演《易》時，箕子之明未夷也。李隆山深然其說」云云。此本解《明夷》六五、上六二爻，仍用舊說，未嘗改「箕」字爲「其」字，其不合者三。且《永樂大典》具載椅書，有《輯注》、《輯傳》之目，與《中興藝文志》同其議論，與胡氏之言同。又其以古訓改今文者甚多，如「裳」之爲「常」、「濱」之爲「瀆」、「寵」之爲「龍」、「拯」之爲「承」，皆本《說文》、《釋文》諸家。《履》、《否》諸卦，則以爲舊脱卦名宜補；《姤》卦則以爲「勿用取」，下衍「女」字，《漸》卦則以「漸之進」，「之」字爲「漸」字之譌。今此書皆無其文。又《輯注》、《外傳》所引諸家如司馬光、王安石凡二三十家，多外間所未有，今并無之。於其各卦講解，多沿襲《本義》，與《永樂大典》所載全殊。其爲僞託，更無疑義。今椅之全書業已重編成帙，此本已可不存。以外間傳寫已久，恐其亂眞，故存其目而論之焉。

## 學易蹊徑

**王圻《續文獻通考·經籍考·易》**　《學易蹊徑》。田疇著。疇，華亭人。嘉定間，常設講席於國學，六館之士皆北面焉。

**黄虞稷《千頃堂書目·易類·補金》**　田疇《學易谿徑》二十卷。號與齋，華亭人。嘉定間設講席於國學，六館之士。皆北面事之焉。

**倪燦等《宋史藝文志補·經部》**　田疇《學易蹊徑》二十卷。號與齋，華亭人。

# 易原

**錢溥《祕閣書目・易》** 楊忱中《易原》一。

# 易經指圖

**王圻《續文獻通考・經籍考・易》** 《易經指圖》十卷。王宗道著。宗道字與文，奉化人。嘉定元年進士，爲江西提刑幹官。

**嵇璜等《續通志・圖譜略・易》** 王宗道《易說指圖》。

# 觀頤悟言

**王圻《續文獻通考・經籍考・易》** 《觀頤悟言》。王宗道著。

# 易宏綱

**《宋史・藝文志・易類》** 劉文郁《易宏綱》八卷。

# 吴氏古周易

**尤袤《遂初堂書目・周易類》** 《吴氏古周易》。

**陳振孫《直齋書録解題・易類》** 《古周易》十二卷。國子録吴郡吴仁傑斗南所録。以爻爲《繫辭》，今之《繫辭》爲《說卦》。其言《十翼》，謂《彖傳》、《象傳》、《繫辭傳》上、下，《說卦》上、中、下，《文言》、《序卦》、《雜卦》，并上、下經爲十二篇。案漢世傳《易》者，施、孟、梁丘、京、費。費最晚出，不得立於學官。其學亡章句，惟以《彖》、《象》、《文言》等解上、下經。自劉向校中古文《易經》，諸家或脱「无咎悔亡」，惟費氏與古文同，東京名儒馬、鄭皆傳之。其後，諸家皆廢，而費學孤行，以至於今。其合《彖》、《象》、《文言》於經，蓋自康成、輔嗣以來，展轉相傳，學者遂不識古文本經。甚至今世考官命題，或連《彖》、《象》、《爻辭》爲一，對大義者，志得而已，往往穿鑿傳會，而《經》旨破碎極矣。凡此諸家所録，雖頗有同異，大較經自爲經，傳自爲傳，而於傳之中，《彖》、《象》、《文言》，亦各不相混。稍復古人之舊，均有補於學者，宜並存之。又有九江周燔所次，附見吴氏書篇末，今古文參用，視諸本爲無據。又有程迥可久《古易考》十二篇見後。

**馬端臨《文獻通考・經籍考・易》** 吴仁傑《古周易》十二卷。

**《宋史・藝文志・易類》** 吴仁傑《古易》十二卷。

**錢謙益等《絳雲樓書目・易類》** 吴仁傑《古易》十二卷。

# 周易圖說

**《宋史・藝文志・易類》** 吴仁傑又《周易圖說》二卷。

**錢謙益等《絳雲樓書目・易類》** 吴仁傑《易圖說》。一册。

**嵇璜等《續通志・圖譜略・經學・易》** 宋吴仁傑《易圖說》。

**《四庫提要・易類三》** 《易圖說》三卷。兩江總督採進本。宋吴仁傑撰。仁傑，字斗南，崑山人。《宋史・藝文志》載仁傑「《古周易》十二卷、《易圖說》三卷、《集古易》一卷」。今《古周易》世罕傳本，僅《永樂大典》尚有全文。此書其《圖說》也。其說謂「六十四正卦，伏羲所作也」，故首列《八純卦各變八卦圖》。又謂「卦外六爻及六十四覆卦，文王所作也」，故有《一卦變六十四卦圖》，有《六爻皆變則占對卦皆不變則占覆卦圖》。又謂「《序卦》爲伏羲，《雜卦》爲文王。今之《爻辭》當爲《繫辭傳》，《繫辭傳》當爲《說卦傳》」。於諸家古《易》之中，其說特爲新異，迥與先儒不合。然證以《史記》引「同歸」、「殊途」二語爲《大傳》，不名《繫辭傳》；《隋志》謂《説卦》三篇，今止一篇，爲後人亂其篇題。所言亦時有依據，錄而存之，用備一説云爾。

## 集古易

**《宋史・藝文志・易類》** 吳仁傑《集古易》一卷。

## 淙山讀易記

**《宋史・藝文志・易類》** 方實孫《讀易記》八卷。

**楊士奇等《文淵閣書目・易》** 方實孫《淙山讀易記》。一部，六冊。闕。

**《四庫提要・易類三》** 《淙山讀周易記》二十一卷。山東巡撫採進本。宋方實孫撰。實孫不知何許人，惟劉克莊《後山集》有《實孫樂府跋》，稱其字曰端仲。有《實孫經史説跋》，稱其「以所著《易説》上於朝，以布衣入史局。時相以其累上春官，欲令免省奉對，遽以風聞報罷，浩然而歸」，其所終則不可考矣。此書舊本但題曰《讀周易》。案朱彝尊《經義考》作《淙山讀周易記》，蓋此本傳寫脱譌。《經義考》又引曹溶之言曰：「《宋志》八卷，《澹生堂目》作十卷，《聚樂堂目》作十六卷。今世所行凡二本，一本不分卷，不知孰合之？」此本凡《上經》八卷，《下經》八卷，《繫辭》二卷，《序卦》、《説卦》、《雜卦》各一卷，又不知誰所分也？其書取朱子《卦變圖》別爲《易卦變合圖》，以補《易學啓蒙》所未備。其説多主於爻象，不涉空談。自序有曰：「《易》者道也，象數也。言道則象數在其中矣。道果有耶？《繫辭》曰：『《易》無體。』道果無耶？《繫辭》曰：『《易》有太極。』是道自無而有也。」可以識其宗旨矣。其據《隨》上六爻「王用亨于西山」、《升》六四爻「王用亨于岐山」、《明夷彖》「文王以之」、《革彖》「湯武革命」，證爻象非文王作，自爲確義。其據《大有》九三爻「公用亨于天子」、《解》上六爻「公用射隼于高墉之上」、《小過》六五爻「公弋取彼在穴」，證爻辭非周公作，則必不然。説《易》者本不云「公，周公也」，然其大旨則較諸家爲淳實矣。

## 易集解

**陳振孫《直齋書録解題・易類》** 《易解義》十卷。題淩公弼撰。未詳何人。善解析文義，頗簡潔，有所發明。《館閣書目》有《集解》六卷，稱朝奉大夫淩唐佐撰，亦不著本末，豈即其人耶？徽猷閣待制新安淩唐佐字公弼，建炎初知應天府，以劉豫虛實書奏被殺。後其妻田氏以死狀聞，詔贈待制。隨齋批注。

**馬端臨《文獻通考・經籍考・易》** 淩公弼《易解義》十卷。

**《宋史・藝文志・易類》** 淩唐佐《集解》六卷。

## 周易義類

**陳振孫《直齋書録解題・易類》** 《周易義類》三卷。稱顧叔思撰，未詳何人。序言先儒論説甚衆，而其旨未嘗不同；卦爻或有不同，而辭意未嘗不一。各立標目，總而聚之。

**馬端臨《文獻通考・經籍考・易》** 《周易義類》三卷。

**《宋史・藝文志・易類》** 顧叔思《周易義類》三卷。

## 易通

**楊士奇等《文淵閣書目・易》** 《易趙以夫通》。一部，六冊。闕。

**吳焯《繡谷亭熏習録・經部》** 《易通》六卷。此祁氏澹生堂舊鈔本也。《福建通志》：趙以夫，字用甫，宋宗室，居長興。嘉定十年進士，歷知漳州、邵武軍。嘉熙初爲樞密副都承旨，會歷官言是歲季冬之朔日當食，以夫預奏，修德以應之，拜同知樞密院事官，終吏部尚書兼侍讀。所著《易通》六卷，卷端有自序。大概論九六七八變與不變，或靜吉而動凶則勿用，動吉而靜凶則不處，動靜皆吉則隨寓而皆可，動靜皆凶則無所逃於天地之閒。此聖人所以樂天知命而不憂也。書成將以進於上，故每卷首行皆書「大中大夫試禮部尚書兼修玉牒官、兼侍讀臣趙以夫上進」云。

**《四庫提要・易類三》**《易通》六卷。江蘇巡撫採進本。宋趙以夫撰。以夫，字用父，宗室子，居於長樂。嘉定十年進士，歷官資政殿學士。是書前有以夫自序，皆自稱「臣末有不敢自祕，將以進於上，庶幾仰裨聖學緝熙之萬一」，則經進之本也。考趙汝騰《庸齋集》有《繳趙以夫不當爲史館修撰奏劄》，曰：「鄭清以進史屬之以夫，四海傳笑，謂其進《易》尚且代筆，而可進史乎？其後聞爲史館長，人又笑曰：『是昔代筆進《易》之以夫也』。」又何喬遠《閩書》曰：「以夫作《易通》，莆田黃績相與上下其論。」據其所說，則是書實出黃績參定，汝騰所論，不盡無因。殆以夫不協衆論，故譁然以爲績代筆歟？胡一桂云：「《易通》六卷，《或問類例圖象》四卷。」朱彝尊《經義考》曰：「《宋志》十卷。」又註曰：「《聚樂堂書目》作六卷。」蓋《宋志》連《或問類例圖象》言之，聚樂堂本則惟有《易通》。此本亦止六卷，而無《或問類例圖象》，其自聚樂堂本傳寫歟。其書大旨在以「不易」、「變易」二義明人事動靜之準，故其說曰「奇偶七八也，爻重九六也。卦畫七八不易也，爻畫九六變易也。卦雖不易，而中有變易，是謂之『亨』；爻雖變易，而中有不易，是謂之『貞』。《洪範》占用二貞悔，貞即靜也，悔即動也，故靜吉動凶則勿用，動吉靜凶則不處，動靜皆吉則隨遇而皆可，動靜皆凶則無所逃於天地之閒。」於聖人作《易》之旨，可謂深切著明。至其眞出於誰手，則傳疑可矣。

## 易外傳

**徐𤊹《徐氏家藏書目・易類》**《易外傳》一卷。宋林希逸。

## 易解

**王圻《續文獻通考・經籍考・易》**《易解》。林希逸著。希逸字樸翁，福清人。官終中書舍人，號獻齋。

## 周易解微

**王圻《續文獻通考・經籍考・易》**《周易解微》三卷。徐畸著。畸字南夫，蘭谿人。

## 易傳庸言

**王圻《續文獻通考・經籍考・易》**《易傳庸言》。饒魯著。魯，餘干人。從黃幹游，號雙峰門人，私謚文元。

## 太極三圖

**王圻《續文獻通考・經籍考・易》**《太極三圖》。饒魯著。

**嵇璜等《續通志・圖譜略・易》**饒魯《太極三圖》。

## 易摭卦總論

**《宋史・藝文志・易類》**朱承祖《易摭卦總論》一十卷。

# 易序叢書

**楊士奇等《文淵閣書目・易》** 趙汝楳《易序叢書》。一部，四冊。

**吴焯《繡谷亭熏習録・經部》** 趙氏《易序叢書》十卷。宋戶部侍郎開封趙汝楳著。汝楳者，高恭靖王元份七世孫，資政殿大學士、天水郡公善湘之子也。納蘭成德序云：「《周易輯聞》六卷，《易雅》一卷，《筮宗》三卷，合名之曰《易序叢書》。」按是編十卷，卷一曰《易雅》，卷二曰《筮宗》，卷三曰《深衣考》，卷四曰《律本義》，卷五曰《周尺記》，卷六曰《八陳通記》，卷七曰《如意城略》，卷八曰《六日七分論》，卷九曰《辨方圖》，卷十曰《納甲辨》。汝楳自序曰：「先君子服勤王事於江淮間，閱歲維多，征行必載書。汝楳侍焉，得所口授。於《易》尤詳，下至律曆數度之學，罔不研究。汝楳家居餘二十稔，早夜習讀，弗敢怠。今齒衰志荒，迄未見其進，愧先訓多矣。懼終遺泯，因叢粹其説。用討論於家，非可言著書云。」據此，則成德之説似誤。蓋成德既知爲《叢書》，故《易雅》、《筮宗》咸附於《輯聞》之後，而《六日七分論》、《辨方圖》、《納甲圖》皆專言《易》者，又何以遺歟？抑豈成德所見別是一本歟？

**《四庫提要・易類存目一》** 《易序叢書》十卷。浙江吳玉墀家藏本。舊本題宋趙汝楳撰。汝楳有《周易輯聞》六卷、《易雅》一卷、《筮宗》三卷，總謂之《易序叢書》，已著於錄。此本亦分十卷，卷各爲目。惟首、二卷爲《易雅》、《筮宗》。自第三卷至七卷，則言兵法，所載營陳隊伍圖法甚備，皆與《易》絶不相涉。又所題《衍義》、《拾遺》等目，核之書中，亦多不甚分晰。其中惟第八卷《六日七分論》及第九卷、十卷《辨方》、《納甲》二篇，尚頗存漢學之舊。然文字亦多脱誤，疑好事者偶得其殘本，不知完帙尚存，雜鈔他書以足十卷之數也。卷首有董其昌名印，則其來已久，殆明人所雜編歟？

# 易雅

**楊士奇等《文淵閣書目・易》** 趙汝楳《易雅》。一部，一冊。闕。

**王士禛《重輯漁洋書跋》** 《易雅》。按袁伯長《清容集》，載其先人《師友淵源録》云：「趙汝楳，善湘子，爲宰相壻。卑退自修，精《易》象，有《易叙叢書》。官至戶部侍郎。晚歲以理財進用，失士譽，所謂叢書，豈即此邪？」

**《四庫提要・易類》** 汝楳有《易雅》一卷。

**張金吾《愛日精廬藏書志・易類》** 《易雅》一卷。宋汴水趙汝楳述。

# 周易輯聞

**楊士奇等《文淵閣書目・易》** 《周易趙汝楳輯聞》。一部，八冊。殘缺。

**錢謙益等《絳雲樓書目・易類》** 趙汝楳《周易輯聞》八冊。汝楳，善湘之子，史彌遠之壻。

**于敏中等《天祿琳琅書目・影宋鈔經部》** 《周易輯聞》。一函，六冊。宋趙汝楳撰，六卷，前汝楳自序。考鏤版書籍，始於周顯德間，或據柳玭之言，以爲唐已有之。而刊行大備要自宋始。其時監中官刻與士大夫家塾付梓者，校讎、鐫鏤，講究日精，宇內流傳，罔不珍祕。及時代既更，漸至散佚。明之琴川毛晉，藏書富有，所貯宋本最多。其有世所罕見、而藏諸他氏不能購得者，則選善手，以佳紙墨影鈔之，與刊本無異，名曰「影宋鈔」。於是，一時好事家皆爭仿效以資鑒賞，而宋槧之無存者賴以傳之不朽。是書汝楳自叙稱「先君子於《易》凡六稿，汝楳得於口授者居多，因輯所聞於篇」云云。考《宋史》：「汝楳父名善湘，濮安懿王五世孫。慶元二年舉進士，累官至觀文殿學士。所著有《周易約說》、《或問》、《指要》、《補過》諸書。汝楳，其季子也。」御題：「廣大無不備，夫惟《易》道然！《輯聞》

傳汴水，述學衍先天。觀彼多合聖，切予斯體乾。影鈔猶識宋，遠矣緬韋編！乾隆甲午仲冬御筆。」鈐寶二，曰「得象外意」，曰「乾隆宸翰」。

**《四庫提要・易類三》** 《周易輯聞》六卷。附《易雅》一卷、《筮宗》一卷。內府藏本。宋趙汝楳撰。汝楳，商王元份之七世孫，資政殿大學士善湘之子，理宗時官至戶部侍郎。考《宋史・趙善湘傳》，載其說《易》之書，有「《約說》八卷，《或問》四卷，《指要》四卷，《續問》八卷，《補過》六卷」。蓋研究是經，用功最久。故汝楳承其家學，以作是編。其說據《漢書・儒林傳》稱費直「惟以《彖》、《象》、《繫辭》十篇、《文言》解說上下《經》」，疑《說卦》、《序卦》、《雜卦》皆爲漢儒竄入。又以《繫辭》多稱「子曰」，定爲門人所記，非天子之書。因置此諸傳，惟註經文。其以《彖傳》散附彖辭，《小象》散附爻辭，仍用王弼之本。其以《大象》移於卦畫之後、彖辭之前，以《文言》散附《乾》、《坤》、《彖傳》及《小象》後，則又汝楳之新意。割裂顛倒，殊屬師心。又王弼本雖移傳附經，尚有「彖曰」、「象曰」、「文言曰」字，以存識別。汝楳併此而去之，使經傳混淆，茫然莫辨，尤爲治絲而棼。其每卦之中皆以卦變立論，亦未免偏主一隅。然其說推闡詳明，於比應乘承之理、盈虛消長之機，皆有所發揮，不同穿鑿。於宋人《易》說之中，猶爲明白篤實。《易雅》一卷，總釋名義，略如《爾雅》之釋《詩》，故名曰「雅」。其目曰「通釋」，曰「書釋」，曰「學釋」，曰「情釋」，曰「位釋」，曰「象釋」，曰「辭釋」，曰「變釋」，曰「占釋」，曰「卦變釋」，曰「爻變釋」，曰「得失釋」，曰「八卦釋」，曰「六爻釋」，曰「陰陽釋」，曰「太極名義釋」，曰「象數體用圖釋」，曰「圖書釋」，凡十八篇。其論圖書曰：「《易》有衍數，有積數。自五衍而爲五十者，衍數也。自一二三四五積而爲五十五者，積數也。圖書二數，皆積數之儔，不可以與於揲蓍也。故舍圖書之名而論二數，則自有妙理。強二數以圖書之名，則於經無據。」可謂善於解紛矣。《筮宗》一卷，朱彝尊《經義考》作三卷，蓋是書原本題《釋本》第一、《述筮》第二、《先傳考》第三，彝尊以一篇爲一卷也。其推明大衍之數，頗爲明白。於諸家舊說，一一條辨，亦具有考訂云。

**彭元瑞等《天祿琳琅書目後編・宋版經部》** 《周易輯聞》。二函，八冊。宋趙汝楳撰。汝楳，宋宗室，理宗時官戶部侍郎。書六卷。上、下二《經》。每卦以《大象》冠首，始及經文，而《小象》、《文言》分列諸爻之下，於自古相傳之《經》、《傳》全亂其例。後爲《易雅》，一《通釋》，二《書釋》，三《學釋》，四《情釋》，五《位釋》，六《象釋》，七《辭釋》，八《變釋》，九《占釋》，十《卦變釋》，十一《爻變釋》，十二《得失釋》，十三《八卦釋》，十四《六爻釋》，十五《陰陽釋》，十六《太極名義釋》，十七《象數體用釋》，十八《圖書釋》，前有自序。又《筮宗》：一《筮宗釋本》，二《筮述》，三《先傳考》，亦有自序。汝楳蓋承其父善湘之訓，故曰「輯聞」。善湘，資政殿大學士，《宋史》有傳。其說《易》之書有《約說》八卷、《或問》四卷、《措要》四卷、《續聞》八卷、《補過》六卷，今竝不傳。汝楳所著別有《易序叢書》，蓋以《易》學世其家者。

**張金吾《愛日精廬藏書志・易類》** 《周易輯聞》六卷，《易雅》一卷，《筮宗》一卷。舊抄本。宋汴水趙汝楳述。卷一闕，抄補。《自序》。《易雅自序》。《筮宗自序》。

## 筮　宗

**吴焯《繡谷亭熏習録・經部》** 《筮宗》三卷。宋戶部侍郎開封趙汝楳著。

**《四庫提要・易類三》** 《筮宗》三卷。浙江吴玉墀家藏本。　又《筮宗》一卷。內府藏本。

## 西溪易說

**范邦甸等《天一閣書目・易類》** 《西溪易說》十二卷。宋李過撰，無序例。卷首附載西溪先生《周易序說》一卷。

**黃虞稷《千頃堂書目・易類・補元》** 李過《西溪易說》十二卷。字季辨，興化人。

**倪燦等《補遼金元藝文志・經部》** 李過《西溪易說》十二卷。字季辨，興化人，或云在宋時。

**吴焯《繡谷亭熏習録・經部》** 《西溪易說》十二卷。宋西溪先生《易說》，卷端無序。《經義考》：「李氏過《西溪易說》十二卷。存過，字季辨，興化人，晚喪明，棄科舉授徒。其《易說》多有可采。書成時自序，今鈔本失去。」按是編上經六卷，下經六卷，無《繫辭》。

**《四庫提要・易類三》** 《西谿易說》十二卷。浙江吴玉墀家藏本。宋李過撰。過，字季辨，興化人。董眞卿《周易會通》稱此書有過自序，在慶元戊午，謂幾二十年而成。此本佚去其序，而書中亦多闕文，蓋傳鈔譌脱，又非眞卿所見之舊矣。其書首爲《序說》一卷，分上下經，依文講解，而不及《繫辭》以下。馮椅《易學》稱其多所發明，而議其以毛漸《三墳》爲信，又多割裂經文。如《乾》《坤》初爻初九「潛龍勿用」以下，即接以「象曰：潛龍勿用，陽在下也」，又接以「《文言》曰：潛龍勿用，下也。潛龍勿用，陽氣潛藏。初九曰潛龍勿用，何謂也？至是以君子勿用也」。汨亂顛倒，殆不可訓矣。宜爲胡一桂所譏。其論《爻辭》爲文王作，謂「先儒以西山等字指文王者爲鑿」，而說《明夷》一卦以上三爻爲箕子事，下三爻爲文王事，則仍不免自亂其例。蓋過晚而喪明，冥心默索，不能與師友相訂正。意所獨造，或不免毅然自爲。而收視返聽，用心刻摯，亦往往發先儒所未發。其亂經之罪與詁經之功，固約略可以相當也。

## 朱文公易說

**楊士奇等《文淵閣書目・易》** 《朱文公易說》。一部，四冊。闕。

**黃虞稷《千頃堂書目・易類・補宋》** 朱鑑《文公易說》二十三卷。文公孫。集凡雜著及門人所記口授之言。

**倪燦等《宋史藝文志補・經部》** 朱鑑《文公易說》二十三卷。文公孫。

**《四庫提要・易類三》** 《朱文公易說》二十三卷。編修守謙家藏本。宋朱鑑編。案朱子世系，朱子三子，長子塾。塾二子，長曰鑑，則朱子嫡長孫也。鑑，字子明，以廕補迪功郎，官至湖廣總領。朱子註《易》之書，爲目有五：曰《易傳》十一卷，曰《易本義》十二卷，曰《易學啓蒙》三卷，曰《古易音訓》二卷，曰《蓍卦考誤》一卷，皆有成帙。其朋友論難與及門之辨說，則散見《語録》中，鑑彙而輯之，以成是編。昔鄭玄箋注諸經，其孫魏侍中小同復裒其門人問答之詞爲《鄭志》十一卷。鑑之編輯緒言，亦猶此例也。考朱子初作《易傳》，用王弼本。後作《易本義》，始用呂祖謙本。《易傳》，《宋志》著録，今已散佚。當理宗以後，朱子之學大行，賸語殘編，無不奉爲球璧，不應手成巨帙，反至無傳。殆以未定之說，自削其稿，故不復流布歟？鑑是書全採《語録》之文，以補《本義》之闕。其中或門人記述，未必盡合師說；或偶然問答，未必勒爲確論，安知無如《易傳》之類爲朱子所欲刊除者？然收拾放佚以備考證，亦可云能世其家學矣。

**張金吾《愛日精廬藏書續志・易類》** 《晦菴先生朱文公易說》二十三卷。元刊本。宋朱鑑編。卷一闕，抄補。每冊首俱有毛氏印記。自序。淳祐壬子。

## 易解

**黃虞稷《千頃堂書目・易類・補宋》** 羅大經《易解》十卷。字景倫，吉水人，寶慶二年進士。

**倪燦等《宋史藝文志補・經部》** 羅大經《易解》十卷。字景倫，吉水人，寶慶二年進士。

## 周易大義

**王圻《續文獻通考・經籍考・易》** 《周易大義》。時少章著。

## 周易卦贊

**王圻《續文獻通考・經籍考・易》** 《周易卦贊》。時少章著。

## 周易卦類

**《宋史·藝文志·易類》**《周易卦類》三卷。

## 易辭微

**《宋史·藝文志·易類》**《易辭微》三卷。

## 易正經明疑録

**《宋史·藝文志·易類》**《易正經明疑錄》一卷。

## 易傳

**《宋史·藝文志·易類》**《易傳》四卷。

## 口義

**《宋史·藝文志·易類》**《口義》六卷。

## 易樞

**《宋史·藝文志·易類》**《易樞》十卷。

## 繫辭要旨

**《宋史·藝文志·易類》**《繫辭要旨》一卷。

## 讀易記

**《宋史·藝文志·易類》**王柏《讀易記》十卷。

**王圻《續文獻通考·經籍考·易》**《讀易記》。金華王柏著。柏學于何基，得朱子正傳。

## 涵古易説

**《宋史·藝文志·易類》**王柏《涵古易說》一卷。

## 大象衍義

**《宋史·藝文志·易類》**王柏《大象衍義》，一卷。

**王圻《續文獻通考·經籍考·易》**《太極衍義》。金華王柏著。

## 函古圖書

**王圻《續文獻通考·經籍考·易》**《函古圖書》。金華王柏著。

## 研幾圖

**王圻《續文獻通考・經籍考・易》** 《研幾圖》。金華王柏著。

## 易纂圖

**嵇璜等《續通志・圖譜略・易》** 劉整《易纂圖》。

## 易　釋

**王圻《續文獻通考・經籍考・易》** 《易釋》二十卷。舒津著。津字通叟，奉化人，登景定三年進士。

## 易繫詞釋

**王圻《續文獻通考・經籍考・易》** 《易繫詞釋》三卷。舒津著。

## 易學啓蒙通釋

**楊士奇等《文淵閣書目・易》** 胡方平《學易啓蒙》。一部，二册。闕。

**王圻《續文獻通考・經籍考・易》** 《易學啓蒙通釋》。胡方平著。方平，婺源人。初饒州德興沈貴寶董夢程受朱文公之《易》於黃幹，而方平嘗從貴寶夢程學，得文公源委之正。

**黃虞稷《千頃堂書目・易類・補宋》** 胡方平《周易啓蒙通釋》二卷。一作四卷。又《外易》四卷。號玉齋，婺源人。

**倪燦等《宋史藝文志補・經部》** 胡方平《周易啓蒙通釋》二卷。一作四卷。號玉齋，婺源人。

**錢曾《讀書敏求記・經》** 胡方平《易學啓蒙通釋》二卷。《易》有象數，明于象數而後《易》可讀。《啓蒙》專明象數，蓋爲讀《本義》者作耳。胡方平《通釋》之象，本圖書而形于卦畫，數衍蓍策而達于變占，《易》之體用全矣。昔楊文貞公得此書于伯氏，無何失去。伯氏聞之不樂，至形諸詬詈。昔人矜重書籍如此，後學勿漫觀之。

**《四庫提要・易類三》** 《易學啓蒙通釋》二卷。內府藏本。宋胡方平撰。方平，字師魯，號玉齋，婺源人。據董眞卿《周易會通》載，是書有方平至元己丑自序，則入元已十四年矣。然考熊禾跋，稱「己丑春讀書武夷山中，有新安胡君庭芳來訪，出其父書一編，曰《易學啓蒙通釋》。」又劉涇跋亦稱「一日約退齋熊君訪雲谷遺跡，適新安胡君庭芳來訪，出《易學啓蒙通釋》一編，謂其父玉齋平生精力盡在此書，輒爲刻置書室」云云。則己丑乃禾與涇刊書作跋之年，非方平自序之年，眞卿誤也。方平之學出於董夢程，夢程之學出於黃幹。幹，朱子壻也。故方平及其子一桂皆篤守朱子之說。此書即發明朱子《易學啓蒙》之旨。案《朱子易學啓蒙序》曰：「近世學者，類喜談《易》。其專於爻義者，既支離散漫而無所根據，其涉於象數者，又皆牽合附會，而或以爲出於聖人心思智慮之所爲也。若是者，余竊病焉。因與同志頗輯舊聞，爲書四篇，以示初學，使毋疑於其說」云云。蓋《易》之爲道，理數竝存，不可滯於一說。朱子因程《傳》專主明理，故兼取邵子之數以補其偏，非脫略《易》理，惟著此書以言數也。後人置《本義》不道，惟假借此書以轉相推衍，至於支離轇轕而不已，是豈朱子之本旨乎？方平此書，雖亦專闡數學，而根據朱子之書，反覆詮釋。所採諸書，凡黃幹、董銖、劉爚、陳埴、蔡淵、蔡沈六家，皆朱子門人。又蔡模、徐幾、翁泳三家。模，蔡淵子。幾、泳皆淵之門人。故所衍說，尚不至如他家之竟離其宗，是亦讀《啓蒙》者所當考矣。董眞卿所稱方平自序，今本佚之，惟存後序一篇。朱彝尊《經義考》乃竟以朱子原序爲方平之序，可謂千慮之一失。徐氏通志堂刻本，於此序之末題「淳熙丙午暮春既望，雲臺眞逸手記」，是顯著朱子之別號矣。而其標目乃稱《易學啓蒙通釋序》。淳熙丙午，下距至元己丑凡一百一十三年，朱子安知有《通釋》乎？今刊正之，俾無滋後來之疑焉。

**錢大昕《補元史藝文志・易類》**　胡方平《易學啓蒙通釋》二卷。至元己丑自序。

## 易餘問記

**王圻《續文獻通考・經籍考・易》**　《易餘問記》。胡方平著。

**錢大昕《補元史藝文志・易類》**　胡方平《易餘問記》一卷。

## 外　易

**黄虞稷《千頃堂書目・易類・補宋》**　胡方平《外易》四卷。

**倪燦等《宋史藝文志補・經部》**　胡方平《外易》四卷。

**錢大昕《補元史藝文志・易類》**　胡方平《外易》四卷。

## 周易輯解

**王圻《續文獻通考・經籍考・易》**　《周易輯解》十卷。丘富國著。富國字行可，建安人。嘗受學於朱子門人，淳祐中登第，宋亡遂不仕。

**黄虞稷《千頃堂書目・易類・補宋》**　丘富國《周易輯解》十卷。字行可，建安人。宋進士，官瑞陽簽判。入元不仕。

**倪燦等《宋史藝文志補・經部》**　丘富國《周易輯解》十卷。字行可，建安人，瑞陽簽判。

## 易學説約

**王圻《續文獻通考・經籍考・易》**　《易學説約》五篇。建安丘富國著。所以發明朱氏宗旨。

**黄虞稷《千頃堂書目・易類・補宋》**　丘富國又《易學説約》五篇。

**倪燦等《宋史藝文志補・經部》**　丘富國又《易學説約》五篇。

## 易學啓蒙小傳　附古經傳

**錢謙益等《絳雲樓書目・易類》**　稅與權《易學啓蒙小傳》。一册。

**《四庫提要・易類三》**　《易學啓蒙小傳》一卷，附《古經傳》一卷。兩江總督採進本。宋稅與權撰。與權始末未詳。據其自序，知爲魏了翁門人。據書末史子翬跋，知其字曰巽甫。據《書録解題》載其《周禮折衷》一條，知爲臨邛人爾。初，朱子作《易學啓蒙》，多發邵氏《先天圖》義。至與袁樞論《後天易》，則謂嘗以卦畫縱橫，反覆求之，竟不得文王所以安排之意，是以畏懼不敢妄爲之説。與權從魏了翁講明邵氏諸書，於《觀物篇》得《後天易上下經序卦圖》。證以《雜卦傳》，及揚雄所稱文王重《易》六爻互用兩卦十二爻，孔穎達所稱六十四卦二二相偶、非覆即變之説，知《乾》、《坤》、《坎》、《離》、《頤》、《中孚》、《大過》、《小過》不易之八卦爲上下兩篇之幹，其互易之五十六卦爲上下兩篇之用。即其圖反覆觀之，上下經皆爲十八卦，始終不出九數，以明羲、文之《易》，似異而同。蓋闡邵子之説，以補《啓蒙》之未備，所謂持之有故，而執之成理者也。史子翬跋稱「因是書悟《乾》、《坤》、《納甲》之義。《乾》自甲而壬，《坤》自乙而癸，其數皆九」。而疑其「《乾》九能兼《坤》、《六》，坤陰不能包乾陽」之説，謂「六之中有一三五，則九數固藏於六。欲更與與權商之」。蓋天下之數，不出奇偶，任舉一義，皆有説可通，愈推而愈各有理，此類是矣。謂非《易》之根本則可，謂非《易》中之一義則又不可也。

## 易正誤

陳振孫《直齋書録解題・易類》《易正誤》。一卷。不知何人作。但稱其名曰歘，又稱元祐以來云云，則近世人也。據序爲書三篇，曰《正誤》，曰《脱簡》，曰《句讀》。今所存惟《正誤》一篇，大抵增益郭、范之説，故併附二書冊後。

馬端臨《文獻通考・經籍考・易》《易正誤》一卷。

## 易述古言

《宋史・藝文志・易類》林起鼇《易述古言》二卷。

## 周易見一

王圻《續文獻通考・經籍考・易》《周易見一》。胡仲雲著。仲雲，高安人。幼通經史百家，入太學。寶祐初登進士第，歷官樞密院編修。

## 周易外傳

王圻《續文獻通考・經籍考・易》《周易外傳》。方逢辰著。淳安人。舉進士第一，累官國史修撰。嘗力詆鄭清之、賈似道之非，遂不復出，授徒講學。所著述甚多，學者稱蛟峰先生。

## 水村易鏡

黄虞稷《千頃堂書目・易類・補元》林光世《水村易鏡》一卷。

倪燦等《補遼金元藝文志・經部》林光世《水村易鏡》一卷。

《四庫提要・易類存目一》《水村易鏡》一卷。兩江總督採進本。宋林光世撰。光世，字逢聖，莆田人。《館閣續錄》載其淳祐十一年以《易》學召赴闕，充祕書省檢校文字。十二年，教授常州，文字職事如舊。寶祐二年，補迪功郎，添差江西提舉司幹辦公事。《閩書》則謂淮東漕臣黄漢章上所著《易鏡》，由布衣召爲史館檢閲，遷校勘，改京秩，自將作出知潮州。開慶元年，召爲都官郎中，入爲司農少卿，兼史館，官階頗有異同。又稱其景定二年賜進士出身，在都官郎中後二年，均未詳孰是也。是書序稱「丙午」，蓋成於理宗淳祐六年。大旨據《繫詞》之語，謂諸儒詁《易》，獨遺仰觀「俯察」之義，因居海上，測驗天文，悟天、澤、火、雷、風、水、山、地八宫之星，皆自然有六十四卦，遂以星配卦。先取《繫詞》所列，自《離》至《夬》十三卦，推闡其旨，以發大凡。所列星圖，穿鑿附會，自古説《易》之家未有紕繆至此者。夫庖犧仰觀天文，亦揆其盈虚消息之運耳，何嘗準列宿畫卦哉！後永豐陳圖作《周易起元》，又以名山大川分配六十四卦，謂之察於地理。充乎其類，殆不至以鳥獸配卦不止矣！

## 易　衍

王圻《續文獻通考・經籍考・易》《易衍》。淳安何夢桂著。夢桂，咸淳中進士，歷監察御史，宋亡不仕。

黄虞稷《千頃堂書目・易類・補宋》何夢桂《易衍》二卷。一作《易解》。

倪燦等《宋史藝文志補・經部》何夢桂《易衍》二卷。一作《易解》。

# 三易備遺

**楊士奇等《文淵閣書目・易》**　朱元昇《三易備遺》。一部，二冊。闕。

**黄虞稷《千頃堂書目・易類・補宋》**　朱元昇《三易備遺》十卷。元昇，字日華，東嘉人。咸淳中以右榜官承節郎，差處州、龍泉、遂昌、慶元縣、建寧府松溪、政和縣巡檢。述其自得之學爲《河圖洛書》一卷、《連山備遺》三卷、《歸藏備遺》三卷、《周易備遺》三卷。咸淳八年浙東提刑家鉉翁奏其書於朝。未幾宋亡，元昇亦死。其子士可、次子士立卒成之，元元貞乙未士立乃爲刊行。

**倪燦等《宋史藝文志補・經部》**　朱元昇《三易備遺》，十卷。字日華，永嘉人。《河圖洛書》一卷，《連山》、《歸藏》、《周易》各三卷。家鉉翁進其書於朝，子士立梓行。

**《四庫提要・易類三》**　《三易備遺》十卷。内府藏本。宋朱元昇撰，其子士立補葺。元昇，字日華，里貫未詳。惟卷首載《咸淳八年兩浙提刑家鉉翁進書狀》，稱「承節郎差處州龍泉遂昌慶元及建寧松溪政和巡檢朱元昇」。卷末士立跋稱「咸淳庚午，《備遺》成帙，則堂家先生用聞於朝，三載先子歿」云云，疑其即終於是官。庚午爲咸淳六年，而狀署「八年」，殆傳寫誤「六」爲「八」歟？其書本《河圖洛書》一卷、《連山》三卷、《歸藏》三卷、《周易》三卷。元昇自序亦兼言「三《易》」，而鉉翁進狀特稱其著《中天歸藏書》數萬言，未詳其故。豈以「先天」、「後天」皆儒者所傳述，而「中天」之説元昇創之，故標舉見異耶？然干寶《周禮註》稱「伏羲之《易》小成爲先天，神農之《易》中成爲中天，黄帝之《易》大成爲後天」，則「中天」實亦古名，非新義也。元昇學本邵子，其言《河圖》、《洛書》，則祖劉牧。其言《連山》，以卦位配夏時之氣候。其言《歸藏》，以干支之納音配卦爻。其言《周易》，則闡反對互體之旨。雖未必眞合《周官》太卜之舊，而冥心求索，以求一合，亦可謂好學深思者。過而存之，或亦足備説《易》者之參考耳。

# 周易傳義附録　圖説

**黄虞稷《千頃堂書目・易類・補宋》**　董楷《周易程朱傳義附録》十八卷。字正叔，臨海人，官吏部郎中。

**倪燦等《宋史藝文志補・經部》**　董楷《周易程朱傳義附録》十八卷。一作十四卷。又《圖説》一卷。字正叔，臨海人，吏部郎中。

**《四庫提要・易類三》**　《周易傳義附録》十四卷。兩江總督採進本。宋董楷撰。楷，字正叔，台州臨海人。寶祐四年進士，官至吏部郎中。其學出於陳器之，器之出於朱子，故其説《易》，惟以洛、閩爲宗。是編成於咸淳丙辰，合程子《傳》、朱子《本義》爲一書，而采二子之遺説附録其下，意在理數兼通。又引程、朱之語以羽翼程、朱，亦愈於逞臆鑿空，務求奇於舊説之外者。惟程子《傳》用王弼本，而朱子《本義》則用呂祖謙所定古本。楷以程子在前，遂割裂朱子之書，散附程《傳》之後。沿及明永樂中胡廣等纂《周易大全》，亦仍其誤。至成矩專刻《本義》，亦用程《傳》之次序。鄉塾之士，遂不復知有古經，則楷肇其端也。然楷本以經文平書，而《十翼》之文則下一格書之。其《本義》無所附麗者，則仿諸經疏文某句至某句之例，朱書其目以明之，猶爲有別。今本經、傳一例平書，而《本義》亦意爲割綴，則愈失愈遠，又非楷所及料矣。

**張金吾《愛日精廬藏書續志・易類》**　《周易程朱先生傳義附録》十七卷。元至正刊本。宋後學天台董楷纂集。分卷與通志堂本異，凡例後有「至正壬午桃溪居敬書堂刊行本」印。自序。咸淳丙寅。凡例。

**吴壽暘《拜經樓藏書題跋記》**　元刻本《周易傳義附録》十四卷。每葉二十四行，行二十二字。前列《圖説》、《綱領》，後附《五贊》、《筮儀》，卷末有「至正壬午桃溪居敬堂刊行」方印，蓋元刻之佳者。又一部紙墨更舊，後印爲書估截去。翁覃溪學士《通志堂經解目録》謂割裂《本義》以附程《傳》，自楷此書始。然其中經文尚存古字，如《大有象傳》「明辨晢也」，《繫辭》「何以守位曰人」、「其受命也如嚮」。又《釋文》「嚮，許兩反，古響字」，今本直作「響」，并《釋文》亦刪。「力少而任重，兼三材而兩之故六」，《序卦》「傷於外者必反於家」，《雜卦》「豐多故親寡旅也」，「故」下無「也」字，並與唐石經、宋咸淳本合。又「咸速也，恆久也」下，《本義》「感速常久」，與九江吳革大字本同，不失文公原書之舊。惟「遘遇也」已改作「姤」，今通志堂本「豐多故」下亦添「也」字，與通行本無異矣。

**張之洞《書目答問・易類》** 《周易傳義音訓》八卷，附《易學啓蒙》。程《傳》朱《本義》。宋董楷合編。《呂氏音訓》新附。高均儒校。盱眙吳氏望三益齋刻本。

## 易傳

**黃虞稷《千頃堂書目・易類・補元》** 丁易東《易傳》十一卷。一作十四卷。號石潭，龍陽人。宋進士，入元不仕。築精舍教授生徒，事聞於朝，授山長，賜額沅陽書院。

**倪燦等《補遼金元藝文志・經部》** 丁易東《周易傳疏》十一卷。一作十四卷。

**錢大昕《補元史藝文志・易類》** 丁易東《易傳》十一卷。字漢臣，龍陽人，沅陽書院山長。

## 周易象義

**楊士奇等《文淵閣書目・易》** 《周易丁易東象義》。一部，十冊。闕。

**《四庫提要・易類三》** 《周易象義》十六卷。《永樂大典》本。宋丁易東撰。易東，字漢臣，武陵人。仕至朝奉大夫，太府寺簿，兼樞密院編修官。入元不仕，教授鄉里以終。是編因《易》象以明義，故曰「象義」。其取象之例凡十有二，曰《本體》，即《乾》天《坤》地之類。曰《互體》，即雜物撰德之旨。曰《卦變》，《彖》所謂「大往小來」、《傳》所謂「柔來文剛」、「剛上文柔」是也。曰《正應》，《傳》所謂「剛柔內外之應」是也。曰《動爻》，陽老則變爲陰、陰老則變爲陽是也。曰《變卦》，《左傳》所載古人占筮之法，曰「《乾》之《姤》、《乾》之《同人》」是也。曰《伏卦》，《乾》則伏《坤》，《震》則伏《巽》，《說卦》所謂「天地定位，雷風相薄」是也。曰《反對》，曰《互對》，即漢儒之旁通，卦義與伏通，而有本體全體之異。曰《損》之與《益》、五二之辭同，《夬》之與《姤》、四三之辭同，可以類推者是也。曰《比爻》，初比二、二比三是也。曰《原畫》，陽皆屬乾，陰皆屬坤是也。曰《納甲》，《蠱》之先甲後甲、《巽》之先庚後庚是也。其於前人舊說，大抵以李鼎祚《周易集解》、朱震《漢上易傳》爲宗，而又謂李失之泥，朱傷於巧，故不主一家。如《卦變》之說，則取邵子、朱子。《變卦》之說則取沈該、都絜。筮占之說，則取朱子、蔡淵、馮椅。遠紹旁搜，要歸於變動不居之旨，亦言象者所當考也。諸家著錄，多作十卷。惟朱睦㮮《授經圖》作《易傳》十二卷，焦竑《經籍志》作《易傳》十四卷。考易東所著別無「易傳」之名，蓋即此編。朱氏併其論例一卷數之，爲十一卷。焦氏又併其《大衍索隱》三卷數之，遂爲十四卷耳。朱彝尊《經義考》作十卷，註曰「存」。然世所傳本殘闕特甚，僅存十之二三，又非彝尊之所見。惟散見《永樂大典》中者排比其文，僅闕《豫》、《隨》、《无妄》、《大壯》、《睽》、《蹇》、《中孚》七卦，及《晉》卦之後四爻，餘皆完具。與殘本互相參補，遂還舊觀。以篇頁頗繁，謹析爲一十六卷，以便循覽。原本附有《大衍策數》諸圖，多已見《大衍索隱》中，今不複錄。其《論例》一卷，自述撰著之旨頗備，今仍錄以弁首焉。

**又** 《周易上下經解》殘本四卷。兩淮鹽政採進本。宋丁易東撰。易東有《易象義》，已著錄。此即《易象義》殘本，傳鈔者改其名也。《十翼》惟存《彖傳》、《象傳》，其餘皆佚。上經自《乾》卦至《泰》卦，僅有一頁，尤爲殘缺。惟下經、《晉》、《大壯》、《睽》、《蹇》、《中孚》五卦，爲《永樂大典》所佚者，此本獨完。今已採掇補錄，而別存其目於此，俾世知與《易象義》非兩書焉。

**錢大昕《補元史藝文志・易類》** 丁易東《周易象義》十卷。

**張金吾《愛日精廬藏書志・易類》** 《周易象義》十六卷。文淵閣傳抄本。宋丁易東撰。「易」者，未定之辭也，其雜物取象尚可知也，故三百八十四爻者，其例有深有淺。間而出於人事焉，以明物象者，皆人事也，而實則主象也。象，無數也。竊意其元吉、永貞、无咎者，其最下之占辭耳。未成象之乃其象之云云，猶有物也，凡占道皆如此也。充類有出於其辭之外者，必可見之象也。謂三百八十四爻爲三百八十四事，而三百八十四事爲《易》，止此足以盡天下後世之變者，愚儒之論也。後有知來者，其爲物必非前世之所有，則其占其辭亦未必今世之所有也，故《易》者常「易」也。惟《易》爲無窮，「易」故無窮也。自伊川談理，而象之不可通者通；康節衍數，而物之不能言者言。不可通者通，經義也；不能言者言，聲韻也。不言理，不言數，而一出於占筮。占筮是已，然使執《本義》者坐簾肆，日閱人而不知變，其占必窮。何則？未得其所以易也。吾今日之易，易昨日矣，奈何株而守之。《易》者，神明之道也，隨所感而生焉，有若啓之者焉。而象外有其象，辭外有其辭矣，庶幾哉！漢上爲識其辭之所由生，象之所自出，《易》故至是始極矣。雖然以互變飛伏求之，不得於互，必得於變；不得於互變，必得於飛伏，類多方遷就，以求其已成之辭使必通，而不知當日之可取象者尚多也，何以不爲彼而爲此？又何以變而又變而各爲其道？而或出於飛伏而復返乎其初？何其舞法亡法而無定操以至此也？豈作者意也？此則漢上之功。而漢上之過也，武陵丁石潭君爲《象義》，覈漢上而博諸家。其潔靜也，不雜得《易》之體；其互變也，不泥得《易》之通。疏而明，漸而近。其不可爲典要也，未嘗不出于典常，而可以爲訓。雖先儒復起，其辨不與易矣，而又未嘗有意於辯也。自吾見近世成書若此者少，至衍索隱，橫豎，離合無不可考，則自得深矣。《易》肇於氣，成於數。象與辭雖其子，而胎息遠矣。君能得之於大衍之先，又能衍之於大衍之後，則聲韻律呂將无不合。而經世之所以知來者，具是象與辭如響矣。君成書如屋，年如加我，尚且暮見之。甲午春二十二日廬陵劉辰翁序。

《易》之爲道，大而天地風雷，細而鼉蟹蠃蚌之屬無不寓。八卦之理，亦猶莊子言道在瓦礫稊稗，亦猶子思言鳶飛魚躍上下察也。聖人有以見天下之賾，而擬諸形容，象其物宜，故謂之象。然不特爲鼎，爲賾，爲飛鳥，爲虛舟之類而已。觸類而通之，若以巽爲繩直，遇坎爲矯輮，又是一事；坎爲盜，遇離爲甲胄干戈，又是一事；坎爲心病，又爲耳痛，遇兌爲巫，又是一事也。《易》无盡用，即此可推。莊子曰：「天地與我並生，萬物與我爲一。自此以往，巧歷不能得，而況其凡乎？」知此語，則知《易》取象之物類同是一機，本無間隔，惟昧者莫之知也。噫！是《易》也，言理至於程伊川極矣，言象數至於朱漢上精矣。倪兼三有云，若二書爲一，庶幾理與象數兼得之，誠篤論也。石潭丁君漢臣，觀象玩辭，探賾索隱，用功於《易》亦既有年，謂伊川既詳於論理，則略於論象，自謂止說得七分正。以是也，眞足以窺見伊川言外之旨。又謂朱漢上之說，原於李鼎祚。然鼎祚或失於泥，漢上微傷於巧，不若博採兼收而要其大歸，此《象義》一書所由作也。觀其序曰，錯之以三體，綜之以正變，則統之有宗，會之有元，就使諸老復生，不易斯言矣。試舉其大略以明之。如坤納乙，故稱帝乙；兌納丁，故稱武丁；巽爲白，故曰素履；乾爲衣，故曰苞桑。燕爲燕安之燕，爵爲爵祿之爵，鳴謙以兌口而鳴，熏心以離火而熏。巽爲髮，加震之竹則有簪之象；乾爲玉，用玉於東方則有圭之象；巽爲繩，則有係與維之象；兌爲毀折，則有褫與漏之象。至於豚魚不宜析爲二物，濡首不當泥諸飲酒，丘園寔取義於艮山，弓輪蓋取義於坎月，事事皆有祖述而非傅會也，字字皆有據依而非穿鑿也。雖本之鼎祚、漢上，而兼摭虞翻、干寶諸子之所長，故能萃聚而成一家之書。伊川《易傳》三分之未說者，至是補其缺而會其全。是可爲智者道，難與俗人言也，惜不令兼山見之。予空洩道之密，漏神之機，分張太和，礫裂元氣，不得不爲負芻者竊議於松下矣，而何言之敢贅抑？余尚記往年初入館，湯東澗爲少蓬時，有以《易解》進者，下祕省看詳。東澗因謂余曰：「曾茶山有《易釋象》五卷，鑿鑿精寔，發漢上所未發。」余深以未見其書爲恨。今於石潭《象義》而有得，雖不及見茶山之《易》，亦可無憾矣。於是乎書！至元二十八年寎月朔古甲李珏稚圭序。

《易》之道，其神乎！以象數，則象數不可窮；以卜筮，則占驗不可違；以義理，則義理之妙愈求而愈邃。象義之作，石潭之得於《易》者深矣！或曰《易》窮理盡性，以至於命之書也。近代河南氏之《易》，學者宗焉，以其根於理也。今專以象言，得無蹈諸儒一偏之失乎？噫！天下無理外之物。《河圖》未出，此理在太極；六爻既畫，此理在《易》象。以象觀象，則《易》无非象；以理觀象，則象无非理。舍象以求《易》，不可也。舍理以求象，可乎哉？善乎石潭之言曰：不得於象，則不得於理；不得於理，則亦不得於象。是書也，當合河南氏之《易》互觀之。至元中秋朔杭山寓叟章鑑書。

《易》有聖人之道，四焉：象、辭、變、占而已矣。予少而學《易》，得王輔嗣之《註》焉，得子程子之《傳》焉，得子朱子之《本義》焉。王氏、程子明於辭者也，子朱子明於變與占者也，獨於象无所適從焉。逮壯遊四方，旁搜傳註，殆且百家，其間言理者不可縷數。若以象言，則得李鼎祚所集漢魏諸儒之說焉，朱子發所集古今諸儒之說焉，馮儀之所集近世諸儒之說焉。間言象者，則有康節邵氏之說焉，觀物張氏之說焉，少梅鄭氏之說焉，吳興沈氏之說焉，京口都氏之說焉，長樂林氏之說焉，恕齋趙氏之說焉，平菴項氏之說焉，節齋蔡氏之說焉，山齋易氏之說焉，樸卿呂氏之說焉，古爲徐氏之說焉。是數家者，非不可觀也。而邵氏、張氏則明《易》之數，本自著書，非專爲卦爻設也。沈氏、都氏則明卦之變，趙氏、項氏、易氏、馮氏、徐氏則明卦之情，蔡氏、徐氏祖述《本義》，皆非專爲觀象設也。林氏之說則反覆八卦，既爲朱子所排；鄭氏之說又別成一家，无所本祖。其專以說卦言象者，不過李氏鼎祚與朱氏子發耳。朱氏之說原於李氏者也，李氏之說原於漢儒者也。李氏所主者康成之學，於虞翻、荀爽所取爲多，其源流有自來矣。然漢儒之說，於象雖詳，不能不流於陰陽、術數之陋。朱子雖兼明於義，而於象變紛然雜出考之，凡例不知其幾焉。良以統之无其宗，會之無其源也。予病此久矣。山林无事，即衆說而折衷之。大抵《易》之取象雖多，不過三體，所謂本體、互體、伏體是也。然其爲體，也有正有變，故有正中之本體，有正中之互體，有正中之伏體焉；有變中之本體焉，有變中之互體，有變中之伏體焉。正，非中正之正。但謂其卦中未變之體耳。以上諸體，皆本漢儒及唐李氏。近世漢上朱氏非予之臆說也。但其中卦爻，先儒取象有未盡者，亦以其例推而補之。其餘凡例固非一途，要所從來皆由此三體推之耳。蓋以正體取象者，不待變而其象本具者也；以變體取象者，必待變而其象始形者也。故自其以正體示人者觀之，止而吉而无咎者，變而凶，則悔吝也；正而凶而悔吝者，變則吉，則无咎也。自其以變體示人者觀之，變而吉而无咎者，不變而凶，則悔吝也；變而凶而悔吝者，不變則吉，則无咎也。兼正變而取象者，可以變，可以无變，惟時義所在也是可。但正其夫，不論其變乎！夫《易》，變易也。先儒言理者，皆知之矣。至於言象，乃止許以正體言，不許以變體言。凡以變言象，率疑其鑿，是以《易》爲不易之「易」，不知其爲變易之「易」也。既不通之以變易之「易」，則毋怪以象爲可忘之筌蹄也。既以象爲可忘之筌蹄，毋怪以象變之說率歸於鑿也。故善言《易》者，必錯之以三體，而綜之以正變，則統之有宗，會之有元，《易》之象可得而觀矣。予於是竊有志焉。是編之述，因象以推義，即義以明象，固錯之以三體，綜之以正變，而必以正中之本體爲先，而其餘諸體則標於其後，又以示主賓之分也。至於言數雖非專主，而間亦及之焉，蓋將拾先儒之遺，補先儒之缺云耳。雖因辭明理不如程子之詳，言變與占不如朱子之約，至尚論其象，自謂頗不失漢儒之舊，於李氏鼎祚、朱氏子發未敢多遜焉。後之言象者，不易吾言矣。於是而玩索焉，上可以遡漢儒之傳，亦可以免漢儒之鑿，庶幾君子居觀之一助云。作《周易象義》。柔兆閹茂㽔賓甲午武陵丁易東序。

《易》之爲書，自王輔嗣以前，漢儒專以象變明辭，固失之泥。及輔嗣以後，又止以清談解義，於象變絕无取焉。伊川純以義理發明，固爲百世不刊之書，然於象變則亦引而不發。康節雖言象數，然不專於彖、象發明，朱子歸之卜筮，謂邵傳《羲經》，程演《周易》得之矣。其於象數也，雖於《易學啓蒙》述其大槩，而《本義》一書尚多闕疑。僕用功於此有年矣，竊謂泥象變而言《易》固不可，舍象變而論《易》亦不可。于是歷覽先儒之說，依《本義》體，分經與彖象各爲一。一爲率以理爲之經，象變爲之緯，使理與象變並行不悖，庶幾不失前聖命辭之本旨。以示初學，使知其大意云。易東又序。易東後序。

**張金吾《愛日精廬藏書續志・易類》** 《周易象義》殘本一卷。宋刊本。宋武陵丁易東象義。原書卷數無考。是卷標題「周易下經」，第二之三自《豐》至《未濟》凡一卷。《四庫全書》著錄本從《永樂大典》錄出重編者，此則原書殘帙也。

# 大衍索隱

**楊士奇等《文淵閣書目・易》** 丁易東《大衍索隱》。一部，五冊。闕。

**黃虞稷《千頃堂書目・易類・補元》** 丁易東《大衍索隱》三卷。

**倪燦等《補遼金元藝文志・經部》** 《大衍索隱》三卷。丁易東號石潭，龍陽人。宋進士，隱居教授。事聞，授沅陽書院山長。

**錢大昕《補元史藝文志・易類》** 丁易東《大衍索隱》三卷。

## 易學蠡測

**王圻《續文獻通考・經籍考・易》** 《易學蠡測》。宋潛室曰，故宋迪功郎慶元府學教授魏新之著。又見先儒列卦畫爲方圓圖，乃以己意成三隅圖，曲盡妙理，門人王德先演而傳之。

## 易解

**楊士奇等《文淵閣書目・易》** 《易陳普解》。一部，二冊。闕。

**黄虞稷《千頃堂書目・易類・補宋》** 陳普《易解》二卷。寧德人，稱「石堂先生」。

**倪燦等《宋史藝文志補・經部》** 陳普《易解》二卷。寧德人。

## 周易講義

**王圻《續文獻通考・經籍考・易》** 《周易講義》。熊禾著。禾，建陽人。宋武州司戶參軍，入元不仕，學問至老不倦。

**錢大昕《補元史藝文志・易類》** 熊禾《易説》。字去非，建安人，宋咸淳進士，邵武軍司戶。

## 易學圖傳

**黄虞稷《千頃堂書目・易類・補宋》** 熊禾《易學圖傳》一卷。

**倪燦等《宋史藝文志補・經部》** 熊禾《易學圖傳》一卷。

## 清全齋讀易編

**楊士奇等《文淵閣書目・易》** 抄《清全齋讀易編》。一部，三冊。闕。

**黄虞稷《千頃堂書目・易類・補宋》** 陳深《清全齋讀易編》三卷。字子微，吳人。宋亡不仕，篤志著述。

**倪燦等《宋史藝文志補・經部》** 陳深《清全齋讀易編》三卷。字子微，吳人。

**錢大昕《補元史藝文志・易類》** 陳深《清全齋讀易編》三卷。字子微，吳人，天曆間以能書薦，不就。

## 易管窺

**黄虞稷《千頃堂書目・易類・補宋》** 吳霞舉《易管窺》六十卷。字孟陽，休寧人，吳龍翰子，別號「默室」。

**倪燦等《宋史藝文志補・經部》** 吳霞舉《易管窺》六十卷。字孟陽，休寧人。

**錢大昕《補元史藝文志・易類》** 吳霞舉《易管見》六十卷。歙人。

## 筮易

**黄虞稷《千頃堂書目・易類》** 吳霞舉《筮易》七卷。

**倪燦等《宋史藝文志補・經部》** 吳霞舉《筮易》七卷。

## 易圖說詳解

王圻《續文獻通考・經籍考・易》 《易圖說詳解》。鄭儀孫著。建安人，號翠屏。咸淳中應賢良舉，明年，少帝北行，退而著書。

嵇璜等《續通志・圖譜略・易》 鄭儀孫《易圖說》。

## 易經集說

王圻《續文獻通考・經籍考・易》 《易經集說》。衛富益集。富益，崇德人。

## 易象寶鑑

王圻《續文獻通考・經籍考・易》 《易象寶鑑》。王鎡著。鎡，池州人。爲中書舍人，兼侍講。未仕時，旁郡從肄業者常數百人。

## 本義啓蒙

楊士奇等《文淵閣書目・易》 《本義啓蒙》。一部，二冊。闕。

## 本義啓蒙翼傳

楊士奇等《文淵閣書目・易》 《本義啓蒙翼傳》。一部，四冊。闕。

## 筮書

楊士奇等《文淵閣書目・易》 蔡氏《筮書》。一部，一冊。闕。

## 用易詳解

楊士奇等《文淵閣書目・易》 李謙齋《詳解》。一部，二冊，闕。

《四庫提要・易類三》 《用易詳解》十六卷。《永樂大典》本。宋李杞撰。杞，字子才，號謙齋，眉山人。仕履未詳。考宋有三李杞，其一爲北宋人，官大理寺丞，與蘇軾相唱和，見《烏臺詩案》；一爲朱子門人，字良仲，平江人，即嘗錄《甲寅問答》者。與此書之李杞，均非一人，或混而同之者，誤也。其書原本二十卷，焦竑《經籍志》作《謙齋詳解》，朱彝尊《經義考》作《周易詳解》。考杞自序，稱「經必以史證，後世岐而爲二，尊經太過，反入於虛無之域，無以見經爲萬世有用之學。故取《文中子》之言，以『用易』名編」。其述稱名之義甚詳，竑及彝尊殆未見原書，故傳聞譌異歟？外閒久無傳本，惟《永樂大典》尚散見各韻中。採掇裒輯，僅闕《豫》、《隨》、《无妄》、《大壯》、《睽》、《蹇》、《中孚》七卦，及《晉》卦後四爻，其餘俱屬完善。謹排次校核，釐爲十六卷。書中之例，於每爻解其辭義，復引歷代史事以實之。如《乾》初九稱「舜在側微」，《乾》九二稱「四岳薦舜」之類。案《易》爻有帝乙、高宗之象，傳有文王、箕子之辭，是聖人原非空言以立訓。故鄭康成論《乾》之用九，則及舜與禹、稷、契、皋陶在朝之事。論《隨》之初九，則取舜賓於四門之義。明《易》之切於人事也。宋世李光、楊萬里等更博採史籍以相證明，雖不無稍涉氾濫，而其推闡精確者，要於立象垂戒之旨，實多所發明。杞之說《易》，猶此志矣。其中不可訓者，惟在於多引老、莊之文。如《蒙》之初六，則引《老子》「終日嗥而不嗄」云云，以爲童蒙之義。《履》之《彖》，則引《莊子》「虎與人異類而媚養己者」云云，以爲履虎尾之義。夫老、莊之書其言雖似近《易》，而其強弱攻取之機、形就心和之論，與《易》之无方无體而定之以中正仁義者，指歸實判然各殊。自葉夢得《巖下放言》稱「《易》之精藴盡在莊、列」，程大昌遂著爲《易老通言》。杞作《易編》，復引而伸之，是則王弼輩掃除漢學流弊無窮之明驗矣。別白存之，亦足爲崇尚清談者戒也。

**張金吾《愛日精廬藏書志・易類》**《用易詳解》十六卷。文淵閣傳抄本。宋李杞撰。經學不可以史證。經學必以史證，此吾爲書之病也，亦吾爲書之意也。夫聖人之經，所以示萬世有用之學。夫豈徒爲是空言也哉？故經辯其理，史紀其事；有是理，必有是事。二者常相關而不可闕一焉。自後世以空言爲學，岐經與史爲二，尊經太過，而六經之書往往反入於虛無曠蕩之域吁！是亦不思而已矣。夫經固非史也，而史可以證經，以史證經謂之駁焉，可也。然不質之於史，則何以見聖人之經爲萬世有用之學也耶！且《易》之爲書，蓋聖人憂患之作，於以同民吉凶而使之趨避焉者也。《易》書既作，凡所以避凶趨吉、酬酢泛應者，在天下日用之際有不窮之妙。是《易》之爲「易」，乃聖人應世之書。吉凶悔吝、治亂安危、得失禍福之理之所萃焉者也！而奈何以空言學之乎？《文中子》曰：「《易》，聖人之動也。於是乎用之以乘時矣。」夫時變之來無窮，而《易》之理亦與之無窮；善用之則吉，不善用之則悔吝。古之聖人所以周流變化，而前民之用者皆用《易》之妙也。堯舜之揖遜，湯武之征伐，伊周之達，孔孟之窮，在天下有如是之時，在《易》有如是之理，在聖人有如是之用。蓋不獨十三卦制器尚象爲然，而孰謂可以虛文而輕議之也哉！故吾於《易》多證之史，非以隘《易》也，所以見《易》爲有用之學也。因取《文中子》之言而以用《易》名編。嗚呼！學《易》非難，而用《易》爲難！吾其敢自謂能爾乎！嘉泰癸亥六月望日謙齋居士李杞子才序。

## 無菴警心易贊

**楊士奇等《文淵閣書目・易》**《無菴警心易贊》。一部，一冊。闕。

## 大易宋諸儒集義

**楊士奇等《文淵閣書目・易》**《大易宋諸儒集義》。一部，六冊。闕。
《大易宋諸儒集義》。一部，十六冊。闕。

## 河圖易象本義

**楊士奇等《文淵閣書目・易》**陳訥《河圖易象本義》。一部，一冊。闕。

## 周易蓬軒錢氏圖説

**楊士奇等《文淵閣書目・易》**《周易蓬軒錢氏圖説》。一部，一冊。闕。

## 周易姑汾遁叟證類

**楊士奇等《文淵閣書目・易》**《周易姑汾遁叟證類》。一部，一冊。闕。

## 易雲閒田疇解

**楊士奇等《文淵閣書目・易》**《易雲閒田疇解》。一部，二十冊。闕。

## 周易衍義

楊士奇等《文淵閣書目・易》《周易許復衍義》。一部，十二冊。闕。

黃虞稷《千頃堂書目・易類・補元》許復《易衍義》二十二卷。

## 易張清子傳

楊士奇等《文淵閣書目・易》《易張清子傳》。一部，二冊。闕。

## 周易張清子本義

楊士奇等《文淵閣書目・易》《周易張清子本義》。一部，二冊。闕。《周易張清子本義》。一部，四冊。闕。

## 周易本義附録

楊士奇等《文淵閣書目・易》《周易本義附錄》。一部，一冊。闕。《周易本義附錄》。一部，一冊。闕。

錢大昕《補元史藝文志・易類》張清子《周易本義附錄集注》十一卷。字希獻，建安人。

## 郭東山易書

楊士奇等《文淵閣書目・易》抄《郭東山易書》一部，一冊。闕。塾本「書」作「旨」。

## 大易忘筌

楊士奇等《文淵閣書目・易》抄《大易忘筌》一部，二冊。闕。

## 易說

王圻《續文獻通考・經籍考・易》《易說》十四卷。泰和蕭肅著。宰相馬廷鸞、江萬里好其書上之。

## 易說

王圻《續文獻通考・經籍考・易》李犍昭信人，累官國子博士，嘗著《易說》行於世。

## 易說

王圻《續文獻通考・經籍考・易》倪元、王度、羅適、趙汝談、趙彥肅、胡說、鄭思皆有《易說》。

## 易說

王圻《續文獻通考・經籍考・易》王度有《易說》。

## 易説

王圻《續文獻通考・經籍考・易》 趙彦肅有《易説》。

## 易説

王圻《續文獻通考・經籍考・易》 胡説有《易説》。

## 易説

王圻《續文獻通考・經籍考・易》 鄭思有《易説》。

## 周易會粹

王圻《續文獻通考・經籍考・易》《周易會粹》。楊明復著。明復，臨海人。操履純正，博通經籍，號浦城先生。

## 易書乾坤別辯

王圻《續文獻通考・經籍考・易》《易書乾坤別辯》。史通著。通，青州人。少與兄珣以文字知名，歷官通州尉、盤石令，有古循吏風。

## 易玄神契

王圻《續文獻通考・經籍考・易》《易玄神契》。葉子儀著。

## 讀易記

王圻《續文獻通考・經籍考・易》《讀易記》。仙游陳沂著。沂，光祖之子，篤志紫陽之學。

## 易雜説

王圻《續文獻通考・經籍考・易》《易雜説》。魯子良著。子良，金谿人。又著《學庸語孟解》等書。

## 易傳參同契

王圻《續文獻通考・經籍考・易》《易傳參同契》。李都著。都，光澤人。名借參同，發明《易》道。

## 大易發微

王圻《續文獻通考・經籍考・易》《大易發微》。練來著。來字彦本，建安人，以著書自娛。

### 易學理窟

**王圻《續文獻通考・經籍考・易》** 《易學理窟》。艾謙著。

### 玩易手抄

**王圻《續文獻通考・經籍考・易》** 《玩易手抄》。毛友誠著。

### 易集註

**王圻《續文獻通考・經籍考・易》** 《易集註》。陳允士著。

### 易象數解

**王圻《續文獻通考・經籍考・易》** 《易象數解》。李直方著。

### 太極易通説

**王圻《續文獻通考・經籍考・易》** 《太極易通說》。田君右著。

### 讀易目録

**王圻《續文獻通考・經籍考・易》** 《讀易目錄》。高煒著。

### 易　圖

**嵇璜等《續通志・圖譜略・易》** 程新恩《易圖》。

### 易經或問

**黄虞稷《千頃堂書目・易類・補元》** 姚麒《易經或問》十卷。

### 周易餘義

**黄虞稷《千頃堂書目・易類・補元》** 楊幅《周易餘義》八卷。

### 古易便覽

**黄虞稷《千頃堂書目・易類・補元》** 昝如愚《古易便覽》一卷。

**倪燦等《宋史藝文志補・經部》** 昝如愚《古易便覽》一卷。

### 泰軒易傳

**阮元《四庫未收書目提要・易類》** 《泰軒易傳》，六卷。《佚存叢書》本。宋李中正撰。中正，字伯謙，清源人。案《宋史・藝文志》不著録，諸家書目亦未載其名。是編日本人用活字板擺印。凡言《易》者，非泥陰陽，即拘象數，此則專明人事，于起伏消長之機，隨事示戒，非空談者可及，惜《繫辭》以下本闕。卷首《乾》卦九三以上，及卷二之《觀》卦亦闕。然宏綱巨指，倘可推尋。如解「否之匪人，不利君子貞」云：「不利作一讀，而君子則無往而不貞也。」于《益》卦六二云：「或益之十朋之龜，龜弗克違，天助之也。天人兩助，而能永貞，以盡臣節。」録存其說，以備讀《易》者之參考焉。

## 易義矜式

**王圻《續文獻通考・經籍考・易》** 《易義矜式》。宜黄涂溍生著。

**黄虞稷《千頃堂書目・易類・補宋》** 涂溍生《易義矜式》。字自昭，宜黄人，贛州濂溪書院山長。入元不仕。

## 周易經疑

**楊士奇等《文淵閣書目・易》** 《易疑擬題》。一部，一冊。闕。

**黄虞稷《千頃堂書目・易類・補宋》** 涂溍生《周易疑擬題》二卷。

**阮元《四庫未收書目提要・易類》** 《周易經疑》三卷。元涂溍生撰。按《江西通志》：溍生，字自昭，宜黄人，邃於《易》，爲贛州濂溪書院山長。若有《四書斷疑》、《易義矜式》行世。朱彝尊《經義考》載溍生《易主義》一卷，注稱「已佚」。並引楊士奇言曰：《易主義》一卷，元臨川鄉貢進士涂溍生著，專爲科舉設。此書題曰《經疑》，元以「經疑」取士，蓋擬之而作也。此書或即《主義》，或即《易義矜式》，不可得而考矣。

**張金吾《愛日精廬藏書志・易類》** 《周易經義》三卷。元刊本。元進士臨川涂溍生易菴擬。宋熙寧四年，王安石始更科舉法，罷詩賦，以經義論策試士。此經義之始也。元仁宗皇慶初，復行科舉，仍用經義，而體式視宋爲小變。綜其格律，有破題、接題、小講，謂之冒子。冒子後入官題。官題下有原題，有大議，有餘意，亦曰從講。又有原經，亦曰考經。有結尾。承襲既久，嫌其繁複，或稍稍變通之，而大要有冒題、原題、講題、結題則一定不可易，此經義之定式也。是書與王充耘《書義矜式》，俱可考見當時「經義」體製，故附之「易類」云。吴氏手跋曰：按朱竹垞《經義考》載涂溍生《易主意》一卷，已佚，而無此書。又引楊士奇之言，謂《易主意》專爲科舉設。近年獨盧陵謝子方有之，以教學者。於是吾郡學《易》者，皆資於此。不知即此書邪？抑別有其書也？溍生，字自昭，宜黄人。《江西通志》稱其邃於《易》，三上春官不第，爲贛州濂溪書院山長，著有《四書斷疑》、《易義矜式》行世。己亥十月望日，得此冊於鬻古書者。嘗質諸朱文游丈，亦未之見也。延陵吴翌鳳伊仲記。

**吴壽暘《拜經樓藏書題跋記》** 《周易經義》三卷，前題進士臨川涂溍生易庵擬，先君子從枚庵先生借鈔。枚庵跋云：按朱竹垞《經義考》載涂溍生《易主意》一卷，已佚，而無此書。又引楊士奇之言，謂《易主意》專爲科舉設，近年獨盧陵謝子才有之，以教學者，於是吾郡學《易》者皆資於此。不知即此書耶？抑別有其書也？溍生，字自昭，宜黄人。《江西通志》稱其邃于《易》，三上春官不第，爲贛州濂溪書院山長，著有《四書斷疑》、《易義矜式》行世。乙亥十月望日，得此于鬻古書者，嘗質諸朱文游丈，亦未之見也。吴翌鳳伊仲記。先君子跋云：右《易義》三卷，往從宗人伊仲借鈔。諦觀所釋經旨，大抵不離於所謂科舉之學者近是。然儲藏家都無其書，是亦可寶者。惟書中間有闕文無從補錄，爲可惜爾。伊仲本休寧商山人，僑居吴郡，補博士弟子員，博學工詩，家貧而好書，與朱文游爲莫逆交，手鈔祕冊極多。予至金閶必爲留連日夕，得佳本輒互相傳錄。後應姜度香中丞之辟，挈家入楚。郵筒不接者幾十載，聞其書亦皆散失矣。嘉慶丙辰冬日識。

## 易象占

**王圻《續文獻通考・經籍考・易》** 《易象占》。周敬孫著。敬孫，臨海人。宋末爲太學生。學於金華王柏，得性理之旨。

**錢大昕《補元史藝文志・易類》** 周敬孫《易象占》。

## 易解

**錢大昕《補元史藝文志・易類》** 雷思《易解》。字西仲，渾源人。

**龔顯曾《金藝文志補録・易類》** 《易解》。雷思。

## 易叢説

**王圻《續文獻通考・經籍考・易》** 《易叢説》十卷。金趙秉文著。秉文字周臣，滏陽人。幼穎悟，讀書若夙習。登大定二十五年進士，累官禮部尚書、翰林學士、兼益政殿説書。

**黄虞稷《千頃堂書目・易類・補金》** 趙秉文《易叢説》十卷。

**倪燦等《補遼金元藝文志・經部》** 趙秉文《易叢説》十卷。

**錢大昕《補元史藝文志・易類》** 趙秉文《易叢説》十卷。

**龔顯曾《金藝文志補録・易類》** 《周易叢説》十卷。趙秉文。《滏水集》、《中州集》、倪璠《補志》俱作《易叢説》。金門詔《補藝文志》作《易經叢説》。

## 象數雜説

**王圻《續文獻通考・經籍考・易》** 《象數雜説》。金趙秉文著。

**黄虞稷《千頃堂書目・易類・補金》** 趙秉文《象數雜説》。

**倪燦等《補遼金元藝文志・經部》** 趙秉文《象數雜説》。卷亡。

**錢大昕《補元史藝文志・易類》** 趙秉文《象數雜説》。卷亡。

**龔顯曾《金藝文志補録・易類》** 《象數雜説》。卷亡。趙秉文。

## 易説

**錢大昕《補元史藝文志・易類》** 呂豫《易説》。字彦先，修武人。

**龔顯曾《金藝文志補録・經部・易類》** 《易説》。呂豫。

## 學易記

**錢大昕《補元史藝文志・易類》** 馮延登《學易記》。字子駿，吉州人，國子祭酒，權刑部尚書。

**龔顯曾《金藝文志補録・易類》** 《學易記》。馮延登。

## 讀易備忘

**黄虞稷《千頃堂書目・易類》** 劉肅《讀易備忘》。

**倪燦等《補遼金元藝文志・經部・補元》** 劉肅《讀易備忘》。

**錢大昕《補元史藝文志・易類》** 劉肅《讀易備忘》。

## 易集説

**王圻《續文獻通考・經籍考・易》** 《易集説》。金張特立著。特立字文舉，東明人，泰和中進士。

**黄虞稷《千頃堂書目・易類・補金》** 張特立《易集説》。

**倪燦等《補遼金元藝文志・經部》** 張特立《易集説》。

**錢大昕《補元史藝文志・易類》** 張特立《易集説》。

**龔顯曾《金藝文志補録・易類》** 《周易集説》。張特立。錢大昕《補三史藝文志》歸之元人，倪氏《補志》歸之金，作《易集說》。

## 女直字譯易經

龔顯曾《金藝文志補録・易類》《女直字譯易經》。世宗大定二十三年譯經所譯。附王弼、韓康伯《易經注》。天德三年國子監印定。

## 易學集説

錢大昕《補元史藝文志・易類》王天鐸《易學集說》。字振之，惲之父，開興初戸部主事。

龔顯曾《金藝文志補録・易類》王氏《易學集說》。王天鐸。一作《王氏易纂》。

## 易　解

龔顯曾《金藝文志補録・易類》《易解》。薛元。

## 周易釋略

錢大昕《補元史藝文志・易類》袁從義《周易釋略》。字用之，虞鄉人，中條山道士。

龔顯曾《金藝文志補録・易類》《周易釋略》。袁從義。

## 易　解

錢大昕《補元史藝文志・易類》張氏《易解》十卷。失其名。以上金。

龔顯曾《金藝文志補録・易類》張氏《易解》十卷。見王惲《秋澗集》。

## 三十家易解

倪燦等《補遼金元藝文志・經部》單渢《三十家易解》。

錢大昕《補元史藝文志・易類》單渢《三十家易解》。平原人。

龔顯曾《金藝文志補録・易類》《三十家易解》。單渢。

## 周易卜筮斷

錢大昕《補元史藝文志・易類》斡道沖《周易卜筮斷》。字宗聖，西夏國相。

龔顯曾《金藝文志補録・易類》《周易卜筮斷》。斡道沖，字宗聖，西夏國相。

黄任恒《補遼史藝文志・易類》斡道沖《周易卜筮斷》。虞集《西夏相斡公畫像贊》曰：斡氏其先靈武人，從夏主遷興州，世掌夏國史。道沖字宗聖，八歲以尚書中童子舉，長通五經，爲蕃漢教授，作《周易卜筮斷》，以其國字書之，行於國中，至今存焉。官至其國之中書宰相而歿。《道園全集》十七。

陳第《世善堂書目》下曰：《周易卜筮法》三卷，韓道沖撰。任恆案：陳氏入此書於卜筮類，而斡作韓，斷作法，或是傳寫之誤。據其收藏著錄，則斡氏此書猶有流傳於世也。

## 讀易私言

**王圻《續文獻通考・經籍考・易》**《讀易私言》。許衡著。衡字平仲，號魯齋，河内人。嘗從姚樞于蘇門，得程朱書，慨然以道爲己任。官至中書左丞，追封魏國公，謚文正，從祀孔子廟庭。

**黄虞稷《千頃堂書目・易類・補元》** 許衡《讀易私言》一卷。

**倪燦等《宋史藝文志補・經部》** 許衡《讀易私言》一卷。

**《四庫提要・易類四》**《讀易私言》一卷。兩江總督採進本。元許衡撰。衡，字平仲，河内人。官至集賢殿大學士，兼國子祭酒，謚文正。事蹟具《元史》本傳。其書論六爻之德位，大旨多發明《繫辭傳》同功異位、柔危剛勝之義，而又類聚各卦畫之居於六位者，分别觀之。蓋「健順動止」入説陷麗，其「吉凶悔吝」又視乎所值之時，而必以正且得中爲上。孔子《彖》《象傳》每以當位不當位、得中行中爲言。衡所發明，蓋本斯旨。此書本在衡文集中，元蘇天爵《文類》、明劉昌中《州文表》皆載之。國朝曹溶採入《學海類編》。通志堂刊《九經解》，遂從舊本收入。而何焯校正《九經解目錄》，以爲即元李簡之書。今考簡所撰《學易記》，其書具在，未嘗與此書相複。且《永樂大典》所載，亦作許衡，則非簡書明甚。焯之所校，不知何以云然也。

**錢大昕《補元史藝文志・易類》** 許衡《讀易私言》一卷。

## 易傳

**黄虞稷《千頃堂書目・易類・補元》** 張志道《易傳》三十卷。字潛夫，金壇人。

**倪燦等《補遼金元藝文志・經部》** 張志道《易傳》三十卷。字潛夫，金壇人。

**錢大昕《補元史藝文志・易類》** 張志道《易傳》三十卷。字潛夫，金壇人。

## 周易附説卦變圖

**嵇璜等《續通志・圖譜略・易》** 齊夢龍《周易附説卦變圖》。

**錢大昕《補元史藝文志・易類》** 齊夢龍《周易附説卦變圖》。字覺翁，饒州德興人，宋末進士。

## 大易法象通贊

**楊士奇等《文淵閣書目・易》** 鄭滁孫《易法象通贊》。一部，六册。闕。

**王圻《續文獻通考・經籍考・易》**《大易法象通贊》。鄭滁孫著。滁孫、處州人。宋景定間進士，知樂清縣，至元末，以薦召見，累官集賢學士致仕。

**黄虞稷《千頃堂書目・易類・補元》** 鄭滁孫《大易法象通贊》七卷。

**倪燦等《補遼金元藝文志・經部》** 鄭滁孫《大易法象通贊》七卷。

**《四庫提要・易類存目一》**《大易法象通贊》七卷。浙江吳玉墀家藏本。元鄭滁孫撰。滁孫，字景歐，處州人。宋景定間進士，嘗知溫州樂清縣，遷宗正丞禮部郎官。入元，以薦召授集賢直學士。事蹟具《元史・儒學傳》。此書首爲諸圖，次以《中天述考》、《述衍》等説，終以甲辰、乙巳、丙午三年所作《習坎書院旅語》。其《中天圖》後署曰「至元三十年十一月吉日宣召赴闕儒人臣鄭滁孫」，蓋即其被薦時所進也。其序自言：「年踰五十，探索『先天圖』，忽得中天元景」云云。案：「中天」之説，始見於干寶《周禮註》，朱元昇衍之爲《三易備遺》。然滁孫所謂「中天元景」，與干寶之説又異。大旨謂「中天即天也，由其運用合一居中，故曰『中天』。由其在生兩之後、用九之前，故曰『中天』。其象藏於互體，而義發見於文王、周公、孔子之辭」。其説大抵皆幽渺恍惚，不可究詰。計滁孫登第，自宋景定至元世祖至元中，當已五六十歲，而此書之成在成宗之末，又在進圖後十餘年，逮至嘉興、溫州升席説經，年已耄耋矣。其始終敷析者，皆一「中天」之義。又刪《周易・繫辭傳》以遷就己説，而牽合諸經以證之。支離曼衍，終無歸宿。自來以奇偶推《易》者，病於穿鑿，以老、莊談《易》者，病於虚無。此書更以穿鑿之數，附會於虚無之理，兩家流獘，兼而有之，可謂敝精神於無用者矣。

**錢大昕《補元史藝文志・易類》** 鄭滁孫《大易法象通贊》七卷。

## 周易記玩

**王圻《續文獻通考・經籍考・易》** 《周易記玩》。鄭滁孫著。

**倪燦等《補遼金元藝文志・經部》** 鄭滁孫《周易記玩》。

**錢大昕《補元史藝文志・易類》** 鄭滁孫《周易記玩》卷亡。

## 述衍

**黃虞稷《千頃堂書目・易類・補元》** 鄭滁孫《述衍》一卷。

**倪燦等《補遼金元藝文志・經部》** 鄭滁孫《述衍》一卷。

**錢大昕《補元史藝文志・易類》** 鄭滁孫《述衍》一卷。

## 中天述考

**楊士奇等《文淵閣書目・易》** 鄭滁孫《中天述考》。一部，一冊。闕。

**黃虞稷《千頃堂書目・易類・補元》** 鄭滁孫又《中天述考》一卷。

**倪燦等《補遼金元藝文志・經部》** 鄭滁孫又《中天述考》一卷。

**錢大昕《補元史藝文志・易類》** 鄭滁孫又《中天述考》一卷。



## 易心象

**錢溥《祕閣書目・易》** 鄭滁孫《易心象》。

## 易外傳

**王圻《續文獻通考・經籍考・易》** 《易外傳》。元郝經著。經字伯常，陵川人。

**黃虞稷《千頃堂書目・易類・補元》** 郝經《周易外傳》八十卷。經羈館眞州時所作。自孔子以來諸家注釋，覈其至精，去其重複，義理象數兼采，巨細不遺，積成八十卷。又旁搜遠經，創圖立説爲《太極演》二十卷。申明列聖及諸儒餘意，謂之外傳。以孔子爲經作傳，後人著作皆傳外之傳也，故曰「外傳」，示不敢同於聖人之作云。

**倪燦等《宋史藝文志補・經部》** 郝經《周易外傳》八十卷。

**錢大昕《補元史藝文志・易類》** 郝經《周易外傳》八十卷。

## 太極演

**黃虞稷《千頃堂書目・易類・補元》** 郝經《太極演》二十卷。

**倪燦等《宋史藝文志補・經部》** 郝經《太極演》二十卷。羈館眞州時作。

**錢大昕《補元史藝文志・易類》** 郝經《太極演》二十卷。

## 太極傳

**錢大昕《補元史藝文志・易類》** 郝經《太極傳》一卷。

## 易學纂言

**錢大昕《補元史藝文志・易類》** 傅立《易學纂言》十八卷。字權甫，饒州德興人，集賢院大學士，謚文懿。

## 周易本說

**楊士奇等《文淵閣書目・易》** 《周易齊履謙本義》。一部，四冊。闕。塾本「義」作「說」。

**黃虞稷《千頃堂書目・易類・補元》** 齊履謙《周易本說》六卷。初補注《繫辭旨略》二卷，以敷暢《本義》之旨。後更爲說四卷，專釋卦爻之旨。至於《彖》《象》諸傳、夫子所以贊變卦爻一二疑滯，已具《說》下，其餘則不全釋。

**倪燦等《宋史藝文志補・經部》** 齊履謙《周易本說》六卷。

**錢大昕《補元史藝文志・易類》** 齊履謙《周易本說》四卷。

## 繫辭旨略

**倪燦等《宋史藝文志補・經部》** 齊履謙《繫辭旨略》二卷。

**錢大昕《補元史藝文志・易類》** 齊履謙《繫辭旨略》二卷。

## 筮草研幾

**黃虞稷《千頃堂書目・易類・補元》** 鮑雲龍《筮草研幾》一卷。字景翔，歙縣人。領元鄉薦，不仕，家居教授。

**倪燦等《補遼金元藝文志・經部》** 鮑雲龍《筮草研幾》。字景翔，歙人。

**錢大昕《補元史藝文志・易類》** 鮑雲龍《筮草研幾》一卷。字景翔，歙人。

## 易直解

**錢大昕《補元史藝文志・易類》** 胡祗遹《易直解》。字紹聞，磁州武安人，翰林學士。

## 讀易析疑

**黃虞稷《千頃堂書目・易類・補宋》** 方回《讀易析疑》。一作「釋疑」。

**倪燦等《補遼金元藝文志・經部》** 方回《讀易析疑》。一作「釋疑」。

**錢大昕《補元史藝文志・易類》** 方回《讀易析疑》。

## 易　說

**錢大昕《補元史藝文志・易類》** 胡次焱《易說》。婺源人。

## 易圖通變

**范邦甸等《天一閣書目・易類》** 《易圖通變》五卷。藍縣欄鈔本。元大德庚子年臨川道士雷思齊撰并序。至元丙戌嗣天師簡齋張宗演序。至順三年揭傒斯序。至順三年吳全節序。

**黃虞稷《千頃堂書目・易類・補元》** 雷思齊《易圖通變》五卷。一作三卷。字齊賢。

**倪燦等《補遼金元藝文志・經部》**　雷思齊《易圖通變》五卷。

**嵇璜等《續通志・圖譜略・易》**　雷思齊《易圖通變》。

**《四庫提要・易類三》**　《易圖通變》五卷。兩江總督採進本。宋雷思齊撰。思齊，字齊賢，臨川人。宋亡之後，棄儒服爲道士，居烏石觀。後終於廣信。事蹟具袁桷所撰墓誌銘。是編前有揭傒斯序，稱所著有《老子本義》、《莊子旨義》數十卷，及《和陶詩》三卷。吴全節序又稱其有《文集》二十卷。今皆未見，惟此二書存。其《易圖通變自序》謂「河圖之數以八卦成列，相盪相錯，參天兩地，參伍以變，其數實爲四十，而以其十五會通於中」。所述《河圖洛書參天兩地倚數》之圖、《錯綜會變》等圖，及《河圖遺論》，大旨以天一爲《坎》，地二爲《坤》，天三爲《震》，地四爲《巽》，天七爲《兌》，地六爲《乾》，天九爲《離》，地八爲《艮》，而五十則爲虚數。其説雖與先儒不同，而案以出震齊巽之義，亦頗相脗合。林至《易裨傳序》所謂「《易》道變化不窮，得其一端，皆足以爲説者也」。

**錢大昕《補元史藝文志・易類》**　雷思齊《易圖通變》五卷。

## 易筮通變

**倪燦等《補遼金元藝文志・經部》**　雷思齊《易筮通變》三卷。

**《四庫提要・易類三》**　雷思齊《易筮通變》凡五篇，一曰《卜筮》，二曰《立卦》，三曰《九六》，四曰《衍數》，五曰《命蓍》，亦多自出新意，不主舊法。白雲霽《道藏目録》載二書於《太玄部・若字號》中。蓋圖書之學，實出道家，思齊又本道家衍説之，以附於《易》，固亦有由云。

**錢大昕《補元史藝文志・易類》**　雷思齊《易筮通變》三卷。字齊賢，臨川道士。

## 讀易偶記

**錢大昕《補元史藝文志・易類》**　余芑舒《讀易偶記》。字德新，饒州德興人。

## 易解説

**王圻《續文獻通考・經籍考・易》**　《易解説》。何逢原著。逢原宋時嘗知嘉州，有善政，與孫松壽、宋誨、何耕稱四循吏。

## 周易注

**楊士奇等《文淵閣書目・易》**　張應珍《義山易解》。一部，二冊。闕。

**黄虞稷《千頃堂書目・易類・補元》**　張應珍《周易注》十卷。以下皆不知時代。

**倪燦等《補遼金元藝文志・經部》**　張應珍《周易注》十卷。永新人，宋亡入元爲祕書丞，更姓名爲吴鄹，自號義山。

**錢大昕《補元史藝文志・易類》**　吴鄹《周易注》十卷。永新人，初名張應珍，由從事郎歷祕書監丞，遷祕書少監，更今姓名。

## 易解大全

**錢大昕《補元史藝文志・易類》**　孟文龍《易解大全》。無錫人。

## 互言總論

**錢大昕《補元史藝文志・易類》**　石一龍《互言總論》十卷。字晉卿，義烏人。宋鄉貢進士，入元不仕。

## 易　志

**錢大昕《補元史藝文志・易類》** 劉莊孫《易志》十卷。字正仲，天台人。

## 周易通義

**王圻《續文獻通考・經籍考・易》** 《周易通義》。黄超然著。超然、黄巖人。師事王柏，精於《易》學。

**黄虞稷《千頃堂書目・易類・補元》** 黄超然《周易通義》。自號壽雲，黄巖人，王柏弟子，卒謚康敏。

**倪燦等《補遼金元藝文志・經部》** 黄超然《周易通義》。號壽雲，黄巖人。

**錢大昕《補元史藝文志・易類》** 黄超然《周易通義》二十卷。字立道，黄巖人。

## 周易或問

**錢大昕《補元史藝文志・易類》** 黄超然《周易或問》五卷。

## 周易釋蒙

**錢大昕《補元史藝文志・易類》** 黄超然《周易釋蒙》五卷。

## 周易發例

**錢大昕《補元史藝文志・易類》** 黄超然《周易發例》一卷。

## 三分易圖

**黄虞稷《千頃堂書目・易類・補元》** 程龍《三分易圖》。

**倪燦等《補遼金元藝文志・經部》** 程龍《三分易圖》。

**錢大昕《補元史藝文志・易類》** 程龍《補程子三分易圖》一卷。字舜俞，婺源人，宋景定進士，仕至徽州路同知。

## 易圖補

**倪燦等《補遼金元藝文志・經部》** 程龍《易圖補》一卷。

**嵇璜等《續通志・圖譜略・易》** 元程龍《易圖補》。

## 筮　法

**倪燦等《補遼金元藝文志・經部》** 程龍又《筮法》一卷。婺源人。

**錢大昕《補元史藝文志・易類》** 程龍又《筮法》一卷。

## 易解義

**王圻《續文獻通考・經籍考・易》** 同安丘葵亦有《易解義》。

**黃虞稷**《**千頃堂書目・易類・補元**》　丘葵《易解義》。

**倪燦等**《**補遼金元藝文志・經部**》　丘葵《易解義》。同安人。

**錢大昕**《**補元史藝文志・易類**》　丘葵《易解義》。

## 周易説約

**黃虞稷**《**千頃堂書目・易類・補元**》　黎立武《周易説約》一卷。

**倪燦等**《**補遼金元藝文志・經部**》　黎立武《周易説約》一卷。

**錢大昕**《**補元史藝文志・易類**》　黎立武《周易説約》一卷。字以常，新喻人。

## 易學啓蒙翼傳

**范邦甸等**《**天一閣書目・易類**》　《易學翼傳》四卷。紅絲欄鈔本。元皇慶新安胡一桂撰并自序。

**徐𤊹**《**徐氏家藏書目・易類**》　《周易翼》四卷。宋胡一桂。

**錢謙益等**《**絳雲樓書目・易類**》　胡一桂《周易發明啓蒙易傳》四冊。四卷。

**黃虞稷**《**千頃堂書目・易類・補元**》　胡一桂《周易啓蒙翼傳》，四卷。

**倪燦等**《**宋史藝文志補・經部**》　胡一桂《周易啓蒙翼傳》四卷。字庭芳，方平子。景定甲子鄉薦，入元不仕。

**于敏中等**《**天禄琳琅書目・元版經部**》　《周易本義啓蒙翼傳》。一函，八冊。元胡一桂撰，四卷。前一桂自序。《元史》：「胡一桂，字廷芳，徽州婺源人，精於《易》。初，饒州德興沈貴寶受《易》於董夢程，夢程受朱子之《易》於黃榦，而一桂之父方平及從貴寶、夢程學，嘗著《易學啓蒙通釋》。一桂之學出於方平，得朱子源委之正。宋景定甲子，一桂年十八，遂領鄉薦試禮部，不第。退而講學，遠近師之，號雙湖先生。所著有《周易本義附録纂疏》、《本義啓蒙翼傳》諸書，並行於世。」按景定甲子，爲宋理宗景定五年。書中一桂自序作於皇慶癸丑，係元仁宗皇慶二年，距景定甲子已五十有二載。其時一桂年已七十矣。序稱「先君子懼愚不敏，既爲《啓蒙通釋》以誨之。愚不量淺陋，復爲《本義附録纂疏》以承先志。今重加增纂，又成《翼傳》四篇」云云。是一桂之究心《周易》，克承家學，亦非一朝夕之故也。是書字體版式規仿宋槧，亦元刻之佳者。

《**四庫提要・易類四**》　《易學啓蒙翼傳》四卷。内府藏本。元胡一桂撰。一桂之父方平，嘗作《易學啓蒙通釋》，一桂更推闡而辨明之，故曰「翼傳」。自序稱「去朱子纔百餘年，而承學漸失。如圖書已釐正矣，復仍劉牧之謬者有之；卜筮之數灼如丹青矣，復祖尚元旨者又有之。因於《本義附録纂疏》外，復輯爲是書」。凡爲《内篇》者三，一曰《舉要》，以發辭變象占之義。二曰《明筮》，以考史傳卜筮卦占之法。三曰《辨疑》，以辨《河圖》、《洛書》之同異。皆發明朱子之説者也。爲《外篇》者一，則《易緯候》諸書以及京房《飛候》、焦贛《易林》、揚雄《太玄》、司馬光《潛虚》，以至邵子《皇極經世》諸法，亦附録其概。以其皆《易》之支流，故别之曰「外」。大致與其父之書互相出入，而方平主於明本旨，一桂主於辨異學，故體例各殊焉。

**錢大昕**《**補元史藝文志・易類**》　胡一桂《易學啓蒙翼傳》三篇。又《外篇》一篇。

## 周易本義附録纂疏

**王圻**《**續文獻通考・經籍考・易**》　《周易本義附録集》，胡一桂著。一桂，方平子。穎悟，好讀書，受父易，景定中年十八，由鄉薦試禮部不第，退而講學。

**黃虞稷**《**千頃堂書目・易類・補元**》　胡一桂《周易本義通釋附録纂疏》，十四卷。又《周易啓蒙翼傳》，四卷。取朱子《文集》、《語録》之及於《易》者，附於《本義》下，謂之《附録》。取諸儒《易》説之發明《本義》者，纂之謂之《纂疏》。

**倪燦等**《**宋史藝文志補・經部**》　胡一桂《周易本義附録纂疏》，十四卷。

**《四庫提要·易類四》**《易本義附錄纂疏》十五卷。內府藏本。元胡一桂撰。一桂，字庭芳，號雙湖，婺源人。景定甲子領鄉薦，試禮部不第，教授鄉里以終。事蹟具《元史·儒學傳》。是編以《朱子本義》爲宗，取《文集》、《語錄》之及於《易》者附之，謂之「附錄」；取諸儒《易》說之合於《本義》者纂之，謂之「纂疏」。其去取別裁，惟以朱子爲斷。《元史》稱其受《易》源流出於朱子，殆以《啓蒙翼傳》及是書歟？陳櫟稱一桂此書，「於楊萬里《易傳》無半字及之」。今檢其所引，櫟說信然。蓋宋末元初講學者門戶最嚴，而新安諸儒於授受源流辨別尤甚。萬里《易傳》雖遠宗程子，而早工吟咏，與范成大、陸游齊名，不甚以講學爲事。故雖嘗薦朱子、拒韓侂胄，而慶元黨禁獨不列名。一桂蓋以詞人擯之，未必盡以其書也。

**錢大昕《補元史藝文志·易類》** 胡一桂《周易本義附錄纂疏》十五卷，或作十四卷。

## 易究

**錢大昕《補元史藝文志·易類》** 史蒙卿《易究》十卷。

## 易原奧義

**楊士奇等《文淵閣書目·易》** 保八《易原奧義》。一部，一冊。闕。

**倪燦等《補遼金元藝文志·經部》** 保八《易原奧義》一卷。

**《四庫提要·易類四》**《易原奧義》一卷，《周易原旨》六卷。內府藏本。元寶巴撰。案寶巴舊本作保八，今改正。寶巴，字普菴，色目人，居於洛陽。是書前有《進太子牋》，結銜稱「太中大夫前黃州路總管兼管內勸農事」。又有任士林序，稱「貳卿寶公」，不知其終於何官也。《牋》末不題年月。黃虞稷《千頃堂書目》稱「舊有方回、牟巘二序」。案回、巘皆宋末舊人，則寶巴爲元初人矣。是書原分三種，統名《易體用》，本程子之說，即卦體以闡卦用也。朱彝尊《經義考》載「《易原奧義》一卷，存。《周易原旨》六卷，存。《周易尚占》三卷，佚。」考陳繼儒《彙祕笈》中有《周易尚占》三卷，書名與卷數竝符。然序稱爲瑩蟾子李清菴撰，不云寶巴自作。其書乃用錢代蓍之法，以六爻配十二時、五行、六親、六神，合月建、日辰以斷吉凶，亦非尚占之本義。序文鄙陋，尤不類讀書人語。蓋方技家傳有是書，與寶巴佚書，其名偶合。明人喜作僞本，遂撰寶巴序文以影附之。不知寶巴說《易》，竝根柢宋儒，闡發義理，無一字涉京、焦讖緯之說，其肯以此書當古占法哉？今辨明其妄，別存目於「術數類」中。而寶巴原書則仍以所存二種著錄，庶闕而眞，猶勝於全而僞焉。

**錢大昕《補元史藝文志·易類》** 保八《易原奧義》一卷。

**張金吾《愛日精廬藏書志·易類》**《易原奧義》一卷，《周易原旨》八卷。文淵閣傳抄本。元寶巴撰。《進太子牋》曰：皇帝聖旨裏太中大夫前黃州路總管兼管內勸農事臣寶巴言，伏以光奉詔書甫正貳儲之位，敬敷《易》道，少裨熙緝之功。天啓昌期，時逢至治。竊謂自龍圖之畫既泄，而象數之學肇開，至六十四卦以成書，爲百千萬年之明鑑。蓋羲、文、孔子發先天之妙，京、費、王弼廣後世之傳，豈但求語下之筌蹄，又當參胸中之關鍵。凡蠡測管窺，以探精義，皆銖積寸累，以用深功。苟得其眞，敢私以祕？臣寶巴誠惶誠懼，叩頭叩頭。敬維皇太子殿下英姿岐嶷，茂德淵冲，民望具瞻共仰重離之照，政機多暇式昭幹蠱之勤，方恢邦家太平之宏基，宜得帝王相傳之要領，用師諸古有益於今。臣寶巴幸際清時，輒申丹悃，不揆淺膚之素學，冒於投進於青宮，冀虎闈齒胄之間特加披閱，在鶴禁延儒之頃，更賜表章，臣寶巴無任瞻仰抃躍、激切屏營之至，謹奉牋以聞。臣寶巴誠惶誠懼，叩頭叩頭。謹言。

## 周易原旨

**楊士奇等《文淵閣書目·易》**《周易保八原旨》。一部，六冊。闕。

**黃虞稷《千頃堂書目·易類·補元》** 保八《周易原旨》六卷。又《繫辭》二卷。又《易原奧義》一卷。又《周易尚占》三卷。前有進呈皇太子箋，稱大中大夫、前黄州路總管兼管內勸農事臣保八。其書有方回、牟巘序，稱之爲普庵者其號，曰公孟者其字也。居洛陽。一名《易體用》。

**倪燦等《補遼金元藝文志・經部》**　保八《周易原旨》六卷。

**《四庫提要・易類四》**　《周易原旨》六卷。元寶巴撰。

**錢大昕《補元史藝文志・易類》**　保八《周易原旨》六卷。

**吴壽暘《拜經樓藏書題跋記》**　《周易原旨》，舊鈔本三册八卷。按，《千頃堂書目》云：保八《周易原旨》六卷，又《繫辭》二卷，前有《進皇太子牋》稱，大中大夫前黄州路總管兼管內勸農事臣保八。其書有方回、牟巘序，稱之曰普庵者其號，曰公孟子者其字也，居洛陽。諸書亦《易體用》。《簡明目録》云：原本作保八，今改寶巴。

## 繫辭

**黄虞稷《千頃堂書目・易類・補元》**　保八《繫辭》二卷。

**倪燦等《補遼金元藝文志・經部》**　保八《繫辭》，二卷。

**錢大昕《補元史藝文志・易類》**　保八《繫辭》，二卷。字公孟，黄州路總管。

## 周易尚占

**黄虞稷《千頃堂書目・易類・補元》**　保八《周易尚占》三卷。

**倪燦等《補遼金元藝文志・經部》**　保八《周易尚占》三卷。字公孟，居洛陽，黄州路總管。前有《進皇太子牋》。其書亦名《易體用》。

**吴焯《繡谷亭熏習録・經部》**　《周易尚占》三卷。元保八，序曰：「尚占者，學《易》之樞機也。其緒在於寂然應動之效，發端在於決疑。疑情頓釋，惟變是通，皆由理正辭達而已。臨疑取證，不滯膠擾楊墨之間，今瑩蟾子李清庵下一片工夫，分析爻辭，深得《易》理之趣。言雖朴素，不事浮華，若非閑中日月，静裏乾坤，孰能臻此？聯篇鋟梓以廣其傳。」按《千頃堂書目》稱「保八著有《周易尚占》三卷」，列之《原旨》之後。據序云云，蓋出他人手筆，保八爲之序以付梓。《千頃堂書目》以書名卷帙相同，遂誤列之《原旨》之後，黄氏似未細閲其序耳。而《經義考》註曰「佚」，亦未見此本也。清庵未詳何人，俟再考。

## 周易啓蒙輯録

**黄虞稷《千頃堂書目・易類・補元》**　程時登《周易啓蒙輯録》。字登庸，江西樂平人。

**倪燦等《補遼金元藝文志・經部》**　程時登《周易啓蒙輯録》。字登庸，江西樂平人。

**錢大昕《補元史藝文志・易類》**　程時登《周易啓蒙輯説》。字登庸，饒州樂平人。

## 易經著録

**王圻《續文獻通考・經籍考・易》**　《易經著録》，吴澄著。澄，崇仁人。自幼知用力聖賢之學，著述甚多。其《易經著録序略》曰：昔在皇羲，始畫八卦，因而重之爲六十四。當是時，《易》有圖而無書也。後聖因之作《連山》，作《歸藏》，作《周易》，雖一本諸伏羲之圖而其取用，蓋各不同焉。三《易》既亡其二，而《周易》猶存，世儒誦習，知有《周易》而已。伏羲之圖鮮或傳授，而淪落於方伎家，雖其説具見於夫子之《繫辭》、《説卦》，而讀者莫之察也。至宋邵子始得而發揮之，於是人乃知有伏羲之《易》，而學《易》者不斷自文王周公始也。今於《易》之一經，首揭此圖冠於經端，以爲伏羲之《易》，而後以三《易》繼之，蓋欲學者知《易》之本原，不至尋流逐末，而昧其所自云爾。

# 易叙録

**黃虞稷《千頃堂書目・易類・補元》** 吳澄《易叙録》十二篇。《叙録》之作，因東萊呂氏《古易》重加修訂，正其文字闕、衍、謬誤者。

**倪燦等《補遼金元藝文志・經部》** 吳澄《易叙録》十二篇。

**錢大昕《補元史藝文志・易類》** 吳澄《易叙録》十二篇。

# 易纂言

**楊士奇等《文淵閣書目・易》** 《易吳澄纂言》。一部，八冊。闕。《易吳澄纂言》。一部，三冊。闕。《易吳澄纂言》。一部，二冊。闕。《易吳澄纂言》。一部，七冊。闕。

**徐𤊹《徐氏家藏書目・易類》** 《易纂言》八卷。元吳澄。

**錢謙益等《絳雲樓書目・易類》** 吳澄《易纂言》。十二卷。

**黃虞稷《千頃堂書目・易類・補元》** 吳澄《易纂言》十二卷。

**倪燦等《補遼金元藝文志・經部》** 吳澄《易纂言》十卷。

**吳焯《繡谷亭薰習録・經部》** 《易纂言》十卷。《元史》：「吳澄，字幼清，撫州崇仁人，舉進士不中，居布水谷，著《孝經章句》，校定《易》、《書》、《詩》、《春秋》、《儀禮》及大小《戴記》。侍御史程鉅夫奉詔求賢江南，起澄。至京師，以母病辭歸。鉅夫請置澄所著書於國子監，以資學者。朝廷命有司即其家録上。董士選薦澄有道，擢應奉翰林文字。至大元年召爲國子監丞，皇慶元年陞司業，俄拜集賢直學士。英宗即位，超遷翰林學士。請老，加資善大夫。澄於《易》、《書》、《春秋》、《禮記》各有《纂言》，盡破傳註穿鑿，以發其蘊，條歸紀叙，精明簡潔，卓然成一家言。所居草屋數間，鉅夫題曰『草廬』，故學者稱草廬先生。卒年八十五，贈臨川郡公，謚文正。」公自序曰：「《周易》上下經二篇，文王、周公作。《彖》、《象》、《繫辭》上下、《文言》、《説卦》、《序卦》、《雜卦》傳十篇，夫子作。秦焚書，《周易》以占筮獨存。《漢志》：《易》十二篇，蓋經二傳十也。自魏、晉諸儒分《彖》、《象》、《文言》入經，而《易》非古註疏，傳誦者苟且仍循以逮於今。宋東萊先生始考之以復其舊，而朱子因之，第其文字闕衍謬誤未盡正也，故今重加修訂。視舊本頗爲精善，惟於大義不能有所損益，而於羽翼遺經亦不無小補」云。是本刻於明成化丁亥，有莆田翁世資序，曰：「《易纂言》一書，草廬先生著。蓋欲使人居則觀象玩辭，動則觀變玩占，不迷於是非得失之途。其有功於後學大矣。書成，先生年已七十有四，蓋在至治二年冬十月也。然書雖成，未嘗版行於世。荏苒於今，殆將二百年矣。天順八年，天台林公鶚一按察使，於江西得是書於先生家塾，壽梓以傳。」按《經義考》載觀生跋曰：先生著是書幾四十年，改易者凡數四。壬戌秋書成，然未嘗以示人。明年春，觀生固請鋟諸梓，以示學者。先生慨然許之。猶慮傳寫之或差，乃命鈔寫而自督視。因書之成，遂志年月於右。」據觀生跋語，此編公於生前已手校付梓矣，烏得謂未嘗版行於世歟？

**《四庫提要・易類四》** 《易纂言》十卷。內府藏本。元吳澄撰。澄，字幼清，號草廬，崇仁人。宋咸淳末舉進士不第，入元以薦擢翰林應奉文字，官至翰林學士，卒謚文正。事蹟具《元史》本傳。是書用呂祖謙古《易》本經文，每卦先列卦變主爻，每爻先列變爻，次列象占。《十翼》亦各分章數。其訓解各附句下，音釋考證則經附每卦之末，傳附每章之末。間有文義相因，即附辨於句下者偶一二見，非通例也。澄於諸經，好臆爲點竄，惟此書所改則有根據者爲多。如《師》卦「丈人吉」，改「大人吉」，據崔憬所引《子夏傳》。《比》卦「比之匪人」下增「凶」字，據王肅本。《小畜》卦「輿説輻」，改「輿説輹」，據許慎《説文》；「尚德載」，改「尚得載」，據京房、虞翻、子夏本。《泰》卦「包荒」改「包巟」，據《説文》及虞翻本。《大畜》卦「曰閑輿衛」，改「日閑輿衛」，從鄭玄、虞翻、陸希聲本。《萃》卦「萃亨」，刪「亨」字，從馬融、鄭玄、虞翻、陸績本。《困》卦「劓刖」，改「臲卼」，據荀爽、王肅、陸績本。《鼎》卦「其形渥」，改「其刑剭」，據鄭玄本。《比》「比，吉也」，刪「也」字，據王昭素本。《賁彖》補「剛柔交錯」四字，據王弼注。《震》象「驚遠而懼邇也」，下補「不喪匕鬯」四字，據王昭素所引徐氏本。《漸》象「女歸吉也」，改「女歸吉利貞」，據王肅本。《坤》象「履霜堅冰」，改「初六履霜」，據《魏志》。《坎》象

「樽酒簋貳」，删「貳」字，據陸德明《釋文》。案，澄注明言舊本有「貳」字，陸氏《釋文》無之。今世所行張弧、陸希聲本皆同，是傳文已删去「貳」字。徐氏通志堂本乃剜補刊板增入「貳」字，是顧湄等校正之時以不誤爲誤也。謹附訂於此。《繫辭上傳》「繫辭焉而明吉凶」，下稱「悔吝」二字，據虞翻本。《繫辭下傳》「何以守位曰仁」，改「何以守位曰人」，據王肅本。「耒耨之利」，改「耒耜之利」，據王昭素本。「以濟不通」，下删「致遠以利天下」六字，據陸德明《釋文》。《序卦傳》「故受之以履」，下補「履者禮也」四字，據韓康伯本。皆援引古義，具有源流，不比師心變亂。其餘亦多依傍胡瑗、程子、朱子諸說，澄所自爲改正者，不過數條而已。惟以《繫辭傳》中說上、下《經》十六卦十八爻之文定爲錯簡，移置於《文言傳》中，則悍然臆斷不可以爲訓矣。然其解釋經義，詞簡理明，融貫舊聞，亦頗賅洽，在元人說易諸家，固終爲巨擘焉。

**錢大昕《補元史藝文志・易類》** 吴澄《易纂言》十卷，或作十二卷。

## 易纂言外翼

**楊士奇等《文淵閣書目・易》** 吴澄《易纂言外翼》。一部，四冊，闕。

**黄虞稷《千頃堂書目・易類・補元》** 《易纂言外翼》四冊。未詳撰人。見《文淵閣書目》。

**倪燦等《補遼金元藝文志・經部》** 吴澄《外翼》八卷。《易纂言外翼》四冊。失名。

**《四庫提要・易類四》** 《易纂言外翼》八卷。《永樂大典》本。元吴澄撰。澄所著《易纂言》，義例散見各卦中，不相統貫。卷首所陳卦畫，亦粗具梗概，未及詳言，因復作此書以暢明之。《纂言》有通志堂刻本，久行於世。此書則傳本漸罕，近遂散佚無存。朱彝尊《經義考》云：「見明崑山《葉氏書目》，載有四冊，而亦未睹其書。」今惟《永樂大典》尚分載各韻之下。考澄所作小序，原書蓋共十二篇。一曰《卦統》，以八經卦之純體合體者爲經，六十四卦之雜體者爲緯，乃上下《經》篇之所由分。二曰《卦對》，以奇偶反易成二卦，成上下篇相對。三曰《卦變》，言奇偶復生奇偶，其用無窮。四曰《卦主》，因《无妄傳》而推之，以明一經之義。五曰《變卦》，言剛柔交相變，而一卦可爲六十四卦。六曰《互卦》，言中四爻復具二卦，以爲一卦。七曰《象例》，凡經之取象皆類聚之，以觀其通。八曰《占例》，言元、亨、利、貞、吉、凶、无咎，其義皆本於天道。九曰《辭例》，乃《象例》、《占例》所未備，而可以互見者。十曰《變例》，言揲蓍四營十八變之法。十一曰《易原》，明《河圖》、《洛書》、《先後天圖》。十二曰《易流》，備舉揚雄以下擬《易》之書。今缺《卦變》、《變卦》、《互卦》三篇，《易流》缺半篇，《易原》疑亦不完。然其餘尚首尾整齊，無所遺失。自唐定《正義》，《易》遂以王弼爲宗，象數之學，久置不講。澄爲《纂言》，一決於象，史謂其能盡破傳注之穿鑿，故言《易》者多宗之。是編類聚區分，以求其理之會通。如《卦統》、《卦對》二篇，言經之所以釐爲上下，乃程、朱所未及。《象例》諸篇闡明古義，尤非元、明諸儒空談妙悟者可比。雖稍有殘缺，而宏綱巨目，尚可推尋。謹依原目編次，析爲八卷，俾與《纂言》相輔而行焉。

**錢大昕《補元史藝文志・易類》** 吴澄《易纂言外翼》八卷。

**張金吾《愛日精廬藏書志・易類》** 《易纂言外翼》八卷。文瀾閣傳抄本。元吴澄撰。 自序曰，羲皇卦畫先後一定，自然而然。文王分八卦爲上下篇，改移其次。八經卦之純體、合體者爲之經，四十八卦之雜體者爲之緯。《述卦統》第一。 六畫，卦之不反易者八，其反易者二十八爲五十六。卦奇陽偶陰，無獨必有對，或上下二篇相對，或上下各篇自對。二體之互易者亦然。《述卦對》第二。 羲皇生卦，奇偶之上生奇偶而已。卦體既成，而推其用則無窮矣。《乾》、《坤》變而爲六子十辟，六子十辟變而爲四十六卦。《述卦變》第三。 每卦以一畫爲主，《无妄》之傳所謂「剛自外來而爲主於内也」。《述卦主》第四。 《易》以剛柔相推而生變化。剛畫變則化柔，柔畫變則化剛，而一卦可爲六十四變。《述變卦》第五。 重卦有上下二體，又以卦中四畫交互取之，二三四成下體，三四五成上體。《述互卦》第六。 羲皇所畫之卦，畫謂之象。文王所名之卦，名謂之象。《彖辭》、《爻辭》，汎取所肖之物，亦謂之象。《述象例》第七。 聖人畫卦以明天道，生蓍以前民用彖爻之辭爲占設也。《述占例》第八。 辭有象辭，有占辭。象之中亦有占，占之中亦有象。既互見矣，猶有遺者，復掇拾之，通謂之辭。《述辭例》第九。 揲蓍十八變而成一卦，以動者尚其變，謂之蓍之變。《述變例》第十。

羲皇心契天地自然之《易》，將畫八卦，而有龍馬負圖出於河，此《易》之原也。《洛書》後出，神禹因之叙九疇，其《河圖》之記與。《述易原》第十一。邵子著書立言，無一不本於羲皇之卦圖。楊氏自三才之三起數，而譔《太玄》；司馬氏自五行之十起數，而譔《潛虚》；蔡氏自九疇之九起數，而譔《洪範皇極内篇》，皆易之派也。然邵子從容乎！羲畫之内，三家則奔迸乎羲畫之外矣。邵其經流之派，楊、馬、蔡其支流之派與。《述易流》第十二。　凡十二篇。是爲《易纂言外翼》云。

**《清史稿・藝文志・易類》**　元吴澄《易纂言外翼》八卷。

## 易繫辭説

**錢大昕《補元史藝文志・易類》**　劉因《易繫辭説》。

## 周易本義通釋

**楊士奇等《文淵閣書目・易》**　胡炳文《易本義通》。一部，八册。闕。

**范邦甸等《天一閣書目・易類》**　《周易本義通釋》十卷。輯錄《雲峰文集・易義》一卷。藍絲欄鈔本。元延祐丙辰新安胡炳文撰并自序。嘉靖元年新安潘旦重刊序。正德庚辰九世孫胡珙後序。嘉靖元年邵武縣儒學教諭盱江鄧杞校刊。

**王圻《續文獻通考・經籍考・易》**　《周易本義通釋》。胡炳文著。炳文，婺源人。元初爲信州書院山長，篤志諸子之學，諸子百家醫卜等書，靡不推究。

**黄虞稷《千頃堂書目・易類・補元》**　胡炳文《周易本義通釋》十卷。自《繫辭》以下俱佚，取《大全》所輯一桂説補之。

**倪燦等《宋史藝文志補・經部》**　胡炳文《周易本義通釋》十卷。

**《四庫提要・易類四》**　《周易本義通釋》十二卷。編修勵守謙家藏本。元胡炳文撰。炳文，字仲虎，號雲峰，婺源人。嘗爲信州道一書院山長，再調蘭溪州學正，不赴。《元史・儒學傳》附載其父一桂傳中。程敏政《新安文獻志》所謂「篤志朱子之學者也」。是書據朱子《本義》，折衷是正，復採諸家《易》解，互相發明。序題延祐丙辰，蓋仁宗之三年。初名「精義」，後病其繁冗，刪而約之，改名「通釋」。所著《雲峰集》中有《與吴澄書》曰：「《本義通釋》，郭文卿守浮梁時爲刊其半，出之太早，今悔之無及也。刊本今以呈似，中有謬戾，閣下削之繩之，幸甚」云云。考炳文生於宋理宗淳祐十年，其《與澄書》時稱年七十，則當在延祐七年庚申，在作序之後三年，其所悔者改正與否，則不可考矣。王懋竑《白田雜著》曰：「今刻雲峰《本義通釋》，上下經解極詳。以《大全》本考之，增多者十之三四。《彖傳》以後，語皆與《大全》同，無增多者。疑《通釋》自《彖傳》後已失去，後人鈔集《大全》所載以續之耳。」又《大全序例》謂「胡氏《通釋》既輒變古《易》，又於今《易》不免離析先後。考今刻乃一依古《易》，此不可曉，或者今刻非原本歟」云云。案此本前有明潘旦序，稱書經兵燹，多至亡佚，其九世孫珙及弟玠募遺書，得上、下《經》而闕《十翼》，乃復彙蒐諸集中以補之。然則今本《十翼》乃珙、玠所裒錄，非炳文之舊。懋竑蓋未見旦序，故有此疑。惟《大全》稱炳文「輒變古《易》」，又離析今文之先後，則《彖傳》、《象傳》必附經文之中，何以解傳者佚而解經者不佚，又何以珙、玠所得舊本上、下《經》文釐然完具而不參以《彖傳》、《象傳》，此則誠不可曉。然《大全》爲胡廣等龐雜割裂之書，所言亦不盡可據也。

**錢大昕《補元史藝文志・易類》**　胡炳文《周易本義通釋》十卷。或作十二卷。一作《義通》八卷。

## 周易啓蒙通釋

**黄虞稷《千頃堂書目・易類・補元》**　胡炳文《周易啓蒙通釋》□卷。

**倪燦等《補遼金元藝文志・經部》**　胡炳文《周易啓蒙通釋》二卷。

**錢大昕《補元史藝文志・易類》**　胡炳文《周易啓蒙通釋》二卷。

## 觀易堂隨筆

黃虞稷《千頃堂書目・易類・補元》 程直方《觀易堂隨筆》。婺源人。

倪燦等《補遼金元藝文志・經部》 程直方《觀易堂隨筆》。

錢大昕《補元史藝文志・易類》 程直方《觀易堂隨筆》。字道大，婺源人。

## 啓蒙翼傳

倪燦等《補遼金元藝文志・經部》 程直方《啓蒙翼傳》。張增。字道(夫)［大］，婺源人。

錢大昕《補元史藝文志・易類》 程直方《程氏啓蒙翼傳》。

## 四聖一心

錢大昕《補元史藝文志・易類》 程直方《四聖一心》。

## 易　編

王圻《續文獻通考・經籍考・易》 《易編》。陳櫟著。櫟，休寧人。三歲口授《孝經》、《論語》，輒成誦，五歲涉獵經史，十五遂致力聖賢學，貫穿古今，著述甚富。

## 東皐老人百一易略

錢謙益等《絳雲樓書目・易類》 《東皐老人百一易》一卷。陳櫟著。

黃虞稷《千頃堂書目・易類・補元》 陳櫟《東皐老人百一易略》一卷。

倪燦等《補遼金元藝文志・經部》 陳櫟《東皐老人百一易》。字壽翁，休寧人，延祐鄉貢。

錢大昕《補元史藝文志・易類》 陳櫟《東埠老人百一易略》一卷。

## 中　易

黃虞稷《千頃堂書目・易類・補宋》 任士林《中易》。

倪燦等《宋史藝文志補・經部》 任士林《中易》。

錢大昕《補元史藝文志・易類》 任士林《中易》。字叔實，奉化人，至大初安定書院山長。

## 周易直解

王圻《續文獻通考・經籍考・易》 《周易直解》。胡特著。

錢大昕《補元史藝文志・易類》 胡持《周易直解》。武安人，祇遹之子，官太常博士。

## 周易集傳

王圻《續文獻通考・經籍考・易》 《周易集傳》十八卷。龍仁夫著。

仁夫，永新人。博究經史，以道自任。仕元爲湖廣儒學提舉。其文詞尤奇逸流麗。學者稱爲麟洲先生。

**黃虞稷《千頃堂書目·易類·補元》** 龍仁夫《周易集傳》，十八卷。號麟州，字觀復，永新人。仕元爲湖廣儒學提舉，學者稱麟洲先生。

**倪燦等《補遼金元藝文志·經部》** 龍仁夫《周易集傳》十八卷。字觀復，永新人，湖廣儒學提舉。

**《四庫提要·易類四》** 《周易集傳》八卷。浙江巡撫採進本。元龍仁夫撰。仁夫，字觀復，廬陵人。《吉安府志》作永新人。官湖廣儒學提舉。事蹟附載《元史·儒學傳·劉詵傳》內。是書成於至治辛酉。董眞卿《周易會通》稱其有自序一篇，此本無之。朱彝尊《經義考》於舊序例皆全錄，而亦無是篇，則其佚已久矣。《吉安府志》云：「仁夫《周易集傳》十八卷。立說主《本義》，每卦爻下各分變象辭占。今觀所注，雖根據程、朱者多，而意在即象詁義，於卦象爻象互觀析觀，反覆推闡，頗能抒所心得，非如胡炳文等徒墨守舊文者也。」《吉安府志》又稱其謂《雜卦》爲占筮書，引《春秋傳》「屯固比入」、「坤安震殺」，皆以一字斷卦義爲證。其說似創而有本，亦異乎游談無根者。《元史》稱仁夫所著《周易》多發前儒之所未發，殆不誣矣。原書十八卷，今僅存八卷。然上、下經及《彖》、《象傳》皆已全具。朱彝尊《曝書亭集》有是書跋，謂「通志堂刻經解時以其殘闕，故未開雕」云云。夫傳錄古書，當問其義理之是非，不當論其篇頁之完闕。殘編斷簡，古人尚且蒐輯。仁夫是書，上、下《經》裒然俱完，而以不全棄之，何其傎也！況傅寅《禹貢說斷》、程大昌《禹貢圖說》、林之奇《三山書傳》，今以《永樂大典》校之，皆非完帙，而徐氏仍登梨棗，是又何說歟？今特錄存之，俾重著於世，庶於經義有所裨焉。

**錢大昕《補元史藝文志·易類》** 龍仁夫《周易集傳》十八卷。今存八卷。字觀復，永新人，湖廣儒學提舉。

**張金吾《愛日精廬藏書志·易類》** 《周易集傳》八卷。文瀾閣傳抄本。元龍仁夫撰。原十八卷，今存八卷。

## 周易集説

**楊士奇等《文淵閣書目·易》** 《周易兪石澗集說》。一部，四冊。闕。

《周易兪石澗集說》。一部，四冊。闕。

**范邦甸等《天一閣書目·易類》** 《周易集說》十二卷。烏絲欄鈔本。元皇慶石澗生兪琰撰并自序。《集說·上下經說》：周代名《易》書名，猶《周書》題「周」以別于夏、殷也。「易」有二義，變易也，交易也。變易者，陽變陰、陰變陽也；交易者，陽交陰、陰交陽也。觀《先天圖》可見「經」即「篇」也。孔子稱「乾、坤之策曰二篇」，則「經」字乃後人所加。呂東萊謂「經分上、下必始于文王」，郭白雲謂「《序卦》已分，其來尚矣」，皆不言分經之由。邵康節曰：「重卦之象，不易者八，反易者二十八，故卦有六十四，而用止乎三十六；爻有三百八十四，而用止乎二百一十有六。」知此則知經之所以分上、下者，蓋有由焉，非苟然也。或疑上經卦三十，下經卦三十四，多寡不均，殊不知卦有對體，有覆體。何謂「覆體」？《屯》倒轉爲《蒙》，《需》倒轉爲《訟》之類是也。何謂「對體」？《乾》、《坤》、《坎》、《離》、《頤》、《大過》、《中孚》、《小過》相對而不可覆者是也。餘皆一卦倒轉爲兩卦。故上經卦三十，約之則十八；下經卦三十四，約之亦十八，謂之不均可乎？卦分內、外二體，凡六十四陽、六十四陰，約爲三十六，則上經純陽卦六、純陰卦四，下經純陽卦四、純陰卦六，陰陽相重之卦上下經皆八，不亦均乎？上經陽爻八十六、陰爻九十四，約爲十八，則五十二陽、五十六陰，共一百八；下經陽爻一百六、陰爻九十八，約爲十八，則五十六陽、五十二陰，亦一百八，其均如此！孔穎達謂《繫辭》分上、下無異義，直以簡帙重大，是以分之。晁以道乃曰：「古者竹簡重大，分經爲二篇，今又何必以二篇成帙？」蓋皆不知六十四卦約之則爲兩十八也。

《彖傳說》云：「文王之辭謂之經，孔子之辭謂之傳。傳者，所以釋經之辭也。經有彖辭，即文王所繫于卦下之辭。孔子釋文王卦下之辭而傳述其意，故謂之『彖傳』。古者經與傳各爲一書，自費直以傳解經，而後鄭玄以《彖傳》連經文，然猶若今《乾》卦次序。至王弼乃自《坤》卦而始，每卦以《彖傳》移綴于彖辭之後，又加以『彖曰』二字冠之，後之人遂不謂之『彖傳』，而直謂之『彖』。夫以孔子之『彖傳』爲『彖』，則文王之彖辭當復謂之何哉？魏晉而下，去古日遠，訛以傳訛，至今讀者習以爲常弗察也。先儒謂西漢時六經與傳皆別行，逮東漢諸儒作注，始合經、傳爲一。如《春秋》三《傳》之文不與經連，故石經《公羊傳》皆無經文。《藝文志》所載《毛詩故訓傳》亦與經別。及馬融爲《周禮注》乃云『欲省學者兩讀，故具載本文而就經爲注』。鄭玄與馬融同時，玄以《易傳》連于《易經》，蓋倣融例。而弼又援玄例也。乃若杜預分《左氏傳》連于經，范望散《太玄測》于八十一首之下，皆欲取便于學者之誦覽故也。唐太宗詔名儒定《九經正義》，孔穎達奉詔與諸儒參議于《易》，則獨取王弼。自唐至宋著爲定論，不本《正義》者以爲異説，于是後之學者惟王弼是從，竟莫敢移動。呂汲公、王原叔、晁以道、李巽巖、呂東萊、朱紫陽皆以分經合傳非古，吳仁傑、税與權編《周易古經》亦皆極論王弼之失。讀《易》者要當審其是，不可狃于舊説而復以『彖傳』爲『彖』云。」

《象辭説》云：「象者，伏羲所畫八卦，天、地、水、火、雷、風、山、澤之象，其辭則孔子爲之也。彖辭、爻辭亦皆有象，乃獨『以天行健，君子以自強不息』之類爲象辭，何也？曰：彖辭、爻辭固皆有象，然又有占辭，又有象、占相渾之辭，象辭則止乎象而已，並無吉、凶、悔、吝之占辭，故特謂之『象辭』。其象，則乾、坤爲天、地，艮、兑爲山、澤，震爲雷，更不別取他物。巽、坎、離則不然，巽爲風，遇天、遇雷，在上在下，皆爲風；在地，澤、水、火之上亦爲風；遇山，則在下爲風，在上爲木，在地、澤、水、火之中亦爲木。坎爲水，遇地、風、火、澤之上下皆爲水；在山上亦爲水，在山下則爲泉；在天下亦爲水，在天上則爲雲；遇雷而在上亦爲雲，在下則爲雨。離爲火，純離之象，不言火而言明；遇地亦皆言明；遇天、山、水、澤、風、木則皆爲火；遇雷則爲電。凡此取象，皆以人所共見者言之也。其辭則與彖爻之辭不同，彖辭、爻辭有善有惡，或善惡相半，象辭則無有不善也。且如《剝》、如《明夷》，皆凶卦也，而《剝》曰『上以厚下安宅』，《明夷》曰『君子以涖衆，用晦而明』，必于凶中取吉以爲之辭。卦雖凶，君子于此觀象玩辭而善用之，則亦轉凶而爲吉。蓋不待乎占也，是以每象皆著一『以』字。以者，用也，用而見之于事也。稱『上』稱『大人』者皆一，《剝》與《離》是也。稱『先王』者七，《比》、《豫》、《觀》、《噬嗑》、《復》、《无妄》、《渙》是也。稱『后』者三，《泰》、《復》、《姤》是也。稱『君子』則五十三，《易》蓋爲君子謀，不爲小人謀也。」

《爻傳説》云：「爻傳者孔子釋文王爻辭而傳述其意也。『初九，潛龍勿用』，此爻辭也，文王之所作也。『潛龍勿用，陽在下也』，此爻傳也，孔子之所述也。古《易》，爻傳自爲一篇，不以附經，自費直以此解經，而鄭玄傳費氏之學，始移附各卦經文之後，猶未若王弼以之分附于諸爻之下也。弼更以象辭置于爻辭之前，又于象辭之首并爻傳之首皆冠以『象曰』二字，于是後人以象辭爲大象、爻辭爲小象，而爻傳則謂之象傳，其謬甚矣！夫象辭云『天行健，君子以自強不息』，不過如斯而已矣，安有所謂大、小哉！所以有『大象』、『小象』之稱者，蓋妄認爻辭亦以爲象辭故也。既妄認爻辭以爲象辭，故又妄稱爻傳以爲象傳也。嗚呼！爻傳不謂之爻傳，而謂之象傳。自漢以來，列《易》于學官，專置于博士，而世無一人爲之辯。何耶？古《易》始變亂于費直，次變亂于鄭玄，大變亂于王弼，遂使六爻文意皆不連屬。且如《坤》六三『以時發也』，以『發』字作去聲，與『大』字、『害』字叶；又如《蒙》六四曰『獨遠實也』，以『實』字作去聲，與『巽』字、『順』字叶；又如《未濟》初六『亦不知極也』，以『極』字作去聲，與『正』字叶，皆魯音也。至今東原之人皆以入聲字作去聲，如『瀆』爲『豆』、『織』爲『志』、『曲逆』爲『去遇』之類是也。若從王弼以爻傳分綴于各爻之下，非但不見其韻叶，又使上下文前後相承之義亦泯而不見矣。愚故用古《易》爻傳例，並不以附經，而自爲一篇，庶幾六爻連屬而文意不間斷」云。

《文言傳説》云：「古《易》十二篇，《文言傳》自爲一篇。題曰《文言傳》者，孔子發明文王彖辭、爻辭言外之意，以盡《乾》、《坤》二卦之藴，而餘卦之説因可以類推也。自王弼移附《乾》、《坤》二卦後，加『文言曰』三字冠于首，而除去『傳』字，後人遂不曰『文言傳』，而僅曰『文言』。或謂文飾其言；或謂交錯而言；或謂古有是言，而孔子文之；或謂言不文則不足以傳遠，故因其文以詳言其理，所以文飾乾、坤之大德。愚按陸德明《釋文》梁武帝云：『《文言》是文王所制。』梁武之説必有所據，但制字未瑩耳。或曰『文』即文王，言即彖辭、爻辭，孔子傳述文王所言之意而推廣之，故曰『文言傳』。愚觀其反覆發明《乾》、《坤》二卦彖辭、爻辭之意，則知古《易》題曰『文言傳』良是矣。分明彖辭、爻辭皆文王之言，而孔子傳述之也。首章云『元者，善之長』，與《春秋左氏傳》惠伯之說同。穆姜則以『善』字爲『體』字，朱子謂『體字較好』，或者因而疑之曰：『玆非孔子之文。孔子以前穆姜、惠伯嘗言之，則此語乃古語也。』愚則曰：古无是語，穆姜、惠伯亦无是語，左氏蓋借孔子之說爲穆姜、惠伯之說耳。何以見之？如呂相《絕秦書》，此豈當時史氏之文哉？蓋皆左氏爲之也。又如《國語》司空季子之占，既取八物之象，又有《坎》《勞》卦之語。審如是，則孔子之前司空季子已有是說矣，謂《說卦》爲非孔子所述亦可也吁！讀《易》者要當明辨之，苟輕信左氏之浮誇而反疑聖言，毋乃不可乎！」

《繫辭傳說》云：「『辭』乃文王之辭，『繫』謂繫屬于卦爻之下，『傳』者孔子傳述文王之意，故曰『繫辭傳』。『係』一作『繫』。按德明《釋文》云：『若從毄下系者音，口奚切非也。』又云：『王肅本作「《繫辭》上傳。」』詑于《雜卦》皆有『傳』字，或疑今本除去『傳』字，徑以孔子之辭爲『係辭』『可也。』范諤昌曰：『係辭非孔子命名，止可謂之贊係耳。』歐陽文忠公曰：『係者有所係之謂也，言其爲辭各聯屬于卦爻之下也。』今乃以孔子贊《易》之文爲上下《係辭》何其謬也！況其文乃概言《易》之大體、雜論《易》之諸卦，其辭非有所係，不得謂之「係辭」者必矣。然自漢諸儒已有此名，不知從何而失之也。或又疑司馬談《論六家要指》引《易大傳》云：『天下一致而百慮，同歸而殊塗。』此《係辭傳》中語也，何乃謂之《易大傳》耶。李秀巖曰：『意者秦漢諸儒自爲《易大傳》一書，如伏生《尚書大傳》之比，而司馬氏不詳考，誤以《係辭傳》爲《易大傳》耳。』劉向封事亦引《易大傳》云：『誣神者殃及三世。』此豈《係辭傳》中語乎？亦猶『差之毫釐，謬以千里』，本《易緯》之文，而司馬遷《答壺遂問》所引乃冠以『易曰』二字，鹵莽類此，要不足據也。秀巖又謂《係辭傳》文體全與《文言傳》同，疑此二傳乃後人取孔子之說而彙次之，故文勢節目頗與《中庸》相似。愚亦深疑之，竊謂《係辭傳》乃《文言傳》之餘耳。是故嵩山晁以道以《文言傳》先《係辭傳》，愚今所編蓋依晁氏《古易》，置《係辭傳》于《文言傳》之後，分章則依《朱子本義》。」

《說卦說》云：「《易》有三畫卦，有六畫卦。三畫有三畫之象，六畫有六畫之象。何謂六畫之象？如下震上艮而爲頤，頤中有物而爲噬嗑，與夫井、鼎之類合上下二體爲之者是也。何謂三畫之象？《說卦》所列者是也。卦有畫則有象，象以辭而顯，不說則不明，此《說卦》所以作也。先說蓍數卦爻爲聖人作《易》之本；次說六畫兼具三才之道；次說伏羲八卦方位先乾坤後六子，以明六子之功用，皆出于乾坤；次說文王八卦方位始震終艮，而又盛稱六子之功用；次說八卦之德；次說乾馬坤牛之類，以明遠取諸物；次說乾首坤腹之類，以明近取諸身；次說乾、坤爲父母，所以得男女之由；終則分八卦爲八條。凡三才之道无不說之，所以類萬物之情也。其說亦有經中所無者，如《震》之『蒼』、『筤』、『竹』、『萑』、『葦』，《離》之『鼈』、『蟹』、『蠃』、『蚌』是也。然《損》之『簋』、《泰》之『茅』非，『蒼』、『筤』、『萑』、『葦』之屬乎？《頤》之『龜』、《震》之『貝』非『鼈』、『蟹』、『蠃』、『蚌』之屬乎？《需》之『酒』即《坎》之『水』也。《旅》之『斧』即《離》之『戈兵』也。乃若《震》爲『龍』，《乾》、《坤》皆无震而言『龍』；《坎》爲『豕』，《大畜》、《姤》皆無《坎》而言『豕』；《離》爲『龜』，《損》、《益》皆無離而言『龜』，蓋自有所取也。《乾》爲馬，而《坤》爲牝馬，《坤》乃《乾》之配也。《坤》爲牛，而《離》爲牝牛，《離》之中畫乃《坤》畫，此又取一畫之象也。至如《訟》之帶，《困》之紱，《豐》之沛，《巽》之牀，《渙》之机，《坎》之牖，《大過》之棟，《漸》之鴻，《剝》之魚，《中孚》之鶴，聖人豈能一一盡言之于《說卦》哉？讀《易》者苟能觸而長之，則《說卦》之所無者，盡皆可以通之也。」

《序卦說》云：「《序卦》者，孔子稱文王六十四卦之先後次第也。上經三十卦，約之爲十八；下經三十四卦，約之亦爲十八，此上下經之分也。乾、坤，陰、陽之純；坎、離，陰、陽之中，爲天地四正，故《易》以乾、坤、坎、離居上，震、艮、巽、兌反是則居下。咸、恆、損、益在下，蓋震、巽、艮、兌之交也。上經首乾、坤者，天地之道二體之分也。下經首咸、恆者，夫婦之道二體之合也。《易》道貴中，不欲其終窮，故以坎、離終上經。既濟、未濟乃坎、離之交，故以之終下經。泰、否在上，乾父坤母自交也。需、訟、同人、大有、无妄、大畜、小畜、履以乾父交六子，故在上。師、比、謙、豫之在上，則以坤母交三男也。晉、明夷、萃、升之在下，則以坤母交三女也。剝、復、臨、觀所以進而之上者，一陽、二陽爲主也。夬、姤、遯、大壯所以退而之下者，一陰、二陰爲主也。困、井、革、鼎、家人、睽、蹇、解、豐、旅、渙、節，此六子自交，故居下。而屯、蒙居上者，三男繼父母用事也。屯、蒙以坎交震、艮而在上，故噬嗑、賁以離交震、艮亦在上。隨、蠱、漸、歸妹皆震、巽、艮、兑之交，而隨、蠱在上，長男、長女爲主也。頤、大過、中孚、小過雖皆震、巽、艮、兑之交，然隨、大過互乾、坤故在上。中孚、小過止肖坎、離，故在下。向取其子爲之序，則後世簡編脱落寧不錯亂，又焉知某卦先某卦後哉？孔子懼其或然，此《序卦》所以作也。韓康伯乃謂《序卦》非《易》之藴，謬矣。紫陽、朱子曰：『謂非《易》之精則可，非《易》之藴則不可。』」

《雜卦説》云：「夫《雜卦》者，孔子釋六十四卦名義而前後雜揉，不依上下經次序之舊也。然《乾》、《坤》居首，而《咸》、《恆》亦居三十卦之後，則『雜』之中又有不雜者存焉。按《隋·經籍志》云：秦焚書，《周易》獨以卜筮得存，唯失《説卦》三篇，後河内女子得之。今韓康伯注本以《説卦》三篇分出《序卦》、《雜卦》，則『序卦』、『雜卦』之名蓋始于康伯。又按《史記》云孔子晚而喜《易》，序《彖》、《繫》、《象》、《説卦》、《文言》，而不及乎《序卦》、《雜卦》，則漢初猶以《序卦》、《雜卦》總名之曰『説卦』也。朱漢上曰：三《易》之卦，其次各異。首《艮》者，《連山》也；首《坤》者，《歸藏》也；首《乾》者，《周易》也。聖人猶慮後世未知三《易》之變，故于《雜卦》一篇雜揉衆卦，錯綜其義，以示變易之無窮。以愚觀之，《先天圖》始《乾》而終《坤》，此伏羲氏之《易》也。《周易》始《乾》而終《未濟》，此文王之《易》也。《雜卦》始《乾》而終《夬》，兹非孔子之《易》歟？夫《夬》之爲卦，五陽而一陰，比《乾》之純只爭一畫。若決去在上一陰即爲純《乾》，今置《夬》于《雜卦》之終，聖人之意可見矣。蓋《易》道貴乎變通，變通則不窮。《夬》而又《乾》，則生意周流不息，是故《雜卦》不終之以他卦，而必終之以《夬》也。始而《乾》，終而《夬》，亦猶六十四卦始于《乾》，終于《未濟》，皆此意也。《雜卦》之作，大概兩兩相對，而其義則各各相反，如《乾》剛則《坤》柔，《比》樂則《師》憂，餘卦皆然。至《大過》則有不然者，故鄭玄云：『自《大過》以下卦旨不協，似錯亂失正弗敢改耳。』至蘇東坡始改之，以紫陽朱子亦以爲當改，蔡節齋又改之，今依蔡氏本。」

石澗後序云：「予生平有讀《易》癖，三十年間雖隆寒大暑不輟，每讀一字一句而有疑焉，則終日終夜沉思，必欲釋其疑乃已。洎得其説，則欣然如獲拱璧，親戚朋友咸笑之。以爲學雖勤而不見用于時，何乃不知時變而自苦若是耶？予則以理義自悦，猶芻豢之悦口。蓋自得其樂，罔知所謂苦也。粤自至元甲申下筆解上下《經》，幷六十四條象辭與夫《彖傳》、《爻傳》、《文言傳》，期年而書成。改竄二十餘年，凡更四稿。或有勉予者云：『日月逝矣，《係辭傳》及《説卦》、《序卦》、《雜卦》猶未脱稿，其得爲完書乎？』予亦自以爲歉。至元辛亥自番陽歸吳，憩海濱僧舍，地僻人静，一夏風涼。閑坐無所用心，因取舊稿《係辭》讀之。不三日，幷《説卦》、《序卦》、《雜卦》改竄皆畢，遂了此欠。噫，予髮種種矣！向嘗與予共講明者如西蜀荀在川、新安王太古、括蒼葉西莊、番陽齊節初，悉爲故人，獨予未亡。今也書既完矣，癖既瘳矣。則當自此收心歸腔以樂餘年，留氣暖臍以保餘生，弗復更自苦矣。如《易經考證》，如《易傳考證》，如《讀易須知》，如《易圖纂要》，如《六十四卦圖》，如《古占法》，如《卦爻象占分類》，如《易圖合璧連珠》，如《易外别傳》，乃予舊所編者，將毁之，而兒輩皆以爲可惜，又略加改竄而存于後。皇慶癸丑四月十四日。」

後附宋秀巖李心傳《丙子學易編》一卷幷序云：「始心傳年四十餘，朋友爲言當讀《易》，意忻焉樂之。既而終日蒙然，如眇者之視，莫知《易》之爲何書也。後十年，復取讀之。首求諸王氏書，多所未喻。次考張子書，乃粗窺其梗概。最後讀程子書，則昭若揭蒙矣。程子之書，義理之會也。然其言猶若不專爲爻、畫而出，于是以先君子本傳暨晦菴先生《本義》參焉。而後聖人畫卦命爻之情無復餘藴矣。顧諸先生之言，尚有不能盡同者，因復頗爲參釋，隨日書之以備遺忘。間有鄙見可以推明諸先生之説者，亦附著之。烏乎！程子矣，先君子之學不肖，孤不敢妄有稱贊，晦菴書最後出，世之學者往往未究其藴，而反以象占之説爲疑。同志者于此儻有取焉，然後知程、朱二傳不可相無。而晦菴之爲書，其條理愈密，其意味愈長，誠未可以驟窺而輕議也。乃若先君子之説，則類多與晦菴合。第先君子專自聖人畫卦之意求之，晦菴兼自聖人命爻之意求之，此爲小異，要亦相表裏耳。嘉定九年歲次丙子春二月甲申。」

石澗小識云：「秀巖乃隆山之子，其書取王弼、張横渠、程伊川、郭子和朱晦菴而求其是。又以其父隆山之説證之，或又附以己見，中間儘有可取。泰定九年歲在甲子十一月十八日書于梅齋西塾。」

**王圻《續文獻通考・經籍考・易》**　《周易集説》四十卷，林屋山人俞氏述。其爲説大抵祖程邵而宗朱，古今諸儒所言之善有弗遺也，而己意亦以附見焉。其是非取舍不合於聖人者寡矣。

**錢謙益等《絳雲樓書目・易類》**　俞石澗琰《周易集説》四十卷。石澗《集説》自序云：予自德祐後，集諸儒之説。《吳中人物志》：石澗生宋末，宋亡遂不仕。

**黄虞稷《千頃堂書目・易類・補元》**　俞琰《周易集説》四十卷。分上下《經》、《十翼》。今世傳本十卷。

**倪燦等《補遼金元藝文志・經部》**　俞琰《周易集説》四十卷。今傳本十卷。

**錢曾《讀書敏求記・經》**　俞琰《周易集説》。俞玉吾讀《易》三十餘年，終日不食，終夜不寢，覃精研思，以致力于此，然後命筆成書，稿凡四更，并取《繫辭傳》、《説卦》、《序卦》、《雜卦》等篇改竄皆畢，名曰《周易集説》。宋元從來讀《易》之士，無有終身以之若是者也。或疑上經卦三十、下經卦三十四，多寡不均。玉吾謂卦有對體，有覆體，上下皆約爲十八，無有不均。條晰精確，而上下之篇定。又謂「文王之辭謂之經，孔子之辭謂之傳，傳辭所以釋經也。經有彖辭，即文王所繫于卦下之辭。孔子釋文王卦下之辭而傳述其意，故謂之『彖傳』。古者經與傳各爲一書，自費直以《傳》解經，其後鄭玄以彖傳連經文，然猶若今之《乾》卦次序。至王弼乃自《坤》卦始，每卦以彖傳聯綴于彖辭之後，又加以『彖曰』二字，後人遂不謂之『彖傳』，而直謂之『彖』，則文王之彖辭謂之何哉」。又按陸德明《釋文》梁武帝言《文言》文王所制。玉吾謂梁武之説必有所據，則彖辭、爻辭皆文王之言，而孔子傳述之。《古易》題曰《文言傳》良是矣。又云「爻傳者，孔子釋文王爻辭而傳述其意，王弼分附于諸爻之下，更以象辭置爻辭之前，又于象辭并爻辭之首，皆冠以『象曰』二字。於是後人以象辭爲『大象』、爻辭爲『小象』，而爻象則謂之『象傳』，其謬甚矣！世無有一人正之者，何耶？今用古《易》爻傳例，不以附經，而自爲一篇，庶幾六爻連屬而文義不間斷云」。嗟嗟，自古及今談《易》者紛如，何人細心究此！玉吾獨能發先儒未發之祕，決先儒未決之疑。孔父韋編三絶，南園俞氏之《易》學，可無愧心矣！予故服膺其書，而於諸家之《易》説備之，以俟叅考焉。

**《四庫提要・易類三》**　《周易集説》四十卷。內府藏本。宋俞琰撰。琰，字玉吾，吳縣人。生宋寶祐初，入元隱居著書。徵授溫州學錄，不赴。至延祐初始卒。生平邃於《易》學，初裒諸家之説爲《大易會要》一百三十卷，後乃掇其精華以著是編。始於至元甲申，至至大辛亥，凡四易稿。其初主程、朱之説，後乃於程、朱之外自出新義。嘗與孟淳講《坤》之六二，謂「六二既中且正，是以其德直方，惟從《乾》陽之大，不習《坤》陰之小，故无不利」。如此之類，其説頗異。至謂「《尚書・顧命》，天球、河圖在東序，河圖與天球竝列，則河圖亦是玉名」。如此之類，則大奇矣。然其覃精研思，積三四十年，實有冥心獨造，發前人所未發者，固不可廢也。據琰自作後序，尚有《讀易舉要》、《讀易須知》、《易圖纂要》、《易經考證》、《易傳考證》、《六十四卦圖》、《古占法》、《卦爻象占分類》、《易圖合璧連珠》、《易外別傳》諸書，今惟《易外別傳》有本單行，《讀易舉要》、《易圖纂要》見《永樂大典》，餘皆未見。序稱諸編皆舊所作，將毁之而兒輩以爲可惜，又略加改竄而存於後。則舊刻本附此數書，今佚之矣。

**錢大昕《補元史藝文志・易類》**　俞玉吾《周易集説》四十卷。

## 大易會要

**王圻《續文獻通考・經籍考・易》**　《大易會要》。俞琰字玉吾，吳縣人。宋亡，隱居著書，以義理之學淑諸人。於書無不讀，尤精於易，述諸家《易》説百餘卷，名曰《大易會要》。

**黄虞稷《千頃堂書目・易類・補元》**　俞琰《大易會要》一百卷。述諸家《易》説。字玉吾，吳縣人，生宋寶祐間，以詞賦稱。宋亡，隱居著書，不復仕進，自號「石澗」。

**倪燦等《補遼金元藝文志・經部》**　俞琰《大易會要》一百卷。

**錢大昕《補元史藝文志・易類》**　俞玉吾《大易會要》一百三十卷。或作一百卷。

## 周易解

**錢謙益等《絳雲樓書目・易類》** 俞石澗琰《周易解》八冊。

## 讀易舉要

**黄虞稷《千頃堂書目・易類・補元》** 俞琰《讀易舉要》四卷。

**倪燦等《補遼金元藝文志・經部》** 俞琰《讀易舉要》四卷。

**《四庫提要・易類三》** 《讀易舉要》四卷。《永樂大典》本。宋俞琰撰。是書《文淵閣書目》、焦竑《經籍志》、朱睦㮮《授經圖》皆著於録，然外間傳本殊稀，故朱彝尊《經義考》亦云「未見」。今惟《永樂大典》尚散見於各韻之中，可以採輯。謹裒合編次，仍定爲四卷。考琬之《集説》，以朱子爲宗，而此書論剛柔往來，則以兩卦反對見義例，以《泰》、《否》二卦彖辭，較朱子卦變之説更近自然。其《易圖》多本邵子，而此書論象數之學，則駁張行成以「元、亨、利、貞」爲《周易》起數於四之證，蓋不爲苟同者。至於田疇謂「積《乾》、《坤》、《屯》、《蒙》、《需》、《訟》之策，至於《師》而六軍之數皆全」，史璿謂「《革》居四十九，應大衍之數，故云『天地革而四時成』，節居六十而甲子一周，故云『天地節而四時成』」，皆以偶合之見，窺聖人作《易》之意。琰顧取之，則殊非本旨。然琰於《易》，苦思力索，積平生之力爲之，意所獨契，亦往往超出前人。所列諸家著述，雖多本於晁公武、陳振孫兩家，而名字爵里間有異同，亦可資考證，固宜與所撰《集説》並行也。琰別有《六十四卦圖》、《易圖合璧聯珠》、《易圖纂要》諸書，舊與此書合刻。修《永樂大典》之時，割裂龐雜，淆其端緒，惟《八分爲十六》、《十六分爲三十二》兩圖，猶標俞琰《纂圖》之目。其餘諸圖盡冒《讀易舉要》之名，合併爲一，殊爲瞀亂。今悉考訂汰除，以還其舊焉。

**錢大昕《補元史藝文志・易類》** 俞玉吾《讀易舉要》四卷。



**張金吾《愛日精廬藏書志・易類》** 《讀易舉要》四卷。文瀾閣傳抄本。宋俞琰撰。

## 易外別傳

**徐𤊹《徐氏家藏書目・易類》** 《易外別傳》一卷。元俞琰。

**錢謙益等《絳雲樓書目・易類》** 俞琰《易外別傳》。一卷。琰，字玉吾，號林屋山人，晚自號石澗，宋末名儒。

**黄虞稷《千頃堂書目・易類・補元》** 俞琰《易外別傳》一卷。

**倪燦等《補遼金元藝文志・經部》** 俞琰《易外別傳》一卷。字玉吾，吳縣人。

**吴焯《繡谷亭薰習録・經部》** 《易外別傳》一卷。元俞琰撰，前後有自序。《蘇州府志》：琰，字玉吾，吳縣林屋山人。生宋寶祐間，以詞賦稱。宋亡隱居著書，不復仕進。精於《易》學，尤好鼓琴，既老自號石澗。卒於元貞間，年七十。所述諸家《易》説百餘卷，名曰《大易會要》。自注上下經、并《十翼》四十卷，名曰《周易集説》。今惟《集説》獨存，納蘭成德通志堂刻之《經解》中，而以《易圖纂要》、《易外別傳》一卷附焉。其子仲温跋云：「《易外別傳》一卷，先君子所著，而附於《周易集説》之後。先君子嘗遇隱者，以《先天圖》指示邵子環中之極元，故是書所著，發明邵子之學爲多。」按是編大概本之《參同契》，言《易》而及丹家之説，雖曰「別傳」，誤矣。

## 易圖纂要

**王圻《續文獻通考・經籍考・易》** 《纂圖》二卷，林屋山人俞氏述。

**黄虞稷《千頃堂書目・易類・補元》** 俞琰《纂圖》二卷。

**倪燦等《補遼金元藝文志・經部》** 俞琰《易圖纂要》二卷。

**嵇璜等《續通志・圖譜略・易》** 俞琰《易圖纂要》。

錢大昕《補元史藝文志・易類》　俞玉吾《易圖纂要》二卷。一名《纂圖》。

## 六十四卦圖

嵇璜等《續通志・圖譜略・易》　俞琰《六十四卦圖》。

錢大昕《補元史藝文志・易類》　俞玉吾《六十四卦圖》卷。亡。

## 古占法

王圻《續文獻通考・經籍考・易》　《古占法》一卷。林屋山人俞氏述。

黄虞稷《千頃堂書目・易類・補元》　俞琰《古占法》一卷。

倪燦等《補遼金元藝文志・經部》　俞琰《古占法》一卷。

錢大昕《補元史藝文志・易類》　俞玉吾《易古占法》一卷。

## 周易象辭

黄虞稷《千頃堂書目・易類・補元》　俞琰《周易象辭》二卷。

倪燦等《補遼金元藝文志・經部》　俞琰《周易象張作繫辭》二卷。

錢大昕《補元史藝文志・易類》　俞玉吾《周易象辭》二卷。

## 讀易須知

黄虞稷《千頃堂書目・易類・補元》　俞琰《讀易須知》□卷。

倪燦等《補遼金元藝文志・經部》　俞琰《讀易須知》。

錢大昕《補元史藝文志・易類》　俞玉吾《讀易須知》一卷。

## 卦爻象占分類

黄虞稷《千頃堂書目・易類・補元》　俞琰《卦爻象占分類》□卷。

倪燦等《補遼金元藝文志・經部》　俞琰《卦爻象占分類》一卷。

錢大昕《補元史藝文志・易類》　俞玉吾《卦爻象占分類》一卷。

## 易圖合璧連珠説

黄虞稷《千頃堂書目・易類・補元》　俞琰《易圖合璧連珠説》□卷。

倪燦等《補遼金元藝文志・經部》　俞琰《易圖合璧連珠説》。

錢大昕《補元史藝文志・易類》　俞玉吾《易圖合璧連珠説》卷。亡。

## 周易參同契發揮

黄虞稷《千頃堂書目・易類・補元》　俞琰《周易參同契發揮》三卷。

倪燦等《補遼金元藝文志・經部》　俞琰《周易參同契發揮》三卷。

## 經傳考證

錢大昕《補元史藝文志・易類》　俞玉吾《經傳考證》卷。亡。

## 大易通義

錢大昕《補元史藝文志・易類》　侯克中《大易通義》。字正卿，眞定人。

## 學易記

黃虞稷《千頃堂書目・易類・補元》　何榮祖《學易記》。

倪燦等《補遼金元藝文志・經部》　何榮祖《學易記》。

錢大昕《補元史藝文志・易類》　何榮祖《學易記》。

## 周易精蘊

王圻《續文獻通考・經籍考・易》　《周易精蘊》。繆主一著。主一，永嘉人。爲大學生，嘗上書攻賈似道。宋亡，隱居教授。

黃虞稷《千頃堂書目・易類・補元》　繆主一《易經精蘊》。字天德，永嘉人，通《易》、《書》、《詩》三經，大德間郡守廉希憲延爲經師。

倪燦等《補遼金元藝文志・經部》　繆主一《易經精蘊》。字天德，永嘉人。

錢大昕《補元史藝文志・易類》　繆主一《易經精蘊》。字天德，永嘉人。

## 易圖説

《明史・藝文志・易類》　劉玉執齋《易圖説》一卷。

嵇璜等《續通志・圖譜略・易》　劉玉執齋《易圖説》。

## 讀易類編

錢大昕《補元史藝文志・易類》　鄧文原《讀易類編》。卷亡。

## 讀易管見

錢大昕《補元史藝文志・易類》　潘弼《讀易管見》四卷。字良輔，麗水人，龍興路司獄。

## 易經解

王圻《續文獻通考・經籍考・易》　《易經解》。資州黃澤著。澤登進士第，生有異質，以明經學道爲志。大德中，歷兩書院山長。嘗宗程朱，作《易經解》。

## 易學濫觴

黃虞稷《千頃堂書目・易類・補元》　黃澤《易學濫觴》。

倪燦等《補遼金元藝文志・經部》　黃澤《易學濫觴》一卷。

《四庫提要・易類四》　《易學濫觴》一卷。兩淮鹽政採進本。元黃澤撰。澤，字楚望，資州人，家於九江。大德中嘗爲景星書院山長，又爲東湖書院山長，年逾八十乃終。故趙汸生於元末，猶及師事之，其《易》與《春秋》之學皆受之於澤者也。澤垂老之時，欲注《易》、《春秋》二經，恐不能就，故作此書及《春秋指要》發其大凡。卷首有延祐七年吴澄題辭。據其所言，二書蓋合爲一帙。今《春秋指要》亦無傳本，惟此書僅存。朱彝尊《經義考》載此書，注曰「已佚」，則彝尊亦未及見，知爲稀遘之本矣。其説《易》以明象爲本，其明象則以《序卦》爲本，其占法則以《左傳》爲主。大旨謂王弼之廢象數，遁於玄虚。漢儒之用象數，亦失於繁碎。故折中以酌其平。其中歷陳《易》學不能復古者，一曰《易》之名義，一曰重卦之義，一曰逆順之義，一曰卦名之義，一曰卦變之義，一曰卦名，一曰《易》數之原，一曰《易》之辭義，一曰《易》之占辭，一曰蓍法，一曰占法，一曰序卦，一曰脱誤疑字，凡十三事，持論皆有根據。雖未能勒爲全書，而發明古義，體例分明，已括全書之宗要。因其説而推演之，亦足爲説《易》之圭臬矣。

**錢大昕《補元史藝文志・易類》** 黄澤《易學濫觴》一卷。

## 十翼舉要

**黄虞稷《千頃堂書目・易類・補元》** 黄澤《十翼舉要》。

**倪燦等《補遼金元藝文志・經部》** 黄澤《十翼舉要》。

**錢大昕《補元史藝文志・易類》** 黄澤《十翼舉要》。

## 忘象辨

**錢大昕《補元史藝文志・易類》** 黄澤《忘象辨》。

## 象略

**錢大昕《補元史藝文志・易類》** 黄澤《象略》。



## 辨同論

**錢大昕《補元史藝文志・易類》** 黄澤《辨同論》。卷並亡。

## 易類象

**王圻《續文獻通考・經籍考・易》** 《類易象》二卷。何中著。中字太虚，撫之樂安人。宋末舉進士。家有藏書萬卷，手自校讎。其學弘深該博，程鉅夫、元明善、吴澄等皆推服之。爲龍興郡學師。

**黄虞稷《千頃堂書目・易類・補元》** 何中《易類象》二卷。

**倪燦等《補遼金元藝文志・經部》** 何中《易類象》二卷。

**錢大昕《補元史藝文志・易類》** 何中《易類象》二卷。

## 易説

**王圻《續文獻通考・經籍考・易》** 袁桷，慶元人，號清容居士，所著亦有《易説》。

**黄虞稷《千頃堂書目・易類・補元》** 袁桷《易説》。

**倪燦等《補遼金元藝文志・經部》** 袁桷《易説》。

**錢大昕《補元史藝文志・易類》** 袁桷《易説》。

## 易童子問

**楊士奇等《文淵閣書目・易》** 《易陳宏童子問》。一部，一冊。闕。

**黄虞稷《千頃堂書目・易類・補元》** 陳宏《易童子問》一卷。莆田人，宋末徙華亭，以儒業起家，邃於《易》。

**倪燦等《補遼金元藝文志・經部》** 陳宏《易童子問》一卷。

**錢大昕《補元史藝文志・易類》** 陳宏《易童子問》一卷。

## 易象發揮

**黃虞稷《千頃堂書目・易類・補元》** 陳宏《易象發揮》。

**倪燦等《補遼金元藝文志・經部》** 陳宏《易象發揮》。

**錢大昕《補元史藝文志・易類》** 陳宏《易象發揮》。

## 易孟通旨

**黃虞稷《千頃堂書目・易類・補元》** 陳宏《易孟通旨》。

**倪燦等《補遼金元藝文志・經部》** 陳宏《易孟通旨》。莆田人，宋末徙華亭。

**錢大昕《補元史藝文志・易類》** 陳宏《易孟通旨》。莆田人，宋末徙華亭。

## 周易會通

**楊士奇等《文淵閣書目・易》** 《易會通》。一部，四冊。闕。《易會通》。一部，十五冊。闕。《易會通》。一部，四冊。闕。《易會通》。一部，四冊。闕。

**錢謙益等《絳雲樓書目・易類》** 董眞卿《周易程朱傳附錄纂注》二冊。十四卷。元儒，鄱陽人。

**黃虞稷《千頃堂書目・易類・補元》** 董眞卿《周易纂注會通》十四卷。又《歷代因革》一卷。字季眞，鄱陽人。

**倪燦等《補遼金元藝文志・經部》** 董眞卿《周易纂注會通》十四卷。字季眞，鄱陽人。

**《四庫提要・易類四》** 《周易會通》十四卷。內府藏本。元董眞卿撰。眞卿，字季眞，鄱陽人。嘗受學於胡一桂。斯編實本一桂之《纂疏》而廣及諸家，初名曰《周易經傳集程朱解附錄纂注》。蓋其例，編次伏羲、文王、周公之經而翼以孔子之傳，各爲標目，使相統而不相雜。其無經可附之傳，則總附於六十四卦之後，是爲「經傳」。又取程子之《傳》、朱子之《本義》夾注其下，是爲「集解」。其程子《經說》朱子《語錄》各續於傳之後，是爲「附錄」。又取一桂《纂疏》而增以諸說，是爲「纂注」。其後定名「會通」者，則以程《傳》用王弼本，《本義》用呂祖謙本，次第既不同；而或主義理，或主象占，本旨復殊。先儒諸說，亦復見智見仁，各明一義，斷斷爲門戶之爭。眞卿以爲諸家之《易》，途雖殊而歸則同，故兼搜博采，不主一說，務持象數、義理二家之平，即蘇軾、朱震、林栗之書爲朱子所不取者，亦竝錄焉。視胡一桂之排斥楊萬里《易傳》，不肯錄其一字者，所見之廣狹，謂之青出於藍可也。惟其變易經文，則不免失先儒謹嚴之意，可不必曲爲之詞耳。

**彭元瑞等《天祿琳琅書目後編・元版經部》** 《周易經傳集程朱解附錄纂注》。二函，十六冊。元董眞卿撰。眞卿，字季眞，鄱陽人。書十四卷，標「集解」、「附錄」、「纂注」、「三門」。採程《傳》、朱《義》爲「集解」，程朱說《易》見於他書者爲「附錄」，諸家說《易》者爲「纂注」。前有朱熹《易學啓蒙序》、《易九圖》，胡一桂《卦象圖》、《爻象圖》、《卦序圖》、《卦互體圖》；後有朱熹《五贊》、《筮儀》。眞卿蓋一桂弟子，故書中獨尊其師，曰「雙湖先生」，多用一桂《易本義附錄纂疏》之說。其書用程《傳》次第，而以白文標經傳。逐條之首，盡删「彖曰」、「象曰」、「文言曰」之文，亦通乎朱《義》之意。

是書後定名《周易會通》，有天曆戊辰眞卿自序，元統甲戌子僎刻於閩。有跋，見朱彝尊《經義考》。近《通志堂經解》內重刊之，前列圖、序外，尚有《凡例》、《程朱門人姓氏》、《引用羣賢姓氏》、《經傳歷代因革》、《程頤易傳序》、《易序上下篇義》、《朱熹古易後序》、《程朱說易綱領》。此本俱無，蓋初刻未備，或歲久闕佚。

**錢大昕《補元史藝文志・易類》** 董眞卿《周易纂注會通》十四卷。

## 重正卦氣

**王圻《續文獻通考・經籍考・易》** 《重正卦氣》。吾衍著。衍字子行，仁和人。大父爲宋太學諸生，因家錢塘。衍高不仕之節，求室委巷，教小學，常數十人。通聲音律呂，工篆書。

**黃虞稷《千頃堂書目・易類・補元》** 吾衍《重正卦氣》。

**倪燦等《補遼金元藝文志・經部》** 吾衍《重正卦氣》。

**錢大昕《補元史藝文志・易類》** 吾衍《重正卦氣》。字子行，錢塘人。

## 易傳義大意

**黃虞稷《千頃堂書目・易類・補元》** 唐元《易傳義大意》十卷。字長孺，歙縣人，徽州路儒學教授。

**倪燦等《補遼金元藝文志・經部》** 唐元《易傳義大意》十卷。字長孺，歙縣人，徽州路儒學教授。

**錢大昕《補元史藝文志・易類》** 唐元《易傳義大意》十卷。字長孺，歙人，徽州路儒學教授。

## 易說

**王圻《續文獻通考・經籍考・易》** 王結，易州定興人，累官翰林學士、中書左丞，非聖賢之書不讀，非仁義之言不談，所著亦有《易說》。

**黃虞稷《千頃堂書目・易類・補元》** 王結《易說》一卷。

**倪燦等《補遼金元藝文志・經部》** 王結《易說》一卷。

**錢大昕《補元史藝文志・易類》** 王結《易說》十卷。一作一卷。

## 奇偶陰陽消息圖

**黃虞稷《千頃堂書目・易類・補元》** 瞻思《奇偶陰陽消息圖》一卷。

**倪燦等《補遼金元藝文志・經部》** 瞻思《奇偶陰陽消息圖》一卷。

**嵇璜等《續通志・圖譜略・易》** 瞻思《奇偶陰陽消息圖》。

**錢大昕《補元史藝文志・易類》** 瞻思《奇偶陰陽消息圖》一卷。

## 易象數新說

**王圻《續文獻通考・經籍考・易》** 《易象數新說》。陳樵著。

**黃虞稷《千頃堂書目・易類・補元》** 陳樵《易象數新說》。

**倪燦等《補遼金元藝文志・經部》** 陳樵《易象數新說》。

**錢大昕《補元史藝文志・易類》** 陳樵《易象數新說》。

## 易學啓蒙

**黃虞稷《千頃堂書目・易類・補元》** 吳迂《易學啓蒙》。字仲迂，浮梁人，從饒雙峰學。皇慶間浮梁知州郭郁延之爲師，以訓學者，人稱「西臺先生」。汪克寬其門人也。

**倪燦等《補遼金元藝文志・經部》** 吳迂《易學啓蒙》。字仲迂，浮梁人。

**錢大昕《補元史藝文志・易類》** 吳迂《易學啓蒙》。字仲迂，浮梁人。

## 易雜說

**王圻《續文獻通考・經籍考・易》** 《易雜說》。吳師道著。師道，蘭谿人。幼學于金履祥。延祐間，授國子博士，以禮部郎中致仕。

## 周易通義

**王圻《續文獻通考・經籍考・易》**　《周易通義》十卷。黄鎮成著。鎮成字元鎮，邵武人。甫冠厭棄榮利事，慨然以聖賢踐履之學自勵。

**黄虞稷《千頃堂書目・易類・補元》**　黄鎮成《周易通義》十卷。字元鎮，昭武人。隱居著書，以執政薦授江西路儒學提舉，命下而卒。集賢定號曰「貞文處士」。

**倪燦等《補遼金元藝文志・經部》**　黄鎮成《周易通義》十卷。字元鎮，昭武人。

**錢大昕《補元史藝文志・易類》**　黄鎮成《周易通義》十卷。字元鎮，昭武人，至元間謚貞文處士。

## 易通微說

**錢大昕《補元史藝文志・易類》**　楊剛中《易通微說》。字志行，建康人，翰林待制。

## 大易緝說

**王圻《續文獻通考・經籍考・易》**　《大易輯說》。邛峽王申子，號秋山，元季隱居岳州之慈利，著《大易輯說》。

**黄虞稷《千頃堂書目・易類・補宋》**　王申子《大易緝說》十卷。字巽卿，別號秋山，臨邛人。前邛州兩請進士，寓居慈利州天門山，著是書及《春秋類傳》。延祐丙辰年常德路推官田澤奏進其書。

**倪燦等《宋史藝文志補・經部》**　王申子《大易緝說》十卷。字巽卿，臨邛人。寓居慈利州天門山著是書，常德路推官田澤奏進。

**倪燦等《補遼金元藝文志・經部》**　王申子《大易緝說》十卷。

**《四庫提要・易類四》**　《大易緝說》十卷。內府藏本。元王申子撰。申子，字巽卿，邛州人。其始末未詳。據卷首載田澤《刊書始末》，惟稱其「皇慶二年行省劄付充武昌路南陽書院山長」，又稱其「寓居慈利州天門山，垂三十年始成《春秋類傳》及此書」。澤爲申送行省、咨都省移翰林國史院勘定，令本處儒學印造而已。其說《春秋》，主有貶無褒之說，今未之見。其說《易》則力主數學，而持論與先儒迥異。大旨以《河圖》配先天卦，以《洛書》配後天卦，而於陳摶、邵子、程子、朱子之說一概辨其有誤。於古來說《易》七百餘家中，惟取六家：一《河圖》、二《洛書》、二伏羲、三文王，四周公，五孔子，六周子《太極圖》也。其自命未免太高，不足爲據。同時有玉井陽氏者，案陽氏佚其名字，惟其姓見申子此書中，字爲陰陽之陽，蓋宋陽枋之族也。朱彝尊《經義考》作「楊氏」，誤。謹附訂於此。受《易》於朱子門人晏淵，已傳五世，著《易說》二卷以駁之。申子又一一辨答，其大端具見於書中。蓋萬事不出乎奇偶，故圖書之學，縱横反覆，皆可以通。彼亦一是非，此亦一是非耳。然考申子之繳繞圖書者，僅前二卷。至於三卷以後，詮解經文，仍以辭、變、象、占、比、應、乘、承爲說，絕不生義於圖書。其言轉平正切實，多有發明。然則又何必繪圖作解，纚纚然千萬言乎？讀是書者，取其詁經之語，而置其經外之旁文可也。所解惟上下經爲詳，《繫辭》稍略，《說卦》、《雜卦》尤略，《序卦》一傳則排斥非孔子之言，但錄其文而無一語之詮釋。蓋自李淸臣、朱翌、葉適以來，即有是說，不始於申子。其論《易》中錯簡、脫簡、羨文凡二十有四，但注某某當作某某，而不改經文，亦尚有鄭氏注書之遺意，與王柏諸人毅然點竄者異焉。

**錢大昕《補元史藝文志・易類》**　王申子《大易緝說》十卷。字巽卿，邛州人，南陽書院山長。

## 大易演義

**王圻《續文獻通考・經籍考・易》**　《大易演義》。無錫州同知上饒祝堯著。

**黃虞稷《千頃堂書目・易類・補元》** 祝堯《大易演義》。上饒人，延祐中進士，無錫州同知。

**倪燦等《補遼金元藝文志・經部》** 祝堯《大易演義》。字均澤，上饒人。延祐中進士，無錫州同知。

**錢大昕《補元史藝文志・易類》** 祝堯《大易演義》。字君澤，上饒人，延祐進士，無錫州同知。

## 易象圖說內篇　外篇

**楊士奇等《文淵閣書目・易》** 張理《易象圖說》。一部，二冊。闕。

**錢謙益等《絳雲樓書目・易類》** 張理《易象圖說》。一冊。六卷。元人，延祐中仕福建學官。理自序外，更有貢師泰序一篇。

**黃虞稷《千頃堂書目・易類・補元》** 張理《易象圖說內篇》三卷，《外篇》三卷。字仲純，清江人，從學杜本。舉茂材異等爲福建儒學提舉。與鄧錡《圖說》俱錄入《道藏》中。別有《易圖》三卷，未知同否。

**倪燦等《補遼金元藝文志・經部》** 張理《易象圖說內篇》三卷，又《外篇》三卷。字仲純，清江人，福建儒學提舉。

**嵇璜等《續通志・圖譜略・易》** 張理《易象圖說內外篇》。

**錢大昕《補元史藝文志・易類》** 張理《易象圖說內篇》三卷，又《外篇》三卷。

## 易象數鉤深圖

**嵇璜等《續通志・圖譜略・易》** 張理《易象數鉤深圖》。

**《四庫提要・易類四》** 《大易象數鉤深圖》三卷。內府藏本。元張理撰。理，字仲純，清江人，延祐中官福建儒學提舉。是書上卷《太極圖》，即周子之圖。其《八卦方位圖》，則本乎《說卦》。又有《乾知大始》、《坤作成物》、《參天兩地》及《大衍五十五數》諸圖，又有《仰觀俯察》、《剛柔相摩》、《八卦相盪》諸圖，而皆溯源於《河》、《洛》。中卷《天地數》、《萬物數》二圖，仍即大衍策數。又有《元會運數》、《乾坤大父母》、《復姤小父母》、《八卦生六十四卦》、《八卦變六十四卦圖》，又有《反對變與不變》諸卦圖。以下則六十四卦之圖，分見於中下二卷，而參伍錯綜，《序卦》、《雜卦》皆爲之圖。蓋純主陳摶先天之學，朱子所謂「《易》外別傳」者也。其書初少傳本，《通志堂經解》刻本與劉牧之書均從《道藏》錄出。諸家著錄，卷帙亦復不同。朱睦㮮《授經圖》載理之書有《周易圖》三卷、《易象數鉤深圖》六卷、《易象圖說》六卷。焦竑《經籍志》書目與《授經圖》同，而《鉤深圖》則作三卷。朱彝尊《經義考》止載《易象圖說》六卷，而不載此書之名。蓋由未見其本，但據書目傳鈔，故輾轉岐誤。白雲霽《道藏目錄》以《易數鉤隱圖》與理此書竝屬之劉牧，亦由但據標題繕錄，未及核作者之異同。今以徐氏刻本定著三卷，併詳考舛異之故，以袪來者之疑焉。

**錢大昕《補元史藝文志・易類》** 張理《鉤深圖》三卷。字仲純，清江人，延祐中福建儒學提舉。

## 大易象數

**錢大昕《補元史藝文志・易類》** 張理《大易象數》。

## 易圖說

**王圻《續文獻通考・經籍考・易》** 《易圖說》二十卷。倪淵著。淵，烏程人。從學於敖繼公，動必以禮。爲湖學教授。

**黃虞稷《千頃堂書目・易類・補元》** 倪淵《易圖說》二十卷。又《圖說序例》一卷。烏程人，從學敖繼公，爲湖學教授。泰定元年官當塗主簿，有廉能聲。

**倪燦等《補遼金元藝文志・經部》** 倪淵《易圖說》二十卷。

嵇璜等《續通志・圖譜略・易》　倪淵《易圖說》。

錢大昕《補元史藝文志・易類》　倪淵《周易集說》二十卷。

## 圖說序例

黄虞稷《千頃堂書目・易類・補元》　倪淵《圖說序例》一卷。

倪燦等《補遼金元藝文志・經部》　倪淵《圖說序例》一卷。烏程人，當塗主簿。

錢大昕《補元史藝文志・易類》　倪淵《圖說序例》一卷。字仲深，烏程人。

## 易圖說

嵇璜等《續通志・圖譜略・易》　呂洙《易圖說》。

錢大昕《補元史藝文志・易類》　呂洙《易圖說》。字宗魯，永康人，從許謙遊。

## 周易大傳附注

黄虞稷《千頃堂書目・易類・補元》　鄭玉《周易大傳附注》。以孔子繫《易》之詞爲《大傳》，而附以己之注說。

倪燦等《補遼金元藝文志・經部》　鄭玉《周易大傳附注》。

錢大昕《補元史藝文志・易類》　鄭玉《周易大傳附注》。史作《周易纂注》，今據《神道碑》。

## 程朱易契

黄虞稷《千頃堂書目・易類・補元》　鄭玉《程朱易契》。

倪燦等《補遼金元藝文志・經部》　鄭玉《程朱易契》。

錢大昕《補元史藝文志・易類》　鄭玉《程朱易契》。

## 易演義

王圻《續文獻通考・經籍考・易》　《易演義》。史公珽著。公珽字揞叟，鄞人。堂試，公珽方弱冠，屢占前列。自號蓬蘆居士。

黄虞稷《千頃堂書目・易類・補元》　史公珽《蓬廬學易衍義》。字揞叟，鄞縣人。

倪燦等《補遼金元藝文志・經部》　史公珽《蓬廬學易衍義》。

錢大昕《補元史藝文志・易類》　史公珽《蓬廬學易衍義》。

## 象數發揮

王圻《續文獻通考・經籍考・易》　《象數發揮》。史公珽著。

黄虞稷《千頃堂書目・易類・補元》　史公珽《象數發揮》。

倪燦等《補遼金元藝文志・經部》　史公珽《象數發揮》。字揞叟，鄞縣人。

錢大昕《補元史藝文志・易類》　史公珽《象數發揮》。字揞叟，鄞人。

## 周易解詁

黄虞稷《千頃堂書目・易類・補元》　陳謙《周易解詁》二卷。謙分

《卦辭》《彖象》，會萃諸家之說，名曰《解詁》。謙死於兵，其弟子范文絅僅收得二卷，非全書。

**倪燦等《補遼金元藝文志・經部》** 陳謙《周易解詁》二卷。

**錢大昕《補元史藝文志・易類》** 陳謙《周易解詁》二卷。

## 河圖說

**黃虞稷《千頃堂書目・易類・補元》** 陳謙《河圖說》一卷。

**倪燦等《補遼金元藝文志・經部》** 陳謙《河圖說》一卷。

**錢大昕《補元史藝文志・易類》** 陳謙《河圖說》二卷。或作一卷。

## 占法

**黃虞稷《千頃堂書目・易類・補元》** 陳謙《占法》一卷。

**倪燦等《補遼金元藝文志・經部》** 陳謙《占法》一卷。

**錢大昕《補元史藝文志・易類》** 陳謙《占法》一卷。字子平，吳人。

## 周易參義

**楊士奇等《文淵閣書目・易》** 《周易梁寅參議》。一部，四冊。闕。

**范邦甸等《天一閣書目・易類》** 《周易參義》十二卷。紅絲欄鈔本。元至元臨江梁寅撰并序。末云：今天子即位之九年，爲至元六年，歲名商橫執徐，月名畢聚，始繕録成編，總十二卷，將以行于四方，諏之君子以俟詳訂。

**王圻《續文獻通考・經籍考・易》** 《周易參議》。梁寅著。

**錢謙益等《絳雲樓書目・易類》** 梁寅《周易參義》三冊。九卷，一云十二卷。寅明初人，嘗應召至京，在書局中預編纂之事。

**黃虞稷《千頃堂書目・易類》** 梁寅《周易參義》十二卷。《經》文上下二卷，《十翼》十卷。寅以程朱二家釋經義殊，乃融洽二家，合以爲一。

**《明史・藝文志・易類》** 梁寅《周易參義》十二卷。

**《四庫提要・易類四》** 《周易參義》十二卷。浙江巡撫採進本。元梁寅撰。寅，字孟敬，新喻人。元末辟集慶路儒學訓導，以親老辭。明年兵起，遂隱居教授。明初徵修禮樂書，將授以官，復以病辭歸，結屋石門山，學者稱曰「梁五經」。著有《禮書演義》、《周禮考注》、《春秋考義》諸書。此乃所作《周易義疏》，成於至元六年，前有寅自序。其大旨以程《傳》主理，《本義》主象，稍有異同，因融會參酌，合以爲一，又旁採諸儒之說以闡發之。其分上、下經、《十翼》，一依古《易》篇次，即朱子所用呂祖謙本。其詮釋經義，平易近人，言理而不涉虛無，言象而不涉附會。大都本日用常行之事，以示進退得失之機，故簡切詳明，迥異他家之轇轕。雖未能剖析精微，論其醇正，要不愧爲儒者之言焉。

## 周易本義集成

**黃虞稷《千頃堂書目・易類・補元》** 熊良輔《周易本義集成》二卷。字任重，南昌人，舉延祐丁巳鄉試。復有《易詩集說》，不傳。

**倪燦等《補遼金元藝文志・經部》** 熊良輔《周易本義集成》二卷。字任重，南昌人。

**《四庫提要・易類四》** 《周易本義集成》十二卷。兩江總督採進本。元熊良輔撰。良輔，字任重，號梅邊，南昌人。延祐四年嘗領鄉薦，其仕履未詳。是書前有良輔自序，稱「丁巳以《易》貢，同志信其僭說，閔其久勤，出工費鋟梓」。丁巳即延祐四年。元舉鄉試始於延祐甲寅，是科其第二舉也。考《元史・選舉志》，是時條制，漢人、南人試經疑二道、經義一道，《易》用程氏、朱氏，而亦兼用古注疏。不似明代之制，惟限以程、朱，後併祧程而專尊朱。故其書大旨雖主於羽翼《本義》，而與《本義》異者亦頗多也。黃虞稷《千頃堂書目》稱良輔是書外有《易傳集疏》，不傳。考《易傳集疏》，元熊凱撰。《江西通志》載：「凱，字舜夫，南昌人。以明經開塾四十年，時稱遙谿先生，同邑熊良輔受業焉。」良輔序中亦稱受《易》於遙谿熊氏，與《通志》合。截然兩人、兩書，虞稷以同姓、同里、同時，遂誤合爲一耳。

**錢大昕《補元史藝文志·易類》** 熊良輔《周易本義集成》十二卷。字季重，南昌人，舉延祐丁巳鄉試。

## 周易述解

**王圻《續文獻通考·經籍考·易》** 《周易述解》。潘迪著。迪，元城人。博學能文，歷官國子司業、集賢學士。所著又有《六經發明》、《格物類編》傳於世。

**黃虞稷《千頃堂書目·易類·補元》** 潘迪《周易述解》。元城人，歷官國子司業、集賢學士。

**倪燦等《補遼金元藝文志·經部》** 潘迪《周易述解》。元城人，國子司業、集賢學士。

**錢大昕《補元史藝文志·易類》** 潘迪《周易述解》。元城人，國子司業。

## 易　傳

**錢大昕《補元史藝文志·易類》** 翟思忠《易傳》。邳州人，常州知事。

## 易精蘊大義

**倪燦等《補遼金元藝文志·經部》** 解蒙《易精蘊大義》十二卷。

**《四庫提要·易類四》** 《易精蘊大義》十二卷。《永樂大典》本。元解蒙撰。蒙，字求我，吉水人。《江西通志》作「字來我」，蓋字形相近而誤也。中天曆己巳江西鄉試，與兄子尙字觀我者，竝以善《易》名於時。子尙所著《周易義疑通釋》，久無傳本。朱彝尊《經義考》載蒙此書，亦注曰「佚」。今檢《永樂大典》所引蒙説尙多，自《豫》、《隨》、《无妄》、《大壯》、《睽》、《蹇》、《中孚》七卦及《晉卦》之後四爻外，其他皆文義完備，釐然具存。其例於彖爻之下，采輯先儒之説，而末乃發明以己意，各以「蒙謂」二字別之。雖原爲場屋經義而作，而薈萃羣言，頗能得其精要。凡所自注，亦皆簡明。如《頤》六三云：「頤養之道，以安靜爲無失。二三動體，故顚拂而凶。四五靜體，故顚拂亦吉。《震》三爻凶，《艮》三爻吉，可見《恆彖》云恆有二義，利貞者不易之恆，所以體常。利有攸往者不已之恆，所以盡變。天地聖人所以能恆者，以其能盡變也。」其義雖多根柢前人，而詮釋明晰，亦殊有裨於後學。至所引諸家之説，往往不署名氏，蓋用朱子《詩集傳》例。雖不能盡考其由來，要皆宋、元以前諸經師之緒論也。謹依文排比，正其譌舛，釐爲十二卷，著之於錄。解縉《春雨堂集》稱是書爲《易經精義》，《經義考》稱是書爲《周易精蘊》。考《永樂大典》所題，實作解蒙《周易精蘊大義》。二人皆偶誤記也。今據以爲斷，庶不失其本名焉。

**錢大昕《補元史藝文志·易類》** 解蒙《易精蘊大義》十二卷。字求我，吉水人。

**張金吾《愛日精廬藏書志·易類》** 《易精蘊大義》十二卷。文瀾閣傳抄本。元解蒙撰。

## 易學變通

**楊士奇等《文淵閣書目·易》** 抄《易學變通》。一部，一冊。闕。

**倪燦等《補遼金元藝文志·經部》** 曾貫《易學變通》六卷。

**《四庫提要·易類四》** 《易學變通》六卷。《永樂大典》本。元曾貫撰。貫，字傳道，泰和人。天曆辛巳舉於鄉，官紹興府照磨。元季兵亂，棄官家居。鄉人推率義軍，後禦龍泉寇，戰敗抗節死。事蹟見《江西通志》。所著《四書類辨》、《學庸標旨》諸書，俱湮沒不傳，惟朱彝尊《經義考》載有《周易變通》之名，亦以爲已佚。今檢《永樂大典》所錄《周易》各卦下，收入貫說尙多。其標題實作《易學變通》，知彝尊未見原書，故稱名小誤矣。謹裒輯彙次，釐爲六卷。其《豫》、《隨》、《无妄》、《大壯》、《晉》、《睽》、《蹇》、《中孚》八卦爲《永樂大典》所原闕者，今無可校補，亦姑仍其舊。是書純以義理說《易》，其體例每篇統論一卦六爻之義，又舉他卦辭義之相近者參互以求其異同之故。如《乾》卦云：「乾，六爻不言吉，無往而非吉也。初九處之以勿用，即初九之吉。上九處之以无悔，即上九之吉。二之見，五之飛，三四之无咎，皆然。蓋位或過於中，而聖人處之則無不中；位或失於正，而聖人處之則無不正。所謂剛健中正，純粹以精者，吉有大於此乎？」《坤》卦云：「或疑六三王事爲六五之事，然乾主君道，坤主臣道，王事乃九五大人之事，故坤卦三、五，聖人皆有戒辭者。其所以正人臣之體，爲慮深矣。」《艮》卦云：「敦臨、敦艮皆吉，何也？曰敦者，厚道也。厚於治人則人無不服者，臨是也。厚於治己而已無不修者，艮是也。人之自處容可處於薄乎？」凡此諸條，立義皆爲純正。其他剖析微細，往往能出前儒訓解之外。閒取互體立說，兼存古義，尤善持平。在說《易》諸家，可謂明白而篤實。且其成仁取義，無愧完人。而《元史·忠義傳》失於記載，殊傷漏略。今蒐輯遺文，著之於錄，非惟其書足重，亦因以表章大節，發潛德之幽光焉。

**錢大昕《補元史藝文志·易類》** 曾貫《易學變通》六卷。字傳道，泰和人，紹興路照磨。

**張金吾《愛日精廬藏書志·易類》** 《易學變通》六卷。文瀾閣傳抄本。元曾貫撰。

## 讀易考原

**錢謙益等《絳雲樓書目·易類》** 蕭漢中《讀易考原》。三卷。字景元，泰和人。其書成於泰定間。

**黃虞稷《千頃堂書目·易類·補元》** 蕭漢中《讀易考原》四卷。

**倪燦等《補遼金元藝文志·經部》** 蕭漢中《讀易考原》四卷。

**吳焯《繡谷亭熏習録·經部》** 《讀易考原》。蕭氏《讀易考原》下註云：「此書成於泰定年間，吉之泰和蕭漢中景元著。」朱楓林升序曰：「《周易》卦序之義，自韓康伯、孔穎達以來，往往欲求之孔子《序卦傳》之外，程、朱諸儒用意尤篤。至於臨川吳氏卦統之序述，亦可謂求之至矣。而其中間精密比次之故，則猶有未當於人心者。愚求之半生，晚得豫章蕭氏《讀易考原》之書，以爲二篇之卦必先分而後序，閎奧精粹，貫通神聖，誠古今之絕學也。」按吉安蕭氏，宋元間爲最盛，而《江西通志》獨不載景元。夫文獻足徵，要藉志乘以傳不朽，顧往往失其名氏，不獨景元爲然。如胡震亦江西人，而《通志》佚之；趙采，潼川人，而《四川志》佚之；李過，興化人，而《福建志》佚之。皆宋元通於經學者而明人失傳，尤指不勝屈。幸劫灰之餘，神鬼呵護，斷簡殘編猶存什一於千百。不然白首窮經之士，不幾與腐草流螢消沈於一瞬哉！吁可慨也夫！

**《四庫提要·易類四》** 《讀易考原》一卷。兩淮馬裕家藏本。元蕭漢中撰。漢中，字景元，泰和人。此書成於泰定中，凡三篇，一論分卦，一論合卦，一論卦序。不敢顯攻《序卦傳》，而亦不用《序卦》之說。大旨以圓圖《乾》、《坤》、《坎》、《離》居四正爲上經之主卦，《兌》、《艮》、《巽》、《震》居四隅爲下經之主卦。復案圖列說，申明上經三十卦，下經三十四卦，多寡分合之不可易。及《乾》、《坤》之後受以《屯》、《蒙》，《屯》、《蒙》之後受以《需》、《訟》，次序之不可紊。卷後論三十六宮陰陽消長之機，以互明其義。漢中書不甚著，明初朱升作《周易旁注》，始采錄其文附於末卷。升自記稱「謹節縮爲上、下《經》二圖於右，而錄其原文於下，以廣其傳」，則是書經升編輯，不盡漢中之舊。今升書殘缺，而漢中書反附以得存，此本即從升書中錄出別行者。朱彝尊《經義考》作三卷，蓋以一篇爲一卷，實無別本也。其說雖亦出於邵氏，而推闡卦序，頗具精理。蓋猶依經立義，視黑白奇偶蔓衍而不可極者，固有殊焉。

**錢大昕《補元史藝文志·易類》** 蕭漢中《讀易考原》一卷。字景元，吉州泰和人。

## 補周易集義

**王圻《續文獻通考・經籍考・易》**《補周易集議》。吳夢炎，歙人，至元中爲紫陽書院山長，補《周易集議》，典括蒼教，定《鄉飲禮儀》。

**黄虞稷《千頃堂書目・易類・補元》** 吳夢炎《補周易集義》。歙縣人，後至元中紫陽書院山長。

**倪燦等《補遼金元藝文志・經部》** 吳夢炎《補周易集義》。歙人，後至元中紫陽書院山長。

**錢大昕《補元史藝文志・易類》** 吳夢炎《補周易集義》。歙人，後至元中紫陽書院山長。

## 周易圖説

**黄虞稷《千頃堂書目・易類・補元》** 錢義方《周易圖説》一卷。字子宜。至正六年丙戌序。

**倪燦等《補遼金元藝文志・經部》** 錢義方《周易圖説》一卷。字子宜。

**吳焯《繡谷亭熏習録・經部》** 錢氏《周易圖説》二卷。首載自序，序尾署曰：「至正六年夏四月前進士吳興錢義方子宜父。」《經義考》、葉氏《菉竹堂書目》有箋錢氏《圖説》，當即義方別號。是編分上下二卷，爲圖二十七。上卷《本旨圖》凡七，下卷《後天演義圖》凡二十。《湖郡志》作一卷，誤。

**嵇璜等《續通志・圖譜略・易》** 元錢義方《周易圖説》。

**《四庫提要・易類四》**《周易圖説》二卷。浙江吳玉墀家藏本。元錢義方撰。義方，字子宜，湖州人，嘗舉進士。其仕履則不可考矣。是書成於至正六年。上卷爲圖者七，下卷爲圖者二十。朱彝尊《經義考》作一卷，疑傳寫誤也。其説謂「《河圖》爲作《易》之本。《大傳》云『河出圖、洛出書，聖人則之』，乃聖人即理推數，二者可以相通，故竝言之，非謂作《易》兼取《洛書》。」又引朱子之説，謂「圓圖有造作，且欲挈出方圖在圓圖之外。」又謂「朱子《易本義》於先天、後天卦位必歸其説於邵子，似歉然有所未足。是以不揆其陋，而有所述」云云。其説較他家爲近理，然猶據陳摶以來相傳之圖書言之。其實《河圖》、《洛書》雖見經、傳，而今之五十五點、四十五點兩圖，其爲古之圖書與否，則經、傳絶無顯證。援《左傳》有《三墳》，而謂即毛漸之書；援《周禮》有《連山》、《歸藏》，而謂即劉炫之書，考古者其疑之矣！且《繫辭》言《洛書》不言即《九疇》，《洪範》言《九疇》不言即《洛書》。盧辯注《大戴禮記》，始云「明堂九室法龜文」，其説起於後周。阮逸僞作《關朗易傳》，因而述之。於是《洛書》之文始傳爲四十五點，而《九疇》亦遂併於《易》。義方知《九疇》之非《易》，而不知《洛書》本非《九疇》，其辨猶爲未審。至其謂自漢以來惟孟喜本《易緯稽覽圖》，推《易》《離》、《坎》、《震》、《兌》各主一方，餘六十卦每卦主六日，七分爲有圖之始，寥寥千載，至陳摶始本《易》有「太極」、「兩儀」、「四象」、「八卦」、「因而重之」及「天地定位」等説，爲横、圓、大、小四圖，傳穆李以及邵子。又本「帝出乎震」之説，爲「後天圓圖」，内「大横圖」之卦爲《否》、《泰》，反類方圖。則於因《易》而作圖，非因圖而作《易》，本末源流，粲然明白。不似他家務神其説，直以爲古聖之制作，可謂獨識其眞矣。其所演二十七圖，亦即因舊圖而變易之。奇偶之數，愈推愈有。人自爲説，而其理皆通。譬之自古至今，弈無同局，固亦不妨存之以備一家焉。

**錢大昕《補元史藝文志・易類》** 錢義方《周易圖説》二卷。字子宜，湖州人。

## 周易爻變義蘊

**楊士奇等《文淵閣書目・易類》** 陳應潤《易爻變易蘊》。一部，四冊。闕。

**黄虞稷《千頃堂書目・易類・補元》** 陳應潤《周易爻變易蘊》四卷。

**倪燦等《補遼金元藝文志・經部》** 陳應潤《周易爻變易藴》四卷。

**吴焯《繡谷亭熏習録・經部》** 《周易爻變易藴》四卷。元天台陳應潤澤雲著。有至正丙戌自序。又金華黄溍序曰：「天台陳澤雲獻肅公，邦彦先生之後，《易》有家傳。延祐間余丞海寧，澤雲由黄巖文學爲郡曹掾。又數年，余爲越上監運，澤雲調明幕。謂余曰：『余欲著《爻變易藴》，非二三年靜坐工夫不能也。』三年春，余乞老金華，澤雲以書來曰：『余近調桐江賓幕，時宰急於聚歛，落落不合，困守幕下。幸有餘暇，《爻變易藴》粗成，使二三十年勤苦之志一旦有成，未知果合於爻變之義、《易》之藴否乎？子其爲我訂正之。』余焚香靜坐，觀澤雲所註之《易》《乾》、《坤》二卦已無餘藴，至於變爻三百八十有四、旁通他卦之義，爻爻有發揮，事事有考證。造理精微，立説洞徹，餘如删正太極八卦、爻法逆順等圖，探賾索隱，自非灼然有見乎？聖人之心者不能也。」按《浙江通志》及《台州府志》皆佚其名氏，惟《天台縣志》云：「元陳澤雲號天台遺逸，以詩名，見《赤城詩集》。」而顧氏《元詩選》亦以字作名，則澤雲不獨湛深經學，兼擅詩篇。惜乎邑志以字作名，以地作號，種種謬誤，漫無考證。較之省郡志之脱漏，其間不能以寸。

**《四庫提要・易類四》** 《周易爻變義藴》四卷。浙江吴玉墀家藏本。元陳應潤撰。應潤，天台人，始末未詳。《黄溍集》有是書序，稱其字曰「澤雲」，又稱其「延祐閒由黄巖文學起爲郡曹掾，數年調明掾，至正乙酉調桐江賓幕」。卷首應潤自序，題「至正丙戌」。案《經義考》載此序，題「至治丙戌」。至治有壬戌無丙戌，干支不合。且黄溍序題「至正丙戌」，序中稱「延祐閒余丞寧海，又數年余爲越上監運，三年余乞老金華」。溍延祐二年進士，下距至治壬戌僅六年，安有乞老之事？此必《經義考》刊版之譌，非此本傳寫之誤也。謹附訂於此。則是書成於桐江也。其書大旨謂義理玄妙之談，墮於老莊，先天諸圖雜以《參同契》爐火之説，皆非《易》之本旨。故其論八卦，惟據《説卦傳》「帝出乎震」一節爲八卦之正位；而以「天地定位」一節，邵氏指爲先天方位者，定爲八卦相錯之用。謂「文王演《易》，必不顛倒伏羲之文，致相矛盾」。其論太極、兩儀、四象，以天地爲兩儀，以四方爲四象，謂未分八卦，不應先有揲蓍之法，分陰、陽、太、少。周子無極、太極、二氣、五行之説，自是一家議論，不可釋《易》。蓋自宋以後，毅然破陳摶之學者，自應潤始。所注用王弼本，惟有上下經六十四卦，據《春秋傳》某卦之某卦例。如「《乾》之《姤》」曰「潛龍勿用」、「《乾》之《坤》」曰「見羣龍无首，吉」之類，故名曰「爻變」。其稱「一卦可變六十四卦，六爻可變三百八十四爻」，即漢焦贛《易林》之例。蓋亦因古占法而推原其變通之意，非臆説也。每爻多證以史事，雖不必其盡合，而因卦象以示吉凶、以決進退，於聖人作《易》垂訓之旨實有合焉。在宋、元人《易》解之中，亦翹然獨秀者矣。

**錢大昕《補元史藝文志・易類》** 陳應潤《周易爻變義藴》四卷。字澤雲，天台人。

## 太極圖解

**黄虞稷《千頃堂書目・易類・補元》** 朱本《太極圖解》。字致貞，豐城人。至正間爲福州路儒學提舉，明初以賢良官送京，固辭。安置和州，賜歸。年九十卒。

**倪燦等《補遼金元藝文志・經部》** 朱本《太極圖解》。字致貞，豐城人，福州路儒學提舉。

## 周易訂疑

**《四庫提要・易類存目一》** 《周易訂疑》十五卷，《序例》一卷。《易學啓蒙訂疑》四卷。《周易本義原本》十二卷。山東巡撫採進本。舊本題董養性撰，不著時代。考元末有董養性，字邁公，樂陵人。至正中嘗官昭化令，攝劍州事。入明不仕，終於家。所著有《高閒雲集》，或即其人歟？是書前有自序，謂「用力三十餘年乃成」。其説皆以朱子爲宗，不容一字之出入。蓋亦胡一桂、陳櫟之末派也。

## 易學啓蒙訂疑

**《四庫提要・易類存目一》** 《易學啓蒙訂疑》四卷。舊本題董養性撰，不著時代。

## 周易本義原本

《四庫提要・易類存目一》　《周易本義原本》十二卷。舊本題董養性撰，不著時代。

## 易説

錢大昕《補元史藝文志・易類》　朱隱老《易説》。字子方，豐城人。

## 易心

楊士奇等《文淵閣書目・易》　王愷《易心》。一部，三冊。闕。

黄虞稷《千頃堂書目・易類・補元》　王愷《易心》三卷。台州寧海人。

倪燦等《補遼金元藝文志・經部》　王愷《易心》三卷。寧海人。

錢大昕《補元史藝文志・易類》　王愷《易心》三卷。台州寧海人。

## 大易圖説

楊士奇等《文淵閣書目・易》　鄧錡《大易圖説》。一部，十八冊。闕。

黄虞稷《千頃堂書目・易類・補元》　鄧錡《大易圖説》二十五卷。

倪燦等《補遼金元藝文志・經部》　鄧錡《大易圖説》二十五卷。

嵇璜等《續通志・圖譜略・易》　鄧錡《大易圖説》。

錢大昕《補元史藝文志・易類》　鄧錡《大易圖説》二十五卷。

## 周易音訓

楊士奇等《文淵閣書目・易》　《周易李恕音訓》。一部，二冊。闕。

黄虞稷《千頃堂書目・易類・補元》　李恕《周易音訓》，二卷。

倪燦等《補遼金元藝文志・經部》　李恕《音訓》二卷。字省中，廬陵人。

錢大昕《補元史藝文志・易類》　李恕《易音訓》二卷。字省中，廬陵人。

## 周易旁註

黄虞稷《千頃堂書目・易類・補元》　李恕《周易旁注》四卷。又《音訓》，二卷。字省中，廬陵人，與龍麟洲、劉水村同輩行。合程、朱二家之説及《本義》，附録何氏《發揮》、《大易粹言》、南軒《解義》諸書節而一之。

倪燦等《補遼金元藝文志・經部》　李恕《周易旁注》四卷。

## 周易集傳

楊士奇等《文淵閣書目・易》　《周易紇石烈集傳》。一部，一冊。闕。

錢大昕《補元史藝文志・易類》　紇石烈希元《周易集傳》二十卷。成都人。

## 易衍義

楊士奇等《文淵閣書目・易》　《易胡震衍義》。一部，八冊。闕。塾本

「胡」作「吳」。

**黃虞稷《千頃堂書目・易類・補元》** 胡震《周易衍義》八卷。

**倪燦等《補遼金元藝文志・經部》** 胡震《周易衍義》十六卷。子廣大續成。

**《四庫提要・易類四》** 《周易衍義》十六卷。浙江吳玉墀家藏本。元胡震撰。震自署曰「廬山深溪」，又題「將仕佐郎南康路儒學致仕教授」。書前有自序，作於大德乙巳，蓋成宗九年也。又有其子光大識語，稱「幾成書而下世。後十年，始克纂集成編」，則其書實成於光大之手矣。書中於《乾》、《坤》二卦卦辭下接《彖傳》，繼以釋彖之《文言》，次《大象》，次《爻辭》，下接《小象》，繼以釋爻之《文言》，又置《雜卦》於《序卦》之前，序次頗爲顛倒。昔李過作《西谿易說》，改《乾》、《坤》二卦經文次第，割裂《文言》分附卦爻，胡一桂譏其「混亂古經」。此書實同其病。前後脱簡，亦不一而足。或傳寫者失其原次，故錯紊若此歟？其於經文訓詁，大都皆舉史事以發明之，不免太涉泛濫，非說經家謹嚴之體。然議論尚爲平正，所引諸儒之解，亦頗詳核，多可以備參考。視言理而空談玄妙，言數而漫衍奇耦者，猶爲此善於彼焉。

**錢大昕《補元史藝文志・易類》** 胡震《周易衍義》十六卷。

## 學易記

**楊士奇等《文淵閣書目・易》** 周方《學易記》。一部，三冊。闕。

**黃虞稷《千頃堂書目・易類・補元》** 周方《學易記》三卷。

## 學易記

**楊士奇等《文淵閣書目・易》** 李簡《學易記》。一部，九冊。闕。李簡《學易記》。一部，九冊。闕。

**黃虞稷《千頃堂書目・易類・補元》** 李簡《學易記》九卷。

**倪燦等《補遼金元藝文志・經部》** 李簡《學易記》九卷。號蒙齋，信都人，泰安倅。

**《四庫提要・易類四》** 《學易記》九卷。兩江總督採進本。元李簡撰。簡里貫未詳。自序稱「己未歲承乏倅泰安」，己未爲延祐六年，蓋仁宗時也。簡其書所採自《子夏易傳》，以逮張特立、劉肅之說，凡六十四家，一一各標姓氏。其集數人之說爲一條者，亦注曰兼采某某。其不注者則簡之新義矣。大抵仿李鼎祚《集解》、房審權《義海》之例。自序稱：「在東平時與張中庸、劉佚菴、王仲徽聚諸家《易》解節取之。張與王意在省文，劉之設心務歸一說，僕之所取，寧失之多，以俟後來觀者去取。」又稱「己未歲，取向所集重加去取」，則始博終約，蓋非苟作。故所言多淳實不支。其所見楊彬夫《五十家解》、單渢《三十家解》，今竝不存。即所列六十四家遺書，亦多散佚。因簡所輯猶有什一之傳，則其功亦不在鼎祚、審權下也。

**彭元瑞等《天祿琳琅書目後編・元版經部》** 《學易記》。二函，十六冊。元李簡撰。簡，字士廉，廬陵人。書九卷，從王弼本。前有簡自序，次《古今注解姓氏》六十四家，次《河圖》、《洛書圖》，次《先天則河圖》、《後天則洛書圖》，次《易有太極圖》，次《伏羲八卦次序圖》，次《重卦圖》，次《洪邁六十四卦生自兩儀圖》，次《先天衍河圖萬物數圖》，次《學易綱領》。其書根柢於曾穜《大易粹言》，益以胡瑗、王安石、張栻、朱熹、楊萬里之全書，附以楊彬夫所集五十家、單渢所集三十家，其採取可謂博矣。據自序始功於壬寅，重定於己未，纂輯閱十八年。己未爲元仁宗延祐七年，當即是時刊布者。

**錢大昕《補元史藝文志・易類》** 李簡《學易記》九卷。

## 大易衍說

**《四庫提要・易類存目一》** 《大易衍說》。無卷數。安徽巡撫採進本。舊本題元李簡撰。簡有《學易記》，已著錄。是編即以《學易記序》冠於卷首，而書則絕不相同。核其文義，與今村塾講章相類。朱彝尊《經義考》亦未載其名，蓋書肆僞託之本也。

## 易家人卦衍義

**楊士奇等《文淵閣書目・易》**《易家人卦衍義》。一部，二冊。闕。

**黄虞稷《千頃堂書目・易類・補元》**《家人衍義》二卷。以下俱無名代。

## 易　説

**王圻《續文獻通考・經籍考・易》**《易説》。陳尙德著。尙德，寧德人，自號懼齋。元時隱居不仕。其學以五經四書爲本，學者稱石塘先生。

## 易　説

**王圻《續文獻通考・經籍考・易》**福清黄舜祖亦有《易説》。

## 易象鉤玄

**王圻《續文獻通考・經籍考・易》**《易象鉤玄》數十卷。惠希孟著。希孟，江陰人，學博守嚴。

**黄虞稷《千頃堂書目・易類・補元》**惠希孟《易象鉤玄》十卷。號「秋崖」，江陰人。

**倪燦等《補遼金元藝文志・經部》**惠希孟《易象鉤玄》十卷。號「秋崖」，江陰人。

**錢大昕《補元史藝文志・易類》**惠希孟《易象鉤玄》十卷。江陰人。

## 六十四卦圖説

**王圻《續文獻通考・經籍考・易》**《六十四卦圖説》。邵整著。整字宋舉，福州人，淸之子。

**黄虞稷《千頃堂書目・易類・補元》**邵整《六十四卦圖説》。福州人。

**倪燦等《補遼金元藝文志・經部》**邵整《六十四卦圖説》。福州人。

**嵇璜等《續通志・圖譜略・易》**邵整《六十四卦圖説》。

**錢大昕《補元史藝文志・易類》**邵整《六十四卦圖説》。

## 易傳集疏

**王圻《續文獻通考・經籍考・易》**《易傳集疏》。南昌熊凱著。凱精義理之學，以明經開塾四十餘年，時稱遙溪先生。

**黄虞稷《千頃堂書目・易類・補元》**熊凱《易傳集疏》。南昌人。精義理之學，以明經開塾，時稱「遙溪先生」。

**倪燦等《補遼金元藝文志・經部》**熊凱《易傳集疏》。南昌人。

**錢大昕《補元史藝文志・易類》**熊凱《易傳集疏》。字舜夫，南昌人。

## 易集義

**王圻《續文獻通考・經籍考・易》**《易集義》。蔣宗簡著。

**錢大昕《補元史藝文志・易類》**蔣宗簡《周易集義》。字敬之，鄞人。

## 易精解

**王圻《續文獻通考・經籍考・易》**《易精解》。李學遜著。學遜，邵武人，綱九世孫。博學洽聞，善天文，尤邃於《易》。

**錢大昕《補元史藝文志・易類》**李學遜《大易精解》。

## 易學源流

**王圻《續文獻通考・經籍考・易》**《易學源流》。安福彭復初精於《易》範，嘗本朱、邵說，著爲此書。

**黃虞稷《千頃堂書目・易類・補元》**彭復初《易學源流》。安福人，本朱、邵說著是書。

**倪燦等《補遼金元藝文志・經部》**彭復初《易學源流》。安福人。

**錢大昕《補元史藝文志・易類》**彭復初《易學源流》。安福人。

## 程朱易傳本義折衷

**王圻《續文獻通考・經籍考・易》**《程朱易傳本義折衷》。鄱陽吳存著。

**黃虞稷《千頃堂書目・易類・補元》**吳存《程朱易傳本義折衷》。字仲退，鄱陽人，寧國路教授。

**倪燦等《補遼金元藝文志・經部》**吳存《傳義折衷》。字仲退，鄱陽人，寧國路教授。

**錢大昕《補元史藝文志・易類》**吳存《周易傳義折衷》。字仲退，鄱陽人，寧國路教授。

## 周易備忘

**王圻《續文獻通考・經籍考・易》**《周易備忘》十卷。藁城張延著。

**黃虞稷《千頃堂書目・易類・補元》**張延《周易備忘》十卷。藁城人，眞定路教授。

**倪燦等《補遼金元藝文志・經部》**張延《周易備忘》十卷。藁城人，眞定路教授。

**錢大昕《補元史藝文志・易類》**張延《周易備忘》十卷。字世昌，藁城人，眞定路教授。

## 讀易管窺

**王圻《續文獻通考・經籍考・易》**《易管見》。衛謙著。謙，華亭人。嘗立義莊贍貧，義塾教學者。

**黃虞稷《千頃堂書目・易類・補元》**衛謙《讀易管窺》三十卷。號有山，華亭人，元進士。

**倪燦等《補遼金元藝文志・經部》**衛謙《讀易管窺》三十卷。號山齋，華亭人，進士。

**錢大昕《補元史藝文志・易類》**衛謙《讀易管窺》三十卷。字山甫，華亭人，進士。

## 周易本義童子說

**王圻《續文獻通考・經籍考・易》**《周易本義》。安福劉霖著。霖元季不仕。

**黃虞稷《千頃堂書目・易類・補元》**劉霖《易本義童子說》。安福人。

**倪燦等《補遼金元藝文志・經部》** 劉霖《易本義童子說》。

**錢大昕《補元史藝文志・易類》** 劉霖《易本義童子說》。安福人。少從虞伯生學，博通五經。

## 太極圖解

**黄虞稷《千頃堂書目・易類・補元》** 劉霖《太極圖解》。

**倪燦等《補遼金元藝文志・經部》** 劉霖《太極圖解》。安福人。

## 先天圖義

**嵇璜等《續通志・圖譜略・易》** 嚴養晦《先天圖義》。

**錢大昕《補元史藝文志・易類》** 嚴養晦《先天圖義》一卷。山陰人。

## 易三圖

**嵇璜等《續通志・圖譜略・易》** 謝仲直《易三圖》。

**錢大昕《補元史藝文志・易類》** 謝仲直《易三圖》十卷。上饒人。

## 易象圖説

**嵇璜等《續通志・圖譜略・易》** 許天篪《易象圖說》。

**錢大昕《補元史藝文志・易類》** 許天篪《易象圖說》。字時翁，吉水人。

## 周易程朱傳義折衷

**黄虞稷《千頃堂書目・易類・補元》** 趙采《周易折衷》三十三卷。字德亮，潼川州人。

**倪燦等《補遼金元藝文志・經部》** 趙采《周易傳義折衷》三十三卷。字德亮，潼川州人。

**《四庫提要・易類四》** 《周易程朱傳義折衷》三十三卷。浙江吳玉墀家藏本。元趙采撰。采，字德亮，號隆齋，潼川人。其書用注疏本，節錄程子《易傳》、朱子《本義》之說，益以《語錄》諸書，列之於前，而各以己說附於後，所謂「折衷」也。所注僅上、下經，殆以程子所傳不及《繫辭》以下歟？前有采自序，稱「有康節、邵子推明義、文之卦畫而象數之學著，有伊川程子推衍夫子之意而卦畫之理明。洎武夷朱文公作《本義》，釐正上、下經、《十翼》而還其舊作。《啓蒙》本邵子而發先天。雖《本義》專主卜筮，然於門人問答又以爲《易》中先儒舊説皆不可廢，但互體、飛伏、納甲之類，未及致思耳。故愚以爲今時學者之讀《易》，當由邵、程、朱三先生之説泝而上之」云云。故其書雖以宋學爲宗，而兼及於象數變互，尚頗存古義，非竟暖暖姝姝守一先生之言也。顧炎武《日知錄》謂「割裂《本義》以入程《傳》，始於胡廣之修《大全》」，然董楷已用程子之本而附以《本義》，采又因之，則其來有漸矣。炎武專責胡廣，殆未見二書歟？

**錢大昕《補元史藝文志・易類》** 趙采《周易程朱傳義折衷》三十三卷。字德亮，潼川人。

**張之洞《書目答問・易類》** 《周易折中》二十二卷。康熙五十四年依古本經傳分編。又乾隆二十年欽定《周易述義》十卷。殿本。

## 周易句解

**黄虞稷《千頃堂書目・易類・補元》** 朱祖義《周易句解》十卷。字子由。

**倪燦等**《補遼金元藝文志・經部》　朱祖義《周易句解》十卷。字子由。

**錢大昕**《補元史藝文志・易類》　朱祖義《周易句解》十卷。字子由，廬陵人。

## 周易注解

**黃虞稷**《千頃堂書目・易類・補元》　雷杭《周易注解》。字彥舟，建安人，官武平縣尹。與父德潤、兄機、樞皆以《易》學名，號「雷氏易」。《大全》嘗引其說。

**倪燦等**《補遼金元藝文志・經部》　雷杭《周易注解》。字彥舟，建安人，武平縣尹。

**錢大昕**《補元史藝文志・易類》　雷杭《周易注解》。字彥舟，建安人，潮陽縣尹，以死事贈奉化州知州。

## 周易句解

**黃虞稷**《千頃堂書目・易類・補元》　李公凱李氏《周易句解》十卷。字仲容。

**倪燦等**《補遼金元藝文志・經部》　李公凱李氏《周易句解》十卷。字仲容。

**錢大昕**《補元史藝文志・易類》　李公凱《周易句解》十卷。字仲容，宜春人。

## 編大易象數鉤深圖

**黃虞稷**《千頃堂書目・易類・補元》　趙元輔《編大易象數鉤深圖》三卷。

**倪燦等**《補遼金元藝文志・經部》　趙元輔《編大易象數鉤深圖》三卷。

**錢大昕**《補元史藝文志・易類》　趙元輔《編大易象數鉤深圖》三卷。

## 易九卦衍義

**黃虞稷**《千頃堂書目・易類・補元》　包希魯《易九卦衍義》。字魯伯，進賢人，從學吳澄。

**倪燦等**《補遼金元藝文志・經部》　包希魯《易九卦衍義》。字魯伯，進賢人。

**錢大昕**《補元史藝文志・易類》　包希魯《易九卦衍義》一卷。字魯伯，進賢人。

## 易義指歸

**黃虞稷**《千頃堂書目・易類・補元》　陳廷言《易義指歸》四卷。字君從，寧海人。

**倪燦等**《補遼金元藝文志・經部》　陳廷言《易義指歸》四卷。字君從，寧海人。

**錢大昕**《補元史藝文志・易類》　陳廷言《易義指歸》四卷。字君從，寧海人。

## 周易輯說

**黃虞稷**《千頃堂書目・易類・補元》　饒宗魯《周易輯說》。輯所聞於平山曾子良者。字以道，臨川人。

倪燦等《補遼金元藝文志・經部》 饒宗魯《周易輯説》。
錢大昕《補元史藝文志・易類》 饒宗魯《周易輯説》。

## 易經庸言

黄虞稷《千頃堂書目・易類・補元》 饒宗魯《易經庸言》。
倪燦等《補遼金元藝文志・經部》 饒宗魯《易經庸言》。字以道，臨川人。
錢大昕《補元史藝文志・易類》 饒宗魯《易經庸言》。

## 易集圖

黄虞稷《千頃堂書目・易類・補元》 盧觀《易集圖》。字彦達，崑山人，盧熊父。隱居教授，門人私謚曰「夷孝先生」。
倪燦等《補遼金元藝文志・經部》 盧觀《易集圖》。字彦達，崑山人，盧熊父。
嵇璜等《續通志・圖譜略・易》 盧觀《易集圖》。
錢大昕《補元史藝文志・易類》 盧觀《易集圖》。字彦達，崑山人。

## 周易述説

黄虞稷《千頃堂書目・易類・補元》 詹一麟《周易述説》一卷。

## 讀易備忘

黄虞稷《千頃堂書目・易類・補元》 黄潛翁《讀易備忘》四卷。

## 浠南易説

黄虞稷《千頃堂書目・易類・補元》 程轍《浠南易説》九卷。

## 周易官旨

黄虞稷《千頃堂書目・易類・補元》 寧欽《周易官旨》八卷。

## 理數通考

黄虞稷《千頃堂書目・易類・補元》 郭澮《理數通考》二卷。

## 乾坤二卦集解

黄虞稷《千頃堂書目・易類・補元》 《乾坤二卦集解》三卷。

## 易象龜鑑

黄虞稷《千頃堂書目・易類・補元》 《易象龜鑑》三卷。

## 易説發揮

黄虞稷《千頃堂書目・易類・補元》 康用文《易説發揮》。高安縣尹，吳草廬志其墓。

倪燦等《補遼金元藝文志・經部》 康用文《易說發揮》三卷。高安縣尹。

## 易注

錢大昕《補元史藝文志・易類》 秦輔之《易注》。嘉定人。

## 易說

錢大昕《補元史藝文志・易類》 熊棟《易說》。字季隆。

## 易說

錢大昕《補元史藝文志・易類》 黃定子《易說》。字季安。

## 易象管見

錢大昕《補元史藝文志・易類》 周之翰《易象管見》。

## 易四圖贊

錢大昕《補元史藝文志・易類》 周之翰《易四圖贊》。字申甫，華亭人。

## 意官圖辨

錢大昕《補元史藝文志・易類》 趙然明《意官圖辨》五十卷。婺源人。

## 庖易

錢大昕《補元史藝文志・易類》 彭絲《庖易》。字魯叔，安福人。

## 周易注

錢大昕《補元史藝文志・易類》 魯貞《周易注》。字起元，開化人。

## 易說發揮

錢大昕《補元史藝文志・易類》 嚴用父《易說發揮》二卷。高安縣尹。

## 四道發明

錢大昕《補元史藝文志・易類》 胡允《四道發明》。號潛齋，饒州樂平人。

## 周易程朱傳義音考

黄虞稷《千頃堂書目・易類》 汪克寬《周易程朱傳義音考》。

## 易說

錢大昕《補元史藝文志・易類》 余闕《易說》五十卷。

## 易說

錢大昕《補元史藝文志・易類》 程珙《易說》。字仲璧，饒州德興人。

## 易義

錢大昕《補元史藝文志・易類》 解季通《易義》。吉水人。

## 八卦數圖

《宋史・藝文志・易類》 陳高《八卦數圖》二卷。

## 易古注

胡師安等《元西湖書院重整書目・經類》 《易古注》。

## 易經旁注

錢大昕《補元史藝文志・易類》 韓信周《易經旁注》。字伯循，寧德人。

## 易說綱要

錢大昕《補元史藝文志・易類》 楊□龍《易說綱要》。字明夫，清江人。

## 易通解

錢大昕《補元史藝文志・易類》 王希旦《易通解》。字愈明，一字葵初，饒州德興人。一作《易學摘編》。

## 大易輯略

錢大昕《補元史藝文志・易類》 范大性《大易輯略》。蜀人。

## 周易略例補釋

錢大昕《補元史藝文志・易類》 陳禧《周易略例補釋》一卷。潮陽人。

## 易注

錢大昕《補元史藝文志·易類》 陶元幹《易注》。襄陽人。

## 周易管闚

錢大昕《補元史藝文志·易類》 倪公晦《周易管闚》。字孟暘，金華人。

## 周易鑑

錢大昕《補元史藝文志·易類》 曾巽申《周易鑑》。字巽初，永豐人，翰林應奉。

## 讀易記

錢大昕《補元史藝文志·易類》 劉淵《讀易記》。字學海，蜀人，永州路學正。

## 讀易蠡測

錢大昕《補元史藝文志·易類》 徐之祥《讀易蠡測》。字麒父，韶州德興人，賓州上林簿。

## 易學須知

錢大昕《補元史藝文志·易類》 劉淵《易學須知》。

## 易學直指本源

錢大昕《補元史藝文志·易類》 盛象翁《易學直指本源》。字景則，台州太平人，昌國州判官。

## 易說

錢大昕《補元史藝文志·易類》 曹說《易說》。

## 易學啓蒙類編

錢大昕《補元史藝文志·易類》 程疇《易學啓蒙類編》。新安人。

## 易說

錢大昕《補元史藝文志·易類》 劉傳《易說》。字芳伯，鄱陽人。

## 周易釋疑

**錢大昕《補元史藝文志·易類》** 葉瑞《周易釋疑》十卷。字宗瑞，金谿人，江西儒學副提舉。

## 竹溪易説

**錢大昕《補元史藝文志·易類》** 范氏《竹溪易説》。九江人，失其名。

## 讀易記

**錢大昕《補元史藝文志·易類》** 趙氏《讀易記》。

## 大易忘筌

**錢大昕《補元史藝文志·易類》** 《大易忘筌》一册。無名氏。

## 易　辨

**錢大昕《補元史藝文志·易類》** 盛德瑞《易辨》五卷。字祥父，崑山人，平江路訓導。

## 周易記

**錢大昕《補元史藝文志·易類》** 葉登龍《周易記》。麗水人。

## 易學啓蒙注

**錢大昕《補元史藝文志·易類》** 黄瑞節《易學啓蒙注》四卷。字觀樂，安福人，泰和州學正。

## 周易經傳通解

**錢大昕《補元史藝文志·易類》** 汪標《周易經傳通解》。字國表，鄱陽人。

## 十三卦考

**錢大昕《補元史藝文志·易類》** 張希文《十三卦考》一卷。字質夫，瑞州新昌人。

## 周易演説

**錢大昕《補元史藝文志·易類》** 石伯元《周易演説》。

# 易經通旨

**錢大昕《補元史藝文志・易類》** 趙良震《易經通旨》。字伯起。

# 易　解

**錢大昕《補元史藝文志・易類》** 薛微之《易解》。華陰人，以薦得應縣教授，改河南軍儲轉運使。中統初召爲平陽、太原宣撫，提舉河南學校，俱不赴。

# 河圖洛書序説

**錢大昕《補元史藝文志・易類》** 周聞孫《河圖洛書序說》。字以立，吉水人。

# 周易象義圖

**吴焯《繡谷亭熏習録・經部》** 《周易象義圖》。不著撰人名氏。簡端凡例十二條，内稱「卦象去取或本虞仲翔、荀慈明，或本九家，或本李鼎祚、朱子發、鄭東卿、林黄中、項平甫、馮儀之、徐古爲、呂朴卿，據此則元末人撰也。立論獨與朱子發爲難，又譏張子饒之作通變不知象數。自謂能究其象之所生，以求作《易》之初意」。按子發，名震，學者稱漢上先生。朱子云：朱子發用互體，互體自左氏已言，亦有道理，只是今推不合處多。馮椅亦稱《漢上易傳》。毛伯玉力詆其卦變、互體、伏卦、反卦之失，然則是書豈伯玉之流所著歟？文饒著《易》凡七種，共九十九卷。魏了翁謂頗得《易》數之詳。祝泌又云：「康節起數之法有所傳十四圖，文饒得於蜀中估籍吏人之家，因敷衍之爲通變四十卷，發明固多，支蔓亦不少。康節之於象數精矣，豈文饒得其圖而猶不知耶？」是編凡爲圖十八。内《乾》、《坤》、《泰》、《否》四圖，則分注本體、互體、伏體以及三體之正變。焦氏《經籍志》、朱氏《經義考》均失載。世次莫稽，姑附之元儒之末，以俟考訂。

# 學易舉隅

**黄虞稷《千頃堂書目・易類》** 鮑恂《大易鉤玄》三卷。字仲孚，嘉興人，領元鄉薦。明初以明經老儒召爲文華殿大學士，固辭歸。恂受《易》于吴草廬。

**《明史・藝文志・易類》** 鮑恂《大易舉隅》三卷。又名《大易鉤玄》。

**吴焯《繡谷亭熏習録・經部》** 《大易鉤玄》。明鮑恂著。《浙江通志》：「恂，字仲孚，本崇德人，徙嘉興西溪，元領鄉薦。洪武初禮部薦入京師，時年八十餘。命爲文華殿大學士，輔導東宫。固辭，放歸。恂受《易》臨川吴澄，得其所傳，著《易傳大義》。學者稱西溪先生。」是編初名「學易舉隅」，寧王朱權爲之刊布國中，更其名曰《大易鉤玄》。有序以冠卷端。所稱臞仙者，寧藩晚年自號也。仲孚別有《西溪漫稿》。

**《四庫提要・易類存目一》** 《學易舉隅》三卷。浙江吴玉墀家藏本。元鮑恂撰。恂，字仲孚，崇德人。登至元乙亥進士，薦爲翰林，不就。王褘《造邦勳賢録》稱，洪武初嘗應召至京師，授文華殿大學士，輔導東宫。《明史・吴伯宗傳》則稱與吉安余詮、高郵張長年、登州張紳同薦。恂年八十，詮年亦七十，竝命爲文華殿大學士。皆以老疾固辭，遂放還。惟紳授鄠縣教諭，後官至布政使，則恂固未嘗仕明。《造邦勳賢録》載陶珽《續說郛》中，疑爲僞託，當以史爲據。又陶宗儀《輟耕録》載鮑恂「以妻父建德知縣俞鎮之力，僉緣中浙江鄉試第十四名」。考其籍乃嘉興，其年乃至正甲申，蓋名姓偶同，非此鮑恂也。是書略舉讀《易》之法，分析門目，指陳綱要，大抵皆約舉舊文。卷首有寧王權序，題曰「旃蒙單閼」，蓋宣德十年乙卯也。序稱程蕃伯昌重加訂正，而稱蕃生於至元十七年丁酉。考後至元無十七年，惟順帝至正十七年，歲在丁酉，則「至元」乃「至正」之誤也。是書本名《學易舉隅》，權爲刊板，始更名《大易鉤玄》。然朱彝尊《經義考》載之，仍曰「舉隅」。考所言僅粗陳崖略，不足當「鉤玄」之名，題曰「舉隅」，於義爲近。故今亦仍恂原目著録焉。

## 易大傳義

**王圻《續文獻通考·經籍考·易》**《易大傳義》。鮑恂著。恂，崇德人。嘗受《易》于臨川吳澄，學者稱西溪先生。我洪武初，嘗召至京，除文華殿大學士，輔導東宮，固辭而歸。

## 大易傳義

**王圻《續文獻通考·經籍考·易》**《大易傳義》。文華殿大學士鮑恂著。恂，德州人。

## 易問辯

**王圻《續文獻通考·經籍考·易》**《易問辯》三十卷。廬陵歐陽貞著。歷考諸家之異同，質正先儒之論議，初名《易疑》，後改曰《問辯》，歐陽圭齋爲序。

**黃虞稷《千頃堂書目·易類》**歐陽貞《周易問辯》。三十卷。分宜人。洪武初以《易》魁江西省試，官考城主簿。一名《易疑》。

**《明史·藝文志·易類》**歐陽貞《周易問辨》三十卷。

## 周易文詮

**倪燦等《補遼金元藝文志·經部》**趙汸《周易文詮》四卷。

**《明史·藝文志·易類》**趙汸《大易文詮》八卷。

**《四庫提要·易類四》**《周易文詮》四卷。兩淮馬裕家藏本。元趙汸撰。汸，字子常，休寧人。師事黃澤，受《易象》、《春秋》之學。隱居著述，作東山精舍以奉母。洪武二年召修《元史》，不願仕，乞還。未幾卒。事蹟具《明史·儒林傳》。此書大旨源出程、朱，主於略數言理。然其門人金居敬跋稱其「契先天内外之旨，且悟後天卦序之義」，則亦兼用邵氏學也。《經義考》載八卷。此本舊鈔止四卷，然首尾完具，不似有所闕佚，或後人合併歟？原書上方，節節標題細字，詳其詞意，不類汸筆，或後來讀者所題識，於經義亦無所發明，今併從刪削。汸平生學力，多在《春秋》，所著説《春秋》之書亦最多，並已別著於録。其説《易》祗有此本，流傳頗罕。其中詮釋義理，大抵宋儒緒論爲多，不及其《春秋》諸書之深邃。然其於天道、人事、吉凶、悔吝之際，反覆推闡，亦頗明暢。觀其名書曰「文詮」，其宗旨固可見矣。

**張金吾《愛日精廬藏書志·易類》**《周易文詮》四卷。舊抄本。元趙汸輯。

## 周易旁註

**《明史·藝文志·易類》**朱升《周易旁注》十卷。

## 周易旁注前圖

**黃虞稷《千頃堂書目·易類》**朱升《周易旁注前圖》十二卷。

**《明史·藝文志·易類》**朱升《周易旁注前圖》二卷。

**嵇璜等《續通志・圖譜略・易》**　明朱升《周易旁注前圖》。

## 周易旁注圖說

**嵇璜等《續通志・圖譜略・易》**　明朱升《周易旁注圖說》。

**《四庫提要・易類存目一》**　《周易旁注圖說》二卷。山東巡撫採進本。明朱升撰。升，字允升，休寧人。元至正乙酉舉於鄉，授池州路學正，秩滿歸里。丁酉，太祖兵至徽州，以升從軍。吳元年拜侍講學士。洪武中，官至翰林學士。事蹟具《明史》本傳。是書原本十卷，冠以《圖說》上、下二篇。上篇凡八圖，下篇則全錄元蕭漢中《讀易考原》之文。萬曆中，姚文蔚易其旁注，列於經文之下，已非其舊。此本又盡佚其注，獨存此《圖說》二篇。漢中書已別著錄，餘此八圖，僅敷衍陳摶之學，蓋無可取矣。

## 周易集解

**黃虞稷《千頃堂書目・易類》**　葉儀《周易集解》。金華人。明太祖下婺州，與范祖幹等同被徵。

## 易學提綱

**黃虞稷《千頃堂書目・易類》**　趙撝謙《易學提綱》。

## 易義主意

**潘祖蔭《滂喜齋藏書記》**　明刻《易義主意》二卷。一冊。明廬陵謝子方著，海虞魏祐校。前有孫鼎序，謂子方洪武初名儒。其書止於上下經，舉經文可出題者，分段解之，兎園冊耳。然尙出元明閒人手，且《四庫》未收，可與《羣英書義》並存也。怡府藏書。

附藏印。

## 易經發明

**王圻《續文獻通考・經籍考・易》**　《易經發明》。何英著。英，鄱陽人。

**黃虞稷《千頃堂書目・易類》**　何英《易經發明》。字積中，鄱陽人。學於元儒王松隖，自號梅谷。

## 周易考次

**王圻《續文獻通考・經籍考・易》**　《周易考次》。建文時臨海方希古著。

## 大易枝辭

**黃虞稷《千頃堂書目・易類》**　方孝孺《大易枝辭》。與《周禮考次》皆逸不傳。

## 周易參疑

**王圻《續文獻通考・經籍考・易》**　《周易參疑》。山西布政王廉頤陽著，蘇州知府況鍾刻。

**黃虞稷《千頃堂書目・易類》**　王廉《周易參疑》。字熙陽，處州人。與修

《元史》，後官山西布政。蘇州知府況鍾刊行。

## 易經參議

王圻《續文獻通考・經籍考・易》　《易經參議》。國初新喻梁州著。

## 易原奧義

黄虞稷《千頃堂書目・易類》　林大同《易原奧義》二卷。常熟人。洪武中開封府學訓導。

《明史・藝文志・易類》　林大同《易經奧義》二卷。

## 周易發微

黄虞稷《千頃堂書目・易類》　楊文《周易發微》。弘治庚戌進士，國子監丞。

## 古易略説

黄虞稷《千頃堂書目・易類》　豐寅初《古易略説》。鄞縣人。洪武中國子司業。建文壬午，棄官歸隱。

## 易經選註

王圻《續文獻通考・經籍考・易》　《易經選註》。侍讀學士王達著。達，無錫人。

黄虞稷《千頃堂書目・易類》　王達《易經選注》。

## 味易餘吟

黄虞稷《千頃堂書目・易類》　鄭宏《味易餘吟》。字以仁，直隸嘉定人。少受《易》於鮑恂，洪武中爲禮部郎中。

## 易　説

《明史・藝文志・易類》　金鉉《易説》一卷。

## 周易直旨

王圻《續文獻通考・經籍考・易》　《周易直旨》。永樂十五年，仁宗在東宮時，命楊士奇纂書成以進，賜名《周易大義》。

黄虞稷《千頃堂書目・易類》　《周易直指》十卷。仁宗在東宮時，命楊士奇纂《卦爻》、朱氏《本義》要旨爲是書，以備觀，賜今名。

《明史・藝文志・易類》　楊士奇《周易直指》十卷。

## 周易大全

范邦甸等《天一閣書目・易類》　《周易大全》二十四卷。明翰林學士胡廣等奉勅纂修。

徐𤊹《徐氏家藏書目・易類》　《周易大全》二十四卷。

張萱等《内閣藏書目録・經部》　《周易傳義大全》二部，共十三冊。

不全。

**黃虞稷《千頃堂書目・易類》** 《周易傳義大全》二十四卷，《義例》一卷。永樂十二年十一月命翰林院學士胡廣、侍講楊榮、金幼孜等纂修《五經四書大全》，《周易》則取程《傳》及朱子《本義》，博采二程《遺書》、《外書》、《朱子語類》、《文集》之論《易》者，與諸家之說羽翼之。明年九月書成，頒行六部並兩京國子監及天下郡縣學。

**《明史・藝文志・易類》** 永樂中敕修《周易傳義大全》二十四卷，《義例》一卷。胡廣等纂。

**《四庫提要・易類五》** 《周易大全》二十四卷。內府藏本。明胡廣等奉敕撰。考《明成祖實錄》，永樂十二年十一月甲寅，命行在翰林院學士胡廣、侍講楊榮、金幼孜修《五經四書大全》，十三年九月告成。成祖親製序，弁之卷首，命禮部刊賜天下。賜胡廣等鈔幣有差，仍賜宴於禮部。同時預纂修者，自廣、榮、幼孜外，尚有翰林編脩葉時中等三十九人。此其五經之首也。朱彝尊《經義考》，謂「廣等就前儒成編，雜爲鈔錄，而去其姓名。《易》則取諸天台、鄱陽二董氏，雙湖、雲峰二胡氏，於諸書外未寓目者至多」云云。天台董氏者，董楷之《周易傳義附錄》。鄱陽董氏者，董眞卿之《周易會通》。雙湖胡氏者，胡一桂之《周易本義附錄纂疏》。雲峰胡氏者，胡炳文之《周易本義通釋》也。今勘驗舊文，一一符合。彝尊所論，未可謂之苛求。然董楷、胡一桂、胡炳文篤守朱子，其說頗謹嚴。董眞卿則以程、朱爲主而博采諸家以翼之，其說頗爲賅備。取材於四家之書，而刊除重複，勒爲一編，雖不免守匱抱殘，要其宗旨則尚可謂不失其正。且二百餘年以此取士，一代之令甲在焉。錄存其書，見有明儒者之經學，其初之不敢放軼者由於此，其後之不免固陋者亦由於此。鄭曉《今言》曰：「洪武開科，五經皆主古注疏及宋儒。《易》，程、朱。《書》，蔡。《詩》，朱。《春秋》，左、公羊、穀梁，程、胡、張。《禮記》，陳。後乃盡棄注疏，不知始於何時。或曰始於頒《五經大全》時，以爲諸家說優者采入故耳。然古注疏終不可廢也。」是當明盛時，識者已憂其弊矣。觀於是編，未始非千古得失之林也。

**彭元瑞等《天祿琳琅書目後編・明版經部》** 《周易傳義大全》。二函，十二冊。明胡廣等奉敕撰。《五經四書大全》之一，書二十四卷。前有《凡例》、程頤《易傳序》、《易序上下篇義》、朱熹《易本義》、《圖》、《五贊筮儀》，又《程朱說易綱領》。考《明成祖實錄》，永樂十二年十一月命行在翰林院學士胡廣、侍講楊榮、金幼孜等修《五經四書大全》。十三年九月告成，親製序，刊賜天下。是書廣、榮、幼孜，外尚有纂修官修撰蕭時中、陳循，編修周述、陳全、林誌、李貞、陳景著，檢討余學夔、劉永清、黃壽生、陳用、陳璲，五經博士王進，典籍黃約仲，庶吉士涂順，郎中王羽、童謨，員外郎吳福、吳嘉靜，主事黃裳、段民、洪順、沈升、章敞、楊勉、周忱、吾紳，御史陳道潛，評事王選，太常博士黃福，御醫趙友同，國子博士王復原，教授曾振、廖思敬，學正傅舟，教諭杜觀、顏敬守，訓導彭子、斐留季安。按朱彝尊《經義考》謂，廣等就前儒成編雜爲鈔錄。如董楷之《周易傳義附錄》、董眞卿之《周易會通》、胡一桂之《周易本義通》、胡炳文之《周易本義通釋》，皆所取材者。

## 易經講義

**王圻《續文獻通考・經籍考・易》** 《易經講義》。張文選著。

## 周易集說

**黃虞稷《千頃堂書目・易類》** 林誌《周易集說》三卷。

**《明史・藝文志・易類》** 林誌《周易集說》三卷。

## 讀易日録

**黃虞稷《千頃堂書目・易類》** 高暐《讀易日錄》。字汝晦，浙江臨安人。永樂甲申進士，累官四川按察司僉事。

## 周易集傳

黃虞稷《千頃堂書目・易類》 程汝器《周易集傳》十卷。名昆，以字行，休寧人。師事趙汸，洪武中舉明經，永樂中官蘄州知州。

《明史・藝文志・易類》 程汝器《周易集傳》十卷。

## 易傳撮要

王圻《續文獻通考・經籍考・易》 《易傳撮要》。劉髦著。髦，永新人，永樂戊子鄉試易魁。

黃虞稷《千頃堂書目・易類》 劉髦《易傳撮要》，一卷。撮程傳之要。永新人。永樂戊子鄉魁，不仕。大學士劉定之父。

《明史・藝文志・易類》 劉髦石潭《易傳撮要》一卷。

《四庫提要・易類存目一》 《石潭易傳撮要》一卷。江西巡撫採進本。明劉髦撰。髦，字孟恂，永新人，永樂戊子舉人。是書大旨以程子之全體大用具於《易傳》，朱子嘗欲將其要處別寫爲書，而竟未成編。髦因摘錄其文，分類排纂，定爲「本性道」、「精公私」、「正身心」、「施政治」四門，又分子目三十有三。前有蕭鎡序云「總爲四卷」，而此刻則僅有一卷。然門目與鎡序皆符，知無所佚闕。朱彝尊《經義考》亦作一卷，蓋重刻者所合併也。

## 周易傳義會通

黃虞稷《千頃堂書目・易類》 張洪《周易傳義會通》。十五卷。

《明史・藝文志・易類》 張洪《周易傳義會通》十五卷。

## 八卦餘生

《四庫提要・易類存目一》 《八卦餘年》十八卷。江西巡撫採進本。明鄧夢文撰。夢文，字志文，安成人。是書前有永樂甲辰自序，稱「著是書時，夢神授以《八卦餘生》之名，覺而不識其所謂，但既有所受之，則不敢不以是名之」。其說甚怪。其書卷首列《總論》五條：一曰偶感，記《經》文之有會於心者，凡十九處；二曰記臆，指程子、蘇軾二家之說大不合於《經》者，七十處；三曰論應，斥諸家某爻應某爻之非，而取其不謬於理者，十一處；四曰論五位，辨諸家以五爻爲君之非，凡九處；五曰論變，謂卦不必至三爻而變，凡三處。其大旨主於以身爲《易》，不假蓍筮而自然與造化相符，多掊擊前人之說，而攻程《傳》爲尤甚。至《繫辭》諸傳，則併攻《傳》文。如《繫辭》「成性存存」二句，則注曰：「其語意頗似《老子》，不類夫子口氣。」「刳木爲舟」節，則注曰：「自神農黃帝、堯、舜時始有舟楫，而當堯之時，天下猶未平，洪水橫流。不知神農以前，天下之民何以涉河？」「服牛乘馬」節，則注曰：「牛馬之用，似不待取諸卦象而後然。」「古之葬者」節，則注曰：「《本義》云，送死大事，而過於厚，然則聖人制葬埋之禮，蓋亦自爲大過矣，則於墨子之薄葬又何譏焉？」「《易》之興也，其當殷之末世」節，則注曰：「此節與《易》道似無甚發揮，而又皆前經之所已言者。」又曰：「夫子殷人也，紂之事所不忍言，即贊文王，不須以紂。以紂贊文王亦非文王之所願聞也。」《說卦傳》「昔者聖人之作《易》也，將以順性命之理」節，則注曰：「仁知之不足以盡道也，久矣。此云爾，似亦不合。」「帝出乎震」節，則注曰：「此節似弄字法。」《序卦傳》「飲食必有訟」二句，則注曰：「訟何必專始於飲食。」「訟必有衆起」六句，則注曰：「物自蒙之時必有所依附，而後成立，比似莫切於此時，且不比何以成師，亦似在《師》之前。」「有大而能謙必豫」二句，則注曰：「必待大有能謙而後樂，其爲樂也，不亦隘乎？」「豫必有隨」二句，則注曰：「同人而物歸之，已大有矣，於此而始隨乎？」「有事而後可大」句，則注曰：「然則大有者非人乎？」「物大然後可觀」句，則注曰：「然則同人、大有之時尚不可觀乎？」「賁者飾也」三句，則注曰：「大有、臨、觀，尚未足亨乎！必待飾而後亨耶？」「復則不妄矣」句，則注曰：「然則《剝》以前諸卦皆妄乎？」「物畜然後可養」句，則注曰：「然則需不已早乎？」「故受之以《坎》」三句，則注曰：「既曰陷矣，而可受乎！聖人豈欲陷人者哉！」「遯者退也」四句，則注曰：「有是理否也？」「物不可以終壯」句，則注曰：「既不終壯而又晉，將欲何之？」「傷於外者必反其家」句，則注曰：「似非確論。」「升而不已必困」句，則注曰：「困乎下者奈何？」「震者動也」四句，則注曰：「何待不可終動而後受之以《艮》耶？」「旅而無所容」句，則注曰：「然則不毀方耶！」「巽者入也」四句，則注曰：「是不得入則終不說矣。」「渙者離也」二句，則注曰：「然則是《離》、《渙》一卦也，以《渙》繼《坎》，不亦可乎！」如是之類，不能殫舉。是其所見，殆欲出《十翼》上矣，恐無此事也。

## 周易圖解

**嵇璜等《續通志・圖譜略・易》** 金潤《周易圖解》。

## 讀易記

**黃虞稷《千頃堂書目・易類》** 李賢《讀易記》一卷。

**《明史・藝文志・易類》** 李賢《讀易記》一卷。

## 周易圖釋

**黃虞稷《千頃堂書目・易類》** 劉定之《周易圖釋》十二卷。

**《明史・藝文志・易類》** 劉定之《周易圖釋》三卷。

**嵇璜等《續通志・圖譜略・易》** 劉定之《易經圖釋》。



**《四庫提要・易類存目一》** 《易經圖釋》十二卷。江西巡撫採進本。明劉定之撰。定之，字主敬，號呆齋，永新人。正統丙辰進士，官至禮部侍郎，兼翰林院學士。謚文安。事蹟具《明史》本傳。其書用古本，以上、下經及《十翼》釐爲十卷。惟《象傳》則以《大象》爲《象傳上》，以《小象》爲《象傳下》，又與古本小異。然以爲《象》分大、小，猶之雅分大、小，出於孔子所定，則於古無徵，不足信也。卷首列《先天》、《後天》諸圖，率同《本義》，惟不列《卦變圖》，蓋卦變之說從程子，不從朱子。亦不列《河圖》、《洛書》，蓋其說皆由太極、兩儀、四象、八卦互推，不甚用奇偶方位。其《伏羲先天六十四卦方位圖》下注云：「此圖二《經》十《傳》，皆無明文可見。」又圖末總注云：「已上諸圖，昔者學《易》之家失其傳，而異端方士祕藏焉。邵子始復取歸於《易》。程子與之同時，而於《易傳》向置之不論，豈未嘗得見此於邵子歟？」則雖堅主陳摶之學，而亦微覺其未安矣。上經、下經每卦六爻各總爲一圖，各以儷偶之辭括其爻義，左右上下，以次排列，而以墨線分合交貫之，頗類坊本講章之節旨。《彖傳》則上經、下經各爲一總圖，橫行六十四卦而以卦德、卦象、卦體、卦變直列四格，以經文分隸之，如史家之年表。《大象》則以《大學》「三綱領」、「八條目」橫行爲綱，以經文相類者分配其下。《小象》則爲列一韻圖，以三百八十四爻爲經，四聲十九部爲緯，如等韻之譜，皆與經義渺不相關。《文言》、《繫辭》則或一節爲一圖，或總括數節爲一圖，各標其語脈相貫之處。《說卦傳》前數節，仍以先天、後天諸說作圖，其取象諸節，又作一表，經以八卦，緯以天象、地法、人身、物類、草木、鳥獸六格，塡列傳文，亦毫無取義。《序卦》僅附《反對》一圖，而《雜卦》則不爲圖，遂不置一語。蓋大旨在標六爻之義，餘皆蔓衍成書，取盈卷帙而已。

## 玩易意見

**范邦甸等《天一閣書目・易類》** 《玩易意見》二卷。藍絲欄鈔本。明三原王恕撰并序。

**黃虞稷《千頃堂書目・易類》** 王恕石渠《玩易意見》二卷。正德元年自序，時年九十一。

**《明史・藝文志・易類》** 王恕《玩易意見》二卷。

**吴焯《繡谷亭熏習録・經部》** 《玩易意見》二卷。明王恕宗貫著。陝西三原人，正統十三年戊辰進士。按《明史藁》本傳，仕至南京户部尚書卒，贈太子太保，謚康僖。《經義考》作「吏部尚書卒，贈太師，謚端毅」。黄宗羲《明儒學案》亦作「謚端毅」。卷首有正德元年正月望自序，署云「奉勅存問宿望舊臣九十有一石渠老人」，據此則書成於暮年。耄而好學，尤名臣之難也。史稱康僖晚年著有《石渠意見》，多前賢未發。然玩其序文，若不足於程朱之學，而思有以增加之。明自《永樂大全》出後，甚至棄去程《傳》，專用《本義》。康僖不爲習俗所靡，且欲擴充傳義之外，要不失爲慕古深思之士。惜乎未能博覽儒先經説，徒以臆見斷之耳！

**《四庫提要・易類存目一》** 《玩易意見》二卷。浙江汪啓淑家藏本。明王恕撰。恕，字宗貫，三原人。正統戊辰進士，官至吏部尚書。謚端毅。事蹟具《明史》本傳。恕於弘治壬戌養痾家居，因搆一軒名「玩易」，於程、朱之説有所未慊於心者，劄記以成此書。前有自序，作於正德丙寅，時年已九十一矣。其説頗自出新意，然於文義有不可通者，輒疑經文有譌，殊不可訓。凡上經一卷，下經合《繫辭》爲一卷，而不及其餘。葢意有所見乃筆之，故不盡解全經云。

## 易通發明

**王圻《續文獻通考・經籍考・易》** 《易通發明》、《卦贊》、《重正卦氣》。鄭伉著。

**黄虞稷《千頃堂書目・易類》** 鄭伉《易義發明》。

## 卦贊

**王圻《續文獻通考・經籍考・易》** 《卦贊》。鄭伉著。

**黄虞稷《千頃堂書目・易類》** 鄭伉《卦贊》。

## 重正卦氣

**王圻《續文獻通考・經籍考・易》** 《重正卦氣》。鄭伉著。

## 讀易管見

**黄虞稷《千頃堂書目・易類》** 鄭伉《讀易管見》。又《易義發明》，又《卦贊》。常山人，受業吴與弼。

## 太極圖説

**黄虞稷《千頃堂書目・易類》** 傅寬《太極圖説》。正統七年寬爲東昌府通判進。上謂僻謬悖理，斥之。勿令誤後學。見《野獲編》。

## 周易衍辭

**黄虞稷《千頃堂書目・易類》** 劉誠《周易衍辭》。專辨焦贛納甲飛伏之非。誠，雞澤人，天順丁丑進士，湖廣參政。

## 大易天人合旨

**王圻《續文獻通考・經籍考・易》** 《大易天人合旨》。姚綬著。

**黄虞稷《千頃堂書目・易類》** 姚綬《大易天人合旨》□卷。

## 易學私鈔

**黃虞稷《千頃堂書目・易類》** 楊守陳《易學私鈔》□卷。

## 周易說旨

**黃虞稷《千頃堂書目・易類》** 羅倫《周易說旨》四卷。

**《明史・藝文志・易類》** 羅倫《周易說旨》四卷。

## 周易傳義會同

**黃虞稷《千頃堂書目・易類》** 吾㝵《周易傳義會同》。

## 周易程朱異同

**黃虞稷《千頃堂書目・易類》** 羅璟《周易程朱異同》。

## 易通解

**黃虞稷《千頃堂書目・易類》** 胡居仁《易通解》。

## 易象鈔

**《四庫提要・易類五》** 《易象鈔》四卷。兩淮鹽政採進本。明胡居仁撰。居仁，字叔心，號敬齋，餘干人。事蹟具《明史・儒林傳》。是書前有居仁自序，稱「讀《易》二十年，有所得輒鈔積之，手訂成帙，取先儒圖書論說合於心得者錄之」。三卷以下則皆與人論《易》往復劄記及自記所學，又爲櫽括歌辭以舉其要。居仁之學雖出於吳與弼，而篤實則遠過其師。故在明代，與曹端、薛瑄俱號「醇儒」。所著《居業錄》，至今稱道學正宗。其說《易》亦簡明確切，不涉支離玄渺之談。考萬曆乙酉御史李頤《請以居仁從祀孔子廟庭疏》，稱「所著有《易傳》、《春秋傳》，今頗散佚失次」。朱彝尊《經義考》載有居仁《易通解》，注曰「未見」，而不載此書，豈此書一名「易通解」歟？然李頤時已稱「散佚失次」，何以此本獨完？疑後人裒其緒言，重爲編次，非居仁手著也。

## 易學會通

**王圻《續文獻通考・經籍考・易》** 《易學會通》。教諭胡璉著。璉，高安人。

**黃虞稷《千頃堂書目・易類》** 胡璉《易學會通》。字商用，高安人。博通經史，尤邃於《易》。明初兵至瑞州，璉說其主將劉左丞奉書降，後以薦爲句容教諭。

## 易學象數舉隅

**黃虞稷《千頃堂書目・易類》** 汪思敬《易學象數舉隅》四卷。又《易傳通釋》□卷。名敬，以字行，祁門人。工詩文，□□中侍郎楊寧嘗薦之朝。

**《四庫提要・易類存目一》** 《學易象數舉隅》二卷。安徽巡撫採進本。明汪敬撰。敬，字思敬，一字益謙，婺源人。宣德癸丑進士，官户部主事。所著有《易傳通釋》及此書，《明史・藝文志》不著録。朱彝尊《經義考》載此書四卷，而《通釋》則闕其卷數。《江南通志》載之，則均無卷數。此本二卷，似尚非完書也。其書專明象數，自天地自然之《易》，至邵子《經世》書，全數皆列圖於前，而繫説於後。大抵皆因襲舊文，糾纏奇偶。中間論大衍之數一條，證以陳摶《龍圖》之説。不知《龍圖》準《易》數以作，非《易》數出於《龍圖》也。其上卷《圖書象數》、下卷《九卦》及《觀象》、《玩辭》、《觀變》、《玩占》四篇，皆標《通釋》之名，豈本與其所謂《易傳通釋》者共爲一帙，後來《通釋》殘缺，傳寫者誤併爲一書，而標題則未及改歟？是不可詳矣。

## 易傳通釋

**黄虞稷《千頃堂書目・易類》** 汪思敬《易傳通釋》□卷。

## 周易衍義

**黄虞稷《千頃堂書目・易類》** 包瑜《周易衍義》。青田人，成化中浮梁知縣。

## 讀易愚慮

**《明史・藝文志・易類》** 談綱《讀易愚慮》二卷。

## 易考圖義

**《明史・藝文志・易類》** 談綱《易考圖義》一卷。

**嵇璜等《續通志・圖譜略・易》** 談綱《易考圖義》。

## 卜筮節要

**《明史・藝文志・易類》** 談綱《卜筮節要》一卷。

## 易指考辨

**《明史・藝文志・易類》** 談綱《易指考辨》一卷。

## 易義雜言

**《明史・藝文志・易類》** 談綱《易義雜言》一卷。

## 易卦方位次序圖

**黄虞稷《千頃堂書目・易類》** 葉應《易卦方位次序圖》一卷。又《易卦圖衍》。字子明，歸善人。成化戊戌進士，廣西慶遠府知府。

**嵇璜等《續通志・圖譜略・易》** 葉應《易卦方位次序圖》。

## 易卦圖衍

**黄虞稷《千頃堂書目・易類》** 葉應《易卦圖衍》。

## 易經精蘊

**王圻《續文獻通考・經籍考・易》** 朱綬亦有《周易精蘊》。

**黄虞稷《千頃堂書目・易類》** 朱綬《易經精蘊》四卷。嘉興人。成化丁未進士，以翰林院檢討侍岐王講讀，歷楚、晉二王府長史。一作二十五卷。

**《明史・藝文志・易類》** 朱綬《易經精蘊》二十四卷。

## 圖書紀愚

**黄虞稷《千頃堂書目・易類》** 阮琳《圖書紀愚》。莆田人，教諭。

**《四庫提要・易類存目一》** 《圖書紀愚》一卷。福建巡撫採進本。明阮琳撰。琳，字廷佩，號晶山，莆田人。嘗官教諭，其人在成化、弘治閒。朱彝尊《經義考》列諸嘉靖之末，由未見其書故也。《經義考》載此書不著卷數，注曰「未見」。其書首載《太極》、《河》、《洛》諸圖，次及《六十四卦横方圖》，終之以《五行生尅》。大率因前人舊説，無所發明。

## 先天後天圖學考證

**黄虞稷《千頃堂書目・易類》** 楊廉《先天後天圖學考證》。

## 周易蒙引

**徐𤊹《徐氏家藏書目・易類》** 《易經蒙引》。八卷。蔡清。

**黄虞稷《千頃堂書目・易類》** 蔡清《周易蒙引》十二卷。嘉靖八年十月，清子直隸松江府推官蔡存遠奏進頒行。又《河洛私見》一卷。

**《明史・藝文志・易類》** 蔡清《周易蒙引》二十四卷。

**吴焯《繡谷亭熏習録・經部》** 《周易蒙引》二十四卷。明蔡清介夫著。清，晉江人，成化甲辰進士，歷官南國子祭酒，卒贈禮部侍郎。萬曆二年以給事李熙請詔祀於鄉，追謚文莊。嘉靖八年文莊子存遠爲松江推官，以所著《蒙引》奏進。世宗下部議，部行福建提學訂正，發刊書坊。今卷首所載奏刊勘合是已。同安林希元爲之序，又謝廷讚序。是書發明朱子之學，捄偏補闕，蓋《本義》之疏耳。雖皆出於諸儒經説，而捃拾無遺，謂爲紫陽之功臣，洵無愧焉。且其官西江副使，忤寧藩而致仕，其有得乎履霜堅冰之義者矣。

**《四庫提要・易類五》** 《易經蒙引》十二卷。江蘇巡撫採進本。明蔡清撰。清，字介夫，號虚齋，晉江人。成化甲辰進士，官至南京國子監祭酒。事蹟具《明史・儒林傳》。是書專以發明《朱子本義》爲主，故其體例以《本義》與經文竝書。但於《本義》每條之首加一圈以示別，蓋尊之亞於經也。然實多與《本義》異同，如《經》分上、下，朱子云：「以其簡袠重大，故分爲上、下二篇。」清則云：「六十四卦何以不三十二卦爲上經、三十二卦爲下經，而乃上經三十卦、下經三十四卦也。」「用九，見羣龍无首」，朱子云：「『用九』是諸卦百九十二陽爻之通例，『見羣龍无首』是此卦六爻皆用九者之占辭。」清則云：「孔子《象傳》及《文言》，節節皆是主六爻皆用九者言，但《本義》不主此説。」又云：「若依朱子之説，則於用九之下又當添『六爻皆用九者』一句。」「知至至之，知終終之」，朱子説：「上句『知』字重，下句『終』字重。」清則云：「此未必是本文之意。本文下句一『知』字，豈偶然哉？豈姑以對上句而無所當哉！」其他不肯委曲附和，大率類此。朱子不全從程《傳》，而能發明程《傳》者莫若朱子。清不全從

《本義》，而能發明《本義》者莫若清。醇儒心得之學，所由與爭門戶者異歟！

## 河洛私見

**黄虞稷《千頃堂書目・易類》**　蔡清《河洛私見》一卷。

## 周易考異

**黄虞稷《千頃堂書目・易類》**　都穆《周易考異》。

## 易學四同

**徐𤊹《徐氏家藏書目・易類》**　《易學四同》八卷。季本著。

**錢謙益等《絳雲樓書目・易類》**　季本《易學》四冊。本，字明德。會稽人，正德丁丑進士。

**黄虞稷《千頃堂書目・易類》**　季本《易學四同》八卷。嘉靖三十八年己未序。又《圖文餘辨》一卷，又《蓍法別傳》一卷，又《古易辨》一卷。字明德，會稽人，別號彭山。正德丁丑進士，長沙知府，于五經皆有箸述。

**《明史・藝文志・易類》**　季本《易學四同》八卷。

**《四庫提要・易類存目一》**　《易學四同》八卷，《別錄》四卷。浙江巡撫採進本。明季本撰。本，字明德，山陰人。正德丁丑進士，官至長沙府知府。是編以「四同」爲名，蓋以朱子《本義》首列九圖，謂「有天地自然之《易》，有伏羲之《易》，有文王之《易》，有孔子之《易》，四者不同」。本極以其說爲不然，故以「四同」標目，亦閒有闡發。然其大旨乃主於發明楊簡之《易》，以標心學之宗，則仍不免墮於虛渺。至於祖歐陽修之說，以《繫辭》爲講師所傳，非孔子所作，故多割裂經文，從吳澄所定之本。上傳第七



章「易其至矣乎」五字，刪「子曰」二字，屬「易簡之善配至德」以下。第八章「聖人有以見天下之至賾」至「擬議以成其變化」九十五字，謂前五十六字重出，後三十五字移并於第十二章。「鳴鶴在陰」七節及古本十二章「《易》曰：自天祐之」五十一字，與下傳古本第五章合。《乾》、《坤》、《文言》另歸一卷，附《繫辭》之後。下傳「夫乾確然示人易矣」三節，分爲二章。「天地之大德曰生」一節，合第十章「將叛者其辭慙」爲第三章。《雜卦》末「大過顛也」一節，本亦以卦不反對，從吳澄所採蔡本爲定。考澄說多可取，而其謬則在於改經。原爲瑕瑜竝存，本之理不及澄，而改經則效之，益無取矣。其《別錄》則爲《圖文餘辨》二卷，分內、外二篇。內篇辨朱子《九圖》之誤，其論《後天圖》非文王所作，是矣。至謂《先天圓圖》亦尚有可疑，則仍糾繞於圖之中，不能確定也。外篇雜論術數之數，如《皇極經世》、《易林》、京房《易傳》、《火珠林》、《太玄》、《潛虛》、《洪範》、《九九數》、《參同契》之類，皆辨之，至於《梅花數》亦與詰難，則泛濫矣。又《蓍法別傳》二卷。自序謂「發明蓍法本旨者，定爲《占辨》、《占例》、《占戒》、《占斷》，合《卜筮論》爲內篇。若象占取應於《易》詞之中，物類增分於《易》象之外，及以己意斷占有驗，而非出於《易》理之自然者爲外篇」。朱彝尊《經義考》云「二書各一卷」。此本乃各二卷，或刊本誤「二」字爲「一」字。彝尊又載《古易辨》一卷，此本無之，則當由脫佚矣。

## 圖文餘辨

**徐𤊹《徐氏家藏書目・易類》**　《圖文餘辨》二卷。季本。

**黄虞稷《千頃堂書目・易類》**　季本《圖文餘辨》一卷。

**《明史・藝文志・易類》**　季本《圖文餘辨》一卷。

**嵇璜等《續通志・圖譜略・易》**　季本《圖文餘辨》。

**《四庫提要・易類存目一》**　《易學四同》八卷，《別錄》四卷。明季本撰。其《別錄》則爲《圖文餘辨》二卷，《蓍法別傳》二卷。

## 蓍法別傳

**徐𤊹《徐氏家藏書目・易類》**《蓍法別傳》二卷。季本。

**黃虞稷《千頃堂書目・易類》**季本《蓍法別傳》一卷。

**《明史・藝文志・易類》**季本《蓍法別傳》一卷。

**《四庫提要・易類存目一》**《易學四同》八卷、《別錄》四卷，明季本撰。其《別錄》則爲《圖文餘辨》二卷，《蓍法別傳》二卷。

## 古易辨

**黃虞稷《千頃堂書目・易類》**季本《古易辨》一卷。

**《明史・藝文志・易類》**季本《古易辨》一卷。

## 易學歸趣

**黃虞稷《千頃堂書目・易類》**任經《易學歸趣》二卷。商州人。成化癸卯舉人，兗州府同知。

## 太極圖解

**黃虞稷《千頃堂書目・易類》**吳世忠《太極圖解》。

## 周易圖說

**嵇璜等《續通志・圖譜略・易》**王寅《周易圖說》。

## 訂正復古義

**黃虞稷《千頃堂書目・易類》**王雲鳳《訂正復古義》十二篇。

## 周易傳疏

**黃虞稷《千頃堂書目・易類》**王啓《周易傳疏》。黃巖人。成化丁未進士，刑部右侍郎。

## 古易訓測

**王圻《續文獻通考・經籍考・易》**《古易訓測》。尚書湛若水著。若水，增城人。

**黃虞稷《千頃堂書目・易類》**湛若水《修復古易經傳訓測》十卷。出羲、文、周、孔之《易》，復爲上、下經。取孔子之《翼》，爲後人所分附者，復合而爲《十傳》。於孔子之《傳》，則因言求象而爲之測。於三聖之經，則合本文，而令門人葛澗等采測義作旁識，而不爲之說。

**《明史・藝文志・易類》**湛若水《修復古易經傳訓測》十卷。

## 古易傳疑

黄虞稷《千頃堂書目·易類》 豐熙《古易傳疑》。

## 讀易私記

王圻《續文獻通考·經籍考·易》 《讀易私記》四卷。胡端敏著。

黄虞稷《千頃堂書目·易類》 胡世寧《讀易私記》四卷。

《明史·藝文志·易類》 胡世寧《讀易私記》四卷。

## 大易心印

黄虞稷《千頃堂書目·易類》 徐獻忠《大易心印》。

## 易　參

黄虞稷《千頃堂書目·易類》 許誥《易參》。又《圖書管見》。又《太極論》。

## 圖書管見

黄虞稷《千頃堂書目·易類》 許誥《圖書管見》。

《明史·藝文志·易類》 許誥《圖書管見》一卷。

## 太極論

黄虞稷《千頃堂書目·易類》 許誥《太極論》。

## 易　説

錢大昕《補元史藝文志·易類》 郭鎧《易説》。字德基，長樂人。宋進士，至元中興化路教授。

## 易經發明

黄虞稷《千頃堂書目·易類》 方太古《易經發明》。金華人，字元素。從學楓山章氏。

## 易疑初筮

黄虞稷《千頃堂書目·易類》 何孟春《易疑初筮》。

《明史·藝文志·易類》 何孟春《易疑初筮告蒙約》十二卷。

## 學易疑誼

黄虞稷《千頃堂書目·易類》 鍾芳《學易疑誼》三卷。字仲實，瓊州人。正德戊辰進士，户部侍郎，贈右都御史。嘉靖二十七年戊申楊愷序。

《明史·藝文志·易類》 鍾芳《學易疑義》三卷。

## 周易纂録

黄虞稷《千頃堂書目・易類》 田汝耔《周易纂錄》。

## 易學淵源

王圻《續文獻通考・經籍考・易》 《易學淵源》。給事中胡易著。易，寧都人。

## 周易本義附説

黄虞稷《千頃堂書目・易類》 左輔《周易本義附説》□卷。又《太極後圖》。字弼之，涇縣人。弘治丙辰進士，寧州知州。

## 太極後圖

黄虞稷《千頃堂書目・易類》 左輔《太極後圖》。

嵇璜等《續通志・圖譜略・經學・易》 左輔《周易圖説》。

## 集定古易

黄虞稷《千頃堂書目・易類》 陳鳳梧《集定古易》十卷。一名《易古文》。

《明史・藝文志・易類》 陳鳳梧《集定古易》十二卷。

## 易經安玩録

黄虞稷《千頃堂書目・易類》 王大用《易經安玩錄》。字時行，興化衛人。弘治乙丑進士，南京刑部右侍郎。

## 易經集説

黄虞稷《千頃堂書目・易類》 諸葛駿《易經集説》。晉江人，成化中永嘉訓導。

## 易學辨疑

黄虞稷《千頃堂書目・易類》 王緒《易學辨疑》。字紹夫，江西樂平人。弘治壬午舉人，四川忠州知州。

## 易　通

黄虞稷《千頃堂書目・易類》 錢貴《易通》。字元抑，吳郡人。弘治戊午舉人，鴻臚寺丞。

## 易學講義

黄虞稷《千頃堂書目・易類》 伊伯熊《易學講義》四卷。吳縣人。正德丁卯舉人，廣西柳州府同知。

## 易大義

**黃虞稷《千頃堂書目·易類》** 李承恩《易大義》。字君賜，祥符人。正德十四年舉人。

## 易　原

**黃虞稷《千頃堂書目·易類》** 戚雄《易原》二卷。字世英，金華人。正德辛未進士，南京監察御史。

## 易問大旨

**王圻《續文獻通考·經籍考·易》** 《易問大旨》。參政汪必東著。必東，崇陽人。

**黃虞稷《千頃堂書目·易類》** 汪必東《易問大旨》。字希匯，崇陽人。正德辛未進士，官雲南參政。

## 讀易索隱

**黃虞稷《千頃堂書目·易類》** 洪鼐《讀易索隱》。字廷器，壽昌人。正德庚午舉人，國子監助教。

**《四庫提要·易類存目一》** 《讀易索隱》六卷。浙江巡撫採進本。明洪鼐撰。鼐，字廷器，壽昌人。正德庚午舉人，官國子監助教。朱彝尊《經義考》載有是書，注曰「未見」。此本紙墨尚新，蓋刻於彝尊後也。其書不載經文，但隨意標舉某節某句而説之。大旨主於良知之學，故於朱子《本義》、蔡清《蒙引》，頗有所辨駁云。

## 周易發鑰

**黃虞稷《千頃堂書目·易類》** 貢珊《周易發鑰》。字廷甫，宣城人。正德辛未進士，唐山知縣。

## 易　略

**黃虞稷《千頃堂書目·易類》** 任慶雲《易略》二卷。經子。正德癸酉舉人，陝州知州。

## 易圖集覽

**黃虞稷《千頃堂書目·易類》** 任慶雲《易圖集覽》一卷。

**嵇璜等《續通志·圖譜略·易》** 任慶雲《易圖集覽》。

## 易圖識漏

**錢謙益等《絳雲樓書目·易類》** 《易圖識漏》一冊。黃畏菴撰。

**黃虞稷《千頃堂書目·易類》** 黃芹《易圖識漏》一卷。龍巖人。從蔡清學《易》，正德中歲貢生，官海陽縣學訓導。

**《明史·藝文志·易類》** 黃芹《易圖識漏》一卷。

**嵇璜等《續通志·圖譜略·易》** 黃芹《易圖識漏》。

**《四庫提要·易類存目一》** 《易圖識漏》。無卷數。浙江范懋柱家天一閣藏本。明黃芹撰。芹，字德馨，號畏菴，龍巖人。蔡清之弟子也。正德九年，以歲貢生官海陽縣訓導。是編爲發明《先天圖》學而作，前有正德丁卯自序，稱《易圖》凡二十七面，而今書新舊諸圖凡二十有八，蓋以陳眞晟《天地聖人之圖》、《君子法天之圖》總名爲《心學圖》也。其謂《伏羲八卦橫圖》、《八卦圓圖》皆爲贅設，乃後人因《繫辭》、《說卦》之語而誤加之，則未嘗不知後人因《易》以作圖。又謂胡一桂於《伏羲六十四卦圓圖》分配節氣，非其本旨。其《伏羲本河圖以作易圖》、《先天八卦合洛書數圖》，皆穿鑿可疑。於《圖》、《書》之學亦未嘗不覺其不安，而堅信《先天圖》出自伏羲，推而至於心學，推而至於曆法，曼衍支離，殊不可解。鈔本亦黑白混淆，奇偶參錯，殆不可辨識，此眞覆瓿之書也。

## 周易解疑

**黄虞稷《千頃堂書目・易類》** 洪貫《周易解疑》。字唯卿，鄞縣人。正德中官知府。

## 易經卦變

**黄虞稷《千頃堂書目・易類》** 劉黼《易經卦變》。衡陽人。正德丁丑進士，官御史。

## 易　解

**黄虞稷《千頃堂書目・易類》** 鄧韍《易解》一卷。常熟人。

## 周易贊義

**錢謙益等《絳雲樓書目・易類》** 馬理《周易贊義》三册。十七卷。三原人，明正嘉間以經學有聞於時，仕至少卿。與朝邑韓恭簡俱殞於地震之阨。天啓初進謚忠憲。

**黄虞稷《千頃堂書目・易類》** 馬理《周易贊義》七卷。上下《經》六卷，《繫辭》一卷，餘缺。

**《四庫提要・易類存目一》** 《周易贊義》七卷。浙江范懋柱家天一閣藏本。明馬理撰。理，字伯循，三原人。正德甲戌進士，官至南京光祿寺卿。事蹟具《明史・儒林傳》。其書雖參用鄭玄、王弼及程、朱二家之說，然大旨主於義理，多引人事以明之。朱睦㮮序稱「此書發凡舉例，闡微摘隱，博求諸儒異同，得十餘萬言」。原書十有七卷，其門人涇陽龐俊繕録藏於家，河南左參政莆田鄭絅爲付梓。今本僅存七卷，《繫辭》上傳以下皆佚。案：朱彝尊《經義考》已注曰「闕」，則其來久矣。

## 周易億

**徐𤊹《徐氏家藏書目・易類》** 《周易億》三卷。王道。

**黄虞稷《千頃堂書目・易類》** 王道《周易億》四卷。

**《明史・藝文志・易類》** 王道《周易億》四卷。

## 讀易日記

**《明史・藝文志・易類》** 周用《讀易日記》一卷。

## 易經大旨

**黄虞稷《千頃堂書目・易類》** 唐龍《易經大旨》四卷。

**《明史・藝文志・易類》** 唐龍《易經大旨》四卷。

**吴焯《繡谷亭薰習録・經部》** 《易經大旨》四卷。明唐龍虞佐著。號漁石，蘭谿人，正德戊辰進士，吏部尚書。卒贈少保，謚文襄。天順初，章楓山懋倡《易》道於金華，四方學者甚衆。龍少受業其門，及提學關中，乃著此書以示諸生。西安守趙伸梓以行世。有自序，楊秦、呂柟序，趙伸後序。陳臥子曰：漁石五言本之少陵，已涉藩籬，漸窺堂奥。蓋不獨以經學鳴也。

**《四庫提要・易類存目一》**　《易經大旨》四卷。浙江吴玉墀家藏本。明唐龍撰。龍，字虞佐，蘭谿人。正德戊辰進士，官至吏部尚書。謚文襄。事蹟具《明史》本傳。此書其提學陝西時所作，專爲舉業而設，故皆擇科場擬題釋之，凡九百八十五條。

## 周易通典

**黄虞稷《千頃堂書目・易類》**　陳琛《周易通典》六卷。字思獻，晋江人。正德丁丑進士，貴州按察司僉事。學者稱「紫峰先生」。

**《明史・藝文志・易類》**　陳琛《周易通典》六卷。一名《淺説》。

**《四庫提要・易類存目一》**　《易經淺説》八卷。内府藏本。明陳琛撰。琛，字思獻，晋江人。正德丁丑進士，官至吏部考功司主事，乞終養歸。嘉靖中，起授貴州提學僉事，不赴。再起江西提學僉事，亦不赴。事蹟附見《明史・蔡清傳》。是書一名《易經通典》，原刻作六卷。此本乃其後人擬欲重刻之稿本，分爲八卷。中多塗乙，有標某句爲後人增改者，有標採入《折中》者。然《文言傳》「知至至之」一條，標「採入《折中》」，而《折中》實未採，則亦有所假借依託，不盡可據矣。琛《易》學出蔡清，故大旨主於義理。然欲兼爲科舉之計，故順講析講，全如坊本高頭講章。較清《易經蒙引》，可謂每況愈下矣。

## 讀易餘言

**錢謙益等《絳雲樓書目・易類》**　崔銑《讀易遺言》二冊。字子鍾，安陽人。弘治進士，歷官南少宗伯，謚文敏。

**黄虞稷《千頃堂書目・易類》**　崔銑《讀易餘言》五卷。嘉靖十九年庚子序。又《易大象説》一卷。

**《明史・藝文志・易類》**　崔銑《讀易餘言》五卷、《易大象説》一卷。

**《四庫提要・易類五》**　《讀易餘言》五卷。副都御史黄登賢家藏本。明崔銑撰。銑，字仲鳧，一字子鍾，安陽人。弘治乙丑進士，官至南京禮部侍郎。謚文敬。事蹟具《明史・儒林傳》。是書以程《傳》爲主，而兼采王弼、吴澄之説，與朱子《本義》頗有異同。大旨舍象數而闡義理，故謂陳摶所傳圖象皆衍術數，與《易》無干。諸儒卦變之説亦支離無取。其《上經卦略》、《下經卦略》、《大象説》皆但標卦名，不載經文，《繫辭輯》、《説卦訓》則備録傳文，蓋書非一時所著，故體例偶殊。且經有卦名，而《繫辭》、《説卦》則無章名，其勢亦不能不異也。惟刪《説卦・廣象》八章，而别以蔡清之説增損之，又《序卦》、《雜卦》、《文言》三傳一概從刪，則未免改經之嫌。要其篤實近理，固不失爲洛、閩之傳矣。朱彝尊《經義考》載銑《讀易餘言》五卷，又載銑《易大象説》一卷。考此書第三卷即《大象説》，彝尊以其别本單行，遂析爲二，偶未考也。今附著於此，不更複出焉。

## 易大象説

**高儒《百川書志・易》**　《易大象説》一卷。皇明少石老人崔銑仲鳧著。

**黄虞稷《千頃堂書目・易類》**　崔銑《易大象説》一卷。

## 周易説翼

**錢謙益《絳雲樓書目・易類》**　呂柟《周易説翼》三冊。三卷。柟字仲木，高陵人，正德三年進士第一，歷官南京禮部左侍郎。涇野先生所著更有《詩説序》、《春秋説志》、《禮問内外篇》。

**黃虞稷《千頃堂書目・易類》** 呂柟《周易說翼》三卷。

**《明史・藝文志・易類》** 呂柟《周易說翼》三卷。

**吳焯《繡谷亭薰習録・經部》** 《周易說翼》三卷。明呂柟仲木撰。《明史稾・儒林傳》云：高陵人，學者稱涇野先生。正德戊辰進士第一。初官修撰，劉瑾以同鄉欲致之，謝不往。又因西夏疏請帝入宮，忤瑾，引疾去。世宗嗣位，首召上疏，勸勤學以爲新政之助。「大禮議」興，與張桂忤，以十三事自陳，上怒，謫解州判官。後用薦起仕，至南禮部侍郎。年六十四卒。高陵人爲罷市三日，四方學者皆設位持心喪，帝輟朝一日，賜祭葬。《明詩綜》稱「贈尚書，謚文簡」云。涇野於《易》學，象數兼收，皆與其門人問答之語，爲馬書林、常鸞、滿潮等所録。倦圃云：《說翼》三卷，歙人王獻芳序，徽州守農城李遂作後序，今俱失之矣。其著述尚有《尚書說要》、《毛詩說序》、《禮問內篇》、《四書因問》等書，俱未見。惟《春秋說志》五卷，插架有鈔本。

**《四庫提要・易類存目一》** 《周易說翼》三卷。江西巡撫採進本。明呂柟撰。柟，字仲木，號涇野，高陵人。正德戊辰進士第一，官至南京禮部右侍郎。事蹟具《明史・儒林傳》。是編乃柟平時講授，其門人馬書林、韋鸞、滿潮等録其問答之語而成。每卦皆有論數條，專主義理，不及象數。前有嘉靖己亥王獻芝序，後有李遂跋。

## 讀易録

**黃虞稷《千頃堂書目・易類》** 穆孔暉《讀易録》。

## 易學啓蒙意見

**范邦甸等《天一閣書目・易類》** 《易學本原啓蒙意見》四卷。刊本。明弘治苑洛子韓邦奇撰并自序。河東七十三翁質菴序云：「郡通守韓君在弘治間著《易學本原》一編，藏于家。邇者侍御崑周公伯明按臨河東，見而奇之，如獲拱璧，乃命貳守李君鋟梓，推守東君校正，仍囑予叙諸簡端，以傳不朽。君名邦奇，字汝節，別號苑洛子，關輔朝邑人，由進士先任銓部員外郎。今改前職云。」正德甲戌平陽同知古耘李滄後序。滄爲之梓。

**徐𤊹《徐氏家藏書目・易類》** 《啓蒙意見》。四卷。韓邦奇。

**錢謙益等《絳雲樓書目・易類》** 韓邦奇《易學啓蒙本原》二冊。四卷。字汝節，朝邑人。嘉靖閒官南大司馬，謚恭簡。更著《書說》、《毛詩末喻》、《禮記斷章》。

**黃虞稷《千頃堂書目・易類》** 韓邦奇《易學啓蒙意見》四卷。又《易占經緯》四卷。

**《明史・藝文志・易類》** 韓邦奇《易學啓蒙意見》四卷。一名《易學疏原》。

**吳焯《繡谷亭薰習録・經部》** 《易學啓蒙》四卷。明韓邦奇汝節撰。別號苑洛子，陝西朝邑人，正德戊辰進士，歷官至南兵部尚書。以地震陷死，贈太子少保，謚恭簡。按《明史稾・儒林傳》稱：公在部時，上疏陳時政得失，忤旨。後出爲浙江僉事，格拒寧藩之逆謀，裁抑中官之橫斂，不避權貴，屢起屢黜。弟邦靖病亟，公日夜持弟泣，不解衣者三月，鄉人爲立孝弟碑。性嗜學，自經史及天文、地理、樂律、術數、兵法之書無不通究。所著《啓蒙》有正德癸酉河東七十三翁質庵序、正德甲戌平陽府同知李滄序、弘治十二年自序。質庵者，戶部尚書，謚忠定。韓文，別字也。其序云：「予郡通守韓君著《易學本原》一編，邇者侍御崑山，周公伯明按臨河東，見而奇之，乃命貳守李君鋟梓，推守東君跋正。」又云：「通守適當妙齡之際，留心是書，則恭簡不特成名之早，其力學亦早矣。」序稱《易學本原》者，舉其原名耳。竹垞翁稱《易學疏原》，當別有所見。又考蘇祐跋云：「舊刻河東，原卦畫缺焉。茲乃大備，刻諸上谷。」此則河東刊木也，核之信然。《明儒學案》云：先生著述其大者爲《志樂》一書。方其始刻之日，九鶴飛舞於庭。傳其術者爲楊椒山，手製十二律管吹之，而其聲合。今不可得其詳矣。

**《四庫提要・易類五》** 《易學啓蒙意見》五卷。浙江汪啓淑家藏本。明韓邦奇撰。邦奇，字汝節，朝邑人。正德戊辰進士，官至南京兵部尚書。謚恭簡。事蹟具《明史》本傳。是編因朱子《易學啓蒙》而闡明其說。一卷曰《本圖書》，二卷曰《原卦畫》，皆推演邵氏之學，詳爲圖解。三卷曰《明著策》，亦發明古法，而附論近世後二變不挂之誤。四卷曰《考占變》，述六爻不變及六爻遞變之舊例。五卷曰《七占》，凡六爻不變、六爻俱變及一爻變者皆仍其舊，其二爻、三爻、四爻、五爻變者則別立新法以占之。所列卦圖，皆以一卦變六十四卦，與焦延壽《易林》同。然其宗旨則宋儒之《易》，非漢儒之《易》也。

## 易占經緯

**黄虞稷《千頃堂書目・易類》** 韓邦奇《易占經緯》四卷。

**《明史・藝文志・易類》** 韓邦奇《易占經緯》四卷。

## 卦爻要圖

**嵇璜等《續通志・圖譜略・易》** 韓邦奇《卦爻要圖》。

## 易經集解

**黄虞稷《千頃堂書目・易類》** 余本《易經集解》十二卷。

## 讀易備忘

**黄虞稷《千頃堂書目・易類》** 余本《讀易備忘》□卷。

## 周易正蒙

**黄虞稷《千頃堂書目・易類》** 史于光《周易正蒙》十卷。晉江人。正德丁丑進士，選庶吉士，改吏科給事中。

## 讀易記

**黄虞稷《千頃堂書目・易類》** 王漸逵《讀易記》三卷。

## 易經存疑

**徐𤊹《徐氏家藏書目・易類》** 《易經存疑》九卷。林希元。

**黄虞稷《千頃堂書目・易類》** 林希元《易經存疑》十二卷。

**《明史・藝文志・易類》** 林希元《易經存疑》十二卷。

**吴焯《繡谷亭薰習録・經部》** 《易經存疑》十二卷。《福建通志》：林希元，字茂貞，號次崖，同安人。明正德丁丑進士，授大理評事，以議獄事被論，棄官歸。大臣交薦之，起廣東按察僉事。時劇寇王鐵作亂，希元討平之。嘉靖十二年，大同軍叛殺主帥，希元疏請誅之，而廷議竟從。撫遼東兵又告變，希元言朝廷過爲姑息，故悍卒咸生輕侮。疏入，謫知欽州。會安南不貢，方議征討，擢希元備兵海北。希元主議以征爲是，與督臣互異，罷歸。夫自古治政失而莠民起，其始也萑苻草竊，時聚時散。而其後流漫浸淫，頓成江河之勢。有明二百餘年，自永樂年間唐賽兒以一妖尼倡亂，卒未授首，遷延猖獗，至闖獻而明社墟矣。蓋由朝廷姑息爲政，而大臣身任討賊者無人耳。次崖兩疏殆有得於開國承家，小人勿用之旨乎！

**《四庫提要・易類五》** 《易經存疑》十二卷。福建巡撫採進本。明林希元撰。希元，字茂貞，號次崖，同安人。正德丁丑進士，官至廣東提學僉事，見自序及王愼中序。《泉州府志》稱「官至大理寺丞」，誤也。《明史·儒林傳》附載《蔡清傳》中。是書用注疏本。其解經一以朱子《本義》爲主，多引用蔡清《蒙引》。故楊時喬《周易古今文》謂其「繼《蒙引》而作，微有異同」。其曰「存疑」者，洪朝選序謂其「存朱子之疑，以羽翼程、朱之傳義也」。自序謂「今必下視程、朱，則吾之說焉能有易於彼。無已則上宗鄭、賈，鄭、賈之說其可施於今乎？」蓋其書本爲科舉之學，故主於祧漢而尊宋。然研究義理，持論謹嚴，比古經師則不足，要猶愈於剽竊庸膚爲時文弋獲之術者。蓋正、嘉以前儒者，猶近篤實也。原刻漫漶，此本爲乾隆壬戌其裔孫廷玣所刻。舊有王愼中、洪朝選二序，載朱彝尊《經義考》，廷玣刪之。所言皆無大發明，今亦不復補録焉。

## 古易考原

**徐𤊹《徐氏家藏書目·易類》** 《古易考原》三卷。梅鷟著。

**黃虞稷《千頃堂書目·易類》** 梅鷟《古易考原》三卷。

**《明史·藝文志·易類》** 梅鷟《古易考原》三卷。

**吳焯《繡谷亭熏習録·經部》** 《古易考原》三卷。明梅鷟著。江南旌德人。簡端有自序。考《旌德縣志》：「鷟，號致齋，正德癸酉舉人，鶚之弟。研析經義，所著有《尙書譜》、《尙書集瑩》、《尙書考異》、《春秋指要》、《周易集瑩》、《古易考原》、《儀禮逸經》、《儀禮翼經》等書。」黃虞稷曰：鷟官南國子監助教，終鹽課司提舉。

**《四庫提要·易類存目一》** 《古易考原》三卷。兩淮鹽政採進本。明梅鷟撰。鷟，旌德人。正德癸酉舉人，官南京國子監助教，終鹽課司提舉。是書謂伏羲之《易》已有文字，畫卦在前，《河圖》後出，伏羲但則之以揲蓍。大衍之數當爲九十有九，以五十數爲體，以四十九爲用，無有中五乘十，置一不用之理。論殊創闢，然於古無所授受，皆臆撰也。

## 讀易管見

**黃虞稷《千頃堂書目·易類》** 周積《讀易管見》。字以善，江山人。舉人，官長史。從章懋、蔡清學《易》。

## 補齋口授易說

**黃虞稷《千頃堂書目·易類》** 周佐《補齋口授易說》三卷。

**《四庫提要·易類存目一》** 《補齋口授易說》。無卷數。浙江巡撫採進本。不著撰人名氏，題曰「門人永豐周佐編次」。蓋「補齋」乃其師之號，佐録所講授以成書。朱彝尊《經義考》題曰「周氏佐《補齋口授易說》」，蓋如胡瑗《口義》，題倪天隱之名，非佐所撰也。補齋不知何許人，佐亦不詳其始末。《經義考》據《聚樂堂書目》定爲正、嘉以前人，亦約度之詞耳。所言皆科舉之學，止《乾》、《坤》二卦及《繫辭》上、下傳，似乎尙非完本也。

## 易說

**《明史·藝文志·易類》** 張邦奇《易說》一卷。

## 學易記

**徐𤊹《徐氏家藏書目·易類》** 《學易記》五卷。金賁亨。

**黃虞稷《千頃堂書目·易類》** 金賁亨《學易記》五卷。

**《明史·藝文志·易類》** 金賁亨《學易記》五卷。

## 讀易愚得

**黄虞稷《千頃堂書目・易類》** 顧應祥《讀易愚得》四卷。

## 周易議卦

**黄虞稷《千頃堂書目・易類》** 王崇慶《周易議卦》一卷。

**《明史・藝文志・易類》** 王崇慶《周易議卦》二卷。

**《四庫提要・易類存目一》** 《周易議卦》一卷。編修程晉芳家藏本。明王崇慶撰。崇慶，字德徵，開州人。正德戊辰進士，官至南京吏、禮二部尚書。是書泛論卦名、卦義，閒亦推及爻辭。自序謂：「以六十四卦大義本諸象，質諸象，而又參諸人事。」然所得頗淺，本載所著《五經心義》中，曹溶摘入《學海類編》。考《明史・藝文志》亦載崇慶《周易議卦》二卷，則當時已别行矣。

**吴壽暘《拜經樓藏書題跋記》** 《周易議卦》。此舊鈔本題《周易輯聞》，宋趙汝楳撰。先君子書云：按《周易議卦》一卷，明王崇慶撰，見《千頃堂書目》。此誤題趙汝楳《周易輯聞》，殊不可解。考《周易輯聞》十六卷，通志堂刊入《經解》中，與此迥别也。前有蘇祐、黄洪毗《端溪經義》二序，嘉靖丙申崇慶自序。

## 易論

**《明史・藝文志・易類》** 鄭善夫《易論》一卷。

## 三易圖説

**嵇璜等《續通志・圖譜略・易》** 柳申錫《三易圖説》。

## 周易古文羽義

**吴焯《繡谷亭薰習録・經部》** 《周易古文羽義》二卷。《金華先民傳》：明章品，字廷式，蘭谿人，以《易》學知名。年踰五十登進士，或勸之減年通籍，却之。授兵部主事，陳治安一策，多見采行，陞員外郎，致仕。著《周易羽義》、《春秋經傳辯疑》、《禮記大旨》、《學庸大義辯義》、《孟子篇類》、《正蒙發微》、《含章子集》，皆板行。是編有正德戊辰自序云：太宗文皇帝《周易大全》之作，惜乎上有大聖之君，下無眞儒之臣。以《本義》從程《傳》，仍宗王弼之《易》，經亂道晦，儒者所恥，此品《羽義》之所由作也。」按程朱傳義各有指歸，本不可合而爲一。合之自兩董氏始。至永樂中胡廣等奉詔纂修，《易》取董本，稍加增損上之，刊賜天下，著爲令甲，於是兩大儒之旨盡失矣。然永樂四年，命禮部遣使購求遺書，帝曰：「士人稍有餘資猶欲積書，況朝廷可闕乎？」遂召尚書鄭賜，令擇通知典籍者四出購求。且曰書籍不可較價直，惟其所欲與之，庶奇書可得也。使當日纂修者得一二，如東山、環谷、楓林諸公，必能上承詔旨，昌明經學，何至草率完事，貽譏後世乎？此品所以有「上有大聖之君，下無眞儒之臣」之慨也。

## 周易約説

**黄虞稷《千頃堂書目・易類》** 方獻夫《周易約説》十二卷。

**《明史・藝文志・易類》** 方獻夫《周易約説》十二卷。

《四庫提要・易類存目一》 《周易傳義約說》十二卷。兩江總督採進本。明方獻夫撰。獻夫，初名獻科，字叔賢，南海人。弘治乙丑進士，案：朱彝尊《經義考》引《姓譜》，以獻夫爲正德辛巳進士，誤也。官至武英殿大學士。諡文襄。事蹟具《明史》本傳。是書用朱子所定古經本，以上、下經、《十翼》各自分篇，兼取程《傳》、《本義》，而參以邵子之學，頗以象數爲主。其說務在簡明，然大抵依違舊說，不能別有發明。末附《易雜說》四則，深辯爻辭非周公作。蓋本元胡炳文之論，亦未能確有所據也。

## 易卦通義

黃虞稷《千頃堂書目・易類》 孫承恩《易卦通義》。華亭人，禮部尚書。

## 圖書質疑

《四庫提要・易類存目一》 《圖書質疑》。無卷數，河南巡撫採進本。明薛侃撰。侃，字尚謙，號中離，揭陽人。正德丁丑進士，官至行人司司正。事蹟具《明史》本傳。是書爲侃門人所記，前列《卦位》、《河圖》、《太極》、《洛書》等十三圖，圖各有說。後爲《圖書總解》及與諸生荅問。其大旨謂即數爲圖，即圖成卦，皆造化自然之理。其荅問中所論格致、體用、虛實，及儒釋之辨，皆守姚江「良知」之說。史稱侃「師事王守仁於贛州，歸語兄助教俊，俊大喜，率羣子姪宗鎧等往學焉。自是王氏學盛行於嶺南」，蓋不誣云。

## 周易就正略義

徐𤊹《徐氏家藏書目・易類》 《周易略義》五卷。盧陵陳嘉謨。

黃虞稷《千頃堂書目・易類》 陳嘉謨《周易就正略義》五卷。

## 周易翼注

黃虞稷《千頃堂書目・易類》 徐曰仁《周易翼注》。永豐人，萬曆辛卯舉人，以孝稱。

## 易箋問

黃虞稷《千頃堂書目・易類》 舒芬《易箋問》一卷。

《明史・藝文志・易類》 舒芬《易箋問》一卷。

《四庫提要・易類存目一》 《易問箋》一卷。兩江總督採進本。明舒芬撰。芬，字國裳，進賢人。正德丁丑進士第一，授翰林院修撰。以諫南巡廷杖，謫福建鹽課司副提舉。嘉靖初復職，又以爭議大禮廷杖。尋遭母憂歸，卒。萬曆間追諡文節。事蹟具《明史》本傳。芬嘗裒生平著作爲《梓溪文鈔》，凡十八卷，分內、外集。外集爲雜文，內集則皆所著諸書，是編其首也。大抵以意推衍，泛言義理，而多有牽合之病。如解「潛龍勿用」，謂「用則動，動則變而之姤」，引韓愈詩「賢愚同一初，乃一龍一豬」爲證。又如解「鼎利貞」，謂「重器不可以輕舉，《春秋》書納宋郜鼎爲不知『利貞』之訓」。凡若斯類，於經義皆無當也。

## 易藴

黃虞稷《千頃堂書目・易類》 劉邦采《易藴》二篇。字君亮，南昌人。嘉靖戊子舉人，官嘉興府同知，從王陽明學。

## 古易世學

**黄虞稷《千頃堂書目・易類》** 豐坊《古易世學》十五卷。又《易辨》一卷。本坊一人所爲，託言豐稷及曾祖慶父熙所授，故曰「世學」。

**《明史・藝文志・易類》** 豐坊《古易世學》十五卷。坊云家有《古易》，傳自遠祖豐稷。又有《古書世學》六卷，言得朝鮮、倭國二本，合於今文。古文《石經》、古本《魯詩世學》三十六卷，亦言豐稷所傳。錢謙益謂皆坊僞撰也。

**吴焯《繡谷亭熏習録・經部》** 《古易世學》十五卷。明鄞豐坊存禮著。嘉靖癸未進士，授禮部主事。以吏議免官，家居坐法，竄吳中，改名道生。字人翁，別號南禺外史。黃宗羲《豐南禺別傳》：坊之怪誕，其大者在僞造六經，或託之「石經」，或託之「別傳」，而訾毀先儒，放言無忌。謂朱子食貧無計，賣書糊口，掠取新說，其價易增。所言子見南子爲衛靈公之繼室，是擠於宋朝之倫；獵較爲奪禽獸，是擬於禦門之盜。其《卦變圖》眞牧童之陋戲。又曰：晦翁果生於混沌初闢之時，眞爲伏羲受業之師，手授《卦變圖》，親見伏羲，據之以畫卦，而演爲先天四圖。歷壽數萬餘歲，至宋慶元庚申爲始卒也。楊榮纂修《大全》，以其妻是朱氏，故盡用朱子之說。其於《書經》，則謂其祖慶正統六年官京師，朝鮮使臣嫣文卿、日本使臣徐睿入貢，以《尚書》質之。文卿曰：「吾先王箕子所傳，起《神農政典》至《洪範》而止。」睿曰：「吾先王徐市所傳，起《虞書・帝典》至《秦誓》而止。」笑中國官本錯誤甚多，其中國所無者，令嚴不敢傳，而正其錯誤者一二。故坊之《世學》一依外國本。文卿言其國《商書》有四十一篇，睿言其國《周書》有八十二篇，而《周書》第七十八爲《孔子之命》。《敬王命》，仲尼爲大司寇相魯而作，其八十二方爲《秦誓》書，依年而次。《秦誓》之作在魯僖公三十三年，孔子生於襄公二十二年，相去七十六年，焉得以孔子之命先之乎？其僞不待辨矣。萬斯大《古書世學》跋云：「吾鄉豐禮部廢棄於家，窮愁著書而僞託者名爲『世學』，其實一手所爲。五經皆有僞撰，不獨古書也。」是本篆書爲禮部眞蹟，體勢詰曲，終卷若一。其著述未免欺人，其翰墨洵可傳世也。今藏趙氏小山堂。

**《四庫提要・易類存目一》** 《古易世學》十七卷。兩淮鹽政採進本。明豐坊撰。坊，字存禮，鄞縣人。嘉靖癸未進士，除禮部主事。免官家居，坐法竄吳中，改名「道生」。事蹟附見《明史・豐熙傳》。坊平生喜作僞書，於諸經皆竄亂篇第，別爲訓詁，詭言古本以欺世，此其一也。書中《正音》、《略說》、《傳義》，託之於遠祖稷、曾祖慶、父熙，而己自爲考補，其實皆坊一手所作，當代已灼知其妄。惟《石經大學》、《子貢詩傳》、《申培詩說》三書，以篆籀寫之，一時頗爲所惑，久之乃能辨定。詳具各本條下，兹不具論云。

## 易辨

**黄虞稷《千頃堂書目・易類》** 豐坊《易辨》一卷。

**黄虞稷《千頃堂書目・易類》** 豐坊《易辨》一卷。

**《四庫提要・易類存目一》** 《易辨》一卷。浙江鄭大節家藏本。明豐坊撰。此書以孔子授《易》於商瞿，《文言》諸傳凡「何謂也」，皆以爲商瞿問辭；「子曰」以下，皆瞿録夫子之答辭。又以周公爻辭謂之「易繫」。其論筮法則以《彖》專爲卜，《繫》專爲筮，大抵無根之談。其論《太極圖說》，謂朱子得之葛長庚，託名周子，尤爲誣說。考朱子《太極圖傳》及《通書解》，成於乾道九年癸巳，見於《年譜》。長庚生於紹熙五年甲寅，見《瓊琯集》長庚事實。是注《太極圖》後二十一年長庚乃生，安得指爲長庚所授歟？

## 周易義叢

**錢謙益等《絳雲樓書目・易類》** 葉良佩《周易義叢》十六卷。

**黄虞稷《千頃堂書目・易類》** 葉良佩《周易義叢》十六卷。字敬之，天台人，嘉靖時。

**《明史・藝文志・易類》** 葉良珮《周易義叢》十六卷。

《四庫提要・易類存目一》　《周易義叢》十六卷。浙江巡撫採進本。明葉良佩撰。良佩，字敬之，台州太平人。嘉靖癸未進士，官至刑部郎中。是編用王弼本，採輯古今《易》説，自子夏傳迄元龍仁夫，凡一百七十七家。或自抒己見，則稱「測曰」，以附於後。諸家皆有去取，惟程《傳》全録。諸家皆以時世爲次，惟朱子《本義》則升列衆説之首，其大旨可以概見也。

## 周易義叢纂略

**吴焯《繡谷亭熏習録・經部》**　《周易義叢纂略》。右不題氏名，又無序，所引歷代著《易》家自漢魏至宋儒而止。按明葉氏良佩有《周易義叢》十六卷，其自序云：「自漢至今，專門《易》學不啻百有餘家，或傳象數，或明義理，或推之互體、卦變、五行，求其真有，以見天下之賾之動，得四聖人所不傳之秘者，十無二三焉。乃於百有餘家摘取精要者，彙爲是編。仍以朱子《本義》冠之端首，以其兼明象占故也。至若程《傳》則備書而不敢有所刪節。」今玆編所引大略相同，惟程、朱之説不載，豈出後儒改竄，故題曰《纂略》歟？良佩字敬之，浙江太平人，嘉靖癸未進士，仕至刑部尚書。

## 周易大義

**黄虞稷《千頃堂書目・易類》**　李新芳《周易大義》。字天德，潞州人，御史。

## 周易不我解

**《四庫提要・易類存目一》**　《周易不我解》二卷。浙江鄭大節家藏本。明徐體乾撰。體乾，字行健，長淮衛人，嘉靖癸未進士。自序謂嘗得《青山易》半卷，《希夷易》一卷。其法以天星配四時，解《乾卦》「六龍」即指龍星；解坤爲牛，亦指犧牛星。蓋即林光世《水村易鏡》之説而變幻之，殊爲附會。書中多引邵子及《左傳》占法，而以青、陳、左、邵竝稱。其名「不我解」者，言解不以我也。然陳摶之《易》但有《龍圖》一卷，載於《宋志》，今未見其書，而尚見其序，絶無仰觀星象之説。《青山易》則更莫知所自來，其亦在影響有無閒矣。序稱「爲書六卷」，朱彝尊《經義考》引黄百家之言曰：「是編流傳者寡，余家止存《乾》、《坤》一卷，後五卷訪之不得。」此本《乾》、《坤》二卦一卷，與百家所言合。又有「古易辨」諸條，别爲一卷，則百家之所未言。蓋殘闕之餘，所存者互有詳略，故其本不同。百家又云：「其《易》本陳希夷、趙青山。」然體乾自序云：「青山不知何許人。」未審百家何以知其姓趙，殆因趙文號青山，而以意揣之歟？

## 周易辨録

**黄虞稷《千頃堂書目・易類》**　楊爵《周易辨録》四卷。

**《明史・藝文志・易類》**　楊爵《周易辨録》四卷。

**吴焯《繡谷亭熏習録・經部》**　《周易辨録》四卷。明贈光禄寺少卿、山東道監察御史富平斛山楊爵著。門人張志道、張承光校録。卷端有自序，又夢山楊巍序。《明史稾・列傳》：「爵，字伯珍，富平人。年二十始讀書。家貧，燃薪代燭，耕隴上，輒挾冊以誦。舉嘉靖八年進士，授行人，擢御史，以母老乞歸養。母喪，廬墓，冬月生筍，推車糞田，妻饁於旁，見者不知其御史也。服闋，起故官。時帝好祥瑞，爵抗疏極諫。帝震怒，立下詔獄。搒掠血肉狼籍，關以五木。一夕復甦，命嚴錮之。獄卒以帝意不測，屏其家人不得納食飲。屢濱於死，處之泰然。至二十四年八月，有神降於乩，帝感其言，立出之。未踰月，尚書熊浹疏言乩仙之妄。帝怒曰：『我固知釋爵諸妄言。』歸，過者紛至矣。復令東廠追執之。爵抵家甫十日，見校尉復至，與共麥飯。飯畢即就道。比至，復繫鎮撫獄，桎梏加嚴，飲食屢絶。適有天幸，得不死。二十六年十一月，大高元殿災，遂釋之。家居二年，一日晨起，大鳥集於舍。爵曰：『楊某之祥至矣。』果三日而卒，謚忠介。所著

《周易辨録》、《中庸解》，則獄中作也。」按斛山論文云：「文以理爲主，以氣爲輔，不以偏邪之見亂其心，本諸聖賢之言以充養之，則造語皆胸中流出，其吐詞立論愈出愈新，而無窮如日月在天。窮居深谷，花石草木之微，青者自青，白者自白，仰之以生輝，觸之而成色矣。」觀此數語，公嚴氣正性，百折不回。其肯見獄吏，則頭搶地以求苟活於須臾耶？宜當時有「韓門二楊」之稱，與忠愍公並垂不朽也。

**《四庫提要・易類五》**《周易辨録》四卷。山東巡撫採進本。明楊爵撰。爵，字伯修，富平人。嘉靖己丑進士，官至山東道監察御史。以上疏極論符瑞下詔獄，繫七年始得釋。事蹟具《明史》本傳。其書前有自序，題「嘉靖二十四年乙巳」，蓋即其與周怡、劉魁等在獄中講論所作，故取《繫辭》「困德之辨」一語爲名。《明史》本傳作《周易辨說》，其名小異。然《藝文志》仍作《周易辨録》，蓋刊本字誤也。所釋惟六十四卦，每卦惟載上、下經卦辭。然其訓解則六爻及《彖傳》、《象傳》皆兼及之，特不列其文耳。其說多以人事爲主，頗剴切著明。蓋以正直之操，處杌隉之會，幽居遠念，寄託良深，有未可以經生常義律之者。然自始至終，無一字之怨尤，其所以爲純臣歟！

## 京氏易考

**黃虞稷《千頃堂書目・易類》**張敔《京氏易考》。

## 周易卦義

**《明史・藝文志・易類》**徐奇《周易卦義》二卷。

## 易說意

**黃虞稷《千頃堂書目・易類》**鄭守道《易說意》五卷。字用行，懷安縣人，徽州府通判。

## 太極圖說

**黃虞稷《千頃堂書目・易類》**鄭守道《太極圖說》一卷。

## 周易象旨決録

**徐𤊹《徐氏家藏書目・易類》**《周易象旨決録》七卷。熊過。

**錢謙益等《絳雲樓書目・易類》**熊過《周易象旨決微》二册。七卷。熊過，字叔柳，嘉靖八才子之一。

**黃虞稷《千頃堂書目・易類》**熊過《周易象旨決録》七卷。字赤仁，四川富順人，嘉靖己丑進士。嘉靖三十年辛亥自序。

**《明史・藝文志・易類》**熊過《周易象旨決録》七卷。

**《四庫提要・易類五》**《周易象旨決録》七卷。浙江巡撫採進本。明熊過撰。過，字叔仁，號南沙，富順人。嘉靖己丑進士，官至禮部祠祭司郎中。《明史・文苑傳》附載《陳束傳》中，稱「過及陳束、王慎中、唐順之、趙時春、任瀚、李開先、呂高爲嘉靖八才子」。然過研思經訓，實不止以文章名」。是書據過自序，初名《易象旨》，後遂加「決録」之名。案《三輔決録》，名始趙岐，而命名之義古無傳說。以意推之，蓋定本之謂也。自序又稱「初聞閩人蔡清善爲《易》，購得其書，惟開陳宗義，不及象，於是稍記疑者爲贅言」。辛丑謫入滇，晤楊慎，勸成此書」。蓋初讀宋《易》，覺不合，乃去而爲漢《易》，故其說以象爲主。考《左傳》韓起適魯，見《易象》、《春秋》。古人既以「象」名，知象爲《易》之本旨。故《繫辭傳》曰：「《易》者，象也。象也者，像也。」王弼以下，變而談理；陳摶以下，變而言數。所謂各明一義者也。後人併而一之，概稱象數。於是喜爲杳冥之說者併而埽之，乃諱言象數。明人之《易》，言數者入道家，言理者入釋氏，職是故矣。過作此書，雖未能全復漢學，而義心考古，實勝支離恍惚之談。其據舊說以證今文者，凡證字一百有一，證音三十有八，證句二十有六，證脫字七十有九，證衍文三十，證當移置者三十有二，證舊以不誤爲誤者三。所據之書，如郭京之僞託舊本、吳澄之妄改古經者，概用引援，不免輕信。又如《坤卦小象》，但知《魏志》之作「初六履霜」，不知《後漢書》之實作「履霜堅冰」，亦閒有未審。然皆據前文，非由臆撰。又但注某字據某書，當作某，亦不敢擅更一字，猶屬謹嚴。在明人《易》說之中，固卓然翹楚矣。

## 易象解

**黃虞稷《千頃堂書目·易類》** 劉濂《易象解》六卷。字濬伯，南宮人。正德辛巳進士，由杞縣知縣擢御史，劾分宜，謝病歸。

**《四庫提要·易類存目一》** 《易象解》四卷。浙江鄭大節家藏本。明劉濂撰。濂，字濬伯，南宮人。正德辛巳進士，由杞縣知縣擢監察御史。是書惟解上、下經文，而無《十翼》。自序謂「《十翼》之辭不盡出於聖門，故其言多無謂，且叛於三聖之教」云云，蓋襲歐陽修之說，而益加甚焉。所謂象占，亦多悖謬。濂嘗著《樂經元義》八卷，駁《樂記》與《周禮·大司樂》。此書復駁《十翼》，亦可謂勇於自用者矣。

## 易經輯說

**黃虞稷《千頃堂書目·易類》** 潘恩《易經輯說》三卷。

## 易修墨守

**徐𤊹《徐氏家藏書目·易類》** 《易修墨守》一卷。唐樞。

**黃虞稷《千頃堂書目·易類》** 唐樞《易修墨守》一卷。

**《明史·藝文志·易類》** 唐樞《易修墨守》一卷。

**《四庫提要·易類存目一》** 《易修墨守》一卷。浙江汪啓淑家藏本。明唐樞撰。樞，字惟鎮，歸安人。嘉靖丙戌進士，授刑部主事。以疏爭李福達事，斥爲民。隆慶初復官，以年老加秩致仕。事蹟具《明史》本傳。其書以《連山》爲《文王八卦圖》，以《歸藏》爲《伏羲方圖》，於義頗疎。樞文集中已載之，此其初出別行之本也。

## 大象義述

**黃虞稷《千頃堂書目·易類》** 王畿《大象義述》一卷。

**《明史·藝文志·易類》** 王畿《大象義述》一卷。

## 易　解

**錢謙益等《絳雲樓書目·易類》** 李氏舜臣《易解》一册二卷。

**黃虞稷《千頃堂書目·易類》** 李舜臣愚谷《易解》二卷。又《讀易外編》。

## 讀易外編

**黃虞稷《千頃堂書目·易類》** 李舜臣《讀易外編》。

## 易卦辱言

**《明史·藝文志·易類》** 李舜臣《易卦辱言》一卷。

## 周易古經

**范邦甸等《天一閣書目・易類》** 《周易古經》十二篇。藍絲欄鈔本。卷首有司馬公「東明草堂印」文、「萬古同心之學」二圖章。明正德建安雷樂撰并自序。

**黄虞稷《千頃堂書目・易類》** 雷樂《周易古經》一冊。建安人。

**吴焯《繡谷亭熏習録・經部》** 《周易古經》。明建安雷樂著，癸卯鄉舉雷金科校。其大指以東萊呂氏所定《古易》十二篇爲主，而羣儒之説與呂氏相合者亦采輯焉。考《建安邑志》，無樂名。金科，字潤溪，嘉靖癸丑進士，禮部主事，終寧波守。作者失傳，而校者尚可考，千佛名經之不可忽也，如是夫！

**《四庫提要・易類存目一》** 《周易古經》。無卷數。浙江吴玉墀家藏本。明雷樂編。樂，建安人。嘉靖間由貢生官廣州訓導。是書《明史・藝文志》不著録，朱彝尊《經義考》亦不載。所據乃宋吴仁傑本，稱爲費直之所傳。首列《沿革》一篇，歷載前儒古《易》之式，凡初本、費直本、鄭玄本、王弼本、胡旦、胡瑗本、呂大防本、邵子本、晁説之本、程迥本、呂祖謙本、朱子本，共十二家。樂據吴仁傑本爲費氏之《易》，原無確證。且朱子本即呂祖謙本，亦未可分爲二家。至十二家外尚有王洙、周燔、馮椅諸本，未及載入，亦殊挂漏。末闕《雜卦》一篇，蓋傳寫佚之。然吴仁傑本具在，正不假此本以傳也。

## 六爻原意

**黄虞稷《千頃堂書目・易類》** 金瑤《六爻原意》一卷。字德温，休寧人。嘉靖辛卯選貢，廬陵丞。

**《明史・藝文志・易類》** 金瑤《六爻原意》一卷。

**《四庫提要・易類存目一》** 《六爻原意》一卷。編修鄭際唐家藏本。明金瑤撰。瑤，字德温，號栗齋，休寧人。嘉靖辛卯選貢生，授會稽縣丞，再補廬陵縣丞，遷桂林中衛經歷，以母老不赴，教授鄉里，年九十七乃卒。是書成於萬曆辛巳，乃其晚年所作。其曰「原意」者，原周公爻辭之意也。每卦皆先列六爻於前，而爲統論於後。前有自序，謂「周公作爻辭，必先得一卦之意，然後因爻而布之。此爻是此意，則以此意屬此爻。彼意合彼爻，則以彼爻繫彼意」云云。然《易》本天地自然之數，聖人因其盈虛、消息、過與不及，而以人事準之，明其吉凶悔吝，以決進退存亡。如瑤所論，是聖人先立一説，而牽引《易》象以合之，假借《易》數以證之。施於此處不可通者，移其説於彼；施於彼處不可通者，又移其説於此，反覆遷就，務申己意而後已。此後世著書之法，非聖人演《易》之本旨也。

## 周易卦變圖傳

**嵇璜等《續通志・圖譜略・易》** 呂懷《周易卦變圖傳》。

**《四庫提要・易類存目一》** 《周易卦變圖傳》二卷。安徽巡撫採進本。明呂懷撰。懷，字汝愚，號巾石，永豐人。嘉靖壬辰進士，官至南京太僕寺少卿。事蹟附見《明史・洪垣傳》。是書主卦變之學，其例有宮變，有卦變，有爻變。大旨謂六十四卦者，八卦之重也。天四卦，各重八卦：《乾》八卦爲太陽，《兌》八卦爲少陰，《離》八卦爲少陽，《震》八卦爲太陰。地四卦，各重八卦：《坤》八卦爲太陰，《艮》八卦爲少陽，《坎》八卦爲少陰，《巽》八卦爲太陽。八卦各變天地陰陽太少，變者七，不變者一。天太陽八卦，不變者《乾》；少陰八卦，不變者《中孚》；少陽八卦，不變者《離》；太陰八卦，不變者《頤》。地太陰八卦，不變者《坤》；少陽八卦，不變者《小過》；少陰八卦，不變者《坎》；太陽八卦，不變者《大過》。計六宮各變七卦，通計五十六卦。而不變之八卦，又自陽卦變陰，陰卦變陽，以統五十六卦之變。蓋八卦以卦變，五十六卦以爻變；八卦以體變，五十六卦以用變。其爻變之例，若《乾》上九變爲《夬》上六，《夬》九五變爲《大有》六五，《大有》九四變爲《小畜》六四，《小畜》九三變爲《履》六三，《履》九二變爲《同人》六二，《同人》初九變爲《姤》初六之類。大抵支離牽合，若有意義，而實非《易》之本旨也。

## 芝田漫畫

徐燉《徐氏家藏書目・易類》《芝田漫畫》一卷。寧浦陸舜臣。

黄虞稷《千頃堂書目・易類》陸舜臣《芝田漫畫》一卷。寧波人。

## 周易玩詞

黄虞稷《千頃堂書目・易類》洪垣《周易玩詞》。婺源人，嘉靖壬辰舉人。

## 圖書解

黄虞稷《千頃堂書目・易類》龐嵩《圖書解》。

## 中菴籤易

徐燉《徐氏家藏書目・易類》《中菴籤易》一卷。潁上盧翰。

黄虞稷《千頃堂書目・易類》盧翰《中庵籤易》一卷。潁上人。

## 古易中説

《明史・藝文志・易類》盧翰《古易中説》四十四卷。

《四庫提要・易類存目一》《易經中説》四十四卷。浙江巡撫採進本。

明盧翰撰。翰，字子羽，潁州人。嘉靖甲午舉人，官兖州府推官。其講《易》專主人事，而證以卜筮。每爻皆列變卦之圖，而雜引經語、史事之近似者，類附於下，頗爲宂雜，亦多附會。又立圖太多，每成蛇足。如「雲行雨施」、「六位時成」諸句，亦繪畫縱横，明其相配之義。覺理本簡易，圖反治絲而棼之。愛奇嗜博，無關經義，其亦可已不已矣。

## 周易義訓

黄虞稷《千頃堂書目・易類》任惟賢《周易義訓》十卷。

《明史・藝文志・易類》任惟賢《周易義訓》十卷。

## 易經隨筆

《明史・藝文志・易類》李逢期《易經隨筆》三卷。

## 周易傳義會通

黄虞稷《千頃堂書目・易類》游震得《周易傳義會通》。婺源人。嘉靖戊戌進士，南京户部侍郎，總督糧儲。

## 周易竹書

黄虞稷《千頃堂書目・易類》謝憲《周易竹書》。字汝慎，歸善人。嘉靖中歲貢。常於歸善西湖臺畔折竹枝濡赤土注《易》。葉春及受而録之，故名。

## 周易講義

**黄虞稷《千頃堂書目·易類》** 周聰《周易講義》二十四卷。字敬之，江西樂平人。嘉靖中貢士，英山教諭。

## 易經紀蒙

**黄虞稷《千頃堂書目·易類》** 黄中《易經紀蒙》。字文卿，處州人。嘉靖中官天津兵備道副使。

## 周易衍義

**黄虞稷《千頃堂書目·易類》** 王埜《周易衍義》。嘉靖中隱士，山陰人。

## 周易問答

**黄虞稷《千頃堂書目·易類》** 董燧《周易問答》。號蓉山，江西人。嘉靖辛卯舉人，刑部郎中。

## 復古易

**黄虞稷《千頃堂書目·易類》** 沈爚《復古易》十二篇。嘉定縣人。正德中以呂東萊《訂正古易》刊正今世行本。

## 易　解

**《明史·藝文志·易類》** 羅洪先《易解》一卷。

## 八白易傳

**黄虞稷《千頃堂書目·易類》** 葉山《八白易傳》十六卷。

**《明史·藝文志·易類》** 葉山《八白易傳》十六卷。

**《四庫提要·易類五》** 《八白易傳》十六卷。湖北巡撫採進本。明葉山撰。山，字八白，里貫未詳。《經義考》引張雲章之言曰：「八白本末無所考見，詳其自序，當是一老諸生。」是書屢易其稿，自序凡四。其初序略云：予十歲讀《周易》，越十年能厭學究語。又十四年爲嘉靖丁卯，又六年從鹿田精舍見楊誠齋《易傳》。又九年爲今壬子云云。再序題「癸丑六月」，三序題「丁巳三月」，四序題「嘉靖三十九年七月」。考壬子爲嘉靖三十一年，由壬子逆數十六年，當爲丁酉。序云丁卯者，由原本酉字用古體作丣，故傳寫誤也。據其所言，此書始於壬子，迄於庚申，凡九年而蕆事。以初序年月考之，山當生於弘治十七年甲子，至庚申書成時，年已五十七矣。其書專釋六十四卦爻辭，而於《彖象》、《文言》、《十翼》皆不之及。大旨以《誠齋易傳》爲主，出入子、史，佐以博辨。蓋借《易》以言人事，不必盡爲經義之所有，然其所言亦往往可以昭法戒也。

## 易經淺説

**黄虞稷《千頃堂書目·易類》** 林性之《易經淺説》八卷。

## 讀易私記

**黃虞稷《千頃堂書目・易類》** 黃光昇《讀易私記》。

## 周易説義

**徐㶿《徐氏家藏書目・易類》** 《周易説義》十二卷。馬森。

**黃虞稷《千頃堂書目・易類》** 馬森《周易説義》十二卷。字孔養，懷安人。嘉靖乙未進士，戶部尚書。

## 易　疑

**《明史・藝文志・易類》** 陳言《易疑》四卷。

**《四庫提要・易類存目一》** 《易疑》三卷。江蘇周厚堉家藏本。明陳言撰。言，字獻可，號東涯，海鹽人，嘉靖丁酉舉人。其書用《周易注疏》本，題上經曰「經之上」，題下經曰「經之下」，題《繫辭》、《説卦》、《序卦》、《雜卦》四傳曰「經之旁」，殊爲杜撰。其名《易疑》者，據其自述有曰「吾疑乎庖犧之卦，非使人卜筮也；吾疑乎卜筮之因卦而作也；吾又疑乎文王、周公卦爻之詞未有占也，卜筮者，占之也；吾疑乎卦詞論卦之吉凶，爻詞論爻之得失而已也；吾又疑乎《繫辭》之傳不必上、下，其章不必皆十有二也；吾又疑乎卦爻之詞，閒有未安者也；吾又疑乎馬、鄭、王弼、孔穎達輩明其義而疎，希夷、康節精矣，而一於數，伊川得《易》之用，紫陽得《易》之深；吾又疑乎羲、文之一理而通之者也」云云。其持論甚高，而其書乃無甚精義。蓋不知古聖人之立敎，不託空言，必假一事以寓之，遂妄疑《易》非卜筮之書，而生種種似是而非之論耳。《經義考》作四卷。此本三卷，江西採進之本亦三卷，疑或尚有所佚脱，抑或《經義考》誤「三」爲「四」歟？

## 圖書考

**黃虞稷《千頃堂書目・易類》** 張綸《圖書考》一卷。又《揲蓍考》一卷。又《易談》一卷。字宣甫，汶上人。生而目重瞳子。嘉靖中歲貢，官肅府長史。

## 揲蓍考

**黃虞稷《千頃堂書目・易類》** 張綸《揲蓍考》一卷。

## 易　談

**黃虞稷《千頃堂書目・易類》** 張綸《易談》一卷。

## 周易折衷録

**黃虞稷《千頃堂書目・易類》** 李先芳《周易折衷録》五卷。

## 易學義

**黃虞稷《千頃堂書目・易類》** 何維柏《易學義》。

## 周易通解

**黄虞稷《千頃堂書目・易類》** 徐棉《周易通解》八卷。閩縣人。嘉靖中貢士，永寧知縣。

## 易囈語

**黄虞稷《千頃堂書目・易類》** 顧起經《易囈語》。字元緯，吳縣人，官運使。

## 易象鉤解

**黄虞稷《千頃堂書目・易類》** 陳士元《易象鉤解》四卷。又《易象彙解》二卷。字心叔，應城人。嘉靖甲辰進士。

**《明史・藝文志・易類》** 陳士元《易象鉤解》四卷。

**《四庫提要・易類五》** 《易象鉤解》四卷。兩淮馬裕家藏本。明陳士元撰。士元，字心叔，應城人。嘉靖甲辰進士，官至灤州知州。是編專闡經文取象之義。前有士元自序，稱：「朱晦菴、張南軒善談《易》者，皆謂互體、五行、納甲、飛伏之類俱不可廢。蓋文、周彖爻，雖非後世緯數瑣碎，而道則無不冒焉。傳注者惟以虛玄之旨例之，有遺論矣。」其《履卦》注又曰：「京房之學，授受有自，今之學士大夫擯斥不取。使聖人不因卜筮而作《易》，惟欲立言垂訓，則畫卦揲蓍何爲哉？朱子曰：『《易》之取象，固必有所自來。而其爲説必已具於太卜之官，今不可復考，亦不可謂象爲假設。』然則京氏之學安知非太卜所藏者耶」云云。案太卜之法雖不可考，然《左傳》所載變爻、互體諸占，猶可以見其崖略。漢《易》自田何以下無異説。孟喜「六日七分」之學，云出田王孫，而田王孫之徒以爲非。焦贛「直日用事」之例，云出孟喜，而孟喜之徒又以爲非。劉向校書，亦云「惟京氏爲異黨」。《漢書・儒林傳》源委秩然，可以覆案。京氏書雖多散佚，而《易傳》三卷猶存，其占法亦大概可考，與《左傳》所載迥殊。士元以京氏《易》當太卜所藏，殊爲無據。且京氏之法絶不主象，引以爲明象之證，亦失其眞。然其謂《易》以卜筮爲用，卜筮以象爲宗，則深有合於作《易》之本旨。故其論雖或穿鑿，而犂然有當者爲多，要勝於虛談名理，荒蔑古義者矣。是書每卷標目之下皆題「歸雲別集」，卷數自五十八至六十一。蓋當時編入全集，如李石《方舟集》收《易互體》之例。其序又稱「往爲《彙解》二卷，括其大凡」。考《明史・藝文志》載士元《易象鉤解》四卷、《易象彙解》二卷，則《彙解》亦發明象學者。今以未見其書，故不著録焉。

**張之洞《書目答問・易類》** 《易象鉤解》四卷。明陳士元。守山閣本。

## 易象彙解

**黄虞稷《千頃堂書目・易類》** 陳士元《易象彙解》二卷。

**《明史・藝文志・易類》** 陳士元《易象彙解》二卷。

## 易演

**范邦甸等《天一閣書目・易類》** 《易演》十六卷。《繫辭演》上下二卷。藍絲欄鈔本。盧陵胡經撰。

**黄虞稷《千頃堂書目・易類》** 胡經《胡子易演》十八卷。

**《明史・藝文志・易類》** 胡經《易演義》十八卷。

**吳焯《繡谷亭熏習録・經部》** 《胡子易演》十八卷。明胡經，號莎岡，廬陵人，嘉靖己丑進士。所著《易演》上下經十六卷、《繫辭》二卷，附《説序雜卦總》十八卷，無序。其説好與朱子異。

**《四庫提要・易類存目一》** 《胡子易演》十八卷。浙江汪啓淑家藏本。明胡經撰。經，號前岡，盧陵人，嘉靖己丑進士。《明史・藝文志》載胡經

《易演義》十八卷。此本但稱《易演》，疑史衍文也。其書用《注疏》本，移《乾彖傳》「大明終始」三句於「乃利貞」之下，謂是《周易》原本，得之於師者；《蒙卦》六爻皆主君臣。凡若此類，大約喜爲新説，務與朱子立異。夫朱子之《易》固不能無所遺議，然經以尋章摘句之學，於古義無所考證，而漫相牴牾，則過矣。

## 繫辭演

**范邦甸等《天一閣書目・易類》** 《繫辭演》上下二卷。廬陵胡經撰。

## 今文周易演義

**黄虞稷《千頃堂書目・易類》** 徐師曾《今文周易演義》十二卷。師曾本尊古文爲之演義。以世咸用《經》、《傳》相連本，故仍之而名曰「今文」。隆慶二年戊辰序。

**《明史・藝文志・易類》** 徐師曾《今文周易演義》十二卷。

**《四庫提要・易類存目一》** 《今文周易演義》十二卷。江蘇巡撫採進本。明徐師曾撰。師曾，字伯魯，吳江人。嘉靖癸丑進士，官至吏科給事中。師曾初從呂祖謙本，爲《古文周易演義》一書。後以明代取士用《注疏》本，乃復爲此書。大旨以闡發本義爲主。初刻於杭州，隆慶戊辰又修改而重刻，即此本也。

## 讀易識疑

**黄虞稷《千頃堂書目・易類》** 朱睦㮮《讀易識疑》一冊。

**《四庫提要・易類存目二》** 《易學識遺》一卷。內府藏本。明朱睦㮮撰。睦㮮，字灌甫，號西亭，周定王六世孫。萬曆五年舉宗正，領宗學事。事迹附見《明史・周王橚傳》。是書大旨皆辨論諸家説《易》之異同，雖薈萃不多，而頗有卓見。如「《乾》之四德」，謂程傳本《文言》，視《本義》爲勝。《乾》九二「利見大人」不專指九五；《明夷》九三「不可疾貞」，從項安世以「貞」字爲句；「井泥」之「泥」讀平聲，「勿幕」之「幕」即「羃」字；「數往者順」用王安石解，皆於經、傳有裨，非同剿説雷同者。然《明史・藝文志》不載此書。核校其文，即睦㮮《五經稽疑》中《説易》之一卷。或其初出別行之本，抑或書賈作僞，改題此名歟？

## 易經全圖

**嵇璜等《續通志・圖譜略・易》** 胡賓《易經全圖》。

## 古易詮

**黄虞稷《千頃堂書目・易類》** 鄧伯羔《古易詮》二十九卷。又《今易詮》二十四卷。

**《明史・藝文志・易類》** 鄧伯羔《古易詮》二十九卷。

## 今易詮

**黄虞稷《千頃堂書目・易類》** 鄧伯羔《今易詮》二十四卷。

**《明史・藝文志・易類》** 鄧伯羔《今易詮》二十四卷。

**吳焯《繡谷亭熏習録・經部》** 《今易詮》二十四卷。明鄧伯羔字孺孝纂。是本祇有凡例，史孟麟序及自序二篇皆闕，從《經義考》鈔補之，以弁卷端。其凡例末條云：「予師鳳阿先生作《補疑》，外族諸父方麓先生作《私録》，竊嘗受讀，多所憑藉。」按，鳳阿先生即姜寶，字廷善，丹陽人，明嘉靖癸丑進士，南京禮部尚書，撰《周易傳義補疑》。方麓先生即王樵，字明逸，金壇人，嘉靖丁未進士，南京右都御史，撰《周易私録》。則孺孝之研究《易》學，淵源蓋有所自也。《經義考》云：「孺孝，常州布衣。據自序曰『予少爲諸生，攻《尚書》』，則孺孝少時已列膠庠，從事帖括。不幸一第維艱，著書終老。」朱氏録其序而仍作「布衣」，何歟？孺孝又有《古易註》二十九卷，亦存。

**《四庫提要・易類存目一》** 《今易詮》二十四卷。浙江吴玉墀家藏本。明鄧伯羔撰。伯羔，字孺孝，常州人。朱彝尊《經義考》載其《古易詮》二十九卷、《今易詮》二十四卷，併載伯羔自序，謂「詮次成帙，爲上、下經若干卷，爲《彖》、《象》、《繫辭》、《文言》、《說卦》、《序卦》、《雜卦》諸傳若干卷，一遵東萊《古易》。其《外詮》則以廣未盡之旨」云云。今觀此二十四卷，前無自序，而有自述例十條云「前詮從古，此改從今」，則彝尊所引，蓋其《古易詮》之序也。然此書雖用《注疏》本，而其《總論》一卷，《外詮》一卷，則仍與前序之言相應。《經義考》又載史孟麟序云：「先是，輯今人言爲《今述》若干卷，藏於家。茲乃裒古今人言，及已所論著，合爲一帙，命曰《易詮》。」此本但有《今易詮》，非完帙矣。

## 易原

**黄虞稷《千頃堂書目・易類》** 萬廷言《易原》四卷。萬虞愷子，字以忠，號思默。嘉靖壬戌進士，雲南按察司僉事。萬曆丁亥序。

**《明史・藝文志・易類》** 萬廷言《易原》四卷。

**吴焯《繡谷亭熏習録・經部》** 廷言又有《易原》四卷，萬曆丁亥自序。

## 易說

**《明史・藝文志・易類》** 萬廷言《易說》四卷。

**吴焯《繡谷亭熏習録・經部》** 萬氏《易說》二卷。明萬廷言以忠著。號思默，江西南昌人。嘉靖壬戌進士，官雲南提舉僉事，罷歸。有萬曆庚寅自序，而鄧元錫、楊起元、管志道與其門人李杜四序皆失。當時譏其語涉禪玄，比之楊敬仲《己易》。惟黄氏棃洲云：「先生深於《易》，三百八十四爻無非心體之流行。不著爻象而又不離爻象，程《傳》而外未之或見也。夫自輔嗣以老莊之理言《易》，而《易》旨幾晦，雖後之名儒皆不免此弊。朱子曰：『考象辭者泥於術數，而不得其弘通簡易之法；論義理者淪於空寂，而不適乎仁義中正之歸。』予竊謂窮象數則穿鑿附會，其失爲災異；談性命則支離放蕩，其失爲虛無。歷世著述千有餘家，卓然不倚者固不乏人，然而免於此二失者亦戞戞乎其難之！」《經義考》作四卷，今本二卷。閱其文義，大抵撮舉經傳而說之，首尾已全，其中豈有缺卷耶？

## 易說

**黄虞稷《千頃堂書目・易類》** 江一麟《易說》。

## 周易私録

**黄虞稷《千頃堂書目・易類》** 王樵《周易私録》□卷。

**《四庫提要・易類存目一》** 《周易私録》。無卷數。江蘇巡撫採進本。明王樵撰。樵，字明逸，號方麓，金壇人。嘉靖丁未進士，官至刑部侍郎，改南京都察院右都御史，謚恭簡。事蹟具《明史》本傳。是書凡三冊。前二冊編次一依東萊呂氏所定古本，酌取程子之《傳》、朱子之《本義》録於前，兼採諸家之說録於後，亦間以己意折衷之。卷端有「題記」數條，其一曰：「《周易》經傳十二篇，手録。自嘉靖壬戌至萬曆己丑春，修潤粗定，尚俟有所進，特恐精力不逮耳。成予之志者，其肯堂乎？」其餘多標示繕寫體例，蓋僅脫初稿，猶未全定之本也。後一冊題曰「方麓先生《周易程傳私録》原稾」，注其旁曰：「《震卦》以下闕。」然檢核其稿，乃六十四卦皆全，未喻其故。後又別爲一卷，題曰「方麓先生原稿」，所列爲朱子九圖及説，附項氏《卦變綱領五贊》，陸子《易説正義》、《大象説》，王弼《略例》，胡廷芳《舉要》、《揲蓍》、《占法》、《筮法》、《易學傳授》，而總題曰《附録》。蓋全書之末卷，裝輯者誤置《程傳私録》稿後也。自此而下，又全録元蕭漢中《讀易考原》一卷、《像象金鍼》一卷，而終以《河圖》、《洛書》，糾紛無緒。是又鈔録備用之稿，其後人誤以爲所著書矣。

## 周易外傳

**黄虞稷《千頃堂書目・易類》** 方逢時《周易外傳》一卷。

## 看易凡例圖説

**嵇璜等《續通志・圖譜略・易》** 龍子昂《看易凡例圖説》。

**《四庫提要・易類存目一》** 《看易凡例圖説》一卷。江西巡撫採進本。明龍子昂撰。子昂，泰和人。嘉靖庚子舉人，官知縣。是編不標書名，前列《讀易凡例》共三十二條，後列《圖説》，則解《河圖》、《洛書》及朱子《本義》「九圖象數」之理。疑爲全書之首卷，非完本也。

## 卦畫圖

**嵇璜等《續通志・圖譜略・易》** 沈亨《卦畫圖》。

## 易　原

**《明史・藝文志・易類》** 陳錫《易原》一卷。

## 周易參疑

**徐𤊹《徐氏家藏書目・易類》** 《周易參疑》十二卷。孫光化。

**黄虞稷《千頃堂書目・易類》** 孫從龍《周易參疑》十二卷。首編二卷、外編十卷，別有内編四卷。佚不傳。化光，吳江人。

**《明史・藝文志・易類》** 孫從龍《周易參疑》十卷。

## 易象大旨

**黄虞稷《千頃堂書目・易類》** 薛甲《易象大旨》八卷。字應登，號畏齋，江陰人。嘉靖己丑進士，江西副使。乙卯門生太平守任有齡序刻，德安何遷序。

**《明史・藝文志・易類》** 薛甲《易象大旨》八卷。

**《四庫提要・易類存目一》** 《易象大旨》八卷。浙江巡撫採進本。明薛甲撰。甲，字應登，江陰人。嘉靖己丑進士，官至江西按察司副使。是書經文之外，惟《彖傳》全文分列六爻之前；《象傳》則删《大象》而存《小象》，分綴六爻之下。《文言》、《繫辭》、《説卦》、《序卦》、《雜卦》諸傳，則全删焉。變亂經文，殊乖古義。其大旨主於因象以明理，如解《訟卦》「元吉中正」，解《升卦》「亨於岐山」之類，頗出新意。然如解《乾卦》「潛龍勿用」爲「泯思慮、忘知識」，解《坤卦》「括囊無咎」爲「將迎意必之私，一無所容於中」之類，則闌入老、莊之説矣。

**彭元瑞等《天禄琳琅書目後編・明版經部》** 《易象大旨》。一函，八冊。明薛甲撰。甲，字應登，號畏齋，江陰人。嘉靖己丑進士，官至按察司副使。書八卷。《彖辭》、《彖傳》、《爻辭》、《小象》加以注釋，而不及《大象》、《文言》、《繫辭》、《説卦》、《序卦》、《雜卦》。前有嘉靖元年何遷序，末有後序，不著名。又有刻書門人後序，名有齡，不著姓，自表仕履云：「繫籍中祕，出守姑孰，蓋即何序所謂蜀人任棠山刻之太平者。《江南通志》載：太平知府任有齡，嘉靖年任。遷，字懋益，德安所人，嘉靖辛丑進士，官刑部侍郎，有《吉陽山房集》。

# 周易圖說

**徐𤊹《徐氏家藏書目・易類》**　《周易圖說》一卷。梁山來知德。

# 河圖洛書論

**徐𤊹《徐氏家藏書目・易類》**　《河圖洛書論》一卷。來知德。

**黃虞稷《千頃堂書目・易類》**　來知德《河圖洛書論》一卷。

# 周易集註

**徐𤊹《徐氏家藏書目・易類》**　來矣鮮《易註》十六卷。來知德。

**錢謙益等《絳雲樓書目・易類》**　來知德《易集註》四冊。字矣鮮，四川梁山人。嘉靖末舉於鄉，萬曆中薦授翰林院待詔。

**黃虞稷《千頃堂書目・易類》**　來知德《周易集注》十六卷。知德客萬縣求溪深山中讀《易》三十年，於《序卦》、《雜卦》中悟錯綜之說，深悟卦變之妙，而爲是書。萬曆二十六年戊戌自序。又《注易圖說略》一卷。

**《明史・藝文志・易類》**　來知德《周易集註》十六卷。

**吴焯《繡谷亭薰習録・經部》**　《周易集註》十六卷。明來知德著。字矣鮮，號瞿塘，四川梁山人。嘉靖舉人，翰林待詔。壽春謝開寵序云：「先生性至孝。登賢書後，將赴禮闈，母送至門，淚盈盈欲下滴。先生跽而請曰：『公車喜事也，母何悲之甚耶？』母曰：『兒每他出，予必倚是閭而望，今遠行，歸不可定，是以悲耳。』先生遂終身不上春官，閉戶著書，精研《易》理，歷三十年而卒業。著《錯綜圖》，一左一右曰錯，六爻相反如《乾》、《坤》是也；一上一下曰綜，反對如《屯》、《蒙》是也，以觀陰陽之變化。著《黑白圖》以驗理欲之消長。」此書萬曆時刻於蜀中，毀於兵燹。萬曆三十八年重刻於吾郡南屏山，黃汝亨序。國朝康熙戊辰，平山崔華官兩淮鹽法道又梓以行世。

**《四庫提要・易類五》**　《周易集注》十六卷。浙江巡撫採進本。明來知德撰。知德，字矣鮮，梁山人，嘉靖壬子舉人。萬曆三十年總督王象乾、巡撫郭子章薦授翰林院待詔，知德以老疾辭，詔以所授官致仕。事蹟具《明史・儒林傳》。知德自鄉舉之後，即移居萬縣深山中，精思《易》理。自隆慶庚午至萬曆戊戌，閱二十九年而成此書。其立說專取《繫辭》中「錯綜其數」以論《易》象，而以雜卦治之。錯者，陰陽對錯，如《先天圓圖》《乾》錯《坤》，《坎》錯《離》，八卦相錯是也。綜者，一上一下，如《屯》、《蒙》之類本是一卦，在下爲屯，在上爲蒙，載之文王《序卦》是也。其論錯有四正錯，有四隅錯。論綜有四正綜，有四隅綜。有以正綜隅，有以隅綜正。其論象，有卦情之象，有卦畫之象，有大象之象，有中爻之象，有錯卦之象，有綜卦之象，有爻變之象，有占中之象。其注皆先釋象義、字義及錯綜義，然後訓本卦本爻正意。皆由冥心力索，得其端倪，因而參互旁通，自成一說，當時推爲絶學。然上、下經各十八卦本之舊說，而所說中爻之象亦即漢以來互體之法，特知德縱横推闡，專明斯義，較先儒爲詳盡耳。其自序乃高自位置，至謂孔子沒後而《易》亡，二千年有如長夜。豈非伏處村塾，不盡覩遺文祕籍之傳，不盡聞老師宿儒之論，師心自悟，偶有所得，遽夜郎自大哉？故百餘年來，信其說者頗多，攻其說者亦不少。然《易》道淵深，包羅衆義，隨得一隙而入，皆能宛轉關通，有所闡發，亦不必盡以支離繁碎斥也。

# 易註圖說

**徐𤊹《徐氏家藏書目・易類》**　《易註圖說》一卷。來知德。

**黃虞稷《千頃堂書目・易類》**　來知德《注易圖說略》一卷。

## 易十三傳

**吴焯《繡谷亭熏習録・經部》** 《易十三傳》十三卷。此竹垞翁娱志軒藏本也。其手跋云：「《易十三傳》，未詳誰氏所撰，第知爲嘉靖間人。其云『十三傳』者，《乾上九傳》一、《姤初六傳》二、《姤九二傳》三、《姤九三傳》四、《姤九四傳》五、《姤九五傳》六、《姤上九傳》七、《大過初六傳》八、《大過九二傳》九、《大過九三傳》十、《大過九四傳》十一、《大過九五傳》十二、《大過上六傳》十三。證以歷代紀年，蓋倣邵氏《經世書》，而於六十四卦相生圖，則又不主邵氏之説。是編諸藏書家目録無之，康熙己卯八月既望得之西吴書估舟中，時竹垞年七十一矣。」始見此書而不能考作者姓氏，蓋其佚久已。至以爲嘉靖間人者，則以作書者稱嘉靖爲「今上」耳。予通閲其書，穿鑿附會，初不涉聖人作《易》之旨，惡得以汙康節哉！

## 淮海易談

**徐𤊹《徐氏家藏書目・易類》** 《淮海易談》八卷。孫應鼇著。

**黄虞稷《千頃堂書目・易類》** 孫應鼇《淮海易談》四卷。

**《明史・藝文志・易類》** 孫應鼇《易談》四卷。

**《四庫提要・易類存目一》** 《淮海易譚》四卷。兩淮鹽政採進本。明孫應鼇撰。應鼇，字山甫，貴州清平籍，南直隸如皋人。嘉靖癸丑進士，官至南京工部尚書，謚文恭。是書謂「天地萬物，在在皆有《易》理，在乎人心之能明」。故其説雖以離數談理爲非，又以程子不取卦變爲未合，而實則借《易》以講學，縱橫曼衍，於《易》義若離若合，務主於自暢其説而止，非若諸儒之傳惟主於釋經者也。自《説卦》「乾坤六子」以下，即置而不言，蓋以八卦取象之類，無可假借發揮耳。其宗旨可知矣。

## 易圖

**徐𤊹《徐氏家藏書目・易類》** 《易圖》四卷。李卓吾。

## 九正易因

**黄虞稷《千頃堂書目・易類》** 李贄《九正易因》二卷。

**《明史・藝文志・易類》** 李贄《九正易因》四卷。贄自謂初著《易因》一書，改至八九次而後定，故有「九正」之名。

**吴焯《繡谷亭熏習録・經部》** 《九正易因》四卷。明李載贄卓吾著。晉江人，嘉靖壬子舉人。初名贄，後更名載贄。與耿天台講學京師，一時知名之士皆從游焉。周柳塘曰：天台重名教，卓吾識眞機。蓋其學尚玄遠，機鋒迅利，焦弱侯、陶石簣之流也。漁洋《居易録》：「卓吾寓通州馬誠所經綸別業，多嫚罵，縉紳輩相接，或終日不與語。有袁住者，通州人，日爲馬侍御家傭水。一見輒曰：『好男子，好男子。』或一日不見輒曰：『目中何無袁住。』卓吾死詔獄。方暑，尸腐。馬氏諸僕亡敢近者，獨住直前，抱持痛哭殮唅，曲盡其事。今墓在通州。當時葬之者馬御史，表之者某中丞，而書者麻城丘坦，迄今巋然無恙。」據此，則卓吾身後之事皆能豫知，而三尺孤墳保全至今，豈得學佛之報歟？

**《四庫提要・易類存目一》** 《九正易因》。無卷數。江蘇周厚堉家藏本。明李贄撰。贄，本名載贄，晉江人。嘉靖壬子舉人，官至姚安府知府。坐妖言逮問，自殺。事蹟附見《明史・耿定向傳》。是書每卦先列經文，次以己意總論卦象，又附録諸儒之説於每卦之後。書止六十四卦，其《文言》、《繫辭》等傳，皆未之及。經文移《大象》於《小象》之後，則贄臆改也。朱彝尊《經義考》載其原序，述馬經綸之言曰：「樂必九奏而後備，丹必九轉而後成，《易》必九正而後定。」故有是名。贄所著述，大抵皆非聖無法，惟此書尚不敢詆訾孔子，較他書爲謹守繩墨云。

## 周易象義

**黄虞稷《千頃堂書目・易類》** 章潢《周易象義》十卷。

**《明史・藝文志・易類》** 章潢《周易象義》十卷。

**《四庫提要・易類存目一》** 《周易象義》十卷。江蘇巡撫採進本。 明章潢撰。潢，字本清，南昌人。萬曆乙巳以薦授順天府學訓導，時年已七十九，不能赴官，詔用陳獻章例，官給月米。後至八十二歲，終於家。《明史・儒林傳》附載《鄧元錫傳》末。是書主於言象，故引張行成說以駁晁公武主理之論。大抵以《漢上易傳》爲椎輪，雜引虞翻、荀爽九家《易》及李鼎祚、鄭汝諧、林栗、項安世、馮椅、徐大爲、呂𠑽卿諸家，而參以己意。其取象之例甚多，約其大旨，不出本體、互體、伏體三者。雖多本古法，而推衍頗爲繁碎，未能一一盡得經義也。

## 易繹

**徐𤊹《徐氏家藏書目・易類》** 《易繹》五卷。鄧原錫。

**黄虞稷《千頃堂書目・易類》** 鄧元錫《易繹》五卷。

**《明史・藝文志・易類》** 鄧元錫《易經繹》五卷。

## 周易古今文全書

**錢謙益等《絳雲樓書目・易類》** 《周易古今文全書》。

**黄虞稷《千頃堂書目・易類》** 楊時喬《周易古今文全書》二十一卷。《論例》二卷、《古文》二卷、《今文》九卷、《易學啓蒙》五卷、《傳易考》二卷、《卜筮考》一卷，萬曆八年庚寅序。

**《明史・藝文志・易類》** 楊時喬《周易古今文全書》二十一卷。

**吴焯《繡谷亭薰習録・經部》** 《周易古今文大全》。《明史藁》本傳：「楊時喬，字宜遷，上饒人。嘉靖乙丑進士，累官吏部侍郎，秉銓凡五年。卒於官，篋餘一敝裘，同列賻襚以斂。詔贈吏部尚書，謚端潔。」是編《論例》二卷、《古文》二卷、《今文》九卷、《易學啓蒙》五卷、《傳易考》二卷，附《龜卜考》一卷，卷端各冠以序。按，王文成之學出江西，學者多宗之。時羅文莊欽順力辨其非，書札往復幾數千言。端潔繼而闢之尤力，謂季本《易》學四同任心爲説，蓋流而至於放者，其羽翼程朱之苦心可云至矣。

**《四庫提要・易類存目一》** 《周易古今文全書》二十一卷。內府藏本。 明楊時喬撰。時喬，字宜遷，號止菴，上饒人。嘉靖乙丑進士，官至吏部侍郎，謚端潔。事蹟具《明史》本傳。此書凡分六部，曰：《論例》二卷，《古文》二卷，《今文》九卷，《易學啓蒙》五卷，《傳易考》二卷，附《龜卜考》一卷。每部皆有自序。其大意在薈萃古今，以闢心學説《易》之謬，所宗惟在程、朱。雖兼稱古、今文，而所發明者，古文略而今文詳。中多互見其義，故閒有繁複，不害宏旨。然《周易》古文本無可考，郭忠恕《汗簡》所引「古周易」諸字，已不能究所自來。時喬此本，更古篆籀文，隨意填綴，往往竄入譌字，殊不免杜撰之誚。又或竄改經文，如「旁行而不流」句下加「正行而不泥」一句，自《經典釋文》以後，未見此文，竟不知其何所本。而其解今文卷中，又置之不論，竟似乎經所本有，殊近於誣。至《傳易考》二卷，分「宗傳」、「衍傳」、「正傳」、「輔傳」、「異傳」、「別傳」等名，亦類於門戶之見。王守仁、湛若水兩家弟子各述師承，競分途轍，此書正以闢其非，而轉區分名目，是以闢解闢矣。朱彝尊《經義考》摘所引諸家姓氏譌舛，猶其小焉者爾。

**彭元瑞等《天禄琳琅書目後編・明版經部》** 《周易全書》。四函，二十冊。 明楊時喬撰。時喬，字宜遷，號止菴，上饒人。嘉靖乙丑進士，官至吏部侍郎，謚端潔。《明史》有傳。書二十一卷，分六部。《論例》二卷，《古文》二卷，《今文》九卷，《易學啓蒙》五卷，《傳易考》二卷，附《龜卜考》一卷。每部有序。前有萬曆十八年時喬自序。古文用篆書。

## 易學

**黃虞稷《千頃堂書目・易類》** 沈一貫《易學》十二卷。

**《明史・藝文志・易類》** 沈一貫《易學》十二卷。

**《四庫提要・易類存目一》** 《易學》十二卷。江西巡撫採進本。明沈一貫撰。一貫，字肩吾，號蛟門，鄞縣人。隆慶戊辰進士，官至中極殿大學士。案：《明史》本傳作「建極殿大學士」，蓋字之誤。語詳《史部・詔令奏議類・敬事草》條下。謚文恭。事蹟具《明史》本傳。是書掃除「先天」之說，惟偶及象與卦變，亦不甚以爲主。大旨斟酌於《伊川易傳》、《東坡易傳》之閒，惟以人事爲主，較糾紛奇偶者，尙爲篤實近理。然頗借以寓其私意，如說「亢龍有悔」曰：「夫以龍德而亢極，猶有悔也，時之既極，無論德矣。」此自解固位招攻之意也。其解《訟卦大象》曰：「人每以正氣流爲客氣，又每以其客氣流爲健訟」。說《訟》九二曰：「夫人之訟，未必其身自爲之也，亦因羣從在旁操持之而不得休。」此解臺諫掊擊之事也。其他借經抒意，往往如此。他如解「日中爲市，取諸《噬嗑》」，謂「噬嗑」與「市合」同音之類，亦頗穿鑿。《經義考》引陸元輔之言，以此書爲進呈講義。案：顧起元序稱：「予告歸田且十年，研摩編削，又不知凡幾，更乃版而行之，而先生遂厭人間世矣。」則其晚年所作，非進呈本也。

## 周易補傳

**黃虞稷《千頃堂書目・易類》** 袁黃《周易補傳》四卷。

## 易測

**黃虞稷《千頃堂書目・易類》** 曾朝節《易測》十卷。號植齋，臨武人。

**《明史・藝文志・易類》** 曾朝節《易測》十卷。

**《四庫提要・易類存目二》** 《易測》十卷。江蘇巡撫採進本。明曾朝節撰。朝節，字植齋，臨武人。萬曆丁丑進士，官至禮部尚書。是編取王弼《注》、孔穎達《疏》、程子《傳》、朱子《本義》及楊氏《易傳》之說，參互考訂，惟解上下經、《彖》、《象》、《文言》、《繫辭》，而置《說卦》、《序卦》、《雜卦》。又倣王弼《略例》之意，別作《說凡》一卷附於末。大旨主於觀辭玩占，一切卦圖、卦變之說，悉所不取，頗足掃宋《易》之葛藤。然其去取衆說，則未能一一精審也。

## 周易通解

**黃虞稷《千頃堂書目・易類》** 沈束《周易通解》。

## 文言說内外

**黃虞稷《千頃堂書目・易類》** 沈束《文言說内外》。

## 易圖

**黃虞稷《千頃堂書目・易類》** 沈束《易圖》。

**嵇璜等《續通志・圖譜略・易》** 沈束《易圖》。

## 周易筆意

**黃虞稷《千頃堂書目・易類》** 陶廷奎《周易筆意》十五卷。

## 圖書就正録

《明史・藝文志・易類》　魯邦彦《圖書就正録》一卷。

## 讀易瑣言

黄虞稷《千頃堂書目・易類》　程廷策《讀易瑣言》。字汝揚，休寧人，辰州知府。

## 周易解義

王圻《續文獻通考・經籍考・易》　《周易解義》。姜寶著。

## 周易傳義補疑

黄虞稷《千頃堂書目・易類》　姜寶《周易補義補疑》十二卷。萬曆十四年丙戌序。

《明史・藝文志・易類》　姜寶《周易補疑》十二卷。

《四庫提要・易類存目一》　《周易傳義補疑》十二卷。編修勵守謙家藏本。明姜寶撰。寶，字廷善，號鳳阿，丹陽人。嘉靖癸丑進士，官至南京禮部尚書。是編大旨以程子《易傳》主理，朱子《易本義》主占，其初頗有所疑，既而研究十五年，乃定從《傳》、《義》者十之八九，旁及諸家者十之一二。於《傳》、《義》或有所疑者，亦以己意斷之，故曰「補疑」。卷端有孫承澤題識印記，卷中亦多塗乙標注之處。蓋承澤説《易》，以是書爲稿本云。

## 周易詳藴

黄虞稷《千頃堂書目・易類》　顧曾唯《周易詳藴》十三册。

《明史・藝文志・易類》　顧曾唯《周易詳藴》十三卷。

吴焯《繡谷亭熏習録・經部》　顧氏《易解》。明松陵顧曾唯魯齋注。傳是樓鈔本，楷法皆摹板樣，疑徐氏初欲付梓之本。前有魯齋自序，不分卷。帙首題「易旨」，引仁山金氏之説，以明著是書之由。其《考原》三卷，第一《原上下經分卦》，第二《原上下經合卦》，第三《原上下經卦序》，乃元儒蕭漢中景元所著，世傳《讀易考原》是也。全載其説而削其名，亦失之疏漏已。至解經，皆依卦次序，以《彖傳》、《象傳》、《繫辭》、《文言》、《説卦》、《序卦》、《雜卦》附於後，而標之以己説焉。按《經義考》有顧氏曾唯《周易詳藴》十三卷，而不載是編，何耶？曾唯，字一貫，吴江人。嘉靖癸丑進士，除金華知縣，擢浙江道御史，巡按廣西，引疾歸。詩有《閩越雜詠》。

## 顧氏易解

《四庫提要・易類存目一》　《顧氏易解》。無卷數。浙江吴玉墀家藏本。明顧曾唯撰。曾唯，字一貫，號魯齋，吴江人，嘉靖癸丑進士。朱彝尊《經義考》載顧曾唯《周易詳藴》十三卷，而無《易解》之名。此書用《注疏》本，止上、下經。卷首載元蕭漢中《讀易考原》、明朱升《邵子三十六宮圖説》，而皆不著其姓氏。其自序一篇，則即宋楊簡《慈湖易解》之序，稍爲節鈔，而題以曾唯之名。大抵出於依託，非彝尊著録之原本。至解經亦多支離。如《乾》、《坤》二卦之名，妄加「純乾」、「純坤」之目；解「乾元」二字，至引道家之「混元」、禪家之「妙明心元」，其虚誕可知矣。

## 易釋義

黃虞稷《千頃堂書目・易類》　鄒守愚《易釋義》。莆田人，嘉靖丙戌進士。

## 易經折衷訓蒙

王圻《續文獻通考・經籍考・易》　《易經折衷訓蒙》。太樸寺少卿劉穩著。穩，鄠縣人。

黃虞稷《千頃堂書目・易類》　劉穩《易經折衷訓蒙》。字朝重，鄠縣人。嘉靖丙辰進士，太僕寺少卿。

## 易學義林

黃虞稷《千頃堂書目・易類》　顏鯨《易學義林》十卷。

《明史・藝文志・易類》　顏鯨《易學義林》十卷。

## 易經從正録

黃虞稷《千頃堂書目・易類》　洪綬《易經從正録》。同安人。嘉靖乙丑貢士，官夔州通判。

## 易　解

黃虞稷《千頃堂書目・易類》　李文纘《易解》。福建南安人。嘉靖辛酉舉人，岷王府長史。

## 羲經旨

徐𤊹《徐氏家藏書目・易類》　見羅《羲經旨》一卷。

黃虞稷《千頃堂書目・易類》　李材見羅《羲經旨》一卷。

## 周易補傳

徐𤊹《徐氏家藏書目・易類》　《周易補傳》四卷。袁了凡。別號考槃逸農。

## 河圖洛書解

徐𤊹《徐氏家藏書目・易類》　《河圖洛書解》一卷。袁黃。

黃虞稷《千頃堂書目・易類》　袁黃《河圖洛書解》一卷。

## 易經淵旨

《四庫提要・易類存目一》　《易經淵旨》一卷。山西巡撫採進本。舊本題吳郡歸有光撰。有光，字熙甫。嘉靖乙丑進士，官至太僕寺丞。事蹟具《明史・文苑傳》。案《文苑傳》及《明史・藝文志》均不載此書，朱彝尊《經義考》亦不著録。惟《江南通志》載有光《易圖論》上下篇、《大衍解》二書，而無《淵旨》之目，眞僞蓋莫可知也。其書每卦摘論數條，大抵剿襲舊説。其中自出新義者，如《説卦傳》「坤爲布」，因九家尚有「坤爲帛」而以布爲泉貨；「震爲龍」，因九家已有「乾爲龍」而以爲「當從虞、干本作

『鼺』」，蓋虞云「蒼色」，干云「雜色」也；「艮爲黔喙」之屬，以「黔喙爲口有鈐，如蟋蟀、螳螂、蝤蛑之類，惟蟲屬有之」，因引《爾雅》注「螳螂，有斧蟲」爲證，蓋「黔」與「鈐」通，較冷氏注謂爲「鳴喙」，似屬有據。然僅數條耳。

## 周易筆記

**黃虞稷《千頃堂書目・易類》** 伊在庭《周易筆記》。字繼美，吳縣人，敏生子。嘉靖乙丑進士，歷官南京兵部員外郎，精於《易》學。

## 讀易紀聞

**徐𤊹《徐氏家藏書目・易類》** 《讀易紀聞》六卷。張獻翼。

**黃虞稷《千頃堂書目・易類》** 張獻翼《讀易紀聞》六卷。萬曆十年壬午王倖等序。

**吳焯《繡谷亭薰習録・經部》** 《讀易紀聞》六卷。簡端自題祭酒諸生布衣長洲張獻翼幼于纂集。獻翼後更名敉。《列朝詩集小傳》：幼于入貲爲國學生，姜祭酒寶停車造門。歸而與皇甫子循暨黃姬水、徐緯刻意爲歌詩，於是三張之名獨幼于籍甚。幼于好《易》，十年中箋注凡三易其稿。《靜志居詩話》云：「早擅才名，見賞於文徵仲，讀書上方山治平寺中，撰《周易約說》、《雜說》、《臆說》及《讀易紀聞》、《讀易韻考》，不失爲儒生。後乃狂易自肆，與所善張孝資爲儔侶，或歌或哭，或紫衣挾妓，或白足行乞，放浪亦甚矣。晚攜妓居荒圃中，爲盜所殺。獻翼兄鳳翼，字伯起；弟燕翼，字叔貽，俱嘉靖甲子舉人，竝以才名世，吳諺比於四皇甫云。」獻翼精於《韻考》一書，世多稱之。其《約說》三卷、《雜說》二卷、《臆說》二卷與《紀聞》並未著名，以故前輩俱未之見也。

**《四庫提要・易類五》** 《讀易紀聞》六卷。浙江吳玉墀家藏本。明張獻翼撰。獻翼，字幼于，崑山人，後更名敉，嘉靖中國子監生。《明史・文苑傳》附見《皇甫涍傳》末。此書乃其早年讀書上方山中所著。獻翼放誕不羈，言行詭異，殆有狂易之疾。而其說《易》乃平正通達，篤實不支，祧莊、老之玄虛，闡程、朱之義理，凡吉凶、悔吝、進退、存亡足爲人事之鑒者，多所發明，得聖人示戒之旨。朱彝尊《經義考》載獻翼《易》注凡五種，惟《讀易韻考》注「存」。其《讀易約說》三卷、《易雜說》二卷、《讀易臆說》二卷及此書六卷，均注曰「未見」。今蒐采遺編，惟得《讀易韻考》及此書。《韻考》紕漏殊甚，如盲談黑白，聾辨宮商，已別存目。此書不載經文，但逐節拈說，有如劄記之體。《江南通志・文苑傳》稱「獻翼好《易》，十年中箋注凡三易」，蓋亦積漸研思而始就者。殆中年篤志之時，猶未頹然自放歟？

## 讀易韻考

**黃虞稷《千頃堂書目・易類》** 張獻翼《讀易韻考》七卷。萬曆七年己卯王世貞序。

**《明史・藝文志・易類》** 張獻翼《讀易韻考》七卷。

## 張氏三易

**黃虞稷《千頃堂書目・易類》** 張獻翼《張氏三易》七卷。《約說》三卷、《雜說》二卷、《臆說》二卷。

## 周易述

**黃虞稷《千頃堂書目・易類》** 許孚遠《周易述》。

## 易　解

《明史・藝文志・易類》　王世懋《易解》一卷。

## 六龍解

錢謙益等《絳雲樓書目・易類》　管志道《六龍解》一册。一卷。

黃虞稷《千頃堂書目・易類》　管志道《周易六龍解》一卷。

## 剖　疑

錢謙益等《絳雲樓書目・易類》　《剖疑》一册。管志道。

黃虞稷《千頃堂書目・易類》　管志道《六龍剖迷》一卷。

## 周易象義

黃虞稷《千頃堂書目・易類》　唐鶴徵《周易象義》四卷。

《明史・藝文志・易類》　唐鶴徵《周易象義》四卷。

《四庫提要・易類存目一》　《周易象義》四卷。河南巡撫採進本。明唐鶴徵撰。鶴徵，號凝菴，武進人。隆慶辛未進士，官至太常寺少卿。凡例中屢稱「先君」，蓋右都御史順之之子也。事蹟附見《明史》順之傳中。是編用王弼本，故不注《繫辭》以下。大旨述順之之說，主於以象明理。卷首所載《讀易法》六：一曰《易》須象與理合，象與爻合；二曰上下卦宜分看；三曰一卦必有主爻；四曰互卦最有關繫；五曰倒體亦有關繫；六曰每卦各有大意。則是書之綱領也。所解如《屯》六二謂二以五爲屯膏之主，非可事者，故守貞不字而字初。以爻辭觀之，則「匪寇婚媾」、「女子貞不字」，指五之坎而言也。「十年乃字」者，謂二不字五，至四互坤，得十年之象，乃下應初，故六四亦云「求婚媾」也。《訟》九二謂二既歸，則下復成坤，坤象三爻，有三百戶象。坎多眚，變坤則不爲坎，故無眚。六三在二既歸之後，坎復坤體，全有坤德，故曰「食舊德」。觀「或從王事」，亦坤三舊文可見矣。雖自出新解，而於經義亦足相發。至於陽極而亢，陰極而戰，《乾》、《坤》二上爻，其義相近。而鶴徵解《乾》之上爻以反本還元，歸根復命爲說，已涉道家之旨。於《坤》之上爻，謂「龍戰」爲懼而戰栗，以過時退居，故稱「野」，以貶損自傷，故稱「血」，則穿鑿而不當理矣。

## 像象管見

黃虞稷《千頃堂書目・易類》　錢一本《像象管見》七卷。萬曆三十二年甲辰序。又《啓新齋易象鈔》四卷。又《續鈔》二卷。字國瑞。

《明史・藝文志・易類》　錢一本《像象管見》七卷。

吳焯《繡谷亭熏習録・經部》　《像象管見》九卷。《常州府志》：「錢一本，字國瑞，武進人，萬曆癸未進士。令廬陵，以倡明理學爲己任。擢御史，首疏糾按臣鉤取庫鏹。及巡按廣西，一洗供億之費，上《建儲》、《論相》二疏，語多觸忌，削籍歸。顧憲成倡東林書院，一本相與講論不輟，尤精《易》學，所著《像象管見》、《象鈔》、《續鈔》。卒前幾日，預令營兆域，自作《寄窩逋客志》，翛然而逝。學者稱啓新先生。里居二十五年，天啓初贈太僕寺少卿。」是編上下經四卷、《繫辭》二卷、《說序雜》三卦三卷，總九卷。《經義考》作七卷，似誤。有自序、鄒元標序。按先生又著《象鈔》、《續鈔》，演九疇爲四千六百八爻，有辭有象，占驗吉凶，惜未見。先生高弟吳桂森，字叔美，有《像象述》八卷，蓋述師說也。

《四庫提要・易類五》　《像象管見》九卷。內府藏本。明錢一本撰。一本，字國瑞，武進人。萬曆癸未進士，官至福建道監察御史。以建言罷歸，天啓初追贈太僕寺卿。事蹟具《明史》本傳。一本研究六經，尤邃於《易》。是書不取京、焦、管、郭之說，亦不取陳摶、李之才之義，惟即卦爻以求象，即象以明人事，故曰「像象」。象者天道，像其象者盡人合天之道也。大旨謂由辭得象，而後無虛懸説理之病；知象爲像，而後有神明默成之學。而深闢言象遺理，言理遺象，彷彿其象而仍不知所以爲象之弊。雖閒有支蔓，而篤實近理者爲多。自稱用力幾二十年，亦可謂篤志矣。

## 易象鈔　續鈔

**黄虞稷《千頃堂書目・易類》**　錢一本啓新齋《易象鈔》四卷。又《續鈔》二卷。

**《明史・藝文志・易類》**　錢一本《易象鈔》、《續鈔》共六卷。

**《四庫提要・易類存目二》**　《像鈔》六卷。内府藏本。明錢一本撰。一本有《像象管見》已著録。是書雖以「像」爲名，實則衍陳摶之數學。凡《卦圖》二卷，附録《書札》及《雜吟》二卷，《上下經解》二卷。其卦圖以《朱子本義》所列九圖衍爲三十二圖，圖各有説，縱横比對，自謂言象而理在其中。然孔子所謂「象者像也」，即指卦爻。朱子所列九圖，後儒已不免異同。一本借以旁推，尤爲支蔓，雖《易》道廣大，隨拈一義皆有理可通，然究非聖人設教本旨也。

## 四聖一心録

**《明史・藝文志・易類》**　錢一本《四聖一心録》四卷。

**《四庫提要・易類存目二》**　《四聖一心録》六卷。兩淮馬裕家藏本。明錢一本撰。是書於《像鈔》之外，又舍數而言理。其言理，舍天而言人；其言人，又舍事而言心。推闡之以至於性命。體例近乎語録。其論亦多支離，如謂許由讓王爲能知《河》、《洛》之道，又謂《序卦傳》爲格物之學，大抵皆無根之高論也。



## 易蠡

**黄虞稷《千頃堂書目・易類》**　方學漸《易蠡》十卷。

## 易筌

**徐𤊹《徐氏家藏書目・易類》**　《易筌》六卷。焦竑。

**黄虞稷《千頃堂書目・易類》**　焦竑《易筌》六卷。

**《明史・藝文志・易類》**　焦竑《易筌》六卷。

**吴焯《繡谷亭熏習録・經部》**　《易筌》六卷。明焦竑弱侯撰。江寧人，萬曆己丑殿試第一，官修撰。時議修國史，欲竑專領，竑乃撰《經籍志》。皇長子出閣爲講官，嘗講次羣鳥飛鳴。皇長子仰視，竑輒肅立輟講。皇長子爲之斂容。既負重名，性復疎直，政府惡之，被劾謫福寧州同知。竑博極羣書，自經史至稗官雜説，無不淹貫。家居無日不講學，以羅汝芳爲宗，而善耿天台兄弟及李贄，時頗以禪學譏之。卒年八十，後追謚文端。事見《明史藁・文苑傳》。考竑自序，雖兢兢于二氏之辨，然以佛學即爲聖學，而明道闢佛之語皆一一絀之。其説經之旨，豈能外所學哉？

**《四庫提要・易類存目二》**　《易筌》六卷，《附論》一卷。江蘇巡撫採進本。明焦竑撰。竑，字弱侯，應天旂手衛籍，山東日照人。萬曆己丑進士第一，授翰林院修撰，尋遷東宫講讀官，謫福寧州同。事迹具《明史・文苑傳》。是書大旨，欲以二氏通於《易》，每雜引《列子》、《黄庭内景經》、《抱朴子》諸書以釋經。史稱竑講學以羅汝芳爲宗，而善耿定向、耿定理及李贄，時頗以禪學譏之，蓋不誣云。

## 易學說海

**《四庫提要・易類存目二》** 《重訂易學說海》八卷。福建巡撫採進本。明郭宗磐撰。宗磐，號鵬海，晉江人。是書成於萬曆辛亥。用《注疏》本，順文推衍。專主義理，不及象數。大抵以《本義》爲宗，而雜采諸家講義，貫以己說。於《本義》亦時有辨證，然不多見也。其曰「重訂」者，蓋此書先經付梓，後覺其未善，復自加釐正云。

## 伏羲圖贊

**黃虞稷《千頃堂書目・易類》** 陳第《伏羲圖贊》六卷。

**《明史・藝文志・易類》** 陳第《伏羲圖贊》二卷。

**吴焯《繡谷亭薰習錄・經部》** 《伏羲圖贊》二卷。張雲章曰：「明陳第，字季立，連江人。初爲學官，弟子俞大猷召致幕下，勸以武功自見，言之譚襄毅，官遊擊將軍，尋棄去，著書自喜。焦狀元竑見之，深歎服焉。」是書焦爲之序，第亦有先後自序，蓋繼《毛詩古音考》而作也。其爲圖不用奇耦，以黑白爲陰陽，而兩儀、四象、八卦皆規方而爲圓。論者謂其學從禪門證入，率由心得與諸儒異。

**嵇璜等《續通志・圖譜略・易》** 陳第《伏羲圖贊》。

**《四庫提要・易類存目二》** 《伏羲圖贊》二卷。浙江巡撫採進本。明陳第撰。第，字季立，連江人。以諸生從軍，官至薊鎮遊擊。是書上卷，於奇耦之數，皆以黑白爲陰陽，兩儀、四象、八卦，皆規方而爲圓，於先儒所傳卦畫方位、先後天方圓諸圖，一一辨其所失。下卷爲《圖贊》二十一，末附《圖向》一篇。大抵皆臆造之說，不足爲據。惟《雜卦傳古音考》一篇，用其所長，轉勝於全書。如傳文「《屯》見而不失其居，《蒙》雜而著」，第謂「居」古讀「倨」，引《詩・蟋蟀》「無已大康，職思其居。好樂無荒，良士瞿瞿」、漢韋玄成《戒子孫詩》「昔我之墜，畏不此居。今我度茲，戚戚其懼」爲證。考《周禮・春官》：「凡以神仕者掌三辰法，以猶鬼神示之居。」鄭注：「居謂坐也。」故《春官釋文》「居，紀慮反」，則與「踞」通。《前漢・趙禹傳》「爲人廉倨」，亦通作「居」；《郅都傳》「丞相條侯至貴居」，則「居」與「倨」通。與第說皆足以相合。知其考辨之確，而惜非大旨之所存。如移以附所作《古音考》，則庶幾矣。

## 易說

**黃虞稷《千頃堂書目・易類》** 馮時可《易說》五卷。

**《明史・藝文志・易類》** 馮時可《易說》五卷。

## 易經纂注

**《明史・藝文志・易類》** 李廷機《易經纂注》四卷。

**吴焯《繡谷亭薰習錄・經部》** 《易經纂註》四卷。明東閣大學士、贈少保、謚文節李廷機爾張著。廷機，晉江人，登萬曆癸未進士第，仕至大學士。按，仁和錢受謙益之前序云：「五經皆有纂出自神廟，時詞館諸臣所彚定，當時人授一經，專裁互證，自是一段玉堂佳話。蓋帖括之學也。是編繡梓時，文節末贊綸扉，故猶稱太史」云。考文節入相爲黨議所辱，力求避位，至屏居荒寺，人跡都絕。雖繫閣籍六年，而秉政止九月。兢兢以折足覆餗爲虞，其志良可哀已。受謙，天啓乙丑進士，詹事府詹事，卒贈禮部侍郎。

## 易答問

**《明史・藝文志・易類》** 李廷機《易答問》四卷。

## 易經兒説

**徐𤊹《徐氏家藏書目·易類》**　《易經兒説》五卷。蘇濬。

**黄虞稷《千頃堂書目·易類》**　蘇濬《易經兒説》五卷。又《生生篇》，六卷。又《冥冥篇》五卷。

**《明史·藝文志·易類》**　蘇濬《易經兒説》四卷。

**吴焯《繡谷亭熏習録·經部》**　《周易兒説》四卷。晉江蘇濬君禹著。號紫溪，萬曆丁丑進士，浙江督學使。卷端有萬曆甲申門人王道顯序。其説以蔡虚齋清、陳紫峰琛爲宗，而參以己見焉。學者稱「晉江三家」，别有《周易冥冥篇》，存。

**《四庫提要·易類存目二》**　《易經兒説》四卷。浙江吴玉墀家藏本。明蘇濬撰。濬《周易冥冥篇》恍惚支離，頗涉異學。及作是書，乃墨守《朱子本義》，尺寸不踰。其首先曰「講者」，詮釋文句也；次曰「意者」，推闡大旨也；次曰「總論」，則一卦之綱領也。又閒出旁注，以一二語標題。蓋專爲科舉之學而設。因在家塾，以此書爲子姪講授，故稱「兒説」。萬曆中嘗刊行，板後散佚。康熙丁卯，其裔孫堯松等重刊之。

## 易經生生篇

**徐𤊹《徐氏家藏書目·易類》**　《易經生生篇》六卷。蘇濬。

**黄虞稷《千頃堂書目·易類》**　蘇濬《生生篇》六卷。

## 周易冥冥篇

**徐𤊹《徐氏家藏書目·易類》**　《周易冥冥篇》五卷。蘇濬。

**黄虞稷《千頃堂書目·易類》**　蘇濬《冥冥篇》五卷。

**《明史·藝文志·易類》**　蘇濬《周易冥冥篇》四卷。

**《四庫提要·易類存目二》**　《周易冥冥篇》四卷。兩淮鹽政採進本。明蘇濬撰。濬，字君禹，號紫溪，晉江人。萬曆丁丑進士，官至廣西布政司參政。此書惟解上下經、《繫辭》、《説卦》，删《序卦》、《雜卦》。大旨主王弼虚無之説，一切歸之於心學。非惟廢卜筮之説，乃併宋儒言理而偶及數者亦以爲執泥牽拘。其訓「潛龍勿用」，以爲心之寂然不動。訓「大明終始」，以爲心之靈明不昧。而於《繫辭》之末，以《易》主忘言爲歸宿。觀其以「冥冥」名書，則其説之遁於二氏，不問可知矣。

## 卦玩

**徐𤊹《徐氏家藏書目·易類》**　《卦翫》二卷。屠田叔輯。

**黄虞稷《千頃堂書目·易類》**　屠本畯《卦玩》二卷。

## 讀易便解

**《明史·藝文志·易類》**　屠隆《讀易便解》四卷。

## 易　解

**徐𤊹《徐氏家藏書目·易類》**　郭青螺《易解》十五卷。子章。

**黄虞稷《千頃堂書目·易類》**　郭子章蠙衣生《易解》十五卷。

**《明史·藝文志·易類》**　郭子章《易解》十五卷。

**《四庫提要·易類存目一》**　《蠙衣生易解》十四卷。江西巡撫採進本。明郭子章撰。子章，字相奎，號青螺，又自號曰蠙衣生，泰和人。隆慶辛未進士，官至兵部尚書。是編成於萬曆丁巳，其歸田以後所作也。卷一爲《易論》六篇，卷二至卷九，六十四卦各爲《總論》，少者一篇，多者至八篇。

《總論》之外，又標舉文句，發揮其義，自《師》、《謙》、《噬嗑》、《復》、《頤》、《大過》、《咸》、《恆》、《損》、《萃》、《革》、《鼎》、《旅》、《節》、《中孚》、《未濟》十六卦無所標舉外，餘卦少者一條，多者至五條。十卷至十四卷，則雜論《繫辭》、《說卦》，而《序卦》以下不及焉。其《易論》以《繫辭》「生生之謂《易》」一句爲本，而以人性當生生之理。其諸卦所論，乃皆不歸此義，往往牽合時事，或闌入雜說。如論《謙卦》云：「漢文、宋仁皆謙德之君也。尉佗自王，元昊自帝，皆非撝謙之臣，故佗、昊後俱削弱。王導、劉裕皆勳勞之臣也。周顗之不顧導，劉毅之不敬裕，皆非撝謙之友，故顗、毅終見誅戮。」其論已不切當日情事。至論《遯卦》，謂「懷、愍不遯，故青衣行酒。徽、欽不遯，故獻俘金廟。當時固執死社稷之說，爲晉、宋大臣不學之過」，尤紕繆不足與辨。他如論《震卦》而及於雷之擊人，已非經義；又謂雷之所擊，皆治其宿生之業，孔氏之門安得是言哉！

## 易經疑問

**徐𤊹《徐氏家藏書目・易類》** 《周易疑問》十卷。姚舜牧。

**黃虞稷《千頃堂書目・易類》** 姚舜牧《易經疑問》十二卷。

**《明史・藝文志・易類》** 姚舜牧《易經疑問》十二卷。

**《四庫提要・易類存目二》** 《易經疑問》十二卷。浙江巡撫採進本。明姚舜牧撰。舜牧，字虞佐，烏程人。萬曆癸酉舉人，歷官新興、廣昌二縣知縣。考舜牧生於嘉靖癸卯，其《五經疑問》皆年過六十所撰。迨年過八十，又重訂《詩》、《禮》二經及此書，其《序》竝載所著《來恩堂集》中。歲月先後，一一可考，計其一生精力，殫於窮經。然此書率敷衍舊說，實無可取，間出己意，亦了不異人。蓋其學從坊刻講章而入，門徑一左，遂終身勞苦而無功耳。

## 讀易窺言

**黃虞稷《千頃堂書目・易類》** 孟化鯉《讀易窺言》。

## 易研

**《明史・藝文志・易類》** 顏素《易研》六卷。

## 太極辨疑

**黃虞稷《千頃堂書目・易類》** 孔學周《太極辨疑》二卷。歸善人。嘉靖壬戌成書。

## 周易詳解

**黃虞稷《千頃堂書目・易類》** 徐元氣《周易詳解》十卷。

**《明史・藝文志・易類》** 徐元氣《周易詳解》十卷。

## 周易集說

**黃虞稷《千頃堂書目・易類》** 黃洪憲《周易集說》三帙。

## 易說

**黃虞稷《千頃堂書目・易類》** 殷子義《易說》十篇。又《讀易別記》。字集卿，嘉定縣人。隆慶中貢士，淮安訓導。

## 讀易別記

**黄虞稷《千頃堂書目·易類》** 殷子義《讀易別記》。

## 大象觀

**黄虞稷《千頃堂書目·易類》** 劉元卿《大象觀》二卷。

**吴焯《繡谷亭熏習録·經部》** 《大象觀》上下二卷。《江西通志》：劉元卿，字調父，吉安安福人。舉隆慶庚午鄉試，明年會試對策，極陳時弊，主者不敢録。張居正聞而大怒，下所司申飭，且令人密詗之。其人反以情告，乃獲免。既歸，師同邑劉陽，絶意科名，累被薦召，爲國子博士，擢禮部主事。尋引疾歸，肆力著述，所著《大象觀》二卷。自序云：「耿仲子曰：『《雜卦》序孔《易》也，首《乾》、《坤》，次《比》，次《師》，而終之《夬》。嘗因是而求之，益有味乎。』其言矣！夫乾，天也；坤，順承天也。學以法天，必資師友。友聚而比則樂，師任裁成則憂。或相臨而與，或相觀而求。與也，求也，皆反其所自始者也。始生之機未暢，故曰《屯》也。屯則《蒙》，發蒙者宜《震》。震，動也，動必有所止。《艮》，止也，止於道也。爲道曰《損》，損之所以《益》也，故受之《大畜》。大畜，畜天也，天則不妄矣。《無妄》，誠也。誠則《萃》，萃則德；崇而《升》，升不可極。利用《謙》，升而能謙，必《豫》。豫，逸豫也，德之間也。去間貴決，故受之《噬嗑》，間去則《賁》，賁則説，説則順，順之敝爲《隨》，至於隨則《蠱》而《剝》。剝者，復之始也。始復則明，《明夷》則晦。晦而思通，如掘井求泉，不得不困，故受之《困》。困，師道也。教然後知困也，知困然後能虛，故繼以《咸》。虛而爲盈，難乎恆矣，故繼以《恆》。恆，久也。久而易《渙》，故節。節之過則《解》，解則《蹇》而《睽》合。睽者，其本在家，故受之以《家人》。家道窮必《否》，否極生《泰》。泰則《壯》，壯極而《遯》，遯則退也。《大有》，衆也，能退則得衆，得衆則《同人》。同人，故示以《革》故《鼎》新。雖有《小過》，而《中孚》足以起信也。信則居《豐》不盈，居《旅》不孤，居《離》而不察，居《坎》而知險。險則《小畜》而不可大，非禮而不可《履》。《履》，不苟也；《需》，不進也；《訟》，不成也，故可以無《大過》。無過必有遇，故受以《姤》。物相遇則進，故受以《漸》。進必有所養，故受以《頤》。得養必有所濟，故受以《既濟》。濟者，合也。物不可苟合，故次《歸妹》；苟合則終敝，故次《未濟》。處未濟者存乎夬，故終之以《夬》。夬，決也。剛決柔也，柔決而純乎乾矣。乾，天也。始以天，終以合天，即孔子之學可默識已，《雜卦》之序有以哉？萬曆己亥，予與鄒生子尹玩《易》同人館。每讀《大象》，輒以數語釋之，間取諸儒先言，亦不復識別。書成取《雜卦》爲序，蓋有契乎仲子孔《易》之説云。或請其名，子尹曰，可名《大象觀》。」卷後附門人鄒匡明跋，又雜卦序歌。此書《經義考》注「未見」，故誤作「大易觀」。

**《四庫提要·易類存目一》** 《大象觀》，二卷。浙江吴玉墀家藏本。明劉元卿撰。元卿，字調父，安福人。隆慶庚午舉人，萬曆中，官至禮部主事。《明史·儒林傳》附見《鄧元錫傳》中。史稱所著有《山居草》、《還山續草》、《諸儒學案》、《賢弈編》、《思閒編》、《禮律類要》、《大學新編》，而不及此書，蓋偶未見。然是書詮釋《易》象，謹依文訓詁，不足盡示人用《易》之義。至其以《雜卦》爲序，尤爲顛倒。夫雜者，相錯之餘義也，綴《十翼》之末，明非正經也。經文不以爲次，而元卿改經以從傳，然則《序卦》可不用矣。

## 周易會通

**徐𤊹《徐氏家藏書目·易類》** 《周易會通》。

**黄虞稷《千頃堂書目·易類》** 范守己《周易會通》十三卷。

## 參兩通極

**黃虞稷《千頃堂書目・易類》** 范守己《參兩通極》七卷。

## 圖卦臆言

**黃虞稷《千頃堂書目・易類》** 賀沚《圖卦臆言》。字汝定，廬陵人。隆慶庚午舉人，蘇州府同知。

**《四庫提要・易類存目一》** 《圖卦億言》四卷。江西巡撫採進本。明賀沚撰。沚，字汝定，廬州人。隆慶庚午舉人，官至蘇州府同知。是書以《圖》、《書》爲《易》原本，首卷《圖書八卦説》，卷二《六十四卦説》、《太極圖説》，皆剿掇朱子緒論，無所發明。卷三《卦繫雜言》，卷四《圖卦續言》，則皆其所自撰也。如以《河圖》爲「先天體」，《洛書》爲「後天用」，不知八卦之有《先天圖》，本道家「抽《坎》塡《離》」之説，猶有所本。至《圖》、《書》亦分先、後天，則前人所未有也。又引《陰符經》所稱「五賊」證五行。《陰符經》出自李筌，稱傳自北魏寇謙之，本道家之僞本。用以説《易》，相去愈遠矣。

## 北山讀易記

**黃虞稷《千頃堂書目・易類》** 王夢麟《北山讀易記》十卷。字維振，閩縣人。廣西桂林通判。

## 易象會旨

**黃虞稷《千頃堂書目・易類》** 吳撝謙《易象會旨》二卷。臨川人，陝西布政司理問。

**《四庫提要・易類存目一》** 《易象會旨》一卷。浙江巡撫採進本。舊本題曰「延伯生述」，不著名氏。前有萬曆己酉熊惟學序，稱爲「同年臨川文臺吳君」，亦不著其名。考惟學爲隆慶辛未進士，是年榜有臨川吳撝謙，或即其人歟？其説取反對之卦，如《乾》、《坤》，《屯》、《蒙》，《解》、《蹇》之類，合兩卦《大象》辭而會釋之，故曰「會旨」。《大象》統論一卦，又每卦皆有「以」字示人用《易》之方，初無取於對卦。其對卦乃《易》中之一義，不能標舉以詁全經。是書所論，殊非《易》之本旨也。

## 易詮古本

**黃虞稷《千頃堂書目・易類》** 吳中立《易詮古本》一卷。字公度，浦城人。隆慶辛未進士，丁父憂，服闋遂不仕。南京禮部尚書袁洪愈、給事中周邦傑、巡按御史楊四知表其修節請爵之。以廉頑立懦詔授禮部儀制司主事，終不起，卒。

**《明史・藝文志・易類》** 吳中立《易詮古本》三卷。

## 大易圖象參

**黃虞稷《千頃堂書目・易類》** 王之士《大易圖象參》。字欲立，藍田人。嘉靖戊午舉人。萬曆中趙用賢及御史汪以道薦之士與鄧元錫、劉元卿爲海內三逸，同受國子監博士。

## 學易舉隅

**徐𤊹《徐氏家藏書目・易類》** 《學易舉隅》六卷。戴廷槐。

**黃虞稷《千頃堂書目・易類》** 戴廷槐《易學舉隅》六卷。長泰人，隆慶中貢士。

**《四庫提要・易類存目一》** 《學易舉隅》六卷。浙江汪啓淑家藏本。明戴廷槐撰。廷槐，長泰人，隆慶中貢生。其説謂「《易》自商瞿而後，斯道遂晦，至宋三子而後大明」。其漢、魏至唐諸儒，則概目爲不知《易》，持論頗偏。且其謂「日月爲易」，本《參同契》之文，而《六十四卦圓圖》即《參同契》「六十卦周，張布爲輿」之説。既謂之不知《易》矣，何爲又陰襲其義乎？

## 古易彙編

**錢謙益等《絳雲樓書目・易類》**　《古易彙編》八册。

**黄虞稷《千頃堂書目・易類》**　李本固《古易彙編》十七卷。字惟寧，臨清州人。由進士出宰四邑，有異政。歷工部郎中出守歸德，丁内艱以毁卒。

**《明史・藝文志・易類》**　李本固《古易彙編意辭集》十七卷。

**吴焯《繡谷亭薰習録・經部》**　《周易古本全書彙編意辭集》十七卷。明李維寧本固著。臨清州人，萬曆壬辰進士，官至太僕少卿。萬曆壬子自序。又李維楨序云：「清源李維寧統彙編輯其大綱三：曰《意辭》，曰《象數》，曰《變占》。而《意辭》之目八：曰《古易》，曰《辭會》，曰《明意》，曰《釋名》，曰《詳易》，曰《玩辭》，曰《誤異》，曰《易派》。《象數》之目八：曰《圖書象》，曰《圖書數》，曰《總論》，曰《畫象》，曰《三易》，曰《廣象》，曰《觀象》，曰《衍數》。《變占》之目十：曰《蓍變》，曰《之變》，曰《反對》，曰《變例》，曰《小成》，曰《觀變》，曰《不卜》，曰《玩占》，曰《卜筮》，曰《斷法》。廣大悉備矣。」按維寧謂「自古言《易》家，或分經合傳者，或以《彖》《象》傳附各卦經文者，或多改《彖傳》入《文言》、改《象傳》入《繫辭》、改《繫辭》入《説卦》者，皆非古也」，於是分別經傳爲古《易》。而内改「居室」七條、「祐助」一條、「何思」十一條入《文言》，自以爲古《易》已復矣，不知以《居室》各條仍入《文言》，既失古《易》之舊，且非今《易》之旨矣。其視成矩、沈爚諸人，所謂直不百步耳。

**《四庫提要・易類存目二》**　《古易彙編》十七卷。浙江汪啓淑家藏本。明李本固撰。本固，字維寧，臨清州人。萬曆壬辰進士，官至太僕寺少卿。案《易》自費直以《十翼》解經，而鄭康成以《彖傳》連經文，於是十二篇之序始紊，如今《乾卦》是也。至王弼，又自《坤卦》以下每卦每爻取傳辭連綴經文之下，并取《文言》入《乾卦》、《坤卦》之中，即今《注疏》本是也。後王洙、吕大防、周燔、吴仁傑輩遞有考核，而晁説之、吕祖謙所定爲善，故朱子《本義》參用二家。至吴澄，又謂《繫辭》内「居室」七條、「祐助」一條、「何思」十一條，實《文言》之文，由王弼既取《乾》、《坤》《文言》入《乾卦》、《坤卦》，其無可附者，後人并入《繫辭》内，而孔疏復曲爲之説。復古《易》者但取《乾》、《坤》、《文言》别爲一卷，而散入《繫辭》者未之改也。故其作《易纂言》，取此諸條入《文言》。是書篇第悉依朱子本，而《文言》則用澄本，故曰「古易」。然朱子本於古有據，吴澄説自昔未聞，以杜撰之説目爲古本，於義殊爲乖剌也。其書分爲三集，一曰《意辭》，二曰《象數》，三曰《變占》。《意辭》之目凡八，曰《古易》，附見書前。曰《辭會》，即《經》、《傳》十二卷。自第十三卷以下另爲一編，有胡國鑑序。曰《明意》，曰《釋名》，曰《詳易》，曰《玩辭》，曰《誤異》，曰《易派》。《象數》之目亦八，曰《圖書象》，曰《圖書數》，曰《總論》，曰《畫象》，曰《三易》，曰《廣象》，曰《觀象》，曰《衍數》。《變占》之目凡十，曰《蓍變》，曰《之變》，曰《反對》，曰《變例》，曰《辨成》，曰《觀變》，曰《不卜》，曰《玩占》，曰《卜筮》，曰《斷法》。

## 易　義

**《明史・藝文志・易類》**　徐三重《易義》一卷。

## 周易日鈔

**《明史・藝文志・易類》**　沈孚聞《周易日鈔》十一卷。

## 易象通

**徐𤊹《徐氏家藏書目・易類》**　《易象通》八卷。朱謀㙔。

**錢謙益等《絳雲樓書目・易類》**　朱謀㙔《易象通》一册。八卷。字鬱儀，明末宗室之秀，西亭王孫之亞也。

**黄虞稷《千頃堂書目・易類》**　朱謀㙔《易象通》八卷。萬曆壬寅李維楨序。

**《明史・藝文志・易類》**　朱謀㙔《易象通》八卷。

**吴焯《繡谷亭熏習録・經部》**　《易象通》八卷。明朱謀㙔明父著。又字鬱儀，南昌人，寧獻王七世孫，封鎮國中尉。以先儒譚《易》多尚理而置象，謂說《易》者莫如孔子。孔子曰：「八卦成列，象在其中。」此象之始也。書契興而結繩遠，後聖廣爲之象，以開物象有數，故曰極其數，遂定天下之象。象有辭，故曰彖者，言乎其象。聖人設卦，觀象繫辭焉，而明吉凶。吉凶者，得失之象也；悔吝者，憂虞之象也；變化者，進退之象也；剛柔者，晝夜之象也。《易》之爲書安往而非象。書不盡言，言不盡意，立象所以盡意。象之不明，意言何有？即漢以來，諸儒各得其一，察以自好，所不具論。孔子之學固在也，若之何忽之。按，中尉著書等身，《易象通》而外，《書》、《禮》、《春秋》、《魯論》、《大戴》各有箋疏，以及水經、律曆、醫卜等書靡不研究，而尤精於堪輿之術。嘗言祖墓病水，以語族人，咸弗信。會羣從暴卒者十餘人，中尉竟自發之墓中，果積水若溪澗，族人始遜謝自咎焉。惜乎兵燹之餘，其書不少概見也。是編李維楨、曹學佺皆有序。

**《四庫提要・易類存目二》**　《周易象通》八卷。浙江吴玉墀家藏本。明朱謀㙔撰。謀㙔，字鬱儀，寧獻王七世孫，萬曆間以中尉攝石城王府事。是書惟釋上下經文，不及《十翼》。大旨欲稍還古義，而轉生臆說。如不用陳摶《先天圖》，亦不用周子《太極圖》，是矣。而別造《河圖》四，謂「三代以來世藏祕府以爲寶，學者莫得而窺。迨宋徽宗考古搜奇，始出示於外」，是出何典記乎？邵、陳以前無論矣，耿南仲、張根諸家皆徽宗時人，王湜以下諸家皆徽宗後人，何不一見也？其說《易》以象，象取於互體、變體是矣。然如謂《乾》居西北，當奎、婁、白虎之尾，故曰「履虎尾」，已穿鑿附會。至於解《既濟》云：「涉者多繫匏以防危。離爲大腹匏瓜之象，則涉者也。坎爲川瀆，則津濟也。」因外卦爲離而生大腹，因大腹而生匏瓜，因匏瓜而牽合於繫匏涉水，以遷就《既濟》之象。《易》果若是之迂曲乎？又解《困卦》初爻、二爻云：「坎爲叢棘，初其株也。六三居泉谷之間，故爲石梁。株木、石梁皆因未涸而爲橋梁，是急於濟渡而遭困也。」因坎生叢棘，因在初爻而變文曰株木；因六三在《兑》、《坎》之間生泉谷，因泉谷而生石梁，而省文曰石。《易》果若是之晦澀乎？上經始《乾》、《坤》而終《坎》、《離》，下經始《咸》、《恆》而終《既濟》、《未濟》，確有義理。《序卦》即不出孔子，亦必漢以前經師所傳。謀㙔乃合上下經而一之。《易》未經秦火，譌脫甚少，而謀㙔或隨意改字，或動稱錯簡衍文，甚至《漸卦》上九併經文改爲「鴻漸于逵」，竝不言舊作「鴻漸于陸」，其武斷尤甚。謀㙔以博洽名，此書尤爲曹學佺所推許，然其實多出臆見，不爲定論。學佺序詮釋《易》中諸字如王安石《字說》，亦可笑也。

## 讀易鈔

**《明史・藝文志・易類》**　鍾化民《讀易鈔》十四卷。

**吴焯《繡谷亭熏習録・經部》**　《讀易鈔》十四卷。明鍾化民著。字維仁，仁和人，萬曆庚辰進士。由惠安知縣累官右僉都御史，巡撫河南，討平礦盜。徧歷八府，延父老問疾苦。以勞瘁卒，吏民皆走哭失聲，罷市。復請祠於朝，賜祠曰忠惠。袁年曰：鍾公《讀易鈔》一宗程朱《傳》《義》，而於諸家之說摘而録之，精約簡核，洵學者之指南也。鄉賢遺籍流傳絶少，藏弆者其寶諸。

## 周易潛解

**吴焯《繡谷亭熏習録・經部》**　《周易潛解》十二卷。明李光縉衷一著。號獨醒遯人，晉江人。萬曆乙酉鄉薦第一，十上公車不售，遂絶意進取。坐臥一榻，圖書數卷，泊如也。所著有《四書臆説》、《易經潛解》、《景壁集》諸書，是編門人林一柱序。

## 易彀通

徐𤊹《徐氏家藏書目・易類》　《易彀通》一卷。鄒元標。

黃虞稷《千頃堂書目・易類》　鄒元標《周易彀》一卷。

《明史・藝文志・易類》　鄒元標《易彀通》一卷。

## 易經意言

《明史・藝文志・易類》　鄭維嶽《易經意言》六卷。

## 易林疑説

《明史・藝文志・易類》　楊啓新《易林疑説》二卷。

## 讀易纂

徐𤊹《徐氏家藏書目・易類》　《讀易纂》五卷。婁東張元蒙。

黃虞稷《千頃堂書目・易類》　張元蒙《讀易纂》五卷。字叔正。萬曆壬午自序。

## 周易圖

范邦甸等《天一閣書目・易類》　《周易圖》三卷。藍絲欄鈔本。上下二卷，不著撰書人名姓。中卷《六十四卦圖并説》，合沙鄭先生撰，亦不著年月。

## 易外別傳

《明史・藝文志・易類》　林兆恩《易外別傳》一卷。

## 易林疑説

徐𤊹《徐氏家藏書目・易類》　《易林疑叢》十卷。楊瞿崍。

黃虞稷《千頃堂書目・易類》　楊瞿崍《易林疑叢》十卷。字稺實，晉江人。萬曆甲辰進士，江西提學副使。

吴焯《繡谷亭熏習録・經部》　楊瞿崍《易林疑説》十卷。《鍥易林疑説》。明楊瞿崍，字稺實，晉江人。萬曆丁未進士，歷官江西提學副使。此書大概以朱、蔡爲宗，間採胡玉齋、陳潛室諸儒之論爲説三十六條，《河洛先後天八卦圖》六。末附《易經蒙筌小引》，謂「先君既纂集《易》説未成，即世用力考訂，稍加刪補」，則稺實《易》學殆得之過庭之訓歟。是編上下二卷，《經義考》作十卷，誤。

《四庫提要・易類存目二》　《易林疑説》。無卷數。浙江汪啓淑家藏本。明楊瞿崍撰。瞿崍，字稚實，晉江人。萬曆丁未進士，官至江西提學副使。先是，瞿崍之父著《易經蒙筌》，未就而卒。瞿崍承其家學，考索諸家，有疑即爲之説，故名曰「疑説」。其論《九疇》子目，脗合《河圖》，謂《洛書》可以敘疇，亦可以畫卦，以及横圖、圓圖、逆數、順數、八卦序次、五行生尅，皆繳繞旁文，無關經義。《明史・藝文志》作十卷。今此本止三冊，不分卷數，疑就其初成稿本傳寫者也。

## 圖學心傳

**徐𤇞《徐氏家藏書目・易類》**　《圖學心傳》二卷。鄭汝礪。

## 洗心齋讀易述

**黃虞稷《千頃堂書目・易類》**　潘士藻《洗心齋讀易述》十七卷。萬曆丙午焦竑序。

**吳焯《繡谷亭熏習録・經部》**　洗心齋《讀易述》十七卷。明潘士藻去華著。號雪松，婺源人。萬曆癸未進士，司理溫州，官至尚寶司少卿。卒年六十四。卷首有自序，自署「玉笥山人」。萬曆丙午焦竑序，云：「大抵主理莫備於房審權，主象莫備於李鼎祚，去華裒而擇之，補不足表未明，以指南來學，可不謂勤乎？」沒後，其子師魯輩梓行。

**《明史・藝文志・易類》**　潘士藻《洗心齋讀易述》十七卷。

**《四庫提要・易類五》**　《洗心齋讀易述》十七卷。兩江總督採進本。明潘士藻撰。士藻，字去華，號雪松，婺源人。萬曆癸未進士，官至尚寶司少卿。事蹟附見《明史・李沂傳》。其書上下經十卷，《繫辭》至《雜卦》七卷，每條皆先發己意，而采綴諸儒之說於後。前有焦竑序，稱主理莫備於房審權，主象莫備於李鼎祚，士藻裒而擇之。則所據舊說，惟采《周易義海》、《周易集解》二書。然大旨多主於義理，故取《義海》者較多。《集解》所載如虞翻、干寶諸家涉於象數者，率置不録。蓋以房書爲主，而李書輔之也。案《義海》一百卷久佚，今所存者乃李衡《撮要》十五卷，非其舊本。竑序云云，豈萬曆中書本猶存耶？然《宋志》已不著録，陳振孫《書録解題》亦云僅見四卷。其一百卷者未見，士藻安得而見之？竑殆夸飾之詞。然衡所編者其源本出於房氏，即謂之房氏書亦可也。

## 易會

**黃虞稷《千頃堂書目・易類》**　鄒德溥《易會》八卷。

**《明史・藝文志・易類》**　鄒德溥《易會》八卷。

**《四庫提要・易類存目二》**　《易會》八卷。浙江鄭大節家藏本。明鄒德溥撰。德溥，字汝光，安福人。萬曆癸未進士，官至司經局洗馬。《明史・儒林傳》附見其祖《守益傳》末。是書用《注疏》本。其說多主義理，亦兼言象，自《繫辭》以下所解甚略。自序謂「就心所會者述之」，故名「易會」。然往往亦借以寓意。如解「亢龍有悔」曰：「亢而曰龍，則亢乎其所不得不亢也。蓋人處時勢之極，固有必亢而後濟者。惟聖人純乎天德，無一毫全軀保命之思，雖履盛滿，蒙譏謗，冒天下之不韙而弗之避也。即勢且至於悔，亦爲天下甘之矣。若慮其有悔，而先自處於不亢之地，則智士之所爲耳，何龍德之云乎？」此明季清流之見，以愧選愞則可矣，實非經義也。

## 易　會

**黃虞稷《千頃堂書目・易類》**　姜應麟《易會》。字泰符，號松槃，慈溪人。萬曆十一年癸未進士，由庶吉士改戶科給事中。諫加封鄭妃爲皇貴妃，謫廣昌典史。光宗立，晉太僕寺少卿。

## 周易容光

**黃虞稷《千頃堂書目・易類》**　姜應麟《周易容光》。

## 周易會解

**黄虞稷《千頃堂書目・易類》** 饒伸《周易會解》。進賢人，刑部侍郎。

## 易　解

**黄虞稷《千頃堂書目・易類》** 徐常吉《易解》。

## 易義虚裁

**黄虞稷《千頃堂書目・易類》** 涂宗濬《易義靈裁》八卷。

**《四庫提要・易類存目二》** 《續韋齋易義虚裁》八卷。浙江巡撫採進本。明涂宗濬撰。宗濬，字鏡原，南昌人。萬曆癸未進士，官至兵部尚書，謚恭襄。是編用《注疏》本，彙前儒之説以作解。大旨依傍程、朱《傳》、《義》，而亦時有所糾正。如《坤》六五一爻，駁程子女媧、武后之説是也。所説頗潔淨，而隨文生義，罕所發明。其首列《易圖》，以《河圖》作《旋毛》、《洛書》作《拆甲》，蓋本吴澄之説，非所臆造。然澄説實臆造也。

## 易序圖説

**黄虞稷《千頃堂書目・易類》** 秦鏞《易序圖説》二卷。字太音，無錫人，崇禎丁丑進士，河南道御史。

**《明史・藝文志・易類》** 秦鏞《易序圖説》二卷。

**嵇璜等《續通志・圖譜略・易》** 秦鏞《易序圖説》。

**《四庫提要・易類存目二》** 《易序圖説》二卷。浙江巡撫採進本。明秦鏞撰。鏞，字大音，無錫人。崇禎丁丑進士，官清江縣知縣。是書以《序卦》言義理而不及象數，因合先、後天而求之。上經分五節，象陽。下經分四節，象陰。每節中又一一分析而引《雜卦》及《彖》、《象》、爻辭以爲之解。案《序卦》、《雜卦》，先儒多疑非孔子之書，故言《易》諸家往往粗陳梗概。至元蕭漢中《讀易考原》述分卦、序卦之義，始詳爲發明。是書較漢中所言推闡加密，而穿鑿附會亦以過密而生。蓋此類皆《易》之末義，必求其説，亦皆有理之可通。然謂四聖本旨在是，則殊不然也。

## 周易占林

**徐𤊹《徐氏家藏書目・易類》** 《周易占林》四卷。王宇。

**黄虞稷《千頃堂書目・易類》** 王宇《周易占林》四卷。

**《明史・藝文志・易類》** 王宇《周易占林》四卷。

## 也足園易説

**徐𤊹《徐氏家藏書目・易類》** 《也足園易説》卷。王宇。

## 周易因指

**徐𤊹《徐氏家藏書目・易類》** 《周易因指》五卷。張汝霖。

**黄虞稷《千頃堂書目・易類》** 張汝霖《周易因指》五卷。一作八卷。

**《明史・藝文志・易類》** 張汝霖《周易因指》八卷。

**吴焯《繡谷亭熏習録・經部》** 《易經澹窩因指》八卷。明張汝霖字雨若著。山陰人，萬曆乙未進士，江西布政司參議。有自序。浙江左布政使平陵史繼辰序以付梓，太常寺少卿山陰朱敬循後序。其書名以「澹窩因指」者，蓋參議讀書龍山之澹窩，取《圓覺經》「因指見月」之語也。

《四庫提要・易類存目二》　《易經澹窩因指》八卷。安徽巡撫採進本。明張汝霖撰。汝霖，字明若，山陰人。萬曆乙未進士，官至江西布政司參議。其書隨文訓釋，蓋專爲科舉制藝而作。

## 易經翼註

《明史・藝文志・易類》　湯賓尹《易經翼註》四卷。

## 周易古象通

徐𤊹《徐氏家藏書目・易類》　《周易古象通》八卷。魏濬。

黃虞稷《千頃堂書目・易類》　魏濬《周易古象易通》八卷。

《明史・藝文志・易類》　魏濬《周易古象通》八卷。

吳焯《繡谷亭熏習録・經部》　《易義古象》八卷。明魏濬著。《福建通志》：「濬，字禹欽，松溪人。萬曆甲辰進士，出爲湖廣按察使。時黔蜀交訌，苗蠻礦徒表裏爲患。濬論以德意，礦徒解散，焚其巢千七百餘所。累官都察院右僉都御史，巡撫湖廣。病卒，年七十二。」卷端無序。有《明象論》八篇：一《原古象》，二《理傳象》，三《卦正象》，四《六爻象》，五《卦爻畫》，六《卦變》，七《互體》，八《反對動爻》，經術以經世務，禹欽可云無愧矣。《經義考》作「字蒼水」，《明詩綜》作「字禹欽」，蒼水豈其號歟？

《四庫提要・易類五》　《易義古象通》八卷。浙江巡撫採進本。明魏濬撰。濬，字蒼水，松溪人。萬曆甲辰進士，官至右僉都御史，巡撫湖廣。是書前有《明象總論》八篇，一曰《原古象》，二曰《理傳象》，三曰《八卦正象》，四曰《六爻位》，五曰《卦爻畫》，六曰《卦變》，七曰《互體》，八曰《反對動爻》。大旨謂文、周之《易》即象著理，孔子之《易》以理明象。又於漢、魏、晉、唐諸人所論象義，取其近正者，故名《古象通》。而冠以「易義」言，即象以通義也。朱彜尊《經義考》改曰《周易古象通》，則與濬名書之意不合矣。明自萬曆以後經學彌荒，篤實者局於文句，無所發明；高明者騖於玄虛，流爲恣肆。濬獨能博考舊文，兼存古義，在爾時說《易》之家，譬以不食之碩果，殆庶幾焉。

## 易圖說億言

《明史・藝文志・易類》　顧允成《易圖說億言》四卷。

嵇璜等《續通志・圖譜略・易》　顧允成《易圖說臆言》。

## 廣易通

吳焯《繡谷亭熏習録・經部》　《廣易通》二卷。明瓊山許子偉宗一撰。《廣東通志》：萬曆丙戌進士，授行人，擢給事中。抗顏諫諍，以劾權貴，忤旨，謫銅仁經歷，遂歸養母。內使開採，派瓊珠以萬計，子偉力言得減其數。中外疏薦未報，卒。所著《廣易通》二卷，知儋州趙存豫授梓并序，又萬曆壬寅、鄒元標序。其自序稱：「《廣易通》者，廣濂溪子之《易通》也」。又云：「《廣易通》成，小泊梁山，夜夢長頂壽星。初見天門劃開，帷帳環啓，五老序列，懽祝有聲，因作詩紀其事附集後。」子偉生丘文莊、海忠介之鄉，而以直聲著聞。放逐之後，潛心《易》學，則彰往察來，微顯闡幽，以通神明之德，其言殆不誣也。

## 大易牀頭私録

黃虞稷《千頃堂書目・易類》　董懋策《大易牀頭私録》。字揆仲，玘曾孫，人稱日鑄先生。

## 易經辨疑

**《四庫提要・易類存目三》** 《易經辨疑》七卷。浙江巡撫採進本。國朝張問達撰。問達，字天民，江都人。前有康熙己未廣平冀如錫序，稱其得力於陽明良知之學，故其書黜數崇理；而談理一歸之心，力掃卜筮之説。未免主持太過。問達自序，首推王弼，又引王守仁「箇箇人心有仲尼」及「求諸我心之是」諸語，是即陸九淵「六經注我」之説也，宜有取於弼之虚無矣。

## 周易古本

**黄虞稷《千頃堂書目・易類》** 羅大紘《周易古本》一卷。字匡湖，吉水人。萬曆丙戌進士，官禮部給事中，以建言謫潮陽典。

## 周易繹旨

**黄虞稷《千頃堂書目・易類》** 吴炯《周易繹旨》七卷。字懷野，華亭人。萬曆三十二年甲辰序。

**《明史・藝文志・易類》** 吴炯《周易繹旨》八卷。

## 周易劄記

**《四庫提要・易類五》** 《周易劄記》三卷。山東巡撫採進本。明逯中立撰。中立，字與權，號確齋，聊城人。萬曆己丑進士，由行人擢給事中，以建言貶陝西按察使司知事。事蹟具《明史》本傳。是書《明史・藝文志》不著録，朱彝尊《經義考》亦不載。蓋當時編次無法，與其《兩垣奏議》合爲一書，故録經解者無自而著其名也。其書首爲《啓蒙集略》，次分上經爲一卷，下經爲一卷，《繫辭》以下爲一卷。不載經文，但標卦名篇名。隨筆記録，采之諸家者爲多。其以己意論著者僅十之四五。然去取頗爲精審，大旨以義理爲主，不失純正。至《中孚》、《復》、《姤》諸卦，亦參用《易緯》卦氣起《中孚》及一卦値六日七分之説。蓋平心論義，不立門戸之見者也。

## 學易飲河

**《明史・藝文志・易類》** 張納陛《學易飲河》八卷。

**《四庫提要・易類存目二》** 《學易飲河》八卷。兩淮馬裕家藏本。明張納陛撰。納陛，字以登，宜興人。萬曆己丑進士，官禮部主事。事蹟附見《明史・顧允成傳》。納陛以爭竝封去官，乃閉門注《易》。其書惟解上下經，每卦皆注互體，而不甚發互體之義。如解「亢龍有悔」，謂「處亢之時，不得不亢，不得不悔，何病乎龍」，則取鄒德溥之説。解「龍戰於野」，謂「戰者，懼也，栗也。非與陽爭戰，乃疑於陽而自爲戰懼也」，則取唐鶴徵之説。皆苟務趨新，乖違古義。又刪除上、下經之名，以《咸》、《恒》二卦移附《坎》、《離》二卦之末，尤竄亂舊次，割裂聖文。至六十四卦，惟《否》與《未濟》二卦置而不註。蓋納陛丁明末造，以《否》爲亂世，《未濟》爲窮時，託不言以寓其慨也。前有錢一本序，其詞頗譎，大抵不得志而著書之意。則是書不必盡以經義核矣。

## 鵝湖讀易

**黄虞稷《千頃堂書目・易類》** 笪繼良《鵝湖讀易》十二卷。繼良爲工部郎，董北湖哭魏大中歸櫬，坐東林邪黨削籍。身遭黨錮，故于《剝》、《復》、《遯》、《臨》三致意焉。

## 周易翼義

**黃虞稷《千頃堂書目・易類》** 童品《周易翼義》。

## 周易蒙訓

**黃虞稷《千頃堂書目・易類》** 楊惟相《周易蒙訓》。字無技，豐城人。萬曆甲午舉人，刑部員外郎。

## 周易家訓

**黃虞稷《千頃堂書目・易類》** 熊尙文《周易家訓》。豐城人。萬曆乙未進士，刑部右侍郎。

## 讀易夢覺

**黃虞稷《千頃堂書目・易類》** 史記事《讀易夢覺》九卷。字義伯，渭南人。萬曆二十三年乙未進士，光祿寺少卿。

## 易說

**《明史・藝文志・易類》** 岳元聲《易說》三卷。

## 周易正解

**黃虞稷《千頃堂書目・易類》** 郝敬《周易正解》二十卷。又《易領》四卷。又《問易補》七卷。又《學易支言》四卷。字仲輿，京山人。萬曆己丑進士，□科給事中。

**《明史・藝文志・易類》** 郝敬《周易正解》二十卷。

**《四庫提要・易類存目二》** 《周易正解》二十卷。浙江吳玉墀家藏本。明郝敬撰。敬，字仲輿，京山人。萬曆己丑進士，歷官縉雲、永嘉二縣知縣，擢禮科給事中，遷戶科，尋謫宜興縣丞，終於江陰縣知縣。《明史・文苑傳》附見《李維楨傳》末。所著有《九經解》，此即其一。用王弼註本。凡上下經十七卷，其說較詳。《繫辭》以下僅三卷，則少略焉。大旨以義理爲主，而亦兼及於象。其言理，多以《十翼》之說印正卦爻；其言象，亦頗簡易。然好恃其聰明，臆爲創論。如釋《蠱》卦爲武王之事，而以先甲、後甲爲取象甲子昧爽。其他亦多實以文、武之事。蓋本「作《易》者其有憂患」一語而演之，遂橫生穿鑿。其所著經解，大抵均坐此弊也。

## 易領

**黃虞稷《千頃堂書目・易類》** 郝敬《易領》四卷。

**《明史・藝文志・易類》** 郝敬《易領》四卷。

**《四庫提要・易類存目二》** 《易領》四卷。浙江鄭大節家藏本。明郝敬撰。是書專釋卦序之義。自序謂「冠以《序卦傳》，如衣之絜領，故以『領』名」。卷前標「《山草堂集》第二內編」，蓋敬所著《九經解》皆編入文集，此其集中之第二種耳。

## 問易補

**黃虞稷《千頃堂書目・易類》** 郝敬《問易補》七卷。

**《明史・藝文志・易類》** 郝敬《問易補》七卷。

## 學易支言

**黃虞稷《千頃堂書目・易類》** 郝敬《學易支言》四卷。

**《明史・藝文志・易類》** 郝敬《學易枝言》二卷。

## 易蠡

**《明史・藝文志・易類》** 薛三省《易蠡》二卷。

## 易意

**黃虞稷《千頃堂書目・易類》** 方大鎮《易意》四卷。

## 周易會通

**《明史・藝文志・易類》** 繆昌期《周易會通》十二卷。

## 易簡說

**黃虞稷《千頃堂書目・易類》** 高攀龍《易簡說》三卷。又《周易孔義》三卷。

**《明史・藝文志・易類五》** 高攀龍《大易易簡說》三卷。

**《四庫提要・易類五》** 《周易易簡說》三卷。江蘇巡撫採進本。明高攀龍撰。攀龍，字雲從，無錫人。萬曆己丑進士，官至左都御史，贈太子少保兵部尚書。謚忠憲。事蹟具《明史》本傳。是書詮解《易》義，每條不過數言。自序云：「其知易知，其能簡能，易簡而天下之理得。」又曰：「五經注於後儒，《易》注於夫子，說《易》者明夫子之言而《易》明矣。」是其著書大旨也。攀龍之學，出入朱、陸之閒，故以心言《易》。然其說曰「天下有非《易》之心，而無非心之《易》。是故貴於學也。學也者，知非《易》則非心，非心則非《易》。《易》則吉，非《易》則凶悔吝」云云，則其說主於學《易》以檢心，非如楊簡、王宗傳等引《易》以歸心學，引心學以歸禪學，務屛棄象數，離絕事物，遁於恍惚窅冥，以爲不傳之祕也。是固不得謂以心言《易》爲攀龍之失矣。

## 周易孔義

**黃虞稷《千頃堂書目・易類》** 高攀龍《周易孔義》三卷。

**《明史・藝文志・易類》** 高攀龍《周易孔義》一卷。

## 易總

**徐𤊹《徐氏家藏書目・易類》** 《易總》一卷。楊廷筠。

**黃虞稷《千頃堂書目・易類》** 楊廷筠《易總》一卷。

## 易顯

**黄虞稷《千頃堂書目・易類》**　楊庭筠《易顯》六卷。又《易總》一卷。字淇園，杭州人。

**《明史・藝文志・易類》**　楊廷筠《易顯》六卷。

## 玩易微言摘鈔

**《四庫提要・易類存目二》**　《玩易微言摘鈔》六卷。浙江巡撫採進本。明楊廷筠撰。廷筠，字仲堅，錢塘人，萬曆壬辰進士。是編采諸家説《易》之言，彙集成帙，故曰「摘鈔」。首卷載《論易大旨》十餘條，亦皆徵引前人論説，未嘗自立一義。蓋仿李鼎祚《集解》之例。而鼎祚所采，多漢以來不傳之佚文，足資考證。廷筠此書，特撮録近代講義而已。

## 徐氏周易通解

**徐𤊹《徐氏家藏書目・易類》**　《徐氏周易通解》八卷。先大令著。

## 易象管窺

**徐𤊹《徐氏家藏書目・易類》**　《易象管窺》十五卷。嘉禾黄正憲。

**黄虞稷《千頃堂書目・易類》**　黄正憲《周易管見》十五卷。字仲容，秀水人。萬曆二十四年丙申序。

**《明史・藝文志・易類》**　黄正憲《易象管窺》十五卷。

**《四庫提要・易類存目二》**　《易象管窺》十五卷。浙江巡撫採進本。明黄正憲撰。正憲，字懋容，秀水人。與其兄少詹事洪憲皆喜談《易》。洪憲有《周易集説》三卷，今未見傳本，惟正憲此書存。所用乃王弼之本，所注專主於義理。前有《膚見》七條，即其凡例也。正憲自記稱：「是書始於乙未，成於壬寅，凡六易稿。每早起則讀《金剛經》，終朝則讀《周易》。」且以西方、北方聖人竝言，則其書概可知矣。

## 周易説統

**徐𤊹《徐氏家藏書目・易類》**　《周易説統》□卷。

**黄虞稷《千頃堂書目・易類》**　張振淵《周易説統》十二卷。仁和人。

**吴焯《繡谷亭熏習録・經部》**　石鏡山房《周易説統》二十五卷。仁和張振淵彦陵著，子懋忠、師拭，孫競光等校。振淵明萬曆中貢生，讀書石鏡山房，終歲不歸。事父母内行淳篤。徐剛振曰：「俞叔純《周易讀》，近仁和張氏振淵輯《説統》，頗采用其説。余家舊藏《説統》總十二卷。」兹據子師拭跋云：「經統業已布之四方矣，辛酉火龍煽虐盡燔焉。竊與伯兄議，益以諸子百家删者什之四，增訂者什之六。」則剛振所見者，當是彦陵原本，而非師拭兄弟續廣之書也。別有《四書説統》三十七卷。懋忠，崇禎甲戌進士，禮部郎中。師拭，天啓舉人，袁州守。競光老而能詩，著有《寵壽堂集》。

**《四庫提要・易類存目二》**　《周易説統》十二卷。浙江巡撫採進本。明張振淵撰。振淵，字彦陵，仁和人。是編大旨宗程、朱《傳》、《義》，凡諸儒説理可互證者，亦旁采竝存，標爲四例。其與《本義》相左而理有闡發者，曰「附異」；其互有異同與《傳》、《義》相發明者，曰「附參」；其出自獨見者，曰「附別」；其可以觸類旁通者，曰「附餘」。凡所援引，各標姓氏，閒或附以己意，則以彦陵氏別之。

## 澹然齋易測

**黃虞稷《千頃堂書目・易類》** 張惟樞《澹然齋易測》十二卷。字子環，晉江人。萬曆戊戌進士，工部左侍郎。

## 易學管見

**黃虞稷《千頃堂書目・易類》** 洪啓初《易學管見》六冊。晉江人。

**《四庫提要・易類存目二》** 《易學管見》。無卷數。浙江吳玉墀家藏本。明洪啓初撰。啓初，字爾還，南安人。萬曆癸丑進士，官兵部主事。是書用《注疏》本，大抵訓詁之恒言。至於《繫辭》、《說卦》每章之首，皆標首句爲章句，亦非古式也。

## 周易存言

**黃虞稷《千頃堂書目・易類》** 楊士顯《周易存言》八卷。字用晦，奉先人。萬曆二十八年庚子序。

## 易説

**黃虞稷《千頃堂書目・易類》** 徐即登《易說》九卷。字德峻，別號匡嶽，豐城人，李材弟子。萬曆癸未進士，河南按察使司。

## 周易鐵笛子

**《四庫提要・易類存目二》** 《周易鐵笛子》一卷。兩江總督採進本。明耿橘撰。橘，字庭懷，獻縣人。萬曆甲午舉人，官至監察御史。是書每卦畫六爻，而繫爻辭於畫下，又取反對之卦爻辭倒書之，自謂「古易」。蓋據稅與權之本。其於《十翼》則取《文言》「乾，元者」以下六十六字，「坤，至柔」以下三十四字，謂當入《彖》。取《文言》「潛龍勿用下也」以下一百七字，謂當入《象》。又分《繫辭傳》爲上、中、下三段，則皆無據之說也。

## 易疑

**《明史・藝文志・易類》** 樊良樞《易疑》一卷。

## 易象

**黃虞稷《千頃堂書目・易類》** 樊良樞《易象》二卷。字尚默，豫章人。天啓甲子朱謀㙔序。

**《明史・藝文志・易類》** 樊良樞《易象》二卷。

## 孔易彀

**徐𤊹《徐氏家藏書目・易類》** 《孔易彀》一卷。陳履祥。

**黃虞稷《千頃堂書目・易類》** 陳履祥《孔易彀》一卷。

**《明史・藝文志・易類》** 陳履祥《孔易彀》一卷。

## 松蔭堂學易

**《四庫提要・易類存目二》** 《松蔭堂學易》六卷。内府藏本。明賈必選撰。必選，字直生，上元人。萬曆己酉舉人，官戶部主事。以辯倪嘉慶冤謫外，旋陞南京工部郎中。其解《易》以數爲本，於《河圖》、《洛書》之異同，先天、後天之分別，上經、下經之反對，皆發明邵子之説。

## 易略

**黄虞稷《千頃堂書目・易類》** 陸夢龍《易略》三卷。字景鄴，會稽人。萬曆庚戌進士，備兵固原。崇禎七年死寇難，贈太僕寺卿，謚忠烈。

**《明史・藝文志・易類》** 陸夢龍《易略》三卷。

**《四庫提要・易類存目二》** 《易略》三卷。兩江總督採進本。明陸夢龍撰。夢龍，字君啓，會稽人。萬曆庚戌進士，官至山東按察司副使，調陝西，進布政司參政，分守固原。以奮擊土寇戰殁，贈太僕寺卿。事蹟附見《明史・張問達傳》。是書隨筆標識，不載經文，頗融會宋儒之説，而參以史事。大抵亦推尋文句之學，惟不取《河圖》、《洛書》之説，則頗有卓見。

## 邵窩易詁

**《明史・藝文志・易類》** 文翔鳳《邵窩易詁》一卷。

## 易筌

**黄虞稷《千頃堂書目・易類》** 王述古《易筌》。字信南，號鍾嵩，禹州人。萬曆己丑進士，官常州知府，遷山西按察副使，進布政司。

**吴焯《繡谷亭熏習録・經部》** 《易筌》王述古著。《經義考》：述古，字信甫，號鍾嵩，禹州人。萬曆丁丑進士，官常州知府，遷山西按察副使，進布政。

## 大成易旨

**《明史・藝文志・易類》** 崔師訓《大成易旨》二卷。

## 易學全書

**黄虞稷《千頃堂書目・易類》** 卓爾康《易學全書》五十卷。字去病，仁和人。萬曆壬子舉人，以工部郎中左遷常州檢校，升大同府推官。

**《明史・藝文志・易類》** 卓爾康《易學全書》五十卷。

**《四庫提要・易類存目二》** 《易學殘本》十二卷。浙江巡撫採進本。明卓爾康撰。爾康，字去病，仁和人。萬曆壬子舉人，官至工部屯田司郎中，謫常州府檢校，後終於兩淮鹽運通判。據《明史・藝文志》載，爾康《易學》五十卷。此本僅《存圖》一卷、《圖説》六卷，及《説卦傳》二卷、《序卦傳》二卷、《雜卦傳》一卷。每卷首但有「卷之」二字，而空其數，蓋刻刊未竟之本也。其大旨附會《河》、《洛》，推演奇偶，紛紜轇轕，展卷如曆家之數表。所謂聖人因象示教之本旨，渺不知其所在。以此爲作《易》之奥，則老算博士人人皆妙契先天矣。其首列爲起數之根者，有《古河圖》、《古洛書》，陳希夷《龍圖别傳》、《古河圖》、《今河圖》、《古洛書》、《今洛書》。豈龍馬所負一圖，而有此四本，神龜所呈一書，而有此兩本耶？抑後人以意造作也？爲書如是，其完也不足貴，其闕也亦不足惜矣。

**吴壽暘《拜經樓藏書題跋記》** 《易學全書》，明卓爾康著，五十卷。見《千頃堂書目》。爾康，字去病，仁和人，以工部郎中左遷常州檢校，陞大同推官。《明史》有傳。

## 讀易内篇　問篇　外篇

**《明史・藝文志・易類》**　羅喻義《讀易内篇》、《問篇》、《外篇》共七卷。

## 易大象測

**黄虞稷《千頃堂書目・易類》**　萬尚烈《易大象測》一卷。又《易贊測》二卷。

**《明史・藝文志・易類》**　萬尚烈《易大象測》一卷。

## 易贊測

**徐𤊹《徐氏家藏書目・易類》**　《易贊測》三卷。萬尚烈。

**黄虞稷《千頃堂書目・易類》**　萬尚烈《易贊測》二卷。

**《明史・藝文志・易類》**　萬尚烈《易贊測》一卷。

## 羲經十一翼

**黄虞稷《千頃堂書目・易類》**　傅文兆《羲經十一翼》六卷。其書爲《古周易》二卷、《觀象篇》一卷、《觀變篇》一卷、《玩辭篇》一卷、《玩占篇》一卷。文兆，金谿人，以孔子《傳》爲《十翼》，而己又翼孔子，故謂之《十一翼》。謂爻辭爲文王所作，與周公無涉。

**《明史・藝文志・易類》**　傅文兆《羲經十一翼》五卷。

**《四庫提要・易類存目一》**　《羲經十一翼》二卷。浙江巡撫採進本。明傅文兆撰。文兆，金谿人。其書凡分五篇：《上古易》第一，《觀象篇》第二，《玩詞篇》第三，《觀變篇》第四，《觀占篇》第五。其論爻辭，以爲文王所作。其大旨專主圖書象數之學。其稱「十一翼」者，蓋以孔子傳《易》爲「十翼」，而己又翼孔子，故曰「十一」也。核其名稱，殊爲僭妄。《明史・藝文志》載此書五卷，《經義考》亦注曰「存」。此本僅有《上古易》一卷、《觀象篇》一卷，其《玩辭》、《觀變》、《觀占》三卷竝闕，其近時始佚歟？

## 觀象編

**徐𤊹《徐氏家藏書目・易類》**　《觀象編》一卷。傅文兆。

**黄虞稷《千頃堂書目・易類》**　傅文兆《觀象篇》一卷。

## 觀變編

**徐𤊹《徐氏家藏書目・易類》**　《觀變編》一卷。傅文兆。

**黄虞稷《千頃堂書目・易類》**　傅文兆《觀變篇》一卷。

## 玩占編

**徐𤊹《徐氏家藏書目・易類》**　《玩占編》一卷。傅文兆。

**黄虞稷《千頃堂書目・易類》**　傅文兆《玩占篇》一卷。

## 玩辭編

**徐𤊹《徐氏家藏書目・易類》**　《玩辭編》一卷。傅文兆。

黃虞稷《千頃堂書目・易類》 傅文兆《玩辭篇》一卷。

## 古周易

徐𤊹《徐氏家藏書目・易類》 《古周易》二卷。傅文兆定本。

黃虞稷《千頃堂書目・易類》 傅文兆《古周易》二卷。

## 易辭射覆

徐𤊹《徐氏家藏書目・易類》 《易辭射覆》一卷。江夏賀時泰。

## 易質疑

徐𤊹《徐氏家藏書目・易類》 《易質疑》一卷。晉江莊洤。

## 周易像象述

黃虞稷《千頃堂書目・易類》 吳桂森《周易像象述》五卷。無錫人。述錢一本之學。

《明史・藝文志・易類》 吳桂森《像象述》五卷。

《四庫提要・易類五》 《周易像象述》五卷。浙江吳玉墀家藏本。明吳桂森撰。桂森，字叔美，無錫人，萬曆丙辰歲貢生。嘗從顧憲成、高攀龍講學東林，又從武進錢一本學《易》。一本嘗著《像象管見》諸書，桂森本其意而推闡之，以成是書。名曰《像象述》，明師承也。經文用《注疏》之本，惟刪其卦首六畫。卷首列《像象金鍼》一篇，標舉大旨。卷中所注皆一字一句，究尋義理，頗有新意可參。據桂森自序，是書成於天啓乙丑，其上方朱字評語，稱「景逸高先生批」者，高攀龍筆。稱「錢師批」者，錢一本筆也。考攀龍以天啓丙寅家居時聞逮自裁，乙丑在前一年，當猶及見。一本在萬曆中爲御史，建言黜死。天啓辛酉已追贈太僕寺少卿，不應及見此書。蓋桂森以萬曆丁巳從一本於龜山，此書業已屬草，自序所謂「閒有所述以呈先生，先生爲面訂之，惜未及半而先生曳杖」是也。然則桂森是書，具有淵源，非師心自用者矣。

## 周易象注

《明史・藝文志・易類》 王三善《周易象注》九卷。

## 周易明洛義纂述

黃虞稷《千頃堂書目・易類》 孫愼行《周易明洛義纂述》六卷。《明洛義》二卷、《二義》二卷、《三義》一卷。始於萬曆癸丑，成於天啓丁卯。

《明史・藝文志・易類》 孫愼行《周易明洛義纂述》六卷。

## 周易古本

黃虞稷《千頃堂書目・易類》 孫愼行《周易古本》一册。

## 不語易義

《明史・藝文志・易類》 孫愼行《不語易義》二卷。

## 大易玉匙

**《明史・藝文志・易類》**　葉憲祖《大易玉匙》六卷。

## 易旁通

**徐𤊹《徐氏家藏書目・易類》**　《易旁通》一卷。徐𤊹。附《筆精》內。

**錢謙益等《絳雲樓書目・易類》**　徐𤊹《易旁通》一冊。

**黃虞稷《千頃堂書目・易類》**　徐𤊹《易旁通》一卷。

**吳焯《繡谷亭熏習録・經部》**　《易通》一卷。明徐𤊹著。《福建通志》：𤊹，字惟起，一字興公，閩縣布衣，與兄孝廉熥俱擅才名。神宗時與曹學佺同主閩中詩壇，著有《徐氏筆精》等書。按，《易通》爲《筆精》首卷，黃居中、邵捷春序。《千頃堂書目》、《經義考》俱作《易旁通》，似誤。

## 周易古本

**黃虞稷《千頃堂書目・易類》**　華兆登《周易古本》一冊。無錫人。

**吳焯《繡谷亭熏習録・經部》**　《周易古本》。明無錫華兆登若時編。前有萬曆庚申晉陵孫愼行序，後有萬曆四十七年自著《古本辨》，又《記疑》六條。按，古《易》變自漢費長翁以《彖》、《象》、《繫辭》、《文言》解説上、下經，經則將《彖辭》、《爻辭》逐一卦類聚；而彖、爻合；傳則將《象傳》、《彖傳》、《爻傳》逐一卦類聚，而象、彖、爻三傳合。至康成止存卦畫。削去六爻之畫，混以《爻辭》，連綴《彖辭》之後，而爻畫亡，則非費之彖、爻附合，猶卦畫、爻畫並存也。移《象傳》上下體於卦畫之下，移《爻傳》自初九至上九六爻位之文於《爻辭》之上，又裂象、彖、爻三傳逐卦分附於經，而傳與經合，則非費之逐卦類聚，猶經與經相附、傳與傳相附也。此再變也。然鄭雖經、傳附合，猶《爻辭》自《爻辭》，《爻傳》自《爻傳》。至輔嗣裂《爻傳》，逐爻分附于《爻辭》，各加「象曰」，謂之「小象」，而《爻辭》與《爻傳》合。此又變也。此説始于王氏應麟，而錢氏一本又加辨焉。又按《古易》十二卷，見于《漢・藝文志》，隋、唐《志》皆無其目。至宋儒始復古《易》，請得而數之。考《宋志》有王洙原叔《古易》十二卷。陳振孫曰：「《古易》出王原叔家。上、下經惟載《爻辭》，外《卦辭》一、《彖辭》二、《大象》三、《小象》四、《文言》五、上《繫》六、下《繫》七、《説卦》八、《序卦》九、《雜卦》十。」胡雙湖以爲《古易》之復始于汲公者，非也。又邵堯夫《古易》八卷。邵博曰：「《卦爻》一、《彖》二、《象》三、《文言》四、《繫辭》五、《説卦》六、《序卦》七、《雜卦》八，即百源《易》也。」董季眞以爲景迂生本與之同。又呂微仲《古易》自序云：「凡經二篇，《彖》、《象》、《繫辭》各二篇，《文言》、《説卦》、《序卦》、《雜卦》各一篇，總一十有二篇。」雙湖以爲呂伯恭本與之同。又晁以道録《古周易》八卷。按以道自序所分卷帙，誠與康節本同。晦翁以爲晁氏、呂氏大同小異，互有得失。又薛季萱士龍有《古文周易》十二卷。自序曰：「《古易經》二篇，《彖》、《象》、《文言》、《繫辭》、《説卦》、《序卦》、《雜卦》總十卷，以參較別異同，定著十二篇。」又程迥可久有《古易考》一卷。胡雙湖曰：「康節《百源易》、《古易》，沙隨蓋本諸此，而篇次與二呂氏合，只以《文言》在《繫辭》之前爲不同耳。」又李燾仁父有《周易古經》八篇。自序云：「微仲始釐析輔嗣篇第，定爲十有二，刻置成都學宮。句讀初無增損，景迂生輯諸異同，或斷以己意，有增有減，篇第則倣費長翁。未解輔嗣未注以前舊本，并十二爲八。」又云：「呂氏于《卦》、《爻》、《彖》、《繫辭》並分上下，自《咸》以後爲下《經》，下《彖》、下《象》，自『八卦成列』以後爲下《繫》，而《文言》次下《繫》。晁氏俱不分上下，更以《文言》先《繫辭》，餘同呂氏。今八篇次第從晁氏，總名《周易古經》從呂氏。」又呂伯恭《古易》一卷。自序云：「近世嵩山晁氏編《古周易》，將以復于舊。而其刊補離合之際，覽者或以爲未安，謹因晁氏書，參考傳記，復定爲十二篇。篇目、卷帙一以古爲斷。其説具于音訓」云。陳振孫以爲與呂微仲本同，音訓則其門人王莘叟筆受者也。又《朱子本義》十二卷。董季眞曰：「上下經二篇，《十翼》十篇，凡分經異傳盡從東萊呂氏所定。非但取其章句之近，至若正文，亦多從《古易》。《繫辭》諸篇，分章亦不盡從呂氏也。」他若已成書缺而不全者，則有洪興祖《古易考義》十卷、周燔《九江易傳》、吳仁傑《古周易》十二卷、王應麟《古易考》、稅與權《較正古易》十二卷。按兆登辨曰：「宋儒治《易》，稱復古者如呂氏微仲、晁氏以道、程氏沙隨、呂氏東萊、朱子晦翁凡五家，何見之不廣耶？至云考其經傳篇目次第，于費本，雖辨其彖、傳之附合，而經中彖、爻與傳中象、爻之合未辨也；于鄭本，雖辨經與傳之附合，而經中爻畫之亡，及傳中上下體與初九至上九六爻位之移置未辨也；于王本，辨其爻辭與爻傳之附合，而加立『小象』之名未辨也。則經傳之文仍自混合，實祖長翁、康成本，非古本也。今雙湖《周易翼傳》載費氏《易》止載一《乾卦》爲全經之例，此志變經之始也。爰得推復《周易》古本，不敢一毫附合增減其間，但就費本類聚者分之、分裂者合之，則鄭本之刪亡者復存、而移置者復正矣。經首六十四卦繫彖辭，次三百八十四爻繫爻辭；傳首《象傳》，次《彖傳》，次《爻傳》，次《文言傳》，次《繫辭傳》，次《說卦傳》，次《序卦傳》，次《雜卦傳》。」據所辨，亦小有異于古人處。然一云「祖長翁本非古」，一云就「費本分之合之」，何其自相糾駁耶？且《古易》失傳，自漢末至明季千有五百年，中經宋儒考訂，雖小有得失，總之不離古文者近是。其有知其非而不更定者，如輔嗣加立「小象」之名，宋儒何嘗不論，特以事隔千載未可臆斷。此宋儒之善于闕疑也。今兆登之意若概不足信，而欲以己說信天下後世，不亦難乎？

**《四庫提要·易類存目二》** 《周易古本》一卷。浙江鮑士恭家藏本。明華兆登編。兆登，無錫人。是書成於萬曆中。分《文王卦辭》上、下，《周公爻辭》上、下，爲四篇。以孔子《象傳》、《彖傳》、《爻傳》、《文言》、《繫辭》、《說卦》、《序卦》、《雜卦》爲八篇，以合十二篇之數。其所謂《象傳》即今《大象》，《爻傳》即今《小象》也。附《古本辯》一篇，記疑六條，皆自述更定編次之意。案《周易》十二篇見於《漢書·藝文志》，其十二篇之次第不可知。顏師古注曰：「上、下經及《十翼》，故十二篇。」孔穎達《周易正義》曰：「《十翼》謂《上彖》、《下彖》、《上象》、《下象》、《上繫》、《下繫》、《文言》、《說卦》、《序卦》、《雜卦》。」自宋以來，復古《易》者甚多，皆各有更定，彼此互異。然未有以《卦辭》、《爻辭》分篇者。兆登據馬融、陸績之說以爲《爻辭》周公作，故應與文王異卷。究爲單辭孤證，《經》、《傳》別無明文。且孔子明言二篇之策，今以上、下經爲四篇，亦無證據。至六爻有爻畫，見於吳仁傑之費氏《古易》，朱子已譏其重複。今用爻畫而刪初九、初六之文，則孔子傳內稱九六者何所自昉，豈孔子所見尚非古本乎？名爲復古，實則臆說而已矣。

## 周易宗義

**徐𤊹《徐氏家藏書目·易類》** 《周易宗義》□卷。程汝繼。

**黃虞稷《千頃堂書目·易類》** 程汝繼《周易宗義》十二卷。字志初，婺源人。萬曆辛丑進士，江西袁州知府。

**《明史·藝文志·易類》** 程汝繼《周易宗義》十二卷。

**吳焯《繡谷亭熏習録·經部》** 《周易宗義》十二卷。明程汝繼敬承著。婺源人，萬曆辛丑進士，官袁州知府。卷首有萬曆己酉朱之蕃、汪懷德序，又門人錢時、姚星吳序。其說專宗《朱子本義》，故名「宗義」云。按敬承初宰餘杭日，進士民講明孝弟廉讓之理，一時民風淳正。卒於袁州任所，一棺之外無餘貲。所著《周易宗義》當居喪伏柩旁，忘寢食而屬稿者三年。自後博稽古今之說，有當於《易》者咸採擇之。

**《四庫提要·易類存目二》** 《周易宗義》十二卷。浙江吳玉墀家藏本。明程汝繼撰。汝繼，字志初，朱之蕃序又稱其字曰「敬承」，蓋有二字也。婺源人。萬曆辛丑進士，官至袁州府知府。是書前有自述《凡例》云：「以朱子《本義》爲宗，故名曰『宗義』。」然亦往往與朱子異。朱之蕃序稱：「萬曆辛卯遇汝繼於天界禪林，方以《易》學應制舉。」又稱：「比擢南曹，乃得乘其政暇，羅列諸家之說。不泥古，不執今，句櫛字比，必求其可安於吾心，以契諸人心之所共安，而後録之。」蓋其初本從舉業而入，後乃以意推求，稍參別見，非能元元本本究《易》學之根柢者，故終不出講章門徑云。

# 周易旁注會通

**黄虞稷《千頃堂書目・易類》** 姚文蔚《周易旁注會通》十四卷。字元素，杭州人。萬曆丁巳序。

**《明史・藝文志・易類》** 姚文蔚《周易旁注會通》十四卷。

**吴焯《繡谷亭熏習録・經部》** 《周易旁注會通》十四卷。明姚文蔚元素輯。錢塘人，號養谷，又號廓然居士。有萬曆戊午烏程沈潅序、萬曆丁巳自序。按休寧朱升遊陳櫟、黄澤之門，至正中以鄉進士授池州學政，學者多從問業，稱楓林先生。升諸經皆有旁註，而《易》有前圖，文蔚以其書易古經爲今經，易旁行而直下，不增不損，取便於讀。然楓林《旁註》從考亭之《本義》，是古經也，而文蔚易以今經，此何異《永樂大全》以《本義》從程《傳》乎？豈楓林作書之本意哉？文蔚萬曆壬辰進士，仕至南太僕寺卿，烏程同年友也。

**《四庫提要・易類存目二》** 《周易旁注會通》十四卷。浙江吴玉墀家藏本。明姚文蔚撰。文蔚，字養谷，錢塘人。萬曆壬辰進士，歷官南京太僕寺少卿。初，休寧朱升作《周易旁注》，用王弼本。後程應明更定，從朱子本。文蔚以經、傳相離，不便誦習，且旁注細字難讀，於是改爲此本。於原文一無增損，但《易旁註》爲直下，又仍取十二篇舊文列之於前。以其可以通今，題曰《會通》。蓋專爲諧俗訓蒙而設也。

# 易引

**《明史・藝文志・易類》** 方時化《易引》九卷。

**《四庫提要・易類存目二》** 《易引》九卷。江蘇周厚堉家藏本。明方時化撰。時化，字伯雨，歙縣人。萬曆甲午舉人，官至敘州府同知。時化傳其高祖社昌之《易》學，著書六種，其子龐彙輯合刊。此其第一種也，共一百有一篇。前後泛論《易》理，中則每卦爲一篇，兼及《繫辭》各章。大旨以佛經解《易》，根本已謬，其是非不待辨也。

# 周易頌

**《明史・藝文志・易類》** 方時化《周易頌》二卷。

**《四庫提要・易類存目二》** 《周易頌》二卷。江蘇周厚堉家藏本。明方時化撰。其《易》學之第二種也。上卷九十頌，下卷亦九十頌。前後泛言象數，中閒每卦爲一頌，亦有兩卦爲一頌者。其體格頗倣焦氏《易林》，要不脱佛家之宗旨。

# 學易述談

**《明史・藝文志・易類》** 方時化《學易述談》四卷。

**《四庫提要・易類存目二》** 《學易述談》四卷。江蘇周厚堉家藏本。明方時化撰。其子龐筆而誌之，故以「述談」爲名。其《易》學之第三種也。分《密義述》二十則，《名象述》十二則，《卦爻述》四十則，《凡例述》十二則。總以禪機爲主，故首卷之末有「佛家三乘」之説也。

# 易指要繹

**《四庫提要・易類存目二》** 《易指要繹》三卷。江蘇周厚堉家藏本。明方時化撰。初，時化高祖社昌嘗著《周易指要》五卷，至時化乃取而繹之。每段之下，凡稱「繹曰」者，皆時化之言。其《易》學之第四種也。

# 易疑

**《明史・藝文志・易類》** 方時化《易疑》一卷。

**《四庫提要・易類存目二》** 《易疑》四卷。江蘇周厚堉家藏本。明方時化撰。其《易》學之第五種也。首卷《密義疑》二十一則，二卷《名象疑》十二則，三卷《卦爻疑》三十六則，四卷《凡例疑》二十四則。所分四類，與《易學述談》相同，皆別無精義。

## 易通

**《四庫提要・易類存目二》** 《易通》一卷。江蘇周厚堉家藏本。明方時化撰。其《易》學之第六種也。多取《通書》、《正蒙》之言發明《易》理。案，《通書》一名《易通》，《正蒙》亦多詮解造化陰陽之妙，其理本自相貫。然一經時化之發揮，則儒言悉淆於異學。蓋其紕繆在宗旨之間，故不免貌同而心異也。

## 易用

**《四庫提要・易類五》** 《易用》五卷。福建巡撫採進本。明陳祖念撰。祖念，字修甫，連江人。陳第子也。第所著《毛詩古音考》、《屈宋古音義》，發明引證，一洗吳棫諸家之陋，於韻學爲大有功；而所作《伏羲圖贊》則支離穿鑿，一無可取。祖念學不及其父，而說《易》乃勝其父。其書不載經文，但於每卦詳論其義，《繫辭》諸傳則各標章目而詮釋之。其每卦之論，皆逐爻尋理，務以切於人事爲主，故名曰「用」。前有原序曰：「義理無窮，非言之所能盡。故傳注於漢，疏義於唐，議論於宋，日起而日變，而《易》之用則隨時隨事可以自察。是以君子居則觀象玩辭，動則觀變玩占，聖人所以言《易》者，如是而已。傳曰：『精義入神，以致用也。利用安身，以崇德也。』朱文公言：人能取《易》一卦若一爻熟讀而深玩之，推於事而反於身，則吉凶消長之理，進退存亡之道，無所求而不得，無所處而不當。此則致用、利用之義也」云云。其序後半佚脫，不知誰作。然一書大旨，具在於斯矣。每卦之末，率總論取象之義，多采互體之說。蓋其學於漢儒、宋儒無

所偏附云。

## 易芥

**黄虞稷《千頃堂書目・易類》** 陸振奇《易芬》五卷。杭州人，舉人。

**《明史・藝文志・易類》** 陸振奇《易芥》十卷。

**吴焯《繡谷亭熏習録・經部》** 《易芥》八卷。明陸振奇著。字庸成，仁和人，萬曆丙午舉人。鄭之惠序云：「庸成舉孝廉，未及上公車即世。所著《易芥》，其子昌允刻之，以序屬惠。世之言《易》者，逢掖進取業也，非理非象非數，大都餖飣五百字以倖一日之知，而《易》道衰。庸成故工逢掖而不爲逢掖言，言理言象言數，大都自會其說，不必古今有而投之無勿合也。」據鄭序，孝廉，故明人也。考《仁和縣志・選舉門》，萬曆丙午已列其名，注有傳；及閲其傳則入之《國朝文苑》且作康熙丙午，其自相矛盾如此。之惠，字孔肩，仁和人，副榜，官平樂知縣，著有《易臆》，惜未見。

**《四庫提要・易類存目二》** 《易芥》八卷。浙江吴玉墀家藏本。明陸振奇撰。振奇，字庸成，仁和人，萬曆丙午舉人。是書《經義考》作十卷，與此本不符，然所引鄭之惠說稱「陸庸成爲諸生時著《易芥》八卷」，與此本合。則十卷乃字之誤也。書中不載經文。其訓詁專主義理，每卦多論反對之意。其論「用九」，謂非六爻皆變，與《左傳》蔡墨所稱《乾》之《坤》者顯相乖刺，知其不以古義爲宗矣。

## 易臆

**《四庫提要・易類存目二》** 《易臆》三卷。浙江鮑士恭家藏本。明鄭圭撰。圭，字孔肩，錢塘人。是書成於萬曆庚戌。前二卷以六十四卦各爲一論，後一卷則於《繫辭》諸傳中標舉字義發明之。如論《乾卦》「閑邪存誠」云：「心者，人中龍也。其剛明不息，渾然乾也，著一物焉則不化，著一念焉則不神，所自邪也。邪識愈多，邪行愈妙，而赤子之心愈失，人道息矣。」

又云：「天運不已，以其無著；天體無著，以其純乾。」論《屯卦》云：「侯爲國主，心爲人主。心有主，心境自開朗；世界有主，世界自開朗。」論《蒙卦》云：「屯者混沌之世宜治也，蒙者混沌之心可教也。」論《離卦》云：「坎陽內，心學也；離陽外，治道也。」論《繫辭》「洗心藏密」云：「《易》有太極，聖有心極。」其言皆近於二氏。觀其《論精變神》一條，引楊簡「心之精神謂之聖」，則源出慈湖，概可見矣。其他亦多涉明季時事。如論《師卦》謂：「汲長孺與公孫宏其忠佞相去天淵。然汲恃忠，不能善道，故不相。世路通塞，雖得之有命，亦求之有道。」論《否》、《泰》二卦云：「非中行之臣不能包容小人，包容小人不得，如何消得小人。」論《大過卦》謂：「過而不過者，郭林宗、陳仲弓。以過濟過者，梁伯鸞、徐孺子。」論《遯卦》云：「舜、禹與四凶雜處堯朝，曾不見一毫同異之蹟，故所謂肥遯者，舜、禹是也。」持論皆不純粹，大抵有爲言之，亦非經之本旨也。

## 周易易簡編

**《明史・藝文志・易類》**　陸起龍《周易易簡編》四卷。

**《四庫提要・易類存目二》**　《周易易簡編》。無卷數。江蘇巡撫採進本。明陸起龍撰。起龍，字雲從，上海人。萬曆壬子舉人，官永寧縣知縣。是書自序謂：「采漢、唐宋、以來注疏暨家藏未刻本多至充棟，筆之成帙，猶病其賾而雜，遂歸根易簡，融會精理，彙而成編。」又謂其學「淵源所出在屠隆與歸有光」。有光篤志宋儒，隆則希蹤兩晉。二家學問，分道揚鑣。書中義理切實之處，當由宗法於歸，詞旨輕雋之處，當由漸染於屠矣。

## 周易演旨

**黄虞稷《千頃堂書目・易類》**　程玉潤《周易演旨》六十五卷。

**《明史・藝文志・易類》**　程玉潤《周易演旨》六十五卷。

## 易窺

**吴焯《繡谷亭熏習録・經部》**　《易窺》。明程玉潤鉉吉著。常熟人，萬曆癸丑進士，官易州知州，伊川先生裔也。淡于祿仕，潛心《易》學，取程氏《傳》而推廣之，可謂數典而不忘其祖者矣。別有《周易演旨》六十五卷。

**《四庫提要・易類存目二》**　《易窺》。無卷數。浙江汪啓淑家藏本。明程玉潤撰。玉潤，字鉉吉，常熟人，萬曆癸丑進士。據《經義考》所引倪長玗語，知其嘗官部郎，始末則未能詳也。然《經義考》但載程玉潤《周易演旨》六十五卷，而無《易窺》之名。又此書僅有十冊，不分卷數，亦與六十五卷不合。惟所解止上、下《經》，與程子《易傳》同。其大意在申暢程《傳》，凡《傳》義與朱子《本義》異同者，多調停其說。與倪長玗所稱取正叔先生《傳》而增益之者，宗旨相符。或原名《易窺》，後改《演旨》，此猶其初稿。後以一卦爲一卷，併總論爲六十五卷。此稿則尚未分卷歟？今未見《演旨》，其爲一爲二，莫之考矣。

## 易簀

**《明史・藝文志・易類》**　錢繼登《易簀》三卷。

## 易學

**《明史・藝文志・易類》**　吴極《易學》五卷。

**《四庫提要・易類存目二》**　《易學》五卷。浙江巡撫採進本。明吴極撰。極，字元無，漢陽人。萬曆丙辰進士，嘗官知縣，而其所官之地則不可考。是編首有天啓丙寅自序謂初好讀《易》，即尋究萬廷言《易原》一書，恍然有得。迨三仕南中，官邸多暇，日以樂玩爲業。研證既久，緐搜亦侈。其不甚異意者，於程子《易傳》外，獨楊簡之《己易》、蘇軾之《易解》、焦竑之《易筌》、鄒德溥之《易會》，以故編中多采四家之書云。

## 易就

**黄虞稷《千頃堂書目・易類》** 徐世淳《易就》六卷。

**《明史・藝文志・易類》** 徐世淳《易就》六卷。

**《四庫提要・易類存目二》** 《易就》六卷。兩淮鹽政採進本。明徐世淳撰。世淳，字中明，嘉興人。萬曆戊午舉人，官至隨州知州。張獻忠之亂，城破巷戰死，贈太僕寺卿。事蹟具《明史・忠義傳》。是書前有張溥序，比之王弼、胡瑗、王安石三家，而序多微辭，頗寓不滿之意。光時亨序則稱《易》當從自己性徹入，不可依傍先儒。蓋世淳命意如此。故其書似儒家之語録，又似禪家之機鋒，非説經之正軌也。

## 周易會通

**《明史・藝文志・易類》** 汪邦柱《周易會通》十二卷。

**吴焯《繡谷亭熏習録・經部》** 《周易會通》十二卷。明汪邦柱、江柟同輯。邦柱，字砥之，萬曆己未進士，武昌參議。柟，字楚餘。俱休寧人。繆昌期序云：「余嘉美是集，因書以授梓人，砥之謝曰：『小子不敏，不能獨觀遍覽，所賴友人江楚餘纂輯多焉。』」《經義考》只作「砥之著」，似未見繆序也。按砥之受業繆文貞公之門，文貞著有《周易會通》，係弟子饒秉鑑等所述。砥之此書殆有師承歟。

**《四庫提要・易類存目二》** 《易經會通》十二卷。浙江巡撫採進本。明(王)[汪]邦柱、江柟同撰。邦柱，字砥之，萬曆丙午舉人。柟，字楚餘。皆休寧人。其所徵引至一百七十餘家，然大旨本爲舉業而設。故皆隨文衍義，罕所發明。其所標舉，有「全彖合旨」，有「六爻合旨」，有「二卦合旨」，有「繫辭合旨」，亦皆不出講章窠臼。至於卷首列取象之義，分正體、互體、變體、複體、積體、移體、半體、似體、反體、伏體、對體諸例，自謂偶有巧合者，録其一二，實則横生枝節，隨意立名。蓋冗瑣無當，徒生轇轕而已。

## 易傭

**《明史・藝文志・易類》** 文安之《易傭》十四卷。

**《四庫提要・易類存目二》** 《易傭》十四卷。兩江總督採進本。明文安之撰。安之，字鐵菴，夷陵人。天啓壬戌進士，官至國子監祭酒。朱由榔僭號粤西，以爲大學士。告歸，尋卒。事蹟具《明史》本傳。是書乃其官南京司業時所刊行。首列諸儒著述，次以伏羲卦位明《易》之數，以文王卦位明《易》之氣。又以先、後天之圖一上一下反覆合之，以明對待流行之體。大概本來知德之説。然其詮釋經文，又多主義理，不本諸圖以立論。往往求高而涉於玄虛，求深而病於穿鑿，不能盡歸醇正也。

## 周易辨疑

**黄虞稷《千頃堂書目・易類》** 張四知《周易辨疑》。汝陽人。嘉靖庚戌進士，浙江按察使僉事。

## 易史象解

**《四庫提要・易類存目二》** 《易史象解》二卷。江蘇巡撫採進本。明林胤昌撰。允昌，字爲磐，號素菴，晉江人。天啓壬戌進士，官至吏部郎中。案朱彝尊《經義考》，載胤昌《周易耨義》六卷，稱莆田有金石社，胤昌集子弟月三會，自崇禎庚辰四月至十一月凡二十二會。門人張拱辰、何承都等輯而成編。因胤昌以「請學爲圃」名齋，故曰「耨義」。此書書名、卷數皆不符，當各自一書，彝尊失載也。其說取《易》象大義，各摭史事以配之，每一卦爲一解。自序爲本程《傳》、朱《義》、誠齋、紫溪諸說，而參以己見。然牽合附會處頗多，所謂必求其人以實之，則鑿矣。

## 周易耨義

**《明史・藝文志・易類》**　林胤昌《周易耨義》六卷。

## 雪園易義　圖説

**范邦甸等《天一閣書目・易類》**　《雪園易義》四卷，《易義補》三卷。明嘉善李奇玉荆陽甫著。後學王宣門人趙元社、男公杜參訂。趙序。

**黄虞稷《千頃堂書目・易類》**　李奇玉《雪園易義》四卷。曹勳序。字荆陽，嘉善人。天啓壬戌進士，汝寧知府。受《易》於高忠憲攀龍，授以顯仁藏用之旨。忠憲曰：「發吾藴者子也。」

**《明史・藝文志・易類》**　李奇玉《易義》四卷。

**吴焯《繡谷亭薰習録・經部》**　《雪園易義》。《浙江通志・儒林傳》：「李奇玉，字元美，嘉善人。明天啓壬戌進士，累遷汝寧守。值中原寇熾，至則劼毖，城守寇隨遁去數月，引疾歸。發篋中所箋注，研晰疑義，凡十年而《雪園易義》成。學者稱荆揚先生。」是編四卷，終六十四卦。另列首卷，有《增補四易圖説》、《參訂圖説》、《進退變化圖》、《對待流行圖》、《生生豎圖》、《卦變圖》、《納甲圖説》。宋趙汝楳有《納甲圖》，以元美説參之，大同小異，而元美之説爲明。卷首有曹勳、王宣、趙元社序。書刻於其子公杜，末有跋。

**《四庫提要・易類存目二》**　《雪園易義》四卷，《圖説》一卷。浙江巡撫採進本。明李奇玉撰。奇玉，字元美，嘉善人。崇禎戊辰進士，官至汝寧府知府。是編惟解六十四卦，議論縱横，而詞勝於理。前列《增補四易圖説》、《參訂圖説》、《進退變化圖》、《對待流行圖》、《生生豎圖》、《卦變圖》、《納甲圖説》，皆推衍先天之學。其因雲林傅氏之説，以先天爲《歸藏》，後天爲《連山》，又出邵氏本論之外矣。

**嵇璜等《續通志・圖譜略・易》**　李奇玉《雪園易義》、《圖説》。

## 易義補

**范邦甸等《天一閣書目・易類》**　《易義補》三卷。明嘉善李奇玉荆陽甫著。後學王宣門人趙元社、男公杜參訂。趙序。

## 易思圖解

**嵇璜等《續通志・圖譜圖・易》**　劉日曦《易思圖解》。

**《四庫提要・易類存目二》**　《易思圖解》。無卷數。江西巡撫採進本。明劉日曦撰。日曦，字仲升，彭澤人，天啓壬戌進士。是書以邵子《大横》、《大圓》二圖爲先天，《横排》、《圓排》爲大成，其《小横》爲太極，《陰陽卦序小圓》爲先天小成，《文王卦位》爲後天小成，《漢儒卦氣圖》加以四正之卦爲後天大成，《雜卦》之次則爲孔子《序卦》與文王《序卦》一例。後附以《河圖》、《洛書》及周子《太極圖》、邵子《皇極經世》、《陰陽剛柔四象圖》，與一元消長數各爲之説。大抵出於臆撰。其《序卦》、《雜卦》二圖，非方非圓，尤不知其何所受也。

## 周易廣筌

**《明史・藝文志・易類》**　沈瑞鍾《周易廣筌》二卷。

**《四庫提要・易類存目二》**　《廣易筌》四卷。浙江巡撫採進本。明沈瑞鍾撰。瑞鍾，字德培，平湖人。自序言「先嘗爲《易意筌》，十九年後復爲

《廣易筌》」。而書中又有稱家先生《古筌》者，則述其父之説。其閒經文次序用《注疏》本，惟《乾》卦分節解之；自《坤》以下，每卦爲一説；《繫辭》以後，每章爲一説。多主人事，不取象數之學。凡上經、下經、《繫辭傳》上、下各爲一卷，而《説卦》、《雜卦》乃附諸《下繫》之後。朱彝尊《經義考》作《易廣筌》二卷，與此不合，殆僅見上、下經耶？自宋李光、楊萬里以來，多以史事證《易》義，瑞鍾是書，蓋亦是意。然逐卦逐爻務求比例，牽強既所不免，且於當代時事概行闌入，尤爲駁雜。造語遣詞，亦多涉明季纖佻之習。蓋沿李氏、楊氏之餘波，而失之泛濫者也。

## 苑洛易學疏

**《四庫提要・易類存目二》**　《苑洛易學疏》四卷。浙江巡撫採進本。明周一敬撰。一敬，衢州人。崇禎戊辰進士，官至監察御史。初，韓邦奇作《啓蒙意見》五卷，推闡《河》、《洛》之義與卜筮之法，一敬因而疏之。自萬曆甲寅至崇禎壬午，凡二十九年乃成。於原書次序，稍爲易置，亦頗有刪削。自序謂：「韓子以開明初學爲心，故疏從其詳。」此書以溯源明理，竊附前人，故多遺末而尋本云。

## 易正義

**黄虞稷《千頃堂書目・易類》**　陳際泰《易正義》。

## 易經説意

**《明史・藝文志・易類》**　陳際泰《易經大意》七卷。

**吴焯《繡谷亭薰習録・經部》**　《易經説意》七卷。明臨川陳際泰大士撰，有古吴沈國元飛仲序。崇禎辛未進士，時年六十有八矣。又三年，除行人。居四年，南行，卒于道。少流寓汀州，家貧不能從師；又無書，時取旁舍兒書，屏人竊誦。十歲于外家藥籠中見《詩經》，取而疾走，攜至田所，踞高阜而哦，畢身不忘。與艾南英輩以時藝名天下。爲文一日可二三十首，先後所作至萬首，舉業之富無若際泰者。事附見《明史稿・文苑傳》。具敏悟之資，以帖括終，惜哉！《經義考》作《易經大意》所載卷帙悉同，當即是書也。

**《四庫提要・易類存目二》**　《易經説意》七卷。浙江吴玉墀家藏本。明陳際泰撰。際泰，字大士，臨川人。崇禎甲戌進士，官行人司行人。《明史・文苑傳》附見《艾南英傳》中。際泰本以時文名，故其説經亦即用時文之法，中閒或有竟作兩比者。自有訓詁以來，一二千年無此體例也。

## 周易翼簡捷解

**《明史・藝文志・易類》**　陳際泰《周易翼簡捷解》十六卷。

**《四庫提要・易類存目二》**　《周易翼簡捷解》十六卷，附《羣經輔易説》一卷。浙江巡撫採進本。明陳際泰撰。是編謂《河圖》、《洛書》體用相爲附麗，表裏經緯，悉師羲《易》。首卷載《古今諸圖》，中十六卷爲《捷解》，末卷又爲《圖説》二十四條、《拾遺》九條，散漫支離，未得要領。附載《羣經輔易説》一卷，僅十四頁。大旨謂《大學》、《中庸》諸書皆所以明《易》，而西方之教獨與之背。蓋明末心學横流，大抵以狂禪解《易》，故爲此論以救之。所見特爲篤實。其八比高出一時，亦由其根柢之正也。

## 羣經輔易説

**《明史・藝文志・易類》**　陳際泰《羣經輔易説》一卷。

**《四庫提要・易類存目二》**　《羣經輔易説》一卷。明陳際泰撰。

## 易　説

**黃虞稷《千頃堂書目・易類》**　馬元調《易説》六卷。嘉定人。

## 易　疏

**黃虞稷《千頃堂書目・易類》**　吳其馴《易疏》。崇禎辛未進士，兵部員外。

## 周易卦説

**黃虞稷《千頃堂書目・易類》**　吳鍾巒《周易卦説》。

**《四庫提要・易類存目二》**　《十願齋易説》一卷，《霞舟易箋》一卷。浙江鄭大節家藏本。明吳鍾巒撰。鍾巒，字巒稚，武進人。崇禎甲戌進士，官桂林府推官。魯王監國，以爲禮部尚書。後自焚死。乾隆乙未賜謚忠烈。是編每卦摘箋數語，止有上經三十卦，而無下經，似非足本。朱彝尊《經義考》惟載鍾巒《周易卦説》，不著卷數，注曰「未見」，而無此書名。《江南通志・儒林傳》所載亦同。殆輾轉傳聞，相沿而誤歟？此本前有小引，題曰《霞舟易箋》，又題曰《十願齋全集》。以《易説》爲卷一，《易箋》爲卷二，蓋編入文集之中，如李石《方舟集》例，今僅存此兩卷耳。

## 霞舟易箋

**《四庫提要・易類存目二》**　《霞舟易箋》一卷。明吳鍾巒撰。

## 易象圖説

**嵇璜等《清通志・圖譜略・經學》**　吳脈鬯《易象圖説》。謹按：吳脈鬯纂括諸圖，各爲之説，間附以己作。

**《四庫提要・易類存目四》**　《易象圖説》二卷。山東巡撫採進本。國朝吳脈鬯撰。脈鬯，字灌先，蓬萊人。是書纂括諸圖，各爲之説。以圓圖象天，方圖象地，因創爲竪圖象人，以配三才。復集邵子、朱子詠《易》諸詩，附以己作及沈時升詩。末附《八宮納甲占例》，則今以錢代卜者之所用也。

## 易解附録

**徐𤊹《徐氏家藏書目・易類》**　《易解附録》一卷。胡震亨。

## 易　揆

**黃虞稷《千頃堂書目・易類》**　錢士升《易揆》十二卷。

**《明史・藝文志・易類》**　錢士升《易揆》十二卷。

**《四庫提要・易類存目二》**　《周易揆》十二卷。浙江巡撫採進本。明錢士升撰。士升，字抑之，嘉善人。萬曆丙辰進士第一，官至文淵閣大學士。事蹟附見《明史・錢龍錫傳》。是書用《注疏》本，雜采前人之説，斷以己意。許譽卿序云：「邵子揆諸氣，程子揆諸理，朱子揆諸象。」此書自《屯》以下，於每卦前設互卦、後設對卦，舉氣與理象而兼融之，此「揆」之所以名也。在明人《易》解中持擇尙爲詳審，特溺於《河》、《洛》反對之説，體例糾紛，未能盡除錮習耳。

## 易　參

黃虞稷《千頃堂書目・易類》　喻安性《易參》五卷。

## 周易可說

徐𤊹《徐氏家藏書目・易類》　《周易可說》七卷。曹學佺。

黃虞稷《千頃堂書目・易類》　曹學佺《周易可說》七卷。

《明史・藝文志・易類》　曹學佺《周易可說》七卷。

《四庫提要・易類存目二》　《周易可說》七卷。浙江巡撫採進本。明曹學佺撰。是書以象占爲主，於前人中多采來知德《易》注，而深疑朱子《本義》。如謂「凡辭皆象也，《本義》一辭而分爲象、占，如『潛龍勿用』本一句，而以『潛龍』爲象，『勿用』爲占者非」，其說頗允。又謂「陰變爲陽，陽變爲陰，只是剛柔相推，而變化在中，非眞陰變爲陽，陽變爲陰。譬如男子有時行陰柔的事，即可變作婦人否？婦人有時行剛方的事，即可變作男子否」云云，則殊膠固，不知變論其德，不論其人也。又謂「如《小畜》之下三爻，《本義》云『以君子欲上進見畜於小人』，上三爻則云『以柔順之君子畜止剛暴之小人』。《遯》之二陰浸長，則陽遯矣。爻之初六、六二則云『君子之遯在後，與夫固守必遯者』，一卦之中乍賢乍佞，何可以訓」云云，不知《易》之理變動不拘，隨爻取象，不可以一格繩也。亦自爲一家之說而已矣。

## 周易通論

黃虞稷《千頃堂書目・易類》　曹學佺《周易通論》六卷。

《四庫提要・易類存目二》　《易經通論》十二卷。浙江巡撫採進本。明曹學佺撰。學佺，字能始，侯官人。萬曆乙未進士，官至四川按察使，以著《野史紀略》削籍。崇禎初，起廣西按察司副使，不就。後爲朱聿鍵禮部尚書。聿鍵敗，學佺自殺。事蹟具《明史・文苑傳》。是書專釋各卦彖詞、六爻融會一卦之意。其釋「鳴鶴在陰」、「藉用白茅」諸句，頗有前人所未發之義。惟於《河圖》、《洛書》推求不已，則以家在閩中，習聞漳浦之學也。然漳浦之學本別傳於《易》外，學佺拾其緒論，愈衍愈支，既不及其術數之精，而又無當於經義，是進退無據矣。朱彝尊距學佺最近，而《經義考》注曰「未見」，殆當時已不甚行歟。

## 易經勺解

吳焯《繡谷亭薰習録・經部》　《易經勺解》三卷。晉江林欲楫平庵著。明萬曆丁未進士，累遷禮部尚書，掌詹事府事，力請乞休，歸，卒於康熙壬寅。卷首有自序云：「時年八十有七譔。」歿後，歙汪薇督學閩中，爲序而刻之。

《四庫提要・易類存目二》　《易經勺解》三卷。浙江汪啓淑家藏本。明林欲楫撰。欲楫，字平菴，晉江人。萬曆丁未進士，官至禮部尚書，兼掌詹事府事。是書乃其子華昌所録。其說專主人事，以發明理義爲主，不及象數。欲楫與楊瞿崍同里同年，又同說《易》，而持論各局於一偏，豈相激而相反歟？然瞿崍似探《易》之本原，實牽合於《易》之外。欲楫似得《易》之皮毛，猶尋求於《易》之中也。

## 周易古文鈔

黃虞稷《千頃堂書目・易類》　劉宗周《周易古文鈔》二卷。崇禎癸未序。又《讀易圖說》，又《易衍》。

《明史・藝文志・易類》　劉宗周《周易古文鈔》三卷。

《四庫提要・易類存目二》　《周易古文鈔》二卷。浙江巡撫採進本。明劉宗周撰。宗周，字起東，號念臺，山陰人。萬曆辛丑進士，官至左都御史。南都破後，絶粒而死。事迹具《明史》本傳。乾隆乙未，賜謚忠介。宗周與漳浦黄道周，明末俱以善《易》名。道周長於數，宗周長於理，其學多由心得，故不盡墨守傳義。其删《説卦》、《序卦》、《雜卦》三傳，雖本舊説，已失先儒謹嚴之義。至於經文序次，每以意移置，較吴澄《纂言》更爲無據，亦勇於竄亂聖經矣。故其人可重，而其書終不可以訓焉。

## 讀易圖説

**黄虞稷《千頃堂書目・易類》** 劉宗周《讀易圖説》。

**《明史・藝文志・易類》** 劉宗周《讀易圖記》一卷。

**嵇璜等《續通志・圖譜略・易》** 劉宗周《讀易圖説》。

## 易衍

**黄虞稷《千頃堂書目・易類》** 劉宗周《易衍》。

## 讀易

**王圻《續文獻通考・經籍考・易》** 《讀易》一卷。李文達著。

## 味易餘吟

**王圻《續文獻通考・經籍考・易》** 《味易餘吟》。禮部郎中鄭閎著。閎，嘉定人。

## 羲經易簡録

**黄虞稷《千頃堂書目・易類》** 陳仁錫《羲經易簡録》十卷。一作八卷。萬曆乙卯序。又《大易同患淺言》二卷。又《繫辭十篇書》十卷。

**《明史・藝文志・易類》** 陳仁錫《羲經易簡録》八卷。

## 大易同患淺言

**黄虞稷《千頃堂書目・易類》** 陳仁錫《大易同患淺言》二卷。

## 繫辭十篇書

**黄虞稷《千頃堂書目・易類》** 陳仁錫《繫辭十篇書》十卷。

**《四庫提要・易類存目二》** 《繫辭十篇書》十卷。江蘇巡撫採進本。明陳仁錫撰。仁錫，字明卿，長洲人。天啓壬戌進士第三，官至南京國子監祭酒。事蹟具《明史・文苑傳》。此編以「十篇」爲名，今核其數，曰《翼易書》，曰《太極書》，曰《河洛書》，曰《羲易書》，曰《文易書》，曰《文序書》，曰《孔易書》，曰《蓍占書》，曰《卦爻書》，僅有九名。其首冠以《繫辭説》，不入目録。《文易書》下附以《羲文合論》，而《翼易書》分上、下，不知以何一篇足爲十也。其書立名詭異，至其所説則不過掇拾舊文，編綴成帙而已。

## 易經頌

**《四庫提要・易類存目二》** 《易經頌》十二卷。副都御史黄登賢家藏本。

明陳仁錫撰。是書多剖析字句，以發揮意義，亦閒與《本義》異同。大抵據文臆斷之處多，而研究古訓之處少。蓋仁錫文士，於經學本非專門也。

## 易　解

**吳焯《繡谷亭熏習録・經部》**　《易解》□卷。高宏圖著。《明史稾》：「宏圖，字研文，膠州人。」

## 易　疏

**黄虞稷《千頃堂書目・易類》**　黄端伯《易疏》五卷。

**《明史・藝文志・易類》**　黄端伯《易疏》五卷。

**《四庫提要・易類存目二》**　《易疏》五卷。浙江吳玉墀家藏本。明黄端伯撰。端伯，字元公，江西新城人。崇禎戊辰進士，除寧波府推官。福王時官禮部儀制司郎中。南京破，死難。事蹟附見《明史・高倬傳》。乾隆乙未賜謚忠節。其書專主《京房易傳》，卷首所列諸圖，皆以發明京氏卦變之義。旁及《陰符》、《乾鑿度》、《握奇》、《遁甲》等書，其説頗近荒渺。又《先天圖》《震》、《巽》互易，《後天圖》《乾》、《艮》互易，亦從來所未有也。

## 易象正

**黄虞稷《千頃堂書目・易類》**　黄道周《易象正》十四卷。又《三易洞璣》十五卷。

**《明史・藝文志・易類》**　黄道周《易象正》十四卷。

**吳焯《繡谷亭熏習録・經部》**　《易本象》四卷。明黄道周著。字幼平，漳浦人。天啓壬戌進士，改庶吉士，再遷右中允，以劾周延儒、溫體仁斥爲民。崇禎丙子召復故官，陞少詹。時廷推閣臣，公得與名，帝不用，而用楊嗣昌等，公乃草三疏劾楊嗣昌、陳新甲、方一藻，同日上之。帝疑之，召對平臺。公語言不遜，遂發怒，擬戍廣西，尋復故官，以病歸。唐王聿鍵監國，命以本官，兼大學士，參贊軍務。自請督師，死于難。初，公居銅山，在孤島中，有石室，自幼坐臥其中，故學者稱爲石齋先生。精天文、曆數、皇極諸書。沒後，家人得其小冊，自推終于丙戌年，六十有二。夫人蔡氏名潤石，字玉卿，工書畫。公學貫天人，尤精《易》理，立朝剛正，就義從容，具載史傳。《易》曰「王臣蹇蹇，匪躬之故」，又曰「神以知來」，公之謂矣！

**《四庫提要・易類存目二》**　《易象正》十六卷。福建巡撫採進本。明黄道周撰。道周，字幼元，一字螭若，漳浦人。天啓壬戌進士，崇禎中官至少詹事。明亡後，爲唐王聿鍵禮部尚書，督師出婺源，師潰被執，不屈死。事蹟具《明史》本傳。乾隆乙未賜謚忠端。此書孟應春謂崇禎庚辰道周在西庫始創爲之，成二十四圖。逮過北寺，毒痛之下，指節初續，又爲六十四象正。劉履丁則云「三十年前道周即有《易本象》八卷、《疇象》八卷」，蓋是書之稿本也。道周初作《三易洞璣》，以卦圖推休咎，而未及於諸爻之變象。是編則於每卦六爻皆即之卦以觀其變，蓋即左氏內、外《傳》所列古占法也。其自序曰：「凡《易》自《春秋》、《左》、《國》暨兩漢名儒皆就動爻以論之，虞、王而下始就本卦正應以觀攻取，只論陰陽剛柔，不分七八九六。雖《易》有剛柔雜居之文，而卦無不動玩占之理，《象正》專就動爻以明之。」此其述作之大旨。前列《目次》一卷，則以漢人分爻直日之法，案文王之卦序，以推歷代之治亂。後二卷則以《河圖》、《洛書》之數自相乘除，爲三十五圖。其《詩斗差圖》、《詩斗差退限圖》、《詩元命圖》、《春秋元命圖》，則本漢人緯書四始五際之説而別衍之。以爲推測之術，與所著《三易洞璣》相爲表裏。雖其以《大傳》所釋十一爻俱爲明之卦而作，未免附會。故朱朝瑛曰：「《易象正》，道周之自爲《易》也，孔子之所不盡言，言之不盡意者也。」然引伸觸類，要亦《易》之一隅。宋儒沈該之《易傳》、都絜之《易變體義》，皆發明之卦，與是書體例相似。而是書則每爻之下先列本卦之《彖辭》，次列本卦之《象辭》，然後列本爻之《象辭》，與沈氏、都氏之書又各不同。存之以爲二家之外傳，亦無不可也。

案：此書及《三易洞璣》皆邵氏《皇極經世》之支流也。《三易洞璣》

全推衍於《易》外，故入之數學。此及倪元璐《易内外儀》，有轇轕於《易》外者，猶有據經起義發揮於《易》中者。且皆忠節之士，當因人以重其書。故此二編仍附録於經部焉，非通例也。

## 三易洞璣

**黄虞稷《千頃堂書目・易類》** 黄道周《三易洞璣》十五卷。

**《明史・藝文志・易類》** 黄道周《三易洞璣》十六卷。

## 易四解

**徐𤊹《徐氏家藏書目・易類》** 《易四解》一卷。晉江蔡鼎。

## 易　蔡

**黄虞稷《千頃堂書目・易類》** 蔡鼎《易蔡》六卷。字無能，晉江人，諸生。精星緯，以布衣入孫承宗幕。

## 周易玩辭困學記

**《明史・藝文志・易類》** 張次仲《周易玩辭困學記》十二卷。

**吴焯《繡谷亭薰習録・經部》** 《周易玩辭困學記》十二卷。張氏次仲元岵著。海寧人，天啓辛酉舉人。私淑王文成公，窮經好學，自表讀書處曰「待軒」，學者稱待軒先生。生有至性，童時母病刲股進之，愈以孝聞。久困公車，晚年絶迹人事，自號浙汜遺農。順治中舉賢良方正，以病辭。康熙十五年卒，年八十有八，邑人私謚曰文介。卷端有自序，又錢謙益序：「待軒，虞山典試浙江所取士也。」黄宗羲志墓曰：「海昌有窮經之士二人，曰朱康侯、張元岵。康侯于《易》研尋圖象，盡拔趙幟。元岵宗主王程，以玩辭爲本。至于指歸日用，不離當下。因孔子而求文、周，因文、周而求羲《易》，則兩家一也。」康侯名朝瑛，旌德令，出黄公石齋之門，畫得其傳，以理學經術爲己任。次仲皋比譚經每遇之，輒爲避席。有《十經疏注》，惜不傳。

**《四庫提要・易類五》** 《周易玩辭困學記》十五卷。山東巡撫採進本。明張次仲撰。次仲，字元岵，海寧人，天啓辛酉舉人。是書前有自序，謂：「賦性顓愚，不敢侈談象數。又雅不信讖緯之説，惟於語言文字閒求其諦當有益身心者，輒便疏録，歲久成帙。」經二十餘年，凡六七易稿而後成，持論最爲篤實。於《乾》卦遵用王弼本，以便解詁，而仍列鄭康成本於簡端。前集諸儒之論及己論數十條爲讀《易》大意。其所論辨，如謂八卦因重之法，自十六、三十二以至六十四，卦變某卦自某卦而來，皆夫子所不言。《河圖》、《洛書》之外，別無他圖，後人依託夫子之言而支離蔓衍。又謂「一卦六爻如主伯亞旅，無此以爲君子，彼以爲小人，反背錯綜之理」。蓋掃除轇轕之説，獨以義理爲宗者。雖盡廢諸家義例，未免開臆斷之門。然其盡廢諸圖，則實有剷削榛蕪之力。且大旨切於人事，於學者較爲有裨。視繪畫連篇，徒類算經弈譜，而《易》理轉置不講者，勝之遠矣。

## 周易時論

**黄虞稷《千頃堂書目・易類》** 方孔炤《周易時論》十卷。

**《明史・藝文志・易類》** 方孔炤《周易時論》十五卷。

**《四庫提要・易類存目二》** 《周易時論合編》二十二卷。安徽巡撫採進本。明方孔炤撰。孔炤，字潛夫，號仁植，桐城人。萬曆丙辰進士，官至右僉都御史，巡撫湖廣。爲楊嗣昌劾罷逮治，謫戍，久之釋歸。崇禎末起故官，屯田山東、河北，兼理軍務。事蹟附見《明史・鄭崇儉傳》。是書即其罷官後所著。凡《圖象幾表》八卷，上、下經、《繫辭》、《説卦》、《序卦》、《雜卦》十五卷。其立説以時爲主，故名「時論」。蓋孔炤初筮仕，即攖璫禍。及膺封疆之任，值時事孔棘，又遭齮齕。有所憂患而發於言，類多證據史事，感慨激烈。其講象數，窮極幽渺，與當時黃道周、董説諸家相近。孔炤自著《凡例》，稱少侍先廷尉，教以三陳九卦。案孔炤父大鎮，字君靜，萬曆己丑進士，官大理寺少卿，著有《易意》四卷，載朱彝尊《經義考》。則《易》固其家學也。是編刊於順治庚子，前有李世洽序。《經義考》作十五卷，或朱彝尊所見之本無《圖象幾表》歟？

## 易經增註

**黃虞稷《千頃堂書目・易類》** 張鏡心《易經增注》十卷。

**《明史・藝文志・易類》** 張鏡心《易經增註》十二卷。

**《四庫提要・易類存目二》** 《易經增注》十卷。直隸總督採進本。明張鏡心撰。鏡心，字用晦，磁州人。天啓壬戌進士，官至兵部尚書。是編用《注疏》之本，隨文闡發，多釋義理。無弔詭之詞，亦無深微之論，説《易》家之墨守宋儒者也。

## 易　解

**《明史・藝文志・易類》** 侯峒曾《易解》三卷。

## 兒易内儀

**黃虞稷《千頃堂書目・易類》** 倪元璐《兒易内儀》六卷。

**《明史・藝文志・易類》** 倪元璐《兒易内儀》六卷。

**《四庫提要・易類五》** 《兒易内儀以》六卷，《兒易外儀》十五卷。浙江巡撫採進本。明倪元璐撰。元璐，字玉汝，上虞人。天啓壬戌進士，歷官戶部尚書，兼禮部尚書、翰林學士。崇禎甲申殉難。世祖章皇帝賜謚文貞。事蹟具《明史》本傳。是書《内儀以》專以《大象》釋經，每卦列卦爻辭至《大象》而止。以六十四卦《大象》俱有以字，以之爲言用也，故以名書。《外儀》則有《原始》、《正言》、《能事》、《盡利》、《曲成》、《申命》六目，而又別爲小目以紀之。皆取《繫辭》中字義名篇，篇各有圖。朱彝尊《經義考》曰：「倪氏元璐《兒易内儀》六卷，《外儀》十五卷。」《内儀》之下無「以」字。然此編爲當時刊本，實有「以」字，則《經義考》誤脱也。其名「兒易」者，蔣雯階序謂「公作《兒易》，兒者姓也。」考《説文》，倪、兒本二字，惟《漢書・兒寬傳》「兒」與「倪」同，則是古字本可通用。然考元璐自序，實作孩始之義，其文甚明。則雯階不免於附會。萬曆中紫溪蘇濬已先有《兒易》，豈亦寓姓乎？元璐是書，作於明運阽危之日，故其説大抵憂時感世，借《易》以抒其意，不必盡爲經義之所有。然《易》興於中古，而作《易》者有憂患。其書不盡言，其言不盡意，而引伸觸類，其理要無不包。《春秋繁露》，其言不盡比附《春秋》，而儒者至今尊用之，爲其大義與《春秋》相發明也。元璐是書，可作是觀。蓋與黃道周《三易洞璣》等書同爲依經立訓者也。其人足竝傳，其言亦足竝傳，必以章句訓詁核其離合，則細矣。

## 兒易外儀

**黃虞稷《千頃堂書目・易類》** 倪元璐《兒易外儀》十五卷。又《内儀》六卷。崇禎辛巳序。

**《明史・藝文志・易類》** 倪元璐《兒易外儀》十五卷。

**吳焯《繡谷亭薰習録・經部》** 倪氏《兒易外儀》十五卷。明倪元璐玉汝撰。《明史藁・忠義傳》云：上虞人，天啓壬戌進士，改庶吉士，授編修。莊烈帝踐祚，魏奄伏誅，遺黨楊維垣輩護持舊局，力扼東林，公於元年正月抗疏極論之。其年四月，請燬《三朝要典》。黃道周貶官，乞留之，并薦劉宗周。累官戶部尚書，兼翰林學士。闖賊陷京師，自縊而絶。本朝賜謚文正。公著《兒易内儀》六卷、《外儀》十五卷，插架乃《外儀》耳，有崇禎辛巳自序。蔣雯階曰：「兒者，姓也，其義孩言童蒙也。與漳浦黃公道周角立成家，而通權達變，殆又過之。」

**《四庫提要・易類五》** 《兒易外儀》十五卷。明倪元璐撰。

## 古周易訂詁

**黄虞稷《千頃堂書目・易類》** 何楷《古周易訂詁》十六卷。別異《經》《傳》還田何之舊，仍取夫子二《傳》附於《經》文之下，易以「彖傳」、「象傳」字而爲之注。其《文言》專釋《乾》、《坤》及上下《繫》、《説》、《序》、《雜》等傳。凡有關於彖象者，亦各隨卦而附列之。崇禎六年癸酉序。

**《明史・藝文志・易類》** 何楷《古周易訂詁》十六卷。

**《四庫提要・易類五》** 《古周易訂詁》十六卷。浙江巡撫採進本。明何楷撰。楷，字玄子，晉江人。天啓乙丑進士，官至吏科給事中。唐王聿鍵起兵於閩，以爲禮部尚書。旋爲鄭芝龍所軋，憤恚而卒。事蹟具《明史》本傳。是書成於崇禎癸酉，蓋其筦榷江南時所作。卷末附以《答客問》一篇，借詁經以言時事也。觀其自序，論分經合傳之非古，然復引魏淳于俊對高貴鄉公語，則又未始不以分附爲便。故其前分上、下經爲六卷，而《彖》、《象》、《繫辭》諸傳之文仍隨卦分列，猶祖費直之意。而七卷後則仍列《十翼》原文，以還田何之舊。蓋分經分傳以存古本，而經下所列《十翼》之文則引以互證，故皆低一格書之，以別於後之正文。其仍以《古周易》標目，蓋以是也。惟於上、下《經》內又別立初、中、終諸名，則自我作古耳。楷之學，雖博而不精。然取材宏富，漢、晉以來之舊説，雜采竝陳，不株守一家之言。又辭必有據，亦不爲懸空臆斷穿鑿附會之説，每可以見先儒之餘緒。明人經解，空疎者多，棄短取長，不得已而思其次，楷書猶足備采擇者，正不可以駁雜廢矣。

## 程易發

**黄虞稷《千頃堂書目・易類》** 成勇《程易發》。

## 卦變考略

**《四庫提要・易類五》** 《卦變考略》一卷。浙江巡撫採進本。明董守諭撰。守諭，字次公，鄞縣人，天啓甲子舉人。是書成於崇禎癸未，大旨以卦變之説出於漢學，程子始廢斥之。朱子謂伊川不信卦變，故於「柔來文剛」等處無依據，於是兼采其説，又以意變之，凡十九卦，今《本義》第九圖是也。然朱子上經釋變卦者九，唯《訟卦》與變卦圖同，餘則如《隨》自《困》、《噬嗑》、《未濟》來，據圖則自《否》、《泰》來。下經釋變卦者十，唯《晉卦》與圖同，餘則如《復》變《師》、《姤》變《同人》之類，例以《復》初上爲《師》之二，《復》二下爲《師》之初；《姤》初上爲《同人》之二，《姤》二下爲《同人》之初，及與初九變爲初爻之八，初六變爲初爻之七，皆不免前後異例。於是上考郎顗、京房、蜀才、虞翻諸家之説，定爲此圖。每卦皆參列古法，斷以己意。宋、元諸儒以及明來知德之屬亦參考焉。其言率有根據，不同他家之穿鑿。其證以彖文，雖不免有所附會，然如謂「《屯》本《坎卦》，初六升二，九二降初，是爲剛柔始交。《比》本《師卦》，一陽居二，則爲師衆所宗，故爲《師》。變而居五則爲天下所附，故爲《比》。《謙卦》《乾》之上九來居《坤》三，是天道下濟而光明。《坤》之六三上升《乾》位，是地道卑而上行。《豫卦》《復》初變五體《比》象，故利建侯。《復》初升二體《師》象，故利行師」，於經文亦往往巧合。惟其篇末有曰：「或謂變乃《易》中之一義，非畫卦作《易》之本旨，愚獨以爲不然。」則主持未免太過。夫《乾》、《坤》之生六子，猶陰陽之生五行也。其配而爲六十四卦，猶干支之配爲甲子也。其因卦而推奇偶之變，猶干支相配而推衝合制化也。駁卦變者謂不應先有某卦、後有某卦，是猶談五行者謂水生於庚辛、不化於丙辛，火生於甲乙、不化於戊癸也。主卦變者以此爲作《易》之本，六十四卦皆自此來，是又猶以化氣爲本氣，亦乖五行相生之旨矣。故卦變之説不可謂非《易》之一義，亦不可謂爲本義。漢以來儒者相傳，要必有取，竝存以備參考可矣。

## 周易訓蒙輯要

吴焯《繡谷亭熏習録・經部》 《周易訓蒙輯要》四卷。懷晉著。字麗明，歷城人。明末諸生，隱居南山，不入城市數十年。自序曰：「聖人立言以教天下萬世，原非示人艱深繁難也。故《易》之爲書，六十四卦，伏羲僅以象告。文、周慮人之弗明，而繫辭以明之。孔子慮人之弗明，而作十傳，以反覆申明之，既詳且盡。蓋欲學者于此居安樂玩，以爲日用飲食之書。至于因理測數，教人卦筮，則又示人進退存亡之道，而未嘗有趨吉避凶之方也。術數者流，專言吉凶，既失聖人立教之旨。譚理之家，深刻其説，希新後學厭常之目。迨夫數學失傳，講義疊出，父師之訓，子弟之學，苦傳註之不明，而欲熟讀講義以求明，乃講義愈不能明，一遺忘而展卷仍茫然矣。嗚呼！四聖人憂世覺民之意不幾熄乎？余不敏，合朱子《講義》採而輯之，亦竊附己意焉。」

## 周易白文

徐𤊹《徐氏家藏書目・易類》 《周易白文》三卷。

## 焦氏易林起例

徐𤊹《徐氏家藏書目・易類》 《焦氏易林起例》一卷。

## 周易占辭

徐𤊹《徐氏家藏書目・易類》 《周易占辭》三卷。

## 斷易啓蒙

徐𤊹《徐氏家藏書目・易類》 《斷易啓蒙》三卷。

## 周易象義

徐𤊹《徐氏家藏書目・易類》 《周易象義》五卷。廣漢周滿。

黄虞稷《千頃堂書目・易類》 周滿《易象義》五卷。字謙之，廣漢人。

## 徐氏易腴

徐𤊹《徐氏家藏書目・易類》 《徐氏易腴》三卷。徐熛。

## 太極圖釋旨

徐𤊹《徐氏家藏書目・易類》 《太極圖釋旨》。一卷。仇雲鳳。

## 太古易

徐𤊹《徐氏家藏書目・易類》 《太古易》三卷。

## 音門易數

徐𤊹《徐氏家藏書目·易類》《音門易數》□卷。

## 周易辯録

徐𤊹《徐氏家藏書目·易類》《周易辯録》四卷。

## 周易真文

徐𤊹《徐氏家藏書目·易類》《周易眞文》三卷。孫古文。

## 周易顔字朱註

徐𤊹《徐氏家藏書目·易類》《周易顔字朱註》三卷。

## 易經句解

徐𤊹《徐氏家藏書目·易類》《易經句解》三卷。

黄虞稷《千頃堂書目·易類》汪有訓《易經句解》。字得時，休寧人。

## 易經九鼎

徐𤊹《徐氏家藏書目·易類》《易經九鼎》五卷。

## 太象義述

徐𤊹《徐氏家藏書目·易類》《太象義述》一卷。王幾。

## 麻衣道者易隨

徐𤊹《徐氏家藏書目·易類》《麻衣道者易隨》八卷。

錢謙益等《絳雲樓書目·易類》《麻衣先生易髓摘略》一册。

## 易史精微

徐𤊹《徐氏家藏書目·易類》《易史精微》七卷。蜀李資乾。

## 周易象義

徐𤊹《徐氏家藏書目·易類》《周易象義》十卷。豫章黄本清。

## 周經二侯解

徐㶿《徐氏家藏書目・易類》《周經二侯解》三卷。

## 易林洞譜

徐㶿《徐氏家藏書目・易類》《易林洞譜》□卷。

## 先天節要

徐㶿《徐氏家藏書目・易類》《先天節要》一卷。

## 先天圖要

徐㶿《徐氏家藏書目・易類》《先天圖要》二卷。

## 點易丹

徐㶿《徐氏家藏書目・易類》《點易丹》卷。

## 擬　易

徐㶿《徐氏家藏書目・易類》《擬易》一卷。張武略。

## 周易纂

**《明史・藝文志・易類》** 朱之俊《周易纂》六卷。

**《四庫提要・易類存目二》** 《周易纂》六卷。浙江巡撫採進本。明朱之俊撰。之俊，字滄起，汾陽人。天啓壬戌進士，官至翰林院侍講。是編用《注疏》本，彙先儒舊説，融以己意。兼主義理象數，亦采來注錯綜之例。詞旨頗爲淺顯，而隨文敷衍者多。

## 易學統此集

**《四庫提要・易類存目二》** 《易學統此集》二十卷。兩江總督採進本。明孫維明撰，其子越續成之。維明，字克晟，江寧人。前有天啓四年維明自序。其書多取宋、元以來諸説，不甚考究古義。每節之下皆敷衍語氣，如坊刻講章之式。越所補入各條及引述其父之言，皆別爲標識，亦無奧旨。

## 周易時義注

**黄虞稷《千頃堂書目・易類》** 章佐聖《周易時義注》，四冊。新安人，貢生。

**《四庫提要・易類存目二》** 《周易時義注》。無卷數。浙江巡撫採進本。明章佐聖撰。佐聖，字右臣，歙縣人。其書依經訓解，而以《卦圖》一卷附於後。大旨主於言理，而徵引蕪雜，頗乏持擇。書成於崇禎甲申正月。前有自序謂：「以明經獲雋，而烽火交訌，行路艱阻，因坐臥小樓，自爲箋注。」大都自憂患中來，蓋有託而爲之，故其言頗譏切時事云。

## 易經小傳

**黃虞稷《千頃堂書目・易類》** 鄭友元《易經小傳》二十卷。京山人。

**《四庫提要・易類存目二》** 《易經小傳》二十卷。浙江吳玉墀家藏本。明鄭友元撰。卷前有自序，自稱其號曰「澹山」，不著歲月。《明史・畢自嚴傳》稱：「時有詔縣令行取者，先核其錢穀。華亭知縣鄭友元已入爲御史，先任青浦，逋金花銀二千九百。帝以詰戶部尚書畢自嚴，自嚴飾辭辨，遂下自嚴獄，遣使逮友元。」又《湖廣通志》：「鄭友元，字元章，京山人，天啓乙丑進士，官御史。」當即其人也。其書於《乾》卦經文卦辭下即接《彖傳》，而分《文言》之釋《彖》者附之。次《大象》，次爻辭，下接《小象》而分《文言》之釋爻辭者附之，未免汨亂古經。其以爻辭爲文王作，亦與先儒之論不合也。

## 易鼎三然

**《四庫提要・易類存目二》** 《易鼎三然》。無卷數。江蘇周厚堉家藏本。明朱天麟撰。天麟，字震青，吳江人，寄籍崑山。崇禎戊辰進士，由兵部主事改授編修。後桂王由榔僭號，以天麟爲大學士，卒於廣西。是書成於崇禎庚午，以讀《易》譬之食味，遡《周易》之旨者曰「庖然」，發《歸藏》之義者曰「湫然」，闡《連山》首《艮》之藴者曰「齕然」，已爲怪異。其子目有《混沌譜》、《中化逵》、《氣穴》、《孫孫》等三十六名，無一非弔詭之辭，於經義絲毫無當也。

## 易經圖考

**嵇璜等《續通志・圖譜略・易》** 鄭敷教《易經圖考》。

## 周易廣義

**黃虞稷《千頃堂書目・易類》** 鄭敷教《周易廣義》四卷。吳人。

**《四庫提要・易類存目二》** 《周易廣義》四卷。浙江鄭大節家藏本。明鄭敷教撰。敷教，字汝敬，吳縣人，崇禎庚午舉人。是編用《注疏》本，以程《傳》、朱《義》爲主，而推廣其說，故名「廣義」。凡諸儒之說與《傳》、《義》合者取之，稍有不合者則去之。朱彝尊《經義考》載敷教《易經圖考》十二卷，而不載是書，殆偶未見歟？

## 易内三圖注

**嵇璜等《續通志・圖譜略・易》** 程觀生《易内三圖注》。

## 四易通義

**《四庫提要・易類存目二》** 《四易通義》六卷。内府藏本。明程觀生撰。觀生，字仲孚，歙縣人，流寓嘉興。崇禎中知天下將亂，即棄去諸生，以相地之術自給。朱彝尊《靜志居詩話》載其事蹟頗詳。然《經義考》惟載其《易内三圖注》三卷，注曰「已佚」，而不及此書。蓋遺書散失，此編幸而僅存，久乃復出，彝尊未及見也。其意以說《易》者多以我解《易》，而不能以《易》解《易》，故其義轉爲傳、疏所淆，因作是編。首列《横圖方圖圓圖合參要旨》，次《卦象爻定辭微旨》，而於每卦每爻下各系錯綜互變所在以貫通之。其大旨主於明人事。自序謂「時當大亂，非藉四聖之力不足以救」，故每發一義以擧今之非，而折衷於《易》理之是，類多隱切明季時勢立言。至釋《晉》之上九，乃極稱封建爲良法，且言天地一日不改，此法終不可易，則立論未免迂僻矣。

## 易經合疏

**黃虞稷《千頃堂書目・易類》**　唐大章《易經合疏》。字士一，仙遊人，天啓中貢士。謂《河圖》爲象數之原，故以觀象爲主。

## 尺木堂學易誌

**吴焯《繡谷亭熏習録・經部》**　《尺木堂學易誌》。《尺木堂學易誌》上下經二卷、《繫辭》一卷，總三卷，明會稽馬權奇翼倩著。《浙江通志》：「權奇，崇禎辛未進士，工部主事。司琉璃廠，與閹忤，爲所中，事白歸。不事家人生産，飲酒讀書，手丹鉛不輟。避兵死於田間。著有《易經解》、《詩經志》、《麟經志》、《老子解》、《名臣言行録》。」是編有王思任、王亹、孟稱舜序，男如金訂。

**《四庫提要・易類存目二》**　《尺木堂學易誌》三卷。山西巡撫採進本。明馬權奇撰。權奇，字巽倩，會稽人。崇禎辛未進士，官兵部主事。王亹序稱「權奇才高召忌，甫閲仕版，在繫者數月，縶維邸舍者三年。後事白歸里，因成是編」。其説皆詮釋大旨，不規規於訓詁，閒引《莊子》、《文中子》諸説，旁及經、史、禪、乘以證之。蓋憂患之餘借抒憤懣，固不以説經論矣。

## 周易微旨

**黃虞稷《千頃堂書目・易類》**　尤良《周易微旨》十卷。

## 天皇河圖

**黃虞稷《千頃堂書目・易類》**　顔茂猷《天皇河圖》二卷。

## 易辰

**《四庫提要・易類存目二》**　《易辰》九卷。江西巡撫採進本。明賀登選撰。登選，號澹餘，鄱陽人。崇禎甲戌進士，官至監察御史。是書以三百八十四爻取象之義，雜引史事以證經。蓋仿《誠齋易傳》之例，而深切則不及之。其以《乾》初爻爲象人心，《乾》四爻爲象太子之類，亦頗穿鑿。自序謂《易》無象而三百八十四爻其象，辰無象而三百六十五度其象，故以「辰」名其書焉。

## 西疇易稿

**黃虞稷《千頃堂書目・易類》**　顧樞《西疇易稿》六卷。字庸庵，顧憲成孫，崇禎己卯舉人。

**《明史・藝文志・易類》**　顧樞《西疇易稿》三卷。

## 桂林點易丹

**《四庫提要・易類存目二》**　《桂林點易丹》十六卷。兩江總督採進本。明顧懋樊撰。懋樊，字霖調，仁和人。其自題「桂林」者，乃舉所居之地而言也。崇禎中副榜貢生，其科分則未詳。是書前有其父《七寶山解易影》數則，幷《諸儒姓氏考》一卷。所臚列自周至明幾數百家，而頗多前後失次。

蓋以摭録示富，未必悉覩原書。其所訓解，大都順文敷衍，不出講章門徑。《經義考》引張雲章之説，斥其以聖經比之道家爐火，亦特據其書名而言，實則無一字涉丹經也。

## 善易者言

**徐𤏡《徐氏家藏書目・易類》** 《善易者言》一卷。吳見末。

## 周易注疏大全合纂

**黄虞稷《千頃堂書目・易類》** 張溥《周易注疏大全合纂》六十七卷。

**吳焯《繡谷亭熏習録・經部》** 《周易注疏大全合纂》六十八卷。《明史藁》：張溥，字天如，太倉人，崇禎四年進士。溥幼嗜學，所讀書必手鈔。鈔已，朗誦一過，即焚之，又鈔。如是者六七，始已。右手握管處，指掌成繭，數日輒割去。冬月手皸，日沃湯數次。後名讀書之齋曰「七録」以此也。爲諸生時，招同里張采共學。益肆力經史，名藉甚，號「婁東二張」。以葬乞假歸，讀書若經生，無間寒暑，四方噉名者爭走其門，名其文社曰「復社」。聲氣通于朝右，所品題甲乙，頗能爲榮辱，大吏多承其聲欬。里人陸文聲者求入社，不許。采又嘗以事抶之。于是詣闕言溥、采主盟倡復社，亂天下。溫體仁下其事，二人皆貶斥。嚴者窮究不已，至十四年，溥已卒，而事猶未竟。周延儒當國，溥座主也，始得解。御史劉熙、給事中姜埰交章言溥、采砥行博聞，所纂述經史有功聖學，宜取備乙夜觀。帝以問延儒，延儒亦稱之，遂有詔徵溥遺書。有司先後録上三千餘卷，悉留覽焉。是編上下經六十四卷，《繫辭》、《説卦》、《序卦》、《雜卦》四卷，總六十八卷。以注疏序本義爲主，未附諸儒之説，故名「合纂」云。侯方域輓天如詩注云：烏程相訐公，復社朋黨引。諸生倪襄，慷慨就訊，堅不肯承。襄亦義士也，附記於此。



## 周易爻物當名

**黄虞稷《千頃堂書目・易類》** 黎遂球《周易爻物當名》二卷。又《易史》□卷。字美周，番陽人，天啓丁卯舉人。

**《明史・藝文志・易類》** 黎遂球《周易爻物當名》二卷。

**《四庫提要・易類存目二》** 《周易爻物當名》二卷。兩淮馬裕家藏本。明黎遂球撰。遂球，字美周，番禺人，天啓丁卯舉人。從朱由榔起兵，後守贛州。城破，巷戰死。其書惟載三百八十四爻，以互變推求其象。然互體、變卦雖古法，而遂球所推則自出新意。往往支離曼衍，附會成文，不必盡當名辨物之本旨也。

## 易史

**黄虞稷《千頃堂書目・易類》** 黎遂球《易史》□卷。

## 讀易隅通

**黄虞稷《千頃堂書目・易類》** 來集之《讀易隅通》二卷。又《易圖親見》一卷。又《卦義一得》一卷。字元成，蕭山人，崇禎庚辰進士，授安慶府推官。晚而耽玩經史，著述甚多，學者稱倘湖先生。

**《明史・藝文志・易類》** 來集之《讀易偶通》二卷。

**《四庫提要・易類存目二》** 《讀易隅通》二卷。浙江巡撫採進本。明來集之撰。集之，字元成，蕭山人。崇禎庚辰進士，官安慶府推官。是書多觸類旁推以求其融貫，自序言「一隅之通，故謂隅通」。其論四時五行，多本之《皇極經世》書。又謂後天卦圖爲周家全象，龍亢上應天星，皆不免於穿鑿。

## 易圖親見

黃虞稷《千頃堂書目・易類》　來集之《易圖親見》一卷。

嵇璜等《續通志・圖譜略・易》　來集之《易圖親見》。

《四庫提要・易類存目二》　《易圖親見》一卷。浙江巡撫採進本。明來集之撰。此書取《序卦》、《雜卦》以及三陳、九德、先天、後天之義爲圖四十有五，而各爲之說。用力雖勤，然究不免於牽強湊合。至《上繫》所引《中孚》等七爻亦爲之圖，而《下繫》所引十一爻即不能爲說，亦可見其出於臆度，而非本自然矣。

## 卦義一得

黃虞稷《千頃堂書目・易類》　來集之《卦義一得》一卷。

《四庫提要・易類存目二》　《卦義一得》。無卷數。浙江巡撫採進本。明來集之撰。是編於每卦約舉大義，所發明不過數語，故名「一得」。其中頗有精澈之語，然支離處亦復不少。如釋《訟》謂：「天開於子，水歸於壑，見其始而不見其終。此天水訟之可以謀始而不可以成終也。」釋《師》謂：「五行之用莫大於水，土有衆多之義，而五行之用土又尅水，有勝負之義。且土在上者爲高，水在下者爲深，即兵法之右背山林，前阻水澤也。」亦未免失之纖巧矣。

## 大易則通

嵇璜等《清通志・圖譜略・經學》　胡世安《大易則通》。謹按：是書闡明圖學，彙萃諸家之圖，各爲之說。

《四庫提要・易類存目二》　《大易則通》十五卷，《閏》一卷。湖北巡撫採進本。國朝胡世安撰。世安，字處靜，別號菊潭，井研人。前明崇禎戊辰進士，歷任少詹事。入國朝，官至大學士。是書專主闡明圖學，彙萃諸家之圖，各爲之說，雖亦及於辭變象占，而總以數爲主。其《閏》卷則續採明羅喻義《讀易珊瑚筋》及劉養貞《易遺象義》之說也。

## 大易通變

黃虞稷《千頃堂書目・易類》　喬中和《大易通變》四卷。

## 說　易

《四庫提要・易類存目二》　《說易》十二卷。直隸總督採進本。明喬中和撰。中和，字還一，內丘人。崇禎中由拔貢生，官至太原府通判。是書前列《圖說》，次《卦象》，次《彖傳》，次《爻象》，次《文言》，次《繫辭》，次《說卦》，次《序卦》，次《雜卦》，次《附録》。其分卷前後與古今本皆不合，頗近臆斷。第二卷先列《卦象》，以孔子之《易》移於文、周之前，尤乖次序。案朱彝尊《經義考》載中和《易林補》四卷，又名《大易通變》。今此書名《說易》，版心又標《躋新堂集》，疑即從文集中析出單行。而其卷數不止四卷，則《易林補》又當在此書之外也。

## 讀易緒言

《四庫提要・易類存目二》　《讀易緒言》二卷。浙江巡撫採進本。明錢棻撰。棻，字仲芳，嘉善人，崇禎壬午舉人，文淵閣大學士士升子也。士升嘗作《易揆》，棻作是編，復推衍其未盡之意，故曰「緒言」。首以八宮各統八卦，爲說八篇。次於六十四卦，卦爲一說。次爲《繫傳箋略》，附以《圖書說》、《先後天說》、《上下篇說》、《觀象說》、《觀變說》、《錯綜互代說》、

《反對説》、《大小象象爻辭説》、《六爻主輔説》、《順逆説》。大旨兼取象數，以推求《易》理。其閒牽強附會，多不能免。又如以「師出以律」爲「律呂」之「律」，「包羞」爲小人羞惡之良心，「觀我生」爲長養之「生」，亦未免好求新異。至於君子小人陰陽消長之際，多有感於明末門戸分爭之禍，借以發洩其不平，亦不必與經義盡相比附也。

## 周易剥義

**黄虞稷《千頃堂書目・易類》** 汪于沚《周易剥義》十二卷。崇禎中婺源諸生。

## 大易纂義

**黄虞稷《千頃堂書目・易類》** 張家玉《大易纂義》。

## 易發

**《四庫提要・易類存目二》** 《易發》八卷。編修王汝嘉家藏本。明董説撰。説，字雨若，湖州人。黄道周之弟子也。後爲沙門，名南潛。其論《易》，專主數學，兼取焦、京、陳、邵之法，參互爲一，而推闡以己意。其根柢則黄氏《三易洞璣》也。其研索具有苦心，而究不免失之雜。如《飛龍訓》一篇，歷引堯、禹、周、孔，謂皆以飛龍治萬世，而復舉《圓覺》、《道德》二經以爲釋迦、老子亦然，未免援儒入墨。又《黄鸝河洛徵》謂「黄鸝一聲，即《河》、《洛》之全機大用」，《杏葉飛龍表》謂「黄鐘之律爲杏葉之正位」。其説皆近於怪誕。極其博辨之才，洸漾自喜則可矣。謂《易》之精奥在是，則殊不然也。

## 周易辨正

**《四庫提要・易類存目二》** 《周易辨正》一卷。浙江巡撫採進本。明喻國人撰。國人，字春山，郴州人。其書大旨謂先儒多是非倒置，以十爲《圖》、九爲《書》，因作《辨》十九章，以九爲《圖》配天，以十爲《書》配地，且及《河圖》主生、《洛書》主尅之理。蓋仍祖劉牧之舊説。第十七《辨》言：「古人左《圖》右《書》。左，陽也，故左字五畫；右，陰也，故右字六畫。」殊爲悠謬。書中率皆類此。其凡例乃云：「秦、漢諸儒昧其則者千餘年，宋、元諸儒枉其則者五百年，國人辨正，四聖知必冥慰。」何其誕也！

## 河洛定議贊

**《四庫提要・易類存目二》** 《河洛定議贊》一卷。浙江巡撫採進本。明喻國人撰。其説以伏羲則《河圖》畫《乾》、《坎》、《艮》、《震》四卦，則《洛書》畫《巽》、《離》、《坤》、《兑》四卦。由《河圖》四卦，得《訟》、《遯》十六陽卦；由《洛書》四卦，得《家人》、《中孚》十六陰卦。合《河》、《洛》迭爲上下而得《否》、《姤》、《履》、《泰》三十二陰陽配合之卦。且以揲蓍之數不惟康節茫然，即一行亦屬妄附。自以《河》、《洛》之議，至此書而始定。書成，且祭河洛之神及天地四聖，爲文以告。其誕至此，又何異於中風狂走者乎？

## 全易十有八變成卦定議

**《四庫提要・易類存目二》** 《全易十有八變成卦定議》一卷。浙江巡撫採進本。明喻國人撰。大旨謂數九則滿，滿則損數；六則謙，謙則益。故

《大易》總不外《乾》九損三，變爲《坤》六。《坤》六益三，變爲《乾》九。或《乾》九《坤》六交相損益，十有八變以成卦而已。

## 周易對卦數變合參

**《四庫提要・易類存目二》**　《周易對卦數變合參》一卷。浙江巡撫採進本。明喻國人撰。謂朱子不知《易》中「十年」、「三年」、「七日」、「八日」之旨，及《訟》九二「三百戶」之數，國人乃於反對兩卦得之。合《屯》、《蒙》二卦，以《屯》下《蒙》上，謂《屯》二爻爲一年。逆數之至《蒙》五爻，歷十爻爲十年。合《需》、《訟》二卦，以《需》下《訟》上，謂《訟》二畫九，即九十戶；《訟》初畫六，即六十戶；《需》上畫六，即六十戶；五畫九，即九十戶。合之得三百戶。以爲此意數千年不明，眞穿鑿附會之說也。

## 河洛真傳

**《四庫提要・易類存目二》**　《河洛眞傳》一卷。浙江巡撫採進本。明喻國人撰。其說謂天地十二會眞數不出五十五，惜陳、邵俱未發明。因演天地五十五數圖，卷末復附以《河洛眞傳說》數頁。辨蓍短龜長之說，謂《記》云「假爾泰龜有常」、「假爾泰筮有常」，原龜筮竝重。朱子妄更祝詞，故重視泰筮。然所引證據，仍不過《廣輿記》、《本草圖經》諸書而已。

## 周易生生真傳

**《四庫提要・易類存目二》**　《周易生生眞傳》一卷。浙江巡撫採進本。明喻國人撰。謂先儒解《易》爲變易、爲交易，總不如《繫辭》「生生之謂易」五字最確。又謂伏羲則《河》九、《洛》六，始畫八卦，以木德王也。木主仁，仁爲生生眞種子。每卦六爻，推演五行相生之數以配合之。

## 易憲

**黃虞稷《千頃堂書目・易類》**　沈泓《易憲》四卷。華亭人，刑部主事。

**《四庫提要・易類存目二》**　《易憲》四卷。編修勵守謙家藏本。明沈泓撰。泓，字臨秋，華亭人。崇禎癸未進士，官刑部主事。是編隨文詮義，不載《本義》原文，而全書宗旨一一與《本義》合。在舉業家則可謂之簡而有要矣。

## 易聞

**黃虞稷《千頃堂書目・易類》**　歸起先《易聞》十卷。常熟人，崇禎癸未進士，隱居不仕。

## 周易獨坐談

**《明史・藝文志・易類》**　洪化昭《周易獨坐談》五卷。

**《四庫提要・易類存目二》**　《周易獨坐談》五卷。兩淮馬裕家藏本。明洪化昭撰。化昭，自號曰北居士，新都人。《經義考》列之馬元調前，則啓、禎間人也。是書《明史・藝文志》著録，然無卷數。今本五卷，不知何人所分。其說以《說卦》、《序卦》、《雜卦》三傳皆爲漢儒所增入，故置而不言，惟說上、下《經》、《繫辭》。然雜引古事，語皆粗鄙，如周公作歌招夷齊、夷齊答歌之類，雜以俳諧，殊乖說經之體。至謂文王八卦退乾於西北者，乃因岐在西北，意在以天自處，尤穿鑿矣。其自述乃曰：「日北居士談《易》，每一卦六爻，合成一片，不知者以爲迂，而非迂也。發揮文王、周公心事，不知者以爲鑿，而非鑿也。謂之『獨坐談』，聊以自娛，而不可以語人也。」

何其果於自信歟！

## 圖學淺見

**黄虞稷《千頃堂書目・易類》** 姜玉潔《圖學淺見》。劍州人。

## 易同

**黄虞稷《千頃堂書目・易類》** 嚴轂《易同》。

## 逸亭易論

**吴焯《繡谷亭薰習録・經部》** 《逸亭易論》，徐繼恩世臣著。錢塘人，貢生。晚爲僧，名靜挺，字俍亭。其《易》說八篇：《河圖說》一、《洛書說》一、《先後天八卦圖說》二、《卦序說》三、《策數說》一，共爲一卷。別有《測莊》一卷，頗多元旨。則逸亭不特熟精內典，而道藏亦博覽幾盡也。

## 易學啓蒙述解

**《明史・藝文志・易類》** 朱謐《易學啓蒙述解》二卷。

## 易圖說

**《明史・藝文志・易類》** 周坦《易圖說》一卷。

**嵇璜等《續通志・圖譜略・易》** 周垣《易圖說》。

## 易郵

**《明史・藝文志・易類》** 朱篁《易郵》七卷。

## 正易學啓蒙

**《明史・藝文志・易類》** 曾士傳《正易學啓蒙》一卷。

## 易鑰

**《明史・藝文志・易類》** 彭好古《易鑰》五卷。

## 周易翼註

**《明史・藝文志・易類》** 王納諫《周易翼註》三卷。

## 易圖說

**《明史・藝文志・易類》** 余誠《易圖說》一卷。

**嵇璜等《續通志・圖譜略・易》** 余誠《易圖說》。

## 周易指要

《明史・藝文志・易類》 方社昌《周易指要》三卷。

## 易　説

《明史・藝文志・易類》 鮑觀白《易説》二卷。

## 易象大旨

《明史・藝文志・易類》 張伯樞《易象大旨》三卷。

## 周易懸鏡

《明史・藝文志・易類》 喻有功《周易懸鏡》七卷。

## 易　説

《明史・藝文志・易類》 吳默《易説》六卷。

## 易學象辭二集

《明史・藝文志・易類》 高捷《易學象辭二集》十二卷。

## 演易圖説

《明史・藝文志・易類》 潘士龍《演易圖説》一卷。
嵇璜等《續通志・圖譜略・易》 潘士龍《演易圖説》。

## 易説醒

《明史・藝文志・易類》 洪守美《易説醒》四卷。

## 周易讀

《明史・藝文志・易類》 余叔純《周易讀》五卷。

## 易經觀理説

《明史・藝文志・易類》 林有桂《易經觀理説》四卷。

## 易經三注粹鈔

《明史・藝文志・易類》 許順義《易經三注粹鈔》四卷。

## 周易敝書

《明史·藝文志·易類》　王祚昌《周易敝書》五卷。

## 今易圖學心法釋義

《明史·藝文志·易類》　容若春《今易圖學心法釋義》十卷。

嵇璜等《續通志·圖譜略·易》　容若春《今易圖學心法釋義》。

## 乾乾篇

《明史·藝文志·易類》　龍文光《乾乾篇》三卷。

## 易參

《四庫提要·易類存目二》　《易參》五卷。浙江巡撫採進本。明錢彭曾撰。彭曾，號覺龕，錢塘人。是書用《注疏》本而不載經文，但標每節之目。首爲《圖説》，其方、圓、黑、白，雖皆《易》外之枝節，而自宋以來，猶有所受。又旁及曆法、推步、奇門、九宫、干支、納音，雖不得漢儒之本法，而其説猶有所傳。又廣而推及五岳地形、《禹貢》水道、堪輿、律呂、井田、兵法、道家、佛家、選擇、六壬，殊泛濫龐雜，無所紀極。然則五藏六府亦配陰陽，將曰《易》爲醫作乎？方罫圓棋亦合奇偶，將曰《易》爲弈作乎？至所詮解，則與圖渺不相關，仍不過摘句尋章，循文推演，間或自出新意，又往往乖舛。如謂《乾》爲四月之卦，猶未分龍，雨未時行，故曰「潛龍」。《坤》之「履霜堅冰」乃指忠臣孝子而言，其初發一念爲「履霜」，歷久不變爲「堅冰」。自有《易》以來無此説也。

## 周易去疑

《四庫提要·易類存目二》　《周易去疑》十一卷。兩江總督採進本。明舒宏諤撰。宏諤，字士一，旌德人。老於授徒，故鈔撮講章，纂而成帙，以便課誦。其舉例有五：曰演脈，曰闡旨，曰互參，曰摹象，曰注字。初梓於池氏，後版燬於火，蔣時機又重刊之，而改其體例。卷首又題「蔣先庚增補」。標目雜糅，不可究詰。大抵書賈射利之本也。

## 易旨一覽

《四庫提要·易類存目二》　《易旨一覽》四卷。江蘇周厚堉家藏本。明蔣時雍撰。時雍，字繩武，江都人。其書訓詁字句，乃村塾課蒙之本。

## 三易大傳

《四庫提要·易類存目二》　《三易大傳》七十二卷。江西巡撫採進本。明李陳玉撰。書分二册。一曰《先天古易》，以解圖書。又每篇繫以贊語。其最異者，以無極、太極、無極而太極分爲三圖，而先天八卦配以英輔九星之名，後天八卦配以疏附先後之名。支離破碎，全無理據。一曰《後天周易》，以解經、傳。雖言象數，而皆出臆説。附以《易導》、《易鈐》、《易眼》諸書。其《易鈐》有云：「若欲《易》學了澈，直須將一切訓詁辭章盡情剗却，即孔、文之語，亦不過《易》象一端之論，方有入處。」可謂敢爲大言。蓋言圖書者，病於支離破碎，談心性者，病於杳冥恍惚，陳玉兼二家之説，而各得二家之極弊，眞所謂誤用其心者也。

## 易經補義

**《四庫提要・易類存目二》**　《易經補義》四卷。浙江巡撫採進本。明方芬撰。芬，字舒林，歙縣人。其書全列《本義》於前，而以己所發明附贅於末，皆標補字以別之，所得頗爲膚淺。其《凡例》云：述其王父有度所撰《易旨正宗》及其父希萊《易經要旨》而爲之。今二書皆未見。然觀芬之書，其大略可睹矣。

## 讀易鏡

**《四庫提要・易類存目二》**　《讀易鏡》六卷。兩江總督採進本。明沈爾嘉撰。爾嘉，字公亨，常熟人。是書悉依今本次序，每一卦一節，列經文於前，列講義於後。而講義高經文一格，全爲繕寫時文之式。其說皆循文敷衍，別無發揮。經文旁加圈點，講義上綴評語，亦全以時文法行之，即其書可知矣。

## 易學古經正義

**《四庫提要・易類存目二》**　《易學古經正義》十二卷。湖北巡撫採進本。明鄒元芝撰。元芝，字立人，竟陵人。自費直合《十翼》於上下經，唐用王弼《易》注作《正義》，《易》遂用王弼之本。宋晁説之、呂祖謙諸家始倡爲復古之説，互有考訂，而亦互有異同。至朱子之《本義》，始定從呂本，分爲經二篇、傳十篇，至今與王本竝行。元芝是書，欲駕出朱子之上，謂孔子《十翼》與經竝尊，不得抑之稱傳，遂臆爲分別。如《乾卦》以「乾，元亨利貞」五字爲本經之《彖》，割「天行健」三字爲本經之《象》，而綴以六爻。他皆倣此。其《十翼》則仿制藝之體，經文反低二格，而《彖辭》、《小象》之辭各冠以「彖曰」、「象曰」字，跳行頂格書之。其《大象》「天行健」、「地勢坤」諸句，因刪之不能成文，遂既以爲本經之文，又複見於《象辭》之內。一文兩屬，莫定所歸。皆有意立異，而詭稱復古，不知所據何古本也？其説經大旨，則以羲、文之《易》爲卜筮之書，孔子之《易》爲盡性至命之書，故所注皆舍象數而言義理。蓋借尊孔子之名以劫伏衆論，實則茫無確證，徒見其割裂聖經而已。

## 射易淡詠

**《四庫提要・易類存目二》**　《射易淡詠》二卷。江蘇周厚堉家藏本。不著撰人名氏，卷端惟題「西農」二字。前有陳愫《索射易書》一篇，稱其字曰「孝若」。考愫至國朝尚存，嘗與丘象隨等共注李賀《昌谷集》。又書中稱張九山青衣得《射易》半部於虎丘僧舍，乃録寄尹子求者。考明尹伸，字子求，宜賓人，萬曆戊戌進士，官至湖廣布政使。崇禎甲申，張獻忠部賊陷敘州，伸殉節死。此書既云寄伸，則是時伸尚無恙，當爲明末人作矣。其説《易》但解六十四卦，每卦但標《彖》、《象》及第幾爻字，不列經文。大抵皆借經發議，其言辨博自喜，而詞勝於理。又喜作似了非了語，類禪宗之機鋒，殊乏先儒明白淳實之意。每卦之末，各系以五言古詩一首，以發明一卦之大義，蓋即所謂「淡詠」者。自古以來，亦無此説經之體例也。

## 大易衍説

**《四庫提要・易類存目二》**　《大易衍説》。無卷數。安徽巡撫採進本。不著撰人名氏，亦不著時代，乃明人舊録藏本也。其書乃鄉塾講義，隨文敷衍，不能發明大旨，亦姑存之可耳。

## 原　易

**《四庫提要・易類存目二》**　《原易》二卷。兩江總督採進本。不著撰人名氏。上卷《原太極圖書》凡十一條，下卷《原六十四卦》，皆剿襲舊文，别無創獲，不足以言著書也。

## 易傳義

**《四庫提要・易類存目二》**　《易傳義》十二卷。內府藏本。不著編輯者名氏。取程子《易傳》、朱子《易本義》合爲一書。冠以《圖説》、《綱領》各一篇，皆從《易經大全》中録出。故改朱本之次第以從程本，版式字畫頗爲工楷。曹寅《楝亭書目》亦載有此書一函。蓋明代經廠本也。

## 易象與知編

**《四庫提要・易類存目二》**　《易象與知編》一卷，《圖書合解》一卷。兩淮馬裕家藏本。題曰「天山道人撰」，不著名氏，不知何許人也。其書惟論《河圖》、《洛書》、八卦方位及對待流行之義，五行生成之理，皆於諸家《易》解之中鈔合成帙。蓋欲講陳、邵之學，而僅掇拾其糟粕者。

## 圖書合解

**《四庫提要・易類存目二》**　《圖書合解》一卷。題曰「天山道人撰」，不著名氏，不知何許人也。

## 周易圖解

**嵇璜等《續通志・圖譜略・易》**　王潤孫《周易圖解》。

## 易經十翼章圖藴義

**黄虞稷《千頃堂書目・易類》**　張廷芳《易經十翼章圖藴義》十卷。晉江人，自號退峃翁。

**嵇璜等《續通志・圖譜略・易》**　張庭芳《易經十翼章圖藴義》。

## 周易圖

**嵇璜等《續通志・圖譜略・易》**　陳林《周易圖》。

## 周燔易

**錢謙益等《絳雲樓書目・易類》**　九江周氏燔《易》。

## 易聯玉

**錢謙益等《絳雲樓書目・易類》**　《易聯玉》一冊。明。

## 亘易略　讀易考原　三十六宫圖説

錢謙益等《絳雲樓書目・易類》　《亘易略》、《讀易考原》、《三十六宫圖説》一册。

## 易學濫觴

錢謙益等《絳雲樓書目・易類》　黄楚望《易學濫觴》。《經義考》此書下注「佚」字。

## 易傳集説

黄虞稷《千頃堂書目・易類》　周南老《易傳集説》。

## 古易筮法

黄虞稷《千頃堂書目・易類》　豐慶《古易筮法》。寅初子，河南布政使。

## 周易參微録

黄虞稷《千頃堂書目・易類》　程仲賢《周易參微録》。婺源人。

## 易論

黄虞稷《千頃堂書目・易類》　王義朝《易論》十二卷。上虞人。

## 易説

黄虞稷《千頃堂書目・易類》　王義朝《易説》十卷。

## 易繫辭解

黄虞稷《千頃堂書目・易類》　倪復《易繫辭解》。余本嘗師之。

## 河圖衍義

黄虞稷《千頃堂書目・易類》　盧璣《河圖衍義》。

## 易思得録

黄虞稷《千頃堂書目・易類》　潘葵《易思得録》□卷。浮梁人。以講明義理爲學，蔡清、李夢陽皆稱之。

## 卦　辨

黄虞稷《千頃堂書目·易類》　潘葵《卦辨》。

## 周易解

黄虞稷《千頃堂書目·易類》　謝理《周易解》。

## 周易疑略

黄虞稷《千頃堂書目·易類》　王復春《周易疑略》。字學樂，晉江人，廣西按察使。

## 先天圖正誤

黄虞稷《千頃堂書目·易類》　鄭世子載堉《先天圖正誤》一卷。

## 易　觀

黄虞稷《千頃堂書目·易類》　甯威《易觀》。衡陽人。布衣講學，學者稱太虚先生。

## 易　象

黄虞稷《千頃堂書目·易類》　甯威《易象》四編。

## 圖書定則

黄虞稷《千頃堂書目·易類》　金隆《圖書定則》七卷。

## 圖書易旨

黄虞稷《千頃堂書目·易類》　金隆《圖書易旨》一卷。

## 家藏易解

黄虞稷《千頃堂書目·易類》　李登如庵《家藏易解》一卷。

## 易知齋易説

黄虞稷《千頃堂書目·易類》　李登如庵《易知齋易説》一卷。

## 易學指掌

黄虞稷《千頃堂書目·易類》　趙鳳翔《易學指掌》四卷。依古本以上下

《經》居前，而次以孔子《十傳》。鳳翔，雄縣人。一作六卷。

**吴焯《繡谷亭熏習録・經部》**　《易學指掌》六卷。趙鳳翔羽伯輯。雄縣人。順治四年刊于范箕生蜆斗齋，以己跋冠其首。有范士楫、鹿化麟二序。一卷《圖説》，二卷文王《易經》上下篇説附，三卷孔子《十傳》，四卷《卦變圖説》，五卷《占法》，六卷《總論》。其經文特用古本，允稱有識。

## 風姬易溯

**黄虞稷《千頃堂書目・易類》**　王紀卿《風姬易遡》。

**《四庫提要・易類存目二》**　《風姬易遡》五卷。江西巡撫採進本。明王宣撰。宣，字紀卿，一字虚舟，金溪人。其書止上、下經卦爻辭。前有自序曰：「風，伏羲姓。遡風者，溯卦。姬，文、周姓。溯姬者，溯彖。爻獨不遡孔者，余觀象家，非舉業家也。」如其所言，則孔子《十翼》，竟爲舉業而作，其妄謬殆不足道。此因四聖人各自有《易》之説，而報讎流爲行劫者也。所言多主於象，亦破碎支離，不盡合於經義。

## 易　盪

**黄虞稷《千頃堂書目・易類》**　方鯤《易盪》二卷。

**《明史・藝文志・易類》**　方鯤《易盪》二卷。

## 周易韻叶

**黄虞稷《千頃堂書目・易類》**　程元初《周易韻叶》二卷。

## 易經發微

**黄虞稷《千頃堂書目・易類》**　程嗣光《易經發微》六卷。

## 周易本義翼

**黄虞稷《千頃堂書目・易類》**　仇二常《周易本義翼》四卷。

## 易象闡庸

**黄虞稷《千頃堂書目・易類》**　姜震陽《易象闡庸》一百二卷。

**《四庫提要・易類存目一》**　《易傳闡庸》一百卷。江蘇巡撫採進本。明姜震陽撰。震陽，字復亨，自稱曰東楚，蓋淮、泗閒人也。其書以朱子《本義》爲主，附綴諸説於其下，而經文次第仍用王弼之本。蓋惟見坊刻《本義》，未見朱子原書也。其説皆循文衍義，冗沓頗甚，不出坊刻講章之習。卷前標曰「十名家批評」，其陋亦可以想見矣。《經義考》作一百二卷，注曰「未見」。此本惟一百卷，殆彝尊偶誤歟？

## 易圖説

**黄虞稷《千頃堂書目・易類》**　申錫三《易圖説》十卷。潼川州人。

## 易贊

黄虞稷《千頃堂書目・易類》　余樞《易贊》。

## 易解

黄虞稷《千頃堂書目・易類》　周夢華《易解》。

## 周易古本通義

黄虞稷《千頃堂書目・易類》　華從允《周易古本通義》。

## 大易傳補

黄虞稷《千頃堂書目・易類》　揭其大《易傳補》。字思泰，廣昌人。隱居不仕。

## 易象吉占

黄虞稷《千頃堂書目・易類》　徐守綱《易象吉占》。號觀瀾，烏程人。

## 周易講説

黄虞稷《千頃堂書目・易類》　張瑤《周易講説》一卷。朝邑人。

## 澹齋内言

吴焯《繡谷亭薰習録・經部》　《澹齋内言》一卷。明西蜀蠻府參軍雲間楊繼益茂謙著，陳繼儒跋。其論《河》《洛》，獨採臨川王氏之説。謂「《洛》不謂之圖，《河》不謂之書。余竊意圖、書各有別，古人稱圖者畫也，書者字也。象形之謂圖，成文之謂書，鑿鑿乎不相侔也。如後世之所謂洛書者，亦圖也，非書矣。王氏能疑之而不能辨也」。

## 易林元籥

吴焯《繡谷亭薰習録・經部》　《易林元籥十則》。右鈔本。明常州盛如林茂卿纂。不分卷，帙題曰「十測」。一易籥淵源、二九六用變、三占法異同、四卦按四時八方、五京房分爻直日、六卦氣消長、七象義合一、八起卦捷法、九八卦各屬卦爻分直二十四氣、十節氣盈虚起卦圖式。各有小引，以申明之大概。以《焦氏易林》原本久逸，爻象變法、占法皆殘闕失次，因廣爲編註，附以十測，加以卦之直日用爻，合之得二十五萬九千八百四十之數。句章馮元颺爲之序。按《焦氏易林》每卦不變者一，而變者六十有三。有一爻變者，有二爻俱變者，有三爻俱變者，有四爻俱變者，有五爻俱變者，有六爻俱變者。一爻與五爻變者各六，二爻與四爻變者各十有五，三爻變者二十，六爻變者一。皆自下而上，逐爻相推。故每卦可變爲六十四卦，合之得四千九十六卦。似亦理數之自然，毋庸損益于其間也。若自此而加之，何所底止乎？至焦氏占法，以初變爲直日之用，爻于所變之爻起甲子數，至當年太歲干支爲太歲之用爻；又從太歲用爻起甲子數，至本月干支爲月；將又從直日用爻起甲子數，至筮時爲時神。于此推究五行之生剋，以定吉凶。而諸所變與不變之爻，皆自爲繇詞。其辭正詭離合，多在可解不可解之間，恐更非末學淺見者所能竊取，其意以補之也。

## 易辯

**吴焯《繡谷亭熏習録・經部》** 《易辯》一卷。右不題撰人名氏。所辨者上、下經一、《十翼》二、《筮法》三、《河圖洛書》四、《太極》五，凡六篇，而《太極》之辨爲尤詳，引儒先經説至明而止。玩其修辭好逞己見，習爲大言，故其辨上下經也，謂：「晦翁獨取晁氏之説。紬孔子之明傳，而曰以其簡袠重大，故分爲上下經兩篇。然則曷不以《乾》、《坤》之《咸》、《恆》爲上經，《遯》、《大壯》至《既濟》、《未濟》爲下經，各三十二以平分之。豈不匀正整齊，而乃參差之若此耶？」其辨《太極》也，謂：「濂溪之學本于釋氏，至紫陽則醜詆其説，以其言無極也。」且謂：「晦翁酷好修煉之術，與方士葛長庚友善，得其《太極圖説》，又得高禪之偈于道謙，惟恐此圖之不傳，爲之解矣，又爲之説矣！又強辨于象山，強答于南軒，強語于門人，極文飾捭闔之巧，而卒無以反之于其實。」凡他辨亦類是。幸生古儒之後，得其緒論亦足多已。其有不合者爲之補正可也，何必陷爲輕薄之論？能免後人所譏哉？

## 周易感義

**《四庫提要・易類存目三》** 《周易感義》。無卷數。兩江總督採進本。此書爲未刻稿本，中多朱墨塗乙。其撰人姓名，墨筆題「東海衲民岳嵐墨山氏述」，蓋所自書。朱筆題「江西兵憲岳虞巒衡山氏述」，爲其同里魯釗所書。考《太學題名碑録》，前明崇禎辛未科有岳虞巒，南直隸武進人。又《江南通志・儒林傳》稱：「虞巒，字舜牧，官至江西按察使。晚尤好《易》，撰有《周易感》及《春秋平義》二書。」書中云「幼時及見熹廟初年」，時代亦復相合。然則所謂《周易感》者，當即此書，特刻板誤脱「義」字耳。書中又云：「丙申五月著稿。」則成於國朝順治十三年。疑其明亡以後，變服爲僧，改名岳嵐，故自號「東海衲民」也。是書惟解六十四卦，分作八巨册，而朱筆又開有標二編第幾卷者。殆本有初編、二編，經釗删併爲今本耶？其説詳於取象，近錢一本之學。然皆參以佛氏，如稱「西域之有迦文，猶中國之羲、文、周、孔」云云，謬妄非一。釗雖多所刊削，欲滅其迹，而能潤飾其字句，究不能改易其宗旨。蓋於王宗傳、沈作喆之説又變本加厲矣。

## 讀易大旨

**吴焯《繡谷亭熏習録・經部》** 《讀易大旨》五卷。孫奇逢著。湯斌墓志曰：「康熙十有四年四月，明萬曆庚子舉人徵君孫先生卒於輝縣夏峯之居，年九十有二，其冬十月葬於夏峰之東原。先生幼嘗梁谿、吉水講學都門之日，與鹿忠節公交修默證，以聖賢相期許。忠節既歿，獨肩斯道者四十載。兩朝徵聘十一次，堅臥不起，故天下稱爲『徵君』云。」黄宗羲志孫學濂子一墓曰：「闖賊陷京師，子一與容城孫鍾元密結義旅，刼其不備，賊中亦頗有願内應者。久之音塵斷絶，賊黨勸進矣。徵君字啓泰，號鍾元，容城人。」耿極序曰：「徵君夫子與鹿忠節公倡道北方，固久已默契，晝前不卜筮而知吉凶。迨避地蘇門，乃更受《易》於三無道人，而得其大旨，於是有《讀易大旨》一編。」按徵君講學則主陽明而近於禪，講《易》則似玉吾而近於老，選佛期仙殆欲一身兼之歟！

**《四庫提要・易類六》** 《讀易大旨》五卷。浙江巡撫採進本。國朝孫奇逢撰。奇逢，字啓泰，號鍾元，又號夏峰，容城人。前明萬曆庚子舉人。是書乃其入國朝後流寓河南時所作。前有自序云：「至蘇門始學《易》，年老才盡。偶據見之所及，撮其體要，以示門人子弟。原非逐句逐字作解，故曰『大旨』」。其門人耿極爲之校訂。末附《兼山堂問答》及與三無道人李尌論《易》之語，別爲一卷。尌，雄縣人，奇逢所從學《易》者也。後奇逢曾孫用正復取其論《易》之語散見他著述者五條，彙冠卷首，題曰《義例》。跋稱「原本序文凡例皆闕，故以是補亡」。案奇逢說《易》，不顯攻《圖》、《書》，亦無一字及《圖》、《書》。大意發明義理，切近人事，以象傳通一卦之旨，由一卦通六十四卦之義。凡所訓釋，皆先列己說，後附舊訓。其平生之學，主於實用，故所言皆關法戒，有足取焉。

## 易象數鈎深圖

**稽璜等《清通志・圖譜略・經學》** 張文炳《易象數鈎深圖》。謹按：張文炳薈萃諸家圖說以成一編，間附以己論。

**《四庫提要・易類存目三》** 《易象數鈎深圖》三卷。山西巡撫採進本。國朝張文炳撰。文炳，字明德，絳州人。康熙中以實録館供事議敍，授高唐州州判，終於泗州知州。近世胥吏之能著書者，文炳及泰安聶鈫而已。是編稱本之成氏《五經講義》，而不著其名。考通志堂所刻經解，皆冠以納蘭成德之序。其中如劉牧《易數鈎隱圖》、張理《易象圖說》、雷思齊《易圖通變》，皆發明數學。文炳蓋會萃諸書以成一編，以其不明纂述體例，故誤以宋、元經解統名曰《五經講義》，又不著成氏之名。不知滿洲氏族源流，故誤以納蘭爲其自號，成德爲其姓名，而稱爲成氏也。其書由割裂而成，頗爲龐雜。閒有文炳所附論，亦皆捃拾之學。

## 易宗集注

**《四庫提要・易類存目三》** 《易宗集注》十二卷。兩江總督採進本。國朝孫宗彝撰。宗彝，高郵人。是書成於康熙庚申，以象、數、理各有宗，因象而測其數，因數而測其理，而所宗者以中爲主。故卷首冠以《中論》三篇。其說謂《河圖》、《洛書》五皆居中。中，五象之宗也。五，數之中也。中，理之宗也。故名《易宗》。案《易》所言「中」，皆指中畫，過與不及，皆因象示戒，則謂《易》爲用中，未始不可。然必執《河圖》、《洛書》之五位以爲用中之本，則横生枝節，附會經義矣。注中於變爻、變卦及反對、互體之義獨詳，而卷首兼論歲運。其學蓋出於黄道周而參以他說小變之。中間詆斥先儒，殊爲已甚。又每節之下必注「宗彝曰」云，以擬《象》傳，尤無謂也。

## 易　贅

**《四庫提要・易類存目三》** 《易贅》二卷。安徽巡撫採進本。國朝王艮撰。艮，字無悶，號不菴，歙縣人。是書每條皆泛論《易》理，不標經文。凡與人問答書中有論及《易》者，亦節録附入。自序云：「漢儒亂其數，宋儒鑿其理，其有合於《易》而不失厥旨者，要非全《易》矣。」然大旨仍主義理而不言象數。《經義考》作一卷，稱其友始安吴懷、鄱陽史自序之。今二序竝存，而卷分爲二，題曰「王煒」，蓋艮之初名也。

## 易　存

**《四庫提要・易類存目三》** 《易存》。無卷數。大理寺卿王昶家藏本。國朝蕭雲從撰。雲從，字尺木，蕪湖人，前明崇禎己卯副榜貢生。是書乃雲從年八十時所撰。以數言《易》，而其數乃以律呂、曆算爲宗，旁及於三命、六壬之術。前列《易存四學》一條，稱學者先讀《易》卦爻詞、《大傳》著法，次學卦氣以及支干、陰陽、五行生尅、氣運衰旺，次學算歸、除、因、乘，次學音律、詞曲、聲調、管弦以及翻切諸法方得。其說頗屬支離。夫奇偶陰陽爲萬事萬物之根本，故《易》道廣大，推之無所不通。律呂爲《易》中之一理，非因律呂作《易》，亦非因《易》作律呂也。曆算亦《易》中之一理，非因曆算作《易》，亦非因《易》作曆算也。即以醫術而論，榮衛者陰陽也，七竅者奇偶也，心腎者《坎》、《離》之宅也，其消長則《姤》、《復》之機，其升降則《既濟》、《未濟》之象也。至於五運六氣，司天在泉，無一不與《易》理通。亦將曰因醫有《易》，因《易》有醫乎哉？王士禎《池北偶談》嘗記雲從作《杜律細》一書，凡吴體拗句，倶強使協於平仄。如「盤渦浴鷺底心性」句，則讀「底」爲高低之「低」，「江草日日喚愁生」句，則讀「草」爲離騷之「騷」。此書言《易》，殆亦類斯？與連江童能靈作《律呂古義》二卷，純以《河圖》、《洛書》爲聲音之本者，均可謂誤用其心矣。

## 讀易略記

**《四庫提要・易類存目二》** 《讀易略記》。無卷數。浙江鄭大節家藏本。明朱朝瑛撰。朝瑛，字美之，號康流，又號罍菴，海寧人。崇禎庚辰進士，官旌德縣知縣。其《易》學出於黄道周，此書亦間引道周之語。然持論與道周又異。其言象數，不主邵子之説。又別爲先天、後天之圖，取一索、再索之序爲先天，取對卦、化氣爲後天，殊爲創見。鈔本不分卷數。朱彝尊《經義考》作一卷，然細字至二百五十一頁，必非一卷。疑彝尊所見或不完之本耶。

## 易大象説録

**《四庫提要・易類存目三》** 《易大象説録》二卷。浙江吴玉墀家藏本。國朝吴舒凫撰。舒凫，一名逸，字吴山。吴縣人。是書惟釋《大象》，蓋因杭人施相《周易大象頌》而作，每條附以贊語。其中改「天行健」爲「天行乾」、「天地交」爲「地天交」之類，其子向榮跋語述其父言，稱「不闕疑而改經文，獲罪千古」，蓋已自知之矣。前有《施相傳》，謂崇禎乙卯，相年十七。明崇禎無乙卯，當是己卯之譌也。

## 羲畫憤參

**黄虞稷《千頃堂書目・易類》** 陸位時《羲畫憤參》十五卷。錢塘人。

**《四庫提要・易類存目三》** 《羲畫憤參》二十五卷。浙江巡撫採進本。國朝陸位時撰。位時，字與偕，錢塘人，在前明嘗官鄞縣訓導。是書成於順治丙戌，前有位時自序稱：「小憤小悟，大憤大悟，不憤不悟。憤之云者，心求通而未得之意，故云憤。」參其書，專闡《河》、《洛》之數而附益以先天之時令、後天之節序。首列卦爻《象》《彖》諸解、《圖》《書》諸説。每條之首，設卦難數條。卦畫之下，列卦旨數條。卦後列《六爻總論》一篇，而以字義諸説別標題目，參錯於經文之中。體例頗爲龐雜。前又有黄道周序，不署年月，中有「時值鼎革」語。考順治乙酉、丙戌之閒，黄道周方從朱聿鍵稱兵閩中，勢不暇爲位時作序。況方輔聿鍵僭號改元，亦決不肯自稱「鼎革」。其爲依託無疑。蓋以道周喜談象數，與此書宗旨相近，故假借之以爲重耳。

## 讀易辨疑

**黄虞稷《千頃堂書目・易類》** 李開先《讀易辨疑》四冊。四川人。

**吴焯《繡谷亭熏習録・經部》** 《周易辨疑》四卷。李開先著。《四川通志》：「開先，明天啓舉人，長壽縣人。」余詢之蜀人云，傳一李先生，爲明季名孝廉，少壯即冠進賢。旋遭流逆之變，絶意進取，讀書麟潛山中。所著《周易辨疑》，多所心得。愛來氏瞿塘卦變、錯綜之説，惜其擇不精，語不詳，因爲折中定是。且欲証向者説《易》家之誣且鑿，以解後學之惑，而不自知其説之鑿更甚矣。

**《四庫提要・易類存目二》** 《周易辨疑》。無卷數。山東巡撫採進本。國朝李開先撰。開先，字傳一，長壽人。與嘉靖中太常寺卿李開先名姓偶同，非一人也。其《易》學受於鄉人來知德，案知德雖嘉靖三十一年舉人，其授待詔則在萬曆三十年，下距明亡僅四十年，故其門人能至順治初尚在。故其書詮解象數，多推闡其師錯綜之例，惟卦變之説與知德不合。其中駁《本義》者頗多。如九三「重剛而不中」、九四「重剛而不中」，《本義》謂九四「重」字疑衍，開先則謂三畫卦重爲六畫，自四畫始，卦重則剛亦重。其説近鑿。又如《坤》六二「直方大」，《本義》：「賦形有定，《坤》之方也。」開先謂「方」

即徑一圍四，伏羲方圖之「方」，尤爲不倫。至所自立之新義，如《說卦》「《乾》爲馬」，而爻詞取象于龍，朱子以爲理會不得，開先則謂「伏羲時龍馬負《圖》，《乾》雖爲馬而非馬，乃龍馬也。周公略去馬字，而止言龍，非擬之以馬，又擬之以龍也」云云。按《乾》與《震》合德，龍與馬同性，故《說卦傳》《乾》、《震》皆取馬象。至《震》之爲龍，亦以一索得男，體從《乾》化，故二卦皆取龍象。聖人繫《易》，偶舉一端，不得膠此以疑彼，而委曲以遷合之也。且爻詞「潛」、「見」、「飛」、「躍」諸義，豈能施之龍馬耶？亦好異而不顧其安矣。

## 讀易蒐

**黃虞稷《千頃堂書目·易類》**　鄭賡唐《讀易蒐》十二卷。字寶水，縉雲人，天啓丁卯舉人。

**《明史·藝文志·易類》**　鄭賡唐《讀易蒐》十二卷。

**吴焯《繡谷亭熏習録·經部》**　《讀易蒐》十二卷。縉雲鄭賡唐著。字寶水，號禪復居士，明天啓丁卯舉人。有自序，又張玉書序。其大指以程、朱爲宗，間參以他說而已，亦無所發明焉。《經義考》：「賡唐官福建按察使僉事。」《縉雲縣志》：「吏科特薦不就。」二說未知孰是？

**《四庫提要·易類存目三》**　《讀易蒐》十二卷。浙江吴玉墀家藏本。國朝鄭賡唐撰。賡唐，縉雲人。前明天啓丁卯舉人，官至福建按察使僉事。是書序稱丁亥，蓋成於順治四年。經文全用《注疏》本，每卦之末附論一篇，多經生之常義。至《繫辭》舊雖分章，然自漢、晉以來未有標目。賡唐直加以《天尊》章、《設位》章諸名，則是自造篇題，殊乖古式。又《說卦》章次亦加刪併，而不言所以改定之故，更不免變亂之譏。蓋猶明季諸人輕改古經之餘習也。

## 易酌

**黃虞稷《千頃堂書目·易類》**　刁包《易酌》。字蒙吉，伊祁人，崇禎中舉人。學宗濂洛，後爲北方純儒，著述甚富。

**《四庫提要·易類六》**　《易酌》十四卷。直隸總督採進本。國朝刁包撰。包，字蒙吉，祁州人。前明天啓辛卯舉人。是書用《注疏》本，以程《傳》、《本義》爲主。雖亦偶言象數，然皆陳摶、李之才之學，非漢以來相傳之法也。原序稱陸隴其官靈壽時，欲爲刊板，不果。雍正初，其孫顯祖又以己意附益之。卷首凡例《雜卦》諸圖及卷中細字稱「謹案」者，皆顯祖筆。原序又稱此書爲「經學之津梁，亦舉業之準的」。考包在國初，與諸儒往來講學，其著書一本於義理，惟以明道爲主，絕不爲程試之計。是書推闡《易》理，亦大抵明白正大，足以羽翼程、朱，於宋學之中實深有所得。以爲科舉之書，則失包之本意多矣。

## 易經通注

**《四庫提要·易類六》**　《易經通注》九卷。湖北巡撫採進本。國朝大學士傅以漸、左庶子曹本榮奉敕撰。首載順治十三年十二月十五日諭旨，次載順治十五年十月以漸等進書表，次爲以漸恭撰序文。恭繹世祖章皇帝聖訓，謂自魏王弼、唐孔穎達有《注》與《正義》，宋程頤有《傳》、朱熹《本義》出，學者宗之。明永樂閒，命儒臣合元以前諸儒之說匯爲《大全》，皆於《易》理多所發明。但其中同異互存，不無繁而可刪，華而寡要。且迄今幾三百年，儒生學士發揮經義者亦不乏人，當加採擇，折衷諸論，簡切洞達，輯成一編，昭示來茲。仰見聰明天亶，睿鑒高深，萬幾餘閒，游心經術，洋洋謨訓，發四聖之精微，衡諸儒之得失，斟酌乎象數義理，折以大中，非儒生株守專門，斤斤一家之言者所能窺見萬一。以漸等恪遵指授，亦能鎔鑄衆說，薈稡微言，詞簡理明，可爲說經之圭臬。緣其書上備乙覽，外閒莫得而窺，僅有原稿尊藏曹本榮子孫之家。今奉皇上求書明詔，湖北巡撫乃繕録進呈。原本未標書名，恭閱《五朝國史》傅以漸舊傳，有順治十三年十月纂修《易經通注》之文，謹據以補題。伏思此書推闡聖經，發明精義，雖編摩於衆手，實稟受於聖裁。允宜寶軸琅函，昭示無極，俾天下萬世共仰世祖開天明道之功，且以見國家文治，超邁古今。本本元元，一皆欽承祖訓，故重熙累洽百有餘年，而有今日之極盛焉。

## 易學象數論

**《四庫提要・易類六》** 《易學象數論》六卷。浙江巡撫採進本。國朝黃宗羲撰。宗羲，字太沖，號棃洲，餘姚人，前明御史尊素之子。康熙初，薦修《明史》，以老疾未赴。是書宗羲自序云：「《易》廣大無所不備，自九流百家借之以行其說，而《易》之本義反晦。世儒過視象數以爲絶學，故爲所欺。今一一疏通之，知其於《易》本了無干涉，而後反求程《傳》，亦廓清之一端。」又稱王輔嗣注簡當而無浮義，而病朱子添入康節先天之學爲添一障。蓋《易》至京房、焦延壽而流爲方術，至陳摶而岐入道家，學者失其初旨，彌推衍而轇轕彌增。宗羲病其末派之支離，先糾其本原之依託。前三卷論《河圖》、《洛書》、先天、方位、納甲、納音、月建、卦氣、卦變、互卦、筮法、占法，而附以所著之《原象》爲內篇，皆象也。後三卷論《太玄》、《乾鑿度》、《元包》、《潛虛》、《洞極》、《洪範數》、《皇極數》，以及六壬、太乙、遁甲爲外篇，皆數也。大旨謂聖人以象示人，有八卦之象，六爻之象，象形之象，爻位之象，反對之象，方位之象，互體之象，七者備而象窮矣。後儒之爲僞象者，納甲也，動爻也，卦變也，先天也，四者雜而七者晦矣。故是編崇七象而斥四象，而七者之中又必求其合於古，以辨象學之譌。又《遁甲》、《太乙》、《六壬》三書，世謂之三式，皆主九宮，以參詳人事。是編以鄭康成之「太乙行九宮法」證《太乙》，以《吳越春秋》之占法、《國語》「泠州鳩之對」證《六壬》，而云後世皆失其傳，以訂數學之失。其持論皆有依據。蓋宗羲究心象數，故一一能洞曉其始末，因而盡得其瑕疵。非但據理空談，不中窾要者比也。惟本宋薛季宣之說，以《河圖》爲即後世圖經，《洛書》爲即後世地志，《顧命》之《河圖》即今之黃冊，則未免主持太過。至於矯枉過直，轉使傳陳摶之學者得據經典而反脣，是其一失。然其宏綱巨目，辨論精詳，與胡渭《易圖明辨》均可謂有功《易》道者矣。

## 易餘

**黄虞稷《千頃堂書目・易類》** 方以智《易餘》二卷。

## 周易説略

**《四庫提要・易類存目三》** 《周易説略》四卷。山東巡撫採進本。國朝張爾岐撰。爾岐，字稷若，濟陽人。篤守朱子之學，因作此書以發明《本義》之旨。內惟第四卷分爲二，故亦作五卷。李焕章作《爾岐傳》云八卷者，誤也。

## 田間易學

**《四庫提要・易類六》** 《田間易學》十二卷。副都御史黄登賢家藏本。國朝錢澄之撰。澄之，原名秉鐙，字飲光，自號田間老人，桐城人。家世學《易》，又嘗問《易》於黄道周。初撰一書，曰《易見》，因避兵閩地，失其本。又追憶其意撰一編，曰《易火傳》。既而亂定歸里，復得易見舊稿，乃合併二編，刪其重複，益以諸家之説，勒爲此書。其學初從京房、邵康節入，故言數頗詳，蓋黄道周之餘緒也。後乃兼求義理，參取王弼《注》、孔穎達《疏》、程子《傳》、朱子《本義》，而大旨以朱子爲宗。其説不廢圖，而以陳摶《先天圖》及《河》、《洛》二圖皆因《易》而生，非《易》果因此而作。圖中奇偶之數，乃揲蓍之法，非畫卦之本。持論平允，與元錢義方之論合，而義尤明暢。故卷首圖象雖繁，而不涉支離附會之弊。獨其《周易雜考》一條，既深慨今本非朱子之舊，而徒以《彖傳》、《象傳》篇首之注推其説，竟不能更其次第，以復古本。蓋劉容舊刻，國初尚未得見，故知其誤而不能改，仍用《注疏》本也。

## 易音

張之洞《書目答問・易類》　《易音》三卷。顧炎武。《顧氏音學五書》本。學海堂本。

## 日講易經解義

《四庫提要・易類六》　《日講易經解義》十八卷。康熙二十二年，聖祖仁皇帝御定。《易》爲四聖所遞傳，則四聖之道法、治法具在於是。故其大旨在即陰陽往來、剛柔進退，明治亂之倚伏、君子小人之消長，以示人事之宜，於帝王之學，最爲切要。儒者拘泥章句，株守一隅，非但占驗禨祥，漸失其本。即推奇偶者言天而不言人，闡義理者言心而不言事，聖人立教，豈爲是無用之空言乎？是編爲講幄敷陳，睿裁鑒定。其體例與宋以來奏進講義大致略同，而於觀象之中，深明經世之道。御製序文所謂「以經學爲治法」者，實括是書之樞要，亦即括六十四卦三百八十四爻之樞要。信乎帝王之學，能見其大，非鯫生一知半解所能窺測高深也。

## 易學蓍貞

黄虞稷《千頃堂書目・易類》　趙世對《易學蓍貞》四卷。

《四庫提要・易類存目三》　《易學筮貞》四卷。浙江吴玉墀家藏本。國朝趙世對撰。世對，字襄臣，衢州人。兹編論《易》爲卜筮之書，故經秦火而獨存。命之曰「筮貞」，謂以筮而貞萬世之變也。不載經文，惟采先儒議論，分類編輯。一卷曰《綴集本旨》，曰《易學源流》，曰《圖書節要》。二卷曰《蓍法指南》。三卷曰《占變詳考》。四卷曰《易道同歸》。論筮法與占變，條理頗爲詳明，蓋純以數言《易》者也。

## 周易明善録

《四庫提要・易類存目三》　《周易明善録》二卷。江西巡撫採進本。國朝徐繼發撰。繼發，字繩武，貴溪人。其書專以後天諸圖爲主，由占筮卦氣而蔓衍於律呂等韻。前有自序，謂：「後天之道以致用爲主，而造化之流行有常有變。常者宰之於帝，變者藏之於神。履其常者以卦爲體，通其變者以筮爲用。是故帝者流行一定之極，而神者造化不測之機也。」其推闡亦頗極苦心，然與講先天之圖者亦同一關紐，總爲《易》外之別傳而已。

## 周易應氏集解

《四庫提要・易類存目三》　《周易應氏集解》十三卷。浙江吴玉墀家藏本。國朝應撝謙撰。撝謙，字嗣寅，錢塘人，康熙己未嘗舉博學鴻詞。是書朱彝尊《經義考》作十七卷。此本僅十三卷，然首尾完具，不似有所佚脱。或彝尊偶誤耶？其注雜采諸説，故名《集解》。所取多依文訓詁之説，未爲精密。首列諸圖，謂上經三十卦、下經三十四卦，多寡不均，乃創爲上經三十六卦往來之圖，下經三十六卦往來之圖。一往一來，共成七十二卦，尤爲枝節。

## 周易象辭

吴焯《繡谷亭熏習録・經部》　《周易象辭》十九卷。明黄忠端公尊素有子五，其仲則所謂鷓鴣先生者也。諱宗炎，字晦木，一字立谿，以明經貢太學。其學術大略與伯子黎洲先生等，而奡岸幾過之。性好奇，任俠友朋。有以急難相投者，雖傾囊橐助之無吝色，用是貧日甚。提藥籠遊於海昌、石門之間，以自給不足，則以古篆爲大鐫花乳石。又不足，則以李思訓、趙伯駒二家畫法爲人作畫。又不足，則爲人製硯，其賈值皆有定也。生平殫心

《易》學，年至五十始有所得，筆之於書。雅不喜先天太極之説，故於先天八卦方位及横圖、圓圖、方圖、《皇極經世》、《太極圖説》皆有辨焉。所著《周易象辭》外，又《尋門餘論》二卷、《圖學辨惑》一卷。其友會稽姜垚蒼崖醵資刻以行世。自故居失火，悉不存。

**《四庫提要·易類六》** 《周易象辭》二十一卷，附《尋門餘論》二卷、《圖書辨惑》一卷。浙江巡撫採進本。國朝黄宗炎撰。宗炎，字晦木，餘姚人，宗羲之弟也。其説《易》力闢陳摶之學，故其解釋爻象，一以義理爲主。如釋《坤彖》曰：「《乾》既大矣，《坤》能配乎《乾》而與之齊，是《乾》之大，《坤》亦至焉，故曰至哉。蓋《乾》以元施而《坤》受之，即爲《坤》之元，非别有元也。」其義爲前人所未發，而於「承天時行」之旨、「無成有終」之道，皆分明融洽。他如解《豫》六二「介於石」，謂「處地之中，得土之堅」，取象極爲精確。解《剥》六五「貫魚」，引《儀禮》「魚每鼎用十五頭，昏禮用十四頭。其數多，必須貫」，亦頗有根據，不爲牽合。解《解》卦初六「無咎」云：「難之初解，人人喜補過之有地，此非人力乃天時也，故直云無咎」，尤能得文外之意。其他詮釋大都類此，皆可備《易》家之一解。至於「歸妹以須」，「須」爲女之賤者，舊解本無可易，而宗炎謂須附頤以動，則以爲「須髮」之「須」，未免傷於好奇。又於《易》之字義多引篆文以釋之，亦不免王氏《新義》務用《字説》之弊。當分别觀之可也。後附録《專門餘論》二卷、《圖書辨惑》一卷，宗旨大略相同。《尋門餘論》兼排釋氏之説，未免曼衍於《易》外。其詆斥宋儒，詞氣亦傷太激。然其論四聖相傳，不應文王、周公、孔子之外，别有伏羲之《易》，爲不傳之祕；《周易》未經秦火，不應獨禁其圖，轉爲道家藏匿二千年，至陳摶而始出，則篤論也。《圖書辨惑》謂陳摶之圖書乃道家養生之術，與元陳應潤之説合。見應潤所作《爻變義藴》。謂周子《太極圖説》，圖雜以仙眞，説冒以《易》道，亦與朱彝尊、毛奇齡所考略同。彝尊説見《經義考》二百八十三，奇齡説見所作《太極圖説遺議》。至謂朱子從而字析之，更流於釋，則不免有意深文，存姚江、朱、陸之門戶矣。二書各有别本單行。然考《周易象辭》目録，實列此二書，謂之《附録》，則非别自爲編也。今仍合之，俾相輔而行焉。

## 周易圖學辨惑

**嵇璜等《清通志·圖譜略·經學》** 黄宗炎《周易圖學辨惑》。謹按：是書附宗炎《周易象辭》之後，别爲一卷。

**《四庫提要·易類六》** 《周易象辭》二十一卷，附《尋門餘論》二卷、《圖書辨惑》一卷。黄宗炎撰。

## 尋門餘論

**《四庫提要·易類六》** 《尋門餘論》二卷。黄宗炎撰。

## 周易稗疏　附考異

**《四庫提要·易類六》** 《周易稗疏》四卷，附《考異》一卷。湖南巡撫採進本。國朝王夫之撰。夫之，字而農，號薑齋，漢陽人，前明舉人。是編乃其讀《易》之時隨筆劄記，故每條但舉經文數字標目，不全載經文。又遇有疑義，乃爲考辨，故不逐卦逐爻一一盡爲之説。大旨不信陳摶之學，亦不信京房之術，於先天諸圖、緯書、雜説皆排之甚力，而亦不空談玄妙，附合老、莊之旨。故言必徵實，義必切理，於近時説《易》之家爲最有根據。其中如解《訟》卦「鞶帶」云：「帶無鞶名。鞶者，鞶纓，車飾也。帶所以繫佩璲及芾者。」考《左傳》「后之鞶鑑」，杜預訓鞶爲帶。《説文》鞶字，許慎亦註爲大帶。安得曰「帶無鞶名」？又「何天之衢」，梁武帝解「何」爲「荷」，見於《經典釋文》。夫之雖亦以爲負荷之義，乃引莊子「負雲氣」爲證，而不援梁武之説，亦偶然失考。至於「舊井無禽」，訓禽爲獲，尤不免於穿鑿附會。然如引《禮》「人君至，命士黄裳，下士雜裳」以證黄裳之美，引《左傳》「班馬」證「乘馬班如」當讀「乘」爲去聲，引《兵法》「前左下，後右高」證「師左次」，與論帝乙非紂父、王用亨于西山非文王，以及《臨》之八月、《復》之七日、《易》之逆數、《河圖》蓍策之辨，皆具有條理。卷帙雖少，固不失爲徵實之學焉。

## 周易蛾術

**《四庫提要·易類存目四》** 《周易蛾術》七十四卷。戶部尚書王際華家藏本。國朝倪濤撰。濤，字峴渠，錢塘人。其書於每卦中分《尙辭》、《尙變》、《尙象》、《尙占》四類，各采録舊說發明之，故又名《周易四尙》。其言義理，多以程《傳》爲主。其言象占，則遵馬、鄭、荀、虞之說，而自稱折衷於朱子。然以世應、納甲列圖於每卦之前，乃京氏之學，非朱子之學也。所引諸書，往往止載姓氏而未録其辭，蓋亦編纂未成之稿本耳。

## 周易麈談

**《四庫提要·易類存目三》** 《周易麈談》。無卷數。兩淮馬裕家藏本。不著撰人名氏。朱彝尊《經義考》載孫應龍有《周易麈談》十二卷，疑此本是也。應龍，字海門，餘杭人。順治丁亥進士，官隰州知州。其書多引先儒語録，排比成文，或標曰注，或標曰解，或標曰傳，每章之中三名叠見，竟莫得而詳其例也。

## 周易纂註

**《四庫提要·易類存目三》** 《周易纂註》。無卷數。江蘇巡撫採進本。國朝朱奇穎撰。奇穎，字九愚，嘉定人。順治辛卯拔貢生，官平遙縣知縣。此書大概依附《朱子本義》而稍參以己說。後有附録一卷，則其子所刻墓誌行狀也。

## 易史參録

**《四庫提要·易類存目三》** 《易史參録》二卷。江西巡撫採進本。國朝葉矯然撰。矯然，字思菴，閩縣人。順治壬辰進士，官樂亭縣知縣。是書於每卦象爻各證以史事，蓋仿李光、楊萬里二家《易傳》之意，而所舉不免於偏枯。夫《易》道廣大，無所不包，而不膠滯於一二事。文王、箕子偶引以明卦義，無所不可。至於每象、每爻必求其事以實之，則挂漏牽合，固其所矣。

## 仲氏易

**《四庫提要·易類六》** 《仲氏易》三十卷。浙江巡撫採進本。國朝毛奇齡撰。奇齡，一名甡，字大可，號秋晴，一曰初晴，又以郡望稱西河，蕭山人。康熙己未以廪監生召試博學鴻詞，授檢討。初，奇齡之兄錫齡邃於《易》，而未著書，惟時時口授其子文輝。後奇齡乞假歸里，錫齡已卒，乃摭文輝所聞者以己意潤飾成是書。或傳奇齡假歸之後，僦居杭州，一日著一卦，凡六十四日而卦成。雖以其兄爲辭，實即奇齡所自解。以理斷之，或當然也。大旨謂《易》兼五義，一曰變易，一曰交易。是爲伏羲之《易》，猶前人之所知。一曰反易。謂相其順逆，審其向背而反見之，如《屯》轉爲《蒙》、《咸》轉爲《恆》之類。一曰對易。謂比其陰陽，絜其剛柔而對觀之，如上經《需》、《訟》與下經《晉》、《明夷》對，上經《同人》、《大有》與下經《夬》、《姤》對之類。一曰移易。謂審其分聚，計其往來，而推移上下之，如《泰》爲陰陽類聚之卦，移三爻爲上爻，三陽往而上陰來則爲《損》。《否》爲陰陽類聚之卦，移四爻爲初爻，四陽來而初陰往則爲《益》之類。是爲文王、周公之《易》，實漢、晉以來所未知。故以《序卦》爲用「反易」，以分篇爲用「對易」，以演易《繫辭》爲用「移易」，其言甚辨。雖不免牽合附會，以詞求勝之失，而大致引據古人，終不同於冥心臆測者也。

張之洞《書目答問・易類》 《仲氏易》三十卷。毛奇齡。《西河集》本。學海堂本。

## 推易始末

《四庫提要・易類六》 《推易始末》四卷。浙江巡撫採進本。國朝毛奇齡撰。奇齡既作《仲氏易》，復取漢、唐、宋以來言《易》之及於卦變者，別加綜核，以爲是書。其名「推易」，蓋本《繫辭傳》「剛柔相推」一語，仍《仲氏易》「移易」義也。大旨謂朱子《本義》雖載《卦變圖》於卷首，而止以爲孔子之《易》，未著其爲文、周之《易》。因上稽干寶、荀爽、虞翻諸家，凡有卦變、卦綜之說，與宋以後相生反對諸圖具列於卷，而以推易折衷之圖系於後。朱子謂卦變乃《易》中之一義，而奇齡則以爲演畫《繫辭》之本旨，未免主持太過。然《易》義廣大，觸類旁通，見知見仁，各明一理，亦足與所撰《仲氏易》互相發明也。

## 春秋占筮書

《四庫提要・易類六》 《春秋占筮書》三卷。浙江巡撫採進本。國朝毛奇齡撰。其曰「春秋」者，摭《春秋傳》所載占筮以明古人之《易》學。實爲《易》作，不爲《春秋》作也。自漢以來，言占筮者不一家，而取象玩占存於世而可驗者，莫先於《春秋傳》。奇齡既於所著《仲氏易》、《推易始末》諸書發明其義，因復舉《春秋》內、外傳中凡有得於筮占者彙記成書，而漢、晉以下占筮有合於古法者亦隨類附見焉。《易》本卜筮之書，聖人推究天下之理，而即數以立象。後人推究《周易》之象，而即數以明理。羲、文、周、孔之本旨如是而已。厥後象、數、理岐爲三家，而數又岐爲數派，孟喜、焦贛、京房以下，其法不可殫舉，而《易》於是乎愈雜。《春秋》內、外《傳》所紀，雖未必無所附會，而要其占法則固古人之遺軌。譬之史書所載，是非褒貶，或未盡可憑，至其一代之制度則固無僞撰者也。奇齡因《春秋》諸占以推三代之筮法，可謂能探其本，而足關諸家之喙者矣。

張之洞《書目答問・易類》 《春秋占筮書》三卷。毛奇齡。《西河集》本。

## 易小帖

《四庫提要・易類六》 《易小帖》五卷。浙江巡撫採進本。國朝毛奇齡說《易》之語，而其門人編次成書者也。奇齡所著經解，惟《仲氏易》及《春秋傳》二種是其自編，餘皆出其門人之手，故中間有附入門人語者。此《小帖》凡一百四十三條，皆講《易》之雜說，與《仲氏易》相爲引伸。朱彝尊載之《經義考》，云「皆西河氏紀說《易》之可議者」。今觀其書，徵引前人之訓詁以糾近代說《易》之失，於王弼、陳摶二派，攻擊尤力。其間雖不免有強詞漫衍，以博濟辨之處，而自明以來申明漢儒之學，使儒者不敢以空言說經，實奇齡開其先路。其論《子夏易傳》及《連山》、《歸藏》尤爲詳核。第五卷所記皆商榷《仲氏易》之語，初稿原附載《仲氏易》末，後乃移入此編。舊目本十卷，今本五卷，蓋其門人編録有所刊削。考盛唐所爲《西河傳》，又稱《易小帖》八卷。蓋十卷刪爲八卷，又刪爲五卷也。儒者尊奉一先生，每一字一句奉爲蓍蔡，多以未定之說編入語録。故《二程遺書》朱子有疑，《朱子語類》又每與《四書章句集註》、《或問》相左，皆失於簡汰之故。若盛唐者，可謂能愛其師矣。

張之洞《書目答問・易類》 《易小帖》八卷。毛奇齡。《西河集》本。

## 河圖洛書原舛編

嵇璜等《清通志・圖譜略・經學》 毛奇齡《河圖洛書原舛編》。謹按：是書著說於前，列圖於後，排擊異學，殊有功於經義。

**《四庫提要・易類存目三》** 《河圖洛書原舛編》一卷。浙江巡撫採進本。

國朝毛奇齡撰。奇齡有《仲氏易》已著録。《河圖》、《洛書》辨者既非一家，駁者亦非一説。奇齡謂今之《河圖》即大衍之數，當名《大衍圖》，而非古所謂《河圖》。今之《洛書》則太乙行九宮之法，亦非《洪範九疇》。既著其説於前，更列其圖於後。其排擊異學，殊有功於經義。顧其所列之圖，又復自生名例，轉起葛藤。左右佩劍，相笑無休。是仍以鬬解鬬，轉益其鬬而已矣。

**張之洞《書目答問・易類》** 《河圖洛書原舛編》一卷。毛奇齡。

## 太極圖説遺議

**張之洞《書目答問・易類》** 《太極圖説遺議》一卷。毛奇齡。《西河集》本。

## 讀易日鈔

**《四庫提要・易類六》** 《讀易日鈔》六卷。山東巡撫採進本。國朝張烈撰。烈，字武承，大興人。康熙庚戌進士，授内閣中書。己未召試博學鴻詞，改翰林院編修，歷官左春坊左贊善。是書一以朱子《本義》爲宗。謂：「《易》者象也，言有盡，象無窮。伏羲畫爲奇偶，再倍而三，因重而六，文、周逐卦繫象，逐畫繫爻，全是假物取象，不言理，不指事，而萬事萬理畢具。」大旨在因象設事，就事陳理，猶説《易》家之不支蔓者。前有其子益孫、升孫《紀實》，云「此稿已刪潤四十餘過，至易簀前數日，尚合《蒙引》、《通典》、《存疑》諸書，考訂『知來』、『藏往』二義，旋加改補」云云。則其用力亦可謂勤矣。烈之沒也，門人私謚曰志道先生。楊允長作《私謚議》一篇，冠於此書之首。昔宋儒張載之沒，門人欲爲作私謚，司馬光力言其非。當時手帖，猶載《張子全書》之首。古人以禮處人，不欲妄相尊重，干國家易名之典，其謹嚴如是。允長等未之聞乎？今録是書而削除是議，用杜標榜之漸焉。

## 讀易近解

**《四庫提要・易類存目三》** 《讀易近解》二卷。江西巡撫採進本。國朝湯秀琦撰。秀琦，號弓菴，臨川人。順治中以歲貢生官鄱陽縣訓導。是編取《周易圖説》爲之發明，使淺顯易解。舊有圖者，因圖而推衍之；舊有説而無圖者，補圖以證佐之。蓋於《易》專主數，於數專主宋學者也。

## 大易疏義

**《四庫提要・易類存目三》** 《大易疏義》五卷。江蘇巡撫採進本。國朝王芝藻撰。芝藻，字淇瞻，溧水人，順治甲午舉人。其書論《九疇》本於《洛書》，謂萬物之生始於五行，故五行居一。皇建有極爲天地人物之主，故皇極居中。天時人事之應盡於五福六極，故福極居九。三八政，王者所以治明。七稽疑，王者所以合幽。此中央四正，所以立其幹也。五事盡乎人事，五紀考乎天時，故居肩之左右。三德以輔皇極，庶徵以驗五行，故居足之左右。宋人《九疇》自《九疇》、《洛書》自《洛書》之説，未足以窺《易》書之奧。蓋之藻竝主象數，故立論如此。然《繫辭》雖有《洛書》之名，而所爲《洛書》者其文實不可考。後人影附太乙九宮之法以造《洛書》，因而牽《洛書》以解《易》。是徒借《洛書》之名而非孔子所謂《洛書》也。夫《連山》、《歸藏》，名見《周禮》，可以劉炫之書當之乎？芝藻亦眩於舊文，未之深考耳。

## 周易滴露集

**《四庫提要・易類存目三》** 《周易滴露集》。無卷數。直隸總督採進本。

國朝張完臣撰。完臣，字良哉，平原人，順治乙未進士。是書皆訓釋文句，不及象數。大旨取朱子《本義》爲主，而附益以諸家之説，於吳璉《訂疑》、蔡清《蒙引》、姚舜牧《疑問》所引尤多。間亦附以己意，所注僅上、下兩經，而無《繫辭》以下，蓋用程子本也。

## 加年堂講易

**《四庫提要・易類存目三》**《加年堂講易》十二卷。編修戈岱家藏本。國朝周漁撰。漁，字大西，興化人。順治己亥進士，官翰林院編修。是書前有自序，稱「與朱子《本義》、程子《傳》及古今來言《易》之家大相違戾」，謂「直接加年寡過之學，漁不敢當也」，謂「四聖人覺世明道之旨，不欲終晦於天下，賴四聖人之靈，竅吾之聰，鑿吾之明，假吾之心慮口宣，以代爲發之也，是則何能辭」，其自命甚高。今觀其書，非惟盡反漢、宋諸家之説，併《繫辭》、《文言》亦指爲非孔子之説，横加排詆。即《彖傳》亦有所去取。末附一卷，闢《洛書》之僞。首弁一卷，別衍《河圖》之奇偶，而深斥《繫辭》「太極生兩儀，兩儀生四象，四象生八卦」之文。所解六十四卦，亦多創論。如謂《乾》卦「以龍喻性，六爻皆言見性盡性」，「見羣龍無首」猶言「見性而實無所見」，要之性亦強名，見亦落見，故增此以掃六爻名象之迹。謂《復》卦言賢人之去就，先儒作復善解，不知何所見而云然。其翻新出奇，大率類此，亦可謂好怪矣。

## 周易郁溪記

**《四庫提要・易類存目三》**《周易郁溪記》十四卷。江西巡撫採進本。國朝郁文初撰。文初，號郁溪，蘄州人，官至肇慶府知府。此書爲河間賈棠所刊。凡《總論》一卷，上、下《經》九卷，《繫辭上傳》三卷，而《繫辭下傳》至《雜卦傳》則皆標卷下以統之，不復分析卷目。蓋編次者之失也。書中首推《河》、《洛》，縱横曼衍，不出常談。至於各卦彖爻，立論尤多僻異。大率以五行生尅、精氣骨肉爲言。如解「需于血，出自穴」，則云：「《乾》者，精氣之極，而血脈之生通之，中行《需》是已。《坤》爲血脈之極，而精氣之生通之，中行《晉》是已。出自穴者，謂人自有生以來，耳穴已有，而今則天地通，水自穴中出也。目苞之啓亦猶是也。」解「入於左腹，獲《明夷》之心于出門庭」，則云：「明之入也，自右腹而下，自左腹而上，意《巽》也。火復則風生，心開則意隨。」蓋愈鑿而障礙愈多矣。

## 易原

**《四庫提要・易類存目三》**《易原》無卷數。江蘇巡撫採進本。國朝趙振芳撰。振芳，字香山，山陰人。是書列《古本圖書》、《古本易經》爲首卷，列諸圖與説爲次卷。其《古本周易》，集諸家舊本而考其異同，於章句文字頗有釐訂。惟所載圖、説，自《河》、《洛》、蓍法、五行、卦氣而外，並及天行、地勢之類，則不免曼衍支離。夫《易》爲象數之總，推而衍之，三才萬物無不貫通。故任舉一端，皆能巧合。然於聖人立象設教之旨，則究爲旁義也。

## 易或

**《四庫提要・易類存目三》**《易或》十卷。江蘇巡撫採進本。國朝徐在漢撰。在漢，初名之裔，字天章，晚年乃易今名，字寒泉，歙縣人。初與趙振芳同著《易原》，後復自作是編。曰「或」者，疑不自信之意也。書中不載經文，止按其節次自爲解義。復兼采諸儒之説，皆未見精要。卷首列《觀玩要領》一篇，其第二條謂「《爻辭》係於文王，而非周公」。然文王作《彖辭》、周公作《爻辭》，自馬融、陸績以來，相沿無異。在漢乃欲去周公而存三聖，亦過於臆斷矣。

## 周易疏略

**《四庫提要・易類存目三》** 《周易疏略》四卷。河南巡撫採進本。國朝張沐撰。沐，字仲誠，上蔡人。順治戊戌進士，官資縣知縣。沐於五經、四書皆有《疏略》，其解《周易》，自謂悉本孔子《十翼》之義。所注多取舊文，融以己意，不復標古人名氏。書中力排京房、陳摶、邵康節之學，而摶等所造《河圖》、《洛書》及伏羲、文王諸圖仍列於卷首。其《洛書》條下注曰：「聖人因之，以明吉凶，著於《易》之首。」是竟以今本九圖爲孔子所定也。又揲蓍求卦必自内而外，由初而上，故古本相傳卦畫之下所注皆先下後上。沐獨用朱睦㮮之例，改爲先上後下，於卦爻之始初終上、《繫辭》之小成大成，俱無一可通。前有康熙庚申趙御衆序，稱「韋編以來，《易》學久晦，得此書乃明」。又有王渭序，稱「孔子之説有不可易，則張先生之説亦不可易」。沐自謂朱子所不能解者，繹諸孔訓，恍然來告，敢曰獨信，亦談何容易乎！

## 易經識餘

**張金吾《愛日精廬藏書志・易類》** 《易經識餘》五卷。抄本。國朝内閣學士兼禮部侍郎徐秉義纂輯。秉義有《九經識餘》，今存《易》、《書》、《詩》、《春秋》四種而已。體例與鄭方坤《經稗》相類，而徵引較詳。此本始《易理》，終《源流》。以《尚書》、《毛詩》例之，蓋非全書也。

## 易圖明辨

**嵇璜等《清通志・圖譜略・經學》** 胡渭《易圖明辨》。謹按：胡渭此書辨定《圖》、《書》，究溯本末，使學者知從來圖書之説依託舛謬，乃修錬、術數二家旁分《易》學之支流，而非作《易》之根柢，深有功於經學。

**《四庫提要・易類六》** 《易圖明辨》十卷。浙江巡撫採進本。國朝胡渭撰。渭，原名渭生，字朏明，號東樵，德清人。是書專爲辨定《圖》、《書》而作。初，陳摶推闡《易》理，衍爲諸圖。其圖本準《易》而生，故以卦爻反覆研求，無不符合。傳者務神其説，遂歸其圖於伏羲，謂《易》反由《圖》而作。又因《繫辭》「《河圖》、《洛書》」之文，取大衍算數作五十五點之圖，以當《河圖》。取《乾鑿度》太乙行九宫法造四十五點之圖，以當《洛書》。其陰陽奇偶，亦一一與《易》相應。傳者益神其説，又眞以爲龍馬神龜之所負，謂伏羲由此而有先天之圖。實則唐以前書絶無一字之符驗，而突出於北宋之初。夫測中星而造儀器，以驗中星無不合，然不可謂中星生於儀器也。候交食而作算經，以驗交食無不合，然不可謂交食生於算經也。由邵子以及朱子，亦但取其數之巧合，而未暇究其太古以來從誰授受，故《易學啓蒙》及《易本義》前九圖皆沿其説。同時袁樞、薛季宣皆有異論。然考《宋史・儒林傳》，《易學啓蒙》朱子本屬蔡元定創稿，非所自撰。《晦菴大全》集中載《答劉君房書》曰：「《啓蒙》本欲學者且就《大傳》所言卦畫、蓍數推尋，不須過爲浮説。而自今觀之，如《河圖》、《洛書》亦不免尚有剩語。」至於《本義》卷首九圖，王懋竑《白田雜著》以《文集》、《語類》鉤稽參考，多相矛盾，信其爲門人所依附。其説尤明。則朱子當日亦未嘗堅主其説也。元陳應潤作《爻變義藴》，始指先天諸圖爲道家假借《易》理以爲修煉之術。吳澄、歸有光諸人亦相繼排擊，各有論述。國朝毛奇齡作《圖書原舛編》、黄宗羲作《易學象數論》、黄宗炎作《圖書辨惑》，爭之尤力。然皆各據所見，抵其罅隙，尚未能窮溯本末，一一抉所自來。渭此書卷一《辨河圖洛書》，卷二《辨五行九宫》，卷三《辨周易參同先天太極》，卷四《辨龍圖易數鉤隱圖》，卷五《辨啓蒙圖書》，卷六、卷七《辨先天古易》，卷八《辨後天之學》，卷九《辨卦變》，卷十《辨象數流弊》，皆引據舊文，互相參證，以箝依託者之口，使學者知圖書之説，雖言之有故，執之成理，乃修錬、術數二家旁分《易》學之支流，而非作《易》之根柢。視所作《禹貢錐指》，尤爲有功於經學矣。

**張之洞《書目答問・易類》** 《易圖明辨》十卷。胡渭。錢熙祚刻《守山閣叢書》本。粤雅堂本。

## 易論

**《四庫提要・易類存目三》** 《易論》。無卷數。浙江范懋柱家天一閣藏本。

國朝徐善撰。書首有沈廷勱序，稱爲南州徐敬可，則當爲南昌人，而善自署曰「嘉禾」。考朱彝尊《曝書亭集》有徐敬可《左傳地名考序》，又閻若璩《潛邱劄記》亦稱「秀水徐勝敬可爲人作《左傳地名考》」云云。其字與里貫皆合，惟名有異，未知爲一人、二人也。其書成於康熙丙辰。不載經文亦不及《十翼》，惟六十四卦各爲一篇，條舉其義而論之。才辨縱横，而頗浸淫於佛、老。

## 周易惜陰録

**《四庫提要・易類存目三》** 《周易惜陰録》四十六卷。兩江總督採進本。

國朝徐世沐撰。世沐，字爾瀚，江陰人。《江南通志》列之《儒林傳》中，稱其與陸隴其相契。考隴其《三魚堂集》中有世沐《四書惜陰録跋》，蓋亦講學家也。其解經皆以變爻爲主，蓋宋都絜之緒論。其法爲太卜舊法，其説則空談義理，不出語録之窠臼。

## 周易存義録

**《四庫提要・易類存目三》** 《周易存義録》十二卷。兩江總督採進本。

國朝徐世沐撰。其文與《周易惜陰録》竝同，蓋自覺其宂雜，刪爲此本，非別一書也。

## 周易惜陰詩集

**《四庫提要・易類存目三》** 《周易惜陰詩集》三卷。兩江總督採進本。

國朝徐世沐撰。是書取經傳字義，分題賦咏，或爲四言贊，或爲五言七言詩，多至一千餘首。蓋本張九成《論語詩》例而益曼衍之。其《惜陰録》用呂祖謙本，此集所列《彖》、《爻》、《象傳》次第，則仍用王弼本。其文皆體近歌括，不可入於詩集，今仍附之《易》類焉。

## 易經衷論

**《四庫提要・易類六》** 《易經衷論》二卷。浙江巡撫採進本。國朝張英撰。英，字敦復，桐城人。康熙丁未進士，官至文華殿大學士，謚文端。是書專釋六十四卦之旨，而不及《繫辭》、《説卦》、《序卦》、《雜卦》。每卦各爲一篇，詮解大意而不列經文。大抵以朱子《本義》爲宗，然於《坎》卦之「貳用缶」句，又以《本義》爲未安，而從程《傳》，以「樽酒簋貳」爲句。則固未嘗如胡炳文等膠執門户之見也。其立説主於坦易明白，不務艱深。故解《乾彖》「元亨利貞」云：「文王《繫辭》本與諸卦一例。」解《乾》、《坤》《文言》云：「聖人舉《乾》、《坤》兩卦，示人以讀《易》之法，如此擴充體會。」蓋以經釋經，一掃紛紜轇轕之見，大旨具是矣。《漢書・儒林傳》稱費直惟以《彖》、《象》、《繫辭》十篇、《文言》解説上、下經。知漢代專門，不矜繁説。英作是書，其亦此志歟？

## 大易蓄疑

**《四庫提要・易類存目三》** 《大易蓄疑》七卷。陝西巡撫採進本。國朝劉蔭樞撰。蔭樞，字喬南，韓城人。康熙丙辰進士，官至貴州巡撫。是編用王弼之本。但有六十四卦而無《繫辭》以下。其説多用朱子《本義》而小變之。然措語蹇滯，多格格不能自達其意。

## 易經詳説

**《四庫提要・易類存目三》**　《易經詳説》。無卷數。山東巡撫採進本。國朝冉覲祖撰。覲祖，字永光，中牟人。康熙辛未進士，改庶吉士。是書兼用程《傳》、《本義》，謂「朱子分象占，程《傳》説理，二書不可偏廢」。故兼取二家之説，低一格以别於經。又采諸儒之説互相發明者，再低一格以别於二家。覲祖時有所見，亦附著焉。其中亦間有與朱子異者。如朱子謂《左傳》穆姜筮遇《艮》之八法，宜以係小子失丈夫爲占，而史妄引《彖辭》爲非。覲祖則謂《艮》卦只二不變，當爲《隨》。既以二爲八，則非六二矣，當以《彖辭》爲是，史非妄也。又謂文王八卦方位未必分配父母男女，較量卦畫陰陽。朱子從後推論，未必是文王當日之意。又不取卦變之説。蓋大旨不出程、朱，而小節則兼采諸論也。至所論卦變，謂來知德爲姚江之支派餘裔，創立異説，以翻程、朱《傳》、《義》之案。考王守仁未嘗講《易》，知德亦不傳姚江之學。黄宗羲《明儒學案》列之諸儒案中，謂其與陽明相異，而惜其獨學無朋，師心自用，可爲明證。覲祖以門戶餘習，見近似者而咻之，亦考之未審耳。

## 易原就正

**《四庫提要・易類六》**　《易原就正》十二卷。直隸總督採進本。國朝包儀撰。儀，字羽脩，邢臺人，拔貢生。其始末無考。觀其自序，稱「早年聞有《皇極經世》而無由求得其書。自順治辛卯至康熙己酉，七經下第，貧不自存，薄遊廝城，乃得其書於王可南家。至江寧寄食僧寺，玩求其旨者一年，始有所得」。蓋亦孤寒之士，刻志自立者也。儀之學既從邵子入，故於陳摶《先天圖》信之甚篤。其凡例併謂：「行世《易》説，種不勝數，要皆未嘗讀《皇極經世》，無怪乎各逞私智，而總非立象盡意、觀象繫辭之本旨。」其持論尤膠於一偏。然其書發揮明簡，詞意了然，乃非拋荒經義、排比黑白，徒類算經者可比。其謂《洛書》無與於《易》，則差勝他家之繳繞。每爻皆注所變之卦，亦尚用《左氏》筮法，頗爲近古。蓋其學雖兼講先天，而實則發明《易》理者爲多。其盛推圖學，特假以爲重焉耳。

## 易經纂言

**《四庫提要・易類存目三》**　《易經纂言》。無卷數。兵部侍郎紀昀家藏本。國朝王士陵撰。士陵，字阿瞻，武邑人。康熙癸巳舉人，官翁源縣知縣。是編用《注疏》本，大旨以《本義》爲宗而雜引衆説以相印證。蓋鄉塾講章也。

## 易互

**《四庫提要・易類存目三》**　《易互》六卷。江蘇巡撫採進本。國朝楊陸榮撰。陸榮，字采南，青浦人。是書卷一曰《卦互》，若《乾》、《坤》反對是也。卷二曰《爻互》，若《小畜》、《大有》、《大畜》、《需》、《大壯》、《夬》、《泰》下卦皆三畫，陽則相互；《姤》、《同人》、《履》、《遯》、《訟》、《無妄》、《否》，上卦皆三畫，陽則相互，而皆統以《乾》。推之《巽》、《離》、《兑》、《艮》、《坎》、《震》、《坤》七卦皆然。卷三曰《卦爻互》，若《姤》初爻陰與《復》初爻陽互，《夬》上爻陰與《剝》上爻陽互是也。卷四、五曰《雜説》上、下。卷六曰《輯參》，乃經文及句讀異同者。大抵本何楷、黄道周之餘論也。

## 圖易定本

**嵇璜等《清通志・圖譜略・經學》** 邵嗣堯《圖易定本》。謹按：是書言《易》多本《皇極經世》，而附以揲蓍之法。

**《四庫提要・易類存目三》** 《圖易定本》一卷。江蘇周厚堉家藏本。國朝邵嗣堯撰。嗣堯，郇陽人，康熙庚戌進士，官至江南提學副使。其言《易》，以《河》、《洛》之數一乘一除之。小圓圖即小横圖之順往逆來，大横圖即小横圖之因重成爻，大圓圖即小圓圖之運行寒暑，方圖即大圓圖之《乾》君《坤》藏，文王二圖實由此變而通之。蓋本於《皇極經世》者爲多。末附以揲蓍之法。自序謂一刻於都門，再刻於上谷，三刻於襄陽，屢有改易。此本刻於康熙甲戌，凡四易稿始爲定本云。

## 周易廣義

**《四庫提要・易類存目三》** 《周易廣義》六卷。江蘇周厚堉家藏本。國朝潘元懋撰。元懋，字友碩，鄞縣人。是書成於康熙壬子，以朱子《本義》爲主，逐句發明，如注之有疏。又以章旨、節旨及敷衍語氣者冠於上方。所謂坊刻高頭講章也。

## 喬氏易俟

**《四庫提要・易類六》** 《喬氏易俟》十八卷。山東巡撫採進本。國朝喬萊撰。萊，字石林，寶應人。康熙己未召試博學鴻詞，官至翰林院侍讀。是書雜采宋、元後諸家《易》說，而參以己意。前列諸圖，不主陳摶、《河圖》、《洛書》、先天、後天、方圓横直之說。於卦變亦不取虞翻以下諸家，而取來知德之反對。其解經多推求人事，參以古今之治亂得失。如謂《履卦》六三爲成卦之主，而引莽、卓、安、史解「咥人之凶」；謂三百八十四爻惟《離》九四最凶，而引燕王旦、建成、元吉、高煦爲證；謂《小畜》九三爲小人籠絡君子，而引溫體仁、文震孟近事爲說。蓋《誠齋易傳》之支流。假借牽合，或所不免，而理關法戒，終勝莊、老之玄談也。於經文兼註古韻，亦得失互陳，如《觀卦》六四象下備引顧炎武方音之說，則非未見《音學五書》者。而《象傳》協韻仍從吳棫之舊，則棄取有不可解者矣。經文用王弼之本，惟解上經、下經，《繫辭》以下一概闕如。蓋宗旨主於隨爻闡義，故餘不及焉，非脫佚也。

## 易經述

**《四庫提要・易類存目三》** 《易經述》。無卷數。浙江巡撫採進本。國朝陳詵撰。詵，字叔大，號實齋，海寧人。康熙壬子舉人，由中書科中書官至禮部尚書，謚清恪。其書取六十四卦每兩卦爲一篇，前列經文，而綴《總論》於其後。前無序文，亦無凡例。觀其兩卦合併之意，有以陰陽相反言者，《乾》、《坤》、《剥》、《夬》、《復》、《姤》、《坎》、《離》、《震》、《巽》、《艮》、《兑》、《臨》、《遯》是也；有以上下反對言者，《屯》、《解》、《蒙》、《蹇》、《需》、《訟》、《師》、《比》、《泰》、《否》、《未濟》、《既濟》、《同人》、《大有》、《隨》、《歸妹》、《無妄》、《大壯》、《晉》、《明夷》是也；有以卦名比合言者，《小畜》、《大畜》、《小過》、《大過》、《損》、《益》是也；有以雜卦連合言者，《咸》、《恒》、《家人》、《睽》、《豐》、《旅》、《渙》、《節》、《萃》、《升》是也。至於《履》與《謙》、《豫》與《漸》、《蠱》與《困》、《觀》與《頤》、《噬嗑》與《中孚》、《賁》與《革》、《井》與《鼎》，則未審其所以合并之意矣。

## 周易通論

**《四庫提要・易類六》** 《周易通論》四卷。兩江總督採進本。國朝李光地撰。光地，字厚菴，安溪人。康熙庚戌進士，官至大學士。謚文貞。是書綜論《易》理，各自爲篇。一卷、二卷發明上、下《經》大旨。三卷、四卷則發明《繫辭》、《說卦》、《序卦》、《雜卦》之義。冠以《易本》、《易敎》二篇，次及卦爻、象彖、時位、德應、《河圖》、《洛書》，以及占筮挂扐，正變環互，無不條析其意。而推明其所以然。在宋學中可謂融會貫通，卓然成一家之說。其論《復》、《無妄》、《中孚》、《離》四卦爲聖賢之心學，亦皆以消息盈虛觀天道而修人事，與《慈湖易傳》以心言《易》者迥殊。光地作《大學古本說序》稱「於《易》之卜筮灼然無疑」。蓋宗旨既明，則卮言不得而淆之矣。其學一傳爲楊名時，有《周易劄記》二卷。再傳爲夏宗瀾，有《易義隨記》八卷、《易卦劄記》二卷。雖遞相祖述，而其宏深簡括，則皆不及光地也。

## 周易觀象

**《四庫提要·易類六》**　《周易觀象》十二卷。浙江巡撫採進本。國朝李光地撰。光地嘗奉命纂修《周易折中》，請復用朱子古本。是編乃仍用《注疏》本，蓋成書在前也。其《語録》及《榕村全集》所載，頗申明先天諸圖，而是編則惟解《說卦傳》「天地定位」一章，附舉此義，然亦不竟其說。餘皆發明《易》理，兼證以《易》象，而數則略焉。蓋亦謂邵子之學爲《易》外別傳也。其解《繫辭傳》「知者觀其彖辭，則思過半矣」二句曰：「彖辭所取，或有直用其爻義者，或有通時宜而爻義吉凶準以爲決者。故以是觀之，不中不遠。惟其合始終以爲質，故時物不能外」云云。「觀象」之名蓋取諸此。其解九四「重剛而不中」句，不以「重」字爲衍文。解「履霜堅冰，陰始凝也」句，不從《魏志》作「初六履霜」。解「後得主而有常」句，不從程《傳》增「利」字。解「蓋言順也」句，不以「順」爲「愼」，以及「比，吉也」句、「比之匪人」句、「同人曰」句、「小利有攸往天文也」句、「震驚百里驚遠而懼邇也」句、「漸之進也」句、「上九鴻漸於陸」句與「地之宜」句，皆不從程《傳》、《本義》脫誤之說。惟據《漢律曆志》移「天一地二二十」字，從程《傳》。「能研諸侯之慮」句，「侯之」二字衍文，從「本義」耳。案：光地謂諸爲侯之合音，想以古經旁注字切而誤增，不知反切始自孫炎，古經安得注字切？其說殊誤。謹附訂於此。蓋尊信古經，不敢竄亂，猶有漢儒篤守之遺。其大旨雖與程、朱二家頗有出入，而理足相明，有異同而無背觸也。

## 周易折中

**《四庫提要·易類六》**　《御纂周易折中》二十二卷。康熙五十四年，聖祖仁皇帝御纂。自宋以來，惟說《易》者至夥，亦惟說《易》者多歧。門戶交爭，務求相勝，遂至各倚於一偏。故數者《易》之本，主數太過，使魏伯陽、陳摶之說竄而相雜，而《易》入於道家。理者《易》之蘊，主理太過，使王宗傳、楊簡之說溢而旁出，而《易》入於釋氏。明永樂中官修《易經大全》，龐雜割裂，無所取裁，由羣言淆亂，無聖人以折其中也。我聖祖仁皇帝道契羲、文，心符周、孔，幾餘典學，深見彌綸天地之源。詔大學士李光地採摭羣言，恭呈乙覽，以定著是編。冠以圖說，殿以啓蒙，未嘗不用數，而不以盛談《河》、《洛》，致晦玩占、觀象之原。冠以程《傳》，次以《本義》，未嘗不主理，而不以屏斥讖緯，併廢互體變爻之用。其諸家訓解，或不合於伊川、紫陽，而實足發明經義者，皆兼收竝采，不病異同。惟一切支離幻渺之說，咸斥不録，不使溷四聖之遺文。蓋數百年分朋立異之見，至是而盡融，數千年畫卦繫辭之旨，乃至是而大彰矣。至於經、傳分編，一從古本，尤足正費直以來割裂綴附之失焉。

## 學易闡微

**《四庫提要·易類存目四》**　《學易闡微》四卷。福建巡撫採進本。國朝羅登標撰。登標，字子建，寧化人。康熙間舉人，官松溪縣敎諭。是書皆辨《易》中疑義，凡爲《論》者七十四、爲《考》者五、爲《解》者三十三，共一百十二篇，多循前人之說。其首卷第一篇《論畫前有易》，不免膚辭。

卷三中以三百八十四爻割隸八卦，於全卦之義反有未融。至卷四中《以六十四卦之五爻配歷代帝王解》一篇，亦屬挂一漏百。其以《恆》五爻「婦人吉，夫子凶」，擬武后之幽囚太子，竊弄神器，尤爲悖理。夫武后可稱「婦人吉」乎？

## 周易淺解

**《四庫提要·易類存目四》**　《周易淺解》四卷。江蘇巡撫採進本。國朝張步瀛撰。步瀛，字翰仙，河南新安人，康熙辛未進士。是編題其父含命意而步瀛筆受者，昔房融譯《楞嚴經》稱爲筆受。此注經而襲佛氏之稱，蓋偶未檢。其凡例稱「家傳《易》學已歷六世，自其曾祖至其父與伯叔及其弟姪，均以《易》得科名」。又稱「《易》家自明嘉、隆以後，穿鑿附會，置《本義》、程《傳》不顧，惟喜新奇異說。見之文者，蒙混支離。《大象傳》孔子所著，庚辰房書竟認作周公語」云云。蓋其家傳科舉之學也。

## 周易淺述

**《四庫提要·易類六》**　《周易淺述》八卷。內府藏本。國朝陳夢雷撰。夢雷，字省齋，閩縣人。順治己丑進士，官翰林院編修。緣事謫戍，後蒙恩召還，校正銅板。復緣事謫戍，卒於戍所。是編成於康熙甲戌，乃其初赴尚陽堡時所作。大旨以朱子《本義》爲主，而參以王弼《注》、孔穎達《疏》、蘇軾《傳》、胡廣《大全》、來知德《注》。諸家所未及，及所見與《本義》互異者，則別抒己意以明之。蓋行篋乏書，故所據止此。其凡例稱「解《易》數千家，未能廣覽」，道其實也。然其說謂《易》之義蘊不出理、數、象、占，顧數不可顯，理不可窮，故但寄之於象，知象則理、數在其中，而占亦可即象而玩，故所解以明象爲主。持論多切於人事，無諸家言心言天，幻窅支離之說。其詮理雖多尊朱子，而不取其卦變之說；取象雖兼采來氏，而不取其錯綜之論，亦頗能掃除轇轕。惟卷末所附三十圖，乃其友楊道聲所作，穿鑿煩碎，實與夢雷書不相比附。以原本所載，姑仍其舊存之，置諸不論不議可矣。

## 周易玩辭集解

**《四庫提要·易類六》**　《周易玩辭集解》十卷。浙江巡撫採進本。國朝查愼行撰。愼行，字初白，號悔餘，海寧人。康熙癸未進士，官翰林院編修。愼行受業黃宗羲，故能不惑於《圖》、《書》之學。卷首《河圖說》二篇，一謂《河圖》之數聖人非因之以作《易》，乃因之以用蓍，自漢、唐以下未有列於經之前者。一謂《河圖》出於讖緯，而附以朱子亦用《河圖》生蓍之證。次爲《橫圖圓圖方圖說》，論其順逆、加減、奇偶、相錯之理。次爲《變卦說》，謂變卦爲朱子之《易》，非孔子之《易》。次爲《天根月窟考》，列諸家之說凡六，而以爲老氏雙修性命之學無關於《易》。次爲《八卦相錯說》，謂相錯是對待，非流行。又謂相錯只八卦，非六十四卦相錯。次爲《辟卦說》二，一論十二月自然之序，一論陰陽升降不外《乾》、《坤》。次爲《中爻說》，以孔穎達用二五者爲是。次爲《中爻互體說》，謂正體則二五居中，互體則三四居中，三四之中由變而成。次爲《廣八卦說》，謂《說卦》取象不盡可解，當闕所疑。其言皆明白篤實，足破外學附會之疑。經文次序用《註疏》本，《乾》卦之末有注曰：「案胡雲峰《本義通釋》《乾》、《坤》二卦，自《文言》起至末，別爲一卷，編在《說卦》之前。竊意《本義》原本當如是，而《通釋》遵之。今原本不復見矣」云云。蓋未見劉容刻本者。案容之舊刻，聖祖仁皇帝特命開雕，愼行侍直內廷，何以不見，其理殆不可解。然其說經則大抵醇正而簡明，在近時講《易》之家，特爲可取焉。

## 身易實義

**《四庫提要·易類存目三》**　《身易實義》五卷。浙江巡撫採進本。國朝沈廷勱撰。廷勱，字克齋，嘉興人。康熙中由副貢生授欒城縣知縣，官至商州知州。是書一以程、朱爲宗，凡宋、明諸儒稱引程、朱之説者，摭拾無遺。其別有發明者概屏勿録。前有自序云：「以心言《易》，未若以身體《易》之爲實。以身體《易》，又必以《易》見諸用之爲實。」故名其書爲《身易實義》云。

## 合訂删補大易集義粹言

**《四庫提要・易類六》** 《合訂删補大易集義粹言》八十卷。兩江總督採進本。國朝納喇性德編。相傳謂其稿本出陸元輔，性德歿後，徐乾學刻入《九經解》，始署性德之名，莫之詳也。性德原作成德，字容若，滿洲正黄旗人。康熙丙辰進士，官至乾清門侍衛。是書乃取宋陳友文《大易集義》、方聞一《大易粹言》案此書原本誤作「曾穜」，今考正。二書而合輯之。友文書本六十四卷，所集諸儒之説凡十八家，又失姓名兩家。聞一書本七十卷，所集諸儒之説凡七家。以二書校除重複外，《集義》視《粹言》實多得十一家，惟《粹言》有《繫辭》、《説卦》、《序卦》、《雜卦》，而《集義》止於上、下經，故所引未能賅備。性德因於十一家書中擇其論《繫辭》諸傳者，以補其闕，與《粹言》合爲一編。又删其繁蕪，勒成此本。今《粹言》尚有傳本，已著於録。《集義》流播較希，尚藉此以見梗概。其中理數兼陳，不主一説。宋儒微義，實已略備於斯。李衡删房審權之書、俞琬鈔李心傳之説，竝以取精擷要，有勝原編。此書之作，其功亦約略相亞矣。

## 周易函書約存

**《四庫提要・易類六》** 《周易函書約存》十八卷，《約注》十八卷，《別集》十六卷。刑部尚書胡季堂家藏本。國朝胡煦撰。煦，字曉滄，光山人。康熙壬辰進士，官至禮部侍郎。是書原本一百十八卷，其詮釋經文者四十九卷。冠以《原圖》八卷，用解伏羲之《易》；《原卦》三卷，用解文王之《易》；《原爻》三卷，用解周公之《易》。又取先儒論説，集爲《原古》三十六卷，謂之《首傳》。共九十九卷，爲《周易函書正集》。外有《函書約》三卷，《易學須知》三卷，《易解辨異》三卷，《篝燈約旨》十卷，共十九卷，爲《別集》。《別集》先已刊板。《正集》因卷帙浩繁，艱於剞劂，乃取詮釋經文之四十九卷，約爲十八卷，名曰《函書約注》。又取《首傳》五十卷，約爲十六卷，附以《續約旨》二卷，共十八卷刊之，名曰《續集》。皆煦所手訂也。其《正集》原本，煦門人李學裕欲爲校刊，攜其稿去，會學裕病卒，遂散佚。後《別集》、《續集》板竝漫漶，其子季堂重爲校訂。因《正集》未刊，《續集》之名無所緣起，且《續集》之《原圖》、《原卦》、《原爻》、《原古》即删取《正集》之要語，非別有所增，未可目之以「續」。而《別集》内之《函書約》三卷，亦即《正集》之《原圖》、《原卦》、《原爻》撮其大義，更不可附入《別集》。遂以《續集》編爲十五卷，取《函書約》三卷弁首，共十八卷，名爲《約存》。蓋以《正集》既佚，其大義僅存於是也。又以《續約旨》二卷，依《篝燈約旨》原目散附各篇之内，合《易學須知》三卷、《易解辨異》三卷，仍爲《別集》。其釋經文之十八卷，仍名《約注》，共爲五十二卷，即此本也。煦研思《易》理，平生精力盡在此書。其持論酌於漢學、宋學之間，與朱子頗有異同。然考《朱子語録》有曰「某作《易本義》，欲將文王《卦辭》大概略説，至其所以然之故於孔《彖辭》中發之。如此乃不失文王大意，但未暇整頓爾」云云。是朱子於《本義》蓋欲有所改定而未能，則後人辨訂，亦未始非朱子之志也。陸游《渭南集》有《朱氏易傳跋》曰：「《易》道廣大，非一人所能盡，堅守一家之説，未爲得也。元晦尊程氏至矣，然其爲説亦已大異，讀者當自知之。」斯可謂天下之通論矣。

## 周易函書約注

**《四庫提要・易類六》** 《周易函書約注》十八卷。國朝胡煦撰。

## 周易函書別集

《四庫提要・易類六》 《周易函書別集》十六卷。國朝胡煦撰。

## 豐川易説

《四庫提要・易類六》 《豐川易説》十卷。兩江總督採進本。國朝王心敬撰。心敬，字爾緝，鄠縣人。乾隆元年薦舉賢良方正，以老病不能赴京而罷。心敬受業於李容，而謹嚴不逮其師。所注諸經，大抵好爲異論，《書》及《春秋》爲尤甚。惟此編推闡《易》理，最爲篤實。其言曰：「學《易》可以無大過，是孔子明《易》之切於人身，即是可以知四聖人繫《易》之本旨，竝可以識學《易》之要領。」又曰：「《易》是道人事之書，陰陽消長，只是借來作影子耳。故曰：易者，象也；象也者，像也。於陰陽消長處看得不明，是影子不眞。若徒泥陰陽消長而無得於切己之人事，亦屬捕風捉影。」又曰：「置象言《易》，是謂懸空。執象舍義，是爲泥迹。象義雙顯，則體用一源，顯微無間。」又曰：「《中庸》一書，是子思爲當日之言道者，視爲高深玄遠，故兩引《中庸》之説以明道。《易翼》十篇，是孔子爲當日之言《易》者，視爲高深玄遠，故重申《易》簡之説以明《易》。後儒往往索諸隱深，欲以張皇《易》妙而不知反失其本旨。」又曰：「若《易》不關象，不知義於何取？不屬卜筮，不知設著何爲？」又曰：「學者讀《易》不知求設教之本旨，讀《書》不知《洪範》經世之宏猷。每於《河圖》、《洛書》穿鑿附會，何切於實事實理？」又曰：「大抵漢、唐之《易》，祇成訓詁。宋、明之《易》，多簸弄聰明。訓詁非《易》而《易》在，聰明亂《易》而《易》亡。」又曰「《義》言象占，同體共貫，廢一不得，泥一不得。後儒紛紛主象、主數、主理、主卜筮、主錯綜之變，是舍大道而入旁蹊」云云。其説皆明白正大，故其書皆切近人事，於學者深爲有裨。至於互卦之説、老陰老陽始變之説、錯綜之説、卦變之説，皆斥而不信，併《左氏》所載古占法而排之。雖主持未免太過，要其立言之大旨，則可謂正矣。

## 周易傳註

《四庫提要・易類六》 《周易傳註》七卷，附《周易筮考》一卷。直隸總督採進本。國朝李塨撰。塨，字剛主，號恕谷，蠡縣人。康熙庚午舉人，官通州學正。是編大旨，謂聖教罕言性天，《乾》、《坤》四德，必歸人事。以下《屯》「建侯」、《蒙》「初筮」，每卦亦皆以人事立言。陳摶《龍圖》、劉牧《鉤隱》以及探無極、推先天者，皆使《易》道入於無用。《參同契》、《三易洞璣》諸書，皆異端方技之傳，其説適足以亂《易》。即五行勝負、分卦直日、一世二世三世四世諸説，亦皆於三聖所言之外再出枝節。故其説頗爲淳實，不涉支離怳惚之談。其駁卦變之説，發例於《訟卦彖辭》。駁《河圖》、《洛書》之説，發例於《繫辭傳》。駁先天八卦之説，發例於《説卦傳》。其餘則但明經義，不復駁正舊文。其凡例論先儒辨難，卷不勝載。惟甚有關者，始不得已而辨之也。大抵以觀象爲主，而亦兼用互體。於古人多採李鼎祚《集解》，於近人多取毛奇齡《仲氏易》、《圖書原舛編》、胡渭《易圖明辨》。其自序排擊諸儒，雖未免過激，然明自隆、萬以後，言理者以心學竄入《易》學，率持禪偈以詁經。言數者奇偶與黑白遞相推衍，圖日積而日多，反置象占辭變、吉凶悔吝於不問。其蠹蝕經術，實弊不勝窮。塨引而歸之人事，深得聖人垂教之旨。其矯枉過直，懲羹吹齏者，分別觀之，不以詞害意可矣。

## 周易筮考

《四庫提要・易類六》 《周易傳註》七卷，附《周易筮考》一卷。國朝李塨撰。

## 易經釋義

《四庫提要・易類存目三》 《易經釋義》四卷。浙江巡撫採進本。國朝沈昌基撰。昌基，字儒珍，烏程人。其書刪節《本義》，敷衍成文，前列擬題三頁。其自序云，先世多以《易》發解成名。蓋所講乃科舉之術也。

## 周易劄記

《四庫提要・易類六》 《周易劄記》二卷。兩江總督採進本。國朝楊名時撰。名時，字賓實，江陰人。康熙辛未進士，官至禮部尚書，謚文定。是編乃其讀《易》所記，前後無序跋，未詳其成書年月。觀書中所引證，蓋猶在欽定《周易折中》之後也。名時本李光地所取士，故其《易》學多得之光地。雖《說卦傳》及《附論啓蒙》之類頗推衍先天諸圖，尚不至於支離附會。至其詮解經傳，則純以義理爲宗，不涉象數。大抵於程、朱之義不爲苟異，亦不爲苟同。在宋學之中，可謂明白而篤實矣。名時爲雲南巡撫時，夏宗瀾嘗從之問《易》，所作《易說》，皆質正於名時。其問答具載宗瀾書中。然宗瀾所說，如《漸卦》「禦寇」證以「孤雁打更」之類，頗爲膚廓，不及名時所論，猶有光地之遺也。

## 周易粹義

《四庫提要・易類存目四》 《周易粹義》五卷。江蘇巡撫採進本。國朝薛雪撰。雪，字生白，號一瓢，蘇州人。自署曰「河東」，稱郡望也。其書採摭諸說，融以己意，仿朱子《論孟集注》之例，皆不載所引姓名。詮釋頗爲簡明，而大抵墨守宋學也。

## 陸堂易學

《四庫提要・易類存目三》 《陸堂易學》十卷。浙江巡撫採進本。國朝陸奎勳撰。奎勳，字坡星，平湖人。康熙辛丑進士，官翰林院檢討。是編講《易》，宗朱子者十之六，宗諸儒者十之四。間以己意訓釋，於前人亦無大異同。惟謂伏羲但畫八卦而無卦名，黃帝始立蓍數，乃名以《乾》、《坤》、《震》、《巽》、《坎》、《離》、《艮》、《兌》。堯舜始增加《屯》、《蒙》諸卦名，更定方圖卦位。文王始定《序卦》之錯綜與夫揲蓍用九用六。於是首列伏羲《方圖》、黃帝《方圖》、唐虞《方圖》、《連山圓圖》、《歸藏圓圖》、《周易卦序圖》。其說新異，所引據亦皆未確。

## 周易本義述蘊

《四庫提要・易類存目三》 《周易本義述蘊》四卷。江蘇巡撫採進本。國朝姜兆錫撰。兆錫，字上均，丹陽人。康熙庚午舉人，乾隆初薦充三禮館纂修官。是書取名「述蘊」者，蓋取《通書》「聖人之精畫卦以示，聖人之蘊因卦以發」之義。大旨恪遵朱子《本義》，如解《屯卦》六二「匪寇婚媾」句、解《否卦》「否之匪人」句。舍《本義》而從程《傳》、孔《疏》者亦偶有之，非其通例也。其經傳之次第，則於卦畫之後繼以《彖辭》、《彖傳》，於《彖辭》、《彖傳》之後繼以《象辭》、《象傳》，而《乾》、《坤》二卦則又割《文言傳》爲二段，分綴於《彖》、《象》二傳之下。其以大、小《象傳》列《彖傳》後者，自謂用今本乾卦之例。列《彖傳》於《彖辭》後者，自謂用今本《坤卦》之例也。然割裂《文言》，又用何例乎？既非今本，又非古本，殊爲進退無據。又既解《本義》之九圖，而《卦變》一圖其說與《本義》互異者，置不一言，亦爲疎漏。至訂定《雜卦》《大過》以下八卦，本蔡淵之說而小變之。以《漸》、《歸妹》、《既濟》、《未濟》四卦相次爲隔句韻體，亦殊勇於改經也。

# 周易蘊義圖考

**嵇璜等《清通志・圖譜略・經學》** 姜兆錫《周易蘊義圖考》。謹按：是編主先天之學，推闡舊說。

**《四庫提要・易類存目三》** 《周易蘊義圖考》二卷。江蘇巡撫採進本。國朝姜兆錫撰。是編主先天之學，皆根柢《圖》、《書》，演錯綜互變之旨，大抵推闡舊說也。

# 周易傳義合訂

**《四庫提要・易類存目三》** 《周易傳義合訂》十二卷。江西巡撫採進本。國朝朱軾撰。軾，字若瞻，高安人。康熙甲戌進士，官至大學士，謚文端。是編因程子《易傳》、朱子《易本義》互有異同，爲參校以歸一是，不復兩可其說，以滋岐貳。惟兩義各有發明，可以竝行不悖者，仍俱録焉，而附以諸儒之論。其諸儒之論有實勝《傳》、《義》者，則竟舍《傳》、《義》以從之，軾所見亦各附於後。其凡例有曰：「遺象言理，自王輔嗣始。然《易》者，象也。有象斯有理，理從象生也。孔子《彖》、《象》二傳，何嘗非言象？雷、風、山、澤以及乾馬、坤牛、震龍、巽雞之類，皆象也。即卦之剛柔、上下、應比、承乘亦何莫非象乎？舍是而言理，不知所謂理者安在矣？《易》道之取類大，精粗巨細無所不有，即納甲、飛伏等術數之學，不可謂非《易》之一端也。況中爻互卦、倒巽倒兌、厚離厚坎之象，皆卦體之顯而《易》明者乎。」又稱「卦有對易、反易，反易之義，先儒言之已備。來知德謂之卦綜，謬矣」。又稱「程子不取卦變，謂凡卦皆自《乾》、《坤》來。然合之《彖傳》，究未盡協。今一遵朱子一陰一陽自《姤》、《復》之說」。又稱「宋、元以來《易》圖不下數千，於四聖人之精義，全無干涉，今一概不録。止縷析朱子各圖之義而圖仍不載」云云。其全書宗旨，具見於斯。較之分門別戶，尊一先生之言，而先儒古義無不曲肆掊擊者，其識量相去遠矣。其書，軾存之日未及刊行。乾隆丁巳，兩廣總督鄂彌達始爲校付剞劂，恭呈御覽。蒙皇上篤念舊學，親灑宸翰，弁於編首，稱其「簡而當，博而不支，鉤深探賾而不鑿。蓋玩之熟，故擇言也精；體之深，故析理也密」。天藻表揚，昭垂日月，非惟是書仰託以不朽，即天下萬世伏繹聖謨，亦均能得讀《易》之津梁，窺畫卦之閫奥，曉然知所向方也。又豈獨軾一人之幸哉！

# 周易通

**《四庫提要・易類存目三》** 《周易通》十卷。浙江巡撫採進本。國朝浦龍淵撰。龍淵，字潛夫，吳縣人。嘗佐洪承疇幕，以承疇薦，授城步縣知縣。其書名「易通」者，謂六爻之義本一理，四聖之旨本一貫。自說《易》者解以己意，遂致《卦辭》不通於《象辭》，下卦之辭或不通於上卦之辭。故六十四卦各立論發揮，於卦義、爻義或逐條剖析，或連類推闡，務使相通而後已。其說不爲無見。然卦爻之義宛轉相通，亦猶一人之身，脈絡孔穴宛轉相通也。必從一脈以通百脈，由一穴以通百穴，則必有所隔礙於其際。故龍淵所說，有時而融洽，亦不免有時而穿鑿。至既欲牽合於理學，又欲比附於史事，縱橫曼衍，辨而太華，是又作論之才，非詁經之體也。

# 周易辨

**《四庫提要・易類存目三》** 《周易辨》二十四卷。浙江吳玉墀家藏本。國朝浦龍淵撰。茲編因《繫辭》「包犧氏王天下」之文，遂謂六十四卦無一非帝王師相之事，乃明主良臣所以致太平之書。因《乾》卦「六位時成」之文，謂六爻中君臣上下各有攸司。周公分位繫辭，正名定分，皆取諸此。歷來一切圖書、象數、卦變等說，皆略而不論。夫人事準乎天道，治法固《易》理之所包。然謂帝王師相之學當求於《易》則可，謂《易》專爲帝王師相作，則主持太過矣。朱彝尊《經義考》載此書作二十八卷。此本少四卷，疑亦《經義考》傳寫之誤也。

## 易宫

**《四庫提要·易類存目三》**　《易宫》三十八卷。浙江巡撫採進本。國朝吴隆元撰。隆元，號易齋，歸安人。康熙甲戌進士，官至太常寺少卿。其書前後無序跋，末闕《雜卦傳》，其中亦多闕文闕卷，又頗有塗乙，或注「未定本」字，或注「非先生手授本」字，則隆元草創未竟之書，其門人追録之也。大旨取來知德之説，以不反對之卦爲錯，反對之卦爲綜。錯者，一卦自爲一宫；綜者，兩卦合爲一宫。上經三十卦不反對者六，合之爲十八卦。下經三十四卦不反對者二，合之亦十八卦。總二篇分配之數，適符邵子三十六宫之義，故以名書。中多從吴澄《纂言》，改易經文，頗傷於輕信。

## 讀易管窺

**《四庫提要·易類存目三》**　《讀易管窺》五卷。浙江巡撫採進本。國朝吴隆元撰。是編卷一爲《考略》，次列《河圖》、《洛書》諸圖。其《河圖旋毛》、《洛書坼甲》二圖云，得之朱升《易經旁注》。然升洪武時人，非伏羲時人，不知何自而見之。案《旋毛》、《坼甲》二圖乃吴澄所傳，非始於朱升。卷二爲《先天後天卦圖》。卷三爲《蓍數太極圖》、《卦象太極圖》、《性理太極圖》。《性理》即周子之圖也，餘二圖隆元所造也。卷四爲《參伍錯綜圖》，爲《納甲》，爲《卦變》。卷五爲《啓蒙三十二圖》，而附以《占例私言》。大抵力闢陳摶之學。其辨歸有光《先天圖》晚出一條，謂《舜典》首二十八字，齊建武時始出，學者未嘗疑之，豈先天四圖不可出於太平興國時？是又未考《經典釋文》之語矣。

## 讀易約編

**《四庫提要·易類存目三》**　《讀易約編》四卷。内府藏本。國朝朱江撰。江，字東注，江都人。是書成於康熙丁丑。其凡例有云：「是編原爲便舉子業，凡可備大小試題者，著其精意，餘止存經文。」蓋鄉塾課蒙之本也。

## 孔門易緒

**《四庫提要·易類存目三》**　《孔門易緒》十六卷。山西巡撫採進本。國朝張德純撰。德純，字能一，號松南，長洲人。康熙庚辰進士，官常山縣知縣。是書專以《十翼》解經。其説謂經本無陰、陽、剛、柔之名，及天、地、風、雷、水、火、山、澤之象，皆夫子所顯示以闡經，故曰《孔門易緒》。爲目凡三：曰《經緒》，説上、下《經》也。曰《傳緒》，説《繫辭》、《説卦》、《序卦》、《雜卦》也。曰《緒餘》，則以諸家《易》圖爲未善而以己意推衍，自立新圖新譜也。别以引緒冠於首，則總論也。其説與諸家迥異。蓋《易》道廣大，隨引一端推衍之，皆可成理耳。

## 易韋

**《四庫提要·易類存目三》**　《易韋》二卷。兩淮鹽政採進本。國朝朱襄撰。襄，無錫人。是書成於康熙庚辰。卷首爲《易圖説》，凡十二圖。其以九數爲《河圖》，宗劉牧之説。而以《洛書》爲八卦，又與牧異。其《尚占》一圖，獨有圖而無説，殆傳寫佚之歟？次爲《讀易字義》，凡十四篇。其説無一不與前人相反，蓋不究聖人立教之本，而惟黑白、奇偶之是求，其勢必至於此，不足異也。其《讀易字義序》稱：「命之曰《易韋》，而撮取《大傳》中之字，推明其義，凡十四則，冠於《易韋》之前。」然則《易韋》别有全書，此特其卷首《圖説》及《字義》耳。

## 易象

《四庫提要・易類存目三》　《易象》二卷。陝西巡撫採進本。國朝王明弼撰。明弼，字亭二，陝西人，康熙間官鳳翔府教授。是編取六十四卦《大象》列《本義》於前，而各敷衍數語於後，殊無所發明。

## 易盪

《四庫提要・易類存目三》　《易盪》二卷。安徽巡撫採進本。國朝方鯤撰。鯤，字羽南，桐城人。其書不載經文，不依《周易》卦次，惟據《大傳》「八卦相盪」之義，縱横圖之，八卦相重，一卦盪爲八卦，故名曰《易盪》。每卦各爲之説，説後附以自注、集注及補遺。卷首有自序二，一在康熙癸未，一在戊戌。蓋成書之後又十六年，復加訂定云。

## 易説要旨

《四庫提要・易類存目三》　《易説要旨》二卷。江蘇巡撫採進本。國朝李寅撰。寅，字東崖，吳江人。是書用王弼本，僅解上經、下經。前有康熙甲申自序，云法紫陽《本義》。然語多龐雜，往往竝《本義》原旨而失之。

## 周易洗心

《四庫提要・易類六》　《周易洗心》九卷。編修勵守謙家藏本。國朝任啓運撰。啓運，字翼聖，荆溪人。雍正癸丑進士，官至宗人府府丞。是編大旨謂讀《易》者當先觀圖象。故首卷備列諸圖，自朱子、邵子而外，如國朝李光地、胡煦所作諸圖，皆爲采入，而又以己見推廣之，端緒頗爲繁賾。自序謂：「其要不外《論語》『五十以學《易》』之言，文、周卦畫自羲圖出，羲圖自《河》、《洛》出。五十者，《圖》、《書》之中也，學《易》不以五十，失其本矣。」其説頗務新奇。然其詮釋經義，則多發前人所未發。大抵觀象玩辭，時闡精理，實不盡從《圖》、《書》生解。其文句異同，亦多從馬、鄭、王弼、王肅諸家之本，即或有不從舊本，必注某本作某字，以存古義，亦非《圖》、《書》以外廢訓詁而不言。然則其研尋奇偶，特好語精微而已，非如張行成等竟舍經而談數也。

## 大易通解

《四庫提要・易類六》　《大易通解》十五卷，附録一卷。直隸總督採進本。國朝魏荔彤撰。荔彤，字念庭，柏鄉人，大學士裔介之子，官至江常鎮道。是編乃其罷官後所作。其論畫卦，謂與《河圖》、《洛書》祇可謂其理相通，不必穿鑿附會。又以《乾》一、《兑》二、《離》三、《震》四、《巽》五、《坎》六、《艮》七、《坤》八，非生卦之次序。其論爻則兼變爻言之，謂占法二爻變者以上爻爲主，五爻變者占不變爻，四爻變者占二不變爻，仍以下爻爲主，餘占本爻與象辭。至論上經首《乾》、《坤》，中間變之以《泰》、《否》；下經首《咸》、《恒》，中間交之以《損》、《益》，尤得二篇之樞紐，皆頗有所見。惟不信先儒扶陽抑陰之説，反覆辨論。大意謂陰陽之中，皆有過不及，皆有中正和平，德皆有美凶，品皆有邪正，非陽定爲君子，陰定爲小人，陰陽中皆有君子小人。陽之美德剛健，其凶德則暴戾。陰之美德柔順，其凶德則姦佞。陰陽之君子俱當扶，小人俱當抑。陰陽二者，一理一氣，調濟剛柔，損益過不及，務期如天地運化均平之時。此四聖人前民之用，贊化之心，而《易》所以作也云云。其説甚辨。然觀於《乾》、《坤》、《姤》、《復》之初爻，聖人情見乎詞矣，荔彤究好爲異論也。

## 易説

**《四庫提要・易類六》** 《易説》六卷。陝西巡撫採進本。國朝惠士奇撰。士奇，字仲儒，吴縣人。康熙己丑進士，官至翰林院侍讀。是書雜釋卦爻，專宗漢學，以象爲主。然有意矯王弼以來空言説經之弊，故徵引極博，而不免稍失之雜。如釋《訟》卦，引荀爽説訟「之言凶也」，則以丹朱之嚚訟爲嚚凶；釋「弟子輿尸」，引《左傳》「彘子尸之」，以尸爲軍中元帥；釋「觀國之光」，引《聘禮》「請觀」及《左傳》「季札觀樂」、韓宣子「觀書」以證「觀國」，皆失之拘。釋「繫于苞桑」，以「桑」字爲喪亡之「喪」，而無所考據。釋「先張之弧後説之弧」，以下「弧」字改爲「壺」，引《昏禮》「壺尊」、《太玄》「壺婦」爲證，皆愛博嗜奇，不能自割。至編端論《乾象傳》「大明終始」，引《莊子・在宥》篇「我爲女遂於大明之上矣，至彼至陽之原也；爲女入於窈冥之門矣，至彼至陰之原也」，謂莊周精於《易》，故善道陰陽，先儒説《易》者皆不及，尤未免失之不經。然士奇博極羣書，學有根柢。其精研之處，實不可磨，非暖暖姝姝守一先生之言者所可彷彿。一二微瑕，固不足累其大體也。

**張之洞《書目答問・易類》** 《易説》六卷。惠士奇。家刻本。學海堂本。

## 硯北易鈔

**《四庫提要・易類存目三》** 《硯北易鈔》十二卷。編修勵守謙家藏本。國朝黄叔琳撰。叔琳，字崑圃，大興人。康熙辛未進士，官至詹事府詹事，乾隆辛未恩加吏部侍郎銜。是編用《注疏》本，以程《傳》、《本義》爲主，雜采諸説附益之。中多朱墨校正商搉之處，蓋猶未定之稿也。

## 宋元周易解提要　附易解别録

**《四庫提要・易類存目三》** 《宋元周易解提要》，附《易解别録》。無卷數。副都御史黄登賢家藏本。不著撰人名氏，前署養素堂纂本。又有黄叔琳名字二私印，蓋即叔琳所録也。其書蓋仿李鼎祚《周易集解》之例，但裒諸説，不加論斷。然所采録頗簡，且書名既題宋、元，而書中復録《子夏易傳》語十數條，未免失於斷限。又宋時説《易》者如王湜《易學》、林至《易裨傳》、鄭汝諧《易翼傳》、趙汝楳《易敍叢書》、林光世《水村易鏡》之類，傳於世者尚多，兹皆未録，而元人説《易》者竟未采一家。其書未分卷帙，亦無序目，殆猶未成之本也。後附《易解别録》一册，竝旁采異説，亦僅有宋而無元云。

## 周易象義合參

**《四庫提要・易類存目三》** 《周易象義合參》十二卷。江西巡撫採進本。國朝吴德信撰。德信，字戍友，九江人。是書以《繫辭》、《文言》、《説卦》、《序卦》、《雜卦》各自爲篇，而以《彖傳》、《象傳》仍散附經文之内。蓋用宋人所傳鄭氏之本。其例以《本義》大書，而發明《本義》者夾注句下。每節之末又隨文衍説，如舉業家之講章。前有康熙丙戌自序，稱「淮安舟次，中宵假寐，忽因『剛柔相摩』句，恍悟《河圖》本有八卦，特假伏羲畫出」云云。是其學本從《圖》、《書》而入，眞以爲先有此五十五點黑白之圖，伏羲乃因之作《易》。又卷首《伏羲八卦次序圖》後附注云「按《説卦傳》是，故《易》逆數也。在《天地定位章》末，似承上文通解圓圖之辭」云云。是又眞以爲方、圓二圖爲在孔子之前，孔子作《傳》以解之。故根本先已轇轕，枝葉從而曼衍。卷首所列新舊圖説至於四十有二。其《河》、《洛》二圖各有本文，各有朱子之本，其奇偶陰陽之位竝同。惟朱子本則作黑白圈，本文則《河圖》作旋毛，《洛書》作圻裂之狀。考《河圖》字始見於《書》，古注不言其質。似不應以馬革一片從伏羲流傳至周，久而不腐，始以此五十五圈畫於尺簡之上，即傳爲重寶。似又於事理不然。至於龜文之說，僅見後周盧辯《大戴禮注》，爲經典之所不載。果有其物，不應周人棄之，專寶《河圖》。果無其物，則古書別無繪象，何由覩其文理？朱謀㙔等摭拾吳澄僞作，造爲宣和內府祕本之說，鑿空無證，德信乃摹而傳之。至所列《太極自然圖》，如今工匠刻鏤器物所畫，蓋即來知德所作。德信不能言其授受，但以「相傳」二字注於其下，足知其罕所考證矣。

## 周易本義晰

**《四庫提要・易類存目三》** 《周易本義晰》無卷數。湖北巡撫採進本。國朝胡良顯撰。良顯，字忠遂，別號得岭，漢陽人。康熙辛卯舉人，官武城縣知縣。是編皆推衍朱子《本義》之旨，而經、傳次序仍用王弼之本。至於經文字句，如《坤》卦初六《小象》「履霜堅冰」句上，增「初六」字。《文言傳》「後得主而有常」句，中增入「利」字。《漸卦彖傳》「漸之進也」句，刊除「之」字。雖其說本於朱子，然《本義》但注於句下，未敢逕改。良顯乃據以筆削，亦可謂信傳不信經矣。

## 易說

**《四庫提要・易類存目三》** 《易說》十卷。山西巡撫採進本。國朝田嘉穀撰。嘉穀，字樹滋，陽城人。康熙壬辰進士，官翰林院編修。是書以《本義》爲主，而取程《傳》輔之。凡他說之羽翼《本義》者，乃採緝彙編。然所見未廣，引用之語不外永樂《周易大全》一書。自序謂「學者應舉，由是求之，庶乎不迷所往」，則本不爲發明經義作矣。

## 先天易貫

**《四庫提要・易類存目三》** 《先天易貫》五卷。直隸總督採進本。國朝劉元龍撰。元龍，字凝焉，饒陽人。是編前有康熙壬辰自序，又有雍正癸卯補序。蓋其書先成三卷，刊於江南，後又續增二卷，故兩序也。元龍自稱歷三十年乃成書。其首卷即數以言理，首《河圖》，次《洛書》，附以《妙合而凝》之圖。次卷即象以言理，首《畫卦圖》，次《太極圖》，次《儀象卦爻錯變圖》，附以《易貫圖》。三卷即氣以言理，首《變卦圖》，次《八卦圖》、《綜卦圖》，附以《致知格物圖》。四卷、五卷即六十四卦以言理，標舉伏羲《大象》、孔子《大象傳》，附以錯卦、互卦之解，蓋惟講陳、邵之學者也。其謂《易》不爲卜筮而作，所言似高，而實不然。夫聖人立教，隨時寓義，初不遺於一事一物。三代以上，無鄙棄一切、空談理氣之學問也。故《詩》之教，理性情，明勸戒。其道至大，而謂《詩》非樂則不可。《春秋》之教，存天理，明王政。其道亦至大，而謂《春秋》非史則不可。聖人準天道以明人事，乃作《易》以牖民。理無迹，寓以象；象無定，準以數。數至博而不可紀，求其端於卜筮。而吉、凶、悔、吝、進、退、存、亡於是見之，用以垂訓示戒。曰蓍、曰龜，經有明文。曰揲、曰扐，傳亦有成法。豈取盡性至命之書而褻而玩之哉？俗儒但見拋珓擲錢之爲卜筮，又見夫方技之流置義理而談趨避，遂以爲侮我聖經，乃務恢其說，欲離卜筮而談《易》。然則四聖人中，周公居一，公作《周官》，以三《易》掌之太卜，無乃先不知《易》乎？是猶觀優伶歌曲，而謂聖人必不作樂；觀小說傳奇，而謂聖人必不作史也。

## 楚蒙山房易經解

**《四庫提要・易類六》** 《楚蒙山房易經解》十六卷。江西巡撫採進本。國朝晏斯盛撰。斯盛，字一齋，新喻人。康熙辛丑進士，官至湖北巡撫。是書凡《學易初津》二卷、《易翼宗》六卷、《易翼說》八卷。《學易初津》爲全書之宗旨，謂今所傳《圖》、《書》乃大衍之數，因《大傳》之言而圖之，不取《河》、《洛》奇偶之說，所見最確。又謂辭占不遺彖辭而不取卦變互體之說，則盡廢漢《易》之古法，未免主持稍過。《易翼宗》以經文爲主，而割《十翼》散附於句下，意在以經解經，頗傷破碎。又每爻之首，畫一全卦而間以一動爻，奇作○，偶作( )，亦自我作古。《易翼說》全解《十翼》，而先《繫辭》，次《說卦》，次《序卦》，次《雜卦》，次《彖傳》，次《文言》，次《象傳》，非古非今，更不知所據何本。然不廢象數而不爲方技術數之曲說，不廢義理而不爲理氣心性之空談，在近日說《易》之家，猶可云篤實近理焉。

## 周易本義拾遺　附周易序例　周易拾遺

**《四庫提要・易類存目三》**　《周易本義拾遺》六卷。湖南巡撫採進本。國朝李文炤撰。文炤，字朗軒，長沙人，康熙癸巳舉人。其書用朱子古本併爲六卷。自序謂「《本義》於辭多得之，而於象未深考，因爲補葺」。釋經則以象數爲主，釋傳則以義理爲歸。各條載《本義》全文，而以己說附於後。於變爻互體，言之特詳，而所釋諸象則大抵隨文傅會。至於爻辭之首各冠以本卦六畫，而以所值之畫陽作○、陰作╳以別之，如世傳錢卜動爻之式。其法雖見賈公彥《周禮疏》中，乃卜筮者臨時之所記，用以詁經則非矣。

## 心　易

**《四庫提要・易類存目三》**　《心易》一卷。浙江汪啓淑家藏本。國朝戴天恩撰。天恩，字福承，蕭山人。是書成於康熙癸巳。自太極至八卦變六十四卦，爲圖十五，而各爲說於其後。卷末爲《象說》、《字義》、《統義》三篇。其所圖所說，皆前人所有。所附三論，亦無所發明。

## 易經粹言

**《四庫提要・易類存目三》**　《易經粹言》三卷。江西巡撫採進本。國朝應麟撰。麟，字囿呈，宜黄人，康熙丁酉舉人。是編不載經文。首卷總論卦圖，上、下二卷依上、下經卦次解之，《十翼》則略焉。《河圖》、《洛書》，數學也，邵子之傳也；吉凶、法戒，理學也，程子之傳也；兼而言之，是朱子之傳也。麟講圖書與所說卦爻不相關，其講卦爻與所說圖書又不相關。兼而取之，又分而治之，亦足見先天之說與爻象爲兩事矣。

## 易翼述言

**《四庫提要・易類六》**　《易翼述言》十二卷。直隸總督採進本。國朝王又樸撰。又樸，字介山，天津人。雍正癸卯進士，官至廬州府同知。是編經傳次序悉依王弼舊本，而冠以《讀易之法》，終以所集《諸儒雜論》。其大旨專以《彖》、《象》、《文言》諸傳解釋經義。自謂篤信《十翼》，述之爲書，故名曰《易翼述信》。而以朱子所云「不可便以孔子之說爲文王之說」者爲非。其徵引諸家，獨李光地之言爲最夥，而於《本義》亦時有異同。蓋見智見仁，各明一義，原不能固執一說以限天下萬世也。至其注釋各卦，每爻必取變氣，蓋即之卦之遺法。其於《河圖》、《洛書》及先天、後天皆不列圖，而敘其說於雜論之末，特爲有識。其時位德、大小應、比主爻諸論，亦皆恪遵《御纂周易折中》之旨，闡發證明，詞理條暢，可取者亦頗多焉。

## 周易孔義集說

**《四庫提要・易類六》**　《周易孔義集說》二十卷。編修周永年家藏本。國朝沈起元撰。起元，字子大，太倉人。康熙辛丑進士，官至光祿寺卿。是書大旨以《十翼》爲夫子所手著，又未經秦火，其書獨完，故學《易》者必當以孔傳爲主。因取明高攀龍《周易孔義》之名別加纂集，於古今說《易》諸書，無所偏主，惟合於孔傳者即取之。其篇次則仍依今本，以《彖傳》、《象傳》繫於經文之下，謂《易》之亡不亡，不係於古本之復不復。王氏以傳附經，亦足以資觀玩。惟《大象傳》往往別自起義，《文言》則引伸觸類，以闡《易》蘊，皆無容附於本卦，故別出之。前列三圖，一爲《八卦方位圖》，一爲《乾坤生六子圖》，一爲《因重圖》，皆據《繫辭》、《說卦》之文。至於《河圖》、《洛書》、《先天》、《後天》、《方圓》諸圖，則謂此陳、邵之《易》，非夫子所本有，概從刪薙，頗能掃除紛紜轇轕之習。其中亦多能推驗舊說，引伸新義。如《乾傳》「大明終始」，王《注》、程《傳》、朱子皆未有確解，起元獨取侯行果「大明，日也」之說，而證以《晉彖傳》之「順而麗乎大明」、《禮記》之「大明生於東」，於經義頗有根據。《觀》六三、九五、上九之「觀我生」、「觀其生」，自孔疏以「動出爲生」，而後儒遂以「動」作「施爲」解之，俱不免於牽強。起元獨取虞翻「生謂坤生民也」之說，尤有合於九五《象傳》「觀民」之旨。其釋《大象傳》比類求義，於字句相似而義不同者，推闡更爲細密。在近來說《易》家中，亦可云有本之學矣。

## 周易録疑

**《四庫提要・易類存目三》** 《周易録疑》。無卷數。福建巡撫採進本。國朝陳綽撰。綽，字文裕，福安人。是編用《注疏》本而不載經文。上、下經但標卦名，《繫辭》、《說卦》標章次，《序卦》、《雜卦》則但標篇名而已。所解皆循文生義，罕所考證。每條之下多有標「湜附」二字者。湜，字亦徵，綽之子也。

## 經義管見

**《四庫提要・易類存目四》** 《經義管見》一卷。浙江巡撫採進本。國朝饒一辛撰。一辛，字治人，南城人。是書成於雍正丙午。凡《圖說》七，《周易統天旋卦賦》一，《說卦傳論》一，《納音五行論》一，《古今本得失論》一。於周子《太極圖》、邵子《先天圖》多所攻駁，而其所自造之圖，亦初無所受。至擬《歸藏》、《連山》等圖，則以乾北、坤南、坎東、離西、艮東北、兌西南、震東南、巽西北爲位，尤於古無徵。

## 周易剩義

**《四庫提要・易類存目四》** 《周易剩義》二卷。福建巡撫採進本。國朝童能靈撰。能靈，字龍儔，號寒泉，連江人，雍正中貢生。其論《易》專主《河圖》，以明象數之學。雖曼衍縱橫，旁推曲闡，亦皆有一說之可通。然云得作《易》之本旨，則未必然也。其亦張行成之支裔歟。

## 易象大意存解

**《四庫提要・易類六》** 《易象大意存解》一卷。編修程晉芳家藏本。國朝任陳晉撰。陳晉，字似武，號後山，亦曰以齋，江蘇興化人。乾隆己未進士，官徽州府教授。是編不載經文，惟折衷諸家之說，明《易》象之大意，故以爲名。考《左傳》韓起聘魯，見《易象》、《春秋》，則《易》之主象，古有明文。陳晉以象爲宗，實三代以來舊法。卷首標《凡例》七則，多申尚象之旨。書中首論太極五行，兼談《河》、《洛》、《先天》諸圖，然發揮明簡，惟標舉其理所可通，凡一切支離推衍，布算經而繪弈譜者，翦除殆盡。其《凡例》有曰：「後之言象數者流入藝術之科，其術至精，而其理亦更奥澀。然偏於一隅，似反涉形下之器。」可云篤論。次論彖、論爻、論象，不廢互體之說，蓋以《雜卦傳》爲據。次論六十四卦，各括其大旨，亦大抵切人事立言。終以《繫辭》、《序卦》、《說卦》、《雜卦》，其文頗略。蓋著書之意在於六十四卦，餘皆互相發明耳。

## 易　貫

《四庫提要・易類存目四》　《易貫》十四卷。江蘇巡撫採進本。國朝張敘撰。敘，字鳳岡，太倉人，雍正壬子舉人。是書用《注疏》本，而以《小象》總列六爻之後，如《乾》、《坤》二卦例。又以《大象》置《彖傳》之前。考《象辭》列六爻後，是吳仁傑所傳鄭本。《大象》置《彖傳》前，是周燔本。而敘乃以爲創獲，蓋未知有吳、周二本也。至圖學傳自邵子，其位置皆依《說卦》，周子《太極圖》初不言八卦，此書皆強爲牽合。又斥諸儒爻變之說，而以《左氏》所載占法爲《周易》未成經時，卜筮家雜用以測驗，則又過於疑古矣。

## 大易擇言

《四庫提要・易類六》　《大易擇言》三十六卷。兩江總督採進本。國朝程廷祚撰。廷祚，字綿莊，號青溪，上元人。是編因桐城方苞《緒論》，以六條編纂諸家之說。一曰《正義》，諸說當於經義者也。二曰《辨正》，訂異同也。三曰《通論》，謂所論在此而義通於彼，與別解之理猶可通者也。四曰《餘論》，單辭片語可資發明者也。五曰《存疑》、六曰《存異》，皆舊人謬舛之文，似是者謂之疑，背馳者謂之異也。六條之外，有斷以己意者，則以「愚案」別之。其闡明爻象，但以《說卦》健順動入陷麗，止說八義爲八卦眞象，八者之得失則以所值之重卦爲斷。其明爻義，則求之本爻，而力破承乘比應諸舊解。其稽六位，則專據《繫辭》辨貴賤者存乎位之旨，凡陽爻陰位、陰爻陽位之說，亦盡芟除。蓋力排象數之學，惟以義理爲宗者也。

## 程氏易通

《四庫提要・易類存目四》　《程氏易通》十四卷。江蘇巡撫採進本。國朝程廷祚撰。廷祚有《大易擇言》已著録。是書凡《易學要論》二卷、《周易正解》十卷、《易學精義》一卷，又附録《占法訂誤》一卷，《易通》其總名也。其《要論》盡去漢人爻變、互體、飛伏、納甲諸法，未免主持稍過。然舉宋人《河》、《洛》、《先天》諸圖及乘承比應諸例掃而空之，則實有芟除轇轕之功。其《正解》則經傳之義疏，不用今本，亦不用古本，以《彖傳》、《小象》散入經文，《十翼》併爲《六翼》，頗嫌變亂，而詮釋尙爲簡明。其《精義》統論《易》理，通其說於道學，略如語録之體。其《占法訂誤》謂畫有奇偶九六，而上下進退於初二三四五上之際，所謂六爻發揮者，《易》之變惟在於此。之卦則所以識別動爻之用，而所取仍在本卦。故以《洪範》之說爲占法，而以《春秋》內外《傳》所載爲附會變亂，不與《易》應。然箕子殷人，未睹《周易》。太卜掌三《易》之法，則三《易》異占，灼然可證。左氏所紀，其事或有附會，其占法則當代所用，卜史通行，斷不至實無此法而憑虛自造。是則信理黜數，至於矯枉過直者矣。

## 易說辨証

《四庫提要・易類存目四》　《易說辨正》四卷。江蘇巡撫採進本。國朝程廷祚撰。此書蓋其中年所作，在《大易擇言》、《易通》二書之前。後多附入二書中，然亦時有采取未盡者。蓋所見隨年而進，故不一一盡執其舊說也。

# 易箋

《四庫提要・易類六》 《易箋》八卷。山東巡撫採進本。國朝陳法撰。法，字定齋，貴州安平人。康熙癸巳進士，官至直隸大名道。其書大旨以爲《易》專言人事，故彖爻之辭未嘗言天地，雷風諸象亦竝不言陰陽。考《震彖》言「震驚百里」，即象震雷；諸卦彖言「利涉大川」，即象坎水。法所云《彖詞》不言象者，未爲盡合。然其持論之大旨，則切實不支。至來知德以伏卦爲錯，反對之卦爲綜，法則謂：「《大傳》所云錯綜者，以揲蓍而言，錯綜其七八九六之數，遂定諸卦之象。今以錯綜諸卦定象，是先錯綜其象也。又以錯綜言數，是錯綜其象以定數也。先儒雖言卦變，未有易其陰陽剛柔之實，顛倒其上下之位者。今以乾爲坤、以水爲火、以上爲下，混淆汨沒，而《易》象反自此亡矣。」其辨最爲明晰。又論筮法云：「傳所謂挂者，懸之四揲之外。原以象三而非與奇數同歸於扐，以象閏也。其曰『再扐而後挂』，是三變之中有不挂者矣。夫一變之中，初扐之挂，不待言矣。惟再扐不挂，故曰『再扐而後挂』，故知再扐爲指第二變、第三變而言也。」其說與郭、朱迥異。而前一變挂一，後二變不挂，其挂一之策不入歸奇之中，則三變皆以四八爲奇偶，不用五九借象，與經義似有發明，固亦可備一解也。

張之洞《書目答問・易類》 《易箋》八卷。陳法。京師貴州館刻本。

# 成均課講周易

《四庫提要・易類存目三》 《成均課講周易》。無卷數。山西巡撫採進本。國朝崔紀撰。紀，原名珺，字君玉，後更今名，字南有，永濟人。康熙戊戌進士，官至副都御史。此書乃乾隆辛酉紀官國子監祭酒時所著。其說以《本義》爲主，而亦間有異同。至其以經文專主卜筮，《十翼》專言義理，謂「孔子恐人惑於吉凶禍福之說，要求趨避之術，故專以義理言」，則似傳非以解經，惟以補救夫經矣。

# 易經提要録

《四庫提要・易類存目四》 《易經提要録》六卷。兩江總督採進本。國朝徐鐸撰。鐸，字令民，鹽城人。乾隆丙辰進士，官至山東布政使。此書不載經文，第摭古今論《易》之語。前有《總義》一卷，又《圖象》一卷，皆不載其圖，惟存其說。餘各分卦分章，第取總括大意而止，故以提要爲名焉。

# 周易淺釋

《四庫提要・易類六》 《周易淺釋》四卷。江蘇巡撫採進本。國朝潘思榘撰。思榘，字補堂，陽湖人。雍正甲辰進士，官至福建巡撫。是書皆即卦變之法以求象，而即象以明理。每卦皆注自某卦來，謂之「時來」。蓋《易》道廣大，無所不該，其中陰陽變化，宛轉關生，亦具有相通之理。故漢學如虞翻諸家，皆有是說。宋學即程子、朱子，亦闡明是理。雖非《易》之本義，要亦《易》之一義也。前有白瀛序稱：「思榘點勘通志堂所刊《易》解四十二家，竭畢生之力以成此書。比其沒也，力疾屬草，尚闕《乾》、《坤》二卦未注，遂以絶筆。」故此本所說惟六十二卦。其《彖傳》、《象傳》，則以用《注疏》本附經併釋，而《文言》、《繫辭》、《說卦》、《序卦》、《雜卦》則未之及。蓋主理者多發揮《十翼》，主象、主數者多研索卦爻，其宗派然也。後有松江沈大成與其門人福唐林迪光二跋。迪光述思榘之言曰：「彖多言象，而變在其中；爻多言變，而象在其中。不明時來，不知卦之來處；不求爻變，不知卦之去處。爻無所不包，舊說一概講入身心政治上去，遺却許多道理，不如就其淺處說，而深處亦可通也。」固足括是書之大旨矣。

## 周易述

**《四庫提要・易類六》**　《周易述》二十三卷。浙江吳玉墀家藏本。國朝惠棟撰。棟，字定宇，號松崖，元和人。其書主發揮漢儒之學，以荀爽、虞翻爲主，而參以鄭玄、宋咸、干寶諸家之説，融會其義，自爲注而自疏之。其目録凡四十卷。自一卷至二十一卷，皆訓釋經文。二十二卷、二十三卷爲《易微言》，皆雜鈔經典論《易》之語。二十四卷至四十卷，凡載《易大義》、《易例》、《易法》、《易正譌》、《明堂大道録》、《禘説》六名，皆有録無書。其注疏尚闕下《經》十四卷及《序卦》、《雜卦》兩傳，蓋未完之書。其《易微言》二卷，亦皆雜録舊説以備參考。他時蕆事，則此爲當棄之糟粕，非欲別勒一編，附諸注疏之末。故其文皆未詮次。棟歿之後，其門人過尊師説，并未定殘稿而刻之，實非棟本意也。自王弼《易》行，漢學遂絶。宋、元儒者，類以意見揣測。去古寖遠，中間言象數者又岐爲圖書之説，其書愈衍愈繁，而未必皆四聖之本旨。故説經之家莫多於《易》與《春秋》，而《易》尤叢雜。棟能一一原本漢儒，推闡考證，雖掇拾散佚，未能備睹專門授受之全，要其引據古義，具有根柢，視空談説經者，則相去遠矣。

**張之洞《書目答問・易類》**　《周易述》十九卷，《易微言》二卷。惠棟。盧氏刻本。

## 易漢學

**《四庫提要・易類六》**　《易漢學》八卷。光禄寺卿陸錫熊家藏本。國朝惠棟撰。是編乃追考漢儒《易》學，掇拾緒論以見大凡。凡《孟長卿易》二卷、《虞仲翔易》一卷、《京君明易》二卷、《干寶易》附見。《鄭康成易》一卷、《荀慈明易》一卷，其末一卷則棟發明漢《易》之理，以辨正《河圖》、《洛書》、《先天》、《太極》之學。其以虞翻次孟喜者，以翻別傳自稱五世傳孟氏《易》。以鄭玄次京房者，以《後漢書》稱玄通京氏《易》也。荀爽別爲一卷，則費氏《易》之流派矣。考漢《易》自田王孫後，始岐爲施、孟、梁丘三派。然《漢書・儒林傳》稱：「孟喜得《易》家候陰陽災變書，詐言田生且死時，枕喜厀獨傳。而梁丘賀疏通證明，謂田生絶於施讎手中。時喜歸東海，安得此事？」又稱：「焦延壽嘗從孟喜問《易》，京房以爲延壽即孟氏學，而翟牧、白生不肯，皆曰非也。」劉向亦稱：「諸《易》家説皆祖田何，楊叔、丁將軍，大義略同，惟京氏爲異黨。」則漢學之有孟、京，亦猶宋學之有陳、邵，均所謂《易》外別傳也。費氏學自陳元、鄭衆、馬融、鄭玄以下，遞傳以至王弼，是爲今本。然《漢書》稱「直長於卦筮，無章句，徒以《象》、《彖》、《繫辭》十篇、《文言》解説上、下經」。又《隋志》五行家有直《易林》二卷、《易內神筮》二卷、《周易筮占林》五卷，則直《易》亦兼言卜筮，特其爻象承應陰陽變化之説，與孟、京兩家體例較異。合是三派，漢學之占法亦約略盡此矣。夫《易》本爲卜筮作，而漢儒多參以占候，未必盡合周、孔之法。然其時去古未遠，要必有所受之。棟采輯遺聞，鉤稽考證，使學者得略見漢儒之門徑，於《易》亦不爲無功矣。孟、京兩家之學，當歸術數。然費氏爲象數之正傳，鄭氏之學亦兼用京、費之説，有未可盡目爲讖緯者，故仍列之經部焉。

**張之洞《書目答問・易類》**　《易漢學》八卷。惠棟。畢沅刻《經訓堂叢書》本。孟、虞、京、干、鄭、荀。王保訓輯《京氏易》八卷，嚴可均校補未刊。

## 易例

**《四庫提要・易類六》**　《易例》二卷。桂林府同知李文藻刊本。國朝惠棟撰。棟所作《周易述》目録，列有《易微言》等七書，惟《易微言》二卷附刊卷末，其餘竝闕。此《易例》二卷，即七書中之第三種，近始刊本於潮陽，皆考究漢儒之傳以發明《易》之本例。凡九十類，其中有録無書者十三類。原跋稱爲未成之本。今考其書，非惟采摭未完，即門目亦尚未分。意棟欲鎔鑄舊説，作爲《易例》，先創草本，采摭漢儒《易》説，隨手題識，筆之於册，以儲作論之材。其標目有當爲例而立一類者，亦有不當爲例而立一類者；有一類爲一例者，亦有一類爲數例者。如既有扶陽抑陰一類，又有陽道不絶、陰道絶義一類，又有陽無死義一類。此必欲作扶陽抑陰一例，而雜録於三處者也。曰中和，曰《詩》尚中和，曰《禮》、《樂》尚中和，曰君道尚中和，曰建國尚中和，曰《春秋》尚中和，分爲六類已極繁複，而其後又出中和一類、君道中和一類，卷末更出中和之本一類，此亦必欲作《易》尚中和一例而散見於九處者也。古者有聖人之德然後居天子之位一類，徵引繁蕪，與《易》理無關，而題下注曰「即二升《坤》五義」，此必摭爲《乾》升《坤》降之佐證，而偶置在前者也。又如初爲元士一類，即貴賤類中之一乾爲仁、震爲車、艮爲言三類，即諸例中之三。天地之始一類，即卦無先天一類之複出。皆由未及排貫，遂似散錢滿屋。至於《史記》讀《易》之文、《漢書》傳《易》之派，更與《易》例無與，亦必存爲佐證之文，而傳寫者誤爲本書也。此類不一而足，均不可據爲定本。然棟於諸經深窺古義，其所捃摭，大抵老師宿儒專門授受之微旨，一字一句，具有淵源。苟汰其蕪雜，存其菁英，因所録而排比參稽之，猶可以見聖人作《易》之大綱，漢代傳經之崖略。正未可以殘闕少緒，竟棄其稿矣。

**張之洞《書目答問・易類》**　《易例》二卷。惠棟。周永年、李文藻刻《貸園叢書》本。張海鵬刻《借月山房彙鈔》本。錢熙祚刻《指海》本。

## 易微言

**張之洞《書目答問・易類》**　《易微言》二卷。惠棟。盧氏刻本。

## 周易本義辨證

**張之洞《書目答問・易類》**　《周易本義辨證》五卷。惠棟。常熟蔣光弼《省吾堂彙刻書》本。

## 周易述義

**《四庫提要・易類六》**　《御纂周易述義》十卷。乾隆二十年奉敕撰。凡《卦爻》四卷，《彖傳》一卷，《象傳》二卷，《繫辭傳》二卷，《文言傳》、《説卦傳》、《序卦傳》、《雜卦傳》共一卷。以多推闡《御纂周易折中》之蘊，故賜名曰「述義」。所解皆融會羣言，擷取精要，不條列姓名，亦不駁辨得失，而隨文詮釋，簡括宏深。大旨以切於實用爲本。故於《乾》卦發例曰：「諸爻皆龍而三稱君子，明《易》之立象，皆人事也。」全書綱領，具於斯矣。又於取象，則多從古義。如解《乾》九二曰：「九二剛中，變離，文明。」解《坤》初六曰：「變《震》，爲足，有履象焉。」解《屯》六二曰：「變《兌》爲女，柔正，故貞。」凡斯之類，皆取於變爻也。解《屯》六三曰：「《震》坎皆木，聚於《艮》山，故爲林。」解《屯》九五曰：「陷陰互《艮》，止而不動。」解《需》九五曰：「《坎》水《兌》口，故爲酒食。」凡斯之類，皆取於互體也。解《蒙》六三曰：「三變互《兌》，故爲女。」解《訟》九二曰：「《坎》坤體，故爲邑。又互《離》，戶象也。三百，《離》數也。」解《訟》九四曰：「《乾》初復體，互《巽》爲命，變《艮》爲渝，《艮》止貞也。」凡斯之類，皆兼取變與互也。故解《繫辭傳》「若夫雜物撰德，辨是與非，則非其中爻不備」曰：「物謂八卦之爻，雜謂自其中四爻雜而互之，又撰成兩卦之德也。是非者時物之是非，皆於中爻辨之。正體則二爲内卦之中，五爲外卦之中。互體則三爲内卦之中，四爲外卦之中。故皆謂之中爻」云云。誠爲根據先儒，闡明經義。蓋漢《易》之不可訓者在於雜以讖緯，推衍禨祥。至其象數之學，則去古未遠，授受具有端緒。故王弼不取漢《易》，而解「七日來復」不能不仍用六日七分之説。朱子亦不取漢《易》，而解「羝羊觸藩」亦不能不仍用互《兌》之義。豈非理有不可易歟？諸臣仰承指授，於宋《易》、漢《易》酌取其平，探羲、文之奧蘊，以決王、鄭之是非。千古《易》學，可自此更無異議矣。

## 易準

嵇璜等《清通志・圖譜略・經學》　曹庭棟《易準》。謹按：是書專爲圖學而作。

《四庫提要・易類存目四》　《易準》四卷。浙江巡撫採進本。國朝曹庭棟撰。庭棟，字六吉，嘉善人。是書爲圖學而作。一卷《河圖》，二卷《洛書》，三卷《大衍圖》，四卷《蓍法》。其於《河圖》改中宮十點之舊，於《洛書》信鳳來道士之傳。通《洛書》大衍之說於《易》，更分挂扐揲之法於蓍，又皆圖學中後起之說矣。

## 周易原始

《四庫提要・易類存目四》　《周易原始》六卷。浙江巡撫採進本。國朝范咸撰。咸，字貞吉，號九池，錢塘人。雍正癸卯進士，官至監察御史。其書惟解經文，不及《十翼》，大旨以理始於象，象始於畫。又以萬物始於陰陽，象始於日月，取《繫辭》陰陽之義，配日月之語，而總以陰始於陽爲斷，故名《原始》。其說多採輯古義，不以白圈、黑點依託圖書，亦不以禪偈、道經空標心性，較明以來諸家說《易》，頗爲篤實。然其長在盡掃卮言，其短亦在好生新意。如謂「元亨」之「元」爲陽在下，至於陰卦亦每稱「元」，義有難通者，亦曲伸其說。又謂上經皆陽盛之卦，下經皆陰盛之卦；而上經有《剥》、《復》，下經有《中孚》、《大壯》，理有所格，亦必强合其義。是又好持己見，務勝先儒之過矣。

## 易學圖說會通

嵇璜等《清通志・圖譜略・經學》　楊方達《易學圖說會通》。謹按：是編大指以朱子《本義》九圖爲主，博採諸家，間附己論。

《四庫提要・易類存目四》　《易學圖說會通》八卷。江蘇巡撫採進本。國朝楊方達撰。方達，字符蒼，一字扶蒼，武進人。此書自序云：「尋繹宋、元經解及近代名家纂述，見其精研象數，或著爲圖，或著爲說，有裨《易》學者，類而録之。左圖右說，集成八卷。一曰《太極探原》，二曰《圖書測微》，三曰《卦畫明德》，四曰《變互廣演》，五曰《筮法考占》，六曰《律吕指要》，七曰《外傳附證》，八曰《雜識備參》。」大旨以朱子《本義》九圖爲主，而博采諸家，間附己論。蓋專講先天之學，故前列周子《太極圖說》，後論《律吕八陣圖》，而不及乎辭占云。

## 易學圖說續聞

嵇璜等《清通志・圖譜略・經學》　楊方達《易學圖說續聞》。謹按：楊方達既爲《易學圖說會通》，復自出己意成此編，大抵主陳摶之學。

《四庫提要・易類存目四》　《易學圖說續聞》一卷。江蘇巡撫採進本。國朝楊方達撰。方達既爲《易學圖說會通》，復自出己意成此編。凡三十二條，總不離陳摶之學。其後泛衍及於天文、物理、雜類諸說，皆牽合比附，務使與《易》相通。荀卿所謂持之有故，言之成理者歟？

## 周易輯說存正

《四庫提要・易類存目四》　《周易輯說存正》十二卷。江蘇巡撫採進本。國朝楊方達撰。是書分經二篇，傳十篇，一依《本義》之舊。大旨亦多主《本義》，惟卦變之說、主程而不主朱。其體例以爲必使正義先明而後以旁義參之，賓主秩然，則條理各得。故凡言變互者皆列之圈外，使不與正義相混。又以爻位之正不正、有應無應乃卦中之大義，《彖辭》、爻辭皆從此推出，故每卦卦畫之下即爲注明。末附《易說通旨略》一卷，雜引先儒象、彖、爻、位之說，間亦參以己見。蓋仿王弼《略例》而爲之也。

## 易說通旨略

**《四庫提要・易類存目四》**

《易說通旨略》一卷。國朝楊方達撰。

## 索易臆說

**《四庫提要・易類存目二》**

《索易臆說》二卷。兩江總督採進本。國朝吳啓昆撰。啓昆，字宥函，江寧人。康熙辛丑進士，官翰林院編修。其書惟總論《易》之大旨，不復爲章解句釋。如上、下經之分篇，諸卦之命名，以及《先天》、《後天》、《圓圖》、《方圖》等類，各爲一篇，以闡其義。其《卦變》一篇，謂《彖傳》所云「剛來柔進」之類，必本卦貞悔二體實有此象而云然，非本卦所無，外卦所有，而必假之以得解也。在《本義》逐爻細推，以爲此自某卦而來，不過兼此一說，欲使經無剩義，非眞先有彼卦而後方有此卦也。後人尊信《本義》，遂誤以餘意爲正意。又如《分宮卦象次序》一篇，謂天地之造化，不離五行。八卦率領諸卦，分掌五行以用事。術家以父子、才官、兄弟論生尅制化，而不知其所以然。然剛柔者，立本者也，綱領之八卦是也。變通者，趨時者也，所屬之諸卦是也。一切往來屈伸之理，無一不在此六十四卦變通之中。其發明象數皆爲有見，然所言皆宋以來之象數，非漢以來之象數，故不離乎《圖》、《書》之說焉。

## 周易撥易堂解

**《四庫提要・易類存目四》**

《周易撥易堂解》二十卷。江蘇巡撫採進本。國朝劉斯組撰。斯組，字斗田，新建人。雍正甲辰舉人，官杞縣知縣。是書前有《記略》，載梓此書時，其壻夢二童歌詩曰：「不不不，九六乾坤七四執。黃農非古世非今，理數瓜分一太極。」又載著是書時，其姪夢閣上有硃題「撥易閣」三字，因以爲名。其事頗涉幻杳，似乎故神其說。又謂「撥」字有發揮三才之義。不知《說文》「撥」字在手部，篆作𠂿，隸省作才，非从才也。其書首二卷皆圖說，大抵因舊解而曼衍之。又謂《論語》、《中庸》皆通於《易》，即陳際泰「羣經輔《易》說之意」。夫六經一貫，理無不通。至於才辨縱橫，隨心牽引。如解「飛龍在天」曰：「此則唐人所謂龍池躍龍，龍已飛矣。入天門，開黃道，艮闕亦具爻內。讀《易》方解詩中寫龍德特全。」是豈詁經之體耶？

## 周易摘鈔

**《四庫提要・易類存目四》**

《周易摘鈔》五卷。江蘇巡撫採進本。國朝顧昺撰。昺，號虛莊，南匯人。雍正甲辰舉人。是編爲其三經解之一，皆節錄御纂《周易折中》內所集諸儒之說，參以李光地《周易觀彖通論》，故曰「摘鈔」，間附己意，亦罕所發明。

## 學易大象要參

**《四庫提要・易類存目四》**

《學易大象要參》四卷。編修林澍蕃家藏本。國朝林贊龍撰。贊龍，字雲澤，侯官人。雍正丙午舉人。是書以發明《大象》爲主，六十四卦各爲一篇。以上、下經分二卷，而冠以《綱領》六篇爲一卷。一曰《發凡》，二曰《象例》，三曰《義理象數》，四曰《卦爻中相錯陰陽相應》，五曰《憂患九德》，六曰《大象有通於四書》。殿以附解二篇爲一卷，一曰《作易憂患解》，二曰《雜卦傳解》。大旨以《大象》上一句爲天地萬物之象，下句爲人事，以天象爲人事之則。不言吉凶而言理義，不言神聖而言君子，以明人人可學，故所闡發皆切日用。其《綱領》有曰：「借《易》明理，自夫子已然。學以聚之，問以辨之，寬以居之，仁以行之，爲《乾》九二而言也。而《乾》之九二豈有學問寬仁之義乎？日月相推而明生焉，寒暑相推而歲成焉，爲《咸》九四而言也，而《咸》之九四豈有日月寒暑之義乎？」是則借象立言之旨矣。

## 周易解翼

**《四庫提要・易類存目四》**　《周易解翼》十卷。陝西巡撫採進本。國朝上官章撰。章，字闇然，乾州人。是書成於雍正丁未，自稱凡二十六易稿。大旨本京房納甲之法，而以八宮經綸錯綜爲脈絡。一切舊圖，皆屏不用，頗爲潔淨不支。然不用古圖，而又重《乾》、《巽》、《艮》、《坤》四卦十二畫，別立爲圖，以爲《河》、《洛》、方圓、先後天諸説皆足以包括。是掃一圖學之障，又生一圖學之障也。

## 東易問

**《四庫提要・易類存目四》**　《東易問》八卷。奉天府尹採進本。國朝魏樞撰。樞，字又弼，一字愼齋，承德人。雍正庚戌進士，官永平府教授。乾隆元年薦舉博學鴻詞，未及試而卒。是書用王弼本，列朱子《本義》於前，而以己意附於後。其凡例謂：「生長遼東，日與東人相問答，故敘其原委而集之，以示初學，名之曰《東易問》，紀其實也。」其論卦變曰：「剛柔皆當指卦，不當指爻。如《訟》之剛來而得中者，坎也。《隨》之剛來而下柔者，震下于兑也。《蠱》之剛上而柔下，坎在巽上也。《噬嗑》、《晉》、《睽》、《鼎》四卦，言柔得中而上行者，皆離火也。《賁》柔來而文剛，離文乎艮之內也。分剛上而文柔，艮文乎離之外也。《无妄》之剛自外來者，震也。《大畜》之剛上者，艮也。《咸》柔上而剛下，兑在艮上也。《恆》剛上而柔下，巽在震下也。柔以時升者，巽也。是凡言剛者皆陽卦，凡言柔者皆陰卦也。則以『剛來』、『柔來』指一爻而言者，固未足以盡其義矣」云云。其論似近理而不盡然。其論來知德「錯綜」曰：「《乾》本至健也，以錯言，則又可以謂之順。初爻變巽爲入，以錯言，則又可以謂之動；以綜言，則又可以謂之説。二爻變離爲明，以錯言，則又可以謂之陷。中爻巽，可以謂之入，以錯言，則又可以謂之動；以綜言，則又可以謂之説。推之三四五上，莫不皆然，則亦何所不像哉！是故初以在下變巽而潛，有以爲錯震而躁動者，其將何以應之乎？二以在田變離而見，有以爲錯坎而隱伏者，其將何以應之乎？」則持論固爲明確矣。

## 易義隨記

**《四庫提要・易類存目四》**　《易義隨記》八卷。江蘇巡撫採進本。國朝夏宗瀾撰。宗瀾，字起八，江陰人，由拔貢生薦授國子監助教。是編乃宗瀾恭讀御纂《周易折中》，意有所會，即標記之，多因集説而作。時宗瀾方從楊名時於雲南，以修《周易折中》時李光地爲總裁官，而名時爲光地門人，故參互以光地《榕村易解》就正於名時，以成此書。其體例在講章、語録之間，凡問者皆宗瀾語，答者皆名時語也。兩江總督採進本內，末有附刻一卷，皆從名時文集中採録。其《鄉賢夏君傳》一篇，即爲宗瀾之父調元作。此本無之，殆以其疣贅刪除歟？

## 易卦劄記

**《四庫提要・易類存目四》**　《易卦劄記》四卷。江蘇巡撫採進本。國朝夏宗瀾撰。是書惟解上、下二經，不及《繫辭》以下。前列《易例舉要》一篇，《讀易指要》一篇。其《指要》有曰：「要明《易》理，須先將伏羲畫卦次序方位、文王八卦方位及先後天、方圓諸圖反覆記看，令其曉然，再《説卦傳》記得極熟，然後讀《易》，方有入手處。」其宗旨不外是矣。

## 周易緯史

**《四庫提要・易類存目四》**　《周易緯史》。無卷數。浙江巡撫採進本。國朝錢偲撰。偲，號堅瓠老人，錢塘人，雍正壬子副榜貢生。是書以卦爻分配史事，故曰《緯史》。夫引事證經，鄭氏《易注》即有之。至《吳園易解》、《誠齋易傳》始大暢厥旨。以人事之成敗證《易》象之吉凶，是亦以古爲鑑之意，未爲無所發明。至此書所引，則多不考據。如《屯》六二稱曹操待壽亭侯、《需》上六稱劉備桃園投結，皆未嘗校以史傳也。

## 易經理解

**《四庫提要・易類存目四》**　《易經理解》一卷。浙江巡撫採進本。國朝部煜撰。煜，字光庭，汝州人。雍正癸丑進士，官至中書科中書。其書不釋《十翼》，惟六十四卦每卦撰說一篇，詮釋大意。其大旨欲以義理矯象數之失，以平易救穿鑿之失，以切實救支離泛濫之失，而矯枉不免過直云。

## 易象約言

**《四庫提要・易類存目四》**　《易象約言》。無卷數。兩江總督採進本。國朝吳鼒撰。鼒，字大年，無錫人。乾隆丙辰進士，官工部主事。是書詮釋文句，頗爲簡明。惟自序言：「考究先儒更定諸本，而從其是者。」然以《文言》分上下，而《彖辭》、《象辭》反不分上、下，又每卦《彖辭》以卦名割繫卦畫之下，每爻又於句中截斷體例，似皆未允。至於《參同契》稱「日月爲易」，虞翻注雖亦引之，然核以《說文》「易」字，實不從日月。今其末冊既以懸象著明，畫易爲圖，而又以此字大書於卷首，據爲宗旨，亦泥古太甚也。

## 易深

**《四庫提要・易類存目四》**　《易深》八卷。湖南巡撫採進本。國朝許伯政撰。伯政，字惠棠，巴陵人。乾隆壬戌進士，官山東道監察御史。是書以爲《圖》、《書》皆出太昊之世，卦數生於《河圖》，蓍數生於《洛書》。又兼取漢人卦氣、納甲及《京房易傳》、《火珠林》之法，而不用卦變及變占之法。其論卦變曰：「重卦自具兩體。凡傳稱上下者，如乾下乾上、震下坎上之類；凡稱進退、往來、內外者，如《乾》九四『上下无常，進退无恆』及《否》、《泰》反其類也。《泰》之『小往大來』，傳曰『內陽外陰』；《否》之『大往小來』，傳曰『內陰外陽』之類，皆《易》例之顯而易見者。又剛柔之稱，有以爻言者，有以卦言者。以義求之，皆象明理顯，無取於卦變之穿鑿。」其論變占曰：「《啓蒙》所論，依傍《左》、《國》，參以已意。其實卜筮以衍忒，宜各隨其人、其地、其事、其時而推衍之，乃能旁通其變，曲暢其情，未可先爲例以拘之。《左氏》卜筮之法，如秦伯伐晉，卦遇《蠱》，是六爻不變之卦，而其占全不用《彖辭》。孔成子筮立君，卦遇《屯》之《比》，史朝以靈公名元，即以『元亨』屬之。孟縶弱行，即以『利居貞』屬之。皆非《繫辭》之本旨」云云。其言甚辨，然所論有合有離，不能一一精確也。

## 讀易別録

**張之洞《書目答問・易類》**　《讀易別録》三卷。全祖望。鮑廷博刻《知不足齋叢書》本。

## 周易懸象

**《四庫提要・易類存目四》**　《周易懸象》八卷。編修周永年家藏本。國朝黃元御撰。元御，字坤載，號研農，昌邑人。早爲諸生，因庸醫誤藥損其目，遂發憤學醫。於《素問》、《靈樞》、《難經》、《傷寒論》、《金匱玉函經》皆有註釋，凡數十萬言，已別著録醫家類中。大抵自命甚高，欲駕出魏、晉以來醫者，上自黃帝、岐伯、秦越人、張機外，罕能免其詆訶者，未免師心太過，求名太急。惟其詁經，乃頗能沿溯古義。其訓釋以觀象爲主，其觀象以說卦爲主，而參以荀九家之說，亦兼用互體。大抵緣象以明理，不糾繞飛伏、納甲之術，亦不推演《河》、《洛》、先天之說，在近人《易》說中猶可謂學有根據。惟好以己意改古書。併《彖》、《象》傳於經，而合《文言》爲一篇，此猶據鄭玄本也。鄭玄本《文言》自爲一篇，見《崇文總目》。改《乾卦》之次序，使與《坤卦》以下同，此猶據王弼本六十三卦之例也。割《繫辭》十九卦之說移入《文言》，於古僅吴澄有此說。見《易纂言》。斯已無據矣。至《繫辭》全移其次第，併多所删節，又割掇《說卦》以補之。《說卦》更多所改正。直以孔《翼》爲稿本，而筆削其文，别造一經，尤非古法也！

## 空山易解

**《四庫提要・易類存目四》** 《空山易解》四卷。直隸總督採進本。國朝牛運震撰。運震，字階平，號眞谷，滋陽人。雍正癸丑進士，官平番縣知縣。其學博涉羣書，於金石考據爲最深，經義亦頗研究。是編務在通漢、晉、唐、宋爲一。然大旨主理不主數，故於卦氣、值日及虞翻半象、兩象等說，皆排抑之。是仍一家之學，不能疏通衆說也。

## 大易闡微録

**《四庫提要・易類存目四》** 《大易闡微録》十二卷。直隸總督採進本。國朝劉瑄撰。瑄，字獻白，棗強人。先天之圖，於《周易》之上别尊羲《易》，其傳出自陳摶。自《參同契》以外，别無授受之確證。故邵子之學，朱子以爲《易》外别傳。自元以來諸儒，互有衍說，亦遞相攻擊。至國朝黄宗炎、胡渭諸人，始抉摘根源，窮究依託，渭書考究尤詳。未睹黄、胡二家之書，不知其僞之已破，故又因而推衍，加以穿鑿。如謂「人之生蝨，人止一个，而所生之蝨个个有對」，又謂「男女雖是二个，合來仍是一个，故男鰥女寡，俗稱半个人」。其辭皆不雅馴。於《月令》「天氣上升」、「地氣下降」、「閉塞成冬」及「周髀四游」之說，攻駁尤甚。大抵皆憑臆而談。其敘跋皆自命甚高，以爲聖賢所未發，過矣。

## 周易井觀

**《四庫提要・易類存目四》** 《周易井觀》十二卷。編修吴壽昌家藏本。國朝周大樞撰。大樞，字元木，號存吾，山陰人。乾隆壬申舉人，官平湖縣教諭。此編論天地之數，謂與大衍相符，必漢儒遞相傳授以及康成。是以古來說《易》竝無先天八卦，故不取邵子所傳圖位。蓋先天八卦，即從所稱《後天圖》演出，不過取其一畫交易則各成《乾》、《坤》，乃道家抽《坎》塡《離》之說，不合聖經之旨也。於六十四卦，則尊《離》重《震》，各爲之解。爲圓圖以應一歲節候之數，爲方圖以應三才旋轉之象。以《雜卦傳》爲孔子之序《易》，取文王所序卦而雜之他卦，皆用文王覆卦。至《大過》而後，獨不覆焉。終之以剛決柔，與卦首之《乾》相接，即無《大過》之道，作《雜卦傳三十六宮圖》以差次之。又創爲兼兩卦，每六畫覆之，則爲十二畫，仍可併爲六畫，以盡《易》之變化。他如用九、用六、四象、八卦，以及蓍策、占驗諸說，俱博綜衆論，斷以己意。惟引「性空眞火，性火眞空，火愈分愈多，愈興愈有」云云，頗涉二氏之旨焉。

## 易觀

**《四庫提要・易類存目四》** 《易觀》四卷。大理寺卿陸錫熊家藏本。國朝胡淳撰。淳，字厚菴，慶雲人。乾隆丙辰進士，授蒙自縣知縣，未上而卒。是編惟解上、下《經》。大旨謂聖人作《易》，使學者研究卦爻，推吉凶悔吝之由，以知進退存亡之道。故孔子稱假年學《易》，可無大過。至於求諸卜筮以決從違，乃爲常人設，非爲君子設也。故其說掃除圖學，惟玩六爻。然皆隨文生義，未能融會貫通。其謂《繫辭傳》「河出《圖》，洛出《書》，聖人則之」句爲漢儒言讖緯者所竄入，更主持太過矣。

## 易讀

**《四庫提要·易類存目四》** 《易讀》。無卷數。江蘇巡撫採進本。國朝宋邦綏撰。邦綏，字逸才，號況梅，長洲人。乾隆丁巳進士，官至兵部左侍郎。是編用《注疏》之本。其凡例云：「專爲課子而成，故以行文之體爲講書，使孺子易於記誦。」又云：「是書專奉朱注。」自序又稱取之方氏《時論》者十之二三，不敢隱其所自。其大旨盡是數言矣。

## 大易理數觀察

**《四庫提要·易類存目四》** 《大易理數觀察》二卷。江西巡撫採進本。國朝朱如日撰。如日，字洞彝，號荷軒，蓮花廳人。是編成於乾隆丁巳，大抵掇拾《圖》《書》之陳言。

## 來易增删

**《四庫提要·易類存目四》** 《來易增删》八卷。陝西巡撫採進本。國朝張祖武撰。祖武，長安人，乾隆戊午舉人。是編即明來知德《易注》原本，去其煩冗，間補以《易傳》、《本義》諸說。其錯綜、變爻、中爻、大象、卦情、卦畫、卦占之類，則一仍其舊焉。

## 周易讀翼揆方

**《四庫提要·易類存目四》** 《周易讀翼揆方》十卷。浙江巡撫採進本。國朝孫夢逵撰。夢逵，字中伯，常熟人。乾隆壬戌進士，官至宗人府主事。是編不取陳摶《先天》諸圖，深有考證。惟謂孔子作《彖傳》以釋《彖辭》、作《爻傳》以釋爻辭，世所稱《小象傳》乃《爻傳》非《象傳》，當附《彖傳》之後，而《大象》則另歸《繫辭》之後。用吳仁傑本而變之於歷來諸本之外，自爲一例。謂經文經孔子作傳，後人豈能加毫末，故但釋傳而不釋經。於諸家《易》解之外，亦自爲一例。其論揲蓍，左扐得一得三爲奇，得四得二爲偶，亦不同於舊解。皆自我作古之說也。

## 周易輯要

**《四庫提要·易類存目四》** 《周易輯要》五卷。安徽巡撫採進本。國朝朱瓚撰。瓚，字穉雲，全椒人。是書成於乾隆庚申。不言《河》、《洛》，亦不取朱子卦變之說，頗能芟除枝蔓。惟逐句詮釋，辭義雖潔淨而未精微。

## 周易圖書質疑

**嵇璜等《清通志·圖譜略·經學》** 趙繼序《周易圖書質疑》。謹按：是書多從卦變起象，以象數言《易》，而不主陳、邵《河》、《洛》之說。

**《四庫提要·易類六》** 《周易圖書質疑》二十四卷。安徽巡撫採進本。國朝趙繼序撰。繼序，號易門，休寧人，乾隆辛酉舉人。其書以象數言《易》，而不主陳、邵《河》、《洛》之說。謂作圖者本於《易》，而反謂作《易》者本於圖，蓋因錢義方之說而暢之。全書不分卷數。首爲《古經》十二篇。次逐節詮釋經義而不載經文，但標卦爻，用漢儒經傳別行之例。次爲圖三十有二，各系以說，而終以《大衍象數考》、《春秋傳論易考》、《易通曆數》、《周易考異》、《卦爻類象》。又一篇辨吳仁傑本、費直本而不立標題，列於《周易考異》前，疑即《考異》之末簡，傳寫顚倒也。全書多從卦變起象，而兼取漢、宋之說，持論頗平允。惟以「帝出乎震」爲夏之《連山》，「坤以藏之」爲殷之《歸藏》，本程智之說而推衍之，未免曲解夫子所贊《周易》也。豈忽攙說舊法，自亂其例乎？

## 易經講義

**《四庫提要·易類存目四》** 《易經講義》八卷。河南巡撫採進本。國朝萇仕周撰。仕周，字穆亭，汜水人。乾隆壬戌進士，官宜君縣知縣。是書以程《傳》及《本義》爲宗，不用象數之説，於卦變辨之尤力。大旨謂「凡卦有二體，即有内外上下。有内外上下，即有上下往來。凡《彖傳》言『上下往來』者，皆虚象耳。大概在内卦曰『來』，在外卦則曰『往』也」云云。其説與魏樞《東易問》同。今按《賁》言「柔來而文剛」、「分剛上而文柔」，《噬嗑》、《涣》俱言「剛柔分」，分者是合而分也。不用卦變自《泰》、《否》之説，亦當用卦本《乾》、《坤》之説。方於分字之解有合，以《泰》、《否》即《乾》、《坤》也。今但云柔在下爲來，剛在上爲往，三陰三陽爲平分，恐可以解「上下往來」，而不可解「分合」也。

## 易例舉要

**《四庫提要·易類存目四》** 《易例舉要》二卷。浙江巡撫採進本。國朝吴鼎撰。鼎，字尊彝，號易堂，金匱人。乾隆辛未薦舉經學，授國子監司業，官至翰林院侍講學士，後降補侍講。《易》有義例，《繫辭傳》、《説卦傳》已括其要。是書仿御纂《周易折中》卷首《義例》，而益加推衍。上卷多輯先儒之説，下卷多出己意，凡一百四十八條。書中惟不及互卦、卦變二義。其自序云：「已詳《中爻考》、《卦變考》中。」今書中不載《中爻》、《卦變》二考，或别有成書歟？

## 十家易象集説

**《四庫提要·易類存目四》** 《十家易象集説》九十卷。大學士于敏中家藏本。國朝吴鼎撰。是編採宋俞琰，元龍仁夫、吴澄、胡一桂，明來知德、錢一本、唐鶴徵、高攀龍、郝敬、何楷十家之説。其論辨去取，别爲《附録》十卷。蓋以漢、唐舊説略備於李鼎祚《周易集解》，宋儒新義略備於董楷《周易會通》，惟元、明諸解則未有專彙一書者，因裒此十家以繼二書之後。大旨主於明象，其論六十四卦之對體、覆體、《雜卦傳》非錯簡，出於來《易》者爲多云。

## 周易曉義

**《四庫提要·易類存目四》** 《周易曉義》九卷。江蘇巡撫採進本。國朝唐一麟撰。一麟，宜興人，由貢生官江寧府學訓導。是書成於乾隆戊辰。大旨主於義理，與《本義》不甚異同，惟不取朱子卦變之説。

## 周易析義

**《四庫提要·易類存目四》** 《周易析義》十五卷。江蘇巡撫採進本。國朝張蘭皋撰。蘭皋，原名一是，字天隨，武進人。是書初刻於乾隆甲子，至己巳又改訂八十頁而重刻之，是爲今本。大旨以程子《易傳》、朱子《本義》爲宗，而佐證以宋、元諸説。其謂卦必先分，而後序不用古文十二篇之説。蓋從蕭漢中《讀易考原》。其《繫辭》以下略不置解，則用王弼例也。

## 易義便覽

**《四庫提要·易類存目四》** 《易義便覽》三卷。侍講劉亨地家藏本。國朝向德星撰。德星，字雲路，溆浦人。是書前有乾隆丙寅德星自序。大旨以朱子《本義》爲主，附採《大全》、《蒙引》、《存疑》諸説，取初學易於循省，故以《便覽》爲名。其卷首六十七圖，則德星因舊説而推衍者也。

## 周易集解增釋

**《四庫提要・易類存目四》**

《周易集解增釋》八十卷。浙江巡撫採進本。國朝張仁浹撰。仁浹，秀水人。是書前有乾隆戊辰自序。首八卷載諸儒傳授及王氏《略例》、朱子《啓蒙》。九卷以後始釋經文。其說惟以朱子《本義》爲主，故《本義》與經文一例大書，而雜取前儒諸說合於《本義》者著於下。如程《傳》之類，與朱子異義者偶附一二，不以爲例。蓋名爲釋經，實則釋《本義》也。其首列引用姓氏，特升朱子於漢儒之前，題曰「先賢」，以示尊崇之義。然所列先賢三人，一曰卜子，實則張弧之《易》。一曰左氏，考丘明於《易》未有成書，亦不知其何以特列。至周、程、張、邵五子則雜於先儒之中，以時代爲序。考邵子爲《易》外別傳，張子於二程亦尙爲友敎。至於朱學本程，程學本周，源流燦然，抑周、程而獨尊朱，似非朱子所樂受。又謂張弧優於周、程，恐亦非周、程所甘矣。

## 易說存悔

**《四庫提要・易類存目四》**

《易說存悔》二卷。編修邵晉涵家藏本。國朝汪憲撰。憲，字千波，錢塘人。乾隆乙丑進士，官刑部陝西司員外郎。是書大旨謂學《易》期於寡過，欲過之寡，唯在知悔。悔存而凶吝漸消，可曰趨於吉。故以「存悔」顔其齋，因以名其《易說》。蓋即耿南仲《周易新講義》以无咎爲主之意。所說唯上、下經，而不及《十翼》。前有《擬議》數條，譏自漢以來儒者說《易》之病在調停經、傳。「文王作《彖辭》，今不求諸《彖》而執《彖傳》以解《彖》，是有孔子之《易》，無文王之《易》矣。周公作《爻辭》，今不求諸爻而執《爻傳》以解爻，是有孔子之《易》，無周公之《易》矣。孔子作傳，多取言外之意，當別爲孔子之《易》，雖述而實作」云云，亦朱子不可便以孔子之《易》爲文王之《易》之舊說也。夫傳以翼經，必依經以立義，故《釋名》曰：「傳，傳也，案上「傳」字去聲，下「傳」字平聲。以傳示後人也。」朱子作《詩集傳》，不能不依《詩》立義。即分《大學》爲一經十傳，亦不能曰此曾子所傳孔子之《大學》，此門人所傳曾子之《大學》也。何至於《易》乃曰孔子之《傳》必異於文王之經乎？

## 讀易質疑

**《四庫提要・易類存目四》**

《讀易質疑》二十卷。浙江巡撫採進本。國朝汪璲撰。璲，字文儀，號默菴，休寧人。其書置象數而專言理。其凡例有云：「今說《易》之家，謂《易》以道陰陽，務以圓妙幽渺籠罩影響，如捕風，如捉影，無當實用。故愚以爲學《易》當就平實切近處用功」云云。其宗旨可見。故隨文詮釋，無所穿鑿，而亦無所發明。卷末《雜卦》一篇，有録無書，疑裝緝者偶脫云。

## 周易詳說

**《四庫提要・易類存目四》**

《周易詳說》十九卷。陝西巡撫採進本。國朝劉紹攽撰。紹攽，三原人。是書大旨以程《傳》爲宗，於《本義》頗有同異，於邵子「先天」之說亦不謂盡然，不爲無見。惟於漢儒舊訓，掊擊過當，頗近於傎。其議論縱橫，亦大抵隨文生義，故往往自相矛盾。如卷首《論玩辭》一條，駁諸儒之失曰：「甚有釋《傳》與《彖傳》不合，釋《象》與爻不合，無以自解，則藉口有伏羲之《易》，有文、周之《易》，有孔子之《易》」云云。至開卷《元亨利貞》一條，又主大通而利正固之說，謂王弼「泥於穆姜之言，以元、亨、利、貞爲四德，後多宗之。殊不知文王有文王之《易》，孔子有孔子之《易》，《彖辭》、《彖傳》不相牽合者甚多」云云。是二說者，使後人何所從乎？

## 大易近取録

**《四庫提要·易類存目四》** 《大易近取録》。無卷數。浙江巡撫採進本。國朝邵晉之撰。晉之，字敘階，號檀波，仁和人，乾隆丙子舉人。其大旨以朱子《本義》有有註而可疑者，有可疑而無註者，偶有所見，即以己意補之。其曰「近取」者，自序謂：「遠取諸物，必俟弘通該博之士；而近取諸身，則人莫不有身也。」首列《卦圖初參》，自謂所得者淺，或將來更有所見，故以《初參》爲名。次《大凡發明》，乃著書之義例。其所詮釋，多切人事。自序云：「館海州三閱月而成，傳之家塾，爲子弟求釋字義者觀之」云。

## 周易筮述

**《四庫提要·易類六》** 《周易筮述》八卷。陝西巡撫採進本。國朝王宏撰撰。宏撰，字無異，號山史，華陰人。康熙己未嘗舉薦博學鴻詞。宏撰以朱子謂《易》本卜筮之書，故作此編，以述其義。其卷一曰《原筮》，曰《筮儀》，曰《蓍數》。《筮儀》本朱子，竝參以汴水趙氏。其卷二曰《揲法》。其卷三曰《變占》。尊聖經，黜《易林》，稽之《左傳》，與朱子大同小異。其卷四曰《九六》，曰《三極》，曰《中爻》。中爻即互體。其卷五曰《卦德》，曰《卦象》，曰《卦氣》。《卦氣》本邵子、朱子，竝附《太乙祕要》。其卷六曰《卦辭》。其卷七曰《左傳國語占》，曰《餘論》。其卷八曰《推驗》。采之陸氏，其涉於太異可駭者弗載。其書雖專爲筮蓍而設，而大旨闢焦、京之術，闡文、周之理，立論悉推本於經義，較之方技者流，實區以別。故進而列之《易》類，不以術數論焉。

## 周易觀瀾

**《四庫提要·易類存目四》** 《周易觀瀾》。無卷數。山東巡撫採進本。國朝喬大凱撰。大凱，字頤菴，濟寧州人，乾隆癸酉舉人。此書每彖爻之下皆先列《本義》、程《傳》，次列諸儒舊說，而以己意折衷之。其所採掇，不出習見之書。間有自出新義者，如謂「《乾》之《彖辭》不設象，《坤》則曰利牝馬之貞。《乾》無分於先後，無擇於西南東北，《坤》則不然，爲天道、地道、陽全、陰半之分」云云，爲先儒之所未發。然亦隨文生義之說，《彖》不說象，不止《乾》一卦也。

## 易　見

**《四庫提要·易類存目四》** 《易見》九卷。江蘇巡撫採進本。國朝貢渭濱撰。渭濱，字羨溪，丹陽人。是書前列《易序傳》，序諸儒姓氏，《易》學源流，邵子、程子、朱子綱領，及《筮儀五贊》、《經傳音釋》、《本義異同》、《程傳異同》，不入卷數。末附《啓蒙大旨》，亦不入卷數。其解經以《本義》爲宗，而雜録先儒舊說以足之。然往往曲相遷就。如《坤彖》「先迷後得主」，以《文言》「後得主而有常」考之，應以「主」爲句，以陽爲陰主故也。渭濱附合《本義》「主利」之讀，乃云「主利者，不主於迷而主於利也」。又《漸》爻辭九三、九五取象於婦，《本義》於九五取六二正應在下爲解，於九三則云九三過剛不中而無應；於《彖傳》云自二至九五位皆得正，故其占爲「女歸吉」，前後自相牴牾。渭濱則云《艮》非婦，但以二爲陰，故云然耳。然何以處九三乎？是亦偏主之過也。

## 易經觀玩篇

**《四庫提要・易類存目四》** 《易經觀玩篇》。無卷數。山西巡撫採進本。國朝朱宗洛撰。宗洛，字紹川，無錫人。乾隆庚辰進士，官天鎮縣知縣。是編凡例謂用費直本，然其書每卦畫六爻於前，而分書「初九」、「九二」等字於爻畫之中；右列爻辭，左列《小象》，而後列《卦辭》及《彖傳》；至《文言》、《大象》則另録置《繫辭》前，則是宗洛自定本，非費直本矣。宗洛酷信《圖》、《書》，故其解經多引《參同契》爲説。其《序卦圖説》亦主五行、納甲。其《雜卦圖説》以爲即古《歸藏易》，孔子附之《易》末，如録《詩》之有《商頌》，亦無所據也。

## 易解拾遺

**《四庫提要・易類存目四》** 《易解拾遺》七卷，附《周易句讀讀本》二卷。湖南巡撫採進本。國朝周世金撰。世金，字仲蘭，衡山人。是書成於乾隆辛巳，大旨以數言《易》。卷一、卷二衍《河圖》、《洛書》、先天、後天之説，務拔奇於舊説之外。卷三、卷四、卷五爲《觀玩四法》，各繫以圖解。卷六解《易》象、卦宮及標舉《繫辭》、《説卦》、《雜卦》要義。卷七又別爲十九卦解。據目尚有詩一首、呈一篇，而有録無書，蓋繕寫佚之矣。後附《周易句讀本》，上、下經各註句讀字，《繫辭》以下則但以黑白圈分章段。其自序謂「句讀有譌，則經旨皆晦，故爲此本以正之」云。

## 周易句讀讀本

**《四庫提要・易類》** 《周易句讀讀本》二卷。國朝周世金撰。



## 周易集註　圖説

**《四庫提要・易類存目四》** 《周易集註》十一卷，《圖説》一卷。陝西巡撫採進本。國朝王琬撰。琬，渭南人。是書成於乾隆乙酉。自序稱年八十有一，蓋積一生之力爲之也。其論來知德列《太極圖》於《河圖》前，所圖黑白各半，明是陰陽，不得謂之太極。論《洛書》無關於畫卦，《繫辭》竝舉圖書，猶之竝舉蓍龜，不過帶言。論伏羲八卦次序及六十四卦次序，竝改邵子之右陽左陰爲左陽右陰，以合於逆數。論伏羲六十四卦方位，既有圓圖，則方圖可以不作。論文王八卦次序，即「帝出乎震」一節，不得當以「乾坤六子」一節。論羲、文二圖竝無對待流行之分，不過一明二氣，一明五行。論「《易》有太極」一節，即生蓍之數，觀不言天地萬物有太極，而言《易》有太極，可得其旨。論來知德所謂錯卦，即橫反對卦；所謂綜卦，即豎反對卦，不必添立名目。論《本義・筮儀》第一變歸奇之策，通挂一數，不五則九，二三變去第一變所挂之一而不用，惟於本數策中挂一策，仍復合而通數其奇，是以四八與初之五九不同。來知德謂第一變不通挂一數，所見爲是。然謂二三變竝不挂一，則少象三一營，止三營而非四營矣。惟第一變挂一而歸奇，不必通挂一數；二三變即用第一變所挂之一而歸奇，亦不必通挂一數，斯皆不四則八，無所謂不五則九也。其大旨雖亦糾繞圖學，然所説均自出新意，亦可備一解。惟以《十翼》兼《象辭》、爻辭數之，未免於古無稽。其解經亦皆敷衍成文，殊乏精義。蓋所注意惟在圖説而已。

## 周易章句證異

**《四庫提要・易類六》** 《周易章句證異》十一卷。江蘇巡撫採進本。國朝翟均廉撰。均廉，字春沚，仁和人。乾隆乙酉舉人，官內閣中書舍人。是書取《周易》古今諸本同異之處，互相考證。如李鼎祚卦辭，前分冠《序卦》；周燔卦辭前列《大象》，卦辭後列《彖傳》；趙汝楳卦辭前列《大象》，卦辭後列《彖傳》，次《文言》，次爻辭；李過、方逢辰《乾卦》卦辭後列《彖傳》，次《文言》釋《彖》處，次《大象》，次爻辭；蔡淵卦辭後列《大象》，次《彖傳》，《文言》別爲一傳，傳低一字；王洙於篇中不載卦辭，別爲一篇之類，此篇章之同異也。如《乾》卦三爻，孟喜作「夕惕若夤」句、「厲无咎」句，荀爽、虞翻、王弼作「夕惕若厲」句，邵子、朱震、朱子作「夕惕若」句，此句讀之同異也。逐卦逐爻，悉爲臚列，間或附以己意，以「廉案」二字別之。古今本異同之處，校勘頗爲精密。雖近時之書，而所言皆有依據，轉勝郭京《舉正》，以意刊改，託言於王、韓舊本者也。

### 孫氏周易集解

張之洞《書目答問・易類》　《孫氏周易集解》十卷。孫星衍。岱南閣別行巾箱本。伍崇曜刻《粵雅堂叢書》本。

### 易圖條辨

張之洞《書目答問・易類》　《易圖條辨》一卷。張惠言。《茗柯全集》本。

### 易義別録

張之洞《書目答問・易類》　《易義別録》十四卷。張惠言。孟喜、姚信、翟子元、蜀才、京房、陸績、干寶、馬融、宋衷、劉表、王肅、董遇、王廙、劉瓛、子夏。

### 周易述補

張之洞《書目答問・易類》　《周易述補》四卷。江藩。自刻本。二書皆有學海堂本。

### 周易補疏

張之洞《書目答問・易類》　《周易補疏》二卷。焦循。《焦氏叢書》本。學海堂本。

### 易廣記

張之洞《書目答問・易類》　《易廣記》三卷。焦循。《焦氏叢書》本。

### 易　話

張之洞《書目答問・易類》　《易話》二卷。焦循。《焦氏叢書》本。

### 李氏集解賸義　校異

張之洞《書目答問・易類》　《李氏集解賸義》一卷。李富孫。顧修刻《讀畫齋叢書》本。

### 卦本圖考

張之洞《書目答問・易類》　《卦本圖考》一卷。胡秉虔。吳縣潘氏刻《滂喜齋叢書》本。

## 易確

**張之洞《書目答問・易類》** 《易確》十二卷。許桂林。自刻本。

## 卦氣解

**張之洞《書目答問・易類》** 《卦氣解》一卷。宋翔鳳。自著，《浮溪精舍叢書》本。

## 周易後天歸圖

**嵇璜等《清通志・圖譜略・經學》** 黎由高《周易後天歸圖》。謹按：是書專明後天之《易》六十四卦反對之義，而一歸之于圖。

**《四庫提要・易類存目四》** 《周易後天歸圖》四卷。江西巡撫採進本。國朝黎由高撰。由高，字鵬翥，通城人。是書專明後天之《易》六十四卦反對之義，而一歸之於圖。一卷總論後天方位，見經之當歸於圖。二卷説《乾》、《坤》爲歸經於圖之綱領。三卷説反對爲歸經於圖之門戶。四卷摘録諸卦爲歸經於圖之凡例。首卷方位圖，其三、四長少序次，變爲自右而左，與《本義》異。大旨以邵子諸説爲宗，而參用《本義》之解也。

## 河洛先天圖説

**嵇璜等《清通志・圖譜略・經學》** 劉天貞《河洛先天圖》。謹按：劉天貞言《易》大旨本于參天兩地而倚數之説。

**《四庫提要・易類存目四》** 《河洛先天圖説》二卷。江西巡撫採進本。國朝劉天貞撰。天貞，字汝迪，號去僞，興國州人，由歲貢生官安仁縣訓導。其言《易》，大旨謂天數五，地數五，五位相得而各有合。其六七八九之數，乃一二三四倚五而成，蓋即參天兩地而倚數之説。張尙瑗序之，以爲後天八卦配《洛書》，若合符契，「帝震」一章是其註脚。不知《圖》、《書》之數，正影附此章而作，即以配《河圖》，亦相脗合，不僅《洛書》可配也。

## 周易彙解衷翼

**《四庫提要・易類存目四》** 《周易彙解衷翼》十五卷。陝西巡撫採進本。國朝許體元撰。體元，字御萬，靈武人。其書大旨以象爲主，每於一卦先觀本象，次觀《繫辭》所取之象。凡時義德用之所在，胥於象中見之。然謂八卦有本象，有象中之象，有理中之象。又謂象中象、理中象各有兩端，有自然之象，有懸設之象。多端辨析，未免涉於煩碎也。

## 易象援古

**《四庫提要・易類存目四》** 《易象援古》無卷數。浙江巡撫採進本。國朝申爾宣撰。爾宣，字伯言，河南人。此書乃其父舒坦命意而爾宣本之成書。其曰「援古」者，援古事以證《易》理也。大旨謂程《傳》引古釋經者六十餘條，朱子《本義》引古釋經者亦四十餘條，故取三百八十四爻每爻隸以一事，又復自分甲乙，以圈點四項別之。其中逐爻取譬，如《蒙》之初爻謂如伊尹之於太甲，《需》之五爻謂如虞舜恭己無爲、漢文恭修元默，《師》之三爻謂如宋伐江南，《泰》之二爻謂狄仁傑事周之類，多於經義不甚比附也。

## 易經貫一

**《四庫提要・易類存目四》** 《易經貫一》二十二卷。兩江總督採進本。國朝金誠撰。誠，字閑存，華亭人。是書分元、亨、利、貞四部。元部載《略言》六則、《談餘雜録》四卷、《易學問經説》、程子《易傳序》、周子《太極圖説》、張子《西銘》及《河》、《洛》卦象諸圖，與會講之語。亨、利兩部解上、下經，而亨部之首冠以經文定本四卷及程子篇義。貞部解《繫辭》、《説卦》、《序卦》、《雜卦》。以用《注疏》本，故止此四傳也。其大旨以程《傳》、朱《義》爲歸。

## 周易辨畫

**《四庫提要・易類六》** 《周易辨畫》四十卷。安徽巡撫採進本。國朝連斗山撰。斗山，字叔度，潁州人。是書大旨，謂一卦之義在於爻，爻畫有剛有柔，因剛柔之畫而立之象，即因剛柔之畫而繫以辭，其道先在於辨畫，故以爲名。末有《輯圖》一卷，則即朱子舊圖而略爲損益之。其説專主卦畫立義。如《屯》之《大象》云：「四偶以次條列如絲，中貫一奇如梭。上互艮，手；下動震，足。如織紝然，故有經綸之象。」未免穿鑿太甚。然其逐卦詳列互體，剖析微渺，亦頗有合於精理者。蓋即爻論爻，乃能以《易》詮《易》。雖間有附會之失，而錯綜變化之本旨，猶可藉以參觀。固與高談性道以致惝怳無歸者，尚較有實際焉。

## 麗奇軒易經講義

**《四庫提要・易類存目三》** 《麗奇軒易經講義》。無卷數。編修勵守謙家藏本。國朝紀克揚撰。克揚，字武維，號六息，文安人。是編用《注疏》本，不録經文，但每卦約詁數條，皆略象數而談義理。詳其文義，蓋標識於經、傳之上，而其後人録之成帙者也。

## 周易纂解正宗

**《四庫提要・易類存目三》** 《周易纂解正宗》六卷。江西巡撫採進本。國朝謝復莌撰。復莌，字菁來，吉水人。其書先列朱子《本義》，以《直解》、《大全》、《蒙引》諸家之説各系於其下。其子能立以圖説未備，重加纂訂，別爲一編，附之於後。蓋里塾講授之本也。

## 周易起元

**《四庫提要・易類存目三》** 《周易起元》十八卷。江西巡撫採進本。國朝陳圖撰。圖，字寄巖，永豐人。是書以《太極》、《先天》、《河》、《洛》諸圖合而演之，支離曼衍，不可究詰。如周子《太極圖》以無極作一空圈，此則變爲一純黑圈形，以爲陽含於陰。至於《太極圖》乃爲半黑半白圈，是先生陰而後生陽，非太極生陰陽也。又以名山大川分配六十四卦之陰陽，尤爲牽合。昔林至《水村易鏡》以卦配星，以爲「仰觀天文」，此更以卦配地，以爲「俯察地理」。此非惟聖人作《易》，慮不及此，即邵子、周子傳陳摶之圖，豈料其末流至此耶？其詮釋經文，每句皆隨意叶韻。如《象傳》「天行健，君子以自強不息」，則以「天行」爲一句，「健」爲一句，「君子以自強」爲一句，「不息」爲一句，而注曰：「行叶杭，息叶襄。」《坤卦》初爻則注曰：「六叶翕，至叶室。」殆不知其何據。他如「雲行雨施」、「飛龍在天」之類，必破爲二字一句，雖嫌煩碎，理尚可通。至於《乾卦》三爻以「君子終日」爲一句、「乾乾夕惕」爲一句、「若厲」爲一句、「无咎」爲一句，則「君子終日」四字不知是何文義矣？又經文之中多間以圖，其圖皆奇形怪狀。如《文言傳》「見龍在田」節下，附一物欲所蔽圖，作純黑壺盧形。上段分布五小白圈，中書「人欲一萌，血自攻心」云云四言詩十二句。下段則書

「慾海茫茫不計深，其中灼灼產黃金」云云七言詩八句。左右注「致知格物」四字。下注云：「此亦黑體用陰文。」其圖大抵皆類此，眞不知意欲何爲也。

## 周易義參

**《四庫提要·易類存目三》** 《周易義參》六卷。浙江巡撫採進本。國朝于琳撰。琳，平湖人。茲編皆因仍舊說，依文訓釋，罕所發明。末列三十三圖，亦皆剿襲舊圖而小變其貌。其自作者，如《在天成象圖》，以日、星、霞、露、虹左列爲陽，以月、漢、風、霜、雪右列爲陰，而以雲、雨、雷、電、雹、霧居中爲兼陰陽，殊爲無理。《在地成形圖》，以水、金、山右列爲柔，土、火、石左列爲剛，木、絲、穀、鹽竝列於中爲兼柔剛，尤不可解。而《成男成女圖》作⊙〇之形，《一陰一陽謂之道圖》又作●⚏○形，益怪誕矣。

## 周易清解

**《四庫提要·易類存目三》** 《周易清解》。無卷數。浙江巡撫採進本。國朝江見龍撰。見龍，字壽水，杭州人，康熙中諸生。其說《易》，主象與理而略於數。如解《屯》六四「四止而初動」，有「班如」之象，《大壯》九三「用壯」、「用罔」之故，《旅》六二「得童僕」爲得三爻。此類凡數十條，皆於經、傳有裨。惟經前傳後，次序昭然。漢、晉以來，或亦析傳以附經，從無後經而先傳。見龍乃移《繫辭》、《說卦》、《雜卦》、《序卦》於上、下經之前，分爲二卷，名曰《孔子讀易傳》，則欲尊孔子而不知所以尊矣。

## 易圖疏義

**嵇璜等《清通志·圖譜略·經學》** 劉鳴珂《易圖疏義》。謹按：是書因《周易啓蒙》《本圖書》、《原畫卦》二篇之說，而疏通其義。

**《四庫提要·易類存目四》** 《易圖疏義》四卷。江蘇巡撫採進本。國朝劉鳴珂撰。鳴珂，字伯容，蒲城人。是書因《周易啓蒙》《本圖書》、《原卦畫》二篇之說，而疏通其義。其稍有異同者，《大傳》「河出圖，洛出書，聖人則之」，謂「聖人」兼指羲、文，非專云伏羲。至「則之」之義，既取邵子加一倍法，則如朱子之說可自六十四而加之，以至無窮矣。乃復謂六十四卦之畫，限以六位，爲三才之義；又不知《乾》一《兌》二之數出於小橫圖，而以爲邵子逐爻漸生之說，與之天然脗合，皆未免彌生繳繞。其解《易》逆數也，謂自《震》一陽歷《離》、《兌》二陽，至《乾》三陽，左旋而順。自《兌》一陰歷《坎》、《艮》二陰至《坤》三陰，左旋而逆。以《乾》一《兌》二之序推之，則陽進陰退，皆爲逆數，則較邵、朱之說頗爲貫穿。然亦《易》外之旁義。至於本來知德之說，以羲《易》爲錯、文《易》爲綜，益強生區別矣。

## 易學參說

**《四庫提要·易類存目三》** 《易學參說》二卷。浙江巡撫採進本。國朝馮昌臨撰。昌臨，字與肩，嘉興人。是書分內、外二編。內編爲說六篇，自《先天八卦圖》以至《八卦納甲》。外編亦六篇，自天干化氣五行以至七政四餘。蓋欲從漢學而不究古法，遂以後世斗首化曜之說參雜而敷演之，可謂逐影而失形矣。

## 周易闡理

**《四庫提要·易類存目三》** 《周易闡理》四卷。浙江吳玉墀家藏本。國朝戴虞皋撰。虞皋，號遯軒，崑山人。是編原稿凡三四百紙，虞皋自以爲太繁，刪存十之一二。其子孫貽又以爲太簡，復采原稿補其遺闕，即此本也。書成於康熙壬午。前有孫貽序，後有虞皋從子鑑跋。大旨黜象數而明義理，故名曰《闡理》。首冠《授易源流》一篇，分言數、言理二宗，於漢以來諸儒之學皆有所排擊。惟推尊郝敬之書，持論頗偏。其述數學，以爲老子傳鬼谷子，後焦延壽得之以傳京房，陳摶得之以授穆修、李之才以及邵子。按老子與孔子同時，鬼谷子與蘇秦同時，相距百有餘年，邈乎無涉，不知老子之《易》何以得傳鬼谷子？又《漢書》載焦贛之學莫知所出，自稱出於孟喜，而喜弟子施讎等力攻其非，無所謂得之鬼谷子者。至焦、京乃占候之術，而陳摶所傳《先天》諸圖，則以道家爐火之説推衍陰陽奇偶，其法截然不同，亦無所謂得之焦、京者。虞皋所云，均不知其何本。其述理學，以爲孔子授商瞿後，分田何、費直二家。田何學傳晁説之、吕祖謙，費直學傳鄭玄，玄傳王弼。至宋而爲周、程、朱三家之學，至明而爲胡廣之《大全》、蔡清之《蒙引》、林希元之《存疑》、陳深之《通典》，而郝敬之書獨能脱盡陳腐。案鄭玄、王弼，截然兩派，一漢一魏，時代又殊，無玄傳於弼之事。所考尤疎矣。

## 周易通義

**《四庫提要・易類存目三》** 《周易通義》十四卷。浙江巡撫採進本。國朝方菉如撰。菉如，字葯房，淳安人。是書悉取《四書》成語以證《周易》。古無此體，徒標新異而已，於經義無關也。

## 易　鏡

**《四庫提要・易類存目三》** 《易鏡》。無卷數。浙江吳玉墀家藏本。國朝戴天章撰。天章，字漢文，湖州人。所著僅上經、下經，惟言卜筮。其解釋甚略，而皆雜以互變、納甲、五行之説。蓋言數而流於術矣，又沿漢學而失之者也。

## 周易會緝

**《四庫提要・易類存目四》** 《周易會緝》。無卷數。山東巡撫採進本。國朝吳映撰。映，字沐日，晉江人。其書大旨皆宗朱子《本義》而折衷於《蒙引》、《存疑》諸書。持論亦頗平實，然取材太寡，用意太拘，尚未能深研精奧也。

## 易　説

**《四庫提要・易類存目四》** 《易説》一卷。山東巡撫採進本。國朝吳汝惺撰。汝惺，字匪席，德州人。所論十五事皆闡發宋儒舊説。自序謂「漢儒所傳《三禮》，不可盡信，故不主漢《易》」。書中致疑邵子之説，亦不盡主先天諸圖，然未能竟廢圖學也。

## 易經一説

**《四庫提要・易類存目四》** 《易經一説》。無卷數。浙江巡撫採進本。國朝王俶撰。俶，字善思，彭山人。其書大旨以程《傳》、《本義》原互相發明，不容偏廢。坊本依費、王之次，已錯亂聖經。復止載《本義》，不及程《傳》，注不全而解益艱。因遵朱子十二篇舊次，復參取衆家，歸於一説，使初學易讀易曉。蓋亦爲科舉經義而設也。

## 大易合參講義

**《四庫提要・易類存目四》** 《大易合參講義》十卷。江西巡撫採進本。國朝朱用行撰。用行，字翼承，新建人。是書大旨以朱子爲主。首列《本義》，而以《正義》、《析義》次之。《正義》以闡朱子之旨，《析義》則兼採他説。又以象數不可竟廢，間採瞿塘來知德之説，補於《析義》之後。大抵循文推衍，未能深造自得也。

# 易蓍圖說

**《四庫提要・易類存目四》**

《易蓍圖說》十卷。河南巡撫採進本。國朝潘咸撰。咸不知何許人。所著別有《音韻源流》，中引李漁《詩韻》，則其人在李漁後矣。是書凡《周易大衍蓍》六卷，《連山易蓍》三卷，《歸藏易蓍》一卷，咸自爲之序。其說謂讀《易》者當自知蓍始，《易》有三，蓍亦有三。《周易大衍蓍》用四十九策，以四爲揲，內含六百八十七萬一千九百四十七萬六千七百三十六卦，其用四千九十六卦。以《彖》、爻二辭占《左傳》繇辭，皆四千九十六之卦辭也。邵子《皇極經世》爲《連山》蓍，用九十七策，以八爲揲，正卦一千一十有六，互卦一千一十有六，變卦三萬二千五百十有二，以數斷，不以辭斷，其吉凶一定而不可易。後周衛嵩《元包》爲《歸藏》蓍，用三十六策，以三爲揲，以飛伏、世應、渾天、納甲、五行生剋占吉凶，用十二支十干爲千有二百兆。又以焦贛《易林》、《參同契》、《月卦》、《乾坤鑿度》軌數及讖緯諸占爲大衍之遺意。以管輅《觀枚數》、《參同契》納甲及《奇門遁甲》、《煇夢契響》、《鳥鳴辨音》拆字諸占爲《連山》之遺意。以京房《火珠林》、翼氏《風角》、《素問》五運六氣、揚子《太玄》及《元珠密語》、《杯珓洞靈》望雲省氣諸占爲《歸藏》之遺意。其中惟《元包》云出《歸藏》，於古有徵。其餘大抵臆說，無所授受。如畫、爲少陽，畫丷爲少陰，易卦畫爲點，多與古法相背。其《雜卦蓍數圖》，以四象起卦，反易爲義，本無甚奇特，而託之繙閱舊籍，偶獲一帖，蓋又在豐坊僞經之下矣。

# 讀易自識

**《四庫提要・易類存目四》**

《讀易自識》。無卷數。江蘇巡撫採進本。國朝金綖撰。綖，字絲五，吳縣人。是書隨筆記録，未分卷帙。首爲總論，次爲《繫辭》、《序卦》，次乃爲六十四卦，次序與諸本迥異。又《序卦論》中乃多解《說卦》，標目亦不相應。蓋未成之稿，後人以意鈔合，遂倒亂無緒也。其說《易》，好爲新解。如謂「《南華》取象，率本於《易》。如《逍遙遊》曰鯤，陰物類也，猶《坤卦》之象馬也。曰鵬，陽物類也，猶《乾卦》之象龍也。鯤化爲鵬，陰變爲陽，自北溟而徙南溟，蓋自一陽之動於至陰，而歷六位以時成，故曰六月息也。曰九萬里，曰六月息，即卦之用九用六，以言變也。言鯤化而不言鵬變，蓋復可喜而變不可言，亦易之扶陽抑陰也」云云。持論之異，大抵如是，亦可謂之好奇矣。

# 易觀

**《四庫提要・易類存目四》**

《易觀》十二卷。江西巡撫採進本。國朝淩去盈撰。去盈，號旭齋，爵里未詳。書中引毛奇齡說，則近時人也。是書主於即象以明理。大旨謂象有三例，有定象，有化象，有互象。一卦之定象如《乾》爲天、《坤》爲地是也。其化象如《剝》皆言牀、《漸》皆言鴻是也。其一爻之定象如陽必爲九、陰必爲六是也。其化象如陽動化陰、陰動化陽是也。又有中爻之互象，如二四互、三五互是也。所引多來知德、毛奇齡之說，而所重尤在化象、互象二義。謂王弼崇卦變，來氏置錯卦，毛氏主推《易》以求一得之偶當，凡以不知有化象故也。其解《乾》之九四「或躍在淵」，謂：「四化巽互，兌有淵象，乾化巽風，虛薄天表，躍所自起。」解《屯》之初九「磐桓」，謂：「大石曰磐，大柱曰桓。石者土之核，震九以乾陽而爲坤，初索而爲坎，屯鬱而互處坤下，二四互坤，有若核然，磐之象也。杜者木之豎，震九以坤索而爲天三，化天三生木而爲坎，屯鬱而倔強初下，有若豎然，桓之象也。」是皆半附古義，半參臆說，因互體、變爻而穿鑿之，不足爲說《易》之準也。

# 周易小疏

**《四庫提要・易類存目四》**

《周易小疏》十四卷。兩江總督採進本。國朝虞楷撰。楷，字孝思，號蓼園，里籍未詳。書無序跋，亦不知作於何時。

中述《周易折中》，稱聖祖仁皇帝廟號，則近人也。其次序用古本，大旨亦主圖書，而以爲先天寓理於數，後天因數以闡理，文王之《易》即伏羲之《易》。其説彌縫調停，變而愈巧。至於掊擊《左傳》諸占，尤似是而非。夫《左氏》周人所述者，即周之占法。周之占法，所用即太卜之三《易》。謂其占驗之詞多所附會則可，謂古《易》占法不如是則不可。居百世之下而生疑竇於百世之上，將周人之法周人不知之，今人反知之乎？

## 易經輯疏

**《四庫提要・易類存目四》**　《易經輯疏》四卷。江西巡撫採進本。國朝黄家杰撰。家杰，臨川人。其書删邵子之横圖，謂此邵子之《易》，非羲、文之《易》，而不免仍用先天之説。又謂來知德之卦錯、卦綜勝於卦變，而不免仍用卦變之説。觀其自序，稱來《易》恐不近於舉業。是既欲詁經，又牽合以就程試，遂兩者騎牆耳。

## 易經會意解

**《四庫提要・易類存目四》**　《易經會意解》。無卷數。河南巡撫採進本。國朝王芝蘭撰。自序稱伊南人，未詳其仕履。是書首《句讀質疑》，皆與《本義》句讀相異者。次《辨本義衍文》，謂《易》爲卜筮之書，不經秦火，應無衍文。次《乾卦質疑》、《坤卦質疑》。次《乾坤以下八卦説》。其序六十四卦，專取兩卦相對相反之義，一頁之中分上下二格。上格列一卦之辭，其文自前左行；下格列其相對相反之卦，其文自後右行。一順一逆，體若回文，爲自來經典所未有。其《繫辭傳》以下亦各分篇次名目，有《開宗明義篇》、《綱領篇》、《申明爻辭篇》、《彌綸篇》、《四道篇》、《尚辭》、《尚變》、《尚象》、《尚占》諸篇、《先後天圖辨》，又有《徵時篇》、《終意篇》，亦先儒傳授所未聞也。

## 周易象訓

**《四庫提要・易類存目四》**　《周易象訓》十二卷。兩江總督採進本。國朝姚球撰。球，字頤貞，無錫人。其凡例稱辛未歲年二十七，始讀《周易》。二十餘年間，見註疏百三四十部，不知爲前辛未、後辛未也。是書雖用古本分十二篇，而篇數迥異。其分《象傳》於爻傳之外，本於宋吴仁傑。又分《説卦》爲三，以《繫辭》上、下傳爲《説卦》之第一、第二，以應《隋志》三篇之目，而合《彖》、爻傳之上下爲一，以爲古本，殊不見其確據。每卦前之六畫，古本皆先下後上，乃用朱謀瑋之例，標曰上某卦、下某卦，亦非古本之舊也。

## 易經辨疑

**《四庫提要・易類存目四》**　《易經辨疑》四卷。湖南巡撫採進本。國朝鄭國器撰。國器，湘鄉人。是書首爲《圖書辨疑》，次爲《羲易辨疑》，以舊傳先天八卦方位衍爲數十圖，頗爲繁碎。

## 周易剩義

**《四庫提要・易類存目四》**　《周易剩義》四卷。湖南巡撫採進本。國朝黄燐撰。燐，字暘谷，湘潭人。其凡例謂：説經者有未備未當，而作此以補之，故曰《剩義》。然體例頗近講章，所註亦皆先儒之舊説，無甚新義也。

## 易經本義翼

**《四庫提要・易類存目四》** 《易經本義翼》十二卷。編修勵守謙家藏本。不標撰人名氏，惟卷首題籤云：「蘇州府學附生曹澐手輯吳敬菴《羲經本義》二十本，上大宗師鑒定。今呈到十九本。其一本係《圖說》，因繪畫不及，俟於原本録出補送呈」云云，蓋江南諸生録送提學之本，不知吳敬菴者爲何人也。其書《圖說》分六編，一曰《河洛圖說》，二曰《卦畫圖說上》，三曰《卦畫圖說下》，四曰《明筮圖說》，五曰《序卦圖說》，六曰《合纂圖說》，而附以《易說綱領》，皆不入卷數。其解釋經文共十二卷，亦分爲八編。上經《乾》至《履》爲一編，《泰》至《觀》爲二編，《噬嗑》至《離》爲三編；下經《咸》至《解》爲一編，《損》至《艮》爲二編，《漸》至《未濟》爲三編，附以《上下經分六編說》，別以《彖傳》上、下，《象傳》上、下，《繫辭傳》上、下，《文言傳》分七卷，共爲一編。《說卦》、《序卦》、《雜卦》三傳分三卷，共爲一編。體例頗爲宂碎。大抵以《河》、《洛》之說輾轉推衍，其解經則惟以《本義》爲宗，間有出入，不過百分之一，故名曰《本義翼》云。

## 讀易隨鈔

**《四庫提要・易類存目四》** 《讀易隨鈔》。無卷數。兩江總督採進本。不著撰人名氏，亦無序目。其書用反對之說。除《乾》、《坤》、《頤》、《大過》、《坎》、《離》六卦兩名竝列外，餘五十八卦皆每二卦順逆相對畫之，所解多參以人事。雖以《隨鈔》爲名，實雜採諸家之言而融貫以己意，不出原採書名也。

## 卦爻遺稿演

**《四庫提要・易類存目四》** 《卦爻遺稿演》一卷。左副都御史黃登賢家藏本。不著撰人名氏。前有小引，乃其子所作。謂其父於《易》多有論說，未有完書，其子始類次成編，而間附己說於後。其自稱曰「覲」者，即其子之名，而姓則不可考矣。書中每一卦爲一篇，於每爻下具列中、正、應三義，而不載經文。詞旨簡略，殊無心得。

## 周易觀象疑問　大傳章旨

**《四庫提要・易類存目四》** 《周易觀象疑問》二卷，《大傳章旨》二卷。原任工部右侍郎李友棠家藏本。不著撰人名氏。前但署「上谷手授」，莫知爲誰，亦不詳其時代。其書於六十四卦各爲總說。《大傳章旨》於各章亦總爲疏解，俱無甚奥義。

## 周易姚氏學

**張之洞《書目答問・易類》** 《周易姚氏學》八卷。姚配中。汪守成刻本。

## 周易通論月令

**張之洞《書目答問・易類》** 《周易通論月令》二卷。姚配中。

# 書部

## 論述

**《漢書・藝文志・書類序》** 《易》曰：「河出圖，雒出書，聖人則之。」故《書》之所起遠矣，至孔子簒焉，上斷於堯，下訖于秦，凡百篇，而爲之序，言其作意。秦燔書禁學，濟南伏生獨壁藏之。漢興亡失，求得二十九篇，以教齊魯之間。訖孝宣世，有《歐陽》、《大小夏侯氏》，立於學官。《古文尚書》者，出孔子壁中。武帝末，魯共王壞孔子宅，欲以廣其宮，而得《古文尚書》及《禮記》、《論語》、《孝經》凡數十篇，皆古字也。共王往入其宅，聞鼓琴瑟鍾磬之音，於是懼，乃止不壞。孔安國者，孔子後也，悉得其書，以考二十九篇，得多十六篇。安國獻之。遭巫蠱事，未列于學官。劉向以中古文校歐陽、大小夏侯三家經文，《酒誥》脫簡一，《召誥》脫簡二。率簡二十五字者，脫亦二十五字，簡二十二字者，脫亦二十二字，文字異者七百有餘，脫字數十。《書》者，古之號令，號令於衆，其言不立具，則聽受施行者弗曉。古文讀應爾雅，故解古今語而可知也。

**《隋書・經籍志・尚書類序》** 《書》之所興，蓋與文字俱起。孔子觀《書》周室，得虞、夏、商、周四代之典，刪其善者，上自虞，下至周，爲百篇，編而序之。遭秦滅學，至漢，唯濟南伏生口傳二十八篇。又河內女子得《泰誓》一篇，獻之。伏生作《尚書傳》四十一篇，以授同郡張生，張生授千乘歐陽生，歐陽生授同郡兒寬，寬授歐陽生之子，世世傳之，至曾孫歐陽高，謂之《尚書》歐陽之學。又有夏侯都尉，受業於張生，以授族子始昌，始昌傳族子勝，爲大夏侯之學。勝傳從子建，別爲小夏侯之學。故有歐陽，大、小夏侯，三家並立。訖漢東京，相傳不絕，而歐陽最盛。初漢武帝時，魯恭王壞孔子舊宅，得其末孫惠所藏之書，字皆古文。孔安國以今文校之，得二十五篇。其《泰誓》與河內女子所獻不同。又濟南伏生所誦，有五篇相合。安國並依古文，開其篇第，以隸古字寫之，合成五十八篇。其餘篇簡錯亂，不可復讀，並送之官府。安國又爲五十八篇作傳，會巫蠱事起，不得奏上，私傳其業於都尉朝，朝授膠東庸生，謂之《尚書古文》之學，而未得立。後漢扶風杜林，傳《古文尚書》同郡賈逵爲之作訓，馬融作傳，鄭玄亦爲之注。然其所傳，唯二十九篇，又雜以今文，非孔舊本。自餘絕無師說。

晉世祕府所存，有《古文尚書》經文，今無有傳者。及永嘉之亂，歐陽，大、小夏侯《尚書》並亡。濟南伏生之傳，唯劉向父子所著《五行傳》，是其本法，而又多乖戾。至東晉，豫章內史梅賾，始得安國之傳，奏之，時又闕《舜典》一篇。齊建武中，吳姚方興，於大桁市得其書，奏上，比馬、鄭所注，多二十八字，於是始列國學。梁、陳所講，有孔、鄭二家，齊代唯傳鄭義。至隋，孔、鄭並行，而鄭氏甚微。自餘所存，無復師說。又有《尚書逸篇》，出於齊、梁之間，考其篇目，似孔壁中書之殘缺者，故附《尚書》之末。

**錢東垣等輯《崇文總目・書類序》** ［原叙］《書》原于號令而本之史官，孔子刪爲百篇，斷堯訖秦，序其作意。遭秦之故，孔子末孫惠與濟南伏勝各藏□本于家。楚漢之際，勝失其所藏，但口以傳授，勝既耄昏，乃繆合二十四篇爲二十九，歐陽、夏侯之徒皆學之，寫以漢世文字，號《今文尚書》。至武帝時，孔惠之書始出屋壁，百篇皆在，而半已磨滅，又皆科斗文字。惠孫安國以隸古定之，得五十八篇，爲之作傳，號《古文尚書》。至陳隋之間，伏生之學廢絕，而《孔傳》獨行。先是，《孔傳》亡其《舜典》，東晉梅賾乃以王肅所注《伏生舜典》足其篇。至唐，孝明不喜隸古，始更以今文行于世。見《歐陽文忠公集》。

**晁公武《郡齋讀書志・書類》** 右本古文孔安國《傳》五十九篇。安國取序一篇，分諸篇之首，更定五十八篇。晉之亂，歐陽、夏侯《尚書》並亡。晉梅賾始得此《傳》，闕《舜典》一篇，乃以王肅注足成上之。齊建武中，吳姚方興得之於大桁，比王注多二十八字，唐孝明不喜古文，以今文易之，又頗改其辭，如舊「無頗」，今改「無陂」之類是也。按安國既改古文，會有巫蠱事，不復以聞，藏於私家而已。是以鄭康成注《禮記》，韋昭注《國語》，杜預注《左氏》，趙岐注《孟子》，遇引今《尚書》所有之文，皆曰逸《書》，蓋未嘗見古文故也。然嘗以《禮記》校《說命》，《孟子》校《泰誓》，大義雖不遠，而文不盡同。意者安國以隸古定時失之耳。

**馬端臨《文獻通考·經籍考·書》**

孔安國《尚書序》曰：先君孔子，討論《墳》、《典》，斷自唐虞，以下訖於周。芟夷煩亂，剪截浮辭，舉其宏綱，撮其機要，足以垂世立教，典、謨、訓、誥、誓、命之文凡百篇。所以恢弘至道，示人主以軌範也。帝王之制，坦然明白，可舉而行，三千之徒，並受其義。及秦始皇滅先代典籍，焚書坑儒，天下學士，逃難解散，我先人用藏其家書於屋壁。顏師古曰：《家語》云：「孔騰，字襄，畏秦法峻急，藏《尚書》、《孝經》、《論語》於夫子舊堂中。」而《漢記·尹敏傳》云孔鮒所藏。二說不同，未知孰是。漢室龍興，開設學校，旁求儒雅，以闡大猷。濟南伏生，年過九十，失其本經，口以傳授，裁二十餘篇。以其上古之書，謂之《尚書》，百篇之義，世莫得聞。《漢·藝文志》云：《尚書經》二十九卷，註云伏生所授者。《儒林傳》云：伏生名勝，爲秦博士。以秦時禁《書》，伏生壁藏之。其後大兵起，流亡。漢定，伏生求其書，亡數十篇，獨得二十九篇，即以敎於齊、魯之間。孝文時，求能治《尚書》者，天下無有。聞伏生治之，欲召。時伏生年九十餘，老不能行，於是詔太常使掌故晁錯往受之。顏師古曰：衛宏《定古文尚書序》云：「伏生老，不能正言，言不可曉，使其女傳言敎錯。齊人語多與潁川異，錯所不知凡十二三，略以其意屬讀而已。」陸氏曰：二十餘篇即馬、鄭所注二十九篇是也。孔穎達曰：《泰誓》本非伏生所傳，武帝之世，始出而得行，史因以入於伏生所傳之內，故云二十九篇也。今按此序言伏生失其本經，口以傳授。《漢書》乃言初亦壁藏，而後亡數十篇，其說與此序不同，蓋傳聞異辭爾。至於篇數亦復不同者，伏生本但有《堯典》、《皋陶謨》、《禹貢》、《甘誓》、《湯誓》、《盤庚》、《高宗肜日》、《西伯戡黎》、《微子》、《牧誓》、《洪範》、《金縢》、《大誥》、《康誥》、《酒誥》、《梓材》、《召誥》、《洛誥》、《多方》、《多士》、《立政》、《無逸》、《君奭》、《顧命》、《呂周》、《文侯之命》、《費誓》、《秦誓》，凡二十八篇，今加《泰誓》一篇，故爲二十九篇耳。其《泰誓》眞僞之說，詳見本篇，此未暇論也。至魯恭王，好治宮室，壞孔子舊宅，以廣其居，於壁中得先人所藏古文虞、夏、商、周之書，及《傳》、《論語》、《孝經》，皆科斗文字。王又升孔子堂，聞金石絲竹之音，乃不壞宅，悉以書還孔氏。科斗書廢已久，時人無能知者，以所聞伏生之《書》，考論文義，定其可知者爲隸古定，更以竹簡寫之，增多伏生二十五篇。伏生又以《舜典》合於《堯典》，《益稷》合於《皋陶謨》，《盤庚》三篇合爲一，《康王之誥》合於《顧命》，復出此篇并《序》，凡五十九篇，爲四十六卷。其餘錯亂摩滅，弗可復知，悉上送官，藏之書府，以待能者。陸氏曰：恭王，漢景帝子，名餘。《傳》，謂《春秋》也。一云《周易十翼》非經，謂之傳。科斗，蟲名，蝦蟇子，書形似之。爲隸古定，謂用隸書以易古文。吳氏曰：伏生傳於既耄之時，而安國爲隸古文，特定其所可知者。而一篇之中，一簡之內，其不可知者，蓋不無矣，乃欲以是盡求作書之本意，與夫本末先後之義，其亦可謂難矣。而安國所增多之《書》，今篇目具在，皆文從字順，非若伏生之《書》，詰曲聱牙，至有不可讀者。夫四代之書，作者不一，乃至二人之手，而遂定爲二體乎？其亦難言矣。二十五篇者，謂《大禹謨》、《五子之歌》、《胤征》、《仲虺之誥》、《湯誥》、《伊訓》、《太甲》三篇、《咸有一德》、《說命》三篇、《泰誓》三篇、《武成》、《旅獒》、《微子之命》、《蔡仲之命》、《周官》、《君陳》、《畢命》、《君牙》、《冏命》也。復出者，《舜典》、《益稷》、《盤庚》三篇、《康王之誥》，凡五篇。又百篇之《序》自爲一篇，共五十九篇，即今所行五十八篇，而以《序》冠篇首者也。爲四十六卷者，孔《疏》以爲同序者同卷，異序者異卷。同序者，《太甲》、《盤庚》、《說命》、《泰誓》，皆三篇共序，凡十二篇，只四卷。又《大禹》、《皋陶謨》、《益稷》、《康誥》、《酒誥》、《梓材》，亦各三篇共序，凡六篇，只二卷。外四十篇，篇各有序，凡四十卷。通共序者六卷，故爲四十六卷也。其餘錯亂摩滅者，《汨作》、《九共》九篇、《稿飫》、《帝告》、《釐沃》、《湯征》、《汝鳩》、《汝方》、《夏社》、《疑至》、《臣扈》、《典寶》、《明居》、《肆命》、《徂后》、《沃丁》、《咸乂》四篇、《伊陟》、《原命》、《仲丁》、《河亶甲》、《祖乙》、《高宗之訓》、《分器》、《旅巢命》、《歸禾》、《嘉禾》、《成王政》、《將》、《蒲姑賄》、《肅愼之命》、《亳姑》，凡四十二篇，今亡。承詔爲五十九篇作傳，於是遂研精覃思，博考經籍，採摭羣言，以立訓傳。約文申義，敷暢厥旨，庶幾有補於將來。《書序》，序所以爲作者之意，昭然義見，宜相附近，故引之各冠其篇首，定五十八篇。詳此章雖說《書序》序所以爲作者之意，而未嘗以爲孔子所作。至劉歆、班固始以爲孔子所作。既畢，會國有巫蠱事，經籍道息，用不復以聞，傳之子孫，以貽後代。若好古博雅君子，與我同志，亦所不隱也。【略】

孔穎達曰：孔君作傳，值巫蠱，不行以終。前漢諸儒知孔本五十八篇，不見孔《傳》，遂有張霸之徒僞作《舜典》、《汨作》、《九共》九篇、《大禹謨》、《益稷》、《五子之歌》、《胤征》、《湯誥》、《咸有一德》、《典寶》、《伊訓》、《肆命》、《原命》、《武成》、《旅獒》、《冏命》二十四篇。除《九共》九篇共卷，爲十六卷，蓋亦略見百篇之序。故以伏生二十八篇者，復出《舜典》、《益稷》、《盤庚》二篇、《康王之誥》及《泰誓》，共爲三十四篇，十六卷。附以求合於孔氏之五十八篇，四十六卷之數也。劉向、班固、劉歆、賈逵、馬融、鄭玄之徒，皆不見眞古文，而誤以此爲古文之《書》，服虔，杜預亦不之見，至晉王肅始似竊見。而《晉書》又云鄭沖以古文授蘇愉，愉授梁柳，柳之內兄皇甫謐又從柳得之，而柳又以授臧曹，曹始授梅賾，賾乃於前晉奏上其書而施行焉。《漢書》所引《泰誓》云：誣神者殃及三世。又云：立功立事，惟以永年。疑即武帝之世所得者。《律曆志》所引《伊訓》、《畢命》，字畫有與古文異同者，疑伏生口傳而晁錯所屬讀者。其引《武成》，則伏生無此篇，必張霸所僞作者也。

九峰蔡氏曰：按漢儒以伏生之《書》爲今文，而謂安國之《書》爲古文。以今考之，則今文多艱澀，而古文反平易。或者以爲今文自伏生女子口授晁錯時失之，則先秦古書所引之文，皆已如此，恐其未必然也。或者以爲記録之實語難工，而潤色之雅詞易好，故《訓》、《誥》、《誓》、《命》有難易之不同，此爲近之。然伏生倍文暗誦，乃偏得其所難，而安國考定於科斗古書錯亂摩滅之餘，反專得其所易，則又有不可曉者。至於諸序之文，或頗與經不合，而安國之序，又絶不類西京文字，亦皆可疑。獨諸序之本不先經，則賴安國之序而見。

石林葉氏曰：《書》五十八篇，出於伏生者，初二十三篇，出於魯恭王所壞孔子宅壁中者，增多二十六篇。伏生《書》，後傳歐陽歙，魯恭王壁中書，孔安國爲之《傳》。漢興，諸儒傳經次第，各有從來。伏生當文帝時，年已老，口授晁錯，頗雜齊魯言，或不能盡辨。他經專門，每輒數家，惟《書》傳一氏。安國無所授，獨以隸古易科斗，自以其意爲訓解，不及列於學官。故自漢訖西晉，言《書》惟祖歐陽氏。安國訓解晚出皇甫謐家，所謂二十六篇者，雖當時大儒揚雄、杜預之徒，皆不及見。劉向以魯恭王《書》校伏生本，《酒誥》亡簡一，《召誥》亡簡二，字之不同者尤多。《書》非一代之言也，其文字各隨其世不一體，其授受異同復若此。然大抵簡質淵慤，不可遽通。自《立政》而上，非伊尹、周公、傳説之辭，則仲虺、祖乙、箕子、召公後世以爲聖賢不可及者也。其君臣相與往來告戒論説，則堯、舜、禹、湯、文、武是也，是以其文峻而旨遠。自《立政》而下，其君則成王、穆王、康王、平王，其臣則伯禽、君陳、君牙，下至於秦穆公，其辭則一時太史之所爲也，視前爲有間矣。是以其文亦平易明白，意不過其所言，孔子取之，特以其有合於吾道焉爾。自安國學行，歐陽氏遂廢。今世所見，惟伏生《大傳》，首尾不倫，言不雅馴，至以天、地、人、四時爲七政，謂《金縢》作於周公沒後，何可盡據？其流爲劉向《五行傳》。夏侯氏災異之説，失孔子本意益遠。安國自以爲博考經傳，採摭羣言，其所發明，信爲有功。然余讀《春秋傳》、《禮記》、《孟子》、《荀子》，間與今文異同。《孟子》載《湯誥》「造攻自牧宫」，不言「鳴條」；《春秋傳》述《五子之歌》，衍「率彼天常」一句，證《康誥》「父子兄弟，罪不相及」。今文乃無有，疑亦未能盡善。若荀卿引《仲虺》曰「諸侯能自得師者王，得友者霸」，引《康誥》「惟文王敬忌，一人以懌」，其謬妄有如此者。《禮記》以「申勸寧王之德」爲「田觀寧王」，以「庶言同則」亡「繹」字，其乖牾有如此者。微孔氏則何所取正？余於是知求《六經》殘缺之餘，於千載淆亂之後，豈不甚難而不可忽哉！

先公曰：歐陽公《日本刀歌》云：「傳聞其國居大海，土壤沃饒風俗好；前朝貢獻屢往來，士人往往工詞藻。徐福行時書未焚，逸《書》百篇今尚存；令嚴不許傳中國，舉世無人識古文。先王大典藏夷貊，蒼波浩蕩無通津；令人感激坐流涕，鏽澀短刀何足云！」詳此詩，似謂徐福以諸生帶經典入海外，其書乃始流傳於彼也。然則秦人一燼之烈，使中國家傳人誦之書皆放逸，而徐福區區抱編簡以往，能使先王大典獨存夷貊，可歎也，亦可疑也。然今世經書，往往有外國本云。

**王禕《青巖叢録》** 《書》有古文今文之異，今文二十八篇，漢伏生所口授者也；古文二十五篇，晉梅頤所奏上者也。秦焚書時，伏生爲博士，與孔子之孫惠，孔騰或作孔鮒。皆壁藏之，其後兵起流亡。漢定，生求其書，亡數十篇，獨得二十八篇，《堯典》、《臯陶謨》、《禹貢》、《甘誓》、《湯誓》、《盤庚》、《高宗肜日》、《西伯戡黎》、《微子》、《牧誓》、《洪範》、《金縢》、《大誥》、《康誥》、《酒誥》、《梓材》、《召誥》、《洛誥》、《多方》、《多士》、《立政》、《無逸》、《君奭》、《顧命》、《呂刑》、《文侯之命》、《費誓》、《秦誓》是也。後人僞加《泰誓》一篇，故史云二十九篇。孝文時，求能治《尚書》者，召生，年已九十餘，不能行，詔太常遣掌故晁錯往受之。生年老，言不可曉，使其女傳言，而又方言不同，錯所不知者十二三，略以意屬讀而已。其書以隸寫之，隸者，漢世通行之字，故謂之今文也。武帝時，孔惠之書，始出孔壁，百篇皆在，而半已磨滅，又皆科斗文字，故謂之古文。惠孫安國，以隸古定，得五十八篇，爲四十六卷。同序者同卷，異序者異卷，同序者，如《太甲》、《盤庚》、《説命》、《泰誓》皆三篇共序凡十二篇，爲四卷。又《大禹》、《臯陶謨》、《益稷》、《康誥》、《酒誥》、《梓材》亦各三篇，共序凡六篇，爲二卷，外四十篇，篇各有序，爲四十卷。通共者六卷，爲四十六卷也。爲之作《傳》，會國有巫蠱事，訖不以聞，其《傳》遂泯，而張霸僞作《舜典》、《汩作》、《九共》九篇，

《大禹謨》、《益稷》、《五子之歌》、《允征》、《湯誥》、《咸有一德》、《典寶》、《伊訓》、《肆倫》、《原命》、《武成》、《旅獒》、《冏命》二十四篇除《九共》九篇，共卷爲十六卷，蓋亦略見百篇之叙，故以伏生二十八篇者復出《舜典》、《益稷》、《盤庚》三篇，《康王之誥》及《泰誓》共爲三十四篇。而僞作此二十四篇十六卷，目爲古文，以求合孔氏五十八篇四十六卷之數。然漢儒所治，不過伏氏《書》及僞《泰誓》共二十九篇，張霸《僞古文》辭義蕪鄙，無足取重於世，而終漢世所傳，皆霸僞本。劉向、班固、劉歆、賈逵、馬融、鄭玄以及王肅、鄭服、杜預之流，又皆不見眞古文，亦誤以此爲古文之書也。至晉元帝時，豫章太守梅頤始上《古文尚書》二十五篇，稱爲孔氏壁中所藏者。《晉書》云：「鄭沖授之蘇愉，愉授之柳，柳之内兄皇甫湜從柳得之，以授臧曹，而曹以授之頤，頤遂奏上施行焉。」二十五篇者，《大禹謨》、《五子之歌》、《允征》、《仲虺之誥》、《湯誥》、《伊訓》、《太甲》三篇、《咸有一德》、《説命》三篇、《泰誓》三篇、《武成》、《旅獒》、《微子之命》、《蔡仲之命》、《周官》、《君陳》、《畢命》、《君牙》、《冏命》也。梅氏《書》既出，復析伏生《書》二十八篇爲二十三，即復出《舜典》、《益稷》、《盤庚》三篇，《康王之命》。雜之通爲五十八篇，并序一篇，凡五十九篇。有孔安國《傳》及《序》，世遂以爲眞孔壁所藏也。唐初諸儒爲之疏義，自是漢世大小夏侯氏、歐陽氏所傳二十九篇者，廢不復行，惟此孔《傳》五十八篇獨行於世矣。自今觀之，今文多艱澀，而古文反平易，先儒嘗深疑之。《今文》雖間有闕誤顛倒，然辭義古奥，其爲上古之書無疑；古文平緩卑弱，殊不類先漢以前文字。而孔《傳》特魏、晉間人假託安國爲名耳。宋蔡沈氏《集傳》於每篇各疏古文今文有無，既爲明白。而近時吳澄氏又分今文二十八篇，古文二十五篇者，各自爲書，不相淆雜，於是尤足以釋後世之疑矣。又按《唐・藝文志》有《今文尚書》十二卷，注云：玄宗詔集賢學士衛包改古文從今文。蓋漢之所謂古文者，科斗文字，今文者，隸書也。唐之所謂古文者隸書，而今文則唐世通行之楷書，此又漢唐古文今文之異也。

**焦竑《國史經籍志・書類序》**　古者言爲《尚書》，事爲《春秋》，蓋左右二史分職之。秦置尚書禁中，通章奏；漢詔命在尚書，主王言，故秦漢因以名官。《七略》曰：「《尚書》，直言也。」而以爲上古之書者，失之矣。始伏生授晁錯《書》二十八篇，漢、魏數百年間，諸儒所治僅此耳。至東晉梅賾增多二十五篇，即所稱壁藏書也。考《漢志》有《古經》十六卷，以其後出，別于經，不以相溷，其愼如此。唐人不能深考，猥以晚晉雜亂之書，定爲《義疏》，而漢、魏專門之學遂以茀廢。近吳幼清《叙録》一出，乃悉還伏生之舊；而趙子昂、歸熙甫之流，各著爲書，靡不懸合，蓋涣然有當于心。夫古書殽于後人至不可勝數，其文辭格制之異，固可望而知也。朱元晦嘗深疑之，而未及是正。今學官既有著令，學士大夫往往循習不辨，遂使唐虞三代之遺掇拾于故老者，盡亂于僞人之手，而不覺可勝惜哉！故于臚列諸家，而特著其事，俟廣石渠白虎之義者有所考鏡焉。

**《四庫提要・書類序》**　《書》以道政事，儒者不能異説也。《小序》之依託，《五行傳》之附會，久論定矣。然諸家聚訟，猶有四端，曰今文古文，曰錯簡，曰《禹貢》山水，曰《洪範》疇數。夫古文之辨，至閻若璩始明。朱彝尊謂是書久頒於學官，其言多綴輯逸經成文，無悖於理，汾陰漢鼎，良亦善喻。吳澄舉而刪之，非可行之道也。禹跡大抵在中原，而論者多當南渡，昔疎今密，其勢則然。然尺短寸長，互相補苴，固宜兼收竝蓄，以證異同。若夫劉向記《酒誥》、《召誥》脱簡僅三，而諸儒動稱數十。班固牽《洪範》於《洛書》，諸儒併及《河圖》，支離轇轕，淆經義矣。故王柏《書疑》、蔡沈《皇極數》之類，非解經之正軌者，咸無取焉。

**又《書類二》**　案：蔡沈《洪範皇極數》諸書，雖以《洪範》爲名，而實以《洛書》九數推衍成文，於《洪範》絶無所涉。舊以爲《書》類，於義殊乖，今悉退列子部術數類中，庶不使旁門小技淆亂聖經之大義焉。

**又《書類存目二》**　案：《尚書》文句古奥，訓釋爲艱，故宋元以前注是經者差少。歷年久遠，傳本彌稀，凡有遺編，率皆採録。惟薛季宣之贋古，王柏、賀成太、胡一中之改經，特黜而存目，一以杜好奇之漸，一以杜變亂古經之漸也。

**耿文光《萬卷精華樓藏書記・書類序》**　周官外史掌三皇五帝之書，其書已佚，《古三墳》則僞書也。以墳典爲三皇五帝之書，其説本於孔《傳》，杜《注》但云皆古書，則孔傳不可據矣。尚書者，上世之書也。王肅以爲上言之，史官書之，蓋專與鄭氏立異，不從可也。《漢志》所載歐陽、大小夏侯三家，永嘉之亂，其書並亡，今所傳之今文古文皆非漢世之眞本也。梅氏拾殘補闕，聯綴成章，使可句讀，故至今誦之，與今之輯佚書者其意同，其迹異，與後之撰僞書者其迹同，其情異也。自晉迄唐，絶無異議。疑古文者始於宋，詳於明，至我朝而辨益精，證益確，然終不絶於誦讀者之口，則古聖之微言大義藉是以存者正不少也。且此本之外別無他本可據，則亦無古於是者矣。今所録者凡二十一家注疏以外，惟今古文之辨最爲詳明。宋元書說最多，而所存古義極少，因與《禹貢》、《洪範》之別行者，略存數種以見其概。閻氏《疏證》、毛氏《冤詞》，《四庫》並收之，則各有可取故也，《學海堂經解》俱未刻入，則以後人交議故也。今皆著録，以見相攻者不免私意，廣收者原無偏袒也。愚謂讀《尚書》者，知今文古文而已，正不必攻駁梅氏也。攻之而不能廢，駁之而終不得其眞，則亦徒勞而已。孟子曰：「吾於《武城》取二三策而已矣。」是不但僞書不可信，眞古文亦不可盡信矣。附以《大傳》，則古之緯書也。程大昌《禹貢論》、王柏《書疑》已見於目録學者，兹不複出。

## 雜録

**《漢書・藝文志・書》** 凡《書》九家，四百一十二篇。入劉向《稽疑》一篇。

**陸德明《經典釋文序録・注解傳述人》** 《書》者，本王之號令，右史所記。

孔子刪録，斷自唐虞，下訖秦穆，典、謨、訓、誥、誓、命之文凡百篇而爲之序。

及秦禁學，孔子之末孫惠壁藏之。《家語》云：「孔騰，字子襄，畏秦法峻急，藏《尚書》、《孝經》、《論語》於夫子舊堂壁中。」《漢紀・尹敏傳》以爲孔鮒藏之。

漢興，欲立《尚書》，無能通者，聞濟南伏生名勝，故秦博士。傳之，文帝欲徵，時年已九十餘，不能行，於是詔太常使掌故晁錯受焉。《古文尚書》云：伏生年老不能正言，言不可曉，使其女傳言教錯。伏生失其本經，口誦二十九篇傳授。《漢書》云：伏生爲秦禁書，壁藏之。漢定，伏生求其書，亡數十篇，獨得二十九篇，以教齊魯之間。

以上古之書，謂之「尚書」。鄭玄以爲孔子撰《書》，尊而命之曰「尚書」；尚者，上也，蓋言若天書然。王肅云：「上所言，下爲史所書，故曰『尚書』。」

伏生授濟南張生、千乘歐陽生。字和伯，千乘人。生授同郡兒寬。御史大夫。寬又從孔安國受業，以授歐陽生之子。歐陽、大、小夏侯《尚書》皆出於寬。歐陽氏世傳業，至曾孫高作《尚書章句》，爲歐陽氏學。高孫地餘，字長賓，侍中少府。以《書》授元帝。傳至歐陽歙，字正思，後漢大司徒。歙以上八世皆爲博士。濟南林尊字長賓，爲博士論石渠，官至少府、太子太傅。受《尚書》於歐陽高，以授平當字子思，下邑人，徙平陵，官至丞相，封侯。子晏亦明經，至大司徒。及陳翁生。梁人，信都太傅，家世傳業。翁生授殷崇琅邪人，爲博士。及龔勝。字君賓，楚人，右扶風。當授朱普字公文，九江人，爲博士。及鮑宣。字子都，渤海人，官至司隸。後漢濟陰曹曾字伯山，諫大夫。受業於歐陽歙，傳其子祉。河南尹。又陳留陳弁、字叔明，受業於丁鴻。樂安牟長字君高，河內太守、中散大夫。並傳《歐陽尚書》。沛國桓榮字春卿，太子太傅、太常、五更、關內侯。受《尚書》於朱普，《東觀漢紀》云：榮事九江朱文，文即普字。以授漢明帝，遂世相傳，東京最盛。《漢紀》云：門生爲公卿者甚衆，學者慕之，以爲法。榮子郁以《書》授章帝，而官至侍中太常。郁子焉復以《書》授安帝，官至太子太傅、太尉。

張生濟南人，爲博士。授夏侯都尉，魯人。都尉傳族子始昌，始昌通五經，以《齊詩》、《尚書》教授，爲昌邑太傅。始昌傳族子勝。字長公，後屬東平，長信少府、太子太傅。勝從始昌受《尚書》及《洪範五行傳》，說災異；又事同郡簡卿，卿者，兒寬門人；又從歐陽氏問。爲學精熟，所問非一師，善說禮服，受詔撰《尚書》《論語說》，《藝文志》：夏侯勝《尚書章句》二十九卷。號爲「大夏侯氏學」。傳齊人周堪堪字少卿，太子少傅、光祿勳。及魯國孔霸。字次孺，孔子十三世孫，爲博士，以《書》授元帝，官至太中大夫、關內侯，號褒成君。霸傳子光。字子夏，丞相、博山侯。光又事牟卿。堪受魯國牟卿爲博士。及長安許商。字長伯，四至九卿，善算，著《五行論》。商授沛唐林字子高，王莽時爲九卿。及平陵吳章、字偉君，王莽時博士。重泉王吉、字少音，王莽時爲九卿。齊炔欽。字幼卿，王莽時博士。後漢北海牟融亦傳《大夏侯尚書》。夏侯建字長卿，勝從父兄子，爲博士議郎、太子少傅。師事夏侯勝及歐陽高，左右采獲，又從《五經》諸儒問與《尚書》相出入者，牽引以次章句，爲小夏侯氏學。傳平陵張山拊，字長賓，爲博士論石渠，至少府。山拊授同縣李尋字子長，騎都尉。及鄭寬中、字少君，爲博士，授成帝，官至光祿大夫、領尚書事、關內侯。山陽張無故、字子孺，廣陵太傳。信都秦恭，字延君，城陽内史，增師法至百萬言。陳留假倉。字子驕，以謁者論石渠，至膠東相。寬中授東郡趙玄，御史大夫。無故授沛唐尊，王莽太傅。恭授魯馮賓。爲博士。後漢東海王良亦傳《小夏侯尚書》。

漢宣帝本始中，河内女子得《泰誓》一篇，獻之，與伏生所誦，合三十篇，漢世行之。然《泰誓》年月不與《序》相應，又不與《左傳》、《國語》、《孟子》衆書所引《泰誓》同，馬、鄭、王肅諸儒皆疑之。

《古文尚書》者，孔惠之所藏也。魯恭王壞孔子舊宅，漢景帝程姬之子，名餘，封於魯，謚恭王。於壁中得之，並《禮》、《論語》、《孝經》，皆科斗文字。博士孔安國字子國，魯人，孔子十二世孫，受《詩》於魯申公，官至諫大夫、臨淮太守。以校伏生所誦，爲隸古寫之，增多伏生二十五篇，《藝文志》云多十六篇。又伏生誤合五篇，凡五十九篇，爲四十六卷。《藝文志》云：「《尚書古文經》四十六卷，五十七篇。」安國又受詔爲《古文尚書傳》。值武帝末，巫蠱事起，經籍道息，不獲奏上，藏之私家。安國並作《古文論語》、《古文孝經傳》。《藝文志》云：安國獻《尚書傳》，「遭巫蠱事，未列於學官」。

以授都尉朝。司馬遷亦從安國問故，遷書多古文説。劉向以中古文校歐陽、大、小夏侯三家《經》文，脱誤甚衆。《藝文志》云：「《酒誥》脱簡一，《召誥》脱簡二。文異者七百有餘，脱字數十。」都尉朝授膠東庸生，名譚，亦傳《論語》。庸生授清河胡常，字少子，以明《穀梁春秋》，爲博士，至部刺史，又傳《左氏春秋》。常授虢徐敖，右扶風椽，又傳《毛詩》。敖授琅邪王璜及平陵涂惲，字子眞。惲授河南乘欽。字君長。一本作「桑欽」。王莽時諸學皆立，惲、璜等貴顯。范曄《後漢書》云：「中興，扶風杜林傳《古文尚書》，賈逵字景伯，扶風人，左中郎將、侍中。爲之作訓，馬融作傳，鄭玄注解，由是《古文尚書》遂顯於世。」

案：今馬、鄭所注並伏生所誦，非古文也。孔氏之本絶，是以馬、鄭、杜預之徒皆謂之《逸書》。王肅亦注《今文》，而解大與《古文》相類，或肅私見孔《傳》而祕之乎？

江左中興，元帝時豫章内史枚賾字仲眞，汝南人。奏上孔傳《古文尚書》。亡《舜典》一篇，購不能得，乃取王肅注《堯典》從「愼徽五典」以下分爲《舜典》篇以續之，孔《序》謂伏生以《舜典》合於《堯典》，孔傳《堯典》止於「帝曰往欽哉」，而馬、鄭、王之本同爲《堯典》，故取爲《舜典》。學徒遂盛。後范寧字武子，順陽人，東晉豫章太守，兼注《穀梁》。變爲《今文集注》，俗間或取《舜典》篇以續孔氏。齊明帝建武中，吳興姚方興采馬、王之《注》，造孔傳《舜典》一篇，云於大航頭買得，上之。梁武時爲博士議曰：「孔《序》稱伏生誤合五篇，皆文相承接，所以致誤，《舜典》首有『曰若稽古』，伏生雖昏耄，何容合之？」遂不行用。

漢始立《歐陽尚書》；宣帝復立大、小夏侯博士；平帝立《古文》。永嘉喪亂，衆家之《書》並滅亡，而《古文孔傳》始興，置博士；鄭氏亦置博士一人。近唯崇《古文》，馬、鄭、王《注》遂廢。今以孔氏爲正，其《舜典》一篇，仍用王肅本。

**《隋書・經籍志・尚書》** 右三十二部，二百四十七卷。通計亡書，合四十一部，共二百九十六卷。

**《舊唐書・經籍志・尚書》** 右《尚書》二十九部，凡二百七十二卷。

**錢東垣等輯《崇文總目・書類》** 共七部計八十一卷。

**《新唐書・藝文志・書類》** 右《書》類二十五家，三十三部，三百六卷。王元感以下不著録四家，二十卷。

**《宋史・藝文志・書類》** 右《書》類六十部，八百二卷。王柏《讀書記》以下不著録十三部，二百四十四卷。

**《明史・藝文志・書類》** 右《書》類八十八部，四百九十七卷。

**《四庫提要・書類二》** 右《書》類五十六部，六百五十一卷，附録二部，十一卷，皆文淵閣著録。

**又《書類存目二》** 右《書》類七十八部，四百三十卷，内十部無卷數。附録一部，四卷，皆附存目。

**張之洞《書目答問・列朝經注經説經本考證》** 以上《書》之屬。不知今古文之别者不録。

## 綜　述

### 百篇尚書

**朱彝尊《經義考・書》**　《百篇尚書》。闕。卜商曰：「《書》之論事也，昭昭然若日月之代明，離離然若星辰之錯行。上有堯、舜之道，下有三王之義。」　墨翟曰：「昔周公旦朝讀《書》百篇。」　孔臧曰：「時人惟聞《尚書》二十八篇取象二十八宿，謂爲信然，不知其有百篇也。」　揚雄曰：「昔之説《書》者序以百，虞、夏之書渾渾爾，《商書》灝灝爾，《周書》噩噩爾。」　劉歆曰：「《尚書》，直言也。始歐陽氏先名之。」又曰：「《書》以決好。或作『斷』。下同。好者，義之證也。」　鄭康成曰：「《虞夏書》二十篇，《商書》四十篇，《周書》四十篇。」　《春秋説題辭》曰：「《尚書》者，二帝之迹，三王之義，所以推其期運明授命之際。《書》之言信而明天地之情，帝王之功，凡百二十篇，第次委曲。尚者，上也，上世帝王之遺書也。」　《尚書璇璣鈐》曰：「孔子求書，得黄帝玄孫帝魁之書，迄於秦穆公，凡三千二百四十篇。斷遠取近，定可以爲世法者百二十篇，以百二篇爲《尚書》，十八篇爲《中候》，去三千一百二十篇。」又曰：「《尚書》篇題號，尚者，上也。上天垂文象，布節度。書也，如天行也。」　王肅曰：「上所言，下爲史所書，曰《尚書》也。」　劉熙曰：「《尚書》，尚，上也。以堯爲上，始而書其時事也。」　葛洪曰：「《尚書》者，政事之集也。」　劉勰曰：「《書》實紀言，而訓詁茫昧，通乎《爾雅》，則文意曉然。故子夏嘆《書》，昭昭若日月之明，離離如星辰之行，言昭灼也。」又曰：「《尚書》覽文如詭，而尋理則暢。」　孔穎達曰：「尚者，上也，言此上代以來之書，故曰《尚書》。《書》之體例有十：一曰典、二曰謨、三曰貢、四曰歌、五曰誓、六曰誥、七曰訓、八曰命、九曰征、十曰範。《堯典》、《舜典》二篇典也，《大禹謨》、《皐陶謨》二篇謨也，《禹貢》一篇貢也，《五子之歌》一篇歌也，《甘誓》、《泰誓》三篇、《湯誓》、《牧誓》、《費誓》、《秦誓》八篇誓也，《仲虺之誥》、《湯誥》、《大誥》、《康誥》、《酒誥》、《召誥》、《洛誥》、《康王之誥》八篇誥也，《伊訓》一篇訓也，《説命》三篇，《微子之命》、《蔡仲之命》、《顧命》、《畢命》、《冏命》、《文侯之命》九篇命也，《胤征》一篇征也，《洪範》一篇範也，此各隨事而言。《益稷》亦謨也，因其人稱，言以別之，其《太甲》、《咸有一德》、《伊尹》訓道王，亦訓之類。《盤庚》亦誥也，故王肅云：不言誥，何也？取其徙而立功，非但録其誥。《高宗肜日》與訓序連文，亦訓辭可知也。《西伯戡黎》云：『祖伊恐，奔告於受。』亦誥也。《武成》云『識其政事』，亦誥也。《旅獒》戒王，亦訓也。《金縢》自爲一體，祝亦誥辭也。《梓材》、《酒誥》分出，亦誥也。《多士》以王命誥，自然誥也。《無逸》戒王，亦訓也。《君奭》周公誥，召公亦誥也。《多方》、《周官》上誥於下，亦誥也。《君陳》、《君牙》與《畢公》之類，亦命也。《呂刑》陳刑告王，亦誥也。書篇之名，因事而立，既無體例，隨便爲文。」　陸德明曰：「典凡十五篇，正典二，攝十三，十一篇亡。謨凡三篇，正二，攝一。訓凡十六篇，正二，一篇亡；攝十四，三篇亡。誥凡三十八篇，正八，攝三十，十八篇亡。誓凡十篇，正八，攝二，一篇亡。命凡十八篇，正十二，三篇亡；攝六，四篇亡。」　劉知幾曰：「孔子觀書於周室，得虞、夏、商、周四代之典，乃刪其善者，定爲《尚書》百篇。《尚書》者，七經之冠冕，百氏之襟袖。學者必先精此書，次覽羣籍，譬夫行不由徑，非所聞焉。」　吴祕曰：「《書》百篇，漢存者二十九篇，得古文又多十六篇，其亡過半。孔子序《書》，存百篇之義，而其書亡，不可復知。」　司馬光曰：「《尚書》者，二帝三王嘉言要道盡在其中，爲政之成規，稽古之先務也。」　朱子曰：「《尚書》有不必解者，有須著意解者，有略須解者，有不可解者。如《仲虺之誥》、《太甲》諸篇，只是熟讀，義理自明，何俟於解；如《洪範》則須著意解；如典謨諸篇，辭稍雅奥，亦須略解；如《盤庚》諸篇已難解；《康誥》之屬則不可解矣。」又曰：「《盤庚》五誥之類，實是難曉，若要添字硬説將去，儘得，然只是穿鑿，終恐無益爾。」又曰：「《書》且看易曉處，其不可曉者不要強説，縱説得出，恐未必是當時本意。」又曰：「《書》中不可曉處，先儒既如此解，且只得從他説。」　柴中行曰：「唐、虞、三代，聖帝明王，與其良臣碩輔，精神心術之妙，推之天下，以爲大經大法者，盡在於《書》。」

程去華曰：「讀《尚書》當識唐、虞、三代氣象，唐、虞君臣，交相儆戒，夏、商以後，則惟臣戒君爾。禹皐戒君，儆於未然。夏、商以後，則事形而後救正之。湯之伐夏，自《湯誓》、《湯誥》外，未嘗數桀之惡。武王伐紂，則歷歷陳布，惟恐紂惡不白，己心不明，略無回護意矣。」

董鼎曰：「帝王之書，歷代所寶，前乎五帝者爲三皇，世尚洪荒，非後世所可考。後乎三王者爲五霸，習尚權譎，又非聖人所忍爲。故自唐迄周，而百篇之書定。一書之中，其於明德新民之綱，修齊治平之目，即《堯典》已盡其要，而『危微精一』四言所以開知行之端，『主善協一』四言所以示博約之義，務學則《說命》，其入道之門，爲治則《洪範》，其經世之要也。他如齊天運則有羲和之曆，定地理則有《禹貢》之篇，正官僚則有《周官》之制度，修己任人則有《無逸》、《立政》諸書，煨燼壞爛之餘，百篇僅存其半，而宏綱實用尚如此。故嘗謂『六經』莫古於《書》，《易》雖始於伏羲，然有卦未有辭，辭始於文王爾。『六經』莫備於《書》，五經各主一事而作，《易》主卜筮，即《洪範》之稽疑也；《禮》主節文，即《虞書》之五禮也；《詩》主咏歌，即后夔之樂教也；《周禮》設官，即周官六卿率屬之事也；《春秋》褒貶，即皐謨命德討罪之權也。五經各主帝王建置之一端，《書》則備紀帝王政事之全體，修齊治平之規模，事業盡在於此，學者其可不盡心焉。」

熊朋來曰：「典、謨、訓、誥、誓、命凡百篇，注者有正與攝之分。正者有其義而正其名，攝者無其名而附其義。正三十四，攝六十六。典十五篇，正者二，《堯典》、《舜典》，攝者十三，《禹貢》、《洪範》、《汩作》、《九共》九篇、《槁飫》。謨三篇，正者二，《大禹謨》、《皐陶謨》，攝者一，《益稷》。訓十六篇正者二，《伊訓》、《高宗之訓》，攝者十四，《五子之歌》、《太甲》三篇、《咸有一德》、《高宗肜日》、《旅獒》、《無逸》、《周官》、《呂刑》、《典寶》、《明居》、《徂后》、《沃丁》。誥三十八篇，正者八，《仲虺之誥》、《湯誥》、《大誥》、《康誥》、《酒誥》、《召誥》、《洛誥》、《康王之誥》，攝者三十，《盤庚》三篇、《西伯戡黎》、《微子》、《武成》、《金縢》、《梓材》、《多士》、《多方》、《君奭》、《立政》、《帝告》、《釐沃》、《汝鳩》、《汝方》、《夏社》、《疑至》、《臣扈》、《咸乂》四篇、《伊陟》、《原命》、《仲丁》、《河亶甲》、《祖乙》、《分器》、《將蒲姑》。誓十篇，正者八，《甘誓》、《湯誓》、《泰誓》三篇，《牧誓》、《費誓》、《秦誓》，攝者二，《胤征》、《湯征》。命十八篇，正者十二，《說命》三篇、《微子之命》、《蔡仲之命》、《顧命》、《畢命》、《冏命》、《文侯之命》、《肆命》、《旅巢命》、《賄肅愼之命》，攝者六，《君陳》、《君牙》、《歸禾》、《嘉禾》、《成王政》、《亳姑》。」

黃鎮成曰：「伏生所授《今文尚書》凡二十八篇。《堯典》、《皐陶謨》、《禹貢》、《甘誓》、《湯誓》、《盤庚》、《高宗肜日》、《西伯戡黎》、《微子》、《牧誓》、《洪範》、《金縢》、《大誥》、《康誥》、《酒誥》、《梓材》、《召誥》、《洛誥》、《多方》、《多士》、《立政》、《無逸》、《君奭》、《顧命》、《呂刑》、《文侯之命》、《費誓》、《秦誓》。漢武時又入僞《泰誓》一篇爲二十九篇。孔安國《古文尚書》增多伏生二十五篇，《大禹謨》、《五子之歌》、《胤征》、《仲虺之誥》、《湯誥》、《伊訓》、《太甲》三篇、《咸有一德》、《說命》三篇、《泰誓》三篇、《武成》、《旅獒》、《微子之命》、《蔡仲之命》、《周官》、《君陳》、《畢命》、《君牙》、《冏命》，又分《堯典》爲《舜典》，分《皐陶謨》爲《益稷》，分《盤庚》一篇爲三篇，分《顧命》爲《康王之誥》，通今古五十八篇。逸《書》四十二篇，《汩作》、《九共》九篇、《槁飫》、《帝告》、《釐沃》、《湯征》、《汝鳩》、《汝方》、《夏社》、《疑至》、《臣扈》、《典寶》、《明居》、《肆命》、《徂后》、《沃丁》、《咸乂》四篇、《伊陟》、《原命》、《仲丁》、《河亶甲》、《祖乙》、《高宗之訓》、《分器》、《旅巢》、《命歸》、《禾嘉》、《禾成》、《王政》、《將蒲姑》、《賄肅愼之命》、《亳姑》。又《百篇之序》一篇，通前今古文合百篇之數。」

何異孫曰：「《書》者，古之史也。當時事實有當紀載者，史官書之簡策，有君臣相告誡之言，有君命臣者，有臣告君者，有君告民者。孔子定《書》百篇，名之曰「虞夏商周之書」。」

薛瑄曰：「經凡言德、言聖、言神、言心、言道、言中、言性、言天命、言誠、言善、言一、言敎、言學之類，多見於《書》，《書》之後乃有《易》、《彖》、《象》、《辭》及諸經書。聖賢發明性理之名，雖有淺深不同，實皆原於《書》也。」

孫宜曰：「《尚書緯》言孔子求書，得黃帝玄孫帝魁之書，迄秦穆公凡三千二百四十篇。黃帝至堯舜不遠，堯舜至秦穆不二千年，書至三千二百四十篇，不過多耶？斯漢儒侈大之言，無足信也。」

沈嗣選曰：「《序》稱百篇，商周皆三十九篇，夏止四篇，而虞反十五篇。此不可信。」

按歐陽永叔《日本刀歌》云：「傳聞其國居大海，土壤沃饒風俗好。前朝貢獻屢往來，士人往往工詞藻。徐福行時《書》未焚，逸《書》百篇今尚存。令嚴不許傳中國，舉世無人識古文。」永叔雖有是說，而葉少藴疑之，馬翔仲亦疑之。鄭麟趾《高麗史》：「宣宗八年五月，李資義還自宋，奏云：『帝聞吾國書籍多好本，命館伴書所求書目録授之，且曰：「雖有卷第不足者，亦須傳寫附來。」』目録首開《百篇尚書》，而高麗未之有也。宣宗八年者，實宋元祐六年。先是，咸平中日本僧奝然以鄭康成注《孝經》來獻，不言有《尚書》。王惲《中堂事紀》載，中統二年高麗世子禃來朝，宴於中書省，問曰：『傳聞汝邦有《古文尚書》及海外異書？』答曰：『與中國書不殊。』然則高麗之書猶夫中國之書耳。《百篇尚書》高麗且無之，況日本乎？」乃萬曆初，尚書郎葉春及上書請命封倭使臣多方索之以歸，眞無異癡人說夢矣。又按《白虎通德論》引《尚書》文云：「咨四岳曰裕，汝衆或有一人王者。」又云：「不施予一人。」又云：「必立賞罰，以定厥功。」又云：「太社惟松，東社惟柏，南社惟梓，西社惟栗，北社惟槐。」今其文皆逸，未審是《百篇書》中語，抑《大傳》文也。

## 百篇之序

**朱彝尊《經義考·書》**　《百篇之序》。一卷。存。司馬遷曰：「孔子之時，周室微而《禮》、《樂》廢，《詩》、《書》缺。追跡三代之禮，序《書傳》，上紀唐虞之際，下至秦繆，編次其事，故《書傳》、《禮記》自孔氏。」劉歆曰：「孔子修《易》序《書》。」班固曰：「《書》之所起遠矣，至孔子篹焉。上斷於堯，下訖於秦，凡百篇。而爲之《序》，言其作意。」《隋·經籍志》曰：「孔子删《書》，別爲之《序》，各陳作者所由。」孔穎達曰：「《書序》鄭玄、馬融、王肅並云孔子所作。依緯文也。百篇凡六十三序。」又曰：「百篇次第於《序》，孔、鄭不同。孔以《湯誓》在《夏社》前，於百篇爲第二十六；鄭以爲在《臣扈》後，第二十九。孔以《咸有一德》次《太甲》後，第四十；鄭以爲在《湯誥》後，第三十二。孔以《蔡仲之命》次《君奭》後，第八十三；鄭以爲在《費誓》前，第九十六。孔以《周官》在《立政》後，第八十八；鄭以爲在《立政》前第八十六。孔以《費誓》在《文侯之命》後，第九十九；鄭以爲在《呂刑》前，第九十七。不同者，孔依壁內篇次及《序》爲文，鄭依賈氏所奏別録爲次。」陸德明曰：「馬、鄭之徒，百篇之序，總爲一卷。孔以各冠其篇首而亡篇之序，即隨其次第，居見存者之間。」劉知幾曰：「《書》列典謨，《詩》含比興，若不先序其意，難以曲得其情，故每篇有序，敷暢厥義。」程子曰：「《書序》夫子所爲，逐篇序其作之之意。」林光朝曰：「《序》乃歷代史官相傳，以爲書之總目，猶《詩》之有《小序》也。」朱子曰：「《書序》恐即是經師所作，決非夫子之言。」又曰：「《小序》決非孔門之舊。」董銖曰：「《書序》之作，出於聖人無疑。學者觀《書》得其《序》，則思過半矣。班固言：『《書》之所起遠矣。至孔子篹時，上斷於堯，下訖於秦，凡百篇。而爲之序，言其作意。』而林少穎乃謂《書序》乃歷代史官轉相授受，以爲《書》之總目者，非孔子所作。今玩其語意，非聖人其孰能於此哉！」葉適曰：「以《書序》爲孔子作，其說本出班固。固因司馬遷，遷因孔安國，安國無先世的傳，止據前後浮稱，兼《左氏》楚靈王言倚相事爾。」王應麟曰：「《大傳》之《序》有《嘉禾》、《揜誥》，今本闕焉。」馬廷鸞曰：「《書序》自爲一編，故以『昔在帝堯』起於篇首，後接《舜典》，則曰『虞舜側微』，接《禹謨》則曰『皐陶矢厥謨，禹成厥功』，益足證古序自爲一篇，而相續之辭如此，蓋史氏舊文也。今《史記序傳》亦自爲一篇。」金履祥曰：「《前漢書》言張霸采《左傳》、《書序》作書首尾。《後漢書》言衛宏作《詩序》。衛宏之云，朱子嘗引之，以證《書序》之僞矣。獨《書序》疑而未斷。方漢初時，《泰誓》且有僞書，何況《書序》之類。且孔《傳》古文其出最後，則附會之作，有所不免，其爲齊魯諸儒次第附會而作序可知也。」陳櫟曰：「漢劉歆曰：『孔子修《易》序《書》。』班固曰：『孔子纂《書》凡百篇而爲之《序》，言其作意。』今考《序》文於見存之篇，雖頗依文立義，而識見淺陋，無所發明。其間至有與經相戾者。於已亡之篇，則依阿簡略尤無所補，其非孔子所作明甚。顧世代久遠，不可復知。然孔安國雖云得之壁中，而亦未嘗以爲孔子所作，但謂《書序》序所以爲作者之意，與討論《墳》、《典》等語隔越不屬，意亦可見。」鄭季友曰：「《史記》盡引《今文書》二十八篇，及僞《泰誓》一篇，並不引孔壁所增諸經。是太史公未見孔壁書明矣。然卻多引《小序》，雖亡篇之序亦有之，意西漢時自有《百篇之序》，故太史公見之，造僞書者亦見之，非專出於孔壁也。」樊良樞曰：「《書序》在五十八篇之外，云出壁中，由是篇以讀經文，乃得其義，兼辨其僞，蓋序述二帝之德顯而微，序夏、商直以簡，序周□□，疑非聖人不能作也。」孫寶侗曰：「《書序》爲後人僞作，逸《書》之名亦多不典。至如《左氏傳》定四年祝佗告萇弘，其言魯也，曰：『命以伯禽而封於少昊之虚。』其言衛也，曰：『命以《康誥》而封於殷虚。』其言晉也，曰：『命以《唐誥》而封於夏虚。』是則《伯禽之命》、《康誥》、《唐誥》，《周書》之三篇而孔子所必録也，今獨《康誥》存而二篇亡。爲《書序》者不知其篇名而不列於百篇之內，疏漏顯然，是則不但《書序》可疑，并百篇之名亦未信矣。」

按：《書小序》西漢孝武時當即有之，此史公據以作夏、殷、周《本紀》。若孔壁《古文尚書》，漢、魏、西晉諸儒均未之見，而馬融於《書小序》有注，見於陸氏《釋文》；又鄭注《周官》引《書序》文以證「保傅」，而《百篇之序》次第與孔不同，見於《正義》。許謙亦云：「鄭氏不見古文而見《百篇之序》。」考馬、鄭傳注本《漆書古文》，是孔《傳》未上之時，《百篇之序》先著於漢代，初不與安國之《傳》同時而出也。今以馬氏《書小序傳》附紀於後。「昔在帝堯」，《傳》云：「謚也。翼善傳聖曰堯。」「伊尹相湯」，《傳》云：「俗儒以湯爲謚，或爲號，然不在謚法，故無聞焉。」「殷始咎周」，《傳》云：「咎周者，爲周所咎。」「奔告于受」，《傳》云：「受讀曰紂，或曰受婦人之言，故號曰受也。」「殷始錯天命」，《傳》曰：「錯，廢也。」「武王有疾」，《傳》本下有「不豫」二字。「召公爲保，周公爲師」，《傳》云：「保氏、師氏，皆大夫官。」「作成王政」，《傳》本「政」作「征」。「將遷其君于蒲姑」，《傳》本「蒲」作「薄」。「王俾榮伯作賄肅慎之命」，傳本「俾」作「辨」，「肅」作「息」。「作顧命」，《傳》云：「成王將崩，顧念康王，命召公、畢公率諸侯輔相之。」「康王既尸天子」，《傳》本此句上有「成王崩」三字。「平王錫晉文侯秬鬯圭瓚」，《傳》本無「平」字。「錫」作「賜」。「東郊不開」，《傳》本「開」作「闢」。

又按：朱子疑《詩小序》而并疑《書小序》，疑孔安國所《傳》之古文，而并疑古文之有《小序》。然《百篇之序》，實自漢有之。竊謂《周官外史》「達書名於四方」，此《書》必有《序》，而今《百篇之序》，即外史所以達四方者，其由來古矣。

又按：「伯禽」、「唐誥」，王伯厚云：「皆策命篇名。」《大傳》之序有「揜誥」，《史記・殷本紀》有《太戊》一篇。《孟子注》云：「逸《書》有舜典之序。」《曆志》引古文《月采篇》，俱不入百篇之目。是則書名尚多，其篇目偶逸者與？

**馬國翰《玉函山房藏書簿録・書類》**　《書序》二卷。平津館本。舊傳孔子撰。劉歆曰：「孔子修《易》序《書》。」班固曰：「《書》之所起遠矣，至孔子篹焉，上斷於堯，下訖於秦，凡百篇而爲之序，言其作意。」《正義》曰：「《書序》鄭玄、馬融、王肅並云孔子所作，依緯文也。百篇凡六十三序。」程子以爲夫子所爲，朱子以爲恐是經師所作，決非夫子之言。董銖曰：「《書序》之作，出於聖人無疑，觀書得其序，則思過半矣。」銖爲朱子門人，而說從程子，蓋亦善折其衷而不爲苟同矣。《正義》又謂：「百篇次第於序，孔、鄭不同。」蓋鄭注古文而實用今文之本，史稱伏生以二十九篇教於齊魯間。秀水朱氏謂其一爲百篇之序，觀《大傳》舉《九共》、《武成》、《嘉禾》諸篇可證。陸氏《釋文》曰：「馬、鄭之徒，百篇之序，總爲一卷。孔以各冠其篇首而亡篇之序，即隨其次第，居見存者之間。」馬、鄭之本今不可覩，元董鼎《書傳輯録纂注》本王天與《尚書纂傳》本並各爲一卷，以復馬、鄭之舊。孫氏星衍《今古文注疏》本用之，復爲詳注，又蒐逸文附各序中，以文多分二卷。

## 今文尚書

**《新唐書・藝文志・書類》**　《今文尚書》十三卷。開元十四年，玄宗以《洪範》「無偏無頗」聲不協，詔改爲「無偏無陂」。天寶三載，又詔集賢學士衛包改古文從今文。

**朱彝尊《經義考・書》**　《今文尚書》。《漢志》：經二十九卷。存。《漢書》：「伏生，濟南人，故爲秦博士。孝文時，求能治《尚書》者，天下亡有，聞伏生治之，欲召。時伏生年九十餘，老不能行，於是詔太常使掌故晁錯往受之。秦時禁《書》，伏生壁藏之，其後大兵起，流亡。漢定，伏生求其《書》，亡數十篇，獨得二十九篇，即以教於齊、魯之間。」王充曰：

「《尚書》本百篇，遭秦用李斯之議，燔燒五經，濟南伏生抱百篇藏於山中。孝景皇帝時，始存《尚書》，伏生已出山中，景帝遣晁錯往從受《尚書》二十八篇。伏生老死，書殘不竟。晁錯傳於倪寬。至孝宣皇帝之時，河內女子發老屋，得逸《易》、《禮》、《尚書》各一篇，奏之。宣帝下示博士，然後《易》、《禮》、《尚書》各益一篇，而《尚書》二十九篇始定矣。」《隋書》：「伏生口傳二十八篇，又河內女子得《泰誓》一篇獻之。」顏師古曰：「此二十九篇伏生傳授者，衛宏《定古文尚書序》云：『伏生老不能正言，言不可曉，使其女傳言教錯。齊人語多與潁川異，錯所不知凡十二三，略以其意屬讀而已。』」陸德明曰：「即馬、鄭所注二十九篇。《泰誓》本非伏生所傳，武帝世始出而得行世，因以入於伏生所傳之內，故曰二十九篇。」孔穎達曰：「《今文尚書》，劉向《五行傳》、蔡邕勒石經皆其本。」

葉夢得曰：「《尚書》文皆奇澀，非作文者故欲如此，乃當時語自爾也。」

鄭耕老曰：「《尚書》今古文合二萬五千八百字。」朱子曰：「伏生《今文尚書》無《武成》，獨孔氏《古文尚書》乃有此篇。今顏氏注劉歆所引見，其與古文不同，遂皆以爲《今文尚書》，不知何所考也。」王應麟曰：「二十九篇是計卷，若計篇則三十四，去《泰誓》猶有三十一。伏生所傳謂之『今文』，則歐陽、夏侯三家所傳及蔡邕石經是也。」金履祥曰：「孔壁中不惟有古文諸篇，計必兼有今文諸篇。安國雖以伏生之《書》考古文，不能復以古文之《書》訂今文，是以古文多平易，今文多艱澀。」熊朋來曰：「晁錯所受伏生，以漢隸寫之，故曰『今文』，凡二十八篇。及武帝時得僞《泰誓》一篇，故《藝文志》稱二十九篇。伏生二十八篇者，《虞書》則《舜典》合於《堯典》，《益稷》合於《皋陶謨》，凡二篇；《夏書》則《禹貢》、《甘誓》，凡二篇；《商書》則《湯誓》、《盤庚》、《高宗肜日》、《西伯戡黎》、《微子》，凡五篇；《周書》則《牧誓》、《洪範》、《康誥》、《酒誥》、《金縢》、《大誥》、《君奭》、《多方》、《多士》、《梓材》、《召誥》、《洛誥》、《立政》、《無逸》、《康王之誥》合於《顧命》、《呂刑》、《文侯之命》、《費誓》、《秦誓》，凡十九篇，通爲二十八篇。」吳澂曰：「《書》二十八篇，伏生口授而晁錯以意屬讀者也。其間闕誤顚倒固多，然不害其爲古書也。漢魏四百年間，諸儒所治不過此爾。當時以應二十八宿，蓋不知二十八篇之外猶有書也。」又曰：「伏生所授二十八篇，眞上世遺書也。東晉後以增多之書雜之，今之儒者莫或辨別，闇亦甚哉！」崔銑曰：「孔子刪《書》爲百篇，今存者伏生二十八篇，傳信可也；若晉人晚出之書，傳疑可也。」郝敬曰：「伏生《書》二十八篇，與古人傳神，其辭簡樸無枝葉，詰屈少便利，其更端層疊，是古人眞意，委婉周至，氣若斷續，而悠遠條暢，非聖人之言而能若是乎？眞足爲萬世國史之宗矣！」沈嗣選曰：「伏《書》以《堯典》合《舜典》，《皋陶謨》、《合益稷》，《盤庚》合一篇，《康王之誥》合於《顧命》，皆不可易，欲合百篇之數者，乃強分之，非也。」

按：《今文尚書》伏生所授止二十八篇，故漢儒以擬二十八宿。然《史記》、《漢書》俱稱伏生以二十九篇教於齊、魯之間，司馬氏、班氏古之良史，不應以非生所授之《泰誓》雜之其中也。故王肅云：「《太誓》近得，非其本經。」竊疑生所教二十九篇，其一篇乃《百篇之序》，故馬、鄭因之，亦總爲一卷。惟緣《藝文志》云「經二十九卷」，後儒遂以《泰誓》篇混入爾，或又以《武成》爲今文，尤謬。《武成》之繫日，律以《召誥》、《顧命》，書法不同，在《古文尚書》中最爲可疑者，今文豈有是乎？」

又按：古者《書序》自爲一篇，列於後。故陸德明稱：「馬、鄭之徒，百篇之序，總爲一卷。」至孔氏《傳》出，始引《小序》分冠各篇之首，後人習而不察，遂謂伏生今文無序，序與孔氏《序》、《傳》並出。不知《別録》暨馬、鄭傳訓皆有之矣。予故疑二十九篇其一是序也。

又按：伏生授《書》在孝文帝時。晁錯所受，濟南張生、千乘歐陽生所傳，頒之學官，掌之博士，本無《太誓》。惟因董仲舒對策，引《書》曰：「白魚入于王舟，有火復于王屋，流爲烏。周公曰：『復哉復哉！』」與僞《太誓》文偶合，因而傅會，以武帝初即有《太誓》一篇，不知董生所引，祇稱「《書》曰」，不言「《太誓》曰」，安見非逸《書》之文，而必屬《太誓》之辭乎？且「復哉復哉」，特讚嘆之語，非誓辭也。況劉向《別録》明言武帝末民有得《太誓》書於壁內者，獻之，與博士使讀說之，數月皆起傳以教人。故趙岐注《孟子》云：「今之《太誓》，得以充學。」合之王充、馬融、鄭康成、房宏、王肅諸家之說，雖有不同，而要爲後得之書，非伏生之本經矣。林之奇亦云「晁錯從伏生受書二十八篇」，其時未有《太誓》，以《太誓》一篇足二十九篇之數者，妄也。

又按：王充《論衡》云：「或說《尚書》二十九篇者，法曰斗七宿也，四七二十八篇，其一曰斗矣，故二十九。」是漢人並不以《太誓》足二十九篇之數。陸德明則云：「漢宣帝本始中，河內女子得《太誓》一篇，獻之。與伏生所誦，合三十篇。漢世行之。」則今文《太誓》原置伏生二十九篇之外矣。

又按：吴文正詩云：「前漢今文古，後晉古文今。若論伏勝功，遺像當鑄金。」故所述《纂言》有今文而無古文，蓋古文出於東晉，宋元諸儒疑之者多，而今文則未有疑焉者。至程正叔疑《金縢》之文不可信，而括蒼王廉熙陽作論，謂《金縢》非聖人之書，則并今文而疑之矣。甚矣！說經者之紛綸也。

唐孝明皇帝《今文尚書》。《新唐志》：十三卷。存。【略】《冊府元龜》：「唐天寶三載詔曰：『朕欽惟載籍，討論墳典，以爲先王令範，莫越於唐虞；上古遺書，實稱於訓誥。雖百篇奥義，前代或亡，而六體奇文，舊規猶在。但以古先所制，有異於當今，傳寫浸譌，有疑於後學，永言刊革，必在從宜，《尚書》應是古體文字。並依今字繕寫，施行其舊本，仍藏之書府。』《唐大詔令》敕曰：『典謨既作，雖曰不刊，文字或訛，豈必相襲。朕聽政之暇，乙夜觀書，匪徒閱於微言，實欲暢於精理，每讀《尚書・洪範》至「無偏無頗，遵王之義」，三復兹句，常有所疑，據其下文，並皆協韻，唯「頗」一字，實則不倫。又《周易・泰卦》中「无平不陂」，《釋文》云：「陂字亦有頗音。」陂之與頗，訓詁無別，爲陂則亦會意，爲頗則聲不成文。應由煨燼之餘，編簡墜缺，傳授之際，差舛相沿，原始要終，須有刊革。朕雖先覺，兼訪諸儒，僉以爲然，終非獨斷。其《尚書・洪範》「無偏無頗」字，宜改爲「陂」，庶使先儒之義，去彼膏肓，後學之徒，正其魚魯，仍宣示國學，主者施行。』」按：《文苑英華》亦載此敕，云是孫逖代草。鄭樵曰：「《易》、《詩》、《書》、《春秋》皆有古文，自漢以來，盡易以今文。惟孔安國得屋壁之書，依古文而隸之。安國授都尉朝，朝授膠東庸生，謂之《尚書》古文之學。鄭康成爲之注，亦不廢古文，使天下後學於此一書而得古意，不幸遭明皇更以今文，其不合開元文字者謂之野書，所用今文違於古義多矣。」馬端臨曰：「按《漢・儒林傳》言孔氏有《古文尚書》，孔安國以今文讀之，《唐・藝文志》有《今文尚書》十三卷，注言玄宗詔集賢學士衛包改古文從今文。然則漢之所謂古文者科斗書，今文者隸書也；唐之所謂古文者隸書，今文者世所通用之俗字也。」顧炎武曰：「《周禮・肆師》：『治其禮儀，以佐宗伯。』注：『故書儀爲義，鄭司農云：「義讀爲儀，古者書儀但爲義。」』洪适《隸釋》云：『《周禮》注儀、義二字，古皆音我。』以今考之，《漢孔耽神祠碑》：『竭《凱風》以惆慘，惟蓼儀以愴悢。』《平都相蔣君碑》：『感慕詩人，蓼蓼者儀。』並以儀爲莪也。《衛尉卿衡方碑》：『感衛人之《凱風》，悼《蓼義》之劬勞。』《司隸校尉魯峻碑》：『悲《蓼義》之不報，痛《昊天》之靡嘉。』並以義爲莪也。吴才老《韻補》：『儀，牛何反。』《周禮注》儀作義。古皆音俄。』《詩》：『汎彼柏舟，在彼中河。髧彼兩髦，實惟我儀，之死矢靡他。』又『九十其儀，其新孔嘉，其舊如之何。』又『菁菁者莪，在彼中阿，既見君子，樂且有儀。』又『飲酒孔嘉，維其令儀。』又『其告維何，籩豆靜嘉，朋友攸攝，攝以威儀。』又『慎爾出話，敬爾威儀，無不柔嘉。』又『辟爾爲德，俾臧俾嘉。淑慎爾止，不愆于儀。』《穆天子傳》：『黃澤謠，黃之陁，其馬歕沙，皇人威儀。』《管子・弟子職》：『相切相磋，各長其儀。』劉向《說苑》：『食則有節，飲則有儀，往則有文，來則有嘉。』楊雄《太玄經》：『陽氣氾施，不偏不頗。物與爭訟，各遵其儀。』韓勑《孔廟禮器碑》：『上合紫臺，稽之中和，下合聖制，事得禮儀。』儀皆作俄音。自中山王《文木賦》：『載重雪而梢勁風，將等於二儀』，始與枝、雌、知、斯爲韻。」

按：顧氏所詮最爲詳確，義既通儀，又音俄，正與頗同韻。明皇不曉事，謂從頗則聲不成文，遂改爲陂，徒見嗤於學者矣。竊謂經文一字之改，雖無大害，然亦當復古本爲是。又按：王氏《困學記聞》謂「《泰誓》古文本作《大誓》，故孔氏注云『大會以誓衆』」，《皐陶謨》『天明畏自我民明畏』，今大作泰，畏作威，皆衛包所改，乃知匪特《洪範》之取頗爲陂也。」

**沈家本《三國志注所引書目・經部》**

《今文尚書》。《管寧傳》「優賢揚曆」，注：《今文尚書》曰：「優賢揚曆，謂揚其所曆也。」案：《漢志》、《尚書古文經》四十六卷。《經》二十九卷，《傳》四十一篇。《歐陽章句》三十一卷，大、小夏侯《章句》各二十九篇，大、小夏侯《解故》二十九篇。其序論云：「秦燔書禁學，濟南伏生獨壁藏之。漢興亡失，求得二十九篇，以教齊、魯之間。訖孝宣世，有歐陽、大小夏侯氏，立於學官。《古文尚書》

者，出孔子壁中。武帝末，魯恭王壞孔子宅，欲以廣其宮，而得《古文尚書》及《禮記》、《論語》、《孝經》凡數十篇，皆古字也。恭王往入其宅，聞鼓琴瑟鐘磬之音，於是懼，乃止不壞。孔安國者，孔子後也。悉得其書，以考二十九篇，得多十六篇。安國獻之。遭巫蠱事，未列于學官。」今案：自《古文尚書》出，遂目伏生所誦爲「今文」，於是《尚書》有「今文」、「古文」之學。左思《魏都賦》：「優賢著於揚歷。」張載注：「《尚書・盤庚》曰：『優賢揚曆』，曆，試也。」段玉裁《古文尚書撰異》云：「左時未經永嘉之亂，夏侯、歐陽等書無恙也。漢、魏人於夏侯、歐陽曰《尚書》，於孔壁則分別之云《古文尚書》。范氏《後漢書》體例尚如此，裴氏正與相反。蓋《古文尚書》盛行，遂易其稱焉爾。但言《今文尚書》，而不言何篇，略之也。裴氏時，歐陽、夏侯書已亡，度裴所引即《魏都賦》注，故兼引賦語以足之。今案裴氏引《尚書》，但稱《盤庚》、《鴻範》、《君奭》、《文侯之命》，而不冠以《尚書》之名，省文耳。其稱《今文尚書》者，必當時有此標目，故裴得引之。其時《今文》是否已亡，無可考見。段氏謂裴氏「今文已亡」者，特以永嘉之亂爲書之一劫，故推測言之。

## 古文尚書

**姚振宗輯《七略別録佚文・尚書家》**　《尚書古文經》五十八篇。古文或誤吕見爲典、吕陶爲陰，如此類多。

**《漢書・藝文志・書》**　《尚書古文經》四十六卷。爲五十七篇。

**陸德明《經典釋文序録・注解傳述人》**　孔安國《古文尚書傳》十三卷。

**錢東垣等輯《崇文總目・書類》**　《古文尚書》十三卷。

**鄭樵《通志・藝文略・書》**　《古文尚書》一卷。

**尤袤《遂初堂書目・尚書類》**　《古文尚書》。舊監本《尚書》。高麗本《尚書》。

**《宋史・藝文志・書類》**　《古文尚書》二卷。孔安國隸。

**楊士奇等《文淵閣書目・書類》**　《古文尚書》。一部，二冊。闕。

**朱彝尊《經義考・書》**　《古文尚書》。《漢志》：「古經四十六卷。」存。桓譚曰：「《古文尚書》舊有四十五卷。爲十八篇。」【略】《家語》：「孔騰字子襄，畏秦法峻急，藏《尚書》、《孝經》、《論語》於夫子舊堂壁中。」荀悦《漢紀》曰：「孔鮒藏之。」【略】顔師古曰：「《尚書古文經》四十六卷，爲五十七篇。孔安國《書序》云：『凡五十九篇，爲四十六卷，承詔作傳，引序各冠其篇首，定五十八篇。』鄭玄《序贊》云：『後又亡其一篇，故五十七。』」孔穎達曰：「按壁内所得，孔爲《傳》者凡五十八篇，爲四十六卷。三十三篇與鄭注同，二十五篇增多鄭注。二十五篇者：《大禹謨》一、《五子之歌》二、《胤征》三、《仲虺之誥》四、《湯誥》五、《伊訓》六、《太甲》三篇九、《咸有一德》十、《説命》三篇十三、《泰誓》三篇十六、《武成》十七、《旅獒》十八、《微子之命》十九、《蔡仲之命》二十、《周官》二十一、《君陳》二十二、《畢命》二十三、《君牙》二十四、《冏命》二十五。但孔君所傳，值巫蠱不行，終前漢諸儒知孔本有五十八篇，不見孔《傳》。遂有張霸之徒於鄭注之外，僞造《尚書》凡二十四篇，以足鄭注三十四篇，爲五十八篇。其數雖與孔同，其篇有異。孔則於伏生所傳二十九篇内，無古文《泰誓》，除序尚二十八篇，分出《舜典》、《益稷》、《盤庚》二篇、《康王之誥》爲三十三，增二十五篇爲五十八篇。鄭玄則於伏生二十九篇之内，分出《盤庚》二篇，《康王之誥》又《泰誓》三篇，爲三十四篇，更增益僞書二十四篇，爲五十八。所增益二十四篇者，則鄭注《書序》，《舜典》一，《汨作》二，《九共》九篇十一，《大禹謨》十二，《益稷》十三，《五子之歌》十四，《胤征》十五，《湯誥》十六，《咸有一德》十七，《典寶》十八，《伊訓》十九，《肆命》二十，《原命》二十一，《武成》二十二，《旅獒》二十三，《冏命》二十四，以此二十四爲十六卷，以《九共》九篇共卷，除八篇，故爲十六。《藝文志》云：『孔安國悉得其書，以古文又多十六篇。』篇即卷也。即是僞書二十四篇也。劉向作《別録》，班固作《藝文志》並不見孔《傳》，劉歆作《三統曆》，論武王伐紂，引今文《泰誓》云『丙午逮師』，又引《武成》：『越若來，三月五日甲子，咸劉商王受。』並不與孔同，亦不見孔《傳》也。後漢初，賈逵奏《尚書疏》云『流爲烏』，是與孔亦異也。馬融《書序》云經傳所引《泰誓》，《泰誓》並無此文。又云：『逸十六篇，絶無師説。』是融亦不見也。服虔、杜預注《左傳》『亂其紀綱』，並云『夏桀時』，服虔、杜預皆不見也。鄭玄亦不見之，故注《書序》『舜典』云『入麓伐木』，注《五子之歌》云『避亂於洛汭』，注《胤征》云『胤征，臣名』，又注《禹貢》引《胤征》云『厥篚玄黄，昭我周王』，又注《咸有一德》云『伊陟臣扈曰』，又注《典寶》引《伊訓》云『載孚在亳』，又曰『征是三朡』，又注《旅獒》云『獒，讀曰豪，謂是酋豪之長』，又《古文》有《仲虺之誥》、《太甲》、《説命》等見在，而云亡，其《汨作》、《典寶》之等一十三篇見亡，而云已逸，是不見古文也。按伏生所傳三十四篇者，謂之今文，則夏侯勝、夏侯建、歐陽和伯等三家所傳，及後漢末蔡邕所勒石經是也。孔所傳者，膠東庸生、劉歆、賈逵、馬融等所傳是也。至晉太保鄭沖以古文授扶風蘇愉，愉字休預，預授天水梁柳，柳字洪季，季授城陽臧曹字彦始，始授郡守子汝南梅賾字仲眞，眞爲豫章内史，遂於前晉奏上其書而施行焉。時已亡失《舜典》一篇，晉末范甯爲解時已不得焉。至齊蕭鸞建武四年，姚方興於大航頭得而獻之，議者以爲孔安國之所注也。値方興有罪，事亦隨寢。至隋開皇二年購募遺典，乃得其篇焉。」　劉知幾曰：「《古文尚書》得之壁中，博士孔安國以校伏生所誦，增多二十五篇，更以隸古字寫之，編爲四十六卷。司馬屢采其事，故遷多有古説。至於後漢，孔氏之本遂絶，其有見於經典者，諸儒皆謂之逸《書》。」　晁公武曰：「孔安國以隸古定五十九篇之書，蓋以隸寫籀，故謂隸古。其書自漢迄唐，行於學官。孝明不喜古文，改從今文，由是古文遂絶。陸德明獨存一二於《釋文》而已。皇朝呂大防得本於宋次道、王仲至家，以校陸氏《釋文》，雖有小異同，而大體相類。觀其作字奇古，非字書傳會穿鑿者所能到，學者考之，可以得制字之本也。」　朱子曰：「按漢儒以伏生之《書》爲今文，而謂安國之《書》爲古文，以今考之，則今文多艱澀而古文反平易。或者以爲今文自伏生女子口授晁錯時失之，則先秦古書所引之文皆已如此，恐其未必然也。或者以爲記録之實語難工，而潤色之雅詞易好，故訓、誥、誓、命有難易之不同，此爲近之。然伏生背文暗誦乃偏得其所難，而安國考定於科斗古書錯亂磨滅之餘反專得其所易，則又有不可曉者。」又曰：「某嘗疑孔安國書是假書，兼《書序》亦可疑，卻似晉、宋間文章，況孔書是東晉方出，前此諸儒皆不曾見，可疑之甚。」又曰：「孔氏《書注》疑非安國所注，蓋文字固善，不是西漢人文章。安國漢武時人，文章豈如此？但有太觕處，決不如此固善也。」又曰：「《書序》恐不是孔安國做，漢文觕枝大葉，今《書序》細膩，只是魏、晉六朝文字。」　陳振孫曰：「考之《儒林傳》，安國以古文授都尉朝，弟子相承，以及塗惲、桑欽，至東都則賈逵作訓，馬融、鄭玄作傳注解。而逵父徽實授《書》於塗惲，逵傳父業，雖曰遠有源流，然而兩漢名儒皆未嘗實見孔氏古文也。豈惟兩漢、魏、晉猶然，凡杜征南以前所注經傳，有援《大禹謨》、《五子之歌》、《胤征》諸篇，皆曰逸《書》。其援《泰誓》則云今《泰誓》無此文，蓋伏生書無《泰誓》，《泰誓》後出。或云『武帝末，民有獻者』，或云『宣帝時，河内女子得之』，所載白魚火烏之祥，實僞書也。然則馬、鄭所解，豈眞古文哉？」　王應麟曰：「《仲虺之誥》，言仁之始也；《湯誥》言性之始也；《太甲》言誠之始也；《説命》言學之始也，皆見於《商書》。」按：四篇皆古文。　馬端臨曰：「按《漢・儒林傳》，言孔氏有《古文尚書》，孔安國以今文讀之。《唐・藝文志》有《今文尚書》十三卷，注言玄宗詔集賢學士衛包改古文從今文，然則漢之所謂古文者，科斗書，今文者，隸書也，唐之所謂古文者隸書，今文者世所通用之俗字也。隸書秦、漢間通行，至唐則久變而爲俗書矣，何《尚書》猶存古文乎？蓋安國所得孔壁之書，雖爲之傳，而未得立於學官，東京而後，雖名儒亦未嘗傳習。至隋、唐間方顯，人往往猶以僻書奥傳視之，繕寫傳授者少，故所存者皆古物，尚是安國所定之隸書，而未嘗改以從俗字也。噫！百篇之《書》，遭秦火而亡其半，所存者五十八篇，而其間二十五篇者，書雖傳而字實不諧於俗，傳於漢者爲科斗書，傳於唐者爲隸書，皆當時之人所罕習。蓋出自孔壁之後，又復晦昧數百年，而學者始得以家傳人誦也。」　熊朋來曰：「孔壁眞古文之《書》不傳，後有張霸之徒僞作二十四篇，亦名《古文尚書》。至晉豫章内史梅賾别得《古文尚書》二十五篇，凡漢儒注經指爲逸《書》者，遂皆有其書，又并有孔安國《傳》、《序》，世傳以爲眞。然所謂古文者不如今文之古矣。」又曰：「《古文尚書》至隋開皇始備。」　吴澂曰：「《書》增多二十五篇，晉梅賾所奏上者，所謂古文《書》也。蓋晁錯所受伏生《書》以隸寫之，隸者當世通行之字，故曰今文。孔壁所藏皆科斗書，故曰古文。孔壁眞古文《書》不傳，後有張霸僞作《舜典》、《汨作》等二十四篇目，爲古文《書》，漢儒所治，不過伏生《書》及僞《泰誓》共二十九篇爾。張霸僞古文雖在而辭義蕪鄙，不足取重於世以售其欺。及梅賾二十五篇之《書》出，則凡傳記所引《書》語，注家指爲逸《書》者收拾無遺，既有證驗而其言率依於理，比張霸僞《書》遼絶矣。析伏氏《書》二十八篇爲三十三，雜以新出之書，通爲五十八篇，并《書序》一篇，凡五十九篇，有孔安國《傳》及《序》，世遂以爲眞孔壁所藏也。唐初諸儒從而爲之疏義，自是漢世大小夏侯、歐陽氏所傳《尚書》止有二十九篇者，廢不復行，惟此孔《傳》五十八篇孤行於世。伏氏《書》既與梅賾所增混淆，誰復能辨？竊嘗讀之，伏氏《書》雖難盡通，然辭義古奧，其爲上古之書無疑。梅賾所增二十五篇，體製如出一手，采集補綴，雖無一字無所本，而平緩卑弱，殊不類漢以前之文。夫千年古書最晚乃出，而字畫略無脱誤，文勢略無齟齬，不亦大可疑乎？吴才老曰：『增多之書皆文從字順，非若伏生之書詰曲聱牙。夫四代之書，作者不一，乃至二人之手，而定爲二體，其亦難言矣。』朱仲晦曰：『書凡易讀者皆古文，豈有數百年壁中之物不訛損一字者？』又曰：『伏生所傳皆難讀，如何伏生偏記其所難，而易者全不能記也。』又曰：『孔書至東晉方出，前此諸儒皆未見，可疑之甚。』又曰：『《書序》伏生時無之，其文甚弱，亦不是前漢人文字，只似後漢末人。』又曰：『《小序》決非孔門之舊，安國《序》亦非西漢文章。』又曰：『先漢文字重厚，今《大序》格致極輕。』又曰：『《尚書》孔安國《序》是魏晉間人作，託安國爲名耳。』又曰：『孔《傳》并《序》皆不類西漢文章氣象，與《孔叢子》同是一手僞書。蓋其言多相表裏，而訓詁亦多出《小爾雅》也。』夫以吴氏及朱子之所疑者如此，顧澂何敢質斯疑而斷之，然不敢信此二十五篇之爲古書，則是非之心不可得而昧也。」　王充耘曰：「古文《禹謨》一篇，深有可疑，蓋禹與皋陶、舜答辭，自具見於《皋陶謨》、《益稷》篇中，如『予思日孜孜』、『帝愼乃在位』，此即禹所陳之謨矣，安得又有《大禹謨》一篇？且《堯典》、《舜典》雖紀事不一，而先後布置皆有次序，《皋陶》、《益稷》雖各自陳説，而首尾答問一一相照，獨《禹謨》一篇雜亂無序，其間只如益贊堯一段，安得爲謨？舜讓禹一段當名之以典，禹征苗一段當名之以誓，今皆混而爲一名之曰謨，殊與餘篇體製不類。又説者以征苗爲攝位後事，謂其稟舜之命，而其末有禹『班師振旅，帝乃誕敷文德』一語。夫舜以耄期倦勤而授禹，禹安得舍朝廷之事而親征有苗，舜又安能以耄期之餘而誕敷文德？必勵精爲治，克己布政，使所爲有加於前方，可名曰誕敷，恐非老年所能，果能之，不必授禹矣。故嘗謂《禹謨》必漢儒傅會之書，其征苗之事亦不可信。」又曰：「《古文》只是出於一手掇拾傅會。」　梅鷟曰：「《尚書》惟今文傳自伏生口誦者爲眞，古文出孔壁中者盡後儒僞作。大抵依約諸經、《論》、《孟》中語，并竊其字句而緣飾之。其補《舜典》二十八字，則竊《易》中『文明』，《詩》中『溫恭』『允塞』等字成文。其作《大禹謨》『后克艱厥后，臣克艱厥臣』等句，則竊《論語》『爲君難，爲臣不易』成文。『惟精惟一，允執厥中』，則竊《論語》『允執其中』等語成文。征苗誓師、贊禹還師等原無此事，舜分北三苗與竄三苗於三危，已無煩師旅，僞作者徒見《舜典》有此文，遂模倣爲誓命還兵有苗格諸語。《益稷》『賡歌』，亦竊《孟子》『手足』『腹心』等句成文。其外《五子之歌》竊《孟子》『忸怩』之語，《泰誓》三篇取《語》、《孟》『百姓有過，在予一人』，『若崩厥角稽首』之文。其外《胤征》、《仲虺之誥》、《湯誥》、《伊訓》、《太甲》、《咸有一德》、《傳説》、《武成》諸篇，文多淺陋，必非商周之作。相傳恭王壞孔子宅，欲以爲宮而得之，不知竹簡漆書豈能支數百年之久，壁間絲竹八音是何人作，乃獻書者之飾辭耳。」　鄭公曉曰：「蔡氏《集傳》並存今文古文，吴氏《纂言》獨釋今文，不可謂無見，然古文中論學論政精密廣大之處甚多，要非聖賢不能作，故寧存而不廢。」　鄭瑗曰：「古文《書》雖有格言而大可疑，觀商、周遺器，其銘識皆類今文《書》，無一如古文之易曉者。《禮記》出於漢儒，尚有突兀不可解處，豈有四代古書而篇中平坦整齊如此？如《伊訓》全篇平易，惟《孟子》所引二言獨艱深，且以商詩比之周詩，自是奥古，而商書比之周書乃反平易，豈有是理哉！《書》與《孝經》皆有孔壁古文，皆有安國作《傳》，古文《書》至東晉梅賾始顯，古文《孝經》至隋劉炫始顯，皆沉没六七百年而後出，未必眞孔壁所藏之舊矣。」　虞淳熙曰：「古文避秦而藏之，禁弛而不即出，一可疑也。世莫能言，人無能知，能言能知，獨一安國，二可疑也。堂内金絲，終涉神怪，壁中蝌蚪，遠沿羲皇，同文務實之時，似不宜有，三可疑也。」　郝敬曰：「孔《書》二十五篇，邊幅整齊，自是三代以下語，其辭義皆浮泛，如《伊訓》不切放桐復亳，《説命》不切帝賚良弼，《君陳》、《畢命》不切尹東郊，四代文字一律，或先賢紀聞，或後人依託，與今文天壤懸隔，烏可相亂也。」　陳第曰：「孔安國古文二十五篇，至東晉始顯，唐人疏之，始大行於世，未有議其爲僞者。宋吳才老、朱考亭、元吳草廬之言出，疑古文者紛紛矣。愚竊以爲過也。今文自殷盤周誥外，若《堯典》、《甘誓》、《湯誓》、《高宗肜日》、《西伯戡黎》、《牧誓》、《洪範》、《無逸》、《顧命》，何嘗不文從字順乎？必詰曲聱牙而後可，則《魯論》不得與《繫辭》並行矣，何也？奇正異也。昔大禹治水，勒碑南嶽，翳於榛莽數千年，韓昌黎刻意求之勿得，至宋嘉定而始露，明嘉靖而始傳，詎可以前人未見而謂作禹碑者僞也。《左》、《國》、《禮記》諸書稱引二十五篇，彬彬具在，今謂作古文者采掇爲之，是倒置本末，而以枝葉作根榦矣。且其紀綱道德，經緯人事，深沉而切至，高朗而矯健，又安見其平緩卑弱乎？孔穎達云：『古文經雖早出，晚始得行，其辭富而備，其義弘而雅，故復而不厭，久而愈亮。』可謂知言已。」樊良樞曰：「壁書後出，率科斗古文，孔安國以今文譯之。假令壁中之藏不出，則精一之旨、恆性之告、一德之訓、典學之命，孰從而聞之！」

按：古文出於孔壁，未得列於學官，惟孔安國爲博士，以授都尉朝，於時司馬遷亦從安國問故。班固謂遷書載《堯典》、《禹貢》、《洪範》、《微子》、《金縢》諸篇多古文說，考諸《史記》於《五帝本紀》載《堯典》、《舜典》文，於《夏本紀》載《禹貢》、《皋陶謨》、《益稷》、《甘誓》文，於《殷本紀》載《湯誓》、《高宗肜日》、《西伯戡黎》文，於周本紀載《牧誓》、《甫刑》文於《魯周公世家》載《金縢》、《無逸》、《費誓》文，於《燕召公世家》載《君奭》文，於《宋微子世家》載《微子》、《洪範》文，凡此皆從安國問故而傳之者，乃孔壁之眞古文也。然其所載不出伏生口授二十八篇，若安國增多二十五篇之書，《史記》未嘗載其片語，惟於《湯誥》載其辭，曰：「維三月，王自至於東郊。告諸侯羣后：『毋不有功於民，勤力乃事。予乃大罰殛女，毋予怨！』曰：『古禹、皋陶久勞於外，其有功於民，民乃有安。東爲江，北爲濟，西爲河，南爲淮，四瀆已修，萬民乃有居。后稷降播，農殖百穀。三公咸有功於民，故后有立。（一作土。）昔蚩尤與其大夫作亂百姓，帝乃弗予，有狀。先王言不可不勉，曰：不道，毋之（一作政。）在國，女毋我怨。』」是則《湯誥》之眞古文也。又於《泰誓》載其辭曰：「今殷王紂乃用其婦人之言，自絕於天，毀壞其三正，離逷其王父母弟，乃斷棄其先祖之樂，乃爲淫聲，用變亂正聲，怡悅婦人。故今予發維共行天罰，勉哉夫子。不可再，不可三。」是則《泰誓》之眞古文也，合之安國作《傳》之《書》，其文迥別。何以安國作《傳》與授之史公者各異其辭？宜其滋後儒之疑矣。

又按：《古文尚書》晉、唐以來未有疑焉者，疑之自吳才老始，而朱子大疑之，其後吳幼清、趙子昂、王與耕輩羣疑之。至明而梅氏之《讀書譜》、羅氏之《尚書是正》則排擊亦多術矣。近山陽閻百詩氏復作《古文尚書疏證》，其吹疵摘繆加密，而蕭山毛大可氏特著《古文尚書冤詞》以雪之，合兩家之說，無異輸攻而墨守也。愚闇之見，是書久頒於學官，其言多綴輯逸《書》成文，無大悖理。譬諸汾陰漢鼎，雖非黃帝所鑄，或指以爲九牧之金，則亦聽之。且如小戴氏《禮》《王制》、《月令》、《緇衣》諸篇，明知作者有人參出於漢儒，非《禮》之舊，顧士子誦習，守而不改。至於《易》之《序》、《卦傳》，李清臣、朱翌、王申子皆疑焉，要不得而去也。惟是最誤人者，《伊訓》「惟元祀十有二月乙丑」之文是已。《春秋經》書「春王正月」，《左氏傳》益以周字，改時改月，其義本明。故自漢迄於汴宋，說者初無異議，乃胡安國忽主夏時冠周月之論，於是衆說紛綸，遂同疑獄。然此不待博稽羣籍，即以《春秋》說《春秋》，而其妄立見矣。其猶聚訟不已者，皆由《伊訓》「十有二月」之文亂之，不知《古文尚書》難以過信，斯則學者所當審也。

**姚振宗《漢書藝文志條理·書家》** 《尚書古文經》四十六卷，爲五十七篇。劉向《別録》曰：「五十八篇，又曰《虞夏書》，古文或誤以見爲典、以陶爲陰，如此類多。」顏師古集注曰：「孔安國定五十八篇，鄭玄《叙贊》云：『後又亡其一篇，故五十七。』王氏考證康成云：『《武成》逸書，建武之際亡。』康成所謂亡一篇者，即《武成》。」 本書《劉歆傳》，歆移書太常博士曰：「及魯恭王壞孔子宅，欲以爲宮，而得古文于壞壁之中。逸書有十六篇，天漢之後，孔安國獻之。遭巫蠱倉卒之難，未及施行，臧于祕府，伏而未發。傳聞民間則有膠東庸生之遺學。」【略】 《史記·孔子世家》：「安國爲今皇帝博士至臨淮太守，蚤卒。」 本書《儒林傳》：「孔氏有《古文尚書》，孔安國以今文字讀之，因以起其家逸書，得十餘篇，蓋《尚書》茲多于是矣。遭巫蠱，未立于學官。安國爲諫大夫授都尉朝，而司馬遷亦從安國問，故遷書載《堯典》、《禹貢》、《洪範》、《微子》、《金縢》諸篇，多古文說。都尉朝授膠東庸生，庸生授清河胡常，常授虢徐敖，敖授王璜、平陵塗惲，惲授河南桑欽，王莽時諸學皆立，劉歆爲國師，璜、惲等皆貴顯。」又《傳贊》曰：「平帝時又立《古文尚書》。」本志叙曰：「《古文尚書》者出孔子壁中。武帝末，魯共王壞孔子宅而得《古文尚書》。孔安國者，孔子後也，悉得其書。以考二十九篇，得多十六篇，安國獻之。遭巫蠱事，未列于學官。」《後漢書·儒林傳》：「又魯人孔安國傳《古文尚書》，授都尉朝，朝授膠東庸譚，爲《尚書》古文學。按此及劉歆書所云，知當日庸生必有《古文尚書傳》。未得立。」又曰：「中興，扶風杜林傳《古文尚書》，林同郡賈逵爲之作訓，馬融作傳，鄭玄注解，由是《古文尚書》遂顯于世。《四庫提要》曰：「杜林所傳西州古文，實孔氏之本，故馬、鄭等去其無師説者十六篇，正得二十九篇。《經典釋文》所引尚可覆檢。宗按東漢傳《古文尚書》者，又有徐州刺史蓋豫一本，見《後漢·儒林·周防傳》。蓋自都尉朝之後，迄于王莽，傳授不絶，而其經本可考見者凡三，一中祕書，即此所載是也；二杜林漆書；三蓋豫。」【略】又曰：「《古文尚書》較今文多十六篇，晉、魏以來絶無師説，故《左氏》所引，杜預皆注曰『逸《書》。』東晉之初，其書始出，乃增多二十五篇，初猶與今文並立，自陸德明據以作《釋文》，孔穎達據以作《正義》，遂與伏生二十九篇混合爲一。唐以來雖疑經惑古如劉知幾之流，亦以《尚書》一家列之《史通》，未言古文之僞。自吴棫始有異議，朱子亦稍稍疑之，吴澄諸人本朱子之説，相繼抉摘，其僞益彰，然亦未能條分縷析，以抉其罅漏。明梅鷟始參考諸書，證其剽竊，而見聞較狹，蒐采未周。至國朝閻若璩，乃引經據古，一一陳其矛盾之故，凡一百二十八條，古文之僞乃大明。」又曰：「梅賾之書行世已久，其文本采掇佚經，排比聯貫，故其旨不悖于聖人，斷無可廢之理，而確非孔氏之原本，則證驗多端。近惠棟、王懋竑等續加考證，其説益明。」吴縣江聲《尚書集注音疏》曰：「《古文尚書》多于《今文》十六篇，曰《舜典》、曰《汨作》、曰《九共》、曰《大禹謨》、曰《棄稷》、曰《五子之歌》、曰《胤征》、曰《湯誥》、曰《咸有一德》、曰《典寶》、曰《伊訓》、曰《肆命》、曰《原命》、曰《武成》、曰《旅獒》、曰《畢命》，內《九共》分爲九，別出八篇，爲二十四篇。」武進莊述祖《載籍足徵録》：「古文經者，孔氏《尚書正義》言鄭康成所注《古文尚書》篇目略云：于二十九篇分出《盤庚》二篇，《康王之誥》一篇，又《泰誓》二篇爲三十四篇，更增益僞《書》二十四篇，按唐人誤以此二十四篇爲張霸僞書。爲五十八。所增益二十四篇者，《舜典》一、《汨作》二、《九共》九篇十一、《大禹謨》十二、《益稷》十三、《五子之歌》十四、《允征》十五、《湯誥》十六、《咸有一德》十七、《典寶》十八、《伊訓》十九、《肆命》二十、《原命》廿一、《武成》廿二、《旅獒》廿三、《冏命》廿四，以此二十四爲十六卷，以《九共》九篇共卷除八篇故爲十六，蓋二十九卷增益十六卷，序一卷，凡四十六卷。其五十八篇建武之際亡《武成》一篇，故四十六卷爲五十七篇。但鄭既不爲二十四篇作注，則其篇目或見于書贊、或見于百篇序注，皆不可考。馬融亦云：「逸十六篇，絶無師説。」蓋篇目雖存，第相傳爲祕府古文，馬、鄭皆未必實見其書也。」

按：《釋文叙録》、《隋·經籍志》，大抵皆據僞孔安國《書序》、僞《家語》後序、《孔叢子》之文以爲之説，誤以梅賾之書爲眞古文經，并誤以其傳爲眞古文傳，皆以爲眞出孔安國，故今不具載。而節録《經義考》及提要諸家考證之文如右，俾知此經與今本《尚書》絶不相涉也。

**李慈銘《越縵堂讀書記·書類》**　《尚書》。是日偶考《尚書》如五器説，江氏王氏段氏孫氏皆主鄭説，然鄭音乃箇切，惟見《集韻》所引，鄭君不當言反切。江氏謂鄭當讀爲竷，亦近曲説。段氏謂竷是鳥籠，下既有器字，則此不得云竷者，是也。鄭訓如謂以物相授與之言，蓋以與字釋如字，故《集韻》乃箇切下云若也，若猶與也。王氏引之《述聞》謂如者與也及也，其説較諸家爲直截。然以五器爲公侯伯子男朝聘之禮器，亦屬空言無徵。又謂如字蒙上文修字言之。果如其説，則五器當在三帛之下，不當間以二牲今作生字，後人所改。一死卿大夫士之摯矣。鄭注謂授摯之器有五，卿大夫上士中士下士也，器各異式，其言必有所本。《史記·五帝本紀》云，二牲一死爲摯，如五器加一爲字，則五器指授摯之器，蓋無疑義。此謂修治公侯伯子男朝聘之五禮，躬桓信穀蒲，瑞節之五玉；赤繒黑繒白繒，玉之三帛；卿大夫羔鴈二牲士雉一死之摯與授摯之五器，則文從字順矣。惟五器爲盛摯之物，故加如字以明之，若亦是五等之禮器，則以五玉三帛五器連文可也。至馬季常謂五器即五玉，下云卒乃復，謂事畢而還之，然則如字又何解也。蔡沈乃妄移五玉至摯九字於協時月正日之上，而以修五禮如五器連文，其陋不足辯矣。光緒乙亥四月初四日。

《堯典》象恭滔天，滔天蓋本作慆，或作謟，慆謟皆慢也，故《史記》作慢天。後涉下文浩浩滔天語，遂亦誤爲滔字。據《左傳·昭二十六年》「官不滔」之文，則滔慆字本可通，而下文既有滔天字，則此處必不作滔，此經典一定之例也。棲霞年廷相說經多不可訓，而其解此經滔天謂本作慆，篆水天作〓，而作〓，二字相似，後人因下有滔天語，遂亦誤倒作滔天，則說甚有理。蓋靜言庸違象恭而慆二語相對爲文，靜言即《秦誓》之諞言，《公羊》引作諓言，《說文》引作巧言。庸者語辭，即《左傳》庸何傷庸愈乎之庸，亦可作用。違者回邪也。靜言庸違者，謂其言善而實違也。《史記》作善言其用辟，言字當略讀，謂雖善言而其用實辟，辟同僻，僻亦邪也。象恭者，謂貌恭，故《史記》以似龔解之。象恭而慆者，謂其貌似恭而實慢也。合之即《皋陶謨》所謂巧言令色。以文從字順求之，牟氏之說，不爲無稽。今即不敢改變經文，但以滔作慆，訓爲慢天，於經恉已自憭然。天者上也，慢天即包慢君言之。孫氏星衍訓天爲性，轉爲偏迂。僞《孔傳》謂貌象恭敬而心傲很若漫天不可用，則謬甚矣。乃徐文靖《管城碩記》據《竹書紀年》有共工治河之文，遂謂滔天即指其治河無效，而盧氏文弨、梁氏玉繩皆取之，是何異郢書燕說也。光緒乙亥五月二十七日。

《書·堯典》之敬授人時，本作民時，衛包所改，段懋堂氏論之詳矣。且引《正義》所載《洪範》孔《傳》及《皋陶謨正義》以證唐初本尚作民時。今又得一證云《隋書·天文志》言中宮六甲星所以布政教而授人時，《晉書·天文志》作授農時。《隋志》成於高宗永徽時，《晉書》亦至高宗時始行，而一作人，一作農，可知當日所據《尚書》本尚作民，故史臣避諱，改之不一也。光緒辛巳八月三十日。

《書》之篇目，不可覈言。伏生今文二十九篇，以連序一篇言之，則今文似無序，故不知有百篇也；以有《大誓》一篇言之，則《大誓》出武帝時，不應伏生便有也；以分《康王之誥》爲一篇言之，則陸元朗明言歐陽、大小夏侯同爲《顧命》也。段氏玉裁、陳氏壽祺皆言今文有序，陳氏列十七證以明之，朱氏彝尊亦言伏生二十九篇合序數之。然漢儒謂二十八篇應二十八宿，語見《論衡·正說篇》。又《漢書·劉歆傳》言博士以《尚書》爲備，今《文選》本誤作「不備」。則不知《書》本百篇，其爲不見序甚明。俞氏正燮謂使西漢經有《書序》，則古文多出之篇，博士何以不肯立學？論最破的。故王氏鳴盛、戴氏震皆言今文無《書序》，《序》亦孔壁中所得，太史公從子國問故，故得載之者，其言是也。龔氏自珍及俞氏皆謂伏生已分「王若曰庶邦」以下爲《康王之誥》，然《釋文》、《正義》皆謂馬、鄭本始分，豈能妄造。然則謂武帝既得《大誓》，博士起傳教人，因入之今文爲二十九篇者，其言差近理，蓋其語《大傳》已述之，婁敬董仲舒皆稱其文，足見漢初其篇雖亡，而軼說時在人口。及書既出，印證悉符，故人主深信而不疑，博士奉詔而恐後。若謂燎魚流火，事近於誕，則《堯典》之釐降二女，《皋謨》之率舞百獸，亦爲恒情之所怪，習見之所驚，帝王之興，禎祥之告，非拘虛之士所能測也。龔氏乃謂其氣體文法皆不類，目爲戰國大誓，亦武斷甚矣。陳氏謂《史記》所載如《原命》、《般庚》等，間與《序》說不同，知是本今文家言，故與古文《序》異。然史公正以得之子國祕授，外無傳本，故所記或殊。使當時博士傳業，明有序文，人人傳誦，則如《文侯之命》，古今家說並同，何以史公誤爲襄王使王子虎命晉文公乎？光緒壬午六月初八日。

## 尚書白文

**楊士奇等《文淵閣書目·書》**　《尚書白文》。一部，二冊。闕。

**徐㶿《徐氏家藏書目·書類》**　《尚書白文》二卷。

**錢謙益等《絳雲樓書目·書類》**　《尚書白文》。

## 尚書大傳　補遺　考異　續補遺

**《漢書·藝文志·書》**　《傳》四十一篇。

**陸德明《經典釋文序録·注解傳述人》**　《尚書大傳》三卷。伏生作。《藝文志》：《大傳》四十一篇。鄭氏《序》曰：「蓋自伏生也。伏生爲秦博士，至孝文時年且百歲，張生、歐陽生從其學。生終後，數子各論所聞，以己意彌縫其闕，別作章句，又特撰大義，因經屬指名曰『傳』，劉子政校書得而上之，凡四十一篇。至玄銓次爲八十三篇。」

**《隋書·經籍志·書》**　《尚書大傳》三卷。鄭玄注。

**錢東垣等輯《崇文總目·書類》**　《尚書大傳》三卷。［原釋］漢濟南伏勝撰，後漢大司農鄭玄注。伏生本秦博士，以章句授諸儒，故博引異言，授受援經而申證云。見《文獻通考》。

**《新唐書・藝文志・書類》** 伏勝注《大傳》三卷。

**鄭樵《通志・藝文略・書》** 伏生《大傳》三卷。鄭玄注。

**晁公武《郡齋讀書志・書類》** 《尚書大傳》三卷。右秦伏生勝撰，鄭康成注。勝至孝文時，年且百歲，歐陽生、張生從學焉。音聲猶有訛誤，先後猶有舛差，重以篆隸之殊，不能無失。勝終之後，數子各論所聞，以己意彌縫其闕，而別作章句，又特撰大義，因經屬指，名之曰《傳》。後劉向校書，得而上之。

**尤袤《遂初堂書目・尚書類》** 《尚書大傳》。

**陳振孫《直齋書録解題・書類》** 《尚書大傳》四卷。案：唐、宋《藝文志》、《文獻通考》俱作三卷。漢濟南伏勝撰，大司農北海鄭康成注。凡八十有三篇。當是其徒歐陽、張生之徒雜記所聞，然亦未必當時本書也。印板刓缺，合更求完善本。

**馬端臨《文獻通考・經籍考・書》** 《尚書大傳》三卷。

**《宋史・藝文志・書類》** 伏勝《大傳》三卷。鄭玄注。

**劉若愚《内板經書紀略》** 《書傳》。六本，五百八十三葉。

**《四庫提要・書類二》** 《尚書大傳》四卷，《補遺》一卷。兵部侍郎紀昀家藏本。舊本題漢伏勝撰。勝，濟南人。考《史記》、《漢書》但稱伏生，不云名勝，故説者疑其名爲後人所妄加。然《晉書・伏滔傳》稱遠祖勝，則相傳有自矣。《漢志・書類》載經二十九卷，傳四十一篇，無伏勝字。《隋志》載《尚書》三卷，鄭玄注，亦無伏勝字。陸德明《經典釋文》稱《尚書大傳》三卷，伏生作。《晉書・五行志》稱漢文帝時伏生創紀《大傳》。《玉海》載《中興館閣書目》引鄭康成《尚書大傳序》曰：「蓋自伏生也。」伏生爲秦博士，至孝文時年且百歲。張生、歐陽生從其學而受之，音聲猶有譌誤，先後猶有舛差，重以篆隸之殊，不能無失。生終後，數子各論所聞，以己意彌縫其闕，別作章句。又特撰大義，因經屬指，名之曰傳。劉向校書，得而上之。凡四十一篇，銓次爲八十一篇云云。然則此傳乃張生、歐陽生所述，特源出於勝爾，非勝自撰也。《唐志》亦作三卷。《書録解題》則作四卷。今所傳者凡二本，一爲杭州三卷之本，與《隋志》合，然實雜採類書所引，裒輯成編，漫無端緒。一爲揚州四卷之本，與《書録解題》合，兼有鄭康成注。校以宋仁宗《洪範政鑒》所引鄭注，一一符合，知非依託。案《洪範政鑒》世無傳本，「惟《永樂大典》載其全書。二本各附《補遺》一卷，揚州本所補較備。然如《郊特牲》注引《大傳》云：「宗室有事，族人皆侍終日，大宗已侍於賓奠，然後燕私。燕私者何也？已而言族人飲也」一條，猶未採入，信乎著書之難矣！其文或説《尚書》，或不説《尚書》，大抵如《詩外傳》、《春秋繁露》，與經義在離合之間，而古訓舊典往往而在，所謂六藝之支流也。其第三卷爲《洪範五行傳》，首尾完具，漢代緯候之説，實由是起。然《月令》先有是義，今列爲經，不必以董仲舒、劉向、京房推説事應，穿鑿支離，歸咎於勝之創始。第四卷題曰《略説》，王應麟《玉海》別爲一書，然如《周禮・大行人》疏引「孟侯」一條，《玉藻》疏引「祀上帝于南郊」一條，今皆在卷中，是《大傳》爲大名，《略説》爲小目，應麟析而二之，非也。惟所傳二十八篇無《泰誓》，而此有《泰誓傳》，又《九共》、《帝告》、《歸禾》、《揜誥》皆逸《書》，而此書亦皆有《傳》，蓋伏生畢世業《書》，不容二十八篇之外全不記憶，特舉其完篇者傳於世，其零章斷句，則偶然附記於傳中，亦事理所有，固不足以爲異矣。案：《尚書大傳》於經文之外掇拾遺文，推衍旁義，蓋即古之緯書，諸史著録於《尚書》家，究與訓詁諸書不從其類，今亦從《易緯》之例，附諸經解之末。

**周中孚《鄭堂讀書記・書類》** 《尚書大傳》四卷，《補遺》一卷，《考異》一卷，《續補遺》一卷，《雅雨堂叢書》本。舊題漢伏勝撰鄭玄注。勝，濟南人，爲秦博士，至漢文帝時年九十餘，詔晁錯往受《尚書》。康成仕履見《詩》類。《四庫全書》著録無《考異》、《續補遺》二卷。案漢魏《藝文志》，「《書》類」載經二十九卷。師古曰：「此二十九卷，伏生傳授者。」下又載《傳》四十一篇，即《大傳》是也。康成序稱：「伏生至孝文時年且百歲，張生歐陽生從其學而授之，生終後，數子各論所聞，以己意彌縫其闕，別作章句，又特撰大義，因經屬指，名之曰傳。劉子政校書得而上之。」凡四十一篇，至玄始詮次爲八十三篇。見《玉海》三十七載《中興書目》引。據此知《大傳》乃勝之遺説，而張生、歐陽生等録之也。《隋志》始作「《尚書大傳》三卷，鄭玄注」。《新唐志》作「伏勝注《大傳》三卷」。《新志》蓋誤衍注字也。《舊唐志》不載《大傳》而別載《尚書暢訓》三卷，伏勝注，注即撰也。《新唐志》止作《暢訓》一卷。不知《暢訓》又何書也。《崇文目》、《讀書志》、《通

志》、《通考》、《宋志》俱作三卷，鄭玄注。惟《書録解題》作四卷，鄭玄注。云：「凡八十三篇。當是其徒歐陽、張生之徒雜記所聞，然亦未必當時本書也。印板刓缺，合更求完善本。」案陳氏所謂未必當時本書者，謂出於後人之重編，非歐陽、張生原本爲康成所注者也。然則何以仍有八十三篇之多，殊不可解。是本前有乾隆丙子盧雅雨見曾。序，稱此書元時尚存，前明未聞著録，近始得之吳中藏書家，雖已殘闕，然《五行傳》一篇首尾完具云云。其卷數與《書録解題》合，豈即陳氏所稱之宋刊本耶？其書前二卷自唐傳《堯典》至周傳《甫刑》凡列三十篇目而不盡備三十篇之文，第三卷爲《鴻範五行傳》，第四卷爲《略説》，與所稱八十三篇者終不合，疑不能明焉。其《略説》、《玉海》三十七别爲一書，豈即《舊唐志》之《暢訓》三卷，《新唐志》之《暢訓》一卷歟？雅雨既爲之采掇羣書别撰《補遺》一卷，刊而行之，而盧抱經文弨又取孫晴川所輯本以校是本，其間傳寫異同，蓋所不免，因爲作《考異》一卷。且念孫氏苦心蒐討不爲無功，凡有可以裨益是書者，亦慎取而集録之，爲《續補遺》一卷，以繫於後，并爲之序。末有丁丑雅雨後跋，亦稱抱經考據精確，實有功於是書云。

**馬國翰《玉函山房藏書簿録・書類》**　《尚書大傳》四卷，《補遺》一卷，《續補遺》一卷。漢徵士濟南伏勝撰，鄭玄注。案《隋志》伏生作《尚書傳》，授同郡張生，張生授千乘歐陽生。鄭《序》以爲伏生至孝文時年且百歲，歐陽生、張生從學焉。伏生終後，數子各論所聞，以己意彌縫其闕，而别作章句，又特撰其大義，因經屬指名之曰傳。劉子政挍中書，奏此目録，凡四十一篇。然則此書不盡出伏生之手。故酈道元以爲文帝撰五經，《尚書大傳》繫之文帝，明經師非一人也。玆題伏勝者，推本而言之耳，其《書傳》通名物，晐備典章，不斤斤於章句，與《韓詩外傳》、《春秋繁露》同。其體例漢人通經具有本原如此。隋、唐、宋《志》、《文獻通考》並三卷，《郡齋讀書志》、《直齋書録解題》並四卷，與今本合，文多殘闕，乾隆中德州盧氏見曾得之吳中，爲《補遺》一卷，盧氏文弨復爲《續補遺》一卷，古訓琳琅萃於斯矣。

**張之洞《書目答問・列朝經注經説經本考證》**　《尚書大傳》定本八卷。漢伏勝，陳壽祺校注。廣州原刻本。《古經解彙函》重刻陳本。又雅雨堂本三卷。

**姚振宗《漢書藝文志條理・書家》**　《傳》四十一篇。【略】王謨輯本叙録曰：「近德州盧氏《雅雨堂叢書》有《大傳》四卷，仁和盧學士文弨爲撰《考異》一卷，《補遺》二卷。于後其序有云：雖非隋、唐以來之完書，然闕佚殆亦尠矣。以謨考之，則自隋、唐後人所編輯之書，蒐采略盡，至于漢、魏諸書中所引《大傳》殊多遺漏。今惟就盧本更加考正，凡字句有異同，詳略悉分注本文下，其全闕者又自爲補遺于末，凡鈔出注疏八條，《白虎通》二條，《風俗通》二條，《羣輔録》一條，《山海經注》二條，《水經注》一條，《史記注》二條，《後漢書傳》一條，《文選注》二條，《通典》一條，《書鈔》五條，《御覽》二條，《廣韻》一條，《路史注》一條，《困學紀聞》一條。」

按：此亦以注文間隔而分爲一條，若依舊例連屬而書則經傳相屬，皆蒙上文「尚書」二字，何等聯貫。

## 别本尚書大傳　補遺

**《四庫提要・書類存目二》**　《别本尚書大傳》三卷，《補遺》一卷。兩江總督採進本。國朝孫之騄編。之騄號晴川，仁和人。雍正間，官慶元縣教諭。伏生《尚書大傳》久無刻本，外間傳寫殘帙，譌缺顛倒，殆不可讀。元和惠棟號爲博洽，修《明堂大道録》時，亦未見其原本，僅從他書輾轉援引。故之騄蒐採補綴，仍勒爲三卷。其不注出典者，殘缺之原文，其注某書引者，之騄所增入也。殘章斷句，頗賴以存。近時宋本復出，揚州已有雕版，此本原可不存，然之騄於舊帙未出之前，鉤稽參考，閱歲月而成是編，其好古之勤，亦不可沒，故仍附存其目焉。

**周中孚《鄭堂讀書記・書類》**　《别本尚書大傳》三卷，《補遺》一卷。《晴川八識》本。國朝孫之騄編。之騄字子晉，號晴川，仁和人，雍正間官慶元縣教諭。《四庫全書》存目。晴川以伏生《尚書大傳》遺缺漫滅，非間傳寫，殘帙前後差舛，無卷帙倫次可理。因披覽羣籍，鈔綴殘文，尋其端委，釐成三卷，以合《隋志》、《新唐志》之數。其殘本所有者則不注出處，其注出處者皆其所增入也。後復得四十餘則，别爲《補遺》，附於後，其用力可謂勤矣。然如《鴻範五行傳》不逮《通考》所載之詳，而其間反有以向、歆之文闌入之者，與伏生書大不類。至若錢者《甫刑》仍作《戡黎》、《呂刑》，殊不契勘。又如《召誥傳》有：「大社唯松，東社唯柏，南社唯梓，西社唯栗，北社唯槐」之文，蓋本諸《白虎通義》，然《北史・劉芳傳》引此以爲《尚書》逸篇，未必即是《大傳》，晴川亦不能分曉也。今就盧刻本以校是書，其詳備實勝之。至篇目有互異，編簡有先後，則皆出於掇拾之餘，而非復隋唐以來之完書矣。然盧本間有闕佚，盧抱經文弨轉據是本以續補之，故求《大傳》善本，當以盧刊爲主，而此本及董氏《考纂》本僅可以備參考云。其書前有自序，後有沈繹祖跋，《補遺》之末又有自跋。

## 尚書暢訓

**《舊唐書・經籍志・書類》** 《尚書暢訓》三卷。伏勝注。

**《新唐書・藝文志・書類》** 伏勝《暢訓》一卷。

**鄭樵《通志・藝文略・書》** 《暢訓》一卷。漢伏勝。

## 尚書略説

**朱彝尊《經義考・書》** 亡名氏《書傳略説》。佚。按《周禮・大行人》疏、《禮記・曲禮》《檀弓》《王制》《玉藻》疏、《春秋公羊傳》疏俱引是書。未詳作者名氏。

## 尚書歐陽經

**姚振宗輯《七略別録佚文・尚書家》** 《尚書歐陽經》三十二卷。《虞夏書》按目此條下文，若爲《古文尚書》而發，則有如此。《正義》所引鄭注《尚書序》，謂《虞夏書》二十篇，《商書》四十篇，《周義》四十篇，若以今文言之，則《虞夏書》四篇，曰《堯典》，曰《皋陶謨》，曰《禹貢》，曰《甘誓》。 武帝末民有得《泰誓》於壁內者，獻之與博士，使就讀，説之數月，皆起傳以教人。 臣向以中古文校歐陽、大小夏侯三家經文，《酒誥》脫簡一，《召誥》脫簡二，率簡二十五字者脫亦二十五字，簡二十二字者脫亦二十二字，文字異者七百有餘，脫字數十。 《〈尚書堯典〉正義》曰：「百篇次第於序，孔鄭不同，孔依壁內篇次及序爲文，鄭依賈氏所奏《別録》爲次。」

**《漢書・藝文志・書》** 《歐陽經》（二）［三］十二卷。

## 尚書歐陽章句

**《漢書・藝文志・書》** 《歐陽章句》三十一卷。

**鄭樵《通志・藝文略・書》** 《歐陽章句》三十一卷。

**姚振宗《漢書藝文志條理・書家》** 《歐陽章句》三十一卷。本書《儒林傳》：「歐陽生事伏生，授兒寬，寬授歐陽生子，世世相傳，至曾孫高子陽爲博士，高孫地餘長賓以太子中庶子授太子，後爲博士，論石渠。元帝即位，地餘侍中，貴幸，至少府。少子政爲王莽講學大夫。由是《尚書》世有歐陽氏學。」「濟南林尊事歐陽高爲博士，授平陵平當、梁陳翁生。由是歐陽有平陳之學。」又傳贊曰：「初，書惟有歐陽。」《百官表》：「孝元永光元年，侍中中大夫歐陽餘爲少府，五年卒。」無地字，與此互異，未詳孰是。《尚書大傳序》曰：「伏生至孝文時，年且百歲，歐陽生、張生從學焉。伏生終後，數子各論所聞，以己意彌縫其闕，而別作章句。」 莊述相《載籍足徵録》曰：「《歐陽經》三十二卷，《章句》三十一卷，其一卷無章句，蓋序也。」 王謨輯本《叙録》曰：「《漢志》：『歐陽生《尚書章句》三十一卷，《説義》二卷。』其軼猶時時見于他説，今並鈔出，《書正義》五條，《左傳疏》一條，《周禮疏》二條，《禮記疏》二條，《史記注》七條，《三國志注》一條，《書鈔》一條，《文選注》一條，《困學紀聞》三條，《石經》四條。馬氏玉函山房亦有輯本一卷。

**姚振宗《漢書藝文志拾補・書》** 《尚書歐陽朱氏章句》。《漢書・儒林傳》：「歐陽生字和伯，事伏生，授倪寬，寬授歐陽生子，世世相傳，至曾孫高爲博士，高孫地餘以中庶子授太子，按即元帝。爲博士。地餘少子政爲王莽講學大夫，由是《尚書》世有歐陽氏學。濟南林尊事歐陽高爲博士，授平陵平當，當授九江朱普公文，爲博士，徒衆尤盛，知名者也。」《釋文敘録》：「《東觀記》云：『桓榮事九江朱文。』文即普字。今按《漢記》輯本作朱文剛。《後漢・桓榮傳》注云：「朱普字公文，受業於平當，爲博士，徒衆尤盛。」見前書則謂字文及文剛者皆非也。《後漢書・桓榮傳》：「榮習歐陽《尚書》事博士九江朱普。」又《桓郁傳》云：「初，榮受朱普學章句四十萬言。按《文心雕龍》云三十萬言。浮辭繁長，多過其實。」

按：范書云：「桓榮事朱普，十五年不窺家園，至王莽篡位乃歸。會普卒，榮奔喪九江，負土成墳，因留教授。莽敗，天下亂，榮抱其經書與弟子逃匿山谷。」是普當王莽時卒於家，又似棄官與榮同歸鄉里者也。

## 尚書歐陽説義

《漢書・藝文志・書》　《歐陽説義》二篇。

姚振宗《漢書藝文志條理・書家》　《歐陽説義》二篇。《經義考》曰：「按歐陽氏世傳《書學説義》二篇，未經前儒注明，不知作者。」

## 尚書經大小夏侯

姚振宗輯《七略別録佚文・尚書家》　《尚書經》二十九卷。大小夏侯二家。

《漢書・藝文志・書》　《經》二十九卷。大、小夏侯二家。

姚振宗《漢書藝文志條理・書家》　《經》二十九卷，大小夏侯二家，《歐陽經》三十二卷。《史記・儒林傳》言：「《尚書》自濟南伏生。」又曰：「伏生者，濟南人也。」張晏曰：「名勝，伏生碑云也。」故爲秦博士。孝文帝時欲求治《尚書》者，天下無有，乃按此似及之誤。聞伏生能治，欲召之。是時伏生年九十餘，老不能行，于是乃詔太常使掌故朝錯往受之。秦時焚書，伏生壁臧之，其後兵大起，流亡。漢定，伏生求其書，亡數十篇，獨得二十九篇，即以教于齊魯之間，學者由是頗能言《尚書》。諸山東大師無不涉《尚書》以教矣。伏生教濟南張生及歐陽生，歐陽生教千乘兒寬。張生亦爲博士，而伏生孫以治《尚書》徵，不能明也。自此之後，魯周霸、孔安國，雒陽賈嘉頗能言《尚書》事。　本書《晁錯傳》：「孝文時，天下亡治《尚書》者，獨聞齊有伏生，故秦博士，治《尚書》，年九十餘，老不可徵。迺詔太常，使人受之。太常遣錯受《尚書》伏生所，還，因上書稱説。詔以爲太子舍人，門大夫，遷博士。」　劉向《別録》：「武帝末民有得《泰誓》書于壁內者，獻之與博士，使讀説之，數月皆起，傳以教人。」按《堯典正義》云：「百篇次第之序，孔、鄭不同，鄭以賈氏所奏《別録》爲次。」是《別録》中有《百篇之序》。劉歆《七略》：「《尚書》，直言也。一引作眞言。始歐陽氏先名之，大夏侯小夏侯復立于學官，三家之學于今傳之尤爲詳。」又曰：「孝武皇帝末有人得《泰誓》于壁中者獻之，與博士使讚説之，因傳以教，今《泰誓》篇是也。」又曰：「《尚書》有青絲編目録。」又移書太常博士曰：「《泰誓》後得博士集而讀之。」　本書列傳：「夏侯始昌魯人也。族子勝，字長公，別爲東平人。勝少孤好學，從始昌受《尚書》，徵爲博士，光祿大夫。宣帝立，太后省政，勝用《尚書》授太后，遷長信少府，賜爵關內侯，以議武帝廟樂劾奏下獄。因大赦出，爲諫大夫，給事中，復爲長信少府，遷太子太傅。年九十，卒官。勝從父子建字長卿，師事勝，爲議郎、博士，至太子少傅。」　又《儒林傳》：「夏侯勝其先夏侯都尉從濟南張生受《尚書》，以傳族子始昌，始昌傳勝，勝傳從兄子建，由是《尚書》有大小夏侯之學。」　又曰：「歐陽生字和伯，千乘人也。事伏生，授兒寬。歐陽、大小夏侯氏學皆出于寬，寬授歐陽生子，世世相傳，由是《尚書》有歐陽氏學。」　本志敘劉向以中古文校歐陽、大小夏侯三家經文，《酒誥》脱簡一，《召誥》脱簡二，率簡二十五字者，脱亦二十五字，簡二十二字者，脱亦二十二字，文字異者七百有餘，脱字數十。又曰：「《書》之所起遠矣，至孔子篹焉，上斷于堯，下訖于秦，凡百篇，而爲之序，言其作意。」《隋志・史部簿録篇》：「孔子刪《書》，別爲之序，各陳作者所由。」《正義》曰：「《書序》鄭玄、馬融、王肅並云孔子所作，依緯文也。百篇凡六十三序。」　王充《論衡・正説篇》：「《尚書》本百篇，遭秦用李斯之議，燔燒五經，伏生抱百篇藏于山中。孝景皇帝時遣晁錯往從受《尚書》二十八篇。伏生老死，書殘不竟。晁錯傳于倪寬。至孝宣皇帝之時，河內女子發老屋，得逸《易》、《禮》、《尚書》各一篇，奏之宣帝，下示博士，然後《易》、《禮》、《尚書》各益一篇，而《尚書》二十九篇始定矣。《隋・經籍志》亦云：「伏生口傳二十八篇，又河内女子得《秦誓》一篇獻之。」 《經義考》：「熊朋來曰：『晁錯所受伏生以漢隸寫之，故曰「今文」，凡二十八篇。及武帝時得《泰誓》一篇，故《藝文志》稱二十九篇。朱彝尊曰：《今文尚書》伏生所授，止二十八篇，故漢儒以擬二十八宿。然《史記》、《漢書》俱稱伏生以二十九篇教于齊魯之間，馬、班古之良史，不應以非生所授之《泰誓》雜之其中也。故王肅云：「《太誓》近得，非其本經。」竊疑生所教二十九篇，其一篇乃《百篇之序》，故馬、鄭因之，亦總爲一卷，惟緣《藝文志》云：「經二十九卷」後儒遂以《泰誓》篇混入爾。』」 江聲《集注音疏》曰：「六藝定于孔子，皆阨而後興。而《尚書》之阨爲尤甚。漢興，伏生以二十八篇教于齊、魯之間，後歐陽氏分《盤庚》爲三，爲三十篇。武帝時得《太誓》以合于伏生之書，共爲博士之業。故《漢志》載夏侯《尚書》二十九篇，歐陽《尚書》三十二篇。其篇目曰：《堯典》一、《臯陶謨》二、《禹貢》三、《甘誓》四、《湯誓》五、《盤庚》六、《高宗肜日》七、《西伯戡黎》八、《微子》九、《牧誓》十、《洪範》十一、《金縢》十二、《大誥》十三、《康誥》十四、《酒誥》十五、《梓材》十六、《召誥》十七、《洛誥》十八、《多士》十九、《無逸》二十、《君奭》二十一、《多方》二十二、《立政》二十三、《顧命》二十四、《費誓》二十五、《呂刑》二十六、《文侯之命》二十七、《秦誓》二十八，合以《盤庚》上中下多出二篇，又《泰誓》一篇，《書序》一篇。」

按：古文經及此三家經舊本連屬而書，故此一條可以蒙上文《尚書》二字言古文不言今文者，其義自見也。乃分條刊刻者，以此條前後皆有注文間隔，遂又分爲一條，而不知文不相屬，此又連篇不可強改分條之證。

## 大小夏侯章句

**《漢書・藝文志・書》** 《大小夏侯章句》各二十九卷。

**鄭樵《通志・藝文略・書》** 《大小夏侯章句》各二十九卷。

**姚振宗《漢書藝文志條理・書家》** 《大小夏侯章句》各二十九卷。本書《夏侯勝傳》：「勝從夏侯始昌受《尚書》及《洪範五行傳》說災異，後事蕑卿。《儒林傳》云：「蕑卿者，兒寬門人也。」又從歐陽氏問，爲學精孰，所問非一師也。善說禮服，爲太子太傅，受詔撰《尚書》《論語》說，賜黄金百斤。勝從父子建自師事勝及歐陽高，左右采獲。又從《五經》諸儒問與《尚書》相出入者，牽引以次章句，具文飾說。勝非之曰：『建所謂章句小儒，破碎大道。』建亦非勝爲學疏略，難以應敵。建卒自顓門名經。」又《儒林傳》：「周堪、孔霸俱事大夏侯勝，堪授許商，霸傳子光，由是大夏侯有孔、許之學。」又曰：「張山拊事小夏侯建，授李尋、鄭寬中、張無故、秦恭、假倉，由是小夏侯有鄭、張、秦、假、李氏之學。」又《傳贊》曰：「初，《書》唯有歐陽，至孝宣世，復立大小夏侯《尚書》。」 又本志叙曰：「漢興，伏生得二十九篇，以教齊魯之間。訖孝宣世，有歐陽、大小夏侯氏立于學官。」《隋書・經籍志》：「及永嘉之亂，歐陽、大小夏侯《尚書》並亡。」 王氏《考證》：《七録》曰：「三家至西晉並亡，其說間見于《義疏》。」葉氏曰：「自漢訖西晉，言書惟祖歐陽氏。」鄭康成云：「歐陽氏失其本義。」《郊祀志》引歐陽、大小夏侯三家說六宗。《後漢・輿服志》：「永平二年，乘輿服從歐陽氏說，公卿以下從大小夏侯氏說。」夏侯勝從歐陽氏問，建師事勝及歐陽高，然則大小夏侯皆歐陽之學。按馬氏玉函山房皆有三家章句輯本，其文並雷同。其所不同者，則旁及平當、楊賜、孔光、劉向、李尋本傳所引《書》語，以充卷帙。

按：《大小夏侯章句》各二十九卷，則《解故》亦當有各字，或蒙上省文，或傳寫佚敓，或《解故》文簡，本來合并爲一帙，均無由考見矣。

## 大小夏侯解故

**《漢書・藝文志・書》** 《大小夏侯解故》二十九篇。

**朱彝尊《經義考・書》** 《大小夏侯解故》。《漢志》二十九篇。佚。葛洪曰：「昔漢太后從夏侯勝受《尚書》，賜勝黄金百斤。及勝死，又送勝家錢二百萬，爲勝素服一百日。」【略】 呂祖謙曰：「夏侯勝守所學不苟合爲可重，其言災異，漢儒皆有此患。」 《漢書》：「夏侯勝字長公，東平人。

其先夏侯都尉，從濟南張生受《尚書》，以傳族子始昌，勝從始昌受《尚書》及《洪範五行傳》說災異。後事蕳卿，又從歐陽氏問，爲學精熟，所問非一師也。徵爲博士、光祿大夫，遷長信少府，賜爵關內侯，遷太子太傅，受詔撰《尚書》《論語》說，賜黃金百斤。勝從父子建字長卿，自師事勝及歐陽高，左右采獲，又從《五經》諸儒問與《尚書》相出入者，牽引以次章句，具文飾說。勝非之，曰：『建所謂章句小儒，破碎大道。』建亦非勝，爲學疏略，建卒自顓門名經，爲議郎博士，至太子少傅。」

**姚振宗《漢書藝文志條理・書家》** 《大小夏侯解故》二十九篇。

## 尚書小夏侯章句

**姚振宗《漢書藝文志拾補・書》** 《尚書小夏侯張氏章句》。《漢書・儒林傳》：「夏侯勝其先夏侯都尉，從濟南張生受《尚書》。伏生敎張生及歐陽生。以傳族子始昌，始昌傳勝，勝傳從兄子建，由是《尚書》有大小夏侯之學。平陵張山拊事小夏侯建，爲博士，授山陽張無故子儒。按《李尋傳》作「張孺」，《釋文叙録》作「子孺」。無故善修章句，爲廣陵太傅，守小夏侯說文。」顏師古曰：「言小夏侯本所說之文不多。」

## 尚書章句

**朱彝尊《經義考・書》** 牟氏卿《尚書章句》。佚。《漢書》：「周堪少卿，與孔霸俱事大夏侯勝。堪論於石渠，經爲最高。堪授牟卿及長安許商長伯。牟卿爲博士霸傳子光，亦事牟卿，由是大夏侯有孔許之學。」 《後漢書》：「《牟氏章句》浮辭繁多，有四十五萬餘言，張奐減爲九萬言。」 《後漢書》注：「牟卿受《書》於周堪，爲博士，故有《牟氏章句》。」

**錢大昭《補續漢書藝文志・書類》** 牟卿《尚書章句》凡四十五萬餘言。卿受歐陽《尚書》于周堪。楊揆嘉案：此據章懷《張奐傳注》考《前書・儒林傳》「周堪事夏侯勝，經最高，授牟卿爲博士。」不言卿有《章句》，其奐傳所稱《牟氏章句》，係世祖時博士牟長作，章懷注恐誤。

## 尚書小夏侯秦氏說

**姚振宗《漢書藝文志拾補・書》** 《尚書小夏侯秦氏說》。《漢書・儒林傳》：「平陵張山拊事小夏侯建爲博士，授山陽張無故子儒、信都秦恭延君，無故善修章句，守小夏侯說文，恭增師法至百萬言，爲城陽內史。」顏師古曰：「言小夏侯本所說之文不多，而秦恭又更增益，故至百萬言也。」 桓譚《新論》曰：「秦近君能說《堯典》，篇目兩字之說至十萬餘言，但說『曰若稽古』三萬言。」 梁劉勰《文心雕龍・論說》篇曰：「若秦延君之注《堯典》十餘萬字，朱普之解《尚書》三十萬言，所以通人惡煩，羞學章句。」

按：史言恭字延君，官城陽內史。顏注引《新論》作秦近君。《說文解字》許君《自序》稱「講學大夫秦近亦能言《倉頡篇》文字」，即其人也。蓋恭後仕王莽，爲講學大夫，或改名「近」字「近君」。《儒林傳》附見其人，但書其故官本名歟。

## 古文尚書傳

**陸德明《經典釋文序録・注解傳述人》** 孔安國《古文尚書傳》十三卷。孔《序》依託《漢志》，自稱隸古定本，並《序》凡五十九篇，爲四十六卷。孔《疏》不能質言其分卷之故。當梅氏獻書時，正是幾卷，今不可知。

**《隋書・經籍志・書》** 《古文尚書》十三卷。漢臨淮太守孔安國傳。

**《舊唐書・經籍志・書類》** 《古文尚書》十三卷。孔安國傳。

**錢東垣等輯《崇文總目・書類》** 《尚書》十三卷。孔安國傳。

**《新唐書・藝文志・書類》** 《古文尚書》孔安國《傳》十三卷。

**鄭樵《通志・藝文略・書》** 《古文尚書》十三卷。漢臨淮太守孔安國傳。

按：《易》、《詩》、《書》、《春秋》皆有古文，自漢以來盡易以今文，惟孔安國得屋壁之《書》，依古文而隸之。安國授都尉朝，朝授膠東庸生，謂之《尚書》古文之學。鄭玄爲之注，亦不廢古文，使天下後學於此一《書》而得古意。不幸遭明皇更以今文，其不合開元文字者，謂之野書。然易以今文，雖失古意，但參之古《書》，於理無礙亦足矣。明皇之時，去隸書既遠，不通變古之義，所用今文違於古義尤多。臣於是考今《書》之文，無妨於義者從今，有妨於義者從古，庶古今文義兩不相違，曰《書考》，迨《武成》，而未及終編。又有《書辨訛》七卷，皆可見矣。

**晁公武《郡齋讀書志・書類》**　《尚書》十三卷。右本古文孔安國《傳》五十九篇。【略】　《古文尚書》十三卷。右漢孔安國以隸古定五十九篇之書。蓋以隸寫籀，故謂之隸古。其書自漢迄唐，行於學官。明皇不喜古文，改從今文，由是古文遂絶。陸德明獨存其一二於《釋文》而已。皇朝呂大防得本於宋次道，王仲至家以校陸氏《釋文》，雖小有異同，而大體相類。觀其作字奇古，非字書傳會穿鑿者所能到，學者考之，可以知制字之本也。

**洪邁《容齋題跋》**　《跋孔安國尚書註》。孔安國《古文尚書》自漢以來不列於學官，故《左氏傳》所引者，杜預輒註爲「逸書」，劉向《説苑・臣術》篇一章云：「《泰誓》曰『附下而罔上者死，附上而罔下者刑。與聞國政而無益於民者退，在上位而不能進賢者逐。』此所以勸善而黜惡也。」漢武帝元朔元年詔責中外不興廉舉孝。有司奏議曰：「夫附下罔上者死」云云，其語與《説苑》所載正同，而諸家註釋至於顔師古皆不能援以爲證。今之《泰誓》初未嘗有此語也。漢宣帝時，河內女子得《泰誓》一篇獻之，然年月不與《序》相應，又不與《左傳》、《國語》、《孟子》衆書所引《泰誓》同，馬、鄭、王肅諸儒皆疑之。今不復可考。

**陳振孫《直齋書録解題・書類》**　《尚書》十二卷、《尚書注》十三卷。漢諫議大夫魯國孔安國傳。初，伏生以《書》教授，財二十九篇，以《舜典》合於《堯典》，《益稷》合於《皋陶謨》，《盤庚》三篇合爲一，《康王之誥》合於《顧命》，實三十四篇。及安國考論魯壁所藏，始出《舜典》諸篇，又定其可知者，增多二十五篇，引序以冠諸篇之首，定爲五十八篇。雖作《傳》既成，會巫蠱事作，不復以聞，故未嘗列於學官，世亦莫之見也。考之《儒林傳》，安國以《古文》授都尉朝，弟弟相承，以及塗惲、桑欽；至東都，則賈逵作訓，馬融、鄭康成作傳、注解，而逵父徽實受《書》於塗惲，逵傳父業，雖曰遠有源流，然而兩漢名儒皆未嘗實見孔氏《古文》也。豈惟兩漢，魏、晉猶然，凡杜征南以前所注經傳，有援《大禹謨》、《五子之歌》、《胤征》諸篇，皆云逸《書》，其援《泰誓》者則云今《泰誓》無此文，蓋伏生《書》亡《泰誓》，《泰誓》後出。或云武帝末民有獻者，或云宣帝時，河南女子得之，所載白魚火烏之祥，實僞書也。然則馬、鄭所解，豈眞《古文》哉！故孔穎達謂賈、馬輩惟傳孔學三十三篇，即伏生《書》也，亦未得爲孔學矣。穎達又云，王肅注《書》始似竊見孔《傳》，故於亂其紀綱，以爲太康時。皇甫謐得《古文尚書》於外弟梁柳，作《帝王世紀》往往載之。蓋自太保鄭沖授蘇愉，愉授梁柳，柳授臧曹，曹授梅賾，賾爲豫章內史，奏上其《書》，時已亡《舜典》一篇。至齊明帝時，有姚方興者，得於大航頭而獻之，隋開皇中搜索遺典，始得其篇。夫以孔注歷漢末無傳，晉初猶得存者，雖不列學官，而散在民間故耶？然終有可疑者，余嘗辨之。

**馬端臨《文獻通考・經籍考・書》**　孔安國《尚書註》十三卷。【略】《朱子語録》：「孔安國解經最亂道，看得只是《孔叢子》等做出來。」因説《書》云，某嘗疑孔安國《書》是假《書》，比《毛公詩》如此高簡，大段省事漢儒訓釋文字，多是如此，有疑則闕，今此卻盡釋之，豈有千百年前人説底話，收拾於灰燼屋壁中，與口傳之餘，更無一字訛舛？理會不得。如此可疑也，兼《小序》皆可疑。《堯典》一篇，自説堯一代爲治之次序，至讓於舜方止，今卻説是讓於舜後方作。《舜典》亦是見一代政事之終始，卻説歷試諸難，是爲要受讓時作也。至後諸篇皆然。況他先漢文章，重厚有力量，他今《大序》，格致極輕，卻疑是晉、宋間文章。況孔《書》是東晉方出，前此諸儒皆不曾見，可疑之甚。」　《古文尚書》十三卷。【略】夾漈鄭氏曰：按《易》、《詩》、《書》、《春秋》皆有古文，自漢以來，盡易以今文，惟孔安國得屋壁之書，依古文而隸之。安國授都尉朝，朝授膠東庸生，謂之「《尚書》古文之學」。鄭玄爲之註，亦不廢古文，使天下後學於此一書而得古意。不幸遭明皇更以今文，其不合開元文字者謂之「野書」。然易以今文，雖失古意，但參之古書，於理無礙亦足矣。明皇之時，去隸書既遠，不通變古之義，所用今文違於古義尤多。臣於是考今《書》之文，無妨於義者從今，有妨於義者從古，庶古今文義兩不相違，曰《書考》，迨《武成》

而未及終編，又有《書辨訛》七卷，皆可見矣。

按：《漢・儒林傳》言孔氏有《古文尚書》，孔安國以今文讀之。《唐・藝文志》有《今文尚書》十三卷，注言玄宗詔集賢學士衛包改古文從今文。然則漢之所謂古文者，科斗書；今文者，隸書也。唐之所謂古文者，隸書；今文者，世所通用之俗字也。隸書，秦、漢間通行，至唐則久變而爲俗書矣，何《尚書》猶存古文乎？蓋安國所得孔壁之書，雖爲之傳，而未得立於學官。東京而後，雖名儒亦未嘗傳習，至隋、唐間方顯，往往人猶以僻書奧傳視之。繕寫傳授者少，故所存者皆古物，尚是安國所定之隸書，而未嘗改以從俗字。猶今士大夫蓄書之家，有奇異之書世所罕見者，必是舊本，且多古字是也。噫！百篇之《書》，遭秦火而亡其半，所存者五十八篇，而其間此二十五篇者，書雖傳而字復不諧於俗。傳於漢者爲科斗書，傳於唐者爲隸書，皆當時之人所罕習者。蓋出自孔壁之後，又復晦昧數百年，而學者始得以家傳人誦也。

**《宋史・藝文志・書類》** 《尚書》十二卷。漢孔安國傳。

**楊士奇等《文淵閣書目・書》** 《尚書孔傳》。一部，六冊。闕。 《尚書孔傳》。一部，三冊。闕。 《尚書孔傳》。一部，三冊。闕。

**朱彝尊《經義考・書》** 孔氏安國《尚書傳》。《隋志》十三卷。存。安國《序》曰：「古者伏羲氏之王天下也，始畫八卦，造書契，以代結繩之政。由是文籍生焉。伏羲、神農、黃帝之書，謂之《三墳》，言大道也。少昊、顓頊、高辛、唐、虞之書，謂之《五典》，言常道也。至於夏、商、周之書，雖設教不倫，雅誥奧義，其歸一揆，是故歷代寶之，以爲大訓。八卦之說謂之《八索》，求其義也。九州之志謂之《九丘》，丘，聚也，言九州所有土地，所生風氣，所宜皆聚此書也。《春秋左氏傳》曰：「楚左史倚相能讀《三墳》、《五典》、《八索》、《九丘》」，即謂上世帝王遺書也。先君孔子生於周末，覩史籍之煩文，懼覽者之不一，遂乃定禮樂、明舊章，刪《詩》爲三百篇，約史記而修《春秋》，讚《易》道以黜八索，述職方以除九丘，討論《墳》、《典》，斷自唐虞以下，訖於周，芟夷煩亂，翦截浮辭，舉其宏綱，撮其機要，足以垂世立教，典謨訓誥誓命之文凡百篇。所以恢弘至道，示人主以軌範也。帝王之制，坦然明白，可舉而行，三千之徒，並受其義。及秦始皇滅先代典籍，焚書坑儒，天下學士逃難解散。我先人用藏其家書於屋壁。漢室龍興，開設學校，旁求儒雅，以闡大猷。濟南伏生，年過九十，失其本經，口以傳授，裁二十餘篇，以其上古之書，謂之《尚書》，百篇之義，世莫得聞。至魯恭王好治宮室，壞孔子舊宅以廣其居，於壁中得先人所藏古文虞、夏、商、周之書及傳、《論語》、《孝經》，皆科斗文字。王又升孔子堂，聞金石絲竹之音，乃不壞宅，悉以書還孔氏。科斗書廢已久，時人無能知者，以所聞伏生之書，考論文義，定其可知者爲隸古定，更以竹簡寫之，增多伏生二十五篇。伏生又以《舜典》合於《堯典》，《益稷》合於《皋陶謨》，《盤庚》三篇合爲一，《康王之誥》合於《顧命》，復出此篇并序，凡五十九篇，爲四十六卷。其餘錯亂摩滅，弗復可知，悉上送官，藏之書府，以待能者。承詔爲五十九篇作傳，於是遂研精覃思，博考經籍，采摭羣言，以立訓傳，約文申義，敷暢厥旨，庶幾有補於將來。《書序》，序所以爲作者之意，昭然義見，宜相附近，故引之各冠其篇首。定五十八篇既畢，會國有巫蠱事，經籍道息，用不復以聞，傳之子孫，以貽後世。若好古博雅君子與我同志，亦所不隱也。」【略】 孔穎達曰：「孔《傳》三十三篇與鄭注同，二十五篇增多鄭注。」 陸德明曰：「江左中興，元帝時豫章內史梅賾奏上孔傳《古文尚書》，亡《舜典》一篇，購不能得，乃取王肅注《堯典》，從『慎徽五典』以下分爲《舜典》篇以續之，學徒遂盛。」 《冊府元龜》：「孔安國爲臨淮太守，傳《古文尚書》十三卷，《今字尚書》十四卷。」 歐陽修曰：「陳、隋之間，伏生之學廢絕，而孔《傳》獨行。」 洪邁曰：「逸書雖篇名或存，既亡其辭，則其義不可復考。而孔安國注必欲強爲之說，《汨作》注云：『言其治民之功。』咎單作《明居》注云：『咎單作土地之官，作明居民法。』林少穎言：『知之爲知之，《堯典》、《舜典》之所以可言也。不知爲不知，《九共》、《稿飫》略之可也。』其說最純明可喜。」 朱子曰：「安國《書傳》恐是魏、晉間人作，託安國爲名，漢儒訓釋文字有疑則闕，今此卻盡釋之。」【略】 葉適曰：「安國《書序》言《墳》《典》至夏、商、周誥義奧雅，歷代以爲大訓，旋復言討論《墳》《典》，芟繁翦浮，則是孔子并大訓亦去取也，豈有是哉！」【略】 王柏曰：「《古文尚書序》可疑者三：一曰《三墳》言大道，《五典》言常道。夫大與常何自而分別也？如其言，則《墳》之道不可常，《典》之道未至於大，豈不悖哉！二曰孔壁之書皆科斗文字，以世所傳夏、商鬴鬲盤匜之類，舉無所謂科斗之形，序者之言，不過欲耀孔壁所藏之古耳，不計其説之不可通也。既曰：『科斗書廢已久，時人無能知者。』又不如何以參伍點畫，考驗偏傍，而更爲隸古哉！於是遁其辭曰：『以所聞伏生之書，考論文義，定其可知者。』則是古文之書初無補於今文，反賴今文而成書，本欲尊古文，而不知實陋古文也。且孔氏遺書如《周易十翼》、《論語》、《大學》、《中庸》之屬，皆流傳至今，初不聞有科斗之字於他書，而獨紀載於《書大序》，其張皇妄誕，欺惑後世無疑。三曰增多伏生之書二十五篇，其所增之篇，固伏生之所無也，然伏生之所有，恐孔壁亦未必盡存。若以有無互相較數，竊意所增者未必果二十五篇也。何以言之？伏生之書最艱澀而不可解者，惟《盤庚》三篇與《周書・大誥》以下十篇而已。今古文乃亦有之。古文之所以異於伏生者，以其所載之平易也。今亦從而艱澀之如此，則是原本已如此之艱澀，而非伏生之訛也。以愚觀之，伏生於此十三篇之外，未嘗不平易，安國於此十三篇之中，未嘗不艱澀也。若論其實，伏生之耄，口授之訛，自不能免。竊恐此十三篇之艱澀，孔壁未必有也。是故無所參正而艱澀自若，安國但欲增多伏生之數，掩今文而盡有之，反有以累古文也。」　金履祥曰：「朱子曰：『安國之序，絶不類西漢文字。』履祥疑東漢之人爲之，不惟文體可見，而所謂聞金石絲竹之音，端爲後漢人語無疑也。蓋後漢之時，讖緯盛行，其言孔子舊居事多涉怪。如『闕里草自除』、『張伯藏壁二』之類，若此附會多有之，則此爲東漢傳古文者託之可知也。如《論語序》魏人所作，亦言壞宅事，即不言金石之異矣。」　熊朋來曰：「孔壁二十五篇，東漢諸儒解經者皆未見，故先儒疑孔安國《傳》亦僞也。」

按：孔安國《書序》、《昭明文選》録之，世皆篤信，惟朱子謂其不類西漢文字，疑後人所託。而魯齋王氏、仁山金氏亦疑之。考之《漢書》，司馬遷嘗從安國問故，遷蓋與都尉朝同受《書》於安國者也。然遷述《孔子世家》稱：「安國爲今皇帝博士，至臨淮太守，早卒。」《自序》則云：「予述黃帝以來，至太初而訖。」是安國之卒本在太初以前，若巫蠱事發，乃征和二年，距安國之歿當已久矣。班固叙《藝文志》，於《古文尚書》云：「遭巫蠱事，未列於學官。」乃史氏追述古文所以不列學官之故爾。而僞作安國《序》者乃云：「會國有巫蠱事，經籍道息」，竟出自安國口中，不亦剌謬甚乎！或曰劉歆遺書《讓太常博士》，其文載於《漢書》、《文選》，稱古文《書》十六篇，天漢之後，孔安國獻之，此不足信耶？曰荀悦《漢紀》於孝成帝三年，備述劉向典校經傳，考集異同，於《古文尚書》、《論語》、《孝經》云武帝時孔安國家獻之，會巫蠱事，未列於學官。則知安國已逝，而其家獻之。《漢書》、《文選》録本流傳，脱去「家」字爾。按其本末，安國《書序》之僞，不待攻而自破矣。或曰：《史記》雖云「訖於太初」，然《自序》又云：「論次其文，七年而遭李陵之禍。」實天漢三年也。故荀悦《漢紀》亦云：「司馬遷據《左氏春秋》、《國語》，採《世家》、《戰國策》，逮《楚漢春秋》，接其後事，迄於天漢。」《漢書》或作「大漢」。今於《李廣傳》附載陵事，於《大宛傳》載李廣利事。又如《衛將軍驃騎列傳》載公孫賀、公孫敖、韓説、趙破奴，皆直書巫蠱獄，多係征和年事，安見孔安國不卒於天漢之後乎？曰《家語》附録《安國傳》，稱安國受《書》於伏生，生故秦博士，至文帝時年已九十，安國從而問業，最幼年已十五六矣。司馬遷謂安國「早卒」，《家語後序》稱安國「年六十卒於家」。今就文帝末年安國年十五計之，則其卒當在元鼎間。若天漢之後，改元太始，安國年已七十二，迨征和二年巫蠱事發，安國年七十有七矣，尚得謂之早卒乎？當依漢紀增「家」字爲是。

又按《論語》：「雖有周親，不如仁人。」孔氏注云：「親而不賢不忠則誅之，管蔡是也。仁人謂箕子、微子，來則用之。」於《尚書傳》則云：「紂至親雖多，不如周家之少仁人。」一人而兩處説經互異。又《論語》：「予小子履」一節云：「此伐桀告天之文。《墨子》引《湯誓》若此。」亦與《書傳》相戾，此一疑也。

又按：司馬遷《殷本紀》云：「紂淫亂不止，微子數諫不聽，與太師、少師謀，遂去。比干曰：『爲人臣者，不得不以死爭。』乃強諫。紂剖比干心，箕子懼，乃佯狂爲奴。紂又囚之。殷之太師、少師乃持其祭器奔周。」《周本紀》云：「紂殺比干，囚箕子，太師疵、少師強抱其樂器奔周。」《宋世家》云：「微子數諫，紂弗聽，欲死之，及去，未能自決，乃問於太師、少師。箕子被髮佯狂爲奴，比干諫，紂剖其心，太師少師乃勸微子去，遂行。」則《今文尚書・微子》篇所云「父師」、「少師」者，自有其人。遷受《書》於安國，其説必本於安國也。乃今安國《傳》云：「父師，太師三公箕子也，少師孤卿比干也。」夫三仁皆殷王子，父師若係箕子，殷人尚質，其語兄之子必呼其名，惟出於疵之口，故稱微子曰王子也。班氏《古今人表》亦書太師疵、少師強姓名，流傳有自。梅賾昧史公說《書》本於安國，不加質驗，而巧爲之辭，僞託之迹畢露矣。

又按：安國《書傳》於「賄肅愼之命」注云：「東海駒驪、扶餘、馯貊之屬，武王克商，皆通道焉。」考《周書王會》篇：「北有稷愼，東則濊良而已。」此時未必即有「駒驪」、「扶餘」之名，且駒驪主朱蒙，以漢元帝建昭二年始建國號，載東國史略。安國承詔作《書傳》時，恐駒驪、扶餘之稱尚未通於上國，況武王克商之日乎？此又一疑也。

又按：古文之存於今者，惟《岣嶁禹碑》，奇古難識。餘如《壇山石》、《岐陽獵碣》，皆與大小篆不甚相遠。竊意孔子「雅言」者，書當時誦習授受，未必用蝌蚪之文，何獨孔壁所藏《書》與《論語》、《孝經》悉蝌蚪文字？安國《書序》作僞者藉此欺人，魯齋王氏疑之當矣。

又按：西漢之《古文》，孔安國家獻之，未列於學官者也。東漢之《古文》，杜林得之西州，賈逵、衛宏、馬融、鄭康成輩爲之作訓傳注解者也。當時止有杜林漆書，若孔氏增多之書，終漢之世，下及魏、西晉，莫有見之者。故趙岐注《孟子》，高誘注《呂覽》，杜預釋《春秋》，凡孔氏增多篇內文，皆曰逸書。惟許氏《說文》所引謂其《易》稱孟氏，《書》孔氏，《詩》毛氏，夫以賈、衛、馬、鄭諸大儒均未之見，許氏何由獨得之？今考《說文》中所引《尚書》字句異者，如：「格于上下」，「格」作「假」。「宅嵎夷」，「嵎」作「堣」。「平秩東作」，「秩」作「豑」。「鳥獸氄毛」作「毴髦」。「帝曰疇咨」，「疇」作「𠷎」。「共工方鳩僝功」，「鳩」又作「救」。「有能俾乂」作「俜𢊡」。「肆類于上帝」，「肆」作「𨽿」。「竄三苗」，「竄」作「𥨍」。「暨皋陶」作「臮咎繇」。「五品不遜」作「愻」。「教胄子」，「胄」作「育」。「剛而塞」，「塞」作「𡫳」。「濬畎澮」，「濬」作「𧮐」。「藻火粉米」，「藻」作「璪」，「粉」作「黺」。「撻以記之」，「撻」作「遽」。「無若丹朱傲」，「朱」作「絑」，「傲」作「奡」。「朋淫于家」，「朋」作「堋」。「元首叢脞哉」，「脞」作「睉」。「隨山刊木」，「刊」作「栞」。「厥草惟繇」作「蘨」。「草木漸包」作「蔪苞」。「瑤琨篠簜」，「篠」作「筱」。「惟箘簬楛」，作「簵楛」，又作「輅枯」。「天用勦絕其命」，「勦」作「劋」。「若顚木之有由蘖」，作「𤰞櫱」，「蘖」又作「枿」。「王播告之」，「播」作「譒」。「今汝聒聒」作「懖懖」。「予亦拙謀」，拙作「炪」。「西伯既戡黎」，「戡」作「𢦟」，「黎」作「𨙵」。「大命不摯」，「摯」作「𡠗」。「予顚隮」，「隮」作「躋」。「我興受其敗」作「退」。「勗哉夫子」，「勗」作「勖」。「尙桓桓」作「狟狟」。「篚厥玄黃」作「實玄黃于匪」。「彝倫攸斁」作「殬」。「無有作好」，「好」作「妞」。「七稽疑」，「稽」作「卟」。「庶草繁廡」作「無」。「王有疾弗豫」作「不悆」。「我之弗辟」作「不𨐨」。「哉生魄」作「霸」。「罔弗憝」作「罔不憝」，上有「凡民」字，同《孟子》句。「盡執拘」作「抲」。「至于屬婦」，「屬」作「媰」。「惟其塗丹雘」，「塗」作「斁」。「丕能諴于小民」，「丕」作「不」。「乃惟孺子頒」作「攽」。「惟茲四人昭武王，惟冒」，作「䁅」。「亦惟有夏之民，叨懫」，「夏」字下有「氏」字，「懫」作「𢡈」。「常伯常任」，「伯」作「敀」。「其在受德暋」作「忞」。「爾尙不忌于凶德」，「忌」作「諅」。「灼見三有俊心」，「灼」作「焯」。「勿以憸人」，「憸」作「譣」。「用勸相我國家」作「邦家」。「陳寶」作「宲」。「一人冕執銳」作「鈗」。「三咤」作「託」。「劓刵椓黥」作「刖劓斀黥」。「惟貌有稽」，「貌」作「緢」。「報以庶尤」作「訧」。「扞我于艱」，「扞」作「敦」。「峙乃糗糧」作「峙乃餱粻」。「截截善諞言」作「𢧐𢧐」。「斷斷猗」作「𢇍𢇍」。「邦之杌隉」，「杌」作「阢」。凡此所引，皆在伏生口傳二十八篇。使許氏果得見孔氏古文，則於增多篇內亦必及之矣。至於「若藥不眄眩」一句，雖屬《說命》之文，殆因《孟子》所引而及之爾。又如「圛圛升雲，半有半無，洪水浩浩，在夏后之詷，師乃搯來就惎惎宮中之冗，食貀有爪，而不敢以撅，以相陵懱，祖甲返，孜孜無怠，戔戔巧言，我有𢦏于西」，則孔氏《傳》亦無之。又以《微子》爲《周書》、《洪範》爲《商書》，不知許氏何所本也。

又按：許氏《說文序》云：「《易》稱孟氏，《書》孔氏，《詩》毛氏。」似乎見孔氏古文者，然其撰《五經異義》，恆取諸家之說折衷之。其於《舜典》「禋于六宗」，一云：「六宗者，上不謂天，下不謂地，旁不謂四方，居中恍惚，助陰陽變化。」此歐陽生、大小夏侯氏說也。一云：「古《尚書》說六宗者，謂天宗三，地宗三，天宗日、月、北辰也，地宗岱山、河、海也。日月爲陰陽宗，北辰爲星宗，岱山爲山宗，河海爲水宗。」所謂古《尚書》說者，賈逵之說也。使叔重學孔氏《書》，則四時寒暑日月星水旱之義，亦必舉之矣，乃僅述歐陽、夏侯、賈氏之説，則叔重實未見孔氏古文也。譙允南《五經然否論》援《古文書》説以證成王冠期。考今孔《傳》無之，則允南亦未見孔氏古文也。《正義》謂王肅注《書》，始似竊見孔《傳》，故注亂其紀綱爲夏太康時。然考陸氏《尚書釋文》所引王注不一，並無及於增多篇内隻字，則子邕亦未見孔氏《古文》也。《正義》又引《晉書》皇甫謐從姑子外弟梁柳得《古文尚書》，故作《帝王世紀》，往往載孔《傳》五十八篇之書。夫士安既得五十八篇之書而篤信之，宜於《帝王世紀》均用其説。乃《孔傳》謂堯年十六即位，七十載求禪，試舜三載，自正月上日至堯崩二十八載，堯死壽一百一十七歲，而《世紀》則云堯年百一十八歲。孔《傳》謂舜三十始見試用，歷試二年，攝位二十八年，即位五十年，升道南方巡守，死於蒼梧之野而葬焉，壽百一十二歲。而《世紀》則云舜年八十一即眞，八十三而薦禹，九十五而使禹攝政，攝五年，有苗氏叛，南征，崩于鳴條，年百歲。孔《傳》釋「文命」謂「外布文德教命」，而《世紀》則云：「足文履己，故名文命，字高密。」孔《傳》釋「伯禹」謂「禹代鯀爲崇伯」，而《世紀》則云：「堯封爲夏伯，故謂之伯禹。」孔《傳》釋「呂刑」，「呂侯爲天子司寇」，而《世紀》則云「呂侯爲相」。所述與孔《傳》多不同。竊疑士安亦未必眞見孔氏《古文》也。《正義》又云：「《古文尚書》鄭沖所授。沖在高貴鄉公時業拜司空，高貴鄉公講《尚書》，沖執經親授，與鄭小同俱被賜。」使得孔氏增多之書，何難經進？其後官至太傅，祿比郡公，几杖安車，備極榮遇，其與孔邕、曹羲、荀顗、何晏共集《論語訓注》，則奏之於朝，何獨孔書止以授蘇愉，祕而不進？又《論語解》雖列何晏之名，沖實主之。若孔《書》既得，則或謂孔子章引《書》，即應證以《君陳》之句，不當復用包咸之説，謂「孝乎惟孝，美大孝之辭」矣。竊疑沖亦未必眞見孔氏《古文》也。

**陳鱣《經籍跋文》**　宋本《尚書孔傳》跋。《尚書孔傳》十二卷。宋刻巾箱本。題曰「婺本點校重言重意互注《尚書》卷第一」，次行頂格題「《堯典》第一」，越五格題「《虞書》」，又越三格題「孔氏傳」。每葉二十行，行三十字。以今本校之，如《大禹謨》「降水儆予」，不作「洚水」。「奉辭罰罪」，不作「伐罪」。「夔夔齋栗」，不作「齊慄」。《益稷》「敖虐是作」，不作「傲虐」。《禹貢》「北過降水」，不作「洚水」。「東迆北會于匯」，不作「爲匯」。《五子之歌》「懔乎若朽索之馭六馬」，不作「凜乎」。「峻宇雕牆」，不作「彫牆」。《伊訓》「檢身若不及」，不作「撿身」。《太甲》「中視乃厥祖」，不作「烈祖」。《咸有一德》「厥德匪常」，不作「靡常」。《盤庚上》「則惟汝衆，自作弗靖」，不作「爾衆」。《盤庚中》「乃祖先父丕乃告我高后曰」，不作「乃父」。《説命》「上台恐德弗類」，不作「惟恐」。《武成》「師逾孟津」，不作「師渡」。《洪範》「明作晢」，不作「作哲」。《旅獒》「太保乃作旅獒」，不作「大保」。《酒誥》「厥心疾很」，不作「疾狠」。《多士序》「周公以王命誥」作「多士」，不作「命告」；「今爾又曰」，不作「其曰」；「天休滋至」，不作「茲至」。《君牙》「亦惟先王之臣」，不作「先正」。《呂刑》「度作刑以詰四方」，不作「以誥」；「其罪惟鈞」，不作「惟均」。《文侯之命》「即我御事」，不作「既我」；「汝克昭乃顯祖」，不作「克紹」。《費誓》「勿敢越逐」，不作「無敢」。皆與唐石經及宋相臺岳氏本合。其孔《傳》之勝于今本處，不可殫述，所附《釋文》亦可校正近刻。凡遇「恒」、「桓」、「愼」、「敦」等字，皆缺筆，似是紹熙以前所刊。按王德甫司寇《春融堂集》有《宋刻周禮跋》，云：「宋版小本有『重言』、『重意』者。」又《宋本春秋左傳跋》云：「長四寸，餘寬不及三寸，題云『婺本附音重言重意春秋經傳』」，俱與是本體格相同。蓋宋時婺本羣經竝刻。《九經三傳沿革例》云：「婺州舊本即婺所從出也。」每冊前後有「彭城楚殷氏讀書」長方印，又有「傳家一卷帝王書」圓印，知爲錢氏舊藏。余得之吳閶書肆，首尾完善，彫鏤精良，小可納懷，殊便展玩，惜乎司寇已歸道山，不及共賞耳。

**周中孚《鄭堂讀書記補逸·書類》**　《尚書傳》十三卷。内府仿宋相臺岳刊本。舊題漢孔安國傳。安國字子國，孔子十二世孫，武帝時博士，臨淮太守。《隋·經籍志》、《經典釋文》、新、舊《唐志》、《崇文總目》、晁、陳《書目》、《通考》、《宋志》俱著録。南監《宋志》作十二卷，乃刊刻之誤。然考《漢志》載「《尚書古文經》四十六卷」，注云「爲五十七篇」；又載「經二十九篇」，注云「歐陽經三十二卷」，此伏生傳授者，即今文也。本無孔安國作傳之説，歷東漢、魏、晉，而「古文」已亡。至東晉初，豫章内史梅賾始復出「古文」五十八篇，并有安國之《傳》，上之於朝。故自宋吳氏棫、朱子、陳氏振孫，元趙氏孟頫、吳氏澄，明梅氏鷟、歸氏有光，國朝閻氏若璩、惠氏棟、王氏心敬、王氏鳴盛、宋氏鑒諸家，皆以爲梅賾增益今文，僞爲古文，又各爲之傳，而託名安國也。然其書在當時盛行於江左，至隋文帝平陳後，而河北學者亦宗之。故陸德明撰《釋文》，蔡大寶諸人撰《正義》，孔穎達諸人重撰《正義》，俱以之爲主焉。自明以來，《注疏》本盛行，而《傳》本傳之者少，此本乃乾隆癸卯奉敕影鈔宋岳亦齋珂荆谿家塾刊本付梓，極爲精善。《注疏》諸本之譌，可以之勘正，故每卷後俱附有考證焉。卷首冠以《御題宋版書經詩》一章。

**秦榮光《補晉書藝文志·書類》** 《孔安國古文尚書傳》十三卷。元帝時豫章内史枚賾奏上，亡《舜典》一篇。《釋文·叙録》：「字仲眞，汝南人。」案孔氏《正義》引《晉書·皇甫謐傳》云：「姑子梁柳得《古文尚書》。」又云：「鄭沖以古文授扶風蘇愉。愉字休預，授天水梁柳。柳字洪季，即謐之外弟也，授城陽臧曹。曹字彦始，授郡守子汝南梅賾，字仲眞，爲豫章内史，遂奏上施行焉。」考《世説·方正》篇「梅賾爲豫章太守」，註引《晉諸公贊》：字仲眞，汝南西平人。似即其人。枚、梅字通，賾、頤形近致譌耳。段玉裁曰：「古人名頤則字眞，《莊子注》：『李頤，字景眞。』」

**文廷式《補晉書藝文志·書類》** 梅賾奏上《古文尚書孔安國傳》十四卷。按《隋志》曰：晉世祕府所存，有《古文尚書》經文。此必據晉《中經簿》。又曰：東晉豫章内史梅賾始得安國之《傳》。奏之。此《隋志》明言非晉祕府古文矣。其自漢至晉，中間授受之迹，絶無可記，何待吳才老、朱晦庵而後知其僞哉？今特著之《晉藝文志》，使讀書者知僞經敗壞經學之罪焉。

## 今字尚書

**《隋書·經籍志·書》** 《今字尚書》十四卷。孔安國傳。

**鄭樵《通志·藝文略·書》** 《今字尚書》十三卷。孔安國傳。

## 書序　後序

**高儒《百川書志·書》** 孔安國《書序》一卷，《後序》一卷。

## 太誓注

**吴士鑒《補晉書經籍志·書類》** 孔安國《太誓注》。梁玉繩《瞥記》云：《尚書·秦誓》疏謂晉李長林《尚書集注》於僞《太誓》篇每引孔安國説，宋裴駰《史記集解》於《五帝本紀》引孔安國注，《夏本紀》引孔注，今孔《傳》皆無此文。何晏注《論語》引孔注，與今孔《傳》異，豈諸人並見眞孔《傳》歟？陳壽祺《左海文集》云：《史記》、《漢書》、《漢紀》皆不言孔安國作《尚書傳》，前人辨之審矣。李長林東晉江夏太守，其時枚賾之《古文尚書》已行，豈得有兩孔《傳》並出而諸儒無一言及之乎？孔穎達以枚賾本爲眞古文，故指馬、鄭本爲僞，然安國無作傳事，安得專爲《太誓》三篇作注？長林所引之孔安國，疑晉安帝時《尚書》。見《晉書·禮志》及《通典》。

## 尚書音

**陸德明《經典釋文序録·注解傳述人》** 爲《尚書音》者四人。孔安國、鄭玄、李軌、徐邈。案：漢人不作音，後人所託。

**《隋書·經籍志·書》** 梁有《尚書音》五卷，孔安國、鄭玄、李軌、徐邈等撰。

**朱彝尊《經義考·書》** 《尚書音》。《七録》一卷。佚。

**丁國鈞《補晉書藝文志·書類》** 《尚書音》五卷。孔安國、鄭玄、李軌、徐邈等撰。謹按：見《七録》，陸德明謂漢人不作音，後人所託。是孔、鄭二家或亦晉人作僞，如僞孔《傳》類未可知也。

# 議　奏

**《漢書・藝文志・書》**　《議奏》四十二篇。宣帝時石渠論。

**姚振宗《漢書藝文志條理・書家》**　《議奏》四十二篇，宣帝時石渠論。本書《宣帝紀》：「甘露三年三月，詔諸儒講五經同異。太子太傅蕭望之等平奏其議，上親稱制臨決焉。」又《儒林傳》：「歐陽生曾孫高、高孫地餘，長賓爲博士，論石渠。」又曰：「林尊字長賓，濟南人也，事歐陽高爲博士，論石渠。」又曰：「周堪字少卿，齊人也，事大夏侯勝爲譯官令，論于石渠，經爲最高。」又曰：「張山拊字長賓，平陵人也，事小夏侯建爲博士，論石渠。授陳留假倉子驕，以謁者論石渠。」

按：此篇凡分四段，古今文經爲一段，傳及章句解故說義爲一段，五行傳記兩家爲一段，《周書》及《議奏》爲一段。

# 古文尚書桑氏説

**姚振宗《漢書藝文志拾補・書》**　《古文尚書桑氏說》。《漢書・儒林傳》：「孔氏有《古文尚書》，孔安國以今文字讀之，因以起其家逸《書》。得十餘篇，蓋《尚書》茲多於是矣。遭巫蠱，未列於學官。安國授都尉朝，朝授膠東庸生，庸生授淸河胡常，常授虢徐敖，敖授王璜、平陵塗惲子眞，子眞授河南桑欽君長。王莽時諸學皆立，劉歆爲國師，璜、惲等皆貴顯。」按《釋文・叙録》曰：「河南乘欽，一本作桑欽。又《易》家京房弟子有河南乘弘，云「一本作桑弘」。今考《漢書・地理志》及許氏《說文》皆引作「桑欽」，則乘爲字形之誤審矣。弘、欽當是一家。　曲阜桂馥《說文義證》曰：「《說文水部》：『溺水，自張掖删丹，西至酒泉，合黎餘波，入于流沙。桑欽所說。』馥案：欽字君長，見《漢書・儒林傳》。《唐書》以《水經》爲欽作，今《水經》無此文。《儒林傳》『孔安國數傳至桑欽』，蓋欽說《尚書》之文也。」

按：《漢書・地理志》「張掖郡删丹」下，班氏注云：「桑欽以爲道弱水自此，西至酒泉合黎。」蓋少節其文，知溺水古文，弱水今文也。又《說文》引桑欽云：「濕水出平原、高唐。」《地理志》平原郡、高唐下注云：「桑欽言漯水所出。」知濕水古文，漯水今文也，而班氏引桑欽並改從今文。此亦桑欽說《禹貢》之文。又《說文》引桑欽說「汶水出泰山，萊無西南入沸」。《地理志》泰山郡萊蕪下注云：「又《禹貢》汶水出西南入沸。」桑欽所言則明著桑欽《禹貢說》矣。今據桂氏擬議題曰《古文尚書桑氏說》。

又按：《地理志》注數引《禹貢說》，不著姓名，疑亦出桑欽或平當。當字子思，平陵人，以經明《禹貢》，使行河爲騎都尉，領河隄。哀帝時至丞相。《漢志》平原郡鬲縣下引平當「以爲鬲津」，止此一語，別無可以證實焉。

# 禹貢圖

**姚振宗《漢書藝文志拾補・書》**　《禹貢圖》。《後漢書・循吏・王景傳》：「永平十二年，議修汴渠，賜景《山海經》、《河渠書》、《禹貢圖》。」

按：《禹貢圖》，前漢時所當有。哀帝時丞相平當經明《禹貢》。《溝洫志》曰：「哀帝初，平當使領河隄，奏言：『九河今皆窴滅，按經義治水，有決河深川，而無隄防雍塞之文』云云。疑即當所作。」

# 五行傳記

**《漢書・藝文志・書》**　許商《五行傳記》一篇。

**鄭樵《通志・藝文略・書》**　《五行傳記》一篇。漢許商。

**姚振宗《漢書藝文志條理・書家》**　許商《五行傳記》一篇。本書《儒林傳》：「周堪字少卿，齊人也。與孔霸俱事大夏侯勝。」「堪授長安許商長伯。」「由是大夏侯有孔、許之學。」「商善爲算，著《五行論曆》，四至九卿，號其門人沛唐林爲德行，平陵吳章爲言語，重泉王吉爲政事，齊炔欽爲文學。王莽時，林、吉爲九卿，自表上師家。或引作『冢』。大夫博士郎吏爲許氏學者，各從門人，會車數百兩，儒者榮之。」

又《五行志》：「孝武時，夏侯始昌通五經，善推《五行傳》，以傳族子夏侯勝，下及許商，皆以教所賢弟子，其傳與劉向同。」

按：許氏仕履，以《溝洫志》、《公卿表》考之，成帝建始時由博士爲將作大匠，鴻嘉四年爲河隄都尉，永始三年由詹事遷少府，後二年爲侍中光祿大夫，綏和元年爲大司農，數月遷爲光祿勳。表云「四月遷」，而不見遷何官。疑「遷」爲「卒」字。

## 五行傳記

**《漢書·藝文志·書》** 劉向《五行傳記》十一卷。

**《隋書·經籍志·書》** 《尙書洪範五行傳論》十一卷。漢光祿大夫劉向注。

**《舊唐書·經籍志·書類》** 《尙書洪範五行傳》十一卷。劉向撰。

**《新唐書·藝文志·書類》** 劉向《洪範五行傳論》十一卷。

**鄭樵《通志·藝文略·書》** 《洪範五行傳論》十一卷。漢光祿大夫劉向。

**《宋史·藝文志·書類》** 《尙書洪範五行記》一卷。

**朱彝尊《經義考·書》** 《劉氏向洪範五行傳記》。《漢志》十一卷。隋、唐《志》有。闕。【略】《漢書》曰：「景、武之世，董仲舒治《公羊春秋》，始推陰陽，爲儒者宗。宣、元之後，劉向治《穀梁春秋》，數其禍福，傳以《洪範》，與仲舒錯。」又曰：「劉向《洪範論》，發明《大傳》，著天人之應。」王嘉曰：「向校書天祿閣，專精覃思，夜有老人著黃衣，植青藜杖，扣閣而進。見向闇中獨坐誦書，老父乃吹杖端煙然，因以見向，說開闢以前，向因受《五行》、《洪範》之文，恐辭說繁廣忘之，乃裂裳及紳以記其言。」【略】高允曰：「漢光祿大夫劉向見漢祚將危，權歸外戚，屢陳妖眚而不見納，遂因《洪範》、《春秋》災異報應者而爲其傳。」歐陽修曰：「箕子陳《洪範》，條其事爲九類，別其說爲九章，考其說不相附屬。向爲《五行傳》，乃取五事皇極庶徵附於五行，以爲八事皆屬五行與則。至於八政、五紀、三德稽疑福極之類，又不能附。至俾洪範之書，失其倫理，所謂旁引曲取而遷就其說也。然自漢以來，未有非之者。」呂祖謙曰：「劉向災異五行學，博而未純，其原出於伏生《大傳》。」葉適曰：「劉向爲王氏考災異，著《五行傳》，歸於切劘當世，而漢儒之言陰陽者，其學亦各有所主，然洪範之說由此隳裂，使經世之成法降爲災異陰陽之書矣。」又曰：「《洪範》初不爲災異而作，庶徵所指，明有效驗，而學者乃以五行五事聯附爲一。春秋以來，凡有變兆，離析剝解，門類而戶分之，以是爲格王正事，則委巷小夫巫瞽之事，夫豈不然，而謂篤學好古自名如仲舒、向、歆者，亦當爾與。」【略】朱朝瑛曰：「劉向父子《五行傳》附會穿鑿，固不足信。雨暘燠寒風之分，應於貌言視聽思，《洪範》則有明文，豈可概置不講，而謂一切事應俱屬謬妄哉！若以雨合於貌，暘合於言，燠寒風合於視聽思，雖復起朱子而質之，將亦有所不能區別也。箕子之言，不若是之固也。」

按：許商、劉向皆有《五行傳記》。《後漢·郎顗傳》引《洪範記》辭曰：「月行中道，移節應期，德厚受福，重華留之。」當屬劉氏書也。

**姚振宗《漢書藝文志條理·書家》** 劉向《五行傳記》十一卷。本書《楚元王附傳》：「向字子政，本名更生。年十二，以父德任爲輦郎。弱冠擢爲諫大夫給事中。元帝即位，爲散騎宗正給事中。中廢十餘年。成帝即位，更生乃復進用，更名向，以故九卿召拜爲中郎，使領護三輔都水，遷光祿大夫。上方精于《詩》、《書》，觀古文，詔向領校中五經祕書。向見《尙書·洪範》箕子爲武王陳五行陰陽休咎之應，向乃集合上古以來歷春秋六國至秦、漢符瑞災異之記，推迹行事，連傳按此似傅字之誤。禍福，著其占驗，比類相從，各有條目，凡十一篇，號曰《洪範五行傳論》，奏之。天子心知向忠精，故爲王鳳兄弟起此論也，然終不能奪王氏權，以向爲中壘校尉。上數欲用向爲九卿，輒不爲王氏居位者及丞相御史所持，故終不遷，居列大夫官前後三十餘年，年七十二卒。卒後十三歲而王氏代漢。又《傳贊》曰：「仲尼稱：『才難，不其然歟！』自孔子後，綴文之士衆矣，惟孟軻、孫況、董仲舒、司馬遷、劉向、揚雄，此數公者，皆博物洽聞，通達古今，其言有補于世。《傳》曰：『聖人不出，其間必有命世者焉。』豈近是乎。劉氏《洪範論》發明《大傳》，著天人之應。」本志注曰：「入劉向《稽疑》一篇。」按《洪範》卜稽疑，蓋即《稽疑論》也。班氏當並入此書十一卷中。《宋書·五行志序》：「伏生創紀《大傳》，五行之體始詳，劉向廣衍《洪範》，休咎之文益備。」《隋書·經籍志》：「《尚書洪範五行傳論》十一卷，漢光祿大夫劉向撰。」又曰：「濟南伏生之傳，唯劉向父子所著《五行傳》是其本法，而又多乖戾。」《唐·經籍志》：「《尚書洪範五行傳》十一卷，劉向撰。」《唐·藝文志》：「劉向《洪範五行傳論》十一卷。」【略】又趙樞生曰：「自大、小夏侯明五行之後，劉向遂著爲《洪範五行傳論》，其書不可見，而見于班固《漢書·五行志》者，皆其遺法也。」王謨輯本《叙録》曰：「《五行志》原本伏生《尚書大傳》，兼采董仲舒、劉向、向子歆及眭孟、夏侯勝、京房、谷永、李尋諸家之説，而劉知幾《史通》乃云班氏《五行志》出劉向《洪範》。趙樞生亦云『是其遺法』。今從本志鈔出向説百四十一條，益以《類聚》、《初學記》、《書鈔》、《御覽》凡若干條，分爲上下二卷。」按《五行志》亦有劉向《穀梁説》，王氏並輯入《五行傳》，何不分析別爲《穀梁傳》乎？

**姚振宗《隋書經籍志考證·書類》**　《尚書洪範五行傳論》十一卷。漢光祿大夫劉向撰。【略】《五行志》曰：「孝武時，夏侯始昌通五經，善推五行傳，以傳族子夏侯勝，下及許商，皆以教所賢弟子，其傳與劉向同。」又《藝文志》：「劉向《五行傳記》十一卷。」又篇末班氏自注曰：「入劉向《稽疑》一篇。」按班氏所入《稽疑》一篇，篇中不見著録，疑《五行傳》十卷，其一卷即《稽疑論》也。【略】《晉書·五行志序》曰：「班固據《大傳》采仲舒、劉向、劉歆著《五行志》，綜而爲言，凡有三術：其一曰君治以道，臣輔克忠，萬物咸遂其性，則和氣應，休徵效，國以安。二曰君違其道，小人在位，衆庶失常，則乖氣應，咎徵效，國以亡。三曰人君大臣見災異退而自省，責躬修德，共禦補過，則消禍而福至。此其大略也。」《隋書·五行志》曰：「漢時有伏生、董仲舒、京房、劉向之倫，能言災異，顧盼六經有足觀者。劉向曰：『君道得前和氣應，休徵生。君道違則乖氣應，咎徵發。』夫天有七曜，地有五行，五事愆違則天地見異，況於日月星辰乎，況於水火金木土乎？」又本志《篇叙》曰：「濟南伏生之傳唯劉向父子，所著《五行傳》是其本法，而又多乖戾。」《唐日本國見在書目》：「《尚書鴻範五行傳論》十二卷，漢光祿大夫劉向傳。」按此十二卷或別出，《稽疑論》一卷在內。【略】

按：《玉海》卷五引《唐志》云：「向爲《五行傳》，取五事皇極庶徵附於五行，以爲八事皆屬五行，則八政、五紀、三德、稽疑、福極之類，又不能附俾《洪範》之書，失其倫理。然自漢以來，未有非之者。宗按劉氏，此書專取五行比附以爲之説，故曰《洪範五行傳論》。伏生已先有其書，劉氏推而廣之，欲以感動人主耳。其書本不爲《洪範》全經而作，後世又何從而非之乎？」其他如五紀、稽疑，各有所論，見《漢書·曆志》、《藝文志》，與八政、三德、福極諸篇，亦不相涉，皆非爲全經作也。

又按：《大傳》、《五行傳》皆漢儒自爲一家之學，別爲第三類。

**姚振宗《漢書藝文志拾補·書》**　劉歆《洪範五行傳記》。《漢書·楚元王附傳》：「劉向少子歆字子駿，少以通《詩》《書》、能屬文召見成帝，待詔宦者署，爲黄門郎。向死後，歆復爲中壘校尉。哀帝初，爲侍中大中大夫、騎都尉、奉車光祿大夫，因移書責讓太常博士忤執政大臣，爲衆儒所訕，懼誅，求出補吏。徙守五原，轉涿郡，歷三郡守。數年，以病免官，起家復爲安定屬國都尉。會哀帝崩，王莽持政，莽少與歆俱爲黄門郎，重之，白太后，留歆爲右曹太中大夫，遷中壘校尉、羲和京兆尹，封紅休侯。」按《王子侯表》：「休侯富，楚元王子，孝景元年。封三年，以兄子楚王戊反免，更封紅侯，傳國至曾孫，武帝元朔四年亡，後絶。」又《楚元王附傳》：富子辟疆，辟疆子德，德子向，向子歆。歆，富之玄孫封紅休侯者。蓋取其先世初封休侯，更封紅侯而一之。「初歆以建平元年改名秀，字穎叔。及王莽篡位，歆爲國師。」又《翟義傳》：「居攝二年九月，羲和紅休侯劉歆爲揚武將軍，屯宛。」「三年正月，歸故官。」又《王莽傳》：「始建國元年，莽按金匱，輔臣皆封拜。以少阿羲和京兆尹紅休侯劉歆爲國師，嘉新公。」後改爲「心」，又改爲「信」。與王舜、平晏、哀章，爲四輔。地皇四年七月時，漢兵起，王邑等已敗於昆陽，衛將軍王涉、大司馬董忠與歆謀共劫持莽，東降南陽天子。「歆怨莽殺其三子，又畏大禍至，遂與涉、忠謀，欲發。事泄，格殺忠，歆、涉皆自殺。」按殺其三子者，歆仲子棻，棻弟泳，始建國二年十二月以甄豐子尋事被殺。歆女愔爲莽太子臨妻，地皇二年正月，莽殺臨，愔自殺。並見《莽傳》。《漢書·五行志》：「孝武時夏侯始昌通五經，善推《五行傳》，以傳族子夏侯勝，下及許商，皆以教所賢弟子，其傳與劉向同，唯劉歆傳獨異。」又曰：「向子歆言《五行傳》又頗不同。」【略】

按：《五行志》引劉歆貌傳、言傳、視聽傳、思心傳、皇極傳。其不同者如云「庶徵之恆寒，劉向以爲春秋無其應，劉歆以爲大雨雪，及未當雨雪而雨雪，及大雨雹，隕霜殺叔草，皆常寒之罰也。」其説視其父爲長。司馬彪《續漢志》亦數言劉歆傳與舊傳異。

## 桓君大太常章句　桓君小太常章句

**姚振宗《後漢藝文志・書類》**　《桓君大太常章句》。《桓君小太常章句》。范書本傳：「桓榮字春卿，沛郡龍亢人也。少學長安，習歐陽《尚書》，事博士九江朱普。建武十九年，年六十餘，始辟大司徒府。時顯宗始立爲皇太子，選求明經，乃召榮，令説《尚書》，甚善之。拜議郎，入使授太子，爲歐陽博士。二十八年以爲太子少傅，三十年拜爲太常。顯宗即位，拜爲五更，封關内侯。子郁字仲恩，傳父業。永元四年，代丁鴻爲太常，明年卒。初，榮受朱普學章句四十萬言，浮辭繁長，多過其實。及榮入授顯宗，減爲二十三萬言，郁復删省定成十二萬言，由是有《桓君大小太常章句》。」又《儒林傳》曰：「中興，沛國桓榮習《歐陽尚書》。榮世習相傳授，東京最盛。按本傳：「榮子郁，郁中子焉，能世傳其家學焉；孫典，復傳其家業。」傳論曰：「自榮至典，世宗其道，父子兄弟，代作帝師，受其業者皆至卿相，顯於當世。」又《楊賜傳》：「建寧初，靈帝當受學，詔太傅、三公選通《尚書桓君章句》宿有重名者，三公舉賜，乃侍講於華光殿中。」

## 漆書古文尚書

**姚振宗《漢書藝文志拾補・書》**　《漆書古文尚書》一卷。《後漢書・杜林傳》：「林字伯山。扶風茂陵人也。父鄴，成、哀間爲涼州刺史。林少好學沈深，家既多書，又外氏張竦父子喜文采，林從竦受學，博洽多聞，時稱通儒。光武徵拜侍御史，羣僚知林以名德用，甚尊憚之。京師士大夫咸推其博洽。河南鄭興、東海衛宏等皆長於古學，興嘗師事劉歆，林既遇之，欣然言曰：『林得興等固諧矣，使宏得林，且有以益之。』及宏見林，闇然而服。濟南徐巡始師事宏，後皆更受林學。林前于西州得漆書《古文尚書》一卷，常寶愛之，雖遭艱困，握持不離身。出以示宏等曰：『林流離兵亂，常恐斯經將絶。何意東海衛子、濟南徐生復能傳之，是道竟不墜於地也！《古文》雖不合時務，然願諸生無悔所學。』宏、巡益重之，於是《古文》遂行。」《後漢書・儒林傳》：「扶風杜林傳《古文尚書》。林同郡賈逵爲之作訓，馬融作傳，鄭玄注解，由是《古文尚書》遂顯於世。」《經義考》曰：「按《漆書古文》雖不詳其篇數，而馬、鄭所注實依是書，陸氏《釋文》采馬氏注甚多，然惟今文及小序有注，而孔氏增多二十五篇，無一語及焉。然則《漆書》亦止有今文二十九篇而已，孔氏增多之書無之也。」《經義考》又曰：「西漢之《古文》，孔安國家獻之未列於學官者也。東漢之《古文》，杜林得之西州，賈逵、衛宏、馬融、鄭玄輩爲之作訓傳注解者也。當時止有杜林漆書，若孔氏增多之書，終漢之世下及魏、西晉，莫有見之者。」

## 尚書訓旨

**顧櫰三《補後漢書藝文志・尚書類》**　衛宏《尚書訓旨》。宏字敬仲。東海人。從大司空杜林受《古文尚書》，作《尚書訓旨》。時濟南徐巡師事宏，後更從林受學。宏定《古文尚書》。序云：「伏生老不能言，言不可曉，使其女傳言教錯，齊人語多與潁川異，錯所不知凡十二三，略以意屬讀而已。」「克明峻德」，宏説：「摯立九年，而唐德盛，乃禪位焉。」《史記索隱》。武王崩，成王年十歲。《書正義》鄭康成用衛宏説。戒成康叔以慎酒，成就人之道也，故曰成王。

**姚振宗《後漢藝文志・書類》**　衛宏《古文尚書訓旨》。范書《儒林傳》：「衛宏字敬仲，東海人也。少與河南鄭興俱好古學。後從大司空杜林更受《古文尚書》，爲作《訓旨》。光武以爲議郎。」又《杜林傳》曰：「河南鄭興、東海衛宏等皆長於古學，興嘗師事劉歆。林既遇之，欣然言曰：『林得興等固諧矣，使宏得林，且有以益之。』及宏見林，闇然而服。」張懷瓘《書斷》曰：「衛密字次仲，東海人。官至給事中。修古學，善屬文，作《尚書訓指》。師於杜林，後之學《古文》者，皆祖杜林、衛密也。」惠棟《後漢書補注》云：「《書斷》曰『宏官至給事中』，按許沖《上説文表》稱『給事中議郎衛宏」，《書斷》所據本此。又『宏』作『密』，『敬仲』作『次仲』，與諸書並異。」

臨海洪頤煊《讀書叢録》曰：「《説文》𪓕字注引衛宏説；《史記·五帝本紀》集解引衛宏云：「摯立九年，而唐侯德盛，因禪位焉」，皆《古文尚書》説。按《説文》「用」字注亦引衛宏説。侯志曰：「《前漢書·儒林傳》注引衛宏定《古文尚書》序文，《酒誥》釋文引衛、賈以成王爲戒，成康叔以慎酒，成就人之道也，故曰成。」亦此書中語。

**曾樸《補後漢書藝文志考·書》**　衛宏《尚書訓旨》。卷數佚。范書：「從大司空杜林受《古文尚書》，爲作《訓旨》。」案張守節《〈史記·袁晁列傳〉正義》引：「伏生徵之，老不能行，遣太常掌故晁錯往讀之。年九十餘，不能正言，言不可曉，使其女傳言教錯，齊人語與潁川異，錯所不知者凡十二三，略以其意屬讀而已。」又《〈儒林傳〉正義》引：「秦既焚書，恐天下不從所改更法，而諸生到者拜爲郎，前後七百人。乃密種瓜於驪山陵谷中溫處，瓜實成，詔博士諸生説之。人言不同，乃令就視，爲伏機。諸生賢儒皆至焉，方相難不決，因發機，從上填之，以土皆壓，終乃無聲也。」《尚書正義》、《類聚》引作古文奇字。皆稱衛宏詔定《古文尚書序》。許氏《説文解字·黹部》「𪓕」下引「衮衣山龍華蟲，𪓕畫粉也」。《史記·五帝本紀》司馬貞索隱引「摯立九年，而唐侯德盛，因禪位焉」。《釋文·尚書酒誥音義》引「成王爲戒，成康叔以慎酒成就人之道也，故曰成」。或稱衛宏云，或稱衛宏説，皆此書逸義。

## 尚書章句

**馬端臨《文獻通考·經籍考·書》**　牟長《章句》。本傳：長習歐陽《尚書》。建武時爲博士，遷河南太守。註《尚書章句》，皆本之歐陽氏，俗號爲《牟氏章句》。

**朱彝尊《經義考·書》**　牟氏長《尚書章句》。佚。《後漢書》：「牟長字君高，樂安臨濟人。少習歐陽《尚書》。不仕王莽。建武二年，拜博士，遷河內太守。諸生講學者常千餘人，著録前後萬人。著《尚書章句》，皆本之歐陽氏，俗號爲《牟氏章句》。」

## 尚書雜記

**馬端臨《文獻通考·經籍考·書》**　周防《尚書雜記》。本傳：防師事徐州刺史蓋豫，受《古文尚書》。建武時以明經舉孝廉，拜郎中。撰《尚書雜記》三十二篇，四十萬言。後仕至陳留太守。

**姚振宗《後漢藝文志·書類》**　周防《尚書雜記》三十二篇。范書《儒林傳》：「周防字偉公，汝南汝陽人也。年十六，仕郡小吏。世祖巡狩汝南，召掾史試經，防尤能誦讀，拜爲守丞。防以未冠，謁，去。師事徐州刺史蓋豫，受《古文尚書》。經明，舉孝廉，拜郎中。撰《尚書雜記》三十二篇，四十萬言。太尉張禹薦補博士，稍遷陳留太守，坐法免。年七十八，卒於家。秀水朱彝尊《經義考》曰：「東漢爲《古文尚書》者不一家，有蓋豫所傳，有杜林所得，初不本於孔安國，而孔穎達《正義》謬稱孔所傳者，賈逵、馬融等皆是。世儒不察，見古文字即以爲安國所傳，亦粗疏甚矣。」又曰：「馬鄭所注，實依杜林漆書《古文》。」

## 古文尚書説

**姚振宗《後漢藝文志·書類》**　徐巡《古文尚書説》。范書《杜林傳》：「濟南徐巡，始師事衛宏，後皆更受林學。林前於西州得漆書《古文尚書》一卷，常寶愛之，雖遭艱困，握持不離身。出以示宏等曰：『林流離兵亂，常恐斯經將絶，何意東海衛子、濟南徐生復能傳之，是道竟不墜於地也。《古文》雖不合時務，然願諸生無悔所學。』宏、巡益重之，于是《古文》遂行。」又《儒林·衛宏傳》：「宏後從杜林受《古文尚書》，爲作《訓旨》。時濟南徐巡師事宏，後從林受學，亦以儒顯。由是古學大興。」按：徐巡與衛宏同受杜林《古文尚書》，史言宏有《訓旨》，而不言巡有書。按《説文·鹵部》「卤」字下云：「㮚，古文卤，从西从二。卤，徐巡説木至西方戰㮚。」又《𨸏部》云：「陧，危也。从𠂤从毀省。徐巡以爲陧，凶也。」此二字並見《尚書》，知當時徐氏、衛氏各有其書。許君左右采獲。杜伯山固言衛子、徐生復能傳之矣。《儒林傳》亦兼二人以爲説。《古文尚書》大興于世由此二人，似亦巡有書之一證。

## 五家要説章句

**姚振宗《後漢藝文志・書類》**　孝明皇帝《五家要説章句》。《袁山松書》曰：「明帝諱陽，一名莊，字子麗。」【略】　范書《本紀》：「帝十歲能通《春秋》，光武奇之。建武十九年，立爲皇太子，師事博士桓榮，學通《尚書》。永平二年冬十月壬子，詔曰：『五更桓榮，授朕《尚書》。』」　《東觀記・本紀》曰：「治《尚書》，備師法，兼通九經，略舉大義，博觀羣書，以助術學，無所不昭。」　又《桓郁傳》曰：「上自制《五家要説章句》，令郁校定于空明殿上。謂郁曰：『卿經及先師致復文雅。』其冬，按永平十四年也。上親于辟雍，自講所制《五行章句》。已，復令郁説一篇。上謂郁曰：『我爲孔子，卿爲子夏，起予者商也。』」　又《樊準傳》：「準上疏曰：孝明皇帝尤垂情古典，游意經藝，删定乖疑，稽合圖讖，封師太常桓榮爲關内侯，親自制作《五行章句》。每享射禮畢，正坐自講，諸儒並聽，四方欣欣。是時學者大盛，冠帶搢紳游辟雍觀化者億萬計。」　華嶠書曰：「帝自制《五行章句》。」　范書《桓郁傳》：「帝自制《五家要説章句》。」章懷太子注曰：「此言五家，即謂五行之家也。」　侯志曰：「此書未知宜何屬，以明帝從桓榮受《尚書》，又《尚書》有鴻範五行之學，故入《書》部。」

按：樊準疏言「删定乖疑，稽合圖讖」，則碻爲五行傳説之書。漢以來爲此學者，伏生以下有夏侯始昌、夏侯勝、許商、劉向、劉歆諸人。似删諸家之要，傳以圖讖，而又爲之章句歟。

## 漢禹貢圖

**朱彝尊《經義考・書》**　《漢禹貢圖》。一卷。佚。《後漢書・王景傳》：「永平十二年，議修汴渠，乃引見景，問以理水形便。景陳其利害，應對敏給，帝善之。又以嘗修浚儀，功業有成，乃賜景《山海經》、《河渠書》、《禹貢圖》及錢帛衣物。」

## 古文尚書訓

**顧櫰三《補後漢書藝文志・尚書類》**　賈逵《尚書注》。逵字景伯。扶風平陵人。杜林傳《古文尚書》，同郡賈逵爲之作訓，馬融作傳，鄭玄注解，由是《古文尚書》遂顯於世。案《東漢會要》作《古文尚書訓》。六宗者，天宗三：日、月、星；地宗三：河、海、岱也。劉昭注《補後漢書》。堯順考其道而行之《册府元龜》引賈逵《訓》。甸服之外，每百里爲差，所納總銍秸粟米者，是甸服之外，特爲此數。其侯服之外，每言三百二百里，還就其服之内別爲名耳，非是服外更有其地也。《詩正義》引賈《訓》。曰「圛」古文作「悌」，賈逵以今文校之，定爲「圛」。《詩正義》。賈逵奏《尚書疏》云「流爲烏」，是爲孔異也。《經義考》按：「漆書古文雖不詳其篇數，而馬、鄭所注實依是書。陸氏《釋文》采馬氏注甚多，蓋惟今文及小叙有注，而孔氏增多二十五篇，無一語及焉。安國叙中稱伏生口授裁二十餘篇，德明謂即馬、鄭所注二十九篇是也。蓋今文二十八篇，益以小叙，合二十九。德明又云：『馬、鄭所注並伏生所誦，非古文也。』然則漆書所載，亦止有今文二十八篇而已。孔氏增多之書無之也。夫東漢爲《古文尚書》者不一家，有蓋豫所傳者，有杜林所得，初不本於安國，而孔穎達《正義》謬稱孔所傳者，賈逵、馬融等皆是，世儒不察，見古文字即以爲安國所傳，亦粗疏甚矣。」

**姚振宗《後漢藝文志・書類》**　賈逵《古文尚書訓》。范書本傳：「逵字景伯，扶風平陵人也。九世祖誼，文帝時梁王太傅。父徽，受《古文尚書》于塗憚。按《漢・儒林傳》及《釋文叙録》「憚」並作「惲」。逵傳父業，以大夏侯《尚書》教授。自爲兒童，常在太學，不通人間事。顯宗時拜爲郎，與班固並校祕書，應對左右。肅宗立，遷衛士令。和帝永元三年，以爲左中郎將。八年，復爲侍中，領騎都尉，兼領祕書近署。所著經傳義詁及論難百餘萬言，學者宗之，後世稱爲通儒。永元十三年卒，時年七十二。」　又《儒林傳》：「扶風杜林傳《古文尚書》，林同郡賈逵爲之作訓。」按《説文》犧、匙、迹、蹢、謓、樀、稽、囧、県、厄、豫、頚、毒、隉、亞、目、䣇字下，凡十七引「賈侍中説」，或由面質，或取是書。

**曾樸《補後漢書藝文志考·書》** 賈逵《古文尚書訓》。卷數佚。范《書》：「扶風杜林傳《古文尚書》，同郡賈逵爲之作《訓》。」

案：《魏志·高貴鄉公紀》引「曰若稽古」爲順考古道祭法。《正義》載《五經異義》引六宗，謂天宗三，地宗三。天宗日、月、北辰，地宗岱、河、海。日月爲陰陽宗，北辰爲星宗，河爲水宗，海爲澤宗，岱爲山宗。《書·禹貢》正義引「甸服之外百里至五百里」采特有此數，去王城千里，其侯綏要荒服各五百里，是面三千里，相距爲方六千里。《詩·商頌·殷武·正義》引侯服之外，每言三百二百里者，還就其服之內，別爲名耳。非是服外更有其地也。《釋文·尚書·酒誥·音義》引成王若曰爲戒成，康叔以慎酒成就人之道，故曰成。與衛同引皆其逸義。

## 尚書古文同異

**顧櫰三《補後漢書藝文志·尚書類》** 賈逵《尚書古文同異》三卷。

【略】陳振孫曰：「考《儒林傳》：安國以《古文尚書》授都尉朝，弟子相承，以及塗惲、桑欽，至東都則賈逵作訓，馬融作傳，鄭玄注解，而逵父徽實受書於塗惲，逵傳父業，雖曰遠有源流，然而兩漢名儒皆未嘗實見孔氏《古文》也，豈惟兩漢魏晉猶然。凡杜征南以前所注經傳有援引《大禹謨》、《五子之歌》、《胤征》諸篇皆曰逸《書》，《太誓》則云今《太誓》所無，蓋伏生書無《太誓》，《太誓》後出。或云武帝末民有獻者，或云宣帝時河內女子得之，所載白魚火烏之祥，實僞書也。則馬鄭所解，豈眞古文哉！」

**姚振宗《後漢藝文志·書類》** 賈逵《尚書古文同異》三卷。范書本傳：「蕭宗立，降意儒術，特好《古文尚書》。逵數爲帝言《古文尚書》與經傳、《爾雅》詁訓相應，詔令撰歐陽、大小夏侯《尚書》古文同異。逵集爲三卷，帝善之。」 侯志曰：「《〈尚書·堯典〉正義》曰百篇次第，鄭依賈氏所奏《別録》爲次。又曰：後漢初，賈逵奏《尚書疏》云『流爲烏』。《〈詩·齊風〉正義》曰：『《洪範稽疑論》「卜兆有五曰圛」。蓋古文作「悌」，今文作「圛」。賈以今文校之，定以爲圛。』及《商頌》疏引賈逵説五服。《五經異義》引賈逵説六宗。《魏志·高貴鄉公紀》引賈逵説『若稽古』爲順考古道。《釋文》引賈逵説《酒誥》『成王若曰』爲『戒成康叔以慎酒，成就人之道，故曰成』。大約皆此書中語也。」

**曾樸《補後漢書藝文志考·書》** 賈逵《尚書今古文同異》，范書三卷。《〈尚書·堯典〉正義》曰：「百篇次第，鄭依賈氏所奏別録爲次。」又曰：「賈逵、馬融之學，題爲《古文尚書》，篇與夏侯等同，而經字多異。」又曰：「後漢初，賈逵亦傳孔學。」

案：《〈詩·齊風·載馳〉正義》引《洪範稽疑論》云「卜兆有五，曰圛」，注：「圛者，色澤光明。蓋古文作『悌』，今文作『圛』，賈逵以今文校之，定以爲圛。」此條猶存古今同異之崖略。

## 五家要説章句

**顧櫰三《補後漢書藝文志·尚書類》** 《五家要説章句》。顯宗自制。桓郁校。

**侯康《補後漢書藝文志·書類》** 《明帝五家要説章句》。一名《五行章句》。見《桓郁傳》。此書未知宜何屬，以明帝從桓榮受《尚書》，又《尚書》有鴻範五行之學，故入《書》部。

## 尚書百兩篇

**姚振宗《漢書藝文志拾補·書》** 張霸《百兩篇》。《漢書·儒林傳》：「世所傳《百兩篇》者，出東萊張霸。分析合二十九篇，以爲數十，又采《左氏傳》、《書叙》，爲作首尾，凡百二篇。篇或數簡，文意淺陋。成帝時，求其古文者，霸以能爲《百兩》徵，以中書校之非是。霸辭受父，父有弟子尉氏樊並。時太中大夫平當、侍御史周敞，勸上存之。後樊並謀反，迺黜其書。」《釋文・叙録》云：「成帝時劉向校之，非是，後遂黜其書。」　王充《論衡》《佚文》、《正説》篇曰：「孝成皇帝時讀《百篇尚書》，博士郎吏莫能曉知，徵天下能爲《尚書》者。東海張霸通《左氏春秋》，案《百篇序》，以《左氏》訓詁造作《百二篇》，具成，奏上。成帝出祕《尚書》以考校之，無一字相應者，於是下霸於吏。吏白霸罪當至死。成帝奇霸之才，赦其辠，亦不滅其經，故《百二尚書》傳在民間。」　崑山顧炎武《日知録》曰：「漢時《尚書》，今文與古文爲二，而孔氏古文與張霸之書又自分爲二，霸書即所謂《百兩篇》也。」但如後人諸所指，目張霸僞書，亦以意擬之耳。如今文《太誓》已出於武、宣之世，在張霸前，而説者並以入張霸僞書，非也。唯王充《論衡・感類篇》所引《百兩篇》文乃是眞本，以其時書猶傳世，充及見之也。　金谿王謨輯本《叙録》曰：「今鈔取《玉海》所引數條及僞《太誓》二條，而以《論衡》所引《百兩篇》冠於其首，亦以存此書目云。」

## 中文尚書

**錢大昭《補續漢書藝文志・書類》**　劉陶《中文尚書》。陶推三家《尚書》及《古文》，是正文字三百餘事。三家謂夏侯建、夏侯勝、歐陽和伯也。

**姚振宗《後漢藝文志・書類》**　劉陶《中文尚書》。范書本傳：「陶字子奇，一名偉。潁川定陰人。濟北貞王勃之後。游太學，舉孝廉，除順陽長。以病免。陶明《尚書》、《春秋》，爲之訓詁，推三家《尚書》及《古文》，是正文字三百餘事，名曰《中文尚書》。拜侍御史。靈帝時封中陵鄉侯，拜侍中諫議大夫，上疏言天下大亂皆由宦官。宦官事急，共讒陶與賊通情，收下黄門北寺獄，掠按日急，遂閉氣而死。本紀：「靈帝中平二年冬十月，前司徒陳耽、諫議大夫劉陶坐直言下獄，死。」　張懷瓘《書斷》曰：「後漢杜北山嘗於西河得漆書《古文尚書》一卷。靈帝時，劉陶刪定古文、今文《尚書》，號《中文尚書》，以北山本爲正。陶亦工古文。」惠棟《後漢書補注》曰：「『俗本作三百餘事，北宋本作七百餘事。《藝文志》曰：『劉向以中古文校三家經文，文字異者七百有餘。』蓋《古文》與《今文》異者本有此數，故陶從而是正也。」
　侯志曰：「《玉海・藝文》引陶《傳》，亦作七百。」

## 尚書馬融注

**陸德明《經典釋文序録・注解傳述人》**　馬融《注》十一卷。字季長。

**《隋書・經籍志・書》**　《尚書》十一卷。馬融注。

**《舊唐書・經籍志・書類》**　《古文尚書》十卷。馬融注。

**《新唐書・藝文志・書類》**　馬融《傳》十卷。

**鄭樵《通志・藝文略・書》**　《尚書》十一卷。馬融。

**朱彝尊《經義考・書》**　馬氏融《尚書注》。《隋志》十一卷。佚。王應麟曰：「『鳥獸蹌蹌』，馬融注以爲筍簴，《七經小傳》用其説。」

按：馬氏《尚書注》本於杜林漆書，故多與今文異。如「至于北岳，如西禮」作「如初」。「天叙有典」，「有」作「五」，「天明畏」作「威」。「暨稷播，奏庶艱食鮮食」，「艱」作「根」，云根生之食謂百穀。「日月星辰，山龍華蟲作會」，「會」作「繪」。「作十有三載」，「載」作「年」。「瑤琨篠簜」，「琨」作「瓓」。「沿于江海」，「沿」作「均」。「滎波既豬」，「波」作「播」，云：「滎播，澤名。」「導岍及岐」，「岍」作「開」。「天用勦絶其命」，「勦」作「巢」。「誕告用亶」作「單」。「用乂讎斂」，「讎」作「稠」，云「數也」。「自靖」作「清」，云「潔也」。「弗迓克奔」，「迓」作「禦」，云「禁也」。「無虐煢獨」作「亡侮煢獨」。「我之弗辟」作「避」，謂「避居東都」。「信噫」作「懿」，云「猶億也」。「大誥爾多邦」作「大誥繇爾多邦」。「降割」作「害」。《酒誥》「王若曰」作「成王若曰」。「皇天既付中國民」，「付」作「附」。「非我小國敢弋殷命」，「弋」作「翼」。「大淫泆有辭」，「泆」作「屑」，云「過也」。「嚴恭寅畏」，「嚴」作「儼」。「文王卑服」，「卑」作「俾」，云「使也」。「譸張爲幻」，「譸」作「輈」。「其終出于不祥」，「終」作「崇」，云「充也」。「我道惟寧王德延」，「道」作「迪」。「有若南宫括」，「宫」作「君」。「迪簡在王庭」，「迪」作「攸」，云「所也」。「爾罔不克臬」作「劓」。「王不懌」，作「釋」，云「不釋，疾不解也」。「在後之侗」，作

「詷」，云「共也」。「冒貢」作「勖贛」，云「陷也」。「王崩」作「成王崩」，注「安民立政曰成」。「四人綦弁」，「綦」作「騏」，云：「青黑色。」「三咤」作「詫」。「折民惟刑」，「折」作「悊」，云「智也」。「王曰吁」作「于」。「惟來」作「求」，云「有求請賕也」。「仡仡勇夫」作「訖訖」，云「無所省録之貌」。「諞言」作「偏」，云「少也。辭約損明，大辨佞之人」。蓋其書唐初尚存，此陸氏《釋文》采之。

**錢大昭《補續漢書藝文志·書類》** 馬融《尚書注》十一卷。本漆書，故與今文多異。

**顧懷三《補後漢書藝文志·尚書類》** 馬融《尚書傳》。《隋志》：十一卷。馬融《書序》曰：「《泰誓》後得，其文似若淺露。」又云：「八百諸侯不召自至，不期同時。及火復於上，至於王屋流爲雕，五至以穀俱來舉火，神怪。」得毋所謂子不語乎？又《春秋》引《泰誓》：「民之所欲，天必從之。」《國語》引《泰誓》曰：「朕夢協朕卜，襲於休祥，戎商必克。」《孟子》引《泰誓》曰：「我武惟揚，侵于之疆，取彼凶殘，我伐既張，于湯有光。」孫卿引《泰誓》曰：「獨夫受。」《禮記》引《泰誓》曰：「予克受，非予武，惟朕文考無罪；受克予，非朕文考有罪，惟予小子無良。」今文《泰誓》皆無此語，吾見《書傳》多矣，所引《泰誓》而不在《泰誓》者甚多，弗復悉記，略舉五事以明之，亦可知矣。又云：「逸十六篇，絶無師說。」《通典》：「顯慶二年十一月二十一日講武於滍水之南，行三驅，上設次於尚書臺以觀之。時許州刺史封道弘奏言：後漢南郡太守馬融講《尚書》於此，因爲名，今請改爲講武臺。從之。」孔穎達曰：馬融《書序》云：「經傳所引《泰誓》，《泰誓》並無此文。又云逸十六篇，絶無師說。」是融亦不見孔氏古文也。王應麟曰：「鳥獸蹌蹌」，馬融《注》以爲「筍簴」。《七經小傳》用其說。

**侯康《補後漢書藝文志·書類》** 馬融《尚書傳》十一卷。《釋文·叙録》、《隋志》並作《尚書注》，惟《唐志》作「傳」，今考《書序正義》云：馬融、王肅亦稱注爲傳。又《〈左傳·襄公三十一年〉正義》引《馬融尚書傳序》，則作「傳」者是。《釋文》、《隋志》亦有馬融作《傳》之語，但其標題則稱《注》耳。馬《傳》王謨有輯本，然尚多遺漏。如「曰若稽古帝堯」，《魏志·高貴鄉公紀》引馬《注》「順考古道，黎氏阻饑」。《詩·周頌》、《釋文》引馬《注》作：「祖，云始也。上宗奉同瑁。虞翻引馬《注》以爲『同者，大同天下』。此類皆未收也。」

**姚振宗《後漢藝文志·書類》** 馬融《古文尚書傳》十一卷。融始末見《易》類。范書《儒林傳》：「扶風杜林傳《古文尚書》，林同郡賈逵爲之作《訓》，馬融作《傳》。」《釋文·叙録》：「《古文尚書》馬融《注》十一卷。」《隋書·經籍志》：「《尚書》十一卷，馬融注。」《唐·經籍志》：「《古文尚書》十卷，馬融注。」《藝文志》：「馬融《傳》十卷。」《經義考》曰：「馬氏《尚書注》本于杜林漆書，故多與今文異。其書唐初尚存，陸氏《釋文》采之。」馬國翰輯本序曰：「《尚書馬氏傳》，今佚。兹從《釋文》、《正義》、《史記集解》等采輯，分爲三卷。《正義》謂馬、鄭之徒百篇之序爲一篇，《隋志》較《唐志》多一卷者，即《書序》也。更別輯録，合爲四卷。」侯志曰：「馬《傳》金谿王謨有輯本一卷，然尚多遺漏。」

**曾樸《補後漢書藝文志并考·書》** 馬融《尚書傳》，《隋志》十一卷，新、舊《唐志》十卷。虞翻曰：「馬融訓注亦以『瑁』爲『同』，云：同者，大同。」《書序正義》云：「馬融稱注爲傳。」又曰：「馬、鄭之徒，百篇之叙爲一篇。」《隋志》：「後漢扶風杜林傳《古文尚書》，馬融爲之作傳。」孔穎達《書正義序》：「馬、鄭諸儒，莫睹其學，所注經傳，時或異同。」【略】馬國翰曰：「季長治古文學，而所注止今文二十九篇。《序》謂《太誓》後得，頗以神怪爲疑，然觀注中佚說，亦止是。今文《太誓》其本多異字，蓋典校祕府時能見古文眞本，間有參三家今文而用之者，以視《僞孔傳》判霄壤矣。」案《書序正義》引：「上古有虞氏之書，故曰『尚書』。」《堯典正義》引：「逸十六篇，絶無師說。」【略】

又案：馬氏異文甚多，不止如朱氏所引，其見於《釋文》者，「平秩東作」，「平」作「苹」，云「使也」。「夤餞納日」，「餞」作「淺」，《集韻》引「淺，滅也。」「嚚訟」，「訟」作「庸」。「輯五瑞」，「輯」作「揖」，云「斂也」。「僉曰益哉」，「僉」作「禹」。「自我五禮有庸哉」，「五」作「有」。「惟朕小子其新逆」，「新」作「親」。「梓材」，「梓」作「杍」。《釋文》云：「梓」本亦作「杍」，據所引馬《注》則正作「杍」。「迪見冒」，「冒」作「勗」。「天齊於民，俾我一日」，「俾」作「矜」。見於《史記集解》者：「幽洲」，「洲」作

「陵」。「東至於澧」，「澧」作「醴」。

又案：《釋文》載馬本《書序》亦多不同。如「西旅獻獒，太保作《旅獒》」，「獒」作「豪」。「武王有疾」，作「有疾不豫」。「遷其君於蒲姑」，「蒲」作「薄」，「肅慎來賓」，「肅」作「息」。「王俾榮伯」，「俾」作「辨」。「康王既尸天子」，「康王」上有「成王崩」三字。「平王錫晉文侯秬鬯圭瓚」，「平王」無「平」字，「錫」作「賜」。「東郊不開」，「開」作「闢」。

**沈家本《三國志注所引書目・經部》** 馬融《注尚書》。《吳主傳》。

案：《隋書・經籍志》：「《尚書》十一卷，馬融注。」《釋文》同。《唐書・藝文志・書類》：「馬融《傳》十卷。」《舊唐書・志》作一卷者，誤也。《宋史・藝文志》不録，蓋已亡。近人孫星衍有《馬鄭尚書注輯本》十卷。

## 古文尚書注

**姚振宗《後漢藝文志・書類》** 張楷《古文尚書注》。范書《張霸傳》：「霸，蜀郡成都人也。官侍中。卒葬河南梁縣，因遂家焉。中子楷，字公超，通嚴氏《春秋》、《古文尚書》。司隸舉茂才，除長陵令，不之官，隱居弘農山中。學者隨之，所居成市，後華陰山南遂有公超市。五府連辟，舉賢良方正，不就。漢安元年，順帝特下詔告河南尹，以禮發遣。楷復告疾不到。性好道術，能作五里霧。時關西人裴優亦能爲三里霧。桓帝即位，優行霧作賊，事覺被考，引楷言從學術，坐繫廷尉詔獄，積二年，恒諷誦經籍，作《尚書注》。後以事無驗，見原還家。建和三年，詔安車備禮徵之，辭以篤疾，不行。年七十，終於家。」

## 尚書章句

**錢大昭《補續漢書藝文志・經部》** 張奐《尚書章句》。奐字然明，敦煌人，官大司農。以《牟氏章句》浮辭繁多，減爲九萬言。

**姚振宗《後漢藝文志・書類》** 張奐《減定牟氏章句》。范書本傳：「奐字然明，敦煌酒泉人也。以功内徙，屬弘農華陰，故始爲弘農人。奐少游三輔，師事太尉朱寵，學歐陽《尚書》。初，《牟氏章句》浮辭繁多，有四十五萬餘言，奐減爲九萬言。後辟大將軍梁冀府，乃上書桓帝，奏其章句，詔下東觀。以疾去官。復舉賢良，擢拜議郎。永壽元年，遷安定屬國都尉。延熹中，爲度遼將軍。建寧元年，爲少府，拜大司農，轉太常。宦官陷以黨罪，禁錮歸田里。光和四年，卒，年七十八。」

按：《奐傳》云「《牟氏章句》浮辭繁多」，章懷注云：「時牟卿受書于張堪，爲博士，故有《牟氏章句》。以爲前漢之牟卿，《經義考》遂據以著録。按牟卿習大夏侯《尚書》，見《漢・儒林傳》，亦不言其有《章句》。此牟長及奐並是歐陽家學。范書《儒林傳》云：「俗號《牟氏章句》，蓋自桓氏大小太常刪定之後，世俗別有此一家之學，奐所減定者，實牟長書，非牟卿書，章懷此注誤也。」

## 尚書記難

**侯康《補後漢書藝文志・書類》** 張奐《尚書記難》，刪定《牟氏章句》。

**姚振宗《後漢藝文志・書類》** 張奐《尚書記難》。范書本傳：「時禁錮者多不能守靜，或死或徙。奐閉門不出，養徒千人，著《尚書記難》三十餘萬言。」

按：史言「養徒千人著《尚書記難》」者，即記此徒衆問難筆之於書，黨禁時作也。

## 尚書訓詁

**錢大昭《補續漢書藝文志・書類》** 劉陶《尚書訓詁》。陶字子奇，潁川人，官諫議大夫。

**曾樸《補後漢書藝文志并考・書》** 劉陶《尚書訓故》。卷數佚。

## 尚書章句

**姚振宗《後漢藝文志・書類》** 盧植《尚書章句》。范書本傳：「植字子幹。涿郡涿人也。少與鄭玄俱事馬融，能通古今，學好研精而不守章句。建寧中，徵爲博士。熹平四年，拜九江太守，以疾去官。作《尚書章句》。拜廬江太守，歲餘，徵爲議郎，與諫議大夫馬日磾、議郎蔡邕、楊彪、韓説等並在東觀，校中書五經傳記，補續《漢紀》。轉爲侍中，遷尚書。中平元年，拜北中郎將，後復爲尚書。董卓免植官，遂隱於山谷，不交人事。冀州牧袁紹請爲軍師。初平三年卒。 司馬彪書曰：「植以老病去位，隱於上谷軍都山。」

## 古文尚書馬鄭注

**李慈銘《越縵堂讀書記・書類》** 《古文尚書馬鄭注》。清孫星衍輯。孫氏此書，雖據王伯厚本增輯，而全載經文，别標體例，實自爲一書。其中頗指江艮庭、王禮堂兩家之失，然孫氏喜據他本以改今文，亦往往有未當者。如《臯陶謨》篇「在治忽」，此及下條，今《僞古文》皆在《益稷》篇。改作「采政曶」。案鄭註本「忽」作「曶」，見《史記集解》，固可信；而「在治」作「采政」，則《史記索隱》明言是《今文》，非出《古文》也。「無若丹朱傲」句上加「帝曰」二字，「予娶涂山」上作「禹曰」二字，此固據《史記》，然司馬氏雖云從孔安國問故，其《書》則多采伏生《今文》，此「帝曰」「禹曰」，未必全出《古文》也。《般庚》中「自怒曷瘳」，改作「自怨曷瘳」，此據《隸釋》作，載漢石經，然蔡中郎所書乃《今文》，非《古文》也。《般庚》下「今予其敷心腹腎腸」，改作「今予其敷優賢揚歷」，此據《三國志注》，然裴氏稱爲《今文》固未確，而必指定《古文》，則《尚書正義》引鄭注本作「憂賢陽」，謂即「優賢揚歷」之誤，亦未有明證也。同治庚午五月初九日。

**張之洞《書目答問・列朝經注經説經本考證》** 《尚書馬鄭注》十卷。孫星衍輯。岱南閣别行本。

## 尚書鄭玄注

**陸德明《經典釋文序録・注解傳述人》** 鄭玄《注》九卷。

**《隋書・經籍志・書》** 《尚書》九卷。鄭玄注。

**《舊唐書・經籍志・尚書》** 《古文尚書》九卷。鄭玄注。

**《新唐書・藝文志・書類》** 鄭玄注《古文尚書》九卷。

**鄭樵《通志・藝文略・書》** 《古文尚書》九卷。鄭玄注。

**顧櫰三《補後漢書藝文志・尚書類》** 《鄭玄尚書注》。《隋志》：九卷。梁、陳所講有孔、鄭二家，齊代惟傳鄭義，至隋孔、鄭並行，而鄭氏甚微。玄《尚書序》：《虞夏書》二十篇，《商書》四十篇，《周書》四十篇。孔穎達曰：「鄭亦不見《古文》，故注《書序》《舜典》云『入麓伐木』。注《五子之歌》云『避亂於洛汭』。注《胤征》云『胤征，臣名』。又注《禹貢》引《胤征》云：『厥篚玄黃，昭我周王。』又注《咸有一德》云『伊陟臣扈曰』。又注《典寶》引《伊訓》云『載孚在亳』。又曰『征是三朡』。又注《旅獒》云：『獒，讀曰豪。西戎無君名，強大者爲酋豪，國人遣其酋豪，獻於周。』又古文有《仲虺之誥》、《太甲》、《説命》等見在，而云亡。其《汨作》、《典寶》一十三篇，見亡而云已逸，是亦不見古文也。」案穎達既云馬融不見孔氏古文，下又云孔所傳者膠東庸生、劉歆、賈逵、馬融等，所傳豈非自相矛盾？ 鄭《毛詩箋》：「阿倚，衡平也。伊尹湯所依倚以取平也。」又曰：「太甲時曰保衡。」鄭不見《古文》，太甲不惠於阿衡，故爲此解。《禮記》：「使之行，商容而復其位。」鄭注：「箕子視商禮樂之容，賢者所處皆令復其位。」商容，人名，鄭不見《古文尚書》，故以爲禮樂也。「小民惟曰怨資」，「資」當爲「至」，齊、魯語聲之誤也。祁之言是也，齊西偏之語也。案：《尚書》「小民惟曰怨咨」，此本作「資」，鄭又讀「資」爲「至」，鄭不見《古文尚書》也。百篇次第之序，孔、鄭不同，孔以《湯誓》在夏社前，於百篇爲第二十六。鄭以爲在《臣扈》後，第二十九。孔以《咸有一德》次《太甲》後第四十，鄭以爲在《湯誥》後第三十九。孔以《蔡仲之命》次《君奭》後第八十三，鄭以爲在《費誓》前第九十六。孔以《周官》在《立政》後第八十八，鄭以爲在《立政》前第八十六。孔以《費誓》在《文侯之命》後第九十九，鄭以爲在《呂刑》前第九十七。孔依壁內篇次及序爲文，鄭依賈氏所奏別録爲次。案《孔傳》凡五十八篇四十六卷，三十三篇與鄭注同，二十五篇增多。鄭注其二十五篇，《大禹謨》一，《五子之歌》二，《胤征》三，《仲虺之誥》四，《湯誥》五，《伊訓》六，《太甲》三篇九，《咸有一德》十，《說命》三篇十三，《泰誓》三篇十六，《武成》十七，《旅獒》十八，《微子之命》十九，《蔡仲之命》二十，《周官》二十一，《君陳》二十二，《畢命》二十三，《君牙》二十四，《冏命》二十五，值巫蠱不行。前漢諸儒不見孔《傳》，遂有張霸之徒，僞造《尚書》二十四篇。其數雖與孔同，其篇則有異。孔則於伏生所傳二十九篇內無古文《泰誓》，除序，尚二十八篇，分出《舜典》、《益稷》、《盤庚》三篇，《康王之誥》爲三十二篇，增二十五篇，爲五十八篇，鄭則於伏生二十九篇之內，分出《盤庚》二篇，《康王之誥》又《泰誓》三篇，爲三十四篇。更增益僞書二十四篇爲五十八篇。所增二十四篇，則鄭所注《舜典》一，《汨作》二，《九共》九篇十一，《大禹謨》十二，《益稷》十三，《五子之歌》十四，《胤征》十五，《湯誥》十六，《咸有一德》十七，《典寶》十八，《伊訓》十九，《肆命》二十，《原命》二十一，《武成》二十二，《旅獒》二十三，《冏命》二十四。以此二十四爲十六卷，以《九共》九篇共卷除八篇爲十六。王應麟曰：「鄭康成《書注》間見於疏義，如作服十二章，州十有二師，孔注皆所不及。」又曰：「康成注《禹貢》『九河』曰『齊桓公塞之同爲一。』案：《春秋緯保乾圖》云：『移河爲界在齊呂，塡閼八流以自廣。』鄭蓋據此文。」又曰：「康成云：『祖乙居耿，奢侈踰禮，土地迫近，山川嘗圮焉。至易甲立，盤庚爲之臣，乃謀徙居湯舊都。上篇是盤庚爲臣時事，中篇、下篇是盤庚爲君時事。』《正義》以爲謬妄。《書裨傳》云：『鄭大儒，必有所據而言。』」顧炎武曰：「馬融、鄭玄注《古文尚書》，載於《舊唐書・經籍志》，則開元之時尚有其書而未嘗亡也。」又《經義考》有康成《書贊》，孔穎達曰：「避序名，故謂之贊。」孔子乃尊而命之曰《尚書》。三科之條五家之教是。我先師棘下生安國亦好此學，衛、賈、馬二三君子之業則雅才好博既宣之矣。《書正義》。歐陽氏失其本義，今疾此蔽冒猶復疑惑。後又亡其一篇，故五十七。《漢書注》。《鄭志》張逸問贊云：「我先師棘下生何時人？答云齊田氏時，善學者所會處也。齊人號之棘下生，無常人也。」《水經》。又《書疏》引鄭書論云：孔子求書，得黃帝玄孫帝魁之書，迄於秦穆，凡三千二百四十篇，斷遠取近，可以爲世法者百二十篇，以百二篇爲《尚書》，十八篇爲《中候》。

**周中孚《鄭堂讀書記補逸・書類》** 《鄭氏古文尚書》十一卷。《函海》本。漢鄭玄注，宋王應麟輯，國朝李調元校正。仕履俱見《易》類。按《隋志》載：「《尚書》十一卷，馬融注；《尚書》九卷，鄭玄注。」又稱所傳惟二十九篇，雜以《今文》。《經典釋文》所載同。自唐用孔《傳》而馬、鄭《注》皆亡。伯厚始從羣書採輯鄭《注》，爲是本，眞漢學功臣。然其所輯《周易鄭注》已附刊《玉海》後，獨此書專行，向止有寫本流傳，因多脫誤。雨村參考校訂，別爲案語，刊刻以傳。初名《鄭氏古文尚書證訛》，後乃去此二字，以存王氏之舊。今三、四兩卷，猶未盡去，至其中誤字，不可勝舉，殊爲恨事。其前自序「伏勝口授」，至誤作「伏羲」，餘可知矣。

《尚書鄭注》十卷。《學津討原》本。國朝孔廣林重訂。廣林字幼髯。曲阜人。官太常博士。幼髯以伯厚所輯，舊多遺漏舛譌，因取經疏、史注、《水經注》及諸類書所引，蒐羅補正，重定卷次，用意良爲勤篤。自序稱《古文尚書鄭注》見於《後漢書》，其書凡三十四篇，并序爲三十五，而史志竝云「《書注》九卷」。未審何人所定，其如何別卷，亦不可考。因以己意分之，而以《書贊》別爲一卷附其後，凡十卷云。張若雲海鵬後序云：「鄭氏遺書，惟《毛詩箋》、《三禮注》爲原本，其他皆出後人捃摭成編。孔君復集其大成。自《周易注》而下，總録一十八種，凡七十一卷，題曰鄭學。」蓋是編僅其中之一種也。

**姚振宗《後漢藝文志・書類》** 鄭玄《古文尚書注》九卷。玄始末見《易》類。范書《儒林傳》：「扶風杜林傳《古文尚書》，林同郡賈逵爲之作訓，馬融作傳，鄭玄注解。由是《古文尚書》遂顯于世。」《釋文》、《隋志》引並同。【略】 《鄭學録》曰：「唐陸元朗撰《釋文》，孔沖遠撰《正義》，皆以僞孔《傳》爲主。鄭注由是寖亡。宋末王應麐采輯爲一卷。」侯志曰：「虞翻奏鄭注《尚書》違失四事。近王鳴盛、江聲、孫星衍、汪家禧、方觀旭、方廷瑚、趙坦皆申鄭難虞。」按虞奏見《吳志》本傳注引《翻別傳》。又曰：「《〈書・堯典〉正義》云：『鄭玄於伏生二十九篇之內分出《盤庚》二篇、《康王之誥》，又《泰誓》三篇，爲三十四篇。更增僞書二十四篇，爲五十八。』按鄭所增益者，乃眞古文，非張霸僞《書》，孔《疏》誤。鄭雖增此二十四篇，而作注則仍止三十四篇。馬季長所謂逸十六篇，絕無師說。十六篇即二十四篇，蓋合《九共》九篇爲一也。故馬、鄭諸儒皆不注之也。」又曰：「王氏鄭注輯本，孫頤谷疑惠定宇託名，非深寧氏所輯。又《隋志》、《釋文》皆有鄭氏《尚書音》，然《釋文》云漢人不作音，後人所託。又《經義考》有康成《書贊考》。《〈書序〉正義》云：鄭玄避序名，故謂之贊。則《書贊》非別一書。《書疏》又引康成《書論》，蓋皆在《書注》九卷之中。按《書論》或當在《六藝論》中。無容別出，故皆不著録。」曲阜孔廣林輯本序曰：「王氏所采遺漏，因用其本爲主，而別取經疏、史注、《水經注》諸書蒐羅補綴，依鄭氏所訂三十四篇舊第，並《書序》爲九卷，而以《書贊》數條別爲一卷，附于後。」又羅江李調元《函海》中亦有《鄭注輯本》十卷。

## 尚書大傳注　補遺　考異　續補遺　序録　辨譌

**《隋書・經籍志・書》**　《尚書大傳》三卷。鄭玄注。

**《宋史・藝文志・書類》**　伏勝《大傳》三卷。鄭玄注。

**顧櫰三《補後漢書藝文志・尚書類》**　鄭玄《尚書大傳注》。《隋志》：三卷。《中興書目》：康成始詮次爲八十一篇。【略】晁公武曰：「康成詮次爲八十一篇，今本四卷。首尾不倫。」王楙曰：「《尚書大傳》與《古文尚書》所載不同，《大傳》謂周公死，王誦欲葬於成周，天乃雷電以風，禾盡偃，大木斯拔，國人大恐，王乃葬周公於畢，示不敢臣也。」梅福、張奐皆引以爲言，據今《書》言，大雷電以風，見於周公居東之日，而非死葬之時，以此一事觀之，則知《大傳》與經抵牾多矣。王應麟曰：「《大傳》說《堯典》，謂之『唐傳』，則伏生不以是爲《虞書》。」又曰：「《書大傳・虞傳》有《九共》篇，引《書》：『予辯下土，使民平明，使民無傲慢。』有《帝告》篇引《書》：『章施乃服，明上下。』豈伏生亦見古文逸《書》耶？」又曰：「《大傳》以《西伯戡黎》爲「㦰耆冏命」，爲「畀命」。《費誓》爲《甫刑》。」《經義考》：「《大傳》引經文異者，《大誥》『民獻有十夫』，『獻』作『儀』。《康誥》『惟乃丕顯考文王，克明德』，上有『俊』字。《無逸》作『毋』。又引《般庚》云『若德明哉』。引《酒誥》曰『王乃封，惟曰若圭璧』。今無其文。

案：《雅雨堂叢書》有鄭玄《尚書大傳》輯本刊行。

**姚振宗《後漢藝文志・書類》**　鄭玄《尚書大傳注》三卷。《玉海》三十七引《中興書目》：「鄭康成曰：『伏生至孝文時年且百歲，歐陽生、張生從學也。伏生終後，數子各論所聞，以己意彌縫其闕，而別作章句。又特撰其大義，因經屬指，名之曰傳。』劉子政校中書，奏此目録，凡四十一篇。至康成，始詮次爲八十三篇。」按此疑《崇文總目》舊本，《中興目》鈔入之。【略】《鄭學録》曰：「《尚書大傳注》，宋、元間尚存，至明無見之者。《經義考》已云佚。乾隆間，盧運使見曾于吳中得舊藏本，凡四卷，乃後人抄撮而成，非復隋、唐完編書。唯《五行傳》首末具在。盧學士文弨作《考異》、《補遺》各一卷，行于世。

**曾樸《補後漢書藝文志考・書》**　鄭康成《尚書大傳注》。《隋志》：三卷。朱彝尊曰：「梁劉昭注《續漢書・五行志》引《尚書大傳》文曰：『凡六沴之作，歲之朝，月之朝，日之朝，則后王受之；歲之中，月之中，日之中，則正卿受之；歲之夕，月之夕，日之夕，則庶民受之。』鄭注曰：『自正月盡四月爲歲之朝，自五月盡八月爲歲之中，自九月盡十二月爲歲之夕。上旬爲月之朝，中旬爲月之中，下旬爲月之夕。平旦至食時爲日之朝，隅中至日昳爲日之中，晡時至黄昏爲日之夕。受之，受其凶咎也。』又《大傳》文云：『其二辰以次相將，其次受之。』鄭注曰：『二辰，謂日月也。假令歲之朝也，日月中則上公受之，日月夕則下公受之；歲之中也，日月朝則孤卿受之，日月夕則大夫受之；歲之夕也，日月朝則上士受之，日月中則下士受之。其餘差以尊卑多少則悉矣。』此外所引尚多，不録。」陳壽祺《大傳定本序》曰：「康成百世儒宗，獨注《大傳》，其釋《三禮》，每援引之。及注《古文尚書》，《洪範》五事，《康誥》孟侯文王伐崇，㦰耆之歲，周公克殷，踐奄之年，咸據《大傳》以明其事。」又《辨譌》曰：「《尚書大傳》，今坊間盛行盧氏雅雨堂本，譌漏不可勝舉。所載鄭氏《大傳注》，如『下刑墨幪』注：『幪音蒙』三字，乃《文選》《求賢良詔注》及《七命注》之文。『八伯』注：『八伯者，據畿外八州，畿內不置伯，鄉遂之吏主之』十九字，乃鄭《志》答張逸問之文。『舞株離』注『《詩》云彼黍離離』六字，乃《周禮》『鞮鞻氏』《正義》文。『鯨魚刀』注『鯨』字，夾注『渠成切』三字，乃《玉海・王會解》注後王伯厚語。『高宗梁闇』注『闇讀如鶬，鶬謂廬也』八字，乃《禮記》鄭注文。『決關梁踰城郭而略盜者，其刑臏』一條，注「此二千里五百罪之目略也，至閉於宮中」三十九字，乃《周禮・司刑》注文。『師乃鼓𪔂譟』注『音符』二字，乃《〈周禮・大司馬〉釋文》語。盧學士《考異》『在旋機玉衡』條載，別本有鄭注云：『轉運者，爲機持正者爲衡。』案：此乃鄭《尚書注》文，見《文選・李蕭遠〈運命論〉》注。『白魚入于舟中』條，載別本有鄭注云：『燔魚以祭變禮也』，亦鄭《尚書注》文，見《後漢書・杜篤傳》注。『四年營侯衛』條，載別本有鄭注云『建侯衛是封衛侯』云云五十四字，乃毛氏《豳風譜正義》文。『遂踐奄』條，載《詩正義》引此云，《多方傳》鄭有注云『奄國在淮夷之旁』云云三十字。案《破斧正義》引《書傳》『三年，伐奄』，下引《多方》云云，注云云，乃孔穎達所引《尚書》及鄭君《尚書注》之文。凡此皆舛謬之甚，不可不正者也。」

**姚振宗《隋書經籍志考證・書類》**　《尚書大傳》三卷。鄭玄注。《漢書・藝文志》：「傳四十一篇。鄭康成序曰：『蓋自伏生也。伏生爲秦博士，至孝文時年且百歲，張生、歐陽生從其學而受之，音聲猶有譌誤，先後猶有差舛，重以篆隸之殊，不能無失。生終後，數子各論所聞，以己意彌縫其闕，而又特撰其大義，因經屬指，名之曰「傳」。劉向校書得而上之凡四十一篇。至康成始詮次爲八十三篇。』」按此據《玉海・藝文》所載，蓋即《中興書目》摘録舊序之文，而後人移而爲今本之序。《晉書・五行志序》：「漢文帝時，伏生創紀《大傳》，其言五行庶證備矣。」【略】　王謨《漢魏遺書鈔》曰：「近德州盧氏《雅雨堂叢書》有《大傳》四卷，仁和盧學士文弨爲撰《考異》一卷、《補遺》二卷於後。今惟就盧本更加蒐采，凡鈔出《注疏》八條，《白虎通》二條，《風俗通》二條，《羣輔録》一條，《山海經注》二條，《水經注》一條，《史記注》二條，《後漢書傳》一條，《文選注》二條，《通典》一條，《書鈔》五條，《御覽》二條，《廣韻》一條，《路史》一條，《困學紀聞》一條。」　《孫祠書目》：「《尚書大傳》四卷，孔廣林集本。」

## 尚書中候鄭注

**周中孚《鄭堂讀書記補逸・書類》**　《尚書中候鄭注》五卷。學津討原本。漢鄭玄注。國朝孔廣林輯。按《尚書正義》：「《書緯》云：『孔子得黃帝玄孫帝魁之書，迄秦穆公，凡三千二百四十篇，定可以爲法者百二十篇。以百二篇爲《尚書》，十八篇爲《中候》』。故《中候》者《書》之緯也。」《隋志》載鄭玄注《尚書中候》五卷。注云：「梁有八卷，今殘缺。按今五卷本雖佚，而篇名尚見於《詩》、《書》、《禮》、《正義》中。本文及注，則散見於諸書。幼髯乃網羅放失，仍輯爲五卷。注明採自何書，其篇第則依時代爲次，以原第不可考，故僅列其目，而不標爲第幾；其有不知爲何篇者，則綴之末簡。幼髯自序，稱每篇之中，文亦不能第次，聊取殘文賸句，薈萃録之，以《宋書符瑞志》參校，略爲比次其文云云。蓋以《宋志》說堯、舜、禹、湯、文、武符命，皆取諸《中候》也，其前又載有序目。《古微書》中亦輯有《中候》本文，而詳備則此編倍蓰之。

## 尚書五行傳注

**汪師韓《文選注引羣書目録上・尚書》**　鄭玄《五行傳注》。

## 尚書音

**朱彝尊《經義考・書》**　《尚書音》。《七録》一卷。佚。

**顧櫰三《補後漢書藝文志・尚書類》**　鄭玄《尚書音》。《七録》一卷。陸德明曰：「爲《尚書音》者四人，孔安國、鄭康成、李軌、徐邈。」

## 書贊

**朱彝尊《經義考・書》**　《書贊》。佚。【略】孔穎達曰：「避序名，故謂之贊。」

## 尚書義問

**《隋書·經籍志·書》** 梁有《尚書義問》三卷，鄭玄、王肅及晉五經博士孔晁撰。亡。

**朱彝尊《經義考·書》** 孔氏晁《尚書義問》。《七録》：三卷。佚。《隋志》注：「鄭玄、王肅及晉五經博士孔晁撰。」《册府元龜》：「晁爲五經博士，撰《尚書義問》三卷。又注《春秋外傳》、《國語》。」

**侯康《補後漢書藝文志·書類》** 《尚書義問》三卷。鄭康成、王肅及晉孔晁撰。《經義考》謂此書乃孔晁采鄭康成及肅參以己見者，則當屬之孔晁，不屬鄭、王，然無顯證，姑録之。

**侯康《補三國藝文志·書類》** 《尚書義問》三卷。鄭康成、王肅及晉孔晁撰。唐《志》又有王肅、孔安國《問答》二卷。《經義考》謂當即隋《志》《義問》是也。蓋孔晁謁爲孔安國耳。故今不別著録。

**文廷式《補晉書藝文志·書類》** 孔晁《尚書義問》三卷。五經博士。

## 尚書正經

**朱彝尊《經義考·書》** 荀氏爽《尚書正經》。佚。《後漢書》：「爽字慈明，一名諝。延熹九年，舉至孝，拜郎中。後遭黨錮，隱於海上，又南遁漢濱，積十餘年，以著述爲事。獻帝即位，徵之，拜平原相，復追爲光祿勳。視事三日，進拜司空。著《禮》、《易傳》、《詩傳》、《尚書正經》、《春秋條例》，又作《公羊問》。」

**姚振宗《後漢藝文志·書類》** 荀爽《尚書正經》。爽始末見《易》類。范書本傳：「著《禮》、《易傳》、《詩傳》、《尚書正經》。」 王應麟《玉海·藝文》曰：「《尚書正經》，荀爽著。」

## 尚書釋問

**《隋書·經籍志·書》** 《尚書釋問》四卷，魏侍中王粲撰。亡。

**《舊唐書·經籍志·書》** 《尚書釋問》四卷。鄭玄注。王粲問，田瓊、韓益正。

**《新唐書·藝文志·書類》** 鄭玄《注釋問》四卷。王粲問，田瓊、韓益正。

**鄭樵《通志·藝文略·書》** 《尚書釋問》四卷。鄭玄注。《尚書釋問》四卷。魏侍中王粲。

**顧櫰三《補後漢書藝文志·尚書類》** 王粲《尚書釋問》。《七録》四卷。粲字仲宣，山陽高平人。辟丞相掾，遷軍謀祭酒。魏國建，遷侍中。《舊唐書志》注：「王粲問，田瓊、韓益正。」王粲曰：「世稱伊、雒以東，淮、漢以北，康成一人而已。咸言先儒多闕，鄭氏道備，粲竊歎怪，因求所學，得《尚書注》。退思其意，意皆盡矣，所疑猶有未諭焉，凡有二篇。」《顔氏家訓》：「吾初入鄴，與博陵崔文彦交遊，嘗説王粲集中難鄭玄《尚書》事。崔轉爲諸儒道之，始將發口，橫見排蹙，云：『文集止有詩、賦、銘、誄，豈當論經史事乎？且先儒之中，未聞有王粲也。』」案：粲卒於建安二十二年，魏國雖建而鼎祚未移，故繫以漢。

**姚振宗《後漢藝文志·書類》** 王粲《尚書問》二卷。《魏志》本傳：「粲字仲宣。山陽高平人也。曾祖父龔，祖父暢，皆爲漢三公。父謙，爲大將軍何進長史。獻帝西遷，粲徙長安，年十七，司徒辟詔除黄門侍郎，以西京擾亂，皆不就。乃之荆州，依劉表。表以粲貌寢而體弱通侻，不甚重也。表卒，粲勸表子琮，令歸太祖。太祖辟爲丞相掾，賜爵關内侯，遷軍謀祭酒。魏國既建，拜侍中。建安二十一年，從征吳。二十二年春，道病卒。時年四十一。」《文選·王仲宣誄》云：「建安二十二年正月二十四日戊申，魏故侍中關内侯王君卒。」 《舊唐書·元行沖傳》：「行沖著《釋疑》，論曰：王粲稱伊、雒以東，淮、海以北，康成一人而已，莫不宗焉。咸云先儒多闕，鄭氏道備，粲竊歎怪，因求其學。得《尚書注》。退而思之，以盡其意，意皆盡矣。所疑之者，猶未喻焉，凡有二卷，列于其集。」

按：元行沖言此二卷嘗編入本集，其後鄭氏弟子田瓊、韓益有《釋問》四卷，見隋、唐《志》，即爲此書而作。今入《三國藝文志》。

**姚振宗《三國藝文志·書類》** 田瓊、韓益《尚書釋問》四卷。《隋書·經籍志》：「梁有《尚書釋問》四卷，魏侍中王粲撰。」《唐·經籍志》：「《尚書釋問》四卷，鄭玄注，王粲問。田瓊。」案此有敚文。《藝文志》：「《釋問》四卷，王粲問，田瓊、韓益正。」案原文云：「鄭玄注《古文尚書》九卷，又注《釋問》四卷，稱又注者非也，故節去之。」 侯志曰：「案王粲《尚書問》二篇，載粲集中。後田瓊、韓益答其義，因成《釋問》四卷。《隋志》但稱王粲撰，似未合。田瓊者，康成弟子，見《鄭志》；韓益，魏大長秋，見《隋志·春秋類》。」 烏程嚴可均《全三國文篇》曰：「田瓊，鄭康成弟子，建安、黄初間爲博士。」《通典》六十九至一百一引瓊《四孤議》一篇、《答劉德問》六篇、《皇后降服》一篇、《公子降服》一篇、《大夫子》降服一篇、《諸侯大夫妻及大夫士女降服》一篇、《貴不降服》一篇。」案此所引並是瓊言禮之文，不知出何書。又曰：「韓蓋，建安末博士。《太平御覽》五百二十六引韓蓋奏議《臨菑侯求祭先王》一篇。」案韓蓋乃韓益之誤。據《御覽》載曹植《求祭先王表》，知其時在延康元年之秋，獻帝猶未遜位也。故嚴氏以爲建安末。又案《鄭學録》，韓益亦鄭氏弟子。 王粲《尚書釋問》。《七録》四卷，《唐志》同。《唐志》注：王粲問，田瓊、韓益正。

案：粲卒建安二十二年。

## 尤　射

**徐𤊹《徐氏家藏書目·書類》** 《尤射》二卷。魏繆襲。

## 尚書注

**陸德明《經典釋文序録·注解傳述人》** 王肅《注》十卷。



**《隋書·經籍志·書》** 《尚書》十一卷。王肅注。

**《舊唐書·經籍志·書》** 《古文尚書》十卷。王肅注。

**《新唐書·藝文志·書類》** 王肅《注》十卷。

**鄭樵《通志·藝文略·書》** 《尚書》十一卷。王肅。

**姚振宗《三國藝文志·書類》** 王肅《尚書傳》十一卷。肅始末見《易》類。《魏志·高貴鄉公紀》：「甘露元年夏四月丙辰，帝幸太學，講《尚書》。帝問曰：『鄭玄云：「稽古同天，言堯同于天也。」王肅云：「堯順考古道，而行之。」二義不同，何者爲是？』博士庾峻對曰：『賈、馬及肅皆以爲順考古道，肅義爲長。』」錢大昕《考異》曰：「案肅卒于是年，而其説已爲博士所習，進講人主之前，蓋肅兼通諸經，強辯求勝，又以三公之子，早登顯要，易爲人所信從也。」 《釋文·叙録》：「肅又注《尚書》。」又曰：「王肅亦注《今文》，而解大與《古文》相類，或肅私見孔《傳》而祕之乎？」又曰：「《尚書》王肅注，十卷。」《隋書·經籍志》：「《尚書》十一卷，王肅注。」《唐日本國人佐世見在書目》：「《今文尚書》十卷，王肅注。」《唐·經籍志》：「《古文尚書》十卷，王肅注。」《藝文志》：「王肅注，十卷。」馬國翰輯本序曰：「肅之學專與鄭爲難，《鄭贊》謂孔子撰書乃尊而命之。《尚書》，尚者，上也。肅序謂上所言史所書，故曰《尚書》也。開卷已自立異。」王氏鳴盛《尚書後案》云：「王注之存于今者，案之皆與馬融及僞孔合。僞孔之出于肅乃情事之所有者。今輯録二卷，所注亦《今文》二十九篇，與馬、鄭本同，百篇之序亦有注，别輯一篇附後。」侯《志》曰：「陸德明云：『王肅解大與《古文》相類，或肅私見《孔傳》而祕之。』惠棟、江聲皆疑《僞孔傳》即王肅撰。」

**張之洞《書目答問·列朝經注經説經本考證》** 《尚書王氏注》二卷。魏王肅。馬國翰輯。《玉函山房輯佚書》之一。止標列近古尤要及輯本獨詳者數種，餘具總義類原書中。

## 尚書駁議

**《隋書·經籍志·書》** 《尚書駁議》五卷。王肅撰。

《舊唐書・經籍志・書》　《尚書釋駁》五卷。王肅撰。

《新唐書・藝文志・書類》　王肅《釋駁》五卷。

鄭樵《通志・藝文略・書》　《尚書駁議》五卷。王肅。

侯康《補三國藝文志・書類》　王肅《尚書駁議》五卷。《〈書・堯典〉正義》曰：「晉世王肅注《書》，似竊見孔《傳》，故注亂其紀綱，爲夏太康時。」陸德明曰：「王肅解大與《古文》相類，或肅私見《孔傳》而祕之乎？」江左中興，梅賾奏上《孔傳古文尚書》，亡《舜典》一篇，購不能得，乃取王肅注《堯典》，從「眘徽五典」以下分爲《舜典》以續之。案：惠棟、江聲皆疑《僞孔傳》即王肅撰。

姚振宗《三國藝文志・書類》　王肅《尚書駁議》五卷。

姚振宗《隋書經籍志考證・書類》　《尚書駁義》五卷。王肅撰。【略】按：王肅《聖證論》中附馬昭駁孔晁答張融評。晁朋於王，蓋王之及門弟子也。王之弟子有孔猛者，孔子二十二世孫。晁不知其世系，孔繼汾《闕里文獻考》亦不載其人，所撰有《逸周書注》，見《唐志・雜史類》。

## 尚書答問

《舊唐書・經籍志・書類》　《尚書答問》三卷。王肅注。

《新唐書・藝文志・書類》　王肅《孔安國問答》三卷。

姚振宗《三國藝文志・書類》　王肅《尚書答問》三卷。《隋書・經籍志》：「梁有《尚書義問》三卷，鄭玄、王肅及晉五經博士孔晁撰，亡。」《唐・經籍志》：「《尚書答問》三卷，王肅注。」《藝文志》：「王肅《孔安國問答》三卷。」侯《志》曰：「《唐志》又有『王肅《孔安國問答》三卷。』《經義考》謂當即《隋志》『《義問》』是也。蓋孔晁訛爲孔安國耳。」

案：是書以隋、唐《志》所載參考之，似王肅答，孔晁問鄭義之書。《舊唐志》題《尚書答問》近得其實，今從之。

## 尚書王氏傳問

《隋書・經籍志・書》　《尚書王氏傳問》二卷。亡。

姚振宗《三國志藝文志・書類》　范順《尚書王氏傳問》二卷。

## 尚書義

《隋書・經籍志・書》　《尚書義》二卷，吳太尉范順問，劉毅答。亡。

丁國鈞《補晉書藝文志・書類》　《尚書義》二卷。吳太尉范順問，劉毅答。謹按：見《七録》本，作「范順問，吳太尉劉毅答」。近人侯氏康《三國藝文志補》，謂「吳太尉」三字當屬上。《孫晧傳》有太尉范慎，又見《孫登傳》注，即其人也。順、慎字古通，家大人謂侯氏所考致確，故據以更正著録。

姚振宗《三國藝文志・書類》　劉毅《尚書義答》二卷。《吳志・孫登傳》：「黃龍元年，權稱尊號，立登爲皇太子，以范慎爲賓客。」《吳録》曰：「慎字孝敬。廣陵人。後爲侍中，出補武昌左部督。孫晧移都武昌，以爲太尉。鳳凰三年，卒。」劉毅不知何許人。《晉書》有劉毅字仲雄，東萊掖人，仕魏入晉，官至尚書左僕射、光祿大夫。太康時卒。豈即其人。【略】　侯《志》曰：「《隋志》當云吳太尉范順問，劉毅答。《吳志・孫晧傳》有太尉范慎，又見《孫登傳》，注即其人也。順慎古通。」

案：《冊府元龜》云：「劉毅爲太尉，譔《尚書答》。」蓋亦據《隋志》之誤，以太尉屬劉毅也。然則《隋志》此誤，自宋初已然矣。

## 尚書駁

姚振宗《三國藝文志・五經總義類》　程秉《尚書駁》。

## 尚書注

**姚振宗《三國藝文志・書類》**　李譔《尚書注》。譔始末見《易》類。《蜀志》本傳：「譔著古文《易》、《尚書》，皆依準賈、馬，異于鄭玄，與王氏意歸多同。」　《冊府元龜・學校部・注釋類》：「李譔爲中散大夫右中郎將，著古文《易》、《尚書》。」

## 禹貢地域圖

**朱彝尊《經義考・書》**　裴氏秀《禹貢地域圖》。十八篇。佚。《晉書》：「裴秀字季彥，河東聞喜人。武帝受禪，官尚書令、左光祿大夫，久之，以爲司空。秀儒學洽聞，職在地官，以《禹貢》山川地名從來久遠，多有變易，後世說者，或彊牽引，漸以暗昧。於是甄摘舊文，疑者則闕，古有名而今無者，皆隨事注列，作《禹貢地域圖》十八篇，奏之。藏於祕府。」　秀《自序》曰：「圖書之設，由來尚矣。自古立象垂制而賴其用，三代置其官，國史掌厥職。暨漢屠咸陽，丞相蕭何盡收秦之圖籍，今祕書既無古之地圖，又無蕭何所得，惟有漢時輿地及括地諸雜圖。各不設分率，又不考正準望，亦不備載名山大川，雖有麤形，皆不精審，不可依據。或荒外迂誕之言，不合事實，於義無取。大晉龍興，混一六合，以清宇宙，始於庸蜀，冞入其岨。文皇帝乃命有司，撰訪吳蜀地圖。蜀土既定，六軍所經，地域遠近，山川險易，征路迂直，校驗圖記，罔或有差。今上考《禹貢》山海川流，原隰陂澤，古之九州及今之十六州，郡國縣邑，疆界鄉陬，及古國盟會舊名，水陸徑路，爲地圖十八篇。制圖之體有六焉：一曰分率，所以辨廣輪之度也；二曰準望，所以正彼此之體也；三曰道里，所以定所由之數也；四曰高下；五曰方邪；六曰迂直：此三者，各因地而制宜，所以校夷險之異也。有圖象而無分率，則無以審遠近之差；有分率而無準望，雖得之於一隅，必失之於他方；有準望而無道里，則施於山海絕隔之地，不能以相通；有道里而無高下、方邪、迂直之校，則徑路之數必與遠近之實相違，失準望之正矣。故以此六者，參而考之。然遠近之實，定於分率，彼此之實，定於道里，度數之實，定於高下、方邪、迂直之算，故雖有峻山鉅海之隔絕，域殊方之迥，登降詭曲之因，皆可得舉而定者。準望之法既正，則曲直遠近無所隱其形也。」

## 汲冢書雜書

**文廷式《補晉書藝文志・書類》**　《汲冢書雜書》十九篇。事詳《束皙傳》。《〈尚書・盤庚上〉正義》：「《汲冢古文》云：『盤庚自奄遷于殷，殷在鄴南三十里。』束皙云：『《尚書序》「盤庚五遷，將治亳殷」，舊說以爲居亳。亳殷在河南。孔子壁中《尚書》云「將治宅殷」，是與古文不同也。』」

## 尚書注

**文廷式《補晉書藝文志・書類》**　李充《尚書注》。本傳。

## 尚書注

**《隋書・經籍志・書》**　梁有《尚書》十卷，范甯注。亡。

**陸德明《經典釋文序錄・注解傳述人》**　范甯《集解》十卷。

**《舊唐書・經籍志・書類》**　《古文尚書》十卷。孔安國傳，范甯注。

**《新唐書・藝文志・書類》**　范甯《注》十卷。

**鄭樵《通志・藝文略・書》**　《尚書》十卷。范甯。

**沈家本《續漢書志注所引書目・經部》**　《尚書范甯注》。《祭祀上》。《隋志》：「《古文尚書舜典》一卷，晉豫章太守范甯注。」「梁有《尚書》十卷，范甯注，亡。」《舊唐志》：「《古文尚書》十卷，孔安國傳，范甯注。」

《新志》：「范甯《注》十卷。」《釋文》：「梅賾奏上孔傳《古文尚書》，亡《舜典》一篇，乃取王肅注，《堯典》，從『昚徽五典』以下分爲《舜典》篇以續之。後范甯變爲《今文集注》。」又云「范甯《集解》十卷」。案甯字武子，《晉書》有傳。此注所引，當即甯之《舜典集注》也。今其書已亡。

**文廷式《補晉書藝文志·書類》** 范甯《古文尚書注》十卷、《古文尚書舜典》一卷。豫章太守。《釋文》作《集解》。國朝馬國翰《玉函山房輯佚書》此書得十二節。今案《玉篇》原本「工」字下引《書》「垂汝共工」，范甯曰：「主百工匠之官，謂司空也。」「飫」字下引《尚書序》「稾飫」，范甯《集解》曰：「稾，勞也；飫，賜也。勞賜也，賜下士故曰稾飫也。」皆馬所未見。慧琳《大藏音義》卷六，《尚書》「惟刑之恤」，范甯《集解》：「恤，憂也。」卷十八。

## 古文尚書舜典注

**《隋書·經籍志·書》** 《古文尚書舜典》一卷。晉豫章太守范甯注。

**鄭樵《通志·藝文略·書》** 《古文尚書舜典》一卷。晉豫章太守范甯注。

**姚振宗《隋書經籍志考證·書類》** 《古文尚書舜典》一卷。晉豫章太守范甯注。《晉書》本傳：「甯字武子，南陽順陽人。少篤學，多所通覽。孝武帝時，始爲餘杭令，遷臨淮太守，封陽遂鄉侯，徵拜中書侍郎，出補豫章太守。免官，家於丹陽，猶勤經學，經年不輟。年六十三，卒於家。」《釋文·叙録》：「枚賾奏上《孔傳古文尚書》，亡《舜典》一篇，乃取王肅注《堯典》，從『昚徽五典』以下分爲《舜典》篇以續之。後范甯變爲今文《集注》，俗間或取《舜典》篇以續孔氏。」按或「取」之下當有「甯注」二字。又曰：「范甯《集解》十卷。」 《唐書·經籍志》：「《古文尚書》又十卷，孔安國傳，范甯注。」 《唐書·藝文志》：「《古文尚書》范甯注。十卷。」 《經義考》曰：「范氏《尚書注》，《經典·叙録》作《集解》。《七録》：十卷。《隋志》止《古文尚書舜典注》一卷。」 餘姚盧文弨《釋文考證》曰：「《隋志》『《古文尚書舜典》一卷，范甯注。梁有《尚書》十卷，范甯注。亡。』蓋范書本十卷，因孔《傳》闕《舜典》，故取范所注《舜典》以補孔《傳》之闕。後范所注本皆亡，而《舜典》一篇獨以傳合孔《傳》得存也。」 馬氏《玉函山房輯本》序曰：「《隋志》有范注《舜典》一卷，唐復得其十卷之全，故《舜典注》不復著目，今並佚。從劉昭《後漢志注》、玄應《一切經音義》、《太平御覽》等書輯得十二節，大抵用馬、鄭舊文。」

## 古文尚書音

**《隋書·經籍志·書》** 《古文尚書音》一卷。徐邈撰。

**鄭樵《通志·圖譜略·書》** 《古文尚書音》一卷。徐邈。

**文廷式《補晉書藝文志·書類》** 徐邈《古文尚書音》一卷。馬國翰從《釋文》、《集韻》、《六經正誤》等書輯録一卷，其音有《胤征》、《太甲》、《説命》諸篇，蓋至范、徐僞古文而其書遂盛傳南北矣。

## 尚書逸篇注

**《新唐書·藝文志·書類》** 徐邈注《逸篇》三卷。

**鄭樵《通志·藝文略·書》** 《尚書逸篇》三卷。徐邈注。

**姚振宗《隋書經籍志考證·書類》** 《尚書逸篇》二卷。本志篇叙曰：「又有《尚書逸篇》出於齊梁之間，考其篇目，似孔壁中《書》之殘缺者，故附《尚書》之末。」 《唐書·藝文志》：「徐邈注《逸篇》三卷。」 宋王應麟《困學紀聞》曰：「《書大傳》、《虞傳》有《九共》篇，《殷傳》有《帝告》篇，豈伏生亦見古文逸篇耶？《大傳》之序有《嘉禾》，有《揜誥》，今本闕焉。《隋志》有《逸篇》二卷，出齊、梁之間；唐有三卷，徐邈注。」 又《漢書藝文志考證》曰：「《左傳》、《孟子》、《史記》、《漢書》、《白虎通》、《孔叢子》皆引《逸書》文。吳氏曰：自漢而下，《書》之逸者已不復見，雖間出，既所未讀，必不能知其爲《書》。如《漢書》所謂先其算命，《孔叢子》所謂高宗報上甲微，《孟子》所謂不及貢以政接於有庳之類。先儒指以爲《逸書》，世方知之，不然，孰知其爲《書》也。」《經義考》：「《尚書逸篇》，《新唐志》：三卷。孫奭曰：『《尚書逸篇》，唐有三卷。徐邈爲之注焉。』」按：徐邈，晉、宋間人，而爲之注，則是書東晉時已有之，非出於齊、梁可知。

按：此疑是佚《周書》之佚出者。《南史・劉顯傳》云：「任昉嘗得一篇缺簡，文字零落，示諸人莫能識，顯見云是《古文尚書》所刪逸篇。昉檢《周書》，果如其說。」疑昉所得之一篇，并入徐注二卷中，故本志云出齊、梁間，而《唐志》云三卷也。徐邈於五經皆有《音義》，見前《易類》。孫氏星衍有輯本二卷，見《岱南閣叢書》，以爲劉叔嗣注，非也。又按：自《僞孔傳》至此，皆傳注之屬，爲第一類。志序言逸篇附《尚書》之末，蓋附於諸家傳注之末，其類中分類之意，不言可知。

**文廷式《補晉書藝文志・書類》**　徐邈《尚書逸篇注》三卷。見《新唐志》。

## 周書注

**朱彝尊《經義考・書》**　《周書注》。十卷。存。

## 續咸汲冢古文釋

**文廷式《補晉書藝文志・書類》**　《續咸汲冢古文釋》十卷。本傳《史記正義》云：「晉咸寧五年，汲郡汲縣發魏襄王冢，得古書冊七十五卷。」趙明誠《金石録》卷二十云：「晉太公碑其略云：『大晉受命，四海一統，太康二年，縣之西偏有盜發冢，而得竹策之書。書藏之年，當秦坑儒之前八十六歲。』今以《晉書・武帝紀》考之，云：『咸甯五年，汲郡人不準掘魏襄王冢，得竹簡小篆古書十餘萬言，藏于祕府。與碑年月不同。』荀勗校《穆天子傳》亦云『太康二年』，與碑合，可正晉史之誤。其曰『小篆書』亦謬也。既在秦坑儒八十六歲之前，是時安得有小篆乎？」《春秋後序》曰：「太康元年，吳寇始平，余選襄陽，乃修成《春秋釋例》及《經傳集解》，始訖會汲郡。汲縣有發其界内舊冢者，得古文，皆簡編科斗文字。發冢者不以爲意，往往散亂，科斗書久廢，推尋不能盡通始者，藏在祕府。余晚得見之，大凡七十五卷。」據此則杜元凱親見之書，實科斗非小篆也。

## 尚書義注

**《隋書・經籍志・書》**　《尚書義注》三卷。呂文優撰。

**《舊唐書・經籍志・書類》**　《尚書義注》三卷。呂文優撰。

**《新唐書・藝文志・書類》**　呂文優《義注》三卷。

**鄭樵《通志・藝文略・書》**　《尚書義注》三卷。呂文優。

## 尚書義疏

**《隋書・經籍志・書》**　梁有《尚書義疏》四卷，晉樂安王友伊說撰。亡。

**《舊唐書・經籍志・書類》**　《尚書釋義》四卷。伊說撰。

**《新唐書・藝文志・書類》**　伊說《釋義》四卷。

**鄭樵《通志・藝文略・書》**　《尚書釋義》四卷。伊說。

**朱彝尊《經義考・書》**　伊氏說《尚書義疏》。《唐志》作《釋義》。《七録》：四卷。佚。阮孝緒曰：「說爲晉樂安王友。」

**姚振宗《隋書經籍志考證・書類》**　《唐書・經籍志》：「《尚書釋義》四卷，伊說撰。」《唐書・藝文志》：「伊說《釋義》四卷。」

按：伊說始末未詳。《晉書・文六王傳》：「樂安平王鑒，武帝踐祚，封樂安王。帝爲鑒及燕王機高選師友，下詔曰：『樂安王鑒、燕王機並以長大，宜得輔導師友，取明經儒學有行義節儉，使足嚴憚。昔韓起與田蘇游而好善，宜必得其人。』」蓋晉初與燕王師王懋約，撰《周官》、《禮記》、《寧朔新書》者，同時爲二王師友者也。說所撰，又有《周官禮注》十二卷，見後

《三禮》類。據《開元姓纂》，伊氏大抵是山陽郡人，與蜀伊籍同族。

**文廷式《補晉書藝文志・書類》** 伊説《尚書義疏》四卷。樂安王友。《舊唐志》作《尚書釋義》。

## 尚書注

**陸德明《經典釋文序録・注解傳述人》** 謝沈《注》十五卷。字行思，會稽人，東晉尚書祠部郎領著作。《録》一卷。

**《隋書・經籍志・書》** 《尚書》十五卷。晉祠部郎謝沈撰。

**《舊唐書・經籍志・書》** 《古文尚書》十三卷。謝沈注。

**《新唐書・藝文志・書類》** 謝沈《注》十三卷。

**鄭樵《通志・藝文略・書》** 《尚書》十五卷。晉祠部郎謝沈。

**姚振宗《隋書經籍志考證・書類》** 《尚書》十五卷。晉祠部郎謝沈撰。《晉書》本傳：「沈字行思，會稽山陰人也。博學多識，明練經史。郡命爲主簿功曹，察孝廉，太尉辟並不就。會稽內史何充引爲參軍，以母老去職，閑居養母，不受人事，耕耘之暇，研精墳籍。康帝即位，徵爲太學博士，除尚書度支郎，遷著作郎。卒年五十二。」

**文廷式《補晉書藝文志・書類》** 謝沈《尚書注》十五卷，《録》一卷。祠部郎。

## 集解尚書

**陸德明《經典釋文序録・注解傳述人》** 李顒《注》十卷。字長林，江夏人，東晉本郡太守。

**《隋書・經籍志・書》** 《集解尚書》十一卷。李顒注。

**《舊唐書・經籍志・書》** 《古文尚書》十卷。李顒集注。

**《新唐書・藝文志・書類》** 李顒《集注》十卷。

**鄭樵《通志・藝文略・書》** 《集解尚書》十一卷。李顒。



**文廷式《補晉書藝文志・書類》** 李顒《集解尚書》十一卷。字長林，江夏人。東晉本郡太守。案：長林，李充子，充傳云「郡舉孝廉」。《舊唐志》作《集注》，《釋文》作「李顒注」。《〈書・太誓〉正義》曰：「李顒《集注尚書》於《僞泰誓》篇，每引『孔安國曰』，計安國必不爲彼僞書作傳，不知顒何由爲此言。」陳壽祺《左海文集》曰：「《世語注》卷一引《續晉陽秋》曰：『孔安國字安國。會稽山陰人。車騎愉第六子也。』《宋書・禮志》、《晉書・禮志》、《通典・吉禮・凶禮》皆載孔安國論議，李長林宜與同時，故得引其説。穎達誤以爲漢之孔臨淮也。」

## 尚書新釋

**《隋書・經籍志・書》** 《尚書新釋》二卷。李顒撰。

**《舊唐書・經籍志・書類》** 《尚書新釋》二卷。李顒撰。

**《新唐書・藝文志・書類》** 《尚書新釋》二卷。

**鄭樵《通志・藝文略・書》** 《尚書新釋》二卷。李顒。

**文廷式《補晉書藝文志・書類》** 李顒《尚書新釋》二卷。《尚書序》「仲丁遷于囂」，《正義》曰：「李顒云：『囂在陳留浚儀縣。』」

## 尚書要略

**《舊唐書・經籍志・書類》** 《尚書要略》二卷。李顒撰。

**《新唐書・藝文志・書類》** [李顒]《要略》二卷。

**丁國鈞《補晉書藝文志・書類》** 《尚書要略》二卷。李顒。謹按：見兩唐《志》，是書《隋志》不載，《唐志》與《新釋》並著録，知非一書。

**文廷式《補晉書藝文志・書類》** 《尚書要略》二卷。

## 尚書音

**朱彝尊《經義考・書》** 李氏軌《古文尚書音》。《七録》：一卷。佚。

**文廷式《補晉書藝文志・書類》** 李軌《尚書音》。

## 尚書亡篇序

**秦榮光《補晉書藝文志・書類》** 《尚書亡篇序》一卷。

## 集釋尚書

**陸德明《經典釋文序録・注解傳述人》** 姜道盛《集解》十卷。天水人，宋給事中，字道盛。

**《隋書・經籍志・書》** 《集釋尚書》十一卷。宋給事中姜道盛注。

**《舊唐書・經籍志・書》** 《古文尚書》十卷。姜道盛集注。

**《新唐書・藝文志・書類》** 姜道盛《集注》十卷。

**鄭樵《通志・藝文略・書》** 《集釋尚書》十一卷。宋給事中姜道盛。

**姚振宗《隋書經籍志考證・書類》** 《集釋尚書》十一卷。宋給事中姜道盛注。《宋書・劉懷肅傳》：「元嘉十八年，氐賊楊難當侵寇漢中。十九年，龍驤將軍裴方明大破之於濁水。詔曰：『故晉壽太守姜道盛，前討仇池，志輸誠力，即戎著效，臨財能清，近先登濁水，殞身鋒鏑，可贈給事中，賜錢千萬。』道盛著《古文尚書》行於世。」

## 尚書百問

**《隋書・經籍志・書》** 《尚書百問》一卷。齊太學博士顧歡撰。

**《舊唐書・經籍志・書》** 《尚書百問》一卷。顧歡撰。

**《新唐書・藝文志・書類》** 顧歡《百問》一卷。

**鄭樵《通志・藝文略・書》** 《尚書百問》一卷。齊太學博士顧歡。

**姚振宗《隋書經籍志考證・書類》** 《尚書百問》一卷。齊太學博士顧歡撰。《南史・隱逸傳》：「顧歡字景怡，一字玄平，吳興鹽官人也。父祖並爲農夫。歡獨好學，篤志不倦，從吳興邵玄之受《五經》，更從豫章雷次宗諮玄儒諸義。母亡，廬於墓次，遂隱不仕。於剡天台山開館聚徒，受業者常近百人。齊高帝輔政，徵爲揚州主簿。永明中，詔徵爲太學博士，不就。卒於剡山。年六十四。」

## 尚書音義

**《舊唐書・經籍志・書》** 《尚書音義》四卷。王儉撰。

**《新唐書・藝文志・書類》** 王儉《音義》四卷。

**鄭樵《通志・圖譜略・書》** 《音義》四卷。王儉。

**朱彝尊《經義考・書》** 王氏儉《尚書音義》。《唐志》：四卷。佚。任昉曰：「公諱儉，字仲寶，瑯琊臨沂人。年六歲，襲封豫寧侯。初拜祕書郎，遷太子舍人，以選尚公主，拜駙馬都尉。元徽初，遷祕書丞。服闋，拜司徒右長史，出爲義興太守。還除給事黄門侍郎，遷尚書吏部郎恭選，俄遷侍中，辭不拜，補太尉右長史，俄遷左長史。齊臺初建，以公爲尚書右僕射，領吏部。太祖受命，以佐命功封南昌縣開國公，食邑二千戶。建元二年，遷尚書左僕射，領選如故，尋表解選，詔加侍中，又授太子詹事，侍中僕射如故。改授散騎常侍。太祖崩，遺詔以公爲侍中尚書令、鎮國將軍，進號衛將軍，以本官領丹陽尹，復以本官領國子祭酒。解丹陽尹，領太子少傅，又領本州大中正。頃之，以本號開府儀同三司，詔加中書監。薨。追贈太尉，謚曰文憲。」

## 王肅注尚書音

**張鵬一《隋書經籍志補・書》** 《尚書王肅注音》。後魏彭城劉芳。《北史》本傳：「芳撰鄭玄所注《周官》、《儀禮音》，干寶所注《周官音》，何休所注《公羊音》，范甯所注《穀梁音》，韋昭所注《國語音》，范曄《後漢書音》各一卷，《辨類》三卷，《徐州人地録》二十卷，《急就篇續注音義證》三卷，《毛詩箋音義證》十卷，《志》已録。《禮記義證》十卷，《志》已録。《周官》、《儀禮義證》各五卷。」

## 注尚書序

**朱彝尊《經義考・書》** 陶氏弘景《注尚書序》。一卷。佚。按：貞白《注詩書序》，見元道士劉大彬《茅山志》。

## 舜典孔傳

**朱彝尊《經義考・書》** 姚氏方興《舜典孔傳》。一篇。存。陸德明曰：「齊明帝建武中，吳興姚方興采馬、王之注，造孔《傳》《舜典》一篇，云於大航頭買得之。梁武時爲博士，議曰孔《序》稱伏生誤合五篇，皆文相承接，所以致誤。《舜典》首有『曰若稽古』，伏生雖昏耄，何容合之，遂不行用。」又曰：「《舜典》『曰若稽古帝舜，曰重華，協于帝』，此十二字是姚方興所上，孔氏《傳》本無。阮孝緒《七録》亦云：『然方興本或此下更有「濬哲文明，溫恭允塞，玄德升聞，乃命以位」凡二十八字異。』」孔穎達曰：「東晉之初，豫章内史梅賾上孔氏《傳》，猶闕『乃命以位』已上二十八字。至齊蕭鸞建武四年，吳興姚方興於大航頭得孔氏《傳》古文《舜典》，亦類太康中書，乃表上之，事未施行，方興以罪致戮。至隋開皇初，購求遺典始得之。」劉知幾曰：「姚方興採馬、王之義以造孔《傳》，《舜典》云：『於大航購得。』詣闕以獻。舉朝集議，咸以爲非。及江陵板蕩，其文北入中原，學者得而異之。隋學士劉炫遂取此一篇，列諸本第。」鄭公曉曰：「《舜典》『曰若稽古，帝舜』二十八字，蓋隋開皇時人僞爲之，假設姚方興以伸其歲月爾。『曰若』句襲諸篇首，『重華』句襲諸《史記》，『濬哲』掠《詩・長發》，『文明』掠《乾・文言》，『溫恭』掠《頌・那》，『允塞』掠《雅・常武》，『玄德』掠《淮南子鴻烈》，『乃試以位』掠《史・伯夷傳》，正見其蒐竊之踪。」

## 尚書大義

**《隋書・經籍志・書》** 《尚書大義》二十卷。梁武帝撰。

**鄭樵《通志・藝文略・書》** 《尚書大義》二十卷。梁武帝。

**姚振宗《隋書經籍志考證・書類》** 《尚書大義》二十卷。梁武帝撰。梁武帝有《周易大義》，見前《易》類。《南史・劉之遴傳》：「是時《周易》、《尚書》，並有武帝《義疏》。」《玉海・藝文類》、《隋志》：「《尚書大義》二十卷。梁武帝撰。」注云：「梁主言本有兩《泰誓》，兼而存之，《古文》伐紂，《今文》觀兵時事。」

## 尚書注

**《隋書・經籍志・書》** 梁有《尚書》二十一卷，劉叔嗣注。亡。

**朱彝尊《經義考・書》** 劉氏叔嗣《尚書注》。《七録》：二十一卷。佚。

## 尚書亡篇序

**《隋書・經籍志・書》**　《尚書亡篇序》一卷。梁五經博士劉叔嗣注。梁有《尚書》二十一卷，劉叔嗣注。

**鄭樵《通志・藝文略・書》**　《尚書亡篇序》一卷。梁五經博士劉叔嗣注。

**朱彝尊《經義考・書》**　《尚書亡篇序》。《隋志》一卷。佚。《隋志》：「梁五經博士劉叔嗣注。」《册府元龜》：「劉叔嗣爲五經博士，注《尚書亡篇序》，又注《尚書》二十一卷。」

## 尚書新集序

**《隋書・經籍志・書》**　劉叔嗣有《尚書新集序》一卷。亡。

**朱彝尊《經義考・書》**　《尚書新集序》。《七録》：一卷。佚。

## 古文尚書大義

**《舊唐書・經籍志・書》**　《古文尚書大義》二十卷。任孝恭撰。

**《新唐書・藝文志・書類》**　任孝恭《古文大義》二十卷。

**鄭樵《通志・藝文略・書》**　《古文大義》二十卷。任孝恭。

**朱彝尊《經義考・書》**　任氏孝恭《古文尚書大義》。《唐志》二十卷。佚。《南史》：「任孝恭字孝恭，臨淮人。武帝召入西省，初爲奉朝請，進直壽光省，爲司文侍郎，俄兼中書通事舍人。侯景獲之，使作檄。求還私第檢討，景許之，因走入東府。城陷，景剉斬之。」

## 尚書具事

**王圻《續文獻通考・經籍考・書》**　《尚書具事》。丘仲孚著。

## 尚書義疏

**《隋書・經籍志・書》**　《尚書義疏》三十卷。蕭詧司徒蔡大寶撰。

**《舊唐書・經籍志・書類》**　《尚書義疏》三十卷。蔡大寶撰。

**《新唐書・藝文志・書類》**　蔡大寶《義疏》三十卷。

**鄭樵《通志・藝文略・書》**　《尚書義疏》三十卷。梁司徒蔡大寶。

**朱彝尊《經義考・書》**　蔡氏大寶《尚書義疏》。《隋志》三十卷。佚。《隋志》：「大寶，蕭詧司徒。」孔穎達曰：「《古文》近至隋初，始流河朔，其爲《正義》者，蔡大寶、巢猗、費甝、顧彪、劉焯、劉炫。」

**姚振宗《隋書經籍志考證・書類》**　《尚書義疏》三十卷。蕭詧司徒蔡大寶撰。《周書・蕭詧附傳》：「蔡大寶字敬位，濟陽考城人。博覽羣書，學無不綜。詧於江陵稱帝，爲侍中尚書令，封安豐縣侯。巋嗣位，册授司空，中書監，中權大將軍，領吏部尚書。固讓司空，許之，加特進。巋之三年，按後梁明帝天保三年，爲南朝陳文帝天嘉五年。卒。贈司徒，進爵爲公，謚曰文凱。大寶，有智謀，詧推心委任，以爲謀主。時人以詧之有大寶，猶劉先主之有孔明焉。所著《尚書義疏》行於世。」

## 尚書義

**《隋書・經籍志・書》**　《尚書義》三卷。巢猗撰。

**鄭樵《通志・藝文略・書》**　《尚書義》三卷。梁國子助教巢猗。

**朱彝尊《經義考・書》**　巢氏猗《尚書義》。《隋志》三卷。新、舊唐

《志》作《義疏》十卷。佚。

## 尚書義疏

**《舊唐書・經籍志・書》**　《尚書義疏》十卷。巢猗撰。

**《新唐書・藝文志・書類》**　巢猗《義疏》十卷。

**鄭樵《通志・藝文略・書》**　《義疏》十卷。梁國子助教巢猗。

## 尚書百釋

**《隋書・經籍志・尚書》**　《尚書百釋》三卷。梁國子助教巢猗撰。

**《舊唐書・經籍志・書》**　《尚書百釋》三卷。巢猗撰。

**《新唐書・藝文志・書類》**　巢猗《百釋》三卷。

**鄭樵《通志・藝文略・書》**　《尚書百釋》三卷。梁國子助教巢猗。

**朱彝尊《經義考・書》**　《尚書百釋》。《隋志》：三卷。佚。《隋志》：「梁國子助教巢猗撰。」

**姚振宗《隋書經籍志考證・書類》**　《尚書百釋》三卷。梁國子助教巢猗撰。巢猗始末未詳。**【略】**

按：此《百釋》，《新唐志》類從於顧氏《百問》之次，似即釋顧氏之書，當時所釋不止徐伯珍一家歟。

又按：自《尚書駁議》至此，皆駁難問答雜義之屬，爲第四類。

## 尚書義疏

**陸德明《經典釋文序録・注解傳述人》**　梁國子助教江夏費甝作《義疏》，行於世。

**《隋書・經籍志・書》**　《尚書義疏》十卷。梁國子助教費甝撰。

**《舊唐書・經籍志・書》**　《尚書義疏》十卷。費甝撰。

**《新唐書・藝文志・書類》**　費甝《義疏》十卷。

**鄭樵《通志・藝文略・書》**　《尚書義疏》十卷。梁國子助教費甝。

**朱彝尊《經義考・書》**　費氏甝《尚書義疏》。《隋志》：十卷。佚。

**【略】**李延壽曰：「齊時諸生，略不見孔《傳》注解。武平末，劉光伯、劉士元始得費甝《義疏》，乃留意焉。」

## 尚書注

**張鵬一《隋書經籍志補・書》**　《尚書注》。盧景裕。

## 尚書廣疏

**朱彝尊《經義考・書》**　《尚書廣疏》。《崇文總目》：十八卷。佚。

## 尚書義疏

**張鵬一《隋書經籍志補・書》**　《尚書義疏》。後周蕭巋。

## 尚書注

**張鵬一《隋書經籍志補・書》**　《尚書注》。隋河南宇文弼。

## 尚書義疏

《隋書・經籍志・書》　《尚書義疏》七卷。

《舊唐書・經籍志・書》　《尚書義疏》二十卷。劉焯撰。

《新唐書・藝文志・書類》　劉焯《義疏》三十卷。

鄭樵《通志・藝文略・書》　《尚書義疏》七卷。《隋志》。《尚書義疏》三十卷。隋劉焯。

朱彝尊《經義考・書》　劉氏焯《尚書義疏》。《唐志》：二十卷。佚。

《北史》：「劉焯字士元，信都昌亭人。少與河間劉炫結盟爲友，同受《詩》於同郡劉軌思，受《左傳》於廣平郭懋，問《禮》於阜城熊安生。開皇中，舉秀才射策，同修國史，直門下省，俄除員外將軍，於祕書省考定羣言，假還，復入京。爲飛章所謗，除名。於是優游鄉里，專以著述教授爲務。賈、馬、王、鄭所傳《章句》，多所是非。煬帝即位，遷太學博士。」《儒林傳》：「信都劉士元、河間劉光伯拔萃出類，學通南北，博極古今，後生鑽仰。所製諸經義疏，縉紳咸師宗之。」

姚振宗《隋書經籍志考證・書類》　《尚書義疏》七卷。不著撰人。按兩唐《志》，蔡大寶之後劉炫之前，有劉焯《義疏》二十卷。此七卷似即劉焯之殘本。

## 尚書述義

《隋書・經籍志・書》　《尚書述義》二十卷。國子助教劉炫撰。

《舊唐書・經籍志・書》　《尚書述義》二十卷。劉炫撰。

《新唐書・藝文志・書類》　劉炫《述義》二十卷。

鄭樵《通志・藝文略・書》　《尚書述義》二十卷。隋國子助教劉炫。

姚振宗《隋書經籍志考證・書類》　《尚書述義》二十卷。國子助教劉炫撰。《北史・儒林傳》：「劉炫字光伯。河間景城人也。少聰敏，與信都劉焯閉戶讀書，十年不出。炫強記默識，莫與爲儔。隋開皇中，奉敕與著作郎王邵同修國史，俄直門下省待顧問。又詔諸術者修天文律曆，兼於內史省考定羣言，除殿內將軍。坐事除名，歸家教授。後召至京師，與諸儒修定《五禮》，授旅騎尉。煬帝時，除太學博士。歲餘，以品卑去任，還河間。時盜賊蜂起，教授不行，炫爲賊所將。未幾，賊爲官軍所破，炫飢餓無所依，時夜冰寒，因此凍餒而死。《隋書・儒林傳》云：年六十八。其後門人謚曰宣德先生。著《尚書述議》二十卷，《論語》、《孝經》、《毛詩》、《春秋》諸《述議》各若干卷。《算術》一卷，并文集並行於世。」又《劉焯傳》云：「劉炫聰明博學，名亞於焯，時人稱二劉焉。」《隋書・儒林傳序》曰：「煬帝即位，復開庠序，於時舊儒，多已凋亡。二劉拔萃出類，學通南北，博極古今，後生鑽仰，莫之能測。所製諸經《義疏》，搢紳咸師宗之。」《史通・古今正史》篇：「齊建武中，吳興人姚方興采馬、王之義以造孔傳《舜典》，云大航購得，詣闕以獻。舉朝集議，咸以爲非。及江陵板蕩，其文入北，中原學者得而異之。隋學士劉炫遂取此一篇，列諸本第。故今人所習《尚書・舜典》，元出於姚氏者焉。」唐孔穎達《尚書正義序》曰：「古文經傳，晚始得行，其辭富而備，其義弘而雅，故復而不厭，久而愈亮，江左學者，咸悉祖焉。近至隋初，始流河朔，其爲《正義》者，蔡大寶、巢猗、費甝、顧彪、劉焯、劉炫等。其諸公旨趣，多或因循，帖釋注文，義皆淺略。惟劉焯、劉炫最爲詳雅。」又曰：「炫嫌焯之煩雜，就而刪焉。」【略】　馬氏《玉函山房輯本序》曰：「炫本傳叙其著作有《尚書述議》二十卷，隋、唐《志》並作《述義》，卷同。今佚。孔氏《正義》引之，或稱二劉，或稱小劉，或稱劉君。今以稱大劉者歸焯，稱小劉及劉君者歸炫，稱二劉者各著之。」按《北史・儒林傳》，劉焯亦著《五經述議》，二劉書名相同。

## 尚書百篇義

鄭樵《通志・藝文略・書》　《百篇義》一卷。劉炫。

## 尚書孔目

**鄭樵《通志・藝文略・書》** 《尚書孔目》一卷。劉炫。

## 尚書略義

**鄭樵《通志・藝文略・書》** 《略義》三卷。劉炫。

**朱彝尊《經義考・書》** 《尚書略義》。《通志》：三卷。佚。《北史》：「劉炫字光伯，河間景城人。隋開皇中，奉勅同修國史，俄直門下省，兼於內史省考定羣言。雖遍直三省，竟不得官，爲縣司責其賦役。炫自陳於內史，內史送詣吏部。尚書韋世康問其所能，炫自爲狀曰：『《周禮》、《禮記》、《毛詩》、《尚書》、《公羊》、《左傳》、《孝經》、《論語》，孔、鄭、王、何、服、杜等注凡十三家，雖義有精粗，並堪講授。《周易》、《儀禮》、《穀梁》，用功差少。子史文集，嘉言故事，咸誦於心。天文律曆，窮覈微妙。』吏部竟不詳試。在朝知名之士十餘人保明炫所陳不謬，於是除殿內將軍。煬帝即位，納言楊達舉炫博學有文章，射策高第，除太學博士。」《冊府元龜》：「劉炫爲太學博士，以品卑去任，歸於河間。時盜賊蠭起，穀食踊貴，教授不行，因凍餒而死。其後門人謚曰宣德先生。」

按：劉光伯《尚書百篇義》、《孔傳目》、《略義》三書，《紹興》、《四庫續到闕書目》俱有之。又《隋志》載《劉先生尚書義》三卷，不詳其名，度非光伯即士元所著也。

## 尚書義

**《隋書・經籍志・書》** 《尚書義》三卷。劉先生撰。

**鄭樵《通志・藝文略・書》** 《尚書義》三卷。隋劉先生。

**姚振宗《隋書經籍志考證・書類》** 《尚書義》三卷。劉先生撰。《經義考》曰：「《隋志》載《劉先生・尚書義》三卷，不詳其名，度非劉光伯即劉士元所著也。」

按：劉炫字光伯，劉焯字士元，《經義考》曰：《通志・藝文略》載劉炫《尚書百篇義》一卷，《尚書孔傳目》一卷，《尚書略義》三卷。此三書《紹興》、《四庫續到闕書目》俱有之。宗按：《尚書略義》或即此《尚書義》，以其卷數相同爾，別無碻證。而劉士元《義疏》二十卷本，《志》不見，疑此與前七卷皆士元書之散佚者。

## 今文尚書音

**《隋書・經籍志・書》** 《今文尚書音》一卷。祕書學士顧彪撰。

**鄭樵《通志・圖譜略・書》** 《今文尚書音》一卷。顧彪。

## 古文尚書音義

**《舊唐書・經籍志・書》** 《古文尚書音義》五卷。顧彪撰。

**《新唐書・藝文志・書類》** 顧彪《古文音義》五卷。

## 尚書大傳音

**《隋書・經籍志・書》** 《大傳音》二卷。顧彪撰。

**朱彝尊《經義考・書》** 《尚書大傳音》。《隋志》二卷。佚。《北史》：「顧彪字仲文，餘杭人。明《尚書》、《春秋》。煬帝時爲祕書學士。撰《古文尚書義疏》二十卷行於世。」《冊府元龜》：「彪撰《古文尚書義疏》二十卷，《今文尚書音》一卷，《大傳音》一卷，《尚書文外義》一卷。」鄭樵曰：「《古文尚書音》，唐世與宋朝並無，今出於漳州之吳氏。」

## 尚書疏

**《隋書・經籍志・書》** 《尚書疏》二十卷。顧彪撰。

**鄭樵《通志・藝文略・書》** 《尚書疏》二十卷。顧彪。

**姚振宗《隋書經籍志考證・書類》** 《尚書疏》二十卷。顧彪撰。顧彪有《今文尚書音》，見前。馬氏《玉函山房輯本序》曰：「《隋志》有《尚書疏》二十卷，《唐志》不著録，今佚。從《正義》輯録爲帙，《疏》衍孔《傳》，而時參用鄭康成説，蓋顧嘗爲《今文尚書音》、《大傳音》，留心舊學，不墨守一家也。」王氏《漢魏遺書鈔》曰：「從《正義》鈔出四十二條。」

## 尚書文外義

**《隋書・經籍志・書》** 《尚書文外義》一卷。顧彪撰。

**《舊唐書・經籍志・書類》** 《尚書文外義》三十卷。顧彪撰。

**《新唐書・藝文志・書類》** 顧彪《文外義》一卷。

**鄭樵《通志・藝文略・書》** 《尚書文外義》一卷。顧彪。

## 尚書釋問

**《隋書・經籍志・書》** 《尚書釋問》一卷。虞氏撰。

**鄭樵《通志・藝文略・書》** 《尚書釋問》一卷。虞氏。

## 書疏

**朱彝尊《經義考・書》** 王氏失名《書疏》。《七録》二十卷。佚。

## 尚書傳問

**朱彝尊《經義考・書》** 王氏失名《尚書傳問》。《七録》二卷。佚。

## 尚義

**朱彝尊《經義考・書》** 亡名氏《尚義》。《隋志》一卷。佚。

## 尚書閏義

**《隋書・經籍志・書》** 《尚書閏義》一卷。

**鄭樵《通志・藝文略・書》** 《尚書閏義》一卷。

## 尚書逸篇

**《隋書・經籍志・書》** 《尚書逸篇》二卷。

**鄭樵《通志・藝文略・書》** 《尚書逸篇》二卷。

**朱彝尊《經義考・書》** 《尚書逸篇》。《隋志》：二卷。佚。孫奭曰：「《隋・經籍志》《尚書逸篇》出於齊、梁之間，考其篇目，知孔氏壁中書之殘缺者，故附《尚書》之末。」

## 尚書釋文

**錢東垣等輯《崇文總目・書類》** 《尚書釋文》一卷，［原釋］陸德明撰。皇朝太子中舍陳鄂奉詔刊定。始開寶中，詔以德明所釋乃《古文尚書》，與唐明皇所定《今文》駁異，令鄂删定其文，改從隸書。蓋《今文》自曉者多，故切彌省。見《文獻通考》。

［原叙］《書》原于號令而本之史官，孔子删爲百篇，斷堯訖秦，序其作意。遭秦之故，孔子末孫惠與濟南伏勝各藏□本于家。楚漢之際，勝失其所藏，但口以傳授。勝既耄昬，乃繆合二十四篇爲二十九，歐陽、夏侯之徒皆學之，寫以漢世文字，號《今文尚書》。至武帝時，孔惠之書始出屋壁，百篇皆在，而半已磨滅，又皆科斗文字。惠孫安國以隸古定之，得五十八篇，爲之作傳，號《古文尚書》。至陳、隋之間，伏生之學廢絶，而孔《傳》獨行。先是孔《傳》亡其《舜典》，東晉梅賾乃以王肅所注伏生《舜典》足其篇，至唐孝明不喜隸古，始更以今文行于世。見《歐陽文忠公集》。

**鄭樵《通志・藝文略・書》** 《古文尚書釋文》十三卷。

**陳振孫《直齋書録解題・書類》** 《尚書釋文》一卷。唐陸德明撰。其言伏生二十餘篇，即馬、鄭所注是也，可證馬、鄭非見《古文》。又言梅賾所上亡《舜典》一篇，以王肅注頗類孔氏，故取王注，從「愼徽五典」以下爲《舜典》，以續孔《傳》。又言「若稽古」至「重華協于帝」十二字，是姚方興所上，孔氏《傳》本無，或此下更有「濬哲文明」至「乃命以位」總二十八字。

**馬端臨《文獻通考・經籍考・書》** 陸德明《尚書釋文》一卷。【略】

**《宋史・藝文志・書類》** 陸德明《釋文音義》一卷。

**楊士奇等《文淵閣書目・書》** 《尚書音義》。一部，一册。闕。

**馬國翰《玉函山房藏書簿録・書類》** 《尚書釋文》二卷。通志堂本。唐陸德明撰。【略】《玉海》云：「唐陸德明《釋文》用《古文》。後周顯德六年，郭忠恕定《古文尚書》并《釋文》刻板。太祖命判國子監周惟簡等重修，開寶五年二月，詔翰林學士李昉校定，上之，詔名《開寶新定尚書釋文》。咸平二年十月，孫奭請摹印《古今尚書音義》與新定《釋文》並行，從之。天聖八年，雕新定《釋文》。」據二書所載，則今世所有《尚書釋文》已非復陸之本書矣。其間馬、鄭舊義及衛、賈《古文》得寥寥幸存者，皆出於宋人芟削之餘，撫卷爲之三歎！

## 纂圖互注尚書

**錢謙益等《絳雲樓書目・書類》** 《纂圖互注點注尚書》。

**彭元瑞等《天禄琳琅書目後編・宋版經部》** 《纂圖互注尚書》。一函，六册。漢孔安國《傳》、《序》，唐陸德明《音義》。書十三卷，前標《尚書舉要圖》：曰《唐虞夏殷周譜系圖》，曰《律度量衡圖》，曰《堯制五服圖》，曰《禹弼五服圖》，曰《諸侯玉帛圖》，曰《有虞氏韶樂器圖》，曰《東坡禹迹圖》，曰《隨山濬川圖》，曰《啇七廟之圖》，曰《啇遷都之圖》，曰《周營洛邑圖》，曰《召誥土中圖》，曰《諸儒傳授書學圖》，是爲纂圖。又取本書相同之字，如《堯典序》中「聰明文思」下注以「冏命聰明齊聖」之類，是爲重意。又取本書相同之句，如《堯典》「曰若稽古」下注以《舜典》「曰若稽古」之類，是爲重言。又取他書中所引《尚書》之文，如《堯典》「克明俊德」下注《記・大學》：《帝典》曰「克明俊德」之類，是爲互注。蓋經生便用之書也。

麻沙本，闕筆至「惇」字，乃光宗時刊。

按：漢、唐傳經以石，至五代始有木刻，至宋而重監本，然校對多疏，展轉致誤。此岳珂《九經三傳沿革例》、毛居正《六經正誤》多較正監本之譌，或取諸蜀本、越本、建本而從其善者。此本《盤庚中》之「乃祖先監本譌「乃」父，丕乃告高后曰」、《文侯之命》之「即監本譌「既」我御事」、「汝克昭監本譌「紹」乃烈祖」，皆足證監本之誤。至今讀本《皋陶謨》、《禹貢》之「降水」爲「洚水」，「會于匯」爲「爲匯」；《太甲中》之「厥祖」爲「烈祖」；《咸有一德》之「厥德匪常」爲「靡常」；《武成》之「師逾」爲「師渡」；《洪範》之「作哲」爲「作晢」；《多士》之「今爾又曰『夏迪簡在王庭』」，爲「其曰」，則又監本所未誤而誤於蔡沈《集傳》者。以此證之，益知古籍之爲寶，實足資後來之考證也。

**瞿鏞《鐵琴銅劍樓藏書目録・書類》** 《婺本點校重言重意互註尚書》十三卷。宋刊本。首題「《尚書》卷第一」，次頂格題「《堯典》第一」，越數格題「《虞書》」，又越數格題「孔氏《傳》」，以下篇式同前。《尚書序》次行載「唐國子博士吳縣開國男陸德明釋文附以後」，傳下即入《釋文》，不加識別。《釋文》下即入「重言」、「重意」、「互註」等，皆標以陰文。漢孔氏序云：「凡五十九篇，爲四十六卷。」然《隋志》著録已作十三卷。《釋文》載徐云：「本《虞書》總爲一卷，凡十二卷，今依《七志》、《七録》爲十三卷。」則合并已在隋前矣。其題「婺本」者，宋時刻書，多舉其地，首一字如「建本」、「杭本」、「明本」之類，岳氏《九經三傳沿革例》有所謂「婺州舊本」者，此蓋其所自出也。曰「重言」者，本經相同之句；曰「重意」者，句似而意同之文；曰「互註」者，他經所引之語。陸元輔謂宋人帖括之書每如此。然經傳多與唐石經相臺本合，其經之異於今本者，陳仲魚氏已悉舉之，載其所著《經籍跋文》中。而其傳之異，若《洪範》「凡厥庶民，有猷有爲有守」，傳云：「民戢有道。」此本「戢」獨作「或」，案《沿革例》云：「戢」字止是一「或」字，傳寫誤作「戢」爾，《疏義》彊釋作「斂戢」之「戢」。此蓋從岳氏之説而改之。又如《説命中》「惟天聰明」節，《傳》不同，《注疏》本混入《正義》，至譌舛難明。自北宋末合刻《注疏》，單注本流傳遂少，惟岳本最稱精善，而此本尤足與之互相參證，蓋亦僅見者矣。卷止四寸，寬不及三寸，每半葉十行，行廿字，傳用夾注，「匡」、「恒」、「愼」、「敦」等字皆闕筆，每葉左方欄線外標篇名。鄉爲吾邑錢楚殷藏本。楚殷名沅，遵王子也。卷首鈐一圜印云「傳家一卷帝王書」，其珍重如此。卷中有「彭城楚殷讀書記」、「仲魚圖象」二朱記。

## 尚書注

**《新唐書・藝文志・書類》** 王玄度注《尚書》十三卷。

**鄭樵《通志・藝文略・書》** 《尚書》十卷。王玄度。



## 尚書糾繆

**《新唐書・藝文志・書類》** 王元感《尚書糾繆》十卷。

**鄭樵《通志・藝文略・書》** 《尚書糾繆》十卷。王元感。

**朱彝尊《經義考・書》** 王氏元感《尚書糾繆》。《新唐志》：十卷。佚。

《舊唐書》：「王元感，濮州鄄城人。舉明經，補博城縣丞。天授中，遷左衛率府録事，兼直弘文館，轉四門博士。長安三年，表上其所撰《尚書糾謬》十卷，《春秋振滯》二十卷，《禮記繩愆》三十卷，并所注《孝經》、《史記》稿草，請官給紙筆，寫上祕閣。詔令弘文、崇賢兩館學士及成均博士詳其可否。學士祝欽明、郭山惲、李憲等皆專守先儒章句，深譏元感掎摭舊義。元感隨方應答，竟不之屈。鳳閣舍人魏知古、司封郎中徐堅、左史劉知幾、右史張思敬雅好異聞，每爲元感申理其義，連表薦之。尋下詔曰：『王元感質性溫敏，博聞強記，手不釋卷，老而彌篤。掎前達之失，究先聖之旨，是謂儒宗，不可多得。可太子司議郎，兼崇賢館學士。魏知古嘗稱其所撰書曰：『信可謂五經之指南也。』」

## 尚書正義

**《舊唐書・經籍志・書類》** 《尚書正義》二十卷。孔穎達撰。

**錢東垣等輯《崇文總目・書類》** 《尚書正義》二十卷。［原釋］孔穎達等。

**《新唐書・藝文志・書類》** 《尚書正義》二十卷。國子祭酒孔穎達、太學博士王德韶、四門助教李子雲等奉詔撰。四門博士朱長才、蘇德融、太學助教隋德素、四門助教王士雄、趙弘智覆審。太尉揚州都督長孫无忌、司空李勣、左僕射于志寧、右僕射張行成、吏部尚書侍中高季輔、吏部尚書褚遂良、中書令柳奭、弘文館學士谷那律、劉伯莊、太學博士賈公彦、范義、頵齊威、太常博士柳士宣、孔志約、四門博士趙君贊、右內率府長史弘文館直學士薛伯珍、國子助教史士弘、太學助教鄭祖玄、周玄達、四門助教李玄植、王眞儒、與王德韶、隋德素等刊定。

**鄭樵《通志・藝文略・書》** 《尚書正義》二十卷。唐國子祭酒孔穎達等。

**晁公武《郡齋讀書志・書類》** 《尚書正義》二十卷。右唐孔穎達等撰。因梁費甝疏廣之。《唐・儒學傳》稱：穎達與顔師古、司馬才章、王恭、王琰撰《五經義訓》百餘篇，號《義贊》，詔改爲《正義》云。雖包貫異家爲詳博，然其中不能無謬冗，馬嘉運駁正其失。永徽中，于志寧、張行成、高季輔就加增損，始布天下。《藝文志》云：穎達與李子雲、王德韶等撰，朱長才、蘇德融、隋德素、王士雄、趙弘智審覆，長孫無忌、李勣等二十四人刊定。《唐史》志、傳記事多參差，此爲尤甚，所記撰著人姓氏，穎達外往往不同。

**尤袤《遂初堂書目・尚書類》** 《尚書正義》。

**陳振孫《直齋書録解題・書類》** 《尚書正義》二十卷。唐孔穎達與博士王德韶等共爲之。其序云：歐陽、夏侯二家之所説，蔡邕碑石刻之，《古文》安國所注，寢而不用，及魏、晉稍興，故馬、鄭諸儒莫覩其學，江左學者咸悉祖焉。隋初始流河朔，爲《正義》者蔡大寶、巢猗、費甝，顧彪，文義皆淺略，惟劉焯、劉炫最爲詳雅，然焯穿鑿煩雜，炫就而刪焉。雖稍省要，義更太略，詞又過華，未爲得也。

**馬端臨《文獻通考・經籍考・書》** 孔穎達《尚書正義》二十卷。【略】

**胡師安等《元西湖書院重整書目》** 《書注疏》。

**《宋史・藝文志・書類》** 孔穎達《正義》二十卷。

**楊士奇等《文淵閣書目・書》** 《尚書孔穎達正義》。一部，十五冊。完全。 《尚書孔穎達注疏》。一部，十冊。完全。 《尚書孔穎達注疏》。一部，十六冊。闕。

**高儒《百川書志・書》** 《尚書正義註疏》二十卷。孔氏傳，孔穎達等疏。

**范邦甸等《天一閣書目・書類》** 《書經註疏》二十卷。漢孔安國傳，唐孔穎達疏，明御史李元陽僉事江以達校刊。《尚書疏》二十卷，宋刊本。

**徐𤊹《徐氏家藏書目・書類》** 《尚書註疏》二十卷。唐孔穎達。

**張萱等《内閣藏書目録・經部》** 《十三經尚書注疏》十六冊。全。《尚書正義》十五冊。唐孔穎達著凡二十卷。

**錢謙益等《絳雲樓書目・書類》** 宋板《尚書正義》二十冊。二十卷。《書經註疏》。

**朱彝尊《經義考・書》** 孔氏穎達等《尚書正義》。《唐志》：二十卷。存。【略】 中興書目：「《尚書正義》二十卷。永徽四年，長孫無忌等承詔刊定。」孔穎達序曰：「夫書者，人君辭誥之典，右史記言之策。古之王者，事總萬機，發號出令，義非一揆，或設教以馭下，或展禮以事上，或宣威以肅震曜，或敷和而散風雨，得之則百度惟貞，失之則千里斯謬。樞機之發，榮辱之主，絲綸之動，不可不慎。所以辭不苟出，君舉必書，欲其昭法誡、慎言行也。其泉原所漸，基於出震之君，黼藻斯彰，郁乎如雲之后。勳、華揖讓而典謨起，湯、武革命而誓誥興。先君宣父生於周末，有至德而無至位，修聖道以顯聖人，芟煩亂而剪浮辭，舉宏綱而撮機要，上斷唐、虞，下終秦、魯。時經五代，書總百篇，采翡翠之羽毛，拔犀象之牙角，罄荆山之石，所得若連城；窮漢水之濱，所求者昭乘。巍巍蕩蕩，無得而稱，郁郁紛紛，於斯爲盛。斯乃前言往行，足以垂法將來者也。暨乎七雄已戰，五精未聚，儒雅與深穽同埋，經典共積薪俱燎。漢氏大濟區宇，廣求遺逸，採古文於金石，得今書於齊魯。其文則歐陽、夏侯二家之所説，蔡邕碑石刻之。古文則兩漢亦所不行，安國註之，實遭巫蠱，遂寢而不用。歷及魏、晉，方始稍興。故馬、鄭諸儒，莫覩其學，所注經傳，時或異同。晉世皇甫謐獨得其書，載於帝紀，其後傳授，乃可詳焉。但古文經雖然早出，晚始得行。其辭富而備，其義弘而雅，故復而不厭，久而愈亮。江左學者，咸悉祖焉。近至隋初，始流河朔。其爲《正義》者，蔡大寶、巢猗、費甝、顧彪、劉焯、劉炫等，其諸公旨趣，多或因循，帖釋注文，義皆淺略。惟劉焯、劉炫最爲詳雅，然焯乃織綜經文，穿鑿孔穴，詭其新見，異彼前儒，非險而更爲險，無義而更生義。竊以古人言誥，惟在達情，雖復時或取象，不必辭皆有意。若其言必託數，經悉對文，斯乃鼓怒浪於平流，震驚飈於靜樹，使教者煩而多惑，學者勞而少功，過猶不及，良爲此也。炫嫌焯之煩雜，就而刪焉。雖復微稍省要，又好改張前義，義更太略，辭又過華，雖爲文筆之善，乃非開獎之路。義既無義，文又非文，欲使後生若爲領袖，此乃炫之所失，未爲得也。今奉明敕，考定是非，謹罄庸愚，竭所聞見。覽古人之傳記，質近代之異同，存其是而去其非，削其煩而增其簡，此亦非敢臆説，必據舊聞。謹與朝散大夫行太學博士臣王德韶、前四門助教臣李子雲等，謹共詮叙。至十六年，又奉敕與前修疏人及通直郎行四門博士驍騎尉臣朱長才、給事郎守四門博士上騎都尉臣蘇德融、登仕郎守太學助教雲騎尉臣隨德素、儒林郎守四門助教雲騎尉臣王士雄等，對敕使趙弘智覆更詳審，爲之正義，凡二十卷，庶對揚於聖範，冀有益於童稚，略陳其事，叙之云爾。」

**《四庫提要・書類一》** 《尚書正義》二十卷。內府藏本。舊本題「漢孔安國傳」。其書至晉豫章內史梅賾始奏於朝。唐貞觀十六年孔穎達等爲之疏，永徽四年長孫無忌等又加刊定。孔《傳》之依託，自朱子以來遞有論辯，至國朝閻若璩作《尚書古文疏證》，其事愈明。其灼然可據者，梅鷟《尚書考異》攻其注《禹貢》「瀍水出河南北山」一條，「積石山在金城西南羌中」一條，地名皆在安國後。朱彝尊《經義考》攻其注《書序》「東海、駒驪、扶餘、馯貊之屬」一條，謂駒驪王朱蒙至漢元帝建昭二年始建國，安國武帝時人，亦不及見。若璩則攻其注《泰誓》「雖有周親，不如仁人」，與所注《論語》相反。又安國《傳》有《湯誓》，而注《論語》「予小子履」一節，乃以爲《墨子》所引《湯誓》之文。案安國《論語注》今佚，此條乃何晏《集解》所引。皆證佐分明，更無疑義。至若璩謂「定從孔《傳》，以孔穎達之故」，則不盡然。考《漢書・藝文志》叙《古文尚書》，但稱「安國獻之，遭巫蠱事，未立於學官」，不云作《傳》。而《經典釋文・叙録》乃稱《藝文志》云：安國獻《尚書傳》，遭巫蠱事，未立於學官，始增入一「傳」字，以證實其事。又稱今以孔氏爲正，則定從孔《傳》者乃陸德明，非自穎達。惟德明於《舜典》下注云：「孔氏《傳》亡《舜典》一篇，時以王肅注頗類孔氏，故取王注從『愼徽五典』以下爲《舜典》，以續《孔傳》。」又云：「『曰若稽古，帝舜曰重華協于帝』十二字，是姚方興所上，《孔氏傳》本無。」阮孝緒《七録》亦云：「方興本或此下更有『濬哲文明，溫恭允塞，玄德升聞，乃命以位』凡二十八字異，聊出之，於王注無施也。」則開皇中雖增入此文，尚未增入孔《傳》中，故德明云爾。今本二十八字當爲穎達增入耳。梅賾之時，去古未遠，其《傳》實據王肅之注，而附益以舊訓，故《釋文》稱王肅亦注《今文》，所解大與《古文》相類，或肅私見孔《傳》而祕之乎？此雖以末爲本，未免倒置，亦足見其根據古義，非盡無稽矣。穎達之《疏》，晁公武《讀書志》謂因梁費甝《疏》廣之，然穎達原序稱爲「正義」者，蔡大寶、巢猗、費甝、顧彪、劉焯、劉炫六家，而以劉焯、劉炫最爲詳雅，其書實因二劉，非因費氏。公武或以《經典釋文》所列《義疏》僅甝一家，故云然歟？《朱子語録》謂：「五經疏，《周禮》最好，《詩》、《禮記》次之，《易》、《書》爲下。」其言良允。然名物訓故究賴之以有考，亦何可輕也。

**于敏中等《天禄琳琅書目・元版經部》** 《尚書註疏》。一函，四冊。漢孔安國傳，唐孔穎達正義。二十卷。前穎達序。《唐書》：「孔穎達，字仲達，冀州衡水人。八歲就學，誦記日千餘言。隋大業初，舉明經高第，授河內郡博士，補太學助教。唐太宗平洛，授文學館學士，屢遷至太子右庶子兼司業。卒，贈太常卿，謚曰憲。」晁公武《郡齋讀書志》曰：「《尚書正義》二十卷。穎達因梁費甝疏廣之。」《唐・儒學傳》稱穎達與顏師古、司馬才章、王恭、王琰撰五經義訓百餘篇，號《義贊》，詔改爲《正義》云。雖包貫異家爲詳博，然其中不能無謬冗，馬嘉運駮正其失。永徽中，于志寧、張行成、高季輔就加增損，始布天下。《藝文志》云穎達與李子雲、王德韶等撰，朱長才、蘇德融、隋德素、王士雄、趙宏智覆審，長孫無忌、李勣等二十四人刊定。唐史志傳記事多參差，此爲尤甚，所記撰著人姓氏，穎達外往往不同云云。今觀穎達自序所列撰校之人，與《藝文志》合，不知《儒學傳》何以譌誤至此。是書大字略仿顏體，註字筆畫亦復整嚴，惜紙色稍差，未能瑩潔。闕補序。三。

**彭元瑞等《天禄琳琅書目後編・宋版經部》** 《附釋音尚書注疏》。二函，十六冊。漢孔安國傳，唐孔穎達正義并序，附《音義》。書二十卷。宋諱「惇」字以上闕筆，其「敬」、「殷」、「恆」、「讓」等字不闕，蓋已祧也。卷中有正德年補刊之葉，蓋宋鐫明印，故間有漫漶處。而前所臚蔡沈《集傳》本誤字此俱不譌，又可知宋監本彼善於此也。

按：岳珂《刊正九經三卷沿革例》云：「晉錮版本、舊新監本、蜀諸本與他善本皆刊古注，若《音釋》則自爲一書。」建本、蜀中本則附音於注文之下。據此則明監本皆附音，非北宋監本之舊矣。大抵南宋所刻，始句下附音，故首行必標「附釋音」，以別於監本。

**周中孚《鄭堂讀書記・書類》** 《尚書注疏》二十卷。武英殿刊《十三經注疏》本。舊題「漢孔安國傳，唐陸德明音義，孔穎達疏。」安國字子國，孔子十二代孫。武帝時爲博士臨淮太守。德明、穎達仕履俱見《禮》類三。《四庫全書》著録作《尚書正義》，蓋從穎達序也。按《漢志》載「《尚書古文經》四十六卷」，注云「爲五十七篇」。又載「經二十九篇」，注云「歐陽經三十二卷」，此伏生傳授者，即《今文》也。本無孔安國作傳之事，曆東漢、魏、晉，《古文》已亡。東晉初，豫章内史梅賾增益《今文》爲五十八篇，各爲之《傳》，託名孔安國，上之於朝。自宋吳棫、朱子、元趙孟頫、吳澄、明梅鷟、歸有光、國朝閻若璩、惠棟、王鳴盛、宋鑒諸家，遞有論辨，其事愈明。然其書在當時盛行於江左，至隋文帝平陳後，而河北學者亦宗之。故陸元朗著《釋文》，蔡大寶諸人著《正義》，俱爲《僞孔》而設。沖遠等亦遂因之以爲疏焉。《隋志》載：「《古文尚書》十三卷，孔安國傳。」《釋文》、新、舊唐《志》、《崇文目》、《讀書志》、《書録解題》、《通考》俱同，《宋志》作十二卷，字之誤也。新、舊《唐志》又別載《尚書正義》二十卷，俱注明沖遠以下諸人刊定。《崇文目》、《讀書志》、《書録解題》、《通考》、《宋志》俱同。然《正義》原本係摘經文及傳之起止爲之，至宋代始併而刊之也。《釋文》於《尚書》，止載梁費甝《義疏》一種，而沖遠原序稱爲《正義》者蔡大寶、巢猗、費甝、顧彪、劉焯、劉炫六家，俱見《隋志》。而獨推重二劉，蓋其書實據二劉之疏爲藍本。初無難事，即以第二卷「鞭作官刑」疏有「大隋造律」語，尚屬二劉原文而仍不改，可知當時諸人亦未見有矜心作意於其間矣。不過劉疏久佚，不得不有取於此疏耳。《朱子語録》謂五經疏，《易》、《書》爲下，然《書疏》中所引古書古注，終足以資後人之考證，不似《易疏》之空衍也。故雖爲《僞孔》而設，尚不苟於采擇，是則《僞孔》可廢，而是疏終不得與之並廢矣。《釋文》一卷本有單行之本，《崇文目》、《解題》、《通考》、《宋志》皆載之，自宋十行本分附經注之下，而明監本、毛本及是本亦因之，故每卷復題其名氏，所有《注解傳述人》一篇，亦即列於卷首，各卷之後俱有詹事陳浩等考證，未并有侍讀齊召南跋語及校刊職名。其卷首《正義序》、《尚書序》、《尚書原目》以及《注解傳述人》亦皆有考證繫之云。

**瞿鏞《鐵琴銅劍樓藏書目録·書類》** 《尚書注疏》二十卷。金刊本。卷首、卷一篇題與十行本同，卷二以後次行並具唐孔氏銜名，撰下并有「正義」二字，而孔氏《傳》下仍有「孔穎達疏」四字。《正義序》後有新彫《尚書纂圖》，首爲書篇名十例、逸書篇名，次爲圖，凡十九，曰《唐虞夏商譜系圖》，曰《曆象授時圖》，曰《堯典中星圖上圖下》，曰《日永日短圖》，曰《璿璣玉衡圖》，曰《律度量衡圖》，曰《諸侯玉帛圖》，曰《十二章服圖》，曰《虞舜九韶樂器圖》，曰《禹貢九州地理圖》，曰《隨山濬川圖》，曰《任土圖》，曰《千羽圖》，曰《周彝圖》，曰《太常圖》，曰《圭瓚圖》，曰《牧誓兵器圖》，曰《費誓兵器圖》。而地理圖中有款一行曰「平水劉敏仲編」，蓋即校刻之人也。案《説命中》篇「惟天聰明」節，《注疏》各本譌脱，日本山井鼎據古本宋板正誤補闕，載之《考文》，此本正與之合。《考文》稱傳末古本有「也」字，蓋宋板無之，此本亦無。惟其「所施爲此作於爲臣敬順而奉之」，奉即上文承也，此少「之」、「奉」二字，爲小異耳。若阮氏《校勘記》「憲法釋詁文法」下衍「也」字，「言聖王法天以立教」於下脱「聖王」二字，證以此本，知其轉寫誤也。餘與《考文》所載宋板合者什九，核其文義多勝他本，止如《堯典第一》疏云「交代揖讓，以重無爲，故爲第一也」，各本「重」皆作「垂」，阮《校》亦以作「重」爲非，竊意惟重之所以冠諸首，孔氏正以重字釋《堯典》爲第一之故，似作「重」爲優。此類甚衆，未能殫述。每卷後總附《釋文》，並載全文，不似他本割裂刪改，亦與《考文》所引宋本相符。考《尚書注疏》合刻，止以十行本爲最古，但經正德修版，貽誤良多。此刻時代較前，合之足利宋板互相參證，則《考文》所稱「今本《注疏》，錯雜紛亂殊甚」者，猶足以祛其弊而復其舊焉。每半葉十三行，行大字廿六至廿九不等，小字皆卅五，綫頭小楷，雕鏤極工，雖南宋精槧不能及也。卷中有「揚州季氏滄葦振宜之印」、「季振宜讀書」諸朱記。

《附釋音尚書注疏》二十卷。宋刊本。首《尚書正義序》，題「國子祭酒上護軍曲阜縣開國子臣孔穎達奉敕撰」。卷一同，惟達下有「等」字，餘卷但題「孔穎達疏」。此即世所稱十行本，行大字十七，小字廿三，岳氏《經傳沿革例》所謂「建本有《音釋註疏》」也。此本與阮氏《校勘記》所引悉同，惟《尚書序》「悉以至能者疏伏生之本，亦壁內古文而合者者」，江西重刊本「者者」作「之者」，而盧氏《補校勘記》仍出「者者」，是阮本亦不作「之者」，蓋校刊者所改也。汲古毛氏本則作「者也」，考家藏金刻本，「者」字不重，則下「者」字當是衍文，改爲「之者」與「者也」。並屬無據。又《益稷傳》叢脞至申戒，疏「庶事」、「萬事」爲「一同而文變耳」。《校勘記》引十行本正與此合。此條盧氏摘録本不載，據單行本。而重刊本改「一同」爲

「義同」，雖據毛刻，實失十行本之眞。至《仲虺之誥疏》《康誥》、《召誥》之類，二字足以爲文，此本「二」不誤「一」，而阮校及重刊本皆作「一」，則所據或是修版矣。書中「匡」、「恆」、「貞」、「惇」諸字，皆闕筆。雖間有誤字，尚無後來諸刻脫落臆改之弊。毛氏所刻僅出明監本，阮氏作《校勘記》，是經獨據之，未知何所取焉。

**陸心源《皕宋樓藏書志・書類》**《尚書正義》二十卷。東洋覆宋本。

漢孔安國註，唐國子祭酒上護軍曲阜縣開國子臣孔穎達奉敕撰。

臣維等言：臣等先奉敕校勘《五經正義》，今已見有成，堪雕印版行用者。伏以三才分而書契肇啓，六籍著而學校斯興。由是體國辨方，必宗乎典禮；修文立教，實本於膠庠。則郁郁乎文，於周爲盛矣！後暨法値挾書，復時經戰國，或年祀遠而篇簡爛脫，或師徒衆而傳授差訛，存歷朝錯綜之文，雖具陳解說在，羣儒講論之旨，亦互有異同。唐貞觀中，國子祭酒孔穎達考前代之文，採衆家之善，隨經析理，去短從長，用功二十四五年，撰成一百八十卷。自是至此，三百餘年，講經者止務銷文，應舉者唯編節義，苟期合格。志望策名出身者，急在干榮食祿者，多忘本業，一登科級，便罷披尋，因循而舛謬漸滋，節略而宗源莫究。伏惟應運統天睿文英武大聖至明廣孝皇帝陛下，道高貫日，德邁重瞳，正暢遐陬，文加異俗，擧前朝之墜典，正歷代之舊章，崇儒雅之風，三王卻軫；闡詩書之教，兩漢厚顏。臣等謬以寡聞，幸塵華貫，猥奉窮經之寄，曾無博古之能，空極覃精，寧周奧義。今則逐部各詳於訓解，寫本皆正於字書，非遇昌期，難興大教。既釋不刊之典，願垂永代之規，儻令雕印以頒行，乞降絲綸之明命。于犯旒冕，臣等無任戰汗兢惶，激切屛營之至，謹奉表陳請以聞，臣維等誠惶誠恐，頓首頓首謹言。端拱元年三月日勘官承奉郎守大理評事臣秦奭等上表。

勘官徵事郎守大理寺丞柱國臣軒轅節，勘官徵事郎守太子右贊善大夫臣胡令，問勘官承奉郎守太子右贊善大夫柱國臣解貞吉，勘官承奉郎守殿中丞柱國臣胡迪，勘官朝奉郎守國子毛詩博士柱國賜緋魚袋臣解損，勘官承奉郎守國子禮記博士賜緋魚袋臣李覺，勘官承奉郎守國子禮記博士賜緋魚袋臣袁逢吉，都勘官朝請大夫守國子司業賜紫金魚袋臣孔維。《上五經正義表》。永徽四年。

《尚書正義序》。

《尚書註疏》二十卷。明刊九行本。漢孔氏安國傳，唐孔穎達疏。孔安國序。孔穎達序。

《尚書註疏》二十卷。明覆宋八行大字本。漢孔安國註，唐國子祭酒上護軍曲阜縣開國子臣孔穎達奉敕撰。孔安國序。《尚書正義序》。

《附釋音尚書註疏》二十卷。宋刊十行本。漢孔氏安國傳，唐國子祭酒上護軍曲阜縣開國子臣孔穎達奉敕撰。孔穎達序。孔安國序。

## 無逸圖

**朱彝尊《經義考・書》** 宋氏璟《無逸圖》。一卷。佚。崔植曰：「開元初，宋璟爲相，手寫《無逸》一篇爲圖以獻，玄宗置之內殿，出入觀省。」《唐國史》：「紫宸殿設《無逸圖》。」按：唐之紫宸、宋之邇英所設《無逸圖》，當日進獻皆有表奏，故存之。

## 尚書斷章

**錢東垣等輯《崇文總目・書類》** 《尚書斷章》十三卷。[原釋] 成伯璵。見天一閣鈔本。不著撰人名氏，按其書略叙衆篇大旨。

**鄭樵《通志・藝文略・書》** 《尚書斷章》十三卷。成伯璵。

**馬端臨《文獻通考・經籍考・書》** 《尚書斷章》。

**朱彝尊《經義考・書》** 成氏伯璵《尚書斷章》。《授經圖》：十三卷。佚。

## 洪範外傳

**《新唐書・藝文志・書類》** 穆元休《洪範外傳》十卷。

**鄭樵《通志・藝文略・書》** 《洪範外傳》十卷。唐穆元休。

**朱彝尊《經義考・書》** 穆氏元休《洪範外傳》。《新唐志》：十卷。佚。

封演曰：「開元中，有唐頻上《啓典》一百三十卷，穆元休上《洪範外傳》十卷。」王應麟曰：「元休，穆寧之父，撰《洪範外傳》十篇，開元中獻之，賜帛，授偃師丞。」

## 尚書演範

**《新唐書・藝文志・書類》**　崔良佐《尚書演範》。卷亡。

**鄭樵《通志・藝文略・書》**　《尚書演範》。唐崔良佐撰，卷亡。

**朱彝尊《經義考・書》**　崔氏良佐《尚書演範》。《新唐志》：卷亡。佚。

權德輿曰：「博陵崔君元翰考某，以明經歷衛州汲縣尉、虢州湖城縣主簿，親沒，遂不復仕。探古先微言，著《尚書演範》、《周易忘象》及《三國春秋》，門人易其名曰『貞文孝父』。」

按：權文公爲元翰文集序，不書其父諱。考《新唐書・宰相世系》博陵崔氏第三房祁陽令抗，子濟州刺史潛，潛子鳳閣舍人承搆，承搆子湖城簿良佐，良佐子比部郎中元翰。

## 尚書廣疏

**錢東垣等輯《崇文總目・書類》**　《尚書廣疏》十八卷。［原釋］僞蜀馮繼先撰，以孔穎達《正義》爲本，小加己意。

**馬端臨《文獻通考・經籍考・書》**　《尚書廣疏》。

**《宋史・藝文志・書類》**　馮繼先《尚書廣疏》十八卷。

**顧櫰三《補五代史藝文志》**　《尚書廣疏》十八卷。馮繼先撰。

## 尚書小疏

**《宋史・藝文志・書類》**　［馮繼先］又《尚書小疏》十三卷。

**顧櫰三《補五代史藝文志》**　《尚書小疏》十三卷。

## 尚書紀年

**《太平御覽經史圖書綱目》**　《尚書紀年》。

## 古今尚書釋文

**朱彝尊《經義考・書》**　郭氏忠恕《古今尚書》。佚。《姓譜》：「忠恕字恕先，洛陽人。仕周爲《周易》博士。宋太宗召爲國子監主簿，令刊定《古今尚書》。」

**顧櫰三《補五代史藝文志》**　《古今尚書釋文》一卷。郭忠恕撰。

## 尚書新修義疏

**《宋史・藝文志・書類》**　尹恭初《尚書新修義疏》二十六卷。

## 洪範會元

**王圻《續文獻通考・經籍考・書》**　《洪範會元》。漳浦蔡元鼎著。

**朱彝尊《經義考・書》**　蔡氏元鼎《洪範會元》。佚。《閩書》：「元鼎，漳浦人。不登宦籍，以文自豪。所著有《中庸大學解》、《論語孟子講義》、《洪範會元》。」

## 尚書演聖通論

**尤袤**《**遂初堂書目・尚書類**》　胡氏《書演聖論》。

《**宋史・藝文志・書類**》　胡旦《尚書演聖通論》七卷。

## 周書音訓

**朱彝尊**《**經義考・書**》　王氏曙《周書音訓》。十二卷。佚。《宋史》：「王曙字晦叔，東皋子績之後，世居河汾，後爲河南人。中進士第。咸平中，舉賢良方正科，後以工部尚書侍郎、參知政事進樞密使，拜同中書門下平章事。卒贈太保中書令，謚文康。」

## 洪範解

**晁公武**《**郡齋讀書志・書類**》　張晦之《洪範解》一卷。右皇朝張景晦之撰。景當景祐三年爲房州參軍，著論七篇。

**馬端臨**《**文獻通考・經籍考・書**》　張晦之《洪範解》一卷。

## 尚書全解

**尤袤**《**遂初堂書目・尚書類**》　胡氏《書傳》。

《**宋史・藝文志・書類**》　胡瑗《尚書全解》二十八卷。

**朱彝尊**《**經義考・書**》　胡氏瑗《尚書全解》。《宋志》：二十八卷。佚。朱子曰：「胡安定《書解》，未必是安定所注，蓋專破古説，不似胡平日意。又間引東坡説，東坡不及見安定，必是僞書。」



## 洪範口義

**鄭樵**《**通志・藝文略・書**》　《洪範口義》一卷。胡瑗。

《**宋史・藝文志・書類**》　胡瑗《洪範口義》一卷。

**楊士奇等**《**文淵閣書目・書**》　胡先生《洪範口義》。一部，一冊。闕。

《**四庫提要・書類一**》　《洪範口義》二卷。《永樂大典》本。宋胡瑗撰。瑗有《周易口義》已著録。是書《文獻通考》作《洪範解》，朱彝尊《經義考》注云「未見」。今其文散見《永樂大典》中，尚可排纂成書。《周易口義》出倪天隱之手，舊有明文。《晁公武讀書志》謂此書亦瑗門人編録，故無銓次首尾。蓋二書同名「口義」，故以例推。其爲瑗所自著與否，固無顯證。至其説之存於經文各句下者，皆先後貫徹，條理整齊，非雜記語録之比，與公武所説不符。豈原書本無次第，修《永樂大典》者爲散附經文之下，轉排比順序歟？抑或公武所見又別一本也。《洪範》以五事配庶徵，本經文所有。伏生《大傳》以下逮京房、劉向諸人，遽以陰陽災異附合其文，劉知幾排之詳矣。宋儒又流爲象數之學，惟圖書同異之是辯，經義愈不能明。瑗生於北宋盛時，學問最爲篤實，故其説惟發明天人合一之旨，不務新奇。如謂天錫《洪範》爲錫自帝堯，不取神龜負文之瑞。謂五行次第爲箕子所陳，不辨《洛書》本文之多寡。謂五福六極之應通於四海，不當指一身而言。俱駁正《注疏》，自抒心得。又詳引《周官》之法，推演八政，以經注經，特爲精確。其要皆歸於建中出治，定皇極爲「九疇」之本，辭雖平近，而深得聖人立訓之要，非讖緯術數者流所可同日語也。《宋史》本作一卷。今校定字句，析爲二卷。

案：朱彝尊《經義考》，凡訓釋一篇者，悉彙載各經之末，不與訓釋全經者叙時代先後。然《隋志》載《繫辭注》、《洪範五行傳》、《月令章句》、《中庸講疏》固雜置各經中也。今從古例，不復別編，後均倣此。

## 洪範解

**晁公武《郡齋讀書志・書類》**　胡翼之《洪範解》一卷。右皇朝胡瑗翼之撰。皆其門人所録，無詮次首尾。

**馬端臨《文獻通考・經籍考・書》**　胡翼之《洪範解》一卷。

## 洪範論

**朱彝尊《經義考・書》**　廖氏偁《洪範論》。一篇。存。《湖廣總志》：「廖偁，衡山人。天禧中，舉進士。著《洪範論》。」朱子曰：「廖氏論《洪範》，大段闢《河圖》、《洛書》，以此見知於歐陽公。蓋歐公有無祥瑞之論。歐公只見五代有僞作祥瑞，故併與古而不信。如《河圖》、《洛書》之事，《論語》自有此説，而歐公不信祥瑞，併不信此，而云《繫辭》亦不足信，且如今世間有石頭上出日月者，人取爲石屏。又有一等石上分明有如枯樹者，亦不足怪也。《河圖》、《洛書》亦何足怪。」

## 無逸圖

**朱彝尊《經義考・書》**　王氏洙、蔡氏襄《無逸圖》。佚。文彦博曰：「邇英北壁有仁宗朝講官王洙所寫《無逸圖》。」　范祖禹劄子曰：「臣竊以《無逸》者，周公之至戒。昔仁宗皇帝初建邇英閣，即書《無逸》於屏間。其後歲久而弊，又命知制誥蔡襄書之。仁宗尊崇經訓如此，陛下宜以爲法。」

## 尚書解

**朱彝尊《經義考・書》**　文氏彦博《尚書解》。一卷。存。彦博進表曰：「臣伏讀《尚書序》云：『孔子生於周末，覩史籍之煩文，懼覽之者不一，遂乃討論墳典，斷自唐、虞以下，訖於周。舉其宏綱，撮其機要，典謨訓誥之文，凡百篇。所以恢宏至道，示人主以軌範也。帝王之制，坦然明白。以其上古之書，謂之《尚書》。』然則後代聖帝明王，莫不祖述，寶爲大訓。恭以皇帝陛下聰明文思，稽考古道，日御邇英，延訪經義。方命講官講解《尚書》，孜孜不倦，所以聖德日新，比隆堯舜。臣以叨侍經筵，輒於《尚書》三十二篇，采其切於資益聖治，宜於重複温故者，凡十篇録進。篇別有後序，所以發明本篇之大旨，所冀便於乙夜之觀。」《宋名臣言行録》：「文彦博字寬夫，汾州人。中進士第，事仁宗、英宗、神宗、哲宗，位至丞相，除太尉，以太師致仕。」

按：潞公《尚書解》附載集中，《堯典》、《舜典》、《大禹謨》、《皋陶謨》、《益稷》、《伊訓》、《洪範》、《無逸》、《立政》、《周官》凡十篇。

**馬國翰《玉函山房藏書簿録・書類》**　文氏《尚書解》一卷。載《文潞公集》。宋丞相太師潞國公汾州文彦博寬夫撰。《堯典》、《舜典》、《大禹謨》、《皋陶謨》、《益稷》、《伊訓》、《洪範》、《無逸》、《立政》、《周官》凡十篇，有進表及後序，並附載集中。蓋經筵講義也。其言明切，可見大臣之度。

## 尚書二典義

**朱彝尊《經義考・書》**　文氏彦博《尚書二典義》。一卷。存。彦博進表曰：「臣伏覩《尚書序》曰：『仲尼討論墳典，斷自唐、虞以下訖於周』，所以《堯》、《舜》二典爲《書》之首篇，垂世立教，示人主以軌範，帝王之制，坦然明白，可舉而行。《堯》、《舜》二典並云：『曰若稽古帝堯、帝舜』，以謂二帝並能順考古道而行之，乃知人主之聖必由稽古。恭惟皇帝陛下日御經筵，集講官說《尚書》，蓋聰明文思，稽考古道，垂意於安天下之民，天下幸甚！臣以衰殘，忝位保傅，得侍經閣，爲幸已深。又不自揆，輒於二典之中，采掇事義數條，兼以訓傳。或理有切近治體，亦以愚短之義附之，庶幾粗有所備。夫以齊之霸國，而孟軻陳堯舜之道於齊王之前，欲勉進之。今臣遭堯舜之時，陳堯舜之道，固其宜矣。臣愚不勝區區之誠，謹録以上進。」

## 泰誓論

**朱彝尊《經義考・書》** 歐陽氏修《泰誓論》。二篇。存。

**馬國翰《玉函山房藏書簿録・書類》** 《泰誓論》一卷。載《歐陽文忠公集》。宋歐陽修撰。凡二篇。惟《書》是信而破漢儒之說，以爲「十有一年」者，武王即位之十有一年也。特論甚正，然不信遷《史》伯夷之諫武王，似非《春秋》以信傳信之旨。王十朋所以議其後也。

## 正書

**朱彝尊《經義考・書》** 范氏鎮《正書》。佚。《宋史》：「范鎮字景仁。成都華陽人。舉進士，禮部奏名第一。歷端明殿學士，以銀青光祿大夫致仕，封蜀郡公。謚忠文。」

按：蜀公《正書》，志傳不載，莫詳其篇目。王氏《困學記聞》采其一條云：「舜之五刑，流也，宮也，教也，贖也，賊也。流宥五刑者，舜制五流，以宥三苗之劓、刵、剕、宮、大辟也。」胡氏《皇王大紀》本之，而以墨、劓、剕、宮、大辟爲賊刑之科目。可謂精確之論。

## 洪範論圖

**晁公武《郡齋讀書志・書類》** 蘇明允《洪範論圖》一卷。右皇朝蘇洵明允撰。三論皆援經擊傳，斥末以歸本；二圖一以指歆、向之謬，一以形其意。或云非洵作。

**馬端臨《文獻通考・經籍考・書》** 蘇明允《洪範論圖》一卷。

**《宋史・藝文志・書類》** 蘇洵《洪範圖論》一卷。

**朱彝尊《經義考・書》** 蘇氏洵《洪範圖論》。《宋志》：一卷。未見。

洵自序曰：「《洪範》其不可行歟，何說者之多而行者之寡也。曰諸儒使然也。譬諸律令，其始作者，非不欲人難犯而易避矣，及吏胥舞之，則千機百穽。吁！可畏也。夫《洪範》亦猶是耳。吾病其然，因作三論，大抵斥末而歸本，褒經而擊傳，剗磨瑕垢以見聖祕。復列二圖，一以指其謬，一以形吾意。噫！人吾知乎？不吾知，其謂吾求異夫先儒，而以爲新奇也。」

又後序曰：「吾論《洪範》，以五福六極系皇極之建與不建，而且不與二劉之增眊與陰，或者猶以劉向、夏侯勝之說爲惑。劉向之言：『皇極之建，總爲五福。皇極之不建，不能主五事。下與五事齒而均獲一極，猶平王之詩降而爲《國風》。』夏侯勝之言曰：『天久陰不雨，臣下將有謀上者。』已而，果然。以劉向之說，則皇極之不建不可系以六極；以夏侯勝之說，眊與陰不可廢。是皆不然。夫福極之於五事，非若庶驗也。陰陽而推之，律曆而求之，人事而揆之，庶驗之通於五事，可指而言也。且聖人之作可知也，今指人而謂之曰：爾爲某事，明日必有某福；爾爲某事，明日必有某極。是巫覡卜相之事也，而聖人何由知之？故吾以爲皇極之建，五事皆得，而五福皆應；不曰應某事者，必某福也。皇極不建，五事皆失，而六極皆應；不曰應某事者，必某極也。五事之間得與失參焉，則亦不曰必某福、必某極應也，亦曰福與極參焉耳。今劉以爲皇極建而爲五事主，故加之五福，及其不建也，不加之以六極，而以平王之詩爲說，其意以爲不建則不能爲五事主，故不加之六極以爲貶也。今有人有九命之爵，及有罪而日削其爵，使至一命以貶之，曰貶可也。此猶平王之詩降而爲《國風》，曰降可也。若夫有罪人當具五刑，而曰是人也，罪大不當加之以五刑，姑以墨辟論，以重其責，是得爲重其責乎？今欲重不建之罪，不曰六極皆應，而曰獨弱之極應，乃引平王之詩以爲説。平王之詩固不然也，且彼聖人者，豈以天下之福與極止於五與六而已哉！蓋亦舉其大概耳。夫天地之間，非人力所爲而可以爲驗者多矣，聖人取其尤大而可以有所兼者五，而使其餘者可以遂見焉。今也，力分其一端以爲二，而必曰陰爲陰、雨爲雨，且經之庶驗有曰陽矣，而豈獨遺陰哉？蓋陰之極盛於雨，而聖人舉其極者言也。吾觀二劉之傳『金不從革』，與傳『常雨』也，乃言雷電雨霅皆在，而獨於此别雨與陰，何也？然則夏侯勝之言，何以必應？曰事固有幸而中者。公孫臣以漢爲土德，而黄龍當見，黄龍則見矣，而漢乃火德也。可以一黄龍而必謂漢爲土德耶？必不可也。其所謂眊者蒙矣，胡復多言哉！」

## 洪範政鑒

**朱彝尊《經義考・書》** 宋仁宗皇帝《洪範政鑒》。十二卷。佚。王應麟曰：「康定元年十一月，御撰《洪範政鑒》十二卷。一云二十四卷。《政鑒書》以皇極爲本，上與王洙論五行五事之證，采五行六沴及前代庶應成此書。上自爲序。」

## 洛陽五事圖

**朱彝尊《經義考・書》** 《洛陽五事圖》。一卷。佚。范祖禹曰：「仁宗最深《洪範》之學，每有變異，恐懼修省，必求其端。」

## 洪範論

**朱彝尊《經義考・書》** 徐氏復《洪範論》。一卷。佚。

## 洪範災異論

**朱彝尊《經義考・書》** 劉氏羲叟《洪範災異論》。佚。《長編》：「慶曆五年六月，以澤州進士劉羲叟爲試大理評事。羲叟精算術，兼通大衍諸曆，嘗注司馬遷《天官書》及著《洪範災異論》。歐陽修薦之，召試學士院而有是命。」

## 尚書大義

**鄭樵《通志・藝文略・書》** 《尚書大義》二卷。吴孜。

**《宋史・藝文志・書類》** 吴孜《大義》三卷。

**朱彝尊《經義考・書》** 吴氏孜《尚書大義》。《宋志》：三卷。佚。《浙江通志》：「吴孜，會稽人。從安定胡瑗學，馳名嘉祐、治平間。」按：《紹興四庫續到闕書目》有之。

## 洪範傳

**馬國翰《玉函山房藏書簿録・書類》** 曾氏《洪範傳》一卷。載《南豐類稿》。宋中書舍人南豐曾鞏子固撰。其説「天乃錫禹洪範九疇」，曰「蓋《易》亦曰洛出《書》。然而世或以爲不然，原其説之所以如此者，以非其耳目之所習見也」云云。此隱指歐陽永叔作《易》，不信《河圖》，而言其説庶徵，曰五事之當否，在于此；而五徵之休咎，應于彼。爲人君者，所以不敢不念，而考己之得失于天也。此則顯正王介甫「天變不足畏」之失，朱子謂曾子固説得勝他人，蓋深取之矣。案：曾集本作《洪範傳》，朱氏《經義考》題作「論」，未知别有據否。

## 新經書義

**尤袤《遂初堂書目・尚書類》** 王文公《書傳》。

**《宋史・藝文志・書類》** 王安石《新經書義》十三卷。

## 洪範傳

**晁公武《郡齋讀書志・書類》** 王氏《洪範傳》一卷。右皇朝王安石介甫撰。安石以劉向、董仲舒、伏生明災異爲蔽，而思别著此傳。以「庶徵」所謂「若」者，不當訓「順」，當訓「如」；人君之五事，如天之雨、暘、寒、燠、風而已。大意言天人不相干，雖有變異，不足畏也。

**馬端臨《文獻通考・經籍考・書》** 王氏《洪範傳》一卷。

**《宋史・藝文志・書類》** 王安石《洪範傳》一卷。

**朱彝尊《經義考・書》** 王氏安石《洪範傳》。《宋志》：一卷。存。安石《進洪範表》曰：「臣聞天下之物，大小有彝，後先有倫序者，天之道，叙之者，人之道。天命聖人以叙之，而聖人必考古成已，然後以所嘗學措之事業，爲天下利。苟非其時，道不虚行。陛下德義之高，術智之明，足以黜天下之嵬瑣，而興其豪傑，以圖堯、禹太平之治。而朝廷未化，海内未服，綱紀憲令，尚或紛如，意者殆當考箕子之所述，以深發獨智，趨時應物故也。臣嘗以蕪廢腐餘之學，得備論思勸講之官，擢與大政。又彌寒暑，動績不効，俛仰甚慚。謹取舊所著《洪範傳》删潤繕寫，輒以草芥之微，求裕天地。」又跋曰：「古之學者，雖問以口而其傳以心，雖聽以耳而其受以意，故爲師者不煩，而學者有得也。孔子曰：『不憤不啓，不悱不發，舉一隅不以三隅反，則不復也。』夫孔子豈敢愛其道，驁天下之學者，而不使其蚤有知乎？以謂其問之不切，則其聽之不專；其思之不深，則其取之不固。不專不固，而可以入者，口耳而已矣。吾所以教者，非將善其口耳也。孔子沒，道日以衰熄，浸淫至於漢，而傳注之家作。爲師則有講而無應，爲弟子則有讀而無問，非不欲問也，以經之意爲盡於此矣。吾可無問而得也。豈特無問，又將無思。非不欲思也，以經之意爲盡於此矣，吾可以無思而得也。夫如此，使其傳注者皆已善矣，固足以善學者之口耳，不足善其心。況其有不善乎，宜其歷年以千數，而聖人之經卒於不明，而學者莫能資其言以施於世也。予悲夫《洪範》者，武王之所以虚心而問，與箕子之所以悉意而言，爲傳注者汩之，以至於今冥冥也。於是爲作傳，以通其意。嗚呼！學者不知古之所以教，而蔽於傳注之學也久矣。當其時，欲其思之深，問之切，而後復焉，則吾將孰待而言耶？孔子曰：『予欲無言』，然未嘗無言也，其言也，蓋有不得已焉。孟子則天下固以爲好辨，蓋邪説暴行作，而孔子之道幾於熄焉。孟子者不如是，不足與有明也。故孟子曰：『予豈好辯哉？予不得已也。』夫予豈樂反古之所以教，而重爲此嘵嘵哉？其亦不得已焉者也。」【略】

陳善曰：「《洪範》『金曰從革』，《新義》云『能從能革』，而荆公《洪範傳》又云：『金性能從，惟革者之所化。』二義不同。」

黄震曰：「荆公《洪範傳》，其字義多足取者。」

## 洪範皇極内篇

**祁承㸁《澹生堂藏書目・書》** 《洪範皇極内篇》。二卷。王安石本集本。

## 尚書解

**朱彝尊《經義考・書》** 袁氏默《尚書解》。佚。《姓譜》：「袁默字思正，無錫人。嘉祐進士，官至湖北轉運判官。」

## 尚書闕言

**鄭樵《通志・藝文略・書》**　《尚書闕言》三卷。黄君俞。

**朱彝尊《經義考・書》**　黄氏君俞《尚書闕言》。《通志》三卷。佚。《閩書》：「黄君俞字廷僉，莆田人。治平四年進士，歷官崇文院校書，改館閣校勘。」

## 尚書解

**朱彝尊《經義考・書》**　范氏純仁《尚書解》。一卷。存。純仁《經進序》曰：「臣近奉德音，俾將前世君臣議論諫争之言，編次進呈。臣以史籍浩博，采掇未能遽就，而君臣之際，莫盛於堯、舜、三代，故取《尚書》自古君臣相飭戒之言關於治道者，録爲三十章。仍於每章之後，輒有解釋，或用孔氏注意，或與孔説不同，但取理當義通，以伸裨補之誠。幸陛下赦其愚而少垂采擇，亦聖人不以人廢言之義也。」　《東都事略》：「純仁字堯夫。以父任爲太常寺太祝。中進士第。元祐三年，拜右僕射兼中書侍郎。卒，贈開府儀同三司。謚忠宣。」

## 書義十述

**鄭樵《通志・藝文略・書》**　《書義十述》一卷。孫覺。

## 尚書解

**晁公武《郡齋讀書志・書類》**　孫莘老《尚書解》十三卷。右皇朝孫覺莘老撰。覺仕元祐。至謂康王以喪服見諸侯爲非禮。蘇氏之説，蓋本於此。

**尤袤《遂初堂書目・尚書類》**　《孫氏書傳》。

**馬端臨《文獻通考・經籍考・書》**　孫莘老《書解》十三卷。

## 洪範解

**《宋史・藝文志・書類》**　劉彝《洪範解》六卷。

**朱彝尊《經義考・書》**　劉氏彝《洪範解》。《宋志》：六卷。佚。蔣垣曰：「劉彝字執中，福州懷安人。從胡瑗學。著《洪範傳》、《周禮中義》、《七經中義》、《古禮經傳續通解》。」

## 四先生洪範解要

**朱彝尊《經義考・書》**　《四先生洪範解要》。六卷。佚。按四先生者：劉氏彝、曾氏鞏、蘇氏轍、吕氏吉甫也。

## 尚書解

**晁公武《郡齋讀書志・書類》**　《尚書解》十四卷。右皇朝顧臨、蔣之奇、姚闢、孔武仲、劉攽、王會之、周範、蘇子才、朱正夫、吴孜所撰。後人集之爲一編，然非全書也。

**馬端臨《文獻通考・經籍考・書》**　《尚書集解》十四卷。

**朱彝尊《經義考・書》**　顧氏臨等《尚書集解》。《通考》：十四卷。未見。【略】《姓譜》：「顧臨字子敦，會稽人。皇祐中，爲國子直講。元祐初，拜天章閣待制。後歷刑、兵、吏三部侍郎，兼翰林學士。」按：是書所集，相傳凡二十家，晁氏所未及者：司馬光、王安石、黄通、楊繪、陸佃、李定、蘇洵、胡瑗、張晦之、程頤。

## 書傳說

**朱彝尊《經義考・書》** 謝氏景平《書傳說》。佚。《姓譜》：「景平，皇祐中進士。仕終祕書丞。」

## 書九意

**晁公武《郡齋讀書志・書類》** 楊元素《書九意》一卷。右皇朝楊繪元素撰。其序云：「《詩》、《書》、《春秋》同出於史，而仲尼或刪或修，莫不有筆法焉。《詩》、《春秋》，先儒皆言之，《書》獨無其法邪？故作《斷堯》、《虞書》、《夏書》、《禪讓》、《稽古》、《商書》、《周書》、《費誓》、《泰誓意》一九篇。」

**馬端臨《文獻通考・經籍考・書》** 楊元素《書九意》一卷。

## 書說

**朱彝尊《經義考・書》** 張氏景《書說》。未見。董鼎曰：「景字晦叔。」《姓譜》：「公安人。」

## 略義

**鄭樵《通志・藝文略・書》** 《略義》一卷。樂敦逸。

## 伊川書說

**晁公武《郡齋讀書志・書類》** 《伊川書說》一卷。右皇朝程頤正叔之門人記其師所談，四十餘篇。

**馬端臨《文獻通考・經籍考・書》** 《伊川書說》一卷。

**《宋史・藝文志・書類》** 《書說》一卷。程頤門人記。

## 堯典舜典解

**《宋史・藝文志・書類》** 程頤《堯典舜典解》一卷。

## 改正武成

**朱彝尊《經義考・書》** 程子頤《改正武成》。一卷。存。

## 書王元慶注

**焦竑《國史經籍志・書》** 《書王元慶注》十卷。

## 說命講義

**朱彝尊《經義考・書》** 顏氏復、范氏祖禹《說命講義》。三卷。佚。祖禹《同崇政殿說書顏復進劄子》曰：「臣等近進講《尚書・說命》，竊以爲君治天下國家，欽天稽古，修身務學，任賢立政，至德要道，備在此書。誠能法之，可爲堯舜。昔太宗皇帝嘗曰：『《尚書》王言，治世之道，《説命》最備。』特詔孫奭講此三篇。望陛下詳覽深思，必有啓迪聖學之益。臣等雖罄竭謏聞，講解於前，謹輒記録所言，繕寫成冊，以備尋繹，或賜顧問，庶幾少助聰明之萬一。其《説命講義》三冊，謹具上進。」

## 無逸説命解

**晁公武《郡齋讀書志・書類》** 顔、吴、范、司馬《無逸説命解》三卷。右皇朝吴安詩、范祖禹、司馬康元祐中侍講筵，顔復説《書》崇政殿，日所進講説也。

**馬端臨《文獻通考・經籍考・書》** 顔、吴、范、司馬《無逸説命解》三卷。

**《宋史・藝文志・書類》** 吴安詩等《無逸説命解》二卷。

**朱彝尊《經義考・書》** 吴氏安詩等《無逸講義》。一卷。《宋志》：二卷。《通考》：三卷。俱合《説命講義》言之。佚。晁公武曰：「皇朝吴安詩、范祖禹、司馬康元祐中侍講筵，顔復説《書》崇政殿，日所進講説也。」《中興書目》：「元祐五年二月，講《無逸》終篇，侍講司馬康、吴安詩、范祖禹等録進《講義》一卷。」 祖禹進劄子曰：「臣今年七月準入内，供奉官李侢傳聖旨，今日邇英閣講過《無逸》義，令詳備録進，臣今寫録進呈。」

## 東坡書傳

**晁公武《郡齋讀書志・書類》** 《東坡書傳》十三卷。右皇朝蘇軾子瞻撰。熙寧以後，專用王氏之説，進退多士，此書駁異其説爲多。又以《胤征》爲羿篡位時事，《康王之誥》爲失禮，引《左氏》爲證，與諸儒之説不同。

**尤袤《遂初堂書目・尚書類》** 《蘇氏書傳》。

**陳振孫《直齋書録解題・書類》** 《東坡書傳》十三卷。蘇軾撰。其於《胤征》，以爲羲、和貳於羿而忠於夏；於《康王之誥》，以釋衰服冕爲非禮，曰予於《書》見聖人之所不取而猶存者有二。可謂卓然獨見於千載之後者。又言昭王南征不復，穆王初無憤耻之意，哀痛惻怛之語。平王當傾覆禍敗之極，其書與平、康之世無異。有以知周德之衰，而東周之不復興也。嗚呼！其論偉矣。



**馬端臨《文獻通考・經籍考・書》** 《東坡書傳》十三卷。【略】

《朱子語録》：或問：「諸家《書》解誰最好？莫是東坡。」曰：「然。」又問：「但若失之太簡？」曰：「亦有只消如此解者。」東坡《書》解卻好，他看得文勢好。

**《宋史・藝文志・書類》** 蘇軾《書傳》十三卷。

**楊士奇等《文淵閣書目・書》** 《尚書東坡傳》。一部，三冊。闕。《尚書東坡傳》。一部，四冊。闕。

**范邦甸等《天一閣書目・書類》** 《東坡先生書傳》二十卷。藍絲欄鈔本。卷首有「四明范氏書記」印，司馬公題籤。

**徐𤊹《徐氏家藏書目・書類》** 《東坡書傳》二十卷。宋蘇軾。

**錢謙益等《絳雲樓書目・書類》** 《東坡書解》三冊。十三卷。東坡晚年，自言拊視《易》、《書》、《論語》三書，即覺此生不虚過。可見其爲生平得意書也。以墓誌及年譜考之，乃在海南時作。東坡《書解》，駁正介甫之説居多。

**朱彝尊《經義考・書》** 蘇式軾《書傳》。《宋志》：十三卷。《萬卷堂目》：二十卷。存。【略】 《朱子語録》曰：「東坡解《呂刑》『王享國百年耄』作一句，『荒度作刑』作一句，甚有理。」【略】 馬中錫曰：「東坡傳《書》『三江既入，震澤底定』，謂三江爲南江、中江、北江。蔡九峰不取其説，且謂其爲味別者，非是。然所謂以味別水者，非東坡之臆説也。唐許敬宗曰：『古五行皆有官，水官不失職，則能辨味與色，潛而時出，合而更分，皆能識之。』是先已有此言矣。九峰未之考也。至其所謂『堯之洪水未治也，東南皆海，豈復有吴、越哉！及彭蠡既瀦，三江入於海，則吴、越始有可宅之土，水之所鍾，獨震澤而已。斯言也，百世以俟聖人可也。』」

**《四庫提要・書類一》** 《東坡書傳》十三卷。内府藏本。宋蘇軾撰。軾有《東坡易傳》已著録。是書《宋志》作十三卷，與今本同。《萬卷堂書目》作二十卷，疑其傳寫誤也。晁公武《讀書志》稱熙寧以後，專用王氏之説，進退多士，此書駁異其說爲多。今《新經尚書義》不傳，不能盡考其同異。但就其書而論，則軾究心經世之學，明於事勢，又長於議論，於治亂興亡，披抉明暢，較他經獨爲擅長。其釋《禹貢》，三江定爲南江、中江、北江，本諸鄭康成，遠有端緒。惟未嘗詳審經文，考覈水道，而附益以味別之說，遂以啓後人之議。至於以羲和曠職爲貳於羿而忠於夏，則林之奇宗之。以《康王之誥》服冕爲非禮，引《左傳》叔向之言爲證，則蔡沈取之。《朱子語録》亦稱其解《呂刑》篇以「王享國百年耄」作一句，「荒度作刑」作一句，甚合於理。後與蔡沈帖，雖有蘇氏失之簡之語，然《語録》又稱「或問諸家《書》解誰最好？莫是東坡。曰然。又問但若失之太簡？曰亦有只須如此解者」，則又未嘗以簡爲病。洛、閩諸儒以程子之故，與蘇氏如水火，惟於此書有取焉，則其書可知矣。

**彭元瑞等《天禄琳琅書目後編・明版經部》** 《東坡書傳》。一函，八冊。宋蘇軾撰。書二十卷。《宋志》作十三卷。惟《萬卷堂書目》作二十卷，與此合。前有淩濛初序，上方輯諸家評說，與《易傳》同，亦閔齊伋家朱墨本。濛初字稚成，亦烏程人。 《東坡書傳》一函，八冊。同上係一版摹印。

**孫星衍《廉石居藏書記外編・經學》** 《東坡書傳》二十卷。前無叙。明人刊本。按晁氏、陳氏書目及《宋・藝文志》皆作十三卷，不知何人所分。晁氏謂其以《胤征》爲羿簒位時，《康王之誥》爲失禮，與諸儒之説不同。意譏之。而陳氏反稱之，誤矣。今觀其書，惟「大坯」注尚載成皋一説有可取，餘皆臆解。至以三江爲禹以味別，至引唐陸羽之言「誕受羑若」，羑爲羑里，不審上文爲文武合詞。皆紕繆之甚者。當時王安石好作新說，揣風氣者如此，司馬温公薦士，以蘇軾爲經學不深，故東坡作諸經說以解嘲。聊以舊書購存之，入於《書目》經學附録云。

**周中孚《鄭堂讀書記補逸・書類》** 《東坡書傳》二十卷。明刊本。宋蘇軾撰。仕履見《易》類。《四庫全書》著録，作十三卷。按《宋志》及晁、陳《書目》，本作十三卷，《學津討原》所收與此本同。張若雲跋稱《萬卷堂書目》作二十卷，與此本合，不知何時所分？若雲又謂明淩濛初有序，且引其序中數語而全文則未載。東坡究心經世，明於治亂興亡之故，其爲此傳，解說與筆力俱勝，自宋以來，諸家皆無間然者。當日既成《易傳》、《書傳》、《論語說》三書，撫之曰：「今世要未能信，後有君子，當知我矣。」迄於今，其言果驗。蓋文章得失，寸心自知，後人公論，自不容泯。顧蘇氏經義，世多以其詩文掩，至王伯厚《玉海》，第謂其書能排王氏新經義，則又淺乎其言之也。

**馬國翰《玉函山房藏書簿録・書類》** 《東坡書傳》二十卷。林汲山房家藏本。宋蘇軾撰。撰於《胤征》以爲羲和貳於羿而忠於夏，於《康王之誥》以釋衰服冕爲非禮，陳振孫稱其卓然獨見。於《呂刑》「王享國百年耄」作一句，「荒度作刑」作一句，朱子稱其甚有理。他於治亂興亡，抉摘明切，論皆雄偉。《宋志》十三卷。此本得之同里周書昌太史家，與萬卷樓本合。

## 洪範五事説

**朱彝尊《經義考・書》** 蘇氏轍《洪範五事說》。一篇。存。

**馬國翰《玉函山房藏書簿録・書類》** 《洪範五事說》一卷。載《欒城三集》。宋蘇轍撰。以脾之發爲貌主土，肺之發爲言主金，肝之發爲視主木，腎之發爲聽主水，心之發爲思主火，據黄帝以來醫書言之，與漢儒說不同。

## 書傳

**晁公武《郡齋讀書志・書類》** 《書傳》十三卷。右皇朝呂大臨與叔撰。

**尤袤《遂初堂書目・尚書類》** 《呂氏書傳》。

## 書説

**《宋史・藝文志・書類》** 孔武仲《書說》十三卷。

**朱彝尊《經義考・書》** 孔氏武仲《書說》。《宋志》：十三卷。未見。

《東都事略》：「武仲字常父，新淦人。舉進士，爲禮部第一。歷中書舍人直學士院，擢給事中，遷禮部侍郎。坐元祐黨奪職。著《詩》、《書》、《論語》說。」

按：是編諸家藏書目均無之，疑其佚久矣。康熙乙亥三月，西吳書賈目中有抄本二册，亟索之，云於正月鬻之松江張姓者，叩其名字，不知，無從訪獲，爲之惘然。

## 禹貢論

**朱彝尊《經義考·書》** 孔氏武仲《禹貢論》。一篇。存。

## 洪範五福論

**朱彝尊《經義考·書》** 孔氏武仲《洪範五福論》。一篇。存。

## 二典義

**陳振孫《直齋書録解題·書類》** 《二典義》一卷。尚書左丞山陰陸佃農師撰。佃爲王氏學，長於考訂。待制游，其孫也。

**馬端臨《文獻通考·經籍考·書》** 《二典義》一卷。

## 新經尚書義

**晁公武《郡齋讀書志·書類》** 《新經尚書義》十三卷。右皇朝王雱撰。雱，安石之子也。熙寧六年，命呂惠卿兼修撰國子監經義，王雱兼同修撰。王安石提舉而雱董是經，頒於學官，用以取士，或少違異，輒不中程，由是獨行於世者六十年，而天下學者喜攻其短。自開黨禁，世人鮮稱焉。

**陳振孫《直齋書録解題·書類》** 《書義》十三卷。侍講臨川王雱元澤撰。其父安石序之曰：「熙寧三年，臣安石以尚書入侍，遂與政。案：王安石與政在熙寧三年，原本作「二年」，誤。今改正。而子雱實嗣講事，有旨爲之說以進。八年，下其說太學，頒焉。」雱蓋述其父之學，王氏《三經義》，此其一也。初，熙寧六年，命知制誥呂惠卿充修撰經義，以安石提舉修定。又以安石子雱、惠卿弟升卿爲修撰官。八年，安石復入相，新傳乃成，雱蓋主是經者也。王氏學獨行於世者六十年，科舉之士熟於此，乃合程度。前輩謂如脫墼，然案其形模而出之爾，士習膠固，更喪亂乃已。

**馬端臨《文獻通考·經籍考·書》** 《新經尚書》十三卷。

**朱彝尊《經義考·書》** 王氏安石子雱《新經尚書義》。《通考》：十三卷。《宋志》卷同。書其父安石名。佚。安石序曰：「熙寧二年，臣安石以《尚書》入侍，遂與政。而子雱實嗣講事，有旨爲之說以獻。八年，下其說太學，頒焉。惟虞、夏、商、周之遺文，更秦而幾亡，遭漢而僅存，賴學士大夫誦說，以故不泯，而世主莫或知其可用。天縱皇帝大知，實始操之以驗物，考之以決事。又命訓其義，兼明天下後世。而臣父子以區區所聞，承乏與榮焉。然言之淵懿而釋以淺陋，命之重大而承以輕眇，兹榮也，祇所以爲媿與。」《長編紀事本末》：「熙寧八年六月，同修經義呂升卿言《尚書》有王雱所進義，乞更不删改，從之。時升卿輒删改《詩義》，安石、雱皆不悅，故有是言。」【略】 朱子曰：「王氏說傷於鑿，然其善亦有不可揜處。荆公不解《洛誥》，但云其間煞有不可強通處，今姑擇其可曉者釋之。今人多說荆公穿鑿，他卻有如此處，後來人解《書》，卻須盡要解。」又曰：「荆公解『聰明文思』，牽合《洪範》『五事』，此卻是穿鑿。如《小旻》詩云：『國雖靡止，或聖或否。民雖靡膴，或哲或謀，或肅或艾。』卻合《洪範》五事。」又曰：「人說荆公穿鑿，只是好處亦用還他。且如『矧惟若疇圻父薄違農父若保宏父定辟』，古注從『父』字絶句，荆公則就『違』、『保』、『辟』絶句，敻出諸儒之表。」 王應麟曰：「《酒誥》『圻父薄違農父若保宏父定辟』，荆公以『違』、『保』、『辟』絶句，朱文公以爲敻出諸儒之表。《洛誥》『復子明辟』，荆公謂『周公得卜，復命於成王也。』漢儒『居攝還政』之說，於是一洗矣。」

## 書經講義

**《宋史・藝文志・書類》** 曾肇《書講義》八卷。

**朱彝尊《經義考・書》** 曾氏肇《尙書講義》。《宋志》：八卷。佚。楊時作《行述》曰：「肇字子開，建昌軍南豐縣人。舉進士。哲宗嗣位，擢起居舍人兼權中書舍人，累遷朝散大夫、翰林學士、知制誥，兼侍讀，以龍圖閣學士提舉中太乙宮。元符末，汀州安置。今天子即位，盡還元祐貶死人官職，復公龍圖閣學士。紹興二年，謚文昭。」

## 洪範會傳

**晁公武《郡齋讀書志・書類》** 《洪範會傳》一卷。右皇朝孫諤撰。諤，元祐中博士，其說多本先儒，頗攻王氏之失。

**馬端臨《文獻通考・經籍考・書》** 《洪範會傳》一卷。

## 改正洪範

**朱彝尊《經義考・書》** 余氏燾《改正洪範》。一卷。存。龔明之曰：「余燾字元輔。方舍法欲行，上書引成周事力贊之，因命以官。累遷至正郎。後復上書改《洪範》篇，自『王省惟歲』至『月之從星則以風雨』，乃屬之『四五紀，一曰歲、二曰月、三曰日、四曰星辰、五曰曆數』之下。謂凡九疇皆有衍文，惟『四五紀』無之。至於『八庶徵』之後，既言『肅時雨若』，止『蒙恆風若』，意已斷矣，而又加『王省惟歲』已下之文，則近於贅。或者是其說，其爲臺諫所彈，不果施行。」

## 書解說

**焦竑《國史經籍志・書》** 上官公裕《書解說》□卷。

## 尙書義解

**朱彝尊《經義考・書》** 方氏通《尙書義解》。佚。

## 無逸講義

**《宋史・藝文志・書類》** 司馬康等《無逸講義》一卷。

## 書傳

**朱彝尊《經義考・書》** 于氏世封《書傳》。佚。《金華府志》：「世封浦江人。舉進士。撰《書》、《易》、《詩傳》共四十卷。」

## 尙書講義

**《宋史・藝文志・書類》** 曾旼等《講義》三十卷。

**朱彝尊《經義考・書》** 曾氏旼等《尙書講義》。《宋志》：三十卷。佚。朱子曰：「曾彥和說《書》精博，其解《禹貢》，林少穎、吳才老甚取之。」

王應麟曰：「曾旼字彥和。爲《書解》。朱文公、呂成公皆取之。《館閣書目》：『《書講義》，博士曾肢等解。』蓋誤以『旼』爲『肢』。」

## 書義辨疑

**晁公武《郡齋讀書志・書類》**　《書義辨疑》一卷。右皇朝楊時中立撰。其書專攻王雱之失。時仕至禮部侍郎。

**馬端臨《文獻通考・經籍考・書》**　《書義辨疑》一卷。

**朱彝尊《經義考・書》**　楊氏時《書義辨疑》。《通考》：一卷。未見。

【略】時《自序》曰：「古者左史記言，右史記動。《書》者，記言之文也。上自唐、虞，下迄於周，更千有餘年，聖賢之君繼作，其流風善政，可傳於後世者，具載於百篇之《書》，今其存者五十有九篇。予竊以一言蔽之，曰中而已矣。堯之咨舜曰：『天之曆數在爾躬，允執其中，四海困窮，天祿永終。』舜亦以命禹。夫三聖相授，蓋一道也。貴爲天子，而以天下與人，窮爲匹夫，而受人之天下，其相與授受之際，豈不重哉。而所言止此，《仲虺之誥》稱湯曰『建中于民』，箕子爲武王陳《洪範》曰『皇建其有極』，然則帝之所以爲帝，王之所以爲王，率此道也。予故以一言蔽之，曰中而已矣。夫所謂中者，豈執一之謂哉，亦貴乎時中也。時中者，當其可之謂也。堯授舜，舜授禹，受而不爲泰。湯放桀，武王伐紂，取而不爲貪。以至爲臣而放其君非篡也，爲弟而誅其兄非逆也。《書》之所載，大倫大要，不越是數者，以其事觀之，豈不異哉？聖人安爲之而不疑者，蓋當其可也。是《堯典》之書爲讓舜而作，而其名謂之典，言大常也。蓋苟當其可，雖以天下與人，猶爲常而已。後世昧執中之權，而不知時措之宜，故徇名失實，流而爲子噲之讓、白公之爭，自取絶滅者有之矣。至或臨之以兵而爲忠，小不可忍而爲仁，皆失是也，又烏足與論聖人之中道哉！國家開設學校，建師儒之官，蓋將講明先王之道，以善天下，非徒爲浮文以誇耀之也。以予之昏懦不肖，豈敢自謂足以充其任哉？姑誦所聞，以行其職耳。然聖言之奧，蓋有言不能論，而意不能致者也。諸君其愼思之，超然默會於言意之表，則庶乎有得矣。」

## 尚書講義

**朱彝尊《經義考・書》**　《尚書講義》。一卷。存。載《龜山集》。

**馬國翰《玉函山房藏書簿録・書類》**　《尚書講義》一卷。載《龜山集》。宋工部侍郎延平楊時中立撰。程子門人，學者稱龜山先生。案《文獻通考》載有《書義辨疑》一卷，晁公武謂其書「專攻王雱之失」。雱與父安石共撰《新經尚書義》，頒行學宫，其説多穿鑿。龜山取而辨之。今不傳。惟集中載有《自序》一篇，其《講義》亦載集中，經筵所進也。説《泰誓》四節，寓規戒云。

## 書解

**焦竑《國史經籍志・書》**　薛肇明《書解》□卷。

## 尚書解

**朱彝尊《經義考・書》**　劉氏安世《尚書解》。二十卷。佚。王庭珪志墓曰：「安世字世臣，安福人。紹興十八年，登進士第，以宣教郎知贛州雩都縣，轉朝奉郎。致仕。有《論語》、《尚書解》各二十卷。」

## 尚書解

**朱彝尊《經義考・書》**　蔡氏卞《尚書解》。佚。《東都事略》：「卞字元度，仙游人。與兄京同舉進士。王安石以女妻之。紹聖初，拜中書舍人，遷翰林學士兼侍講，拜尚書左丞。兄京爲相，拜知樞密院事，遷開府儀同三司。卒，贈太傅。謚文正。卞省辭辨貌，恭順而中險，與章惇、安惇締交，起史禍以中范祖禹、趙彥若、黄庭堅，興同文獄以陷劉摯、梁燾、王巖叟、劉安世等，斥逐元祐之臣，禁錮其子孫，時號二蔡、二惇云。」

## 堯典星日歲考

**朱彝尊《經義考・書》** 晁氏說之《堯典星日歲考》。一卷。存。載《嵩山集》。

## 書　義

**朱彝尊《經義考・書》** 張氏庭堅《書義》。佚。董鼎曰：「張庭堅字才叔。」《姓譜》：「庭堅，廣安人。元祐進士，官右正言，訟司馬光、吕公著之冤，論蔡京、章惇之罪，薦蘇軾、蘇轍之賢，忤執政意，謫官。卒，贈直徽猷閣，謚忠愍。」

## 尚書解義

**朱彝尊《經義考・書》** 胡氏伸《尚書解義》。佚。《姓譜》：「伸字彥時，婺源人。入太學，與汪藻齊名。登第，試學宮教授潁川。崇寧中，召爲太學正，累遷國子司業，後知無爲軍。」

## 書　傳

**金門詔《補三史藝文志・書經類》** 蘇鼎《書傳》六卷。

## 書義解

**王圻《續文獻通考・經籍志・書》** 《書義解》。晉江韓惇著。

## 書　解

**王圻《續文獻通考・經籍志・書》** 《書解》。黄預著。預字幾先，龍溪人。以直忤蔡京，貶卒。

**又《經解》** 黄預《書解》。預字機先，龍溪人。以直忤蔡京貶卒。

## 尚書類數

**《宋史・藝文志・書類》** 卞大亨《尚書類數》二十卷。

**王圻《續文獻通考・經籍考・書》** 《尚書類數》二十卷。卞大亨著。大亨字嘉甫。其先秦州人，靖康中，調懷寧簿，隱居象山。

## 書口義

**朱彝尊《經義考・書》** 雷氏度《書口義》。佚。《姓譜》：「雷度字世則，臨川人。」

## 尚書義宗

**鄭樵《通志・藝文略・書》** 《尚書義宗》三卷。

**《宋史・藝文志・書類》** 楊玉集《尚書義宗》三卷。

## 洪範傳

**鄭樵《通志・藝文略・書》** 《洪範傳》一卷。曾致。

## 洪範圖章

**朱彝尊《經義考・書》** 盧氏碩《洪範圖章》。一篇。存。碩《自序》曰：「予以《尚書・洪範》篇書於縑素，施於屋壁。有客覩之而言曰：『此其所謂君人之大法。武王所以繼三爲明，蓋能盡心於是也。苟將諸吾君列乎鳳扆之右，足以興三代之理。』予乃條其事，爲章以奏之。」

**嵇璜等《續通志・圖譜略書》** 盧碩《洪範圖章》。

## 尚書洪範五行記

**《宋史・藝文志・書類》** 孟先《尚書洪範五行記》一卷。

## 禹貢治水圖

**《宋史・藝文志・書類》** 孟先《禹貢治水圖》一卷。

**嵇璜等《續通志・圖譜略・書》** 孟先《禹貢治水圖》。

## 尚書洪範辨圖

**《宋史・藝文志・書類》** 吴仁傑《尚書洪範辨圖》一卷。

**朱彝尊《經義考・書》** 吴氏仁傑《尚書洪範辨圖》。《宋志》：一卷。未見。王應麟曰：「仁傑撰《洪範辨》一卷，增立新圖，辨歐陽修、蘇洵、轍所論。」

**嵇璜等《續通志・圖譜略・書》** 吴仁傑《尚書洪範辨圖》。

## 尚書要記名數

**鄭樵《通志・藝文略・書》** 《尚書要記名數》一卷。

## 尚書治要圖

**鄭樵《通志・藝文略・書》** 《尚書治要圖》一卷。

**尤袤《遂初堂書目・尚書類》** 《尚書治要圖》。

**《宋史・藝文志・書類》** 《尚書治要圖》五卷。

## 尚書會解

**鄭樵《通志・藝文略・書》** 《尚書會解》十三卷。《四庫書目》。

## 書傳

**朱彝尊《經義考・書》** 《書傳》一卷。佚。晁公武曰：「不載撰人，蓋爲程正叔之學者，疑諸呂所著也。」

## 尚書新篇

**朱彝尊《經義考・書》** 《尚書新篇》。一卷。佚。按：見《紹興續到闕書目》，則爲北宋人所撰也。

## 尚書新編目

**朱彝尊《經義考・書》** 《尚書新編目》。五卷。佚。按：見《紹興續到闕書目》，則爲北宋人所撰也。

## 尚書解題

**《宋史・藝文志・書類》** 《尚書解題》一卷。

**朱彝尊《經義考・書》** 《尚書解題》。《宋志》：一卷。佚。按：見《紹興續到闕書目》，則爲北宋人所撰也。

## 尚書血脈

**朱彝尊《經義考・書》** 《尚書血脈》。一卷。佚。按：見《紹興續到闕書目》，則爲北宋人所撰也。

## 古文尚書字

**朱彝尊《經義考・書》** 《古文尚書字》。一卷。佚。按：見《紹興續到闕書目》，則爲北宋人所撰也。

## 尚書解義

**朱彝尊《經義考・書》** 汪氏革《尚書解義》。四十一卷。佚。《姓譜》：「臨川人，字信民。分教長沙。」

## 尚書小傳

**王圻《續文獻通考・經籍考・書》** 《尚書小傳》。邵武上官愔著。愔，政和進士。

**朱彝尊《經義考・書》** 上官氏愔《尚書小傳》。佚。《閩書》：「愔字仲雍，邵武人。政和二年進士。建炎中，累除吏部員外郎，出知南劍州。」《揚州府志》：「愔，儀眞人。」

## 石林書傳

**陳振孫《直齋書録解題・書類》** 《石林書傳》十卷。尚書左丞吳郡葉夢得少蘊撰。博極羣書，彊記絶人。《書》與《春秋》之學，視諸儒最爲精詳。

**馬端臨《文獻通考・經籍考・書》** 石林《書傳》十卷。【略】石林

《自序》曰：「自世尙經術，博士業《書》者十常三四，然第守一說，莫能自致其思，余竊悲之。因參總數家，推原帝王之治，論其世，察其人，以質其所言，更相研究，折衷其是非，頗自紀輯，爲書二十卷，十二萬有餘言。」

**《宋史・藝文志・書類》** 葉夢得《書傳》十卷。

**尤袤《遂初堂書目・尚書類》** 《葉氏書傳》。

**朱彝尊《經義考・書》** 葉氏夢得《書傳》。《宋志》：十卷。未見。《一齋書目》有之。

## 陳博士書解

**陳振孫《直齋書録解題・書類》** 《陳博士書解》三十卷。禮部郎中永嘉陳鵬飛少南撰。秦檜子熺嘗從之遊。在禮部時，熺爲侍郎，文書不應令，鵬飛輒批還之。熺浸不平。鵬飛說書崇政殿，因論《春秋》母以子貴，言《公羊》說非是。檜怒，謫惠州以沒。今觀其書，紹興十三年所序。於《文侯之命》，其言「驪山之禍，申侯啓之，平王感申侯之立己，而不知其德之不足以償怨。鄭桓公友死於難，而武公復娶於申，君臣如此，而望其振國恥，難矣。」嗚呼！其得罪於檜者，豈一端而已哉！

**馬端臨《文獻通考・經籍考・書》** 《陳博士書解》三十卷。《中興藝文志》：「紹興時，太學始建，陳鵬飛爲博士，發明理學，爲《陳博士書解》。」

**《宋史・藝文志・書類》** 陳鵬飛《書解》三十卷。

**朱彝尊《經義考・書》** 陳氏鵬飛《書解》。《宋志》：三十卷。佚。

【略】 葉適志墓曰：「少南諱鵬飛，溫州永嘉人。自爲布衣，以經術文辭名當世，教學諸生數百人。其於經不爲章句新說，至君父、人倫、世變、風俗之際，必反復詳至而趨於深厚，今世所刊曰《詩書傳》者是也。晚而始得仕用之，未及而斥逐以死，既死不泯滅，而南方學者尤思之。」【略】 《浙江通志》：「鵬飛兩舉於鄉，俱第一，登紹興進士，調鄞縣簿，召對爲太學博士，改秩兼崇政殿說書，遷禮部郎。」

## 尚書講義

**陳振孫《直齋書録解題・書類》** 《尙書講義》三十卷。參政金壇張綱彥正撰。政和四年上舍及第，釋褐授承事郎，以三中首選，除太學官。其仕三朝，歷蔡京、王黼、秦檜三權臣，皆不爲之屈。紹興末乃預政，年八十四而終。此書爲學官時作。

**馬端臨《文獻通考・經籍考・書》** 《尙書講義》三十卷。

**《宋史・藝文志・書類》** 張綱《解義》三十卷。

**朱彝尊《經義考・書》** 張氏綱《尙書講義》。《宋志》：二十卷。佚。

洪蔵作《行狀》曰：「綱字彥正，金壇人。於五經尤精於《書》，每因講解，著爲義說，皆探微索隱，倫類通貫。其言無一不與聖人契，自是後學潛心此經者，爭傳頌之，諸家之說雖充棟汗牛，束之高閣矣。」 汪應辰曰：「綱《行狀》云：公講論經旨，尤精於《書》，著爲論說，探微索隱，無一不與聖人契，世號張氏《書解》。竊以王安石訓識經義，穿鑿傅會，專以濟其刑名法術之說，如《書義》中所謂『敢於殄戮，乃以乂民，忍威不可訖，凶惡不可忌』之類，皆害理教，不可以訓，綱作《書解》，掇拾安石緒餘，敷衍而潤飾之，今乃謂其言無一不與聖人契，此豈不厚誣聖人，疑誤學者？」 董銖曰：「世所傳張綱《書解》，只是祖述荆公所說，或云是閩中林子和作。」

## 書解

**朱彝尊《經義考・書》** 朱氏弁《書解》。十卷。佚。《宋史》：「朱弁字少章，婺源人。建炎初，補修武郎，借吉州團練使，爲通問副使。至雲中。黏罕使館，守之以兵，和議成，得歸。以宣教郎直祕閣，轉奉議郎。著《書解》十卷。」

## 書辯學

**王圻《續文獻通考・經籍考・書》**　《書辯學》數十卷。王居正。揚州人。少嗜學，遊太學，司業王齊見其文曰，王佐才也。其學根據六經，楊時器之。

**朱彝尊《經義考・書》**　王氏居正《尚書辨學》。十三卷。未見。呂祖謙作《行狀》曰：「居正字剛中，上世故蜀人，徙江都。初，建寧中，王安石以《新義》頒天下，其後章、蔡更用事，概以王氏說律天下士，盡名老師宿儒之緒言餘論爲曲學，學輒擯斥。當是時，內外校官非《三經義》、《字說》不登几案，他書雖世通行者，或不能舉其篇帙。公勉以親命，屈意場屋，心獨非之，未嘗肯作新進士語，流落不偶。宣和三年，賜上舍出身。紹興元年，除禮部員外郎，進太常少卿，除起居舍人。數月，除中書舍人，兼史館修撰。公之學，根極六藝，深醇宏肆，以崇是闢非爲己任。自其少年已不爲王氏說所傾動，慨然欲黜其不臧，以覺世迷。爲《毛詩辨學》二十卷，《尚書辨學》十三卷，《周禮辨學》五卷上之。」

## 尚書說

**朱彝尊《經義考・書》**　程氏瑀《尚書說》。佚。《宋史》：「程瑀字伯寓，浮梁人。政和進士，累官校書郎。欽宗即位，擢右正言。高宗召赴行在，除江東提刑，轉侍讀，進兵部尚書。秦檜忌之。出知信州，罷祠。瑀說《論語》至『弋不射宿』，言孔子不欲陰中人。所著有《周禮義》、《尚書說》。」

## 尚書解

**朱彝尊《經義考・書》**　李氏經《尚書解》。佚。朱子曰：「李經叔異，伯紀丞相弟。解《書》甚好，亦善考證。」

## 無垢尚書詳説

**陳振孫《直齋書録解題・書類》**　《無垢尚書詳説》五十卷。禮部侍郎錢塘張九成子韶撰。無垢諸經解，大抵援引詳博，文義瀾翻，似乎少簡嚴，而務欲開廣後學之見聞，使不墮於淺狹，故讀之者亦往往有得焉。

**馬端臨《文獻通考・經籍考・書》**　《無垢尚書詳説》五十卷。

**《宋史・藝文志・書類》**　張九成《尚書詳説》五十卷。

## 書傳統論

**徐𤊹《徐氏家藏書目・書類》**　《書傳統論》六卷。宋張九成刻橫浦。

**朱彝尊《經義考・書》**　《書傳統論》。六卷。存。【略】　王應麟曰：「張子韶《書說》於《君牙》、《冏命》、《文侯之命》，其言峻厲激發，讀之使人憤惋，其有感於靖康之變乎？」

按：張子韶《書傳統論》載《橫浦集》中，自《堯典》至《秦誓》各爲論一篇。

## 書解

**朱彝尊《經義考・書》**　王氏大寶《書解》。佚。

## 無逸傳

**朱彝尊《經義考・書》**　胡氏寅《無逸傳》。一卷。未見。寅進表曰：

「臣頌任記注，立侍經筵，竊觀陛下親御翰墨，書周公《無逸》一篇，置之座隅。聖心憂勤圖治，濡毫灑牘，不忘警戒。臣退而取《無逸》篇誦讀研究，至再至三，雖聖言宏深，未易窺測，譬如涉海或得涯涘，不俟揆度，輒以淺陋之學，分章訓釋。古今相去已數千年，至於人心未嘗有異。臣所以本原古訓，貫以時事，談經尙論，而無益於今，則腐儒而已。恭惟陛下聖學緝熙，高出一世，如臣等輩何能仰望清光，草芥賤微，求裕覆載，螢爝之照，呈輝大明，僭易伏誅，誠無所逭，一言有補，臣不虛生。臣無任納忠隕越之至。」

## 書裨傳

**尤袤《遂初堂書目・尚書類》**　吳氏《書裨傳》。

**陳振孫《直齋書録解題・書類》**　《書裨傳》十三卷。太常丞建安吳棫才老撰。首卷舉要，曰《總説》，曰《書序》，曰《君辨》，曰《臣辨》，曰《考異》，曰《詁訓》，曰《差牙》，曰《孔傳》，凡八篇。考據詳博。

**馬端臨《文獻通考・經籍考・書》**　《書裨傳》十三卷。

**《宋史・藝文志・書類》**　吳棫《裨傳》十三卷。

**楊士奇等《文淵閣書目・書》**　《書吳才老埤傳》。一部，四冊。闕。

**朱彝尊《經義考・書》**　吳氏棫《書裨傳》。《宋志》：十二卷。《授經圖》：十三卷。未見。《一齋書目》有之。王明清曰：「吳棫，才老，舒州人。」

**【略】**朱子曰：「吳才老《書解》，徽州刻之。才老於考究上極有功夫，只是義理上看得不仔細。」又曰：「才老説《梓材》是《洛誥》中書，甚好。」又曰：「吳才老説《胤征》、《康誥》、《梓材》等篇，辨證極好，但已看破《小序》之失而不敢勇決，復爲序文所牽，殊覺費力耳。」　董銖曰：「才老以修五禮只是五典之禮，唐、虞時未有，吉、凶、軍、賓、嘉，至周時方有之。五刑，才老亦説是五典之刑，如所謂不孝之刑、不悌之刑也。」　王應麟曰：「吳才老《書裨傳》以『鳳凰來儀』爲簫聲之和，訓説築傳巖之野，以築爲居。」　袁桷曰：「《書》別於今文、古文，晉世相傳，馴致後宋，時則有若吳棫、趙汝談、陳振孫疑焉，有考過千百年而能獨明者。」　《閩書》：「吳棫字才老，建安人。舉重和元年進士，召試館職，不就，除太常丞，忤時宰，出通判泉州。所著有《書裨傳》、《詩補音》、《論語指掌考異續解》。」

按：説《書》疑古文者，自才老始，其書《菉竹堂目》尙存。

## 書論

**朱彝尊《經義考・書》**　范氏浚《書論》。一篇。存。

## 説命三篇論

**朱彝尊《經義考・書》**　范氏浚《説命三篇論》。一篇。存。

## 大誥康誥酒誥梓材召誥洛誥多士多方論

**朱彝尊《經義考・書》**　范氏浚《大誥康誥酒誥梓材召誥洛誥多士多方論》。一篇。存。

## 書籍義

**王圻《續文獻通考・經籍考・書》**　《書籍義》。徐存著。

## 尚書解

**朱彝尊《經義考・書》**　樊氏光遠《尙書解》。三卷。佚。汪逢辰曰：

「光遠字茂實，錢塘人。紹興五年進士，官福建路轉運副使。」

## 尚書解

**《宋史・藝文志・書類》** 胡銓《書解》四卷。

## 書辨訛

**陳振孫《直齋書録解題・書類》** 《書辨訛》七卷。樞密院編修官莆田鄭樵漁仲撰。其目曰《糾謬》四，《闕疑》一，《復古》二。樵以遺逸召用，博物洽聞，然頗迂僻。居莆之夾漈。

**馬端臨《文獻通考・經籍考・書》** 《書辯訛》七卷。

## 尚書詁訓傳

**《宋史・藝文志・書類》** 晁公武《尚書詁訓傳》四十六卷。

## 尚書解

**朱彝尊《經義考・書》** 趙氏敦臨《尚書解》。佚。《姓譜》：「敦臨字茈民，鄞人。紹興初進士。官湖州教授。」

## 尚書講義

**《宋史・藝文志・書類》** 史浩《講義》二十二卷。

**王圻《續文獻通考・經籍考・書》** 《尚書講義》二十二卷。史浩著。浩字長卿，慶元人。孝宗時爲相。

**朱彝尊《經義考・書》** 史氏浩《尚書講義》。《宋志》：二十二卷。未見。《一齋書目》有之。《中興書目》：「淳熙十六年正月，太傅史浩進《尚書講義》二十二卷，藏祕府。」朱子曰：「史丞相説《書》，亦有好處，如『命公後』，衆説皆云：『命伯禽爲周公之後。』史云：『成王既歸，命周公在後，看公定予往矣。』一言便見得是周公且在後之意。」

**《四庫提要・書類一》** 《尚書講義》二十卷。《永樂大典》本。宋史浩撰。浩字直翁，鄞縣人。紹興十四年進士。孝宗爲建王，浩以司封郎中兼直講。即位後，遷翰林學士知制誥，累官右丞相，致仕。事蹟具《宋史》本傳。此書《宋史・藝文志》作二十二卷，《文淵閣書目》、《一齋書目》竝載其名，而藏弆家已久無傳本，故朱彝尊《經義考》亦注云「未見」。惟《永樂大典》各韻中尚全録其文。謹依經文考次排訂，釐爲二十卷。案《宋館閣書目》云：「淳熙十六年正月，太傅史浩進《尚書講義》二十二卷，詔藏祕府。」蓋本當時經進之本，故其説皆順文演繹，頗近經幄講章之體。其説大抵以《注疏》爲主，參考諸儒，而以己意融貫之。當張浚用兵中原時，浩方爲右僕射，獨持異論。論者貴其沮恢復之謀。今觀其解《文侯之命》一篇，亦極美宣王之勤政復讎，而傷平王之無志恢復，則其意原不以用兵爲非。殆以浚未能度力量時，故不欲僥倖嘗試耶。《朱子語類》嘗稱「史丞相説《書》亦有好處，如『命公後』。衆説皆云『命伯禽爲周公之後』，史云『成王既歸，周公在後，看公定予往矣』。一言便見得周公且在後之意」云云。其後命蔡沈訂正《書傳》，實從浩説，則朱子固於此書有所取。孫應時《燭湖集》有《上史越王書》云：「《書傳》多所發明帝王君臣精微正大之藴，剖抉古今異同偏見，開悟後學心目，使人沛然飽滿者，無慮數十百條。」又云：「欲以疑義請教者一一疏諸下方。」則浩此書，實與應時商榷之，亦非率爾苟作矣。

**周中孚《鄭堂讀書記補逸・書類》** 《尚書講義》二十卷。寫本。宋史浩撰。浩字直翁，鄞縣人。紹興十四年進士。孝宗時，累官右丞相，致仕。《四庫全書》著録。《宋志》作二十二卷。《玉海》引《書目》即《中興書目》。云：「淳熙十六年正月二十三日，太傅史浩進《講義》二十二卷，藏祕府。」即是書也。明以來久佚，故朱氏《經義考》注云「未見」。館臣始從《永樂大典》録出，釐訂爲二十二卷。其所爲講義，大抵採集《注疏》及前人之解，與夫史傳所記，加以己見闡發，融會成章，多明白切當，進之經筵，頗爲有裨。故《朱子語録》嘗稱之，而蔡九峰作《集傳》，亦有所取云。此本即從文瀾閣本傳鈔，前冠以《提要》一篇。

**張金吾《愛日精廬藏書志・書類》** 《尚書講義》二十卷。文瀾閣傳抄本。宋史浩撰。

## 尚書傳

**朱彝尊《經義考・書》** 陳氏長方《尚書傳》。佚。徐師曾曰：「陳長方字齊之，其先長樂人。從王蘋遊，家震澤。紹興中，舉進士，授江陰教授。有《春秋》、《禮記》、《尚書傳》。」

## 洪範訓釋

**朱彝尊《經義考・書》** 鄭氏耕老《洪範訓釋》。佚。

## 尚書本義

**朱彝尊《經義考・書》** 徐氏椿年《尚書本義》。佚。《江西通志》：「徐椿年字壽卿，永豐人。登紹興十二年進士。至宜黄簿。從張九成學。」

## 尚書解

**王圻《續文獻通考・經籍考・書》** 《尚書解》。王十朋著。十朋，樂清人。紹興中，廷對第一，以龍圖閣學士致仕，卒謚忠文。

**朱彝尊《經義考・書》** 王氏十朋《尚書解》。未見。《一齋書目》有。黄淮曰：「梅溪先生以斯道自任。紹興間，對策大廷，日盈萬言，援經證據，切中時病。高宗親擢首選，試以民事，僉判紹興府。自後歷官侍從臺諫，出知饒、夔、湖、泉四大郡，入爲太子詹事，以龍圖閣學士致仕。」何文淵曰：「少時讀王先生註釋輯五瑞昭德之致於異姓之邦諸篇，而知先生之學邃於經。宣德庚戌，出守溫郡，求得先生文集，而缺注釋經傳之言。」《浙江通志》：「王十朋字龜齡，樂清人。紹興中，舉進士第一。」

## 泰誓論

**朱彝尊《經義考・書》** 王氏十朋《泰誓論》。一篇。存。

**馬國翰《玉函山房藏書簿録・書類》** 《泰誓論》一卷。載《王文忠公集》。宋龍圖閣學士樂清王十朋龜齡撰。大意以十有一年爲賜鈇鉞得專征之年，説極名通。集標《武王論》。朱氏《經義考》作《泰誓論》，兹據題焉。

## 拙齋書集解

**陳振孫《直齋書録解題・書類》** 《拙齋書集解》五十八卷。校書郎三山林之奇少穎撰。從呂紫微本中居仁學，而太史祖謙則其門人也。初第，以樞密陳誠之薦徑入館，以末疾去而終。

**馬端臨《文獻通考・經籍考・書》** 林少穎《拙齋書集解》五十八卷。【略】 其自序謂初著之時，每日誦正經自首至尾一遍，雖有他務不輟，平心定氣，博採諸儒之説而去取之。苟合於義，雖近世學者之説亦在所取；苟不合於義，雖先儒之説亦所不取。《朱子語録》曰：「林書儘有好處，但自《洛誥》以後，非其所解。」

**《宋史・藝文志・書類》** 林之奇《集解》五十八卷。

**楊士奇等《文淵閣書目・書》** 《尚書林之奇解》。一部，十二册。闕。

**朱彝尊《經義考・書》** 林氏之奇《尚書集解》。《宋志》：五十八卷。存。之奇《自序》曰：「理義者，人心之所同然也。聖人之於經，所以開百世而不慚，蔽天地而無恥者，蓋出於人心之所同然而已，苟不出於人心之所同然，則異論曲說，非吾聖人之所謂道也。孔子曰：『君子之於天下也，無適也，無莫也，義之與比。』竊謂學者之於經，苟不知義之與比，先立適莫於胸中，或以甲之說爲可從，以乙之說爲不可從，或以乙之說爲可從，以甲之說爲不可從。如此，則私議蠭起，好惡鬨然，將不勝其惑矣，安能合人心之所同然哉！苟欲合人心之所同然，以義爲主，無適無莫，平心定氣，博採諸儒之說而去取之。苟合於義，雖近世學者之說，亦在所取；苟不合於義，雖先儒之說，亦所不取。如此，則將卓然不牽於好惡，而聖人之經旨將煥然而明矣。《書》孔子所定，凡百篇。孔子之前，《書》之多寡，不可得而見。《書緯》云：『孔子得黃帝玄孫帝魁，凡三千二百四十篇爲《尚書》，斷遠取近，定其可爲世法者百二十篇爲簡書。』此說不然。古書簡質，必不若是之多也。班孟堅《藝文志》於古今書外，又有《周書》七十一篇。劉向云：『周時號令。』蓋孔子所論百篇之餘，於周時所刪去者，纔七十一篇，自周以前疑愈少矣。謂有三千餘篇，非也。孔子百篇，遭秦火無存。至漢時伏生口授，得二十八篇，後又得僞《泰誓》一篇，爲二十九篇。孔壁之書既出，孔安國定其可數者二十五篇，又別出《舜典》、《益稷》、《盤庚》、《康王之誥》，共爲五十八篇，其文以隸書存古文，故謂之《古文尚書》。此書之成，遭巫蠱而不出。漢儒聞孔氏之書有五十八篇，遂以張霸之徒造僞《書》二十四篇爲《古文尚書》，兩漢儒者之所傳，大抵霸僞本也，其實未嘗見眞《古文尚書》也。故杜預注《左氏傳》、韋昭注《國語》、趙岐注《孟子》，凡所舉《書》出於二十五篇之中，皆指爲『逸書』，其實未嘗逸也。劉歆當西漢之末，欲立《古文書》學官，移書責諸博士甚力。然歆之所見，皆霸僞本，亦非眞《古文書》也。以至賈、馬、鄭、服之輩，亦皆不見《古文書》。至於晉、齊之間，然後其書漸出，及開皇二年，求遺書，得《舜典》，然後其書大備。嗚呼！聖人之經可謂多厄矣。遭秦火失其半，其半存者又隱而不出。自漢武帝巫蠱事起，至隋開皇二年，凡六百七十餘年，然後五十八篇得傳於學者而大備，是可歎也！孔氏《書》始出，皆用隸書。至唐天寶間，詔衛包改古文從今文書，今之所傳，乃唐天寶所定之本也。此蓋《書》之始末也。學者必欲知《書》之本末，蓋有伏生之《書》，有孔壁續出之《書》。夫五十八篇，皆帝王所定之書，有坦然明白而易曉者，有艱深聱牙而難曉者，如《湯誓》、《湯誥》均成湯時誥令，如《說命》、《高宗肜日》均高宗時語言，如《蔡仲之命》、《微子之命》、《康誥》皆周公誥命，然艱易顯晦迥然不同者，蓋有伏生之書，有孔壁續出之書，其文易曉，不煩訓詁可通者，如《大禹謨》、《胤征》、《五子之歌》、《仲虺之誥》、《湯誥》、《伊訓》、《太甲》三篇、《咸有一德》、《說命》三篇、《泰誓》三篇、《武成》、《旅獒》、《微子之命》、《蔡仲之命》、《周官》、《君陳》、《畢命》、《君牙》、《冏命》，此二十五篇，皆孔壁續出，其文易曉，餘乃伏生之書，多艱深聱牙，不可易通。伏生之書所以艱深不可通者，伏生齊人也，齊人之語多艱深難曉，如公羊亦齊人也，故傳《春秋》語亦艱深，如昉於此乎登來之也，何休注曰：『齊人語。』以是知齊人語多難曉者。伏生編此書，往往雜齊人語於其中，故有難曉者。衛宏序《古文尚書》，言伏生老不能正言，使其女傳言教晁錯，齊人語多與潁川異，晁錯所不知者二三，僅以其意屬讀而已。觀此可見以是知凡《書》之難曉者，未必帝王之書本如是，傳者汨之矣。」

孫畊後序曰：「畊自兒時侍先君盱江官舍，郡齋修刊禮樂書，先君實董其事，與益國周公、誠齋楊先生書問往來，訂正訛舛甚悉。暇日，因與言曰：『吾家先拙齋《書解》今傳於世者，自《洛誥》以後皆訛。蓋是書初成，門人東萊呂祖謙伯恭取其全本以歸，諸生傳録，十無二三，書坊急於鋟梓，不復參訂，訛以傳訛，非一日矣。』先君猶記鄉曲故家及嘗從先拙齋遊者，録得全文，及歸，方尋訪，未獲，不幸此志莫償。畊早孤，稍知讀書，則日夕在念慮間，汨汨科舉業，由鄉選入太學，跋涉困苦，如是者三十餘年。淳祐辛丑，僥倖末第，閑居需次，得理故書，日與抑齋、今觀文陳公虛齋、今文昌趙公參考講求，樞趨請益。抑齋出示北山先生手蹟，具言居官婺女，日從東萊先生學，東萊言吾少侍親官於閩，從林少穎先生學，且具知先拙齋授書之由。時抑齋方閱《六經疏義》，尤加意於林、呂之學，虛齋亦倣朱文公辨安國書著本旨，畊得互相詰難其間，凡諸家講解，搜訪無遺。一日友人陳元鳳儀叔攜《書說拾遺》一集示予，蠹蝕其表，蠅頭細書，云得之宇文故家。蓋宇文之先曾從拙齋學，親傳之稿也。其集從《康誥》至《君陳》，此後又無之。遂以鋟本參校，《康誥》、《酒誥》、《梓材》、《召誥》皆同鋟本，自《洛誥》至《君陳》與録本異，其詳倍之，至是益信書坊之本誤矣。當令兒輩作大字本謄出，以元集歸之，然猶未有他本可以參訂也。又一朋友云：『建安書坊余氏數年前新刻一本，謂之三山林少穎先生《尚書全解》，此集蓋得其眞，刊成僅數月，而書坊火，今板本不存矣。』余亦未之信，因遍索諸鬻書者。乙巳春仲，一老丈鶉衣銜袖，踉蹡入門，喜甚，揖余而言曰：『吾爲君求得青氈矣！』開視果新板，以《尚書全解》標題，書坊果建安余氏，即倍其價以鬻之。以所謄本參校，自《洛誥》至《君陳》及《顧命》以後至卷終，皆眞本。向者麻沙之本，自《洛誥》以後果僞矣。朋友轉相借觀，以爲得所未見。既而畊暫攝鄉校，學録葉君，眞里之耆儒，嘗從勉齋遊，其先世亦從拙齋學，與東萊同。同又出家藏寫本林、李二先生《書解》及《詩說》相示，較之首尾並同，蓋得此本而益有證驗矣。嗟夫！此書先拙齋初著之時，每日誦正經自首至尾一遍，雖有他務不輟，貫穿諸家，旁搜遠紹，會而粹之，該括詳盡，不應於《洛誥》以後詳略如出二手。今以諸本參較，眞贋曉然，信而有徵，可以傳而無疑矣。《書解》自麻沙初刻，繼而婺女及蜀中皆有本，然承襲舛訛，竟莫能辨。柯山夏氏解多引林氏說，自《洛誥》以後則略之，僅有一二語，亦從舊本，往往傳訛。東萊解只於《禹貢》引林三山數段，他未之詳。東萊非隱其師之說，蓋拙齋已解者，東萊不復解，而惟條暢其義。嗟夫！《書》自安國而後，不知其幾家。我先拙齋裒集該括，自壯及耄，用心如此之勤，用力如此之深，始克成書，而傳襲謬誤，後學無從考證。我先君家庭授受，中更散亡，極意搜訪，竟無從得。畊恪遵先志，又二十餘年，旁詢博問，且疑且信，又得宇文私録，又得余氏新刊《全解》，又得葉學録家藏寫本，稽驗新故，訂正眞贋，參合舊聞，而後釋然，以無疑確然而始定，然則著書傳後，豈易云乎哉！畊既喜先拙齋之書獲全，又喜先君縣丞公之志始遂，顧小子何力之有，抑天不欲廢墜斯文，故久鬱而獲伸歟？不然，何壁藏、汲冢之復出也。淳祐丁未之歲，石鼓冷廳，事力甚微，學廩粗給，當路諸公不賜鄙夷，捐金撥田，悉有所助。三年之間，補葺經，創石鼓兩學，輪奐鼎新，書板舊帙，缺者復全。於是慨然而思曰：吾先君未償之志，孰有切於此者；吾先世未全之書，豈容緩於此者，實爲子孫之責也！乃會書院新租歲入之積，因郡庠憲臺撥鏹之羨，撙學廳清俸公給之餘，計日命工，以此全書亟鋟諸梓，字稍加大，匠必用良，板以千計，字以五十萬計，釐爲四十卷，始于己酉之孟冬，迨明年夏五月而畢。是書之傳也，亦難矣哉，亦豈苟然哉！舊本多訛，畊偕次兒駿伯重加點校，凡是正七千餘字，今爲善本，庶有補於後學。淳祐庚戌夏，五嗣孫迪功郎衡州州學教授兼石鼓書院山長畊謹書。」

鄧均曰：「觀林君畊叟序，述其先王父全書始末，兩世訪求，志亦苦矣。先是抑齋陳先生爲僕言閩學源流，開教甚悉，乃知始於紫薇呂公載道而南，而拙齋先生實親承心學。拙齋著書多，而於《尚書》尤注意，即少穎先生《書解》是也。然自《洛誥》以後，傳者失眞，世不得其全書爲恨。先生之猶子諱子沖，登癸丑科，爲南豐簿，常分教盱江，再轉爲丞，僕頃在庠序，尚及識縣丞公於丈席。縣丞公在盱，據勘遺文多矣，獨於拙齋全書散佚之餘，訪求而未得，不幸齎志以歿。又數十年，而先生之孫畊始克摹就，豈其書之泰阨，固自有時耶？拙齋雖不克竟其用，而傳聖賢之心，壽斯文之脈，其功大矣。縣丞公尅志世其學，而略不獲施於用。至畊而全書始出以傳，惟拙齋之學，卓然光明，久而益昌，何庸繪畫。畊字耕叟，爲衡州教授，暨先生甫三世，其孜孜問學，多識往行好修者也。君子曰『無忝厥祖』。淳祐十年七月既望。」

朱子曰：「三山林少穎《書說》亦多可取，但自《洛誥》以後，非其所解。」又曰：「少穎解『放勳』之『放』，即『推而放之四海』之『放』，比之程氏說爲優。」【略】

王圻曰：「林之奇，侯官人，累官中正丞，辭祿家居，呂祖謙嘗師之。」

## 尚書全解

**范邦甸等《天一閣書目·書類》** 《尚書全解》四十卷。藍絲欄鈔本，司馬公題籤。宋三山拙齋林之奇少穎撰，并序云：「《書》孔子所定，凡百篇。孔子之前，《書》之多寡不可得而見。《書緯》云：『孔子得黃帝元孫帝魁，凡三千二百四十篇，爲簡書。』此說不然，古書簡質，必不如是之多。班孟堅《藝文志》於古、今《書》又有《周書》七十一篇。劉向云：『周時號令，蓋孔子所論百篇之餘。』於周時所刪去者，纔七十一篇，自周以前疑愈少矣。謂有三千餘篇，非也。孔子百篇，遭秦火無存，至漢時伏生口授，得二十八篇，後又得《泰誓》一篇，爲二十九篇。孔壁之《書》既出，孔安國定其可數者二十五篇，又別出《舜典》、《益稷》、《盤庚》、《康王之誥》共爲五十八篇。其文以隸書存古文，故謂之《古文尚書》。此書之成，遭巫蠱而不出，漢儒聞孔子之書有五十八篇，遂益張霸之徒僞造《書》二十四篇爲《古文尚書》。兩漢儒者之所傳，大抵霸僞書也，其實未嘗見眞《古文尚書》也。故杜預注《左氏傳》，韋昭注《國語》，趙岐注《孟子》，凡所舉《書》出於二十五篇之中，皆指爲『逸書』，其實未嘗逸也。劉歆當西漢之末，欲立《古文書》學官，移書責諸博士甚力，然歆之所見，皆霸僞本，非眞《古文書》也，以至賈、馬、鄭、服之輩，亦皆不見《古文書》。至於晉、齊之間，然後其書漸出，及開皇二年求遺書，得《舜典》，然後其書大備。嗚呼！聖人之經可謂多厄矣，遭秦火失其半，其半存者又隱而不出。自漢武帝巫蠱事起，至隋開皇二年，凡六百七十餘年，然後五十八篇得傳於學者而大備，是可嘆也。孔氏《書》始出，皆用隸書，至唐天寶間，詔衛衡改古文從今文書，今之所傳，乃唐天寶所定之本也。此蓋《書》之本末也。」淳祐庚戌嗣學孫迪功郎衡州州學教授兼石鼓書院山長畊謹序，後學盱江鄧均序。

**王圻《續文獻通考·經籍考·書》** 《書經全簡》。林之奇著。之奇，侯官人。累官宗正丞，後以辭祿家居。呂祖謙嘗師之。

**《四庫提要·書類一》** 《尚書全解》四十卷。內府藏本。宋林之奇撰。之奇字少穎，號拙齋，侯官人。官至宗正丞。事蹟具《宋史·儒林傳》。之奇辭祿家居，博考諸儒之說，以成是書。《宋志》作五十八卷，此本僅標題四十卷。考其孫畊後序，稱脫稿之初，爲門人呂祖謙持去，諸生傳録，僅十得二三。書肆急於鋟梓，遂譌以傳譌。至淳祐辛丑，畊從陳元鳳得宇文氏所傳《書說拾遺》手稿一冊，乃《康誥》至《君陳》之文。乙巳得建安余氏所刻完本，始知麻沙所刻，自《洛誥》以下皆僞續。又得葉眞所藏林李二先生《書解》，參校證驗，釐爲四十卷。然則《宋志》所載，乃麻沙僞本之卷數。朱子所謂《洛誥》以後非林氏解者。此本則畊所重編，朱子所未見，夏僎作《尚書解》時亦未見，故所引之奇之說亦至《洛誥》止也。然畊既稱之奇初稿爲呂祖謙持去，則祖謙必見完書，何以《東萊書說》始於《洛誥》以下，云續之奇之書，毋乃畊又有所增修，託之乃祖歟？自宋迨明，流傳既久，又佚其三十四卷《多方》一篇。通志堂刊《九經解》，竭力購之，弗能補也。惟《永樂大典》修自明初，其時猶見舊刻，故所載之奇《書解》，此篇獨存。今録而補之，乃得復還舊觀。之奇是書，頗多異說。如以陽鳥爲地名，三俊爲常伯、常任、準人，皆未嘗依傍前人。至其辨析異同，貫穿史事，覃思積悟，實卓然成一家言。雖眞贋錯雜，不可廢也。屢經散佚，而卒能完善，亦其精神刻摯有足以自傳者矣。前有《自序》一篇，述《尚書》始末甚詳，然舛誤特甚。《漢書·藝文志》已明云：「《古文尚書》孔安國獻之，遭巫蠱不立於學官」，而用《僞孔傳序》藏於家之說，併謂劉歆未見。《儒林傳》明言：「伏生壁藏其書，漢興，亡數十篇，獨得二十九篇。」而用衛宏《古文尚書序》使女傳言之說，併謂齊語難曉，尤其致謬之大綱。閻若璩諸人已有明辨，茲不具論焉。

**吳壽暘《拜經樓藏書題跋記》卷一** 《尚書全解多方》一卷。元林之奇拙齋《尚書全解》，元闕第三十四卷。歸安丁小疋學博從京師書肆借鈔，末有附録十三條。學博跋云：「乾隆丁酉，予在京師，從琉璃廠五柳居書肆借鈔此卷，乃《永樂大典》本也。快哉！歸安丁錦鴻升衢甫識。」「餘姚鄭君察峰鉉、海寧陳君竹厂以綱先後爲予校正譌謬，又一快也。冬至後四日重記。」「戊戌春，寶應劉君端臨台拱借鈔，再校一過。朋儕先後傳寫者可數十本矣。」「其年八月，始見官本，遂手自校訂，有新鈔誤者，有舊鈔誤者，亦有林氏自誤者，悉皆改正，不暇分別標識也。編修鄒公玉藻、纂修大總裁劉文正公尙在列。蓋癸巳秋從《永樂大典》中出者。」「己亥七月六日覆校一過，興化顧君文子九苞改正一字，錦鴻改名杰記。」乾隆辛丑，先君子從知不足齋假録，並手書諸校語于上。

## 禹貢指南

**楊士奇等《文淵閣書目·書》** 毛晃《禹貢指南》。一部，一冊。闕。

**黃虞稷《千頃堂書目·書類·補宋》** 毛晃《禹貢指南》一卷。

**倪燦等《宋史藝文志補·書類》** 毛晃《禹貢指南》一卷。

**《四庫提要·書類一》** 《禹貢指南》四卷。《永樂大典》本。宋毛晃撰。

晁，《宋史》無傳。其始末未詳。世傳其增注《禮部韻略》，於紹興三十二年表進，自署曰「衢州免解進士」，蓋高宗末年人也。是書《宋史・藝文志》不著録，焦竑《經籍志》載：「《禹貢指南》一卷，宋毛晃撰。」朱彝尊《經義考》云「未見」，又云「《文淵閣書目》有之，不著撰人，疑即晃作」。則舊本之佚久矣。今考《永樂大典》所載，與諸家注解散附經文各句下，謹綴録成篇，釐爲四卷。以世無傳本，其體例之舊不可見，謹以經文次第標列，其無注者則經文從略焉。其書大抵引《爾雅》、《周禮》、《漢志》、《水經注》、《九域志》諸書，而旁引他說以證古今山水之原委，頗爲簡明。雖生於南渡之後，僻處一隅，無由睹中原西北之古蹟，一一統核其眞，而援據考證，獨不泥諸儒附會之說，故後來蔡氏《集傳》多用之，亦言地理者所當考證矣。

## 尚書大傳雜説

**朱彝尊《經義考・書》** 李氏燾《尚書大傳雜説》。佚。

## 尚書百篇圖

**《宋史・藝文志・書類》** 李燾《尚書百篇圖》一卷。

**嵇璜等《續通志・圖譜略・書》** 李燾《尚書百篇圖》。

## 口義發題

**《宋史・藝文志・書類》** 洪興祖《口義發題》一卷。

## 洪範論

**朱彝尊《經義考・書》** 林氏維屏《洪範論》。一卷。未見。

## 書解

**朱彝尊《經義考・書》** 謝氏諤《書解》。二十卷。未見。周必大曰：「諤字昌國，新喻人。官朝議大夫直學士。」

## 尚書解

**朱彝尊《經義考・書》** 張氏淑堅《尚書解》。佚。呂祖謙作墓志曰：「淑堅字正卿，其先自開封遷於衢。官止承節郎。有《詩》、《書解》合三十卷。」

## 書譜

**陳振孫《直齋書録解題・書類》** 《書譜》二十卷。程大昌撰。本以解經，而不盡解，有所發明，則篇爲一論。

**馬端臨《文獻通考・經籍考・書》** 程大昌《書譜》二十卷。

**《宋史・藝文志・書類》** 程大昌《書譜》二十卷。

**嵇璜等《續通志・圖譜略・書》** 宋程大昌《書譜》。

## 禹貢論　禹貢圖　禹貢後論

**尤袤《遂初堂書目・尚書類》**　程尚書《禹貢圖論》。

**陳振孫《直齋書録解題・書類》**　《禹貢論》二卷、《圖》二卷。案：《宋史・藝文志》作《禹貢論》五卷，《禹貢論圖》五卷，《後論》一卷。程大昌撰。凡《論》五十三篇，《後論》八篇，《圖》三十一。其於江、河、淮、漢、濟、黑、弱水七大川，以爲舊傳失實，皆辨證之。淳熙四年上進。宇宙廣矣遠矣，上下數千載，幅員數萬里，身不親歷，耳目不親聞見，而欲決於一心，定於一説，烏保其皆無牴牾？然要爲卓然不詭隨傳註者也。

**馬端臨《文獻通考・經籍考・書》**　程大昌《禹貢論圖》共四卷。

**《宋史・藝文志・書類》**　程大昌《禹貢論》五卷。《禹貢論圖》五卷。《禹貢後論》一卷。

**楊士奇等《文淵閣書目・書》**　程大昌《禹貢論》。一部，二冊。闕。

**王圻《續文獻通考・經籍考・書》**　《禹貢論》。程大昌著。大昌，休寧人，十歲能屬文。紹興中進士，以龍圖閣直學士致仕。所著又有《考古編》。

**范邦甸等《天一閣書目・書類》**　《禹貢論》二卷，《後論》一卷。宋淳熙四年程大昌奏上。凡五十二篇并序。

**錢謙益等《絳雲樓書目・書類》**　程大昌《禹貢論》。字泰之。宋孝宗時人。諡文簡。淳熙中泉州刻本，佳。程泰之《禹貢論》五十三篇，《後論》八篇，《圖》三十一，共四卷。又別有《書譜》二十卷。

**朱彝尊《經義考・書》**　程氏大昌《禹貢論》。《宋志》：五卷。《萬卷堂目》：二卷。存。《禹貢論圖》。《宋志》：五卷。《萬卷堂目》：二卷。未見。《禹貢後論》。《宋志》：一卷。未見。彭椿年《序》曰：「禹迹所及，周遍天下，而載之《禹貢》者，僅餘千言。其施置閎大而書法嚴簡，絶非一見可以遽解，故薦紳先生難言之。漢永平間，詔遣王景治汴，而賜以《禹貢圖》，曰：『圖云者，爲其道里悠遠，功緒汗漫，故圖以著之。』則《禹貢》有圖，其已久矣。予嘗恨古圖不存，歷世諸儒，耳受臆決，無所稽據，每對《禹貢》，輒闕然不滿。紹興初，肇復大學，與今泉守程公偕冠而中弟子員，俱業《書》，又適同一舍，每相與談經，至不安處，輒共嘆諸儒之説未能通貫。時方事場屋，作舉子文字，未暇究竟也。淳熙四年，程公以侍從講《尚書》禁中，門下省頒行其奏劄曰：『《禹貢》大川七，而諸儒沿襲乃謁其六。』予聞之，有會於心，而疑其是正之難也。已而聞上御講殿，問黑水甚詳，知公有見，俾之來上。程公具以其所知爲書以奏，上見之，大加褒勞，詔付祕書省，藏以垂後。予聞諸學士大夫稱其精博，實未嘗一見其書也。六年，出管閩舶。明年，而程公以敷文閣直學士來鎮泉南，暇日論文，因請觀之，程公欣然出副本相示。予取以歸，熟而復之，則其書條理甚備，辨正經指者，著之於論。論凡五十有二。論嘗指事説理而當證以山川實地者，則事爲之圖。圖三十有一。至其事不隷虞、夏，而源流本出此經者，則又爲後論八篇。數千年間，州域更革，山川迹道，率皆本禹語以爲之宗，而後采取歷世載籍以爲之證。其所據謂是者必其協諸經而協，乃始皆措，而其救正前人違誤者，亦皆稽案經語而執規矩以格方圓，其不合者，有狀而指自出若語也。至於執以爲據者，惟輿圖史志之所載，兵師使驛之所經，實有其地，甫以立辨。至於稗説怪語，奇聞異教，荒忽誕謾，不可案核者，悉棄不取。嗚呼！亦勤矣，而無一語不從《禹貢》以出，予乃知衆稱精博者不誣也。若九河之淪於海，三江之當爲一，嘉陵江誤爲西漢，而漢中之漢本無二派，濟水通溢爲滎，而濟之爲濟實非潛行地下。弱水之既西，黑水之入南，歷世禹河漢河之別，貢道入河入菏之誤，以其言而質之《禹貢》，若合符節，無所差爽。予始念孟子之言曰：『天之高也，星辰之遠也，苟求其故，千歲之日至，可坐而致也。』程公之於地理禹迹，可謂求之而知其故也矣，是可傳也。且其奏御之語曰：『東西朔南，漸被聲教，皆自此規摹以出。』則其拳拳不獨爲夏世故書發語而已。聖天子亦既知其志之不狹矣，從而褒諭之曰：『《禹貢》於古今山川地理，無不該貫，最爲難明。卿著論以要其歸，爲功甚大。』則所得褒寵，亦不止義訓之近也。郡博士陳君應行，請以其著刻本郡庠，布之學者，而求予文爲表。予不容辭，故爲之書。」

陳應行《後序》曰：「閣學尚書程公，曩在經筵，進黑水之説，上動天聽，因以《禹貢》爲論爲圖，啓沃帝心。且以東漸西被，教暨朔南，爲惓惓之忠，盡在於此。嗚呼！大哉言乎！其本藏之祕館，天下學者欲見而不可得。歲在庚子，公以法從出守溫陵，而編修彭公提舶於此，與公有同舍之舊，得其副本。應行一日摳衣彭公之門，質疑之餘，出示書一編曰：『此程公所進《禹貢論》、《圖》也，子見之乎？』因再拜以請，而三復其說。見其議論宏博，引證詳明，皆先儒之所未及。乃請於公，願刊之郡庠，以與學者共之。公曰：『是吾志也。』乃出公帑十五餘萬以佐其費，復請公序以冠其首。凡所畫之圖，以青爲水者，今以黑色爲水波別之；以黃爲河者，今以雙黑線別之。古今州道郡縣疆界，皆畫以紅者，今以單黑線別之。舊說未安，今皆識之以雌黃斷線別之。斯文一傳，使學者觀帝王之疆理，見宇宙之寥廓，感慨今昔，皆有勒功燕然之心，則閱此書者豈小補哉！淳熙辛丑上元後五日。」

大昌《自序》曰：「臣惟帝王臨御天下，凡四海九州之面勢，名山大川之向背，九夷八蠻之區域，必先究其曲折表裏，然後宅撫大略，得以審所施置而效之於事。禹之出也，其所遭者水也，故其經畫，必以奠高山大川爲始。蓋高山既奠，則避礙有方；大川不迷，則濬距有向。是以功力所及，地平天成，不愆於素知，所指而措之罄無不宜也。今具載之《禹貢》，雖曰主爲水役，而區處夷夏，播敷政教，使四海得爲唐虞，其遺範所詔，蓋帝王必當取法者也。孔子採録而紀之書，豈直爲行河者之地哉！大有爲之主將陟禹迹以方行天下，是書也，即禹輿地圖志而可稽者矣。然而極天下大川，如江、淮、河、漢、濟、黑水、弱水，此七者，宇宙不能越之以自大，禹功不能外之以自立，而其名稱迹道，世傳失實，七繆其六。人主苟欲追會禹蹟而不得七者之眞，正猶禹之行水高山大川，其猶未奠而欲行其荒度，則將何據以爲施置之序也？然則士而考古，以待有國者之採擇，推諸世務，宜無要於此書者矣。然去古益遠，簡編不與禹接，其辨正實難。顧有一者，經文雖簡，而於事情無所不該，如即其簡而得其該，則雖茫茫之迹，見於千餘言，亦既無所乏少。若但病其簡，言外輒無餘見，必且越而求之經文之外，說成而經不應，則於稽據何賴？臣爲此故，方其疑悟古說，則盡屏訓傳，獨經文而熟復之。研味既久，忽於一言一字之間，覺其意指可以總括後先，則主以爲據，而益加參校。暨其通之一經而合，質之旁史而信，稽諸人情物理而準。於是，躍然喜、渙然悟，知甚簡之中有甚該者焉。如人有脈，緜緜若存，可以精察而不可以亟見，然後知聖經之異於凡史也。積其所見，撰次成論，凡五十有一篇。豈敢謂能有明，然童而習之，白首不知止，亦冀施之實用，不徒爲此空言爾。臣近因進講黑水，遂得陳道其素，聖明盡下不以爲愚，而寵褒之，且宣諭臣曰：『《禹貢》於古今山川地理，無不關貫，最爲難明。卿著論以據證之，用功甚矣。』嘉賞至於再三，俾之來上。臣恭稟睿訓，豈敢以淺陋爲辭，謹具所著論，繕寫塵獻。夫其淺聞而博考，居千百世後而討究前人之未安；持窾啓之見，以敷露於天縱聖學之前，極自知其不量，然千慮之愚，或庶幾其一得者，率皆本經而求之傳，會傳而反諸經。因《禹貢》以言《禹貢》，未始舍經而自出一見，以此致之君上，非臣之敢爲若言也。禹也，《書》叙載其經啓功用曰：『東漸于海，西被于流沙，朔南暨聲教。』臣惓惓所願效忠者，正在此語也。若夫山川方域，散在四海，而名稱迹道不啻千百其變。臣所著論，撮總其事，而不能縷陳其方鄉位置，則別爲之圖以表著之。苟蒙采擇，庶幾便於省覽。」

又自序《後論》曰：「臣惟禹之水功，被賴萬世，而大河特不輟爲治世之患，較其勞費，殆若一敵國然，而民又未嘗得寧也。汴渠規模不出於禹，而轉輸之利愈於未有汴時，臣以是知天下事，其迹狀未形於前，則雖聖人亦無所感發，以出其智。故周監二代而文物郁郁，漢創笞杖徒流以代肉刑，而百世遂不可易，蓋見其形而後知所措也。臣本爲稽考《禹貢》而及古今山川曲折。於是念河、汴二水本朝極嘗關意，而其間應講求以備稽用者，實云有之，輒隨見記録，以爲《禹貢後論》。比因奏對，忝蒙睿旨宣取，臣不敢以愚陋爲辭，謹此録進。夫事未至而逆知其理之當然，則事至而策畫審定，此臣區區愚誠也。」【略】

《中興書目》：「《禹貢論》五卷，《後論》一卷，專論河、汴二水之患。又《禹貢論圖》五卷，因《禹貢》備論歷代山川郡縣名稱改易，以唐世地書爲正。」

王應麟曰：「淳熙四年七月，刑部侍郎程大昌上《禹貢論》五十二篇，《後論》八篇。詔付祕閣。」

周密曰：「程泰之以天官兼經筵，進講《禹貢》，闕文疑義，疏說甚詳，且多引外國幽奧地理。阜陵頗厭之，宣諭宰執云：『六經斷簡，闕疑可也，何必強爲之說？且地理既非親歷，雖聖賢有所不知，朕殊不曉其說，想其治銓曹亦如此也。』既而補外。」

歸有光跋曰：「《禹貢論》五十二篇，得之魏恭簡公，而亡友吳純甫家藏有《禹貢圖》，皆淳熙辛丑泉州舊刻也。泰之此書，世稱其精博，然予以爲山川土地，非身所履，終無以得其眞。太史公言張騫窮河源，烏覩所謂崑崙者。元世祖至元十七年，使驛治運河土番朶甘思西鄙星宿海，所謂河源者始得其眞。如泰之所辨鳥鼠同穴數百言，以爲二山，而吾郡都太僕常親至其山，見鳥鼠來同穴，乃知宇宙間無所不有，不可以臆斷也。」

**嵇璜等《續通志・圖譜略・書》** 程大昌《禹貢山川地理圖》。又《禹貢後圖》。

**《四庫提要・書類一》** 《禹貢論》五卷，《後論》一卷，《山川地理圖》二卷。《永樂大典》本。宋程大昌撰。大昌有《易原》，已著録。《宋史・藝文志》載大昌《禹貢論》五卷，《後論》一卷，又《禹貢論圖》五卷。陳振孫《書録解題》則謂《論》五十二篇，《後論》八篇，《圖》三十一。王應麟《玉海》則謂淳熙四年七月大昌上《禹貢論》五十二篇，《後論》八篇，詔付祕閣，不及其圖，蓋偶遺也。今諸論皆存，其圖據歸有光跋稱，吳純甫家有淳熙辛丑泉州舊刻，則嘉靖中尚有傳本。今已久佚，故《通志堂經解》惟刻其前、後《論》而所謂《禹貢山川地理圖》者，則僅刻其叙說。今以《永樂大典》所載校之，祗缺其《九州山水實證》及《禹河》、《漢河》二圖耳。其餘二十八圖，巋然竝在，誠世所未覩之本。今依通志堂《圖叙》原目併爲二卷，而大昌之書復完。大昌喜談地理之學，所著《雍録》及《北邊備對》皆刻意冥搜，考尋舊蹟，是書論辨尤詳。周密《癸辛雜識》載「大昌以天官兼經筵，進講《禹貢》，闕文疑義，疏說甚詳，且多引外國幽奧地理。阜陵頗厭之，宣諭宰執云：『六經斷簡，闕疑可也，何必強爲之說？且地理既非親歷，雖聖賢有所不知，朕殊不曉其說，想其治銓曹亦如此。』既而補外」云云。與自序及陳應行後序所言，殊相乖剌。夫帝王之學與儒者異，大昌講《尚書》於經筵，不舉唐、虞、三代之法以資啓沃，而徒炫博奧，此誠不解事理。然以詁經而論，則考證不爲無功。蓋其失在不當於經筵講《禹貢》，而不在辨定《禹貢》之山水也。其《前論》於江水、河水、淮水、漢水、濟水、弱水、黑水，皆糾舊傳之誤，《後論》則專論河水、汴水之患。陳振孫譏其身不親歷，烏保其皆無牴牾，亦如孝宗之論。歸有光亦證其以鳥鼠同穴指爲二山之非。要其援據釐訂，實爲博洽，至今注《禹貢》者終不能廢其書也。

**周中孚《鄭堂讀書記補逸・書類》** 《禹貢論》二卷，《後論》一卷，《山川地理圖》一卷。《通志堂經解》本。宋程大昌撰。仕履見《易》類。《四庫全書》著録，作《禹貢論》五卷，《後論》一卷，《山川地理圖》二卷。按《宋志》載程大昌《禹貢論》五卷，《禹貢論圖》五卷，《禹貢後論》一卷。《直齋書録解題》載《禹貢論》二卷，《圖》二卷。直齋云：「凡《論》五十三篇，《後論》八篇，《圖》三十一。」蓋《宋志》所載之本，《論》、《圖》各五卷，而《後論》別爲一卷；直齋所記之本，則《論》、《圖》各併爲二卷，《後論》即附其末，未析出也。此本據何義門焯《經解目録評》，係從天一閣鈔本付梓，即直齋所記之本，而佚其圖二卷。至《山川地理圖》，亦但有叙說而無圖，蓋叙說即書於圖之右方者，考前載總目可見。傳鈔者畏難繪畫之事，止録其《叙說》爲一卷，殊爲可惜。今《四庫全書》中本，其圖已從《永樂大典》補得二十八圖，誠世所希覯者也。按直齋云：「其於江、河、淮、漢、濟、黑、弱水七大川，以爲舊傳失實，皆辨證之。淳熙四年上進，宇宙廣矣遠矣，上下數千載，幅員數萬里，身不親歷，耳目不親聞見，而欲決於一心，定於一說，烏保其皆無牴牾？然要爲卓然不詭隨傳注者也。」其說良允。明歸元甫有光跋亦云：「泰之所辨鳥鼠同穴數百言，以爲二山，而吾郡都太僕常親至其山，見鳥鼠來同穴，乃知宇宙間無所不有，不可以臆斷也。」然其他，則皆援據博洽，至今爲注《禹貢》者所取資。至《後論》專論河水、汴水之患，其意蓋在舊都。故宋陳應行跋云：「程公曩在經筵，進黑水之說，上動天聽，因以《禹貢》爲論，啓沃帝心。且以東漸西被，敎暨朔南，爲惓惓之忠，盡在於此。」是其立言，更足重矣。每種皆有自序，又有宋彭椿年所撰圖序，《宋志》及《書録解題》尚載其有《書譜》二十卷，則佚已久矣。

**瞿鏞《鐵琴銅劍樓藏書目録・書類》** 《禹貢山川地理圖》二卷。鈔本。宋程大昌撰。案《宋史・藝文志》載：「《禹貢論》五卷，《禹貢論圖》五卷，《後論》一卷。」而《直齋書録解題》則作：「《禹貢論》二卷，《圖》二卷。」今通志堂所刻與《解題》正合，惟《圖》二卷，僅存《叙說》，而佚其圖。此本則專録其圖，而不録前後《論》，蓋文瀾閣傳鈔本，輯自《永樂大典》者也。《圖》本三十，今存二十有八，前有自序，後有陳應行跋。通志堂本又有彭椿年序、歸有光跋，此皆不載。嘗以此校通志堂本，多可是正其譌脱。如《大陸篇》云「固嘗以深之大陸爲正」，「深」作「河内」，考《通典》：「深州陸澤縣，《禹貢》大陸澤在此。」《元和郡縣志》：「深州陸澤縣南三里，即大陸之澤。」則作「深」是也。今定《沇滎濟圖》，「沇」誤爲「流」。《叙説》云：「沇、滎、濟絶河南北，以爲逕道。」「沇」字亦脱。《尋陽舊江圖》，《叙説》云：「若九江在蘄春，以至湖口不過二三百里。」湖口下有小注四字云「三江會處」，誤以「三江」二字入正文，而脱「會處」二字。《小勃律弱水辨》云：「唐史誤以合言，故并與大勃律無的地也。」脱「無的」二字。《雍梁荆三州貢道圖》，《叙説》云：「然則不浮漢而浮潛者。」脱「而浮」二字。《隋汴首末篇》云：「隋汴受河在板城渚口。」而板渚之在《水經》，古來自有分水故道，脱「而板渚」三字，又誤「之在」爲「之東」。其餘字句小異，兹不悉著。要皆此本爲勝，蓋《大典》所載猶出淳熙舊刻也。

## 鄭敷文書説

**楊士奇等《文淵閣書目・書》** 《書・鄭敷文説》。一部，一冊。闕。

**朱彝尊《經義考・書》** 鄭氏伯熊《書説》。一卷。存。陳亮序曰：「余聞諸張横渠曰：『《尚書》最難看，難得胸臆如此之大，若秪解文義則不難。自孔安國以下，爲之解者殆百餘家，隨文釋義，人有取焉。凡帝王之所以綱理世變者，蓋未知其何如也。』永嘉鄭公景望，與其徒讀書之餘，因爲之説，其亦異乎諸儒之説矣。至其胸臆之大，則公之所自知與明目者之所能知，而余則姑與從事乎科舉者誦之而已。」 雲谷胡氏序曰：「《書》自孔子刊定，所存僅百篇，帝王之軌範悉備。不幸火於秦，傳注於漢，而堯、舜、禹、湯、文、武傳授之奥旨，與夫皋、益、伊、傅、周、召警戒之微機，雖老師宿儒，皓首窮經，枝辭蔓説，汗牛充棟，曾不能髣髴其萬一，而世無所考證，至於今千有餘歲矣。心本同然，理不終泯，自伊、洛諸先生力尋墜緒，遠紹正學，而敷文鄭公得其傳焉。探聖賢之心於千載之上，識孔子之意於百篇之中，雖不章解句釋而抽關啓鑰，發其精微之藴，深切極至，要皆諸儒議論之所未及，亦可謂深於《書》者歟。學者於此優游玩味之，則思過半矣。嘉定癸未四月。」 《姓譜》：「鄭伯熊字景望，永嘉人。紹興十五年登第，歷吏部郎兼太子侍讀、宗正少卿，以直龍圖閣知寧國府。卒謚文肅。」

**《四庫提要・書類一》** 《鄭敷文書説》一卷。兩淮馬裕家藏本。宋鄭伯熊撰。伯熊字景望，永嘉人。紹興十五年進士。累官吏部郎，兼太子侍讀，進國子司業，宗正少卿，以直龍圖閣出知寧國府。卒謚文肅。其詩文有《景望集》，今已不傳。此乃所作《尚書》講義，皆摘其大端而論之。凡二十九條，每條各標題其目。《浙江通志》稱伯熊邃於經術，紹興末伊、洛之學稍息，伯熊復出而振起之。劉壎《隱居通義》亦謂伯熊明見天理，篤信固守，言與行應。蓋永嘉之學自周行己倡於前，伯熊承於後，呂祖謙、陳傅良、葉適等皆奉以爲宗。是書雖爲科舉而作，而尚不汨於俗學。惟誤信《書序》，謂眞孔子所作。故於《太甲序》則以爲體常盡變，存正明權，得《春秋》之法。於《泰誓序》則以爲經稱十三年者誤，當依序作十一年。於《洪範序》則以爲所稱勝殷殺紂，亦誅獨夫紂之義。皆未免牽合舊文，失於考證。然其大端醇正，如釋「作服汝明」，則發明服以象德之義，釋「俶擾天紀」，則推言天人相應之機。《大禹謨》言「謙受益，滿招損。」《仲虺之誥》言「好問則裕，自用則小。」皆能反覆推詳，以明其説。於經世立教之義，亦頗多闡發，有足採焉。

## 書説

**朱彝尊《經義考・書》** 史氏漸《書説》。未見。董鼎曰：「漸字鴻漸。」

## 尚書圖

**朱彝尊《經義考・書》** 鄭氏東卿《尚書圖》。一卷。存。

## 尚書古學

**朱彝尊《經義考・書》** 陳氏知柔《尚書古學》并圖。二卷。佚。

## 書　解

**朱彝尊《經義考・書》** 孫氏懲《書解》。佚。

## 龍坡書解

**朱彝尊《經義考・書》** 孫氏調《龍坡書解》。五十卷。佚。

## 尚書發題

**朱彝尊《經義考・書》** ［孫調］《尚書發題》。佚。

## 尚書考

**朱彝尊《經義考・書》** 陳氏騤《尚書考》。二卷。佚。《姓譜》：「陳騤字叔通，臨海人。寧宗時，知樞密院事兼參知政事。卒贈少傅，謚文簡。」

## 考正武成

**朱彝尊《經義考・書》** 胡氏洵直《考正武成》。一卷。存。洵直《自序》曰：「按《武成》之書，自伏生口傳，失其次序，王氏《新義》，嘗加考正。說《書》者愈疑。且以『式』者，在車所行之禮也，式商容閭豈當在歸至於豐之後？洵直以《樂記》考之，孔子告賓牟賈以大武遲久之意，首言久立于綴，以待諸侯之至。則庶邦冢君，受伐商之命於周，乃其時也。故其克商也，有未及下車而爲之者，有下車而爲之者，有濟河而西然後爲之者。至其終也，左射貍首，右射騶虞，而貫革之射息也，裨冕搢笏，而虎賁之士說劍也。祀乎明堂而民知孝，朝覲然後諸侯知所以臣，耕籍然後諸侯知所以敬。以此五者，爲天下之教，其先後有倫如此，則《武成》之次序可概見矣。是以驗之，以孔子之言而次第之，庶有所本云。」劉昌詩曰：「洵直字次魚，清江前輩，登科仕，至別乘。」《江西通志》：「胡洵直字次魚，新喻人。紹興己丑進士。累官湖南提刑司幹官。」

## 書古經

**陳振孫《直齋書録解題・書類》** 《書古經》四卷，《序》一卷。侍講朱熹晦庵所録，分經與序，仍爲五十九篇，以存古也。

**馬端臨《文獻通考・經籍考・書》** 《書古經》及序共五卷。

## 晦庵書説

**陳振孫《直齋書録解題・書類》** 《晦庵書説》七卷。朱熹門人黃士毅集其師説之遺，以爲此書。晦庵於《書》一經獨無訓傳，每以爲錯簡脱文處多不可彊通。呂伯恭《書解》，不可彊通者彊欲通之。嘗以語伯恭而未能改也。又嘗疑孔安國《傳》恐是假，《書小序》決非孔門之舊，安國序決非西漢文章，至謂與《孔叢子》、《文中子》相似，則豈以其書出於東晉之世故耶？非有絶識獨見，不能及此。至言今文多艱澀，古文多平易，伏生倍文暗誦，乃偏得其所難，而安國考定於科斗古書，錯亂磨滅之餘，反專得其所易，此誠有不可曉者。今惟二《典》、《禹謨》、《召誥》、《洛誥》、《金縢》有解，及「九江」、「彭蠡」、「皇極」有辨，其他皆《文集》、《語録》中摘出。

**馬端臨《文獻通考・經籍考・書》**　《晦庵書說》七卷。

**《宋史・藝文志・書類》**　朱熹《書說》七卷。黄士毅集。

**楊士奇等《文淵閣書目・書》**　《書晦庵說》。一部，三冊。闕。

**朱彝尊《經義考・書》**　《書說》。《宋志》：七卷。存。陳淳曰：「《書》無文公解，然有《典》、《謨》二篇，說得已甚明白，親切精當，非博物洽聞、理明義精不及此。」【略】　都穆曰：「朱子於經傳多有訓釋，惟《尚書》則否，蓋以其多錯簡脫文，非古文之全也。蔡氏《書傳序》云：『二《典》、《禹謨》，先生蓋嘗是正。』則其他固未之及。世所傳有朱子《書說》，蓋當時門人取《語録》、《文集》中語以成之，非朱子意也。」

按：文公《書說》，黄氏所録外，又有湯氏中所輯，今不傳。

## 九疇圖

**尤袤《遂初堂書目・尚書類》**　《九疇圖》。

**朱彝尊《經義考・書》**　夏氏唐老《九疇圖》。佚。朱子曰：「三衢夏唐老作《九疇圖》。」

**嵇璜等《續通志・圖譜略・書》**　夏唐老《九疇圖》。

## 書小傳

**朱彝尊《經義考・書》**　宋氏若水《書小傳》。十卷。佚。朱子志墓曰：「公諱若水，字子淵，雙流縣人。江南西路轉運判官。」

## 書說

**朱彝尊《經義考・書》**　張氏栻《書說》。佚。葉紹翁曰：「南軒《書說》，解《酒誥》曰：『酒之爲物，本以奉祭祀，供賓客，此即天之降命也。而人以酒之故，至於失德喪身，即天之降威也。釋氏本惡天降威者，乃并天之降命者去之；吾儒則不然，去其降威者而已，降威者去而天之降命者自在。如飲食而至於暴殄天物，釋氏惡之，而必欲食蔬茹果，吾儒則不至於暴殄而已。衣食而至於窮極奢侈，釋氏惡之，必欲衣壞色之衣，吾儒則去其奢侈而已。至於惡淫慝而絶夫婦，吾儒則去其淫慝而已。釋氏本惡人欲，併與天理之公者而去之，吾儒去人欲，所謂天理者昭然矣。譬如水焉，釋氏惡其泥沙之濁而窒之以土，不知土既窒則無水可飲矣；吾儒不然，澄其泥沙，而水之清者可酌。此儒釋之分也。』考亭先生謂是解千百年儒者所不及。」

## 無逸解

**王圻《續文獻通考・經籍考・書》**　《無逸解》。張栻著。栻字敬夫，號南軒，魏公浚之子也。與朱文公、呂成公爲友。謚曰宣。

## 書古文訓

**楊士奇等《文淵閣書目・書》**　《尚書薛季宣古文訓》。一部，四冊。完全。

**黄虞稷《千頃堂書目・書類・補宋》**　薛季宣《書古文訓》十六卷。

**倪燦等《宋史藝文志補・書類》**　薛季宣《書古文訓》十六卷。字士龍，永嘉人。

**朱彝尊《經義考・書》**　薛氏季宣《書古文訓》。十六卷。存。季宣

《自序》曰：「昔者子夏學《書》，見於孔子，子曰：『商也，何爲於《書》？』子夏對曰：『《書》之論事也，昭昭如日月之代明，離離如星辰之錯行，上有堯舜之道，下有三王之義，凡商之所受《書》於夫子者，志之於心弗敢忘。退而窮居河、濟之間，深山之中，作壤室，編蓬戶，彈琴瑟，歌詠先王之風，則可以發憤慨喟，忘己貧賤，有人亦樂之，無人亦樂之，而忽不知憂患與死也。』夫子愀然變容曰：『嘻！子殆可與言《書》矣！雖然，其亦表之而已，未覩其裏也。』顏淵曰：『何謂也？』子曰：『闚其門而不入其中，烏覩其奧藏之所在乎？然藏又非難也。丘嘗悉心盡志以入其中，則前有高岸，後有大谿，塡塡正直而已矣。是故，《帝典》可以觀美，《大禹謨》、《禹貢》可以觀事，《臯陶謨》、《益稷》可以觀政，《洪範》可以觀度，六《誓》可以觀義，五《誥》可以觀仁，《甫刑》可以觀戒，通斯七者，《書》之大義舉矣。』夫子於商之《書》謂之表，所以語回謂之義，目以塡然正直，一時三語，若不相侔。然則帝王之書，其不可識矣。君子察於三者而後可以言《書》。今夫天之昭明，地之博厚，而人之靈於萬物，匹夫匹婦無不固已知之。至於風霆雨霽之迭興，海岳河山之流峙，所以知之蓋鮮，喜怒哀樂出乎爾者，其靜其作，則或自知之不暇。不察乎近，孰明乎遠，不得乎身，何以論古之人？是故，以《書》學《書》，《書》而已；遺《書》學《書》，非《書》矣。不以不遺，未足與於《書》之旨，以而遺之，從之不可，或庶幾乎《書》之大義云爾。子言之也，《書》之於事也，遠而不闊，近而不迫，志盡而不怨，辭順而不諂，吾於《高宗肜日》見德有報之疾也。苟由其道致其仁，則遠方歸志而致敬焉，於《洪範》見君子之不忍言人之惡，而質人之美也。發乎中而見乎外，以成文者，其惟《洪範》乎！堯、舜之命受於人，湯、武之命受於天，不讀《詩》、《書》、《易》、《春秋》則不知聖人之心無以別。堯舜之禪，湯武之伐也。語之不切，見諸言外，斯言之辨，可以觀於虞、夏、商、周之書矣。走之於《書》學焉，不如子夏觀焉，何敢望回？世無孔子，則將何所取正？述而藏之，以待能者。其庶乎以《書》觀《書》者矣。隸古定《書》最古，孔氏文義多本伏生之說，唐明皇帝更以正隸改定，而俗儒承詔，文多踳駮，古文是訓，不勞乎是正之也。《書序》出於孔子，旨自有在，詮次百篇之後，將以歸於古學，好古之僻，走何辭焉。昔孔子學琴操而得文王之形，季子聞樂音而知其國之政，讀其書不知其人，可乎？故序篇端，論以讀書之法。」　朱子曰：「薛士龍《書解》，其學問多於地名上著功夫。」

**《四庫提要·書類存目一》**

《書古文訓》十六卷。內府藏本。宋薛季宣撰。季宣字士龍，號艮齋，永嘉人。起居舍人徽言之子。紹興二十九年，年甫十七，即從荆南帥辟寫機宜文字，調鄂州武昌令。以王炎薦，改知常熟縣。入爲大理寺主簿，進大理寺正，知湖州。乾道元年，遷知常州，未上，卒。然宋人多稱爲薛常州，未之詳也。事蹟具《宋史·儒林傳》。是編所載經文，皆以古文奇字書之。案孔壁蝌蚪古文，漢時已佚，無人見其書蹟。《後漢書·杜林傳》稱「林於西川得漆書《古文尚書》，常寶愛之，雖遭艱困，握持不離身，出以示衛宏」云云。此言漆書《古文》之始。又《儒林傳》曰：「扶風杜林傳《古文尚書》，同郡賈逵爲之作訓，馬融作傳，鄭玄作解」云云。今賈、馬、鄭之注俱不傳，然考陸德明《經典釋文·叙録》稱馬、鄭所注，竝伏生所誦，非古文也。《隋書·經籍志》亦稱杜氏所傳，與賈、馬、鄭三家所注，惟二十九篇，又雜以今文，非孔舊本。然則當時所謂《古文》，已非今本五十八篇之全矣。郭忠恕作《汗簡》，所引有《古尚書》，《玉海》載後周顯德六年，郭忠恕定《古文尚書》刻版，沈括《夢溪筆談》稱宋太宗得《古文尚書》，改「雲夢土作乂」爲「雲土夢作乂」，均不言所自。晁公武《讀書志》稱「《古文尚書》呂大防得本於宋次道、王仲至家，以核陸氏《釋文》，雖有小異同，而大體相類。觀其作字奇古，非字書傅會穿鑿者所能到，學者考之，可以見制字之本」云云。亦不言宋、王之本何來。考顏師古《匡謬正俗》引《古文尚書》「戮」作「翏」，「誓」作「斲」，則唐初即有此書。又《冊府元龜》載天寶三載詔曰：「先王令範，莫越於唐虞。上古遺書，實稱於訓誥。雖百篇奧義，前代或亡，而六體奇文，舊規猶在，但以古先所制有異於當今，傳寫寖譌有疑於後學，永言刊革，必在從宜。《尚書》應是古體文字，竝依今字繕寫施行，其舊本仍藏之書府」云云。是宋、王二氏所傳，宋太宗所得，即郭忠恕所見本。忠恕所見，即唐內府本也。然《隋志》稱「晉世祕書所存，有《古文尚書》經文，今無有傳者。」是唐初《古尚書》已亡，玄宗時何以仍在祕府？惟魏江式《論書表》中稱，所撰古今文字四十篇，采孔氏《尚書》、《五經音注》、《籀篇》、《爾雅》等書，似其時河北尚有傳本。然《經典釋文·叙録》稱，《尚書》之字本爲隸古。既是隸寫古文，則不全爲古字。今宋、齊舊本及徐、李等音所有古字蓋亦無幾，穿鑿之徒，務欲立異，依傍字部，改變經文，疑惑後生，不可承用。是式所據者即出此，玄宗祕府所藏正是本耳。陸德明已先辨之，何宋人又紛紛崇尚乎？季宣此本，又以古文筆畫改爲今體，奇形怪態，不可辨識，較篆書之本尤爲駭俗，其訓義亦無甚發明。《朱子語録》謂其惟於地名上用功，頗中其病。故雖宋人舊帙，今亦無取焉。

## 艮齋定齋二先生書説

**朱彝尊《經義考·書》** 《艮齋定齋二先生書説》。三十卷。未見。按艮齋者，薛氏季宣；定齋者，謝氏諤。不知何人合刻。

## 洪範解

**朱彝尊《經義考·書》** 蔡氏元定《洪範解》。一卷。未見。

## 洪範解義

**朱彝尊《經義考·書》** 鄭氏思孟《洪範解義》。佚。《閩書》：「思孟字齊卿，寧德人。受業朱文公之門，著《洪範解義》，以發明文公《皇極辨》之藴。」

## 書解

**焦竑《國史經籍志·書》** 王日休《書解》□卷。

## 書解

**朱彝尊《經義考·書》** 唐氏仲友《書解》。三十卷。佚。蘇伯衡曰：「説齋唐公與其父侍御史堯封、其兄饒州教授仲溫、樂平主簿仲義皆紹興名進士。家庭之間，自相師授，不惟史學絶精，而尤邃於諸經，自謂不專主一説，不務爲苟同，隱之於心，稽之於聖人，合者取之，疑者闕之。又謂三代治法，悉載於經，灼然可見諸行事，後世以空言視之，所以治不如古。此其志爲何如哉！天文地理，王霸兵農，禮樂刑政，陰陽術數，郊廟學校，井野畿甸，莫不窮探力索於遺編之中，而會通其故，不啻若身親見之，上下古今，和齊斟酌之，以綜世數，精麄本末，兼該並舉，其所造又何如哉！使得志而大行焉，舉帝王之大經大法於千載之後，輔成一王之治，俾天下之人復覩唐虞三代之盛，夫何難之有？然天性廉直，利不能回，勢不能撓，忤物既多，謗讟攸歸，仕未通顯而遽自引退，其欲發而措諸事業者，僅推而託之論述。此君子之所以追恨而深惜者也。所著書《六經解》百五十卷，《九經發題》、《經史難答》、《孝經解愚書》各一卷，《諸史精義》百卷，《帝王經世圖譜》十卷，《乾道祕府羣書新録》八十三卷，《天文地理詳辨》各三卷，《故事備要》、《詞科雜録》各四卷，《陸宣公奏議詳解》十卷，《説齋文集》四十卷。今去公垂二百年，行乎世者惟《經世圖譜》、《諸史精義》耳，其他傳者蓋亦無幾矣。楊雄有言：存則人，亡則書。欲求公於公之書，而其書又如此，不愈大可惜哉！《金華志》：「仲友字與政，金華人。紹興中，登進士第，復中宏詞科，仕至江西提刑。」

**王圻《續文獻通考·經籍考·書》** 《書解》。唐仲友著。仲友，金華人。登進士第，復中宏詞科，仕至江西提刑。博物洽聞，講析經史。

## 尚書講義

**朱彝尊《經義考·書》** 宋氏藴《尚書講義》。五十卷。佚。魏了翁誌曰：「彭山宋元發，名蘊。淳熙五年進士，終流溪令。遺文有《論語略解》二十卷，《尚書講義》五十卷。」

## 翼範

**《宋史・藝文志・書類》** 陳伯達《翼範》一卷。

**朱彝尊《經義考・書》** 陳氏伯達《翼範》。《宋志》：一卷。未見。王圻曰：「伯達，紹興中進士。」高層雲曰：「伯達《翼範》有九圖九說。」

**嵇璜等《續通志・圖譜略・書》** 陳伯達《翼範》。

## 洪範九圖九說

**王圻《續文獻通考・經籍考・書》** 《洪範九圖九說》。陳伯達著。伯達，紹興中進士，學深經術。

**嵇璜等《續通志・圖譜略・書》** 陳伯達《九圖》。

## 尚書小傳

**《宋史・藝文志・書類》** 李舜臣《尚書小傳》四卷。

## 東萊書說

**陳振孫《直齋書録解題・書類》** 《東萊書說》十卷。呂祖謙撰。其始爲之也，慮不克終篇，故自《秦誓》以上逆爲之說，然亦僅能至《洛誥》而止。世有別本全書者，其門人續成之，非東萊本書也。

**馬端臨《文獻通考・經籍考・書》** 《東萊書說》十卷。大愚叟書後曰：《尚書說》，自《秦誓》至《洛誥》，凡十八篇，伯氏太史己亥之冬口授諸生而筆之冊者也。惟念伯氏退休里中之日，居多以《詩》、《書》、《禮》、《樂訓》授學者，俾其有以自得乎此，初未嘗喜爲《書》也。然聽之有淺深，記之有工拙，傳習既廣，而漫不可收拾，伯氏蓋深病之。一日，客有來告者曰：「記録之易差固也，各述其所聞，而復有詳略得失之異，則其差爲甚矣，非有以審其是，學者何從而信之？」於是然其言，取《尚書》置几間而爲之說。先之《秦誓》、《費誓》者，欲自其流而上泝於唐、虞之際也。辭旨所發，不能不敷暢詳至者，欲學者易於覽習而有以舍其舊也。訖於《洛誥》而遂以絕筆者，以夫精義無窮，今姑欲以是而廢夫世之所筆録，蓋非所以言夫經也。未再歲，伯氏下世。整次《讀詩記》，猶未終篇；《書》及《三禮》，皆未及次第考論，而《書》則猶口授而非傳聞。南康史君曾侯取而刊之學官，書來求紀其本末，義不辭也，因書其所知，以附於卷末。【略】《朱子語録》曰：呂伯恭解《書》，自《洛誥》始。某問之曰：「有解不去處否？」曰：「也無」。及數日後，謂某曰：「《書》也是難說，今只是強解將去爾。」要之，伯恭卻是傷於巧。

**《宋史・藝文志・書類》** 呂祖謙《書說》三十五卷。

**楊士奇等《文淵閣書目・書》** 《書東萊說》。一部，三冊。闕。

**錢曾《讀書敏求記・經部》** 《時瀾增定東萊書說》三十五卷。朱子曰：「呂伯恭解《書》，自《洛誥》始。」大愚叟曰：「伯氏太史《尚書說》，自《秦誓》至《洛誥》，凡十八篇。己亥冬口授諸生而筆之冊者也。伯氏下世，《書》及《三禮》皆未及次第考論。」是東萊原未有成書，而時瀾所謂親承修定之旨，不過記憶舊聞，直以己意足成其書耳。覽者宜有辨焉。

**朱彝尊《經義考・書》** 呂氏祖謙《書說》。《宋志》：三十五卷。《通考》：十卷，《趙氏讀書附志》：六卷。存。【略】徐乾學曰：「東萊《書說》十卷。祖謙里居時，嘗以《書》教授弟子，因而筆之。始自《秦誓》，追遡而上，僅及《洛誥》而止。」按：呂成公爲林少穎門人。少穎著《書集解》，朱子謂《洛誥》以後非其所解，蓋出於他人手。成公意未安，故其《書說》始《洛誥》而終《秦誓》，以補師說之未及爾。門人不知微意，乃增修之，失成公之本懷矣。

**《四庫提要・書類一》** 《書說》三十五卷。內府藏本。宋呂祖謙撰。祖謙有《古周易》，已著録。是編《文獻通考》作十卷，趙希弁《讀書附志》作六卷，悉與此本不合。蓋彼乃祖謙原書，未經編次，傳鈔者隨意分卷，故二家互異。此本則其門人時瀾所增修也。原書始《洛誥》，終《秦誓》，其《召誥》以前，《堯典》以後，則門人雜記之語録，頗多俚俗。瀾始刪潤其文，成二十二卷。又編定原書爲十三卷，合成是編。王應麟《玉海》云：「林少穎《書説》至《洛誥》而終，呂成公《書説》自《洛誥》而始。」蓋之奇受學於呂居仁，祖謙又受學於之奇，本以終始其師説爲一家之學，而瀾之所續則又終始祖謙一人之説也。瀾，婺州清江人。厲鶚《宋詩紀事》收其詩一篇，而不能舉其仕履。考周必大《平園集》有《祭瀾文》，稱「從政郎差充西外睦宗院宗學教授」，而瀾自序則稱「以西邸文學入三山監丞」，蓋作是書時爲監丞，其後則以教授終也。吳師道曰：「清江時鑄，字壽卿。呂成公同年進士。與弟鋹率羣從子弟十餘人，悉從公遊。若澐、若瀾、若溼，尤時氏之秀。成公輯《書説》，瀾以平昔所聞纂成之，今所行《書傳》是也。」然則是書一名爲《書傳》矣。又朱彝尊《經義考》是書三十五卷之外，又別出時瀾增修《書説》三十卷，竝注曰存。今三十卷者未見，不知所據何本也。

**彭元瑞等《天禄琳琅書目後編・宋版經部》** 《增修東萊書説》。一函，十二册。宋呂祖謙説，時瀾修定。祖謙字伯恭，金華人。隆興元年進士，復中博學宏詞科。官至直祕閣著作郎、國史院編修。謚曰成。事具《宋史・儒林傳》。書三十五卷。前有瀾序，并書篇名、君臣名號、《唐虞夏商周譜系圖》、《諸儒傳授書學圖》、《東萊先生禹貢圖説》。考祖謙，受業於林之奇。之奇《書説》至《洛誥》終，祖謙作《書説》自《洛誥》始，以終始師説。其門人時瀾又取祖謙雜記、語録，增自《堯典》至《召誥》以終始祖謙之説。出王應麟《玉海》。瀾，婺州人。時儔與祖謙同年進士，其羣從子弟十餘人，悉從遊。若澐、若瀾、若溼尤時氏之秀云。 宋巾箱本，第十三卷至三十卷，刊本第一卷至十二卷，第三十一卷，第三十五卷，影宋鈔本，槧法固精妙，鈔者筆法墨氣俱匀細入格，幾不可辨，不止如唐摹晉帖下眞蹟一等也。 汲古閣藏本，毛晉父子印記甚多，尋其首末有印猶未改裝也，有「甲」字印。

**周中孚《鄭堂讀書記補逸・書類》** 《增修東萊書説》三十五卷。《通志堂經解》本。後十三卷，宋呂祖謙撰。前二十二卷，時瀾增修。瀾，婺州清江人。嘗官從政郎，充西外睦宗院宗學教授。祖謙門人。《四庫全書》著録。按王氏應麟《玉海》云林少穎《書説》，至《洛誥》而終，呂成公《書説》，自《洛誥》而始，故此本《召誥》以前，皆時氏所補，而編次爲二十二卷，又重編原書爲十三卷，合爲一帙。今少穎之書，已有其孫明所刊足本。東萊之書，得時氏而始全也。《直齋書録解題》所載，作《東萊書説》十卷，趙氏希弁《讀書附志》所載，作《書説》六卷，當即東萊原書。惟《宋志》所載三十五卷，當爲時氏本矣。此本每卷之首俱題曰「增修」，不分原稿及補編之目，考之何義門《經解目録評》，稱爲影宋鈔本，然吳郡黃蕘圃丕烈曾得千頃堂黃氏舊藏鈔本，其前二十二卷題曰「增修」，其後十三卷則無增修字，蓋時氏原本之舊也。又嘗見一明初刊本，略仿宋刻之式，亦每卷題「增修」字，疑此本從影明鈔本所刊，非影宋也。黃氏本，末有東萊之弟大愚叟跋，稱《尚書説》自《秦誓》至《洛誥》，凡十八篇。伯氏太史，口授諸生而筆之冊者也。先之《秦誓》、《費誓》者，欲自其流尙泝唐、虞之際也，説至《洛誥》而遂以絶筆。此本失載大愚叟跋，遂致東萊著是書，其逆而上之之故，不得其實。因録補於後。卷首原載有開禧丁卯時氏序、《唐虞夏商周譜系圖》、《諸儒傳授書學圖》、書篇名、君臣名號。又載《東萊禹貢圖説》，亦有説而無圖。

## 尚書訓傳

**朱彝尊《經義考・書》** 王氏時會《尚書訓傳》。佚。

## 金縢圖説

**朱彝尊《經義考・書》** 樓氏鑰《金縢圖説》。一篇。存。鑰《自述》曰：「金縢之説，不明久矣。盧甥祖皐申之攜圖見示，雖出臨摹，而古意具在，遂爲之説。」

**嵇璜等《續通志・圖譜略・書》** 樓鑰《金縢圖説》。

## 金縢圖

**朱彝尊《經義考・書》** 顏氏直之《金縢圖》。一卷。佚。按：金華黃文獻公溍有跋。

**稽璜等《續通志・圖譜略・書》** 顏直之《金縢圖》。

## 尚書治要圖

**稽璜等《續通志・圖譜略・書》** ［顏直之］《尚書治要圖》。

## 書説

**陳振孫《直齋書録解題・書類》** 《書説》七卷。禮部尚書會稽黃度文叔撰。度篤學窮經，老而不倦。晚年制閫江淮，著述不輟。時得新意，往往晨夜叩書塾，爲友朋道之。

**馬端臨《文獻通考・經籍考・書》** 黃度文叔《書説》七卷。

**《宋史・藝文志・書類》** 黃度《書説》七卷。

**楊士奇等《文淵閣書目・書》** 《書説》七卷。紅絲欄鈔本。南宋山陰勉齋黃（榦）［度］撰。

**朱彝尊《經義考・書》** 黃氏度《書説》。《宋志》七卷。存。【略】呂光洵序曰：「洵得黃氏《尚書説》七卷於武部呂江峰氏，與太史唐荆川氏校其訛謬，以授黃氏子孫，刻諸家塾。刻成，叙之曰：夫《尚書》，帝王經世之書，傳心之要也。《漢・藝文志》、《古文尚書》經四十六卷，傳四百一十二篇。凡九家，列於學官。後魯恭王得孔壁《尚書》，孔安國受而注焉，未立學官，然學士諸生多誦習之矣。至唐孔穎達疏益加詳，並列於官取士。宋諸儒治《尚書》者，言人人殊，蓋數十餘家，吳氏、王氏、呂氏、蘇氏最著。九峰蔡氏得紫陽朱子之學，作《集傳》，學者尤宗之。於是，諸家言《尚書》者不復行於世，好學之士無所參互，以求自得，而《書》益難言矣。宋禮部尚書宣獻公、遂初黃先生與紫陽朱子、止齋陳子、水心葉子相友善，著《詩》、《書》、《周禮説》諸書，共百餘卷。《周禮》、《詩説》，水心葉子序而行之。其餘或不復存。幸而存者《尚書説》，其訓詁多取諸孔氏，而推論三代興衰治忽之端，與夫典謨訓誥微辭眇義，如人心道心、精一執中、安止惟幾、綏猷協一、建中建極之旨，皆明諸心，研諸慮，以其所契悟，注而釋之。其辭約，其義精，粲然成一家言，諸儒莫尚焉。孟子曰：『誦其詩，讀其書，是以論其世也。』史稱先生起家文學，因心孝友，筮仕巖邑，廉惠彰聞，入行國子監簿，正色直言，歷御史諫官，抗論時政，無憚逆鱗。策蜀帥吳曦必反，已果陷蜀，如先生言。累疏請光宗重過華宮，斥內侍楊舜卿、陳源邪佞罪浮李輔國，極言韓侂胄誤國，乞肆市朝，皆不報，即解官去。由是黨論起，國是乖。侂胄雖誅，而橫挑強胡之禍成矣。乃再起先生，置制江淮，至即罷科，糴量轉輸，貸饑平盜，流離歸業者十萬餘家，不終歲而東南千里晏然。所謂質有其文，言顧行，行顧言，以經術經世者非耶？夫宋以忠厚立國，文德治天下，及其久也，文繁於論述，政溺於優游，綱紀日隳，封疆日蹙，上下詡詡而不知恤。先生獨憂之，侃侃正言，不用，遂請老以歸，身在山林，繫心廊廟，年餘七十作《周易傳》，以明悔吝憂虞進退存亡之故，究化理之原，極天人之際。書未訖簡而先生沒，天下之學士觖望焉。水心葉子誦之曰：『明哲先幾，終始典學』，可謂知言也已。」《姓譜》：「度字文叔，新昌人。紹興進士。爲御史，劾韓侂胄。寧宗時，累官煥章閣學士。」

**《四庫提要・書類一》** 《尚書説》七卷。內府藏本。宋黃度撰。度字文叔，號遂初，新昌人。紹興間，登進士。寧宗時，爲御史，嘗劾韓侂胄誤國，又劾內侍楊舜卿、陳源，又奏吳曦必反，以正直稱。累官禮部尚書、龍圖閣學士。謚宣獻。事蹟具《宋史》本傳。陳振孫《書録解題》稱其「篤學窮經，老而不倦，晚年制閫江淮，著述不輟。時得新意，往往晨夜叩書塾，爲友朋道之。」其勤摯如此。所注有《書説》、《詩説》、《周禮説》。《詩》與《周禮説》今佚，惟《書説》僅存。此本乃明呂光洵與唐順之所校，前有光洵序，述度始末甚詳。當度之時，吳棫《書裨傳》始出，未爲世所深信，尚不知孔安國《傳》出於梅賾託名。故度作是編，其訓詁一以孔《傳》爲主。然梅賾當東晉之初，去古未遠，先儒舊義，往往而存。注《尚書》者，要於諸家爲最古，度依據其文，究勝後來之臆解。至於推論三代興衰治亂之由，與夫人心道心、精一執中、安止惟幾、綏猷協一、建中建極諸義，亦皆深切著明，以義理談經者固有取焉。

**張金吾《愛日精廬藏書志・書類》**　《書説》七卷。舊抄本。千頃堂藏書。宋山陰黄度撰。是書附注俱作大字，意有未盡，則以雙行小字附注於下。如《堯典》注「遜，遁也。《微子》吾家耄遜於荒，《春秋》夫人遜於齊，皆遁也」下，附注云：「遜位，通上下之辭，漢晉間猶稱之，王遜位，卒於家，劉寔以老遜位是也。」又「曆法其來久矣，至堯始大備」下，附注云：「推算雖有數，天與日月皆動，物不可以一定之數求之也。故占候之遲速先後稍有不齊，則進退其數，以合於天行，故其失不甚遠而曆準。」《舜典》注「工之親近人主，其所關係豈輕哉」下，附注云：「子讀《晉書・鳩摩羅什傳》曰：『天竺國俗甚重文制，其宮商體韻以入管弦爲善。凡覲國王，必有贊德，佛經中偈頌皆其式也。』樓大防爲予言，其太師公嘗守括蒼，有樂工善譜曲，凡詩賦序記皆能譜之。有舉子使譜經義，亦成曲。明年又使譜之，與前譜無差錯。且曰：『凡文皆可譜，必作得好乃可耳。謬妄之作，不能成曲。』乃知納言時颺皆心聲，其邪正善惡果可察也。」《禹貢》注：「今彭蠡自南康星子縣東北湖口入江，則差與《禹貢》不同，水道改矣」下，附注云：「予守金陵，始行姑蘇以北至潤金山，其地爲鶻窠山，二山相對，江水分爲三。金山寺有井，即陸羽所謂中冷井，指謂中江水也。冷本泠字，今訛。是知岷嶓山尾行於江中，晉唐間人猶識此。至升北望歷陽略有三山，又聞其上有采石、孤山，皆行於江中，頗恨不得至其處。王遂與予言，金山下有山相對，狀如蛾眉，江一分三沴入海。它日檄遂往淮西，自采石渡江，遂以書來言，采石西江中有山東西對立，謂之東梁山、西梁山，江水分三沴。是則岷嶓山行爲三江，皆可驗古人足迹徧天下，見聞始博，又識精，故議論不妄發。」其説俱可補注所未及。通志堂本改注爲小字，而刪其注中之注，致度書不得爲完書，至若脱文闕字，更難枚舉。如《堯典序》注「聰明天德也」下，脱「傳説曰惟天聰毋惟聖時憲」十一字；而「洪水未治」下，脱「則地爲未平」五字；《湯誓》注「王誓衆正大義也」，王字上脱「始出師稱」四字；《顧命》注「召公畢公以三公爲東西伯相康王，故曰伯」，「爲」字下闕六字。《畢命》「令畢公保釐東郊」下脱注「發冊于祖廟」五字之類。書貴舊本，良有以也。每冊首頁，俱有千頃堂圖書印記。

**瞿鏞《鐵琴銅劍樓藏書目録・書類》**　《書説》七卷。舊鈔本。宋王度撰。明人録本，舊藏黄俞邰家。注用大字，注中間有疏語，則用雙行夾注。明吕氏光洵與荆川唐氏校刊是書，改注爲細字，盡刪小注，通志堂據以傳刻，遂鮮完書。此本曾著録《愛日精廬藏書志》，已摘録數條以見其概，至若《甘誓》注如鄭司農注則「古書，孥作奴」下小注云「《漢書・王莽傳》「予則奴戮女」，顔師古曰：「奴戮，戮之以爲奴也。」説《書》者以爲孥，子也，戮及妻子。此説非也。案孔《傳》云：「孥，子也。非但止汝身，辱及汝子，言恥累也。是以戮爲辱，本未言殺。」而《正義》則云：「所戮者，非但止汝身而已，我則并殺汝子，以戮辱汝，是以戮辱爲殺矣。」蔡《傳》遂謂不重其法，則無以整齊其衆，而使赴功。然古之用刑，父子兄弟，罪不相及。故《大禹謨》曰：罰弗及嗣。曾謂夏啓初政，反過新莽之酷乎？是知宣獻此條，具有深意，未可輕棄也。故復表而出之。

## 書小傳

**陳振孫《直齋書録解題・書類》**　《書小傳》十八卷。新安王炎晦叔撰。

**馬端臨《文獻通考・經籍考・書》**　《書小傳》十八卷。陳氏曰：新安王炎晦叔撰。

**《宋史・藝文志・書類》**　王炎《小傳》十八卷。

**朱彝尊《經義考・書》**　王氏炎《尚書小傳》。《宋志》：十八卷。未見。炎《自序》曰：「夫子定書，始自堯、舜，訖於平王，凡百篇。秦火煨燼之後，伏生口所傳授，纔二十餘篇。漢壁腐壞之餘，孔安國手所校定，止於五十八篇。老翁幼弱，齊語之訛，脱簡蝌蚪，秦隸之變，必有失其眞者。西漢諸儒，經學各自名家，其訓註行於今者，惟毛氏《詩》、孔氏《尚書》。昔人有言，孔安國説《書》不如毛公説《詩》，毛公時發大義，孔安國章句而已。

其說誠然，然章句所以訓故，不可略也。炎不足以知《書》之大義。古語有曰：『天下無粹白之狐，而有粹白之裘，爲其緝衆腋而成之也。』今所解，亦不過會緝先儒之遺論，間有未安者，或以己意發之。既終篇，因序其大略曰：四代之書，堯、舜言動載於二《典》，禹之治水見於《禹貢》，武王武功其略見於《武成》，周公遭變，其要見於《金縢》，其餘皆君臣之格言至論，蓋古今之所記也。堯、舜、禹、啓、盤庚、高宗、成、康、穆王之爲君，皋陶、益、傅說、召公、君牙之徒之爲臣，正也。湯、武征伐與堯、舜不同，伊尹、箕子、周公進退去就與皋陶、益、傅說不同，變之正也。正者道之經，變者道之權，正權舉而聖賢之道盡矣。」

戴表元序曰：「古之君子，欲明道於天下者，不能使人無異，而嘗惡人之苟同，以爲異則道可因人而明，苟同之情雖一時懽然無失，而初不能以相發。故以仲尼百世師，西家之鄰夫猶不知其賢，而鄉國之人至以爲不知禮，故舊交游門弟子之徒，雖達如原壤，賢如晏嬰，親且久如仲由、陳亢，猶或愕而疑之，及乎事久論定，則亘古之遠，窮天地之廣，家傳其書，而人習其道，此豈人情眉睫旦暮之所可期哉！徽士大夫嘗爲余言，朱文公無恙時，同里開有雙溪王先生炎字晦叔，亦以學行爲諸儒宗，兩家議論，時相糾切。文公既歿，而諸公方脱黨禍，起而先説，非朱氏者皆廢格不用。王先生之書與其爲人，後生輩不及盡知以爲惜。余不暇論其何如也。己亥之夏，有王君傳自京口來，以《尚書小傳》五十八卷相示，蓋雙溪先生所著，而於君爲四世矣。曰：『自吾先君子遭喪亂，遷徙不一，舊物皆不得存，而此書儼然獨存，竊自喜幸。』余以餘隙，稍取□習。其發蒙之義，破的之辭，大抵訓詁家所未及。文公居閑，多於諸經釐正，不遺餘力，而獨《尚書》及《春秋》遜避若有所待。先生此書，稿脱於開禧末，而板行於嘉定初，於時文公易簀之日既久，假令尚在，必相與綢繆桑梓，雅舊相樂，當有莫逆於言辭文字之間者。殊鄉晚出，各立名字，驟分門戶，遂生異同之論，豈復一一盡出其師意耶？且經師自漢以來專門尚不相一，惟其不相一，而眞是出焉。而今人謂獨視單聽，可以盡天下之耳目，無是理也。王先生又有《易上下經解》六卷，《易繫辭總說》若干卷，余次第將盡求而學之。」

## 周書音訓

**《宋史・藝文志・書類》** 王晦叔《周書音訓》十二卷。

## 禹貢辨

**朱彝尊《經義考・書》** 王氏炎《禹貢辨》。一卷。未見。

## 尚書解

**朱彝尊《經義考・書》** 陳氏研《尚書解》。佚。

## 尚書精義

**陳振孫《直齋書録解題・書類》** 《尚書精義》六十卷。三山黄倫彝卿編次。或書坊所託。

**馬端臨《文獻通考・經籍考・書》** 《尚書精義》六十卷。

**《宋史・藝文志・書類》** 黄倫《尚書精義》六十卷。

**《四庫提要・書類一》** 《尚書精義》五十卷。《永樂大典》本。宋黄倫撰。《宋史・藝文志》載有是書十六卷。陳振孫《書録解題》亦著於錄，稱爲三山黄倫彝卿所編，知爲閩人。此本前有余氏萬卷堂刊行小序，稱爲「釋褐黄君」，則又曾舉進士。然《閩書》及《福建通志》已均不載其名，其仕履則莫能詳矣。其刊書之余氏，亦不知何時人。案岳珂《九經三傳沿革例》，稱世所傳九經本，以興國于氏及建安余仁仲本爲最善。又林之奇《尚書全解》亦惟建安余氏刊本獨得其眞，見之奇孫畊所作跋語中。此篇所稱余氏，當即其人，是在宋時坊刻中猶爲善本也。其書薈萃諸説，依經臚載，不加論斷，間有同異，亦兩存之。其所徵引，自漢迄宋，亦極賅博。惟編次不以時代，每條皆首列張九成之説，似即本九成所著《尚書詳説》而推廣之。故陳振孫頗疑其出於僞託。然九成《詳説》之目僅見《宋志》，久經湮晦，即使果相沿襲，亦未嘗不可藉是書以傳九成書也。其他如楊氏繪、顧氏臨、周氏範、李氏定、司馬氏光、張氏沂、上官氏公裕、王氏日休、王氏當、黄氏君愈、顔氏復、胡氏伸、王氏安石、王氏雱、張氏綱、孔氏武仲、孔氏文仲、陳氏鵬飛、孫氏覺、朱氏震、蘇氏洵、吴氏孜、朱氏正大、蘇氏子才等，當時著述，竝已散佚，遺章賸句，猶得存什一於是編。體裁雖稍涉氾濫，其裒輯之勤，要亦未可盡沒矣。其書傳本久絶，朱彝尊《經義考》亦曰「已佚」。今從《永樂大典》各韻中採撮編綴，梗概尚存。惟《永樂大典》之例，凡諸解已見前條者，他書再相援引，則僅注某氏曰見前字。其爲全録摘録，無由考校，今亦不復補録，姑就所現存者釐訂成帙，分爲五十卷，存宋人書説之梗概，備援證焉。

**張金吾《愛日精廬藏書志・書類》**　《尚書精義》五十卷。文瀾閣傳抄本。宋黄倫撰。理學昭融，周歷千古，于胸次不踰辰刻之傾。儻翳障弗屏徹，雖一瞬之境，恍迷其眞，眂千載而上之，聖賢心傳於典謨訓誥誓命中，若之何剖其祕，析其微哉！古書百篇，嬴秦酷以虐焰，仇之特甚。先漢力追探之，收拾散逸，僅得孔安國所傳爲正，會巫蠱事，旋復泯遏。繇魏晉以降，篇帙缺亡未備，而精眞之理晦蝕，又不止此。白魚赤烏之僞，箕子荄滋之蔽，禹鍥柳谷之訛，在所不論。然黨護於專門名家，增倍師説至百萬言，傳註訓詁之紛紜，累三萬言，只解『稽古』二字，眩亂人世耳目，而指意爲之誣衊，殆與厄於秦同科。理學曀蔽，綿歷云久，闡而明之，蓋若有待。時屬皇朝祖宗全盛之際，關、洛有二張、二程之學，崇索理致，根乎聖賢心法，以發明千載不得之祕而福後學，俾天下之士畢宗嚮。夫理學之指南，一洗漢、唐注疏舊習，豈第踸踔藩籬，咀嚼餘胾者哉！有崇工碩儒，落落復相望乎？其間各出意表所見，理根於心，而心會於理，更與啓其未悟者。編檢紛如，亦戛戛乎難概以目力也。噫！十指之形，必有巨擘；翹錯之中，當刈其楚。粵自啓賢闢升俊造以來，有黄君倫，素定規繩於方寸，所謂疏通知遠不誣，而深於《書》者，萃古今議論而裁之，其發揮五代帝王遺書之奥，皆指中之擘，翹中之楚者，信精而又精，其於理學殆無餘藴矣。昔人有泳圓流者，採珠而捐蚌；登荆嶺者，拾玉而棄石。今所抄存，猶摘翡翠之藻羽，脱犀象之牙角，故宜乎稱此書爲精義也。覽者亦宜以余言爲然。淳熙庚子長至日，龍溪張鳳從道叙。

《書》解數百家，或泛而不切，或略而未備，或得此而失彼，或互見而疊出，學者病之。釋褐黄公，以是應舉，嘗取古今傳注及文集、語録，研精而翦截之，片言隻字有得乎經旨者纂輯無遺，類爲成書。博而不繁，約而有寔，造渾灝噩之三昧，非胸中衡鑑之明，焉能去取若是。志於經學者，倘能嚅嚌是書，不必也求矣。余得之不敢以私，敬鋟木與天下共之。所載諸儒姓氏，混以今古，余不暇次其先後，觀者自能辨之。淳熙庚子臘月朔旦，建安余氏萬卷堂謹書。

## 尚書小傳

**朱彝尊《經義考・書》**　張氏震《尚書小傳》。未見。董鼎曰：「震字眞父。」

## 皇極講義

**馬國翰《玉函山房藏書簿録・書類》**　《皇極講義》一卷。載《象山全集》。宋知荆門軍金谿陸九淵子靜撰。與朱子同時並名，世稱象山先生。此守荆門時所作。據《象山年譜》云：「郡有故事，上元設醮黄堂，其説曰爲民祈福。先生於是會吏民，講《洪範》『斂福錫民』一章以代醮事，發明人心之善，所以自求多福者」云云。後書《河圖》、《洛書》，與世傳不同，傳季魯釋其義。

## 柯山書解

**陳振孫《直齋書録解題・書類》**《柯山書解》十六卷。柯山夏僎元肅撰。集二孔、王、蘇、陳、林、程頤、張九成及諸儒之説，便於舉子。

**馬端臨《文獻通考・經籍考・書》**《柯山書解》十六卷。

**《宋史・藝文志・書類》**夏僎《書解》十六卷。

**朱彝尊《經義考・書》**夏氏僎《尚書解》。《宋志》：十六卷。存。時瀾序曰：「有唐、虞、三代之議論，有叔季之議論。居叔季之世，而求譯於唐、虞、三代之書，難乎而得其藴也。夫《書》之爲書，斷自唐、虞，迄於秦穆。凡堯、舜之典謨，夏啓、湯、武之誓命，周公、成、康之訓誥，悉備於是。讀是書而其可以後世膚見而臆度之哉！要必深究詳繹，求見於唐、虞、三代之用心而後可。故讀二《典》三《謨》之書，當思堯、舜授受於上，皋、夔、稷、契接武於下，都俞吁咈者何味。讀三盤王誥之書，當思人君布告於上，臣民聽命於下，叮嚀委曲，通其話言而制其心腹，開其利益，以柔其不服者何旨。讀九命七誓之書，當思命諸侯，命大臣者何道，誓師旅誓悔悟者何見。以是心讀是書，則唐、虞、三代之用心，庶乎其有得；而唐、虞、三代之議論，可以心通而意解矣。柯山夏先生僎少業是經，妙年擷其英以掇巍第，平居暇日，又研精覃思而爲之釋。今觀其議論淵深，辭氣超邁，唐、虞、三代之深意奧旨，皆有以發其機而啓其祕於千載之下，不謂先生居今之世，而言論風旨，藹乎唐、虞、三代之氣象也。嗚呼！《書》説之行於世，自二孔而下，無慮數十家，而其中顯著者，不過河南程氏、眉山蘇氏，與夫陳氏少南、林氏少穎、張氏子韶而已。然程氏溫而邃，蘇氏奇而當，陳氏簡而明，林氏博而贍，張氏該而華，皆近世學者之所酷嗜。今先生繼此而釋是書，觀其議論，參於前則有光，而顧於後則絶配，夫豈苟作云乎哉！麻沙劉君智明得其繕本，不欲祕爲己私，命工鐫木，以與學者共之。余既喜柯山之學有傳於世，而嘉劉氏之用心，非私心町畦者之比也。求予爲叙故書以歸之。」【略】楊愼曰：「伏讀高皇帝科舉之詔，《書》從夏氏、蔡氏兩傳。」《兩浙名賢録》：「夏僎字元肅，龍游人。」

**《四庫提要・書類一》**《尚書詳解》二十六卷。《永樂大典》本。宋夏僎撰。僎字元肅，號柯山，龍游人。時瀾作是書序，稱其「少業是經，妙年擷其英，以掇巍第」，則嘗舉進士也。陳振孫《書録解題》，稱是書集二孔、王、蘇、陳、林、程、張及諸儒之説。以時瀾序及書中所引參考之，二孔者，安國、穎達之傳疏；蘇者，蘇軾《書傳》；陳者，陳鵬飛《書解》；林者，林之奇《尚書全解》；程者，《程子書説》；張者，張九成《尚書詳説》。惟王氏瀾序不之及，蓋王雱《新經尚書義》，諱言之也。然僎雖博采諸家，而取之於林之奇者實什之六七，蓋其淵源在是矣。明洪武間，初定科舉條式，詔習《尚書》者竝用夏氏、蔡氏兩傳。後永樂中《書經大全》出，始獨用蔡《傳》，夏氏之書寖微。亦猶《易》竝用程、朱，後程廢而獨用朱；《春秋》竝用張、胡，後張廢而獨用胡也。今觀其書，視蔡《傳》固不免少冗，然其反覆條暢，深究詳繹，使唐、虞、三代之大經大法，燦然明白，究不失爲説《書》之善本。淳熙間，麻沙劉氏書坊有刻版，世久無傳。今惟存鈔帙，脱誤孔多。浙江采進之本，《虞書・堯典》至《大禹謨》全闕，《周書》闕《泰誓中》、《泰誓下》、《牧誓》三篇，又闕《秦誓》之末簡。謹以《永樂大典》參校，惟《泰誓》《永樂大典》亦闕，無從校補外，其餘所載，尚竝有全文。各據以補輯，復成完帙。書中文句則以《永樂大典》及浙本互校，擇所長而從之。原本分十六卷，經文下多附録重言、重意，乃宋代坊本陋式，最爲鄙淺。今悉删除，重加釐訂，勒爲二十六卷。

## 書鈔

**焦竑《國史經籍志・書》**陳傳良《書鈔》□卷。

## 書説

**朱彝尊《經義考・書》**鄒氏補之《書説》。佚。《浙江通志》：「鄒補之字公袞，開化人。受業朱子及東萊之門。淳熙初，舉進士，判江寧府。」

## 書說

**朱彝尊《經義考・書》** 戴氏溪《書説》。佚。

## 梅教授書集解

**陳振孫《直齋書録解題・書類》** 《梅教授書集解》三冊。不分卷。不著名，未詳何人。

**馬端臨《文獻通考・經籍考・書》** 《梅教授書集解》。

## 五誥解

**楊士奇等《文淵閣書目・書》** 楊慈湖《五誥解》。一部，一冊。闕。

**《四庫提要・書類一》** 《五誥解》四卷。《永樂大典》本。宋楊簡撰。簡有《慈湖易傳》，已著録。昔韓愈稱「周《誥》殷《盤》，佶屈聱牙」。宋儒如呂祖謙《書説》，亦先釋《周誥》，而後及虞、夏、商書。蓋先通其難通者，則其餘易於究尋。簡作是書，惟解《康誥》以下五篇，亦是意也。簡受學於陸九淵，好舉新民、保赤之政，推本於心學。又當《字説》盛行之後，喜穿鑿字義，爲新奇之論，措辭亦迂曲委重，未能暢所欲言。然如《康誥》言「惠不惠，懋不懋」，則歸重於君身；「服念」、「旬時」則疑孔《傳》三月爲過久；《酒誥》「厥心疾很」，指民心而言；《召誥》「顧畏于民喦」，謂民愚而神可畏如喦險；《洛誥》「公無困哉」，謂困有倦勤之意，皆能駁正舊文，自抒心得。至如先卜黎水，用鄭康成、顧彪之説；封康叔時未營洛邑，用蘇氏《書傳》之説；「復子明辟」之訓詁，「圻父」「薄違」之句讀，用王氏《書義》之説，又能兼綜羣言，不專主一家之學矣。此書世久失傳，《文淵閣書目》作一冊，焦竑《經籍志》作一卷，朱彝尊《經義考》以爲未見。今從《永樂大典》各韻中案條薈萃，唯闕《梓材》一篇，餘皆章句完善。謹依經文前後，釐爲四卷。

**周中孚《鄭堂讀書記・書類》** 《五誥解》四卷。墨海金壺本。宋楊簡撰。簡字敬仲，慈谿人。乾道中，進士。嘉定中，授祕書郎，出知溫州。累遷寶謨閣學士。《四庫全書》著録，《書録解題》、《通考》、《宋志》俱不載。其所著《慈湖遺書》止有「孔子閑居解」一卷，而無是書。然當時必有別行之本，流傳至明初，故《文淵閣書目》載入，作一冊。《永樂大典》且備載其文。焦氏《經籍志》、朱氏《經義考》俱作一卷，朱氏注曰「未見」。今館臣從《永樂大典》録出，僅闕《梓材》一篇，因以《康誥》、《酒誥》、《召誥》、《洛誥》四篇每篇各爲一卷。金谿之學，以慈湖爲大宗，其講學大抵鼓暢其師説，純入於禪，故是解亦推本心學，兼穿鑿字義，與其所著《易傳》殊途而同歸焉。張若雲即從文瀾閣本寫出校梓，冠以《提要》一篇。

## 書傳

**朱彝尊《經義考・書》** 馮氏誠之《書傳》。二十卷。佚。

## 書註

**王圻《續文獻通考・經籍考・書》** 《書註》。輔廣著。廣字漢卿，崇德人。朱子高弟，學者稱傳貽先生。

**朱彝尊《經義考・書》** 輔氏廣《尚書注》。佚。《浙江通志》：「輔廣字漢卿，崇德人。師事朱子及東萊呂氏。嘉定間入仕，尋奉祠。學者稱傳貽先生。」

## 尚書説

朱彝尊《經義考・書》　余氏樟《尚書説》。五卷。佚。

## 尚書遺意

朱彝尊《經義考・書》　姜氏得平《尚書遺意》。一卷。佚。

## 書　説

焦竑《國史經籍志・書》　張沂《書説》□卷。

## 潔齋家塾書鈔

陳振孫《直齋書録解題・書類》　《潔齋家塾書鈔》十卷。禮部侍郎鄞袁燮和叔號潔齋先生，其子喬、崇、謙録其家庭所聞，至《君奭》而止。

馬端臨《文獻通考・經籍考・書》　袁燮《潔齋家塾書鈔》十卷。【略】

《宋史・藝文志・書類》　袁燮《書鈔》十卷。

楊士奇等《文淵閣書目・書》　《絜齋書鈔》。一部，五册。闕。

朱彝尊《經義考・書》　袁氏燮《潔齋家塾書鈔》。《宋志》：十卷。未見。眞德秀狀曰：「燮字和叔，慶元府鄞縣人。淳熙辛丑進士。官至太中大夫。爵自鄞縣男，再進爲伯，以顯謨閣學士加秩二等致仕。贈龍圖閣學士、光禄大夫。學者稱曰潔齋先生。」【略】　王應麟曰：「潔齋解『儆戒無虞』云：治安之時，危亂之萌已兆。漢宣帝渭上之朝，是年元后生成帝，新都篡漢已兆於極盛之時矣，無虞豈可不儆戒與？解『七旬有苗格』，云：舜耕歷山之時，祗見厥父，惟知己之有罪，而不見父之爲頑。所以底豫。及其征苗也，自省未嘗有過，而惟見苗民之作慝，所以逆命。至班師之後，誕敷文德，無異負罪引慝之心而遂格焉。滿損謙益，捷於影響人心，豈可以自滿哉？」按是書葉文莊編《菉竹堂目》尚存。

《四庫提要・書類一》　《絜齋家塾書鈔》十二卷。《永樂大典》本。宋袁燮撰。燮字和叔，絜齋其自號也。鄞縣人。淳熙辛丑進士。官至顯謨閣學士。謚正獻。事蹟具《宋史・本傳》。燮之學出陸九淵。是編大旨在於發明本心，反覆引申，頗能暢其師説。而於帝王治蹟，尤參酌古今，一一標舉其要領。王應麟發明洛、閩之學，多與金谿殊軌。然於燮所解「儆誡無虞」諸條，特采入《困學紀聞》中。蓋其理至足，則異趣者亦不能易也。其書《宋史・藝文志》作十卷。陳振孫《書録解題》稱爲燮子喬録其家庭所聞，至《君奭》而止。則當時本未竟之書，且非手著。紹定四年，其子甫刻置象山書院，蓋重其家學，不以未成完帙而廢之。明葉盛《菉竹堂書目》尚存其名，而諸家説《尚書》者罕聞引證，知傳本亦稀，故朱彝尊作《經義考》注云「未見」。今聖代博采遺編，珍笈祕文，罔不畢出，而竟未睹是書之名，則其佚久矣。謹從《永樂大典》所載，採輯編次，俾復還舊觀。以篇帙稍繁，釐爲一十二卷。蠹殘賸簡，復顯於湮沒之餘，亦可云燮之至幸矣。喬字崇謙，嘗爲溧陽令。與燮相繼而卒，未顯於世。故《宋史》但有其弟甫傳，而不立喬傳。據眞德秀所作燮行狀，稱燮有子四人，喬其伯子，甫則其叔子云。

張金吾《愛日精廬藏書志・書類》　《絜齋家塾書鈔》十二卷。文瀾閣傳抄本。宋袁燮撰。甫自幼泊長侍先君子側，平旦集諸生及諸子危坐説書，夜再講，率至二鼓無倦容。謂學問大旨在明本心。吾之本心，即古聖之心，即天地之心，即天下萬世之心。彼昏不知，如醉如夢，一目豁然，清明洞徹，聖人即我，我即聖人。舜號泣旻天，負罪引慝，祗見瞽瞍。禹荒度土功，三過家門，呱呱弗子，道心精一，曾何間斷。自古大聖，同此一心。箕子論皇極，無偏黨自蕩蕩，無黨偏自平平，無反側自正直，是之謂極，是之謂本心。太甲顛覆典刑，痛自怨艾，克終允德。成王遭家多難，執書感泣，天雨反風。本心一昏，迷惑如彼；本心一復，光明如此。先君子諷誦再三，聞者流涕。又言，見象山先生讀《康誥》，有所感悟，反己切責，若無所容。讀《呂刑》，嘆曰從肺腑中流出。嗚呼至哉！先君子之學，源自象山，明白光粹，無一瑕疵，可謂不失本心矣。是編爲伯兄手鈔，雖非全書，然發揮本心，大旨具在。伯兄名喬，天資純正，用志勤篤，嘗宰溧陽，視民猶子，邑人德之，惜未盡行所學爾。甫悼先君子之沒，幸伯兄之有傳。今又云亡，痛曷有已，遂刻是編，名曰《絜齋家塾書鈔》，而納諸象山書院，以與世世學者共之。紹定四年辛卯良月己未男甫謹書。

## 袁氏家塾讀書記

**陳振孫《直齋書録解題・書類》** 《袁氏家塾讀書記》二十三卷。題四明袁覺集。未詳何人。大略倣《呂氏讀詩記》，集諸說，或述己意於後。當亦是潔齋之族耶？

**馬端臨《文獻通考・經籍考・書》** 《袁氏家塾讀書記》二十三卷。

【略】**《宋史・藝文志・書類》** 袁覺《讀書記》二十三卷。

## 尚書說

**王圻《續文獻通考・經籍考・書》** 《尚書說》。馬之純著。

**朱彝尊《經義考・書》** 馬氏之純《尚書說》。佚。《金華志》：「馬之純字師文，東陽人。隆興元年進士，知嚴州，稱爲茂陵先生。」

## 禹貢辯

**王圻《續文獻通考・經籍考・書》** 《禹貢辯》。戴蒙著。

## 書說

**朱彝尊《經義考・書》** 戴氏蒙《書說》。佚。

## 渾灝發旨

**《宋史・藝文志・書類》** 《渾灝發旨》一卷。

**王圻《續文獻通考・經籍考・書》** 《渾灝發旨》。陳舜申著。

**朱彝尊《經義考・書》** 陳氏舜申《渾灝發旨》。《宋志》：一卷。佚。

## 尚書講義

**朱彝尊《經義考・書》** 黄氏艾《尚書講義》。佚。

## 書辨

**朱彝尊《經義考・書》** 楊氏炎正《書辨》。一卷。佚。

## 禹貢集說

**黄虞稷《千頃堂書目・書類》** 鄒近仁《禹貢集說》。

**倪燦等《補遼金元藝文志・書類》** 鄒近仁《禹貢集說》。

**朱彝尊《經義考・書》** 鄒氏近仁《禹貢集說》。未見。陸元輔曰：「近仁字魯卿，鄱陽人。官龍陽丞。嘗問學於楊簡。著《歸軒集》。」

# 禹貢手抄

**王圻《續文獻通考・經籍考・書》** 《禹貢洪範手抄》。陳剛著。

**朱彝尊《經義考・書》** 陳氏剛《禹貢手抄》。一卷。佚。《溫州府志》：「剛字公潛，平陽縣人。從胡石塘學，隱居敎授，學者稱爲潛齋先生。」

# 洪範手抄

**朱彝尊《經義考・書》** 陳氏剛《洪範手抄》。一卷。佚。

# 昆命元龜説

**朱彝尊《經義考・書》** 倪氏思《昆命元龜説》。一卷。佚。葉紹翁曰：「寧皇嘉定初，拜右相制麻，翰林權直陳晦偶用『昆命於元龜』事。時倪文節公思帥福閫，即束裝奏疏，謂哀帝拜董賢爲大司馬，有『允執其中』之詞，當時父老流涕，謂漢帝將禪位大司馬。寧宗得思疏甚駭，宣示右相，右相拜表，以爲臣一時恭聽王言，不暇指摘，乞下思疏以示晦。晦翼日除御史，遂上章，徧舉本朝自趙普而下，凡拜相麻詞用元龜事至六七，且謂臣嘗詞科放思，思非不記，此特出於一旦私憤，遂忘故典。以藩臣而議王制，不懲無以示後。文節遂不復敢再辨，免所居官。陳與眞文忠最厚，蓋辨明故典，頗資於文忠云。」

周密曰：「嘉定初元，史忠獻彌遠拜右丞相，相麻，翰林權直陳晦之筆也，有『昆命元龜，使宅百揆』之語。時倪文節思知福州，即具申朝省，謂『昆命元龜』此乃舜、禹揖遜授受之語，見於《大禹謨》，非僻書也。據《漢書》，董賢爲大司馬，冊文云『允執其中』，蕭咸謂此乃堯禪舜之文，非三公故事。今『昆命元龜』與『允執其中』之詞何以異？若聖上初無是意，不知詞臣何從而援引此言，受此麻者，豈得安然而不自明乎？給舍臺諫又豈得不辨白此事乎？竊見曩之詞臣，以聖之清、聖之和褒譽韓侂胄，以有文事有武備褒譽蘇師旦，然亦未敢用人臣不當用之語。昔歐陽修論韓琦、富弼、范仲淹立黨事，在爲河北轉運使時，故敢援此爲比，乞行貼麻。史相得之甚駭，遂拜表繳奏，且謂當時惟知恭聽王言，所有制詞會合，取會詞臣，合與不合貼麻。時陳晦已除侍御史，遂具奏之。其詞內云：『茲方艱於論相，顧無異於象賢。昆命元龜、使宅百揆。』此蓋演述陛下卜相之意甚明。而思乃以爲人臣不當用之語。臣觀《尙書》所稱師錫帝曰虞舜與乃言底可績者，其上下文顯是揖遜授受之語，而孫近行趙鼎制云『亶由師錫之公』，蔣芾行洪适制云『用符師錫之公』，陳誠之行沈該制云：『言皆可績，僉曰汝諧。』從《大禹謨》之文：『惟口出好興戎，朕言不再。禹曰：枚卜功臣，惟吉之從。帝曰：禹，官占惟先蔽志，昆命元龜。朕志先定，詢謀僉同，鬼神其依，龜筮協從，卜不習吉。禹拜稽首，固辭。帝曰：毋，惟汝諧。』今以本朝宰相制詞考之，呂夷簡制曰：『或營求方獲，或枚卜乃從。』富弼制曰：『遂膺枚卜，實契具瞻。』王欽若制曰：『廟堂虛位，龜筮協謀。』曾公亮制曰：『拂龜而見祥端，扆而定制稽用，師言之錫進，居台路之先。』陳執中制曰：『考嘉績而惟茂質，枚卜以僉同。』趙鼎制曰：『龜弗克違，既驗詢謀之協。』陳康伯制曰：『詢於僉言，蔽自朕志。』無非用《大禹謨》此一段中語。此類甚多，不敢盡舉。唐人作韋見素相制曰：『爾惟不矜，朕志先定。』此兩全句皆用禹事。本朝蘇軾草賜范純仁詔亦曰：『蔽自朕志。』賜文彥博詔亦曰：『朕命不再，至於歷試諸難。』蓋堯、舜事。軾於呂大防、胡宗愈詔屢用『歷試』二字，然臣不敢援此爲例，恐未是命龜的證。國初，趙普拜相，制曰：『詢於元龜，歷選羣后。』又有甚的切者。唐元和中，裴度拜相，制曰：『人具爾瞻，天方賚予，昆命元龜，爰立作相』云云。古人舉事無大小，未嘗不命龜，如《洪範》、《周禮》、《左傳》皆可考也。今思乃以董賢冊文「允執其中」爲比，以聖上同之漢哀云云。凡臣所陳，事理甚明，所有已降相麻，即不合貼改。繼得旨，陳晦援證明白，無罪可待。倪思輕侮朝廷，肆言誣罔，可特降兩官。其後文節作辨析一狀甚詳，又專作一書，曰《昆命元龜説》，備載始末。然一時公論，多以文節出位而言，近於忿激，而陳之論辨雖詳，終不若不用之爲佳也。」

# 禹貢説斷

**楊士奇等《文淵閣書目・書》** 傅寅《禹貢説》。一部，二册。闕。 傅寅《禹貢説》。一部，六册。闕。

**朱彝尊《經義考・書》** 傅氏寅《禹貢集解》。二卷。存。闕。喬行簡序曰：「今學之不古，若科舉之習害之也。明經記誦，固不足以言古，然猶近古文詞之習興，而義疏之學泯矣。利所不在，誰復睥目視之乎？同叔家故貧，亦以教舉子爲業，乃能取古書天官地志、律曆權度、井田兵制，分寸零整、乘除杪忽之説，究觀篤考，窮日夜不愒。無是書則多方從人借之，月累歲積，而其學成矣。遂取其書事爲之圖，條列諸説而斷以己意，名曰《羣書百考》。《禹貢説》蓋其一也。夫説《禹貢》者多家，三江莫定其名，黑水弗知所入，諸如此類甚衆。余曩得同叔此書讀之，蓋躍如也。然間有疑而未決者，方圖與之講切，會而一之，而同叔亡矣。以同叔之用工，如此其至，既勒成一家之言，是固不可使之無傳也。《百考》文多，欲鋟之板未辦，姑摭其《禹貢説》出之，庶幾留意此學，將求證於是者有取焉。同叔姓傅，名寅，烏傷人也。蓋晚而徙居，與余與同里云。」 呂祖儉曰：「同叔《禹貢圖考》，可謂集先儒之大成。」 葉適曰：「同叔博通古書，特有隱趣。」 黄溍曰：「鄉先生傅公從説齋唐公，質疑問難，皆有援據，可反復，説齋喜曰：『吾益友也！』及聞其升陑、分陝之説，語門人曰：『職方輿地，盡在同叔腹中矣！』大愚呂公閲其《禹貢圖考》曰：『是書可謂集先儒之大成矣。』揭其圖，請申言之，而坐諸生以聽，且曰：『以所能者教人，所不能者受教於人，理之所在，初無彼此。』先生亦樂爲之，亹亹不倦。」 《金華志》：「傅寅字同叔，義烏人。於天文、地理、明堂、封建、井田、律曆、兵制之屬，世儒置不講者，靡不窮究，訂其譌謬。學者稱之曰杏溪先生。」

**嵇璜等《續通志・圖譜略・書》** 宋傅寅《禹貢圖考》。

**《四庫提要・書類一》** 《禹貢説斷》四卷。《永樂大典》本。宋傅寅撰。寅字同叔，義烏人。嘗從唐仲友游。仲友稱其職方輿地盡在腹中。是編其所著《禹貢圖説》也。案：朱彝尊《經義考》有寅所著《禹貢集解》二卷，通志堂嘗刊入《九經解》中，而《永樂大典》載其書，則題曰《禹貢説斷》，無「集解」之名。又《經解》所刊本稱原闕四十餘簡，今檢《永樂大典》，不獨所闕咸在，且其《五服辨》三千餘言、《九州辨》千數百言，較之原注闕文多至數倍。又《山川總會》及《九河》、《三江》、《九江》四圖，《經解》俱誤編入程大昌《禹貢論》中，與其書絶不相比附。而《永樂大典》獨繫之《説斷》篇内。蓋當時所見，實宋時原本，足以援據；而《經解》刊行之本，則已傳寫錯漏，致并書名而竄易之，非其舊矣。書中博引衆説，斷以己意，具有特解，不肯蹈襲前人。其論《孟子》「決汝、漢，排淮、泗，而注之江」，爲古溝洫之法，尤爲諸儒所未及，洵卓然能自抒所見者。今取《經解》刊本與《永樂大典》互相勘校，補闕正譌，析爲四卷，仍題《説斷》舊名，而於補闕之起訖，各加注語以别之。庶幾承學之士得以復見完書焉。

**孫星衍《廉石居藏書記外編・經學》** 《禹貢説斷》四卷。右《禹貢説斷》四卷，宋傅寅撰。《通志堂經解》中所刊《禹貢詳解》二卷，《永樂大典》載其書，題曰《禹貢説斷》。《經解》本元闕四十餘簡，四庫館聚珍板本，據《大典》補完，析爲四卷。按寅書頗引班氏《地里志》及鄭注《尚書》，但雜以宋人之説，不能折衷古學。如大別之在安豐，大伾之在成皋，俱漢人有本之説，反以臣瓚、杜預諸人之言亂之，知其疏於經術矣。

**周中孚《鄭堂讀書記・書類》** 《禹貢説斷》四卷。《墨海金壺》本。宋傅寅撰。寅字同叔。義烏人。《四庫全書》著録，《書録解題》、《通考》、《宋志》俱不載。焦氏《經籍志》始載傅寅《禹貢説》一卷，《禹貢集解》二卷。朱氏《經義考》止載《禹貢集解》二卷，注曰「存」，又注「闕」字於其下。朱氏蓋據《通志堂經解》本載入。納喇容若序稱是編流傳者寡，不見采於董氏之《纂注》，而焦氏《經籍志》、西亭王孫《授經圖》或以爲説，或以爲論，蓋未嘗見此書而著於録者。是本爲吳人王止仲藏書，其後歸於都少卿穆。其第一卷闕三十九版，第二卷又闕其四版，驗少卿前後私印，則知當日已非足本，亟刊行之俟求其完者嗣補入焉。今按是書明初蓋有二本，一爲王止仲所藏本，題《禹貢集解》；一爲《永樂大典》所載本，題《禹貢説斷》。今館臣即據《大典》所載録出，不獨《經解》本所闕四十一簡咸在，即其《五服辨》、《九州辨》亦多至數倍，以其簡帙緐重，釐爲四卷。或曰《説斷》，或曰《集解》，蓋一書而二名也。其書首冠以《禹貢山川總會》及《九河》、《三江》、《九江》四圖，卷一以下皆條列諸說而斷以己意，多足以備一解。呂大愚祖儉稱爲集先儒之大成，以兩宋諸家而論，誠無媿斯言。若以胡朏明《錐指》一編並觀之，殊覺卑卑不足道矣。前有東陽喬行簡序，又稱此書爲《禹貢說》，蓋省文爾。張若雲即從武英殿聚珍版本寫出校梓，冠以提要一篇。

**瞿鏞《鐵琴銅劍樓藏書目録·書類》** 《杏溪傅氏禹貢集解》二卷。宋刊本。宋傅寅撰。東陽喬行簡序。首列《山川總會》及《九河》、《三江》、《九江》四圖。序首行題曰「杏溪傅氏禹貢集解圖後」，又題曰「《尚書》諸家說斷」。次行曰「禹貢第一」。故《永樂大典》本曰《禹貢說斷》，而《通志堂經解》本曰《禹貢集解》，名遂兩岐也。每半葉十一行，每行經文十八字，引諸家說。首行低一格，次行低二格，己說則概低三格。諸家皆曰「某氏」，惟呂成公則稱「東萊先生」，疑同叔居義烏時學於成公者也。書中「恆」、「桓」、「愼」字有闕筆，「貞觀」改作「正觀」，「魏徵」改作「魏證」，惟「惇」字不闕，當是孝宗時刻。此本爲王止仲所藏，後歸都元敬、劉公戩，入傳是樓，今所傳《經解》本即據之以刻者。所闕四十餘簡及《五服辨》、《九州辨》皆一一脗合，惟「《尚書》諸家說斷」六字亦改作「杏溪傳氏《禹貢集解》」，爲失其眞耳。若四圖之編入程氏《禹貢論》中，乃裝書者之失，非刻本有誤也。觀成容若序自明。卷中有「王止仲元敬」、「劉體仁印」、「潁川劉考功藏書記」、「乾學徐健庵」諸朱記。

## 尚書集說

**朱彝尊《經義考·書》** 羅氏惟一《尚書集說》。佚。楊萬里《序略》曰：「吾友羅惟一允中撰《尚書集說》，集說者，集諸家之說也。自孔氏《疏義》而下，八九家與焉。大抵存其大概，而通其精微；去其牴牾，而合其通達。至於文義自相矛盾者，則又出己見以補其缺，易其說以達其意。如論正錯之說，謂賦之有九等者，以九州相推比言也。賦之有錯者，以四州相推比言也。如論九江之說，謂天下之物皆五行也，五行一陰陽也，陰陽散於五行，五行散於萬物，其本一也，其本既一，其末豈有不合哉？如論伊尹放太甲之說，謂伊尹初未嘗放其君，曰放者，使君居憂於外，古無是禮以明天下之大法也。蓋太甲之縱欲敗度，女子小人之道也。居憂於桐，女子小人不得以熒惑之矣。三年喪畢，則奉之以歸，故夫子序《書》，不曰『思庸復歸于亳』，而曰『復歸于亳思庸』。如論有一於此未或不亡之說，謂譬之一身五臟六腑，其一受病，則五六相傳，五六皆傳則死，一心之病亦猶是焉。愛身者不可以一臟之病爲未必死而不懼，愛國者不可以一事之失爲未必亡而不憂。此說余尤愛之，可以爲有國者之上藥已。是皆先儒所未有之說，而允中之所自得者也。允中自序謂去古雖遠，前聖賢雖不可作，而受中秉彝根於心者不可泯也，惟一豈敢多遜哉？士友皆謂其言信而非矜云。」

## 尚書注

**朱彝尊《經義考·書》** 董氏銖《尚書注》。佚。

## 書說

**朱彝尊《經義考·書》** 吳氏昶《書說》。四十卷。佚。曾孫龍翰曰：「先曾大父從游朱子之門，文公以掃墓歸婺源，曾大父上所著《書說》，文公深嘉之。」按：龍翰字式賢，有《古梅吟稿》。其《讀家集詩》云：「吾家友堂翁，硯影雙鬢寒。刻志鑽書史，篝燈照夜闌。冤哉命壓頭，那復博一官。友堂紛遺稿，幾成汲冢殘。江東兵燹餘，白壁喜重完。」《自序》云：「友堂遺文今所存者《書說》四十卷、《易論》四十卷，蓋宋季書雖僅存，未曾刊行者也。」

## 尚書説

朱彝尊《經義考・書》　黃氏榦《尚書説》。十卷。佚。

## 尚書解註

王圻《續文獻通考・經籍考・書》　《尚書解註》。進士陳文蔚著。理宗以其有益治道，詔補迪功郎。

## 尚書類編

朱彝尊《經義考・書》　陳氏文蔚《尚書類編》。十三卷。佚。文蔚進表曰：「臣文蔚言：七月十五日伏準本州送到，七月五日尚書省劄子取索臣所著《尚書類編》者。臣一介庸愚，識見膚淺，不自揆度，妄意纂輯，得罪聖門，方竊自訟。豈謂聖朝不棄涓埃，兼收並取，下及纖微，臣文蔚惶懼惶懼，頓首頓首。臣竊聞帝王出治，稽古爲先，聖哲貽謀，修身是急。必探賾於精微之地，乃收功於土苴之餘。自昔講求，具有本末。伏惟皇帝陛下，英資天縱，聖敬日躋，道得堯、禹、湯、文之傳，書究虞、夏、商、周之蘊，微言奧旨默契於宸衷，大義宏綱悉關於天理，非如經生學士，窮年既日，苦志疲精，溺情傳注之間，玩意篇章之末，蓋將以彌淪天地，酬酢古今，無非帝學之淵源，豈但雲章之黼黻。然且下採芻蕘之論，上裨旒冕之聰，如太華之微塵不遺，若日月之容光必照，聖而益聖，新於又新。幸若愚臣生逢明盛，且如臣者老於草澤，幼玩簡編，久蒙教育之恩，得盡鑽研之力。竊謂《書》者，精一之旨，首傳於二聖；彝倫之叙，備闡於九疇。天文稽七政之齊，地理盡九州之貢。揖遜征誅，心同而迹異，侯甸男衛，理一而分殊。拔伊尹於耕野之微，相傳説於築巖之賤。官制刑以儆有位，德好生以洽民心。《無逸》俾知於艱難，《酒誥》深懲於沈湎。鼎耳雉鳴，則祖己之訓入；西旅獒獻，則召公之戒陳。以至用人建官，大則公孤師保惟其人，微則侍御僕從罔非正。非其人何以經邦，而論道不以正，未免親佞而狎邪，所繫非輕，誠不敢忽。凡此皆理國安民之要，亦豈無統宗會元之方。要之，典學之一言，是乃尊經之明法。伏願皇帝陛下，加日就月將之志，進日升月至之功，用舜之中，建武之極，以是陶成萬化，鼓舞羣生，還風俗於邃古之初，示法則於將來之永。則臣得漁樵同樂，鉛槧自娱，雖居曠野之遐，若對清光之近。書編凡一十三卷，謹隨表投進以聞。」　《宋鑑》：「端平二年二月，都省言進士陳文蔚所著《尚書解注》有益治道，詔補迪功郎。」

按：《類編》已佚。其表載《克齋集》中。書成時賦詩云：「水飲已忘三月味，囊中眞乏一錢儲。屢空本是吾家事，贏得閑身且著書。」洵有道之言也。

## 增修東萊書説

朱彝尊《經義考・書》　時氏瀾《增修東萊書説》。三十卷。存。瀾《自序》曰：「生蒸民而理之，皆天也；綱三常五以範人事，君師贊焉。出爲大綱小紀，公卿大夫士而等級維之。然後以化以育以立人極，天平地成而位三才。時有先後，道有升降，是以爲二帝三王，而虞、夏、殷、周之書作，經生襲陋，病不能窺也。東萊夫子講道於金華，首擿是書之蘊，門人寶之，片言隻字，退而識録，見者恐後，亟以板行，家藏人誦，不可禁禦。夫子謂俚辭間之，繁亂復雜，義其隱乎，修而定之。瀾執經左右，面承修定之旨，曰唐、虞、三代之氣象不著於吾心，何以接典謨訓誥之精微，生於百世之下，陶於風氣之餘，而讀是書，無怪乎白頭而如新也。周室既東，王迹幾熄，流風善政，猶有存者，於横流肆行之中，有間見錯出之理，辨純於疵，識眞於異，此其門耶！仲尼定《書》，歷代之變具焉，由是而入可以覩禹、湯、文武之大全矣。自堂徂奧，以造帝者，泝而求之於《秦誓》，始於《洛誥》，而工夫之不繼。悲夫！《書説》之行於世，終狐裘而羔袖，瀾以西邸文學入三山監丞，全州鄭公肇之臭味傾蓋，謂東萊說經，其純不可得而見者莫如《書說》，子盍補其餘工？瀾謝不敢僭，曰：子師之書，非子誰責？且所欲修者，門人識録之陋耳。而後師之說明，子何嫌於是。記憶舊聞，如對夫子，伏而讀之，清其俚辭，芟夷繁亂，剪截複雜，俾就雅馴，至於旨意所出，毫髮己見，罔敢參與。嗚呼！上帝臨女，此義可不存耶？同焉者曰猶不韙乎，異焉者曰安用是。或察焉，取未修之書合而觀乃兎。」吳師道曰：「東萊呂成公倡明正學，四方來者至千餘人，而莫盛於婺。清江時氏名鑄字壽卿者，公同年進士，與弟鋹長卿率其家羣從弟子十餘人，悉從公遊。若澐、若瀾、若涇尤時氏之秀。成公輯《書說》，自《秦誓》泝《洛誥》，未畢而卒。瀾以平昔所聞，纂成之，今所行《書傳》是也。」

按：瀾官從政郎，差充西外睦宗院宗學教授，見《周益公集》附録。

## 禹貢疆理記

**朱彝尊《經義考・書》** 易氏祓《禹貢疆理記》。一卷。佚。

## 尚書釋疑

**王圻《續文獻通考・經籍考・書》** 《尚書釋疑》十卷。胡誼著。誼字正之，謙弟也。號觀省佚翁。

**黃虞稷《千頃堂書目・書類》** 胡誼《尚書釋義》十卷。

**朱彝尊《經義考・書》** 胡氏誼《尚書釋疑》。十卷。佚。《寧波府志》：「胡誼字正之，奉化人。與兄謙師事袁燮，自號觀省佚翁。」

**倪燦等《補遼金元藝文志・書類》** 胡誼《尚書釋義》十卷。

## 尚書精意

**朱彝尊《經義考・書》** 蕭氏或《集永嘉先生尚書精意》。九卷。佚。

## 尚書本義

**朱彝尊《經義考・書》** 林氏夔孫《尚書本義》。佚。《閩書》：「夔孫字子武，福州人。從朱文公游。嘉定中，特奏名爲縣尉。」

## 書集傳

**馬端臨《文獻通考・經籍考・書》** 蔡九峰《書集傳》。《自序》：「慶元己未冬，先生文公令沉作《書傳》。明年，先生沒。又十年，始克成編，總若干萬言。嗚呼，《書》豈易言哉！沉自受讀以來，沉潛其義，參考衆說，融會貫通，乃敢折衷微辭奧旨，乃述舊聞。二《典》、《禹謨》，先生蓋嘗是正，手澤尚新。先生改本已附文集中，其間亦有經承先生口授指畫而未及盡改者，今悉更定，見本篇。《集傳》本先生所命，故凡引用師說，不復識別云。」

**《宋史・藝文志・書類》** 蔡沈《書傳》六卷。

**楊士奇等《文淵閣書目・書》** 《尚書蔡傳》。一部，四冊。闕。《書經集註》八卷。刊本。宋蔡九峰撰。

**高儒《百川書志・書》** 《書經集註》十卷。宋九峰先生建陽蔡沈集註。

**范邦甸等《天一閣書目・書類》** 《書經集註》六卷。宋蔡沈註并序，明嘉靖丙辰刊。《書經集註》六卷。明萬曆陳奇泉梓，高頭有《元元集註》，明徐汧著，陳孫賢繡。《登雲書經集註》六卷。明熊振宇刊。《書經集註》八卷。明福建建寧府知府曲梁楊一鶚重刊。

卷。刊本。宋蔡九峰撰。

**王圻《續文獻通考・經籍考・書》** 蔡沈《書傳》。

**徐𤊹《徐氏家藏書目・書類》** 《尚書集注》十卷。宋蔡沈注。

**錢謙益等《絳雲樓書目・書類》** 蔡氏《尚書集傳》。六卷。卷首仲默自序，時嘉定己巳也。《集傳》本奉朱子之命而作，然成編已在朱子殁後數年矣。朱子有《書説》七卷，門人黄士毅集。又有《書古經》及序共五卷，蓋朱子分經與序仍爲五十九篇，以存古也。

**朱彝尊《經義考・書》** 蔡氏沈《書傳》。《宋志》：六卷。存。沈《自序》曰：「慶元己未冬，先生文公令沈作《書集傳》。明年，先生殁。又十年，始克成編，總若干萬言。嗚呼，《書》豈易言哉！二帝三王治天下之大經大法，皆載此書，而淺見薄識，豈足以盡發藴奥。且生於數千載之下，而欲講明於數千載之前，亦已難矣。然二帝三王之治本於道，二帝三王之道本於心，得其心，則道與治固可得而言矣。何者？精一執中，堯、舜、禹相授之心法也；建中建極，商、湯、周、武相傳之心法也。曰德、曰仁、曰敬、曰誠，言雖殊而理則一，無非所以明此心之妙也。至於言天則嚴其心之所自出，言民則謹其心之所由。施禮樂教化，心之發也；典章文物，心之著也；家齊國治而天下平，心之推也。心之德其盛矣乎！二帝三王存此心者也，夏桀、商受亡此心者也，太甲、成王困而存此心者也。存則治，亡則亂，治亂之分，顧其心之存不存何如耳。後世人主有志於二帝三王之治，不可不求其道；有志於二帝三王之道，不可不求其心。求心之要，舍是書何以哉？沈自受讀以來，沉潛其義，參考衆説，融會貫通，迺敢折衷，微辭奥旨，多述舊聞。二《典》、《禹謨》，先生蓋嘗是正，手澤尚新。嗚呼，惜哉！《集傳》本先生所命，故凡引用師説，不復識別。四代之書，分爲六卷，文以時異，治以道同，聖人之心見於《書》，猶化工之妙著於物，非精深不能識也。是《傳》也，於堯、舜、禹、湯、文、武、周公之心，雖未必能造其微，於堯、舜、禹、湯、文、武、周公之書，因是訓詁，亦可以得其指意之大略矣。」

子杭《上書集傳表》曰：「伏以『惟精惟一以執中』，乃三聖傳授之心法，無黨無偏而建極，蓋百王立治之大經。先臣親繹於師承，遺帙初明於宗旨，恭逢睿聖，敬効涓埃。臣切考典、謨、訓、誥、誓、命之文，無非載道；及更劉、班、賈、馬、鄭、服之手，寖以失眞。二孔註疏雖存，諸家箋釋愈衆。黨同伐異，已乖平平蕩蕩之風；厭常喜新，又失渾渾灝灝之氣。訛以相襲，雜而不純。暨皇圖赤伏之中興，有大儒朱熹之特出，經皆爲之訓傳，義理洞明；《書》尤切於討論，工夫未逮。謂先臣沈從遊最久，見道已深，俾加探索之功，以遂發揮之志。微辭奥旨，既得於講習之餘；大要宏綱，盡授以述作之意。往復之緘具在，删潤之墨猶新，半生殫採摭之勞，六卷著研覃之思，帝王之制，坦然明白，聖賢之言，炳若丹青，使澄徹於九重，亦熙緝之一助。茲蓋恭遇皇帝陛下，智由天錫，德與日新，任賢勿貳，去邪勿疑，既從民情而罔咈，制治未亂，保邦未危。蓋思君道之克艱，雖聰明之憲天，猶終始而念學。臣誤蒙拔擢，獲玷班行，自揣章句之徒，莫効絲毫之報，抱父書而永歎，望宸闕以冒陳，倘獲清閑乙覽之俯臨，豈但疇昔辛勤之不朽。置之座右，常聞無怠無荒之規；措諸海隅，咸仰克寬克仁之治。所有先臣沈《書集傳》六卷、《小序》一卷、《朱熹問答》一卷，繕寫成十二冊，用黄羅裝褙護封，謹隨表上進。」

眞德秀表墓曰：「君諱沈，字仲默，姓蔡氏。西山先生季子也。從文公遊。文公晚年，訓傳諸經略備，獨《書》未及爲整。環視門生，求可付者，遂以屬君。君沉潛反覆數十年，然後克就其書。考序文之誤，訂諸儒之説，以發明二帝三王羣聖賢用心之要，《洪範》、《洛誥》、《泰誓》諸篇，往往有先儒所未及者。慶元初，僞學之論興，文公以黨魁黜，聘君亦遠謫舂陵，君徒步數千里以從。聘君不幸沒貶所，君復徒步護柩以歸，卜居九峰。當世名卿，物色求訪，將薦用，君不屑就也。」

趙希弁曰：「右晦庵先生訂正而武夷蔡沈《集傳》也。沈自序於前，其子奉議郎、祕書省著作佐郎、兼權右侍郎官、兼樞密除編修官、兼諸王宮大小學教授杭進於朝。沈字仲默，號九峰先生。」

黄震曰：「經解惟《書》最多。至蔡九峰參合諸儒要説，嘗經朱文公訂正。其釋文義既視漢、唐爲精，其發指趣又視諸家爲的，《書經》至是而大明，如揭日月矣。」

朱升曰：「《古文書序》自爲一篇，孔注移之各冠篇首，序文與《書》本旨往往不協，蔡氏删之而置於後，以存其舊。蓋朱子所授之旨也。」

何喬新曰：「自漢以來，《書傳》非一，安國之注，類多穿鑿；穎達之疏，惟詳制度。朱子所取四家，而王安石傷於鑿，呂祖謙傷於巧，蘇軾傷於略，林之奇傷於繁。至蔡氏《集傳》出，別今古文之有無，辨《大序》、《小序》之訛舛，而後二帝三王之大經大法，粲然於世焉。」

桂蕚曰：「《書》《典》、《謨》注雖經朱子改定，尚有冗處，其《夏書》以後，蔡《傳》雖詳亦多贅鑿，務在反之於心，其不可通者不可強也。」

何孟春曰：「蔡氏《書傳》，日月五星運與朱子《詩傳》不同，及其他注說，與鄱陽鄒季友所論亦有未安者。」

趙樞生曰：「昔人言明經者諸儒，害經者亦諸儒。以今觀之，《書》蔡氏《傳》爲尤甚。蓋殷《盤》周《誥》，詰屈詭晦，已自不可知，況秦火之後，又多斷簡殘編，脫文譌字，今必欲以常理恆言釋之，故多勉強附會。」

**《四庫提要・書類一》** 《書集傳》六卷。通行本。宋蔡沈撰。沈字仲默，號九峰，建陽人。元定之子也。事蹟附載《宋史》元定傳。慶元己未，朱子屬沈作《書傳》，至嘉定己巳，書成。案此據《自序》年月，眞德秀作沈墓誌，稱「數十年然後克成」，蓋誤衍一「數」字。淳祐中，其子杭表進於朝，稱《集傳》六卷、《小序》一卷、《朱熹問答》一卷，繕寫成十二冊。其《問答》一卷久佚。董鼎《書傳纂注》稱，淳祐經進本録朱子《與蔡仲默帖》及語録數段，今各類入「綱領輯録」內，是其文猶散見於鼎書中，其條目則不復可考。《小序》一卷，沈亦逐條辨駁，如朱子之攻《詩序》，今其文猶存，而書肆本皆削去不刊。考朱升《尚書旁注》，稱《古文書序》自爲一篇，孔《注》移之各冠篇首，蔡氏刪之而置於後，以存其舊。蓋朱子所授之旨。案陳振孫《書録解題》載朱子《書古經》四卷、《序》一卷，則此本乃朱子所定，先有成書，升以爲所授之旨，蓋偶未考。是元末明初刊本尚連《小序》。然《宋史・藝文志》所著録者，亦止六卷，則似自宋以來即惟以《集傳》單行矣。元何異孫《十一經問對》，稱吉州所刊《蔡傳》，仍以《書序》置之各篇，初不害其爲蔡《傳》。蓋一家之版本，非通例也。沈序稱二《典》、三《謨》經朱子點定，然董鼎《纂注》於「正月朔旦」條下注曰：「朱子親集《書傳》，自孔《序》止此。其他大義，悉口授蔡氏，併親稿百餘段，俾足成之。」則《大禹謨》猶未全竣。序所云二《典》、三《謨》，特約舉之辭。鼎又引陳櫟之言曰：案：櫟此條不載所作《書傳纂疏》中，蓋其《書傳折衷》之文也。朱子訂《傳》原本有曰：正月，次年正月也。神宗，說者以爲舜祖顓頊而宗堯，因以神宗爲堯廟，未知是否，如帝之初等。蓋未嘗質言爲堯廟。今本云云，其朱子後自改乎，抑蔡氏所改乎？則《序》所謂朱子點定者，亦不免有所竄易。故宋末黃景昌等各有正誤辨疑之作，陳櫟、董鼎、金履祥皆篤信朱子之學者，而櫟作《書傳折衷》，鼎作《書傳纂注》，履祥作《尚書表注》，斷斷有辭。明洪武中修《書傳會選》，改定至六十六條。國朝欽定《書經傳說彙纂》，亦多所考訂釐正。蓋在朱子之說《尚書》，主於通所可通，而闕其所不可通，見於《語録》者不啻再三，而沈於殷盤周誥，一一必求其解，其不能無憾也固宜。然其疏通證明，較爲簡易，且淵源有自，大體終醇。元與古注疏竝立學官，見《元史・選舉志》。而人置《注疏》肄此書。明與夏僎《解》竝立學官，見楊愼《丹鉛録》。而人亦置僎《解》肄此書，固有由矣。

**張之洞《書目答問・正經正注》** 《蔡沈集傳》六卷。

**陳鱣《經籍跋文》** 《宋本書集傳跋》。《書集傳》六卷。宋刻本。每葉十六行，行十七字。首題「《書》卷第一晦庵先生訂定門人蔡沈集傳」，餘卷止題「蔡沈集傳」四字，與前序云「二《典》、《禹謨》先生蓋嘗是正」之言合。此其原式。今本第一卷刪去「晦庵先生訂定」六字及「門人」二字，殊失本來面目。《集傳》本無音，前序亦無注。今本有之。蓋明初坊間附以鄱陽鄒氏音釋，而今本《夏書》仍不附音，惟成化本尚有宋本序。後有眞西山題跋，又載孔安國《序》一篇，《漢書・藝文志》一條，孔穎達疏說一條，皆有注，後載《書序》亦有注。蓋《集傳》于《書序》，亦如朱文公之攻《詩序》，逐條辨駁。後來書肆重刊，率爾削去，并前《序》所附者俱削之，良可浩歎。考淳祐中，蔡氏子杭進表，偁《集傳》六卷、《小序》一卷、《朱熹問答》一卷，繕寫成十二冊云云。其《問答》一卷久佚，僅散見于董鼎《書傳纂注》中。自宋以來，張葆舒有《蔡傳訂誤》，黃景昌有《蔡氏傳正誤》，程直方有《蔡傳辨疑》，余芑舒有《讀蔡傳疑》，遞相詰難。及元延祐二年議復貢舉，《書》用蔡氏，與古注疏並行。陳櫟初作《書傳折衷》，頗論蔡氏之失，迨法制既定，乃改作《纂疏》以發明之。至明洪武十年，太祖與羣臣論《蔡傳》之失。二十七年，詔劉三吾等譔《書傳會選》，其所糾正凡六十六條。永樂中，胡廣等奉敕譔《書傳大全》，復耑主蔡《傳》，定爲功令，以迄于今。蓋屢晦屢顯，究之淵原有自，以視陳澔《禮記集說》、胡安國《春秋傳》，可取實多。但累經坊刻，又失其眞。是本爲吳中顧安道所藏，惜缺夏、商二卷，嘗借讀而校之經文，如《禹謨》「降水儆予」不作「洚水」，「夔夔齋栗」不作「齊栗」，《益稷》「州十有二師」不作「有十」，《泰誓》「無辜籲天」不作「籲天」，《武成》「師逾孟津」不作「師渡」，《金縢》「惟朕小子其新逆」不作「親迎」，《酒誥》「又惟殷之迪諸臣惟工」不作「百工」，「弗蠲乃事」不作「汝事」，《君奭》「越我民罔尤違」不作「曰我」，《費誓》「勿敢越逐」不作「無敢」，皆足以證今本之誤。《集傳》若《堯典》「毋嚚」，傳引《呂氏春秋》，增多十九字，今考定《武成》一篇，低一格，無傳，惟「垂拱而天下治」後夾注十餘行，異同居多，又增多百餘字，其它字句之異者，更復不少。知今本皆爲後人刪改，是書與家藏宋刻《易本義》、《詩集傳》正堪竝行，安得有力而好事者盡付諸梓，以還先儒舊觀，且以廣益天下後世之誦習也哉。

## 書經洪範皇極内篇

**楊士奇等《文淵閣書目・書》** 蔡九峰《洪範皇極内篇》。一部，七冊。闕。

**王圻《續文獻通考・經籍考・書》** 《書經洪範皇極内外篇》。蔡沈師事朱熹，熹晚欲註《書》，遂以屬沈。又，元定獨得《洪範》之數，隱居九峰，未及論著，曰：「成吾書者沈也。」沈反覆數十年，遂成《書傳》及此書。

## 尚書解

**朱彝尊《經義考・書》** 潘氏柄《尚書解》。佚。

## 書　說

**王圻《續文獻通考・經籍考・書》** 《書說》三十餘卷。李相祖編。相祖，光澤人。從朱熹學，用心精切。

**朱彝尊《經義考・書》** 李氏相祖《書說》。三十卷。佚。《閩書》：「李相祖字時可，光澤人。從朱文公學，曾以文公命編《書說》三十卷。」

## 尚書輯說

**朱彝尊《經義考・書》** 馮氏椅《尚書輯說》。未見。

## 謙齋書解

**朱彝尊《經義考・書》** 李氏杞《謙齋書解》。未見。

## 尚書括旨

**朱彝尊《經義考・書》** 徐氏僑《尚書括旨》。十卷。存。姚希得序曰：「凡物有所不至者，必有所獨至。如丘明擅良史之譽，子夏列文學之班，此二子者，非所稱五官不具，無以與於文章之觀者哉？而《春秋》叙事獨見《左氏》，聖門辭藻首重卜商。乃知古人用志疑神之說，良不誣也。婺州文清公徐先生，諱僑，字崇父，號毅齋。淳熙十一年進士，胸吐詞峰，心呑學海，而於五經宗旨，尤所究心。故先生著述，有《讀易記》、《讀詩記》、《諸詠雜說》、《文素》等書行於世，爲世所傳誦。若此虞、周二書《括旨》，尤其潛心究學，輯而成帙者。夫五經爲諸書之冠，而虞、周二書皆聖訓典謨，惟精惟一之旨，又爲五經之冠。苟非深明其奧，曲洞其理，安能妄措一詞？今諦觀是帙，注解詳密，毫無滲漏。乃知先生於此書之宗旨，默識心通，其於繼往聖，開來學，豈不賴有此耶！先生暮年以此書進呈皇朝，存於青宮閣祕本。客秋，余得先生原稿，因重録寶藏，允留家塾。讀是書者，始信先生之學問淵源，當與左氏、卜商並垂於天壤矣。景定四年三月。」

## 尚書講義

**朱彝尊《經義考·書》** 許氏奕《尚書講義》。十卷。佚。魏了翁撰碑曰：「奕字成子。慶元五年進士第一，授宣義郎簽書，劍南節度判官。嘉泰四年，授祕書省正字，遷校書郎，兼吳興郡王府教授。尋遷祕書郎、著作佐郎、著作郎兼權考功郎官。開禧三年，遷起居舍人。明年改元嘉定，爲通謝使聘金，遷起居郎兼權給事中。使還，除權禮部侍郎，俄兼侍講，陞侍讀。二年，遷吏部侍郎。三年，兼修玉牒官，又以給事中闕官，申命兼權除顯謨閣待制，知瀘州。五年，除知夔州府，表辭不行，改知遂寧府。八年，進龍圖閣待制。九年，加寶謨閣直學士。致仕。公詞章雅健，兼通篆籀書，其所哀粹斷稿，僅得《毛詩說》三卷，《論語》、《尚書》、《周禮講義》十卷。所逸多矣。」《姓譜》：「奕，簡州人。」

## 書辨疑

**朱彝尊《經義考·書》** 丁氏鋑《書辨疑》。佚。

## 書略

**朱彝尊《經義考·書》** 史氏孟傳《書略》。十卷。佚。魏了翁志曰：「丹稜史孟傳守道，既奏名將入對，忽以疾卒。詔附劉渭榜，賜同進士出身，授迪功郎致仕。」

## 書說

**朱彝尊《經義考·書》** 王氏萬《書說》。佚。

## 洪範統一

**楊士奇等《文淵閣書目·書》** 趙善湘《洪範統一》。一部，七冊。闕。

**王圻《續文獻通考·經籍考·書》** 《洪範統論》一卷。趙善湘著。

**張萱等《內閣藏書目録·經部》** 《洪範統一》一冊。宋開禧間宗室濮園善湘著。

**朱彝尊《經義考·書》** 趙氏善湘《洪範統紀》《宋史列傳》作「《統論》」。一卷。未見。按：葉氏《菉竹堂目》有之。

**《四庫提要·書類一》** 《洪範統一》一卷。《永樂大典》本。宋趙善湘撰。善湘字清臣，濮安懿王五世孫。仕至資政殿大學士，封文水郡公，贈少師。事蹟具《宋史》本傳。據其子汝楳《周易輯聞序》，善湘於《易》學用力至深，而所著書五種皆不傳。此書藏弆之家亦罕著録，故朱彝尊《經義考》注曰「未見」。今從《永樂大典》繕録，復爲完編。書成於開禧時。《宋史》謂之《洪範統論》，《文淵閣書目》又作《統紀》。今據善湘謂「漢儒解傳祇以五事庶徵爲五行之驗，而五行八政謂疇，散而不知所統，徵引事應，語多傅會，因采歐陽修《唐志》、蘇洵《洪範圖論》遺意，定皇極爲九疇之統，每疇之中，如五行則水、火、木、金皆統於土，五事則貌、言、視、聽皆統於思，得其統而九疇可一以貫之矣」云云，則《永樂大典》題曰《洪範統一》，爲名實相應矣。考朱子與陸九淵論「皇極」之義，往復辨難，各持一說。此書以「大中」釋「皇極」，本諸《注疏》，與陸氏合。復謂九疇皆運於君心，發爲至治，又合於朱子「建極」之旨，蓋能通懷彼我，兼取兩家之說者。生當分朋講學之時，而超然不預於門戶，是難能也。

**周中孚《鄭堂讀書記·書類》** 《洪範統一》一卷。《函海》本。宋趙善湘撰。善湘字清臣，濮安懿王五世孫。官至資政殿大學士，封天水郡公，贈少師。《四庫全書》著録，《書録解題》、《通考》、《宋志》及《宋志補》俱不載。《宋史》本傳作「統論」，朱氏《經義考》作「統紀」，蓋本於明《文淵閣書目》也。焦氏《經籍志》作「統一」，與《永樂大典》所載合。其書世罕傳本，故《經義考》注曰「未見」，又稱「葉氏《菉竹堂書目》有之」。今館臣從《永樂大典》録出，猶完帙也。其說以「皇極」爲九疇之統，故名曰「統一」。大旨根據歐陽永叔《唐書・五行志》、蘇老泉《洪範圖論》。其訓「皇極」爲「大中」，則《僞孔傳》之說與伏生《洪範五行傳》「皇，君也」，鄭氏據《大傳》「皇作王」皆不合，而與陸象山合。朱子謂如孔注，則「惟大作「中大」，則受之皆不成語也。是編前後俱有序，《藝海珠塵》亦收入之。

## 書集傳

**王圻《續文獻通考・經籍考・書》** 《書集傳》。柴中行著。

## 南塘書說

**陳振孫《直齋書録解題・書類》** 《南塘書說》三卷。趙汝談撰。疑古文非眞者五條。朱文公嘗疑之而未若此之決也。然於伏生所傳諸篇亦多所掊擊觝排，則似過甚。

**《文獻通考・經籍考・書》** 《南塘書說》三卷。

**《宋史・藝文志・書類》** 趙汝談《書說》二卷。

**王圻《續文獻通考・經籍考・書》** 《書說》。趙汝談著。汝談，餘杭人。淳熙中進士，佐汝愚定大策，官至刑部尚書。

## 尚書詳解

**《宋史・藝文志・書類》** 陳經《詳解》五十卷。

**楊士奇等《文淵閣書目・書》** 《尚書陳氏詳解》。一部，六冊。闕。

**王圻《續文獻通考・經籍考・書》** 《書解》五十卷。福安陳經著。經，慶元中進士。嗜書成癖，啓益後學爲多。

**朱彝尊《經義考・書》** 陳氏經《尚書詳解》。《宋志》：五十卷。存。

經《自序》曰：「帝王之書，帝王之行事也；帝王之行事，帝王之心也。帝王以是心見諸行事而載諸典謨訓誥誓命，夫人能皆知之。至於皓首窮年，研精極思，卒不能得其要領者，往往得裏遺表，見其異不見其同，則典謨訓誥誓命之所載者，是直典謨訓誥誓命而已，於己何有哉！昔者嘗觀授受之祕，危微精一，片辭隻語，足以該之。至易曉也。乃若立綱陳紀，綏民靖國，死生患難之變，下而至於軍旅行陣、器械弓矢之微，纖悉具備，何如是之不憚煩也耶？與賢與子，各因其時，天尊地卑，貴賤位矣。革命之際，湯、武行之，當時不疑，後世稱聖。於變之民，不煩告戒，九官分職，初無費辭。《多士》、《多方》，乃諄復而不已；《君陳》、《畢命》，亦幾數百言，安在其爲同條共貫也。苗民之頑，若非干羽之所能格；太甲不明，若非三篇之所能變移；天雨反風，亦豈啓金縢者之所能感動哉！然此舉彼應，捷於影響。汎觀帝王之行事，幾於散漫無所統紀者。然旁通曲暢，無不各得其宜，各止其所，此豈無自而然哉？道行於天地之間，散在萬物，萃於人心，廣大悉備，悠久無疆，卓然常存而未始須臾亡也。精粗一理，古今一時，物我一機，天人一致，得其所謂一，則應變酬酢，開物成務，亦無所而非一之所寓也。故凡用心之狹隘者，欲以觀此書，而此書卒非狹隘也；用心於寂滅者，欲以觀此書，而此書卒非寂滅也。是雖諸儒之訓釋，盡天下能言之士，蓋有彰之愈晦而即之愈遠矣。今日語諸友以讀此書之法，當以求人之心，求古人之心，吾心與是書相契而無間，然後知典謨訓誥誓命皆吾胸中之所有，亦吾日用之所能行，則二帝三王羣聖人之道，雖千百載之遠，猶旦暮遇之也。諸友其毋忽！」

《姓譜》：「經字正甫，安福人。慶元中進士。官終奉議郎，泉州泊幹。」

**《四庫提要・書類一》** 《尚書詳解》五十卷。編修汪如藻家藏本。宋陳經撰。經字顯之，一云字正甫，安福人。慶元中登進士第。官至奉議郎，泉州泊幹。所著有《詩講義》、《存齋語録》諸書，已佚不傳。是編《宋史・藝文志》作五十卷。今鈔帙僅存，檢勘卷目，猶爲完本。寧宗之世，正蔡氏《傳》初出之時，而此書多取古注疏，或間參以新意，與蔡氏頗有異同。每援後世之事以證古經，蓋趙岐注《孟子》已有此例，無庸以駁雜爲嫌。惟如解「説築傅巖」，引伊川訪董五經事之類，稍爲汎濫，當分別觀之。至於論「舜放四凶」，云「欲安其居止，俾無所憂愁」，則欲明先王愛物之心，轉失聖人懲惡之義，頗有未協。又自序稱：「今日語諸友以讀此書之法，當以古人之心求古人之書，吾心與是書相契而無間，然後知典謨訓誥誓命皆吾胸中之所有，亦吾日用之所能行」云云，尤近於陸九淵「六經注我」之説，殆傳金谿之學派者，亦不可立訓。然其句櫛字比，疏證詳明，往往發先儒所未發，實可與林之奇、夏僎諸家相爲羽翼，固無庸拘蔡氏之學，執一格以相繩焉。

## 尚書集義

**朱彝尊《經義考・書》** 董氏琮《尚書集義》。佚。董鼎曰：「琮字玉振，號復齋，鄱陽人。」姓譜：「復齋，慶元中進士，任龍陽簿。」

## 尚書約義

**《宋史・藝文志・書類》** 應鏞《書約義》二十五卷。

**王圻《續文獻通考・經籍考・書》** 《尚書約義》。應鏞著。鏞，蘭谿人。登博學宏詞科，仕知開州。

**朱彝尊《經義考・書》** 應氏鏞《尚書約義》。《宋志》：二十五卷。未見。《金華志》：「應鏞字子和，蘭谿人。登慶元五年進士，又舉博學宏詞科。官至太常寺簿，知開州。」吳師道曰：「應鏞、邵因皆邃經學，今惟衛湜集《禮記》解，間見稱引，而他書無聞。」

## 融堂書解

**楊士奇等《文淵閣書目・書》** 《書錢融堂傳》。一部，一冊。闕。

**王圻《續文獻通考・經籍考・書》** 《尚書演義》。錢時著。出處見《周易釋傳》下。

**朱彝尊《經義考・書》** 錢氏時《尚書演義》。八卷。未見。按：葉氏《菉竹堂目》載有是書。

**《四庫提要・書類一》** 《融堂書解》二十卷。《永樂大典》本。宋錢時撰。時字子是，淳安人。受學於楊簡。嘉熙中，以丞相喬行簡薦，授祕閣校勘，遷史館檢閲。案，時《兩漢筆記》之前，載有《尚書省劄》，列時所著諸書，有《尚書啓蒙》，又載《嚴州進狀》則稱《尚書演義》，同時案牘之文，已自相違異。《永樂大典》所載，則皆題錢時《融堂書解》，其名又殊。然《永樂大典》皆據內府宋本採入，當必無譌。朱彝尊《經義考》以《尚書演義》著録，蓋未睹中祕書也。舊本久佚，今采掇裒輯，重爲編次。惟《伊訓》、《梓材》、《秦誓》三篇全佚，《説命》、《呂刑》亦間有闕文，餘尚皆篇帙完善，不失舊觀。時之意，主表章《書序》。每篇之首，皆條具大旨。其逸書之序，則參考《史記》，核其時事以釋篇題，復采《經典釋文》、《史記集解》、《史記索隱》所引馬融、鄭康成説，引伸其義。雖因仍舊説，不知《書序》非《詩序》之比，未免稍失考證，然用意則可謂精勤。所解如「羲和曠厥職」，則本諸蘇軾；「康叔封衛在成王時」，則仍用孔安國《傳》；《康王之誥》則兼采張九成《書説》，不專主一家之學。至以《泰誓》「爲告西岐師旅」，《牧誓》「爲告遠方諸侯」，皆不傍前人，自抒心得。又謂《武成》本無脱簡，前爲武王告師之辭，後爲史臣紀事之體；《康誥》首節以周公初基定爲東都，營洛邑，封康叔以撫頑民，不當移置於《洛誥》，尤爲不惑於曲説，亦宋人經解中之特出者也。其書省劄進狀皆不著卷數，《經義考》作八卷，未知何據。今以篇帙頗繁，謹約略離析，勒爲二十卷。

**周中孚《鄭堂讀書記・書類》** 《融堂書解》二十卷。武英殿聚珍版本。

宋錢時撰。時字子是，淳安人。受業於楊簡。嘉熙中，丞相喬行簡薦授祕閣校勘，遷史館檢閲。《四庫全書》著録。《書録解題》、《通考》、《宋志》及《宋志補》俱不載。焦氏《經籍志》所載作「《書傳》八卷」，朱氏《經義考》所載作「《尚書演義》八卷」，注曰「未見」，又稱「葉氏《菉竹堂書目》載有其書」。然世無傳本，惟《永樂大典》載之，題曰《融堂書解》。今館臣據以録出，僅佚《伊訓》、《梓材》、《秦誓》三篇，《説命》、《吕刑》亦間有闕文，餘皆完善無闕。而篇帙頗繁，故勒爲二十卷。朱、焦兩家皆作八卷，蓋誤以冊數爲卷數也。其書首釋篇題，次解《書序》，然後分解經文。知其編次之法，本於注疏，故解逸書序者，亦以次附載。其大旨在尊崇《書序》，此則頗合龍門撰史，馬、鄭注經遺意。惜其於吴才老、朱文公疑《僞古文》之説未及，奉爲科律，故仍就世所傳本一一爲之詮釋尙爲明確。即其力排錯簡之説，尤爲特識，是足以正蔡《傳》之謬矣。前有喬行簡劄子，稱其所著之書有《尙書啓蒙》，又有萬一薦進狀，則稱《尙書演義》其文，即子是《兩漢筆記》之前所載此本據以録入者。何互異若是？《經義考》所載蓋即據一薦所稱也。

# 洪範解

**王圻《續文獻通考・經籍考・書》** 《洪範解》。陳埴著。

# 禹貢辨

**王圻《續文獻通考・經籍考・書》** 《禹貢辯》。陳埴著。

**朱彝尊《經義考・書》** 陳氏埴《禹貢辨》。一卷。未見。《浙江通志》：「陳埴字器之，永嘉人。從學朱文公，舉進士，以通直郎致仕，學者稱潛室先生。」

# 禹貢解

**王圻《續文獻通考・經籍考・書》** 《禹貢解》。李方子著。方子，光澤人。朱熹高弟，天資近道，自號果齋。嘉定中進士第三，累官國子録，通判辰州。

**朱彝尊《經義考・書》** 李氏方子《禹貢解》。未見。《邵武府志》：「李方子字公晦，光澤人。朱子高弟。自號果齋。嘉定七年進士第三人。累官國子録，通判辰州。寶慶二年，眞德秀、袁甫取所著《禹貢解》以進，特授朝奉郎。」

# 禹貢考

**王圻《續文獻通考・經籍考・書》** 《禹貢考》。龍溪余嘉著。

**朱彝尊《經義考・書》** 余氏嘉《禹貢考》。佚。《閩書》：「嘉字若蒙，龍谿人。任惠、潯二州教授，差浙西倉幹。上書論韓侂胄，改通直郎，主管嶽祠。所著《周禮解》、《禹貢考》、《春秋地例增釋》。」

# 禹貢圖説

**朱彝尊《經義考・書》** 黄氏千能《禹貢圖説》。佚。《江西通志》：「黄千能字必強，豐城人。刻意讀書。謂皇極九疇之統，漢儒舉以參五事、配六極，則失之妄作。《皇極要論》又謂古今地理無一定之形神，禹疏河之故道，蕪沒而難考，作《禹貢圖説》。」

**嵇璜等《續通志・圖譜略・書》** 黄千能《禹貢圖説》。

## 尚書大意

**朱彝尊《經義考・書》** 滕氏鉌《尚書大意》。佚。《姓譜》：「鉌字和叔，婺源人。合肥令珙之子，爲安仁令。」 方岳序曰：「吾州以經名家者多矣，《書》爲最；以《書》名家者加多矣，滕爲最。《書》自程大昌、王大監皆有所論著，天下所謂程泰之《禹貢圖志》、王晦叔《尚書小傳》者也。至溪齋先生與其弟合肥令君同登晦翁之門，學者謂之『新安兩滕』。和叔漸涵於二父之淵源，披剝於百家之林藪，蓋自與予別三十有五年矣。一日，訪予崖底，出其所著書曰《尚書大意》者，十二萬言，教予曰：『予亦知夫凡《書》之有大意乎，猶之木焉，木而非節目也；猶之水焉，原而非派別也。若《書》之大意，則一中而已。允執厥中，《書》所以始；咸中有慶，《書》所以終。以此一字，讀此一書，迎刃解矣。』予授而讀之，既請曰：『以中爲《書》之大意，吾未之前聞也，子於何有所聞？』曰：『予聞之先君子，先君子聞之紫陽翁，紫陽翁聞之濂、洛諸老，而予發其祕者也。』寶祐乙卯重陽日。」

## 書說精義

**朱彝尊《經義考・書》** 眞氏德秀《書說精義》。三卷。未見。趙希弁曰：「右西山先生眞文忠德秀之說也。」

## 尚書要義

**《宋史・藝文志・書類》** 魏了翁《書要義》二十卷。

**楊士奇等《文淵閣書目・書》** 《尚書要義》。一部，八冊。闕。 《尚書要義》。一部，二冊。闕。

**《四庫提要・書類一》** 《尚書要義》十七卷。《序說》一卷。浙江鄭大節家藏本。宋魏了翁撰。了翁謫居靖州時，著《九經要義》凡二百六十三卷，皆摘注疏中精要之語，標以目次，以便簡閱。其《周易要義》已著録，此其所摘《尚書注疏》也。孔安國《傳》本出依託，循文衍義，無大發明，亦無大瑕纇。故宋儒說《詩》排《小序》，說《春秋》排三《傳》，而說《書》則不甚排孔氏。孔穎達《正義》雖詮釋《傳》文，不肯稍立同異，而原原本本，考證粲然。故朱子《語録》亦謂《尚書》名物典制當看疏文。然《尚書》文既聱牙，注疏又復浩汗，學者卒業爲艱。了翁汰其冗文，使後人不病於蕪雜，而一切考證之實學已精華畢擷，是亦讀注疏者之津梁矣。是書傳寫頗稀，此本有「曠翁手識」一印，「山陰祁氏藏書」一印，「澹生堂經籍記」一印，猶明末祁彪佳家所藏也。原目二十卷中，第七卷、第八卷、第九卷竝佚，無別本可以校補，今亦姑仍其闕焉。

**阮元《四庫未收書目提要・書類》** 《尚書要義》三卷。宋魏了翁撰。了翁《尚書要義》，《宋史・藝文志》本二十卷，其十七卷《四庫全書》已著録，此即其中所佚之三卷。考了翁在靖州時，著《九經要義》，凡二百六十三卷。近惟《周易要義》十卷、《儀禮要義》五十卷，尚爲全書，其餘如《春秋左傳要義》三十一卷，內缺二十九卷，《尚書要義》十七卷，內缺三卷。蓋自明張萱重編《內閣書目》時，載《九經要義》，止存七種，《儀禮》七冊，《禮記》三冊，《周易》二冊，《尚書》一冊，《春秋》二冊，《論語》二冊，《孟子》二冊，已率非全本。今《論語》、《孟子》尚未見著録，而《禮記》已得三十三卷，較明人所見卷帙，已不啻倍之矣。此本從舊鈔傳録，第七卷自《甘誓》至《允征》，八卷自《湯誓》至《咸有一德》，九卷自《盤庚》至《微子》，與七閣中原載山陰祁彪佳家所藏本悉合，洵足以補從前之缺佚。所所據疏本，乃宋時善冊，如卷七第九則「烏焉解羽之焉」，第十二則「器用既具之用」，第十三則「故政由羿耳之故」，卷九第七則之「或稱商，或稱殷」，第十二則「夏惟作祫，不作時祭之時」，第十九則「故絕其惡類之惡」，並足補明以來刊本之脫。如卷八第十則「上故更致社稷之致」，第十一則「從謂逐討之逐」，第十六則「故用元牡之用」，卷九第三則「亳殷在河內之內，治，皆作亂之治，從河南亳地遷于洹水之南」，第十三則「延之使前，而教告之之教」，第廿六則「且云我徒也之且」，亦足訂明以來刻本之誤。不特其書採摘注疏中精要，可爲讀經之助，而了翁諸經要義，從此珠聯璧合，亦佳事也。

**瞿鏞《鐵琴銅劍樓藏書目録・書類》** 《尚書要義》二十卷。舊鈔本。宋魏了翁撰。世所傳者皆出淡生堂祁氏鈔本，闕第七、第八、第九卷。此其足本，爲明人精鈔，殊可貴也。案：唐孔氏序云：「爲之《正義》，凡二十卷。」各本注疏相承無改，而其分卷，則自《盤庚》以下，十行本與考文所載宋板迥殊。十行本卷十起《説命》，十一起《泰誓》，十二起《洪範》，十三起《旅獒》，十四起《康誥》，十五起《召誥》，十六起《多士》，十七起《蔡仲之命》，十八起《周官》，十九起《康王之誥》，閩監、毛本皆同，即家藏金刊本亦然。考文本則《泰誓》第十，《洪範》十一，《旅獒》十二，《康誥》十三，《召誥》十四，《多士》十五，《君奭》十六，《立政》十七，《顧命》十八，《君牙》十九。此本分卷獨與之同。考黄唐《禮記跋》云：「本司舊刊《易》、《書》、《周禮》正經注疏，萃見一書，便於披繹。它經獨闕。紹興辛亥，遂取《毛詩》、《禮記義疏》如前三經編彙。」是知《尚書》注疏合刻，當在南北宋之間。文靖所見與考文所載，蓋皆紹興以前舊本，亦校經者所必備焉。

## 尚書注

**朱彝尊《經義考・書》** 洪氏咨夔《尚書注》。佚。

## 尚書訓釋

**朱彝尊《經義考・書》** 董氏夢程《尚書訓釋》。佚。《江西通志》：「董夢程字萬里，號介軒。得朱子之學於黄勉齋。登開禧進士。官朝議大夫，知欽州。」

## 書説

**王圻《續文獻通考・經籍考・書》** 王宗道亦有《書説》。

**朱彝尊《經義考・書》** 王氏宗道《書説》。六卷。佚。

## 尚書釋

**朱彝尊《經義考・書》** 鄭氏思忱《尚書釋》。佚。《閩書》：「思忱字景千，安溪人。授《尚書》於西溪李季辨，解析精詣，生徒常百數。嘉定三年詞賦首鄉薦中第，知崇安縣。左遷浦城丞。眞文忠公與語，知其賢，言於太守，復得仕，知南恩州，爲浙東參議官。」

## 開寶新定尚書釋文

**《宋史・藝文志・書類》** 陳諤《開寶新定尚書釋文》三卷。

## 尚書演義

**朱彝尊《經義考・書》** 劉氏元剛《尚書演義》。佚。文天祥志墓曰：「先生字南夫，世爲吉州吉水縣人。嘉定十六年登進士第，官至郡守。家無餘貲，蕭然環堵。四方學者執經問字，相繼於門，先生誘掖懇懇，不啻父兄之遇子弟。遺墨有《詩》、《書》、《論語》、《孟子演義》若干卷。任左藏日以《孝經》、《論語》、《孟子演義》上進，有旨降付資善堂。」

## 皇極説

王圻《續文獻通考・經籍考・書》　《皇極說》。何基著。

## 洪範補傳

楊士奇等《文淵閣書目・書》　馮去非《洪範補傳》。一部，一冊。闕。

朱彝尊《經義考・書》　馮氏去非《洪範補傳》。一卷。未見。《姓譜》：「去非，都昌人。椅之子。淳祐初進士。」按：葉氏《菉竹堂目》有之。

## 書　疑

《宋史・藝文志・書類》　王柏《書疑》九卷。

《四庫提要・書類存目一》　《書疑》九卷。內府藏本。宋王柏撰。顧炎武《日知録》稱爲「元儒王柏」。考柏以度宗咸淳十年卒，未嘗入元，炎武偶誤也。柏字會之，號魯齋，金華人。受業於何基之門。基，黃榦弟子，榦又朱子壻也，故托克托等修《宋史》，以朱子之故，列柏於《道學傳》中。然柏之學，名出朱子，實則師心與朱子之謹嚴絶異，此其辨論《尚書》之文也。《尚書》一經，疑古文者自吳棫、朱子始，見《朱子語録》。併《今文》而疑之者自趙汝談始，見陳振孫《書録解題》。改定《洪範》自龔鼎臣始，見所作《東原録》。改定《武成》自劉敞始，見《七經小傳》。其併全經而移易補綴之者，則自柏始。考《漢書》，載「劉向以中古文校歐陽、大小夏侯三家經文，《酒誥》脫簡一，《召誥》脫簡二，率簡二十五字者，脫亦二十五字，簡二十二字者，脫亦二十二字，文字異者七百有餘，脫字數十」云云。此言脫簡之始也。然向既校知脫簡，自必一一改正，必不聽其仍前錯亂。又惟言《酒誥》脫簡一，《召誥》脫簡二，則其餘併無脫簡可知，亦非篇篇悉有顛倒。且一簡或二十五字，或二十二字，具有明文，則必無全脫一章一段之事，而此二十餘字之中，亦必無簡首恰得句首，簡尾恰得句尾，無一句割裂不完之事也。柏作是書，乃動以脫簡爲辭，臆爲移補。其併《舜典》於《堯典》，删除姚方興所撰二十八字，合《益稷》於《皐陶謨》，此有孔穎達《正義》可據者也。以《大禹謨》、《皐陶謨》爲《夏書》，此有《左傳》可據者也。以《論語》「咨爾舜」二十二字，補「舜讓於德弗嗣」之下，其爲《堯典》本文，抑或爲他書所載？如《鬻子》述帝王遺語之類，已不可知。案：《鬻子》所述帝王遺語，今本不載，見賈誼《新書》所引。以《孟子》「勞之來之」二十二字，補「敬敷五教在寬」之下，則《孟子》明作「堯言」，柏乃以爲舜語，已相矛盾，然亦尚有《論語》、《孟子》可據也。至於《堯典》、《皐陶謨》、《説命》、《武成》、《洪範》、《多士》、《多方》、《立政》八篇，則純以意爲易置，一概託之於錯簡，有割一兩節者，有割一兩句者，何脫簡若是之多，而所脫之簡又若是之零星破碎，長短參差，其簡之長短廣狹，字之行款疏密，茫無一定也。其爲師心杜撰，竄亂聖經，已不辨而可知矣。其所辨說，如謂《盤庚》之言，所欠者理明辭達。又信《泰誓》序「十有一年」之說，謂武王承祖父之餘慶，藉友邦之歸心，氣焰既張，體貌且盛，改元紀年，視紂猶諸侯，後世曲爲覆護，反生荆棘。又謂《大誥》：「寧王貽我大寶龜」，西土「有大艱」，「人亦不靖」之語，無異唐德宗奉天之難，諉之於定數。是排斥漢儒不已，併集矢於經文矣，豈濂、洛、關、閩諸儒立言垂教之本旨哉？托克托等修《宋史》，乃與其《詩疑》之説竝特録於本傳，以爲美談，何其寡識之甚乎？

## 讀書記

《宋史・藝文志・書類》　王柏《讀書記》十卷。

## 禹貢圖

**嵇璜等《續通志・圖譜略・書》** 王柏《禹貢圖》。

## 尚書附傳

**《宋史・藝文志・書類》** 王柏《書附傳》四十卷。

**朱彝尊《經義考・書》** 《尚書附傳》。《宋志》：四十卷。佚。柏自序《書疑》曰：「聖人之經，最古者莫如《書》，而最難讀者亦莫如《書》。以二帝三王治天下之大經大法，孰有加於《書》者？奈何伏生之口授，科斗之變更，孰能保其無誤？此《書》之所以難讀也。朱子於諸經，莫不探其淵源，發其簡要，疏瀹其湮塞而貫通之，縷析其錯揉而紬繹之，無復遺恨，獨於《春秋》不敢著一字，《書》止解《典》、《謨》三篇而已。後又有《金縢》、《召誥》、《洛誥説》及《考定武成》凡四篇。予嘗多幸，得觀《典》、《謨》手筆，密行細字，東圈西補，蓋非一日之所更定，其用力精勤如此。學者猶恨不及見其全書，孰知《書》之果不可得而全解也。朱子嘗謂眉山蘇氏《書説》善得其文勢，或謂失之簡，曰：『如是亦可矣。』謂金陵王氏獨不解《洛誥》，猶能於此而不穿鑿，亦稱之也。又嘗問東萊先生於《書》有不可解者否？曰：『亦無可缺。』後二年復見，乃曰：『誠如所喻，是亦難説者。』至於朱子教門人，則俾之先讀其易曉，而姑後其聱訛，此固不得已之詞。甚矣，《書》之難讀也。今九峰蔡氏祖述朱子之遺規，斟酌羣言而斷以義理，洗滌支離而一於簡潔。如《今文》、《古文》之當考，固已甚明矣；《大序》、《小序》之可疑，今已甚詳矣。帝王之詞與史氏之詞，參錯乎其中，今亦可辨。有害理傷道者，又辭而闢之；有考訂平易者，亦引而進之。如天文地理之精覈，歲月先後之審定，用工勤苦，久已成編，後學可謂大幸。然疑義闕文之難，朱子曰『未詳』、曰『脱簡』者，固自若也。分章絶句之難，朱子不肯句讀者，亦未能盡通也。况讀書至拙如予者，豈能遽豁然於中哉？諸儒之所能解，予固幸因得而通之，所不能通，雖諸儒極融化之妙，支綴傳會，屈曲將迎，然亦終未能盡明也。在昔先儒篤厚信古，以爲觀書不可以脱簡疑經，如此則經盡可疑，先王之經，無復存者。後生爲學，所當確守先儒之訓，何敢疑先王經也。不幸秦火既焰，後世不得見先王全經也。惟其不全，固不可得而不疑，所疑者非疑先王之經也，疑伏生口傳之經也。讀書者往往因於訓詁，而不暇思經文之大體，間有疑者，又深避改經之嫌，寧曲説以求通，而不敢輕議以求是。夫聖人之書，萬世之大訓也，與日月並明，與天地始終，不惟不當疑，亦本無可疑。後學非喪心，孰敢號於衆曰：吾欲改聖人之經。然伏生女子之口傳，孰不知其訛舛，聖人之經不改，伏生之言亦不可正乎？糾其謬而刊其贅，訂其雜而合其離，或庶幾乎得復聖人之舊，此有識者之不容自已，漢、唐諸儒智不足而守有餘，泥古護短，堅不可開。逮至本朝，二三大儒方敢折衷以理，間有刪改，譏議喧豗，猶數十年而後定，今訓註多已詳明而猶可略也，惟錯簡繁多，極問玩索，若稍加轉移，以復大體，不動斤斧，以鑿元氣，不可強通者乃缺之，是亦先儒凡例之所詳也。元體苟正，則訓詁不待費詞，可以益簡而益明矣。愚不自揆，因成《書疑》九卷，凡五十篇，正文考異八篇，藏之家塾，以備探討。嗚呼！歐陽公曰：經非一世之書也，傳之繆非一日之失也，刊正補輯非一人之能也。使學者各極其所見，而明者擇焉，以俟聖人之復生也。予深有感於斯言云。」按：漢儒於經文遇有錯簡，斤斤守其師傳，不敢更易次第。至宋二程子始更定《大學》篇，而朱子遂分爲經傳，又取《孝經》考定，繼是有更定《雜卦傳》者，有更定《武成》、《洪範》者，餘亦不數見也。魯齋王氏於《詩》、《書》皆疑之，多有更易。《書》則於《舜典》「舜讓於德弗嗣」下，補入《論語》「堯作帝曰：『咨爾舜，天之曆數在爾躬。允執其中，四海困窮，天祿永終』」二十四字。於『敬敷五教在寬』下，補入《孟子》『勞之來之，匡之，直之，輔之翼之，使自得之，又從而振德之』二十二字。餘若《皐陶謨》、《益稷》、《武成》、《洪範》、《多方》、《多士》、《立政》，皆更易經文先後而次第之，觀者未嘗不服其精當，然亦知者之過也。」

# 書經章句

**朱彝尊《經義考・書》** ［王柏］《書經章句》。佚。

# 古洪範

**《四庫提要・書類存目一》** 《古洪範》一卷。《永樂大典》本。宋賀成大撰。成大字季常，爵里未詳。其自序以爲《洪範》自「三八政」以下，紊亂無次，因援朱子《大學》分經、傳之例，每「疇」以禹之言爲經，以箕子之言爲傳。如「五行」「一曰水」至「五曰土」，此禹之經也。「水曰潤下」至「稼穡作甘」，此箕子之傳也。「五事」「一曰貌」至「五曰思」爲禹之經，「貌曰恭」至「睿作聖」爲箕子之傳。「三八政」「一曰食」至「八曰師」爲經，而移「惟辟作福」至「民用僭忒」爲傳。「五紀」「一曰歲」至「五曰歷數」爲經，而以「王省惟歲」至「則以風雨」爲傳。「五皇極」則以「皇建其有極」一句爲經，而以「惟皇作極」，「無偏無陂」至「以爲天下王」爲傳。「三德」則以「一曰正直」至「三曰柔克」爲經，而以「平康正直」至「高明柔克」爲傳。「稽疑」則以「擇建立卜筮人」至「衍忒」爲經，而以「立時人作卜筮」至「用作凶」爲傳。「庶徵」則以「曰雨」至「曰時」爲經，而以「五者來備」至「恆風若」爲傳。「五福」則以「一曰壽」至「五曰考終命」爲經，而移「斂時五福」至「其作汝用咎」爲傳。「六極」則以「一曰凶短折」至「六曰弱」爲經，而移「惟時厥庶民于汝極，錫汝保極」，「一極備凶，一極無凶」，「凡厥庶民，無有淫朋。人無有比德」，「不協于極，不罹于咎」，「無虐煢獨而畏高明」，「時人斯其惟皇之極」爲傳。顛倒錯亂，純出臆斷，而自以爲古。《洪範》自伏生以後，傳授歷歷可考，何處有此古本乎？

# 書傳會通

**黃虞稷《千頃堂書目・書類・補宋》** 陳大猷《書傳會通》十一卷。東陽人。其書用朱子釋經法、呂成公《讀詩記》例，采輯羣言，附以己意，宋季其書盛行。

**倪燦等《宋史藝文志補・書類》** 陳大猷《書傳會通》十一卷。東陽人。

# 尚書集傳

**楊士奇等《文淵閣書目・書》** 《尚書陳大猷集傳》。一部，十四冊。闕。

**黃虞稷《千頃堂書目・書類・補宋》** 陳大猷《書集說》。

**倪燦等《宋史藝文志補・書類》** 陳大猷《書集說》。

# 尚書或問

**楊士奇等《文淵閣書目・書》** 《尚書陳大猷或問》。一部，一冊。闕。

**黃虞稷《千頃堂書目・書類・補宋》** 陳大猷《或問》二卷。

**倪燦等《宋史藝文志補・書類》** 陳大猷《或問》二卷。

**朱彝尊《經義考・書》** 《尚書集傳或問》。二卷。存。大猷《自序》曰：「大猷既集《書傳》，復因同志問難，記其去取曲折，以爲《或問》。其有諸家駮難已盡及所說不載於《集傳》，而亦不可遺者，并附見之，以備遺忘。然率意極言，無復涵蓄，辨論前輩，有犯僭妄，因自訟於篇首云。」張雲章曰：「大猷，東陽人，登紹興二年進士，由從仕郎歷六部架閣。《宋史》無傳，《藝文志》亦不載此書，然頗盛行於宋季。令《集傳》不可得見，而或問猶存。考其所作之旨，亦猶紫陽《四書集注》之外，別爲《或問》一書也。又同時有都昌陳大猷，號東齋，饒雙峰弟子。著《書傳會通》，仕爲黄州軍州判官。乃陳澔之父。與東陽陳氏實爲兩人，學者勿混而一之。」

按：葉文莊《菉竹堂書目》有陳大猷《尚書集傳》一十四冊，西亭王孫《萬卷堂目》亦有之。其書雖失，或尚存人間，未知其爲東陽陳氏之書與？抑都昌陳氏之書與？考鄱陽董氏《書纂注》列引用姓氏，於陳氏書，《集傳》特注明東齋字，正未可定爲東陽陳氏之書，而非都昌陳氏所撰也。

**《四庫提要・書類一》**　《尚書集傳或問》二卷。內府藏本。宋陳大猷撰。《自序》稱：既集《書傳》，復因同志問難，記其去取曲折，以成此編。則此編本因《集傳》而作。今《集傳》已佚，存者惟此兩卷。朱彝尊《經義考》引張雲章之言，謂大猷，東陽人，登紹定二年進士。案：紹定刻本誤紹興，今改正。由從仕郎歷六部架閣。著《尚書集傳》。又有都昌陳大猷者，號東齋，饒雙峰弟子，著《書傳會通》，仕爲黄州軍州判官，乃陳澔之父，與東陽陳氏實爲兩人。彝尊附辨其說，則謂鄱陽董氏《書傳纂注》列引用姓氏，於陳氏《書集傳》特注明東齋字，未可定《集傳》爲東陽陳氏之書，而非都昌陳氏之書。納喇性德作是書序，則仍從雲章之說。案：董鼎《書傳纂注》所引其見於輯録者，有東齋《書傳》、《復齋集義》，其見於纂注者，則一稱復齋陳氏，仍連其號。一稱陳氏大猷，惟舉其名。案：是書標氏標名，例不畫一，大抵北宋以前皆稱某氏，南宋以後則入朱子學派者稱某氏，不入朱子學派者雖王十朋、劉一止皆稱其名。所列大猷諸說，此書不載，蓋皆《集傳》之文。惟《甘誓》「怠棄三正」一條，採用此書，亦稱「陳氏大猷」，則所謂陳氏大猷者即此人，而非東齋矣。又此書皆論《集傳》去取諸說之故，與朱子《四書或問》例同。董鼎書於《禹貢》「冀州」引東齋《書傳》一條，謂與蔡氏《傳》所論梁州錯法不合，然蔡亦似未的云云。於此書之例當有辨定，而書中不一及之，知其《集傳》中無此條矣。且此陳大猷爲理宗初人，故所引諸家僅及蔡沈而止，其稱朱子曰朱氏、晦菴氏，持論頗示異同。至論《堯典》「敬」字一條，首舉心之精神謂之聖，此《孔叢子》之語，而楊簡標爲宗旨者，其學出慈湖更無疑義。若都昌陳大猷乃開慶元年進士，見其子澔《禮記集說》序。當理宗之末年，時代既後。又大猷受業饒魯，魯受業黄幹，幹受業朱子，淵源相接，尊朱子若神明，而視楊氏若敵國，安有是語哉？彝尊蓋偶見董鼎注東齋字，而未及核檢其書也。今參考諸說，仍定爲東陽陳大猷之書，著於録焉。

**張金吾《愛日精廬藏書續志・書類》**　《書集傳或問》二卷。舊抄本。宋陳大猷撰。自序。

**瞿鏞《鐵琴銅劍樓藏書目録・書類》**　《書集傳》十二卷，《或問》二卷。宋刊本。題「陳大猷集傳」，前有「綱領」及「書始末」、「書序」、「傳注傳授」、「集傳條例」、「進書上表」。録本其末題「嘉熙貳年叁月日，從事郎前宣差充兩浙路轉運司準備差遣臣陳大猷上表，拾叁日奉聖旨降付尚書省送後省看詳申」。又「後省看詳申狀録本」，其末題「嘉熙二年五月日，李劉、牛大年、高定子、許應龍、游侣狀結銜」四行。拾玖日奉聖旨，陳大猷與六部架閣差遣，其《書集傳》并《或問》付祕書省。案：宋有兩陳大猷。一爲東陽人，紹定二年進士，由從事郎歷六部架閣。一爲都昌人，號東齋，仕爲黄州軍州判官。觀此書進表及看詳申狀結銜，則爲東陽陳氏所作可知。而鄱陽董氏《尚書輯録纂注》，列引用姓氏，於《書集傳》下注東齋字。竹垞朱氏《經義考》據之，遂不敢定爲東陽氏之書。然考危太樸《都昌陳先生墓誌》曰：「父大猷，開慶元年進士。」是進書後二十二年，東齋纔登第，其非都昌陳氏又可知也。此書博采諸家，參以己意。條例云：依經文爲次叙，先訓詁而後及意義；或先用甲說，次用乙說，而後復用甲說者，則再出甲姓氏。大概使意義貫穿，如出一家。其全書體例，蓋仿呂氏《讀詩記》，當時學者多宗之。而《宋史・藝文志》失載，惟見葉氏《菉竹堂》及西亭王孫《萬卷樓書目》，今則傳本絶稀。通志堂蒐訪不獲，僅刻《或問》二卷，此猶完好如新，洵祕笈也。《或問》二卷與通志堂本同，然通志本頗多譌脱，如第二條夾注引程氏曰「至堯立政有則，制事有典」，此本則云：「至堯立政有綱，制事有法，其治可紀，故《書》稱典。」又《或問》「《堯典》孔、程二說如何？曰：下此有二說，皆善。」但五字蓋亦未見此本也。惟進書表云：「臣所編《書集傳》壹拾貳卷，《集傳或問》叁卷，繕寫成壹拾伍冊。」蓋每卷爲一冊，《或問》當有三卷，此本僅有卷上卷下，其中初非有闕。又卷一首行題「《書傳會通》卷第一」，次行題「陳大猷集傳」，餘卷則並題書卷之若干，越數格題「陳大猷集傳」。而其進表申狀並稱「集傳」。初無「書傳會通」之目，豈進書後更定此名，並改併《或問》歟？抑坊刻所爲歟？書中匡、筐、恆、貞、徵、勖、桓、愼、惇、慤等字皆有闕筆，經文並同石經古本，間異蔡《傳》，亦屬宋槧之精者。

## 書傳

王圻《續文獻通考·經籍考·書》 《書傳》。陳大猶著。

## 書卓躍

王圻《續文獻通考·經籍考·書》 《書卓躍》。陳大猶著。

## 尚書説

朱彝尊《經義考·書》 陳氏振孫《尚書說》。佚。袁桷曰：「《書》有今文、古文，陳振孫掇拾援據，確然明白。」周密曰：「直齋有《書說》二冊行世。」

## 尚書大義

王圻《續文獻通考·經籍考·書》 《尚書大義》。時少章著。

## 禹貢沿革圖

嵇璜等《續通志·圖譜略·書》 張性善《禹貢沿革圖》。

## 禹貢山川名急就章

朱彝尊《經義考·書》 王氏褘《禹貢山川名急就章》。一篇。存。

## 書鈔

朱彝尊《經義考·書》 姚氏三錫《書鈔》。佚。按：三錫，餘干人。劉克莊《後村集》有《讀書鈔》詩。

## 書傳

朱彝尊《經義考·書》 戴氏仔《書傳》。佚。

## 尚書家説

朱彝尊《經義考·書》 戴氏侗《尚書家説》。佚。

## 尚書口義

朱彝尊《經義考·書》 張氏孝直《尚書口義》。佚。

## 書經衍義

**朱彝尊《經義考・書》** 劉氏欽《書經衍義》。佚。《閩書》：「欽字子時，建安人。從蔡沈學。以蔭補官，轉朝奉大夫，陞殿中侍御史仝知樞密諫院事。歸隱武夷，自號冰壺散人。終朝請大夫。卒謚忠簡。」

## 尚書解

**朱彝尊《經義考・書》** 柴氏元祐《尚書解》。佚。

## 禹貢節要

**朱彝尊《經義考・書》** 林氏洪《禹貢節要》。一卷。佚。

## 尚書解

**王圻《續文獻通考・經籍考・書》** 奉化舒津、舒渙亦有《尚書解》。

**朱彝尊《經義考・書》** 舒氏津《尚書解》。佚。《兩浙名賢録》：「舒津字通叟，奉化人。景定三年進士，官太學博士，知平江。」

## 尚書詳解

**楊士奇等《文淵閣書目・書》** 《尚書》胡士行《詳解》。一部，三冊。闕。

**范邦甸等《天一閣書目・書類》** 《尚書》十三卷。紅絲欄鈔本。○前臨江軍軍學教授盧陵胡士行編。

**黃虞稷《千頃堂書目・書類》** 胡士行《尚書詳解》十三卷。

**倪燦等《補遼金元藝文志・書類》** 胡士行《尚書詳解》十三卷。

**《四庫提要・書類一》** 《尚書詳解》十三卷。内府藏本。宋胡士行撰。士行，廬陵人。官臨江軍軍學教授。是編焦竑《國史經籍志》作《書集解》，朱彝尊《經義考》又作《初學尚書詳解》，稱名互異，其實一書也。其解經多以孔《傳》爲主，而存異説於後，孔《傳》有未善，則引楊時、林之奇、呂祖謙、夏僎諸説補之。諸説復有所未備，則以己意解之。《堯典》星辰之伏見，列爲四圖，以驗分、至。《洪範》「初一曰五行」，則補繪《太極圖》以釋「初」字，見五行生尅之有本，雖皆根據舊説，要能薈萃以成一家言，猶解經之篤實者也。所引漢、晉人訓詁，間有異字，如《益稷》篇引鄭康成云「黹，紩也，紩以爲繡也」，與注疏所載不同。凡斯之類，亦見其留心古義，不但空談名理矣。

**彭元瑞等《天禄琳琅書目後編・宋版首部》** 《御題尚書詳解》一函六冊。宋胡士行撰。士行，淳祐七年進士。書十三卷，揭銜前臨江軍軍學教授盧陵胡士行編，與夏僎、陳經兩家書同名，故朱彝尊《經義考》又作《初學尚書詳解》。通部於經文句内逐字梳櫛，次臚名物象數，間有圖，次講經旨，皆另行。注中所引楊時、林之奇、呂祖謙、夏僎之説，皆著明某氏，界標首冠孔安國序，亦注之。是書《通志堂經解》内翻刻，此其原本也。御題《題宋版尚書詳解》：「五十八篇始至終，歷爲詳解折於中。道心毋使人心雜，聖法由來王法通。士行胡編誠足貴，九峰蔡《傳》實相同。設如切己舉其要，二典三謨用不窮。癸卯暮春月上澣御筆。」鈐寶二：曰「古稀天子之寶」，曰「猶日孜孜」。上鈐寶二：曰「乾隆御覽之寶」，曰「古希天子」。

## 尚書演義

**朱彝尊《經義考・書》** 章氏元崇《尚書演義》。佚。

## 書青霞集解

《宋史・藝文志・書類》　劉甄《書青霞集解》二十卷。

## 尚書解

《宋史・藝文志・書類》　孫泌《尚書解》五十二卷。

## 書　說

焦竑《國史經籍志・書》　潘衡《書説》□卷。

## 尚書解

朱彝尊《經義考・書》　康氏聖任《尚書解》。未見。

## 尚書小傳

朱彝尊《經義考・書》　姜氏如晦《尚書小傳》。未見。董鼎曰：「如晦字彌明，號月谿。」

## 書　說

朱彝尊《經義考・書》　史氏仲午《書説》。未見。董鼎曰：「仲午字正父。」

## 横舟尚書講業

朱彝尊《經義考・書》　劉氏㚟《横舟尚書講業》。佚。董鼎曰：「㚟字子有。」

## 尚書暢旨

王圻《續文獻通考・經籍考・書》　《尚書暢旨》。楊明復著。

## 書　傳

《宋史・藝文志・書類》　康伯成《書傳》一卷。

## 尚書申義

朱彝尊《經義考・書》　徐氏宷《尚書申義》。五十八卷。佚。

## 山齋書解

**朱彝尊《經義考・書》** 熊氏子眞《山齋書解》。十三卷。佚。

## 尚書約義

**朱彝尊《經義考・書》** 程氏穆《尚書約義》。佚。《徽州府志》：「休寧人。著《書約義》，倉使王伯大序其書。」

## 書四百家集解

**《宋史・藝文志・書類》** 成申之《四百家集解》五十八卷。

**朱彝尊《經義考・書》** 成氏申之《四百家尚書集解》。《宋志》：五十八卷。佚。《四川總志》：「成申之，眉州人。紹定進士。紹興初，隆慶知府。」

## 書説

**朱彝尊《經義考・書》** 陳氏梅叟《書説》。未見。董鼎曰：「梅叟，永嘉人。」

## 書蔡傳訂誤

**朱彝尊《經義考・書》** 張氏葆舒《書蔡傳訂誤》。佚。《江西通志》：「葆舒，號虛緣，德興人。」

## 尚書家説

**朱彝尊《經義考・書》** 李氏守鏞《尚書家説》。佚。

## 尚書釋傳

**王圻《續文獻通考・經籍考・書》** 《尚書釋傳》。方逢辰著。出處見前《周易外傳》下。

## 尚書蔡傳會編

**朱彝尊《經義考・書》** 馬氏廷鸞《尚書蔡傳會編》。佚。《姓譜》：「馬廷鸞字翔仲，樂平人。淳祐間進士，累官右丞相兼樞密使。與賈似道不合。以觀文殿大學士提舉洞霄宮。」

## 集解周書王會篇

**黃虞稷《千頃堂書目・書類・補宋》** 王應麟《集解周書王會篇》一卷。

**倪燦等《宋史藝文志補・書類》** 王應麟《集解周書王會篇》一卷。

**馬國翰《玉函山房藏書簿録・書類》** 《周書王會解註》一卷。附刊《玉海》。宋王應麟撰。孔晁注有未備者爲補注之，考據極詳核。

## 尚書草木鳥獸譜

倪燦等《宋史藝文志補·書類》　王應麟《尙書草木鳥獸譜》。

## 無逸説

朱彝尊《經義考·書》　程氏鳴鳳《無逸說》。佚。《徽州府志》：「鳴鳳字朝陽，祁門人。寶祐癸丑射策第一，知德慶府，後知南雄州。進《無逸說》。」

## 洪範奥旨

朱彝尊《經義考·書》　劉氏漢傳《洪範奥旨》。佚。《兩浙名賢録》：「劉漢傳字習甫，上虞人。寶祐四年進士，累遷兩浙轉運使，進司農卿。臨終書『生爲宋民，死爲宋鬼』之句。」

## 書傳補遺

王圻《續文獻通考·經籍考·書》　《書傳補遺》。寧德陳尙德著。

黄虞稷《千頃堂書目·書類·補宋》　陳普《書傳補遺》。

倪燦等《宋史藝文志補·書類》　陳普《書傳補遺》。

## 尚書補微

朱彝尊《經義考·書》　陳氏普《尙書補微》。佚。

## 書講義

朱彝尊《經義考·書》　［陳普］《書講義》。一卷。存。

## 書直解

王圻《續文獻通考·經籍考·書》　《書直解》。同安丘葵著。

## 書經直解

王圻《續文獻通考·經籍考·書》　《書直解》。晉江呂椿著。

金門詔《補三史藝文志·書經類》　呂椿《書經直解》。

## 樵坡書説

朱彝尊《經義考·書》　吳氏時可《樵坡書說》。六卷。佚。

## 尚書審是

**朱彝尊《經義考・書》**　方氏公權《尚書審是》。佚。

## 書説

**王圻《續文獻通考・經籍考・書》**　《書説》。建陽熊禾著。

## 書説標題

**王圻《續文獻通考・經籍考・書》**　《書説標題》。熊禾著。

## 尚書口義

**黄虞稷《千頃堂書目・書類・補宋》**　熊禾《尚書口義》三十卷。

**倪燦等《宋史藝文志補・書類》**　熊禾《尚書口義》三十卷。

## 尚書集疏

**朱彝尊《經義考・書》**　熊氏禾《尚書集疏》。佚。

## 無逸直解

**錢大昕《補元史藝文志・書類》**　趙秉文《無逸直解》。

## 尚書義粹

**黄虞稷《千頃堂書目・書類》**　王若虚《尚書義粹》三卷。

**又《書類・補金》**　金王若虚《尚書義粹》三卷。

**錢大昕《補元史藝文志・書類》**　王若虚《尚書義粹》三卷。一本作二卷。字從之，槀城人。

**張金吾《愛日精廬藏書志・書類》**　《尚書義粹》八卷。抄本。金王若虚撰。是書，朱氏竹垞據天一閣、萬卷堂兩家書目載入《經義考》，注「未見」。近則久無傳本。此本金吾從明黄諫《書傳集解》中録出。讀其書不務爲新奇可喜之論，而於帝王之德業事功，以及人心道心、建中建極諸義，反覆推闡，要皆深切著明，蓋解經之篤實者也。金源著述，傳本寥寥，而經學則竟無一存者，非必其書之未足傳後也。蓋金人樸實，不肯動刊棗梨，汝陽板蕩，散佚遂多。而元、明兩代，又視之蔑如，不一收拾，何怪乎其日就湮沒也。王氏《五經辨惑》，辨《尚書》者止一條，殆以已有專書，故不具論歟。原本三卷，因篇帙稍繁，釐爲八卷，不特存王氏一家之言，亦以見一朝經術之大凡焉。《書傳集解》缺《説命下》至《微子》，又《召誥》至《君奭》，異日當覓足本補之。

## 尚書要略

**王圻《續文獻通考・經籍考・書》**　《尚書要略》。金哀宗正大間，萬壽節同知集賢院呂造進。

**錢大昕《補元史藝文志・書類》** 呂造《尚書要略》。金正大間同知集賢院。

## 書古注

**胡師安等《元西湖書院重整書目》** 《書古注》。

## 尚書辨疑

**朱彝尊《經義考・書》** 丘氏迪《尚書辨疑》。佚。《姑蘇志》：「迪字彥啓。從熊朋來學。著《書辨疑》。」

**錢大昕《補元史藝文志・書類》** 丘迪《尚書辨疑》。字彥啓。吳人。

## 尚書表註

**楊士奇等《文淵閣書目・書》** 《尚書金履祥表注》。一部，二冊。闕。

**王圻《續文獻通考・經籍考・書》** 《尚書表註》。金履祥著。履祥字吉甫，號仁山，金華處士，謚文安。

**錢謙益等《絳雲樓書目・書類》** 金履祥《尚書表註》一冊。二卷。

**黃虞稷《千頃堂書目・書類・補元》** 金履祥《尚書表注》十二卷。

**倪燦等《補遼金元藝文志・書類》** 金履祥《尚書表注》十二卷。

**朱彝尊《經義考・書》** 《尚書表注》二卷。存。履祥《自序》曰：「《書》者，二帝三王聖賢君臣之心，所以運量警省，經綸變通，敷政施命之文也。君子於此，考迹以觀其用，督言以求其心，以誠諸身，以措諸其事，大之用天下國家，小之爲天下國家用。顧不幸不得見帝王之全書，幸而僅存者又不幸有差誤異同附會破碎之失。考論不精則失其事迹之實，字辭不辨則失其所以言之意，此《書》所以未易讀也。蓋自周衰而帝王之典籍不存，學校之教習俱廢，夫子觀周，歷聘諸國，歸而定《書》焉，以詔後世。不幸而燼於秦，灰於楚，鉗於斯、何偶語挾書之律。久之，而伏生之耄言僅傳，孔氏之壁藏復露。伏生者，漢謂「今文」；孔壁者，漢謂「古文」。顧伏生齊語易訛，而安國討論未盡。夫壁中不惟有《古文》諸篇，計必兼有《今文》諸篇。安國雖以伏生之書考《古文》，不能復以《古文》之書訂《今文》，是以《古文》多平易，《今文》多艱澀。《今文》雖立學官，而大小夏侯、歐陽文各不同，不幸《古文》竟漢世不列學官，後漢劉陶獨推《今文》三家，與古文異同，定正文字七百餘事，號曰《中文尚書》，不幸而不傳於世。至東晉，而《古文》孔《傳》復出，至蕭齊始備，至蕭梁始行北方。至唐貞觀悉屏諸家，獨立孔《傳》，且命孔穎達諸儒爲之疏。夫《古文》比《今文》固多且正，但其出最後，經師私相傳授最久，其間豈無傳述附會？所謂《大序》文體不類西京，而謂出安國；《小序》事意多謬今文，而上誣孔子。前漢傳授師說，不爲訓解，後漢始爲訓解，而謂訓傳盡出安國之手，唐儒曲暢注說，無所辨正。至開元間，則一用今世文字改易《古文》。至後唐長興間，則命國子監板行《五經》，而孟蜀又勒諸石。後之學者，守漢儒之專門，開元之俗字，長興之板本，果以爲帝王一字不可刊之典乎？幸而天開斯文，周、程、張、朱子相望繼作，雖訓傳未備，而義理大明，聖賢之心傳可窺，帝王之作用易見。朱子傳注諸經略備，獨《書》未及，嘗別出《小序》，辨正疑誤，指其要領，以授蔡氏而爲《集傳》，諸說至此有所折衷矣。但書成於朱子既沒之後，門人語録未萃之前爾。履祥繙閱諸家之說，章解句釋，蓋亦有年，一日擺脫衆說，獨抱遺經，復讀翫味，則見其節次明整，脈絡貫通，中間枝葉，與夫譌謬，一一易見。因推本父師之意，正句畫段，提其章旨，與夫義理之微，事爲之概，考正文字之誤，表諸四闌之外，以示子姓，間以視朋從之士，雖爲疎略，然苟得其綱要，無所疑礙，則其精詳之緼，固在夫自得之者何如耳。好古博雅之君子，若或見之，赦其僭，補其缺，辨其疑，則亦此書之幸也。願竊有請焉。」 《姓譜》：「履祥字吉父，蘭谿人。師事王柏。宋末以史館編修召，不及用而國亡。遂隱居著書，以淑後進。」

【略】 趙崇善曰：「宋季國勢阽危，在事者束手罔措。先生獨進奇策，請以舟師由海道直趨燕、薊，俾擣虛牽制，以解襄、樊之圍。其叙洋島險易，歷歷有據，而宋竟莫之用。及宋改物，儒者率俛焉北面，先生獨以宋室遺民，高蹈不屈，著作止書甲子，而不及年號，自署止稱前聘士云。」徐乾學曰：「《表注》引據精確，可裨蔡《傳》，其作《通鑑前編》，即自采用其說。」

**《四庫提要・書類一》**　《尚書表注》二卷。兩江總督採進本。宋金履祥撰。履祥字吉父，號仁山，蘭谿人。從學於王柏。德祐初，以史館編修召，不赴。入元，隱居教授以終。事蹟具《元史・儒學傳》。初，履祥作《尚書注》十二卷。柳貫所撰行狀，稱早歲所著《尚書章釋句解》，已有成書是也。朱彝尊《經義考》稱其尚存，今未之見。惟此書刻《通志堂經解》中。前有自序，稱：「擺脱衆説，獨抱遺經，復讀玩味。爲之正句畫段，提其章旨，與其義理之微，事爲之概，考正文字之誤，表諸四闌之外。」蓋其晚年定本也。其書於每頁之上下左右，細字標識，縱横錯落，初無行款，於古來著經之家別爲一體。大抵攟摭舊説，折衷己意，與蔡沈《集傳》頗有異同。其徵引伏氏、孔氏文字同異，亦確有根原。所列作書歲月，則與所作《通鑑前編》悉本胡宏《皇王大紀》。參考後先，雖未必一一盡確，然要非盡無據而作也。至於過爲高論，求異先儒，如欲以《康誥》之叙冠於《梓材》篇首，謂前爲「周公咸勤」之事，後即「洪大誥治」之文，集庶邦則營東都以均四方朝貢之道里，先後迷民，則所謂毖殷遷洛以密邇王化，其説甚辨。而於篇首「王曰封」三字，究無以解，因復謂「王」字當作「周公」，「封」字因上篇《酒誥》而衍，則未免於竄改經文以就己意矣。是則其瑜不掩瑕者也。

**錢大昕《補元史藝文志・書類》**　金履祥《尚書表注》四卷。或作十二卷。一作一卷。

**張金吾《愛日精廬藏書志・書類》**　《尚書表注》宋刊本。顧伊人藏書。宋金履祥撰。不分卷，中遇宋諱間有缺筆，蓋宋末元初刊本也。板心有「齊芳堂」、《仁山集》附録《文安公纂略》曰：「晚年館唐氏之齊芳書院，成《通鑑前編》、《濂洛風雅》。」齊芳堂未知即齊芳書院否？「存耕堂」、「章林書院」、「訥齋」等字。《自序》抄補。

顧氏手跋曰：歲癸亥夏五，予在毘陵，得金仁山先生《尚書表註》，比藏書家多欲借抄，予寶愛是書，恐紙墨刓敝，因手抄二帙，以廣其傳。今崑山所刻者是也。近薄遊婺州，訪求先生遺書不得，後見柳文肅貫所撰先生行狀云：先生早歲所注《尚書章釋句解》既成書矣，一日超然自悟，擺脱衆説，獨抱遺經，復讀玩味，則其節目明整，脈絡通貫，其枝葉與訛謬一一易見。因推本父師之意，正句畫段，提其章旨，與其義理之微，事爲之概，考證字文之訛，表諸四闌之外，曰《尚書表註》，并得先生《自序》一篇，録置卷首，復補其原叙缺頁，且原其作書之旨。先生得朱子之宗傳，加以精究潛思，刪繁就質，嘗自云：「解至後卷，即覺前義之淺。」蓋殫畢生之力以成之者也。今錫山秦氏、崑山徐氏皆藏先生《尚書注》十二卷。予嘗見之。即早歲之書，非定本也。顧世未見《表註》眞本，即以是爲《表注》，謬矣。先生生於宋紹定壬辰，卒於元大德癸卯。是書刻於宋末元初，尚避宋諱，可徵也。丙寅三月望日，太倉後學顧湄誌於金華之密印寺樓。

周氏手跋曰：乾隆壬子孟冬，購得《尚書表注》，爲顧伊人所藏本，後歸吾邑花山馬氏道古樓。馬氏售於武林吳氏瓶花齋，即此書也。何義門謂書有殘缺，顧伊人意爲補全，未可盡信。細校此書，方知意爲補全之處，且與通志堂刊本微有異同。案仁山先生集有《尚書表注序》，而伊人抄補之序，亦復刪節不全，今並存之。近時婺郡以通志堂本重刻，版様縮小，以致標題位置多訛，又缺其下方，大非表諸四闌外式矣。松靄周春記。

## 尚書雜論

**黃虞稷《千頃堂書目・書類・補元》**　金履祥《尚書雜論》一卷。

**倪燦等《補遼金元藝文志・書類》**　金履祥《尚書雜論》一卷。

**錢大昕《補元史藝文志・書類》**　金履祥《尚書雜論》一卷。

## 尚書注

**朱彝尊《經義考・書》**　金氏履祥《尚書注》。十二卷。存。張雲章曰：「《尚書表注》四卷，見於仁山先生本傳，而無所謂《書注》十二卷者。」按：柳文肅貫撰行狀云「先生早歲所注《尚書章釋句解》」，蓋指《書注》十二卷而言。此書爲先生早年所成，晚復掇其要而爲《表注》也。

**錢大昕《補元史藝文志・書類》**　金履祥《尙書注》十二卷。

**陸心源《皕宋樓藏書志・書類》**　《尙書注》十二卷。舊抄本。秦文恭舊藏。宋金履祥撰。是書已刊入《十萬卷樓叢書》。

《尙書金氏注》殘本六卷。舊抄本。張月霄舊藏。宋仁山金履祥著。無名氏跋曰：「私以求聖人之意，求之愈深而失之愈遠，言之愈廣而襲之愈晦，此世士之爲經者之所同病也。先生不幸無位，退而求之于經。不爲新奇，不爲近名，卒以救往說之偏，得聖人之意，而會夫大中之歸。歸沒而其言立，其施于人者溥矣。宜其爲士所宗，爲時所重，考行易名而令聞長世也。先生金華人，諱字、世系、言行、本末具今翰林直學士烏傷黄公所爲墓序誌銘，玆不述也。」

張氏金吾《藏書志》：原十二卷，今存卷七至末六卷。按柳待制撰《仁山先生行狀》曰「先生早歲所著《尙書章釋句解》，既成書矣」云云，蓋即是書。金氏受業于王柏，所引柏說俱稱「子王子曰」以尊之。中如以《梓材》爲周公營洛，命侯甸男邦伯之書，移《康誥》首「惟三月哉生魄」四十八字冠之，此係金氏創解，反覆辨論以證其說。核之《表注》，嫌其略矣。又如說「血流漂杵」云：「杵，史本作鹵。鹵是地發濕，當是血流而地鹵濕耳。」說「率循大卞」云：「大卞，字書無正訓。孔氏訓法案：卞本从廾，與弁同，是恭拱之義，則當訓爲禮。」其說俱《表注》所未載，可資參考。原本卷末有「嘉靖戊午仲冬録完」八字。

## 西伯戡黎辨

**朱彝尊《經義考・書》**　金氏履祥《西伯戡黎辨》。一篇。存。

## 書傳上下篇

**錢大昕《補元史藝文志・書類》**　劉莊孫《書傳上下篇》，二十卷。

## 尙書或問

**錢大昕《補元史藝文志・書類》**　胡之純《尙書或問》。字穆仲，金華人。

## 書說

**錢大昕《補元史藝文志・書類》**　胡一桂《書說》。

## 周官呂刑講義

**朱彝尊《經義考・書》**　滕氏仲禮《周官呂刑講義》。二卷。佚。王惲曰：「至元十六年十二月，中山府教官滕仲禮會府尹史子華等講《周官呂刑篇》於明新堂。」

## 書集解

**錢大昕《補元史藝文志・書類》**　胡炳文《書集解》。

## 蔡傳辨疑

**黃虞稷《千頃堂書目・書類・補元》**　程直方《蔡傳辨疑》一卷。字道大。婺源州人。

**倪燦等《補遼金元藝文志・書類》**　程直方《蔡傳辨疑》一卷。字道夫，婺源人。

**錢大昕《補元史藝文志·書類》**　程直方《蔡傳辨疑》一卷。

## 書經講義

**王圻《續文獻通考·經籍考·書》**　《書經講義》五百餘篇。韓信同著。信同，寧德人，别號古遺。受學於陳尚德。隱居不仕。

**黄虞稷《千頃堂書目·書類·補元》**　韓信同《書集解》。

**倪燦等《補遼金元藝文志·書類》**　韓信同《書集解》。

**朱彝尊《經義考·書》**　韓氏信同《書經講義》。一曰《集解》。未見。

《閩書》：「信同字伯循，寧德人。受業陳普之門。延祐四年，應江浙舉，不合，歸，杜門不出，弟子請敎，屨滿戶外。著《書經講義》、《三禮易經旁注》。」

**錢大昕《補元史藝文志·書類》**　韓信同《書經講義》。一作《集解》。

## 尚書集傳纂疏

**楊士奇等《文淵閣書目·書》**　《書傳纂疏》。一部，二冊。闕。

**范邦甸等《天一閣書目·書類》**　《尚書集傳纂疏》六卷。紅絲欄鈔本。元泰定陳櫟撰并序。

**王圻《續文獻通考·經籍考·書》**　《書傳纂疏》。陳櫟著。

**黄虞稷《千頃堂書目·書類·補元》**　陳櫟《書集傳纂注》六卷。字壽翁，休寧人。所居堂名定宇，人稱定宇先生。

**倪燦等《補遼金元藝文志·書類》**　陳櫟《書集傳纂疏》六卷。

**朱彝尊《經義考·書》**　《尚書集傳纂疏》。六卷。存。櫟自序曰：「《書》載帝王之治，而治本於道，道本於心，道安在？曰在中。心安在？曰在敬。揖讓放伐、制度詳略等事雖不同，而同於中；欽恭寅祗畏愼等字雖不同，而同於敬。求道於心之敬，求治於道之中，詳説反約，《書》之大旨不外是矣。況諸經全體上下數千百年之治迹，二帝三王之淵懿，皆在於《書》。稽古者舍是經奚先哉？孔子所定，半已逸遺，厥今所存，出漢儒口授，孔宅壁藏，錯簡斷編，當疑闕者何限。自有註解以來，三四百家，朱子晚年始命門人集傳之，惜所訂正三篇而止。聖朝科舉興行，諸經《四書》，一是以朱子爲宗，《書》宗蔡《傳》，固亦宜然。櫟不揆晚學，三十年前，時科舉未興，嘗編《書解折衷》，將以羽翼蔡《傳》。亡友胡庭芳見而許可之，又勉以即蔡《傳》而纂疏之。遂加博采精究，方克成編。今謀板行，幸遇邢張子禹命工刊刻，以與四方學者共之。」

楊士奇曰：「《書傳纂疏》六卷，分爲三冊，元新安陳櫟輯。櫟字壽翁，號定宇。今讀《書傳》者，率資此書及董鼎《纂注》。吾外氏有《書傳會通》尤詳備，而今學者多未及見。余雖見之，亦未及録也。」

**《四庫提要·書類二》**　《尚書集傳纂疏》六卷。兩江總督採進本。元陳櫟撰。櫟字壽翁，號定宇，休寧人。宋亡之後，隱居三十八年。至延祐甲寅，年六十三，復出應試，中浙江鄉試。以病不及會試。越二年，上書干執政，不報，遂終於家。年八十有三。事蹟具《元史·儒學傳》。董鼎《書傳纂注》所稱新安陳氏，即其人也。是編以疏通蔡《傳》之意，故命曰「疏」，以纂輯諸家之説，故命曰「纂」。又以蔡《傳》本出朱子指授，故第一卷特標朱子訂正之目。每條之下，必以朱子之説，冠於諸家之前，間附己意，則題曰「愚謂」以别之。考櫟别有《書説折衷》，成於此書之前，今已散佚。惟其序尚載定宇集中，稱朱子説《書》，通其可通，不强通其所難通，而蔡氏於難通罕闕焉。宗師説者固多，異之者亦不少。予因訓子，遂掇朱子大旨及諸家之得經本義者，句釋於下。異同之説，低一字折衷之。則櫟之説書，亦未嘗株守蔡《傳》。而是書之作，乃於蔡《傳》有所增補，無所駁正，與其舊説迥殊。自序稱：「聖朝科舉興行，諸經《四書》一是以朱子爲宗，《書》宗蔡《傳》，固亦宜然」云云。蓋延祐設科以後，功令如斯，故不敢有所出入也。

**錢大昕《補元史藝文志·書類》**　陳櫟《書集傳纂疏》六卷。

## 書解折衷

**黃虞稷**《**千頃堂書目・書類・補元**》 陳櫟《書解折衷》。

**倪燦等**《**補遼金元藝文志・書類**》 陳櫟《書解折衷》。

**朱彝尊**《**經義考・書**》 陳氏櫟《書解折衷》。佚。櫟《自序》曰：「《周禮》『外史掌三皇五帝之書』，楚左史倚相亦能讀此書。蓋伏羲、神農、黃帝之書，是爲《三墳》，此三皇書也；少昊、顓頊、高辛、唐堯、虞舜之書，是爲《五典》，此五帝書也。至孔子始斷自唐、虞以下，訖於周，去《三墳》、《五典》所定者，二帝三王書，凡百篇焉。豈《三墳》、《五典》簡編脱落而不可通耶？抑孔子所見但始於唐、虞耶？今不可考矣。及秦坑焚禍作，百篇之書，無敢藏者。漢孝文時，聞濟南有伏生勝能讀之，生時年九十餘，欲召之，不能行。詔晁錯往受，生又老，不能正言，其女傳言教晁，以意屬讀，所得僅二十餘篇爾。先是孔子遠孫有犯秦禁，密藏竹簡書於其家壁中者，至漢景帝子魯共王壞孔子舊宅，又於壁中得《尚書》數十篇，皆科斗書，後世遂目出於孔壁者爲『古文』，出於伏生者爲『今文』，合古、今文共五十八篇，即今行於世者是也。外四十二篇，自此時已亡矣。篇各有序，或曰孔子作，然序多與經戾，非孔子作也。自孔壁初藏時已有此序，百序共爲一篇。武帝詔孔安國傳《書》，安國始分序各冠每篇之首，即今所謂《小序》，而亡《書》四十二篇之名，尚賴《小序》可見焉。三皇五帝之書，自孔子時而已失二帝三王之書，遭嬴秦氏而不全。今所存五十八篇，學者可不知其旨哉！《書》體有六：典、謨、訓、誥、誓、命是也。今篇名元有此六字者，固不待言矣，其無此六字，如《太甲》、《咸有一德》、《旅獒》、《無逸》、《立政》，訓體也；《盤庚》、《西伯戡黎》、《微子》、《多士》、《多方》、《君奭》、《周官》，誥體也；《胤征》，誓體也；《君陳》、《君牙》、《呂刑》，命體也。雖其間不無簡編之殘斷，字語之舛訛，然上自堯、舜之盛，下逮東周之初，二千餘年之事，猶賴此可考焉。兼諸經之體，多已見於《書》中，舜、臯之歌，五子之歌，《三百篇》祖也；《周官》六卿，太平六典之綱也；《洪範》之占用二，可以見《易》之用；《舜典》、《臯謨》之五禮，可以該《禮》之名。自虞迄周，二千年之史筆在焉，下逮周平王、秦穆公，正與《春秋》接矣。諸經各得其一體，而《書》具諸經之全體，治經不盡心於此，非知本者。予幼習此經，老矣猶心醉焉。諸家之解，充棟汗牛，喙喙心心，孰爲眞的？蔡氏受朱子付託，惜親訂僅三篇。朱子說《書》謂通其可通，毋強通其難通。而蔡氏於難通罕闕焉，宗師說者固多，異之者亦不少。予因訓子，遂掇朱子大旨及諸家之得經本意者，句釋於下，異同之說，低一字折衷之。《語録》所載及他可採之說，與夫未盡之藴，皆列於是。惟以正大明白爲主，一毫穿鑿奇異悉去之。噫！講姚、姒顥灝噩而至此，亦勞矣，爾小子其尚懋之。舊嘗述《尚書大旨》，繼成《書解折衷》，屢欲序之未遑也。大德癸卯十二月五日，始取《大旨》略改，冠於篇端云。」

又《自述》曰：「予編《書解折衷》，宗朱、蔡，采諸家，附己見，大略與深山董氏相類，第不盡載蔡《傳》於前爾。」

**錢大昕**《**補元史藝文志・書類**》 陳櫟《書解折衷》。

## 尚書注

**朱彝尊**《**經義考・書**》 鄭氏翔《尚書注》。佚。

## 書今古文集注

**王圻**《**續文獻通考・經籍考・書**》 《尚書著》。翰林學士承旨，謚文敏，封魏國公，湖州趙孟頫著。

**黃虞稷**《**千頃堂書目・書類・補元**》 趙孟頫《尚書注》。

**倪燦等**《**補遼金元藝文志・書類**》 趙孟頫《尚書注》。

**朱彝尊**《**經義考・書**》 趙氏孟頫《書今古文集注》。未見。孟頫《自序》曰：「《詩》、《書》、《禮》、《樂》、《春秋》，皆經孔子刪定筆削，後世尊之以爲經，以其爲天下之大經也。秦火之後，惟《易》僅全，而《樂》遂無復存。《詩》、《書》、《禮》、《春秋》，由漢以來諸儒有意復古，殷勤收拾，而作僞者出焉，在《書》爲尤甚。學者不察，尊僞爲眞，俾得並行於世。若張霸之膚陋，二十四篇亦以爲《古文尚書》。《小序》之舛訛，大悖經旨，亦以爲孔子所定。嗟夫！《書》之爲《書》，二帝三王之道於是乎在。不幸而至於亡，於不幸之中幸而有存者，忍使僞亂其間耶？又幸而覺其僞，忍無述焉以明之，使天下後世常受其欺耶？孟頫覈其眞而爲之集注，越二十餘年再一訂正，手録成書，可與知者道，難與俗人言也。噫！余恐是書之作，知之者寡而不知者之衆也。昔子雲作《法言》，時無知者，曰：『後世有子雲，必愛之矣，庸詎知今之世無與我同志者哉！』但天下之知我者易，知《書》者難也。《書》之爲道，誠邃矣。漢自伏生以下，鼂錯、倪寬、夏侯勝皆專治《書》而不得其旨；孔安國雖爲之注，多惑於僞《序》，而討論未精；蔡邕才堪釐正，而其説不盡傳；孔穎達之疏，曲暢附會，無所折衷；至宋朱子留心雖久，未遑成書；蔡沈過謹而失之繁，亦爲才識之所限，金履祥懲之而失於簡，亦以精力之所拘，終不若他經之傳注，審之熟而言之確也。昔文中子尙續《書》百五十篇，今正《書》止五十八篇，而傳注可使之不確乎？孟頫繙閲考摭，自童時今至於白首，得意處或至終夜不寢。嗟乎！惟精惟一，允執厥中者，《書》之道也。一毫之過，同於不及，安得天下之精一於中者而與之語《書》哉？《集注》始於至元十六年，中更作輟，成於大德元年，今又二十餘年矣。衰貌頽然，不能不自愛也，因重輯而爲之序。」

按：是序集中所載係節文，今依墨跡録其全。

男雍跋曰：「先君於六經子史，靡不討究，而在《書經》，尤爲留意。自蚤年創草爲《古今文辨》，後三入京師而三易稿，皆謹楷細書，毫髮不苟。及仁宗朝，議改隆福宮爲『光天』二字，以《書》質之，中留一本，復輯是冊，已精而益精者也。古人以半部《論語》佐太平，吾先君有焉。至元後己卯。」

楊載曰：「公治《尙書》，爲之注，人知其書畫，不知其文章，知其文章而不知其經術也。」

《兩浙名賢録》：「趙孟頫字子昂，吳興人，宋之宗室也。以胄監入仕，爲潤州録事參軍。至元間以薦入朝，拜兵部待郎，累官翰林學士承旨。卒謚文敏，追封魏國公。」

**錢大昕《補元史藝文志・書類》** 趙孟頫《書今古文集注》。

## 洪範圖

**朱彝尊《經義考・書》** 趙氏孟頫《洪範圖》。一卷。未見。文徵明曰：「趙文敏公書《洪範》篇，并畫箕子、武王授受之意。公以宋之公族，仕於維新之朝，議者每以爲恨。然武王伐紂，箕子爲至親，既受其封，而復授之以道，千載之下，不以爲非，然則公獨不得引以自蓋乎？公素精《尙書》，嘗爲之集注，今獨書此篇，不可謂無意也。」

**嵇璜等《續通志・圖譜略・書》** 元趙孟頫《洪範圖》。

**錢大昕《補元史藝文志・書類》** 趙孟頫《洪範圖》一卷。

## 書傳詳説

**黃虞稷《千頃堂書目・書類・補元》** 齊履謙《書傳詳説》。

**倪燦等《補遼金元藝文志・書類》** 齊履謙《書傳詳説》。

**錢大昕《補元史藝文志・書類》** 齊履謙《書傳詳説》一卷。

## 書經序録

**王圻《續文獻通考・經籍考・書》** 《書經序録》。吳澂著。

**金門詔《補三史藝文志・書經類》** 吳澂《校定書經》一部，一作《書經序録》。

## 尚書纂言

**楊士奇等《文淵閣書目・書》** 《尙書吳文正公纂言》。一部，二冊。闕。

**黃虞稷《千頃堂書目・書類・補元》**　吳澄《尚書纂言》四卷。澄叙録分別今、古文纂言，則今文二十八篇也。

**倪燦等《補遼金元藝文志・書類》**　吳澄《尚書纂言》四卷。今文二十八篇也。

**朱彝尊《經義考・書》**　吳氏澄《書經纂言》。四卷。存。澄《自序》曰：「《書》者，史之所紀録也。從聿從曰者，聿古筆字，以筆畫成文字，載之簡冊，曰書者，諧聲。伏羲始畫八卦，黃帝時，蒼頡始制文字，凡通文字能書者，謂之史。人君左右，有史以書其言動。堯、舜以前，世質事簡，莫可詳考。孔子斷自堯、舜以後，史所紀録，定爲虞、夏、商、周四代之書。初蓋百篇，遭秦焚滅，挾書有禁。漢興，禁猶未除，舊學之士，皆已老死。文帝時，詔求天下能治《書》者，惟有濟南伏生一人，年九十餘，遣掌故晁錯即其家傳授，僅得二十八篇。武帝時，河内女子獻僞《泰誓》一篇，得附二十八篇之列。元、成間，東萊張霸作僞《舜典》等二十四篇，其書不行。東晉豫章内史梅賾增多伏生書二十五篇，又於二十八篇内分出五篇，共五十八篇，上送於官，遂與漢儒歐陽氏、大小夏侯氏三家所治伏生之書並。唐初尊信承用，命儒臣爲五十八篇作疏，因此大顯，而三家之書廢。今澄所注，止以伏生二十八篇之經爲正。」

王褘曰：「《今文》多艱澀，《古文》多平易，先儒嘗深疑之。宋蔡沈氏《集傳》於每篇各疏《今文》、《古文》有無，既爲明白。而近時吳澂氏又分《今文》《古文》各自爲書，不相肴雜，尤足以釋後世之疑矣。」

顧應祥序曰：「《書纂言》者，元儒草廬吳文正公之所著也。應祥按察江右時，過臨川，得之，藏之篋笥久矣。乃嘉靖戊申起廢，再撫南中，偶攜以隨。督學憲副胡君堯時見而悅之，曰：『滇苦無書，盍刻以惠滇士！』乃命郡文學偕治《書》諸生，正其譌舛，屬雲南守陳君光華刻以傳焉。夫自古帝王之治天下，必有史以紀其行事，必有言以發之號令，於是乎有典謨訓誥之作。唐虞以前，渾渾噩噩，其事簡，其言可傳。孔子刪《書》，上自唐、虞，下迄三代，得百篇。秦燔六籍，煨燼無餘。漢興，除挾書令，濟南伏生始以其所藏者教授齊、魯間。文帝求治《書》者，伏生老不能行，詔太常遣掌故晁錯即其家受之，是謂《今文尚書》。後魯恭王治宮室，壞孔子宅，得壁中所藏虞、夏、商、周之書，皆科斗文字，無有知者。博士孔安國取伏生之《書》，考論文義而爲之傳，是謂《古文尚書》。會巫蠱事，未及以聞。至東晉豫章内史梅賾始奏上，列於學官。漢、魏之間，所謂歐陽、大小夏侯《尚書》之學，皆伏生所授者也。伏生書二十九篇，内《泰誓》一篇，或以爲後人所增。安國所傳，析伏生二十八篇爲三十三篇，《泰誓》爲三篇，又伏生所無者二十二篇，并序一篇，共五十九篇，分爲四十六卷。但其間出於伏生者，皆艱澀難讀；出於古文者，辭反平易。故先儒往往致疑。而文公朱子亦謂不類西漢文字。文正公是編，蓋祖朱子之意，而斷然以二十八篇爲伏生之舊，餘二十五篇則自爲卷袠，以寘諸後，欲使後之學者知上古所傳之書，所可信者，惟此焉耳矣。然竊有疑焉。《漢・藝文志》：『《尚書》古文經四十六卷。』顏師古注曰：『孔安國承詔爲傳經二十九卷。』注曰即伏生所授者。《史記・儒林傳》『伏生《書》二十九篇，教授齊、魯間』。至隋、唐時，始以《泰誓》爲河内女子所獻。或以爲武帝時，或以爲宣帝時，殆不可考。安國之書，雖未嘗列於學官，然史稱司馬遷授《書》於安國，班固以之而入志，其私相傳録，增損附會，容或有之，若槪謂梅賾所增，豈其然乎？又謂梅賾所上書，分《堯典》『愼徽五典』以下爲《舜典》，初無『曰若稽古帝舜』二十八字，以爲姚方興添入。今觀太史公《五帝紀》於帝堯則曰名放勳，帝舜則曰名重華，恐亦有所自焉。噫！士生千載之下，而欲以殘編斷簡訂千載之上之是非，蓋亦難矣。愚因刻是書，而并以典籍之所見者附於首簡，蓋不自知其僭妄云。」

**《四庫提要・書類二》**　《書纂言》四卷。内府藏本。元吳澄撰。澄有《易纂言》，已著録。是編其《書解》也。《古文尚書》自貞觀敕作《正義》以後，終唐世無異説。宋吳棫作《書裨傳》，始稍稍掊擊。《朱子語録》亦疑其僞，然言性、言心、言學之語，宋人據以立教者，其端皆發自《古文》，故亦無肯輕議者。其考定《今文》、《古文》，自陳振孫《尚書説》始。其分編《今文》、《古文》，自趙孟頫《書古今文集注》始。其專釋《今文》，則自澄此書始。自序謂晉世晚出之書，別見於後，然此四卷以外，實未釋《古文》一篇。朱彝尊《經義考》以爲權詞，其説是也。考漢代治《尚書》者，伏生今文，傳爲大小夏侯、歐陽三家。孔安國古文，別傳都尉朝、庸生、胡常，自爲一派。是《今文》、《古文》本各爲師説。澄專釋《今文》，尚爲有合於古義，非王柏《詩疑》舉歷代相傳之古經，肆意刊削者比。惟其顛倒錯簡，皆以意自爲，且不明言所以改竄之故，與所作《易纂》言體例迥殊，是則不可以爲訓。讀者取所長而無效所短，可矣。

**錢大昕《補元史藝文志・書類》** 吳澂《書纂言》四卷。

**彭元瑞等《天禄琳琅書目後編・明鈔諸部》** 《書纂言》。一函，六冊。元吳澄撰。書二十八卷，專釋《今文》二十八篇。篇各有卷，前有序說。今古之分，謂伏氏二十八篇，舊有漢儒所傳，確然可信；而晉世晚出之書，則別見於後。然卒未嘗釋《古文》也。至其顛倒錯簡，與所著《禮記纂言》例同。

## 尚書名數索至

**楊士奇等《文淵閣書目・書》** 《尚書方時發索至》。一部，一冊。闕。

**黃虞稷《千頃堂書目・書類・補元》** 《尚書名數索至》十卷。不知何人所編，有元方時發序。大約亦通考之類。索至者，取揚子雲《法言》語也。

**倪燦等《補遼金元藝文志・書類》** 《尚書名數索至》十卷。索至，取《法言》中語。

**朱彝尊《經義考・書》** 亡名氏《尚書名數索至》。未見。方時發序曰：「孔壁之書，載聖人之心法，允執厥中，建其有極，曰德、曰仁，曰敬、曰誠，先賢之集傳，發揮無餘藴矣。此編題以『索至』，舊出於賢關纂集，獨詳於諸家，如《堯典》之天文，《禹貢》之地制，《洪範》五行之次序，《大誥》諸篇之官名。凡儀章制度，服食器用，辨之必明，確乎其證也，語之必詳，炳乎其文也。復而熟之，義理渾然之中，條目燦然，誠有補於疏通知遠之學。余自潮歸隱，溫舊書，惟此編江廣罕得其傳，由是載加考訂，付之剞劂。其貫穿六經，出入諸子，苞羅旁魄，未易悉通，亥滋魯豕，未易悉辨，當世有行祕書，覩其違闕，儻改而正諸，嘉惠後學，尤賢於著述也。」

按：是書菉竹堂、萬卷堂、澹生堂三家書目均有之。

## 尚書蔡氏傳正誤

**朱彝尊《經義考・書》** 黃氏景昌《尚書蔡氏傳正誤》。佚。《兩浙名賢録》：「黃景昌字清遠，浦江人。從方鳳、吳思齊、謝翱游，通五經，自號田居子。」

## 書說

**錢大昕《補元史藝文志・書類》** 繆主一《書說》。

## 書傳通

**王圻《續文獻通考・經籍考・書》** 《書傳通》。豐城陳煥著。

## 書經箋註名粗通

**王圻《續文獻通考・經籍考・書》** 《書經箋註名粗通》。趙嗣誠著。

**朱彝尊《經義考・書》** 趙氏若燭《書經箋註牣通》。《姓譜》作趙嗣誠。佚。《袁州府志》：「趙若燭字竹逸，宜春人。寶慶二年進士，知光澤縣事。宋亡不仕，教授於鄉。」

## 尚書通旨

**王圻《續文獻通考・經籍考・書》** 《書經通旨》。何逢原著。

錢大昕《補元史藝文志・書類》 何逢原《尚書通旨》。字文瀾，分水人。宋中書舍人。至元中，授福建儒學提舉，不赴。

## 書解

朱彝尊《經義考・書》 何氏逢原《書解》。佚。

## 尚書補遺

王圻《續文獻通考・經籍考・書》 《尚書補遺》。周敬孫著。

錢大昕《補元史藝文志・書類》 周敬孫《尚書補遺》。

## 洪範考訂

王圻《續文獻通考・經籍考・書》 《洪範考訂》。胡希是著。希是八歲悉通諸經，爲文有西漢風。元革命，家居著述。爲人方嚴有守，一介不苟取予。

朱彝尊《經義考・書》 胡氏希是《洪範考訂》。佚。《江西通志》：「胡希是字則翁，高安人。通諸經。元革命後，家居著述，方嚴有守，一介不苟取予。」

## 禹治水譜

黃虞稷《千頃堂書目・書類・補元》 鄭珤《禹治水譜》一卷。

倪燦等《補遼金元藝文志・書類》 鄭珤《禹治水譜》一卷。

嵇璜等《續通志・圖譜略・書》 鄭珤《禹治水譜》。

## 尚書百篇講解

朱彝尊《經義考・書》 趙氏失名《尚書百篇講解》。佚。林希逸曰：「余讀延平趙君《百篇講解》，而曰《書》自諸傳既行，句句字字，毫分縷析。孰不知之，而每篇之要領，則得者蓋鮮。今君篇篇有解，鋪叙發明，該貫首末，使夫人一覽而大略皆具，非用功深密者能之乎！」

## 書傳補遺

王圻《續文獻通考・經籍考・書》 《書傳補》十卷。何中著。

黃虞稷《千頃堂書目・書類・補元》 何中《書傳補遺》十卷。

倪燦等《補遼金元藝文志・書類》 何中《書傳補遺》十卷。

錢大昕《補元史藝文志・書類》 何中《書傳補遺》十卷。

## 書辯疑

王圻《續文獻通考・經籍考・書》 《書辯疑》。韓性著。性，紹興人，宋相琦八世孫。天資警敏，讀書日記萬言，及長，博綜羣籍，爲文自成一家，隱居不仕。所著又有《禮記說》及《詩音釋》行世。門人私謚莊節先生。

黃虞稷《千頃堂書目・書類・補元》 韓性《書辨疑》一卷。

倪燦等《補遼金元藝文志・書類》 韓性《書辨疑》一卷。

錢大昕《補元史藝文志・書類》 韓性《尚書辨疑》一卷。

## 尚書要略

**王圻《續文獻通考·經籍考·書》** 《尚書要略》。吾衍著。出處見《重正卦氣》下。

**黄虞稷《千頃堂書目·書類·補元》** 吾衍《尚書要略》。

**倪燦等《補遼金元藝文志·書類》** 吾衍《尚書要略》。

**錢大昕《補元史藝文志·書類》** 吾衍《尚書要略》。

## 讀書叢説

**楊士奇等《文淵閣書目·書》** 《尚書許謙叢説》。一部，四册。闕。

**王圻《續文獻通考·經籍考·書》** 《讀書傳叢説》六（經）［卷］。許謙著。謙字益之，號白雲，金華處士。

**黄虞稷《千頃堂書目·書類·補元》** 許謙《讀書叢説》六卷。子仁及門人俞實叟校正。

**倪燦等《補遼金元藝文志·書類》** 許謙《讀書叢説》六卷。

**朱彝尊《經義考·書》** 許氏謙《讀書叢説》。六卷。存。黄溍曰：「先生《書説》，時有與蔡氏不能盡合者，要歸於是而已。」

謙《自序》曰：「自堯至襄王六十五君，堯元年至襄二十八年，歷年一千七百三十四，而惟十八君之世有書。以亡書考之，亦惟沃丁、太戊、仲丁、河亶甲、祖乙五君之世有書十篇耳。自此二十三君之外，其餘豈無出號令紀政事之言？蓋皆孔子所芟夷者。緯書謂孔子求帝魁之書，迄於秦穆，凡三千二百四十篇。雖其言未必實，然有書者不止二十三君則明矣。愚嘗謂聖人欲納天下於善，無他道焉，惟示之觀戒而已。故孔子於《春秋》，嚴其褒貶之辭，使人知所懼。於《書》獨存其善，使人知所法。是故《春秋》之貶辭多而褒甚寡，《書》則全去其不善，獨存其善也。雖桀、紂、管、蔡之事，猶存於篇，蓋有聖人誅鉏其暴虐，消弭其禍亂，獨取乎湯、武、周公之作爲，非欲徒紀其不善也。至於羿、浞之篡夏，幽、厲之滅周，略不及之。觀此則聖人之心可見矣。」

張樞序曰：「孔安國始爲《書傳》，辭義簡質。至唐孔穎達撰《正義》，以推衍之。其後《書》説浸廣，見於著録者數十百家，間有所明，而其大要卒不能出夫二家之説焉。朱子爲經，於《書》屬之門人蔡氏，固嘗質疑問難，然非若《易》、《詩》之有全書也。本朝設科取士，並絀衆説而專用古注，《書》蔡氏猶以朱子故也。蔡氏之説或有未備，仁山先生文安金公於《書表注》、《通鑑前編》引《書》語中，既剖晰而著明之矣。先生受學之久，聞義之邃，獨患是經之傳出於朱子之門人，苟一毫之不盡，則學者無所折衷。乃研精覃思，博求其説，爲之圖説，以示學者，使人人易知焉。《叢説》中所引傳疏諸家之説，或采掇其詞而易置其次，不必盡如舊也。蓋皆有所裁定，而畢致其意，非徒隨文援引而已。雖其説之時少異於蔡氏，而異者所以爲同也。先生嘗誦金先生之言曰：『在吾言之則爲忠臣，在人言之則爲讒賊，要歸於是而已。』豈不信哉！至正六年，門人南臺監察御史白野普花帖睦爾與其僚大梁楊公惠移浙東廉訪使，鋟版以傳。於是先生所著《詩名物鈔》八篇、《四書叢説》十二篇，與《讀書叢説》皆刊行。先生不幸無位，退而求之於經，不爲新奇，不求近名，卒以救往説之偏，得聖人之意，而會夫大中之歸，既沒而其言立，其施於人者溥矣。」

俞實序曰：「私以求聖人之意，求之愈深而失之愈遠，言之愈廣而襲之愈晦，此世士之爲經者之所同病也。先生不幸無位，退而求之於經，不爲新奇，不爲近名，卒以救往説之偏，得聖人之意，而會夫大中之歸。既沒，而其言立，其施於人者溥矣。宜其爲士所宗，爲時所尚，考行易名而令聞長世也。先生金華人，其諱字、世系、言行、本末具今翰林直學士烏陽黄公溍所爲墓序誌銘，茲不述。」

**《四庫提要·書類二》** 《讀書叢説》六卷。浙江吳玉墀家藏本。元許謙撰。謙字益之，金華人。延祐中，以講學名一時，儒者所稱白雲先生是也。事蹟具《元史·儒學傳》。自蔡沈《書集傳》出，解經者大抵樂其簡易，不復參考諸書。謙獨博覈事實，不株守一家，故稱「叢説」。如蔡氏釋《堯典》本張子天左旋，處其中者順之，少遲則反右之説。不知左旋者東西旋，右旋者南北旋，截然殊致，非以遲而成右也。日東出西沒，隨大氣而左，以成晝夜，非日之自行。其自行則冬至後由南斂北，夏至後由北發南，以成寒暑。月之隨大氣而左，及其自行亦如之。謙雖不能盡攻其失，然「七政疑」一條，謂「七政與天同西行，恐錯亂紛雜，泛然無統」，可謂不苟同矣。舊說《洛誥》「我乃卜澗水東、瀍水西爲王城」，據《召誥》、《洛誥》，周公皆乙卯至洛，在召公得卜經營攻位五日位成之後，是王城無庸再卜。謙謂此時王城已定，但卜處殷民之地，故先河朔黎水，以近殷舊都，民遷之便，次及澗東瀍西，次及瀍東，皆以洛與此地相對定墨，而皆「惟洛食」。瀍澗流至洛，所經已遠，不知周公所卜者何處。又《呂刑》稱「惟作五虐之刑曰法」，爰始淫爲劓、刵、椓、黥，舊說以爲其刑造自有苗，謙謂苗乃專以刑爲治國之法，乃始過用其刑，非創造刑也。如此之類，亦頗不爲習聞所囿。至於說六律五聲，漫録《律呂新書》。說唐虞之修五禮，漫録《周官・大宗伯》之文。說《酒誥》太史、內史，漫録《周官・太宰》「六典」、「八灋」、「八則」、「八柄」之文，殊屬泛衍。書內載其師金履祥說爲多，卷首書《紀年》一篇，即據履祥《通鑑前編》起算，其間得失雜出，亦不盡確。然宋末元初說經者多尚虛談，而謙於《詩》考名物，於《書》考典制，猶有先儒篤實之遺，是足貴也。其書與《詩名物鈔》、《四書叢說》竝刊於至正六年，其版久佚。此本爲浙江吳玉墀家所藏，其第二卷中脫四頁，第三卷中脫兩頁，第五卷、第六卷各脫四頁。勘驗別本，亦皆相同。今亦無從校補，姑仍其舊焉。

**錢大昕《補元史藝文志・書類》** 許謙《讀書叢說》六卷。

## 尚書纂言

**晁瑮《晁氏寶文堂書目・書》** 《尙書纂言》四。

## 讀蔡傳疑

**黃虞稷《千頃堂書目・書類・補元》** 余芑舒《讀蔡傳疑》一卷。饒州德興人。

**倪燦等《補遼金元藝文志・經部・書類》** 余芑舒《讀蔡傳疑》一卷。○饒州德興人。

**錢大昕《補元史藝文志・書類》** 余芑舒《讀蔡傳疑》一卷。

## 書傳解

**朱彝尊《經義考・書》** 《書傳解》。佚。《姓譜》：「德興余芑舒，潛心程朱之學，著有《書傳解》。」

**錢大昕《補元史藝文志・書類》** 余芑舒《書傳解》。

## 尚書蔡傳音釋

**錢謙益等《絳雲樓書目・書類》** 鄒季友《音釋蔡氏集傳》。

**黃虞稷《千頃堂書目・書類・補元》** 鄒季友《書蔡傳音釋》六卷。字晉昭。鄱陽人。《書傳會選》采用其書。

**倪燦等《補遼金元藝文志・書類》** 鄒季友《書蔡傳音釋》六卷。字晉昭，鄱陽人。

**于敏中等《天祿琳琅書目・元版經部》** 《書集傳》。一函，七冊。宋蔡沈撰。六卷。宋鄒近仁音釋。前沈序並《尙書纂圖書傳序》共一冊，後附《書序》一篇。　《宋史》：蔡沈字仲默，建州建陽人。元定次子。少從朱子游，朱子晚年欲著《書》傳，未及爲，遂以屬沈。《洪範》之數，學者久失其傳，元定獨心得之，然未及論著，曰：「成吾書者，沈也。」沈受父、師之託，沈潛反復者數十年，然後成書。方年三十時，即屏去舉子業，一以聖賢爲師，隱居九峰，當世名卿物色將薦用之，沈不屑就。鄒近仁，《宋史》無傳，考《江西志》，近仁字季友，饒州人。爲龍陽丞。嘗叩道於楊簡，一再語而頓覺。性至孝，或干以利，介焉弗受；人告之過，斂衽以服。所當爲，雖強禦不畏。著有《歸軒集》。此書與宋版《纂圖互註毛詩》、《周禮》體式相同，惟註字參差不齊，未能如宋槧耳。毘陵周良金藏本，無考。

**彭元瑞等《天禄琳琅書目後編·元版經部》** 《書集傳》。一函，六冊。宋蔡沈撰，鄱季友音釋。沈子仲默，建陽人。朱氏弟子，屬以注《書》。季友，鄱近仁字，鄱陽人。楊簡弟子也。書六卷，前列《書經序》，後有《書序》、考沈子抗《進表》，尚有《朱熹問答》一卷，宋以來刊本俱不載。序末有「南谿精舍」及「至正乙酉」鐘式、「明復齋」鼎式墨印三。書末刻「至正乙酉菊節虞氏明復齋刊」。

**錢大昕《補元史藝文志·書類》** 鄱季友《書蔡傳音釋》六卷。○鄱陽人。

**張金吾《愛日精廬藏書志·書類》** 《尚書經傳音釋》六卷，《序》一卷，附《尚書纂圖》。元至正刊本。朱子訂定，蔡氏集傳，元鄱陽鄱季友音釋。按：凡例云《集傳》元無是釋，今用鄱陽鄱氏《經傳音釋》附於各段之末，是《音釋》本自單行，德星書堂刊板時附入蔡《傳》者。是書雖以蔡《傳》爲主，而糾正蔡《傳》者甚夥。如《舜典傳》「十籥爲合」，《音釋》云：蔡西山《燕樂本原·嘉量篇》云「合籥爲合」，注云：兩籥也。又云「十合爲升」，注云：二十籥也。蔡氏家學相承，不應有異，況「合籥爲合」，乃《漢·律曆志》本文。籥即管也。黄鐘之律，管容秬黍一千二百謂之一籥。合者，并也，取并合兩籥之義以爲名也。傳經朱子訂定，不應有誤，必傳寫之訛耳。《益稷傳》「民尚艱食」，《音釋》云，按經文，上句言鮮食則曰播奏，蓋謂播種艱難，故以百穀爲艱食也。蔡《傳》言「民尚艱食」，則與上句語法不協，且一句之間，文義亦不通。《禹貢傳》「青州之域，東北至海」，《音釋》云：按孔《傳》云東北據海，《疏》據謂跨之也。故以海北遼東西之地爲青州之域。今蔡《傳》云「東北至海」，則疆域至海而止。又冀州《傳》中引程氏云：冀之北境，則遼東西、右北平、漁陽、上谷之地。蓋與孔説異矣。而《舜典傳》中尚仍孔《傳》分青州爲營州之説，自相背戾，當正之也。又「梁州亦篚織皮」，《音釋》云：按此經文無篚字，梁州亦無篚字。今言篚者似因揚州「厥篚織貝」而例之。然織貝者織帛爲貝文也，故可入篚。若獸皮毛罽，非可入篚者。梁州織皮，但在厥貢之下，別無厥篚之文，是梁、雍二州自無入篚之貢也。不可解織皮爲梁州之篚。《盤庚》，《音釋》云：朱子云殷《盤》周《誥》不可解。今蔡《傳》於《盤》、《誥》諸篇闕疑處甚少，恐非朱子本意。讀者於其強通處，略之可也。《泰誓傳》：「祝，斷也。言天弗順而斷然降是喪亡也」，《音釋》云：孔《傳》云祝斷也，天惡紂逆道，斷絶其命。又按《公羊傳》云：哀公十四年，子路死。子曰「天祝予」，何休注：「祝，斷也。」《穀梁傳·哀公十三年》云：「吳夷狄之國，祝髮文身。」范甯注：「祝，斷也。」則是祝之訓斷，乃斷絶之斷，非斷決之斷也。今蔡《傳》乃云「斷然降是喪亡」，則是讀爲斷決之斷矣。宜從孔《傳》爲是。《康誥傳》「要囚獄辭之要者也」，《音釋》云：「『要囚』二字，兩見此章，兩見《多方》，孔、蔡於此章，皆釋爲獄辭之要，孔氏《多方》前釋爲要察獄情，後釋爲執其朋黨。蔡氏《多方》皆無釋，然《多方》兩章文義皆難同此章。孔、蔡之釋，若如孔氏之前後異義，則尤不可。按孔《傳》末章囚執之説甚當，蓋要字讀爲平聲，有約勒之義，謂繫束拘攣之也。《周禮》「掌囚」注云：「囚拘也，拘繫當刑殺者。凡囚者，上罪梏拲而桎，中罪桎梏，下罪梏以待蔽罪，正此義也。以此通釋前後三章，無不妥矣。陸氏三章皆音『要』爲平聲，當從之。」其説俱極精確。至若以「高宗肜日爲祖己諫祖庚」、說本《史記》。「旅獒爲召公訓成王」說本《皇王大紀》。二典，爲夏啓以後史臣所作，亦能自由己説，不爲蔡氏所囿。視陳氏《旁通》之繁稱博引而毫無糾正者，蓋有間矣。凡例後有「至正辛卯孟夏德星書堂重刊」木記。《尚書纂圖》未詳作者，始《唐虞夏商周譜系圖》終《任土作貢圖》，凡圖六十九。按《經義考》載，宋鄭東卿《尚書圖》一卷，圖名與是書合者凡三十二。《任土作貢圖》後，引合沙先生曰《經義考》曰：合沙，漁父鄭東卿自號。云云，蓋即鄭氏原本而稍有增刪者。

**張之洞《書目答問·正經正注》** 《書傳音釋》六卷附《書序》。蔡傳，宋鄱季友音釋，高均儒校，吳氏望三益齋本。

**瞿鏞《鐵琴銅劍樓藏書目録·書類》** 《尚書音釋》一卷。元刊本。此書不題名，亦無序跋，核其音釋，蓋鄱季友作。鄱氏合經與蔡氏《集傳》爲《音釋》六卷，此則專刻經文，故第取其釋經者，蓋元時家塾課本也。案蔡《傳》經文多有與石經及相臺本異者，如《大禹謨》「降水儆予」，《禹貢》「北過降水」，兩降字，並作洚。《太甲》「中視乃厥祖」，「厥」作「烈」。《咸有一德》「厥德匪常」，「匪」作「靡」之類。此本亦然。然考之《音義》，亦有蔡《傳》本不異於古本，而俗本譌焉者。如《大禹謨》「夔夔齊慄」，鄱氏不爲「齊」字發音，則蔡《傳》本作齋可知。又《洪範》明作哲，此本哲作哲。鄒氏云：「哲，之列反，字與晰同，下當從日，從口非。」皆與石經、岳本合。

《重刊明本書集傳附音釋》六卷。元刊本。題「朱子訂定，蔡氏集傳，鄱陽鄒季友音釋」。案：蔡氏書成於嘉定己巳，淳祐中，其子抗奏進，後遂有刻本。此云「明本」，即宋之明州本。明州今寧波府也。當時經進本，凡《傳》六卷，《小序》一卷，《朱子問答》一卷。《小序》本自爲一篇，孔氏作《傳》，移冠各篇之首，朱子仍合爲一。《書録解題》，載有晦庵所録《書古經》四卷，《序》一卷者是也。《集傳》經其訂定，故亦置《序》於後，此本悉依其舊。惟《朱子問答》，董氏《輯録纂註》采入「説書綱領」，此從董本列諸卷首。又有纂圖六十有八，不著何人所纂，張氏金吾謂取諸鄭東卿《尙書圖》。案：東卿圖見《經義考》，則有七十有七，覈其圖名又不同者半，明係兩本，不得以圖説有合沙云云，謂即鄭本也。傳文每節後附鄒季友「音釋」。考季友，字晉昭，鄱陽人。明太祖見《集傳》與季友所論間有未安，詔徵儒臣纂《書傳會選》，多采其説。黄氏《千頃堂書目》、錢氏《元史・藝文志》俱載有《書蔡傳音釋》六卷，即此書也。所釋與蔡《傳》異者已見張氏《藏書志》，其釋音亦主虚實動靜，間引《玉篇》、《廣韻》、《韻略》，不全用《釋文》。其論「數」字云：「諸經中如『加我數年』，『數口之家』，陸氏並音『色主反』，而朱子《四書集註》音去聲。今案上聲乃用力字，於此義未安，宜從朱子音爲是。」又謂徐仙民「讀」音「樹」爲北音，因改爲「神蜀反」，蓋亦元人之講小學者。鄒氏有上胡雲峰書曰：「《書傳音釋》，極感訂正，儻遂可傳，先生與有惠焉。」是又經雲峰手定矣。凡例後有墨圖記曰「至正辛卯孟夏德星堂重刊」。舊爲邑中孫氏藏書，後歸張氏愛日精廬，載入《藏書志》次諸元人之末，蓋以鄒氏音釋爲主，然凡經傳附《釋文》，皆不從陸氏，時代故。今以《集傳》爲主，改列於此，而單行本一卷，則仍叙諸元人中焉。每卷有「虞山孫仲孝維收藏」圖書朱記。

## 尚書輯録纂注

**范邦甸等《天一閣書目・書類》** 《蔡氏集傳》六卷。鈔本。元至大鄱陽董鼎輯録纂註并序云：「宋諸儒數十家，而後其説漸備，又得文公朱子有以折其衷而悉合於古，雖集傳之功未竟，而委之門人九峰蔡氏，既嘗親訂定之，則猶其自著也。鼎族兄介軒夢程親受學于勉齋黄氏、槃澗董氏，故再傳而鼎獲私淑焉。釋經諸論多出朱子，迺取訂定《集傳》爲之宗，而蒐輯語録，於其次，又增纂諸家之註有相發明者，并間綴鄙見於其末。庶幾會粹以成朱子之一經，可無參稽互考之勞，而有統宗會元之要，則亦不無小補矣。至大戊申十二月序。」草廬吳先生作後序。弘治五年，蔣欽小識，凡例八，建安余文定編校。

**黄虞稷《千頃堂書目・書類・補元》** 董鼎《書經輯録纂注》六卷。鼎詳稽朱子遺語，旁采諸家，附於蔡《傳》本條之左，有同有異，俱有所釋。鼎字季亨，鄱陽人。子眞卿乞吳澄爲序。

**倪燦等《補遼金元藝文志・書類》** 董鼎《尙書輯録纂注》六卷。字季亨，鄱陽人。

**朱彝尊《經義考・書》** 董氏鼎《尙書輯録纂注》。六卷。存。鼎《自序》曰：「生民之類，必帝王而後治；帝王之道，必聖賢而後行。考之古可見矣。黄虞遠矣，蒼姬訖矣，三代以降，有帝王而民不治者，聖賢未遇也。孔孟繼作，有聖賢而道不行者，帝王不用也。噫！虞、夏、殷、周之盛，非適然也，人事之所致也。堯、舜、禹、湯、文武之聖，非獨善也，人心之所同也。高風遐躅，豈遂不可追而及之哉！孟子言必稱堯舜，孔子知百世可繼周，言豈苟乎哉！事豈虚乎哉！蓋於百篇之《書》，的然有見而云爾也。然則是書也，惟聖賢能盡之，惟聖賢能行之。顧其學聖賢之學而事帝王之事者何如耳。焚滅之而秦亡，表章之而漢興，往者可鑒矣。惜乎，安國之《傳》不無可疑，而穎達之《疏》惟詳制度，二帝三王羣聖人之用心，獨決於一夫之見，管窺天而蠡測海，豈足以得其奥藴哉？【略】第顧繙閱傳注，盈溢充斥，衆寶眩瞀，遺珠棄玉，或所不能免也。惟於君心、王政、人才、民生之所係，諸儒之論可堪警策者，摭抉不遺，闕者補之，以備臨政，願治之觀覽，固不徒爲經生學士設。噫！人皆可爲堯舜，塗人可以爲禹，而況聰明首出受天之命，奄有四海，有能致之資，居得致之勢，而又有可致之權，可以千古聖賢自期，可以四代帝王自許，而顧乃謙讓未遑也哉！是書若遇，雖書之幸，實天下萬世生民之大幸也。至大戊申十二月己未序。」

子貞卿跋曰：「先世以來，多習《書經》。先君子克承家學，復私淑朱子緒論，於蔡氏《傳》尤用力焉。大德甲辰，命貞卿從雙湖胡先生一桂、退齋熊先生禾讀《易》武夷山中，因得刊行先君所著《孝經大義》，時欲并刻此書。貞卿歸而以請，先君乃曰：『有朱、蔡二師在前，編集其可苟乎？吾餘齡暇日尚須校定。』且謂貞卿曰：『是書將盛行。吾老矣，當不及見，傳之者汝也。』及悼棄藐孤之三年，會聖天子興賢，有詔命習《書》者惟蔡《傳》。是宗斯文，開運其在兹乎！蓋先君此書，懼其遺也而靡不録，覺其煩也而欲簡是從，晚雖重加校定，尚欲質之同志而未遂。貞卿仰遵先訓，求正於當世儒先與先君之舊交，如葵初王先生希旦、雙湖胡先生、定宇陳先生櫟、息齋佘先生芑舒，多得所討論，於朱、蔡此書似爲大備。敬壽梓閩坊，以廣其傳，非徒不負先君之囑，且以欽承明詔，尊崇朱學之萬一云。延祐戊午十月朔日。」

吴澄序曰：「自《樂經》亡而經之行於世者惟五，《詩》、《禮》、《易》、《春秋》雖不無闕誤，而不若《書經》之甚也。朱子嘗欲作《書》說弗果，門人嘗請斷《書》句亦弗果，得非讀之有所疑，而爲之不敢易耶？訂定蔡氏《書傳》，僅至『百官若帝之初』而止，他篇文義，雖承師授，而《周書・洪範》以後，浸覺疎脱，師説甚明而不用者有焉，豈著述未竟而人爲增補與？抑草稿初成而未及修改與？《金縢》『弗辟』，鄭非孔是昭昭也，既迷於自擇，而與朱子《詩傳》、文集不相同，然謂鴟鴞取卵破巢比武庚之敗管、蔡及王室，則又同於《詩傳》，而與上文避居東都之説自相反。一簡之内，而前後牴牾如此，何哉？召、洛二《誥》，朱子之説具在，而《傳》不祖襲之，故切疑《洪範》以後，殆非蔡氏之手筆也。鄱陽董鼎季亨父治聖人之經，學朱子之學，詳稽遺語，旁采諸家，附於蔡氏各條之左，名曰《輯録纂注》，有同有異，俱有所裨。《西伯戡黎》，其國蓋在黎陽之地，而非上黨、壺關之黎。武王伐商，兵渡孟津，必過黎陽，先戡黎而後至紂都，如齊桓伐楚，先潰蔡而遂入楚境也。《輯録》引董銖叔重之問，謂吴才老以戡黎爲伐紂時事。《召誥》三月甲子，周公用書命庶殷侯甸男邦伯，《多士》篇即其命庶殷之書也。而舊注云《多士》作於祀洛次年之三月，《纂注》引陳櫟壽翁之説，以此三月誥商士爲周公至洛之年。周公居東，二説兼存，不以蔡之從鄭爲然也。略舉一二端，則季亨父之有功《書經》多矣。澄於《書經》，亦嘗因先儒所疑而推究其所可知，往往不能悉與舊説合，觀所《輯纂》，其間乃有與予不異者。季亨父篤行信於鄉里，年六十八而終。子貞卿來遊京師，出父書以示，嘉其窮經有特見，而無黨同護闕之弊，於是爲識其卷末。」

陳櫟曰：「鄱陽深山董公，宗蔡氏《書傳》，輯《朱子語録》，增諸家注解，間以己見發明之。」

《江西通志》：「董鼎字季亨，德興人。」

**《四庫提要・書類二》**　《尚書輯録纂注》六卷。内府藏本。元董鼎撰。鼎字季亨，鄱陽人。朱子之學授於黄榦，鼎族兄夢程嘗從榦游，鼎又從夢程聞緒論，故自叙謂得朱子之再傳。是編雖以蔡沈《集傳》爲宗，而《集傳》之後續以《朱子語録》及他書所載朱子語，謂之「輯録」。又採諸説之相發明者附列於末，謂之「纂注」。自序稱《集傳》既爲朱子所訂定，則與自著無異。又稱薈萃成朱子之一經，則仍以朱子爲主也。考蔡沈《書集傳序》，惟稱二典、三謨嘗經先生點定，故陳櫟作《書集傳纂疏》，惟《虞書》首標朱子，而《夏書》以下則不然。其凡例曰，首卷有「朱子訂定」四字，不忘本也。自二卷起去四字，紀實也。吴澄作是書序，亦稱朱子訂定蔡《傳》僅至「百官若帝之初」而止。此書《大禹謨》「正月朔旦」條下，鼎併附注其説，是鼎於此書源委本自分明。其稱《集傳》爲朱子所訂定，似未免假借。然澄序又稱：「《集傳》自《周書・洪範》後，浸覺疎脱，師説甚明而不用者有焉。」疑其著述未竟而人爲增補，或草稿初成而未及修改。所舉《金縢》、《召誥》、《洛誥》，諸條皆顯相舛異。又稱鼎作是書，有同有異，但有所裨。如解《西伯戡黎》則從吴棫，解《多士》則從陳櫟，解《金縢》則兼存鄭、孔二義，不以蔡《傳》之從鄭爲然云云。然則鼎於《集傳》蓋不免有所未愜，恐人以源出朱子爲疑，故特引朱子之説補其闕失。其舉《集傳》歸之朱子，猶曰以朱翼朱，則不以異蔡爲嫌耳。非其考之不審也。

**彭元瑞等《天禄琳琅書目後編・元版經部》**　《書傳輯録纂注》。二函，八册。元董鼎撰。鼎字季亨，鄱陽人。黄幹門人。書六卷。首列蔡《傳》，又取朱子之説爲「輯録」，諸家之説爲「纂注」，各以白文標之。前有蔡沈《集傳序》，又「朱子説書綱領」，又「書序綱領」。後有「建安余氏勤有堂刊」墨記。　是書槧手精工，雖宋本亦稱佳者，以書中宋諱皆不闕筆，而勤有堂世守其業，至今不廢，故列之元版。項篤壽萬卷樓藏本，其李氏、岳氏，又江夏應是黃氏，均無考。

**錢大昕《補元史藝文志・書類》** 董鼎《尚書輯録纂注》六卷。字季亨，鄱陽人。眞卿之父。

## 書說

**朱彝尊《經義考・書》** 嚴氏畝《書說》。佚。吳澂曰：「《書經》惟後晉增多二十五篇之文，明白易曉。其先漢伏生所傳者，則詰屈難讀。章貢嚴畝，篤志嗜經，博覽深探，於《書》有說，略述梗概，如金屑花片，雖未底渾全，然嘗鼎一臠已可知矣。」

## 尚書講義

**朱彝尊《經義考・書》** 張氏仲實《尚書講義》。卷。佚。牟巘序曰：「講學所以明理。理之不明而辭之徒費，雖多奚以爲？伏生《書》僅二十九篇，史稱秦恭增其家法，至百萬餘言，亦既多矣。《論衡》又稱說《堯典》篇目二字十萬言，但『曰若稽古』二三萬言，就其中尤猥多焉。度與近世所謂時文大義者復何異。班固以爲不思多聞闕疑，而務碎義逃難，便詞巧說，破壞形體，不惟切中當時之病，殆若爲時文發也。烏乎！《書》出屋壁，簡脫字訛，尚難究悉，苦於分外汎濫牽引，重自纏繞，辭愈繁，理愈失，終其身無所見，可哀已。今爲講說者，固當一洗此陋，悉從簡要，求其坦然明白者，庶幾聖賢之意，或得五六，不然，亦一時文義耳。予倩張仲實在江陰時，嘗爲諸生講《尚書》，其從裒取數篇示予，異時吾家君高有《牟氏章句》，授業者萬人，顧予皓首不名一藝，甚慚，無以發之，然深喜其不爲游詞，得講經之法。蓋先考音義名物度數，次列諸儒之說，辨其是否，暢其同異。大抵隨文直解，毫分粒析，求其至當，而一皆訂之以朱子之說。朱子雖不立訓傳，其見於他書，散於語録者，往往采用焉。如以『克明俊德』，『親九族』，『平章百姓，協和萬邦』合於《大學》，『危微精一』『執中』合於《中庸》，善於言聖人矣。仲實幼能刻苦力學，通於經術，徒稱其詩文未爲深知仲實者。夫義理無窮，學問亦無窮，所當講者似未止此，尚益勉其未至，盡畢餘義，成一家可也。孔安國始注《尚書》，其族兄臧貽書規切，固不得雷同相私，妄有稱道，覽者當自得之。」

**錢大昕《補元史藝文志・書類》** 張仲實《尚書講義》。

## 書傳釋疑

**朱彝尊《經義考・書》** 程氏龍《書傳釋疑》。佚。

**錢大昕《補元史藝文志・書類》** 程龍《書傳釋疑》。

## 尚書集傳

**黃虞稷《千頃堂書目・書類・補元》** 俞元夔《尚書集傳》。字邦亮，建寧人，居於吳。其卒也，虞集銘其墓。

**倪燦等《補遼金元藝文志・書類》** 俞元夔《尚書集傳》十卷。建寧人，居吳。

**錢大昕《補元史藝文志・書類》** 俞元燮《尚書集傳》十卷。字邦亮，建寧人，徙於吳。

## 或問

**黃虞稷《千頃堂書目・書類・補元》** 俞元夔《或問》二卷。

**倪燦等《補遼金元藝文志・書類》** 俞元夔《或問》二卷。

**錢大昕《補元史藝文志・書類》** 俞元燮《或問》二卷。

## 尚書通解

**朱彝尊《經義考・書》** 王氏希旦《尚書通解》。佚。

**錢大昕《補元史藝文志・書類》** 王希旦《尚書通解》。

## 書說

**焦竑《國史經籍志・書》** 王希旦《書說》□卷。

**錢大昕《補元史藝文志・書類》** 王希旦《書說》。

## 定正武成錯簡

**王圻《續文獻通考・經籍考・書》** 《定正武成錯簡》。牟楷著。

**朱彝尊《經義考・書》** 牟氏楷《定正武成錯簡》。一卷。佚。《台州府志》：「牟楷字仲裴，黄巖人。刻意誠正之學，以侍母疾，不仕，教授生徒，學者稱之曰靜正先生。」

## 書旁注

**朱彝尊《經義考・書》** 李氏恕《書旁注》。佚。

## 尚書直解

**朱彝尊《經義考・書》** 呂氏椿《尚書直解》。佚。《閩書》：「椿字之壽，晉江人。初從丘釣磯學，貧隱授徒。所著有《春秋精義》、《詩書直解》、《禮記解》。

**錢大昕《補元史藝文志・書類》** 呂椿《尚書直解》。字之壽，晉江人。

## 洪範傳

**王圻《續文獻通考・經籍考・書》** 《洪範傳》。陳樵著。

**黃虞稷《千頃堂書目・書類・補元》** 陳樵《洪範傳》一卷。

**倪燦等《補遼金元藝文志・經部・書類》** 陳樵《洪範傳》。

**錢大昕《補元史藝文志・書類》** 陳樵《洪範傳》一卷。

## 七政疑解

**黃虞稷《千頃堂書目・書類・補元》** 孟夢恂《七政疑解》。

**倪燦等《補遼金元藝文志・書類》** 孟夢恂《七政疑解》。

## 書雜說

**朱彝尊《經義考・書》** 吳氏師道《書雜說》。六卷。未見。

**金門詔《補三史藝文志・書經類》** 吳師道《書經雜說》。

## 尚書通考

**楊士奇等《文淵閣書目・書》** 《尚書》黃存齋《通考》。一部，一冊。闕。

**王圻《續文獻通考・經籍考・書》** 《尚書通考》十卷。邵武黃鎮成著。

**黃虞稷《千頃堂書目・書類・補元》** 黃鎭成《尙書通考》十卷。字元鎭，昭武人。隱居著書，以執政薦授江西路儒學提舉，命下而卒。集賢定謚曰貞文處士。如《堯》、《舜典》日月曆象、星辰、律度量衡、五禮五樂，《禹貢》山川，《洪範》九疇之類，關涉考究者，會萃鈔撮，其不可曉者，規畫爲圖，至衆家之說有所不逮，則述己見以附於下。

**倪燦等《補遼金元藝文志・書類》** 黃鎭成《尙書通考》十卷。

**朱彝尊《經義考・書》** 黃氏鎭成《尙書通考》。十卷。存。鎭成《自序》曰：「《書》載二帝三王之政，政者心與事之所形也，是故道德仁聖統於心，制作名物達於事，內外之道合而帝王之政備矣。然統乎心者，先後古今，脗合無二；達於事者，儀章器物，因革無存。故求帝王之心易，而考帝王之事難，矧後儒稽古不過以周爲據，而秦人滅學，周典亦多殘缺，迺欲以不完之文，以徵隆古之舊，斯益難矣。然昔者紫陽夫子之教，必語學者以有業次，如所謂《堯》、《舜典》曆象、日月星辰、律度量衡、五禮六樂，《禹貢》山川，《洪範》九疇之類，須一一理會令透。蓋讀書窮理，即器會通，乃學者之當務也。余方授兒輩以書，間或有問，不容立答，則取關涉考究者，會萃抄撮。或不可言曉者，規畫爲圖以示之。至衆家之說有所不通，則間述臆見以附於下。如舊圖舊說已備者，不復贅出，其有未盡，則隨條辨晰焉。歲月積累，寖成卷帙，兒輩乃請次其顛末，以便尋考，名曰《尙書通考》。竊謂學有本末，道無精粗，禮樂官名，聖人猶問，則讀是經者安得不求其故哉！方將就正於博學君子，然後退授於家，俾得格致之助，亦庶乎紫陽夫子之教云爾。」

**《四庫提要・書類二》** 《尙書通考》十卷。江西巡撫採進本。元黃鎭成撰。鎭成字元鎭，邵武人。以薦授江南儒學提舉，未上而卒。其書徵引舊說，以考四代之名物典章，亦間附以論斷，頗爲詳備。其中如論閏月而牽及後代司天之書，論律而旁引京房之法，論樂而臚陳自漢至宋之樂名，皆與經義無關，失之汎濫。其他四仲、五品、五教、九疇、六府、三事之類，皆經有明文，而復登圖譜，別無發明，亦爲冗瑣。又全書皆數典之文，而「曰若稽古」一條，獨參訓詁，尤爲例不純。似乎隨筆記録之稿，未經刊潤成書者。然書本以道政事，而儒者以大經大法爲麤蹟，類引之而言心。王應麟《困學紀聞》曰：「《仲虺之誥》，言仁之始也；《湯誥》，言性之始也；《太甲》，言誠之始也；《說命》，言學之始也。然則刪《書》録此四篇，果僅因此四語乎？」鎭成此編，雖頗嫌蕪雜，然猶爲以實用求書，不以空言求書者。其自序有曰：「求帝王之心易，考帝王之事難。」可謂知說經難易之故矣。

**翁方綱《通志堂經解目録・書》** 《尙書通考》十卷。元昭武黃鎭成存齋。何焯曰：「汲古元刻，惜有闕葉，應爲標出。」

**錢大昕《補元史藝文志・書類》** 黃鎭成《尙書通考》十卷。

## 洪範集說

**朱彝尊《經義考・書》** 《洪範集說》。一冊。未見。

## 尙書標說

**王圻《續文獻通考・經籍考・書》** 《尙書標說》六卷。浦江吳萊著。本朝宋濂評其文，無愧兩司馬、劉向、王褒諸人。萊字立夫，號深褭山道人。

**黃虞稷《千頃堂書目・書類・補元》** 吳萊《尙書標說》六卷。

**倪燦等《補遼金元藝文志・書類》** 吳萊《尙書標說》六卷。

**錢大昕《補元史藝文志・書類》** 吳萊《尙書標說》六卷。

## 定正洪範集說

**楊士奇等《文淵閣書目・書》** 胡一中《定正洪範集說》。一部，一冊。闕。胡一中《定正洪範集說》。一部，一冊。闕。

**王圻《續文獻通考・經籍考・書》** 《洪範定正》。會稽胡一中著。一中深有得於王、何、吳三先生《洪範》説，摭其所長而訂正之，分經別傳，以傳附經，然後義理明白，脈絡貫通，神禹敘疇之義，燦然如指諸掌。

**黃虞稷《千頃堂書目・書類・補元》** 胡一中《定正洪範集説》一卷。字允大，諸暨人。紹興路録事。

**倪燦等《補遼金元藝文志・書類》** 胡一中《定正洪範集説》一卷。字允大，諸暨人。紹興路録事。

**朱彝尊《經義考・書》** 胡氏一中《定正洪範集説》。一卷。存。貢師泰序曰：「伏羲觀馬圖而畫卦，神禹因龜書而敘疇。至我夫子繫《易》，乃謂『河出圖，洛出書，聖人則之』。則圖書似皆爲畫卦出，而敘疇若無與焉。此千歲之下，辨議紛紜，雖更周、邵、程、朱諸大儒之論，猶莫知所適從也。況九疇之傳，錯出乎五皇極之下，蔡氏著書竟莫之正，是學者不能無惑焉。會稽胡君一中，深有得王、文、吳三先生之説，摭其所長而訂正之，分經別傳，以傳附經，自成一書，名之曰《定正洪範》。然後義理明白，脈絡貫通，而神禹敘疇之義，粲然如指諸掌。夫龜書馬圖，自周、程、朱子固未嘗易置其名，今胡君直以圓九爲圖，方十爲書，而畫卦者兼取之，以分先後天，其卓然有見者哉！雖然，神聖有作，動與天合，使龜龍不出於河、洛，則卦固畫、疇固敘也。感麟而作《春秋》，觀兎而知《易》象，變通交互，理無不在，非深於道者，其孰能與於斯。」

一中《自序》曰：「《洪範》一篇，魯齋王先生、本心文先生、草廬吳先生皆有考定本，所見不同，互有得失。竊因括蒼鮑氏有定正《武成》之論，以竹簡每行十三字而定其差，推之於範，則史氏之敘五行，初一以下爲疇之經，大禹本文也。以《河圖》九數爲綱，以《洛書》十數爲目，『一五行』以下，亦禹所授之章。『水曰潤下』以下，則箕子所釋之傳也。『二五事』至『福極皆然』九章，皆當析大禹之經，箕子之傳，支分節解，脈絡貫通。而八政五紀同傳，五福六極亦然。其文則因三先生所定，各摭所長以正之，初非自敢出於臆見，以取繆妄僭踰之罪也。意者竹簡每行十三字，今詳其字數甚嚴，不空一字，其脱簡偶因文義斷處而差入。今疏於每節之上，於是作圖以明五行之配，集註以著九章之旨。然亦不敢自是，藏之家塾，時出而質之同志云。」　又曰：「延平芹西徐氏道泰著《河洛本始》，集先儒之説，定九數爲《河圖》，十數爲《洛書》，以正啓蒙之誤。其言曰《河圖》、《洛書》，皆出於上世，伏羲則之以造《易》，因《河圖》對待之位而畫先天八卦，因《洛書》流行之位而畫後天八卦。大禹復則之以作範，以河圖九數爲體，敘九疇之綱；以《洛書》十數爲用，敘九疇之目。其敘九功，則以《河圖》五行水火金木土逆剋之序爲六府；其治水別州，則以《洛書》水木火土金順生之序畫九州。其説具載《本始》之書，一中嘗爲之校正，而《啓蒙》之疑積有年，一旦煥然冰釋，且與甬東王太古氏所著《易説問答》之書若合符契，蓋以天下之理無不同，所以合也。嘗謂圖書之疑，因漢儒《洛書》止以作《範》一言之誤，而啓千載之惑。越上韓明善先生性深以此言爲然。今因《洪範》定正之文，取芹西之説而爲之釋，壹皆萃先儒之論以摭其所長，而合禹經箕傳之旨，俾可行於天下，所謂爲天地立心，爲生民立極，爲去聖繼絶學，爲萬世開太平，初非區區之臆説也。」

陳顯曾跋曰：「《書》經秦火而後出於孔氏之壁藏，與伏生之所口授，故或舛訛相承，由漢以來，未有更定之者。會稽胡公允文，獨因王、文、吳三先生所訂之旨，更復詳考，爲《定正洪範》一編，其用心可謂詳且密矣。竊嘗論之，九數之列，天之所錫也，至理寓焉。九疇之目，禹之所敘也，辭以發其理焉。繹而廣之，箕子之所推也，致詳以究其義焉。序而辭者，經也；繹以詳之者，傳也。史臣列之，始必不紊，而編簡錯亂，不能無舛。允文定而正之，非獨使學者易於觀覽，而於聖賢之旨無復遺憾，允文蓋有功於《洪範》者矣。公之令子溫字尊道，襲藏惟久，不敢失墜，今刻之三山郡庠，是亦善繼人之志，爲可嘉也。請僕識其後，謹書以歸之。若夫以九爲圖，以十爲書，則劉牧氏之説，允文宗之，其必有所見矣。他日請從尊道，示其要領，庶相與懋明之。」

**《四庫提要・書類存目一》** 《定正洪範》二卷。內府藏本。元胡一中撰。一中字允文，諸暨人。官紹興路參軍。是編因王柏、文及翁、吳澄三家改定《洪範》之本，而以己意參酌之。首爲「圖説」，次「考訂經文」，次爲「雜説」。案《河圖》、《洛書》，名見《繫辭》，不云有關於《洪範》。《漢書・五行志》始載劉歆之言，稱禹治洪水，錫《洛書》法而陳之《洪範》是也。於是《洛書》始合於《洪範》，然猶未及《河圖》。一中又因歆有《河圖》、《洛書》相爲經緯、八卦九章相爲表裏之文，遂以《河圖》、《洛書》併合於《洪範》，而又參以陳摶先天之説。所列二十八圖，大抵支離破碎，至於無偏無黨，亦以五行生尅立論，尤爲無理。其以九爲《河圖》，十爲《洛書》，沿用劉牧之說，於彼法之中自生轇轕，猶其小焉者矣。且説既穿鑿，理多窒礙，乃於必不可通者，更遁爲錯簡之説，以巧飾其謬。遂割裂舊文，强分經傳，移「曰王省惟歲」以下八十七字爲第四、第五章之傳，移「無偏無陂」以下五十六字於「皇建其有極」句下，爲五章之經，移「斂時五福」以下，割裂其文爲九章之傳，其餘亦多移彼綴此，臆爲顛倒。竝據吳澄之説，改「而康而色」句爲「而康而寧」，改「是彝是訓」句爲「是彝是倫」，則併其字而竄易之。考《尚書正義》，載《漢書・五行志》以「初一曰五行」六十五字爲《洛書》本文，孔安國則以爲禹所第叙，劉向以爲龜背先有三十八字，劉歆以爲先有二十字，孔穎達已均謂其無據。其以「一五行」以下爲箕子所演，則諸家竝同，絶無逐章各有經、傳之説。一中欲仿朱子考定《大學》、《孝經》之例，强爲分別，既已無稽，且一中既稱一行十三字，何以於「庶民錫汝保極」以七字而錯一簡，「五皇極，曰皇建其有極」以九字而錯一簡，「曰王省惟歲」以下復以八十七字錯一簡也？龔明之《中吳紀聞》載北宋余燾嘗上書請移《洪範》「曰王省惟歲」以下八十七字於「四五紀」一節之下，爲臺諫所彈，不果施行。是前此已嘗論定矣，何一中又祖其説耶？

**翁方綱《通志堂經解目録・書》** 《定正洪範集説》一卷。元諸暨胡一中允大。於九疇皆分大禹之經、箕子之傳，以「斂時五福」，至「民用僭忒」，爲九五福六極之傳；以「王省惟歲」至「則以風雨」爲三八政四五紀之傳。何焯曰：汲古元刻，李中麓藏本，中闕一葉，從黄梨洲處補全。

**錢大昕《補元史藝文志・書類》** 胡一中《定正洪範集説》一卷。字允大，諸暨人。紹興路録事。

## 尚書纂傳

**楊士奇等《文淵閣書目・書》** 《尚書王天與纂傳》。一部，五冊。闕。

**黄虞稷《千頃堂書目・書類・補元》** 王天與《尚書纂傳》四十六卷。

**倪燦等《補遼金元藝文志・書類》** 王天與《尚書纂傳》四十六卷。

**朱彝尊《經義考・書》** 王氏天與《尚書纂傳》。四十六卷。存。天與《自序》曰：「愚少從師取友讀《尚書》，審問明辨，亦既有年，追惟百篇之義，由伏生傳、二孔注疏暨數百家解釋，富矣。晦庵先生於《易》於《詩》皆有訓傳，獨於《書》，晚年屬之蔡九峰，二《典》、《禹謨》親所訂定。其《貢舉私議》則曰諸經皆以《註疏》爲本，《書》則兼取劉、王、蘇、程、楊、晁、葉、吳、薛、呂。其與門人答問，則如林、如史、如曾、如李、如陳，各取其長。西山先生《讀書記纂》三十餘篇，《大學衍義講》數十餘條。愚嘗稽首敬嘆，曰古今傳《書》者之是非，至晦庵先生而遂定。晦庵先生折衷傳《書》者之是非，至西山先生而愈明。學者不於二先生乎據，將焉據？乃本二先生遺意，作《尚書纂傳》。其條例則先二孔氏説者，崇古也，有未當則引諸家説平之，有未備則引諸家説足之，説俱通者並存之，間或以臆見按之，大要期與二先生合而已。愚亦安敢以私意見去取哉！且愚之編此，特示兒振耳，積日累月，而編始就，就矣未敢自安。乙亥冬，攜是編偕振求是正於集齋彭先生。先生首肯增廣校定，凡若干條，往復究竟十四五載，且慫慂流布，以與四方同志共切磋之。先生以是經擢巍科，視富貴如浮雲，不鄙末學，是講是迪，使帝王遺書昭如日月，愚父子之幸也。晦庵、西山二先生所望於後來者，其庶幾乎。庸是俾振鋟之梓云。」

劉坦序云：「梅浦王君立大《書纂傳》成，集齋先生爲之序，而又俾余贅一語。余於立大十年以長，居相鄰，世相好也。梅浦籍籍有聲場屋，一時從之遊者膏殘馥賸，無不意滿。而猿臂數奇，衆猶以晚器目之。梅浦於是息意科舉之學，研精覃思，博采詳説，纂爲此書，勤亦至矣。向使業舉子時，龍躍虎變，未必有暇著述。由今而觀，發百篇之奥蘊，集四百氏之大成，私淑諸人，垂訓來世，其視夫收科膴仕，甘與草木俱腐者，又孰爲得失也。近有善評紫陽，謂其山林之日長，學問之功深，輒借斯言挂名傳末，若其傳中大義數十，微顯闡幽，有先儒所未到，覽者宜自得之。」

劉辰翁序曰：「聞『若稽古』説三萬言，又聞《書》解近年至四百家，使人茫然，孰何不識其所謂，得王君《纂傳》，如遠遊半天下，首路以歸，如觀樂請止，不願更有，是可嘉也。每憶咸淳初，諸老薦徐幾經筵第一義，論人心道心，以爲人心惡幾也。余歎曰有是哉？以其在理慾之間也。故危概以爲惡則過矣，亦何所附麗以爲道心哉！侍御史陳千峰聞吾言是之，幾以是論去。又數十年，過金陵，入明道書院，讀眞西山所爲記，記首二語，則亦幾說也。蓋駭然爲之愧悔自失，是幾亦有所本也。懼哉！以此明民，猶有出於金口木舌之外者。故知食不厭精，而膾不厭細。君《纂傳》多西山氏已得彼復遺此耶，或謂君有功於纂擇政在此。」

彭應龍序曰：「《書》繇伏《傳》孔《注》若《疏》，至近代博矣。唐、虞、三代遼哉邈乎，上遡三千五百餘年，而聖賢心至今猶在者，《書》在焉故也。《書》藴奥難見，而庶幾可探討而見者，諸家說在焉故也。如余習讀時，尤愛鞏氏抄、東萊說，開卷初，首引伊川發明欽字義，以爲理學精微，當年闡自伊、洛，後讀《書》者如欲求《書》旨，到親切的當處，舍是宜何折衷？久之，又讀紫陽、西山二先生所考釋與所記衍，竊知其淵源，上出伊、洛之正，發經義理，惠淑後學，又至矣乎！惜其未成全書，於百篇或開繹之而未竟，微言粹旨之别見者，世亦莫有能考而會之一。梅浦王立大專勤力學，用工於是經者有年，間與余言，今解者多矣，眩於多而莫適爲之決擇，則將焉用。爲是竭其聞見心思之力，考諸衆說，遠摭伏生、二孔之訓詁義疏，近據紫陽、西山之考釋記衍，雖其說之散在文集、語録者，靡不會粹於其中，而諸家說有合而弗畔者，一準此類取焉。然後由博歸約，而一經大義至是益以彪炳。蓋嘗讀之，嘉其編摩之力匪易，足慰余夙昔之所有志而未償者。遂以余初與兒曹録前輩說附之，及管見一二，以備商確。嗟乎！百代而上，世運迹陳而得其說者，猶因是獲窺聖賢用心之萬一，可幸也已。運會以逝，思古人之巍冠講論事，付之一慨。抑就此書人人玩味，無不切己者，斯言何謂，與其藏諸家塾之思，孰若廣而流布，與四方同志之士切磋之，以無忘往訓。適有諗梅浦刻諸梓以傳者，意媺益甚，余復爲之慫慂，叙其說於帙之初。」

崔君舉《後序》曰：「六經惟《書》最難讀，去古既遠，世人無唐、虞、三代聖賢心胸，往往以其褊且薄者揣臆其寬大忠厚，故非惟文義少通，句讀亦未易曉。自韓昌黎已目《盤》、《誥》以聱牙，近代大儒朱晦庵白首明經，獨不爲是完《書》，意者返之於心，而亦慨悼於世代人物之不可強合也。惟場屋之士，決得失於一，夫承訛習舛而無所忌，然亦時有先者。舜、禹授受十六字，得徐景說演明之；《立政》任準牧三事，因陳行之而正釋者之誤，特如此自不數數爾。余猶及記長老言，渡江建太學百年間，陳、徐二上舍始發先儒之不及，他如皇極二字，先儒固已盡發其祕，由今逆數，不作大中訓詁才三四十年爾。後來諸儒出新意於箋解之外，析精理於毫釐之間。近則科舉廢久，士無繫累，蕩然失其所挾，試使口誦本經且不能以句矣。吾友梅浦王君纂《書傳》，晚又得鄉先生彭集齋往復考訂，無復遺憾，首尾十餘年而後就。嗟乎！是書盛行，爲君必執典禮命討，爲臣必辨貨寶鞠謀，在朝廷必明目達聰，在四方必棐彝率乂，共工必流必殛，馬牛必放必歸，三風十愆必具訓，六卿九牧必阜成。其於世道，銷方來而救已往，淵哉百世之澤，宜家藏而人誦之也。」

子振跋曰：「帝王之學，莫先《尚書》，自訓傳浩繁，藴義滋晦。先父皓首窮經，潛心纂要，書成流布，幸際明時。大德二年，憲使魯山臧公夢解保申臺省，迺得上聞，先父遂繇贛州路先賢書院山長授臨江路儒學教授。恩命正隆，餘齡忽殞，歲月既久，字畫缺漫。遺孤振泣抱父書，深思聖澤，倩工補葺，庶幾永傳。欽惟淸朝，復唐、虞、三代之風，先父臣得附伏生、夏侯勝之列，亦萬萬幸也。」

**《四庫提要·書類二》** 《尚書纂傳》四十六卷。兩江總督採進本。元王天與撰。天與字立大，梅浦人。大德二年，以薦授臨江路儒學教授。蓋天與爲贛州路先賢書院山長時，憲使臧夢麟以是書申臺省，得聞於朝，故有是命也。是書雖以孔安國《傳》、孔穎達《疏》居先，而附以諸家之解，其大旨則以朱子爲宗，而以眞德秀說爲羽翼。蓋朱子考論羣經，以《書》屬蔡沈，故天與以蔡氏《傳》爲據。德秀則《書說精義》以外，復有《大學衍義》一書，所言與虞、夏、商、周之大經大法多相出入，故天與亦備采之。其注疏或删或存，亦以二家之說爲斷。自序所謂期與二先生合而已，不敢以私意去取，蓋道其實也。所說於名物訓詁多有闕略，而闡發義理則特詳，亦王元杰《春秋讞義》之流亞也。

**翁方綱《通志堂經解目録·書》** 《尚書纂傳》四十六卷。元梅浦王天與立大撰。何焯曰：李氏元刻，最精。

**彭元瑞等《天禄琳琅書目後編·明鈔諸部》** 《尚書纂傳》。四函，十六冊。元王天與撰。天與字立大，梅浦人。大德二年，以薦授瑞江路儒學教授。書四十六卷。採輯注疏及諸家傳義，以己意爲按，大旨宗朱熹、蔡沈、眞德秀之說。天與爲贛州路先賢書院山長，憲使臧夢解以是書申臺省，授官。　是書近通志堂刻入《經解》，此舊鈔，極爲宏整。

**錢大昕《補元史藝文志・書類》** 王天與《尙書纂傳》四十六卷。字立大，梅浦人。大德中，臨江路儒學教授。

## 春谷讀書記

**朱彝尊《經義考・書》** 季氏仁壽《春谷讀書記》。佚。《括蒼彙記》：「季仁壽字山甫，龍泉人。元末，用薦教諭慈谿，改松陽，轉婺州教授。」

## 尚書補注

**朱彝尊《經義考・書》** 余氏日強《尙書補注》。佚。楊維楨作碣曰：「日強字彥壯，崑山人。學通六經百氏，博貫精析，退然不知有餘，且善屬文，根柢六經，不淆異說。所著有《尙書補注》，藏於家。」 黄虞稷曰：「日強本福建吉田，流寓太倉。」

**錢大昕《補元史藝文志・書類》** 余日強《尙書補注》。字伯莊。崑山人。

**黄虞稷《千頃堂書目・書類》** 兪日強《尙書補注》。字伯莊。本福建吉田人，居於太倉。明初以博雅稱。自號淵默老叟。

## 讀書管見

**楊士奇等《文淵閣書目・書》** 王耕野《讀書管見》。一部，一冊。闕。

**王圻《續文獻通考・經籍考・書》** 《書經管見》。吉水王充耘著。

**黄虞稷《千頃堂書目・書類・補元》** 王充耘《讀書管見》二卷。字與耕，吉水人。元統甲戌進士，授永州同知。以母老，棄官歸養。著是書。尙有《四書經疑貫通》及《兩漢詔誥》，皆失傳。

**倪燦等《補遼金元藝文志・書類》** 王充耘《讀書管見》二卷。字與耕。吉水人。永州同知。

**朱彝尊《經義考・書》** 王氏充耘《讀書管見》。二卷。存。亡名子序曰：「《書》有《管見》，曷爲而作也？耕野王先生考訂蔡《傳》而誌其所見也。先生當前代科目鼎盛時，用《書經》登二甲進士第，授承務郎，同知永新州事。先生棄官養母，著書授徒，益潛心是經。自微辭奥旨，名物訓詁，以至山川疆理，靡不究竟，辨析必公是之從，而不苟爲臆說阿附。其用功精深，造詣微密，豈徒專門名家、黨同伐異者之爲哉！此其能爲蔡氏之忠臣，不啻蘇黄門古史之有功於子長也。先生易簀之際，書其卷端曰：『凡爲吾徒者，須人録一編，以的本付吾兒。』其惓惓遺後之意爲何如耶！先生沒未幾，而元綱板蕩，山棚搆孽，世家藏書，悉遭焚盪。是編賴先生從子光薦密置諸複壁中，僅免於燬。乃以別本訂其訛缺，以付先生之子吉，光薦其可謂善學先生之學而不失其本者矣。先生於《四書》別有《管見》若干卷，多所發明，而不獲與是編俱存。惜哉！」 梅鶚曰：「此書得之西臯王氏，寫者甚草草，而其末尤甚，當時恐失其眞，輒以紙臨寫一本。而以意正若干字，略可讀。吁！惜吾生之晚，不得摳衣於耕埜之堂也。」

**《四庫提要・書類二》** 《讀書管見》二卷。兩江總督採進本。元王充耘撰。黄虞稷《千頃堂書目》稱充耘字與耕，而厚序及梅鶚跋竝稱耕野，疑虞稷誤也。吉水人。元統甲戌進士。授承務郎，同知永新州事。後棄官養母，著書授徒，因成是編。所說與蔡氏多異同。其中如謂《堯典》乃《舜典》之緣起，本爲一篇，故曰《虞書》。謂「九族既睦」，「既」當訓「盡」。謂「象以典刑」，爲各象其罪而加之，非垂象之意。謂「同爲逆河」，以海潮逆入而得名。皆非故爲異說者。至於《洪範》錯簡之說，《伊訓》改正不改月之辨，尙未能糾正。所附「周不改月惟魯史改月」一條，尤爲強辭。大醇小疵，別白觀之可也。又《禹貢》篇「嶧陽孤桐」一條，語不可解。梅鶚跋稱此書得之西臯王氏，寫者草草，其末尤甚。此條疑亦當時所訛脫，今無別本可校，姑仍其舊焉。

**翁方綱《通志堂經解目録・書》** 《讀書管見》二卷。元吉水王充耘耕野，摘取經語說之。

**錢大昕《補元史藝文志・書類》** 王充耘《讀書管見》二卷。字與畊，吉水人。永州同知。

**周中孚《鄭堂讀書記補逸·書類》** 《讀書管見》二卷。《通志堂經解》本。元王充耘撰。充耘字耕野，一作與耕，吉水人。元統甲戌進士，授承務郎，同知永新州事。《四庫全書》著録。倪氏、錢氏補《元志》俱載之。是書乃其棄官養母授徒時所著。每條摘經句爲目，或另標題而以己意爲解。其言大醇而小疵。卷首有一序，失其名氏。末有梅幼和鶚跋，稱此書得之西皋王氏，寫者甚草草，而其末尤甚，故字句不免有譌脱焉。

**吴壽暘《拜經樓藏書題跋記》** 《讀書管見》。舊刻王耕野《讀書管見》，四册。前有「千頃堂圖書」印章，知爲黄氏舊藏。裝訂甚精整。按《千頃堂書目》，王充耘字與耕。吉水人。登元統甲戌進士，授永州同知，以母老棄官歸。尚著有《四書經疑貫通》及《兩漢詔誥》，皆失傳。又《書義矜式》，不著卷數。此書多摘取經語爲之，前序不著姓氏，後梅鶚跋云。序内謂其於《四書》别有《管見》若干卷，多所發明，而不獲與是編俱存。未知即黄氏所稱《四書貫通》否？梅跋後又云：「《讀書管見》多前賢未發之意，而訓釋明暢，一洗世儒牽強輻輳之謬，爲功於九峰也鉅矣。鄭政之暇，予過下闕。」此數行爲通志堂所未刻，《經義考》亦未録，惜以下皆遭割截，無從得其全文耳。《千頃堂書目》作字與耕，與他處皆作字耕埜異。

## 書義主意

**朱彝尊《經義考·書》** [王充耘]《書義主意》。六卷。存。劉景文序曰：「四代之書，蔡氏訓詁，深得於朱子心傳之妙，宜今日科舉之所尚也。王君與耕以是經拾巍科，愚嘗購求得其《經義主意》，語雖不離乎傳注之中，而實有得乎傳注之外，又可謂能發蔡氏之所未言者歟。是編輯《作義要訣》於其前，附《羣英書》於其後，學者苟先熟乎經傳，因是推廣而講明之，則於二帝三王之道，自有以得其藴矣。學優而仕，其於致君澤民豈小補哉！不敢私祕，用刻諸梓，以廣其傳云。時至正戊子七月既望。」

## 書義矜式

**朱彝尊《經義考·書》** [王充耘]《書義矜式》。六卷。存。張雲章曰：「宋熙寧四年，王安石始更科舉法，罷詩賦，以經義論策試士，士各占法一經，此經義之始。其格律有破題、接題、小講，謂之冒子；冒子後入官題，官題下有原題，有大講，有餘意，亦曰從講；又有原經，亦曰考經，有結尾。承襲既久，冗長繁複可厭，則不盡拘格律。然大概有冒題、原題、講題、結題，此經義定式也。克耘主張題意率本功令，而又自爲經義，名曰『矜式』，存此猶見當時體製。克耘名進士，是編之出，操觚家詎不奉爲鴻寶哉！今雖流傳於後，孰取而寓目焉。」

**《四庫提要·書類二》** 《書義矜式》六卷。浙江范懋柱家天一閣藏本。元王充耘撰。充耘以《書經》登第，此乃所作經義程式也。自宋熙寧四年，始以經義取士，當時如張才叔《自靖人自獻于先王義》，學者稱爲不可磨滅之文。吕祖謙編次《文鑑》，特録此一篇，以爲程式。元仁宗皇慶初，復行科舉，仍用經義，而體式視宋爲小變。綜其格律，有破題、接題、小講，謂之冒子；冒子後入官題，官題下有原題，有大講，有餘意，亦曰從講；又有原經，亦曰考、經，有結尾。承襲既久，以冗長繁複爲可厭，或稍稍變通之。而大要有冒題、原題、講題、結題，則一定不可易。充耘即所業之經篇，摘數題各爲程文，以示標準。其「愼徽五典」一節，引孔《傳》大録萬幾爲說，不全從蔡《傳》。考《元史·選舉志》，載《書》用蔡《傳》及《注疏》，當時經義，猶不盡廢舊說，故應試者得兼用之。此元代經學所以終勝明代也。

案：此書乃科舉程文，當歸集部。然雖非詁經之書，實亦發明經義。入之别集爲不類，故仍入經部附録中。

## 書經疏

**朱彝尊《經義考・書》** 李氏天篪《書經疏》。佚。《江西通志》：「李天篪，吉水人。得劉靜修道學之傳。」

**錢大昕《補元史藝文志・書類》** 李天篪《書經疏》。○吉水人。

## 書義斷法

**《四庫提要・書類二》** 《書義斷法》六卷。浙江巡撫採進本。元陳悅道撰。其自題曰「鄒次」，不知何許人。書首冠以「科場備用」四字，蓋亦當時坊本爲科舉經義而設者也。其書不全載經文，僅摘録其可以命題者載之，逐句詮解，各標舉作文之竅要。蓋王充耘《書義矜式》如今之程墨，而此書則如今之講章。後來學者，揣摩擬題，不讀全經，實自此濫觴。録而存之，知科舉之學，流爲剽竊，已非一朝一夕之故。猶《易》類録王宗傳、《禮》類録俞廷椿，著履霜堅冰，其來有漸，不可不紀其始也。書末原附「作義要訣」一卷，爲新安倪士毅所輯。分冒題、原題、講題、結題四則。又「作文訣」數則，尚具見當日程式。以世有別本，且論文之作不可附麗於經部，故著録於「詩文評」類，而此則從刪焉。

## 書蔡傳旁通

**楊士奇等《文淵閣書目・書》** 《書傳陳師凱旁通》。一部，二冊。闕。

**錢謙益等《絳雲樓書目・書類》** 陳師凱《書傳旁通》一冊。

**黄虞稷《千頃堂書目・書類・補元》** 陳師凱《書蔡傳旁通》六卷。彭蠡人。至治辛酉爲此書，凡傳中所引名物度數，必詳究所出，有功蔡《傳》甚大。

**倪燦等《補遼金元藝文志・書類》** 陳師凱《書蔡傳旁通》六卷。浮梁人。

**朱彝尊《經義考・書》** 陳氏師凱《書蔡傳旁通》。六卷。存。【略】

師凱《自序》曰：「天道無心而成化，聖人有心而無爲，惟其有心也，故無爲而無不爲。惟其無爲而無不爲，故動而世爲天下道，行而世爲天下法，言而世爲天下則，此二帝三王之所以不能不有書也。書既有矣，凡一動一行一言，雖千萬世而一日矣。然書出於千萬世之前，而書讀於千萬世之後，則其一動一行一言，又烏得而備知之？此朱、蔡師弟子之所以不能不有傳也。《傳》既出矣，後之讀《書》將不能究朱子之所傳，不能領蔡氏之所受，又不能如其行輩之所講明，則雖有《傳》猶未能備知也。此鄱陽董氏之所以有《輯録纂注》也。然其輯録特問答之多端，纂注又專門之獨見，初學於此，苟本《傳》尚未曉晰，而乃覽博，則茫無畔岸，吾誰適從？是董氏所纂，乃通本傳以後之事，殆未可由此以通本傳也，此《旁通》之所以贅出也。嗟夫！《書》之有傳，如堂之階，如室之戶，未有不由此而可以造其地也。然傳文之中，片言之嘖，隻字之隱，呻其佔畢之際，囁嚅而齟齬者，不爲無矣。況有所爲天文、地理、律曆、禮樂、兵刑、龜策、《河圖》、《洛書》、道德、性命、官職、封建之屬，未可以一言盡也。是以《旁通》之筆不厭瑣碎，專務釋《傳》，固不能效《正義》之具舉，但値片言隻字之所當尋繹，所當考訓者，必旁搜而備録之，期至于通而後止，俾初學之士對本傳於前，置《旁通》於側，或有所未了者，即轉矚而取之左右。庶幾微疑易釋，大義易暢，乘迎刃之勢，求指掌之歸，吾見其有融會貫通之期，無囁嚅齟齬之患矣。其言道德性命之際，文理已明者，略爲衍説。或於名物度數之末，無乃太簡者，則詳究所出，以致弗明弗措之意焉。由是以了本傳，次及《輯録纂注》，則先入者定而中不搖，權度在我而外不惑，近可以得諸儒之本旨，遠可以會朱、蔡之授受。若夫二帝三王之所以爲天下道、爲天下法、爲天下則者，則又存乎其人而已。雖然，愚之所以云云而不避僭越者，非敢爲通人道也，爲初學小子費師説者設也，以謏聞而陳之通人之前，寧不詒玉卮無當之誚乎？姑藏之以俟知者。」

**《四庫提要・書類二》** 《書蔡傳旁通》六卷。兩江總督採進本。元陳師凱撰。師凱家彭蠡，故自題曰「東匯澤」。其始末則不可得詳。此書成於至治辛酉，以鄱陽董鼎《尚書輯録纂注》本以羽翼蔡《傳》，然多採先儒問答，斷以己意。大抵辨論義理，而於天文、地理、律曆、禮樂、兵刑、龜策、河圖洛書、道德性命、官職封建之屬，皆在所略。遇傳文片言之賾，隻字之隱，讀者不免囁嚅齟齬，因作是編。於名物度數蔡《傳》所稱引而未詳者，一一博引繁稱，析其端委。其蔡《傳》岐誤之處，則不復糾正。蓋如孔穎達諸經《正義》，主於發揮注文，不主於攻駁注文也。然不能以回護注文之故廢孔氏之《疏》，則亦不能以回護蔡《傳》之故廢師凱之書矣。知其有所遷就，而節取所長可也。

**錢大昕**《補元史藝文志·書類》 陳師凱《書蔡傳旁通》六卷。彭蠡人。

**張金吾**《愛日精廬藏書志·書類》 《書蔡氏傳旁通》六卷。元至正刊本。盧嘉威藏書。元後學東匯澤陳師凱撰，後學豫章朱萬初校正。卷一、卷四分上中下三卷，卷六分上下兩卷，前有「引用書目」，末有「至正乙酉歲四月余氏勤有堂印行」木記，卷首有「盧嘉威」、「隱字審音」、「丘集」印記。自序：丘氏手跋曰：「《書蔡傳旁通》六卷，合爲一帙，至治辛酉陳師凱所著，至正乙酉余氏所刊。發明朱、蔡二家之説者詳矣，永樂間修《大全書》諸儒似止見董氏《輯録纂注》，未見此陳氏《旁通》，故於蔡《傳》片文隻字之藴奧，多鬱而未暢。則是編也，學者其可少諸！予得之閶門市中，考其印記，乃盧嘉威舊物。盧固石湖藏書家也。觀其點勘精確，亦可師前輩用工矣。予性嗜書，如樂與餌，辛卯伏日，袒裼裝葺識而藏之，年六十八。萬曆十有九年，嘉定寒谷丘集子成。」 又曰：「辛卯長夏，細閲一徧，間有三四處缺誤，不及補正者。秋七月甲子朔旦，黄泥田父手記。」 又曰：「壬寅仲夏，再閲一過。在邑居敦義堂。三完老人時年七十九。」

## 尚書作義要訣

**楊士奇等**《文淵閣書目·書》 倪士毅《書義要訣》。一部，一冊。闕。

**黄虞稷**《千頃堂書目·書類·補元》 倪士毅《尙書作義要訣》四卷。

**朱彝尊**《經義考·書》 倪氏士毅《尙書作義要訣》。四卷。存。趙汸曰：「先生守身制行，不爲名高，而事親至孝，接物以誠，非其有不取，非仁義道德之説，嘗論定於郡先師朱子者，不以教人。雖大寒暑，未嘗一日輟其業以嬉，終其身，人不見疾言遽色，是故黟人信其言而尊其行。倪氏世家休寧，先生諱士毅，仲弘其字。其師曰陳壽翁，所著書曰《四書輯釋》，閩坊購其初稿刻之，嘗別爲《纂釋》之例，甚精。書未脱稿，又將以次及他經，皆未就而卒。」

按：是書乃元時舉子兔園冊，東山趙氏作《仲弘改葬誌》稱於他經皆未就，度此必書坊僞託也。

## 纂集柯山尚書句解

**楊士奇等**《文淵閣書目·書》 《書經李公凱句解》。一部，一冊，闕。

**黄虞稷**《千頃堂書目·書類·補元》 李公凱《纂集柯山尙書句解》三卷。字仲容。

**倪燦等**《補遼金元藝文志·書類》 李公凱《纂集柯山尙書句解》三卷。

**朱彝尊**《經義考·書》 李氏公凱《纂集柯山尙書句解》。三卷。存。

按：仲容於《詩》取東萊呂氏，於《書》則舍呂氏而從夏氏，蓋不偏主一家者。

**錢大昕**《補元史藝文志·書類》 李公凱《纂集柯山尙書句解》三卷。

## 書編大旨

**黄虞稷**《千頃堂書目·書類·補元》 吴迂《書編大旨》。

**倪燦等**《補遼金元藝文志·書類》 吴迂《書編大旨》。

**錢大昕**《補元史藝文志·書類》 吴迂《書編大旨》。

## 尚書一覽

**王圻《續文獻通考・經籍考・書》** 《書經一覽》。吉水周聞孫著。

**黃虞稷《千頃堂書目・書類・補元》** 周聞孫《尚書一覽》。吉水人。至正辛巳鄉舉。

**倪燦等《補遼金元藝文志・書類》** 周聞孫《尚書一覽》。吉水人。

**朱彝尊《經義考・書》** 周氏聞孫《尚書一覽》。未見。《吉水縣志》：「周聞孫字以立。至正辛巳舉於鄉，赴春官，中乙榜，薦入史館修《宋》、《遼》、《金》三史，時當事多遼、金故臣子孫，不肯以正統予宋，聞孫具疏爭之，不報，遂棄職歸。尋授鰲溪書院山長，改貞文書院。所著有《尚書一覽》、《河圖洛書序說》。」

**錢大昕《補元史藝文志・書類》** 周聞孫《尚書一覽》。

## 尚書句解

**錢謙益等《絳雲樓書目・書類》** 朱祖義《尚書句解》四冊。十三卷。

**黃虞稷《千頃堂書目・書類・補元》** 朱祖義《尚書句解》十三卷。字子由，廬陵人。

**倪燦等《補遼金元藝文志・書類》** 朱祖義《尚書句解》十三卷。

**《四庫提要・書類二》** 《尚書句解》十三卷。兩江總督採進本。元朱祖義撰。祖義字子由，廬陵人。於諸經皆有句解，今多散佚，惟此書僅存。考《元史・選舉志》，延祐中定經義取士之制，《尚書》以古注疏及蔡沈《集傳》爲宗，故王充耘《書義矜式》尚兼用孔《傳》。迨其末流，病古注疏之繁，而蔡《傳》遂獨立於學官。業科舉者童而習之，莫或出入。祖義是書，專爲啓迪幼學而設，故多宗蔡義，不復考證舊文。於訓詁名物之間，亦罕所引據。然隨文詮釋，辭意顯明，使殷《盤》周《誥》詰屈聱牙之句，皆可於展卷之下了然於心口。其亦古者離經辨志之意歟。以視附會穿鑿，浮文妨要，反以晦蝕經義者，此猶有先儒篤實之遺矣，亦未可以其淺近廢也。

**錢大昕《補元史藝文志・書類》** 朱祖義《尚書句解》十三卷。

## 尚書疏義

**黃虞稷《千頃堂書目・書類・補元》** 馬道貫《尚書疏義》六卷。字德珍，金華東陽人。師許謙，自號一得叟。

**倪燦等《補遼金元藝文志・書類》** 馬道貫《尚書疏義》六卷。字德珍，東陽人。

**錢大昕《補元史藝文志・書類》** 馬道貫《尚書疏義》六卷。字德珍，金華東陽人。

## 洪範衍義

**朱彝尊《經義考・書》** 謝氏章《洪範衍義》。佚。吳師道後序曰：「《洪範》一書，有大禹之言，有箕子之言，自爲紀傳，其文甚明，而傳注者昧焉。孔氏以『初一曰五行』，止『威用六極』，爲禹所第叙，而不及其餘，中又頗有錯簡。先儒或是正一二而未究，故讀《書》者不能無疑。謝氏章作《衍義》，考圖數之錯綜，而推極其變，萃經說之精要而發明其遺，可謂用志於此矣。但其開端之說，引《禹謨》『九功』，即爲『九疇』，謂《範》爲箕子所自陳，因九功而演者。其言曰『六府』繼以『三事』，『五行』繼以『五事』，『九功』繼以戒休董威，『九疇』終以『嚮，用五福，威用六極』。禹列穀於金木水火土之次，箕子則專言五行，而以稼穡歸之土之甘。三事衍爲五事，正德衍爲三德五事八政，無非利用厚生之本，五紀庶徵莫非五行之順逆，至其次序，或有差互，則若《易》先後天之不同，其言灼有明證，若合符契。夫以二篇相望於簡冊之間，數千百年習而不察，謝氏獨能舉以爲說，亦異矣。竊有疑焉：神龜負文，禹則之而叙以爲疇，若五行五事，蓋已次第而定，每疇之下又條陳其目，若一曰水、二曰火之類，皆禹本文。自『水曰潤下』而降，乃箕子釋經而爲傳，餘疇皆然，惟八政一疇獨缺爾。且《禹謨》曰功，《洪範》曰疇，二字未嘗互見。《謨》陳德政敎養之事，《範》著天道人爲之藴。《範》之體段固大於《謨》，彼所云功者，指其成績而言，可言順而不可言逆，可言吉而不可言凶。若六極者，亦可以言功乎？戒休董威，義主勸督九功之事，曰休曰威，雖與作福作威者類，此指君之所得爲而福極。蓋有君所不得爲而多係於天者矣。使謝氏而曰禹因九數，故功亦以九名，而事亦出於《範》，互相發則可，直以爲《洪範》有數無詞，大經大法皆出於《謨》，是則不深考禹經箕傳之過也。昔南豐曾氏亦嘗謂《謨》言六府，則《範》言五行，六府次以三事，則五行次以五事。九功言戒休董威，則九疇言庶徵福極。帝王治天下，其道未嘗不同。嗚呼！爲是説者，非謝氏之比矣。謝氏其剿以爲己説，而故異之者與？故凡讀書者，必先畫句段，正文字，辨述作，而後義理可尋。不然，則雖善其説而考證疎，考證疎則乖剌牴牾而不合，不合則又何足以爲善邪？吾鄉仁山金氏，嘗深究《洪範》之説，而定著經傳，見於《書表注》，今亦頗行於時。愚不復述，特辨其大旨，又使學者知《表注》之爲有功云。」

**錢大昕《補元史藝文志・書類》**　謝章《洪範衍義》。

## 洪範洛書辨

**楊士奇等《文淵閣書目・書》**　田澤《洪範洛書辨》。一部，一冊。闕。

**黃虞稷《千頃堂書目・書類・補元》**　田澤《洪範洛書辨》一卷。延祐中，常德路總管府推官。居延人。

**倪燦等《補遼金元藝文志・書類》**　田澤《洪範洛書辨》一卷。居延人。延祐中，常德路總管府推官。

**錢大昕《補元史藝文志・書類》**　田澤《洪範洛書辨》一卷。居延人。延祐中，常德路總管府推官。

## 尚書制度圖纂

**黃虞稷《千頃堂書目・書類》**　王文澤《尚書制度圖纂》三卷。字伯雨，華亭人。訓導。

**朱彝尊《經義考・書》**　王氏文澤《尚書制度圖纂》。三卷。佚。《松江府志》：「王文澤字伯雨，別號梅泉，家風涇，遷上海鹹魚港。累舉不第，爲府學訓導。卒葬橫雲山，秦裕伯銘其墓。」

**嵇璜等《續通志・圖譜略・書》**　王文澤《尚書制度圖纂》。

**錢大昕《補元史藝文志・書類》**　王文澤《尚書制度圖纂》三卷。字伯雨，松江人。

## 尚書集義

**黃虞稷《千頃堂書目・書類・補元》**　邵光祖《尚書集義》六卷。字弘道，吳人。

**倪燦等《補遼金元藝文志・書類》**　邵光祖《尚書集義》六卷。字宏道，吳人。

**朱彝尊《經義考・書》**　邵氏光祖《尚書集義》。六卷。未見。張景春曰：「邵光祖字弘道。父宦遊來吳，因家焉。博通好古，研精經傳，窮六書之旨。張士誠據吳，授湖州學正，不赴，遂以布衣終其身。」

**錢大昕《補元史藝文志・書類》**　邵光祖《尚書集義》六卷。字宏道，饒州人，家於吳。

## 洪範述

**錢大昕《補元史藝文志・書類》**　陳希聖《洪範述》。

## 書蔡氏傳考

**朱彝尊《經義考・書》** 方氏傳《書蔡氏傳考》。佚。

## 尚書説

**朱彝尊《經義考・書》** 鄭氏彦明《尚書説》。佚。

## 書傳

**朱彝尊《經義考・書》** 黄氏力行《書傳》。佚。

## 尚書辨疑

**楊士奇等《文淵閣書目・書》** 《尚書趙杞辨疑》。一部，一冊。闕。

**黄虞稷《千頃堂書目・書類・補元》** 趙杞《尚書辨疑》一卷。

**倪燦等《補遼金元藝文志・書類》** 趙杞《尚書辨疑》一卷。

## 尚書主意

**楊士奇等《文淵閣書目・書》** 《尚書趙杞主意》。一部，十冊。闕。

## 書傳

**王圻《續文獻通考・經籍考・書》** 《書傳》。于房著。

## 尚書補遺

**黄虞稷《千頃堂書目・書類・補元》** 《書經補遺》五卷。

**倪燦等《補遼金元藝文志・書類》** 《書經補遺》五卷。

## 尚書補傳

**黄虞稷《千頃堂書目・書類・補元》** 張性《尚書補傳》。字伯成，臨川人。鄉貢進士。

**倪燦等《補遼金元藝文志・書類》** 張性《尚書補傳》。字伯成，臨川人。

**錢大昕《補元史藝文志・書類》** 張性《尚書補傳》。字伯成，金谿人。元進士。

## 尚書説

**焦竑《國史經籍志・書》** 史仲才《書説》□卷。

## 書說

**焦竑《國史經籍志・書》**　余九成《書說》□卷。

## 福極對義圖

**黃虞稷《千頃堂書目・書類・補元》**　《福極對義圖》五卷。

**倪燦等《補遼金元藝文志・書類》**　《福極對義圖》二卷。

## 尚書通考

**錢溥《祕閣書目・書》**　黃存齋《通考》。

**焦竑《國史經籍志・書》**　黃存齋《尚書通考》□卷。

## 書義元會

**楊士奇等《文淵閣書目・書》**　張國賓《書義元會》。一部，一冊。闕。

**黃虞稷《千頃堂書目・書類》**　張國賓《書義元會》四卷。

**倪燦等《補遼金元藝文志・書類》**　張國賓《書義元會》四卷。

## 尚書集解

**焦竑《國史經籍志・書》**　《書集解》三卷。李子林。

## 尚書序大義

**朱記榮《國朝未刊遺書志略・經目》**　《尚書序大義》。前人。

## 尚書孔氏傳

**錢大昕《補元史藝文志・書類》**　姚良《尚書孔氏傳》。○字晉卿。

## 尚書旁注

**高儒《百川書志・書》**　《尚書旁註》二卷。

**黃虞稷《千頃堂書目・書類》**　朱升《尚書旁注》六卷。

**《明史・藝文志・書類》**　朱升《尚書旁注》六卷。

**《四庫提要・書類存目一》**　《尚書旁注》六卷。兩江總督採進本。明朱升撰。升有《周易旁注圖說》，已著録。是編以《尚書》本文大書正行，以訓釋字義者細書於旁；間有疏明大旨者，又別作一行書之。蓋鄉塾課蒙之本，不足以言詁經也。梅文鼎序，謂升有《四書五經旁注》。明嘉靖間，程聞禮爲重鋟，止存《易》、《詩》、《書》三種，餘皆散佚。國朝康熙五十年，石城蔡壑再爲鋟版以行。近坊肆《五經旁訓》之本，實倡始於升。經學至此而極陋，又出朱申《句解》下矣。

**丁丙《善本書室藏書志・書類》**　《尚書》二卷。明刊本。吉府舊書。按首行題《尚書》序，次行題唐陸德明云，此西漢孔安國所作，安國孔子十一世孫也。第三行大書本文於正行，以訓釋字義者細書於旁，簡有疏明大旨者，別作一行書之，或於本文下小字夾行。版匡寬長，正行闊而字大，旁行窄而字小，每半葉正六行、旁六行。蓋鄉塾課蒙之本，未足爲訓詁之學。梅文鼎謂明初朱升所撰。升有《四書五經旁注》，嘉靖間程聞禮重刊，止存

《易》、《書》、《詩》三種，餘皆散佚。坊肆所行《五經旁訓》實倡於升，而天祿琳瑯有明刊《五經句訓》云：不著撰人姓氏，《易》三、《書》二、《詩》四、《春秋》四、《禮記》六，共十九卷。依經直解，旁注窄行，前有萬曆丙申程大科序，揭銜總督兩廣兵部侍郎，略云「《五經旁訓》舊有刻者，會督學周君應治從山東來，以善本餉予，遂重刻之」云。此書二卷，與天祿藏本合，殆即所謂「句訓」也。朱升，婺源人。有《周易旁注圖說》及《楓林集》。前有「吉府圖書」方印，又有「啓淑印信」、「新安汪氏」兩印。按古黄周宏祖輯録《古今書刻》，黄州府下有《書經旁注》，此當爲黄州刊本，而吉府實在長沙府，此則就近收藏，更可證明黄州也。吉府者，明吉王朱見浚也。王爲英宗第七子，天順元年封今爵。啓淑字秀峰，號訒庵，歙人，官工部都水司郎中，寓居杭之小粉場，其藏書之室曰「開萬樓」，藏書百廚。乾隆三十七年詔訪遺書，訒庵家進呈六百餘種。恩賞《古今圖書集成》一部，士林榮之。

## 書傳補正輯註

**王圻《續文獻通考・經籍考・書》** 《書傳補正輯註》。學士朱升著。升，休寧人。

**黄虞稷《千頃堂書目・書類》** 朱升《書傳補正輯注》一卷。

**朱彝尊《經義考・書》** 《書傳補正輯註》。一卷。升《自序》曰：朱子傳註諸經略備，獨於《書》未暇。及嘗別出小序，辨正疑誤，指其領要，以授蔡氏，而爲《集傳》。惜其成於朱子既殁之後，門人《語録》未輯之前。自是以來，諸儒繼作，講明著述，補益宏多。然往往不與經傳相附，而繙閲之難也。升不揆愚陋，蒐輯見聞，既爲讀經者作《旁註》，綱目有統，離合成章；又爲讀傳爲《傳輯》，補缺正訛，發明旨趣，亦既有年矣。今爲此編，不過約取《傳輯》，補缺正訛之文，僅使傳文周密，經意通暢而已。庶幾文字簡潔而學童誦習，不憚其繁。若欲求其發明旨趣之詳，則有《傳輯》在。時至正庚寅二月壬辰，書成於石門山中，題以授子同。

**《明史・藝文志・書類》** 《書傳補正輯注》一卷。

## 讀書記

**黄虞稷《千頃堂書目・書類》** 范祖幹《讀書記》。金華人。洪武初，中書省諮議。

## 書經纂義

**王圻《續文獻通考・經籍考・書》** 《書經纂義》。梁寅著。

**黄虞稷《千頃堂書目・書類》** 梁寅《尚書纂義》十卷。

**朱彝尊《經義考・書》** 梁氏寅《書纂義》。十卷。未見。寅自述曰：「歸老之後，於《書》也，以蔡氏《傳》之詳明而姑釋其略，謂之《書纂義》。」

**《明史・藝文志・書類》** 梁寅《書纂義》十卷。

## 書演義

**焦竑《國史經籍志・書》** 梁寅《書演義》□卷。

## 書經會通

**王圻《續文獻通考・經籍考・書》** 《書經會通》。陳謨著。謨，泰和人。

**黄虞稷《千頃堂書目・書類》** 陳謨《書經會通》。

**朱彝尊《經義考・書》** 陳氏謨《書經會通》。未見。《人物考》：陳謨字一德，又字心吾，泰和人。學者稱海桑先生。洪武初，徵至京師，議禮。

學士宋濂，待制王褘交章請留，爲國子師。引疾辭歸，家居教授。屢應聘爲江廣考試官。所著有《書經會通》、《詩經演疏》。

## 書傳發揮

**黄虞稷**《**千頃堂書目・書類**》 朱右《書傳發揮》一卷。

**朱彝尊**《**經義考・書**》 朱氏右《書集傳發揮》。十卷。未見。右自序曰：「愚讀孔子所刪述《易》、《書》、《詩》、《春秋》，而深歎夫聖人之道不行；及觀漢、唐諸儒傳疏，又以痛聖人之道不能明也。道不行，猶得以明其理義，布諸方策，以淑夫後之人；道之不明於天下，貿貿焉棄本而逐末，趨僞而厭眞，幾何不爲異端功利之歸矣乎！竊以君臣父子之道，尊尊親親之懿，莫詳於《書》。自成、康王澤一熄，五百年而我夫子出，雖不得司其典禮命討之權，猶能修其典禮命討之具，奈何遭焚滅之禍，千數百年間，大禮泯絶。至宋程、朱諸儒，始能因遺經以闡其教，其功固不在漢、唐下也。天相元德，崇信五經，詔取士科，《書》以朱子訂傳爲主，經生學子尤知嚮方，則孔氏刪定之《書》將行於今矣。噫！世固有明經而不得以行道者，未有經不明而能行道者也；固有通其辭而不得其心者，未有不察其辭而能知其心者也。然則道之行，當自明經始，經之通，當自達辭始。達其辭以知其心，即其心以行夫道，奚可以二觀哉！右生也晚，於道未聞，信習是經，積有年矣。《集傳》之作，非後學所敢妄議，嘗參諸當代名儒，質以所聞，父師之教，則不無相發明者。於是謹述《集傳發揮》六卷，《綱領始末》一卷，《指掌圖》一卷，《通證》二卷，凡一十卷，藏之於家，以詒子孫。蓋以世有古今，時有先後，人心之所同然一耳。心之所同然者何也，謂理也、義也。聖人先得我心之所同然耳。苟得其所同然，雖越天地、亘古今如一日也。嗟夫！君心之要，王政之綱，具在是經，安敢以覬其萬一！初學之士，尋繹之繁，或庶免於紛紜眩惑之病云。」

李祁序曰：「《書》經孔子之手而定，然自漢以下，文有古今之殊，自唐以來，傳有是非之雜，如是而求夫精義之歸一，難矣哉！九峰蔡氏親授朱子指畫，作爲集解，而諸家之説始有折衷，學者始有準則，二帝三王之道亦既廓然明矣。然其微辭隱義，諸家或所未發，蔡氏亦止據其所長而采之，使當時復有他説，則亦必在所不遺矣。自《集傳》既行之後，諸儒之講論益精，考訂益密，皆足以發是書之隱而闡其微。於是天台朱君伯賢復會其所長，附以己見，編而爲集，名曰《發揮》，蓋非以求異乎蔡氏之《傳》，乃所以補其遺闕而全之也。予嘗得而讀之，開卷數節，即犂然當於人心，然後知二帝三王之書，雖非出於一時，而會之於道則無不同。諸家之説，雖非出於一人，而揆之於理，則必有合，其理同則其道同，又何疑乎是非之難辨哉！伯賢用力精深，故其采擇詳審，至其綱領、圖説、音釋、通證，皆有補於是書，有功於學者，是亦不可也少。嗚呼！安得起蔡氏於九京而與之論伯賢之所學哉！」

錢謙益曰：「右字伯賢，臨海人。後徙上虞。元末，累舉不就。洪武初，召修《元史》，再修日曆，除翰林院編修，擢晉相府長史。」

《**明史・藝文志・書類**》 朱右《書集傳發揮》十卷。

## 禹貢凡例

**黄虞稷**《**千頃堂書目・書類**》 朱右《禹貢凡例》一卷。

**朱彝尊**《**經義考・書**》 朱氏右《禹貢凡例》。一卷。存。右自序曰：「愚讀《禹貢》而知聖人之書法謹而有辨也。其載九州山川地理曲折及貢賦封域之事，言簡義密，詞嚴意周，一字之間，含蓄無盡。如書山川廣平曰原，下濕曰隰，山南曰陽，水北曰汭，地高曰丘，再成曰陶，高平曰陸，豬水曰澤；其土色無塊曰壤，土黏曰埴，脈起曰墳，青黑曰黎，玄而疏曰壚；其草木少長曰夭，上竦曰喬，繇言其茂條無甚長，叢生而積曰苞；其水道因水入水曰達，循行水涯曰沿，舟行水上曰浮，絶水而渡曰逾、曰亂，大水合小水曰過，小水合大水謂之入，二水勢均相入謂之會，會而合之一謂之同；其治功除木曰刊，祭山曰旅，致功曰績，可種曰藝，可治曰乂，順其道曰從，得其正曰殷，經始治之謂之載，已盡平治謂之既；其賦法最薄曰貞，雜出曰錯；其貢賦常獻曰貢，器盛曰篚，包裹曰包，待命曰錫，非一物曰錯。凡例不過四十，而千萬世之豐功盛德盡在是矣。因詮次以便覽者。」

《禹貢凡例》一卷。

## 書傳會選

**楊士奇等《文淵閣書目・書》**　《書傳彙選》。一部，二冊。闕。《書傳彙選》。一部，六冊。闕。塾本「彙」作「會」。

**黄虞稷《千頃堂書目・書類》**　《書傳會選》六卷。洪武二十七年四月，詔徵儒臣定正蔡氏《書傳》。帝以蔡《傳》解日月五星運行與朱子《詩傳》不同，及其他注説與鄱陽鄒季友所論，間有未安者，詔徵國子監博士致仕錢宰等，至諭以定正《書傳》之意，命學士劉三吾等總其事，開局翰林院，正定是書。禮遇諸儒甚厚，各賜以綺繒衣被等物。又御製詩命次韻和進，朝參則班於侍衛之前，宴享則次坐殿中時酒樓成，人賜鈔，宴其上，各賦詩謝，上大悦。凡蔡氏《傳》得者存之，失者正之，又集諸家之説，足其未備，三吾率諸儒上進，賜名《書傳會選》，命送禮部刊行天下，賜諸儒宴及鈔，俾馳驛而歸。

**王圻《續文獻通考・經籍考・書》**　《書傳會選》。洪武二十七年，太祖以蔡氏七政左旋等説未當，命禮部侍郎張智及學士劉三吾等開局纂修。

**錢謙益等《絳雲樓書目・書類》**　《書傳會選》六冊。洪武二十七年，學士劉三吾等奉敕編集。

**朱彝尊《經義考・書》**　劉氏三吾等《書傳會選》。六卷。存。《實録》：「洪武十年三月，上與羣臣論天與日月五星之行，翰林應奉傅藻、典籍黄麟、考功監臣郭傳皆以蔡氏左旋之説爲對。上曰：『天左旋，日月五星皆右旋，二十八宿經也，附天體而不動，日月五星緯乎天者也。朕自起兵以來，與善推步者仰觀天象，二十有三年矣。嘗於天氣清爽之夜，指一宿爲主，太陰居是宿之西相去丈許，盡一夜則太陰漸過而東矣。由此觀之，則是右旋。曆家亦嘗論之。蔡氏謂爲左旋，此則儒家之説，爾等不晰而論之，豈所謂格物致知之學乎？』二十七年四月丙戌，詔徵儒臣定正宋儒蔡氏《書傳》，上觀蔡氏《書傳》日月五星運行與朱子《詩傳》不同，及其他注説與鄱陽鄒季友所論間有未安者，遂詔徵天下儒臣定正之。於是太子少保唐鐸等舉翰林編修致仕張美和、國子監博士致仕錢宰、助教致仕靳觀、教授高讓、學正王子謙、敎諭張士謌、俞友仁、何原銘、傅子裕、周惟善、訓導唐棨、周寬、趙信、洪初、萬鈞、王賓、謝子方、吳子恭、博士解震、熊釗、揭軌、蕭尚仁、蕭子尚、王允升、張文翰、張思哲、宋麟，並遣行人馳傳徵之。九月己酉，正蔡氏《書傳》成。初，詔徵國子博士錢宰等至，上語以正定《書傳》之意，且曰：『爾等知天象乎？』皆對以不知。上曰：『朕每觀天象，自洪武初有黑氣凝於奎璧，乃文章之府。朕甚異焉。今年春暮，其間黑氣始消，文運興矣。爾等宜考古正今，有所述作，以稱朕意。』乃命翰林院學士劉三吾董其事，開局翰林院，正定是書。時禮遇諸儒甚厚，各賜以綺繒衣被等物，又御製詩命次韻和之。朝參則班於侍衛之前，宴享則次坐殿中，時酒樓成，人賜鈔，宴其上，各獻詩謝。上大悦，復遣禮部尚書任亨泰諭旨諸儒，有年老願歸者先遣之，衆皆願留。至是書成。凡蔡氏《集傳》得者存之，失者正之，又集諸家之説，足其未備。三吾等率諸儒上進，賜名曰《書傳會選》，命禮部頒行天下，賜諸儒宴及鈔，俾馳驛而還。」【略】

按：《書傳會選》載纂修諸人無靳觀、吳子恭、宋麟，而有國子祭酒胡季安、左春坊左贊善門克新、右春坊右贊善王俊華、翰林修撰許觀、張信、編修馬京、盧原質、齊麟、張顯宗、景清、戴德彝、國子助教高耀、王英、定公靜、儒士靳權凡一十五人。蓋永樂中修《實録》，以許觀、景清等皆坐逆黨，因連類而刪去之也。

三吾《序》曰：「今天下車同軌，書同文，行同倫，當大德聖人在天子位，舉議禮制度，考文之典，謂六書莫古於《書》，帝王治天下之大法莫備於《書》。今所存者，僅五十八篇，諸儒訓詁又各異同。至宋九峰蔡氏，本其師朱子之命，作爲《集傳》，發明殆盡矣。然其書成於朱子既歿之後，有不能無可議者，如《堯典》天與日月皆左旋，《洪範》相協厥居，爲天之陰騭下民，有未當者宜考正其説，開示方來。臣三吾備員翰林，屢嘗以其説聞上允請，乃召天下儒士，倣石渠、虎觀故事，與臣等同校定之。凡蔡氏之得者存之，失者正之，旁采諸家之説，足其所未備。書成，賜名曰《書傳會選》，今所引用先儒姓氏，定爲凡例，列之於後云。」

祝允明曰：「高皇帝聖學超傑，以《尚書》『咨羲、和惟天陰騭下民』二節，蔡沈註誤，嘗問羣臣七政左旋然乎？編修答祿與權，仍以蔡氏新説對。上曰：『朕自起兵迄今，未嘗置步覽，焉可徇儒生腐談？』因命諸儒臣改正，爲《書傳會選》，劄示天下學者。其略曰：凡前元科舉，《尚書》專以蔡《傳》爲主，考其天文一節，已自差謬，謂日月隨天而左旋，今仰觀乾象，甚爲不然，當依朱子《詩傳十月之交》注文爲是。又如《洪範》内『惟天陰騭下民，相協厥居』一節，俱以天言，不知陰騭下民乃天之事，相協厥居乃人君之事，天之陰騭下民者何？風霜雨露，均調四時，五穀結實立蒸民之命，此天之陰騭也。君之相協厥居者何？敷五教以教民，明五刑而弼教，使強不得以淩弱，衆不得以暴寡，而各安其居也。若如蔡氏之説，則相協厥居事皆付之於天，而君但安之自若，奉天勤民之政，略不相與，又豈天祐下民，作君作師之意哉！」

顧炎武曰：「按此書若《堯典》謂天左旋，日月五星違天而右轉，主陳氏祥道。《高宗肜日》謂祖庚繹于高宗之廟，主金氏履祥。《西伯戡黎》謂是武王，亦主金氏。《洛誥》『惟周公誕，保文武受命，惟七年』，謂周公輔成王之七年，主張氏、陳氏，皆不易之論。又如《禹貢》厥賦貞，主蘇氏軾，謂賦與田正相當。涇屬渭汭，主孔《傳》水北曰汭。《太甲》自周有終，主金氏，謂周當作君。《多方》不克開于民之麗，主葉氏。《金縢》周公居東，謂孔氏以爲東征，非是。至《洛誥》又取東征之説，自相牴牾。每傳之下，繫以經文及傳、音釋，於字音字體字義辨之甚詳。其傳中用古人姓氏，古書名目，必具出處，兼亦考證典故。蓋宋、元以來諸儒之規模猶在，而其爲此書者，皆自幼爲務本之學，非由八股發身之人，故所著之書雖不及先儒，而尚有功於後學。至永樂中修《尚書大全》，不惟刪去異説，并音釋亦不存矣。愚嘗謂自宋之末造，以至有明之初年，經術人材，於斯爲盛。自八股行而古學棄，《大全》出而經説亡。洪武、永樂之間，亦世道升降之一會矣。」

**《明史・藝文志・書類》** 洪武中，敕修《書傳會選》六卷。太祖以蔡沈《書傳》有得有失，詔劉三吾等訂正之。又集諸家之説，足其未備。書成頒刻，然世竟鮮行。永樂中，修《大全》一依蔡《傳》，取便於士子舉業，此外不復有所考究也。

**《四庫提要・書類存目二》** 《書傳會選》六卷。浙江朱彝尊家曝書亭藏本。明翰林學士劉三吾等奉敕撰。案：蔡沈《書傳》雖源出朱子，而自用己意者多。當其初行，已多異論。宋末元初，張葆舒作《尚書蔡傳訂誤》，黄景昌作《尚書蔡氏傳正誤》，程直方作《蔡傳辨疑》，余芑舒作《讀蔡傳疑》，遞相詰難。及元仁宗延祐二年，議復貢舉，定《尚書》義用蔡氏，於是葆舒等之書盡佚不傳。陳櫟初作《書傳折衷》，頗論蔡氏之失。迨法制既定，乃改作《纂疏》，發明蔡義，而《折衷》亦佚不傳。其自序所謂「聖朝科舉興行，書宗蔡《傳》，固亦宜然」者，蓋有爲也。至明太祖始考驗天象，知與蔡《傳》不合，乃博徵績學，定爲此編。凡蔡《傳》之合者存之，不預立意見以曲肆詆排；其不合者則改之，亦不堅持門户以巧爲回護。計所糾正凡六十六條。祝允明枝山《前聞》載其劄示天下者，惟《堯典》注日月左旋，《洪範》注相協厥居二條，舉大凡耳。顧炎武《日知録》曰：「此書謂天左旋，日月五星違天而右旋，主陳氏祥道。《高宗肜日》謂祖庚繹於高宗之廟，主金氏履祥。《西伯戡黎》謂是武王，亦主金氏。『惟周公誕，保文武受命，惟七年』謂周公輔成王之七年，主張氏、陳氏。皆不易之論。又如《禹貢》『厥賦貞』主蘇氏軾，謂賦與田正相當。涇屬渭汭主孔《傳》，水北曰汭。《太甲》自周有終，主金氏，謂周當作君。《多方》不克開於民之麗，主葉氏。惟《金縢》周公居東，駁孔氏以爲東征，非是。至《洛誥》又取東征之説，自相牴牾耳。每傳之末，繫以經傳、音釋，於字音字體字義辨之甚悉。其傳中用古人姓氏、古書名目，必具出處，兼亦考正典故。蓋宋、元以來，諸儒之規模猶在，而其爲此書者，皆自幼爲務本之學，非由八股發身之人。故所著之書雖不及先儒，而尚有功於後學」云云。以炎武之淹博絶倫，罕所許可，而其論如是，則是書之足貴可略見矣。閻若璩《尚書古文疏證》，因《禹貢》注中「滋水至復州，竟陵境者」一語，誤「者」字爲「來」字，遂肆毒詈，非篤論也。考《明太祖實録》與羣臣論蔡《傳》之失，在洪武十年三月。其詔修是書，則在二十七年四月丙戌，而成書以九月己酉，僅五閱月。觀劉三吾《叙》，稱臣三吾備員翰林，屢嘗以其説上聞。皇上允請，乃詔天下儒士倣石渠、白虎故事，與臣等同校定之。則是十七年間，三吾已考證講求，先有定見，特參稽衆論以成之耳。惟《實録》所載纂修諸臣姓名，與此本卷首所列不符。朱彝尊《經義考》謂許觀、景清、盧原質、戴德彝等，皆以死建文之難，刪去。其説是已。然胡季安、門克新、王俊華等十一人，何以併刪？且靳觀、吳子恭、宋麟三人，此書所不載，又何以增入？蓋永樂中重修《太祖實録》，其意主於誣惠宗君臣以罪，明靖難之非得已耳。其餘草草，非所注意，故舛謬百出，不足爲據。此書爲當時舊本，當以所列姓名爲定可也。

**彭元瑞等《天禄琳琅書目後編・明版經部》** 《書傳會選》。一函，四冊。明劉三吾等奉敕撰。書六卷，前有書序。每句注下附音釋。考《明太祖實録》：洪武十年，與羣臣論日月五星右旋。以蔡氏謂爲左旋，非是。二十七年四月，以蔡氏《書傳》日月五星運行與朱子《詩傳》不同，及其他註説與鄱陽鄒季古所論間有未安。詔徵天下儒臣正定之。於是太子少保唐鐸等薦張美和等二十餘人。詔竝徵至，命翰林院學士劉三吾董其事。九月，書成。凡蔡氏《集傳》得者存之，失者正之，又集諸家之説，足其未備。三吾等上進，賜名曰《書傳會選》，命禮部頒行。　明官刻頒行本。　《書傳會選》。二函，十二冊。篇目同前。另版味經堂刻。

## 御註尚書洪範

**王圻《續文獻通考・經籍考・書》**　《御註尚書洪範》。洪武二十年春，太祖命儒臣講洪範，自爲註。

**黃虞稷《千頃堂書目・書類》**　《太祖御注洪範》一卷。帝嘗命儒臣書《洪範》揭於御座之右，因自爲注，洪武二十年二月成書。

**朱彝尊《經義考・書》**　明太祖皇帝《御注洪範》。一卷。未見。《實録》：洪武二十年二月甲辰，《御注書洪範》成。上嘗命儒臣書《洪範》，揭於御座之右，朝夕觀覽，因自爲注，至是成。召贊善劉三吾曰：「朕觀《洪範》一篇，帝王爲治之道也，所以叙彝倫，正皇極，保萬民，叙四時，成百穀，原於天道，而驗於人事。箕子爲武王猶自謙曰：『五帝之道，我未能焉。』朕每爲惕然，遂疏其旨，爲朝夕省觀。」三吾對曰：「陛下留心是書，上明聖道，下福生民，爲萬世開太平者也。」劉三吾後序曰：「皇上宵旰圖治，留心經學，以爲六經莫古於《書》，帝王政事亦莫備於《書》。讀《書》弗本其行事，而徒求之於文字，非善學者也。既厪睿思，發其奥義，爲書若干篇矣。載惟《洪範》大法，本諸天道，體之人君，驗之民生，未易推測。則即鑾輿，日所戾止，敕寫是編，揭之座右，朝夕顧諟。一旦心領神會有得焉，乃撥機冗爲之注釋，於是九疇大範燦然復明，大哉聖訓，於世詎小補哉！臣如孫嘗習是書，叨忝近侍，日獲與聞，敢僭序其後。」

**《明史・藝文志・書類》**　明太祖注《尚書洪範》一卷。帝嘗命儒臣書《洪範》，揭於御座之右，因自爲注。

## 尚書精萃

**朱彝尊《經義考・書》**　冉氏庸《尚書精萃》。佚。陳璉志墓曰：「先生諱庸，克常其字，保定蠡縣人。登至正丙午進士第，授完州判官，不就，尋改長信寺知事。洪武初，例徙南京，上欲授以官，辭之甚力，遂謫桂林。永樂初，應詔至南京，以老疾辭歸。年九十六卒。」

## 範通

**朱彝尊《經義考・書》**　葉氏世奇《範通》。二卷。未見。

## 書經蠡測

**徐𤊹《徐氏家藏書目・書類》**　《書經蠡測》一卷。蔣悌生。

## 壁經説略

**祁承㸁《澹生堂藏書目・書》**　《壁經説略》。一卷。李栻《經説萃編》本。

## 尚書圖

**祁承㸁《澹生堂藏書目・書》**　《尚書圖》一冊。一卷。陳林。

## 考定皇極指掌圖

**祁承㸁《澹生堂藏書目・書》**　《考定皇極指掌圖》。一卷。夏良勝本集本。

## 尚書六體圖

**祁承㸁《澹生堂藏書目・書》**　《尙書六體圖説》。一卷。章潢。《圖書編》本。

## 五福六極圖説

**祁承㸁《澹生堂藏書目・書》**　《五福六極圖説》。一卷。章潢。《圖書編》本。

## 穆王三書圖説

**祁承㸁《澹生堂藏書目・書》**　《穆王三書圖説》。一卷。章潢。《圖書編》本。

## 書經體要

**楊士奇等《文淵閣書目・書》**　《書經徐蘭體要》。一部，一冊。闕。

**王圻《續文獻通考・經籍考・書》**　《書經體要》。徐蘭著。

**黃虞稷《千頃堂書目・書類》**　徐蘭《書經體要》一卷。字與善，開化人。洪武初，國子助教。門人歐陽齊進其書於朝。

**《明史・藝文志・書類》**　徐蘭《書經體要》一卷。

## 洪範敷言

**黃虞稷《千頃堂書目・書類》**　傅淳《洪範敷言》。字伯厚，慈溪人。洪武中徵士。

**朱彝尊《經義考・書》**　傅氏淳《洪範敷言》。未見。黃虞稷曰：「淳字伯厚，慈谿人。洪武中徵士。鄉人稱退密先生。」

## 書義卓躍

**黃虞稷《千頃堂書目・書類》**　陳雅言《尙書卓躍》一卷。永豐人。洪武中被薦，以病不赴，領本縣教諭事。楊士奇云專爲科舉設也。

**朱彝尊《經義考・書》**　陳氏雅言《尙書卓躍》。六卷。未見。鄒緝表墓曰：「永豐陳雅言，受《詩》於傅志行，受《書》於徐復。明興，首起典教縣學，其著述多所發明，有《四書一覽》、《大學管闚》、《中庸類編》、《書經卓躍》行於世。」　楊士奇曰：「《書卓躍》二冊，永豐陳雅言著。專爲科舉設。今南昌有刻板。余得之雅言之孫彝訓，今爲中書舍人。」【略】

**《明史・藝文志・書類》**　陳雅言《尙書卓躍》六卷。

**《四庫提要・書類存目一》**　《書義卓躍》六卷。浙江范懋柱家天一閣藏本。舊本題「廬陵陳雅言撰」。案：《經義考》載鄒緝所作墓表，稱雅言永豐人，廬陵蓋舉其郡名。又卷首彭勗序，稱鄉先生雅言陳公，似乎雅言其字也。舊本又作元人。考黃虞稷《千頃堂書目》，稱其洪武中薦舉不起，後領永豐教事以終。墓表稱其著述多所發明，有《四書一覽》、《大學管窺》、《中庸類編》、《書義卓躍》行於世。今其他書未見，此書則殊無可觀。蓋元代以經義取士，遂有擬題之書，以便剽竊。此書蓋亦其一，故每段必以「此題」

二字冠首，所論亦皆作文之法，於經旨無所發明。楊士奇跋亦稱其專爲科舉設云。

## 洪範疇解

**黃虞稷《千頃堂書目・書類》** 俞深《洪範疇解》一卷。字魯淵，桐廬人。明初建寧府儒學教授。宣德十年乙卯序。

**朱彝尊《經義考・書》** 俞氏深《範疇解》。佚。《嚴州府志》：「俞深字景淵，桐廬人。洪武中，以鄉貢入太學，歷建寧府儒學教授。」

## 禹貢傳注詳節

**朱彝尊《經義考・書》** 郭氏餘《禹貢傳注詳節》。一卷。佚。楊士奇曰：「《禹貢傳注詳節》，先友湖州府經歷郭慶宜先生刪節傳注爲之，以便記誦者也。先生治《書》，嘗從元進士邁養高講習，其授受有自云。」《江西通志》：「郭餘字慶宜，泰和人。洪武中，徵授廣東按察司僉事。」

## 禹貢傳注詳節

**黃虞稷《千頃堂書目・書類》** 郭慶宜《禹貢傳注詳節》。江西廣昌人。從楊景行學。洪武初，由廣東按察司僉事改潮州府經歷。與楊士奇善。

## 書義精要

**朱彝尊《經義考・書》** 劉氏朴《書義精要》。佚。《江西通志》：「劉朴字子素，吉水人。洪武中舉明經，試於京師，授學官。其卒也，解縉表其墓。」

## 書經講解

**黃虞稷《千頃堂書目・書類》** 鄭濟《書經講解》。閩縣人。洪武中儋州學正。

## 尚書經義

**黃虞稷《千頃堂書目・書類》** 林遜《尚書經義》。潮州人。洪武乙丑進士，閩縣縣丞。

## 書經主意

**黃虞稷《千頃堂書目・書類》** 黃紹烈《書經主意》。臨川人。洪武二十七年進士，瑞安縣知縣。

## 尚書該義

**黃虞稷《千頃堂書目・書類》** 郭元亮《尚書該義》。天台人。郭樌從子，有文名。

**朱彝尊《經義考・書》** 郭氏元亮《尚書該義》。十二卷。佚。《台州府志》：「元亮仙居人，樌從子。以儒士任新昌訓導。」謝鐸曰：「《尚書該義》，黃巖郭元亮著。今亡。」

**《明史・藝文志・書類》** 郭元亮《尚書該義》十二卷。

## 書經釋義旁通撮要

**朱彝尊《經義考・書》** 詹氏鳳翔《書經釋義旁通撮要》。未見。《江西通志》：「詹鳳翔字道存，樂安人。以薦任府學訓導。」

## 尚書講義

**馬國翰《玉函山房藏書簿録・書類》** 《尚書講義》一卷。載《遜志齋集》。明文淵閣文學博士寧海方孝孺希直撰。凡四篇。經筵所講，極得獻替之義。

## 武王戒書

**王圻《續文獻通考・經籍考・書》** 《武王戒書》。方希古著。

## 尚書補傳

**黃虞稷《千頃堂書目・書類》** 張洪《尚書補傳》十二卷。

**《明史・藝文志・書類》** 張洪《尚書補傳》十二卷。

## 書傳大全

**高儒《百川書志・書》** 《書經大全》十卷。國朝翰林院學士胡廣等奉勅纂修。

**范邦甸等《天一閣書目・書類》** 《書傳大全》十卷。明翰林學士胡廣等奉敕纂修。

**劉若愚《内板經書紀略》** 《書經大全》。十本，七百六十三葉。

**黃虞稷《千頃堂書目・書類》** 《書傳大全》十卷。永樂十二年，命儒臣胡廣等纂修。

**《明史・藝文志・書類》** 永樂中敕修《書傳大全》十卷。胡廣等纂。

**《四庫提要・書類二》** 《書傳大全》十卷。通行本。明胡廣等奉敕撰。《書》以蔡沈《集傳》爲主，自延祐貢舉條格已然。然元制猶兼用古注疏，故王充耘《書義程式》得本孔《傳》立義也。明太祖親驗天象，知蔡《傳》不盡可據，因命作《書傳會選》，參考古義，以糾其失，頒行天下。是洪武中尚不以蔡《傳》爲主，其耑主蔡《傳》定爲功令者，則始自廣等。是其書雖不似《詩經大全》之全鈔劉瑾《詩傳通釋》，《春秋大全》之全鈔汪克寬《胡傳纂疏》，而實非廣等所自纂。故朱彝尊《經義考》引吳任臣之言曰：「《書傳》舊爲六卷，《大全》分爲十卷，大旨本二陳氏。」二陳氏者，一爲陳櫟《尚書集傳纂疏》，一爲陳師凱《書蔡傳旁通》。《纂疏》皆墨守蔡《傳》，《旁通》則於名物度數考證特詳，雖回護蔡《傳》之處在所不免，然大致較劉氏説《詩》、汪氏説《春秋》爲有根柢。故是書在《五經大全》中尚爲差勝云。

**彭元瑞等《天禄琳琅書目後編・明版經部》** 《書傳大全》。一函，十冊。明胡廣等奉敕撰。《五經四書大全》之二。書十卷，前有凡例，圖三十五，《書集傳序》、《書説綱領》、《書序》後有書序修書官，與《周易傳義大全》同。朱彝尊《經義考》引吳任臣曰：「《書傳》舊六卷，《大全》分爲十卷，大旨本二陳氏」，一爲陳櫟《尚書集傳纂疏》，一爲陳師凱《書蔡傳旁通》。自洪武敕修《書傳會選》以駁蔡氏，至《大全》出而《書》始專宗蔡《傳》」云。明官刻頒行本。

## 書經大全圖

**高儒《百川書志・書》** 《書經大全圖》一卷。

## 書經心法

**朱彝尊《經義考・書》** 王氏達《書經心法》。佚。王孚曰：「耐軒先生有《詩》、《書》二經心法。學者多傳之。」錢謙益曰：「達字達善，無錫人。洪武中舉明經，除國子助教。永樂中擢翰林編修，遷侍讀學士。」

## 書傳補遺

**黃虞稷《千頃堂書目・書類》** 王源《書傳補遺》。龍巖人。永樂甲申進士，廣東潮州府知府。

## 書傳通釋

**黃虞稷《千頃堂書目・書類》** 彭勔《書傳通釋》六卷。字祖期。永豐人。永樂乙未進士。以教授擢御史，督學應天有聲，後官山東副使。

**朱彝尊《經義考・書》** 彭氏勗《書傳通釋》。六卷。存。勗自述曰：「愚讀是經傳，叨中甲科，且當推所得以淑諸人，而其中微辭奧義，有弗能辨析者尤多。比伏覩頒降《書傳》藏於學校，閭巷未易得覩，是以忘其不韙之咎，摘取其切要者附載下方，名曰《書傳通釋》，繕寫成編，歸貽家塾，庶與吾鄉之士共焉」。《人物考》：「彭勗字祖期。吉安永豐人。永樂乙未進士。正統初拜監察御史，改考功郎中，出爲山東按察副使。」黃虞稷曰：「是書錢塘董鏞音點，宣德乙巳曾刻於建陽。」

**《明史・藝文志・書類》** 彭勔《書傳通釋》六卷。

**《四庫提要・書類存目一》** 《書傳通釋》六卷。浙江吳玉墀家藏本。明彭勗撰。勗字祖期，永豐人。永樂乙未進士，官至山東按察司副使，事蹟具《明史》本傳。其書卷首備列《四代譜系圖》及《定時成歲》、《七政五辰》、《璿璣玉衡》、《河洛九疇》、《聲音律呂》、《五服九州》等圖。編內於蔡《傳》之下，摘録諸儒舊說，間於篇題之後，加以案語。《總論》一篇，大旨率皆陳因之談。觀其自叙，蓋節録永樂中《書經大全》爲之。考陸容《菽園雜記》曰：「正統初，南畿提學彭御史勗，嘗以永樂間纂修《四書五經大全》，討論欠精。諸儒之說有與《集注》背馳者，當刪正自爲一書，欲繕寫以獻。或以《大全序》出自御製而止」云云。則勗於《四書五經大全》均有刪定之本，此特其一種耳。夫《大全》之謬在於偏主一家之說，荒棄古來之經義。勗更以其偏主爲未堅，必鋤盡異同而後已，門戶之見，尤爲深固。史稱勗官建寧教授時，疏請春秋祭朱子，蠲其子孫徭役，又創尊賢堂，祀胡安國、蔡沈、眞德秀，蓋尊信至深，所以欲盡廢漢唐舊詁云。

## 洪範解訂正

**黃虞稷《千頃堂書目・書類》** 徐驥《洪範解訂正》一卷。字尚德。浦城人。永樂中國子生。

**朱彝尊《經義考・書》** 徐氏驥《洪範解訂正》。一卷。未見。黃虞稷曰：「驥字尙德，浦城人。永樂中國子生，仕府經歷。」

**《明史・藝文志・書類》** 徐驥《洪範解訂正》一卷。

## 尚書直音

**王圻《續文獻通考・經籍考・書》** 《尚書直音》。徐善述著。

## 尚書直指

**王圻《續文獻通考・經籍考・書》** 《尚書直旨》。永樂時徐好古作。

**朱彝尊《經義考・書》** 徐氏善述《尚書直指》。六卷。存。

**《明史・藝文志・書類》**　徐善述《尚書直指》六卷。

**《四庫提要・書類存目一》**　《尚書直指》六卷。浙江范懋柱家天一閣藏本。不著撰人名氏。朱彝尊《經義考》曰：「是書徐文肅爲東宫講官時所進，未曾刊行，亦未署名。其後中璫錢能從宫中攜出，遂鏤版於時。錢溥、劉宣序之，童軒跋之，皆不知爲文肅所著。予從曹侍郎溶家見之因爲標出」云云。則此書乃徐善述撰也。善述字好古，天台人，以薦授桂陽州學正。仁宗爲太子時，簡爲左春坊左司直郎，陞左贊善。時宫僚多被罪，善述亦坐累死。洪熙初，贈太子少保，謚文肅。事蹟附見《明史・鄒濟傳》。其書櫽括蔡《傳》大義，已漸類後來講章，於蔡《傳》得失未嘗糾定。又所纂之注，亦時有時無，如《禹貢》注「震澤」而不注「三江」，注「王屋」而不注「太行」、「恒山」，《顧命》注「大訓」而不注「赤刀」「琬炎」之類。不應罣漏至此，意剞劂之時，竝注脱去。能本内官，姑借刊書啖名，未嘗一爲校正歟。

## 書傳補注

**王圻《續文獻通考・經籍考・書》**　《書傳補》。右贊善陳濟著。

**黄虞稷《千頃堂書目・書類》**　陳濟《書傳補注》一卷。字伯載，武進人，以布衣爲《永樂大典》總裁。書成，授春坊贊善。

**《明史・藝文志・書類》**　陳濟《書傳補注》一卷。

## 書傳通證

**朱彝尊《經義考・書》**　《書傳通證》。未見。《姓譜》：「陳濟字伯載。武進人。永樂初，以布衣召修《永樂大典》，爲總裁官。書成，授右春坊右贊善。所著有《書傳通證》、《書傳補注》。」

## 洪範直解

**楊士奇等《文淵閣書目・書》**　《洪範直解》。一部，一册。闕。

## 書傳纂註

**楊士奇等《文淵閣書目・書》**　《書傳纂注》。一部，三册。闕。

## 尚書釋題

**楊士奇等《文淵閣書目・書》**　《尚書釋題》。一部，三册。完全。

## 書義新格

**楊士奇等《文淵閣書目・書》**　《書義新格》。一部，一册。闕。

## 體尚書

**黄虞稷《千頃堂書目・書類》**　仁宗《體尚書》二卷。釋《尚書》中《臯陶》、《甘誓》、《盤庚》等十六篇，以講解更其原文。

**《明史・藝文志・書類》**　仁宗《體尚書》二卷。釋《尚書》中《臯陶謨》、《甘誓》、《盤庚》等十六篇，以講解更其原文。

## 御書洪範篇

**王圻《續文獻通考·經籍考·書》** 《御書洪範篇》及《序》。宣德九年，示楊士奇等。

**黄虞稷《千頃堂書目·書類》** 宣宗《序洪範》一篇。

## 書義庭訓

**黄虞稷《千頃堂書目·書類》** 何文淵《書義庭訓》。

**朱彝尊《經義考·書》** 何氏文淵《書義庭訓》。未見。陸元輔曰：「《書義庭訓》，太子太保吏部尚書廣昌何文淵巨川撰。文淵中永樂戊戌進士，晚號鈍菴。」

## 尚書直講

**黄虞稷《千頃堂書目·書類》** 何文淵《尚書直講》。

## 書傳集解

**黄虞稷《千頃堂書目·書類》** 黄諫《書傳集解》。字廷臣。蘭州人。正統壬戌一甲第三人，歷官翰林院學士。

**張金吾《愛日精盧藏書志·書類》** 《書傳集解》十二卷。明刊本。項氏萬卷堂藏書。朱子訂定，蔡氏集傳，明後學金城黄諫集解。是書以蔡《傳》爲主，而以唐宋金元諸儒之説分注於下，諫亦間附己説。大抵先儒之説十之七，諫之説十之三耳。其中回護蔡《傳》者固多，如天左旋之類。而訂正蔡《傳》者亦不少。如五玉即五瑞之類。且薈萃諸説同異並存，蓋不僅羽翼蔡氏也。所採如宋胡氏旦，《尚書演聖通論》。張氏景、《書論》。顧氏臨、《尚書集解》。孫氏覺、《書義十述》、《尚書解》。王氏安石、丁氏雩、《新經尚書義》。蘇氏洵、《洪範圖論》。芸閣呂氏、名大臨，《書傳》。龜山楊氏、《書義辨疑》。蔡氏元度、名卞，《尚書解》。張氏綱、《尚書講義》。吳才老、名棫，《書裨傳》。李氏舜臣、《尚書小傳》。劉氏安世、《尚書解》。王氏十朋、《尚書解》。王氏炎、《尚書小傳》。張敬夫、《書説》。陳氏傅良、《書抄》。東陽馬氏、案宋馬之純、元馬道貫，俱東陽人。之純有《尚書説》，道貫有《尚書疏義》，今俱佚。是書所引東陽馬氏，其之純歟抑道貫歟？未敢臆定。朱子、《問答》。勉齋黄氏、《尚書説》。董氏銖、《尚書注》。鄒氏補之、《書説》。王氏日休、《書解》。張氏沂、《書説》。復齋董氏、名琮，《尚書集義》。陳氏振孫、《尚書説》。西山眞氏、《書説精義》。陳氏大猷、案陳氏《集傳或問》自序曰：「大猷既集《書傳》，復因同志問難，記其去取曲折，以爲《或問》。今《或問》存，而《集傳》佚。是書所引陳氏大猷云云，《或問》俱不載，其或即《集傳》之説歟？」介軒董氏、名夢程，《尚書訓釋》。張氏震、《尚書小傳》。史氏仲午、《書説》。史氏漸、《書説》。劉氏臾、横舟，《尚書講義》。成四百家、成申之《四百家尚書集解》。李氏梅叟、《書説》。碧梧馬氏、名廷鸞，《尚書蔡傳會編》。陳氏普、《尚書補微》。金滹南王氏、名若虛，《尚書義粹》。元息齋余氏、名芑舒，《讀蔡傳疑》。葵初王氏、名希旦，《尚書通解》。梁氏寅、《書纂義》。其書今皆失傳，籍此得略見梗概。一書傳而賴以傳者，凡四十餘家，是固研經者所當亟爲表彰者也。《經義考》著録，誤作《集義》。注未見。卷六缺《説命中》「慮善以動，動惟厥時」至末。又《説命下》至《微子》，卷十《召誥》至《君奭》全缺。書賈欲泯其不全之迹，妄將九卷下半卷刓改作卷十。重裝時當更正之。每卷首末俱有「項氏萬卷堂圖籍印」及「汲古閣」、「毛氏家藏」三印。

孔安國《書傳序》。蔡氏《書集傳序》。

## 書經旁通

**黄虞稷《千頃堂書目·書類》** 黄瑜《書經旁通》十卷。香山人。景泰丙子舉人。長樂知縣。詹事黃佐祖。

**《明史・藝文志・書類》** 黃瑜《書經旁通》十卷。

## 洪範九疇數解

**黃虞稷《千頃堂書目・書類》** 熊宗立《洪範九疇數解》八卷。建陽人，別字道軒。

**《明史・藝文志・書類》** 熊宗立《洪範九疇數解》八卷。

## 書經提要

**錢謙益等《絳雲樓書目・書類》** 《書經提要》一册。

**黃虞稷《千頃堂書目・書類》** 章陬書經撮要四卷。黃巖人。正統元年進士。

**朱彝尊《經義考・書》** 章氏陬《書經提要》。四卷。未見。陬自序曰：「韓子有言，記事者必提其要。若天文、地理、圖書、律呂四者，皆《書》之要也。然天文之度數或未易析，地理之沿革或有不同，至於圖書、律呂，先儒固有成說，而散見他書，未有萃於一者。故學經之士得其一或遺其二。愚竊病焉。輒不自揆，用摭先儒之說，爲書四篇，名以『提要』。或爲之圖，或述其義，間以一得之愚附焉。其具於蔡《傳》者不複出，庶幾其說，簡明易見，不假他求而得其要矣。」《台州府志》：「章陬字仲寅，黃巖人。正統丙辰進士。官至兵部主事。」

按：章氏書載西亭王孫《萬卷堂目》。

**《明史・藝文志・書類》** 章陬《書經提要》四卷。

**《四庫提要・書類存目一》** 《書經提要》。無卷數。浙江吳玉墀家藏本。明章陬撰。陬字仲寅。黃巖人。正統丙辰進士。官禮部主事，是編以天文、地理、圖書、律呂四者皆釋經之要，故分爲四類。每類又各分細目，繫以圖說。自序謂見於《蔡傳》者不複出。然其圖皆從諸書採録，其說亦多襲取陳言，無所考辨。《召誥》「土中」說一條，引《周禮》：「日東則景夕，多風；日西則景朝，多陰。」謂蔡《傳》所引王氏之說，誤爲「景朝多陽」、「景夕多陰」。今案：蔡《傳》祇以「多風」誤爲「多陽」，未嘗誤爲「景夕多陰」。或陬所見與今刊本不同耶。

## 書經集説

**朱彝尊《經義考・書》** 張氏瀾《書經集說》。未見。蔣方馨曰：「張瀾字道本，潼川人。正統己未進士。」

## 禹貢詳節

**王圻《續文獻通考・經籍考・書》** 《禹貢詳節》。夏寅著。華亭人。

**黃虞稷《千頃堂書目・書類》** 夏寅《禹貢詳節》一卷。字時正。正統十三年進士。因《禹貢》山川與今地理不合，考而正之。

**朱彝尊《經義考・書》** 夏氏寅《禹貢詳節》。一卷。未見。《姓譜》：「夏寅字正夫，華亭人。正統十三年進士。歷南京吏部郎中，陞江西提學副使，終山東右布政使。」

## 尚書劄記

**朱彝尊《經義考・書》** 夏氏寅《尚書劄記》。未見。錢謙益曰：「寅字正夫，華亭人。正統十三年進士。除南京吏部主事，歷郎中。二十年爲副使。十六年終山東右布政使。」

## 書經節傳

**王圻《續文獻通考・經籍考・書》** 《書經節傳》。國子司業張業著。安福人。

**黃虞稷《千頃堂書目・書類》** 張業《書經節傳》。安福人。景泰辛未進士。國子監司業。

**朱彝尊《經義考・書》** 張氏業《書經節傳》。未見。《江西通志》：「張業字振烈，安福人。景泰辛未進士。歷官國子監司業。」

## 書傳

**朱彝尊《經義考・書》** 吳氏福《書傳》。十卷。未見。

## 尚書句解

**黃虞稷《千頃堂書目・書類》** 劉敦《尚書句解》。字于學。安城人。景泰庚午舉人。南京翰林院孔目。

**朱彝尊《經義考・書》** 劉氏敦《尚書句解》。未見。楊廉《狀》曰：「公諱敦，字于學，吉安人。領景泰庚午鄉薦，司訓武昌，調武進，陞南京翰林院孔目。」

## 書私鈔

**黃虞稷《千頃堂書目・書類》** 楊守陳《書私鈔》一卷。

**朱彝尊《經義考・書》** 楊氏守陳《書私鈔》一卷。存。守陳自序曰：「孟子曰：『盡信《書》則不如無《書》。』《書》蓋唐虞三代之史所記，孔子所録，何爲不可盡信耶？蓋古之《書》傳世既久，則其錯簡、缺文、訛字浸浸多有，至孟子時已然。秦人焚之，則併其簡編文字蕩然亡矣。漢世旁求，一得於女子之口授，一出於先世之壁藏。壁藏者，已經後人修潤，故鮮錯訛。口授者，蓋其所誦，已非盡本文，而當時傳言，後世謄寫，益多闕與錯訛，且有重複，滋不可盡信矣。而漢唐諸儒乃盡信力解，至有所難通，則亦強爲之說。宋儒始疑之，若東坡之於《康誥》，荆公之於《武成》，吳才老之於《梓材》，皆明其錯。而晦庵先生又重定《武成》，一時諸家傳注，往往有愈於漢唐者。元時王魯齋嘗作《書疑》，謂《皋陶謨》、《說命》、《武成》、《洪範》、《多方》、《立政》六篇多錯簡訛字，自以其意更定，雖未必盡合於古，然合者亦不鮮矣。歐陽子曰：『經非一世之書也，其傳之謬非一日之失也，刊正補輯非一人之能也。使學者各極其所見，而明者擇焉，以俟後聖之生也。』其言至矣。蒙自童時受《書》，每遇今文，腐唇弊舌而不能以熟。稍長聽講，苦心焦思而不能以通也。其後頗覺蔡《傳》似欠明備，乃取諸家徧閲，疑久不釋。及得魯齋《書疑》，則躍然喜曰：『此先得我心之所同者！』於是取《堯典》以下經傳，手自鈔録，凡經有錯簡者移之，而其闕訛重複者明言之，蔡《傳》有欠明備者，采諸家補之，而或以私說附焉。其所移者既未必合於古經，所補者又未必勝乎舊傳，徒爲紛更，以取僭竊之罪。然飽食終日，而於此乎用心，差賢於博弈者而已。雖然世有古今，人有聖愚，而理之在人心者，則無古今聖愚之異也。以今窺古，以愚測聖，雖不能盡合，而理之所在，亦豈無一二其庶幾乎？後之君子，倘有取其一字一言之合，則亦不枉其用心矣。」

**《明史・藝文志・書類》** 楊守陳《書私鈔》一卷。

## 尚書口義

**黃虞稷《千頃堂書目・書類》** 周灝《尚書口義》二卷。字秉純。邵武人。景泰癸酉舉人。松江同知。

## 書經講義

**黃虞稷《千頃堂書目・書類》**《書經講義》十三冊。

**倪燦等《補遼金元藝文志・書類》**《書經講義》十三冊。

**朱彝尊《經義考・書》**劉氏縉《書經講義》。未見。《分水縣志》：「劉縉字大紳。天順己卯舉人。知武昌縣事。」

## 洪範集解

**黃虞稷《千頃堂書目・書類》**盧璣《洪範集解》。

**朱彝尊《經義考・書》**盧氏璣《洪範集解》。未見。《括蒼彙紀》：「盧璣字舜用，松陽人。天順甲申進士。」

## 洪範彙義

**黃虞稷《千頃堂書目・書類》**羅輔《洪範彙義》。泰和人。張詡甚偁其書。欲上之朝，不果。

## 書義旁通

**朱彝尊《經義考・書》**羅氏倫《書義旁通》。佚。

## 壁經要略

**朱彝尊《經義考・書》**鮑氏麒《壁經要略》。佚。《溫州府志》：「麒字仲瑞。平陽縣人。成化己丑進士，官工部郎中。」

## 書經正蒙

**朱彝尊《經義考・書》**吳氏寬《書經正蒙》。未見。錢謙益曰：「寬字原博，長洲人。成化八年會試、廷試俱第一，入翰林。累遷至掌詹、禮部尚書。卒贈太子少保。謚文定。」

## 書經義

**朱彝尊《經義考・書》**姚氏誠《書經義》。佚。《陝西通志》：「姚誠字通夫，蘭州人。成化乙酉舉人。知聞喜、新鄭二縣。」

## 書經拾蔡

**黃虞稷《千頃堂書目・書類》**李承恩《書經拾蔡》二卷。

**朱彝尊《經義考・書》**李氏承恩《書經拾蔡》。二卷。未見。黃虞稷曰：「承恩，嘉魚人。成化甲辰進士。」

**《明史・藝文志・書類》**李承恩《書經拾蔡》二卷。

## 洪範纂要

**黃虞稷《千頃堂書目·書類》** 楊廉《洪範纂要》一卷。闕劉向《五行傳》增而爲六之說。

**朱彝尊《經義考·書》** 楊氏廉《洪範纂要》。一卷。存。廉自序曰：「《尚書·洪範》所陳，篤恭而天下平，聖神功化之極，盡在是矣。劉氏父子《五行傳》於五者增而爲六，夏侯勝久陰謀上之，言偶爾而中，人愈神之，而世遂有兩《洪範》，六『五行』。宋蘇明允指其謬，當矣。然向、歆以前，已有《尚書大傳》，大略如向、歆之說，而蘇氏曾無言及，豈亦未之見邪？噫！《易》出於羲、文、周、孔，其後乃有京房、郭璞之學；《範》出於大禹、箕子，其後乃有劉向、劉歆之學。而淫巫瞽史往往幸其一言之中，從而張之，使其爲說，遂與聖人之經抗衡於世，豈不可憾哉！學者誠取《洪範》本篇，沉潛玩味，則五行五事休咎福極之應，昭然可見，又何必牽合補綴，以曲爲之說哉！」

**《明史·藝文志·書類》** 楊廉《洪範纂要》一卷。

## 尚書精蘊

**朱彝尊《經義考·書》** 林氏俊《尚書精蘊》。未見。陸元輔曰：「林俊字見素，莆田人。成化戊戌進士。歷官刑部尚書，加太子太保，贈少保。謚貞肅。」

## 書經定說

**黃虞稷《千頃堂書目·書類》** 呂獻《書經定說》。字丕文。新昌人。成化甲辰進士。南京兵部右侍郎。

## 尚書因

**黃虞稷《千頃堂書目·書類》** 張彩《尚書因》五卷。

## 洪範正誤

**黃虞稷《千頃堂書目·書類》** 丁璣《洪範正誤》一卷。丹徒人。成化戊戌進士。

**朱彝尊《經義考·書》** 丁氏璣《洪範正誤》。一卷。未見。陸元輔曰：「丁璣字玉夫，丹徒人。成化戊戌進士。除中書舍人。以星變言事謫普安州判官，轉廣西通判，起禮部儀制司郎中，出爲廣東提學副使。溺死。」

## 尚書叢說

**朱彝尊《經義考·書》** 錢氏福《尚書叢說》。未見。《姓譜》：「福字與謙，華亭人。弘治庚戌賜進士第一。官止修撰。」

## 書經洪範考疑

**王圻《續文獻通考·經籍考·書》** 《洪範考疑》。僉都御史吳世忠著。世忠，金谿人。

**黃虞稷《千頃堂書目·書類》** 吳世忠《洪範考疑》一卷。

**《明史·藝文志·書類》** 吳世忠《洪範考疑》一卷。

**《四庫提要·書類存目一》** 《書傳洪範考疑》一卷。浙江巡撫採進本。明吳世忠撰。世忠字懋貞。金谿人。弘治庚戌進士。官至延綏巡撫、僉都御史。是書取蔡沈所釋《洪範》有疑於心者，略爲考正。大旨歸本於治法，立意未嘗不善。然如以六三德爲馭臣之法，以剛克柔克爲恩威之義，用張景之說，尚爲可通。以《禹貢》貢金之類解五行，已覺附會。至五福六極皆指刑賞而言，以保全愛養不使短折爲壽之法，以殺戮勦絶不使得壽爲凶短折之法，則牽強太甚矣。

**馬國翰《玉函山房藏書簿録・書類》**《書傳洪範考疑》一卷。有堂鈔本。明湖廣布政司參議金谿吳世忠撰。以宋儒謂如錫疇、如五行皇極、三德、如五福六極諸論，疑非天之錫禹與箕子語武王之意，故爲此編以考之，頗見貫通。

## 尚書章句訓解

**黄虞稷《千頃堂書目・書類》**尹洪《尚書章句訓解》十卷。

**倪燦等《補遼金元藝文志・書類》**尹洪《尚書章句訓解》十卷。

**朱彝尊《經義考・書》**尹氏洪《尚書章句訓解》。十卷。未見。按尹洪錦衣衛人。弘治庚戌進士。書載西亭王孫《萬卷堂目》。

## 書經旨略

**黄虞稷《千頃堂書目・書類》**王大用《書經旨略》。上海人。刑部侍郎。王蘖谷《書經旨略》一卷。

**倪燦等《補遼金元藝文志・書類》**王蘖谷《書經旨略》一卷。

**朱彝尊《經義考・書》**王氏大用《書經旨略》。一卷。未見。陸元輔曰：「王大用號蘖谷，上海人。弘治癸丑進士。」

**《四庫提要・書類存目一》**《書經旨略》一卷。浙江吳玉墀家藏本。明王大用撰。大用字時行，號蘖谷，興化人。正德戊辰進士。官至副都御史。是編不載經文，惟推闡傳注之意，載某段某句宜對看，某段某句宜串看，不出科舉之學，而拘牽淺陋，又在《書義卓躍》之下。

## 尚書資講

**朱彝尊《經義考・書》**黄氏瀾《尚書資講》。未見。鍾欽立曰：「黄瀾號壺陰，莆田人。弘治癸丑進士。歷官南京翰林院侍講學士。」

## 書經會注

**朱彝尊《經義考・書》**趙氏鶴《書經會注》。未見。汪楫曰：「趙鶴字叔鳴，江都人。弘治丙辰進士。歷山東按察副使。」

## 尚書本旨

**朱彝尊《經義考・書》**費氏希冉《尚書本旨》。七卷。未見。《南海縣志》：「費希冉，字師敬。正統間諸生。」

**《明史・藝文志・書類》**費希冉《尚書本旨》七卷。

## 洪範或問

**黄虞稷《千頃堂書目・書類》**徐獻中《洪範或問》一卷。

**朱彝尊《經義考・書》**徐氏獻中《洪範或問》。一卷。未見。獻忠自序曰：「聖人列天地自然之利，可以養民者曰五行。後世譎其義，謂造化羣有而生吉凶，此五物者司之，甚矣其過論也。劉向《五行傳》始窮其義，以通變化。蔡子傳其學，著《洪範皇極内篇》，以儒者之道緣之。厥後作《書集傳》，遂旨趣五行，綜其餘論，不自知其陷於緯說之家矣。夫天地之道，有象有數，有體有用。故孔子謂《易》有君子之道四焉。至於《洛書》者，其精行鬼神，其變參卦圖，其數窮物理，通治軌，闔闢推移。猶夫《易》之爲道廣大悉備者也。箕子陳範之本意，純乎理而不窮其變，則其象而不衍其數後世儒者沒於劉向之過論，既昧地十之數不可通於《洛書》之九，又不知五行一疇不可通於八疇之義，徒泥異端之說，使聖人之教不白於天下，是固可惜也。顧傳注之行已久，後生末學不敢以一得之見，遽綴其間，聊即問難語名之，以俟悟學之士云。」

## 洪範講章

**朱彝尊《經義考・書》** 顧氏鼎臣《洪範講章》。一卷。存。鍾淵映曰：「公字九和，崑山人。弘治乙丑賜進士第一。累官少保兼太子太傅、武英殿大學士。卒謚文康。《洪範講章》一卷。嘉靖七年四月奉上諭草進。」

## 金縢辨疑

**黃虞稷《千頃堂書目・書類》** 張孚敬《金縢辨疑》一卷。

## 書億

**黃虞稷《千頃堂書目・書類》** 王道《書億》四卷。

## 禹貢注解

**朱彝尊《經義考・書》** 劉氏龍徐氏縉等《禹貢注解》。未見。陸元輔曰：「明世宗命劉龍、徐縉撰進。龍字舜卿。弘治己未進士第三人。歷禮部尚書，謚文安。縉字子容，吳縣人。弘治乙丑進士。歷禮部侍郎，謚文愍。」

## 尚書困學

**黃虞稷《千頃堂書目・書類》** 穆孔暉《尚書困學》。

**朱彝尊《經義考・書》** 穆氏孔暉《尚書困學》。未見。《姓譜》：「穆孔暉字伯潛。堂邑人。弘治乙丑進士。歷官禮部左侍郎兼學士。謚文簡。」

## 尚書說要

**錢謙益等《絳雲樓書目・書類》** 呂柟《尚書說要》二冊。

**黃虞稷《千頃堂書目・書類》** 呂柟《尚書說要》五卷。嘉靖十八年己亥門人汪尚庭序。

**朱彝尊《經義考・書》** 呂氏柟《尚書說疑》。五卷。存。張雲章曰：「此涇野門人因扣擊而得之其師者，舉而筆之於編。」焦氏《經籍志》：「朱氏《授經圖》所載《因問録》，疑即其書也。嘉靖己亥曾鏤版，其門人汪尚庭序之。」 按：呂氏《書說》，吾鄉項鼎鉉、孟璜曾刻之家塾。

**《明史・藝文志・書類》** 呂柟《尚書說疑》五卷。

**《四庫提要・書類存目一》** 《尚書說要》五卷。浙江汪啓淑家藏本。明呂柟撰。柟有《周易說翼》已著録。是編乃其與門人論《書》之說，詮次成帙，與蔡《傳》間有出入。如以《舜典》「在璇璣玉衡」爲北斗，以《武成》非錯簡之類，改從古說，異乎蔡《傳》者也。以《洪範》爲《洛書》，以《伊訓》：「元祀十有二月」，證三代不改月之類。沿襲誤解，仍同乎蔡《傳》者也。大抵推尋文句，雖間有闡發，亦皆以私意揣摩。如謂《堯典》「仲夏」稱「日永」，「仲冬」不稱宵永，爲扶陽抑陰之義。以《書》序《君奭》「不悅」爲不悅仕進。是果經意乎？其言《禹貢》水土之序及五服之遠近，亦皆臆度之辭，無典據也。

## 尚書因問録

**黄虞稷《千頃堂書目・書類》** 呂柟《尚書因問録》。

## 尚書砭蔡編

**徐𤊹《徐氏家藏書目・書類》** 《砭蔡》一卷。袁仁。

**黄虞稷《千頃堂書目・書類》** 袁仁《砭蔡篇》一卷。

**朱彝尊《經義考・書》** 袁氏仁《尚書砭蔡篇》。一卷。未見。仁自序曰：「襄兒就塾師習《尚書》，專求通蔡氏《傳》爲案據。余考國朝典令，《書》主古疏兼蔡《傳》，初未嘗專主蔡也。學者以注疏繁而難閲，遂棄不觀，然而非制矣。余弱冠時曾誦壁經正文，至是始取蔡氏閲之，則悖理者種種也。因博考先儒舊説，參以己意，正其謬誤，揭之家塾。」 沈道原序曰：「昔伏生從負圖先生受《書》，以繩繞於腰領，一誦一結，十尋之繩竟而誦習不已，要亦尋繹其義耳。近世習《書》者爲舉業地，彼其意在魚兔，而又奚筌蹄爲？吾舅袁濅波先生，世爲鉅儒，恥舉業而託之醫，於《尚書》有《砭蔡編》。《書》自伏生之女句讀而授之晁錯，其後孔安國、鄭康成諸人爲之詮解，凡百有三十家，至宋而衷於蔡仲默，吾明遂布之學官。蔡何砭也？非蔡淺，《書》固眞爾。世有蔡，即有砭蔡者，道無涯也。」

**《四庫提要・書類二》** 《尚書砭蔡編》一卷。浙江吴玉墀家藏本。明袁仁撰。仁字良貴，號濅波。蘇州人。與季本同時相善，故解經往往似之。是編糾蔡沈之誤。所論如粤若、越若之前後異訓，三百六旬有六日乃宋曆非古曆，方命當從《蜀志》、《晉書》所引，梅賾事不出《晉書》，宣夜有漢郗萌所傳，非無師説。并州不在冀東，醫無閭即遼東，不得既爲幽州，又爲營州；鳥鼠同穴實有其事；「用爽厥師」，「爽」訓「失」；説築傅巖爲版築；遯於荒野爲《甘盤》；《西伯戡黎》爲武王；四輔非三輔之義；「洪舒」通作「洪荼」；虎賁不掌射御；「荒度作刑」不連耄字爲句；皆確有所據。至謂《史記索隱》南譌不作爲字，則但據今本。「不格姦」爲不止其姦，「鮮食」非肉食，「怪石」爲資服餌，「汨陳」之「陳」訓爲「舊」，則又有意立異，不可爲訓矣。朱彝尊《經義考》載此書，注曰「未見」。此本載曹溶《學海類編》中，題曰《尚書蔡注考誤》。案沈道原序亦稱《砭蔡編》，則《經義考》所題爲是。溶輯《學海類編》，多改易舊名，以示新異，不足爲據也。

**周中孚《鄭堂讀書記・書類》** 《砭蔡編》一卷。原刊本。明袁仁撰。仁字良貴，號濅波。吴縣人。袁黄之父也。《四庫全書》著録上有「尚書」二字。朱氏《經義考》所載亦同，蓋本曹氏《學海類編》所改題。朱氏注曰：「未見」，而前有《自序》及其甥孫沈道原《序》，俱録入《考》中，則又何也？良貴以明朝典甲書，主古疏兼蔡《傳》，初未嘗專主蔡也。學者以注疏緐而難閲，遂棄不觀，專讀蔡《傳》，而不知其種種悖理之處。因博考先儒舊説，參以己意正其謬誤，以成是帙，凡九十條。頗以典制名物補正蔡《傳》之闕誤。與馬子萃明衡《尚書疑義》用意相同。雖不免有心立異，而中其失者多矣。

## 書説

**黄虞稷《千頃堂書目・書類》** 韓邦奇《書説》一卷。

## 洪範圖解

**范邦甸等《天一閣書目・書類》** 《洪範圖解》一卷。刊本。明正德苑洛子韓邦奇撰并序。

**錢謙益等《絳雲樓書目・書類》** 《洪範圖解》二册。一卷。韓邦奇。

**黄虞稷《千頃堂書目・書類》** 韓邦奇《洪範圖解》一卷。正德乙亥序。

**嵇璜等《續通志・圖譜略・書》** 韓邦奇《洪範圖解》。

## 禹貢詳略

**黃虞稷《千頃堂書目·書類》** 韓邦奇《禹貢詳略》一卷。

**朱彝尊《經義考·書》** 韓氏邦奇《禹貢詳略》。二卷。存。邦奇自序曰：「略者，爲吾家初學子弟也；復講說者，舉業也；詳釋之者，俟其進而有所考也。弘治丁巳。」

歐思誠後序曰：「《禹貢詳節》迺苑洛韓公心得之學，傳之家塾者。往歲愚承乏朝邑，知而求傳之。公辭曰：『此特以教我子弟者，非敢傳之人人也。』嘉靖乙巳春，適公奉命總理河道於濟寧，愚復備屬東昌，獲伸前請。公諾。愚歸郡，壽諸梓，俾讀是經者，本其說以研經義，考其圖以窮源委，庶知公用心之勤，析理之精，有裨後學，不爲小補云。」

**《明史·藝文志·書類》** 韓邦奇《禹貢詳略》二卷。

**《四庫提要·書類存目一》** 《禹貢詳略》。無卷數。浙江範懋柱家天一閣藏本。明韓邦奇撰。邦奇有《易學啓蒙意見》，已著録。邦奇學有原本，著作甚富。而此書訓釋淺近，惟言擬題揣摩之法。所附《歌訣》、《圖考》亦極鄙陋。前有邦奇自爲小引云：「略者，爲吾家初學子弟也。復講說者，舉業也。詳釋之者，使之進而有所考也。」後有薊門歐思誠跋，述邦奇之言，亦曰特以教吾子弟，非敢傳之人人。則是書本鄉塾私課之本，思誠刻之，轉爲邦奇累矣。至每州之下各加「每州之域」四字，參於經文之中，尤乖體例。邦奇必不如是之妄，或亦思誠校刊之時，移其行款也。朱彝尊《經義考》載邦奇《書說》一卷，注曰「未見」，而不載此書。其卷數則相同，或即因此書而傳譌歟？

## 尚書疏義

**黃虞稷《千頃堂書目·書類》** 馬理《尚書疏義》。

## 尚書疑義

**范邦甸等《天一閣書目·書類》** 《尚書疑義》四卷。明嘉靖壬寅馬明衡制并序。

**黃虞稷《千頃堂書目·書類》** 馬明衡《尚書疑義》六卷。

**朱彝尊《經義考·書》** 馬氏明衡《尚書疑義》。一卷。存。明衡自序曰：「孔安國、穎達用意雖勤，其於大道概未有聞。蔡氏仲默承文公之訓，義理大有發明，然愚從而求之，謂其悉可以得聖人之心而達聖人之道，則不敢以自詭也。故凡於所明而無疑者，從蔡氏；其有所疑於心而不敢苟從者，輒録爲篇。聖人之行事非細故也，萬古至大之公案，予何人哉？謂足以辨之。顧先儒或有未論者，予特發其疑以引其端，將來君子，其毋以爲妄與僭而不之正，則予今日之心也。嘉靖壬寅。」張雲章曰：「治《書》之家，其與蔡氏異者：元新安程氏直方著《蔡傳辨正》，鄱陽余氏、芑舒、程氏葆舒著《讀蔡傳疑》、《蔡傳訂誤》，明嘉善袁氏仁有《砭蔡編》。今其書不盡傳，是編亦止見鈔本，顧未詳其出處。」

**《明史·藝文志·書類》** 馬明衡《尚書疑義》一卷。

**《四庫提要·書類二》** 《尚書疑義》六卷。浙江范懋柱家天一閣藏本。明馬明衡撰。明衡字子萃。莆田人。正德甲戌進士，官至監察御史。事蹟附見《明史·朱淛傳》。是編成於嘉靖壬寅。前有自序云：「凡於所明而無疑者，從蔡氏。其有所疑於心而不敢苟從者，輒録爲篇。」書中如六宗從祭法輯五瑞，謂是朝衆之常，非爲更新立異。《洪範》「日月之行」取沈括之說，於《金縢》頗有疑辭。皆能參酌衆説，不主一家，非有心與蔡立異者。惟三江必欲連震澤，而於「所其無逸」之「所」字，亦不從蔡《傳》，則未免意見之偏。又往往闌入時事，亦稍失解經體例，蓋不免醇駁互存。然明人經解，冗濫居多，明衡是編，尚能研究於古義，固不以瑕掩瑜也。《明史》稱閩中學者，率以蔡清爲宗，至明衡獨受業於王守仁，閩有王氏學自明衡始。考明衡當嘉靖三年，世宗尊所生而薄所後，於興國太后誕節，詔命婦入賀；於慈壽皇太后誕辰，乃詔免朝。時盈庭附和新局，而明衡惓惓故君，與朱淛力爭，皆遘禍幾殆，坐是終身廢棄。可謂不愧於經術，更不必以門戶之見論是書之醇疵矣。

## 尚書説

**朱彝尊《經義考・書》** 蕭氏孟景《尚書説》。佚。李舜臣曰：「先生三河人，字時泰。正德乙亥，余從先生於崇文門外草場巷，後爲濟南太守。其説《書》曰：『宗彝，蔡《傳》虎蜼，蓋謂虎彝與蜼彝爾』。若然，是以一章而二之矣。夫宗彝者，宗廟之常尊也。弼成五服，至於五千，五千者，五服每面一千二百二十五里，故《王制》流沙至海，衡至恆皆三千里。云三千里者，周尺小也。」

## 尚書存疑録

**黄虞稷《千頃堂書目・書類》** 汪玉《書經存疑録》二卷。字汝成。鄞縣人。正德戊辰進士。山東按察使。

**朱彝尊《經義考・書》** 汪氏玉《尚書存疑録》。二卷。未見。寧波府志：「汪玉字汝成，鄞縣人。正德戊辰進士。歷巡撫，順天都御史。」

## 書經存疑

**徐𤊹《徐氏家藏書目・書類》** 《書經存疑》二卷。鄞汪玉。

## 尚書譜

**黄虞稷《千頃堂書目・書類》** 梅鷟《尚書譜》五卷。旌德人。正德癸酉舉人。南京國子監助教。復官鹽課司提舉。力攻《古文》之僞。

**朱彝尊《經義考・書》** 梅氏鷟《讀書譜》。四卷。存。

**嵇璜等《續通志・圖譜略・書》** 明梅鷟《尚書譜》。

**《四庫提要・書類存目一》** 《尚書譜》五卷。編修汪如藻家藏本。明梅鷟撰。鷟有《古易考原》已著録。鷟因宋吳棫、朱子及元吳澄之説作《尚書考異》及此書。《考異》引據頗精核，此則徒以空言詆斥，無所依據。如謂孔壁之十六篇，出於孔安國所爲，實以臆斷之，別無確證。又謂東晉之二十五篇，出於皇甫謐所爲，則但據孔穎達引《晉書・謐傳》，從其姑子外弟梁柳得《古文》一語，其説亦在影響之間。且辭氣叫囂，動輒醜詈，亦非著書之體。故録其《考異》，而是書僅存目焉。

**顧廣圻《思適齋書跋・經部》** 《尚書譜》不分卷。明鈔本。嘉慶壬申十月讀於江寧寓中。顧廣圻記。此旌德梅氏鷟之《尚書譜》也。鷟，明正德間人，驗鈔本字蹟，尚屬出於明代之手，宜其校尋常鈔本獨勝矣。廣圻又記。惟「人心惟危」一條。脱去後半，當用別本補。又次序亦宜更正，「念茲在茲」一條，亦係重出未刪。餘皆迴出新本上矣。甲戌再記。以上在《胤征》篇末。十一日鐙下讀畢。顧廣圻記。凡舊校失當者，今標舉正之。又記。甲戌六月再校一過，益歎此鈔本之善，不可輕議刪改也。時將寫樣刊行，因細加勘定，後之覽者其詳焉。思適居士又記。新刊本依別本補首卷各條，又補此後一卷。《澹生堂書目》載《尚書譜》四卷，二冊，梅鷟撰。

**馬國翰《玉函山房藏書簿録・書類》** 《尚書譜》五卷。鈔本。明國子學正鹽課司提舉旌德梅鷟撰。一名《讀書譜》。大旨辨論晉代晚出《古文》爲僞，而時多臆説。案鷟自序《考異》曰：「予在嚴陵已作此譜，草創未備，今加修飾」云云。則《譜》乃《考異》之初本，未及精覈，故不若《考異》之善也。

**丁丙《善本書室藏書志・書類》** 《尚書譜》不分卷。明鈔本。顧千里手校。按《四庫存目》：「《尚書譜》五卷，明梅鷟撰。」鷟先作此譜，因及《考異》。《考異》業已著録。是書不分卷，棉紙藍格，的係明鈔，兼有朱校，後有顧廣圻朱筆記云：「凡舊校失當者，今標舉正之。」又墨筆記云：「甲戌六月再校一過，益歎此鈔本之善，不可輕議刪改也。時將寫樣刊行，因細加勘定，後之覽者其詳焉。」思適居士又記云：「新刊依別本補首卷各條，又補末葉。」另記云：「《澹生堂書目》載《尚書譜》四卷二冊，梅鷟撰。此或爲祁氏舊鈔耶？」思適居士者，元和顧廣圻也，字千里，號澗蘋，諸生。精於校讎，一時黃蕘圃、孫淵如、張古愚、胡果泉均重其人。

## 尚書考異

**黃虞稷《千頃堂書目・書類》** 梅鷟《尚書考異》。

**朱彝尊《經義考・書》** 《尚書考異》。一卷。存。鷟自序曰：「甚矣！儒之好怪也。不論其世，不稽其人，惟怪之從。當伏生傳經，廿有八篇，序一篇，共二十九篇，以敎於齊、魯之間，如日月之行天，人皆仰之，是聖經之正也。若乃孔壁所藏，高祖過魯祀孔子時不言《古文》，惠帝除挾書令時不言《古文》，文帝求能治《尚書》時不言《古文》，雖景帝時亦無一人言。孔氏有《古文》者，至孝武世，延七八十年間，聖孫孔安國者專治《古文》，謂以《今文》讀之，因以起其家。降及東晉，有高士曰皇甫謐者，見安國書摧棄，人不省惜，造《書》二十五篇、《大序》及《傳》，冒稱安國《古文》，以授外弟梁柳，柳授臧曹，曹授梅頤，遂獻上而施行焉。人遂信爲眞安國《書》。前此諸儒，如王肅、杜預晉初人，鄭沖、何晏、韋昭三國人，鄭玄、趙岐、馬融、班固後漢人，劉向、歆、張霸前漢人，皆未見。不曰：『逸書』，則曰：『今亡』。《史》、《漢》所載，絕無二十五篇影響，其曰鄭沖、蘇愉，皆誣之耳。又《舜典》篇首愼徽突出，好事者遂造爲南齊建武四年吳興姚方興於金陵大航頭偶見二十八字，伏法未上，隋開皇時始購求得之。朱子曰：『《古文》東晉時始出，前此諸儒皆未之見。』豈不痛切而明快哉！無而爲有，將以誰欺？安國不言，《史記》不載，使聖人正經反附僞書以行世。隋唐以來千餘年，自吳先生《纂言》之外，曾無一人爲聖經之忠臣義士者，豈不痛哉！予在嚴陵時，已作此《譜》，草創未備。今加修飾，使《古文》廢興之由，先後義僭之辨，如指諸掌，庶幾裨《纂言》之所未備，以承吳先生之志云。」

陳第曰：「近世旌川梅鷟譸張立論，其斷《古文》，謂皇甫謐僞作，集合諸傳記所引而補綴爲之。不知文本於意，意達而文成。若彼此瞻顧，勉強牽合，則詞必有所不暢。今如《禹謨》『克艱』二語，謂本《論語》之『爲君難，爲臣不易』。『不矜不伐』，謂本《老子》之『夫惟不爭，故天下莫能與爭』。『滿招損，謙受益』，謂本《易》之『謙尊而光，卑而不可踰』。不知宇宙殊時而一理，聖賢異世而同心，安得以其詞之相近也而遽謂其相襲乎？又如『人心』『道心』，則謂本之《道經》，嘗考《荀子》曰：『舜之治天下，不以事治而萬物成。』故《道經》曰：『人心之危，道心之微。』註者曰：『此《虞書》語』，而云《道經》蓋有道之經，即《虞書》也。今鷟指爲《道經》，豈別有所據耶？又如《五子之歌》：『鬱陶乎余心，顔厚有忸怩。』謂『鬱陶』取諸《孟子》，『顔厚』取諸《詩》。《胤征》之『火炎崐岡，玉石俱焚』取諸《三國志》。《仲虺》之『慚德』，取諸季札曰『聖人之弘也而猶有慚德。』口實，取諸王孫圉曰『以寡君爲口實』。《湯誥》之『降衷』，取諸夫差曰：『天降衷於吳』。《伊訓》『從諫弗咈』，取諸班彪之『從諫如流』。《太甲》『升高陟遐』，取諸《中庸》之『行遠自邇，登高自卑』。《咸有一德》之『觀德』、『觀政』，取諸《呂氏春秋》之引曰『五世之廟，可以觀怪；萬夫之長，可以生謀』。《說命》『建邦設都』，取諸《墨子・尚同》之篇。《泰誓》『離心離德』，取諸子太叔曰『棄同即異，是謂離德』。《武成》『歸馬』『放牛』，取諸《樂記》。《旅獒》『爲山九仞』，謂『爲山』取諸《論語》，『九仞』取諸《孟子》。《微子之命》『予嘉乃德』，取諸《左氏》王命管仲曰『余嘉乃動應，乃懿德』。《蔡仲之命》『致辟管叔于商，因蔡叔于郭鄰』，取諸祝鮀云『管蔡惎間王室，王於是乎殺管叔而蔡蔡叔』。《周官》『致治于未亂，保邦于未危』，取諸《老子》『爲之未有，圖之于未亂』。《君陳》『勿辟勿宥』，取諸《文王世子》『公曰：宥之。有司曰：在辟。』《畢命》『收放心』，取諸《孟子》『求其放心而已矣』。《君牙》『思其艱以圖其易』，取諸《老子》『圖難於其易』。《伯冏》『交修不逮』，取諸《楚語》衛武公曰『朝夕交戒我』。諸如此類，難以悉數。句疵其攘，字剝其竊，無非欲二十五篇《古文》盡廢之而後已。然由君子觀之，不可廢也。何者？二十五篇其旨奧，其文詞卑而高，近而遠，幽通鬼神，明合禮樂，故味道之士見則書，書則玩，紬繹而浸漬，難息而詠歌，擬議之以身，化裁之以政，定事功而成亹亹矣。孰是《書》也，而可以僞疑之乎？」

**《四庫提要・書類二》** 《尚書考異》五卷。浙江范懋柱家天一閣藏本。明梅鷟撰。鷟有《古易考原》已著錄。是編辨正《古文尚書》。其謂二十五篇爲皇甫謐所作，蓋據孔穎達《疏》引《晉書・皇甫謐傳》。案穎達作《正義》時，今本《晉書》尚未成，此蓋臧榮緒《晉書》之文。稱謐姑子外弟梁柳得《古文尚書》，故作《帝王世紀》，往往載孔《傳》五十八篇之《書》云云。然其文未明，未可據爲謐作之證。至謂孔安國序并增多之二十五篇，悉雜取傳記中語以成文，則指摘皆有依據。又如謂瀍水出谷城縣，兩《漢志》竝同，晉始省谷城入河南，而孔《傳》乃云出河南北山。積石山在西南羌中，漢昭帝始元六年始置金城郡，而孔《傳》乃云積石山在金城西南。孔安國卒於漢武時，載在《史記》，則猶在司馬遷以前，安得知此地名乎？其爲依託，尤佐證顯然。陳第作《尚書疏衍》，乃以譸張爲幻詆之，過矣。《明史・藝文志》不著録。朱彝尊《經義考》作一卷。此本爲范懋柱家天一閣所藏，不題撰人姓名，而書中自稱「鷟案」，則出鷟手無疑。原稿未分卷數，而實不止於一卷。今約略篇頁，釐爲五卷。鷟又別有《尚書譜》，大旨略同，而持論多涉武斷。故今別存其目，不復録焉。

**周中孚《鄭堂讀書記補逸・書類》**　《古文尚書考異》六卷。平津館叢書本。明梅鷟撰。鷟旌德人。正德癸酉舉人。官國子學正。《四庫全書》著録。按東晉所出《古文尚書》疑其僞者，自宋吴氏棫以下，代有其人。至梅氏而始著爲專書，條列字句剽剟之迹，證明其僞。後來閻氏若璩、惠氏棟諸書，皆因之而推尋加密。明陳氏第篤信《古文》，故詆其書爲譸張立論，乃閻氏亦稱之，爲武斷何也。惠、閻之作，皆有刊本。是書在其前，反未甚行。傳鈔之本，往往互異。或稱《尚書考異》，或稱《尚書譜》，或五卷、四卷，或僅一卷。文字亦有多寡分合。嘉慶壬申孫淵如星衍始訪得善本，與顧澗蘋廣圻、鈕匪石樹玉詳加校正而刊布之。淵如序稱：「明人性靈，爲舉業所汩，一代通經之士甚少，惟以詞章傳世。如梅氏之守經據古，有功聖學，足稱一代名儒，不可使後學不見其書。」澗蘋序稱：「閻氏《疏》第三卷，言《大禹謨》、《泰誓》、《武成》，句句有本，言襲用《論語》、《孝經》、《易》、《書》、《詩》、《周禮》、《禮記》、《左》、《國》、《爾雅》、《孟》、《荀》、《老》、《文》、《列》、《莊》，其中採鷟語必多。今全卷有録無書，然則此審之存，正可補《疏證》之闕。至其據馬融之説，以《泰誓》爲僞，據孔穎達之説，以孔壁眞《古文》十六篇爲張霸僞《書》，據《尚書孔疏》所引臧榮緒《晉書》中《皇甫謐傳》疑似之文，以《僞古文》爲謐撰，亦千慮之失，至惠氏而始正。踵事者易精，大抵然也。」

**馬國翰《玉函山房藏書簿録・書類》**　《尚書考異》六卷。平津館叢書本。梅鷟撰以晉時始出《古文》二十五篇爲皇甫謐所造，羅列《書》傳，以相證驗。如言「人心」「道心」出於《荀子》所引道經。言「舞干羽」「有苗格」出於《淮南子》。及言割裂《論語》，改竄《左傳》之失其本旨者，往往精確。閻氏若璩之《疏證》，惠氏棟之《古文考》，宋氏鑒之《考辨》，實皆本於此編。惟以今文眞《泰誓》爲僞，以孔壁眞古文十六篇爲張霸書，則謬踵前人者，亦有之矣。

**丁丙《善本書室藏書志・書類》**　《尚書考異》五卷。舊鈔本。明梅鷟撰。此書辨正《古文尚書》，其有根據。《明史・藝文志》不著録。《經義考》作一卷。天一閣所藏，不題撰人。以書中自稱「鷟按」，則爲梅氏可知。原稿未分卷，然斷不止一卷。今從閣鈔五卷本存之。

**張之洞《書目答問・列朝經注經説經本考證》**　明梅鷟《古文尚書考異》已括閻、惠、王諸家書內。

## 尚書軌範撮要圖

**祁承㸁《澹生堂藏書目・書》**　《尚書軌範撮要圖》一册。一卷。

## 學書記

**黄虞稷《千頃堂書目・書類》**　金賁亨《學書記》。

## 書説

**祁承㸁《澹生堂藏書目・書》**　《張文定公書説》。一卷。張邦奇本集本。

**《明史・藝文志・書類》**　張邦奇《書説》一卷。

## 書經說略

黃虞稷《千頃堂書目・書類》 王崇慶《書經說略》一卷。

朱彝尊《經義考・書》 王氏崇慶《書經說略》。一卷。存。崇慶自序曰：「五經莫古於《易》，其次莫如《書》。《易》以道道之體，所謂先天而天弗違；《書》以道道之用，所謂後天而奉天時。其致一也。然二帝以揖讓而官天下，古未有也，故其書皆曰『典』。典，主也，主夫道也，非三王比也。先儒以其事可爲後世之法，故曰『典』，失傳經之大旨矣。夫《書》先人之家傳，慶讀有年矣。五十而後，再取讀之，始若粗有得焉。於是乃述四代而撮其要，斷其義，因名曰『說略』，聊復以備自考，且爲家塾童蒙之地云爾。」蔣一葵曰：「蓋聞尼父序《書》，篇有一大義焉，其間小節目不論也。是故「典」「謨」，禪繼也；《湯誥》、《牧誓》，弔伐也；《太甲》，遷也；《大誥》，攝也；《顧命》，終也；《康王之誥》，始也。他篇準是，蓋無無義者。余讀王先生《說略》而益信所聞也。」

《明史・藝文志・書類》 王崇慶《書經說略》一卷。

## 洪範論

《明史・藝文志・書類》 鄭善夫《洪範論》一卷。

## 禹貢洪範二解

黃虞稷《千頃堂書目・書類》 劉天民《禹貢洪範二解》。

## 禹貢溯洄

黃虞稷《千頃堂書目・書類》 劉天民《禹貢溯洄》。

朱彝尊《經義考・書》 劉氏天民《禹貢溯洄》。一卷。未見。

## 洪範辨疑

黃虞稷《千頃堂書目・書類》 劉天民《洪範辨疑》。

朱彝尊《經義考・書》 劉氏天民《洪範辨疑》。一卷。未見。錢謙益曰：「天民字希尹，濟南人。正德甲戌進士。除戶部主事。諫南巡，廷笞三十，改吏部。泣諫大禮，又笞三十。歷文選郎中，調壽州知州，累遷至河南副使，改四川。以貪罷。」

《明史・藝文志・書類》 劉天民《洪範辨疑》一卷。

## 書　論

黃虞稷《千頃堂書目・書類》 舒芬《書論》二十篇一卷。

《明史・藝文志・書類》 舒芬《書論》一卷。

## 書　解

黃虞稷《千頃堂書目・書類》 霍韜《書解》。

## 讀書記

**黄虞稷《千頃堂書目・書類》** 王漸逵《讀書記》。

**朱彝尊《經義考・書》** 王氏漸逵《讀書記》。未見。漸逵《自序》曰：「予讀《書》至堯舜禹之相授受，曰：『允執其中，人心惟危，道心惟微，惟精惟一』然後知聖學之大要也。夫心也者，天人相禪之機也；而學也者，又所以維持此心，令其自作主宰無間斷而不息焉者也。三代盛王如湯之聖敬日躋，文王之緝熙敬止，武王之敬義警戒，得於此者也。太甲之仁義懲艾，高宗之始終典學，成王之緝熙光明，勉乎此者也。下至桀紂幽厲，昧乎此者也。故得此學然後能大其心，大其心然後能崇其德，崇其德然後能廣其業，廣其業然後能成其治。帝王而非此，則無以同乎天地；學者而非此，則無以齊乎聖賢。此讀《書》者之首務也。外此而《今文》、《古文》之異，孔壁僞《書》之辨，平易艱澀之證，殘篇斷簡之考，此其末焉而已矣。予之所深惜者，孔安國不以科斗之字遍求譯於四方，而劉歆校書之時，祕府之藏猶在也，而皆未嘗注意焉，其能已於予之感乎？」

## 洪範圖輯

**黄虞稷《千頃堂書目・書類》** 曾俊《洪範圖輯》。南海人。正德中官知縣。

**嵇璜等《續通志・圖譜略・書》** 曾俊《洪範圖輯》。

## 尚書解義

**朱彝尊《經義考・書》** 包氏沐《尚書解義》。佚。《寧波府志》：「包沐字民新，鄞人。以貢授石埭訓導。」

## 君道洪範

**朱彝尊《經義考・書》** 盧氏鴻《君道洪範》。八卷。未見。《贛州府志》：「盧鴻，寧都人。湖廣臨武訓導。著《君道洪範》八卷。」

## 洪範解

**朱彝尊《經義考・書》** 呂氏賢《洪範解》。一卷。未見。張雲章曰：「呂賢字宗器，永豐諸生。隱居鵝峰。有《洪範解》。」

## 尚書要略

**黄虞稷《千頃堂書目・書類》** 應璋《尚書要略》。字德夫。永康人。羅源縣儒學教諭。從學章懋。

**朱彝尊《經義考・書》** 應氏璋《尚書要略》。未見。《金華府新志》：「應璋字德夫，永康人。以貢歷羅源縣儒學教諭。學者稱爲東白先生。」

## 尚書世義

**黄虞稷《千頃堂書目・書類》** 揭其大《尚書世義》。江西廣昌人。隱居不仕，自樵蘇以養其母。

## 尚書正宗

**朱彝尊《經義考・書》** 林氏雲同《尚書正宗》。未見。盛子鄴曰：「林雲同號退齋，莆田人。嘉靖癸未進士，改庶吉士。累官南京刑部尚書。贈太子少保，謚端簡。」

## 古書世學

**范邦甸等《天一閣書目・書類》** 《古書世學》六卷。烏絲欄鈔本。宋豐稷正音，明豐慶續音，豐熙集説，豐道生考補。

**黄虞稷《千頃堂書目・書類》** 豐坊《古書世學》六卷。

**朱彝尊《經義考・書》** 豐氏坊《古書世學》。六卷。存。顧炎武曰：「五經得於秦火之餘，其中固不能無錯誤，學者不幸而生乎二千餘載之後，信而闕疑乃其分也。近世之説經者，莫病乎好異，以其説之異於人而不足以取信，於是舍本經之訓詁，而求之諸子百家之書。猶未足也，則舍近代之文，而求之遠古。又不足，則舍中國之文，而求之四海之外。如豐熙之《古書世本》，尤可怪焉。鄞人言出其子坊僞撰，曰『箕子朝鮮本』者，箕子封於朝鮮，傳《書古文》，自《帝典》至《微子》止，後附《洪範》一篇。曰『徐市倭國本』者，徐市爲秦博士，因李斯坑殺儒生，託言入海求仙，盡載古書至島上，立倭國，即今日本是也。二國所譯書，其曾大父河南布政使慶録得之，以藏於家。按宋歐陽永叔《日本刀歌》：『徐福行時《書》未焚，逸《書》百篇今尚存。』蓋昔時已有是説，而葉少藴固已疑之。夫詩人寄興之詞，豈必眞有其事哉！日本之職貢於唐久矣，自唐及宋，歷代求書之詔不能得，而二千載之後慶乃得之，其得之又不以獻之朝廷而藏之家，何也？至曰：箕子傳《書》古文自《帝典》至《微子》，則不應別無一篇逸《書》，而一一盡同於伏生、孔安國之所傳。其曰後附《洪範》一篇者，蓋徒見《左氏傳》三引《洪範》皆謂之『商書』，而不知『王者』周人之稱；『十有三』者，周史之記，不得謂商人之書也。《禹貢》以道山道水移於九州之前，此不知古人先經後緯之義也。《五子之歌》『爲人上者，奈何不敬？』以其不叶而改之曰『可不敬乎』？謂本之鴻都石經。據《正義》言，蔡邕所書石經《尚書》，止今文三十四篇，無《五子之歌》，熙又何以不考而妄言之也！夫天子失官，學在四夷，使果有殘編斷簡，可以裨經文而助聖道，固君子之所求之而惟恐不得者也。若乃無益於經，而徒爲異以惑人，則其於學也，亦謂之異端而已。愚因歎夫昔之君子遵守經文，雖章句先後之間，猶不敢輒改，故元行沖奉明皇之旨，用魏徵所著《類禮》，撰爲《疏義》，成書上進，而爲張説所駁，謂『章句隔絶，有乖舊本。』竟不得立於學官。夫《禮記》，二戴所録，非夫子所删，況其篇目之次，元無深義，而魏徵所著，則又本之孫炎。以累代名儒之作，申之以詔旨，而不能奪經生之所守。蓋唐人之於經傳，其嚴也如此，故啖助之於《春秋》，卓越三家，多有獨得，而史氏猶譏其一本所承，自用名學，謂後生詭辨，爲助所階。乃近代之人，其於讀經，鹵莽滅裂，不及昔人遠甚，又無先儒爲之據依，而師心妄作，刊傳記未已也，進而議聖經矣，更章句未已也，進而改文字矣。此陸游所致慨於宋人，而今且彌甚。徐防有言：今不依章句，妄生穿鑿以遵師爲非義，意説爲得理，輕侮道術，寖以成俗。嗚呼！此學者所宜深戒，若豐坊之徒又不足論也。」

陸元輔曰：「『古書』云者，以今文、古文、石經列於前，而後以楷書釋之，且采朝鮮、倭國二本以合於古本，故曰『古書』也。『世學』云者，豐氏自宋迄明四世學『古書』，稷爲《正音》，慶爲《續音》，熙爲《集説》，道生爲《考補》，故曰『世學』也。《續音》中多異聞新説，其序云：『正統六年，慶官京師，朝鮮使臣嫣文卿、日本使臣徐睿入貢，因召與語。二人皆讀書能文辭，議論六經，亹亹出人意表，因以《尚書》質之。文卿曰：「吾先王箕子所傳，起神農《政典》，至《洪範》而止。」睿曰：「吾先王徐市所傳，起《虞書・帝典》，至《秦誓》而止。」又笑：「官本錯誤甚多，孔安國僞《序》皆非古經之舊。如《虞書・帝告》紀堯、舜禪授之事，《汨作》紀四凶之過，《九共》紀四岳九官十二牧考績之事，《稾飫》紀后稷種植之法，《序》皆不知。吾國之法，有傳古經一字入中國者，夷九族。使臣將行，搜檢再三，遣兵衛之出境。則六一翁『令嚴不許傳中國』者，不信然歟？」固請訂其錯誤，僅録一典、二謨、《禹貢》、《盤庚》、《泰誓》、《武成》、《康誥》、《酒誥》、《洛誥》、《顧命》見示，謹録附先清敏公《正音》之下，俾讀是經者，尚有考於麟角鳳毛之遺雋云。』又曰：『梁姚方興妄分《堯典》、《舜典》爲二篇。伏生今文、孔安國古文、鴻都古經、魏三體石經合爲一篇，止名《堯典》。箕子朝鮮本、徐市倭國本總作《帝典》，與子思《大學》合。王魯齋、王深寧皆以爲最是，今從之。《考補》云姚方興本，齊纂主蕭道成之臣僞增「曰若稽古帝舜曰」七字於「重華」之上，變亂其文，分爲二典。於建武二年上之。後事纂主蕭衍，以罪見誅。箕子封於朝鮮，傳《書古文》，自《政典》至《微子》而止，後附《洪範》一篇。徐市爲秦博士，因李斯坑殺儒生，託言入海求仙，盡載古書至島上，立倭國，即今日本是也。二國所繹《書經》，先曾祖通奉府君與楊文懿公皆嘗録得，以藏於家。』觀其《序》說，依託之迹顯然。鄞人萬斯大曰：『此吾鄉豐禮部廢棄於家，窮愁著書而僞託者，名爲世學，其實一手所爲，五經皆有僞撰，不獨古《書》也。』吁，可怪哉！」

**《四庫提要・書類存目一》** 《古書世學》六卷。兩淮鹽政採進本。明豐坊撰。坊有《古易世學》已著録。是篇以今文、古文《石經》列於前，而後以楷書釋之。且采朝鮮、倭國二本以合於古本，故曰「古書」。又以豐氏自宋迄明世學「古書」，稷爲《正音》，慶爲《續音》，熙爲《集説》，道生爲《考補》，故曰「世學」。其序曰：「正統六年，慶官京師，朝鮮使臣嫣文卿、日本使臣徐睿入貢。二人皆讀書能文辭，議論六經，出人意表，因以《尚書》質之。文卿曰：『吾先王箕子所傳，起神農《政典》至《洪範》而止。』睿曰：『吾先王徐市所傳，起《虞書・帝典》，至《秦誓》而止。』又笑：『官本錯誤甚多，孔安國僞《序》皆非古經之舊。如《虞書・帝告》紀堯、舜禪授之事，《汩作》紀四岳九官十二牧考績之事，《槀飫》紀后稷種植之法，《序》皆不知。吾國之法，有傳古經一字入中國者，夷九族。使臣將行，搜檢再三，遺兵衛之出境。則六一翁謂令嚴不許傳中國者，不信然歟。』固請訂其錯誤，僅録一典、二謨、《禹貢》、《盤庚》、《泰誓》、《武成》、《康誥》、《酒誥》、《洛誥》、《顧命》見示。僅録附先清敏公正音之下，俾讀是經者，尚有考於麟角鳳毛之遺雋云。」又曰：「梁姚方興妄分《堯典》、《舜典》爲二篇，伏生今文、孔安國古文、鴻都古經、魏三體石經合爲一篇，止名《堯典》。箕子朝鮮本、徐市倭國本，總作『帝典』，與子思《大學》合。王魯齋、王深寧皆以爲最是，今從之。《考補》云姚方興本，齊纂主蕭道成之臣僞增『曰若稽古帝舜曰』七字，於『重華』之上，變亂其文，分爲二典。於建武二年上之。後事纂主蕭衍，以罪見誅。箕子封於朝鮮，傳書古文，自《帝典》至《微子》而止，後附《洪範》一篇。徐市爲秦博士，因李斯坑殺儒生，託言入海求仙，盡載古書至島上立倭國，即今日本是也。二國所釋《書經》，先曾祖通奉府君與楊文懿公皆嘗録得，以藏於家。」顧炎武《日知録》曰：「案宋歐陽永叔《日本刀歌》：『徐福行時《書》未焚，逸《書》百篇今尚存。』蓋昔已有是説。夫詩人寄興之辭，豈必眞有其事哉。日本之職貢於唐久矣，自唐及宋，歷代求書之詔不能得，而二千載之後慶乃得之，其得之又不以獻之朝廷而藏之家，何也？至曰箕子傳書古文自《帝典》至《微子》，則不應別無一篇逸書，而一一盡同於伏生、孔安國之所傳，其曰後附《洪範》一篇者，蓋徒見《左氏傳》三引《洪範》，皆謂之『商書』，而不知王者周人之稱，十有三祀者周史之記，不得謂商人之書也。《禹貢》以導山導水移於九州之前，此不知古人先經後緯之義也。《五子之歌》『爲人上者奈何不敬』，以其不叶，而改之曰『可不敬乎』。謂本之鴻都石經，據《正義》言，蔡邕所書石經《尚書》，止今文三十四篇，無《五子之歌》，熙又何以不考而妄言之也。」其辨可謂明矣。今考明英宗《實録》，正統六年無此二國使臣之名，則其爲子虛烏有，已可不辨。又朝鮮今爲外藩，其書不異於中國，絶無箕子本之説。日本所刻《七經孟子考文》，其書爲中國所佚者，惟孔安國《孝經傳》、皇侃《論語義疏》；而《孝經傳》山井鼎等又自言其僞，至其《尚書》，則一一與中國注疏本同，不過字句偶異耳。然則朝鮮本、倭國本者何自來哉？是又不待證以篇章字句而後知其妄也。

## 書經便註

**黄虞稷《千頃堂書目・書類》** 蔡霦《書經便注》十卷。

**朱彝尊《經義考・書》** 黄氏霦《書經便註》。十三卷。《萬卷堂目》十卷。

未見。《姓譜》：「釁字天章，寧晉人。嘉靖己丑進士，授行人，選御史。以言事與楊爵等繫獄。罷歸，教授鄉里。人稱洨濱先生。」

## 尚書考

**朱彝尊《經義考・書》**　鄭公曉《尚書考》。二卷。闕。徐文貞公志墓曰：「公諱曉，字窒甫，別號淡泉，海鹽人。嘉靖壬午舉浙江鄉試第一。明年中會試，授兵部職方主事。以議大禮杖闕下。起考功郎中。嚴世蕃以治中求爲尚寶丞，公謂非故事，不聽，貶和州判。入爲太僕丞。遷爲考功郎中。又遷南尚寶卿。歷南太僕少卿，鴻臚光祿太常卿，遷刑部右侍郎，改兵部，出撫鳳陽。選民兵，集鹽場壯勇禦倭於通、泰，襲之於如皋，擊之於海門，搗之於呂、泗，圍之於狼山，斬首九百餘級。入爲吏部左侍郎，尋遷南京吏部尚書。世宗以公知兵，留爲右都御史，協理戎政。改刑部尚書。分宜譖公自專，落公職。及公卒，分宜得罪去，世宗詔復公職。今皇帝嗣統，賜祭葬，贈太子少保，謚端簡。」

按：《書考》一冊，彝尊得之公家，失其上卷，中多辨證《古文》之非，蓋公自撰也。

**《明史・藝文志・書類》**　鄭曉《尚書考》二卷。

## 禹貢說

**范邦甸等《天一閣書目・書類》**　《禹貢說》一卷。明鄭曉撰。

**《四庫提要・書類存目一》**　《禹貢說》一卷。兩江總督採進本。明鄭曉撰。是編詮釋《禹貢》之文。其中如解「大野既豬」一條，解「揚州」一條，解「浮于江沱潛漢」一條，解「江漢」一條，皆爲閻若璩《潛丘劄記》所取。然大致多隨文演義，辭旨淺近。其門人徐允錫跋，稱受業於曉數月，因出此帙授之，曰：「子能了此，《禹貢》無難矣。」蓋本爲舉業講授而設。允錫尊其師說，遂從而刊行，非曉意也。

**周中孚《鄭堂讀書記・書類》**　《尚書禹貢說》一卷。海昌馬氏古芸齋刊本。明鄭曉撰。曉字窒甫，海鹽人。嘉靖癸未進士。官至刑部尚書，謚端簡。版心作《禹貢圖說》。朱氏《經義考》、《明史・藝文志》俱同。《四庫全書》存目有二種，一爲《禹貢圖說》一卷，一爲《禹貢說》一卷。今據《提要》以核是編，俱不相合。前一種於三十二圖之旁各綴以說，仍載《禹貢》經文於後。而是編各圖之旁，俱無所說，即間有之，亦甚簡略，無足供胡氏之徵引。後一種俱詮釋《禹貢》之文，隨文演義，辭旨淺近，間爲閻氏《潛丘劄記》所取。是編通解《禹貢》一篇，庶幾近似，而前有三十二圖，則與後一種無圖者又有異。然前有嘉靖甲子窒甫子履淳序，則是編似即當時之定本。初則分而爲二，尚未成之稿，反爲經進之本也。海昌馬錦得原刊本於道光元年，校録付梓。末有小識，仁和吳衡公爲之序。

## 禹貢圖說

**徐𤊹《徐氏家藏書目・書類》**　《禹貢圖說》一卷。鄭曉。

**錢謙益等《絳雲樓書目・書類》**　鄭曉《禹貢圖說》。

**黃虞稷《千頃堂書目・書類》**　鄭曉《禹貢圖說》一卷。

**朱彝尊《經義考・書》**　鄭氏曉《禹貢圖說》。一卷。存。子履淳曰：「家翁《禹貢圖》并著之說，分疆界於各州之中，而貢道以別；列山川於諸條之下，而州境益明。至若河表東西，判分南北，或地雖小而紀之必備，或彼州治而此功亦成，本諸經文，質諸傳義，更附以昭代之地制，使觀者開卷披玩，恍如身歷九霄。」

**《明史・藝文志・書類》**　《禹貢圖說》一卷。

**嵇璜等《續通志・圖譜略・書》**　明鄭曉《禹貢圖說》。

**《四庫提要・書類存目一》**　《禹貢圖說》一卷。浙江巡撫採進本。明鄭曉撰。曉字窒甫，海鹽人。嘉靖癸未進士。官至刑部尚書，謚端簡。事蹟具《明史》本傳。是書自總圖以下分圖者凡三十，旁綴以說，仍載《禹貢》經文於後。其中精核可從者，胡渭《禹貢錐指》每徵引之。然核其全書，實多疎舛，渭未及一一辨也。

馬國翰《玉函山房藏書簿録・書類》《禹貢圖説》一卷。載《禹貢匯疏》。明刑部尚書海鹽鄭曉窒甫撰。《禹貢全圖》一，《九州疆域圖》九，《導北條大河之山》、《導南條江漢之山》圖各二，《導弱水》、《導黑水》、《導河》、《導江漢》、《導沇》、《導淮》、《導渭》、《導洛》、《考定漆沮》圖各一。茅瑞徵載之《匯疏》卷首。

## 讀書記

朱彝尊《經義考・書》葉氏良珮《讀書記》。未見。

## 洪範圖解

朱彝尊《經義考・書》葉氏良珮《洪範圖解》。一卷。未見。

嵇璜等《續通志・圖譜略・書》葉良珮《洪範圖解》。

## 洪範本傳

黃虞稷《千頃堂書目・書類》潘葵《洪範本傳》。

## 虞書解

朱彝尊《經義考・書》來氏汝賢《虞書解》。未見。毛奇齡曰：「菲泉來氏汝賢，蕭山人。嘉靖壬辰進士。」



## 尚書集義

朱彝尊《經義考・書》鄭氏若曾《尚書集義》。六卷。未見。

## 尚書叙録

朱彝尊《經義考・書》歸氏有光《尚書叙録》。存。有光《自序》曰：「有光少讀《尚書》，即疑《今文》、《古文》之説。後見吳文正公《叙録》，忻然以爲有當於心。揭曼碩稱其『綱明目張，如禹之治水』，信矣。自是數訪其書，未得也。己亥之歲，讀書於鄧尉山中，頗得深究《書》之文義，益信吳公所著爲不刊之典。因念聖人之書存者，年代久遠，多爲諸儒所亂，其可賴以別其眞僞，惟其文辭格製之不同，後之人雖悉力模擬，終無以得其萬一之似。學者由其辭可以達於聖人，而不惑於異説。今伏生《書》與孔壁所傳其辭之不同，固不待於別白而可知。昔班固《藝文志》有《尚書》二十九篇，《古經》十六卷。《古經》，漢世之僞《書》，別於經，不以相混。蓋當時儒者之愼重如此。而唐初諸臣不能深考，猥以晚晉雜亂之《書》，定爲義疏，而漢魏專門之學，遂以廢絶。朱子蓋有所不安，而未及是正。吳公實有以成之。而今列於學官者，既有著令，縉紳先生莫知廣石渠、白虎之異義，學者蹈常習故，漫不復有所尋省，以數百年雜亂之書，表章於一代大儒之手，而世亦莫能尊信之，可嘆也已。余未見吳公書，乃依倣其義，釐爲今文如左，而存其《叙録》於前，以俟他日得公書參考焉。」

## 洪範傳

朱彝尊《經義考・書》歸氏有光《洪範傳》。一卷。存。有光《自述》曰：「昔王荆公、曾文定公皆有《洪範傳》。其論精美，遠出二劉一孔之上。

然予以爲先儒之説，亦時有不可廢者，因折衷之，復爲此傳。若皇極言『予攸好德』，即五福之攸好德，而所謂錫福者，錫此而已。箕子丁寧反覆之意最爲深切，古今注家未之及也。不敢自謂有得箕子之心於千載之下，然世之君子，因文求義，必於予言有取焉矣。」

**《明史・藝文志・書類》** 歸有光《洪範傳》一卷。

## 考定武成

**朱彝尊《經義考・書》** 歸氏有光《考定武成》。一卷。存。有光《自述》曰：「余所考定，只移『厥四月』以下一段。文勢既順，亦無闕文矣。汪玉卿嘗疑甲子失序，蓋先儒以《漢志》推此年置閏在二月，故四月有丁未、庚戌，本無可疑也。」

**《明史・藝文志・書類》** 歸有光《考定武成》一卷。

## 書傳敷言

**徐𤊹《徐氏家藏書目・書類》** 《書傳敷言》一卷。馬森。

**黄虞稷《千頃堂書目・書類》** 馬森《書傳敷言》十卷。

**朱彝尊《經義考・書》** 馬氏森《書傳敷言》。十卷。存。《姓譜》：「森字孔養，福建懷安人。嘉靖乙未進士。歷戶部尚書。」 子欻曰：「《書傳敷言》，先恭敏爲諸生時所著也。三山故鮮習是經者。嘉靖乙酉，督學邵公鋭拔取進士內二十有八人改習之，延莆田林公學道，受業先公師承其説，鑽研敷衍，浹期成帙。及官大司徒明農後，方付梓行於世。崇禎丙子，鄰弗戒於火，收拾煨燼之餘，得《敷言》若干版，付際明藏之。際明蒐補，復爲完書。」 孫際明曰：「先恭敏所著有《四書口義》、《春秋伸義》、《春秋辨疑》、《易經説義》、《輯禮》、《書傳敷言》、《奏疏》、《地理正宗》、文集若干卷。惟文集版係不肖際明收藏無恙。頃見《書傳》數版，奚忍目擊殘缺，隨拮据次第編補，亦以質同業者之敦尚云爾。」 張雲章曰：「森亦守心學之説，而與朱、蔡有違言者。觀其疏虞廷十六字可見。其書嘉靖癸亥，門人張科序之。其孫際明重刊，沈履祥序之。」

**《明史・藝文志・書類》** 馬森《書傳敷言》十卷。

## 讀書愚管

**黄虞稷《千頃堂書目・書類》** 黄光昇《讀書愚管》。

**朱彝尊《經義考・書》** 黄氏光昇《讀書愚管》。未見。《姓譜》：「黄光昇字明舉，晉江人。嘉靖己丑進士。歷刑部尚書。」

## 書經日抄

**朱彝尊《經義考・書》** 王氏問《書經日抄》。未見。錢謙益曰：「問字子裕，無錫人。嘉靖壬辰進士。歸里六年，然後殿試，除戶部主事，歷廣東按察司僉事。」

## 尚書説意

**朱彝尊《經義考・書》** 錢氏應揚《尚書説意》。未見。蔣方馨曰：「後楓錢氏應揚，餘姚人。嘉靖壬辰進士。」

## 書傳折衷

**黄虞稷《千頃堂書目・書類》** 薛騰蛟《書傳折衷》六卷。字時化，渭南人。嘉靖十四年進士。山西布政司參議。

## 書經全圖

**朱彝尊《經義考・書》** 胡氏賓《書經全圖》。一卷。未見。按：賓光州人。嘉靖乙未進士。書載山陰祁氏《澹生堂目》。

**嵇璜等《續通志・圖譜略・書》** 胡賓《書經全圖》。

## 書經新説

**范邦甸等《天一閣書目・書類》** 《書經新説》十卷。秀水進士沈鎜著，莆田解元黄繼集。沈序云：「余少業《尚書》，博覽諸説，退而茫然，乃熟玩白文《集註》，又采經傳互相參訂，蓋亦有年。乙未偶登第，除理莆田。至日，同經之士鋭志問難三十餘人，竊稱文獻，喜得相與。明之公務少隙，遂忘固陋，不廢講解。庚子春，余改官南部。癸卯，黄子子和又發解過都下，以所記論辨之語，編爲十卷，請序於余，將付諸梓。余重黄子嘉惠盛心，又以此所集者皆羣賢相辰之見，豈敢自私？乃啓卷視之，整整有條，雖於帝王之道未敢謂觀其深，而顯微闡幽，則修齊治平之道亦可謂得其概矣。」

## 書經日録

**朱彝尊《經義考・書》** 林氏鴻儒《書經日録》。未見。《閩書》：「鴻儒字允德，安溪諸生。精治《尚書》，郡人士治《書》者皆從之。」

## 書經三要

**黄虞稷《千頃堂書目・書類》** 世宗注《書經三要》三卷。嘉靖四年十一月，帝謂《周書・無逸》一篇與聖祖御注《洪範》一篇，皆治天下大法，因令輔臣撰序刊布。大學士費宏等言：「皇上勵精圖治，眞與聖祖同心一德，茲欲刊布，亦宜依《御注洪範》體式，因經分注，直解肯綮，繕寫成書，以便觀覽。」已復有旨，再注《伊訓》及二書，分爲三冊，共爲一書。宏等請以《洪範》居首，次《伊訓》，次《無逸》。以洪範雖演於箕子，而原出夏禹，且注出聖祖，序之先後宜然。已乃帝製《洪範序略》一篇，復將《皐陶謨》、《伊訓》、《無逸》等篇通加注釋，名曰《書經三要》。

**《明史・藝文志・書類》** 世宗《書經三要》三卷。帝以太祖有注《洪範》一篇。因注《無逸》再注《伊訓》，分三冊，共爲一書。已乃製《洪範序略》一篇，復將《皐陶謨》、《伊訓》、《無逸》等篇通加注釋，名曰《書經三要》。

## 洪範序略

**朱彝尊《經義考・書》** 世宗皇帝《洪範序略》。一篇。存。按：《文淵閣書目》、《御注洪範》二冊。當合景、永二陵刻爲一編也。

## 尚書訓詁大旨

**朱彝尊《經義考・書》** 莫氏如忠《尚書訓詁大旨》。未見。錢謙益曰：「莫如忠字子良，華亭人。嘉靖戊戌進士。歷浙江布政使。」

## 書經便蒙

**徐𤊹《徐氏家藏書目・書類》** 《書經便蒙》六卷。王雚。

## 尚書啓蒙

**朱彝尊《經義考・書》** 李氏儒烈《尚書啓蒙》。未見。蔣方馨曰：

「見川李氏儒烈，海鹽人。嘉靖丁未進士。」

## 書經便蒙詳節

**朱彝尊《經義考・書》** 陸氏穩《書經便蒙詳節》。未見。蔣方馨曰：「北川陸氏穩，歸安人。嘉靖甲辰進士。累官兵部侍郎。」

## 蔡傳説意

**朱彝尊《經義考・書》** 俞氏時及《蔡傳説意》。未見。蔣方馨曰：「濛泉俞氏時及，新昌人。嘉靖丁未進士。」

## 書經詳節

**黄虞稷《千頃堂書目・書類》** 譚綸《書經詳節》。

**朱彝尊《經義考・書》** 譚氏綸《書經詳節》。未見。《姓譜》：「綸字其理，宜黄人。嘉靖甲辰進士。歷官太子少保、兵部尚書。謚襄敏。」

## 尚書日記

**張萱等《内閣藏書目録・經部》** 《尚書日記》八冊。全。萬曆間金壇王樵著。上自羲皇之紀，洎於稗官，即今士大夫譚議，凡有當於《尚書》者，皆參收之。凡十六卷。

**錢謙益等《絳雲樓書目・書類》** 王樵《尚書日記》四冊。

**黄虞稷《千頃堂書目・書類》** 王樵《尚書日記》十六卷。萬曆乙未序。

**朱彝尊《經義考・書》** 王氏樵《尚書日記》。十六卷。存。樵《自序》曰：「傳《尚書》者非一家，至蔡先生《集傳》宗本程、朱，義始益精，而學者罕窮其歸趣。何也？經文簡要，事理兼陳，非不該不偏之學，輒能通貫。《孟子》曰：『誦其詩，讀其書，不知其人，可乎？是以論其世也。』蓋以《詩》、《書》所載，皆其人之實，讀其書如身在其時，論其世如事在於己，則我之心即古人之心，古人之心即我之心，然後所謂知其人者，可得而幾也。吁！豈易言哉？今去聖人之世雖遠，而其心固在。故居千載之下，可仰而求，有不求，未有求而無得者也。予未有得，而不敢不求者也。敬援横渠張子《劄記》之法，但以自驗所進，日久成帙，遂編次之。初不敢以傳之人人，然此學人之所共有，願觀者則出之，倘讀而頗亦有契焉者乎，則以是爲適國之舟車，送者自崖而反，奚不可者。」 李維禎序曰：「《書》有古文、今文，而今之解《書》者，又有古義、時義。明高皇帝嘗御注《洪範》，命學士劉三吾等爲《書傳會選》，其後有《直指》、《輯注》、《會通》、《纂義》、《疏意》、《書繹》數十家，是爲古義，而經生科舉之文不盡用。自《書經大全》布在學官，獨重蔡氏注，經生習之，其主蔡氏而爲之説者，坊肆所盛行，亦數家，皆便科舉之文，是爲時義。惟金壇王中丞公《日記》，裒録百家訓詁，於經旨多所發明，而亦可用於科舉之文。其中若精一協一，建中建極，禹箕衍疇之法，湯尹談理之宗，《召誥》、《周官》之義，微、箕抱器受封，周公居東致辟之辨，本原學術，窮究性命，昭揭倫常，破除誣罔，有功於經不小也。」 張萱曰：「萬曆間金壇王樵著。上自羲黄之紀，洎於稗官，即今士大夫譚議凡有當於《尚書》者，皆參收之。凡十六卷。」 張雲章曰：「方麓先生《日記》，字比句櫛，討論折衷，或並存衆説，或定從一家，必求至當之歸，而於曆象璣衡地里，皆詳稽而得其依據。有明一代，以《尚書》之學著聞者絶少，而異説雜出，若梅鷟之流，狂悖尤甚，朱蔡之傳，賴先生以不墜云。」

**《明史・藝文志・書類》** 王樵《尚書日記》十六卷。

**《四庫提要・書類二》** 《尚書日記》十六卷。浙閩總督採進本。明王樵撰。樵有《周易私録》已著録。玆編不載經文，惟案諸篇原第，以次詮釋。大旨仍以蔡《傳》爲宗，制度名物蔡《傳》所未詳者，則採舊説補之。又取金履祥《通鑑前編》所載凡有關當時事蹟者，悉爲採入。如微子抱器，箕子受封，周公居東復辟諸條，皆引據詳明，考證精核。前有李維楨序，稱書有

《古文》、《今文》，今之解書者又有古義、時義。《書傳會選》以下數十家是爲古義，而經生科舉之文不盡用。《書經大全》以下主蔡氏而爲之說者，坊肆所盛行亦數十家，是爲時義。其言足括明一代之經術。又稱樵是書於經旨多所發明，而亦可用於科舉，尤適得是書之分量，皆確論云。

**盧文弨《經籍考》** 《尚書日記》十六卷。明金壇王樵方麓著。同邑于明照序曰：「今制明經士，率以宋儒之說爲宗，士用是階進矣。乃一二博雅君子，輒好稱漢氏註疏，以謂去古未遠，辟之其以秦人譚幽冀事視揚粤間，宜稍稍得眞也。則此兩家者，將衡持靡，所取衷與總之，則孔、鄭之書贍於故實，而微辭鉅義或存而不論；程朱之書晰於名理，而遺編曩制多略而弗從。所貴業之者兼焉，而準諸古聖賢之心以擇乎其間而已矣。大鴻臚方麓王公挺命世之姿，寄思深湛，潛心閫域，究極淵奧。既以占《尚書》起家，又其世業也，乃益研精是經，勒成茲帙。上自羲皇之紀，洎乎稗官，即今世士大夫譚議諸有當於經者，輒參而收之，資考鏡焉。而超詣玄著，間啓新知，當其神注而獲悅，若親帝王之行事而代之論著也。蓋會理宗蔡氏而旁蒐逮漢、唐，自有訓詁家，稱最詳且約者矣。公故抱經濟大蘊，諸所將以裨之廟謨而未及竟者，往往略見語中。若虞之欽天、夏之濬瀹、周之治官，古何以隆，今何以敝，敝何以救？貫昵條達，累千百言而不置，將令當事者獲有石計焉，又不獨爲經生佔畢之當家師已也。夫於今士習日趨陋矣，居常操習處，足以取世資而止耳。試進而咨以歲差，難以河患，且無以應也。矧令當若事而欲需之效耶。古十三經不列於學官幾成逸矣。即有宋諸君子，書亦僅以羔雉在焉，而藉爲階耳，非能有會乎其中也。蓋士之陋，莫甚於今矣。若公所撰述，詎可少也哉！昔致山東政歸，而草本落成，家塾業已刊布矣。既再召留都，清曹多暇，芟煩舉要，遂爲定本。顧未有善刻也。余家自曾大父契玄公始業是經，著《中說》若干卷，以授大父素齋公，二公則公之外祖父也。講磨祕旨，淵源殆有自焉。思以公之學，廣之四方，且以明吾壇經學之傳也。乃捐貲命諸劂人。夫公方以道義高一代，所託爲千秋之業者，固不第其文，矧茲又其文之眇者耳。他日太史氏且裒輯全書，闡揚厥粹，爲洙泗盛羽翼也。則斯刻也，亦幾可廁之殺青之末也哉！萬曆壬午。」樵自序見《經義考》。又有李維禎一序，殆其初刻，此于明照校閱者，乃後刻定本也。

## 書帷剳記

**黃虞稷《千頃堂書目・書類》** 王樵《書帷剳記》四卷。

**朱彝尊《經義考・書》** [王樵]《書帷別記》。四卷。存。張雲章曰：「此亦爲舉業而作。萬曆甲申六月，自爲之序行之。」

**《明史・藝文志・書類》** 王樵《書帷別記》四卷。

**《四庫提要・書類存目二》** 《書帷別記》四卷。浙江汪啓淑家藏本。明王樵撰。樵所著《尚書日記》十六卷，說者稱其該洽，已著於録。此書則爲科舉而作。曰「別記」者，所以別於《日記》也。書前舊有萬曆甲申自序，見朱彝尊《經義考》。此本不載，蓋偶佚之。

## 書經疏見

**朱彝尊《經義考・書》** 曹氏大章《書經疏見》。未見。蔣方馨曰：「含齋曹氏大章，金壇人。嘉靖癸丑進士。」

## 書經直解

**徐𤊹《徐氏家藏書目・書類》** 《書經直解》八卷。張居正。

**黃虞稷《千頃堂書目・書類》** 張居正《尚書直解》十三卷。

**朱彝尊《經義考・書》** 張氏居正《書經直解》。八卷。存。錢與暎《序》曰：「《傳》曰：『自天子至於庶人，壹是皆以修身爲本。』修身之道，孰要於明經哉！六經之道同歸，而宏綱大要足以垂世立教，又莫要於典謨訓誥、誓命之文。爲人君而建極馭宇，不可不知《書》，爲人臣而爲德爲民，不可不知《書》；爲庶人而遵由道路，不可不知《書》。自漢興立在學官，諸家註互相同異，至紫陽朱先生獨授蔡氏爲《傳》，高皇帝制科取士，詔遵其說，著爲功令，自是師弟講明，篇章益衍。今上沖年嗣位，江陵公倡率儒術，輯爲一編。既資日講，且備睿覽，融古人之傳記，質近日之異同，存是去非，削繁增簡，詞富而備，義弘而雅。萬曆丙戌，不佞偕計，得之京邸，歸授家庭，兒周刊行，傳之通都大邑。刊成，嘆不佞，略序其端如此。萬曆十八年庚寅秋九月。」　錢謙益曰：「居正字時大，江陵人。嘉靖丁未進士。改庶吉士，由編修歷宮坊掌院。隆慶初，以禮部侍郎召入內閣，官至太師左柱國、吏部尚書、中極殿大學士。卒謚文忠。追論削籍。崇禎中，有詔追復。」

**《明史・藝文志・書類》**　張居正《書經直解》八卷。

**《四庫提要・書類存目一》**　《書經直解》十三卷。內府藏本。明張居正撰。居正字叔大，江陵人。嘉靖丁未進士。官至太師、吏部尚書、中極殿大學士。卒謚文忠。事蹟具《明史》本傳。是書爲萬曆初進講所作。時神宗幼沖，故譯以常言，取其易解。吳澄《草廬集》中所載經筵講義體，亦如是也。

## 尚書講義

**黃虞稷《千頃堂書目・書類》**　陳言《尚書講義》六卷。字宜易。莆田人。嘉靖丁未進士。南京刑部郎中。

**朱彝尊《經義考・書》**　陳氏言《尚書講義》。六卷。未見。黃虞稷曰：「言字宜易，莆田人。嘉靖己未進士，廉州知府。」

## 書疑

**朱彝尊《經義考・書》**　陳氏言《書疑》。未見。言《自序》曰：「經之行於世者，未有若《書》之闕誤者也。上下五十九篇，吾讀《今文》焉，然而何詰曲也？吾讀《古文》焉，然而何萎薾也？吾衡觀於二帝三王之異代焉，然而其文何較若二體也？吾茲惑焉，而姑就所傳述以考釋之，則諸儒訓注何異同也？合異同而會通之，吾將以蔡氏爲歸焉，而疑且殆者何蝟毛起也？遡授受而折衷之，吾必以紫陽氏爲宗焉，而何《書》注之弗果？即所訂定者，僅二《典》而止也。吾又以質之繼紫陽而興者，若慈湖、文正諸君子焉，而疑義何縷縷也？無已則研精覃思而持衡其間，本以家所世業日記篇額者，參伍而裁酌之。其於蔡《傳》比而同之不爲黨，擿而正之不爲嫌，以成紫陽之遺而暢未盡之旨，命其草曰《書疑》。疑之者，翼之也。噫！業蔡而疑蔡，又安知後之疑吾不尤甚於今之疑蔡也！」

## 書經發隱

**朱彝尊《經義考・書》**　沈氏朝宣《書經發隱》。未見。繆泳曰：「朝宣字三吾，仁和人。嘉靖辛卯舉人。」

## 尚書録

**朱彝尊《經義考・書》**　湯氏日新《尚書録》。未見。蔣方馨曰：「練川湯氏日新，秀水人。嘉靖庚戌進士。」

## 書經説義

**朱彝尊《經義考・書》**　杜氏偉《尚書説意》。未見。蔣方馨曰：「靜臺杜氏著《説意》。」

**《四庫提要・書類存目一》**　《書經説意》十卷。江西巡撫採進本。明沈偉撰。偉號虹野，吳江人。嘉靖壬子舉人。是書分節總論，大旨不出講章之習。所標某句截、某句斷者尤陋。案：朱彝尊《經義考》有杜氏偉《尚書説意》，不著卷數，注云「未見」。考偉本姓杜，少育於沈漢家，因冒其姓，後乃歸宗。此書蓋其未復姓時所著，故仍題沈姓。彝尊所載，則據其後而言之也。

## 尚書審是

**黃虞稷《千頃堂書目・書類》** 吳文光《尚書審是》十卷。字有明，婺源人。嘉靖中舉人。應山知縣。

## 禹貢要略

**黃虞稷《千頃堂書目・書類》** 葛大紀《禹貢要略》一卷。

**倪燦等《補遼金元藝文志・書類》** 葛大紀《禹貢要略》一卷。

## 書經補説

**馬國翰《玉函山房藏書簿録・書類》** 《書經補説》一卷。明刊本。明兩浙運使餘千史桂芳景實撰。言文武無利天下之心，微子無抱祭器歸周事，箕子不死内難，正志存羲黃堯舜之統。具有卓識。

## 書經講意

**朱彝尊《經義考・書》** 呂氏穆《書經講意》。未見。蔣方馨曰：「字岡呂氏穆，秀水人。嘉靖癸丑進士。」

## 中星圖説

**朱彝尊《經義考・書》** 程氏廷策《中星圖説》。一卷。未見。

## 書經繹

**徐𤊹《徐氏家藏書目・書類》** 《書經繹》二卷。鄧原錫。

**黃虞稷《千頃堂書目・書類》** 鄧元錫《書繹》二卷。

**《明史・藝文志・書類》** 鄧元錫《尚書繹》二卷。

## 書原始

**黃虞稷《千頃堂書目・書類》** 章潢《書原始》。

## 尚書圖説

**《明史・藝文志・書類》** 章潢《尚書圖説》三卷。

## 洪範釋義

**黃虞稷《千頃堂書目・書類》** 游日章《洪範釋義》。字學侗。莆田人。嘉靖己未進士。廉州府知府。

## 尚書經傳別解

**朱彝尊《經義考・書》** 陳氏錫《尚書經傳別解》。一卷。存。張雲章曰：「臨海陳氏所撰。」

**《明史・藝文志・書類》** 陳錫《尚書經傳別解》一卷。

## 禹貢訓釋　簡備

**范邦甸等《天一閣書目・書類》**　《禹貢訓釋》一卷，《簡備》一卷。明嘉靖甲寅梓。

## 禹貢註

**范邦甸等《天一閣書目・書類》**　《禹貢註》一卷。藍絲闌鈔本。無著書人姓名，卷首載明中字先生新改。

## 旅獒圖

**朱彝尊《經義考・書》**　李氏郡《旅獒圖》。一卷。未見。王世貞曰：「郡字士牧。」

**嵇璜等《續通志・圖譜略・書》**　李郡《旅獒圖》。

## 周書祕奧

**晁瑮《晁氏寶文堂書目・書》**　《周書祕奧》。

## 尚書正説

**朱彝尊《經義考・書》**　陸氏相儒《尚書正説》。未見。蔣方馨曰：「雨樓陸氏相儒，嘉興人。嘉靖己未進士。」

## 尚書筆記

**朱彝尊《經義考・書》**　沈氏位《尚書筆記》。未見。蔣方馨曰：「虹臺沈氏著《尚書筆記》。」俞汝言曰：「位，吳江人。隆慶戊辰進士。改庶吉士，授簡討，卒於邳州。」

## 書經大旨

**黄虞稷《千頃堂書目・書類》**　李文纘《書經大旨》。福建南安人。岷府長史。

## 讀書管見

**黄虞稷《千頃堂書目・書類》**　黄喬棟《讀書管見》。晉江人。光昇子。官臨安知府。

## 書疏叢鈔

**錢謙益等《絳雲樓書目・書類》**　《書疏叢鈔》一冊。

**黄虞稷《千頃堂書目・書類》**　王祖嫡《書疏叢鈔》一卷。

**朱彝尊《經義考・書》**　王氏祖嫡《書疏叢鈔》。一卷。存。黄虞稷曰：「祖嫡字師竹，信陽州人。一云德州人。隆慶辛未進士。改庶吉士，授檢討，陞國子監司業，遷司經局洗馬，終右庶子。」

**《明史・藝文志・書類》**　王祖嫡《書疏叢鈔》一卷。

## 虞書大旨

**朱彝尊《經義考・書》** 袁氏黃《虞書大旨》。未見。

## 書經講義會編

**范邦甸等《天一閣書目・書類》** 《書經講義會編》十二卷。明大學士申時行著，并序云：「余從書肆中徧求名人達士所爲疏解、訓義及帖括制舉之文可以印證發明者，皆手自采録，積數年，至若干卷。既卒業，遂獲雋以去，而好事者謬有稱述，頗流傳四方。余既以詞臣久次横經勸講，日侍今上於帷幄，所進《尙書直解》雖分目更撰，而余以紬經删訂爲多，今内府所刊《書經直解》者是已。蓋余向所采録，第以舉業從事，多尋摘章句，拘牽藝文，未能超然於章縫鉛槧羔雉筌蹄之習。而廣廈細旃之上，直以闡發大旨，剖析微言，要在啓沃聖聰，敷陳理道，不爲箋疏制義所束縛，其簡切明暢，有不待深思强索而昭然若發矇者。獨是書藏於禁中，惟閣臣講僚，乃蒙宣賜，學士大夫罕獲睹焉。余甥李漸卿鴻得而讀之，因與懋、嘉兩兒共加裒輯，合余前所采録，共爲一編。於是《尙書》大義，論說衍繹，粲然備矣。徐文學衡卿氏，家世受《書》，謂是編不可無傳，欲付剞劂，公諸同志，命之曰《書經講義會編》，而余爲之引其首。甥李鴻編輯，子用懋、用嘉校訂，後學徐銓校刊。」

**黃虞稷《千頃堂書目・書類》** 申時行《書經講義會編》十二卷。萬曆丁丑序。

**朱彝尊《經義考・書》** 申氏時行《書經講義會編》。十二卷。存。

【略】 錢謙益曰：「時行字汝默，長洲人。嘉靖壬戌狀元。以修撰歷官詹翰，以吏部左侍郎入直東閣，官至少師、吏部尙書、中極殿大學士，爲元輔九年而歸。歸二十有三年，壽八十考終於里第。」 徐乾學曰：「長洲申文定公，以舉子時所業及講筵所進，合輯成編。今博士家多習其書。」

**《四庫提要・書類存目一》** 《書經講義會編》十二卷。江西巡撫採進本。明申時行撰。時行字汝默，號瑤泉，長洲人。嘉靖壬戌進士第一。官至大學士。謚文定。事蹟具《明史》本傳。是編乃時行官翰林直日講時所進。其説皆恪守蔡《傳》，務取淺近易明。考徐允錫作《鄭曉禹貢説跋》，云：「嘗屬徐瑤泉作《虞商周書説》，以補所未備。」徐瑤泉者，即謂時行。蓋時行初冒徐姓，允錫跋作於隆慶二年，時猶未復姓也。據其所言，時行蓋深於《尙書》者。然其《書》説竟不及成，惟此編存於世云。

## 書經主意

**范邦甸等《天一閣書目・書類》** 《書經主意》七卷。明申時行者。古番董氏梓。萬曆丁丑潘士藻序云：「《尙書主意》七卷，今宮詹瑤泉申公業舉子時著也，友人董希儒句讐而字訂之，爲力甚勤，因鋟之梓。」

## 書義卓見

**朱彝尊《經義考・書》** 龔氏勉《書義卓見》。未見。嚴繩孫曰：「勉號毅所，無錫人。隆慶戊辰進士。官至浙江右布政使。」

## 禹貢本末

**黃虞稷《千頃堂書目・書類》** 張朝瑞《禹貢本末》。海州人。□□進士。鴻臚寺卿。

**朱彝尊《經義考・書》** 張氏朝瑞《禹貢本末》。一卷。未見。陸元輔曰：「朝瑞字鳳梧，海州人。隆慶戊辰進士。歷官鴻臚寺卿。」

## 書疇彝訓

《四庫提要・書類存目一》 《書疇彝訓》一卷。監察御史蕭際韶家藏本。明蔡悉撰。悉字士備，合肥人。嘉靖己未進士。官至南京尚寶司卿，移署國子監祭酒。《明史・儒林傳》附載《王畿傳》末。稱其嘗請立東宮，又極言礦稅之害。爲人有學行，恬於宦情，仕五十載，家食強半，清操亮節，爲淮西所宗。在姚江末派之中，爲最能謹嚴不肆者。是書闡發《洪範》九疇與易象合一之理。前五條總明其理，次九章分晰其旨。蓋即劉歆《河圖》、《洛書》相爲經緯，八卦九章相爲表裏之說也。

## 讀尚書考

**黃虞稷《千頃堂書目・書類》** 張元忭《讀尚書考》。

**朱彝尊《經義考・書》** 張氏元忭《讀尚書考》。未見。《人物考》：「張元忭字子蓋，號陽和，山陰人。隆慶辛未賜進士第一。除翰林院修撰，遷左諭德兼侍講。所著有《讀尚書考》、《讀詩考》。」

## 尚書講略

**朱彝尊《經義考・書》** 張氏位《尚書講略》。未見。王猷定曰：「南昌洪陽張公，中隆慶戊辰進士，改庶吉士，累官禮部尚書，兼文淵閣大學士。」

## 尚書折衷

**朱彝尊《經義考・書》** 余氏懋學《尚書折衷》。未見。繆泳曰：「余懋學，字行之，婺源人。隆慶戊辰進士。歷戶部侍郎，贈工部尚書。」

## 尚書傳心録

**朱彝尊《經義考・書》** 鍾氏庚陽《尚書傳心録》。七卷。存。王樵《序》曰：「六經中惟《書》最古，博士家蓋難言之。余家世業是經，少嘗受讀，粗得其文義，晚而味之，乃始有悟，時時爲子弟說之，然其詞不能不多。今觀鍾先生《書說》，則約而該，贍而覈，盡述其父學山公之訓而筆之簡者也。先生守鎮，愛民作士，有古循良風，而出之以眞誠，養之以鎮靜，湛恩濊澤，淪洽於四境。莊生曰：『《書》以道政事。』夫《書》之於政事，如《詩》之於性情，皆在我而已，故未有不得於心而能神明其迹，以見於用者也。先生父子自相師承，而又以其所會心者成一家言，會通其聱牙難解之語，而出之以明易，使人如見，蓋長於經學者也。學者得此篝火明燭，而行乎屈曲之途，可無顛躓之虞矣。萬曆辛巳五月。」

王肯堂《跋》曰：「大江之南，以《尚書》起家者，莫盛於檇李。當嘉靖中，學山鍾先生以名儒爲斯文盟主，綴學之士執經而質難者，常數十人。隆慶之初，吾師西星先生始登春官高第，而先生亦將貢京師，已乃受璽書封如子官。又十餘年而吾師受命來爲潤州牧，則迎養於郡齋。時起居小不適，則召肯堂診，始得一望見眉宇，蓋退而歎仰者累日。吾師既以良二千石爲明時倚重，發抒先生蓄積，而又時時念先生學爲儒宗，莫遇賞音，即列職郎署，而不及以身効。每以語肯堂，輒不怡者久之。噫！先生之所養與吾師之所以事先生者可知也已。而吾邑諸生得一編，則吾師之所趨庭而得者儼然在焉。邑侯劉公見而悅之，以金壇之治《尚書》者十戶而九也，謂是書足爲指南，顧諸生校而傳之，四閱月而工成焉。檇李之說經者，屠氏之《研幾》、鄭氏之《題旨》，皆能味經之腴，不囿宿見，嗣是而後寥寥焉。是編出，足集其成哉！」

愈汝言曰：「鍾庚陽字西星，秀水人。隆慶戊辰進士，除太平府推官，入爲大理寺評事，陞工部主事，歷員外郎中，出知鎮江府。謫廣德知州，遷刑部員外卒。」張雲章曰：「此雖帖括之書，然猶足録。庚陽爲鎮江守，王方麓序其書，謂其父子相師承，又以其得之心者，會通其聱牙難解之辭，而出以明易，使人如見。庚陽父名天才，老於經學，口授庚陽而述之爲書者也。」

**《明史・藝文志・書類》** 鍾庚陽《尚書傳心録》七卷。

## 讀書拙見

**朱彝尊《經義考・書》** 汪氏在前《讀書拙見》。未見。蔣方馨曰：「雅堂汪氏在前。歙縣人。隆慶戊辰進士。」

## 尚書主説

**朱彝尊《經義考・書》** 陸氏光宅《尚書主説》。未見。蔣方馨曰：「雲臺陸氏有《主説》。」鍾嶔立曰：「光宅，平湖人。隆慶庚午舉人。」

## 尚書會解

**黄虞稷《千頃堂書目・書類》** 張治具《尚書會解》六卷。字明遇，晉江人。嘉靖辛未進士。四川按察司。

## 尚書集解

**朱彝尊《經義考・書》** 方氏揚《尚書集解》。未見。吴珫曰：「揚字初庵，歙縣人。隆慶辛未進士。杭州知府。」

## 圖書作範宗旨

**朱彝尊《經義考・書》** 《圖書作範宗旨》。一册。未見。按：是書載《范氏天一閣目》未詳姓氏。

## 百家尚書彙解

**朱彝尊《經義考・書》** 俞氏鯤《百家尚書彙解》。未見。陸元輔曰：「鯤字之鵬。」

## 禹貢玄珠

**《四庫提要・書類存目一》** 《禹貢玄珠》一卷。兩江總督採進本。明俞鯤撰。鯤字之鵬，嘉興人。是書朱彝尊《經義考》不著録，而別載其《百家尚書彙解》，列於申時行、袁仁之後，屠本畯、鄧元錫之前。蓋嘉、隆間人也。大旨取《禹貢篇》、《蔡沈集傳》刪節浮文，歸於簡要。於青州濰淄二水，則據毛晃《禹貢指南》之説，謂淄入海而以蔡《傳》淄入泲者爲誤，亦間有考證。然大致主於詮釋文句，於山川地理未能洞悉原委。卷末附《九州總歌》、《導山導水歌》、《九州田法賦法歌》，尤村塾記誦之學矣。

## 禹貢簡傳

**朱彝尊《經義考・書》** 曾氏于乾《禹貢簡傳》。一卷。佚。《吉安府志》：「曾于乾字思健，泰和人。邑諸生。從羅洪先學。」

# 禹貢山川郡邑考

**黄虞稷《千頃堂書目・書類》** 王鑑《禹貢山川郡邑考》四卷。無錫人。太僕卿。

**《四庫提要・書類存目一》** 《禹貢山川郡邑考》四卷。浙江汪啓淑家藏本。明王鑑撰。鑑字汝明，無錫人。嘉靖乙丑進士。官至太僕寺卿。事蹟附見《明史・邵寶傳》。其書以《禹貢》水道爲主，每條用水名標目，而歷引諸書所載源流分合於下。其名爲經文所無而見於蔡氏《傳》者，竝附釋之。山名亦同此例。郡邑名則專取蔡《傳》所有者釋之。然地名僅載其沿革至到，山名引書亦頗略，惟水道稍詳，亦未爲該博。朱彝尊《經義考》不著録。《無錫縣志》列鑑名於《文苑傳》，亦不言其著有此書。疑草創之稿，未行於世歟。

**丁丙《善本書室藏書志・書類》** 《禹貢山川郡邑考》四卷。舊鈔本。錫山王鑑識。前有萬曆庚寅陸祥旭序云：「繼山先生嗣文靖先生，起而成嘉靖乙丑進士。先後涉丹署、歷符臺而拜大鴻臚，遷太僕卿。衣錦歸里。嘗以《禹貢》山川郡邑古今沿革、源流異同，尠克究之，乃揭圖以示人，猶慮未晳，更加注釋，稽其沿革，辨其異同，條分類析，俾山川都邑之勝，一展卷而森列目前。其功豈在蔡氏下哉！」

# 書經以俟録

**朱彝尊《經義考・書》** 瞿氏九思《書經以俟録》。六卷。存。史學遷《序》曰：「曩瞿子以書來，謂帝王之學與韋布異，以故行年且六十，終不敢談《尚書》。然今觀其所論著，以天道、人道、君道、臣道、世道、治道釐爲六部，論篇章次第，則以爲世運相遞而下，自不得無此篇章。運在此，則篇章亦當在此。而徐觀其聯絡之勢，信纍纍如貫珠，然後知《尚書》之篇章，果秩然不可移易。其論篇名則以爲待人而成，有聖君，有聖臣，自不得無此篇名，而參考於無篇名之君臣，則皎皎洞若觀火，然後知《尚書》之篇名果犂然不可增損。且其以《洪範》爲範圍治道之本，尤爲卓有綱維。而又謂後世君臣不當覽觀前史，恐前史有敗度敗禮、慆淫匪彝諸所行事，令後世臣主覽觀後，反若樹之的而久將漸漬而從之。乃摘《尚書》有裨君德臣道治道諸語爲綱，而稍取考亭《綱目》所紀載，係於其下，使人但見其綱而不能遽覩其敗禮慆淫匪彝之實，及其以紀傳爲質。既見其敗度敗禮慆淫匪彝之實，而又已見考亭之書法，謂如此則是，如此則非，如此則吉，如此則凶，時必有惕然深省，必不敢復敗度敗禮慆淫匪彝者，其有功於萬世君臣，可勝道說哉！吾是以令有司趣刻之。」

高世泰曰：「瞿九思字睿夫，黄梅人。從學羅洪先、耿定向，歷主鹿洞、濂溪、岳麓、石鼓四書院。中萬曆癸酉舉人。罹冤獄，得解爲民，還里。尋論學於河南、廣東，作《中庸口授》、《中庸位育圖》、《中庸運卦》、《古樂測》、《孔廟禮樂考》、《至聖榮哀考》、《六經以俟録》、《洪範衍義》、《曆正》諸書。徵授翰林院待詔，謝不赴。詔歲給米六十石，以資著述。乃撰《明詩擬》、《萬曆武功録》，長吏爲起江漢書院居之。」

**《明史・藝文志・書類》** 瞿九思《書經以俟録》六卷。

# 洪範衍義

**黄虞稷《千頃堂書目・書類》** 瞿九思《洪範衍義》五卷。字慕川。黄梅人。萬曆□□舉人。以進諸書授翰林院待詔。

**朱彝尊《經義考・書》** 瞿氏九思《洪範衍義》。五卷。存。張雲章曰：「九思，萬曆間江漢人。自言夢至一璇宮，如萬頃碧琉璃，見一巨人告之曰：『此爲安邑。』覺而大有所悟，遂衍《範》，數月而成。予視其書，眞囈語也。其說以《洪範》非衍於箕子而作于神禹，禹都安邑，故託之夢見爲辭。而謂《禹謨》以水火金木土爲序，《範》以水火木金土爲序，金先於木，是以金爲重，故金能生水，此伯鯀所以罔功；木先於金，是以木爲重，木能生火，火自能克水，此神禹所以底績。夫《範》之言五行，乃天地生物自然之序，禹之成功，豈在以木爲重於金而能克火故耶？其說謬戾可笑！」

## 刪補書經註

**朱彝尊《經義考・書》** 蔡氏立身《刪補書經註》。未見。《溫州府志》：「蔡立身字師曾，浙江平陽人。萬曆癸酉舉人。高唐知州。」

## 範衍

**黄虞稷《千頃堂書目・書類》** 錢一本《範衍》十卷。

**朱彝尊《經義考・書》** 錢氏一本《範衍》。十卷。存。一本《自序》曰：「揚子雲《太玄》，根據《洛書》，非苟作者。朱子謂其零星補湊。蔡西山氏則以揚氏《太玄》、關氏《洞極》、司馬氏《潛虚》皆以不知而作目之。愚不揆量，竊謂龜惟求洛之舊契，原數以爲兆，綜九章以考占，以一見占五行，以二見占五事，以三見占八政，以四見占五紀，以五見占皇極，以六見占三德，以七見占稽疑，以八見占庶徵，以九見與隱占福極。蓋龜從洛出，能知天道，其自一至九，四十五畫見於龜背，皆神明自然之拆文，一一皆有吉凶可貞問。禹疇九章，即爲龜卜全書之實據，求《洛書》之舊，稽禹疇之卜，因數成變，因變考占，因占設敎，因事示戒。蓋卦以兩畫成於八，疇以兩畫成於九，卦之六十四以八乘之爲五百一十二，疇數既符卦數，蓍卦一揲盡於六十四，龜疇一灼盡於八，其六十四卜法即同揲法。且一六兆雨，二七兆霽，三八兆蒙，四九兆驛，五六兆克，又一一確實，略無影響疑似，使人難曉。庶幾蓍龜並存，而爲吉凶與民同患之一助云。」

**《明史・藝文志・書類》** 錢一本《範衍》十卷。

## 禹貢解

**黄虞稷《千頃堂書目・書類》** 焦竑《禹貢解》一卷。

**《明史・藝文志・書類》** 焦竑《禹貢解》一卷。

## 洪範纂要

**王圻《續文獻通考・經籍考・書》** 《洪範纂要》。楊文恪著。

## 尚書疏衍

**黄虞稷《千頃堂書目・書類》** 陳第《尚書疏衍》四卷。

**朱彝尊《經義考・書》** 陳氏第《尚書疏衍》。四卷。存。第《自序》曰：「少受《尚書》，讀經不讀傳注。讀愈專，篋中積至十餘冊，無不字句磨滅，默誦嘗不遺一字，口誦心維，得其義於深思者頗多。近因宋、元諸儒疑《古文》僞作，竊著辨論數篇，因復取古今注疏詳悉讀之，意所是者標之，意未安者微釋之，句讀未是者正之，其素得於深思者附著之，間又發揮於言外，以竢後世冀修己治人者，實有取於經，徵諸行事而已矣。」

**《明史・藝文志・書類》** 陳第《尚書疏衍》四卷。

**《四庫提要・書類二》** 《尚書疏衍》四卷。江蘇巡撫採進本。明陳第撰。第有《伏羲圖贊》已著録。是書前有第《自序》稱：少受《尚書》，讀經不讀傳注，口誦心維，得其意於深思者頗多。後乃參取古今注疏，而以素得於深思者附著之。然第學問淹博，所著《毛詩古音考》、《屈宋古音義》諸書，皆援據該洽，具有根柢。其作是書雖其初不由訓詁入，而實非師心臆斷，以空言說經者比。如論《舜典》五瑞、五玉、五器，謂不得以《周禮》釋《虞書》，斥注疏家牽合之非，其理確不可移。論《武成》無錯簡，《洪範》非龜文，亦足破諸儒穿鑿附會之說。惟篤信梅賾《古文》，以朱子疑之爲非，於梅鷟《尚書考異》、《尚書譜》二編排詆尤力，則未能深考源流。經師授受，自漢代已別戶分門，亦聽其各尊所聞可矣。

**周中孚《鄭堂讀書記補逸・經部・書類》** 《尚書疏衍》四卷。明陳第撰。第字季立，號子野，連江人。萬曆中以諸生從軍，歷官薊鎮遊擊。《四庫全書》著録，《明史・藝文志》亦載之。前有自序。其説是經多得之深思力索，而後附著以古今注疏。然所心得，亦多與古義參合。其理明辭確處，不獨求之明代不可得，即宋、元間亦未多見，誠經解中卓然名作也。至信《古文》而詆梅鷟，所謂各尊所聞，各行所知，然亦較西河毛氏之《冤詞》爲長云。卷首又有焦弱侯竑序。

## 尚書別録

**黄虞稷《千頃堂書目・書類》** 屠本畯《尚書別録》六卷。字田叔，一字豳叟。侍郎屠大山子。以任子官福建運判，後爲辰州知府。

**《明史・藝文志・書類》** 屠本畯《尚書別録》六卷。

## 書經疑問

**黄虞稷《千頃堂書目・書類》** 姚舜牧《書經疑問》十二卷。

**朱彝尊《經義考・書》** 姚氏舜牧《書經疑問》。十二卷。存。舜牧《自序》曰：「《書》教至有宋諸儒，闡發殆盡，將安所置疑，又安所致問哉？蓋《書》無可疑，而所以説《書》者或稍失其故也。則管窺蠡測之説，苟有可與天下共疑者，未必非聖賢之所與矣。余今所疑，未嘗求異於傳注，惟必求其是，終歸於無疑，與天下萬世共知共由之耳。然此可傳之學究哉？藏之名山可也。萬曆甲辰四月。」

**《明史・藝文志・書類》** 姚舜牧《書經疑問》十二卷。

**《四庫提要・書類存目二》** 《書經疑問》十二卷。浙江巡撫採進本。明姚舜牧撰。舜牧有《易經疑問》，已著録。是編於經義罕所考定，惟推尋文句，以意説之，往往穿鑿杜撰。如解《堯典》「湯湯洪水方割」，云：「湯湯，如湯滾沸一般樣。」解《舜典》「有能奮庸熙帝之載」，曰：「載字下得極妙，天下事重且大矣，帝王以一身擔當負荷如車載者然。」可謂遊談無根矣。

## 尚書臆見

**朱彝尊《經義考・書》** 鍾氏化民《尚書臆見》。未見。

## 敷言大旨

**朱彝尊《經義考・書》** 鍾氏化民《敷言大旨》。一卷。未見。

## 書録

**朱彝尊《經義考・書》** 楊氏起元《書録》。未見。姚瀚曰：「起元字復所，歸善人。萬曆丁丑進士。改庶吉士，歷官吏部右侍郎兼侍讀學士。」

## 尚書旨

**朱彝尊《經義考・書》** 劉氏應秋《尚書旨》。十卷。存。蔣方馨曰：「兑陽劉氏應秋，吉水人。萬曆癸未進士第三人。歷官國子監祭酒。」

**《明史・藝文志・書類》** 劉應秋《尚書旨》十卷。

## 尚書大意

**朱彝尊《經義考・書》** 馮氏夢禎《尚書大意》。未見。俞汝言曰：「馮夢禎字開之，秀水人。萬曆丁丑進士。歷官國子監祭酒。」

## 尚書要旨

**黃虞稷《千頃堂書目・書類》** 王肯堂《尚書要旨》三十六卷。

**朱彝尊《經義考・書》** 王氏肯堂《尚書要旨》。三十一卷。存。張雲章曰：「金壇損齋王氏，中丞樵之次子。萬曆己丑進士，改庶吉士，除翰林院檢討。《要旨》一書，館中所撰。其從兄爾祝守滄州，爲之鋟版，天津兵備副使張汝蘊序之。蓋原本家學，而爲學士家剌經訓故之用者也。」

**《明史・藝文志・書類》** 王肯堂《尚書要旨》三十一卷。

**《四庫提要・書類存目二》** 《尚書要旨》三十卷。兩江總督採進本。明王肯堂撰。肯堂字宇泰，金壇人。樵之子也。萬曆己丑進士。官至福建布政司參政。事蹟附見《明史・樵傳》。是書承樵所著《尚書別記》，鈔撮緒言，敷衍其說，以備時文之用。其經文較講義低二格，每節惟書首尾二句，亦如時文之體然。」

## 尚書意解

**朱彝尊《經義考・書》** 孫氏繼皐《尚書意解》。未見。嚴繩孫曰：「孫繼皐字□□，無錫人。萬曆甲戌進士第一。歷官吏部左侍郎。」

## 玉茗堂尚書兒訓

**朱彝尊《經義考・書》** 湯氏顯祖《玉茗堂尚書兒訓》。未見。錢謙益曰：「顯祖字義仍，臨川人。萬曆癸未進士。除南太常博士，稍遷南祠郎。抗疏劾政府，謫徐聞典史，量移知遂昌縣。」

## 尚書衷引

**朱彝尊《經義考・書》** 沈氏自邠《尚書衷引》。未見。俞汝言曰：「沈自邠號九軒，秀水人。萬曆丁丑進士。改庶吉士，授簡討歷修撰。」

## 尚書旨授

**朱彝尊《經義考・書》** 錢氏大復《尚書旨授》。未見。姚瀚曰：「大復華亭人。大學士龍錫之父。」

## 書經約言

**朱彝尊《經義考・書》** 鄒氏龍光《書經約言》。未見。蔣方馨曰：「斗墟鄒氏龍光，長洲人。萬曆庚辰進士。」

## 東宮進講尚書義

**朱彝尊《經義考・書》** 郭氏正域《東宮進講尚書義》。一卷。存。

**《明史・藝文志・書類》** 郭正域《東宮進講尚書義》一卷。

## 尚書心鏡

**朱彝尊《經義考・書》** 潘氏士藻《尚書心鏡》。未見。

## 書說

**黃虞稷《千頃堂書目・書類》** 徐即登《書說》，四帙。

**朱彝尊《經義考・書》** 徐氏即登《書說》。十卷。未見。陸元輔曰：「即登號匡岳，豐城人。萬曆癸未進士。除工部主事，歷河南左參政。著《書說》，凡四冊。」

## 書經見解

**朱彝尊《經義考・書》** 姜氏鏡《書經見解》。未見。毛奇齡曰：「姜鏡字翼龍，山陰人。萬曆癸未進士。歷官廣東布政使。」

## 禹貢解

**黃虞稷《千頃堂書目・書類》** 徐常吉《禹貢解》一卷。

## 禹貢注

**黃虞稷《千頃堂書目・書類》** 徐常吉《注》三卷。

**朱彝尊《經義考・書》** 徐氏常吉《禹貢注》。三卷。未見。

## 禹貢辨

**黃虞稷《千頃堂書目・書類》** 徐常吉《辨》一卷。

**朱彝尊《經義考・書》** 徐氏常吉《禹貢辨》。一卷。一云《禹貢解》一卷。未見。

## 洪範則洛書辨

**祁承㸁《澹生堂藏書目・書》** 《洪範則洛書辨》。一卷。徐常吉。

**朱彝尊《經義考・書》** 徐氏常吉《洪範則洛書辨》。一卷。未見。

## 書經原旨

**朱彝尊《經義考・書》** 董氏其昌《書經原旨》。未見。卞洪勳《序》曰：「今之治《書》者，率多承襲傳會，又或標奇逞臆，經學之厄甚矣！雲間董玄宰氏以《尚書》起家，獨深得其旨。凡疏義箋解，皆虛心闡繹，勒爲一家言，令觀者劃然解頤也。昔鄭寬中入說《尚書》於金華，成帝詔班伯受之，賞賚甚渥，以其剖析經義，不昧作者之旨耳。若玄宰氏，固已詣古人之奧室矣！」

## 書經翼注

**朱彝尊《經義考・書》** 謝氏廷讚《書經翼注》。七卷。存。俞汝言曰：「廷讚字曰可，金谿人。萬曆戊戌進士。官尚寶司丞。」

**《明史・藝文志・書類》** 謝廷讚《書經翼注》七卷。

## 尚書辨解

**黃虞稷《千頃堂書目・書類》** 郝敬《尚書辨解》十卷。前八卷解《今文》二十八篇，後二卷皆辨正《古文》，萬曆乙卯序刊。

**朱彝尊《經義考·書》** 郝氏敬《尚書辨解》。十卷。存。張雲章曰：「京山郝氏專信《今文》，而力辨孔《傳》爲非。且以周公未嘗有東征殺管叔之事，亦未嘗有踐阼朝諸侯之事，《蔡仲之命》『致辟管叔』，乃誤解《金縢》中『我之弗辟』一句；《禮記·明堂位》『周公朝諸侯』，誤解《洛誥》中『周公誕保，文武受命惟七年』之文。其意以孔《書》僞作，《禮記》出於漢儒，俱不足信。其旨似出吳幼清《纂言》，而郝氏於《纂言》又未之見，不過率其私智臆說，而本無所據也。」【略】

**《明史·藝文志·書類》** 郝敬《尚書辨解》十卷。

**《四庫提要·書類存目二》** 《尚書辨解》十卷。浙江汪啓淑家藏本。明郝敬撰。敬有《周易正解》，已著録。是編前八卷解伏《書》二十八篇，後二卷辨孔《書》，故曰「辨解」。其解「周公居東」爲就管叔以兄弟之義感之。解「罪人斯得」爲成王與太公、召公誅管叔，而周公不與聞。他若周公稱成王爲「孺子」，爲國史代公之辭，非自周公口出。其說多與先儒異。蓋敬之解經，無不以私意穿鑿，亦不但此書爲然也。

## 書經釋

**徐𤊹《徐氏家藏書目·書類》** 《書經釋》一卷。何喬遠。附《萬曆集》。

**黄虞稷《千頃堂書目·書類》** 何喬遠《書經釋》一卷。

## 尚書大義

**朱彝尊《經義考·書》** 沈氏瓚《尚書大義》。未見。潘耒曰：「瓚字□□，吳江人。萬曆丙戌進士。」

## 禹貢略

**徐𤊹《徐氏家藏書目·書類》** 《禹貢略》一卷。全天叙。

**黄虞稷《千頃堂書目·書類》** 全天叙《禹貢略》一卷。

**朱彝尊《經義考·書》** 全氏天叙《禹貢略》一卷。未見。陸元輔曰：「天叙號玄州，鄞縣人。萬曆丙戌進士。歷官少詹事。」

## 尚書纂注

**朱彝尊《經義考·書》** 袁氏宗道《尚書纂注》。四卷。存。錢謙益曰：「宗道字伯修，公安人。萬曆丙戌會元，選庶吉士，授編修。歷官春坊中允，至右庶子，贈禮部侍郎。有二弟，曰稽勳宏道、儀部中道，所謂『公安三袁』也。」

**《明史·藝文志·書類》** 袁宗道《尚書纂注》四卷。

## 尚書便蒙纂註

**朱彝尊《經義考·書》** 劉氏文卿《尚書便蒙纂註》。未見。

## 尚書祕省

**朱彝尊《經義考·書》** 來氏宗道《尚書祕省》。未見。姚瀚曰：「蕭山人，字路然。萬曆甲辰進士。累官太子太保，禮部尚書兼東閣大學士。」

## 書經質疑

**朱彝尊《經義考・書》** 吴氏炯《書經質疑》。一卷。存。炯自跋曰：「余於六籍，《易》有《繹旨》，《詩》、《春秋》有《質疑》，《禮》有《孝經》以輯其遺逸，有《大學》以訂其章句，而獨缺《尚書》。嘗曰：帝王之大經大法，義本直截，故無辨難之辭，雖然，終未卒業也。今採叢語所載及閑居酬應之言，凡有關於四代者，輯成一編。自《古文》後出，談經者失其統緒，互有牴牾。故於傳注居多，雖未能章分節解，庶幾少補其缺云。萬曆庚申秋七月。」

**《明史・藝文志・書類》** 吴炯《書經質疑》一卷。

## 書經集意

**《四庫提要・書類存目二》** 《書經集意》六卷。江西巡撫採進本。明萬嗣達撰。嗣達字孝仲，潯陽人。其履貫無可考。《自序》稱「天啓壬戌書於陪京」。序中謂「雲曹簡靜」，蓋官南京刑部時所作。書中分節講論，蓋家塾課蒙之本。至《禹貢》內雜引明代漕輓東壩諸事，以便答策，尤非解經之體矣。

## 壁業

**朱彝尊《經義考・書》** 范氏應賓《壁業》。未見。姚瀚曰：「范應賓字光父。秀水人。萬曆壬辰進士。工部主事。」

## 尚書雅言

**朱彝尊《經義考・書》** 盧氏廷選《尚書雅言》。六卷。存。湯顯祖曰：「學古堂《尚書雅言》，採唐孔氏以後至宋蔡氏所詁，而折衷己意，存其異同，有疏通知遠之益，蓋深於《書》者。」 高兆曰：「廷選字貞常，莆田人。萬曆壬辰進士。歷官湖廣參政。」

**《明史・藝文志・書類》** 盧廷選《尚書雅言》六卷。

## 書經素言

**朱彝尊《經義考・書》** 鍾氏鳴陛《書經素言》。未見。蔣方馨曰：「抱瑜鍾氏鳴陛，丹陽人。萬曆壬辰進士。刑部主事。」

## 尚書疑問

**黄虞稷《千頃堂書目・書類》** 史記事《尚書疑問》五卷。

## 書經虹臺講義

**朱彝尊《經義考・書》** 程氏弘賓《書經虹臺講義》。十二卷。存。弘賓《自序》曰：「今之經生治《書》者，自蔡《傳》外，率祖閩中所刻《心法》、《正宗》、《資講》、《精藴》諸家之說。歷時既久，海內操觚之士各出意見，辭與理融，義與經合，於典謨訓誥之奥，得其肯綮，殆有超於閩刻諸書之外者。賓幼受讀是經，閱歷寒暑，今亦有年。蓋嘗三復舊說，博採師友之聞見，如屠道南《研幾録》、張潤江《錦囊録》、沈虹野、徐瑤泉諸講說，羣聚而折衷之，積以歲時，集成《尚書講義》，不欲自私，鳩工梓之，以畀同志。嘉靖甲子孟春。」

**《明史・藝文志・書類》** 程弘賓《書經虹臺講義》十二卷。

## 尚書遺旨

**黃虞稷《千頃堂書目・書類》** 劉子誠《尚書遺旨》二卷。字叔貞。延安宜川人。萬曆中，廣西横州知州。

## 尚書是正

**朱彝尊《經義考・書》** 羅氏敦仁《尚書是正》二十卷。存。子喻義《序》曰：「《書》百篇，尼父所定，《虞》《夏書》二十篇、《商書》四十篇、《周書》四十篇，《書序》是也。秦時禁挾書，博士伏生壁藏之。禁解，求其《書》，亡數十篇，獨得二十八篇，以教於齊、魯之間。掌故晁錯寫以隸古，是《今文》。時人惟知《尚書》二十八篇，取象二十八宿，不知其有百篇也。既而僞《泰誓》、百兩篇之屬稍出，然不大行，惟孔氏有《古文尚書》學。安國以今文字讀之，因以起其家，逸《書》得二十五篇，蓋《尚書》滋多於是矣。百兩篇者，出東萊張霸採《左氏傳》、《書序》爲作首尾，凡百二篇。孔氏《古文》吾不能知，而採傳序作首尾，猶百兩也。庸瘉乎？或曰《書》何以有僞也？曰漢時有經學，各欲名家，至有行金易中書漆經以合其私説者。而人主以《尚書》爲樸學，不好，懼且中廢。汾陰寶鼎，周、漢孰辨，是以趨爲僞而不辭。安國書未上，不列學官，故蔡邕所勒石經仍今文。而《古文》至東晉始盛行於世。夫其是也，二十八篇已足矣；如其非也，多亦奚爲？王通氏言，《書》殘於古，今蓋傷之也。先君贈公家世受《書》，補博士弟子，已乃棄去，不交人事者二十年，靜中有獲，時著筆札。小子謹識之，鈔集成書，是爲《尚書是正》。大率原本今文。首列《書序》，次載本書，次下己意，亡者闕之，而散見《論語》、《左》、《國》、《孟》、《荀》者附録焉。非是族也，雖世所稱十六字，不敢不正。『翦卻梧桐枝，甕湖方可窺』。先君誦之云爾，予小子承厥志也。」



張雲章曰：「《是正》云者，正經、正傳、正字、正句、正術也。其正術之説曰：《書》者，道政事者也。『人心惟危，道心惟微』，分形氣義理之名，德無常師，善無常主，標萬殊一本之目。此則講堂義理之書，非道政事之書也。信如此言，則義理與政事，果可判而爲二乎？又以『允執其中』補《書》之亡，而曰中之言空也，空不可持，其中安在，執之何法？就令執之，當其舍時，頓放何處？此以禪家機鋒語説《書》矣。又舉《中庸》『執其兩端，用其中於民』釋之，而曰中也者，天下之至虛也，不言心也；兩也者，天下之至化也，不言一也；用也者，天下之至賾也。不言精也。其意以人心道心、惟精惟一爲非經語，以千百年聖作明述之書，而一旦欲滅裂之，可乎？」

**《明史・藝文志・書類》** 羅敦仁《尚書是正》二十卷。

## 尚書注考

**黃虞稷《千頃堂書目・書類》** 陳泰交《尚書注考》一卷。字同倩，秀水人。

**《四庫提要・書類二》** 《尚書註考》一卷。浙江吴玉墀家藏本。明陳泰交撰。朱彝尊《經義考》載陳氏泰來《尚書注考》一卷，注曰「未見」。又注：「泰來字長水，平湖人。萬曆丁丑進士。官至禮部精膳司員外郎。」案：吴永芳《嘉興府志》載「陳泰交字同倩，萬曆中國子監生，所著有《尚書注考》」，與《經義考》迥異。然《經義考》引項皐謨之説，稱「同倩治《尚書》作《注考》」云云。明出泰交之字。則彝尊未見其書，誤以泰交爲泰來審矣。其書皆考訂蔡沈《書傳》之譌。謂有引經注經不照應者三條，又有同字異解者三百六十二條，皆直録注語，不加論斷。其同字異解者，一字或有數義，抉摘未免過嚴。其不照應者三條，如凡厥正人引惟厥正人爲證，曰「若『稽古帝堯』引『越若來』爲證，『德懋懋官』引『時乃功懋哉』爲證，則前後顯相矛盾」。誠蔡氏之疏略矣。馬明衡《尚書疑義》、袁仁《砭蔡編》

頗以典制名物補正蔡《傳》之闕誤，泰交此書，則惟較量於訓詁之間。而所謂訓詁異辭者，又皆以矛攻盾，未及博援古義，證以舊文。故爲少遜於二家。然釋事、釋義，二者相資，均謂之有功蔡《傳》，可也。

## 書經議

**黄虞稷《千頃堂書目・書類》**　黄佑《書經議》一卷。江西廣昌人。萬曆中貢士。爲國子監典籍。

## 尚書揆一

**黄虞稷《千頃堂書目・書類》**　鄒期禎《尚書揆一》卷。無錫人。崇禎中，御史祁彪佳舉方正，不就。

**《四庫提要・書類存目二》**　《尚書揆一》六卷。浙江汪啓淑家藏本。明鄒期楨撰。期楨字公寧。無錫人。萬曆中諸生。《江南通志・儒林傳》附見《吳桂森傳》中。稱與桂森俱從高攀龍學，稱兩素衣先生。是書專主蔡《傳》，而雜引諸儒之説以發明之。蓋爲科舉而作。書成於萬曆丙辰，前有高攀龍序。又有《讀尚書六要》，其孫陞所述也。國朝康熙庚戌，其門人顧宸序而刊之。

## 洪範經世要説

**黄虞稷《千頃堂書目・書類》**　鄒期禎《洪範經世要説》。

**朱彝尊《經義考・書》**　鄒氏期禎《洪範經世要語》。未見。

## 尚書筆指

**朱彝尊《經義考・書》**　鄒氏期相《尚書筆指》。未見。

## 書　疑

**黄虞稷《千頃堂書目・書類》**　吳從周《書疑》四卷。甌寧人，字世憲。萬曆中，海鹽縣訓導。

## 書傳折衷

**徐𤊹《徐氏家藏書目・書類》**　《書傳折衷》十卷。曹學佺。

**黄虞稷《千頃堂書目・書類》**　曹學佺《書傳會衷》十卷。

**朱彝尊《經義考・書》**　曹氏學佺《書傳會衷》。十卷。存。張雲章曰：「天啓中，先生官廣西右參議，魏忠賢黨摘其所撰爲謗書，除名爲民。崇禎中，復起廣西，疏辭，家居。殉節死。此書大概即蔡《傳》而損益之。」

**《明史・藝文志・書類》**　曹學佺《書傳會衷》十卷。

**《四庫提要・書類存目二》**　《書傳會衷》十卷。江蘇周厚堉家藏本。明曹學佺撰。學佺有《易經通論》，已著録。是書自一卷《堯典》至六卷《召誥》，題曰《書傳會衷》；七卷《洛誥》以下，則題曰《書傳折衷》。篇帙相連，而兩名互見，莫喻其故。今姑從其前名，以歸畫一。其説多沿襲舊文，間自立議，則又舛誤。如「四岳」舊説皆以爲四人，學佺則以爲一人，而總四岳諸侯之事。不知下文「僉曰」爲衆應之辭也。其以「三江」爲松江、婁江、東江，「九江」爲洞庭，則皆取舊説之不可信者。《洪範》之六「三德」，不取鄭康成臣道之説，而用孔《傳》，亦爲寡識也。

## 書略

**朱彝尊《經義考・書》** 賀氏燦然《書略》。未見。俞汝言曰：「燦然字伯闇，秀水人。萬曆乙未進士。除行人陞吏部主事，歷員外郎。」

## 尚書過庭雅言

**黄虞稷《千頃堂書目・書類》** 胡瓚《尚書過庭雅言》。字伯玉，桐城人。萬曆乙未進士，江西布政司參政。

**朱彝尊《經義考・書》** 胡氏瓚《尚書過庭雅言》。未見。陳繼儒曰：「桐江胡伯玉先生，官工部郎，出參江右藩，遂還環山。少受澤庵公訓，用《尚書》起家，晚課諸子，博采經史，以及山鑱冢刻旁證之，二十年始成，題曰《過庭雅言》，志先訓也。」

## 禹貢備遺增注

**《四庫提要・書類存目二》** 《禹貢備遺增注》二卷。兩江總督採進本。明胡瓚撰。其曾孫宗緒增注。瓚字伯玉，桐城人。萬曆乙未進士。官至江西布政司參政。宗緒字襲參。雍正庚戌進士。官至國子監司業。是書先發明《禹貢》書法，別爲卷首。自「禹敷土」至「西戎即叙」爲一卷，「導岍及岐」以下爲一卷。依經附注，多遵蔡氏《集傳》。宗緒增注，則間引蔡《傳》原文以證其同異。如謂淄水入海不入濟，考《左傳・昭公二十六年》「成人伐齊師之飲馬于淄者」，杜註云：「淄水出泰山梁父縣，西北入汶。」鄭樵誤會其文，遂據此謂潍淄之淄爲入汶不入海，固爲牽合。蔡《傳》云「淄水東入濟」，亦不知通淄、濟之間乃漢時事，有《河渠書》可證也。《禹貢》之淄出益都縣東南岳陽山，歷今臨淄、博興、樂安，至壽光縣北，由清水泊入海，水道顯然。此糾正之得實者也。至謂汾本西流，則從蔡《傳》。考《水經注》：「汾水出太原汾陽縣北管涔山」，南流與東西溫谿合。以今地輿考之，自汾陽至臨汾縣東皆南流，自此而南，西流經曲沃縣，所謂故絳也。由曲沃至河津、榮河諸縣，則皆西流。蔡《傳》未爲明晰。如是之類，尚未盡正也。

## 禹貢注刪

**朱彝尊《經義考・書》** 黄氏翼登《禹貢注刪》。一卷。存。沈蕙纕曰：「黄翼登字學衡，晉江人。著《尚書述解》。今行世者《禹貢注刪》一卷而已。有朱廷旦、莊奇顯二序。」

**《明史・藝文志・書類》** 黄翼登《禹貢注刪》一卷。

## 尚書祕旨

**朱彝尊《經義考・書》** 洪氏翼聖《尚書祕旨》。未見。蔣方馨曰：「南池洪氏翼聖，歙縣人。萬曆戊戌進士。」

## 書經尊朱約言

**范邦甸等《天一閣書目・書類》** 《書經尊朱約言》十四卷。明進士南池洪翼聖著輯，盱邑幼文吳道岸校定，秀峰余良史繡梓。洪序云：「昔蔡沈氏，善淑子朱子者也。承顧命，《傳》成而揭諸首曰：二帝三王之治本於道，二帝三王之道本於心。嗚呼，心之一言至矣！故精一執中者，所以存此心之體也；措之政事者，所以達此心之用也。又約而言之，不踰曰欽、曰敬焉。此約言之旨，朱、蔡先得我心之同然也。」

## 尚書新說

朱彝尊《經義考・書》　王氏建中《尚書新說》。未見。姚瀚曰：「山陰人，字位宇。萬曆戊戌進士。山陽知縣。」

## 尚書蠡

朱彝尊《經義考・書》　趙氏維寰《尚書蠡》。四卷。存。董其昌《序》曰：「我明以經術取士，士之治《尚書》者，閩推莆田、浙推檇李，若黃學士葵陽、馮司成開之、陳宮詹孟常，皆用《尚書》名世，其所論譔，經生家奉之，不啻天球弘璧也。吾友趙無聲，歲庚子用《尚書》冠北闈。余嘗謂《書》道政事，即唐、虞、三代之史，體兼編年紀傳，凡律曆、兵刑、河渠、食貨諸治典，靡不畢具。故深於《書》者，必精於史。無聲向有史癖，下上三千年間，日取其興亡治亂之故，而衷以典謨訓誥之理，淹晰貫串，直合經術、治術而一之矣。頃無聲官留曹，與余兒同舍，出其講義付諸剞劂，題其端曰蠡。讀是編者，毋徒藉爲嫁衣可也。崇禎乙亥秋七月。」　鍾淵映曰：「維寰字無聲，平湖人。萬曆庚子鄉試第一。署海寧儒學教諭，遷南國子監丞，轉刑部主事，歷郎中。著《尚書蠡》、《讀史快編》。」

《明史・藝文志・書類》　趙惟寰《尚書蠡》四卷。

## 尚書解

朱彝尊《經義考・書》　黃氏景星《尚書解》。未見。陳萬言《序》曰：「自唐及宋，說《書》者不一家。蔡註一出，頗爲簡備，昭代令甲，壹以是爲宗，人習專經，家無異說。顧標詞立義者日繁，縱於訓詁不盡齟齬，可信爲定則則未也。吾師黃若頃先生，以莆中《尚書》名家，成進士，自赤城李入儀曹，寅清之暇，乃得研精抽祕，博考故義，參以心裁，薈成《尚書解》一書。理簡而該，詞弘而雅，約文中義，大暢宗風，所爲振起於將來，而發皇其未墜者，其在斯乎，其在斯乎！」　俞汝言曰：「黃景星號若頃，莆田人。萬曆辛丑進士。歷官廣東右布政使。」

## 虞書箋

黃虞稷《千頃堂書目・書類》　茅瑞徵《虞書箋》二卷。《遺書目》十二卷。

朱彝尊《經義考・書》　茅氏瑞徵《虞書箋》。二卷。存。瑞徵《自序》曰：「古稱極治，唐虞尚矣。乃考其時，九年之洪水，每廑其咨；七旬之干羽，尚煩訓定。而猾夏震師，紀述不絕於《書》，亦烏覩所謂泰寧之象哉！其廷臣動色相戒，一則曰『無怠無荒』，再則曰『無若丹朱傲』。曾未嘗以神聖諛其君，而其君亦不敢寬然以神聖自命，兢兢業業，常若不能一日安於臣民之上，故曰堯舜其猶病諸。只此一念，便足千古，此帝王相傳之治脈也。今主上每事誦法堯、舜，而廷臣將順不遑，卒遜處於稷、契、皋、夔之後。頃歲，邊庭告警，水旱時聞，大似唐、虞儆予之日，惟諸臣共以堯、舜事君，而無虛以堯、舜頌君，此亦千載一時矣。南局多暇，日取唐、虞論治之書讀之，意有所會，輒次數語簡端，久便成帙，漫題曰《虞書箋》，蓋曰：此其最淺淺者，予未有知云爾。崇禎壬申。」

《明史・藝文志・書類》　茅瑞徵《虞書箋》二卷。

《四庫提要・書類存目二》　《虞書箋》二卷。浙江巡撫採進本。明茅瑞徵撰。瑞徵字伯符，歸安人。萬曆辛丑進士。官至南京光祿寺卿。解官後自號苕上漁父，又稱澹泊居士。此書前有《自序》，言「南局多暇，讀唐、虞論治之書，輒次數語」。蓋即官光祿時作也。考《定陵注略》：「瑞徵官職方郎中時，欲黜一副將不遂，反爲所搆。又御史姚永濟、韓浚皆有所請託，瑞徵不從，遂合力排擠之去。」其人蓋亦錚錚者。而此書所箋，大抵敷衍舊說，無所發明。如解「柔遠能邇」句云：「柔字下得最妙」。解「惟時亮天工」句云：「即熙帝載意」。解「天叙有典」節云：「兩我字正與兩天字相應。」

解「慎乃在位」句云：「即慎乃有位。」皆膚淺不足采録。殆間曹無事，姑以遣日，本無意於著書，而其子漫付剞劂耳。

**周中孚《鄭堂讀書記補逸・書類》**　《虞書箋》二卷。吳興沈朗倩灝藏浣花居原刊本。明茅瑞徵撰。瑞徵字伯符，自號苕上漁父，又號澹樸居士，歸安人。萬曆辛丑進士。歷官南京光祿寺卿、贈大理寺卿。《四庫全書》存目，《明史・藝文志》亦載之。是書成於崇禎壬申。自序稱：「南局多暇，日取唐、虞論治之書，再四讀之，意有所會，輒次數語簡端，久便成帙。」故其書雜採舊說，而多作講章評語，蓋即官光祿時所作也。序又稱：「今主上每事誦法堯、舜，而廷臣將順不逮，率遜處千稷契夔龍之後。」又曰：「惟諸臣共以堯、舜事君，而無空以堯、舜頌吾君。」明良喜起，宏濟艱難，蓋伯符當時事方艱，君明臣闇，有慨於唐、虞之咨俞吁咈，故惟解此二典三謨，與所作《禹貢匯疏》同一旨趣。雖義多膚淺，而其意則可取也。

## 禹貢匯疏

**黄虞稷《千頃堂書目・書類》**　茅瑞徵《禹貢匯疏》十三卷。《遺書目》十二卷。

**朱彝尊《經義考・書》**　茅氏瑞徵《禹貢匯疏》。十二卷。存。瑞徵《自序》曰：「《禹貢》一書，兩孔氏註疏原本，山川頗得其概，而三江九江悉屬影響。至宋蔡氏，捃摭諸家之説，深心訂定，多出先儒意表。然援引證據，未能曲暢，間考蘇端明《書傳》，意解各殊。及參以《大全》諸儒論著，問難鋒起，因從誦讀之餘，凡關《禹貢》疑義，信手摘録，爰採羣碎，彙爲全書。而益神禹之明德，于今猶在天壤間也。鴻水懷襄，禹不辭胼胝，起昏墊而登之衽席矣。而規畫封疆物土之宜，而布之利，曾不遺餘力。其於量衡貢賦，差等正錯，辨晰主名，惟恐經制一淆，適以起異日無藝之征，而貽黎庶無窮之累，故其言曰：『底慎財賦』。聖人逆知後世暴君污吏，必有以財賦藉口，而先事曲爲之防，計深慮遠若此。今海内非有九年之洪水，而瀕河流離，穿渠轉漕無寧歲，頃者邊鄙時警，戈矛竊發，窮鄉方苦加派，繼以水旱間作，每來廟堂蒿目之憂，使神禹持籌則壤定賦，不知當若何底慎，而尚忍以無名之箕斂重困吾民乎？讀《禹貢》者，詳九州之山川，則可供聚米之畫；習漕渠之岐路，則可商飛輓之宜；察東南之物力，則當念杼軸之空；考甸服之遺制，則當興樹藝之利。而挈要於『底慎財賦』一語。疏解浩繁，可以一言以蔽之，如必字比句櫛，執今圖制，疑古山川，索碣石左右之端，滋黑水、梁、雍之辨，三條四列，地派臚分，兩漢九河，源流靡訂，此不離經生之耳食，亦何益孔、蔡之舊聞乎？」

**《明史・藝文志・書類》**　茅瑞徵《禹貢匯疏》十二卷。

**《四庫提要・書類存目二》**　《禹貢匯疏》十五卷。兩淮鹽政採進本。明茅瑞徵撰。其書前冠圖經二卷。上卷二十四圖，皆鄭曉原本，下卷二十四圖，則瑞徵所補輯也。次以九州爲九卷，導山、導水各一卷，而「九州攸同」至末自爲一卷，又採摭大禹神怪之事爲附録一卷。書作於崇禎壬申，多借以抒寫時事，故其自序曰：「讀《禹貢》者詳九州之山川，則可供聚米之畫；習漕渠之岐路，則可商飛輓之宜；察東南之物力，則當念杼軸之空；考甸服之遺制，則當興樹藝之利，而挈要於『底慎財賦』一語。疏解浩繁，可一言以蔽之。如必句櫛字比，執今圖誌疑古山川，此不離經生之耳食，何益孔蔡之舊文。」蓋其志不在於解經也。然徵引浩繁而無所斷制，動引及天文分野，未免泛濫。至其附録一卷，盡摭雜家之言，侈談靈異，則非惟無與於經義，亦竝無關於時事矣。豈説經之體哉！

**周中孚《鄭堂讀書記補逸・書類》**　《禹貢匯疏》十二卷，附《神禹別録》一卷。沈朗倩藏原刊本。亦茅瑞徵撰。《四庫全書》存目。《明史・藝文志》亦載之。是編與《虞書箋》同時所作。凡九州各一卷，導山、導水各一卷，「九州攸同」至末一卷。原書尚有《圖經》二卷，列於首，此本佚之。編中徵引採摭，多借以抒寫時事，不必盡爲經義。至末附之《神禹別録》，記載事蹟，而兼及神怪，則好奇矣。卷首有其門人申紹芳序，又有自序、凡例及考略。

**馬國翰《玉函山房藏書簿録・書類》**　《禹貢匯疏》十二卷。三衢王氏刊本。明吳興茅瑞徵澹樸撰。考證九州山川地域，頗爲詳洽，而於「底慎財賦」一語，獨有發明，得古文命篇之意，且大與民瘼相關也。

## 書經集意

黃虞稷《千頃堂書目・書類》 陳臣忠《書經集意》二卷。

朱彝尊《經義考・書》 陳氏臣忠《書經集意》。二卷。未見。按：臣忠，莆田人。萬曆甲辰進士。書載祁氏《澹生堂目》。

## 書繹

朱彝尊《經義考・書》 樊氏良樞《書繹》。一卷。存。

## 尚書傳翼

黃虞稷《千頃堂書目・書類》 陸鍵《尚書傳翼》四卷。平湖人。建昌府推官。

朱彝尊《經義考・書》 陸氏鍵《尚書傳翼》。十卷。存。陳懿典曰：「邇來經生專務新說，實府氏所訂《尚書傳翼》，博而不泛，深而不僻，其見卓、其心苦矣。」 蔣方馨曰：「長水先生陸實府《傳翼》之書，精研深入，多發金壇王氏所未逮。」 姚瀚曰：「平湖人，字開仲，都御史萬垓子。萬曆丁未進士，建昌府推官。」

《明史・藝文志・書類》 陸鍵《尚書傳翼》十卷。

《四庫提要・書類存目二》 《尚書傳翼》十卷。浙江巡撫採進本。明陸鍵撰。鍵字實府，秀水人。其時又有一陸鍵，平湖人，萬曆丙午舉人。未知一人二人也。是書惟敷衍蔡沈之說，無所異同，故曰「傳翼」。然於《集傳》實無所發明。其體例全似語録，亦頗不雅馴。

## 尚書極

徐𤊹《徐氏家藏書目・書類》 《尚書極》一卷。陳履祥。

黃虞稷《千頃堂書目・書類》 陳履祥《尚書極》一卷。

## 書經彙解

黃虞稷《千頃堂書目・書類》 秦繼宗《書經彙解》四十六卷。

## 尚書是正

黃虞稷《千頃堂書目・書類》 羅喻義《尚書是正》□卷。

## 洪範直解

朱彝尊《經義考・書》 羅氏喻義《洪範直解》。一卷。存。喻義《自序》曰：「凡書一讀一解，或曰讀書不求甚解，讀《範》恐不然。有字者商之《範》，無字者雒之《書》，顧《書》則失《範》，顧《範》則失《書》。《書》失《範》，《範》流爲數；顧《範》失《書》，今之注疏是也。《書》《範》相著，依而無失，如子顧母，是謂得之。惟講筵進講，既習其讀，又通其解，名曰《直解》。今用其體，每奏一篇，如在上前，義取無隱，亦以治天下大經大法，是金華殿中語也。崇禎辛巳。」

《明史・藝文志・書類》 羅喻義《洪範直解》一卷。

# 讀範內篇

**朱彝尊《經義考・書》** 《讀範內篇》。一卷。存。喻義《自序》曰：「《範》圖一卷，舊圖四，新圖七，凡十有一。首《繫辭》焉備矣。《河圖》、《洛書》，舊圖也。初一次九，從此翻出。古云疇其爵邑，謂通前後爵邑疇之，故書散而圖整也。陽三陰四，舊圖也。奇偶進反，從此翻出。奇偶者，天地也；進反者，禮樂也。天地設位，禮樂行乎其中矣。錯綜其數，參伍以變，分五以上以歸五行，六以下以歸四克，文不在茲乎。或稱縱五横一，晦翁所謂打馬子相似者，《範》之圖也。曰姑舍是。」 張雲章曰：「喻義之言曰：『講筵進講，既習其讀，又通其解，名曰《直解》。』又謂：『昔人以《老》準《易》，不如以《範》準《易》，故又作《讀範內篇》。』」

**《明史・藝文志・書類》** 羅喻義《讀範內篇》一卷。

# 尚書貫言

**朱彝尊《經義考・書》** 張氏爾嘉《尚書貫言》。二卷。存。陳懿典曰：「宗峰張明府《貫言》，脱稿於課最之暇，淺言彌深，簡言彌廣，淡言彌旨。」 高層雲曰：「宗峰張氏爾嘉，青浦人。萬曆癸丑進士。官至浙江右布政使。」

**《明史・藝文志・書類》** 張爾嘉《尚書貫言》二卷。

# 禹貢詳節

**朱彝尊《經義考・書》** 姜氏逢元《禹貢詳節》。一卷。存。沈蕙纕曰：「姜逢元字□□，餘姚人。萬曆癸丑進士。歷官禮部尚書。」

**《明史・藝文志・書類》** 姜逢元《禹貢詳節》一卷。

# 尚書集思通

**朱彝尊《經義考・書》** 朱氏道行《尚書集思通》。十二卷。存。繆泳：「朱道行字簡修，海寧人。萬曆乙卯舉人。其書自爲之序。」

**《明史・藝文志・書類》** 朱道行《尚書集思通》十二卷。

# 書説

**黄虞稷《千頃堂書目・書類》** 吳桂森《書説》。

# 尚書晚訂

**朱彝尊《經義考・書》** 史氏惟堡《尚書晚訂》。十二卷。存。姜逢元曰：「金沙肄《尚書》者，推王中丞父子。所著《日記》、《要旨》，有功來學。今得水部史心南《晚訂》，考證尤詳。」 姚瀚曰：「惟堡字心南，仁和籍，金壇人。萬曆丙辰進士。官都水司主事。」

**《明史・藝文志・書類》** 史惟堡《尚書晚訂》十二卷。

**《四庫提要・書類存目二》** 《尚書晚訂》十二卷。編修勵守謙家藏本。明史維堡撰。維堡字心傳，金壇人。萬曆丙辰進士。官至工部郎中。是書本名《尚書集覽》，後更名《晚訂》，蓋取晚年論定之意也。大旨以蔡《傳》爲藍本，惟考據典故，頗引舊文，不盡同於蔡《傳》。蓋參用朱子「《尚書》名物度數當看注疏」之語也。

## 禹貢解

**徐𤊹《徐氏家藏書目・書類》**　《禹貢解》一卷。龍溪何楤。

**黃虞稷《千頃堂書目・書類》**　何楤《禹貢解》一卷。

## 尚書解

**黃虞稷《千頃堂書目・書類》**　周夢華《尚書解》。

## 尚書祕旨

**黃虞稷《千頃堂書目・書類》**　華從允《尚書祕旨》。

## 書經大全纂

**朱彝尊《經義考・書》**　項氏儒《書經大全纂》。未見。蔣方馨曰：「珍亭項氏，名儒。」

## 禹貢圖注

**黃虞稷《千頃堂書目・書類》**　艾南英《禹貢圖注》一卷。

**朱彝尊《經義考・書》**　艾氏南英《禹貢圖注》。一卷。存。南英《自序》曰：「《禹貢》一書，古今地理志之祖。學者窮經，將以經世，則仰觀俯察，莫非分內事，何可皓首一經，聽其汶汶已也。是編內注一遵蔡氏，定於功令，不可易也。而又刪繁就簡者，以便童蒙者記誦耳。其所刪有不可廢者，仍録爲外注，并諸儒之論，精核足與傳註互相發者，亦咸收之，以備參考。間有訂訛釋疑，皆出前儒之旨，無敢師心妄用。若乃疆域之下，形勝表裏之獨詳，古今都會之孰優，以至河道之遷徙，轉運之難易，猶若加意焉者，非贅也。形勢要害，守國之所重，而河、淮、汶、濟之間，又今國家蒿目之秋，吾黨所不可不講也。古人左圖右書，故蕭何入秦取圖籍而漢業旋定，馬援聚米爲山谷而敵在目中。今人徒讀書而廢圖，譬如欲聞人之言，不欲見人之形，而謂知其人也可乎？是圖考正特詳，與經傳一字不迕，凡脈絡之紆曲，方面之縱橫，讀者開卷瞭然矣。語云：不出戶知天下，或者亦有於斯歟！」

**《明史・藝文志・書類》**　艾南英《禹貢圖注》一卷。

**英廉奏《抽毀書目》**　《禹貢圖注》一本。查《禹貢圖注》，係明艾南英撰。其《冀州》一篇註內，語有偏駁，應請抽燬。

**嵇璜等《續通志・圖譜略・書》**　艾南英《禹貢圖注》。

**《四庫提要・書類存目二》**　《禹貢圖注》。無卷數。江西巡撫採進本。明艾南英撰。南英字千子，東鄉人。天啓甲子舉人。朱聿鍵僭號於福建，以爲監察御史，病卒於延平。事蹟具《明史・文苑傳》。楊陸榮《三藩紀事本末》則以爲殉節自經。傳聞異辭，莫之詳也。是編以《禹貢》九州分繪九圖，列於各州經文之前。又繪《五服圖》，列於五百里甸服一節之前。後附《輿地總圖》，據明代郡縣，紀其大略。採録蔡注之簡明者爲內注，有不可廢者，仍録爲外注。其圖與注俱頗簡略，無足以資考證。南英自序亦云「爲便於童蒙記誦也」。

## 尚書揀珠

**朱彝尊《經義考・書》**　洪氏禺功《尚書揀珠》。未見。《壽昌縣志》：「禹功字懋卿。天啓元年拔貢生，考授州同知。」

## 洪範明義

**黃虞稷《千頃堂書目・書類》** 黃道周《洪範明義》四卷。崇禎十年，道周爲經筵日講官左春坊左諭德掌司經局事時，編纂進呈。

**朱彝尊《經義考・書》** 黃氏道周《洪範明義》。四卷。存。道周進上序曰：「臣觀五帝三王之道，備在《易象》。自《易象》而外，惟有《洪範》一書，爲堯、舜所授於禹、湯，周公所得於箕子者。《易》於《明夷》之卦推崇箕子，明義、文之道在箕子，非他作者之所敢望也。漢興，伏、晁口授不眞，厥後諸儒皆因伏、晁以證古簡，是以譌舛相沿，失其倫脊。五十九篇之中，時有依託，先後間出，然皆史家記述之言，雖巔末稍殊，無傷大義。如《武成》、《雒誥》先儒之所正定，後人不以爲非。獨《洪範》一書，以理義古奧，條貫錯綜，沿二千年未之有改，使禹、箕之結撰，與《史記》同觀，神聖之微言，爲耄口所亂，良可惜也。臣考篇中有錯簡者三，訛字者三。錯簡如五紀三德敷言錯而在後，威福建極敷言錯而在前。譌字如晨爲農，戈爲忒，殛爲極之類，皆伏、晁之所不稽，鄭、孔所未說，宋、元諸儒稍發其端，明興，諸賢未竟厥緒，臣下愚迂昧，繹思此義近二十年，幸逢聖主留神經籍，奉旨纂輯，乃復不揣，爲《明義》四卷。其上卷皆言天人感召，性命相符，及好德用人之方。下卷皆言陰騭相協，彝倫條貫，旁及陰陽曆數之務。初、終兩卷乃正定篇章，分別倫序，以及聖神授受之統。凡八萬七千六百餘言。臣下愚迂昧，私意以爲古今典籍，自《易象》、《春秋》而外，所可敦崇紬繹，未有過於斯書者也。」

**《明史・藝文志・書類》** 黃道周《洪範明義》四卷。

**《四庫提要・書類二》** 《洪範明義》四卷。福建巡撫採進本。明黃道周撰。道周有《易象正》，已著録。是編乃崇禎十年道周官左諭德掌司經局時纂集進呈之書。其進序曰：「上卷言天人感召、性命相符及好德用人之方。下卷言陰騭相協、彝倫條貫、旁及陰陽歷數之務。初、終兩卷，考正篇章，分別倫序。其學深於術數，於五行汨叙，類陳災異以明鑒戒，不免沿襲伏生、董仲舒、劉向等附會之文。至八政疇叙以食配坤，以貨配巽，以祀配離，以司空配兌，以司徒配艮，以司寇配坎，以賓配震，以師配乾，已屬牽合。又配以《六十四卦先後天圖》，更爲穿鑿。其最異者，至以《河圖洛書》配曆數，而曰某年至某年爲稼穡初際、中際、末際，以至從革曲直，潤下炎上，其例皆然。是更沿《皇極經世》之餘波，曼衍而不可究詰矣。至於改農用爲辰用，衍忒爲衍成，六極爲六殛，殊爲臆說。其改定章段次第，亦未見其必然。惟其意存啓沃，借天人相應之理，以感動恐懼修省之心，其文不盡合於經義，其意則與經義深有合焉，置其小節，存其宏旨可也。」

**周中孚《鄭堂讀書記・書類》** 《洪範明義》四卷。《石齋九種》本。明黃道周撰。道周仕履見《孝經》類。《四庫全書》著録。《明史・藝文志》、朱氏《經義考》俱載之。是書初卷爲「原本古文」一篇，「正定今文」一篇。上卷分爲「訪箕」、「叙疇」、「五行」、「五事」、「八政」、「五記」、「皇極」、「三德」、「稽疑」、「庶徵」、「福威」十一章，皆依原文，別其次第，明其義理。下卷凡二十六圖，二十八紀，合五十四篇。間有不入圖紀者，燦見經文之下。其章次皆依「正定今文」，與圖紀相麗。終卷爲「再定今文」一篇，「九功」、「九官」、「九變」、「平格」、「圖義」七篇，其中推測災祥，配隸名目，皆不免附會穿鑿，至其更定章段次第，亦未見其必然。蓋其書乃崇禎十年爲經筵日講官時編纂進呈而作，志在啓其心以沃君心，故不沾沾於比合經義也。前有自序，并有目録，後識語。至國朝康熙癸未鄭開極取是書重訂付梓，復爲之序。

## 周書克殷度邑解

**朱彝尊《經義考・書》** 董氏斯張《周書克殷度邑解》。二卷。存。斯張序曰：「世儒謂《周書》出汲冢，乃《克殷》、《度邑》二解載《史記》，確爲逸《書》，非後儒竄入者。太史公去伏生不遠，其辭亦近之。余意以《史》載《湯誥》及二解，補伏生《今文書》，而以《古文》別爲一録。熙甫、弱侯而在，必有賞余言者。賈生書云紂已死玉門之上，武王使人帷而守之。大白小白，千古厚誣。《升庵集》及《金罍子》已有辨。余録《克殷解》，依《史記》，自武王既入始。《度邑解》依《汲冢書》，有一二未安者，酌二書參用之。以文字異同者疏其下。孔晁注《周書》殊草草，《索隱》、《正義》亦多秕僻，間綴以鄙見，所以便觀者也。或曰：齊宣王曰：臣弒其君，何居？應之曰：發伐辛，焚非弒乎？疇手刃之謂哉。」

## 範數贊辭

**黃虞稷《千頃堂書目・書類》** 包萬有《範數贊辭》四卷。

## 禹貢注

**《明史・藝文志・書類》** 鄭鄤《禹貢注》一卷。

## 尚書葦籥

**朱彝尊《經義考・書》** 潘氏士遴《尚書葦籥》。五十卷。存。鍾崁立曰：「青蓮潘氏字叔獻，烏程人。天啓壬戌進士，授行人。崇禎初，擢雲南道御史，尋謫官福建鹽運司知事，稍遷大理寺副。著《尚書葦籥》，錫山高僉事世泰序之。」

**《明史・藝文志・書類》** 潘士遴《尚書葦籥》五十卷。

**《四庫提要・書類存目二》** 《尚書葦籥》二十一卷。兩江總督採進本。

明潘士遴撰。士遴字叔獻，烏程人。天啓壬戌進士。官至大理寺寺副。是書大意欲囊括漢宋諸儒，而折衷以己見。然博引繁稱，卮言多而精理少。其凡例高自標置，謂從來說經非稽天之射即無病之呻。葦籥指點虛實，筆光開洞，眞可引人心氣，資人聰明。其經如經星之左旋，其緯如緯星之右轉，無可增減，無可讚宣。烟霞寶氣，結爲祥光瑞靄，萬古執迷，一旦《葦籥》獨見曉焉云云。自古以來，著述之家，未有誇誕至於如是者。其華而不實，亦可概見矣。目録止二十一卷，而分編則爲五十八卷。蓋以篇數爲子卷也。

## 書經補註

**朱彝尊《經義考・書》** 徐氏大儀《書經補註》。六卷。存。曹溶曰：「大儀字象卿，貴溪人。天啓壬戌進士。歷官雲南按察副使。崇禎壬申自序。」

**《明史・藝文志・書類》** 徐大儀《書經補注》六卷。

## 禹貢古今合註

**徐𤊹《徐氏家藏書目・書類》** 《禹貢古今合注》五卷。夏允彝。

**黃虞稷《千頃堂書目・書類》** 夏允彝《禹貢古今合注》五卷。字彝仲，松江華亭人。崇禎丁丑進士。

**朱彝尊《經義考・書》** 夏氏允彝《禹貢古今合注》。五卷。存。陳子龍《序》曰：「今天下之大患，在於國貧。而國之所由貧者，田功之不治，水利之不修也。昔者夏后氏隨山刊木，薄海內外，靡不周也。而漢司馬遷曰：『禹通九道，陂九澤，度九山，然河菑衍溢，害中國也尤甚。惟是爲務。』以是知禹之用功多而防患深者，莫黃河若也。《禹貢》言治水也，而其究曰：『庶土交正，底愼財賦，咸則三壤，成賦中邦。』言治賦也。即禹之自稱曰：『濬畎澮，距川。』由是觀之，禹之所以驅害者，在於治江河之大水，其所以成利者，在於治溝洫之小水也。自河失故道，日以橫決，而冀、豫、徐、兗之區，民若履冰而處，蓋數千百年而靡定也。自秦廢阡陌，而《周禮》瀦防溝遂列澮之屬，蕩然無餘，即後世陂池塘濼之制，其人亡而事亦旋廢矣。故西北之荒蕪者半天下，至於國家歲費數十百萬之資，漕荆揚之粟以給京師，而西北邊萬餘里，皆仰灌輸於內。凡轉運所輦，商賈所販，自京師而東，則循灤、薊抵楡關，或自直沽走遼、碣；稍北則牛車負載出居庸，由龍固以給宣、雲；稍西則自大河以北，浮漳、衛，度太行，達晉陽；又西則浮河入渭，或自武牢、洛口，或南由武關，通褒斜道，以達關中，遠轉北河，西至涼部。大約三十鍾致一石。民既恃漕，益媮惰不治生業，此其大患也。黃河既已日決，而南與淮同，兗、豫之地，被禍益烈，勢惟有縱其所如，使還故道，而東南之漕又必假道於河，堤之防之，以使之必出，於是不能免於決，而中州徐、淮之民病矣。絕河而北，又竭泉源，以充會通，而東省病矣。始也，因田功廢而恃轉運，既也，恃轉運而田功益廢。其初，因轉運而急治河，既也，因治河而滯運，卒又因轉運而河益不治。豈非盡失古人之意哉！今人主之所急，莫大於強兵，欲強兵莫先於富國，欲富國莫先於盡地利，盡地利莫先於治水。治水之道，古今則有異矣。禹之時，九州同溢，患其泛溢而無所歸。故必先治其大者，而後溝澮可成，田賦可定。今也，患於隱伏而不爲人用。其泛溢爲災者，止黃河耳。然西北之田功不立，則漕不可省，漕不可省，勢不得不用河，而河終不可得而治矣。故曰：今日之治水，必先治其小者，而後大者可理也。夫天下之水，莫大於江、河。禹之治河也，勞於治江，荆、揚之田賦，下於諸州。而後世每藉大江以南衣食天下，雖曰天時，豈非人功哉！夏子嘗憤國家之貧弱，思大有以振之，而方今士大夫襲從容，安苟且，言及務農任地，則以爲迂遠，不近情實。又或以管、商之書，儒者不道，而一旦事急，則鑄山、榷商、加稅、鬻爵，不復顧其後。嗟乎！《禹貢》則聖人治天下之書也，管、商云乎哉！觀其制州列服，任土作貢，凡天喬竹石之微，骨革齒毛之細，靡不詳貫。要其大端，不過曰：『烝民乃粒，萬邦作乂』而已。今夏子之書，引伸觸類，窮覽史傳，博訪公卿。山水之經，郡國之志，無不採，險要之區，泉澤之利，無不載，探奇覽勝之迹，物產方俗之異，無不記。皆附見於經文之下，可謂宏博而該矣。夫縉紳先生知今而不知古，則以爲古人之事皆不可行，學者狃於誦習，不能損益以合於時勢，所以貴於通才也。夏子之書備矣。予獨論其事之最大爲當世所急者著於篇，使世之覽者有所本焉。」

允彝《自序》曰：「余少惘愚，每行道路，輒迷往來。長偕陳卧子出入，見其留意博詢，凡水泉之曲折，塗徑之分岐，必明晰而後已。因念即此是學，欲作地理圖，仿朱思本意，爲之益增其所未備，兼爲之說，而於用兵、險要、水利、屯田、城池、賦稅尤加詳焉。其說閎遠，非數年不能竣，先舉其大略，爲《禹貢古今合註》，惟閩、粵、滇、黔未入九州，不能贅附，餘已包舉，大都方之《註疏》、《大全》，何敢比肩，以爲用世之助，亦庶幾云。」

**《明史·藝文志·書類》**　夏允彝《禹貢古今合注》五卷。

**《四庫提要·書類存目二》**　《禹貢合注》五卷。江蘇巡撫採進本。明夏允彝撰。允彝字彝仲，華亭人。崇禎丁丑進士。官長樂縣知縣，遭母憂歸。福王時召爲吏部主事，以終制辭。南都失守，投水死。事蹟附見《明史·陳子龍傳》。是書多證合時務，指言得失。又雜取《水經注》及諸家小說，旁載山水形狀及諸奇異，似乎博贍，實於經義無關也。

## 尚書廣録

**朱彝尊《經義考·書》**　陳氏宏緒《尚書廣録》。未見。

## 書經貫言

**朱彝尊《經義考·書》**　徐氏可期《書經貫言》。未見。《金華府新志》：「徐可期字烜父，永康人。崇禎戊辰進士，除行人，擢福建道御史，改刑部主事，終員外郎。」

## 尚書撮義

**朱彝尊《經義考·書》**　傅氏元初《尚書撮義》。四卷。存。林允昌《序》曰：「吾郡襟江帶海，扁舟上下，可以溯洄。然郡士大夫鮮有爲此遊具者。渼溪傅子既卜其尊人宅兆於渼溪，復以一葉作江上岾廬，風朝月夕，乘潮往來而省視焉。余問舟中往來所讀何書？渼溪曰：『吾幼從父祖讀《尚書》，開卷見放齊舉允子爲千古諂媚之祖，驩兜薦共工爲千古朋比之祖，當時未設諫官，知人之哲，獨推聖帝。然四岳舉舜，未嘗論賞，薦鯀不效，未嘗議罪。吾忝諫官，每念二祖列宗用人行政之大，克媲美於典謨，因撮史合經，名爲《撮義》，夫猶是幼從父祖所讀《尚書》也。』一日，林子擕榼舟中，與渼溪汎遊筍江、浯溪、溜塔諸勝，訪曾子霖寰於法石，則《撮義》已成帙，刊傳海內矣。余既羨渼溪之思奇而才敏，志孝而願忠，顧竊嘆以其烺烺天球之章，爲坎坎河干之具，因爲朗誦《説命》三篇，拜手颺言曰：『君家傳巖，濟川作楫，亦惟代言納誨，啓沃乃心。今《撮義》稱引古昔，揚扢昭代，閑邪陳義，足爲講筵啓沃之資。日者聖天子轉圜從諫，側席旁求，吾子其以《尚書》進，爲恭默遜志稽古訓之一助。巨川之濟，有如此舟，豈獨借岾廬於江上哉！』曾子曰：『善。請書之爲《撮義序》。』」

元初自跋曰：「齋頭索居，餘忠耿耿，輒溫《尚書》舊聞，參合經史，要求眞實經濟，而訓詁經生之習，愧未免焉。集中掛漏，尚可續增，因就正有道，繕寫爲難，遂付之剞劂，無乃示璞愚陋滋悳矣。」

俞汝言曰：「渼溪傳氏，晉江人。崇禎戊辰進士，官給事中。」

**《明史·藝文志·書類》** 傳元初《尚書撮義》四卷。

## 尚書百家彙解

**朱彝尊《經義考·書》** 袁氏儼《尚書百家彙解》。六卷。存。曹溶曰：「儼字若思，嘉善人。崇禎戊辰進士。高要知縣。其書董尚書其昌序之。」

**《明史·藝文志·書類》** 袁儼《尚書百家彙解》六卷。

## 禹貢訂傳

**朱彝尊《經義考·書》** 張氏能恭《禹貢訂傳》。一卷。存。蔣垣曰：「福寧州人，字禮言。崇禎庚午鄉試第一人。」

**《明史·藝文志·書類》** 張能恭《禹貢訂傳》一卷。

## 書疏

**黃虞稷《千頃堂書目·書類》** 吳其馴《書疏》。

## 尚書副墨

**朱彝尊《經義考·書》** 楊氏肇芳《尚書副墨》。六卷。存。馬世奇曰：「斯編創於金沙楊葆元先生，成於其長君公才氏。先生爲諸生時，學使者首拔之，上其卷於部，至頒爲天下式。而以苜蓿老，不知者或爲扼腕，而先生處之怡然也。本凡五易，草創始就，公才補其滲漏。其言約而該，精而覈，深而亮，疏而密，微而不詭，樸而不俚，所謂集《尚書》之大成者非歟？」張明弼曰：「葆元先生治《尚書》，僅以明經出仕，嘗注經解，未成而歿。厥嗣公才能世其學，取先生之書，彌綸而銓叙之，以傳於世。」楊廷樞曰：「楊葆元振鐸婁江，率其兩子公才、公穎苦研經術，《副墨》一編，典型在目。」

**《明史·藝文志·書類》** 楊肇芳《尚書副墨》六卷。

## 尚書纂要

**朱彝尊《經義考·書》** 史氏煒《尚書纂要》。未見。《廣平府志》：「史煒，成安人。崇禎癸酉舉人。知縣。」

## 禹貢注

**朱彝尊《經義考·書》** 蔣氏之驎《禹貢注》。一卷。未見。黃宗羲曰：「之驎字龍友，鄞縣人。崇禎戊寅行保舉法，掌院徐蓼莪以君應詔，授順天儒學訓導。」

## 禹貢通考

**朱彝尊《經義考・書》** 高氏秉藻《禹貢通考》。四卷。未見。錢金甫曰：「高秉藻字映甫，華亭人。崇禎中貢士。」

## 桂林書響

**朱彝尊《經義考・書》** 顧氏懋樊《桂林書響》。十卷。存。繆泳曰：「錢唐顧懋樊《書響》十卷。吴太沖文德翼爲之序。其曰『書響』者，取孔壁金絲之義也。」

## 讀書略記

**黄虞稷《千頃堂書目・書類》** 朱朝瑛《讀書略記》二卷。

**《明史・藝文志・書類》** 朱朝瑛《讀書略記》二卷。

**《四庫提要・書類存目二》** 《讀尙書略記》。無卷數。浙江巡撫採進本。明朱朝瑛撰。朝瑛有《讀易略記》，已著録。此書力辨攻古文者之非，殊失深考。其所注釋，亦不過隨文敷衍。在所作諸經略記之中，獨爲最下。

## 禹貢通解

**朱彝尊《經義考・書》** 邵氏璜《禹貢通解》。一卷。存。陸棻曰：「璜字魯重，秀水新塍里人。中崇禎壬午鄉試，知大姚縣事。」



**《四庫提要・書類存目二》** 《禹貢通解》一卷。江蘇巡撫採進本。舊本題檇李邵璜撰。不著時代。前有寶坻杜立德序，當爲國朝人。而其圖中稱北直隸，稱承天府，皆明人語。疑序爲立德未入國朝以前作也。立德之序，頗斥據後代地理以疑蔡《傳》之非，乃併河源之説亦指爲不近理。而璜之所注，乃與蔡《傳》多有異同。其循傳發揮者謂之「通解」，其不從傳者謂之「辨異」，每州之首，及導山導水各列爲圖，自云多本之鄭曉、夏允彝。然其青州圖下即駁允彝之説，亦不盡用二家也。是書頗有意於考正，而所學未博，引據疎略，視胡渭諸家，不止上下牀之别矣。

## 武成考

**黄虞稷《千頃堂書目・書類》** 張曰炳《武成考》一卷。

**朱彝尊《經義考・書》** 張氏日炳《武成考》。一卷。未見。

## 思勉齋尚書解

**黄虞稷《千頃堂書目・書類》** 徐允祿《思勉齋尙書解》。字汝謙。嘉定人。

**朱彝尊《經義考・書》** 徐氏允祿《勉思齋尙書解》。未見。陸元輔曰：「明嘉定徐允祿汝廉撰。允祿博學有文名，屢試不遇，戹窮無悶，一介不苟取予，經史皆有論説，著述頗多。」

## 尚書句讀

**朱彝尊《經義考・書》** 汪氏應魁《尙書句讀》。六卷。存。顧錫疇曰：「《尙書蔡傳》，邇來坊刻，亥豕混淆。汪玄杓，余通家子，從余游，遵京本精校，詳其句讀，令窮經者有指南，有志翼經者也。」

## 尚書傳翼

**黃虞稷《千頃堂書目・書類》** 江旭奇《尚書傳翼》二卷。字舜升，婺源人。太學生，官台州衛經歷。

**朱彝尊《經義考・書》** 江氏旭奇《尚書傳翼》。二卷。存。旭奇自述曰：「國家命儒臣收輯《大全》，於以嘉惠來學甚厚。自元以前，諸儒疏説，其不詭於經者，業已收之無遺矣。迄今又二百餘年，重熙累洽，經教益明。邇者經筵進講，則張江陵、申吳縣二公爲最著。他如莫中江氏、呂宇岡氏、黃葵陽氏、袁了凡氏、孫柏潭氏、顧涇陽氏、張侗初氏、周玉繩氏，諸所詮説，皆不可磨。旭奇研索十年，刪繁補漏，名曰《傳翼》。又五年而始成編。時萬曆戊午歲。」

**《明史・藝文志・書類》** 江旭奇《尚書傳翼》二卷。

## 尚書詮註

**朱彝尊《經義考・書》** 孫氏弘祖《尚書詮註》。未見。《嘉興縣志》：「孫弘祖字令弘。簡肅公植孫。」

## 尚書集解

**朱彝尊《經義考・書》** 陸氏又機《尚書集解》。未見。《平湖縣志》：「陸又機字衡如。由選貢知日照縣事。」

## 尚書講略

**朱彝尊《經義考・書》** 陸氏萬達《尚書講略》。未見。《平湖縣志》：「萬達字天相。諸生。」

## 書繹

**朱彝尊《經義考・書》** 楊氏文彩《書繹》。十二卷。未見。魏禧《序》曰：「楊子《書繹》既成，以授其門人魏禧。禧再拜稽首，作而歎曰：『吾今而知後世之必可以復三代矣。』楊子曰：『何爲其然也？』禧曰：『吾以是書知之。夫二帝三王之言天也，傳註百家曆象也，天之神化，不借助於曆象，然曆象失占，則違天而無以前民用。是書也，綜百家之是而去其紕駁，殫五十年之神明而會通其道，故其大義之昭明也，如日月之麗天；其確乎不可易也，如華嶽之峙地；其以經世應事也，如舟之利水，車之濟陸；其切近於身心也，如菽粟之療饑，布帛之禦寒；其不可見、不可聞也，則冥心力索於章句文字之外，恍惚乎古聖人之心。嗚呼！有王者起而欲復斯民，於三代則直舉而措之已矣。』楊子曰：『三代而後，唐虞其可復矣乎？』禧對曰：『唐虞去上古未遠，人事開而天氣未漓，故其治化與天無間。《堯典》曰「黎民於變時雍」，《舜典》曰「四方風動」，有非三代之化俗所及，故其後雖有禹、湯、文武之爲君，益伊尹、周、呂之爲臣，而天下已不可復爲唐虞。若夫三代之治，聖人以人事救之，蓋自夏、商之季，浸淫至於周衰，其間弑逆蒸報，凶慝姦宄，如漢、唐以下之變，無弗有者，故其勢已極於無可加。當此之時，有聖人出焉，以救之，則爲三代之治，無聖人以救之，則爲三代以下之亂。故曰：三代必可復也。且夫禹、湯、文、武皆大聖人，其去堯、舜不過幾微尺寸之間，而不能躋三代於唐虞。嘗觀漢、唐文帝、太宗爲治，萬里昇平，四海刑措，幾至於三代矣，然其立身致治之道，去三代聖人，蓋已千百蓓蓰而不可數計。嗚呼！是必世有禹、湯、文武之爲君，而其天下亦第如漢唐極盛之治而止，然後可曰三代不可復耳。今天下之亂已極，其勢必有所變，三代極盛之治，已數千年，絶於天下，其勢亦宜有所復。昔滕文公問井地，孟子曰：「有王者起，必來取法，是爲王者師也。」夫生聖人爲斯民主，上以禹湯、文武自期其身，下志伊尹、傅説、周公之學，苟取是書而法之，愚以爲庶幾得三代之所以復。』楊子聞之曰：『是予之志也。汝其以是言弁諸册。』禧曰唯唯。再拜而退。」　又《墓表》曰：「先生諱文彩，字治文，晚號一水，學者稱一水先生。年未二十，即教授弟子，多至數百人。崇禎戊辰，用登極恩，選貢士。先生作《尚書繹》，必浣手執筆曰：『吾方對二帝三王，奈何不敬。』書未成，先生之屋火，器服盡燬，惟《書繹》存。病將革，執禧手謂曰：『《尚書》三吾一人書，當見於天下後世。』書凡十二卷。」

**《四庫提要・書類存目二》**　《書繹》六卷。江西巡撫採進本。明楊文彩撰。文彩字治文，寧都人。是編冠以指略十六條，先儒論二十一條，四十二篇亡書目，次《汲冢周書》篇名。其餘卷次，一如蔡《傳》。文彩崇信《古文》，其注或如策論，或如語録，或如時文批語，無復先儒詁經之體。前有其門人魏禧序，推尊甚至。文彩自序亦謂與門人魏叔子共處一室，相與揚榷，正謬薙繁，義有未盡，復著爲論，以補所未逮。是書之成，其功爲多。然禧工於文章，而學問則多講權略，解經亦非所長也。

## 書經廣説

**朱彝尊《經義考・書》**　韓氏綱《書經廣説》。未見。《廣信永豐志》：「韓綱字正夫。以歲貢授臨湘教諭。」

## 尚書摘註

**范邦甸等《天一閣書目・書類》**　《尚書摘註》三卷。藍絲欄鈔本。　畸人君公甫摘。

## 尚書精義

**朱彝尊《經義考・書》**　黄氏佗《尚書精義》。六卷。佚。《台州府志》：黄巖人。

## 尚書臆解

**朱彝尊《經義考・書》**　唐氏達《尚書臆解》。未見。鄭元慶曰：「達字灝如。德清貢士。里人私謚淵靖先生。」

## 尚書定解

**朱彝尊《經義考・書》**　姚氏之鳳《尚書定解》。未見。《平湖縣志》：「姚之鳳字叔瞻。諸生。」

## 尚書評注

**朱彝尊《經義考・書》**　金氏鏡《尚書評注》。未見。

## 尚書講義

**《四庫提要・書類存目二》**　《尚書講義》。無卷數。兩江總督採進本。明蔡璋撰。璋字達夫，無錫人。是書順文敷衍，無所發明。即其開卷釋曰：「若，若字作設問之如字解。」則大略可睹矣。書凡兩册，爲明季寫本。當時朱墨標識猶存，疑即璋之原稿云。

## 尚書解意

**《四庫提要・書類存目二》**《尚書解意》六卷。直隸總督採進本。明李楨扆撰。楨扆字華麓。任丘人。是編不甚訓詁名物，亦不甚闡發義理，惟尋繹語意，標舉章旨節旨，務使明白易曉而止。蓋專爲初學而設，故名以解意云。

## 尚書說準

**朱彝尊《經義考・書》**莊氏日思《尚書說準》。未見。《嘉興縣志》：「莊日思字汝立。國子監生。」

## 尚書印

**朱彝尊《經義考・書》**沈氏漸《尚書印》。六卷。存。繆泳曰：「漸字則新，嘉興人。舉業書也。」

## 尚書傳

**朱彝尊《經義考・書》**沈氏嗣選《尚書傳》。四卷。存。嗣選《自序》曰：「乙酉避亂葭川，作《洪範傳》，友人勸併及全書，予謝未遑。今歲稍多暇晷，欲思著述以自見，遂有事焉。見近世大儒如鄧潛谷、郝京山之書，非無可觀，然覺功多而用少者，由於句句而疏之也。予意因文釋義，蔡《傳》已明者不必更爲蛇足，惟是微言大旨，前賢所未發者，潛心弋獲，不可使之埋沒，乃每篇各作一論，其章句之間，有獨得者，亦疏而記之云。」繆泳曰：「嗣選字仁舉。嘉興貢士。」

## 書經正旨

**朱彝尊《經義考・書》**龐氏招俊《書經正旨》。六卷。存。陳忱曰：「任丘龐招俊修予輯。其孫塏知建寧府事，刊行之。」

## 書家說

**王圻《續文獻通考・經籍考・書》**《書家說》。季守鏞著。

## 閏月定四時成歲講義

**朱彝尊《經義考・書》**呈氏觀萬《閏月定四時成歲講義》。佚。《徽州府志》：「休寧人，字亭壽。篤尚考亭之學。」

## 書　箋

**朱彝尊《經義考・書》**張氏睿卿《書箋》。未見。鄭元慶曰：「睿卿字稚通。歸安人。」

## 禹貢便讀

**朱彝尊《經義考・書》**張氏睿卿《禹貢便讀》。一卷。存。

## 禹貢便讀

**徐𤊹《徐氏家藏書目・書類》** 《禹貢便讀》一卷。南豐朱璽。

## 禹貢廣覽

**黄虞稷《千頃堂書目・書類》** 許胥臣《禹貢廣覽》三卷。錢塘人。

**《四庫提要・書類存目二》** 《禹貢廣覽》三卷。浙江吴玉墀家藏本。明許胥臣撰。胥臣錢塘人。兹編首載九州總圖，次以九州各爲一圖，而經文分附於後。又以導山、導水、南條、北條分析爲圖，亦各以經文附焉。至九州攸同及五百里甸服諸條，又分山水總叙及弼服諸名，體例頗爲詳悉。而經文下所引諸家注釋，則粗明訓詁，未足爲考證之資也。

## 禹貢逆志

**朱彝尊《經義考・書》** 王氏綱振《禹貢逆志》。一卷。存。綱振《自序》曰：「大夏侯氏有云：諸生欲芥拾青紫，宜務明經，不明不若歸耕。僕不能掇青紫，既自棄諸生，又退耕無地。我求童蒙以告，積而成帙，將以問世，先取《禹貢》孤行。昔杜林傳古《尚書》，有同郡賈逵爲作訓，既又馬融作傳，康成注解，而杜遂用顯。僕誠不能無意其人也。」

**《明史・藝文志・書類》** 王綱振《禹貢逆志》一卷。

## 禹貢瑶琨

**朱彝尊《經義考・書》** 戚氏里貴《禹貢瑤琨》。一卷。未見。蔣方馨曰：「戚里貴，字良父。」

## 禹貢詳節

**祁承㸁《澹生堂藏書目・書》** 《禹貢詳節》一冊。一卷。褚效善輯。

## 禹貢華末

**祁承㸁《澹生堂藏書目・書》** 《禹貢華末》一冊。一卷。陸大礽述。

## 禹貢圖注

**朱彝尊《經義考・書》** 何氏模《禹貢圖注》。一卷。未見。錢謙益曰：「往余搜采國史，獨《儒林》一傳，寥寥乏人。國初則有趙子常，嘉靖中則有熊南沙，近見何玄子之注《易》，私心服膺，以爲可與二公接踵者也。玄子之弟平子，作《禹貢解》，上自《山海經》，下逮桑、酈經注，古今水道，條分理解，如堂觀庭，如掌見指，此亦括地之珠囊，治水之金鏡也。昔謝莊分《左氏》經傳，隨國立篇，製木方丈，圖山川土地，各有分理，離之則州別縣殊，合之則宇内爲一。予每嘆之，以爲絶學。今平子殆可以語此。平子其勉之，更與玄子努力遺經，兄弟並列《儒林》，豈非本朝盛事哉！」

**嵇璜等《續通志・圖譜略・書》** 何模《禹貢圖注》。

## 書説綱領

**高儒《百川書志・書》** 《書説綱領》一卷。

## 書傳古文

高儒《百川書志·書》《書傳古文》六卷。

## 小書經

晁瑮《晁氏寶文堂書目·書》《小書經》。

## 書經旁音

晁瑮《晁氏寶文堂書目·書》《書經旁音》。

## 書傳集成

黄虞稷《千頃堂書目·書類》《書傳集成》。
倪燦等《補遼金元藝文志·書類》《書傳集成》。

## 尚書原義

黄虞稷《千頃堂書目·書類》《尚書原義》。
倪燦等《補遼金元藝文志·書類》《尚書原義》。

## 尚書鯨音

趙琦美《脈望館書目·尚書》《尚書鯨音》二本。

## 書經篇目

徐𤊹《徐氏家藏書目·書類》《書經篇目》二卷。

## 圖書管見

趙琦美《脈望館書目·尚書》《圖書管見》一本。

## 書經發隱

晁瑮《晁氏寶文堂書目·書》《書經發隱》。

## 壁經詳説

晁瑮《晁氏寶文堂書目·書》《壁經詳説》。

## 書經舉業

晁瑮《晁氏寶文堂書目·書》《書經舉業》。

## 書經近指

**黄虞稷《千頃堂書目・書類》** 孫奇逢《書經近指》。字啓泰，容城人。萬曆舉人。

**朱彝尊《經義考・書》** 孫氏奇逢《書經近指》。未見。湯斌志墓曰：「康熙十有四年四月，明萬曆庚子舉人徵君孫先生卒於輝縣夏峰之居，年九十有二，其冬十月，葬於夏峰之東原。先生幼當梁谿、吉水講學都門之日，與鹿忠節公交修默證，以聖賢相期許。忠節既歿，獨肩斯道者四十載。兩朝徵聘十一次，堅卧不起，故天下稱爲徵君云。先生字啓泰，號鍾元。容城人。」

**《四庫提要・書類存目二》** 《尚書近指》六卷。江西巡撫採進本。國朝孫奇逢撰。奇逢有《讀易大旨》，已著録。是書前有自序，以「主敬存心」爲《尚書》之綱領。其説多標舉此義，不甚詮釋經文。然蔡沈《書集傳序》所謂「堯舜存此心，桀紂亡此心，太甲成王困而存此心」者，已先揭大旨，不煩重演矣。

## 尚書集解

**朱彝尊《經義考・書》** 孫氏承澤《尚書集解》。二十卷。存。承澤《自序》曰：「註經難，註《尚書》尤難。《尚書》乃夫子之所序定者，今傳世有古文、今文之不同，有艱澀平易之互異。漢人言《書》有百篇，今存者僅及其半。所存者果盡出於夫子之所序定者乎？且《易》有程子之《傳》，朱子之《本義》，《春秋》有程子之《傳》，《詩》有朱子之《集傳》，大儒著述，確乎可循。程、朱俱不註《書》，朱子僅屬之蔡仲默氏。仲默每註一篇，輒請正朱子，然止訂二《典》、《禹謨》，遽捐館舍，其餘未經訂正者，果盡合朱子之意乎？且漢人表章，《易》有數家，《詩》分爲四，《春秋》分爲五，獨以《書》爲樸學，不好。馬、鄭諸家俱失傳，行世者獨孔安國一《傳》而已。余垂髫，先人麗澤府君口授《周易》，比長，兼習《尚書》。《尚書》不獨治統所屬，道統寄焉。言心、言性、言敬，實開萬古理學之宗，視諸經爲尤要。登第後，筮仕汴梁，故宗西亭先生，家多經學祕本，因得盡讀諸儒《書》義，抄貯笥中。變後尚有存者，退居二十年，迴環熟繹。因嘆《書》固全經，其不死濟南一老於秦始、漢高之世，留傳遺經於文帝之時，天也。濟南記憶不全者，復出於故宮殘壁之中，天也。文有艱澀平易之不一，以事非一代，作非一手。如《周易》四聖，繁簡不一。《詩》之正變不同，三《頌》簡縟之相遠也。朱子即不註《書》，而仲默所注或曾面授意旨，況同時有東萊之《書説》，後百年有金仁山先生之《表註》、許白雲先生之《叢説》，其精粹不遜於朱子。余舊著《集解》一編，今年屆八旬，恐其散逸，重加裒益，刊之家塾。所解多從蔡《傳》，參以東萊，其有不合者，正以仁山、白雲兩先生，要歸之明顯暢達而止。至於《書》之有《序》，其言簡古，即不出於孔子，或出於當日之史官。故程子、呂子皆尊信之。今乃弁於每篇之首，以補蔡《傳》之缺。又蔡《傳》中有日月隨天左旋之説，明初命學士劉三吾修《會選》一書改正其失。左旋之説，其實不誤，此不足爲蔡《傳》病。若其考證失真，如『璿璣』之璿，玉也，誤以爲珠。簡、潔，二河也，誤以爲一。如此尚多。又《洪範》一篇有禹之經，有箕子之傳，乃俱以爲箕子之言，此其失之大者。余故曰註《尚書》尤難也。」

**《四庫提要・書類存目二》** 《尚書集解》二十卷。直隸總督採進本。國朝孫承澤撰。承澤號退谷，山東益都人。世隸上林苑籍，故自稱曰北平。前明崇禎辛未進士。官兵科給事中。李自成僭位，受僞職爲四川防禦使。入國朝，官至吏部侍郎。平生以尊崇朱子得名，而是書篤信《古文》，與朱子獨異。所解自蔡沈《集傳》外，多采呂祖謙《書説》、金履祥《表注》、許謙《叢説》，而力斥馬融、鄭康成。蓋欲尊宋學，故不得不抑漢儒。然宋儒解經惟《易》、《詩》、《春秋》，掊擊漢學，其《尚書》、《三禮》實不甚異同。承澤堅持門戶，又併排斥之耳。然千古之是非，曷可掩也？

## 禹貢九州山水考

**朱彝尊《經義考・書》** 孫氏承澤《禹貢九州山水考》。三卷。存。承澤《自序》曰：「粵稽天地間形勢，闊大莫過於山水。故《中庸》言天地之爲物不貳，而指山水以實之；孟子言性，而舉禹之治水以爲證。蓋山水有原有委，有脈有絡，有分有合、有性有情，而其理無盡也。古今山經水志，搜奇者失之荒唐，紀遊者但狎其耳目，無足取也。《禹貢》一篇，不獨紀載成功造化之功用，神聖之彌綸俱在焉。余反覆讀之，乃著其總目於前，而分考之於後。夫山之所墳，水之所湧，水之所奔，山之所亘，動靜相生，剛柔互錯，先儒謂理一分殊，一理之妙，不於山水益見乎？」又曰：「余於丙午之春注《洪範》成，復注《禹貢》，至次年中夏，三易稿而書成。夫《禹貢》，紀成功也，實與《洪範》相表裏。《洪範》曰『水潤下』，禹行其無事，以水治水也。水之性不汩，而五行之性俱順，彝倫所以攸叙也。吾夫子獨贊其盡力溝洫，何也？推禹之心也。禹之時，懷山襄陵，不以爲天行之數，曰由己饑、由己溺之云爾。及水土平、溝洫出，向之無水不爲害者，今之無水不爲利也。運輸之政興焉，灌溉之澤普焉，千載水利之經也。讀者以是求之，禹之功至今在，禹之心至今在也。予所以迴環是編，經年而不能已也。」

**《四庫提要・書類存目二》** 《九州山水考》三卷。安徽巡撫採進本。國朝孫承澤撰。是書取《禹貢》所載山水，分類相從。山凡四十有三，正導者二十有七，雜見者十有六；水凡四十有二，正導者九，雜見者三十有三。附以澤九，原隰十。冠以水道會通源委，皆首標其名，而以所合諸水旁行斜貫，引以烏絲，略似族譜世系，與地圖之式迥殊。中多附論時事，引明代諸人議論事實以相證佐。如水利海運之類，與經義多不相關。蓋借事抒議，不專爲注經設也。書首標曰「格致録卷」，而卷字之上缺一字未鐫。其子目乃題「九州山水考上中下」字，蓋其《格致録》中之一種，刊而未竣者耳。

## 洪範經傳集義

**朱彝尊《經義考・書》** 孫氏承澤《洪範經傳集義》。一卷。存。按：退谷先生《洪範集義》分禹疇、箕傳，以上五行，以下爲禹疇，以「水曰潤下」以下爲箕傳，如五紀皇極、五福六極等傳，大約多依宋、元諸儒。惟三八政向無傳，取朝鮮本實之。余嘗叩先生曾親見朝鮮本否？曰：「未也。仁山金氏言之。」後得仁山注，初無此文，然先生豈欺我者？或其所藏本與余所見有不同爾。

## 尚書辨略

**朱記榮《國朝未刊遺書志略・經目》** 《尚書辨略》二卷。吳江陳啓源長發。

## 尚書埤傳

**《四庫提要・書類二》** 《尚書埤傳》十七卷。浙江巡撫採進本。國朝朱鶴齡撰。鶴齡字長孺，別號愚菴，吳江人。前明諸生。是書前有《考異》一卷，辨經文同異。後有《逸篇》、《僞書》及《書説餘》一卷。大抵以孔《傳》爲眞，故《史記》所載《湯誥》親受於《孔》安國者，反以爲僞。所見未免偏僻。然中間《埤傳》十五卷，旁引曲證，亦多可採。如於沂水則取金履祥之言，而魯之沂與徐之沂截然分明。於分別九州則取章俊卿之《考索》。於《西伯戡黎》則取王樵之《日記》。如此之類，頗見別裁。至於三江故道，左袒郭璞，殊嫌失考。《多士》、《多方》，竝録王柏更定之本，尤失於輕信《瑣記》，竄改古經。又《堯典》「俊德」，謂偏考字書，俊不訓大，不知「俊者，大也」，乃《夏小正》傳文。如是之類，或亦間有疎漏。要其詮釋義理而不廢考訂訓詁，斟酌於漢學、宋學之間，較書肆講義則固遠勝焉。

## 書經考異

**朱彝尊《經義考・書》** 《考異》。一卷。存。鶴齡《自序》曰：「古經之學，非訓詁不明。然有訓詁，不能無異同；有異同，不能無踳駁。他經皆然，《尚書》爲甚。蓋《尚書》者，帝王之心法，治法所總而萃也。後世大典章、大政事，儒者朝堂集議，多引《尚書》之文爲斷，義解一訛，貽害非眇。如誤解『用牲于郊，牛二』，而世遂有主合祭天地及南郊、北郊之説者矣。誤解『九族』與『罪人以族』，遂有旁及母族、妻族而坐之者矣。誤解『桐宫居憂』、『復子明辟』，而世遂以放君負扆爲伊、周之事矣。誤解『金作贖刑』，始以黄金易黄鐵矣。誤解『臣妾逋逃』，始以婦女從軍矣。誤以《洪範》五行牽合『庶徵』、『福』、『極』，而介甫文之，遂謂『天變不足畏』矣。誤以『弗辟』爲致辟，『居東』爲東征，而公孫碩膚之美不白矣。誤解弱水在條支，崑崙即河源，及《書序》成王伐東夷，而漢武之窮兵西北，隋唐之越海征遼東。馬融、鄭玄、王肅之徒，開闢草萊，甚爲簡略。古文孔《傳》晚出，《書》義稍顯。孔穎達爲之疏，雖正二劉之失，未愜學者之心。求其條貫羣言，闡明奥旨，信無逾於仲默《集傳》者。但其意主於撥棄注疏，故名物制度之屬，不能無訛，筆力視紫陽《易》、《詩》二傳亦多不逮，識者不能無憾焉。考明初令甲，本宗注疏，蔡《傳》附之。後又以蔡《傳》未精，命儒臣劉三吾等博採諸説，參互考訂，名《書傳會選》，頒諸學官。其後《大全》行而此書遂廢。又其後科舉專取蔡氏，而《大全》亦置高閣。白首窮經，仍訛踵陋，讀《禹貢》者河渠遷改，眩若進風，陳《洪範》者九數相乘，迷如辨霧。此以攻經生章句，猶隔重山，況望其酌古準今，坐而論，作而行，卓然稱有用之儒哉！余竊用慼嘆，此《裨傳》之所由作也。《記》曰：『疏通知遠而不誣，《書》教也。』夫推之時務，而有宜有不宜，不可謂通；試之異代，而或驗或不驗，不可謂遠。列聖經筵進講，必首及《尚書》，誠以三五以來，崇功廣業，咸出其中，非徒古史記言、記事之體。余之輯是書也，主詁義而兼及史家，臚羣疑而斷以臆説，務爲通今適用之學，庶幾孔堂之金石絲竹，不盡至於銷沈磨滅云爾。若以仲默之書，羣然尸祝，不應輒有異詞，則余撟舌而退。夫仲默作傳已不盡同紫陽之説，何獨疑於生仲默之後者哉！」

潘耒曰：「先生字長孺。居吴江之北郭，閉戶著書，撰述甚富。所有《書裨傳》已刊行。《禹貢長箋》尚未雕印。」

## 禹貢長箋

**朱彝尊《經義考·書》** 朱氏鶴齡《禹貢長箋》。十卷。存。鶴齡《自序》曰：「《記》稱《書》教爲『疏通知遠』，夫推之時務有不宜，非通也。試之異代，或不驗，非遠也。逖覽史籍，凡職方、地理、河渠、田賦諸書，其文皆祖《禹貢》，蓋經國鴻規，莫備於此。後之人以爲文焉而已。即哆口自命專門者，類亦苟安舊聞，弗加深考，安望其斟酌曩今，坐而論，作而行，卓然稱有用之儒哉！夫自禹迄今，陵谷代變，山川往蹟，難以深求。幸而漢唐以來，諸儒辨論各出，以及乘志、圖經，約略可據。雖其間甲乙牴牾，往往有之，然而考今正古，析同合異，亦存其人。若復矜一家之言，徇千載之惑，襲舛成譌，曷可殫詰？予竊慼焉。兵火餘生，屏居無事，爰取《注疏》、《大全》與百氏之説，條貫而衷斷之。大約體宗詁訓而旁及史家，求爲通經適用之學。所愧身未履乎方州，力止憑乎書卷，支離紕繆，敢謂必無，惟望博雅君子，論定而是正焉。嗟乎！農政不修，漕渠日壞，轉運困而搜括頻，此世變之所以益亟也。有能慨然慕古，寬平休息，以上合於底慎成賦之意，庶幾宛委遺文，猶不至磨滅天壤哉！」

**《四庫提要·書類二》** 《禹貢長箋》十二卷。浙江巡撫採進本。國朝朱鶴齡撰。是編專釋《禹貢》一篇。前列二十五圖，自《禹貢全圖》以及導山導水，皆依次隨文詮解，多引古説，而以己意折衷之。《禹貢》自宋、元以來，注釋者不下數十家，雖得失互見，要以胡渭之《禹貢錐指》爲最善。此書作於胡渭之前。如解「治梁及岐」，力主狐岐爲冀州之境，則於理未合。蓋岐實雍地，當時水之所壅，惟雍爲甚，故治冀必先治雍，而後壺口可得而疏。孔傳所云「壺口在冀州，岐在雍州，從東循山治水而西」，此語最爲明晰。鶴齡所以反其説者，殆以冀州之中不當及雍地。不知冀爲天子之都，何所不包？古人字句，原未拘泥。如荆州云「江、漢朝宗於海」，荆固無海，亦不過推江、漢所歸言之耳。即此可以爲例，又何必斤斤致疑乎？至其「三江」一條，既主鄭康成左合漢、右合彭蠡、岷江居中之説，而又兼取蔡傳以韋昭、顧夷所謂三江口者當之，亦殊無定見。又古黑水聯絡雍梁，而鶴齡必區而二之。蜀漢之山本相連，而鶴齡謂蜀之嶓非雍之嶓，俱未爲精密。又於敷淺原兼取禹過之及江過之二說，尤屬騎牆。此類皆其所短，殊不及胡渭書之薈稡精博。而旁引曲證，亦時多創獲，尙屬瑕瑜參半。且其於貢道漕河，經由脈絡，剖析條理，亦較他本爲詳。故仍録存其書，與《禹貢錐指》相轉焉。

## 禹貢三江辨

**朱彝尊《經義考・書》**　朱氏鶴齡《禹貢三江辨》。一篇。存。

## 書經筆授

**朱彝尊《經義考・書》**　黄氏宗羲《書經筆授》。二卷。存。

## 書經稗疏

**《四庫提要・書類二》**　《書經稗疏》四卷。湖南巡撫採進本。國朝王夫之撰。夫之有《周易稗疏》，已著録。是編詮釋經文，亦多出新意。其間有失之太鑿者。如謂《虞書》自「戛擊鳴球」以下至「庶尹允諧」皆《韶樂》之譜，「以詠」二字貫下「祖考來格」三句爲《升歌》，以配笙瑟之詩。「鳥獸蹌蹌」爲下管之所舞，「鳳凰來儀」爲第九成吹簫之所舞，「百獸率舞，庶尹允諧」爲樂終擊磬之所舞。又謂「作歌」、「賡歌」即《大韶升歌》之遺音，夔以被之管弦者，故繫之「庶尹允諧」之後。前數語不用韻，如樂府之有豔、有和、有唱。其三句一韻者，如樂府之有辭。其說附會支離，全無文義。其論《洛書》配九疇之數，以履一爲五皇極，而以居中之五爲一五行。雖推衍百端，畫圖立說，終與經文本數相戾。其於地理，至以崑崙爲洮州臙脂嶺，尤爲武斷。然如蔡傳引《爾雅》「水北曰汭」，實無其文，世皆知之。夫之則推其致誤之由，以爲譌記孔安國「涇屬渭汭」之傳。謂禋非《周禮》之禋，類非《周禮》之類，五服五章亦不以周制解虞制，與陳第論周之五玉不可解虞之五玉者，同一爲古人所未發。引矍相之射證侯以明之，謂以與射不與射爲榮辱，非以射中不中爲優劣。因《周禮》日月辰次，正《泰誓》十三年爲辛卯。引《說文》、《大戴禮記》證蠙珠非蚌珠，蔡傳不知古字假借。引《周禮》玉府供王食玉，證玉食。引《左傳》證奄與淮夷爲二，引《喪大記》證狄人，引《說文》「羑」字之訓以解羑若，駁蘇軾《傳》及蔡《傳》之失。則大抵辭有根據，不同游談。雖醇疵互見，而可取者較多焉。

## 尚書引義

**《四庫提要・書類存目二》**　《尙書引義》六卷。湖南巡撫採進本。國朝王夫之撰。夫之有《尙書稗疏》，已著録。此復推論其大義，多取後世事爲之糾正。如論《堯典》「欽明」，則以闢王氏「良知」。論《舜典》「玄德」，則以闢老氏玄旨。論「依永」、「和聲」，斥宋濂、詹同等用九宮塡郊廟樂章之陋。論「象以典刑」，攻鍾繇、陳羣等言復肉刑之非。論「人心」、「道心」，證釋氏「明心見性」之誤。論「聰明」、「明威」，破呂不韋《月令》、劉向等《五行傳》之謬。論「甲胄起戎」，見秦、漢以後制置之失。論「知之非艱，行之維艱」，詆朱、陸學術之短。論《洪範》「九疇」，薄蔡氏數學爲無稽。論「周公居東」，鄙季友避難爲無據。議論馳騁，頗根理要。至於「王敬作所，不可不敬德」及「所其無逸」等句，從孔《傳》而非呂、蔡，亦有依據。惟《文侯之命》以爲與《詩》録《小弁》之意，同爲孔子有取於平王，至謂高宗諒闇與豐昵同爲不惠於義，則其論太創。又謂黃帝至帝舜皆以相而紹位，古之命相，猶後世之建嗣。又謂虞夏有百揆，商有阿衡，皆相也，至周則六卿各率其屬，周之不置相自文王起。此皆臆斷之辭。他若論微子去紂，恐文王有易置之謀。周公營洛，亦以安商民反側之心。則益涉於權術作用，不可訓矣。

## 尚書體要

**朱彝尊《經義考・書》**　錢氏肅潤《尚書體要》。六卷。存。繆泳曰：「肅潤字礎日，無錫人。馬素修先生弟子。隱居十峰艸堂。其説《書》多本於馬。」

**《四庫提要・書類存目二》**　《尚書體要》六卷。江蘇巡撫採進本。國朝錢肅潤撰。肅潤字礎日。無錫人。是書章分句解，止於隨文生義，未能有所折衷。其訓《禹貢》三江，既以松江、婁江、東江爲三江，又謂江漢發源於梁，合流於荆，入海於揚，定是江漢，爲何又生松江、婁江、東江出來云云。則又主蘇氏岷江爲中江，嶓冢爲北江，豫章爲南江之説矣。又云東湖未築以前，江水直注太湖，是岷江、嶓冢、豫章三江未嘗不通震澤也。考江水雖入海於揚，然自古未與震澤通，若如是説，則京口以東皆成巨浸矣。殊爲無據。惟其辨九江有三，頗爲詳晰，差足備考耳。

## 書經通義

**馬國翰《玉函山房藏書簿録・書類》**　《書經通義》十卷。濟陽魯氏家藏鈔本。國朝處士濟陽張爾崇季厚撰。稷若先生之弟，從學於兄。此編筆削皆出稷若先生手，親切明暢，與《周易説略》筆意同。

## 古文尚書冤詞

**《四庫提要・書類二》**　《古文尚書冤詞》八卷。浙江巡撫採進本。國朝毛奇齡撰。奇齡有《仲氏易》，已著録。其學淹貫羣書，而好爲駁辨以求勝。凡他人所已言者，必力反其辭。故《儀禮》十七篇古無異議，惟章如愚《山堂考索》載樂史有五可疑之言，後儒亦無信之者。奇齡獨拾其緒論，詆爲戰國之僞書。《古文尚書》自吴棫、朱子以來皆疑其僞，及閻若璩作《古文尚書疏證》，奇齡又力辨以爲眞。知孔安國傳中有安國以後地名，必不可掩，於是别遁其辭，摭《隋書・經籍志》之文以爲梅賾所上者乃孔《傳》，而非《古文尚書》。其《古文尚書》本傳習人間，而賈、馬諸儒未之見。其目一曰「總論」、二曰「今文尚書」、三曰「古文尚書」、四曰「古文之冤始於朱氏」、五曰「古文之冤成於吴氏」，案：吴棫《書裨傳》在朱子稍前，故《朱子語録》述棫説，當云始於吴氏，成於朱氏。此二門殊爲顛倒，附識於此。六曰「書篇題之冤」、七曰「書序之冤」、八曰「書小序之冤」、九曰「書詞之冤」、十曰「書字之冤」。考《隋書・經籍志》云：「晉世祕府存有《古文尚書》經文，今無有傳者。及永嘉之亂，歐陽、大小夏侯《尚書》竝亡。至東晉，豫章内史梅賾始得安國之傳，奏之。」其叙述偶未分明，故爲奇齡所假借。然《隋志》作於《尚書正義》之後，其時《古文》方盛行，而云無有傳者，知東晉《古文》非指今本。且先云《古文》不傳，而後云始得安國之《傳》，知今本《古文》與安國《傳》俱出，非即東晉之《古文》，奇齡安得離析其文，以就己説乎？至若璩所引馬融《書序》云：「逸十六篇，絶無師説。」又引鄭玄所注十六篇之名爲《舜典》、《汨作》、《九共》、《大禹謨》、《益稷》、《五子之歌》、《尤征》、《湯誥》、《咸有一德》、《典寶》、《伊訓》、《肆命》、《原命》、《武成》、《旅獒》、《冏命》，明與《古文》二十五篇截然不同。奇齡不以今本不合馬、鄭爲僞作《古文》之徵，反以馬、鄭不合今本爲未見《古文》之徵，亦頗巧於顛倒。然考《僞孔傳序》，未及獻者，乃其傳，若其經則史云安國獻之。故《藝文志》著録。賈逵嘗校理祕書，不應不見。又司馬遷爲安國弟子，劉歆嘗校《七略》，班固亦爲蘭臺令史，典校藝文。而遷《史記・儒林傳》云：「孔氏有《古文尚書》，安國以今文讀之」，「逸《書》得多十餘篇」。歆《移太常博士書》稱：「魯恭王壞孔子宅，得《古文》於壞壁之中，逸書十六篇。」班固《漢書・藝文志》亦稱：「以考二十九篇，得多十六篇。」則孔壁《古文》有十六篇，無二十五篇，鑿鑿顯證，安得以晉人所上之《古文》合之孔壁歟？且奇齡所藉口者，不過以《隋志》稱馬、鄭所注二十九篇，乃杜林西州《古文》，非孔壁《古文》。不知杜林所傳，實孔氏之本。故馬、鄭等去其無師説者十六篇，正得二十九篇。《經典釋文》所引，尚可覆驗。徒以修《隋志》時梅賾之書已行，故《志》據後出僞本，謂其不盡孔氏之書。奇齡舍《史記》、《漢書》不據，而據唐人之誤說，豈長孫無忌等所見反確於司馬遷、班固、劉歆乎？至杜預、韋昭所引逸《書》，今見於《古文》者，萬萬無可置辨，則附會《史記》、《漢書》之文，謂不立學官者，即謂「逸書」。不知預注《左傳》，皆云文見《尚書》某篇，而「逸書」則皆無篇名。使預果見《古文》，何不云「逸書某某篇」耶？且趙岐注《孟子》、郭璞注《爾雅》，亦多稱「《尚書》逸篇」，其中見於古文者，不得以不立學官假借矣。至《孟子》「欲常常而見之，故源源而來，不及貢，以政接於有庳」，岐注曰：「此『常常』以下皆《尚書》逸篇之詞。」《爾雅》「釗，明也」，璞注曰：「《逸書》：『釗我周王。』」核之《古文》，絕無此語，亦將以爲不立學官故謂之逸耶？又岐注「九男二女」，稱《逸書》有「舜典之書」，亡失其文。《孟子》諸所言舜事，皆《堯典》及《逸書》所載，使《逸書》果指《古文》，則《古文》有《舜典》，何以岐稱亡失其文耶？此尤舞文愈工而罅漏彌甚者矣。梅賾之書，行世已久。其文本采掇佚經，排比聯貫，故其旨不悖於聖人，斷無可廢之理。而確非孔氏之原本，則證驗多端，非一手所能終掩。近惠棟、王懋竑等續加考證，其說益明，本不必再煩較論。惟奇齡才辨足以移人，又以衛經爲辭，託名甚正。使置而不録，恐人反疑其說之有憑。故竝存之，而撮論其大旨，俾知其說不過如此，庶將來可以互考焉。

## 尚書廣聽録

**《四庫提要·書類二》** 《尚書廣聽録》五卷。浙江巡撫採進本。國朝毛奇齡撰。奇齡欲注《尚書》而未及，因取舊所雜記者編次成書，名曰「廣聽」，用《漢志》「《書》以廣聽」語也。奇齡嘗語其門人曰：《尚書》事實乖錯，如武王誥康叔，周公居洛邑，成王寧周公，周公留召公，皆竝無此事。是書之意，大約爲辨證三代事實而作。初作於禹州，繼撰於嵩山，凡屢易稿。至作《尚書冤詞》訖，而始刪成爲五卷。其堅護孔《傳》，至謂安國解《舜典》文與《周禮》同者，乃相傳之虞禮，竝非出自《周禮》。夫杞宋無徵，孔子已嘆不知。相傳之虞禮竟出何書？可謂虛辭求勝，不顧其安。然於名物典故則引據考證，時有可採。置其臆斷之說而取其精核之論，於經義亦有所補也。

**周中孚《鄭堂讀書記·書類》** 《尚書廣聽録》五卷。《西河合集》本。國朝毛奇齡撰。《四庫全書》著録，朱氏《經義考》不載，蓋尚未見其有成書也。是書前有總論，稱：「《漢志》曰《書》以廣聽，予讀宋儒書，不能於此外有所推暨，而往往以聽而廣其說。是廣聽者本以《書》廣，今乃以聽廣也。因取舊所雜聞者，編而記之，名曰《廣聽》。」今按其書，凡一百四十五條，多辨正三代之事實，而於僞孔《傳》則又信之過深，與其所作《古文冤詞》以孔《傳》爲僞者用意又別。竊謂《冤詞》之說是，則此書之說非也；此書之說是，則《冤詞》之說非也。使西河自爲契勘，當亦笑其中無定見也。不過負氣求勝，罔顧是非之公而已。然其於《康誥》篇首之四十八字，仍以古來相傳之本爲是，而深以蔡《傳》《洛誥》脫簡之說爲非。諸如此類，實足以砭九峰之謬，其書終有不可磨滅者在也。至其別撰《舜典補亡》一卷，又不堅信《僞古文》，與《冤詞》之說又屬兩歧。吾誚其中無定見，洵不誣云。

**李慈銘《越縵堂讀書記·書類》** 《尚書廣聽録》。清毛奇齡撰。余素喜毛西河氏諸經說，以其筆舌雋利，爲經生家獨出，顧武斷處太多。今日偶閱其《尚書廣聽録》，名論雖不乏，略舉其不可通者，如以放勳爲堯名，重華爲舜名，文命爲禹名，似已。而於皋陶之「允迪」二字，知其不可通也，則曰古史記載之體，或記事，或記言，皋陶之曰「允迪厥德」，記言者也。然則皋陶何以獨不記名而記言乎？《康誥》之命康叔，以封衛之時與事言之，則《書序》言屬成王者是；以篇中「朕其弟小子封及寡兄」等稱謂言之，則蔡《傳》言屬武王爲是，此疑固自難解。乃毛氏必欲伸《序》抑蔡，引徐仲山《日記》，謂周公假武王之命以作詞，猶武王合文王之年以紀歲，此皆不忍亡先王之義，是蓋謂成王不敢專封康叔之名，而歸本於武王，故周公假王命以作誥，亦推其意於武王也。顧讀書必求情理，無論武王有意封康叔與否，當日未必有遺言；即封康叔時言之，其命固儼然出成王也。周公奉王命作誥，所奉者成王之命，非武王，則其稱王若曰者，亦必假成王之詞，斷無舍今王而假口於先王者也。即欲歸本武王，豈不可措詞，而必冒其兄弟之稱，代先王爲鬼語乎？古今立言，斷無此體，是不通之尤者也。善乎宋之孫宣公曰《書序》錯作也。觀《左傳》《康誥》與《伯禽》《唐誥》並命《康誥》有篇，《伯禽》《唐誥》豈無篇，亦不宜爲孔子之所删，而《書序》百篇中不列其名，作僞露矣。《堯典》《舜典》之分合《武成》之移改，今古聚訟不休，要皆不可據。惟《顧命》一篇，蘇東坡譏其失禮，固當。伏生今文乃合《康王之誥》爲一篇。國朝顧寧人氏説是簡有脱簡爲最確。其説以「越七月癸丑伯相命士須材」句止，爲《顧命》，而以下叙殯葬事盡脱矣。至「狄設黼扆綴衣」句起，乃是成王葬後，叙康王即位於廟見諸侯之事，直訖「王釋冕反喪服」句，爲《康王之誥》，而「狄設」句以上文亦盡脱。此雖似鑿空，而按之禮制，無一不合。辛酉附識：以上二説俱未確，爾時未能究漢儒之説，多惑於宋儒故耳。今按近儒江都淩氏曙《公羊禮説》「先謁宗廟」一條，駁顧氏説，甚爲精確。其曰《康王之誥》末有「王脱冕反喪服」句，顧氏謂未沒喪不稱君，而今《書》曰「王麻冕黼裳」，是踰年之君也，然則踰年即沒喪乎？既已沒喪稱王，又何故釋冕而反喪服耶？則顧氏必當云「羣公」以下十六字亦是衍文，而後其説可通也云云，尤爲通暢。淩氏又言天子大斂後，新君吉服即位告廟見諸侯，有八證，皆確。咸豐丁巳九月二十八日。

## 舜典補亡

**《四庫提要・書類存目二》**　《舜典補亡》一卷。浙江巡撫採進本。國朝毛奇齡撰。奇齡有《仲氏易》已著録。《舜典》舊無篇首二十八字，至梁姚方興始得别本於大航頭以補之。其事本屬可疑，然相沿已久，無可刊削之理。所謂有其舉之，莫敢廢也。奇齡堅信《古文》，而獨不信二《典》之分篇，遂以爲自「月正元日」以下乃爲《舜典》而闕其前半篇，遂摭《史記》以補之。夫司馬遷書豈可以補經？即用遷書爲補，亦何可前半遷書，後半忽接以古經，混合爲一？奇齡以竄亂古經詆朱子，而所爲又加甚焉，雖善辨者殆亦難爲之辭矣。

**周中孚《鄭堂讀書記補逸・書類》**　《舜典補亡》一卷。《西河合集》本。亦毛奇齡撰。《四庫全書》存目。按西河以堯典「月正元日」以下爲《舜典》後半篇，謂前半篇已亡，惟《史記》本紀中存其大概，因摭以補之。司馬氏之作忽與古經混合爲一，其謬妄於斯爲極。按其門人李塨總序以上三書有云：「《舜典》舊云已亡，先生謂其半在《堯典》中，亡祇半耳，因補之。或曰其補所引書，博而雜，恐不雅馴，故先生自毀之。」又其自序此書云：「向思旁搜五帝遺載散見諸稗官者，以實其説。而事涉不經，其文不雅馴，因盡删去，仍祇存帝紀所有。」是西河自知其非，而有所顧惜，以致不能全毀，爲後世譏。乃今《藝海珠塵》中又從而刻入焉，則吾不知其何意也。

**馬國翰《玉函山房藏書簿録・書類》**　《舜典補亡》一卷。書留草堂本。毛奇齡撰。謂「詢于四岳」以下《舜典》本文，漢人誤合於《堯典》，「詢于四岳」以上，乃取《史記・五帝本紀》文以補之。雖非本書，然以視姚方興之僞作有間矣。

## 古文尚書考

**《四庫提要・書類存目二》**　《古文尚書考》一卷。編修程晉芳家藏本。國朝陸隴其撰。隴其字稼書，平湖人。康熙庚戌進士。官嘉定、靈壽二縣知縣，行取御史。雍正二年，從祀孔子廟庭。乾隆二年，賜謚清獻。是書原載隴其《三魚堂集》中，曹溶《學海類編》始摘録别行。大旨惟據朱子告輔廣之言，以申《古文尚書》非僞。然《朱子語録》曰：「《書序》恐不是孔安國所作，只是魏晉時文字。」又曰：「孔氏《書傳》某疑決非安國所注，恐是魏晉間人託安國爲名，與毛公《詩傳》大段不同。」又曰：「傳之子孫，以貽後代，漢時無這般文章。嘗疑安國《書》是假《書》，漢儒訓釋文字有疑則闕，此却盡釋之，豈有千百年前人説底話，收拾於灰燼屋壁之中，與口傳之餘更無一字譌舛？況孔《書》至東晉方出，前此諸儒皆不曾見，可疑之甚。」然則朱子辨《古文》非眞，不一而足，未可據輔廣所記一條，遂謂他弟子所記皆非朱子語也。

## 書經疏略

《四庫提要・書類存目二》　《書經疏略》六卷。江南巡撫採進本。國朝張沐撰。沐有《周易疏略》，已著録。是書從《注疏》本，以《書序》分冠諸篇，又從古本合爲一篇，列於卷首。其次第與孔安國《傳》及鄭康成所注《百篇之序》俱互有異同。又所載孔安國《序》，於《春秋左氏傳》句闕其「左氏」二字，解之曰：「傳附經左曰『左傳』。」以人號傳，古無此體。考《左傳》或曰「左氏」，或曰「左丘」，漢以來説者不同，總爲人姓。沐乃以爲左右之左，殊駭視聽。且謂傳以人號，古無此體，是併《漢・藝文志》亦未見矣。蓋沐著《春秋疏略》，以《左傳》爲孔子作，故於此書亦護其説耳。所解多襲蔡《傳》，其獨出己見者率多杜撰。如解《無逸》篇「則知小人之依」句，曰：「於是知小民者，君子之所依賴以安也」，豈復成文義乎？

## 草堂説書

**馬國翰《玉函山房藏書簿録・書類》**　《草堂説書》一卷。來鹿堂本。國朝劉應秋撰。雜論《書》之事義，如《仲虺之誥》以湯代夏爲作俑，謂六百載後仍孫大白之懸爲天道好還。《泰誓》以武王數紂惡，謂如唐太宗引周公季友之事以定六月四日之案。此與羅泌作《路史》斷自有夏、蘇軾武王非聖人之論同，而持論尤刻。不食馬肝，未爲不知味，湯武之事，豈易論哉！

## 書經識餘

**張金吾《愛日精廬藏書志・書類》**　《書經識餘》二十五卷。抄本。國朝徐秉義撰。首三卷爲總論，卷四至末則自《堯典》至《秦誓》，依經文次序，雜採唐、宋、元、明、國朝諸儒之説，散見《困學紀》、《閒山堂考索》、《日知録》等書者，薈粹編纂，成一家言。秉義間有論説，以按字别之。

## 禹貢錐指

**《四庫提要・書類二》**　《禹貢錐指》二十卷，圖一卷。浙江巡撫採進本。國朝胡渭撰。渭有《易圖明辨》，已著録。其生平著述甚夥，而是書尤精力所專注。康熙乙酉，恭逢聖祖仁皇帝南巡，曾呈御覽，蒙賜「耆年篤學」扁額，稽古之榮，至今傳述。原本標題二十卷，而首列圖一卷。其中卷十一、卷十四皆分上下；卷十三分上、中、下，而中卷又自分上下，實共爲二十六卷。其圖凡四十有七，如「禹河初徙」、「再徙」，及漢、唐、宋、元、明河圖尤考究精密。書中體例，亞經文一字爲集解，又亞一字爲辨證。歷代義疏及方志輿圖，搜采殆徧。於九州分域，山水脈絡，古今同異之故，一一討論詳明。宋以來傅寅、程大昌、毛晃而下，注《禹貢》者數十家，精核典贍，此爲冠矣。至於陵谷遷移，方州分合，數千年內，往往不同。渭欲於數千載後，皆折衷以定一是。如郭璞注《山海經》，臨渝、驪成，已兩存碣石之説，渭必謂文穎所指臨渝爲是，《漢・地理志》所指驪成爲非，終無確驗。又九江一條，堅守洞庭之説，不思九江果在洞庭南，則經當曰九江孔殷，江漢朝宗于海矣。徐文靖之所駁，恐渭亦不能再詰也。千慮一失，殆不屑闕疑之過乎。他若河水不知有重源，則由其時西域未平，無由徵驗。又所引酈道元諸説，經注往往混淆，則由傳刻舛譌，未覩善本。勢之所限，固不能執爲渭咎矣。

**周中孚《鄭堂讀書記・書類》**　《禹貢錐指》二十卷，圖一卷。漱六軒刊本。國朝胡渭撰。渭原名渭生，字朏明，號東樵，德清人。《四庫全書》著録。東樵篤志經義，尤精於輿地之學。徐健菴乾學奉詔修《一統志》，開局洞庭山，延請分纂，因得縱觀天下郡國之書。其於《禹貢》尤所素習，謂漢、唐二孔氏、宋蔡氏於地理多疏舛，如三江當主鄭康成説，庾仲初之言不可以釋《禹貢》「浮于淮、泗，達于河」。「河」當從《説文》作「菏」。「滎波既豬」，「波」當從康成本作「播」。梁州之黑水與導川之黑水不可溷而爲一。乃博稽載籍及古今經解，考其同異，而折衷之，依經爲訓，章别句從，以成是編。

冠以圖四十七篇，略例三十六條，其曰《禹貢錐指》者，蓋本《莊子・秋水》篇「用錐指地」語也。其書於經下集解，亞經一字，首列孔《傳》、孔《疏》，次宋、元、明諸家之說。集解後發揮未盡之義，又亞一字，諸家之說得失參半者，必細加剖析，使瑕瑜不相掩。至於地志水經，臚縷本末，附以夾注。又有語涉《禹貢》而實非經解，如《通典》之類，亦或節取一二句，雖係經解卻不成章，並以己意融貫綴於其末，用「渭案」二字別之。其於九州山川之形勢，及古今郡國分合同異，道里遠近夷險，犂然若聚米而畫沙也，又以漢、唐以來河道遷徙，雖非《禹貢》之舊要，爲民生國計所繫，故於「導河」一章，備考歷代決溢改流之跡，且爲圖以表之。其留心經濟，異於迂儒不通時務者遠矣。其「略例」末一則，發明夏道所陳大義十餘，尤足證明孔子無間之旨，非但區區稽考沿革、鉤覈異同、資滕口說而已。故其書得進呈聖祖仁皇帝御覽，一旦邀特達之知，而褒美其耆年篤學，良非偶也。前有康熙乙酉其從子會恩紀恩一篇，及李振裕、徐秉義二序。

**李慈銘《越縵堂讀書記・書類》** 《禹貢錐指》清胡渭撰。閱胡朏明氏《禹貢錐指》，是書精博固可取，而武斷者亦多。如以梁州之黑水謂與雍州之黑水異，禹於梁州黑水，無所致力，故惟導雍州之黑水。至於三危，則《禹貢》九州分界水名先已相溷。以吐蕃之河源出星宿海，謂與西域之河源出葱嶺及于闐者各別，是則河有三源，愈爲紛歧。既據《漢志》自西域鹽澤伏流爲說，而又牽引唐劉元鼎、元潘昂霄之言，故爲此調人之舌。又謂漢武名于闐河源所出之山曰昆侖，即古昆侖國地，亦不知其所據。以《舜典》「五十載陟方乃死」，謂當讀「五十載」爲句，陟者崩也，方乃死者，所以解陟之爲死也，則文理幾至不通。此朏明自爲文則可，虞夏史官所不受也。其他可議處尚多。又矜己自誇，動涉措大口吻，亦非著書之體。其前冠以吉水李尚書振裕一序，文甚蕪雜。而朏明自撰略例，謂李公稱其書兼得《虞》、《夏》傳心之要，尤是腐儒妄言。所謂「太極圈兒大、先生帽子高」也。朏明與閻百詩、顧景範諸君，皆久居徐健庵尚書幕，同佐修《一統志》，故於地理皆爲名家，而識隘語俚，亦略相似。予嘗謂當時有三大書：顧氏棟高之《春秋大事表》、閻氏之《尚書古文疏證》、胡氏之《錐指》，皆獨出千古，有功經學，門徑亦略同，而皆無經師家法，有學究習氣。江氏藩輯《國朝經師經義》，皆棄而不録，全氏祖望力詆《錐指》，謂其葛藤反過於程大昌，皆非平情之論。同治戊辰十二月十八日。

**張之洞《書目答問・列朝經注經説經本考證》** 《禹貢錐指》二十卷，圖一卷。胡渭。原刻本，學海堂本。程瑤田《禹貢三江考》在《通藝録》內，又學海堂本。



## 洪範正論

**《四庫提要・書類二》** 《洪範正論》五卷。浙江巡撫採進本。國朝胡渭撰。大旨以禹之治水本於九疇，故首言鯀堙洪水，繼言禹乃嗣興，終言天乃錫禹。則《洪範》爲體，而《禹貢》爲用，互相推闡，其義乃彰。然主於發明奉若天道之理，非鄭樵《禹貢》、《洪範》相爲表裏之說，惟以九州次序分配五行者比也。其辨證前人之說，如謂漢人耑取災祥，推衍五行，穿鑿附會，事同讖緯，其病一。《洛書》本文即「五行」「五事」至「五福」「六極」二十字，惟「敬用」「農用」等十八字乃爲禹所加，與「危微精一」之心法同旨。初一次二至次九不過是次第名目，亦非龜文所有。龜之有文，如木石之文理，有可推辨。又如魯夫人、公子友有文在手之類。宋儒創爲黑白之點，方員之體，九十之位，變書而爲圖。以至九數十數，劉牧、蔡季通紛紜更定，其病二。又《洪範》原無錯簡，而王柏、胡一中等任意改竄，其病三。皆切中舊說之失。蓋渭經術湛深，學有根柢，故所論一軌於理，漢儒附會之談，宋儒變亂之論，能一掃而廓除焉。

**周中孚《鄭堂讀書記補逸・書類》** 《洪範正論》五卷。舊鈔本。亦胡渭撰。《四庫全書》著録。卷首有自序：聞《洪範》一書，有先儒曲說爲之害，漢儒五行傳專主災異，以瞽史矯誣之說，亂彝倫攸叙之經，害一也。《洛書》本文，具在《洪範》，而宋儒創爲白黑之點，方圓之體，九十之位，書變爲圖，故劉牧以九位爲《河圖》，十位爲《洛書》，而蔡元定兩易其名，害二也。《洪範》原無錯簡，而宋儒極意改竄，害三也。因爲是解非棄舊詁而逞臆見，去其不正者，以就其正者而已矣。故是書中多理精義醇，有廓清之功。序又云：自甲申迄己丑，芟繁補闕，辨誤析疑，纂成五卷。然其書雖經重定，而一二小誤及語病猶未能免。此本有硃字校正及評語，未知誰筆，頗能一一摘出，亦可謂有拾補之功矣。

## 尚書惜陰録

**《四庫提要・書類存目二》** 《尚書惜陰録》六卷。兩江總督採進本。國朝徐世沐撰。世沐有《周易惜陰録》，已著録。是編乃世沐七十二歲時作。其篤信《古文》，猶先儒之舊論。至於尊《古文》而排抑《今文》，則變本而加厲矣。其排抑《今文》，惟以不全爲辭，不思《古文》五十八篇亦不足百篇之數也。其說皆因蔡《傳》而衍之，往往支離於文外。如解「蒙羽其藝」謂蒙多蒙昧，亦要隨刊；羽多禽鳥，亦必翦除，益稷之有勞可知。夫益稷佐禹，豈必在此二山？且以山名一字穿鑿生義。然則「熊耳」必多冬蟄之獸，「外方」必爲中矩之形哉。又如解「厥貢惟土五色」，謂徐之東原乃中原正地，厥土五色而赤多，亦文明天闢。孔子雖爲兗產，實徐產也。斯文之統，蓋像地靈，是與經義何涉也。至謂「唐尚無史，舜乃設史追書，故曰《虞書》。」謂舜以諸侯之禮祀瞽瞍，二妣竝祔，正舜母，繼象母，一一秩之不紊，大小宗無餘憾，故官曰秩宗。益不知其所據矣。

## 書經衷論

**《四庫提要・書類二》** 《書經衷論》四卷。江蘇周厚堉家藏本。國朝張英撰。英有《易經衷論》，已著録。此書不全載經文，但每篇各立標題，而逐條繫說，亦如其說《易》之例。凡《虞書》六十三條，《夏書》三十二條，《商書》五十二條，《周書》一百六十七條。前有康熙二十一年正月進書原序一篇。時英以翰林學士侍講幄，故因事敷陳，頗類宋人講義之體。其說多采録舊文而參以新義。如《益稷》篇稱其有暨益稷之文，故借此二字以名篇，乃林希逸之說。《甘誓》篇稱啓未接行陣而能素明軍旅之事，足見古人學無不貫，乃呂祖謙之說。《微子》篇稱比干答微子之言，當無異於箕子，故不復著，乃孔安國之說。《君牙》篇稱古來制誥之辭，必自述祖功宗德，而因及其臣子之祖父，此立言之體，乃《朱子語類》之說。至於《高宗肜日》爲祖己訓祖庚之書，《西伯戡黎》爲武王之事，皆不從蔡氏而從金履祥《通鑑前編》。頗總括羣言，不拘門戶。其以《牧誓》庸、蜀、羌、髳、微、盧、彭、濮爲在友邦，《冢君》外舉小國之君，連及之，而不用蔡氏八國近周西都，陳氏舉遠概近之說。以《君奭》爲周公、召公共相勉勵，輔翼成王之言，而不用諸家留之慰之之說。則皆所自創之解，核諸經義，亦較爲精切。雖卷帙無多，而平正通達，勝支離蔓衍者多矣。

## 書經詳說

**《四庫提要・書類存目二》** 《書經詳說》。無卷數。河南巡撫採進本。國朝冉覲祖撰。覲祖有《易經詳說》，已著録。是書以蔡《傳》爲主，旁引孔《傳》、孔《疏》及宋元以下諸家之說以釋之。雖引證頗繁，然如六宗、三江，皆援據諸說而終以蔡《傳》爲主。其有稍異於《傳》者，多削而不録。如《文侯之命》引孔《疏》，其下注云：「《傳》、《疏》多與蔡《傳》說異，故僅録此。」又如《費誓》「徂茲淮夷」句引孔《傳》，亦必注其下云：「徂訓往征與蔡《傳》異。」蓋篤守宋學，不肯一字異同者也。

## 尚書古文疏證

**《四庫提要・書類二》** 《古文尚書疏證》八卷。內府藏本。國朝閻若璩撰。若璩字百詩，太原人，徙居山陽。康熙己未，薦舉博學鴻詞。《古文尚書》較《今文》多十六篇，晉、魏以來絶無師說。故《左氏》所引，杜預皆注曰「逸書」。東晉之初，其書始出，乃增多二十五篇。初猶與《今文》竝立，自陸德明據以作《釋文》，孔穎達據以作《正義》，遂與伏生二十九篇混合爲一。唐以來雖疑經惑古如劉知幾之流，亦以《尚書》一家列之《史通》，未言《古文》之僞。自吳棫始有異議。朱子亦稍稍疑之。吳澄諸人本朱子之說，相繼抉摘，其僞益彰。然亦未能條分縷析，以抉其罅漏。明梅鷟始參考諸書，證其剽剟，而見聞較狹，蒐采未周。至若璩乃引經據古，一一陳其矛盾之故，《古文》之僞乃大明。所列一百二十八條。毛奇齡作《古文尚書冤詞》，百計相軋，終不能以强辭奪正理。則有據之言，先立於不可敗也。其書初成四卷，餘姚黄宗羲序之。其後四卷，又所次第續成。若璩没後，傳寫佚其第三卷。其二卷第二十八條、二十九條、三十條，七卷第一百二條、一百八條、一百九條、一百十條，八卷第一百二十二條至一百二十七條，皆有録無書。編次先後，亦未歸條理。蓋猶草創之本。其中偶爾未核者，如據《正義》所載鄭玄《書序注》，謂馬、鄭所傳與孔《傳》篇目不符，其説最確。至謂馬、鄭注本亡於永嘉之亂，則殊不然。考二家之本，《隋志》尚皆著録，稱所注凡二十九篇。《經典釋文》備引之，亦止二十九篇。蓋去其無師説者十六篇，止得二十九篇，與伏生數合，非别有一本注孔氏《書》也。若璩誤以鄭逸者即爲所注之逸篇，不免千慮之一失。又《史記》、《漢書》但有安國上《古文尚書》之説，並無受詔作傳之事。此僞本鑿空之顯證，亦辨僞本者至要之肯綮。乃置而未言，亦稍疏略。其他諸條之後，往往衍及旁文，動盈卷帙。蓋慮所著《潛丘劄記》或不傳，故附見於此，究爲支蔓。又前卷所論，後卷往往自駁，而不肯刪其前説，雖仿鄭玄注《禮》先用《魯詩》，後不追改之意，於體例亦究屬未安。然反復釐剔，以袪千古之大疑，考證之學則固未之或先矣。

**周中孚《鄭堂讀書記補逸·書類》** 《古文尚書疏證》八卷，《補遺》一卷，附録一卷。眷西堂刊本。國朝閻若璩撰。若璩字百詩，太原人。徙居山陽。康熙己未薦舉博學鴻詞。《四庫全書》著録。按明梅氏鷟撰《古文尚書考異》條列證驗，猶有未周。百詩是編，又反復蒐尋，一一引證，以益其所不備，故亦詳於辨《古文》，而略於辨孔《傳》焉。其書考證精核，諸家皆莫之或先，而猶有冗複疎舛者，則以書成而未經重定故也。又初出祗四卷，黄梨洲宗羲序之。後乃續作四卷，復命其子詠取《朱子語類》四十七條、《大全集》六條，録爲一卷附之，名曰《朱子古文書疑》，詠爲後序，蓋謂其書不過從朱子引伸，以取徵信焉耳。其中五、六兩卷，各分上、下，向祗有傳寫本，至乾隆乙丑，其孫學林作吏維揚，始得同人之助而付之梓。原列總目，凡一百二十八條，梓時已佚其第三全卷，凡十六條，又佚二卷中三條，七卷中四條，八卷中六條，因從百詩手書他本中檢得十一則，爲《補遺》一卷，併繫於後而跋之。鍾靈亦有跋。又有學林與子大衍跋二則，則初刊《四書釋地》時作也。

**李慈銘《越縵堂讀書記·書類》** 《尚書今古文疏證》。清閻若璩撰。

閱閻百詩《尚書今古文疏證》，其末有議孔門從祀一條，援嘉靖中黜荀子例，欲退象山陽明；又以王弇州説，欲退歐陽文忠而進范文正。范公入祀固無愧，而歐公事業亦不相下，文章經術則更遠出其上，進彼而退此，可爲無謂。至議及陸王，則尤妄矣。 咸豐戊午十一月初一日。終日讀《尚書古文疏證》。閻氏此書，致力最深，雖時病冗漫，又氣矜自滿，動輒牽連它書，頗失體裁，而雄辯精到處，自不可及。惟既以《史記》所載之《大誓》爲僞，又不信《書序》，因而并力攻《詩小序》，以及《左傳》《檀弓》俱遭駁詰，逞私武斷，亦往往而有。全謝山笑爲陋儒，非無因也。其中因耑類及諸條，前人已間采入《潛丘劄記》，予謂當悉去之，盡刻于《劄記》中，則其浩博自在，而此書之體例不致紊矣。同治丁卯十一月二十六日。

**張之洞《書目答問·列朝經注經説經本考證》** 《古文尚書疏證》八卷。閻若璩。家刻本。吴氏天津刻本。

## 尚書解義

**《四庫提要·書類二》** 《尚書解義》一卷。兩江總督採進本。國朝李光地撰。是書僅解《堯典》、《舜典》、《大禹謨》、《臯陶謨》、《益稷》、《禹貢》、《洪範》七篇，蓋未竟之本。所説不以訓詁爲長，辭旨簡約而多有精義。《大禹謨》篇，不以《古文》爲僞，而云孔安國有所刪添，東漢以後儒者又有所竊竄，以解文辭平易之故，未免出於調停。《禹貢》篇解五服五千以飛鳥圖爲算，謂塞盡處北極出地四十二度，至廣海戴日北極出地二十三度，一度爲二百五十里，南北恰距五千，以遷就入於南海之文。亦由光地閩人，不欲其鄉出《禹貢》揚州之外，故立是説，與訓洪爲大，訓範爲訓，謂《洪範》即《顧命》之大訓，皆未免巧而不確。至於《堯典》之論中星歲差，《舜典》之論蓋天渾天、十有二州與詩歌聲律，《禹貢》之論潛水、沔水相通，沔水渭水不相入，彭蠡即今巢湖，會于匯爲即鄱陽，原隰豬野非地名，則皆實有考證之言，非講學家之據理懸揣者矣。

**周中孚《鄭堂讀書記·書類》**　《尚書解義》二卷。《文貞全集》本。國朝李光地撰。光地仕履見《孝經》類。《四庫全書》著録。厚菴於《易》、《詩》、《孝經》、《四書》皆有全解，而於《尚書》則惟解《堯典》、《舜典》、《大禹謨》、《臯陶謨》、《益稷》、《禹貢》、《洪範》七篇，所解皆融會注疏、蔡《傳》之説而爲之，詞義賅括，不蔓不支，於分章分節之間，尤爲分明。昔朱子於《書》惟二《典》、《禹謨》、《召誥》、《洛誥》、《金縢》有解，及九江、彭蠡、皇極有辨。見《書録解題》。其門人蔡仲默得以因其條例成《集傳》一書。今厚菴亦止此七篇有解，後之人能循其緒而及其餘，續成全解，亦猶仲默之於朱子也。

## 洪範説

**周中孚《鄭堂讀書記·書類》**　《洪範説》二卷。《文貞全集》本。國朝李光地撰。前有康熙戊子自序，稱《洪範》之書自始讀而竊疑之，中間嘗以意爲之説，而翫心未熟，疑信參半。繼讀西山先生《衍義》，其解文意乃與鄙説同，然後怡然理順，有實獲我心之歎。顧其於經意則既得矣，至推本於《雒書》之出，暨夫九疇生數與《易》卦同異之根，則有先生所未發者。自念用心之劬，既歷三紀，舊章在笥，不忍棄也。庚辰歲，曾付刻於保定署中，既又覺其詞句漫漶，非解經之體，又九疇目中分別禹、箕，亦未審。當間以暇日，稍就增削，依文訓釋，蓋欲庶幾於平實簡質，而病未能也。帙成，仍并舊稿存之。今按是編前爲舊稿一卷，皆分節而注，凡二十三處，即序所稱「詞句漫漶，非解經之體」者也。後爲定本一卷，皆分章而注，凡十五處，首章後有《洛書》圖并説，即序所稱「依文訓釋，而未能平實簡質」者也。學者即兩篇而深體之，可以見其學術與年俱進焉。又按厚菴《尚書》七篇解義，有《洪範》一篇，則又分爲二十節，後附《洛書》圖説，其所解俱與此兩篇不同。考其成書，當在此兩篇之後，故是編自序不詳及之。可見厚菴用功之密，亦學者所當參考也。

## 書經傳説彙纂

**清敕撰《國朝宫史·書籍門》**　欽定《書經傳説彙纂》一部。聖祖仁皇帝命儒臣採訂諸説，親定成書。首列《書》傳、圖、綱領三篇，自《虞書》至《周書》二十一卷，附以《書序》。雍正八年校刊。世宗憲皇帝御製序：「朕思《六經》皆治世之書，而帝王之大經大法，昭垂萬古者，惟《尚書》爲最備。蓋自繼天立極，精一執中，二帝三王之心法，遞相授受，而治法亦因之以傳。今觀《書》所載，成天平地，經國造邦，建官立教，禮樂兵刑之弘綱大用，與夫賡颺都俞之休風，嘉謨嘉猷之陳告，凡所爲永膺天命而致時雍協和之效者，雖相去數千年，尚可於方策中想見其欽明寅畏之衷，敷布經綸之跡。後之君臣得奉爲模楷，以追踪於唐虞三代之隆，詎不於《書》是賴哉！我皇考聖祖仁皇帝，聖學淵深，治功弘遠，存於中者，二帝三王之心，發於外者，二帝三王之治，而稽古好學於典謨訓誥之篇，沈潛研究，融會貫通。初命講官分日進講，著有《解義》一編，頒示海内。復指授儒臣，薈萃漢、唐、宋、元、明諸家之説，參考折中，親加正定，廣大悉備，於地理、山川，援今據古，靡不精核，爲《書經傳説彙纂》，凡二十有四卷。茲值刊校告竣，與《易》、《詩》、《春秋》諸經，次第傳布，敬製序文，勒之卷首。夫後世之天下，唐虞三代之天下也，而治法之垂爲典章，心法之原於性命者，先後同揆，百世之聖君賢輔，未能易也。故爲君者，必思比德於堯、舜、禹、湯、文、武，而後無忝乎爲君；爲臣者，必思媲休於臯、夔、伊、傅、周、召，而後無忝乎爲臣。朕夙夜兢兢，冀克守主敬存誠之道，以遂覲光揚烈之懷，尤冀卿尹百執事共體元首股肱之誼，殫協恭勵翼之忱，寅亮天工，諴和民志，俾薄海内外，永底乂安。於以遠宗聖哲，而仰承皇考尊崇經學，啓牖萬世之盛心，顧不美歟！是爲序。

**《四庫提要·書類二》**　《欽定書經傳説彙纂》二十四卷。康熙末聖祖仁皇帝敕撰。雍正八年告成，世宗憲皇帝御製序文刊行。宋以來説五經者，《易》、《詩》、《春秋》各有門戶，惟《三禮》則名物度數不可辨論以空言，故無大異同。《書》則帝王之大經大法，共聞共見，故自《古文》、《今文》

互有疑信外，義理亦無大異同。蔡沈《集傳》始睥睨先儒，多所排擊。然書出未久，而張葆舒、黄景昌、程直方、余芑舒等紛紛然交攻其誤，是必有未愜者在矣。自元延祐中始以蔡《傳》試士，明洪武中雖作《書傳會選》以正其譌，而永樂中修《書經大全》，仍懸為功令，莫敢歧趨。我國家經術昌明，競研古義，聖祖仁皇帝聰明天縱，念典維勤。於唐、虞、三代之鴻規，尤為加意。既敕編《日講書經解義》，復指授儒臣纂輯是編。雖仍以蔡《傳》居前，衆説列後，而參稽得失，辨別瑕瑜，於其可從者，發明證佐，不似袁仁等之有意抨彈。於其不可從者，辨訂譌舛，亦不似陳櫟等之違心回護。其義可兩通者，皆别為附録，以明不專主一家。蓋即一訓詁之學，而聖人執兩用中之道，大公至正之心，悉可以仰窺焉。又不僅為説《書》之準繩已也。

**張之洞《書目答問・正經正注》** 《書經傳説彙纂》二十一卷。康熙末至雍正八年。

## 日講書經解義

**清敕撰《國朝宫史・書籍門》** 《日講書經解義》一部。聖祖仁皇帝命日講諸臣撰擬。依章解義，按日進講，親定成書，凡十三卷。康熙十九年校刊。聖祖仁皇帝御製序：「天生民而立之君，非特予以崇高富貴之具而已，固將副教養之責，使四海九州無一夫不獲其所也。是故古之帝王奉若天道，建都樹屏，以立其綱；設官置吏，以張其紀；經天緯地，以盡其才；親親尊賢，以弘其業。黎民阻饑而為之教稼，五品不遜而為之明倫。為禮樂以導其中和，為兵刑以息其爭訟。事未然而預為之備，患已至而亟為之驅。蓋治天下之法，見於虞、夏、商、周之書，其詳且密，如此宜其克享天心，而致時雍太和之效也。所以然者，蓋有心法以為治法之本焉。所謂敬也，誠也，中也。敬則神明有主，而物欲不能搖；誠則孚信在中，而偽巧不能間；中則公正無偏，而邪説不能移。凡《書》中曰「欽明」、曰「寅恭」、曰「祗懼」、曰「迪畏」，皆敬之屬也；曰「允塞」、曰「至誠」、曰「一德」、曰「惇信」，皆誠之屬也；曰「義制事」「禮制心」、曰「沉潛」「剛克」「高明」「柔克」、曰「寬而有制，從容以和」，皆中之屬也。性之者，為堯、舜、禹、文；身之者，為湯、武、高宗；困而學之者，為太甲、成王；悖而去之者，為太康、桀、紂。嗚呼！心法之存亡，治道之升降分焉，天命之去留繫焉，曷其奈何弗鑒。朕萬幾餘暇，讀四代之《書》，惕若恐懼。爰命儒臣取漢、宋以來諸家之説，薈萃折衷，著為《講義》一十三卷，逐日進講。兹特加鋟梓，頒示臣民，俾知朕仰法前代聖王，志勤道遠。然夙夜兢兢，思體諸身心，措諸政治，以毋負上天立君之意，夫豈敢一日忘哉！是為序。」



**《四庫提要・書類二》** 《日講書經解義》十三卷。康熙十九年聖祖仁皇帝御定。《尚書》一經，漢以來所聚訟者，莫過《洪範》之五行；宋以來所聚訟者，莫過《禹貢》之山川；明以來所聚訟者，莫過《今文》、《古文》之眞偽。然伏生、董仲舒、劉向、劉歆之所推，特術家傅會之説；程大昌、傅寅、毛晃之所辨，歸有光、梅鷟之所爭，特經生考證之資耳。實則尼山删定，本以唐、虞、三代之規，傳為帝王之治法，不徒為尋章摘句設也。是編為大學士庫勒納等奉詔以講筵舊稿編次而成。大旨在敷陳政典，以昭宰馭之綱維；闡發心源，以端慎修之根本。而名物訓詁，不復瑣瑣求詳。蓋聖人御宇，將上規堯、舜，下挹成、康，所學本與儒生異。故黼幄之所對揚，玉音之所闡繹，亦惟是大者遠者，與儒生音訓迥然有殊。臨御六十一年，聖德神功，同符於典謨所述，信有由矣。

## 古文尚書通論別偽例

**朱彝尊《經義考・書》** 姚氏際恒《古文尚書通論別偽例》。十卷。存。

## 壁書辨疑

**朱彝尊《經義考・書》** 錢氏煌《壁書辨疑》。六卷。存。右山陽閻百詩、錢塘姚善夫、桐鄉錢曉城三家皆攻《古文尚書》者。

## 讀尚書六要

《四庫提要・書類存目二》　《尚書揆一》六卷。明鄒期楨撰。【略】又有《讀尚書六要》，其孫陞所述也。國朝康熙庚戌，其門人顧宸序而刊之。

## 尚書口義

《四庫提要・書類存目二》　《尚書口義》六卷。浙江巡撫採進本。國朝劉懷志撰。懷志字貞儒，武強人。康熙中左都御史謙之父也。其孫自潔原跋，稱爲「大司空」，蓋其贈官，然未詳何以贈工部尚書也。是書於經文之內注小字以貫串之，大旨悉遵蔡《傳》，而衍以通俗之文，以便童蒙。凡蔡《傳》所謂錯簡者，俱移易經文以從之；凡蔡《傳》所謂衍文者，則徑從删薙。可謂信傳而不信經矣。

## 禹貢正義

《四庫提要・書類存目二》　《禹貢正義》三卷。江蘇巡撫採進本。國朝曹爾成撰。爾成字得忍，無錫人。是書成於康熙甲寅。據蔡氏《集傳》爲本，或偶出己見，又於古無稽。如揚之三江，則以爲錢塘江有兩源，北源爲黟江，西源爲太末江，併錢塘而爲三。梁之沱、潛，則以爲皆江之別源，非江、漢別流。其説導水也。於導河節，以東過洛、汭爲禹過之，以大陸爲去河絶遠，禹從洚水取陸路到高平之處，下又北接上北過洚水，非自大陸又北。於導漾節，過三澨至於大別，亦爲禹取陸路，從三澨至大別，下南入於江，接上又東爲滄浪之水而轉南，非自大別而南。於導江節，過九江至於東陵爲禹從九江取陸路至東陵，下東迤北接上又東，至於澧，非自東陵又東。於導沇水節，以東出於陶丘北又東爲濟之正派，下至於菏爲分流。南行通泗，又東北接又東正派，非自菏又東北。其又北東入於海，以又北爲分流。北出爲沮而合於濰，以東入於海爲正派。皆膠滯破碎，使文理不相貫也。

## 禹貢輯要

朱彝尊《經義考・書》　嚴氏觀《禹貢輯要》。一卷。未見。《嘉興縣志》：「嚴觀字質人。貢生。與弟進士動、舍人臨並負才名，稱爲『禾中三嚴』。」

## 禹貢新書

朱彝尊《經義考・書》　趙氏沺《禹貢新書》。一卷。未見。《平湖縣志》：「趙沺字天來。諸生。」

## 禹貢注

朱彝尊《經義考・書》　陸氏敷樹《禹貢注》。一卷。存。陳忱曰：「字貢庵，嘉善人。」

## 禹貢臆參

《四庫提要・書類存目二》　《禹貢臆參》。無卷數。江蘇巡撫採進本。國朝楊陸榮撰。陸榮有《易互》，已著録。是書於經文之下詳載蔡《傳》，而竝録《地理今釋》以糾其誤，亦間附己説。然頗有攻詰未當者。若三江既入震澤底定一條，《初學記》引鄭康成注，漢江爲北江，右合彭蠡爲南江，岷江居中爲中江。後儒咸主鄭義，而陸榮力攻之。謂《周禮・職方》於荆州曰

「其川江漢」，於揚州曰「其川三江」，若江漢即三江之二，又何以一表之於荆，又再表之於揚也。考《職方氏》有曰：「河東曰兗州」，「其川河、泲」；「東北曰幽州」，「其川河、泲」。一河、泲，而既表之於兗，又表之於幽，陸粲又何以難之也。陸粲又謂《職方氏》曰：「其川三江，其浸五湖。」苟彭蠡可以爲南江，則是一水而分列於川浸。蓋主李善、司馬貞之注，以彭蠡爲五湖之一。然虞翻、韋昭、張勃、酈道元、張守節、陸龜蒙、李宗諤諸家皆與善及貞注不同，則五湖必兼彭蠡，尚未可確定，亦不得執以駁三江矣。

## 尚書集解

**張之洞《書目答問・列朝經注經説經本考證》** 臧琳《尚書集解》一百二十卷，臧鏞堂補，未刊。

**朱記榮《國朝未刊遺書志略・經目》** 《尚書集解》一百二十卷。武進臧琳玉林纂，玄孫鏞堂在東補。鄭君叔問云：「其書稿藏繆炎之許。」

## 尚書質疑

**《四庫提要・書類存目二》** 《尚書質疑》八卷。安徽巡撫採進本。國朝王心敬撰。心敬有《豐川易説》，已著録。是書用趙孟頫、吳澄之説，分《今文》、《古文》爲二，不爲無據。惟是《康誥》等三篇，據《書》語則在武王時受封，據《左傳》則在成王時受封，先儒皆疑不能明。今徑升《大誥》之前，紊亂舊第，殊失謹嚴之義。《伏書》《顧命》一篇，孔氏《古文》分出《康王之誥》，見《史記・周本紀》，馬融舊本亦見於《經典釋文》，今以爲後人妄分，於考證亦疎。至於沿豐坊僞本之説，改《堯典》爲《帝典》，自謂根據《大學》，不知無以處《孟子》。又以二《典》非虞史所作，出夫子筆削，「曰若稽古帝堯」出孔子增加，尤爲臆説矣。

**周中孚《鄭堂讀書記・書類》** 《尚書質疑》八卷。原刊本。國朝王心敬撰。心敬字爾緝，號豐川，鄠縣人。乾隆元年薦舉賢良方正，以老疾不能赴京而罷。《四庫全書》存目。案《尚書》自西漢所傳之眞古文，後人謂之「今文」；東晉所上之僞古文，後人謂之「古文」。其考定《今文》、《古文》，自陳伯玉《尚書説》始；其分編《今文》、《古文》，自趙子昂《書古今文集注》始；其專釋《今文》，自吳草廬《書纂言》始。豐川因參用趙、吳兩家之説以作是編。前七卷爲《今文》二十八篇，後一卷爲《古文》二十五篇，即原來從出之先後爲編次之先後。而細注則《今文》字字全疏，《古文》但疏其格言嘉論。蓋以《今文》上世文字，即詳説猶懼未明；《古文》本明顯易讀，兼傳來本多疑案，無庸一一根究故，但取其有關勸戒者釋焉。其書較之《今文》、《古文》合編爲注，誠有上下牀之别，然如後來王西沚《後案》、《後辨》之分，尤覺有條理也。況其妄改《堯典》爲《帝典》，誤升《康誥》等三篇於《大誥》之前，併《太誓》之眞古文，亦失於輯録。而臆説異論又觸處皆是，何其與所作《易説》顯出二手耶？前有自序，而標題稱《古文》，玩其詞氣，似專爲《古文》而作，然則當有《今文》自序而佚之也。

## 今文尚書説

**《四庫提要・書類存目二》** 《今文尚書説》三卷。浙江巡撫採進本。國朝陸奎勳撰。奎勳有《陸堂易學》，已著録。是編皆訂補蔡沈《書傳》之闕失。大抵推求於字句之間，離合參半。所解惟伏生二十八篇，而《古文》則置之不言。蓋用吳澄《書纂言》之例，未爲無見。而所附《古文尚書辨》二篇，不引梅鷟、閻若璩的然有證之言，而又變爲《古文尚書》半眞半僞之説。自稱年將及艾，於《詩》、《禮》、《春秋》撰成經説三十八卷，夢見孔子心似别開一竅者，凡於《書》之眞贋，一覽自明云云。其亦近於語怪矣。

## 書經參義

**《四庫提要・書類存目二》** 《書經參義》六卷。浙江巡撫採進本。國朝姜兆錫撰。兆錫有《周易本義述蘊》已著録。是編以朱子命蔡沈作《書傳》，甫越歲而朱子亡，其間未是正者頗多。如集注「行夏之時」及「歲十一月」、「十二月」之屬，昭如日星。而《蔡傳》於《伊訓》之「元祀十有二月」及《泰誓》之「十有三年春」、《武成》「惟一月」之屬，皆力著不改時，不改月之辯。是顯與朱子有異。因作是書正之。計經文錯互篇簡者二條，錯分段落者五條，錯混句讀者二條，錯解文義者十二條，定錯復錯者一條。考蔡《傳》自南宋以來，即多異議，原非一字不刊之典。然兆錫所改，大抵推求字句，以意竄定，未能確有考證也。

## 尚書義疏

**《四庫提要・書類存目二》** 《尚書義疏》。無卷數。檢討蕭芝家藏本。國朝蔣家駒撰。家駒字千里，丹陽人。康熙庚午舉人，官懷集縣知縣。是編亦高頭講章之類，鈔本綴以圈點，其體段皆類時文。

## 禹貢會箋

**《四庫提要・書類二》** 《禹貢會箋》十二卷。安徽巡撫採進本。國朝徐文靖撰。文靖字位山，當塗人。雍正癸卯舉人，乾隆元年，薦舉博學鴻詞，試不入格。十七年，又薦舉經學，特授翰林院檢討。是書首列《禹貢》山水總目，以《水經》所載爲主，附論於下。次爲圖十有八，各係以説。書中皆先引蔡《傳》而續爲之箋，博據諸書，斷以己意。如汾水西入河，非東入河。徒駭即河之經流，非別有一經流。三江既入，終以南江、北江、中江爲正。九江在潯陽，非洞庭。皆不爲蔡《傳》所囿。至於蔡山則闕其所疑，不主《寰宇記》周公山即蔡山之説。於惇物則取《金史・地理志》，謂在乾州武亭縣，今武功縣之東南二百里。三危山引《西河舊事》爲昇雨山，謂《史記》注作卑羽山，蓋字之誤，竝辨胡渭之譌，皆具有考證。蓋説《禹貢》者，宋以來棼如亂絲，至胡渭《錐指》出，而摧陷廓除，始有條理可案。文靖生渭之後，因渭所已言而更推尋所未至，故較之渭書，益爲精密，蓋繼事者易有功也。惟信《山海經》、《竹書紀年》太過，是則僻於好古，不究眞僞之失耳。

**周中孚《鄭堂讀書記・書類》** 《禹貢會箋》十二卷。《徐氏六種》本。國朝徐文靖撰。文靖字位山，當塗人。雍正癸卯舉人，乾隆十七年薦舉經學，特授檢討。《四庫全書》著録。是書以蔡《傳》爲主，故先引蔡《傳》，而後博采羣書，斷以己意。首冠以《禹貢》山水總目，次以圖十八，各爲之考，并附以揚雄《九州箴》。案蔡氏解經，本未諳古義，而於《禹貢》尤多遷移之説。乃位山爲之作箋，取法先謬，且篤信《山海經》、《竹書紀年》，詳加引證。又浸淫宋人之説太甚，雖邵堯夫詩亦引及之，殊未見決擇也。間有駁正蔡《傳》及胡氏《錐指》之處，吾見亦罕矣。前有《禹貢圖》、自序及全書凡例，又有趙文晃弁序。

**張之洞《書目答問・列朝經注經説經本考證》** 《禹貢會箋》十二卷。徐文靖《徐氏六種》本。

## 禹貢譜

**嵇璜等《清通志・圖譜略・經學》** 王澍《禹貢譜》。謹按：是書各著經文于前，而附圖于後。大抵皆本蔡《傳》而參以諸家之説。

**《四庫提要・書類存目二》** 《禹貢譜》二卷。浙江巡撫採進本。國朝王澍撰。澍字若霖，亦或自書爲篛林，金壇人。康熙壬辰進士。歷官給事中。是書各著經文於前，而附圖於後。州爲二圖，一言疆界，一言貢道。導山導水及山川田賦亦各有圖，凡四十圖。大抵皆本蔡《傳》而參以諸家之説。條理簡明，頗易尋覽。然多因仍舊説，依違遷就，不能折衷歸一。與胡渭《錐指》蓋未可同日語也。

**周中孚《鄭堂讀書記補逸・書類》** 《禹貢譜》二卷。沈學子大成藏萬卷書樓刊本。國朝王澍撰。澍字若霖，號篛林，金壇人。康熙壬辰進士。歷官給事中。《四庫全書》存目。按是書乃篛林與錢塘金于蕘詢所共訂。參蔡《傳》及諸家之説，爲圖四十，凡九州，各爲疆界貢道二圖，餘則爲導山、導水、山川、田賦、五服諸圖。經文各載諸圖首。雖不及胡東樵之作，亦頗爲條理簡明，易於尋覽。前有匡山毛乾序。

## 尚書地理今釋

**《四庫提要·書類二》**《尚書地理今釋》一卷。山東巡撫採進本。國朝蔣廷錫撰。廷錫字揚孫，常熟人。康熙癸未進士。官至大學士。謚文肅。是編乃其官内閣學士時所作。首題恭録聖訓，蓋儤直内廷之日，仰承指授，敬繕成帙者也。其中訂定諸儒之説者，如《堯典》「宅嵎夷」，則據《後漢書》定爲朝鮮，正薛季宣、于欽之誤。「宅西」則據黄度《尚書説》，不限以一地，正徐廣《史記注》之誤。「釐降」、「嬀汭」，則據孔安國《傳》、陸德明《釋文》之説，正《水經注》嬀、汭二水之誤。《舜典》「恆山」，則據渾源、曲陽之道里，正《漢志》上曲陽之誤。「滎波既豬」，則據傅寅之説，正孔《傳》滎波分二水之誤。又訂定蔡沈《集傳》之説者，如《禹貢》「治梁及岐」，則據曾旼之説，辨其非呂梁狐岐。「九河既道」，則據《經典釋文》，辨簡潔非一河。「灉、沮會同」，則據《元和郡縣志》、《元豐九域志》，辨此沮水非泝沮。「浮于濟、漯」，則據《漢書·地理志》、陳師凱《書傳旁通》，辨其不知漯水所在。「濰淄既道」，則據《水經注》，辨淄水不東入濟。「浮于淮、泗」，則據《史記·河渠書》，辨禹時泗水上源不自泲通河。「三江既入」，則據鄭玄之説，辨其誤從庾闡《吴都賦注》。「和夷底績」，則據《水經注》、時瀾《書説》，辨嚴道以西無夷道。盤庚于今五遷，則據《史記索隱》，辨邢即音耿，祖乙並未兩遷。以及三危有二，嶓冢亦有二，熊耳有二而實一，雍、梁二州兼得岷山，荆、梁二州各有沱、潛，南亳、西亳皆湯所都，均考訂精核，足證往古之譌，釋後儒之惑。至於崑崙河源之説，非惟訂漢儒之謬，並證《元史》之非。是則恭逢聖代，混一輿圖，得以考見其實據，尤非前代經師輾轉耳食者比矣。《欽定書經傳説彙纂》已備采其文，此蓋其先出別行之本，敬著於録。俾天下萬世知聖學高深，度越千古，仰觀俯察，協契庖犧，一時珥筆之臣，鞠𦢊螭坳，備聆聖訓，得餘緒之萬一，已能總括古今，爲説經家所未曾有也。

**周中孚《鄭堂讀書記·書類》**《尚書地理今釋》一卷。《借月山房彙鈔》本。國朝蔣廷錫撰。廷錫字揚孫，號南沙，常熟人。康熙癸未進士，官至大學士，謚文肅。《四庫全書》著録。南沙官内閣學士時，於儤直之日，仰承聖祖仁皇帝指授，敬繕成帙。凡辨證地理，皆即今考古，故曰「今釋」。其中訂定諸儒之説，凡十一條；訂定蔡《傳》之説，凡九條。皆考證精審，足正舊説之譌。又是時西域已通中國，崑崙河源之説，使臣寫圖以誌支派經絡，瞭如指掌。諸家浮説，有所折衷，故於黑水同異，分注尤詳。《欽定書經傳説彙纂》久已全書收入，此蓋其先出別行之本。

**張之洞《書目答問·列朝經注經説經本考證》**《尚書地理今釋》一卷。蔣廷錫。借月山房本，《指海》本，學海堂本。

## 禹貢解

**《四庫提要·書類存目二》**《禹貢解》八卷。浙江巡撫採進本。國朝晏斯盛撰。斯盛有《楚蒙山房易經解》，已著録。《禹貢》一篇，自注疏而外，無慮數十百家。迨胡渭《禹貢錐指》出，條分縷晰，辨正詳博。斯盛是編，大概全取渭書而變其體例。中如渭引《水經注》，漳至斥漳縣入河，斯盛則以《漢志》「斥漳」下，應劭云：「漳水出治北入河」，蓋言漢時漳水在治北，其云入河者，以下流至阜城言也。漳水逕行鄴東，已當入故大河，若漢時阜城以上安得有河？渭據《水經注》濟「歷琅槐縣故城北」，淄入馬車瀆，逕琅槐故城南，故言淄、濟各自入海。斯盛以《漢書》淄「至博昌入泲」，師古注云：「泲，音子禮反，孔《疏》引作入海，誤也。」淄入泲不在馬車瀆，而在琅槐東之博昌界。其辨別亦頗精密。至其論碣石，據《漢志》驪成之大碣石山，即今昌黎縣北二十里所謂仙人臺、天橋柱者，不取王横淪於海中之説。又謂河、濟相通，浮濟自陶丘而西以達於河，周以後滎川道窒，至東漢時僅存滎菏澤渚之本源。故《漢志》云「軼出滎陽北平地」，非《禹貢》職方舊蹟，不取三伏三見之説。其他如冀之恆、衛，以恆由恆山得名，滱水出靈丘縣北高氏山，與渾源州恆山相連屬；衛由惡池得名，衛轉曰惡，惡轉曰虖，滱即恆，虖它即衛。皆因渭説而附益之。導河後附歷代徙流，亦因渭之書，刪繁就簡。於雍之黑水欲以打沖河當之，究不協入於海之文，且漫無實證。又渭不知今呼老黃河者爲宋之二股河，而以爲二股河行唐馬頰河故道；斯盛亦曰二股河尋唐景福以前馬頰河之道也，則又沿渭之誤，不能糾正矣。

## 尚書通義

**《四庫提要・書類存目二》** 《尚書通義》十四卷。浙江巡撫採進本。國朝方葇如撰。葇如有《周易通義》，已著録。是書亦仿《周易通義》之例，以《四書》成語釋之。如《禹貢》「冀州」至「四海會同」，則曰所謂「然後人得平土而居之」也，「五百里甸服」至「五百里米」，則曰所謂「五十而貢」，可想見矣。《洪範》「無虐煢獨而畏高明」，則曰「此三代之所以直道而行也」。全書皆用此例，可謂附會經義矣。

## 尚書舉隅

**《四庫提要・書類存目二》** 《尚書舉隅》六卷。江南巡撫採進本。國朝徐志遴撰。志遴字掄英，江西新城人。雍正甲辰舉人。其書刪節蔡《傳》，而於蔡《傳》後每條各以己意附注一二語，簡略殊甚。蓋於舉業之中更闢捷徑矣。

## 書經劄記

**《四庫提要・書類存目二》** 《書經劄記》。無卷數。江蘇巡撫採進本。國朝顧昺撰。昺有《周易鈔》，已著録。是編爲其三經解之二。取明陳第之說，謂《古文尚書》非僞。冠以《古文今文辯》，盡掃諸家考證，而斷以《大禹謨》之「精」「一」「危」「微」，《咸有一德》之「主善」、「克一」數語，謂非漢、晉所能作。蓋摭近時方苞之論，此明知徵實之難誣，又變而蹈空以求勝也。

## 尚書約旨

**《四庫提要・書類存目二》** 《尚書約旨》六卷。江蘇巡撫採進本。國朝楊方達撰。方達有《易經圖說會通》，已著録。是書大略墨守蔡《傳》，依文訓義。間有與蔡《傳》異者，亦僅鑽研語氣，未能考證其失。故所著凡例，亦自謂未脱講章舊局。至於名物典故，不甚詮釋，則以別撰《尚書通典略》故也。

## 尚書通典略

**《四庫提要・書類存目二》** 《尚書通典略》二卷。江西巡撫採進本。國朝楊方達撰。是書皆考辨《尚書》典故。首卷力主梅書之非僞，至以馬融、鄭玄不見《古文》，所見皆張霸僞《書》，而《顧命》「銳」字，又以爲《說文》本孔《傳》，蓋猶毛奇齡之緒論。其訓釋名物，多據理斷制，不由考證。如河出崑崙，信《水經注》五萬里之說，而駁元以來探求河源之謬，不知輿圖俱在，道里井然，是爲泥古而不徵今。《允征》篇中謂日食可以推算，不應馳走，不知自漢以前無預知日食之術，是爲知今而不稽古。蓋典制之學與義理之學，南轅而北轍也久矣。

## 禹貢方域考

**《四庫提要・書類存目二》** 《禹貢方域考》一卷。江西巡撫採進本。國朝湯奕瑞撰。奕瑞號玉峰，南豐人。雍正中，官福建鹽場大使。其書載《禹貢》本文，而專疏其方域界址。附《江河入海記》、《河源記》數篇於後。前有自序，謂刪撮胡渭《禹貢錐指》而爲之，故卷首自稱曰「纂輯」，明爲渭書之節本云。

## 禹貢約義

《四庫提要・書類存目二》　《禹貢約義》。無卷數。兩江總督採進本。國朝華玉淳撰。玉淳字師道，號澹園，金匱人。是編考證《禹貢》山水，詳略頗不畫一。蓋隨事紀載，未及成書之稿本也。其論三江，主鄭玄、蘇軾之說，極爲有見。論九江則以九江爲洞庭，大抵與胡渭所見同。不知九江自在潯陽，古者江則名江，河則名河，未有以洞庭爲九江者，應劭諸家不可廢。且澧江已見於經，而雲夢亦跨岳陽之界，洞庭之說終屬未安，玉淳蓋未深考耳。

## 尚書質疑

《四庫提要・書類存目二》　《尚書質疑》二卷。江西巡撫採進本。國朝顧棟高撰。棟高字震滄，晚年好治《春秋》，又自號左畬，無錫人。康熙辛丑進士。乾隆辛未薦舉經學，賜國子監司業。丁丑又賜國子監祭酒銜。所著《春秋大事表》，最爲精密。其注詩，亦有可觀。惟此一編，較他書爲次乘。其例不載經文，亦不訓釋經義，惟標舉疑義，每條撰論一篇，爲數凡四十有一。大抵多據理臆斷，不甚考證本末。如謂帝王巡狩必不能一歲而至四嶽，因疑惟泰山爲天子親至，餘皆不至其地，引泰山獨有明堂爲證。且稱華山、恆山、衡山久在晉、楚境內，若有明堂，而爲晉、楚所毁，列國宜何如問罪，《春秋》宜何如大書特書？夫《春秋》明例，承告乃書，二百四十年中，未有以毁某來告者也，安得以《春秋》不書毁爲本無明堂之證。晉不奉正朔，《春秋》凡載晉事，傳與經皆差兩月，杜預以爲晉用夏正。楚僭稱王號，孰問其罪？又安得以《春秋》無書毁明堂者爲本無明堂之證乎？《古文尚書》晉時乃出，棟高既確信「危微精一」數語，斷其必眞。案「危微精一」數語，實荀子所載，云出道經。乃獨以兩階干羽一事爲劉歆竄入，主名確鑿，此出何典記也。《山海經》本不足信，蔡《傳》引其怪說以注《禹貢》，自是一失。棟高駁之是也。至謂爲劉歆所僞作，則《禹本記》、《山海經》之名先見於《史記・大宛傳贊》，亦歆所竄入歟？周代諸侯所以能知其名者，賴《春秋》傳耳。夏商年遠文略，靡得而徵，乃謂夏商不封建同姓，考《史記・夏本紀》曰：「禹爲姒姓，其後分封，用國爲姓，故有夏后氏、有扈氏、有男氏、斟尋氏、彤城氏、褒氏、費氏、杞氏、繒氏、辛氏、冥氏、斟戈氏」云云，則夏代分封，史有明證，烏得遽斷其無？如以不見於書而斷之，則《今文》惟有齊呂伋、魯伯禽、晉文侯、秦穆公，《古文》惟有蔡仲耳。周公封魯，召公封燕，書且無明文矣。他如論堯、舜、禹非同姓，論商周改時改月。論亂臣十人中有膠鬲，論《洪範》不本《河圖》、《洛書》，論微子面縛而又左牽羊右把茅，論周公未曾居攝，亦皆前人之舊論，不足以言心得。大抵棟高窮經之功，《春秋》爲最，而《書》則用力差少。人各有所短長，不必曲爲之諱也。

## 心園書經知新

《四庫提要・書類存目二》　《心園書經知新》八卷。浙江巡撫採進本。國朝郭兆奎撰。兆奎平湖人。是書成於乾隆乙亥，兆奎年七十三矣。大旨以蔡沈《集傳》爲本，而時參己見，故曰「知新」。如解《堯典》「命羲和」數節，則謂後世日晷爲定分至之要，而舉南北極及歲周歲差之法皆以爲不足信。解《禹貢》則謂黑水非有二水，因九江、三江未盡入海，上流泛濫，溢出於西；謂漢枝分於大別入江，其正流爲北江，在彭蠡之北；江枝分會於彭蠡，其正流爲中江，在彭蠡之南。他如「涇屬渭、汭」條下，訾《周禮・職方》爲後來雜湊之書。於《甘誓》條下，訾《禮記・曾子問》一篇牽多不經。於《伊訓》論三年之喪，訾《儀禮》喪服之經及《禮記》爲非。說六律則謂古無「六呂」及「隔八相生」。其《國語》禘、郊、宗、祖、報，《左傳》羿、澆、管、蔡之事，皆訾爲謬說。大抵不信古經，自以意斷。惟篤信梅賾《古文》，故卷末附《古今文辯》，謂秦焚民間《詩》、《書》，其博士所職，漢初猶有全書。又謂蔡邕書石經，即全《古文》。蓋取毛奇齡《古文尚書冤辭》之説，重爲申衍。不知漢時古經果完，何以立於學官者，僅伏生所傳；以及賈、馬、鄭諸大儒親見古文者，其所傳述，何以絶不涉伏生所傳之外也。

## 尚書小疏

**《四庫提要·書類存目二》** 《尚書小疏》一卷。江蘇巡撫採進本。國朝沈彤撰。彤字貫雲，號果堂，吴江人。嘗預修《三禮》及《一統志》，議叙九品官。是編所解，自《堯典》至《禹貢》僅數十則，而往往失之好異。如謂禹時交州本屬荆梁，胡渭《禹貢錐指》以九州大略不踰五嶺者非是，蓋沿閻若璩《潛丘劄記》之説。然《潛丘劄記》精核者多，惟此條則過泥《通典》。今姑以《禹貢》經文求之，自五百里甸服至五百里荒服，每面各二千五百里，九州凡五千里，自孔、鄭諸儒無有異辭者也。經稱「荆及衡陽惟荆州」，《通典》稱衡陽郡去洛陽二千七百六十八里，以南北兩面計之，已逾於五千里。至稱荆州之域兼有零陵、江華、桂陽、連山諸郡，又稱零陵去洛陽三千五十五里，江華去洛陽三千五百八十里，桂陽去洛陽三千五十七里，連山去洛陽三千五百八十九里，則荆州南域已逾千里有奇。恐經所云衡山之陽，未必遼闊如此。《禹貢錐指》謂騎田嶺北爲桂陽，嶺南爲連山，連山亦古南越地，不當入荆域，其駁正最爲允協；必反其説已爲非是，乃更謂荆州之域直統交趾，則距洛陽凡七千二百二十五里，較經文荒服里數三倍過之，寧有是事乎？至引《後漢書》爲證，尤屬牽合。考《獻帝本紀》，建安十八年復《禹貢》九州，注引《獻帝春秋》曰：「時省幽、并州，以其郡國并於冀州，省司隸校尉及涼州，以其郡國并爲雍州，省交州，并荆州、益州，於是有兖、豫、青、徐、荆、揚、冀、益、雍。」據此則當時特復《禹貢》九州之名，非謂漢之疆域即禹疆域，又安得以後證前耶？其他附會游移之説，往往類此。蓋彤長於《三禮》，而《尚書》非其所精，又務欲求勝於胡渭，故糾紛至是，不足爲據也。

**周中孚《鄭堂讀書記·書類》** 《尚書小疏》一卷。《儀禮小疏》附刊本。國朝沈彤撰。彤字冠雲，號果堂，吴江人。乾隆丙辰薦舉博學鴻詞，嘗預修《三禮》及《一統志》，議叙九品官。《四庫全書》存目。果堂精《三禮》之學，於《尚書》所得頗淺，偶成此一卷。僅《虞書》二十一條，《夏書》六條。其解《禹貢》務必求勝於胡朏明《錐指》之説，反失之支離。考《果堂集》五有《古文尚書考序》一篇，《書〈古文尚書冤詞〉後》二篇，知其不信後出《古文》。而是編忽解及「文命敷于四海，祇承于帝」二句，殊屬無謂。現今講《尚書》者其書大備，江、王、段、孫四家。是卷寥寥數則，等諸自鄶以下可也。

## 晚書訂疑

**吴壽暘《拜經樓藏書題跋記》卷一** 《晚書訂疑》。鈔本《晚書訂疑》三卷。程廷祚撰。先君子校正並多訂補。

## 書經提要

**《四庫提要·書類存目二》** 《書經提要》十卷。兩江總督採進本。國朝徐鐸撰。鐸有《易經提要録》，已著録。是書體例亦不録經文，但標舉字句，雜采諸家之説而以己意融貫之，然大抵推求文義之學。如王心敬以「曰若稽古」一句爲孔子所加，至爲無理，而鐸曰「其説可從」，殊乏考訂。他如解《大禹謨》曰：「堯曰『大哉堯之爲君』，舜曰『大舜有大焉』。舜繼堯稱大舜，禹繼舜故亦稱大禹。」然則《大禹謨》之作，在《論語》、《孟子》後乎？

## 古文尚書考

**周中孚《鄭堂讀書記補逸·書類》** 《古文尚書考》二卷。讀經樓刊本。

國朝惠棟撰。履貫見《易》類。是書亦爲辨東晉梅賾所上二十五篇之僞而作也。上卷引據辨論，證明其僞；下卷考注來歷，以發其剽竊之迹。初，定宇爲是書，未見閻百詩《古文尚書疏證》，既得其書，則大旨有闇合者，因採閻氏說增入之。但閻氏於《太誓》猶沿孔穎達《正義》之誤，因東晉之《太誓》僞，併疑西漢之《太誓》亦僞，乃爲正定其一眞一僞。而文詞簡約，辨正詳明，有過之者。沈果堂彤序之。定宇所著書，先皆刊行，獨此本至乾隆壬子，宋子尚廷弼始得而付之梓。錢竹汀大昕有序，子尚亦有跋。

**張之洞《書目答問・列朝經注經說經本考證》** 《古文尚書考》二卷。惠棟。省吾堂本，學海堂本。

## 尚書私學

**《四庫提要・書類存目二》** 《尚書私學》四卷。編修程晉芳家藏本。國朝江昱撰。昱字賓谷，號松泉，甘泉人。貢生。是書大旨謂《古文尚書》論政、論學莫不廣大精深，非聖人不能道。故其說多據理意斷，然亦有偶然標識，無關大義者。如謂「凜乎若朽索之馭六馬」，「若蹈虎尾涉於春冰」，皆晉人危語之祖云云，殆非詁經之體。又如稱「刑，金氣也。苗爲暴虐淫過之刑，殺戮無辜，金氣盛極，故惡臭薰蒸，變而爲腥，腥於五臭爲金」云云，亦過於求深也。

## 書傳鹽梅

**周中孚《鄭堂讀書記補逸・書類》** 《書傳鹽梅》二十卷。聽雨樓刊本。國朝黄文蓮撰。文蓮字芳亭，號星槎，上海人。乾隆庚午舉人，官泌陽知縣。是書根據孔《傳》，而以蘇氏《書傳》，蔡氏《集傳》校其同異，竝取明以上諸儒之說，附以己見，考定其得失。其蘇《傳》則全載，而蔡《傳》則摘列。蘇《傳》《說命》曰：「鹽梅和而不同者也」，其書名取此。蓋大旨以蘇氏爲主，亦可謂讀書有得，能擇所從者矣。卷首有自序凡例。

## 尚書大傳考纂

**周中孚《鄭堂讀書記・書類》** 《尚書大傳考纂》三卷。槐古堂刊本。國朝董豐垣撰。豐垣字暨之，號菊町，歸安人。乾隆辛未進士，官扶溝縣知縣。菊町以伏生所爲《尚書大傳》書最古而罕完，乃日隨所讀書，考纂成編。案《大傳》乃斷截《尚書》事辭，采異言以申證其義，若《韓詩外傳》者流，非章句之體，故曰《大傳》。要之，經語、傳語，無不並具者。今此書經、傳並具者誠多，然不具傳語而獨具其經，不具經語而獨具其傳，或語雖並具而不倫且重出者，亦皆有之。蓋菊町考纂，於羣儒撰述之中，隨其所采而采焉，故其體非一也。後得孫晴川所輯，補録數條，然亦多殘闕失次，因互爲考校其得失，別加詮次爲三卷，如隋、唐《志》之數云。末爲「補遺」、「備考」、「附録」、「源委」四篇。前有其父熜及吳江沈彤二序，蓋與盧雅雨同時，而不知其已有校刊古本，雖不及盧本之有條理，然較之孫本則殊爲賅備矣。

## 尚書既見

**李慈銘《越縵堂讀書記・書類》** 《尚書既見》清莊存與撰。莊氏之《尚書既見》，向讀龔定盦所譔碑文云云，私揣其書必毛氏《古文尚書冤詞》之流。而侍郎素稱魁儒，又在毛氏後，既有爲而作，當更援據精慎，不似毛氏之武斷。乃今閱之，既無一字辯證其眞僞，亦未嘗闡發其義理，但泛論唐虞三代之事勢，憑私決臆，蔓衍支離，皆於經義毫無關涉。其開首即論舜征苗事，謂此尚是舜攝位而未爲天子時，則枚書述益贊禹之言，明云帝初于歷山，舜但攝位而臯陶已稱之曰帝，不幾自相矛盾乎？又據《孟子》帝使九男二女以事舜於畎畝之中語，謂舜徵庸以後，未受堯官，故尚在畎畝，而有舜往于田號泣之事，皆逞辨無理。其書僅三卷，卷不及五千字，而辨成王非幼年即位一節，至七八千字，所引不出《孟子》。附會糾纏，浮辭妨要，乾隆間諸儒經說，斯最下矣。阮氏《學海堂經解》中屏之不收，可謂有識。同治癸亥十月十七日。

## 尚書釋天

**張之洞《書目答問・列朝經注經説經本考證》** 《尚書釋天》六卷。盛百二。學海堂本。

## 尚書未定稿

**李慈銘《越縵堂讀書記・書類》** 《尚書未定稿》清茹敦和撰。閲茹三樵先生《尚書未定稿》，其力主《古文》孔《傳》爲非僞，猶是西河毛氏之説。吾鄉之言學者，如萬氏季野、邵氏瑤圃皆信古文，蓋越之宗派如是也。茹氏更謂鄭君二十四篇之目，即出於張霸《百兩篇》中，非鄭君本有，乃後人從張書摘出竄入鄭書者，則益爲無稽矣。餘多秪排閻氏，又一引王氏《後案》而系以微辭。三樵與西莊甲戌同年，而持論不同如此。其歷引鄭君他注，以證與二十四篇之目抵牾之處，亦足以備一説。光緒乙亥十二月十五日。

## 尚書注解纂要

**《四庫提要・書類存目二》** 《尚書注解纂要》六卷。湖北巡撫採進本。國朝吳蓮撰。蓮字余嘉。江都人。是書融會蔡沈《集傳》之義，每節之下先標指意，而各隨文句詮釋之，無所考證。

## 尚書集注音疏

**周中孚《鄭堂讀書記・書類》** 《尚書集注音疏》十二卷。卷末一卷。《外編》一卷。近市居刊本。國朝江聲撰。聲字叔澐，號艮庭，吳縣人。嘉慶元年薦舉孝廉方正。是書主發揮漢儒之學，專釋眞《古文》二十九篇，取馬、鄭之注及伏生《大傳》異義參酌而輯之，更旁采他書之有涉於《尚書》者以益之。其王肅注及《僞孔傳》，擇其不謬於經者間亦取焉。皆以己意爲之疏，以申其義。其亡篇之遺文，有散見他書者，則并其原注采之，各隨其篇第而附厠其間。其無篇名者，總列於後。爲《書》十卷并百篇之序一卷，逸文一卷，卷末補誼九條，附識譌字一條，述一篇，後述一篇。外編爲《尚書經師系表》。經文及注下各爲之音，則仿《經典釋文》例也。按：王西沚《尚書後案》雖列馬、鄭、王注，二孔傳疏於前，而列《後案》於後，尚非注疏之體。故艮庭取法惠氏《周易述》而作此書，原本漢儒推闡考證，雖掇拾散佚，未能備睹專門授受之全要，其引據古義，具有根柢，以視孔氏之疏僞傳，則相去遠矣。惟文字全本《説文》字體書之，且誤仞讀若之字爲正字，而改易經文，未免泥古而失之前。有乾隆甲辰募刊小引及甲寅刊竣跋。

**馬國翰《玉函山房藏書簿録・書類》** 《尚書集注音疏》十四卷。並學海堂本。國朝徵士吳縣江聲叔澐撰。一號艮庭，從學於惠松崖。搜集漢儒之説，以注《今文》二十九篇。漢汼不備則旁考他書，精研故訓，以足成之。並爲之音疏。凡《僞孔傳》皆黜之。自一卷至十卷經書；十一卷百篇之叙；十二卷逸文六十二條，又附二十條；十三卷題卷末，補誼九條，附識譌字一條，集注音疏、集注音疏述各一；十四卷爲外編，「周書經師系表」。引述宏富，辨正亦精核。

**李慈銘《越縵堂讀書記・書類》** 《尚書集注音疏》清江聲撰。閲江氏《尚書集注音疏》，自注自疏，古所罕見。江氏蓋用其師惠定宇氏《周易述》家法。惠氏以荀、鄭、虞等《易》注既亡，掇拾奇零，非有一家之學可據，故不得不爲變例。江氏亦以馬、鄭之注，由於輯集，故用其師法。鉅儒著述，皆有本原，不得以井管拘墟，輕相訾議也。同治辛未正月二十三日。

**張之洞《書目答問・列朝經汼經説經本考證》** 《尚書集注音疏》十二卷。江聲。原刻篆書、眞書兩本。學海堂本。

## 尚書經師系表

**張之洞《書目答問・列朝經注經說經本考證》** 《尚書經師系表》一卷。江聲。原刻篆書、眞書兩本,學海堂本。

## 尚書後案　附後辨

**周中孚《鄭堂讀書記・書類》** 《尚書後案》三十卷。《後辨》一卷。原刊本。國朝王鳴盛撰。鳴盛字鳳喈,一字禮堂,號西沚,嘉定人。乾隆甲戌賜進士第二。官至内閣學士,降光祿寺卿。案:眞《古文尚書》,二十九篇并序一篇,自孔安國遞傳至衛敬仲、賈景伯、馬季長、鄭康成、王子雍,皆爲之注。安國未嘗作傳,衛、賈之注,自陸氏作《釋文》時已亡,故不引及,惟引及馬、鄭、王注,孔沖遠撰《正義》,舍鄭而從《僞孔傳》者,蓋承二劉之疏爲藍本,而不能獨創鄭注之疏爾。因之歷唐及宋,馬、鄭、王注既亡,而眞《太誓》亦與之俱亡。西沚從羣書中所引,搜羅馬、鄭、王注及眞《太誓》,惜已殘闕,以鄭師祖孔學,獨得其眞,於是以鄭爲主,而傳益以馬、王、二孔傳疏,作案語,以詳說釋鄭義。馬、王、二孔傳疏與鄭異者,條晰其非,折中於鄭氏。名曰「後案」者,言最後所存之案也。至僞孔之《傳》爲沖遠等所疏者,本有眞《古文》在内,故得繫於三家之下。惟《太誓》別造三篇,除去二十八篇眞《古文》,尚有僞造《舜典》二十八字及《大禹謨》以下二十五篇,今仍録其文,并二孔傳疏於下,而別爲《後辨》一卷。以其所補綴皆有所本,因歷引羣籍以辨證之,併首辨及二孔序疏及《釋文》,又載及《史》、《漢》諸書以爲證焉。蓋自趙松雪、吴草廬分《今文》、《古文》以後,至此始有定本。由是江艮庭、段茂堂、宋牛塘暨孫淵如師諸家接踵而起,先之者西沚是書也,厥功偉已。前有自序及采取書目。

**馬國翰《玉函山房藏書簿録・書類》** 《尚書後案》三十卷。《後辨》二卷。學海堂本。國朝光祿寺卿嘉定王鳴盛鳳喈撰。一號禮堂。發揮鄭康成一家之學。謂《古文》三十四篇及《今文》二十九篇,特于其中分《盤庚》、《太誓》各爲三,分《顧命》爲《康王之誥》。鄭得孔學之眞,止注三十四篇及百篇之序,增多者無注,故此編以三十四篇分二十九卷,《盤庚》三、《太誓》三、《顧命》、《康王之誥》各分篇,而合卷,其卷三十,則百篇之序也。附《後辨》二卷,辨注疏及各傳序之說,並增多各篇,引用書目凡一百三十一部,最爲博贍,論斷亦精確。《古文尚書辨》二卷。青照堂本。王鳴盛撰。即《尚書後案》中所載《後辨》二卷也。取孔傳《古文》增多二十五篇,攻辨不遺餘力,視閻、惠二家尤詳備。朝邑舉人李元春時齋附以評語,同邑劉振清金亭別刊以行。

**張之洞《書目答問・列朝經注經說經本考證》** 《尚書後案》三十卷。王鳴盛。原刻單行本,學海堂本。

## 尚書讀記

**《四庫提要・書類存目二》** 《尚書讀記》一卷。編修周永年家藏本。國朝閻循觀撰。循觀字懷庭,號伊蒿,昌樂人。乾隆丙戌進士。官吏部考功司額外主事。是編爲濰縣韓夢周所刊,凡七十六條。循觀亦不信《古文》,其解《金縢》「我之弗辟」爲弗辟攝政之嫌,《康誥》首四十八字非錯簡,及《費誓》伯禽征徐戎爲周公在時事,並根據《史記》爲說,蓋司馬遷受《古文尚書》於孔安國,其所引證,足爲根據也。其他則多循文生義之說,蓋本其讀書之時,偶記簡端,循觀沒後,夢周録爲此帙,初非著成之書,故所解止此耳。

## 尚書義考

**繆荃孫《藝風藏書記・經學》** 《尚書義考》一卷。休寧戴震撰。稿本。備采衆說而折衷之。原定《虞夏書》四篇、《商書》五篇、《周書》十九篇,止成《堯典》一卷,見孔檢討所撰墓表。

# 禹貢三江考

**周中孚《鄭堂讀書記・書類》**　《禹貢三江考》三卷。《通藝録》本。國朝程瑤田撰。瑤田字易疇，號讓堂，歙縣人。乾隆庚寅舉人，官嘉定縣教諭，嘉慶元年薦舉孝廉方正。是編乃其考論《禹貢》三江之文。凡二十一篇。專涵泳《禹貢》導漢、導江及荆、揚二州諸經文并鄭注各條，得其端緒而是正之，所以別異於諸説三江必分三條水也，但阮雲臺師歷考《初學記》所引非眞鄭注，而本「東迆者爲南江」，鄭揅注立説，見《揅經室一集》誠所謂存什一於千百，一經昌黎氏之張皇幽渺，尋其墜緒，乃如懸之衆間，無不見之而聞之也。從此三江之説，學者可無庸置喙於其間矣。如程氏此考，吾師未嘗采録，蓋以不辨辨之也。

**馬國翰《玉函山房藏書簿録・書類》**　《禹貢三江考》三卷。學海堂本。國朝徵士歙縣程瑤田易疇撰。大要主圓光蘇氏三江止一江之説，歷取鄭注及酈道元《水經注》言三江者，並近代全謝山説論之，凡二十篇，甚爲昭晰。

# 尚書考辨

**周中孚《鄭堂讀書記・書類》**　《尚書考辨》四卷。嘉慶己未刊本。國朝宋鑒撰。鑒號半塘。安邑人。官南雄府通判。是編專攻僞《古文尚書》，以申眞《古文尚書》而作。卷一爲《今文古文辨》、《今文尚書考辨》、《古文尚書考辨》，卷二爲《眞古文尚書三十一篇考辨》，卷三、卷四爲《僞古文尚書二十五篇考辨》上、下。後出二篇附。詳引博考，具見斷制。於眞《古文》、僞《古文》則俱列全文，而附考於每篇之後。而第四卷復分條辨析，尤爲推見至隱。惜其於眞《太誓》不能披集以列於眞《古文》之内，則猶爲閻百詩《疏證》之説所蔀，未能卓然有灼見也。近孫淵如師序其所作《今古文注疏》，稱此書爲能辨證僞《傳》，則似未覩其書而謬斷之矣。

**馬國翰《玉函山房藏書簿録・書類》**　《尚書考辨》四卷。宋氏原刊本。國朝南雄府通判安邑宋鑒半塘撰書。亦辨《今文》、《古文》之眞僞，與太原閻氏、元和惠氏意旨略同，而考據尤密。

# 古文尚書撰異

**周中孚《鄭堂讀書記・書類》**　《古文尚書撰異》三十二卷。原刊本。國朝段玉裁撰。玉裁字若膺，號茂堂，金壇人。乾隆庚辰舉人，官巫山縣知縣。茂堂以兩漢博士治歐陽、夏侯《尚書》，載在令甲，漢人詔冊章奏，皆用博士所習者，乃《今文》也。至後漢衛、賈、馬、鄭迭興，《古文》之學始盛。賈逵分別古今，劉陶是正文字，其書皆不存。因廣蒐補闕，自《堯典》迄《秦誓》爲三十一篇，合之即二十八篇。《書序》一篇，篇各一卷。所載經文仍用《僞孔傳》本，而稍從古文，其《太誓》三篇，唐後乃亡，故存其目。而逸文不別爲篇，亦如各篇逸文，附於《太誓》序下，參伍鉤考，博引繇稱，大抵詳於字而略於説字之異同，以正晉、唐之妄改，存周、漢之駮文。間於其説同異，亦時時論及之，所以折衷古義也。取賈逵傳語，名曰《古文尚書撰異》。自有此書，而《今文》、《古文》之異同，昭昭然白黑分矣。故孫淵如師撰《今古文注疏》，於字之異同，一本是書，不假他求也。書成於乾隆辛亥，自爲之序。

**馬國翰《玉函山房藏書簿録・書類》**　《古文尚書撰異》三十三卷。學海堂本。國朝巫山知縣金壇段玉裁若膺撰。一號茂堂。定《古文》三十一篇，《太誓》三篇存其目，末《書序》一篇，合三十二篇。篇爲一卷。考證文字最精核。自序曰：「賈逵分別古今，劉陶是正文字，其書皆不存。今廣蒐補闕，因篇爲卷，略於説義，文字是詳，正晉唐之妄改，存周漢之駮文，取賈逵傳語，名曰《古文尚書撰異》。」段長於《説文》學，即此亦可見矣。

**李慈銘《越縵堂讀書記・書類》**　《古文尚書撰異》，清段玉裁撰。閱段氏《古文尚書撰異》，其意實矯江氏聲、王氏鳴盛之專主《説文》諸書，改定經文，而尤與江氏爲難。然謂枚氏所傳之古文三十一篇，字字爲孔安國眞本，夫亦孰從而信之。苦爲分別，多設游辭，所謂甚難而實非者，徐謝山詆其爲僞《古文》訟冤，有以也。惟其博證廣搜，旁及音詁，義據精深，多有功於經學，故爲治《尚書》者所不可廢耳。同治甲戌六月初五日。夜閲段氏《古文尚書撰異》。此書詁訓紛綸，可謂經學之窟。惟必分析今文、古文，鑿鑿言之。且謂漢、魏以前歐陽、夏侯《尚書》無今文之稱；孔安國所傳《尚書》，亦用今字；《説文》所載《尚書》古文，馬、鄭、王本皆無之；俱近於任肊而談，意過其通，反爲蔽也。臧拜經言錢竹汀氏有籤記頗多，惜不得見之。光緒戊寅正月二十三日。

**張之洞《書目答問・列朝經注經説經本考證》** 《古文尚書撰異》三十三卷。段玉裁。自著《經韻樓叢書》本、學海堂本。

## 尚書剩義

**《四庫提要・書類存目二》** 《尚書剩義》四卷。湖南巡撫採進本。國朝黄璘撰。璘有《周易剩義》已著録。是書分條疏解，大旨爲制義而作，與所註《周易》體例相同。

## 尚書古文考異

**馬國翰《玉函山房藏書簿録・書類》** 《尚書古文考異》一卷。《函海》本。國朝日本山井鼎物觀撰。原載井鼎《七經孟子考異》，綿州李氏調元刊此單行。其所據書多與世行本不同，且多彼國人所撰，此可見聲敎之暨訖矣。

## 尚書協異

**馬國翰《玉函山房藏書簿録・書類》** 《尚書協異》二卷。資敬堂本。國朝上元戴祖啓未堂撰。《自序》謂：余以他經傳子史及諸古注家引《書》考之，要之伏生所授不大異于今所行五十八篇中之三十三篇也。又謂：竊簡唐本先爲協異，以明古今文字小異，而不失大同，然後知經文之有所定，蓋善爲爭古今文字之異同者折其衷矣。



## 尚書涉傳

**馬國翰《玉函山房藏書簿録・書類》** 《尚書涉傳》四卷。資敬堂本。戴祖啓撰。所注止伏生所傳二十八篇，並今文《泰誓》亦削而不注。訓義多採秦漢古説，皆著其所出，義必繫家國天下典禮彝倫之重，身心自治之本。名「涉傳」者，取《史記》涉《尚書》以敎之意也。

## 尚書今古文注疏

**周中孚《鄭堂讀書記・書類》** 《尚書今古文注疏》三十卷。冶城山館刊本。國朝孫星衍撰。星衍仕履見《禮》類。先是吾師嘗取王厚齋所輯《尚書》鄭注，補其未備，又附益以馬注，爲《古文尚書注》十卷，《尚書逸文》二卷。既又以《史記》所説爲孔安國故，伏生《書大傳》爲夏侯、歐陽説，馬、鄭注爲本衛宏、賈逵孔壁《古文》説，皆有師法，不可遺也，因合集爲今、古文注而疏之。偏采古人傳記之涉《書》義者，自漢、魏迄於隋、唐，不取宋已來諸人注者，以其時文籍散亡，較今代無異聞，又無師傳，恐滋異説也。又采近代王西沚、江艮庭、段茂堂諸君《書》説，暨王懷祖、王伯申、莊葆琛、畢恬谿諸家，亦孔沖遠所謂「質近代之異同，存其是而削煩增簡」者也。創始於乾隆甲寅，至嘉慶乙亥迄功，凡《虞夏書》四篇，《商書》五篇，《周書》二十篇，《書序》一篇。篇各爲卷，共三十卷。中有析一卷爲上、下卷及上、中、下卷者，則三十九卷也。近儒講《尚書》之成全書者，王西沚有《尚書後案》，江艮庭有《尚書集注音疏》，段茂堂有《古文尚書撰異》。但西沚用鄭《注》兼存僞《傳》，不載《史記》、《大傳》異説，艮庭篆寫經文，又依《説文》改字，所注《禹貢》僅有古地名，不便學者循誦。茂堂之書，亦僅分別今、古文字，而不及注義。吾師實取三家之書而折其衷，定著此書，眞能集《尚書》之大成。雖上之朝廷，頒之學宮，可也。後學驟讀是書，或未領略其旨，試先取三家之書以次循誦畢後，然後溫習是書，則思過半矣。所微憾者，《堯典》僅六十八葉，而必以「帝曰欽哉」、「愼徽五典」以下另分爲下卷。《皋陶謨》僅五十葉，而必以「帝曰：『來，禹！汝亦昌言』」以下另分爲中卷，則仍蹈《僞孔》分卷之誤矣。惟以「帝曰欽哉」四字屬下卷，則非通古義者不知也。至《書序》傳自孔子，本屬一篇，《僞孔》分冠篇首，後人議之。今取《逸書》之殘篇零句，分附於各序之下，試問馬、鄭原本有如是否？初刻馬、鄭注，《書序》自《書序》，逸文自逸文，尚不相亂，乃因段氏《撰異》，以逸文分附各序下，遂改而從之，不知彼爲考證正文，此爲復古注疏，體例各異，何可同也？且既作注疏，必須更作釋文，而此亦不及之，尚未美備。然即此三十卷書，體大思精，得未曾有，固近時經學之大宗，間有小疵，不害其全書也。前有自序、凡例。

**馬國翰《玉函山房藏書簿録・書類》** 《尚書今古文注疏》二十九卷。平津館本。又學海堂本。國朝山東督糧道陽湖孫星衍淵如撰。用伏生所傳二十八篇，輯諸書所引今文《泰誓》一篇，凡二十九篇，謂《古文尚書》篇與《今文》同，俱採伏生、歐陽、大小夏侯、衛、賈、馬、鄭王肅逸說爲注，而詳疏其義。後列《書序》一篇，分上、下卷，逸文附各序下，亦爲注疏。漢、魏舊說萃薈於此編，存古之功可謂劬且篤矣。

**張之洞《書目答問・列朝經注經説經本考證》** 《尚書今古文注疏》三十卷。孫星衍。平津館本，學海堂本。孫勝於王。

## 禹貢輿圖考

**朱記榮《國朝未刊遺書志略・經目》** 《禹貢輿圖考》。嘉興朱廣川松溪。

## 尚書補疏

**周中孚《鄭堂讀書記・書類》** 《尚書補疏》二卷。原刊本。國朝焦循撰。循里籍見「五經總義類」。里堂以東晉晚出《尚書孔傳》，且置其假託之孔安國而論，其爲魏晉間人之傳，則未嘗不與何、杜、郭、范等先後同時，則此傳何可存而不論。嘗綜其不僞之二十八篇之傳，而平心論之，有七善焉。既集録其傳，爲《書義叢鈔》，所有已見著爲此編，蓋與《叢鈔》相表裏。原可合兩書爲一書，所以分爲二者，欲與各補疏一例也。余以里堂本《易》學專門，而忽涉獵諸經以爲補疏，竟以馬、鄭古義爲不及《僞傳》，時《尚書今古文注》初出，里堂尚未肄業及之耳。前有嘉慶戊寅自序。

**馬國翰《玉函山房藏書簿録・書類》** 《尚書補疏》二卷。學海堂刊。半九書塾原本。國朝焦循撰。因諸家多以孔《傳》爲僞，乃爲持平之論，謂其訓詁章句之間，誠有未善，然三盤五誥諸奧辭，《傳》皆一一疏通，雖或有規難而辨正之，終不能不用爲藍本，故爲孔《傳》作補疏，亦《周易》補疏之意也。止疏眞《古文》，增多之篇置弗論焉。

**張之洞《書目答問・列朝經注經説經本考證》** 《尚書補疏》二卷。焦循。《焦氏叢書》本，學海堂本。

## 禹貢鄭注釋

**張之洞《書目答問・列朝經注經説經本考證》** 《禹貢鄭注釋》二卷。焦循《焦氏叢書》本。

## 尚書校勘記

**馬國翰《玉函山房藏書簿録・書類》** 《尚書校勘記》二十二卷。學海堂本。國朝阮元撰。以宋十行本爲據，參考衆本。德清貢生徐善原校録。

## 尚書證義

**周中孚《鄭堂讀書記補逸・書類》** 《尚書證義》二十八卷。友伏齋刊本。國朝周用錫撰。用錫，平湖人。乾隆乙卯副榜。是編成於嘉慶丙子。亦專釋《今文尚書》。前有汪瑶菴廷珍序及自序。汪序稱其參考羣籍，綜覈雅詁，推聲音文字之原，究古今假借之變。又稱其義無虚搆，文必足徵。至如「曰若稽古」，不用鄭説；《康誥》錯簡，則取蘇氏；「圻父薄違」，讀依介甫；「俾我一日」，句準蔡《傳》，擇善而從，不分畛域。又若「命以《康誥》」，是監非封，「逆子南門」，或由出使，若斯之類，雖無確證，足備一義。而且依經訓説，不崇辨論，異同得失，竢諸後賢，庶乎古人實事求是之學。按是書集自漢至宋諸説經篆義之長者，而傳以己見，實爲一家之作。然其定經爲二十八篇，亦黜《太誓》，而仍析出《堯典》中《舜典》及《臯陶謨》中《益稷》之名，其《顧命》、《康王之誥》仍作一篇，是又與諸家所定《今文》微異矣。按解《今文》而置《古文》者，始於元草廬吴氏，今、古學諸家多宗之。然朱氏《經義考》謂《古文》久頒於學官，其言多綴緝逸書成文，無所悖理。譬諸汾陰漢鼎，雖非黄帝所鑄，或指以爲九牧之金，則亦聽之。誠哉其言也！今專門爲馬、鄭之説者，固當專釋二十九篇，爲有合於古，若兼取漢、宋諸家，自成一書，而但釋《今文》，是以相傳既久之經，重爲尼父删書之事，而所定者，彼此小小參差，在所不免，亦啓紛爭，烏可哉？因附論於此。

**張之洞《書目答問・列朝經注經説經本考證》** 周用錫《尚書證義》，未見傳本。

## 尚書異文釋

**朱記榮《國朝未刊遺書志略・經目》** 《尚書異文釋》八卷。嘉興李富孫薌沚。自序云所釋異文祗《今文》二十八篇，其依託晚出之《古文》疑而闕如，亦尊信古初之意也。

## 尚書大傳定本叙録　辨僞

**李慈銘《越縵堂讀書記・書類》** 《尚書大傳》清陳壽祺輯。閲陳恭甫所輯《尚書大傳》，廣東新刻《古經解彙函》本也。原分五卷，番禺陳蘭浦澧并爲三卷，較閩中舊刻爲精，然尚有誤字。其前冠以《序録》一卷，自《史記・儒林傳》至國朝嘉慶十年禮部題準山東巡撫全保咨送伏生六十五代孫鄒平人伏敬祖承襲五經博士一疏，而附以元文宗至順二年禮部尚書張起巖所譔《濟南鄒平縣伏生鄉重修伏生祠記》。蓋建立伏氏博士之議，創於嘉慶元年孫淵如氏署山東按察使時所請，而鄒平縣有伏生鄉，伏氏子孫僅三人，其二皆年老務農，遂以敬祖應襲。其地有伏生墓及祠，所據者亦止起巖此碑也。後附《大傳辨譌》一篇，辨盧氏雅雨堂本及曲阜孔叢伯廣林本之誤。恭甫氏考證精洽，條系出處，較之盧本，實爲遠勝。蓋盧刻雖稱宋本，得之吴中藏書家，要出於掇拾，不足信也。吾邑樊氏廷筠亦有輯本，余舊有之，今已失，不能復記。陳氏此編，可謂空前絶後矣。光緒戊寅三月二十六日。閲《尚書大傳辨譌》，其辨盧氏文弨、孔氏廣森之誤，極爲精細。然陳氏皆據他書所引，不言《大傳》以證其誤妄，安知盧氏不別有所據乎？大約近儒之學，遞考遞密，而前輩所見之書，亦往往有未見者。光緒己卯四月初九日。

## 尚書略説

**張之洞《書目答問・列朝經注經説經本考證》** 《尚書説》一卷。宋翔鳳浮溪精舍本。

# 禹貢分箋

**周中孚《鄭堂讀書記・書類》** 《禹貢分箋》七卷。銀花藤館刊本。國朝方溶撰。溶字渭伯，號蓉浦，海鹽人。歲貢生。蓉浦以胡朏明《禹貢錐指》卷帙緐重，承學之士卒業爲難，因別創爲是編。卷一爲「圖式」，卷二爲「北條水圖志」，卷三爲「中條水圖志」、「南條水圖志」，卷四爲「《禹貢》水道彙」，卷五爲「北條山表」、「南條山表」，卷六爲「北條衆水歸合表」、「中條諸水歸合表」、「南條衆水歸合表」，附以「運河諸水歸合表」，卷七爲「《禹貢》釋文」。蓋圖以詳其脈絡，志以窮其原委。慮緐瑣之失經旨也，彙以貫通之；慮別派之淆經流也，表以分列之。大旨即今之水道推而上之，會於《禹貢》之水道，於古今離合遷改之由，曉然洞悉於胸中，不獨經文易明，即古來治水之孰得孰失，亦藉是以資考核焉。治《禹貢》者博之以胡氏書，而約之以是編，庶幾鄭君所謂既知古又知今者歟！前有嘉慶己卯《自序》及《凡例》，邢澍、吳春、朱瑞春、朱毓文俱爲之序，其門人黃振堃、黃振甲、家振俱爲之跋。別有《禹貢傳注節訓》一卷，則全爲發蒙而作，附見於此，不另記焉。

# 虞書命羲和章解

**李慈銘《越縵堂讀書記・書類》** 《虞書命羲和章解》清曾釗撰。閱南海曾勉士釗《虞書・命羲和章解》。其說以此章爲曆學之祖，其言曆象日月星辰，即後世恆星七政各有一天之說所本也；其言測中星以定分至，即後世歲差之說所本也；其言賓餞，則後世里差之說所本也；其言敬致，即定氣之說所本也；其言日中永短，即準北極高卑以分晝夜漏刻多寡之說所本也。所說即本阮文達而衍之。「寅賓日出」，從《史記》訓「敬道出日」，謂日初出，度其景識之，若道之行然，故曰賓。《周禮・大宗伯》注出「接賓曰擯」，擯與賓古通用。「寅餞内日」從馬融本作「寅淺」，云淺滅也，滅猶沒也，滅沒皆盡也。謂日入盡時，敬識之無餘景。羲仲測日出，和仲測日入，互文相備。羲仲下不言日入者，東方見日早，校西方幾差一時，則其入之早，亦差一時，可知因其見日早可以測里差，故以出日立文，其實羲仲未嘗不度日入之景。和仲度日入必待滅盡者，若日入尙有餘景，則差積不密，推節朔及日食皆差矣，故必候日入盡時識之。可謂鑿然能發古義者矣。又云：自唐以來曆算皆用恆氣，惟冬至用定氣，以今年冬至與明年冬至之算折半之爲夏至，四分之爲二分，如此則分常先後天二日。西術測黃道與赤道交日，當其交處乃置二分，其法校密，近世江愼修氏發明之。然黃道赤道皆後起之名，太虛中本無黃赤道也，未見儀器之人，以此語之，反滋異惑，不如即天象以求天行，以日出至日入若干時，又以日入至日出若干時算之，時刻平分，即命爲二分，夫人皆知之，安用陽律陰律紛紛之說乎？故《堯典》祇言日中、日永、日短，所以爲最簡而精。鄭注皆言漏刻，亦至明切。惜乎治此學者，徒爭中西之法而不知察也。其論尤爲明快。其以暘谷爲朝鮮，南交爲交趾，昧谷爲隴西，幽都爲雁門之北、今之朔州，皆參用前人之說。惟「以厥民因」，據皐陶謨釋文引馬注：襄，因也。《說文》漢令解衣而耕爲襄，謂夏日勤於耕者，解衣猶勤於事者袒裼，則頗近支離矣。光緒甲申十一月二十一日。

# 太誓答問

**李慈銘《越縵堂讀書記・書類》** 《太誓答問》清龔自珍撰。夜閱龔自珍《太誓答問》，極辨晚出《太誓》之不可信。謂伏《書》二十九篇，以《康王之誥》本不合于《顧命》也。晚出《太誓》，乃周秦間人之書，力駁惠、江、玉、孫諸家之說。然謂孔安國不傳古文，謂《顧命》及《康王之誥》自古分爲兩篇，孔子所見如此，則定盦何從而知之耶？同治辛未五月十一日。

**張之洞《書目答問・列朝經注經說經本考證》** 《太誓答問》一卷。龔自珍。滂喜齋本。

## 尚書序大義

張之洞《書目答問・列朝經注經説經本考證》　龔自珍《尚書序大義》。未見傳本。

## 尚書馬氏家法

張之洞《書目答問・列朝經注經説經本考證》　龔自珍《尚書馬氏家法》。未見傳本。

朱記榮《國朝未刊遺書志略・經目》　《尚書馬氏家法》。仁和龔自珍定盦。

## 真古文尚書學

朱記榮《國朝未刊遺書志略・經目》　《眞古文尚書學》。嘉興沈濤西雝。趙撝叔大令之謙曰：「曩在都中，詢諸韓君小亭，言此書僅有稿本。辛酉難後，其孫避居江北，不知能攜出否。」

## 尚書餘論

李慈銘《越縵堂讀書記・書類》　《尚書餘論》清丁晏撰。閱丁儉卿《尚書餘論》一卷，凡二十三條，皆證明僞《古文》孔《傳》爲王肅所作，與《家語》、《孔叢子》、《論語孔注》、《孝經孔傳》皆一手僞書，其詞甚辨。其謂馬融《忠經》乃別一馬融，是唐時居士撰《絳囊經》者，故其序有云「臣融巖野之臣」，又於民字皆避作人，治字皆避作理，《兆人》章云「此兆人之忠也」，《家臣》章云「正國安人」，《武備》章云「王者立武以威四方，安萬人也」，皆避太宗諱。《天地神明》章「昔在至理」，又「國一則萬人理」，《政理》章「夫化之以德，理之上也，施之以政，理之中也，懲之以刑，理之下也，德者爲理之本也」，皆避高宗諱。「國一則萬人理」句，又兼避太宗、高宗諱。爲唐人無疑，所以《宋・藝文志》始著録，而《絳囊經》亦始著録於《崇文總目》，非託名於漢之馬季長也。論甚精覈，足發千古之疑。光緒丁丑二月二十八日。閱丁氏《尚書餘論》，凡二十三條，條爲一篇，皆明《古文尚書》及孔《傳》之爲王肅僞作。曰「餘論」者，以申閻、惠諸君之説，暢發其所未及也。光緒己卯十一月初七日。

張之洞《書目答問・書》　《尚書餘論》一卷。丁晏。《自著六藝堂詩禮七編》本。

## 禹貢集釋

李慈銘《越縵堂讀書記・書類》　《禹貢集釋》清丁晏撰。閱丁儉卿《禹貢集釋》共三卷，其書采取衆説，而附以己意者又低一格書之。大恉主馬、班、桑、酈、許、鄭，而正胡氏《錐指》之失，務明古學，簡覈可傳。光緒丁丑二月二十九日。夜閱丁儉卿氏《禹貢集釋》，凡三卷，節取自馬、鄭注《僞孔傳》以至國朝諸儒之説，而後低一格爲之疏通，或加辨正，務取簡明切要，便於循省，初學所宜首從事者也。末附《禹貢蔡傳正誤》一篇，又胡氏《錐指正誤》一篇，大恉以胡氏之言三江九江皆爲非是。謂胡氏於三江引鄭《注》左合漢爲北江，會彭蠡爲南江，岷江居其中爲中江，本於徐堅《初學記》；以《書疏》引鄭云「三江分於彭蠡爲三孔東入海」證之，則《初學記》所引實非鄭《注》初學記本作鄭玄、孔安國注，語不可解。三江自當以《漢志》所言爲確。胡氏於九江主宋人胡旦謂在洞庭之説，東陵亦取宋人説以爲巴陵，據《史記・河渠書》「余南登廬山觀禹疏九江」，則九江在尋陽無疑。班《志》廬江郡尋陽，「《禹貢》九江在南，皆東合爲大江」。應劭注云，「江自尋陽分爲九派」；《水經・淮水》注：「秦立九江郡，治壽春縣，兼得廬江豫章之地，故以九江名郡。」則宋人謂在洞庭者，自爲肊説。慈銘案：三江之説，紛如聚訟，鄭注是非，不能輒決，九江之辨，自爲塙覈也。光緒己卯十一月二十三日。　「雲土夢作乂」，古本「作雲夢土作乂」，沈括言宋太宗得古本始改之。近儒王西莊以「雲土夢」爲是，謂雲、夢二澤名，雲在江北，地尤卑，故始見土；夢在江南，地稍高，已可耕治。《僞孔傳》連言雲夢之澤，蓋始誤夢字於土上。今注疏本作「雲土夢」，又是後人所改。段茂堂則謂作「雲夢土」者《古文》，作「雲土夢」者《今文》。《史記》《漢志》皆用《今文》，本皆作「雲土夢」，據《索隱》本作「雲土夢」。今作「雲夢土」者，後人誤改之。又謂雲土即雲杜，古土、杜字通用。漢有雲杜縣，雲土與夢爲二澤名。王、段皆經學大師，而此事則同爲意必之談。王又誤以宋太宗爲唐太宗，謂所得必馬、鄭古本；段以《史》、《漢》作「雲夢土」，皆後人妄改；尤爲武斷。丁氏分析言之，以雲夢爲一澤，或連言雲夢，或單言雲，或單言夢，實一而已，且謂唐以前無作「雲土夢」者。慈銘案：其說甚碻。若如王說，謂雲始見土，夢已作乂，全襲蔡《傳》，正丁氏之所謂支離。若如段說，謂伏生以雲土連言爲澤名，亦甚不辭。丁氏謂自沈括、羅泌等創江南爲夢江北爲雲之說，於古無徵，是也。十一月二十四日。　閱《禹貢集釋》。解經有不可一例求者，揚州之「厥包橘柚錫貢」，此當從孔《傳》謂錫命乃貢，以橘柚難致，不可常也。鄭君注以錫爲金錫之錫，自不必從。豫州之「錫貢磬錯」，「錫貢」二字，當連上「厥篚纖纊」讀之，與「厥包橘柚錫貢」句一例。以纖纊是細巧之物，故亦不爲常貢。其下「磬錯」二字自爲句，上文「厥貢」二字直貫此句言之。顏師古《漢書注》及林之奇《尚書全解》，謂磬錯亦待錫命而貢者非也。治玉石之錯，竝非珍異，何致愼重乎？至荆州之九江納錫大龜，馬注：「納，入也。」《史記》作入賜，錫賜義同音轉，古皆通用，命龜國之重寶，世不易得，故別異之。言若天錫者然，不敢同之於貢，此屬辭之體也。蘇子瞻《書傳》謂若以下錫上者，則不辭矣。丁氏於三者概指爲錫命而後貢，亦欠分明。十一月二十五日。　夜閱丁儉卿《禹貢集釋》及《錐指正誤》。其《集釋》太略，然甚便於初學，駁《錐指》之詞太峻，學者不可因此輕視胡氏也。光緒癸未三月十三日。

**張之洞《書目答問・書》**　《禹貢集釋》三卷，附《錐指正誤》一卷。丁晏。六藝堂自刻本。

## 禹貢錐指正誤

**張之洞《書目答問・列朝經注經說經本考證》**　《錐指正誤》一卷。丁晏。六藝堂自刻本。

## 禹貢詳注

**朱記榮《國朝未刊遺書志略・經目》**　《禹貢詳注》二卷。平湖時楅森巖。

## 尚書逸湯誓考

**李慈銘《越縵堂讀書記・書類》**　《尚書逸湯誓考》清徐時棟撰。閱《逸湯誓考》，其據《墨子》及《說苑》諸書，謂《論語》所引「予小子履」一節，是湯禱旱之詞，以孔註伐桀告天爲誤，其說是也。謂《尚書》本有兩《湯誓》，一伐桀，一禱旱，則武斷矣。書中徵引辯駁，頗有斷制，旁及訓詁音韻，亦有依據。所附鎮海吳善述、平湖葉廉鍔、鄞劉鳳章及王子常籤校之語，亦具見讀書細心。同治甲戌五月二十九日。